北京东城年鉴

2011

（总第十五卷）

北京市东城区地方志编纂委员会

中华书局

图书在版编目(CIP)数据

北京东城年鉴. 2011/北京市东城区地方志编纂委员会编. —北京:中华书局,2012. 3
ISBN 978-7-101-08549-5

Ⅰ. 北… Ⅱ. 北… Ⅲ. 东城区—2011—年鉴Ⅳ. Z521. 3

中国版本图书馆 CIP 数据核字(2012)第 026710 号

北京东城年鉴(2011)

编　　者:北京市东城区地方志编纂委员会编
责任编辑:朱　慧

出版发行:中华书局出版
地　　址:北京市丰台区太平桥西里 38 号
邮　　编:100073
经　　销:新华书店总店北京发行所
http:// www. zhbc. com. cn
E-mail:zhbc@ zhbc. com. cn
排　　版:北京和平印刷有限公司
印　　刷:北京和平印刷有限公司

开　　本:889 × 1194mm　1/16
印　　张:28. 75
插　　页:4　印张
字　　数:1155 千字
版　　次:2012 年 3 月第 1 版　2012 年 3 月第 1 次印刷
印　　数:0001 - 2000 册

ISBN 978-7-101-08549-5　　定价:180. 00 元

东城区地方志编纂委员会

《北京东城年鉴》编辑部

顾　　　问　杨柳荫

主　　　编　牛青山

常务副主编　吴松元　毛桂芬　颜　华

副　主　编　彭积冬　焦利亭　王钦双

编　　　辑　邢荣祥　刘　婷　李焕巧　杨　帅　范建铭

胡　澄　高云彩　简　进　何定岚　常美华

黄丽梅　王秀英　胡彦东

编辑说明

一、《北京东城年鉴》是一部综合性资料性工具书，在中共北京市东城区委和北京市东城区人民政府的领导下，由区地方志编纂委员会主持编纂。自1996年开始，逐年编辑出版，2011年为总第十五卷。

二、《北京东城年鉴》以马克思列宁主义、毛泽东思想、邓小平理论和“三个代表”重要思想为指导，落实科学发展观，坚持实事求是的原则，与时俱进，开拓创新，科学地反映客观情况。

三、根据2010年6月28日国务院批复精神，北京市决定撤销东城区、崇文区，设立新的北京市东城区。《北京东城年鉴》(2011)全面、系统地记载上一年度(2010年度)新东城区在政治、经济、文化、社会等各个领域、各项事业发展变化的基本情况和发生的大事、要事、新事与有影响的事，记载取得的新成就、新进展、新经验，为各行各业、各方面人士了解东城、研究东城、建设东城提供信息和资料。

四、《北京东城年鉴》(2011)设有综述、大事记、特载、政党·团体、政权·政协、政法·军事、综合经济管理、工商·旅游·对外经济、财税·金融、城市建设、城市管理、科学·教育·文化、医药·卫生·体育、社会生活、街道、人物、统计资料、附录共18个一级栏目。一级栏目下设二级栏目，二级栏目下设分目，分目下设条目。采用文章、条目、表格等体裁，以条目体为主。

五、《北京东城年鉴》收有东城区党、政、军、各民主党派、团体、街道和部分企业负责人名录，以及部分区域单位负责人名录。所列均以2010年内任职为限。还收有获得国家、国务院部委和市、区奖励与荣誉称号的单位和个人名单，获得高级职称的人员名单。

六、《北京东城年鉴》所选文章、条目，均由各部门、单位确定专人撰写或提供，并经主管负责人审核。统计资料由区统计局提供。照片由各有关单位提供。

1月16日，中共中央政治局常委、国务院总理温家宝考察原崇文区弘善家园

1月16日，温家宝总理考察天坛公园东门物美超市与居民亲切交谈

11月5日，中共中央政治局常委、国务院副总理李克强到东华门街道考察第六次全国人口普查登记工作

11月9日，中共中央政治局常委、中央政法委书记、中央社会治安综合治理委员会主任周永康到东花市街道调研

12月7日，中共中央政治局委员、北京市市委书记刘淇调研地下人防工程利用和管理工作

3月20日，全国人大常委会副委员长、全国妇联主席陈至立考察南池子社区与妇女代表亲切交谈

2月2日，国务委员、公安部部长孟建柱慰问坚守岗位交通干警

2月13日，孟建柱到原崇文公安分局东花市派出所检查指导春节安保工作

6月4日，国务院副秘书长汪永清（右三）考察天安门广场

2月14日，公安部副部长刘京（右二）到天安门地区公安分局调研

3月6日，公安部副部长杨焕宁（左一）调研“两会”安保工作，并慰问执勤民警

5月8日，北京市市长郭金龙参观“泥人张”作品《盛世中国龙》，并为作品签名

6月7日，市人大常委会主任杜德印调研原崇文区餐厨垃圾处理工作

6月7日，杜德印一行参观台湾会馆

6月28日，市委副书记王安顺到东城公安分局“流动人口之家”网站慰问公安派出所民警

12月5日，王安顺一行到和平里街道调研“向日葵社区”创建工作

9月10日，伊斯兰教开斋节，市委常委、统战部部长牛有成、市人大常委会副主任马振川等到东四清真寺走访慰问

10月4日，副市长刘敬民等到前门大街慰问节日在岗的城管队员

2月9日，程红调研原东城区食品安全工作

1月19日，市委常委梁伟考察和平里街道兴化社区“一刻钟社区服务圈”建设及社区规范化建设工作

9月12日，副市长程红会见参加王府井国际品牌节的美国总统奥巴马经济顾问

7月30日，区委书记杨柳荫走访慰问体育馆路街道困难群众

3月15日，区长牛青山调研前门台湾商务区建设工程

12月16日，区人大常委会主任冯熙与台湾代表会谈

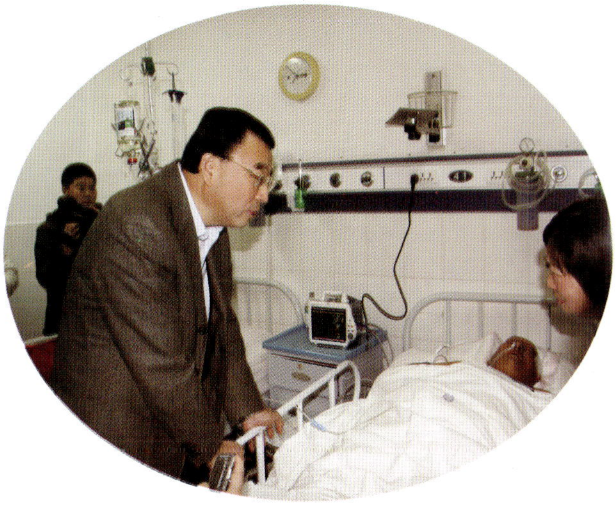

1月8日，杨柳荫慰问病倒在工作岗位的环卫工人王长荣

9月12日，牛青山会见参加第一届王府井国际品牌节的国际友好城市代表

1月29日，区政协主席徐鸿达慰问困难群众

8月26日，区领导现场调研建设工程

7月7日，区领导慰问环卫二队干部职工，并送防暑降温慰问品

7月28日，区领导走访北京空军部队

8月31日，区领导调研风貌保护项目

10月12日，区领导走访国家体育总局，与国家体育总局局长刘鹏等座谈

完成行政区规划调整，各项工作顺利进行

7月5日，新成立的东城区召开全区领导干部大会

7月23日，中国共产党北京市东城区代表大会召开

8月25日，北京市东城区人民代表大会（临时）第一次会议

8月24日，中国人民政治协商会议北京市东城区委员会（临时）第一次全体会议

9月15日，区委、区政府新址揭牌仪式

9月16日，东城区纪检监察工作会议

发展品牌战略　建设品牌城市

9月12日，第一届北京王府井国际品牌节开幕式

王府井游人驻足观看展板

具有700年历史的王府井大街装扮一新，使品牌节LOGO美观醒目

品牌节期间，王府井牌匾新妆亮相金街

9月14日，第一届北京王府井国际品牌节项目签约仪式暨闭幕式

促进两岸关系和平发展服务两岸交流合作

5月7日，台湾会馆重张暨台商入驻台湾商务区签约仪式

12月27日，台湾文化商务区开街剪彩仪式

12月27日，台湾风情街区亮相前门

12月16日，台湾代表参观台湾会馆

加快推进网格化社会服务管理创新工作

9月13日，“数字东城”行动计划会

网格化社会服务管理创新信息化建设工作介绍会

10月13日，“数字东城”行动计划（2010年~2012年）专家评审会

9月13日，东花市街道网格化社会管理创新综合试点推进大会

建国门街道社会服务创新网格数据录入培训会

创建特色城市管理新经验

1月15～16日，原崇文区承办市2010城市管理经验交流会，区长牛青山做经验介绍

11月8日，第十四届联合国“LivCom国际花园城市与社会”全球决赛中，东城区获得国际花园城市D类金奖

建国门大街

王府井大街

永定门广场

研究制定《东城区总体发展战略规划(2011年~2030年)》

7月22日，新东城成立后召开第一次总体发展战略规划（2011年～2030年）编制工作调度会

11月23日，区召开民主党派、团体负责人、无党派代表人士座谈会征求对《北京市东城区总体发展战略规划（2011年～2030年）》的意见

11月24日，区委常委会第十二次会议讨论通过《北京市东城区总体发展战略规划(2011年～2030年)》

12月23日，区人大（临时）常委会第三次会议审议通过《北京市东城区总体发展战略规划(2011年～2030年)》

第十二届
北京国际旅游节
在前门大街开幕

9月19日，开幕式上，模特演员诠释“世界北京”

哥伦比亚艺术家欢聚前门大街

俄罗斯姑娘小伙翩翩起舞

中外宾客合影留念

10月28日，市、区领导参加2010第十二届北京国际旅游节分会场——红桥国际珍珠文化旅游节开幕式

独具魅力的百姓节日

5月1～3日，地坛中医药健康文化节

5月23日，第二届皇城文化旅游节开幕

9月27日，首届北京孔庙国子监国学文化节开幕

9月28日，首届前门历史文化节开幕

10月15日，首届前门历史文化节闭幕

2月13～20日，第二十七届龙潭春节庙会文艺演出

2月13日，第二十五届地坛春节庙会开幕

4月14日，花市社区文化节暨蟠桃宫庙会开幕

10月15~17日，第五届南锣鼓巷胡同文化节

唱东城 爱东城 建设新东城

8月12日，“魅力东城、锦绣新区”文艺演出

风雷京剧团和区文化馆戏曲队表演的《梨园春色》

区文化馆和黑祥子时空艺术团表演的歌舞

和平里街道双秀舞蹈团表演舞蹈《喜悦》

6月30日，纪念中国共产党成立89周年暨“心目中的好党员”表彰大会

11月24～25日，“魅力东城 绽放香江”政商联谊会

4月3日，原崇文区东南二环内滨河路竣工通车仪式

4月14日，原东城区廉政教育基地揭牌仪式

5月17日，原崇文区举办创建人民健康管理家园启动仪式

3月1日，市委、市政府召开学习推广原崇文区“信访代理”经验交流现场会

5月20～21日，原东城区第二十四届群众文化艺术节——“爱祖国、爱北京、爱家乡”群众歌咏会

5月28日，崇文门菜市场新址重张

5月23日，美国国务卿希拉里·克林顿观看民族工艺大师手工艺表演并接受赠送的艺术剪纸

6月21日，原东城区直属机关共产党员献爱心捐款活动现场

4月，区红十字青少年积极参与“博爱在京城”募捐救助活动

3月25日，王府井大街北口劳动信息显示屏正式启用

六一儿童节，民警为小学生讲授安全防范知识

4月2日，和平里学区少先队员在陶然亭公园烈士墓前追忆革命先躯

东四二条5号院获“和谐在东四”首届精品楼门院奖

10月23日，东城区“垃圾减量、垃圾分类从我做起”知识竞赛决赛

6月5日，市国家保密局领导带队到原东城区国家保密局检查指导工作

6月22日，区直机关工委举办“颂歌献给党”歌咏比赛

3月3日，原东城区老干部文明志愿服务者代表参加“做文明有礼的北京人——志愿服务　爱在东城”活动启动仪式

11月4日，区委社会工委召开东城区“两新”组织党建工作论坛会

11月8日，民革东城区筹备委员会学习中共十七届五中全会精神座谈会

12月10日，民建东城区筹备委员会第二次会议

9月17日，东城区农工党领导干部大会

4月9日，原民盟东城区委2010年度参政议政会议

3月10日，原民进东城区工委组织民进会员参观雍和宫

10月19日，九三学社东城区中医药产业发展调研座谈会

4月29日，原崇文区总工会召开庆祝五一国际劳动节暨劳模表彰大会

12月17日，区领导参加第一届青年体育节闭幕式并为获奖选手颁奖

3月24日，原东城区工商联举办的非公有制经济人士培训班，荣获全国工商联系统十大优秀案例

11月18～21日，团区委组织志愿者参与文博会志愿服务

3月3日，原东城区妇联领导慰问三八先进集体

9月7日，区归国华侨联合会委员会（临时）第一次会议

9月10日，区红十字会举行少儿大病救助金发放仪式

4月14日，原东城区行政服务中心绿卡企业年检活动

8月16日，区档案局合并后召开第一次全体会

9月15日，区文学艺术界联合会理事会

6月28日，原东城区选手获市“安全在我身边”演讲比赛第一名

3月3日，原东城消防支队故宫中队天安门执勤分队在天安门广场执勤

7月1日，东城区法官、检察官进社区启动仪式

8月10日，东城区司法局干部大会

10月29日，东城法院举行全体法官宣誓仪式

12月12日，区委常委、区人武部部长欢送新兵入伍

6月11日，原东城区人防工程防汛演练现场

1月14日，北京武警总队政委到一师六支队新训大队慰问官兵

10月21日，东城工商分局开展“创建放心消费示范街”簋街绿色通道启动仪式

5月28日，原崇文烟草公司接待区人大代表、政协委员参观考察烟厂物流

原东城区国有资产经营公司调整组建大会

剧装厂技术人员为《赤壁》演出准备剧装

北京机床电器厂开展创先争优“迎挑战、做先锋、践承诺”主题活动研讨会

12月24日，百货大楼平安夜慈善拍卖会

1月18日，知名老字号年糕杨传人在东安市场演示制作传统食品技艺

7月21日，全聚德前门烤鸭店将“临时邮局”首次开进餐饮企业殿堂

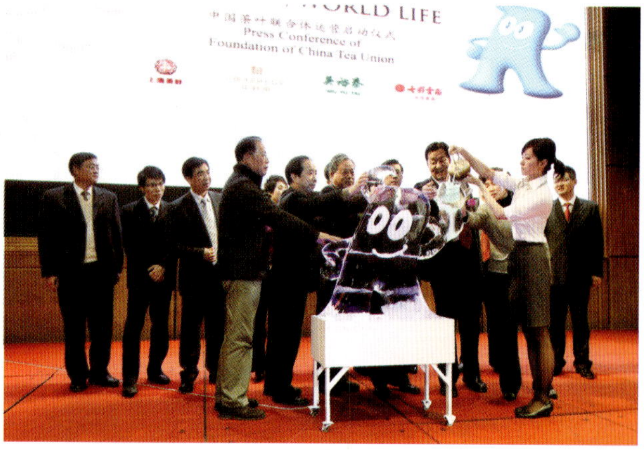

4月25日，吴裕泰总经理参加上海世博会中国茶叶联合体启动仪式

8月，区领导到红桥市场检查指导工作

1月18日，原东城区财政局被财政部评为全国会计监督工作先进单位

8月4日，建行东四支行开展“学习军队光荣传统 促进服务高效发展”军银共建活动

12月16日，第三届东二环交通商务区高峰论坛

10月20日，区领导到地税局纳税服务大厅检查指导工作

6月18日，农行东城支行与中国石油开展员工携手徒步行动

6月9日，东方置地投资发展公司召开北苑区级养老院协议签订暨建设工作推进会

3月12日，东兴建设有限公司安全生产技术质量工作会

7月1日，区举行垃圾分类指导员上岗仪式

6月4日，城管队员到工地进行法规宣传

9月20日，区环卫二中心举办"立足本职、创先争优，做新时代时传祥式的环卫人"为主题演讲会

6月，环卫工人将厨余垃圾收集运输

楼顶绿化

东城区第七批限价商品住房摇号仪式

8月4日，国土局东城分局领导实地勘察东交民巷房屋拆迁工作

原崇文区房地中心刘永泉班组在幸福北里疏通下水管道

5月15日，原崇文科技周启动仪式上，老年人认真答卷

2月2日，原东城区小学教师张凯亮获2009年中国教育年度新闻人物奖

4月7日，原东城区卫生局开展世界卫生日咨询活动

12月11日，东城区文化志愿者进社区系列活动启动仪式

10月11日，区首届孝星表彰大会暨重阳节文艺汇演上，区领导为“孝星”代表颁发证书

5月23日，第二届皇城文化旅游节开幕式上，南锣鼓巷获评AAA级景区

8月26日，朝阳门街道举办纪念抗战胜利65周年展览

5月14日，原东城区直机关运动会

9月2日，区残联主席团（临时）全体会议

5月24日，北新桥街道志愿服务指导中心成立

6月21日，和平里街道第二届和平夏至文化节开幕式

东直门地区防汛抢险演练

4月30日，前门街道“同仁堂名医进社区”活动为老年人讲解医疗卫生知识

10月15日，崇外街道举办“九九重阳，‘寿’字送安康”活动

龙潭街道社会服务管理创新工作推进会

6月20日，体育馆路街道第一届社区体育文化节开幕式

5月19日，天坛街道“提高科学素质，参与低碳行动”科技周活动开幕式

6月29日，永外街道庆祝中国共产党建党89周年暨先锋党员表彰大会

灿烂辉煌的历史文化遗存

原东城区和崇文区合并后，新东城区面积达到41.84平方公里，共有17个街道、86.5万常住人口，旧城仅有的两处世界文化遗产——故宫、天坛都位于新东城区，从永定门到钟鼓楼7.8公里的传统中轴线纵贯全区，天坛、地坛交相辉映，特别是旧城33片历史文化保护区中有18.5片位于新东城区，是全市历史文化遗存和胡同四合院最为密集的地区。同时融合了以故宫、天坛、雍和宫、孔庙、国子监、地坛、明城墙、前门箭楼、永定门城楼等为代表的皇室、佛教、儒家、国学、会馆等多元文化，集中体现了古都皇城文化与民俗文化的魅力，可以说新东城区是名副其实的"首都文化中心区"。

故宫

地坛

天坛

北京孔庙

国子监

明城墙遗址

前门箭楼

鼓楼

雍和宫

永定门城楼

底蕴深厚的非物质文化遗产

非物质文化遗产是人类文明的精华和浓缩。新东城区成立后，东城区的非物质文化遗产资源更加丰富，仅进入国家级、北京市级和区级名录的非物质文化遗产就已达到1000多项。其中，国家级非物质文化遗产23项。灿烂、丰富的非物质文化遗产不仅是东城区的瑰宝，更是历史文化的传承。新东城区将非物质文化遗产保护工作纳入日常化、法制化、制度化、规范化的轨道，将促进非物质文化遗产保护工作更加健康、持久地发展。

金漆镶嵌

北京玉雕

象牙雕刻

雕漆技艺

全聚德挂炉烤鸭

景泰蓝

都一处烧麦

便宜坊焖炉烤鸭

东来顺涮羊肉

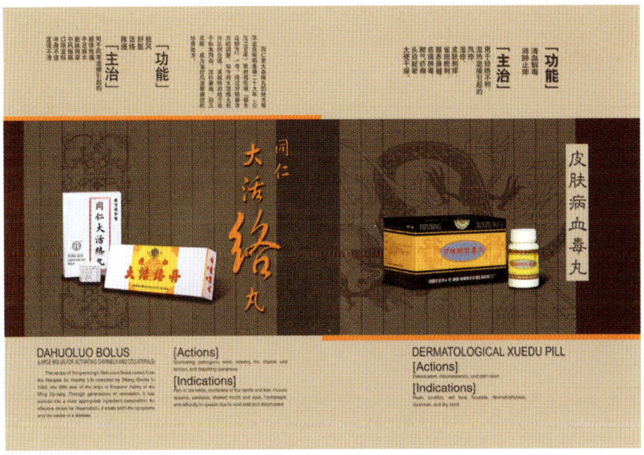

同仁堂中医药

智化寺京音乐

北京宫灯

剧装戏具

盛锡福皮帽

红红火火的剧场戏院

在新东城辖区内，散落着不同规范、不同风格的剧场30余处，这里汇集的戏剧资源超过了北京市的60%。去刘老根大舞台看场本山大叔亲自“操刀”的绿色二人转，去红剧场品味功夫传奇，去首都剧场感受中国话剧的精髓，去长安大戏院聆听国粹京剧，走进剧场、品味一场话剧、京剧穿越不同的时空和人生，在共鸣中释放情感。随着新东城打造首都戏剧文化城的步伐不断迈进，戏剧早已融入东城寻常百姓的普通生活。

首都剧场

长安大戏院

中国儿童剧场

红剧场

龙潭公园中心岛剧场

保利剧院

刘老根大舞台

灿若繁星的博物馆

故宫博物院、中国国家博物馆、中国美术馆、北京自然博物馆、中华民族艺术珍品馆、同仁堂医药博物馆......在东城区辖区内，集聚着数十家不同体制、不同规模的博物馆，他们种类繁多，给全区86.5万常住居民提供了肥沃的精神土壤。

中国国家博物馆

同仁堂博物馆

京城百工坊

中国美术馆

中华民族艺术珍品馆

古观象台

欣欣向荣的产业园区

新东城位于首都北京中轴线的东侧，作为元、明、清三朝古都的中心地区，有长达700多年的历史。多元的文化推动了经济的发展，催生了诸如前门文化创意产业集聚区、雍和文化创意园、东二环交通商务区等高端产业集聚区。站在历史新起点，新东城紧抓发展机遇，提出打造“国际化、现代化新东城”的战略目标，努力构建以服务经济为主导、以文化经济为特色、以总部经济为支撑的高端产业体系，着重推动文化与经济融合发展，将文化资源优势转化为产业竞争优势，打造文化经济新引擎。

王府井商业中心区

崇文门外商务区

南中轴现代服务业集聚区

东二环交通商务区

中关村科技园区雍和园

前门文化创意产业集聚区

龙潭湖体育产业园区

各具风采的特色街区

被称作“天街”的前门大街，汇聚了世界顶尖品牌的金宝街，特色经济繁荣的南锣鼓巷、簋街，京城商业历史上久负盛名的花市大街，一览皇家粮仓沉稳大气风采的南新仓......走进新东城，繁荣的商业让你目不暇接，各色店铺鳞次栉比。“中华老字号”与“国际大品牌”相互辉映，传统文化与西方文明相互融合，传统商业与特色经济交映生辉。

前门大街

金宝街

南锣鼓巷文化休闲街

簋街餐饮特色街

花市大街

隆福寺街

南新仓文化休闲街

沙子口文化用品一条街

环境优美的百姓乐园

天坛地坛遥相呼应，青年湖和龙潭湖的碧翠熠熠生辉，永定门广场的气势磅礴，皇城根与明城墙的古韵悠扬……区划调整后，东城区百姓的休闲文化场所愈加广泛——柳荫上空的鸽哨、永定门城楼前的风筝、菖蒲河公园内的三弦儿、二十四节气柱前的节气歌。从东单公园到天坛、东二环和北二环城市公园，更多的公园、更多的绿地给了市民生活更多的选择。在一片片绿意盈盈当中绽放出精神文明新的花朵。

永定门广场

二十四节气公园

北二环城市公园

柳荫公园

皇城根遗址公园

青年湖公园

菖蒲河公园

欢乐祥和的群众节日

久负盛名的地坛庙会、享誉海外的龙潭庙会、入选非遗产的建国门鞭打春牛祈福日、彰显古都风采的明城墙文化体育节……，在历史悠久、底蕴深厚的东城区，盛开着一个个独具魅力的百姓节日，为首都文化中心区画上一抹绚丽的色彩。东城区通过发展社区文化、不但强化了社区群众的主人翁意识、倡导了特有的民风民俗，还增强了社区居民的归属感。百姓参与的社区节日，使东城处处洋溢着和谐之风，一系列文化活动的品牌影响力更是遍及京城。

地坛庙会

龙潭庙会

金鱼池社区节

建国门鞭打春牛

东四社区文化节

蟠桃宫庙会

崇外灯会

目　录

综　述

大事记

特　载

政党·团体

政权 · 政协

政法·军事

综合经济管理

经济改革和社会发展

人力资源·社会保障·机构编制工作

烟草专卖

国有资产管理

集体经济管理

工商·旅游·对外经济

工业企业

财税·金融

城市建设

城市管理

街 道

人　　物

统计资料

附 录

主题索引

综　述

区情综述

6月28日，国务院下发国函[2010]55号文，正式批复北京市政府关于调整首都功能核心区行政区划的请示，同意撤销北京市东城区、崇文区，设立新的北京市东城区，以原东城区、原崇文区的行政区域为新东城区的行政区域。新东城区位于北京市中心城区东部，面积41.84平方公里，常住人口86.5万人。设东华门、景山、交道口、安定门、北新桥、东四、朝阳门、建国门、东直门、和平里、前门、崇文门外、东花市、天坛、体育馆路、龙潭、永定门外17个街道办事处，217个社区居民委员会。另外设有北京站地区管理处、王府井地区建设管理办公室和东二环交通商务区建设管理办公室3个重点街区管理机构。截至年底，全区常住人口31.4万户、91.9万人，其中女性46.5万人。人口密度为每平方千米2.19万人。暂住人口15.4万人。全年户籍人口出生6130人，出生率为6.4‰；死亡6346人，死亡率为6.63‰；人口自然增长率为0.23‰；计划生育率为97.07%。全区有少数民族48个、4.4万人，占全区总人口的4.8%。

2010年，地区生产总值1200亿元，同比增长12%；财政收入100.32亿元，同比增长10%；原两区人民代表大会审议批准的区财政收入预算为99.86亿元，区财政收入完成100.32亿元，为年度预算的100.5%，同比增长10%，其中：北片完成77.85亿元，南片完成22.47亿元。基金预算收入完成1.02亿元。其中：北片完成8170万元，南片完成2030万元。

原两区人民代表大会审议批准的区财政支出预算为103.94亿元。预算执行中，由于上年专项结转资金数额增加、市追加专项支出预算、区级财力预计超收以及动用预算稳定调节基金等因素影响，2010年区财政支出预算预计变化为121.51亿元。

2010年，区财政支出完成116.66亿元，为变化后年度预算的96%，同比增长6.6%。其中：北片完成71.12亿元，南片完成45.54亿元。基金预算支出完成13.14亿元。其中：北片完成6.45亿元，南片完成6.70亿元。区域税收完成937亿元；城镇居民人均可支配收入达到3.06万元，同比增长8.2%。万元GDP能耗预计下降4.2%，完成节能减排任务。

2010年国民经济和社会发展

2010年是“十一五”规划完成之年，也是首都功能核心区区划调整的特殊之年，在东城区发展历程中具有里程碑意义。一年来，区委、区政府深入贯彻落实科学发展观，以创先争优活动和区划调整为契机，立足当前，谋划长远，统筹推进经济、政治、文化、社会以及生态文明建设，各项工作取得了新进展，“十一五”规划各项目标任务圆满完成。

新区组建工作完成

落实国务院批复精神和市委市政府整体部署，推进新区组建工作。在7月1日全市动员部署会后的第二天就确定了区政府筹备组成员分工及区级机关驻地选址等事项，实现政府各项工作衔接。在随后的45天时间里，实现机构整合到位、工作对接到位、人员安排到位、办公地址调整到位。9月15日新东城区政府正式揭牌。

新东城区成立后，编制了《东城区总体发展战略规划(2011～2030年)》，明确了“首都文化中心区、世界城市窗口区”的总体定位、“两新四化”发展战略和“一轴两带五区”的整体空间格局，描绘出新东城未来20年的宏伟发展蓝图；新东城区的成立，实现了文化资源的融合，中轴文脉贯通一线，天地两坛南北相望，皇家、民俗、国学、宗教等文化资源多元融合；新东城区的成立，实现了社会管理的发展创新，南北融合，形成了城市管理“东城模式”，进一步推广信访代理制，逐步形成了社会服务管理的新体系。

新东城区成立后，“一手抓筹备、一手抓发展”，各项工作开局良好。9至10月，先后举办了第一届王府井国际品牌节和第一届前门历史文化节等文化活动。11月，获得联合国“国际花园城市”称号，荣获两项全球金奖和一个单项第一名，向国际社会展示了新东城的英姿。

经济建设

产业结构。生产性服务业所占比重持续增大。全年文化创意产业预计实现增加值125亿元，同比增长12.6%。中华民族艺术珍品馆“北京礼物”旗舰店、北京皇城艺术品交易中心开业运营。大力培育消费热点，全年预计实现社会消费品零售额610亿元，同比增长15%，消费拉动作用明显增强。区旅游接待人次、旅游收入同比增长均超过20%，位居全市第二位。全社会固定资产投资预计完成180亿元,完成市政府下达的指标任务。

功能区建设。继续实施王府井升级战略,协调推进北京饭店二期、王府国际商城等项目建设,优化升级地区业态,软硬件环境得到明显提升。前门地区建设取得重大成果,累计投入130多亿元,搬迁居民近1.7万户、企业534家。是600年来前门地区最大规模、最全面、最彻底的修缮整治工程,也是新中国成立以来北京市最大的历史文化保护工程。继前门大街全面开市后,鲜鱼口美食街修缮一新,台湾会馆重张,台湾文化商务区建成开街。前门大街被命名为"中国著名商业街",是王府井大街之后,北京市第二条获此殊荣的商业街。东二环交通商务区产业调整进一步深化,以总部企业为特点,以金融、商务服务和信息服务为主要业态的产业发展格局初步成型,区域内已入驻总部型企业33家,现有金融业法人单位60家,被北京市确定为"绿色金融商务区"。中关村科技园区雍和园发展态势良好,国际版权交易中心实现交易额5亿元,新增3个区级文化创意产业示范基地,64家文化创意企业获得区财政扶持资金3146万元。龙潭湖体育产业园区基础设施条件进一步改善,北京市青少年活动中心主体完工,国际体育交流中心开工建设,龙潭湖体育馆正式启用。

招大引强工作。中银国际、北银消费金融公司等82家高端企业办妥工商、税务、统计登记手续,英大泰和、国都证券等32家企业新增税源入库7.2亿元。1~11月,实际利用外资5.31亿美元,利用外资规模和水平进一步提高。

发展环境建设。进一步完善产业发展政策体系,强化金融对主导产业和新兴产业的支撑作用,启动了北京文化金融中介服务平台,推动文化产业与各类金融机构对接。设立新兴产业发展专项资金6600万元、中小企业专项资金7300万元,鼓励引导符合东城区产业发展方向的中医药、体育、低碳企业落户东城。

人民生活 民政工作

就业形势。完善三级就业服务网络,搭建社区失业人员动态服务管理平台,开通"社区就业信息发布直通车",开展"就业援助月"、"春风行动"等公共就业服务系列活动,各类就业困难人员及时得到帮扶。推进"完善一批政策、建立一个专项资金、聚集一批企业带头人、提供一批发展资源、扶持一批优秀项目和带动一批失业人员就业"的"创业带动就业六个一工程",发挥"创业者俱乐部"作用,开展创业体验服务、创业孵化服务、创业全程跟踪服务和创业项目进社区等活动。在全市率先制定促进就业资金监督细则,为提高资金使用效率提供制度保障。截至11月末,全区城镇登记失业率为1.07%,城镇登记失业人员就业率为72.58%。开发社区就业岗位2.36万个,安置失业人员1.57万人。

社会保障。推进社会保障卡工程,发卡率99%。全区128家定点医疗机构全部开通实时结算系统。基本完成区级公费医疗改革,促进公费医疗向基本医疗保险制度并轨。推进社会保险扩面征缴,1~11月,五项社保基金共计收缴89.55亿元,增长23.92%;支付86.28亿元,增长22.38%;各项社会保险基金收缴率均达到98%。社会救助实现全覆盖,全区低保金等各项社会救助资金累计支出1.05亿元。全面落实居家养老(助残)"九养"办法,全区251家养老(助残)餐桌、183家托老所全部挂牌参与居家养老服务。评选表彰市级"孝星"501名,区级"孝星"699名。全市首家区县级残疾人职业康复中心实现良性运转。

群众居住条件。粉厂胡同东侧、幸福北里南区、文章胡同东口、定安里、彭庄、金鱼池二期西、祈年大街西、花市三期遗留地块、崇外6号地、宝华里等10个既有危旧房改造项目加快实施,新启动西革新里项目,"菜单式"惠民政策得到居民的普遍欢迎,全年平稳搬迁居民2771户。争取到朝阳区定福庄南区、豆各庄和通州区"两站一街"地块作为东城区对接安置房和保障性住房建设用地,规划建设规模298万平方米,定福庄南区项目已经启动。前门、祈西等项目2694户搬迁居民如期入住弘善家园。加强政策性住房配租配售,累计向廉租家庭发放租房补贴4344.5万元,廉租房实物配租1912户居民,配售经适房1729套、限价房2785套。完成7300户平房院居民用水"一户一表"改造工程。

社区和社会建设。先后投入1.9亿元,为29个社区购置服务用房,除拆迁区外全区80%的社区达标。社区建设和社区服务"双百"工程取得成效。推行"一刻钟社区服务圈",建立老年饭桌等一大批满足群众需求的生活服务项目。公开招录207名社区工作者,提高社区工作者待遇。加强社工人才培养"双基地"建设。健全完善"听民意、访民情、解民难"长效机制,畅通民意表达和利益诉求渠道,解决群众反映强烈的突出问题200余件。继续加大社会组织培育扶持工作力度,培育公益性社会组织55家。在全市率先实施政府向社会组织统一、批量购买公共服务,初步形成公共服务的社会参与机制和竞争机制。利用市民中心平台,支持社会组织开展各项公益活动222场。

科技 教育 文化 卫生 体育

科技与信息化事业。制定实施《数字东城行动计划(2011~2015年)》,数字城市建设逐步展开。全区高新技术企业发展迅速,国家级高新技术企业突破百家。技术交易额50.67亿元,同比增长151%,专利申请2647项,同比增长51%,授权1650项,同比增长68%。完成"科技促进北京(永外)时尚创意产业"等科技提升传统产业项目。承担国家级公共服务标准化示范区试点、国家数字城市地理空间框架试点、"电梯卫士"物联网试点等项目,继续建设楼宇经济监测平台,服务经济与社会发展。

教育事业。积极推广"学区化管理"、"蓝天工程"等经验,8对16所中小学结为深度联盟校,着力打造东城教育的特色与品牌。动态整合教育资源,在全市首创"小幼一体化衔接"办学模式。完成5所幼儿园建设。全区教学质量进一步提升,中考成绩位居全市前列,高考本科上线率90%。强化素质教育,学生综合能力明显提升。成立青少年科技学院和艺术学院,建立科技特色项目基地26个,获得2010年全国天文奥林匹克竞赛一等奖2个,第30届北京青少年科技创新大赛一等奖12个。深化"名师名校长工作室"建设,提升优秀教育人才专业素质。全面推进"校安工程",全年加固改造教学楼房89栋。为所有学校配备了保安,提升校园自护能力。

文化事业。打造品牌节、文化节、戏剧节、庙会等大型特色品牌文化活动。发挥国家话剧院、北京人艺、中央戏剧学院等专业艺术院团和首都剧场、刘老根大舞台等剧场资源聚集优势,推动剧场群和首都戏剧文化城建设。全年各类公益性演出500余场,观众达到500万人次。基本完成第三次全国文物普查。清末邮局、隆安寺二期等文物修缮工程竣工。非物质文化遗产保护工作继续保持在全国先进行列,20个项目进入国家级、49个项目进入市级非物质文化遗产名录。孔庙和国子监博物馆、龙潭公园、明城墙遗址公园被评为4A级旅游景区。

公共卫生事业。启动"国家中医药发展综合改革试验区"建设。开展中医药科普知识"六进"活动,地坛中医药养生文化园成为中医药文化传播的窗口。推进国家中医药特色社区卫生服务示范区建设和健康管理社区工作。引进东阿阿胶等10家中医药企业入驻东城。推行辖区居民健康管理,社区卫生服务中心实现24小时服务。强化卫生应急机制建设,组建了应急处理小分队,卫生应急处置能力不断提高。传染病继续保持低发态势。普仁医院、建国门医院、鼓楼中医院等改扩建项目进展顺利。

体育事业。在北京市第13届运动会上,东城区代表团获得总成绩第二名。全区新增7个"体育生活化社区",总数达到29个。

与纽约市皇后区签署《友好交流备忘录》。计划生育利益导向机制建设取得新突破。

民宗侨、红十字、档案、地方志、妇女儿童等工作也都取得较好成绩。

城市建设和城市管理

一、推进城市管理创新。推进城管监督中心、公共安全指挥中心、应急指挥中心"三中心一体化"城市运行管理体系建设。静态交通管理、胡同停车试点工程取得新进展。二、开展市容环境整治。拆除违法建设616处、6000平方米,提前、超额完成全年任务,加大对老旧小区、重点大街、校园周边等环境整治力度。道路通行能力显著提高,市民休闲购物的安全性、舒适性进一步提升。三、加快市政基础设施建设。完成沙滩南巷、夕照寺东街、永内东街等41条道路、10.4万平方米的维修养护工程。东南二环内滨河路全线贯通,体育馆西路南段建成,香饵胡同西段道路微循环改造基本完成,东、西四块玉路开工建设。

重点工程建设。地铁8号线拆迁全面完成,地铁6、7、14号线拆迁工作进展顺利。国盛中心项目获得"国际地产大奖"世界最佳综合体大奖。玉河国际总部基地工程开工,钟鼓楼广场环境整治及市政道路改造、五道营整治及地下空间建设、国子监文化生态区等风貌保护项目有序推进。东南二环内滨河路建成通车,一师附小新建工程、既有建筑节能改造等社会事业项目稳步推进。

城市管理创新。中国"2010城市管理经验交流会"在东城区召开,东城区创造的"城管模式"得到社会各界的广泛关注和高度认可,并在全国推广。东城区获得"中国最佳管理城市奖"和"中国和谐管理城市奖",中央和国家部委、省市领导先后100余次到东城区考察调研。成立区环境建设委员会,城市环境建设共建共享工作机制进一步健全。建立综合执法机制,所有街道、地区挂牌成立综合执法组。大力开展"黑车"整治、校园周边环境集中整治、夏季市容环境"百日整治"和环境秩序"百日整治"等综合执法专项行动。

城市环境整治。崇雍大街改造提升工程竣工,全线面貌焕然一新。老旧小区、胡同和驻区中央党政机关周边环境得到整治。鼓楼桥、光明桥夜景照明工程完成。东直门外斜街、珠市口东大街等9条道路的绿化改造提升工程完工,全区改造扩大绿地18.3万平方米。建成区级餐厨垃圾处理中心,实现餐厨垃圾统一收运和集中处理,45个居住小区生活垃圾分类工作和29个垃圾楼改造工程全部完成。东四子站、天坛子站空气质量全部完成二级和好于二级天数达到73%的目标。

静态交通管理工作。启动"九横八纵"静态交通从严管理工作,实施香饵胡同西段道路微循环改造和板厂南里社区静态交通管理,积极推进车辇店胡同临时停车场等胡同停车试点工程。

精神文明建设 法制建设 基层政权建设

以迎接全国文明城区复查为契机,深入开展群众性精神文明创建活动,城市文明水平和市民文明素质明显提升。圆满完成征兵任务,被市政府和北京卫戍区评为征兵先进单位。创新军警民共建工作,实现了全国双拥模范城"六连冠"的目标。开展"道德风尚我传承"、"公共秩序我示范"、"排队日"等群众性精神文明创建活动。

依法行政。自觉接受人大及其常委会法律监督和工作监督、政协民主监督和社会各界监督,积极听取各民主党派、工商联、无党派人士、人民团体的意见。深化区长领衔办理制,办理人大代表议案、建议和政协委员提案、政协建议案706件,办结率100%。制订《东城区依法行政考核办法》,夯实全区依法行政工作的基础。行政复议工作水平进一步提升。扎实推进政府信息公开工作,公开信息4494条。建立网上行政许可平台,加强对行政审批、政府投资项目等重点工作的监督检查,加大查办案件力度,反腐倡廉建设不断加强。圆满完成创建全国双拥模范城试点考评和"五五"普法任务。

改革创新。按照"大城管"理念成立城市综合管理委员会,对城市管理各部门实施统一组织协调。推进公共财政改革,完善公共财政体系。强化国有资产监管,出台《重大事项决策咨询委员会管理暂行办法》。

执行力建设。深入开展"政府规范化建设年活动",扎实推进执法监察、政风行风建设等项工作,切实保障政府行政效能提高。

（胡澄）

大 事 记

2010年大事记

1 月

4 日 市委书记刘淇、市长郭金龙、常务副市长吉林参加原东城区扫雪铲冰活动。

☆ 原东城区政协向区图书馆捐赠文史资料书籍。

5 日 原东城区领导走访慰问驻区部队。

6 日 原东城区委十届九次全体会议召开。

7 日 副市长黄卫到北京军区总医院看望在扫雪铲冰工作中突发脑出血的原东城区环卫中心职工王长荣。

7~8 日 中国第一届庙会文化论坛在原东城区举行。

11~13 日 原东城区政协十二届四次会议召开。

12 日 "数字东城"网站在网上以图文形式直播原东城区人大会议开幕式。

12~15 日 原东城区人大十四届五次会议召开。

13 日 杨柳荫会见香港置地集团公司总裁一行。

15~16 日 由中国市长协会、北京大学中国地方政府研究院主办,原崇文区委、区政府承办的"2010 城市管理经验交流会"召开。

16 日 国务院总理温家宝在刘淇、郭金龙陪同下到原崇文区考察。

19 日 市委常委梁伟到原东城区调研社区便利生活服务圈建设工作。

19~20 日 原东城区总工会十六届七次全体(扩大)会议召开。

22 日 杨艺文会见中国银行北京分行新任行长张金良。

28 日 原共青团东城区委八届八次全体(扩大)会议召开。

29 日 杨艺文会见瑞士国际绿色区域联盟中国区主任关皑。

☆ 原东城区春节军政座谈会召开。

31 日 北京春节系列文化活动在前门大街启动。

2 月

1 日 龙潭湖体育馆开馆。

1~3 日 原东城区领导杨柳荫、杨艺文走访慰问驻区中央国家机关。

2 日 全国政协副主席、台盟中央主席林文漪到原崇文区调研台资企业发展工作。

3 日 原崇文区委工作会召开。

☆ 市委副书记、政法委书记王安顺走访慰问原东城区优秀政法干警和优抚对象。

4 日 原东城区新老四套班子新春联谊会举行。

☆ 《"数字东城"建设行动计划(2010~2012)》研讨会召开。

☆ 原东城区举行首都戏剧文化城建设推进会。

5 日 杨柳荫会见美国倪德伦环球娱乐公司总裁兼首席执行官鲍勃・倪德伦一行。

8 日 中共中央政治局常委、中央政法委书记周永康到原东城区检察院视察慰问。

9 日 原东城区纪委十届七次全会暨全区党风廉政建设工作会召开。

☆ 副市长程红到原东城区朝内菜市场检查节前市场供应情况。

10 日 刘淇、郭金龙等到朝内南小街菜市场检查春节前市场供应情况。

13 日 国务委员、公安部部长孟建柱,市长郭金龙到原崇文区检查安保工作。

☆ 原东城区领导慰问春节期间坚守工作岗位的干部职工。

☆ 原崇文区领导夏强、牛青山等除夕夜检查烟花爆竹安全燃放管理工作。

13~20 日 第二十七届龙潭庙会举办。

☆ 第二十五届地坛春节文化庙会举办。

14~18 日 前门大街举办"天街年市"春节系列文化活动。

25 日 原东城区第十一次妇女代表大会召开。

26~28 日 前门大街举办天街上元灯会。

28 日 副市长刘敬民到原东城区检查节日期间烟花爆竹安全管控工作。

3 月

1 日 全市学习推广原崇文区"信访代理"经验交流现场会召开。

☆ 原东城区召开全国“两会”安保维稳工作动员部署会。

☆ 刘淇到原东城区检查全国“两会”服务保障工作。

2 日 原崇文区召开国民经济和社会发展“十二五”规划编制工作动员大会。

4 日 原东城区召开建设“国家中医药发展综合改革试验区”工作会。

5 日 原崇文区委召开第二批学习实践科学发展观活动总结大会。

11 日 王安顺一行到北京饭店检查原东城区全国“两会”安保工作。

17 日 副市长陈刚到原东城区调研旧城保护修缮工作。

18 日 市政协主席阳安江考察地铁 5 号线东四站(C口)公共自行车租赁与地铁、公交、社区接驳情况,专题调研绿色出行情况。

20 日 全国人大副委员长、全国妇联主席陈至立视察南池子社区妇女维权工作。

31 日 原崇文区召开 50 强企业表彰大会。

☆ 原东城区精神文明建设暨双拥工作大会召开。

☆ 北京站西街文物普查项目 7 号楼整体平移工程启动。

☆ “2009·感动东城”十大道德模范评选结果揭晓。

4 月

3 日 原东城区“建绿色东城,爱绿色家园”主题植树活动举行。

☆ 原崇文区举行东南二环内滨河路竣工通车仪式。

9 日 原东城区与成都市锦江区学习交流座谈会暨缔结友好区仪式举行。

☆ 北京市第五届赏梅会暨第三届北京明城墙梅花文化节开幕。

10 日 北京宏志中学举行建校 10 周年庆典。

13 日 原东城区第二届特殊奥林匹克运动会举行。

14 日 原东城区举行廉政教育基地揭牌仪式。

☆ 全国政协副主席张梅颖到原东城区百年职校调研。

☆ 青海玉树县发生 7.1 级地震,原崇文区捐善款 500 万元。

18 日 原崇文区举办第七届金鱼池社区节。

19 日 黄卫到景山学校调研基础教育发展情况。

20 日 中央统战部副部长尤兰田,副市长陈刚分别视察原崇文区台湾商务区建设工地。

☆ 原东城区举行第七届残疾人运动会。

21 日 鲜鱼口老字号餐饮街招商仪式启动新闻发布会在刘老根大舞台举行。

22 日 原崇文区科协召开第七次代表大会。

25 日 原东城区举行“迎五一京剧名家演唱会暨京剧国粹进社区”活动。

27 日 原东城区申报联合国国际花园城市启动会召开。

28 日 中央政治局委员、国务委员刘延东到景山学校调研基础教育发展工作。

☆ 杨艺文会见美国纽约市皇后区区长海伦·马歇尔一行。

☆ 原崇文区委召开开展创先争优暨党员作风建设年活动动员部署会。

29 日 原东城区庆五一暨劳动模范先进工作者表彰大会召开。

30 日 杨艺文会见匈牙利布达佩斯第一区区长纳吉·噶波·托马斯和第二十二区区长萨伯茨·阿提拉。

☆ 原崇文区总工会举行职工服务中心新址启用仪式。

5 月

1 ~ 3 日 第三届北京中医药文化宣传周暨第二届地坛中医药健康文化节在地坛公园举行。

6 日 首届“北京·南锣鼓巷戏剧节”开幕。

7 日 原崇文区举行台湾会馆重张暨台商入住崇文台湾商务区签约仪式。

11 日 杨艺文主持召开“世界城市与东城文化发展”专家座谈会。

☆ 原崇文区举行《崇文史地文化丛书》首发式。

☆ 原东城区“百姓周末大舞台”,第二十四届群众文化艺术节,第二十五届夏日文化广场启动。

13 日 区县级残疾人职业康复服务中心在原东城区落成启用。

15 日 北京时尚新世界百货开业。

17 日 原东城区加强政府规范化建设年活动动员部署会召开。

18 日 原东城区“十二五”规划纲要编制工作部署会召丌。

20 日 原东城区补选第十四届人民代表大会正式后选人投票选举。

21 日 全国政协副主席、中央统战部部长杜青林到台湾会馆视察。

22 日 郭金龙到原东城区检查房屋防汛准备情况。

23 日 “第二届皇城文化旅游节”开幕式在孔庙举行。

26 日 原东城区举行“学道德楷模 看身边好人——道德模范基层宣讲活动”启动仪式。

26 ~ 27 日 原共青团东城区第九次代表大会召开。

28 日 原东城区庆祝六一表彰大会举行。

6 月

3 日 市人大常委会副主任李昭玲带领市人大妇女代表小组到原崇文区参观台湾会馆并座谈。

5 ~ 6 日 首届地坛论坛召开。

7 日 市人大常委会主任杜德印到原崇文区调研生活垃圾处理工作。

17 日 程红到原东城区调研品牌引进与特色街建设工作。

☆ 原东城区预防青少年违法犯罪与未成年人保护工作会召开。

18日 原东城区深入开展创先争优活动工作会议召开。

21日 副市长丁向阳到原东城区调研社区卫生服务工作。

25日 原东城区召开纪念侨联成立25周年座谈会。

28日 王安顺到原东城区走访慰问市优秀共产党员龚海英和全国先进基层党组织东城区特殊教育学校党支部。

☆ 国务院正式批复北京市关于调整首都核心功能区行政区划的请示。

7 月

1日 原东城、崇文区区级领导干部参加北京市召开的四城区区级领导干部会议,传达国务院关于首都核心功能区区划调整的批复精神,动员部署行政区划调整工作。

2日 原东城、崇文区正处级以上领导干部参加北京市在北京会议中心召开的原东城、西城、崇文、宣武四城区正处级以上领导干部大会,动员部署行政区划调整工作。

☆ 副市长夏占义带队检查玉河北段绿化工程。

3日 牛青山主持召开东城区政府筹备组第一次会议。

5日 原东城、崇文区领导干部大会在保利剧院召开,传达国务院关于区划调整的批复精神。

☆ 区人大筹备组组长冯熙主持召开东城区人大筹备组第一次会议。

9日 召开区各界人士区划调整情况通报会。

10日 区级机关办公地点调整迁入工作完成。

12日 区级机关集中对外办公。

☆ 区纪委(监察局)召开机关干部大会,宣布新区纪委书记、常委和监察局领导班子成员名单。

13日 区党代表大会筹备工作领导小组会召开。

14日 杨柳荫、牛青山、徐熙、夏树军等走访新世界项目管理中心和同仁堂集团。

15日 区全国城市公共文明指数测评部署会召开。

20日 召开区老干部区划调整情况通报会。

☆ 区政协筹备组领导与区工商联界别委员座谈。

23日 召开东城区委党员代表大会,通报新区党委和纪委书记、副书记、常委任命情况等事项。

24日 举办百名将军迎八一书画艺术作品展。

26日 区政协筹备组党组会议召开。

29日 区庆八一军政座谈会举行。

☆ 区领导走访慰问驻区部队。

8 月

4日 杨柳荫、牛青山等调研南片区划及产业园区工作。

☆ 杨柳荫主持召开区总体发展战略规划编制工作第二次调度会。

6日 杨柳荫就新区《人文东城行动计划(2010～2012)》编制工作与国家文化产业研究中心主任、清华大学教授熊澄宇座谈。

8日 中国原创冰上杂技《幻境极光》在龙潭公园中心岛剧场首演。

9日 召开区人大代表情况通报会。

10日 区委召开党派团体通报协商会。

12日 杨柳荫、牛青山等调研行政区划及功能区建设工作。

☆ 举办“魅力东城 锦绣新区——唱东城 爱东城 建设新东城”文艺演出。

☆ 召开政协筹备组(扩大)会议。

13日 中共中央政治局常委、国务院副总理李克强出席本区对接安置房项目定福庄南区建设工程奠基仪式。

☆ “2010·崇外商圈购物节”启动。

15日 王府井教堂、东交民巷教堂、南岗子教堂分别举行天主教“圣母升天”瞻礼。

16日 政协筹备组召开原两区政协常务委员会会议。

19日 区人民法院党组成立。

☆ 区人民检察院党组成立。

20日 市委常委、市总工会主席梁伟到区调研社区青年汇建设工作。

24日 政协东城区委员会(临时)第一次全体会议召开。

25日 市司法局局长于泓源到区司法局调研。

25～26日 东城区人民代表大会(临时)第一次会议召开。

27日 区社会服务管理创新综合试点工作推进大会召开。

30日 王安顺到大成律师事务所视察工作。

9 月

1日 市外办主任赵会民到区调研。

☆ 市监察局局长张厚崑到区调研。

☆ 市、区领导出席区部分中小学开学典礼。

2日 区妇联第一次执委会会议召开。

3日 区总工会(临时)委员会第一次全体会议召开。

4日 “全国首届宏志教育高峰论坛”在广渠门中学举行。

7日 区庆祝第26个教师节表彰大会召开。

☆ 杨柳荫、牛青山带队到通州区实地察看本区保障性住房选址地块情况。

☆ 区人代会(临时)常委会召开第一次主任会议。

8日 全国政协主席贾庆林视察台湾会馆。

10日 市、区领导到区清真寺祝贺开斋节。

☆ 区委召开专题会议,研究行政区划调整后各部门领导职能,编制和人员安置等事项。

12日 第一届北京王府井国际品牌节开幕。

☆ 金宝街嘉年华巡游活动举行。

13日 WTO与中国:北京国际论坛(2010)主题论坛——品牌发展与世界城市在天伦王朝饭店举行。

☆ 区第一届青年体育节开幕。

14日　内蒙古自治区赤峰市红山区考察团到区参观网格化城市管理新模式。

15日　区级机关新址揭牌仪式举行。

16日　市委政法委副书记、首都综治办主任、市流管办主任李万钧到区调研网格化社会服务管理创新工作。

19日　第十二届北京国际旅游节在前门大街开幕。

20日　区举行纪念《关于控制我国人口增长问题致全体共产党员、共青团员的公开信》发表30周年庆典表彰活动。

☆　第十二届北京国际旅游节分会场——第三届红桥珍珠文化旅游节开幕。

☆　区各界人士“欢度中秋喜迎国庆”联欢会举行。

27日　“首届北京孔庙国子监国学文化节”开幕。

☆　杨柳荫会见加拿大蒙特利尔银行中国区总经理一行。

28日　第一届前门历史文化节暨前门大街开市周年庆祝活动启动仪式举行。

☆　区区划调整人员安置工作部署会召开。

☆　刘敬民带队检查第五届龙潭灯会运行情况和安全保障工作。

☆　程红到本区东直门外清真寺和东直门内南小街菜市场检查节前安全和食品供应工作。

29日　刘淇、郭金龙带队到本区检查国庆期间公共安全工作。

☆　区“五月的鲜花”群众歌咏活动汇报演出举行。

30日　区领导慰问节日期间坚守一线的公安、交通、城管、环卫干部职工。

10　月

1日　区四套班子领导参加庆祝中华人民共和国成立61周年向人民英雄纪念碑敬献花篮仪式。

4日　刘敬民到区检查十一环境保障工作。

8日　陈广元大阿訇手书、王凤桐石刻捐赠仪式在东四清真寺举行。

11日　区“孝星”表彰大会暨迎重阳文艺汇演举行。

☆　北京皇城艺术品交易中心开幕揭牌仪式举行。

15日　区“迎重阳，送关爱——为老服务月”活动启动仪式举行。

16日　北京市第十一中学建校60周年庆祝活动举行。

☆　“爱在重阳——北京首届重阳文化节”在孔庙国子监举行。

25日　原中共中央政治局常委尉健行参观时传祥纪念馆。

29日　区城市环境建设委员会成立大会召开。

11　月

2日　区文联艺术家协会（临时）成立大会召开。

5日　李克强到韶九社区调研人口普查工作。

☆　郭金龙到区检查冬季采暖安全工作。

8日　韩国首尔市中浪区议会友好代表团到区访问。

9日　周永康到区视察。

☆　市委常委、市纪委书记叶青纯到区调研廉政风险防范管理工作。

☆　市“群众心目中的好党员”先进事迹东城区专场报告会举行。

☆　区老年大学建校25周年教学成果展开幕。

12日　牛青山与专家座谈《人文东城行动计划（2010～2012）》编制工作。

13日　美国时装品牌GAP大陆首家旗舰店落户区apm商场开业仪式举行。

15～17日　法国巴黎大区伊西市友好代表团到区访问。

16日　区文化创意产业年度酒会暨东城区文化创意产业发展专项资金发放仪式举行。

17日　北京中医药大学、北京宏志中学合作创办中医药高中实验班“中医药杏林实验班”签约仪式举行。

☆　世界卫生组织（WHO）驻华代表蓝睿明博士一行到区考察建设国家中医药发展综合改革实验区工作。

19日　梁伟到建国门街道调研社会服务管理创新工作。

20日　中韩少年儿童“绿色出行·文明交通·爱护环境”沙福杯绘画大赛优秀作品展暨颁奖启动仪式举行。

22日　区人才工作会议召开。

23日　第六次全国厂务公开民主管理工作调研检查组到区检查指导工作。

☆　中组部调研本区非公有制企业党建工作情况。

24日　区委第12次常委会讨论通过《东城区总体发展战略规划（2011～2030年）（讨论稿）》。

25日　刘淇实地调研本区位于通州“两站一街”的对接安置房项目。

☆　区199个社区“妇女之家”揭牌仪式在朝阳门街道举行。

☆　市妇联主席赵津芳视察东花市街道妇女活动中心及枣苑社区妇女之家。

26日　中纪委委员祝春林率中央信访工作督导组到区督导检查信访工作。

☆　市纪委副书记王海平到区调研党风廉政建设和反腐败工作。

29日　区第一次律师代表大会召开。

12　月

1日　“时传祥环卫工人专项温暖基金”启动仪式在时传祥纪念馆举行。

5日　公安部禁毒局局长刘跃进，市领导王安顺、傅政华、刘敬民到和平里街道视察“向日葵社区”创建工作。

7日　刘淇、郭金龙到区调研地下人防工程利用和管理工作。

9日　“相聚北京——中外朋友迎新年专场文艺演出”活动在龙潭公园中心岛剧场举办。

16日　区历史文化名城保护工作委员会第一次会议召开。

☆　"世界城市·企业责任"第三届东二环交通商务区高峰论坛举办。

20日　台湾文化商务区开街新闻发布会暨台商品质宣言签署仪式在台湾会馆举行。

☆　团市委书记王少峰、副书记姜泽廷到区检查指导团建工作。

20~22日　日本东京都目黑区区长青木英二率代表团到区友好访问。

21日　区领导带队抽查贯彻落实党风廉政建设责任制和推进惩防体系建设工作。

23日　区举办"'倡导文明新风建设人文东城——做文明有礼的北京人'主题活动"成果展示观摩会。

25日　"2011年全国年货购物节"启动仪式在王府井大街举行。

27日　台湾文化商务区开街仪式举行。

☆　区第一届青年体育节闭幕式暨颁奖典礼举行。

28日　区"百福到家传递博爱"书画家新年助残活动启动。

29日　区"创新就业服务模式,推进公共就业服务"场所建设启动仪式举行。

30日　和田特色产品进京过大年活动启动仪式在王府井大街举行。

特　　载

文　件　（节选）

抢抓机遇　乘势而上
全面推进"国际化、现代化新东城"建设

2010年1月6日在中共东城区委十届九次全会上的工作报告

原中共东城区委书记　杨柳荫

一、2009年工作回顾

2009年是新中国成立60周年的喜庆之年，也是我区积极应对国际金融危机挑战的关键之年。一年来，常委会在市委、市政府的坚强领导下，以深入学习实践科学发展观活动为契机，集中精力保增长、保民生、保稳定，努力危中寻机、借机跨越。先后召开了28次常委会会议和区委十届八次全会，就国庆筹办工作、"三保"工作、学习实践活动、总体发展战略规划等重大议题作出决策和部署。按照总揽全局、协调各方的要求，团结带领全区人民迎难而上、共克时艰、真抓实干，全面推进"国际化、现代化新东城"建设，各项工作站在了一个新的起点。

第一，扎实开展深入学习实践科学发展观活动。常委会结合区情实际，确立了"科学发展创首善，打造国际化、现代化新东城"的主题。认真抓好第一批学习实践活动和"回头看"工作，坚持"两手抓、两不误、两促进"，突出实践特色，把"三保"、国庆筹办等工作作为活动成效的重要检验，实现了"党员干部受教育、科学发展上水平、人民群众得实惠"的总要求，群众满意度达98.03%。专门组织考察团分赴国内先进地区学习考察，对推动新一轮的科学发展形成了共识。坚持边学边查边改、能改快改，率先在全市启动了20年总体发展战略规划、地下空间整体利用规划和人才发展战略规划的编制工作，在创新发展理念、完善体制机制上取得了新的进展。各级党组织和广大党员干部认真开展解放思想大讨论、"我为东城科学发展献一策"等活动，采取"走出去、请进来、沉下去、上门访"等方式着力解决突出问题，共办惠民实事1700余件，使学习实践活动真正成为"群众满意工程"。同时，以学习贯彻十七届四中全会精神、加强基层党组织建设为主线，扎实开展第二批活动。通过开展学习实践活动，进一步解放了党员干部的思想，坚定了全区上下走国际化、现代化之路的信心和决心，为推动经济社会协调发展提供了坚强政治保证。

第二，圆满完成新中国成立60周年庆典活动和服务保障任务。作为国庆庆祝活动的核心地区和主要集结地，我区承担了极其繁重的任务。常委会切实加强对国庆筹办工作的统筹协调、科学指挥和督察监察，注重条块结合、上下联动，形成了快捷高效的组织运行体系。高标准完成"开天辟地"游行方阵、背景组字表演、联欢晚会表演以及群众游园、环境整治、国庆景观布置、新闻宣传、城市运行保障等一系列重要任务。坚持把确保绝对安全贯穿国庆筹办的始终，加强应急演练，强化社会面防控，完善信访工作长效机制，动员各方力量做好治安巡逻、矛盾排查、风险防范等工作，妥善搬迁疏散东交民巷29、31号院内居民，圆满实现了"平安国庆"的目标。以"迎国庆、讲文明、树新风"为主题，广泛开展"60年巨变看东城"展览、"东城名片"和"感动东城"公德人物评选等市民教育活动，激发了群众的爱国热情。广大志愿者以热情周到的服务，再现了奥运期间的靓丽风采。在全区上下的共同努力下，国庆筹办工作实现了"隆重、喜庆、节俭、祥和"的总要求和"高质量、有创新"的目标，荣获全市"最佳服务保障奖"，同时也为我们留下了一笔宝贵的精神财富。

第三，区域经济运行实现企稳向好。常委会坚持一手抓国庆筹办，一手抓区域发展，使区域经济在金融危机的背景下呈现企稳回升的良好态势。预计全年地区生产总值完成820亿元，同比增长9%；区级财政收入完成71亿元，同比增长12.8%；固定资产投资完成205.8亿元，同比增长3.2%；

居民人均可支配收入达到28504元,同比增长9%。一是着力抓好政策落实。面对金融危机的严峻挑战,常委会积极应对、科学决策,全力落实北京市应对金融危机的66条措施,及时出台我区服务经济发展的24条措施和实施细则,制定了促进总部型企业、楼宇经济等发展的鼓励措施,促进了经济平稳较快增长。二是切实发挥投资、消费的拉动作用。千方百计促进项目落地,确保了地铁6、8号线等一批重点项目的顺利实施。积极搭建商业促销平台,切实抓好特色商业街区发展,通过举办"金街过大年"、"首届皇城文化旅游节"等系列活动,刺激了消费增长。南锣鼓巷成为北京唯一入选美国《时代》周刊推荐的25处必去的亚洲风情体验地。三是促进产业高端化发展。以三个功能区为依托,大力发展生产性服务业、文化创意产业,积极研究低碳经济、中医药等新兴产业发展。稳妥推进国资国企改革,完成了资产经营公司调整组建工作,优化了国企资产布局。四是积极帮扶企业,提高服务效能。简化审批环节,畅通绿色通道,加大中小企业扶持力度,广泛开展"送政策、送信息、送服务"活动,及时帮助企业解决拆迁、融资等难题。结合机构改革工作,初步建立了经济监测体系、产业促进体系和行政服务体系,完善了职能部门和街道整体联动服务机制,区域发展环境进一步优化。五是深入开展交流合作。与瑞士洛桑市合作建设绿色城区项目被纳入中瑞政府间合作框架,先后参与或协办了联合国教科文组织2009中国休闲与社会进步年会、中国企业跨国投资研讨会、东城区——北京市市长国际企业家顾问单位驻京机构联谊会、北京文博会、金博会等一系列活动,加强城市营销和招商引资工作,进一步提高了对外开放水平。

第四,"首都文化中心区"建设取得明显成效。常委会深入实施"文化强区"战略,充分挖掘我区丰厚的文化资源,进一步提升了区域文化"软实力"。一是公共文化服务体系不断完善。完成了文化馆、街道文体中心升级改造,出台措施鼓励驻区单位对社区居民开放内部文体设施,拓展了市民文体活动空间。整合区域戏剧文化资源,积极推进"首都戏剧文化城"建设,重点打造"五大剧场群"和"戏剧四季风"等品牌活动,成功承办了建国60周年话剧高峰论坛,促进了戏剧演艺事业繁荣发展。二是文化创意产业进一步发展。国际版权交易中心正式落成,建立了北京版权产业融资平台,雍和园荣获"2009年度中国最佳创意产业园区奖"。开展文化创意产业示范基地认定工作,形成了多个产业集聚区。积极推进"国家中医药发展综合改革试验区"建设,努力打造中医药文化品牌和产业发展平台。三是历史风貌保护工作有了新的突破。南锣鼓巷风貌保护工程、钟鼓楼·北京时间文化城建设积极推进,玉河再现了京城"水穿街巷"的历史景观。紧抓地铁6、8号线拆迁契机,合理促进沿线区域功能置换和地下空间开发利用,既拓展了我区发展空间,也促进了旧城风貌保护工作。积极推进文物修缮与利用工作,公布了第三批区级重点文物保护单位名单,国子监街成为北京市唯一入选首批十大"中国历史文化名街"的街区。

第五,"和谐社会首善之区"建设稳步推进。常委会切实加强以改善民生为重点的社会建设,不断提高群众生活品质,使人民群众得到更多实惠。一是着力解决群众关心的民生问题。高度重视因金融危机引发的就业问题,通过设立就业应急准备金、加强就业服务、开发就业岗位等措施,确保了就业形势基本稳定。认真落实低保标准调整政策和各项专项救助政策,积极实施"夕阳红工程",社会保障水平进一步提高。完成了一批保障性住房的申请、审核工作,西河沿危改拆迁顺利推进。通过实施6700余户民居修缮、9000余户用水"一户一表"改造、3.8万余户平房"煤改电"和涉及2900余户居民的老旧楼房通天然气工程,大大改善了居民的居住环境。狠抓大气污染治理,空气质量连续11年持续改善,创历史最好水平。二是努力促进社会各项事业健康发展。继续推进义务教育优质均衡发展,一批教学设施得到改善,蓝天工程、学区化管理、学校联盟作用日益显现,中高考成绩继续保持全市领先。完善社区卫生服务双向转诊工作,拓展社区中医特色服务,开展"社区健康之家"试点工作,全力落实防控甲型H1N1流感疫情的各项措施,提高了群众健康水平。继续开展群众性体育活动,体育生活化社区建设进一步深化。启动了建设国家级"城市公共服务标准化示范区"工作。三是扎实推进和谐社区建设。圆满完成社区党组织和居委会换届选举。通过"开放空间社区参与行动"等形式进一步调动了居民参与社区建设的积极性。深入实施社区服务发展规划,完成115个社区服务站配套设施标准化建设,启动了社区规范化建设试点工作。四是进一步提高了社会管理和城市管理水平。充分发挥社会组织指导服务中心、市民中心的作用,搭建了政社、政民良性互动的平台。探索实行在商务楼宇内建立党建工作站、社会工作站和工会服务站"三站合一"的新模式。参与承办"第四届数字城市大会"。进一步拓展城管新模式监管范围,开展了公共安全监管新体系研究。制定环境卫生、园林绿化、市政道路管理服务规范,健全了城市管理常态化机制,城市环境品质显著提升。

第六,党的建设进一步加强。常委会紧紧抓住学习实践活动和领导干部作风建设年活动,以改革创新精神全面推进执政能力建设和先进性建设。制定加强和改进党委(党组)中心组学习、大规模培训干部工作的实施意见,"学习型领导集体"创建工作进一步深化。开展了处级干部学习贯彻十七届四中全会精神轮训和"一把手素质培训工程"、古都风貌保护与城市现代化等专题培训,探索实行"规定+自选"教育培训模式。健全完善了岗位目标责任制考核体系,选派优秀干部到国庆工作一线进行锻炼。进一步加强党内民主建设,坚持党代表列席区委全会制度,开展"党代表接待日"试点工作,推行了基层党组织"三推一选"模式。继续实施"凝聚工程",以加强社会领域党建工作为重点,分类推进基层党建工作创新。着力抓好作风建设,夯实基层基础工作。各级领导干部带头深入基层调研、带头抓好项目落地、带头开展大接访等工作,切实发挥了模范带头作用。认真落实党风廉政建设责任制,加大案件查处力度,领导干部廉洁自律意识进一步增强。按照"两网两轴"的框架构建了网上监察平台。深入推进廉政风险防范管理工作,对扩内需、保增长政策落实情况和国庆筹备工作进行全程监督,惩治和预防腐败体系建设取得新的进展。

一年来,常委会充分发挥核心领导作用,区四套班子合力兴区的政治局面进一步巩固。区人大及其常委会切实加强对贯彻实施有关法律法规情况的执法检查，充分发挥人大代表的主体作用，不断扩大公民有序政治参与，进一步提升了工作质量和水平。区政协围绕“保增长、促和谐、建首善”积极建言献策、发挥优势，组织“地下空间开发利用”专题研究，有效履行了政治协商、民主监督、参政议政职能，更好地融入了全区发展大局。各民主党派和民族宗教侨务等统一战线各界人士积极投身国庆筹办和“三保”工作，发挥了重要作用。坚持党管武装，国防后备力量建设质量不断提高。切实加强对群团组织工作的领导，工会、共青团、妇联、工商联、侨联、残联、科协、文联等人民团体紧紧围绕全区工作大局，充分发挥了密切联系群众的桥梁纽带作用。常委会切实加强自身建设，坚持民主集中制，建立健全了常委分工负责制、重大事项票决制、区委常委向常委会报告工作、常委会调查研究等各项制度，促进了决策科学化、民主化水平的提升。

根据市委的要求，下面把2009年度干部选拔任用工作情况向全委会作简要报告。2009年，区委常委会共讨论决定干部任免320人次，集中调整了335名处级后备领导干部和30岁以下科级优秀领导干部。在干部选拔任用工作中，区委常委会严格贯彻执行《党政领导干部选拔任用工作条例》和“民主、公开、竞争、择优”的方针，坚持了德才兼备、以德为先的用人标准，坚持规范了选人用人程序，坚决防止带病提拔现象发生，加大了竞争性选拔干部力度，在后备干部调整中改进考试方法，尝试差额笔试面试、差额推荐、差额考察，坚持全程实录、与纪检部门联系沟通、日常监督、教育提醒等制度，健全干部选拔任用监督机制，有效防范用人上的不正之风。具体情况请参阅已下发的书面报告。

二、关于当前面临的形势

作为“首都功能核心区”，经过奥运会和国庆60周年庆典的洗礼，光荣进入“全国文明城区”的行列，东城区的发展进入了一个新的阶段，同时也面临着新的考验。面对当前错综复杂的国际国内形势和首都工作的更高要求，我们首先要树立忧患意识和责任意识，切实增强加快发展的紧迫感和危机感。从外部环境看，全球经济复苏将是一个缓慢曲折的过程。我国和北京市虽然走出金融危机的阴影，但仍有许多不确定因素和风险。特别是首都各区县都在抢抓机遇、竞相发展，我区将面临“不进则退、慢进也是退”的严峻考验。从我区自身来看，虽然经济发展好于去年初预期，但作为一个现代化国际城市的中心城区，国际金融危机的滞后影响仍在继续，区域经济增长的动力仍显不足。在前几年经济保持持续高位运行和人均GDP突破2万美元的基础上，我区自身发展已步入相对趋缓的高位平台期，这是由经济发展的周期性和规律性决定的。在当前社会投资和居民消费尚未有效撬动、主导产业整体规模和效益仍待提升的情况下，继续保持经济快速增长任务艰巨，维持财政收支平衡压力巨大。此外，随着超常规安保措施的取消，维护首都安全稳定的任务异常繁重。

面对发展中的新挑战、新难题，常委会认为，我们既要看到不利因素，更要看到有利因素，进一步坚定发展信心。一是中央经济工作会提出的“五个更加注重”和市委十届七次全会关于加快实施“人文北京、科技北京、绿色北京”发展战略、建设世界城市的重大部署，为我们打造“国际化、现代化新东城”指明了方向。我们要认真贯彻“三个北京”行动计划，加快“人文东城、数字东城、绿色东城”建设步伐，努力在全市发展大局中赢得主动、走在前列。二是我区促进主导产业发展的政策效应日益显现，发展低碳经济、中医药等新兴产业具备显著优势。只要我们紧紧抓住全球低碳经济产业革命机遇和“中关村国家自主创新示范区”、“国家中医药发展综合改革试验区”等各项政策机遇，把资源优势转化为发展优势，就能够抢占新兴产业制高点，实现差异化发展。三是通过开展学习实践活动，影响区域科学发展的一些“老大难”问题初步得到解决，特别是我区已经启动了总体发展战略规划的编制工作，地下空间整体利用也迈出关键步伐，这将有效拓展我区的发展空间，进一步增强可持续发展能力。四是通过奥运、国庆筹办的重大考验，我们在城市运行、社会管理、维护稳定等方面积累了许多成功经验。各级领导班子攻坚克难能力和执政水平得到增强，全区上下形成了拧成一股绳、心往一处想、劲往一处使的强大合力，为我们在新起点上实现新发展提供了有力的思想和组织保障。

三、关于2010年主要任务

第一，坚持以规划引领全区科学发展，全力做好区域各类规划编制工作。

第二，坚持以世界城市为标准，努力提升经济社会发展和城市管理的国际化、现代化水平。

第三，坚持抓项目与促消费相结合，进一步巩固经济企稳回升的基础。充分发挥投资、消费对区域经济的拉动作用，注重带动社会投资，继续优化消费环境，促进经济平稳增长。一是加大重点项目的实质性推进力度。二是做好重大项目的服务保障工作。三是继续培育和扩大消费市场。

第四，坚持产业高端化方向，促进主导产业集聚和新兴产业发展。一是着力提升主导产业的规模和质量。二是积极培育低碳经济、中医药等新兴产业。三是积极促进国有企业和民营经济的发展。落实国资国企改革方案，积极支持业态好、潜力大的改制国有企业在创业板上市，解决企业融资难的问题。

第五，坚持“文化强区”战略，加快“首都文化中心区”建设步伐。一是进一步提升公共文化服务水平。二是进一步加强文化创意产业体系建设。三是进一步推进历史风貌保护工作。

第六，坚持以人为本，进一步改善民生、促进社会和谐。一是切实解决就业、教育、医疗、住房等民生问题。二是进一步提高社会建设和管理水平。三是继续深化“平安东城”建设。牢固树立“稳定是第一责任”的意识，紧紧抓住影响社会和谐稳定的源头性、根本性、基础性问题，深入推进社会矛盾化解、社会管理创新、公正廉洁执法等工作。

第七，坚持保障人民民主权利，切实加强民主政治建设。常委会要充分发挥“总揽全局、协调各方”的核心领导作用。

四、以改革创新精神全面加强党的建设

一是着力抓好十七届四中全会精神的学习贯彻，进一步推进学习型党组织建设。二是着力提升领导班子和党员干部推动科学发展、促进社会和谐的能力。三是着力坚持和健全民主集中制,积极推进党内民主建设。四是着力抓好基层党建工作创新,切实做好抓基层打基础工作。充分发挥基层党组织推动发展、服务群众、凝聚人心、促进和谐的作用,把更多的人力、财力投向基层,进一步夯实党执政的组织基础。五是着力加强作风建设,努力以良好的作风完成全年的各项任务。六是着力推进惩治和预防腐败体系建设。

东城区人民代表大会常务委员会工作报告

2010年1月13日在东城区第十四届人民代表大会第五次会议上

原东城区人大常委会主任　刘朋庆

一年来,组织召开常委会会议6次、主任会议13次,听取审议“一府两院”专项工作报告和常委会报告21项,形成决议、决定、审议意见书12件,顺利完成市、区人大代表的补选工作,接受辞职2人和任免“一府两院”组成人员49人、任命人民陪审员102人,检查2项法律法规在我区的贯彻实施情况,视察8项我区重点工作,协助市人大常委会开展7项立法调研和立法征询意见工作,较好地完成了全年各项工作任务。

一、围绕中心工作,不断增强监督实效

常委会围绕中心、服务大局,严格执行《监督法》,深化监督内容,突出监督重点,务求监督实效,大力推进我区经济社会科学发展。

(一)加强计划和预算监督工作

常委会安排12项议题,加强和深化计划和预算监督工作。先后听取和审议了区政府关于2008年预算执行和其他财政收支的审计工作报告,审查和批准了区政府关于2008年财政决算及决算的报告,听取了区政府关于2009年财政预算变动情况的汇报,听取和初审了区政府关于2009年国民经济和社会发展计划执行情况与2010年计划草案、关于2010年财政预算草案的报告,修订完善了《东城区预算监督办法》,充分发挥预算监督顾问作用,进一步促进了我区预算编制的科学、准确,预算调整变动的依法、规范,超收收入安排使用的科学、合理。为贯彻落实《监督法》,全面、客观、科学地评价“十一五”规划的执行情况,推进规划的全面落实和实施,常委会充分发挥代表主体作用和各工作机构的联动作用,组织80多位代表,对区政府37个部门、20项主要指标、204项折子工程进行了深入调研,并首次听取和审议了区政府《关于东城区国民经济和社会发展第十一个五年规划纲要实施情况的中期评估报告》,肯定了区政府在规划实施中取得的成效,提出了为完成好“十一五”规划后期任务,科学编制“十二五”规划和促进东城区经济社会发展的5个方面15条有针对性的建议。为支持区政府抓住地铁6号、8号线建设机遇,促进我区经济社会发展,常委会听取和审议了区政府《关于东城区人民政府与金融机构合作的报告》,通过了关于批准区政府与金融机构合作的决议。为有效应对国际金融危机冲击,围绕促进我区“保增长、保民生、保稳定”目标的实现,针对我区财政收入受到经济和政策双重因素影响,完成全年预算任务压力较大的情况,常委会听取和审议了区政府关于2009年上半年国民经济和社会发展计划执行情况、关于2009年上半年财政预算执行情况的报告,听取了区政府关于采取有效措施,支持和促进中小企业发展情况的汇报,安排主任会议听取了东城区国家税务局、地方税务局关于上半年税收工作情况的汇报,组织代表视察了东城区繁荣市场、扩大消费工作和东城区旅游业发展情况,为促进经济发展提出建设性的意见并发挥了积极作用。

(二)认真开展好执法检查工作

常委会依照《监督法》的规定,对水污染防治法和食品安全法开展执法检查工作,保证相关法律法规在本行政区域内的遵守和执行。为建设“绿色北京”,提升水环境质量,常委会组织28位市、区人大代表成立执法检查组,通过听取工作汇报、查阅执法文书记录和相关资料、实地视察、填写执法检查意见书等方式,对我区生活污水、医疗废水、工业废水处理情况和水源井、中水处理利用情况等进行了检查。通过检查,向市人大常委会提出了修改、补充和完善相关法律法规的19条建议,得到了市人大常委会的吸纳和肯定。常委会在听取和审议执法检查组关于东城区实施水污染防治法和北京市实施水污染防治法办法情况的执法检查报告时,指出目前东城区水污染防治工作在行业企业监管、保障力度、宣传教育方面存在的问题,并提出工作建议。区政府认真分析研究执法检查报告,及时制定了整改方案,推动了我区水污染防治工作。常委会以《中华人民共和国食品安全法》实施为契机,在听取和审议执法检查组关于东城区贯彻执行食品卫生与食品安全法律法规情况的执法检查报告前,成立调研组和执法检查组,先后召开8次会议,组织52人次市、区人大代表,分4个专题小组,听取区政府相关部门工作汇报,与街道和社区相关人员进行座谈,走访8家食品生产加工企业和学校食堂、中小餐馆、超市、集贸市场,了解了我区食品生产加工、市场流通、餐饮服务领域的食品安全状况,提出要健全食品安全监管体系;整合资源和信息,建设信息共享平台,实现地方统筹;加大检验检测力度等建议,同时还向市人大常委会及有关方面提出了工作建议，为保证食品安全，全面贯彻实施新颁布的食品安全法起到了促进作用。

（三）加大重点议案建议督办工作

常委会加大对重点议案建议的督办力度。在听取和审议区政府办理第2号议案，关于尽快完成雍和园区空间规划编制工作情况的报告前，邀请市、区人大代表55人次广泛参与议题调研工作，先后多次听取区政府相关部门工作汇报，并视察园区规划建设情况，召开专题会议对园区空间规划编制情况进行讨论，多次与提议案的代表座谈沟通，收集了51条意见建议。参与调研的常委会组成人员和列席代表从加快规划进程、加强与整体规划的衔接、关注百姓民生、资源整合利用、深入开展宣传等不同方面充分发表了审议意见，推动了雍和园区空间规划编制工作的开展。为支持和促进我区中小企业发展，增强经济发展活力，常委会重点督办了关于采取有效措施，支持和促进中小企业发展情况的第8号、19号议案，先后召开座谈会听取提议案代表对议案办理的意见、了解区政府相关部门办理工作情况，提出意见和建议。区政府认真采纳，制定了支持和促进中小企业发展的一系列办法和措施，进一步加大对中小企业发展的政策和资金支持，努力解决中小企业发展遇到的困难和问题，有效地促进了我区中小企业的健康发展，得到了中小企业的好评。

（四）深化监督司法工作

为不断促进区法院和区检察院严格执法、公正司法，常委会突出监督形式，结合多方位调研开展工作监督；突出监督重点，紧紧围绕群众关注的司法公正公平，促使内外部监督力量共同发挥作用；突出监督效果，以促进司法能力的提高为切入点，把握监督的针对性和实效性。常委会在听取和审议区法院关于开展审判监督情况、区检察院关于开展诉讼监督情况的工作报告前，组织市、区人大代表到"两院"进行专项调研，通过召开座谈会、旁听庭审、视察区看守所和区检察院驻所检察室，以及检查交付执行、羁押期限、刑罚变更执行和监管执法工作等形式，深入了解了"两院"内部审判监督工作和诉讼监督工作情况，同时听取区政法系统各有关部门的意见和建议。常委会在深入调研的基础上，认真审议"两院"专项工作报告并形成了审议意见书。"两院"积极落实审议意见书，按照市人大常委会关于诉讼监督工作的决议要求，完善审判和诉讼监督工作机制，采取健全绩效考核体系和责任追究制度等多种措施，不断加强体制内监督，提高审判监督和诉讼监督的整体水平。

常委会听取了区政府关于社会治安情况的汇报，对区政府群策群力，建立区域"大维稳"格局，建设"平安东城"给予了肯定，同时为进一步维护社会稳定，提出了要改进工作作风、完善安保措施，妥善处理人民内部矛盾和群体性事件等工作建议。

（五）扩大公民有序政治参与

常委会通过各种途径和形式，保证人民当家作主。一年来，有效利用区人大网站的"百姓直通车"、"主任信箱"，保障公民的知情权、参与权、表达权、监督权；继续做好公民旁听常委会会议工作，不断完善公民旁听会议后意见建议收集和反馈工作；大力做好常委会行使监督职权情况向社会公开工作，增强人大工作透明度，自觉接受人民群众监督；努力做好信访工作，全年受理群众来信、来访、来电357件人次，按程序转办、督办，维护群众合法权益，促进社会和谐。

常委会协助市人大常委会，广泛征求代表建议、听取区政府职能部门意见，细致做好《北京市实施节约能源法办法》、《北京市城乡规划条例》、《北京市实施妇女权益保障法办法》等法规的立法调研和修改意见征询工作，并及时将各方面意见建议向市人大常委会反馈，使法规的制定更加体现人民群众的利益。

二、围绕和谐社会建设，切实维护好群众权益

常委会认真贯彻"保民生"、"保稳定"的工作要求，着力推进以改善民生为重点的社会建设，使群众共享改革发展成果，实现好、维护好、发展好最广大人民群众根本利益。

为有效推动煤改电、民居修缮、一户一表等民生工程的按期实施，常委会采取重点督办议案的形式，对"关于切实加快宣传动员工作，将民生工程好事办好"的9号议案进行了重点督办，组成了代表议案督办组，全年密切关注议案的办理情况。通过多次听取区政府职能部门工作汇报、走访部分街道、书面征求街道意见、实地察看、与提议案代表进行沟通等多种形式，深入了解工程进展情况，并听取了区政府关于煤改电工作情况的汇报，提出了《民生工程好事办好督办调研工作的意见建议》，交区政府有关部门研究处理。区政府认真落实，及时召开调度会，加强协调和矛盾调处，解决了工程中的有关问题，改善了居民的生活环境。代表们对区政府为民办实事、把好事办好给予了充分肯定。

为促进我区精神卫生工作，常委会听取了区政府关于贯彻实施《北京市精神卫生条例》情况的汇报，组织部分人大代表围绕"关于加强精神疾病预防和康复工作"的代表建议，多次听取区卫生局、区精神卫生保健院的工作汇报，与区政府多个相关部门进行座谈，走访部分街道的残疾人温馨家园，提出了要将精神卫生工作纳入公共卫生体系，加强建设、加大投入，改善区精神卫生保健院医疗条件和环境；统筹协调政府相关部门和社会各界的力量，关注人的精神健康，进一步拓展对重点人群心理干预和心理求助工作，减少社会矛盾的积聚，维护弱势群体的权益等建议。区政府根据代表意见，调整资源，加大经费投入，改善了区精神卫生保健院的硬件条件；实行社区精防工作进入社区卫生服务站工作范围等，进一步实现将精神卫生工作纳入公共卫生体系的目标，不断提高政府公共服务的水平。

为进一步促进区政府切实履行安全生产监管职能，常委会安排主任会议听取了区政府关于国庆60周年安全生产监督工作情况的汇报，组织部分代表对安全监管工作进行了调研，建议区政府深入研究安全监管工作薄弱环节和长效机制，更好地发挥城管新模式在生产安全监督方面的作用，切实解决安全监管工作难点问题，确保各项安全生产工作万无一失。还安排主任会议听取了区红十字会关于募集救助工作情况的汇报，建议区红十字会在人道救助领域发挥更大的作用，增强募捐能力和救助实力。

常委会注重加强对上一年度通过的审议意见书落实情

况的跟踪监督,安排主任会议听取了东城风貌保护区民居改善工程工作情况报告审议意见书落实情况的汇报,以及听取了区政府进一步推进社区卫生体制改革、提高服务水平情况报告审议意见书落实情况的汇报。并结合议题,组织代表进行调研和视察,深入了解区政府落实审议意见书情况。促使区政府进一步对照审议意见书要求,分别在重点房屋院落街巷整治、市政设施改造和完善社区服务模式、扩充医疗服务人员编制、实行远程会诊双向转诊等方面取得了很大进展。

常委会针对全市和我区新出现的入托难问题,结合"进一步调整幼儿园布局,扩大办园规模,满足全区学前现实需求"代表议案的督办,多次了解情况,督促落实。区政府认真研究,利用新建小区配套园所,扩大优质园数量,新建和改扩建一批幼儿园,增加了660个学位,缓解了入托难问题。交通问题是涉及民生的重大问题,常委会组织代表深入调研,实地视察,提出建议。区交通部门就解决静态停车管理问题,采取增派干警加强巡查、部分路段增划标志标线、加强日常宣传等多项措施积极落实。常委会还大力关注文化、社会救助、流动人口管理、优抚、养老、残疾人等关系到民生的各项社会事业,以多种形式开展监督工作,保障群众权益,促进社会和谐稳定。

三、围绕代表作用发挥,不断提升代表工作水平

常委会以"巩固、提高"为主题,强化对代表工作的统一负责,进一步完善代表工作格局,促进代表依法有效履职,不断提升代表工作水平。

坚持培训,增强实效。常委会不断提高培训内容的针对性,促进培训成果的转化,组织市、区代表进行集中培训。先后组织了"以科学发展观为指导发挥好人大代表的主体作用"、"改革开放以来人大代表制度的成长与实践"专题讲座,"两院"工作职责和2009年重点工作的介绍,发放了"人大代表如何向选民述职"等材料。代表们一致认为集中培训有利于指导自己履职,促使自己更好地发挥代表作用。

完善制度,提高水平。常委会进一步贯彻落实中央9号文件和市委23号、区委24号文件精神,不断完善代表工作格局,进一步提升代表工作水平。坚持召开人大街工委工作会议,研究部署街工委工作;坚持召开人大街工委工作研讨会,对"代表论坛"成果转化情况进行总结交流;坚持人大街工委办公室主任例会制度,及时提出工作要求;坚持代表工作由常委会统一负责,全面听取和了解代表活动情况,为代表工作的开展起到了积极的促进作用。

加强督办,不断创新。常委会及时转交区人大四次会议22件议案和108件建议,将13件代表议案和建议作为常委会主任、副主任重点督办的案件,发函征求领衔代表对办理工作意见,组织召开办理工作沟通协调会,通报代表对办理工作意见,与相关承办单位进行交流,组织代表对区住房和建设委员会的办理工作进行评议,对办理工作进行跟踪督办和重点督办。为增强代表议案和建议的督办实效,提高代表议案和建议的解决率,对本届代表提出的议案和建议进行了梳理,就暂时不能解决、需要列入计划逐步加以解决的议案和建议实行未办结挂帐制度,并与区政府有关部门进行沟通,形成了对这些议案和建议进行督办和办理的长效机制。坚持定期向常委会主任办公会通报代表议案和建议督办办理情况、定期与区政府有关部门沟通办理工作等做法,有力推动办理工作的开展,促进解决率的提高。

规范工作,促进履职。常委会保障代表知情知政权,邀请代表列席常委会会议、主任会议,组织常委会驻会委员联系代表,组织代表听取"一府两院"半年工作情况通报,组织市、区代表参加集中视察,开展市、区代表互动活动,还组织部分代表对我区的十条大街进行窗口行业检查,拓宽代表了解情况的渠道。常委会密切代表与人民群众的联系,开展好市、区代表在社区定期接待群众日活动,先后安排6次,有236位市、区代表参加,共涉及123个社区,接待群众1193人,听取群众反映的问题829个,形成代表建议21件。还组织区代表向本选区选民述职、市代表向所联系的区代表联组代表述职,畅通了群众合理利益诉求的反映渠道,为构建和谐社会做出了积极的努力。常委会扎实开展好市代表活动,组织闭会期间市代表集中活动,学习市人大常委会有关文件;加强与人民群众的联系,认真开展市、区代表履职互动工作;视察地坛医院新址,了解防控传染病以及"甲流"的具体措施、医护人员待遇等情况,形成了意见建议并交市有关部门办理。

加大指导,发挥作用。常委会坚持每年定期听取和审议人大代表工作情况报告、常委会驻会主任和副主任分别联系人大街工委、常委会工作机构与人大街工委工作互动等机制,有效发挥人大街工委作用。各人大街工委不断丰富代表活动内容、增强活动实效,组织代表联组活动,协助常委会召开人大街工委工作会议和研讨会议,开展代表履职个性化服务,代表履职登记,代表视察检查,市、区代表履职互动,代表定期接待群众,代表提写议案建议等工作,促进了代表积极有效履职。

四、围绕提高履职效能,加强自身建设

常委会为进一步提升人大工作质量和水平,不断满足人民群众对人大工作的新期待,大力加强常委会和机关自身建设,继续深化学习、加大宣传、加强调研,努力夯实工作基础。

深入开展学习实践科学发展观活动。常委会机关按照区委统一部署,从去年3月至8月,利用6个月时间,采取个人自学、集中培训、专题辅导、座谈讨论和参观考察等多种形式,开展深入学习实践科学发展观活动,确立了区人大"围绕东城科学发展,依法有效履行人大职能,提升人大工作水平"的工作目标和要求,圆满完成了学习调研、分析检查和整改落实三个阶段工作任务。加深了对科学发展观的科学内涵、精神实质和根本要求的理解和认识,自觉用科学发展观来指导人大工作,查找问题,分析原因,制定整改方案,并认真实施。

组织好区人大常委会设立30周年纪念活动。区人大常委会设立30年来,无论是在民主法制建设方面,还是在将党的主张转化为国家意志,以及贯彻党的路线方针政策、保证法律法规在本行政区域内的遵守和执行、维护人民群众合法权益等方面,都发挥了重要的作用,做出了突出贡献。常委会以设立30周年为契机,通过召开区人大工作研究会理事会议、各工作委员会专题座谈会、各人大街工委利用代表联组活动召开各种形式纪念会、发动代表积极参加纪念征文活动,对常委会设立30年来发挥作用情况进行回顾和展望,从而为进一步推进地方人大工作奠定坚实的基础。

加强调查研究。常委会将调查研究作为一项基础性的工作抓实抓好,密切围绕事关全区科学发展的问题和常委会重点议题,通过查阅相关资料、实地调查、走访相关部门、征求代表意见等方式,先后对常委会设立30年行使职权情况、区公共财政体系建设、代表履职个性化服务、老年人权益保障、雍和园区空间规划编制、区食品安全监督管理现状、区公共文化服务能力现状等课题进行深入调研,并形成调研报告,为科学决策和推进工作提出建议、提供参考。还充分利用区人大工作研究会的资源优势,围绕提升人大工作质量和水平,组织研究会理事积极调研,撰写文章,建言献策,发挥智囊作用。同时,注重调研成果的转化,将调研对策运用到实践中,通过调研成果促进实际工作、通过实际工作彰显调研功效。

做好宣传信息工作。常委会扎实开展人大宣传与信息工作,充分利用《东城人大信息》、《代表通讯》、《东城人大研究》及《今日东城》报、人大网站等载体,深入宣传常委会履职情况和代表履职事迹,展示我区民主法制建设成果,为人大工作的开展营造良好的舆论氛围。

强化自身建设。通过组织常委会组成人员集中研讨、定期学法、学习考察等途径,不断提高组成人员履职水平。继续深化"学习型机关"建设,有效提升人大机关干部队伍的整体素质。通过选派干部参与市、区国庆60周年筹办工作,到社区挂职锻炼,参加培训班学习等多种形式,使机关干部的政治意识和奉献意识得到增强、视野得到开阔、能力得到提高。此外,不断完善人大机关工作协调制度,加强与"一府两院"的沟通协调,加强人大机关各工作机构之间的协作配合,形成合力,共同推进人大工作。

2010年区人大常委会的工作建议如下:

(一)认真行使重大事项决定权

(二)依法有效行使监督权

(三)保障人大代表依法行使职权

(四)不断加强自身建设

东城区人民政府工作报告

2010年1月12日在东城区第十四届人民代表大会第五次会议上

原东城区区长　杨艺文

2009年工作回顾

一、积极应对金融危机,实现经济平稳持续发展

面对国际金融危机带来的巨大冲击,全区上下积极应对,周密组织,共克时艰,在确保经济稳定的同时促进了产业结构调整和发展方式转变。

制定政策措施,狠抓指标落实。及时出台服务经济发展、促进社会和谐的24项保增长措施,从推进项目建设、促进社会消费等六个方面做出安排部署。细化财政收入、居民人均可支配收入等11项经济指标,建立11家牵头单位、44家协办单位组成的责任体系。构建涵盖3大类、24小类、111个指标的动态监测系统,实时监测区域经济运行状况。设立中小企业发展扶持资金、就业应急准备金、大学生就业实习补助资金等共3500万元,积极应对金融危机带来的风险。2009年地区生产总值预计完成820亿元,同比增长9%;区财政收入预计完成71亿元,同比增长12.8%;两业增加值预计同比增长10%;实际利用外资达到1.5亿美元;城镇居民人均可支配收入预计达到28504元,同比增长9%。

着眼长远规划,促进产业发展。在区委领导下,组织启动未来20年总体发展战略规划编制。全面完成"十一五"规划中期评估,各项任务指标进展情况总体良好。顺利完成第二次经济普查,制定"十二五"规划编制工作方案,为做好今后五年发展战略研究奠定了良好基础。出台主导产业政策实施细则,安排专项扶持资金2亿元,促进产业聚集发展,四大主导产业增加值达到经济总量的一半以上。加大产业发展研究与招商引企力度,引进新增税源6.3亿元。着力推进楼宇经济发展,摸清了全区755.7万平方米、162座商务楼宇基本情况,初步建立起楼宇经济信息数据库。抢抓机遇研究发展低碳、中医药等适合东城区位特点的新兴产业,通过组织专家论证考察、参加中关村低碳经济与绿色发展论坛等方式研讨低碳城区建设的基本思路,与瑞士洛桑市合作建设低碳示范区项目被纳入中瑞政府间合作框架。先后参与组织中国企业跨国投资研讨会、北京文博会、北京金博会、市长国际企业家顾问单位联谊会等活动,加强产业政策推介与合作交流。王府井、东二环、雍和园三大功能区建设稳步推进,为经济发展和产业结构调整提供了重要支撑。

强化投资拉动,促进市场繁荣。采取各项措施扩大投资和消费拉动,固定资产投资预计完成205.8亿元,同比增长3.2%;社会消费品零售额预计完成367亿元,同比增长13%。切实加强跟踪服务和协调调度,简化审批流程,确保纳入市、区绿色通道的40个项目快速立项和一批拆迁项目顺利实施,提前完成市政府下达的16亿土地储备任务。搭建促销平台,举办消夏购物节等系列活动,全力拉动消费增

长。组织重点街区和企业开展金街过大年、推介百家四合院等百余项促销活动,促进了市场活跃繁荣,地坛庙会获得“第四届北京春节庙会·灯会文化活动最具人气奖”。

主动协调服务,营造良好环境。深入开展“送政策、送信息、送服务”活动,区级领导和职能部门走访200余家企业、单位,帮助344家单位解决问题23类385件。利用网上服务平台畅通企业与政府的联系渠道,完善部门协调会商机制,为企业创造良好的外部环境。举办中小企业发展论坛,组织5次中小企业资金供需对接会,利用中小企业发展专项扶持资金,为11家企业提供贷款贴息支持146万元。成立首家小额贷款公司,缓解中小企业融资难,设立“小额贷款担保绿色通道”,为9家企业争取了2700万元的贷款担保。组织“北京老字号非物质文化遗产展”,协助申请扶持资金,保护和提升老字号品牌。加快国有企业改革重组步伐,东方奥天、东方文化、东方信达三大国有资产经营公司调整组建基本完成。

二、全区上下团结奋战,高质量完成国庆服务保障任务

作为建国60周年庆典活动举办地,东城区肩负着庆祝大会和广场联欢保障、群众游行游园、安全保卫、环境整治、氛围营造等一系列重大而艰巨的任务。全区干部群众、驻区单位和广大志愿者发扬顾全大局、连续作战、无私奉献的优良作风,以最好的精神状态、最高的工作标准投入筹办工作并取得圆满成功。

组织运行高效有序。组建东城区建国60周年庆祝活动筹办工作领导小组,建立由安全保卫、环境整治等9个专项指挥部和13个地区分指挥部组成的“1+9+13”指挥运行体系,建立健全各项工作制度,形成了统一领导、分工明确、协调顺畅、运转高效的工作机制。各指挥部和街道、地区令行禁止、紧密协作,为筹办工作顺利进行提供了坚强的组织保证。

服务保障圆满顺利。全区25所学校15700余名师生参加的广场背景组字,2930名机关干部、部队战士和社区群众参加的联欢晚会表演,2924名武警官兵、青年学生组成的“开天辟地”群众游行方阵,都获得了筹办组织机构的高度评价。深入细致做好东交民巷29、31号院居民安全保障,确保了焰火燃放万无一失。全力落实电磁环境清理、“净空”、集结线路清障、交通组织保障和庆典核心区临时环卫保洁,保障了阅兵游行顺利进行。精心策划12个公园整体游园活动及环境布置,接待游客近47万人次。严密落实安保措施,构建起多层次、全方位、无缝隙的社会面防控网络,狠抓矛盾排查和纠纷化解,累计投入群防群治力量61.2万人次,实现了“大事不出,小事减少,管理严格,秩序良好”的目标。

营造喜庆文明氛围。深入开展环境美化工作,栽植200余万盆花卉,搭建9座花坛、15个大型花柱,形成了“一环、一轴、三中心、多节点”的景观格局。“迎国庆、讲文明、树新风”活动、“60年巨变看东城”展览等一系列群众性教育活动蓬勃开展,营造出浓厚的爱国主义氛围。坚持文明城区常态化管理,完成全国文明城区公共文明指数测评,促进了城市文明程度和市民素质进一步提升。

筹办工作成效显著。经过全区团结拼搏,全面实现了庆祝活动“隆重、喜庆、节俭、祥和”的总要求。“开天辟地”游行方阵获最佳组织奖,群众游行获创新成果奖,背景组字表演实现了“精益求精、不留遗憾”的目标。游园活动以优美的环境、丰富多彩的文化活动吸引了广大市民和中外游客的热情参与,城市超常规运行能力经受了实战的严峻考验。全区共有31个单位荣获北京市国庆安保工作先进集体称号,30个单位荣获首都国庆60周年联欢晚会突出贡献奖,东城区被市委市政府和市筹委会授予“最佳服务保障奖”。

三、推进文化强区战略,充分展现东城文化魅力

立足文化资源优势,坚持把挖掘人文底蕴、传承历史文化、展现独特魅力作为东城发展的持久动力,深入推进文化强区战略的实施。

历史文化街区彰显活力。玉河历史文化保护工程再现了京城“水穿街巷”的历史景观,南锣鼓巷文化休闲街区被美国《时代》周刊推荐为25处必去的亚洲风情体验地之一,国子监街成为北京市唯一入选首批“中国历史文化名街”的街区,南新仓、簋街等特色街区发展不断升级。深入研究17片历史文化保护区概念性规划,钟鼓楼·北京时间文化城建设规划方案初步形成,第二批10个区级非物质文化遗产项目中6项成功进入市级名录。

文化创意产业发展良好。组织开展区级“文化创意产业示范基地”认定,鼓励支持文化创意企业利用平房区内闲置厂房发展文化创意产业。为28家企业的43个项目提供了6241万元市、区两级专项资金支持,促进文化创意企业快速发展。成功引入北京演艺集团、湖南电广传媒、卡巴斯基(北京)有限公司等骨干企业。国际版权交易中心运行良好,开通了首个国家级版权交易系统,全国版权交易共同市场正式启动。组建文化创意产业促进中心,逐步完善配套扶持政策,构建涵盖投融资服务、工商税务服务、创业服务等内容的服务平台,依托3G技术开展无线园区建设,雍和园区公共服务能力进一步提升,荣获“2009年度中国最佳创意产业园区奖”。

文化旅游助推区域繁荣。举办首届皇城文化旅游节和“畅游古都、品味东城”等系列活动,设立王府井旅游咨询站,开展旅游网络营销,免费发放《消费伴侣》、《旅游锦囊》和景区门票,大力吸引旅游客源,与其他区县实现互动发展。设立100万元专项补贴资金,对在辖区举办大型国际会展活动的企业给予补贴,促进旅游会展发展,旅游接待人次和收入均列全市第二。承办联合国教科文组织2009中国休闲与社会进步年会,全面推介东城资源优势,促进合作与交流发展。

戏剧文化城建设正式启动。出台《东城区关于推进首都戏剧文化城建设的若干意见》,制订扶持政策,设立专项资金,聚合戏剧资源,为艺术院团、专家、编创人员、演出场所搭建沟通交流平台,促进戏剧文化繁荣发展。承办建国60周年中国话剧艺术发展论坛,宣传东城戏剧文化特色,促进戏剧交流发展。免费发放4万本《戏剧东城宣传册》,成功举办“戏剧四季风”活动,带动戏剧演出市场持续升温,全区戏剧演出达4100多场次、观众95万多人次。

公共文化服务体系日趋完善。加强公共文化设施建设,投资5000多万元实施区文化馆升级改造,东直门、朝阳门街道文体中心改造完成并对外开放。出台《促进社会单位服务社区公益文体活动试行办法》,设立500万元补贴资金,鼓励支持全区48所学校、32家社会单位与属地街道签订协议,对社区居民开放文体设施。传统文化品牌活动丰富多彩,新年音乐会、文化艺术节、"我们的节日"系列节庆文化活动吸引广大群众热情参与,进一步弘扬了中华传统文化。

四、注重城市建设管理,运行水平不断提高

立足首都功能核心区特定地位,坚持高标准建设和精细化管理,城市现代化水平不断提高。

重点项目建设进展顺利。加强重点项目协调保障服务,确保了海关博物馆、中央编办办公楼等一批项目有序实施,黄金集团综合楼、朝阳门SOHO等项目开工建设。全力推进地铁六、八号线拆迁,在确保稳定的前提下完成了1800多户居民拆迁任务。加大政府项目投资,应急指挥中心投入使用,残疾人康复中心、老干部活动中心改造完成,二中分校、灯市口小学工程进展顺利,东四妇幼保健院、鼓楼中医院、建国门医院改造正式开工,上龙西里危改回迁楼完成主体结构施工,西河沿危改拆迁稳步实施。完成了61条胡同改造整修,市政基础设施进一步完善。

城市管理有序运行。全面总结城管新模式五年运行基本经验,促进新模式在经济监测、公共安全和社会管理等领域拓展应用。参与第四届中国国际数字城市建设技术研讨会和2009信息城市高层论坛,充分展示城市管理最新成果,获得住建部颁发的"2009年数字城市建设杰出贡献奖"。公共安全监管新体系研究基本完成,风险源分类分级管理、监管对象自查自报、监管工作标准化等方面的创新得到充分肯定。加强应急演练和宣传培训,应急管理能力全面提高,各项安全管理考核指标均未突破。初步确立了"一个基础平台、六大应用系统"的数字城区建设基本框架。

城市环境品质继续提升。编制完成《东城区环境卫生、园林绿化、市政道路管理服务规范》,实施《环境卫生责任追究暂行办法》,强化环境卫生监督检查。完成长安街等重点大街及其周边环境整治,实施东北二环6幢楼宇和南北河沿大街两侧建筑物夜景照明工程,成为城市景观新亮点。健全违法建设快速处理机制,共拆除违法建设1509起、3683平方米。加强垃圾分类收集管理,生活垃圾无害化处理率达100%。进一步加大污染治理力度,空气质量二级和好于二级天数达到73.4%。既有建筑节能改造开复工56.3万平方米,竣工40万平方米,超额完成市政府下达的任务指标。

五、不断完善公共服务,切实保障和改善民生

公共卫生工作稳步推进。建立健全甲型H1N1流感防控指挥体系,按照全市部署狠抓措施落实,切实做到快速反应和及时处置。突出抓好防控宣传、医学观察、健康监测、疫苗接种、定点医院启用等关键环节,实现了甲型H1N1流感疫情的有效控制。积极创建"国家中医药发展综合改革试验区"并获得正式批准,成功举办首届地坛中医药健康文化节,组织开展中医药服务进社区、中医药健康大讲堂、中医特色慢性病管理、中医治未病工程进机关等工作,荣获"全国中医药特色社区卫生服务示范区"称号。开展"医院管理年"活动,不断提高医疗服务水平。进一步完善社区卫生服务与二、三级医院的双向转诊,积极开展社区健康教育与健康促进"十百千"工程。整合资源建立社区健康之家,培育自我保健和健康互动理念,提高群众健康水平。继续落实药品集中招标采购和零差率等惠民政策,免除挂号及诊疗费109.34万元,累计优惠药费200.27万元。加大食品安全领域综合执法力度,确保食品卫生安全。

各项社会事业健康发展。教育发展和改革成绩显著,被授予"全国推进义务教育均衡发展工作先进地区"称号和全国教育改革创新特别奖。中高考成绩均创历史新高,体现均衡发展。在北京市青少年科技创新大赛、学生艺术节比赛中共荣获40个一等奖。获得首届北京市中小学生科学建议奖8个奖项中的5项,市民学习基地建设项目荣获"全国社区教育示范项目"。深入开展体育生活化社区创建,成功举办第七届全民健身体育节、第三届"和谐杯"乒乓球赛等活动,参与群众达30多万人次。围绕稳定低生育水平、实施健康生育计划,扎实做好人口计生工作。抓好档案基础工作和重大活动档案归集,档案信息化水平进一步提高。强化残疾人就业服务与残保金收缴,继续推进无障碍设施建设。地方志、红十字会、妇女儿童等工作取得新进展。依法管理宗教事务,促进民族团结进步,加强侨务和对台交流,团结各方力量共促经济发展与社会和谐。

持续不懈保障和改善民生。落实促进就业的各项措施,设立1500万元就业应急准备金,积极组织困难家庭大学生到社区实习。开发社区就业岗位15345个,安置失业人员11122人,城镇登记失业人员就业率达到74.83%。社会保险覆盖面进一步扩大,养老保险和基本医疗保险实现政策全覆盖,各项基金收缴率达到98%以上。认真落实最低生活保障,共支出低保及生活困难补助资金4984.73万元。实施"夕阳红"工程,总结完善7+X居家养老模式,组建养老服务队伍,为享受政府补贴服务的独居老人提供巡视探访、精神慰藉等五项贴身服务。鼓励和扶持社会力量兴办养老机构,克服困难落实了新增300张养老床位的任务。设立200万元应急救助专项慈善基金帮扶困难群众,全年为弱势群体提供法律援助171件。大力改善民生,完成了6775户民居修缮、9000余户用水"一户一表"改造、3.8万余户平房煤改电和涉及2900余户居民的老旧楼房通天然气工程。积极做好居民保障性住房的申请审核和摇号对接,落实了2847户居民的摇号工作。继续开展"听民意、访民情、解民难"工作,群众反映的12863件问题已办结12606件。

和谐社区建设不断深化。依法组织完成第七届社区居委会选举,新一届社区居委会成员年龄、知识结构得到全面优化。开展社区规范化建设试点工作,健全"一委三会一站、多元参与共建"的现代社区治理模式。在交道口、建国门等街道开展"开放空间社区参与行动",进一步调动居民参与社区建设的积极性。深入实施《东城区社区服务体系发展规划》,推进社区服务标准化、均等化、社会化、规范化建设,努力实现公共服务全覆盖。我区被民政部命名为"全国和谐社区建设示范区",东华门街道、九道湾社区分别获全国和谐社区建设示范街道、示范社区称号,大雅宝等8个社区服务站被命名为"北京市社区服务站标准化建设示范单位"。

着力推进社会管理创新。充分发挥社会组织指导服务中心和市民中心作用,积极搭建服务平台,累计举办心理健康大讲堂、市民论坛等公益活动150余场,政社、政民互动得到进一步强化。大力培育社区参与行动服务中心、助人社会工作事务所等一批社会公益性服务组织,实现管理与服务一体化。在60座楼宇内建立了社会工作站,对推进楼宇社会建设和经济发展起到积极作用。

六、切实加强民主法治建设,打造廉洁高效政府

深入落实市政府关于进一步建设服务型政府的意见,切实提高思想认识,创新体制机制,扎实推进法治型、服务型政府建设。

继续深化民主法治建设。主动接受区人大、区政协和民主党派监督,按时限完成了366件全国、市、区人大代表议案、建议和政协委员提案办理工作。通过专题通报工作、创办手机报、组织视察等多种途径,确保区人大代表、政协委员及时全面了解政府工作。深入推进依法行政,制定并实施《东城区行政执法协调办法》,努力解决多头执法、重复执法、执法缺位问题。政府信息公开工作不断完善,全年共受理74件依申请信息公开事项,较好保障了公众知情权,进一步拓宽了接受社会监督的渠道。

稳步实施政府机构改革。根据市委、市政府批准的改革方案稳妥实施机构改革,进一步整合优化部门职责体系,突出强化产业发展、服务经济、统筹社会管理职能,改革后共设置政府工作部门28个、部门管理机构2个。科学合理制定部门"三定"方案,坚持以职能转变为核心,准确界定部门职责分工,强化了责任意识和协作意识。

大力加强政府管理和自身建设。以科学发展观学习实践活动为契机促进学习型政府建设,围绕城市规划、风貌保护、新兴产业发展、城市管理、社区建设等专题进行考察学习,先后7次邀请专家在政府常务会前讲解金融危机应对、都市旅游、低碳经济等知识,开阔视野,增长才干。推动公务员教育培训方式创新,注重提高一线公务员队伍素质和行政效率。进一步加强部门预算执行、因公出国等方面管理,大力压缩办公经费,节省政府管理成本。制定《东城区电子政务建设框架》,启动协同办公平台和网上监察系统建设,通过信息化手段提升行政效能。认真落实党风廉政责任制,积极开展源头治理,推行财政资金、政府投资、民生资金审计和领导干部经济责任审计,政风行风建设取得新进展。

在看到成绩的同时,我们也清醒地认识到还存在一些需要研究改进的问题:经济的可持续发展、主导产业的壮大、新兴产业的培育和中小企业的转型升级还需要加大推进力度;保护风貌、改善民生、疏散人口与产业发展的结合方面仍需争取政策支持和居民参与;城市管理软环境和区域文化软实力还需要加快提升;统筹整合行政资源、加强部门联动、创新政府管理体制机制还要进一步加大力度。这些问题需要在今后工作中认真加以解决。

2010年工作安排

政府工作的总体要求是:深入贯彻科学发展观,全面落实中央和北京市工作部署,按照"人文北京、科技北京、绿色北京"的理念和建设世界城市的要求,在市委、市政府和区委的领导下,完善实施"二三六三"核心发展战略,加快建设人文东城、数字东城、绿色东城,更加注重发展战略研究,更加注重产业结构优化,更加注重城市品质提升,更加注重区域特色发展,更加注重服务保障民生,进一步促进产业高端化、资源集约化、管理精细化、服务优质化和发展可持续化,推动国际化、现代化新东城建设迈出坚实步伐。

经济社会发展主要预期目标是:区财政收入达到77.39亿元,同比增长9%;两业增加值同比增长9%左右;城镇居民人均可支配收入同比增长8%左右;城镇登记失业人员就业率达到65%以上,城镇登记失业率控制在1.6%以内。

完成今年的任务指标,要着重做好以下六个方面的工作:

一、坚持战略引领,为长远发展奠定坚实基础

突出战略发展、规划先行,在区委领导下,凝聚各方智慧,高起点编制发展规划,高标准确定发展目标,高质量实施规划任务,促进东城科学发展。

高水准实施总体规划编制。组织政府各相关部门与总规办和专业机构紧密配合,切实把握区域功能定位和发展阶段特征,认真分析制约发展的深层次矛盾,努力破解涉及长远发展的难题,突出规划的战略性、前瞻性和可操作性,扎实做好《东城区总体发展战略规划(2011～2030年)》的编制工作,科学确定未来20年的总体发展目标、主要任务和政策措施,使之成为建设国际化、现代化新东城的宏伟蓝图。坚持部门协作、专家指导、社会参与,统筹推进产业发展、历史文化风貌保护、市政基础设施建设、公共服务、地上地下空间开发利用等专项规划研究,切实保障总体战略规划的落实。

认真制定东城区十二五规划。在全面实现"十一五"规划各项任务指标的基础上,启动并完成《东城区国民经济和社会发展第十二个五年规划纲要》编制工作,实事求是确定主要目标、基本指标和具体任务,使之成为今后五年区域经济社会发展的行动纲领。制定并实施人文东城、数字东城、绿色东城行动计划,为实现新一轮发展提供支撑和保障。

二、坚持高端发展,优化产业体系结构

进一步认清新形势,把握新机遇,增强新活力,以壮大主导产业、培育新兴产业为重点,加快产业结构调整和发展方式转变,大力发展高端化、高附加值、占用资源少、能耗少的产业,促进区域经济可持续发展。

优化产业体系,培育新兴产业。立足产业集群、要素集聚、服务集成,构建以信息服务、金融服务、商务服务和文化创意产业为支撑,以总部经济、楼宇经济、资源经济为载体的产业体系。吸引大型国企、跨国公司、民营企业总部入驻,进一步提高区域经济总量和经济效益。完善楼宇经济监测系统,出台鼓励引导政策,加强亿元楼宇的培育,使之成为推动经济增长、产业升级的有效载体。以中关村国家自主创新示范区雍和园扩园为契机,进一步调整经济功能区产业定位和发展重点,完善区域管理机制。深化王府井商业区升级发展,确定高端业态定位,拓展文化交流展示功能,突出品牌特色,优化服务环境,加快工程项目建设,推动王府井与银街、金宝街等周边街区、胡同实现一体化发展,全方位提升国际影响力。依托能源央企聚集优势积极发展低碳服务产业,吸引国内外企业总部、低碳交易机构、新能源投资基金、节能环保服务企业入驻，促进技术研发、高端人才、市场交易等产业要素聚集，形成低碳产业生态。认真落实北京市《关于促进首都中医药事业发展的意见》，全力推进“国家中医药发展综合改革试验区”建设，大力发展中医药服务产业，吸引中医药总部企业、销售企业、中介服务机构聚集，促进科技成果转化和健康养生服务业发展，研究中医药电子交易的运行模式。用好用足新兴产业金融功能区政策，大力发展文化金融、绿色金融，强化金融对主导产业和新兴产业的支撑作用。

加大投资拉动，促进消费增长。继续实施重点项目绿色通道制度，加快审批进度，撬动更多社会资本投入。全力抓好地铁六、八号线扩拆区建设，扎实推进王府井国际品牌中心、朝阳门SOHO中心南区、东外地下商城等项目建设。抓好北苑老年公寓、王家园社区卫生服务中心、新市民中心建设，提高公共服务设施水平。规范项目管理，加强跟踪服务，着力解决工程建设领域的突出问题，进一步优化投资结构，重点帮助中央、市属单位及社会项目尽快落地。加大外资引进力度，制定外资引导目录，优化外资结构，实际利用外资1.5亿美元。加强土地储备，做好土地供应计划管理、建设项目用地预审等工作。继续推进南锣鼓巷、南新仓、簋街等特色街区发展，规划五道营特色街区建设，帮助老字号升级发展，深入挖掘品牌特色。扶持文化娱乐、体育休闲、健康养生等行业发展，做好营销宣传，引导市民消费需求，拉动消费增长。

帮扶中小企业，增强国企活力。深入贯彻国务院《关于进一步促进中小企业发展的若干意见》，扶持符合我区产业定位的中小企业和民营经济发展，完善政策和服务体系。发挥专项资金引导作用，促进中小企业向节能环保服务、技术创新、文化创意、旅游休闲、健康养生、特色餐饮等领域升级转型。推动国有企业优化发展，引导国资国企在新兴产业领域捕捉发展机遇，提高东方奥天、东方文化、东方信达三大资产经营公司运营水平，增强国有企业核心竞争力。完善融资服务体系，创新投融资体制，健全中小企业贷款担保和贷款贴息机制，鼓励支持具备条件的优质企业上市。完善国有资产监管体系，加强国有企业投资监管，推行国资收益收缴和支出办法，加强股权管理，促进国有资产保值增值。

健全三大体系，提升服务能力。健全经济监测体系，准确掌握区域经济运行动态和企业需求变化。健全产业促进体系，整合经济发展政策和扶持资金，加大招商引企和引进税源工作力度。健全行政服务体系，强化分级分类、协调联动、首问负责、信息公开等服务措施，完善部门、街道、功能区协作互动机制。建好企业服务呼叫中心、网上服务平台等载体，提升专业服务水平，增强服务经济发展的能力。

三、坚持特色发展，激发区域发展新动力

落实北京市提出的建设“三个北京”和世界城市的新要求，紧密结合首都功能核心区定位和区域资源优势，以建设人文东城、数字东城、绿色东城为目标，努力实现特色发展。

发挥资源优势，促进人文发展。深入挖掘、整合、利用深厚的历史文化资源，充分发挥文化对经济发展、城市环境、社会进步的贡献力和辐射力，大力发展文化创意、文化旅游、文化演艺、文化养生等以文化资源为支撑的文化经济。吸引国内外知名文化创意企业入驻，推动中国文化产权交易所落地，加速高端人才聚集，发展以文化艺术品和版权为重点的知识产权交易、创意设计、数字内容等产业，建设创意之城。加强旅游休闲服务设施建设和管理，提升景区环境品质，大力发展特色餐饮，传承美食文化，策划开发系列都市旅游产品和特色旅游项目，举办第二届皇城文化旅游节，打造一流的国际旅游目的地，建设旅游休闲之城。聚集发挥区域戏剧文化资源优势，加强政策引导和资金扶持，着力构筑戏剧创作、演出、交流三大平台，打造王府井、东二环、交道口、银街、隆福寺五大剧场集群，实施“名优精品”工程，建设戏剧之城。大力推进中医药文化传承和国际交流，举办第二届地坛中医药健康文化节暨中医药发展高端论坛，启动实施中医药文化博物馆、京城名医馆、地坛养生园、学校百草园等项目建设，推进中医药科普和医疗服务进机关、进学校、进社区、进家庭、进军营，建设健康之城。

建设低碳城区，实现绿色发展。全面践行绿色发展理念，倡导绿色生活、绿色消费、绿色环境，促进经济社会与人口资源环境协调发展。在全区深入开展节能环保宣传，引导低碳生活消费，鼓励市民自愿参与节能减排、绿色出行等活动。聚集发挥各类节能环保组织、研究机构和民间环保组织作用，参与社区公民教育和节能环保实践。严格执行环保节能标准，推行企业绿色准入标准，督促引导用能单位做好节能减排工作。以建筑节能为先导，探索合同能源管理等方式，选择部分机关、学校、医院及公建设施进行改造建设，形成一批绿色示范建筑，完成市政府下达的既有居住建筑和锅炉房节能改造任务。开展社区雨水收集利用、自行车停放和租赁试点，推进垃圾分类处理，促进资源集约利用和循环经济发展。加大国际交流合作，深入推动与瑞士洛桑市合作共建，实施好低碳示范区项目。

打造数字城区，推动科技发展。按照“一个基础平台、六大应用系统”的构架，加快数字城区建设。在城市管理中强化科技支撑，从整合资源、统一平台入手，初步完成公共管理基础数据库的构建。在公共安全、食品安全等领域推广运用物联网等先进技术，促进城市便捷高效运行。在产业和城市发展中提高科技含量，完善科技服务体系，促进企业技术创新和成果转化。重点在节能减排与新能源、环保与资源综合利用、民生保障等领域，推动成熟科技项目落地。鼓励电子商务类企业发展壮大，抓好数字东城网站和协同办公系统建设，提高社区信息化应用水平。深入实施社区科普益民计划，创新开展群众科普活动，提高全民科学素质。

拓展国际视野，扩大内外交流。认真学习借鉴国际先进管理经验和技术成果，推进我区国际化建设。积极参与和鼓励区域机构举办重大国际性活动，吸引国际总部落户东城。扩大国际交往，积极缔结新的友好城市关系，巩固和发展业已建立的友好城市之间的民间互访、文化交流、旅游推介等友好往来。推进与国内友好城区在风貌保护、城市管理、公共服务等方面的合作交流，促进信息和资源共享。

四、坚持统筹发展，提高城市综合发展能力

着眼高水平建设、精细化管理、高效能运行，坚持正确处理硬件与软件、管理与服务、发展与稳定的关系,全面提升城市综合发展能力。

持续深化文明城区建设。有效推进文明城区建设工作体系、制度体系和考核体系的运行,落实长效机制和常态化管理。深入开展文明街道、文明社区、文明单位、文明行业等创建活动,促进城市文明程度持续提升。大力实施公民道德修养工程,继续深化“讲文明、树新风”活动,进一步提高广大市民文明素质。广泛开展共驻共建活动,宣传新典型,树立新品牌,积极营造健康向上、催人奋进的城市文明氛围。

积极破解历史风貌保护难题。坚持保护风貌、改善民生、疏解人口、发展产业、传承文化“五位一体”有机结合,编制完成17片历史文化保护区概念性规划。启动钟鼓楼·北京时间文化城整体规划建设。引入国际设计公司开展国子监文化产业生态区规划和交通组织优化方案研究,实现五道营、国子监街、方家胡同联动发展。实施南锣鼓巷优化提升工程,完善交通组织,扩大文化宣传,促进业态升级,加强风貌保护,完成南锣鼓巷以西胡同市政改造。启动玉河国际企业总部基地建设,实现文化风貌和产业发展有机融合。组织召开“历史文化街区保护与发展”研讨会,邀请国内相关城市政府机构、专家学者和企业共同探讨历史文化风貌保护的有效途径。

加强环境建设和城市管理。抓好城市绿化美化,全年扩大改造绿地5万平方米,植树3万株,种植草坪1万平方米,创建3个花园式单位,完成屋顶绿化5000平方米,实施2条道路绿化改造。积极推行认建、认养,鼓励社会力量、居民群众参与城市绿化。认真落实大气污染治理措施,推进污染源普查成果开发利用,做好汽车以旧换新工作,持续改善空气质量。围绕旅游景点、特色街区、产业聚集区等重点区域实施胡同道路改造提升工程,完成朝阜路东城段整治任务。开展胡同停车管理试点,探索建立长效机制。实施银街步道整修、停车治理和环境提升工程、夜景照明工程、皇城范围内建筑屋顶风貌美化工程,塑造整洁优美的城市形象。建立城市运行监测指挥平台,实现城市运行、城市管理、应急处置的有机统一。继续拓展城管新模式监管范围,实现全方位、精确化覆盖。提升城市环境品质,做好户外广告规划修订,完善违法建设协调查处机制。落实市容环境责任制,强化市容环境的常态监督检查,实施责任追究和考核评比制度。按时按季做好扫雪铲冰、防汛、供暖等工作,保障城市有序高效运行。

全力维护社会安全稳定。加强对安全生产、交通事故、火灾事故等各项公共安全指标的细化考核,保障城市的安全运行和人民群众的生命财产安全。全面推行公共安全监管新体系,以地下空间、有限空间、公共场所和居住区域为重点,实施风险源分类分级管理,进一步落实各方责任,有效防范重大安全事故发生。健全城市应急处置和救援机制,提高风险防范和应急处理能力,及时妥善处置各类突发事件。深入推进“平安东城”建设,完善社会治安综合治理体系,加强流动人口服务与管理,深化群防群治工作,依法打击违法犯罪活动,进一步增强群众的安全感和满意度。加大信访排查工作力度,有效化解因项目拆迁、下岗失业、拖欠工资、违法建设等可能引发的信访问题以及历史遗留信访问题,促进社会和谐稳定。

五、坚持优化公共服务,增强社会建设能力

大力推进“国家公共服务标准化示范区”建设,促进公共服务的标准化、规范化、社会化和均等化,提高服务效能,切实改善民生,不断开创和谐社会建设新局面。

推进教育创新发展。加强义务教育优质均衡发展内在机制建设,加快学前、小学和校外教育结构调整,推广优秀学校、校长、教师的先进教育管理经验,加强跨校交流挂职、国内外培训轮训、绩效管理考核等机制建设,促进教师素质、学校管理水平的整体提高。充分发挥“蓝天工程”、学区化管理、学校联盟的品牌优势,以“学习e网通”工程和九大资源基地建设为载体,推动优质资源深度共享。坚持素质教育导向,加强未成年人思想道德建设,完善艺术、科技教育体系,促进学生全面成长。办好教育文化节,创新教育理念,提升教科研水平,促进教育学术进步。抓好五中分校等一批校舍改造和教学楼抗震加固,促进软硬件设施均衡发展。以职业教育、成人教育、社区教育为重点,推进学习型城区建设,完善终身教育和学习服务体系,不断满足社会多元化需求。

推进卫生改革发展。加强公共卫生应急体系建设,巩固甲型H1N1流感防控成果,完善以专为主、专群结合的应急处置体系,进一步提升传染病防控能力。贯彻国家、北京市医药卫生改革总体部署,积极稳妥推进公立医院改革,加强医疗服务人员的专业技术和队伍建设,进一步提高医疗服务水平。落实《健康北京人——全民健康促进行动规划》,大力开展健康教育与健康促进活动。健全精神卫生保健网络,加强社区卫生服务中心建设与管理,推进社区预防保健措施的落实,发挥健康之家、社区心理咨询热线的功能,为群众提供便捷实惠的医疗卫生服务。

推进文化体育等事业繁荣发展。以区文化馆、图书馆、地坛体育中心、东单体育中心为重点,进一步加强群众性文体阵地建设与绩效管理考核。发挥政策资金的引导作用,鼓励更多学校和单位文体活动场所向社会开放并加强效果评价。加强群众文体队伍建设,培育社区特色精品团队,努力实现“人人有组织、组织有活动、活动有特色”的目标。继续办好地坛庙会、民博园等活动,促进文化活动品牌升级。加大文物和文化遗产保护利用力度,做好第三次全国文物普查验收及成果转化。推进“体育生活化”社区建设,做好在职健康锻炼,广泛开展全民健身活动。加大体育人才培育与输送,力争在第十三届市运会上再创佳绩。认真开展第六次全国人口普查,统筹抓好人口计生、民族宗教、档案保密、妇女儿童、红十字会等各项社会事业。

推进社区服务务实发展。认真落实《东城区社区服务体系发展规划》,按照高标准、规范化、有特色的要求,努力提升社区公共服务水平。制定区、街社区服务中心和社区服务站规范化服务标准,坚持社区居委会分片包户工作方法,完善社区服务站分类包户试点。合理使用社区公益事业专项补助资金,以服务群众、促进发展为目标,实施社区服务“双百”工程,抓好典型示范。鼓励和引导社会力量参与社区服务设施建设、运营和服务项目提供,逐步建立“政府主导、社会参与、机制灵活、政策激励”的社区服务供给模式，提升项目化运作水平。整合社区服务资源，合理调整服务设施布局，打造社区服务品牌，完善推广15分钟便利居民生活服务圈，满足居民多样化生活服务需求。

推进社会建设和谐发展。发挥社会组织指导服务中心和市民中心功能，打造公益组织孵化器，探索公益创投模式，举办社会组织发展论坛，促进社会组织有序发展。建立政府公共服务项目发布、社会购买和效益评价机制。加强社会工作人才队伍建设，抓好社会工作人才培养“十百千”工程和“双基地”建设，探索建立专业社会工作者管理服务机构和督导机制。推广“三站合一”工作模式，充分发挥社会工作站的服务功能。深化“一委三会一站、多元参与共建”的社区治理模式，推广“开放空间社区参与行动”成功经验，促进政府依法管理与社区自治管理良性互动。落实社区准入机制，加大考核力度，规范社区事务管理。理顺志愿服务工作体系，促进志愿服务规范化、制度化发展。

切实保障和改善民生。认真落实北京市市民居家养老助残服务“九养”办法，鼓励社会力量兴办养老机构，深化推动“夕阳红”工程，开发养老服务信息系统，提高为老服务水平。实施残疾人康复计划，完成家庭无障碍改造任务。健全就业服务体系，以创业促就业，加强失业人员动态管理。推广“育人基地”成功经验，发展家庭服务业。全年开发就业岗位10000个，安置失业人员9000人。有效落实各项社会救助政策，大力发展慈善、社会福利和社会保险事业，完善社会力量广泛参与、覆盖多层次需求的社会保障格局。做好廉租房、经济适用房和限价商品房的申请受理、审核及摇号选房工作，继续推进老楼通天然气工程，完成市政府下达的解危排险和院落修缮任务，努力改善群众居住条件。持续深入开展“听民意、访民情、解民难”工作，切实解决好涉及群众利益的具体问题。

六、坚持体制机制创新，进一步加强政府自身建设

切实加强法治型、服务型政府建设，促进政府系统强化服务意识，加强作风建设，理顺部门职责，提高行政效能和管理服务水平。

努力提高法治建设水平。自觉接受区人大及其常委会的法律监督和工作监督，主动接受区政协的民主监督，进一步加强工作沟通，认真办理人大代表议案、建议和政协委员提案。完善民主、依法、科学决策机制，坚持专家咨询、社会公示和听证制度，提高决策水平。充分发挥民主党派参政议政作用，认真听取工、青、妇等群众团体的意见建议。全面落实《国务院关于加强市县政府依法行政的决定》，落实行政执法责任制，进一步提高依法行政水平。认真做好“五五”普法及人民调解工作，充分发挥法律服务和法律援助的作用。

加强政府运行规范管理。开展“政府规范化建设年”活动，提升政府系统整体运转效能。结合政府机构改革，优化“三定”方案，完善政府部门责任履行机制。整合城市运行管理、应急处置、安全监管等部门职能和资源，完善城市运行机制。建立政策制定、决策执行、企业服务、条块联动的经济监测和服务体系，完善经济运行机制。建立完善政府投资项目管理、财政支出管理、绩效管理考核和公共服务评价机制，促进政府管理的制度化、规范化。认真落实“四个服务”要求，积极搭建沟通协调、共驻共建、合作共赢的平台，在为中央和市属单位做好服务的同时，充分发挥区域行政、产业、智力、人才等资源优势促进东城发展。

切实加强廉政勤政建设。以教育收费、食品药品安全、生产安全、环境保护、城建拆迁等领域为重点，深入开展专项治理，加强对社保基金、住房公积金、低保基金和政府项目投资的审计和效益监管。做好行政投诉受理工作，严厉查处不作为、乱作为等行为。继续加强一线公务员和科级公务员队伍建设，加大专业人才引进和培养力度，努力打造高素质的干部队伍。积极推行绩效评估和网上监察，落实责任追究机制，促进行政效能和机关作风建设。进一步做好政府信息公开工作，主动接受社会监督，提高政府工作透明度和公信力，树立勤政廉政的政府形象。

中国人民政治协商会议北京市东城区第十二届委员会常务委员会工作报告

2010年1月11日在政协北京市东城区第十二届委员会第四次会议上

原东城区政协主席　吴弘勇

一、过去一年的工作回顾

（一）结合形势和任务深入学习科学发展观，巩固政协履行职能的思想政治基础

组织学习报告会，认清形势，明确任务，坚定发展信心。面对严峻的国际经济形势和我区各项艰巨的工作任务，政协举办一系列学习报告会和讲座，深化各界委员对贯彻科学发展观和党的方针政策的认识。年初，邀请全国政协办公厅研究室的负责同志作“全国‘两会’精神专题报告”，邀请有关部

门的专业人士就“保增长扩内需”的情况做了专题介绍,使委员对国际金融危机和我国应对的重大举措加深了理解;围绕我区产业发展、中小企业融资和医药体制改革等专题,举办了3G技术应用和金融知识以及《关于深化医药体制改革的意见》专题报告和讲座,帮助委员认清形势,明确方向,进一步统一思想,坚定了共克时艰、促进发展的信心。

举办论坛研讨,为全区科学发展凝心聚力。根据中共东城区委提出的“科学发展创首善,打造国际化、现代化新东城”的发展目标,政协组织了“保增长、促发展、建首善”科学发展论坛,邀请国务院发展研究中心、中国社会科学院、北京国际城市发展研究院的专家围绕保增长、国际化城市的发展与和谐社会建设等问题作了专题演讲。委员代表结合东城区实际,就如何改善发展环境、支持中小企业健康发展、推进文化创意产业持续发展等内容进行重点发言,与会委员分别围绕东城经济建设、文化建设、社会建设进行了专题讨论,进一步提高了认识,把思想统一到贯彻区委提出的发展目标上来。

开展庆祝新中国成立60周年的各项活动,增强发展人民政协事业的使命感。围绕新中国和人民政协成立60周年,组织政协各参加单位和部分委员专题学习胡锦涛总书记《在庆祝中国人民政治协商会议成立60周年大会上的讲话》,组织委员观看电影《建国大业》、话剧《北平,1949》,各党派团体和各界委员共同回顾与中国共产党风雨同舟、荣辱与共,为国家和东城的发展同心协力、团结奋斗的光辉历程,进一步坚定了走中国特色社会主义政治发展道路的方向,明确了人民政协产生发展的历史必然性,以及在新时期新阶段推进人民政协事业发展的重要意义,进一步增强了做好政协工作的使命感和责任感。

加强各种有针对性的学习交流,开阔视野,提高履职水平。以“弘扬爱国主义精神,增进民族团结,拓展政协工作”为主题,组织常委赴新疆维吾尔自治区进行学习考察,了解当地经济社会发展情况和保发展、促和谐、增进民族团结等方面取得的宝贵经验。各专门委员会结合履职,开展了专题学习、情况通报等内容丰富的学习活动,还组织委员到西藏、江西、贵州等地政协学习考察,使广大委员开阔了视野,了解了大局,学习了各地促进科学发展的新思路、新经验。

(二)围绕“保增长、保民生、保稳定”的重点工作,开展各项履职活动

认真组织多层次的协商议政。三次会议期间,委员们协商讨论了区政府、区法院、区检察院的工作报告,围绕全区经济社会发展问题建言献策,在充分利用区域资源促进经济发展,发挥中小企业在产业结构调整中的作用,加强功能区和特色街建设,积极推进历史文化风貌保护和文化产业发展,提高公共服务水平、改善民生等方面提出了许多建设性意见,区委区政府领导及相关部门负责人到会听取意见,共同协商议事。年中,委员们听取了“一府两院”半年工作情况通报并召开座谈会,就我区如何进一步做好建国60周年庆祝活动安保工作、加强联动服务机制的宣传、积极发展文化创意产业、健全公共卫生服务体系等工作,提出了意见和建议。四季度,组织全体委员对全区重点建设和工作进行了视察,部分委员参加了区政府分专题召开的听取意见座谈会。常委会议听取了东城区国民经济和社会发展第十一个五年规划纲要实施情况的中期评估报告(征求意见稿),以及区政府机构改革方案的情况通报。各专门委员会加强了与职能部门的对口联系,组织视察座谈,提出意见建议。全年共召开常委会、主席会、议政会、专题座谈会18次,各专门委员会对口协商30余次。通过全体会议广泛协商、常委会议专题协商、主席会议重点协商、专委会议对口协商,对我区的科学发展和社会和谐起到了积极的促进作用。

深入开展专题调研,提出工作建议。一年来,常委会明确重点,组织各专门委员会,深入基层,了解实情,通过专题研讨、书面征求意见和参观视察等形式,有针对性地开展各项调研活动。经济科技委员会关于进一步促进东城区中小企业发展的调研、学习和文史委员会关于进一步促进东城区文化旅游业发展的调研形成了常委会建议案,得到区委区政府的高度重视;城建环保委员会关于如何打造钟鼓楼地区良好发展环境的调研,社会和法制、民族和宗教委员会关于居家养老工作现状的调研,港澳台侨委员会关于东城区台资企业的调研,教文卫体委员会关于进一步促进东城区中医药事业综合发展的调研都形成了提案,提交政府有关部门在工作中参考落实,发挥了很好的作用。充分发挥政协人才荟萃、智力密集的优势,认真组织区委交办的“东城区地下空间开发利用”专项课题研究,形成了具有一定指导性和可操作性的研究报告,为区委区政府科学决策和制定全区总体发展战略规划提供了一定的依据,使政协工作更好地服务于全区的发展大局。

精心组织议政监督活动。结合迎国庆和提升城市文明建设水平,组织了《关于加强城市垃圾收集管理,提升城市环境质量》的专题议政会,听取了区政府有关工作情况的通报,各民主党派、人民团体、无党派人士和各界委员在认真调研视察的基础上,提出了许多针对性很强的意见建议,为进一步促进我区垃圾收集管理工作,提升城市环境质量起到了反映实情、督促落实、帮助改进的作用。同时,对2008年召开的社区卫生议政会的落实情况组织了跟踪反馈、督促检查活动。社会治安综合治理民主监督小组,围绕落实“平安国庆”的工作情况开展有关民主监督工作;参观考察北京市强制治疗中心及戒毒所,了解了我区相关工作的情况。财政预算民主监督小组通过听取政府相关部门通报情况的形式,对我区2009年上半年财政预算执行情况、2009年下半年财政支出预算和全年教育经费预算、收支情况开展民主监督活动,为促进东城区公共财政建设积极建言献策。受聘为党风廉政监督员、特邀监察员及有关行业、部门监督员的各界政协委员,在各聘用单位的支持下,认真履行职责,不断深化监督内容,拓宽监督领域,创新监督方式,促进了我区各项工作和队伍建设的改进。

积极参与“和谐社会首善之区”的建设。为进一步推进政协委员街道活动小组工作,召开了政协委员街道活动小组工作交流会,总结经验,交流情况,并对如何积极参与和谐社区建设提出意见和建议。10个委员街道活动小组深入基层,

通过座谈走访、参观视察、听取情况通报等方式，了解区情社情，围绕环境建设、文化产业发展、国庆安保工作、便民服务、劳动就业、居家养老、参与社区公益事业等方面开展了富有特色的活动，促进了和谐社区的建设。由政协委员捐款设立的扶困助学资金，对33名品学兼优的贫困家庭高中生和大学生进行资助。委员中的企业家，在经济发展遇到困难的情况下，努力拼搏，在安排就业、推进我区经济运行企稳向好、促进和谐社会建设等方面做出了积极贡献，发挥了特殊的作用。

充分发挥提案和信息工作的重要作用。常委会把提案工作作为政协一项全局性工作纳入议事日程，加强提案的分析和交办工作，与区委区政府两办建立协调督办机制，着力推进提案办理的落实工作。积极探索提高提案质量、办理质量和服务质量的新方式、新途径和新办法，使提案质量有所提升、办理实效不断增强、机制保障更加健全，为推动我区经济、政治、文化和社会建设发挥了重要作用。认真做好信息和反映社情民意工作，完善和规范反映社情民意的工作机制。召开了信息工作会议和社情民意漫谈会，定期发布社情民意信息报送参考要点，加强对特邀信息员的培训，引导委员及时反映人民群众最关心、最直接、最现实的切身利益问题。全年编发报送社情民意信息310件，反映促进经济社会发展、环境建设、群众关心的热点、难点问题236件，占76%。其中“南水北调中线方案应立即修改”的建议，得到了北京市主要领导的批示。社情民意为党委政府科学决策、民主决策提供了参考，推动了相关问题的解决。

(三)以庆祝新中国成立60周年和人民政协成立60周年为契机，巩固和扩大爱国统一战线

开展多种形式的纪念、座谈和联谊活动。举办纪念人民政协成立60周年征文活动，并在《东城政协》报上专刊刊登；组织《艺术寄情怀 笔墨抒春秋——纪念人民政协成立60周年书画展》，展示了人民政协成立60年来不断发展进步的时代主旋律；与有关部门联合举办了“喜迎国庆60华诞、欢度中秋两岸情深”联欢会，区委、人大、政府、政协的领导与各界代表人士欢聚一堂，祝福祖国，共渡佳节；民族和宗教委员会组织新老委员召开了座谈会，密切各族各界的大团结大联合。为进一步扩大文史书籍的社会影响和推进文史工作的开展，在全国政协文史和学习委员会、文史出版社及北京市政协文史和学习委员会的支持下，向东城区图书馆捐献了一批文史书籍。在北京奥运会成功举办一周年之际，编辑了记录北京奥运会、残奥会历史瞬间与心灵感悟的文集《最忆珠峰圣火》；举行了《我·北京·2008——政协委员眼中的奥运》摄影颁奖仪式，并结集出版。编辑出版了皇城历史文化丛书《钟鼓楼》分册。

加强沟通交流，凝聚各界力量。坚持在传统节日召开各界人士联谊会、团拜会、座谈会，组织各种看望、慰问活动，加强了与各党派团体、各族各界人士的联系和沟通。分别以“中小企业应对金融危机之我见”、“楼宇资源、旅游文化产业的整合与开发”、“低碳经济与相关产业发展”为主题，举办3次“企业家共话东城”沙龙活动，增进企业间、企业与党委政府间的沟通交流，为促进我区科学发展，凝聚各方智慧和力量搭建了平台。邀请区领导及有关委办局负责同志到委员单位视察、走访、座谈，帮助解决发展中遇到的困难。视察非民族学校民族教育示范校工作开展情况，促进我区民族团结事业的发展。密切联系港澳台同胞、海外侨胞，组织委员赴台考察交流，努力为促进祖国和平统一贡献力量。政协之友联谊会定期开展各种活动，继续密切与老委员的联系，发挥他们的独特作用。组织部分医药卫生界和教育界委员赴内蒙古锡林郭勒盟进行义诊、咨询、交流、考察。通过积极开展不同形式的活动，努力营造团结民主的氛围，广泛团结委员和各界人士，使大团结、大联合工作得到巩固。

(四)加强政协自身建设，为推进政协工作提供有力保障

切实发挥党派、无党派人士的作用，突出界别特色。发挥党派、无党派人士在政协履行职能中的作用，增补民主党派和工商联区级组织的领导担任区政协副秘书长，加强秘书长会议对大型活动、重要会议的协商协调职能。加强与区各民主党派之间的合作，就东城区文化旅游业发展、垃圾分类收集管理工作等联合开展调查研究，使民主党派在政协组织中的作用得到体现。认真贯彻落实中央和市、区委的有关要求，努力探索突出界别特色，发挥界别作用的途径和方法，召开“充分发挥政协界别作用研讨会”，对发挥界别作用提出意见建议；常委会审议通过《东城区政协关于进一步发挥界别作用的意见》，为更好地发挥界别作用提供了制度保证。组建了界别活动小组，协商推举出界别召集人，并在界别活动月中开展多种形式活动。

注重发挥委员主体作用。开展政协委员发挥主体作用情况的调研，针对存在问题，加强对委员履职情况的管理，调动委员履职的积极性，增强了委员的社会责任感。坚持主席与委员谈心活动、主席接待委员日、主席恳谈会等工作制度，认真听取委员意见建议，帮助委员更好地履行职责。各专门委员会切实发挥委员的优势和专长，采取多种形式组织委员履行职责，并通过走访互访、联谊座谈等形式，加强同委员的沟通，促进委员之间的联系与合作。全年各专门委员会组织各类活动近150次，许多委员积极参政议政，发挥作用，涌现出一批“优秀委员”、“在和谐社区建设中作出突出贡献的委员”和“爱心奉献委员”。

加强政协机关建设。根据中共东城区委的统一部署，政协机关开展了为期半年的学习实践科学发展观活动和加强领导干部作风建设年活动。组织了进一步加强政协机关自身建设的调研，广泛听取意见，认真分析现状和问题，研究加强建设的措施。通过开展学习实践活动，明确建设“学习型、服务型、和谐型、创新型”政协机关的目标，加强机关的思想建设、作风建设、业务建设和组织建设，充实干部队伍，改善知识结构和年龄结构，完善内部学习制度，增强机关工作人员服务委员、做好政协工作的自觉性。完成区委区政府交办的国庆60周年庆典活动相关任务。加强对内、对外的工作交流，参加直辖市八城区政协工作座谈会、市政协区县政协工作联系会等会议，多次接待外省市和各区县政协的视察调研、交流考察，提高为委员履行职责的服务水平和质量。

二、2010年工作意见

(一)加强学习培训、探索创新,在增强政协履职意识上坚持科学发展

(二)紧密围绕中心、服务大局,在履行政协职能过程中促进科学发展

(三)努力协调关系、汇聚力量,在关注民生促进和谐上落实科学发展

(四)倾心维护团结、加强联合,在弘扬团结民主主题上服务科学发展

(五)坚持与时俱进、开拓创新,在加强政协自身建设上践行科学发展

东城区2009年国民经济和社会发展计划执行情况与2010年计划(草案)的报告

2010年1月12日在东城区第十四届人民代表大会第五次会议上

原东城区发展和改革委员会主任　赵北亭

一、2009年国民经济和社会发展计划执行情况

(一)全力落实保增长措施,区域经济实现平稳较快发展

各项保增长措施得到全面落实。一是积极落实北京市《关于帮扶企业应对国际金融危机的若干措施》、《关于金融促进首都经济发展的意见》等66条措施。二是结合东城区情,制定了《东城区2009年服务经济发展促进社会和谐的措施》、"确保财政收入增长10%"工作方案;区财政出资3500万元设立中小企业扶持资金、就业应急准备金、大学生就业实习补助资金等5项专项资金。三是加强组织领导,成立由区长、主管副区长及相关部门组成的联席会,成立10个综合服务组,召开26次分析调度会,各项保增长措施全面落实;明确任务重点,分解11项经济增长指标,落实指标责任单位。通过一系列保增长措施有效实施,预计财政收入实现71亿元,同比增长11.8%,完成计划的111.6%;万元地区生产总值水耗比2005年下降16%,达到计划要求;城镇居民人均可支配收入达到28504.5元,同比增长9%,完成计划的102.7%。

多措并举拉动经济平稳增长。一是不断扩大投资,组建区重大项目绿色审批通道,完成市区绿色审批通道对接,共有40个项目分别纳入市、区绿色审批通道。定期召开重点项目调度会,加大项目协调服务力度,宇飞大厦、亿洋星城三期综合楼、华普中心大厦I段、区应急指挥中心、玉河河道景观工程已竣工,公安分局刑侦综合业务用房完成主体结构,利山大厦正在结构施工,东北二环城中村用地项目准备启动,地铁6、8号线拆迁、西河沿拆迁、中央编办办公楼、黄金集团综合楼等项目进展顺利。预计区域全社会固定资产投资额完成205.8亿元,同比增长3.2%。二是努力促进消费,利用"五一"、"十一"等重要节假日,组织商家开展"北京市购物季"等促销活动100余次;推出皇城文化、特色街区等6个主题特色旅游资源,开展"首届皇城文化旅游节"等旅游活动,鼓励在辖区内举办大型国际商务会展活动。预计社会消费品零售额实现367亿元,同比增长13%。三是加大招商引企力度,成功引入北京市农业投资有限公司等23户企业,引进税源5.4亿元;预计全年累计实际利用外资1.5亿美元,完成计划的150%。

(二)产业结构不断优化,"三区"建设稳步推进

产业结构调整力度加大。一是制定主导产业政策实施细则,编写政策解读材料,免费向企业发放2万册政策宣传册。为254户企业兑现主导产业政策奖励、补助资金1.7亿元。二是开通了文化创意企业网上申报平台,免费发放1万册《东城区文化创意企业申报平台使用手册》,截止11月底共有100余家企业申报文化创意产业项目。为16个项目争取到市级文化创意产业专项扶持资金3810万元。三是落实金融业政策,保利财务有限公司等3家公司共获得一次性资金补助1250万元。参加第五届北京国际金融博览会,荣获最佳组织奖和最佳区域金融魅力奖。四是率先探索发展低碳经济,确立了打造绿色金融中心的构想。五是开展中医药产业、低碳产业、四合院经济发展路径和促进政策调研,积极培育新的经济增长点。六是建立节能减排目标责任制,开展节能宣传周活动和节能灯以旧换新服务,推进既有建筑节能改造。预计"两业"增加值同比增长10.1%,完成计划的126.3%。

功能区建设扎实推进。一是王府井现代化商业中心区增量调整战略、升级战略、品牌战略全面推进,北京饭店二期等项目进入装修阶段;王府国际商城等项目正在施工;海港大厦二期等项目正在办理前期手续;王府井国际品牌中心准备开工。煤渣胡同、帅府园东街市政道路改造积极推进,王府井商会正在加紧筹备。引进卡地亚等一批国际顶级品牌,举办了"王府井消夏购物节"等各类活动100余场次,王府井的品牌知名度和影响力进一步提升。二是东二环交通商务区由建设期向发展期转变,重点项目建设接近尾声,中石油大厦、来福士中心等13个项目已竣工投入使用,东方文化艺术中心、东直门交通枢纽暨东华广场等项目稳步推进。配套服务设施不断完善,授予南新仓文化休闲街、皇家粮仓、大董烤鸭南新仓店为首批"总部企业服务基地"。举办第三届中国企业跨国投资研讨会暨东二环交通商务区第二届高峰论坛,着力打造首都新兴产业金融功能区,金融业法人企业达到41家。三是以中关村建设国家自主创新示范区为契机加

快雍和科技园发展步伐,园区空间规划初步确定了先期启动区域和重点研究区域。建设完善创业服务、公共交流合作等8项公共服务平台,成功举办第二届"创意雍和"文化艺术节等活动。数字内容产业聚集中心建设继续推进,以歌华大厦、雍和大厦为中心引入北京演艺集团、卡巴斯基等高端企业;以方家胡同46号"跨界艺术区"、"东雍创业谷"、"东方燕都艺苑"为依托引入100多家中小型文化创意企业。国际版权交易中心正式落成,中华版权代理总公司、中国创意产业版权价值开发协作联盟等正式入驻。雍和园荣获"2009年度中国最佳创意产业园区奖"。四是特色街区建设稳步推进,制定了《东城区商业街区管理暂行办法》实施细则和《东城区商业街区协调工作委员会联席会议制度》。举办"文化南锣,快乐消费"、"簋街消夏节"等特色促销活动。南锣鼓巷被美国杂志《时代》周刊推荐为亚洲25处必去的风情体验地之一。

(三)着力改善经济管理和服务,经济发展活力日益增强

经济基础工作得到加强。一是坚持规划先行,在区委领导下,积极参与《东城区总体发展战略规划(2010～2030年)》编制工作,为打造国际化、现代化新东城提供可操作性的支撑。全面完成"十一五"规划中期评估,制定了"十二五"规划编制工作方案。二是实施精细化管理,开发经济动态指标监测系统,及时掌握区域经济运行情况。建成楼宇经济监测系统,建立楼宇资源、楼宇经济、分析查询、工作信息等4类数据库,及时掌握楼宇经济发展和企业经营情况。三是推进政府机构改革,着力构建经济监测、产业促进、行政服务协同运作的经济服务体系。

经济发展环境继续改善。一是不断健全行政服务体系,筹建企业事务呼叫中心,完善网上服务平台和网上许可平台,实行分类分级服务。二是加强楼宇业主服务,确定环球贸易中心等12座重点帮扶楼宇,利用网上服务平台、中介机构重点楼宇联谊会等,推介区域重点楼宇资源。三是继续落实优化发展环境措施,开展"送政策、送信息、送服务"活动,区领导和有关部门实地走访企业、单位170家,为北京麦当劳食品有限公司等40户绿卡企业办理集中年检,为344家驻区单位解决实际问题385件。

国有企业改革稳步推进。一是出台《关于进一步深化国资国企改革的意见》,启动东方文化、东方信达、东方奥天等3家资产经营公司调整组建工作。二是初步制定国有资本收益收支管理办法,探索建立国有资产经营预算制度。三是加强企业人才管理工作,提高企业核心竞争力。四是保护和提升老字号品牌,组织"北京老字号非物质文化遗产展",为工美大厦等5家老字号申请海外知识产权保护等资金39.3万元。

促进中小企业和非公经济发展取得实效。一是与首创担保公司合作,为中小企业提供1.5亿元贷款担保资金,设立"小额贷款担保绿色通道"。先后组织5次共44家企业参加的中小企业资金供需对接会,为北京龙泰鸿科技有限公司等8家企业争取了2710万元的贷款担保。二是制定了《东城区中小企业发展专项扶持资金管理暂行办法》,以贷款贴息方式扶持中小企业发展。北京宏林科技发展有限公司等11家企业获得年度贴息146万元,涉及银行贷款5741万元。三是积极协调驻区金融机构降低我区中小企业贷款利率,北京银行、广东发展银行承诺按照央行基准利率执行。四是成立区首家小额贷款公司北京农投东方小额信贷有限公司,帮助中小企业解决融资难问题。五是通过网站、宣传册、政策解读等方式大力宣传中小企业扶持政策。六是举办东城区中小企业论坛,搭建中小企业与政府、金融机构、专家学者的沟通交流平台。

市场秩序保持良好。一是加大市场价格检查和监测力度,开展H1N1流感防控药品价格等专项检查,对居民副食品、房地产等351个品种开展日常价格监测。二是针对甲型H1N1流感疫情启动应急检查机制,加大药品、食品等监督和检查力度,食品安全监测抽查合格率为97.6%,药品抽验合格率为98.9%,均达到计划要求。

(四)努力促进各项事业健康发展,公共服务水平稳步提升

教育发展成绩显著。一是深化学区化管理,促进教育均衡发展。学区硬件共享水平稳步提高,27中、灯市口小学本址和礼士分校、一幼海晟小区分园、东华门幼儿园投入使用;大方家回民幼儿园即将交付;帽儿胡同小学等14所学校教学楼加固和二中分校风雨操场工程进展顺利。学校联盟成果日益显现,中小学生享用优质资源比率分别达到94.38%和93.98%,均达到计划要求。我区荣获"全国推进义务教育均衡发展工作先进地区"称号。二是全面提高教育质量,促进教育内涵发展。实施素质教育,"学习e网通"骨干网建设基本完成。积极推进课程改革,中高考成绩均创历史新高,继续保持全市领先地位。三是深入拓展"蓝天工程",促进教育特色发展。新增5个民族民间文化艺术教育基地、3所美术教育基地校、30个中小学校级戏剧团。全区37所学校17000余名师生圆满完成国庆庆典活动。在第29届北京青少年科技创新大赛中获18个一等奖,在北京市学生艺术节比赛中获28个集体一等奖。我区被评为"全国未成年人思想道德建设先进城区"。四是完善终身教育体系,促进教育协调发展。优质学前教育资源不断扩大,职业教育改革方案继续深化,加强社区教育和学习型城区建设,二中、166中获"北京市创建学习型学校先进单位"称号,市民学习基地建设项目获"全国社区教育示范项目"称号。

公共卫生服务水平不断提升。一是传染病防治工作不断加强。严格控制甲型H1N1流感疫情传播,建立快速反应和及时处置机制。积极开展大型活动保障专项整治和学校、建筑工地等卫生监督检查,法定甲乙类传染病发病率为258.1/10万人,控制在计划指标内。二是加快推进医院建设,鼓楼中医院、妇幼保健院已开工,完成社区卫生服务信息系统与301医院双向转诊网络信息系统、北京老年疾病管理系统的对接。继续落实药品集中招标采购和零差率等惠民政策,1～3季度,各社区卫生站累计为31万余人次持卡居民免除挂号诊疗费96万余元;为16万次持卡居民优惠药费42.8万余元。三是制定了《国家中医药综合发展试验区方案》,成功举办第二届北京中医药文化宣传周暨首届地坛中医药健康文化节,分别荣获国家、北京市"中医特色社区卫生服务示范区"称号。四是积极开展社区健康教育

与健康促进“十、百、千”工程，建立社区健康之家，努力提高群众健康水平。

文体事业蓬勃发展。一是启动首都戏剧文化城建设，出台《关于推进“首都戏剧文化城”建设的若干意见》和《首都戏剧中心建设专项资金管理暂行办法》，戏剧名优精品工程进展顺利，开展“首都戏剧中心四季风”系列活动。二是文化设施建设扎实推进。投资4950万元改造装修的区文化馆即将投入使用，东直门街道、朝阳门街道文体中心改造完成并对外开放。三是设立了500万元公益文体活动补助资金，鼓励学校和社会单位文体活动场所向社会开放，目前全区共开放学校48所、社会单位17家。四是群众文体活动蓬勃开展。开展了新年音乐会、地坛文化庙会等品牌文化活动，围绕国庆策划了丰富多彩的群众游园活动和爱国主义教育活动。举办了第七届全民健身体育节、“区长杯”长跑比赛等10余项群众体育活动，参与群众达到18万人次，完成钟鼓等3个“体育生活化社区”创建工作。

信息化和科技水平进一步提升。一是提高信息化应用的广度和深度。积极推进政务信息资源共享，加快公共安全监管信息平台等重点信息化项目建设，圆满完成国庆60周年网络、信息安全及无线电保障任务。制定了《东城区公共管理基础数据共享服务工作方案》，整合全区公共管理基础数据，推进数字城市建设。完善社区卫生信息系统和数字化社会救助信息系统，拓展信息化服务民生领域。二是科技自主创新能力显著增强，知识产权保护力度不断加大。1~3季度，全区输出技术大幅增长，共输出技术395项，成交额24.65亿元，同比增长114.9%；累计申请专利1487件，授权专利数量777件，同比增长26.1%。三是科普工作有序开展，钟鼓楼等5家单位获批为市级科普基地，东华门、台基厂等3个社区入选北京市第三批“创新型科普社区”。

（五）加大民生改善力度，和谐社区建设扎实推进

民生状况持续改善。一是努力扩大就业，通过技能培训、岗位推介等措施帮助各类失业人群再就业，组织10名大学生到社区实习，累计发放实习补贴2.7万元，新增9户零就业家庭已全部“脱零”。城镇登记失业人员就业率达到74%，高于年度计划9个百分点。二是加强社会保险工作，落实城乡居民养老保险办法和门诊医疗费用结算方式改革，加强基金监控，各项社会保险基金同比增长13.1%，基金收缴率都达98%以上，均优于年度计划。三是全面落实低保、医疗、供暖、教育等救助政策，截至11月底，共保障最低生活困难群众6335户12517人，累计发放低保金4984.73万元，“社会救助无盲点”的目标基本实现。实施夕阳红工程，建立“安老救助基金”，新增养老床位300张。四是积极做好保障性住房申请审核和摇号对接工作，1~3季度，分别受理廉租房、经济适用房、限价房申请1175户、1462户、1583户，开展了三次限价房摇号和选房工作。五是健全“听民意、访民情、解民难”长效机制，畅通民意表达和利益诉求渠道，全年共答复、办理居民群众反映问题12606件，办结率在98%以上。六是为民办实事工程深入实施，结合1000户居民解危排险的民居修缮工程完成6731户，超过5000户的计划要求；全区居民用水“一户一表”外线改造全部完成，9000户居民用水“一户一表”内线改造、3.8万余户“煤改电”工程和30条便民道路改造工程均已完工；协调做好2800余户老旧楼房通天然气工作。

社会建设稳步推进。一是加强“三中心”一体化建设，充分发挥社会组织指导服务中心、市民中心作用，累计举办“心理健康大讲堂”、“社区论坛”等公益活动150余场；加强商务楼宇社会管理和服务，在53座商务楼宇建立了21个“党建工作站、社会工作站、工会服务站”。二是扎实推进基层民主自治建设，依法完成第七届社区居委会选举工作，居委会工作人员素质得到全面优化。三是全力打造社区居民便利生活服务圈，设立500万元社区服务设施建设专项资金，加强社区公共服务设施标准化建设，共有40个社区服务站被命名为北京市社区服务站标准化建设示范单位或试点单位。我区荣获首批“全国和谐社区建设示范城区”称号。东华门街道、北新桥街道九道湾社区分别获得“全国和谐社区示范街道”、“全国和谐社区示范社区”称号。四是建立创建文明城区长效机制，印发了《关于进一步深化文明城区建设工作的意见》，荣获全国精神文明城区称号。

（六）以国庆环境整治和安全保障为契机，不断提升城市建设和管理水平

风貌保护工作取得新成绩。一是挖掘钟鼓楼地区历史文化内涵，启动北京时间文化艺术区前期工作，初步完成概念性规划；国子监街成为北京市唯一入选首批“中国历史文化名街”的街区。二是启动了文保区胡同的电力、电信、排水、道路、路灯、街景整治改造工作。启动南锣西侧地区胡同市政改造工程，南锣鼓巷风貌保护综合试点工作积极推进。三是完成第三次全国文物普查实地调查及复核工作，钟鼓楼、荷兰使馆旧址修缮、桂公府修缮已竣工验收，基督教救世军中央堂（金帆音乐厅）抢险修缮工程进入施工筹备阶段。

城市面貌和生态环境进一步改善。一是全面完成长安街及其周边地区、国庆观礼代表驻地及沿线、国庆游园活动场所周边的环境整治等工作，实施北二环6栋楼宇的夜景照明和南北河沿大街两侧建筑物夜景照明工程。二是完成了交东大街等6条大街的环境整治和旧鼓楼外大街61号院等6处老旧小区的环境整治。三是绿化工作成效显著，扩大改造绿地5.58万平方米，植树7.49万株，种草7.65万平方米，屋顶绿化1.05万平方米，创建了3个花园式单位。通过摆放绿植花卉完成国庆期间城市景观布置。四是狠抓大气污染治理、垃圾分类管理等环境整治工作，生活垃圾和粪便垃圾的无害化处理率均保持100%，降尘量平均值7.0吨/平方公里·月，区域环境噪声为53.5分贝，均达到计划要求。

城市管理运行水平稳步提高。一是圆满完成了国庆各项城市运行和安全保障任务。在东城区建国60周年庆祝活动筹备工作领导小组领导下，环境整治、阅兵（公共设施）事故应急等指挥部全面推进国庆筹备和安全保障工作。完善了应急预案，以突发事件处理、极端天气、反恐防爆等为重点开展6次专项演练。全面开展安全隐患排查和整改，深入开展国庆“护航行动”和消防专项行动，安全生产指标控制在北京市下达指标之内。二是规范和细化城管新模式工作标准，推进城市公共安全监管新体系建设，城市管理问题处理率达

到95%,公共设施损坏缺失率为3.2%,均达到计划要求。三是加强流动人口管理,出租房屋登记率、出租房屋合格率保持在95%以上,来京务工人员登记率达到99%,均达到计划要求。四是积极开展信访排查调处工作,重点时期群体性事件和非正常访均为零,实现了"无重大重复上访户"的目标。五是统筹解决人口问题机制不断完善,召开了"人口发展与打造国际化现代化新东城论坛",为育龄群众提供"健康生育计划"六项免费服务18462人次。

在经济社会发展取得一定成绩的同时,仍然存在一些值得关注的问题:一是经济运行中不稳定、不确定因素依然存在,国际金融危机滞后影响不容忽视。二是招商引企成本不断攀升,增量企业引入困难,受税制、税政影响财政增收乏力,经济增长的内在动力不足。三是土地资源紧张,发展空间有限,资源整合利用不足,可持续发展压力增大。四是吸引社会投资、引导中小企业升级转型工作有待加强。五是引导社会资源参与历史文化风貌保护工作不够深入,在争取上级支持和专家指导方面需要努力。

二、2010年国民经济和社会发展计划草案

2010年经济社会发展计划主要经济指标的初步安排:

财政收入达到76.68亿元,同比增长8%;"两业"增加值增长9%左右;万元地区生产总值水耗比2005年下降20%;实际利用外商直接投资为1亿美元;城镇居民人均可支配收入增长8%;城镇登记失业人员就业率达到65%以上。

为确保上述目标实现,我们要重点做好以下五方面工作。

(一)继续实施行之有效的保增长措施,确保经济平稳较快发展

健全保增长工作机制。一是将保增长工作中行之有效的做法常态化、制度化,坚持领导挂帅、部门联动的成功经验,进一步加强部门间协同联动,完善经济监测体系、产业促进体系、配套行政服务体系、专业服务体系,以及与市级部门的政策、资金、信息沟通体系,使区域经济工作机制更加健全。二是完善楼宇经济监测系统、动态指标监测系统,及时掌握区域经济运行情况,实现对区域经济的动态化、精细化管理。

优化投资结构。一是合理安排政府投资项目,抓好社会投资项目服务,注重用政府投资带动社会投资,提高社会投资比重。二是推动绿色审批通道机制规范化、常态化,加强部门联动,做好项目前期指导服务。三是积极推进政府投资项目。加快推进地铁6、8号线扩拆区、北京文化创意展示大厦、东交民巷29、31号院改造、首都中医药博物馆、工体西门文化体育广场、柳荫公园南地块、东直门外地下商城等建设项目前期工作;加快实施西河沿危改、五中分校改扩建、东单体育中心改扩建等新开工项目。四是加大社会投资项目服务力度,推动弘通科技大楼、朝阳门SOHO中心南区等项目顺利实施;加快推进雅宝路空军招待所、新中街一至四条(二期)、北京站西街、和平里区域内部分滞留项目。五是对工程建设领域突出问题开展专项治理。以政府投资项目和使用国有资金项目特别是扩大内需项目为重点,利用2年左右的时间,对2008年以来的投资项目进行全面排查,着力解决工程建设领域存在的突出问题。

巩固和扩大消费需求。一是促进商业消费,结合不同区域的商业文化特色,针对重点街区、重点企业、重点商品在不同时点开展多种形式的促销活动。加强商业街区建设,积极引进商业企业。二是提高旅游商务消费,完善数字旅游平台和都市旅游导览体系建设,加强区域间旅游合作,策划开发新的休闲体验式旅游产品,研究搭建旅游企业之间的交流合作平台。

(二)加快转变经济发展方式,提高经济发展质量和效益

促进产业优化升级。一是发挥政策引导作用。不断完善主导产业和总部型企业、文化创意产业政策,研究制定促进楼宇经济、资源经济、四合院经济以及新兴产业发展的政策。有效整合和集约利用各类产业促进资金,加强政策宣传,引导产业不断向高端化发展。二是发展壮大主导产业。转变招商引企工作方式,加强与外地拟进京企业、在京新设立企业和改制重组企业的沟通联系,着重吸引主导产业的总部型企业,不断提高四大主导产业占经济总量的比重。三是积极培育新兴产业。注意发掘大型总部企业对区域经济的带动作用,争取与中央大型能源企业联合设立新能源产业投资基金。借助中医药综合发展改革试验区、中关村自主创新示范区的政策优势,引导和支持符合东城特点的中医药产业、低碳产业等新兴产业发展。四是大力发展楼宇经济,健全和完善组织运行、楼宇监测、楼宇沟通平台、楼宇服务、楼宇评估、楼宇政策引导等六套体系,切实发挥楼宇经济在集约利用空间资源、优化产业结构方面的促进作用。五是加大企业服务力度,运行好企业事务呼叫中心和覆盖全区各委办局的行政许可平台,通过信息化手段建立部门间沟通联动机制,推进企业服务标准化。定期走访重点企业,举办区领导、各相关部门、重点企业代表参加的活动,及时了解企业政策和服务需求,为存量企业创造良好发展环境。

推进功能区和特色街区建设。一是全面推进王府井现代化商业中心区建设。继续实施增量调整战略,确保澳门中心商场、二商综合楼、王府国际商城按计划如期开业,北京饭店二期、中央保健基地、协和医院门急诊楼工程等按进度建设,王府井国际品牌中心、海港大厦、经济日报社等项目开工建设,帅府大厦、君豪大厦等项目完成拆迁。实施升级战略,完成王府井东街、吉祥东路、煤渣胡同、帅府园东街市政道路改造工程,研究制定《王府井现代化商业中心区产业发展规划》、《王府井地区交通组织规划》,发挥东方广场、金宝街等商会积极性。实施品牌战略,利用王府井知名品牌聚集的优势开展各种商业促销和品牌策划活动,积极举办"王府井国际著名商业街研讨会"等具有国际影响力的品牌活动,不断提高王府井知名度和影响力。二是加快东二环交通商务区建设。继续推进东方文化艺术中心等项目建设。提高楼宇资源利用率,研究拓展发展空间,完善商务区配套服务设施。加大商务区宣传力度,加强对商务区品牌的培育力度,增强区域吸纳力。着力打造金融和低碳产业相融合的"绿色金融中心"。三是扎实推进雍和园建设。以建设中关村自主创新示范区为契机,确定雍和园扩园方案,完善园区空间规划。加快投融资平台(文化科技投资平台)、版权交易平台、中小

企业创业发展平台的建设,提升园区公共服务水平。打造特色品牌,举办“创意雍和”艺术节,探索围绕新能源等新型产业发展举办品牌宣传活动。发挥产业联盟和企业家联席会作用,吸引企业入驻园区。四是抓好特色街区建设。加快推进“国家中医药综合发展试验区”建设,做好园区的前期报批与规划研究工作。积极引进与中医药有关的高端企业入驻,逐步形成以中医药研发、中医文化传播、中医健康服务为主的中医药产业链。加强银街环境整治,完善银街商业定位研究。继续推进簋街、南新仓、南锣鼓巷等特色街建设,积极培育金宝街、北锣鼓巷、五道营、景山东街、景山后街等向特色街方向发展。

加大节能减排力度。一是对于政府投资项目,除建筑节能环保审查外,优先应用低碳设计、技术和材料,尽可能建设低碳建筑。二是鼓励社会单位进行节能改造。设立政府节能专项资金,研究出台用能单位节能技术改造鼓励措施,对实施节能改造的用能单位、节能服务公司给予一定奖励和补助。三是加强老旧楼房、平房、四合院节能改造,完成北京市下达的46.69万平方米民用既有居住建筑改造任务。四是探索合同能源管理模式,积极推进东城公安分局办公楼、拘留所等节能改造试点项目。五是开展节能减排和低碳经济发展研究,建立楼宇和重点用能单位在线信息监测系统,加强对用能单位的监督管理,提高用能单位的节能意识。开展能源审计试点工作。六是建立企业绿色准入标准,原则上引进企业的万元产值能耗水平不高于全区平均水平。七是做好节能宣传工作,倡导低碳生活、低碳消费理念,提高用能单位和社会大众的节能环保意识。

(三)着力推进经济领域改革,增强经济发展活力和动力

科学谋划未来发展。一是全面完成“十一五”规划任务,对“十一五”规划实施情况进行科学评估。二是发挥规划引领作用,认真开展前期调查研究,发动全区各界广泛参与,高标准、高质量编制完成总体发展战略规划、人才发展战略规划、“十二五”规划,明确今后发展思路,形成未来全区的共同奋斗目标,为区域长远发展打下坚实基础。

加快推进国企改革。一是落实《关于进一步深化东城区国资国企改革的意见》,逐步完善以资产为纽带,以经营公司为平台的国资监管架构,加强国企发展战略研究。二是加快推进实体企业改革,优化企业股权结构,完善法人治理结构,促进国有资产资源和经营业务整合,提高国有资产质量和效益。三是结合主导产业发展方向,重点鼓励扶持业态好、潜力大的国有企业上市融资。四是改进和加强国资监管,完善国有资产保值增值责任体系,强化激励与约束机制,提高国资监管的有效性。五是实施“人才强企”战略,改进经营管理人员任用方式,推行内部竞聘或公开招聘,引导企业加大中青年人才培养选拔力度。

加大中小企业扶持力度。一是加强对中小企业发展的政策引导,完善促进中小企业升级转型、健康发展的政策措施。二是加强对中小企业的融资支持,建立多层次的中小企业融资服务体系。完善中小企业贷款担保机制,加强中小企业上市融资培育,探索出资成立创业投资公司,继续推动小额贷款公司组建。三是扩大中小企业专项扶持资金的资助方式和资助范围,采取无偿资助、贷款贴息等方式扶持中小企业发展。四是加快推进中小企业公共服务体系建设,对中小企业社会化专业服务机构和小企业创业基地建设给予政策资金支持。五是完善以行业协会、科技园区、创业基地、孵化器等为载体的中小企业联系渠道,继续举办中小企业论坛,搭建政府与中小企业之间的交流互动平台,及时发现和解决中小企业发展中遇到的困难和问题。

扩大对外交流与合作。一是关注国际资本和产业转移,编制发布东城区外商投资指导目录,引导外资发展金融、文化创意、生物医药研发等产业,着力引进国外知名的研发、设计等高端企业总部入驻,不断提升引进外资质量。二是广泛利用外部各类发展资源,学习发达地区先进经验,积极引入外部资金、人才、智力资源等促进区域经济社会发展。三是加强与国际友好区的交流,在经济、文化、旅游、教育等方面开展广泛交流,开发新的特色交流项目,打造友好城区活动品牌。四是推进东城区与怀柔区区县合作发展五年规划,启动共建基地建设,成立管理运营机构,不断拓展和深化合作发展空间。

(四)加强社会建设和改善民生,促进发展成果共享

推动教育全面发展。一是大力推进教育均衡发展。重点调整小学、学前和校外教育结构布局,深化学区化管理工作,加强学校联盟研究,促进区域内教育资源的全面共享与深度融合。中小学生享用优质资源比率达到95%。二是大力推进教育内涵发展。加强和改进未成年人思想道德建设工作;加强干部教师队伍建设;以课程改革为契机,打造优质、高效、精彩的“生本”课堂;稳步推进东城“学习e网通”工程。三是大力推进教育特色发展。进一步挖掘梳理学校文化,逐步形成覆盖全区的教育文化网络体系;深化“蓝天工程”与未成年人思想道德建设互联机制的研究,加强艺术精品团队建设,稳步推进“东城区科技创新项目工作室”、科技教育特色项目基地建设和科学探索工作室开放。四是大力推进教育协调发展。充分发挥以集团化管理聚集职业教育资源的优势,不断创新职教育人模式;完善终身教育体系和终身学习服务体系,抓好学习型城区建设,不断完善成人教育、社区教育工作,加强民办教育管理、特殊教育、社区早教基地建设、社会弱势群体和民族教育等工作。

提升公共卫生服务水平。一是扎实推进医药卫生体制改革,落实国家、北京市医药卫生改革的总体部署,坚持公共医疗卫生的公益性质,加大政府投入力度,加强核心制度建设。二是加强公共卫生体系建设。总结国庆60周年卫生保障及防控甲型H1N1流感的经验,完善以专为主、群防结合的应急处置体系,提高传染病防控与公共卫生保障水平,法定甲乙类传染病发病率控制在430人/10万人以内。二是完善社区卫生服务体系。健全朝阳门、和平里社区卫生服务中心管理和运行机制;加快推进建国门社区卫生服务中心和东直门社区卫生服务中心建设;不断提高社区医护人员的医疗服务水平。三是深入开展健康教育活动,完成社区预防保健和中医信息化建设,发挥“健康之家”、社区心理咨询热线等服务功能,提高群众健康意识。四是结合国家中医药综合发展试验区建设,举办中医药健康文化节,积极推进中医药博物

馆、京城名医馆、健康养生园等项目建设;在社区卫生服务站开展中医医疗保健服务。

繁荣文化体育事业。一是鼓励更多学校和社会单位开放文体活动场所;成立东城区文化志愿者协会,评选扶持10支区级重点品牌团队、20支街道重点品牌团队、10支系统和驻区单位的重点品牌团队,不断丰富群众文化生活。二是着力打造特色文化活动品牌,重点办好地坛新春文化庙会、北京民族文化艺术博览园、孔庙国子监文化节等大型文化活动。三是树立戏剧文化城品牌形象。认真落实《关于推进"首都戏剧文化城"建设的若干意见》,积极构筑戏剧创作、演出、交流三大平台,促进王府井、东二环、交道口、银街及隆福寺等地区剧场集群发展。鼓励优秀人才和优秀作品落户东城。四是加强公共体育设施建设,整合群众体育活动资源,扎实开展系列群众体育活动,着眼于社区群众的健身需求,继续深入推进"体育生活化"社区的建设。

提高信息化和科技创新水平。一是加快数字城市建设步伐。整合各类公共数据资源,建设公共数据共享服务平台。逐步建立以城市运行、公共安全监管、社会管理、公共服务、经济运行管理、电子政务为核心内容的六大管理信息系统。建立健全网上监督监察体系。二是完善科技创新服务平台,促进企业创新创业和成果转化。三是加强创新型科普社会建设,推广应用全民健康等惠及民生的科技成果。建设科普型社区,提高全民科学素质。四是加强知识产权保护、利用与管理,引导企业规范知识产权交易,提高全社会知识产权保护意识。

加大就业统筹力度。一是完善帮扶低保人员就业政策,鼓励各街道制订适合自身特点的就业帮扶政策,开发家政服务、居家养老服务等就业岗位,鼓励扶持自主创业。二是推广育人基地经验模式,在驻区企业中选择定点实习企业,政府补贴失业人员到企业接受见习培训并争取实现就业。提高企业招用失业人员比例,确保全年无零就业家庭,城镇登记失业率控制1.6%以内。三是完善三方协商机制,实施网格化管理劳动监察,加大劳动监察执法力度,提高规范用人单位依法用工的有效性。

提高社会保障能力。一是继续推进"社保卡"发放和使用工作,实现公费医疗制度向基本医疗保险制度的转变,贯彻落实市政府各项社保惠民政策,加强基金监督,各项社保基金收缴率达到95%以上,各项社保基金征缴额增长10%。二是进一步完善社会救助体系建设,确保社会救助无盲点。三是进一步完善社会福利服务体系,以扶老、助残、救孤为重点,开展以居家养老服务为重点的养老服务体系建设,积极兴办养老机构。四是加强慈善机构建设,建立慈善协会街道分会,继续围绕助老、助学、助困、助医四大品牌项目开展社会互助活动,逐步形成"政府推动,慈善组织运作、公众广泛参与"的大慈善格局。

深入推进社会建设。一是全面落实《东城区社区服务体系发展规划》,打造社区便利生活服务圈,逐步实现社区公共服务全覆盖。二是加强社区管理体系建设。继续推进社区规范化试点建设,完善社区"一委三会一站、多元参与共建"管理模式,实施"1+5品牌项目"工程,提高社区信息化水平。三是构建和完善"枢纽型"社会组织工作体系,将性质相同、业务相近的社会组织联合起来,促进共同发展。充分发挥社会组织指导服务中心和市民中心功能,加大培育扶持公益性社会组织力度。四是推进商务楼宇"党建工作站、社会工作站、工会服务站"标准化建设。五是继续实施社会工作人才培养"十、百、千"工程,分层次、分岗位实施立体素质培训计划;开展社会工作人才"双基地"建设。六是健全"听民意、访民情、解民难"长效机制,继续推进居民用水"一户一表"改造、未通天燃气楼房通气和老旧小区供暖管线改造等为民办实事工程。

(五)加强城市生态环境建设,提高城市综合管理能力

推进风貌保护。一是加快编制17片历史文化保护区功能性概念规划,积极推进以风貌保护、市政设施改造、人口外迁、房屋修缮、产业发展为主要内容的综合试点工作。二是加强地下空间开发利用研究与规划,结合地铁6、8号线扩拆区域建设,争取在开发利用地下空间方面取得突破,积极拓展发展空间。三是加快推进国子监地区胡同整治工程、玉河历史风貌保护工程、南锣鼓巷基础设施改造二期等项目建设。结合钟鼓楼周边地区改造,建设北京时间文化艺术区。四是探索四合院保护开发模式,尝试整合收购部分四合院资源,推动胡同和四合院整治。五是加大文物修缮力度,推进钟楼防渗检测及修缮、通教寺、欧美同学会、清代邮局等修缮工程。抓紧划定第三批区级文保单位保护范围和建控地带,并制作安装标识牌。

加强城市生态建设。一是加大环境整治力度。完成朝阜路大街(东城段)环境整治,结合重点发展区域开展30条胡同道路大修改造,有效控制违法建设行为。二是搞好城市绿化美化。加强植树植草、屋顶绿化等工作,完成五四大街、和平里南街西段等地区绿化改造,动员社会参与城市绿化,创建3个花园式单位。三是加强环境保护。做好垃圾分类和生活垃圾无害化处理,完成黄标车以旧换新工作,加强大气污染控制,控制扬尘污染。生活垃圾无害化处理率保持100%,区域环境噪声平均值保持在55分贝以下,降尘量控制在8.4吨/平方公里·月以内。

提升城市管理水平。一是全面提高区域安全水平。稳步推进城市公共安全监管新体系建设,提升社会治安治理水平和应急处置能力;完善信访机制,妥善处理各类矛盾纠纷;加大安全生产、消防、食品、药品安全监管力度,确保安全生产指标控制在北京市下达指标以内,食品安全监测抽查合格率达到97.61%,药品抽验合格率达到98%以上。加强对与居民生活密切相关商品的价格监测和监督检查,维护市场价格稳定。二是进一步规范城管新模式工作标准,城市问题处理率达到90%以上,公共设施损坏缺失率控制在5%以内。三是加强流动人口管理,出租房屋登记率、出租房屋合格率、来京务工人员登记率保持在95%以上。四是加大统筹解决人口问题力度,开展人口规模与人口承载力研究。

东城区2009年财政预算执行情况和2010年财政预算(草案)的报告

2010年1月12日在东城区第十四届人民代表大会第五次会议上

原东城区财政局局长 陈 虹

一、2009年财政预算执行情况

(一)全年财政收支总体情况

2009年,区财政收入预计完成710000万元,为东城区第十四届人民代表大会第四次会议批准年度预算的112.6%,同比增长12.8%。基金预算收入预计完成9900万元。财政经常性收入预计比上年增长7.3%。

2009年,区财政支出预计完成674688万元,为变动后年度预算的93.2%,同比增长8.5%。其中:一般预算支出预计完成646608万元;基金预算支出预计完成28080万元。

按照2009年区财政收入预计完成情况和现行市区财政管理体制,扣除预计应上解市财政财力后,根据区委、区政府工作部署以及全区各项重点事业发展和重点建设项目的资金需要,拟增加当年财政支出预算94062万元,主要用于以下方面:落实各项法定支出和各项社保政策支出、确保党政机关正常运转和履行职能的需要以及支持全区各项事业发展等。同时,按照财政部和市财政局的要求,建立预算稳定调节基金18800万元,在以后年度中经过预算安排并提请区人大常委会审查批准后使用。

当年财政收支相抵,扣除需结转下年继续使用资金和预算稳定调节基金后,区财政可动用的一般结余预计为147万元。财政预算执行情况有关数字待决算编制完成后将有所变化,届时另行向区人大常委会报告。

(二)坚持科学发展观,多方协调落实"保增长"任务

受国际金融危机影响尚未见底、国内经济增长放缓、财税政策调整减收等因素影响,2009年财政经济形势十分复杂严峻,完成全年组收任务压力巨大。

一是财税政策调整成为影响财政组收的主要因素。如国家实施企业所得税法"两法合一"和增值税转型改革,以及为应对国际金融危机实施的一系列促进经济发展、扩大内需的减税让利政策,短期内造成财政收入政策性减收。

二是国际金融危机对我区财政经济的影响较大。尽管国内经济企稳回升的趋势明显,但东城区域内生产型服务业和外资、外向型企业数量众多,受金融危机的直接影响较大。随着金融危机的蔓延,区域内企业的经营收入和实现利润普遍下降,与经济发展直接相关的营业税增幅明显偏低,企业所得税大幅减收,区域内金融业、电信业等重点利税行业减收严重,区财政收入在上年畸高基数上增收极为困难。

三是区域税源结构性因素仍然存在。近年来东城区域内重点税源户总量偏少以及部分重点行业"一户独大"的结构没有发生根本转变,多数新增税源企业仍处于培育发展阶段,区财政经济对少数重点企业依存度依然较大,财政增收极易受其经营波动影响。

面对极为艰难的财政经济形势,区财税部门积极努力地开展工作,圆满完成了区人代会批准的财政收入预算任务,也为全市"保增长"目标的圆满完成做出了积极贡献。

一是发挥多部门组收的合力作用。在形势极为困难的情况下,区委、区政府主要领导高度重视,多次听取专题汇报,亲自协调各方工作,有力地保证了全区组收工作的有序推进;在此基础上,按照全市"保增长"工作部署会精神,制定并严格执行了"保增长"工作方案,建立了财政、国税、地税、工商四部门联席会议制度和联动组收工作机制,先后6次开会协调收入组织、信息共享、工作联动中遇到的困难和问题。税务部门进一步强化跨省市总分机构企业所得税的征管,科学、精细做好企业所得税预缴工作;充分调动街道发展经济、组织收入、协税护税的积极性,明确街道服务区域经济发展的工作职责,发挥街道资源和服务优势,引导和支持街道在税源建设的重点区域和领域做好基础性工作。

二是强化财政政策、资金的引导作用。积极支持总部经济和楼宇经济发展,协调总部企业建立符合地方税收利益框架的经营治理结构,探索发展空间不足条件下促进经济持续增长的新模式;制定政策支持主导产业、文化创意产业发展,兑现政策奖励资金20218万元,积极培育和涵养财源,促进产业结构调整,增强经济增长的内在动力;累计筹措商业流通发展专项资金、中小企业发展专项资金、少数民族经济发展专项资金共计1014万元,支持了20个项目,促进了区域内中小企业的发展;积极开展"送政策、送信息、送服务"活动,走访驻区企业,倾听企业意见,努力为企业解决实际问题,进一步巩固税源基础。

三是完善组收管理和收入预警机制。坚持财政收入任务目标责任制管理,加强部门间协作配合,完善了数据共享、信息交换的长效机制;税务部门对重点税源户实施了重点稽查和纳税评估,对税收零申报户开展调查监控,进一步提高了稽查、清欠的质量和效率;区财政、地税、残联等部门对区域内行政机关、团体、企业、事业等各类用人单位2006至2008年残保金缴纳情况开展重点检查,强化了非税收入管理;认真落实8大重点行业和23家重点企业税收动态监测机制,加大对跨省市总分机构的监控和服务力度,坚持日报表、旬分析,实时掌握区域税源动态,努力防范财政风险。

从全年组收情况看,1~5月份区财政收入增幅持续下行,5月份达到本年最大降幅,6月份形成全年收入拐点。至

11 月财政收入增幅终于实现了由负向正的艰难转变。全年区财政收入超额完成区人代会批准的预算任务。

（三）发挥财政保障职能，全力以赴完成各项财政任务

1. 财政支出重点支持的领域

一是统筹协调促进民生发展。全年社会保障支出预计达到 119905 万元，占财政支出总量的 17.8%。积极筹措资金支持就业岗位开发、职业技能培训、购买公共就业服务等工作，促进了全区就业再就业工作的开展；完善区、街两级小额担保贷款工作机制，累计办理小额担保贷款 68 笔，贷款金额 507 万元；落实城乡居民养老保险政策，全区 171 人参加城乡居民养老保险；及时发放无社会保障老年居民养老补贴资金以及高龄老年人津贴等政策性补助，支持了特殊老年人养老服务工作，保障了老年群体的基本生活；拨付 2456 万元落实“一老一小”和城镇无业居民大病医疗保险制度，实现了我区医疗保障制度的全覆盖；认真落实残疾人社会保障政策，拨付各类残疾人保障资金 2700 万元，提高了残疾人社会保障水平；投入 3 亿元支持危旧房屋改造维修，改善了城镇危房户居住条件；支持两节期间送温暖活动，拨付慰问资金 525 万元、生活补贴 204 万元；发放城市居民最低生活保障金及粮油帮困补贴 5700 万元，保障了低收入群体基本生活，维护了全区的政治安定和社会稳定，促进了“五无”目标的实现。

二是依法保障公共事业发展。全年教育、科学、文化、卫生等支出预计达到 223728 万元，占财政支出总量的 33.2%，实现重点事业支出依法增长。严格落实教育法律法规和各项教育方针政策，拨付 73974 万元支持义务教育经费保障机制体系建设和义务教育教师绩效工资改革；安排 10157 万元用于开展中小学校舍安全建设工作；拨付资金 4004 万元支持区文化馆改造，推动公共文化服务设施建设；拨付 464 万元，专项用于甲型 H1N1 流感防控的知识宣传、物资储备、定点医疗机构改造、设备购置、人员补助发放等各项工作，加强了公共卫生体系建设；拨付 4517 万元保证了卫生监督执法、卫生防病、社区卫生服务收支两条线管理工作的开展以及精神卫生医疗护理条件的改善。

三是积极支持城市管理与建设。全年城市管理与建设支出预计达到 163351 万元，占财政支出总量的 24.2%。重点支持了“煤改电”工程、历史风貌保护区胡同整治工程、旧城区房屋修缮工程、老旧小区管网及锅炉改造、老旧楼房通天然气等为民办实事工程；拨付公厕维护、垃圾清运等城市管理经费 14521 万元，筹措 2493 万元重点支持了重点地区的绿化养护、物业管理工作，维护了良好的市容环境；投入 1849 万元支持既有建筑节能改造工作；积极开展黄标车淘汰、汽车及家电以旧换新财政补贴的发放工作，全年办理补助发放手续 1413 件，发放补助资金 341 万元；融资 40 亿元支持了地铁 6、8 号线拆迁项目。

四是围绕重点保障履职需要。全年公共安全支出预计达到 44817 万元，占财政支出总量的 6.6%，保障了公检法等部门的履职需要；投入 4611 万元，支持我区电子政务信息平台、图像信息管理系统建设工程等多个信息化建设项目，安排 150 万元保障区应急指挥中心的顺利启动；在确保正常运转的前提下，压缩区属各预算单位公用经费 10% 用于支持抗震救灾工作，向“北京市抗震救灾资金财政账户”拨付 6916 万元，完成了 2009 年对口支援地震灾区援建资金筹集拨付任务。

五是规范做好国庆服务保障工作。按照《东城区建国 60 周年庆祝活动筹备工作保障资金管理暂行办法》，建立资金保障机制，本着“突出重点保障需求、勤俭节约务实高效、调整结构资源共享、落实责任分级保障、专款专用追踪问效”的原则，编制东城区国庆保障资金预算，同时，积极开展财政资金拨付应急演练，确保国庆期间财政应急资金拨付及时到位；拨付 3044 万元，用于我区国庆花卉景观布置、南北河沿大街两侧建筑物夜景照明、阅兵集散路线道路空洞检测和隐患治理工作；积极筹措资金支持全区公共安全防范体系和社会应急管理体系建设，为“平安国庆”、“平安东城”目标的实现提供了有力保障。

2. 财政支出预算执行的主要措施

一是完善预算管理机制。采取措施严格控制预算追加，强化预算执行的硬约束；按照《东城区行政事业单位财政性结余资金管理办法》，全面规范财政性结余资金的管理、使用和监督工作，进一步增强了财政资金的统筹力度；建立预算稳定调节基金，以增强超收财力监管和使用的透明度，进一步提升财政预算管理的科学化、民主化、规范化水平；加强政府投融资管理，努力防范和化解财政风险，积极争取市财政贴息政策，研究探索建立政府投融资平台，促进区域经济发展。

二是强化预算执行管理。落实中央厉行节约工作要求，压缩一般性支出，有效缓解财政收支矛盾，提高了资金使用的统筹性和效益性。完善国库单一账户体系，进一步扩大财政国库集中支付改革的覆盖范围，将 24 家二级预算单位纳入授权支付改革；开展财政直接支付“零余额”清算工作，规范财政直接支付清算管理模式，将 95 所学校的退休教师工资纳入统发；选择区公检法部门试点，启动了东城区公务卡改革工作。完成对全区 16 个财政支出项目的绩效考评，进一步强化绩效考评工作质量，提升预算执行的规范化、效益化水平，增强了各级预算单位的支出责任意识。

三是完善政府采购预算管理机制。实现政府采购预算单独批复，确保了 2009 年政府采购预算编制、执行衔接到位；启动政府采购预算管理系统，细化采购预算编制项目，完善政府采购预算管理机制；做好节能环保、自主创新产品的政府采购工作，尝试编制自主创新产品政府采购预算，积极推动城市节能减排和自主创新产业发展。全年政府采购规模预计达到 35503 万元。

（四）完善财政管理手段，着力提高财政管理和服务水平

一是推进市区、区街财政体制平稳运行。编制完善体制新增财力和划转事项支出预算，组织好市区财政体制完善后财权事权划转工作，确保区预算安排与市划转资金的有效衔接，充分发挥市区两级财政的合力作用和市划转资金的使用效益；及时将完善体制新增财力和划转事项支出预算报区人大审批，主动接受人大监督，严格体制新增财力预算执行，确保资金使用的规范、安全、高效；围绕区委、区政府中心工作，加强街道预算编制和执行管理，制定街道日常公用支出标准

体系和国庆筹备工作经费支出标准,保障街道履行社会管理和公共服务职能的资金需要。

二是进一步深化部门预算改革。在客观分析形势的基础上,调整项目支出预算的编制方式,按照"保基本、保运转、保民生、保稳定、促发展"的原则统筹资金、确定标准,增强了2010年预算编制的科学性、统筹性和效益性;加大基础资料数据库与部门预算编审系统、资产动态管理系统的衔接力度,夯实预算编制基础工作;进一步完善预、决算汇报和批复制度;制定东城区行政事业单位日常办公设备配置标准和部分固定资产最低使用年限标准,为合理编制预算、实现全区行政事业单位国有资产的均衡配置奠定了基础。

三是加强行政事业单位国有资产管理。开展对奥运预算资金及奥运临时机构专项经费的审计工作,对奥运资产和物资进行了集中处置,圆满完成全区奥运资金、资产清理工作;及时组织东城区国庆活动资金、资产处置工作,保证国庆资金、资产的安全完整;精细组织机构改革单位资产清查工作,防止国有资产流失;开展"资产动态管理系统数据"与"2008年度部门决算资产数据"的集中对比审核工作,以提高资产动态管理系统数据质量;推行"一物一卡一条码"的资产管理模式,进一步提升资产管理水平;全面实施行政事业单位资产集中公开处置及电子废弃物集中回收处置制度,基本形成了财政部门、预算单位、产权交易机构既相互配合又相互制约的行政事业单位国有资产管理机制。

四是全面开展财政监督工作。认真组织财政资金安全检查,有针对性地强化整改,促进资金安全管理的常态化;扎实推进全区"小金库"专项治理工作,组织完成了245个一、二级预算单位自查阶段工作,对13个部门下属的51个单位开展了重点检查,为建立健全资金监管长效机制奠定基础;开展了全区预算单位办公用房供暖面积情况专项调查,完成了对辖区内137家锅炉供热单位使用供热燃料补贴专项资金情况的检查,进一步规范了资金使用;配合市财政局完成了市追加专项资金的检查工作,开展了2009年会计信息质量检查,巩固财政财务管理基础。

五是完善财政数字化理财机制。完成教育系统98家二级预算单位金财专网的改造和接入,实现了全区一、二级预算单位金财专网的全覆盖;研究开发非税收入管理等多个系统,升级预算执行专户,完善部门预算和项目库系统,不断健全财政业务系统体系;开发应用系统间数据接口,进一步整合财政信息资源,优化财政资金闭环管理机制;积极梳理和规范业务流程,不断完善"金财工程"安全体系,提高安全防范水平。

二、2010年财政预算

财政预算(草案)编制的指导思想是:深入学习实践科学发展观,全面贯彻落实区委十届九次全会和市财政工作会议精神,紧密围绕建设"人文北京、科技北京、绿色北京"的要求,落实区委总体工作部署,充分发挥财政职能,加强财政科学化、精细化管理,着力控制一般性支出,优化财政支出结构,进一步加大对教育、医疗卫生、社会保障、旧城改造、产业结构调整等方面的支持力度,切实保障和改善民生,促进东城经济社会协调发展,加快推进国际化、现代化新东城建设。

2010年区财政收入安排773900万元,比上年增长9%。基金预算收入安排6000万元。2010年区财政支出安排678968万元,其中:当年区财力安排553000万元,同口径比上年增长8%,预计上年专项结转49000万元,预计国有土地使用权出让金支出20000万元,市财政体制划转资金56968万元。

按照现行市区财政管理体制规定,2010年区财政收入安排773900万元,加基金预算收入6000万元、市财政转移支付补助预计31000万元、市区国有土地使用权出让金收入预计20000万元、2009年结转至2010年继续使用的专项资金预计49000万元、市财政体制划转资金56968万元以及预计市对区专项转移支付补助5309万元后,收入合计942177万元。2010年区财政支出安排678968万元,加上解市财政支出预计257900万元以及预计市对区专项转移支付支出5309万元后,支出合计942177万元。当年可支配财力全部予以安排,收支相抵,2010年财政预算(草案)平衡。

2010年区财政预算安排主要考虑以下几方面因素。

(一)根据经济社会发展形势,积极稳妥安排财政收入预算

2010年,我区财政经济面临的形势将更加复杂严峻。从有利因素看,2008年四季度以来,面对国际金融危机带来的严峻挑战,中央和北京市及时出台、全面实施并不断丰富完善应对危机的一揽子计划及相关政策措施,特别是启动大规模政府投资项目,对于促进经济企稳回升发挥了重要作用。同时,为落实中央和北京市关于保增长、扩内需、调结构等工作要求,我区积极采取一系列服务经济发展、促进社会和谐等措施,就加大投资力度、促进社会消费、着力改善民生、推进产业结构调整、提高政府服务管理效能等进行了周密部署,取得了明显成效,为继续保持东城经济向好发展和财政收入平稳增长创造了有利条件。

但是2010年我区财政经济运行仍面临着许多困难和不利因素,需要引起高度重视:一是国际金融危机影响依然存在,国内经济回升的基础还不稳固。当前经济企稳回升主要以政府固定资产投资拉动为主,民间投资意愿不强,社会消费需求相对偏弱,企业效益增长乏力,经济增长的内生动力依然不足,短期内难以拉动税收收入较快增长。二是政策性减收已成为影响财政组收工作的主要因素。近年来中央财税政策的改革取向呈现出减税让利促进经济社会发展、平衡省市间利益分配推进均等化、增加中央收入强化中央财权等三大特点,特别是实施企业所得税"两法合一"、增值税转型、跨省市总分机构企业所得税纳税方式调整等政策,短期内直接导致企业所得税、增值税等主体税种政策性减收,同时也加大了收入的不可预测性和波动性风险。三是重点行业经营波动性强,对税收增长的拉动作用有所减弱。其中房地产业受发展空间狭小的制约,增收后劲不足;由于央行降息和民间投资意愿不强,金融业税收难以实现较快增长;电信业受市场竞争、用户饱和以及加大3G业务投入的影响,经营成本不断加大,利润和税收继续呈现下行趋势。四是2009年区财税部门采取了一系列组收措施,充分挖掘增收潜力,当年稽查清欠等一次性入库因素增收较多,而2010年这些一次性入库因素难以预计。综合考虑上述因素,参考全市收入预算安排情况，本着积极稳妥的原则，2010年区财政收入增长安排为9%。

（二）按照“四保一促”的预算安排原则，优化支出结构，科学合理安排财政支出预算

随着全区经济社会事业的不断发展，各方面工作要求和标准越来越高，资金需求十分旺盛，在当前财政收入增长放缓的严峻形势下，2010年财政收支矛盾将更加突出。为确保实现全年财政收支平衡，2010年区财政支出预算遵循“保基本、保运转、保民生、保稳定、促发展”的预算安排原则，在编制全区部门预算的基础上，统筹予以安排。

一是积极落实保增长、调结构、促消费等措施，加大对经济结构调整的投入力度，促进区域经济协调发展。安排促进产业结构调整专项资金36300万元，大力发展低碳服务产业、中医药服务产业等高端化、高附加值、占用资源少、能耗少的产业。构建以信息服务、金融服务、商务服务和文化创意产业为支撑，以总部经济、楼宇经济、资源经济为载体的产业体系，支持自主创新和节能减排，推进经济发展方式转变和产业结构调整，提高经济增长质量和效益。继续安排中小企业发展专项资金，扶持符合我区产业定位的中小企业和民营经济发展，促进中小企业向节能环保服务、技术创新、文化创意、旅游休闲、健康养生、特色餐饮等领域升级转型。

二是认真落实各项社会保障政策，加大对保障和改善民生的投入力度，推进和谐社会建设。全区社会保障支出安排114704万元，其中安排城镇居民最低生活保障金和粮油帮困资金6025万元，切实保障困难群众基本生活；安排就业再就业资金5331万元，加大职业技能培训力度，支持公益性就业组织岗位开发，保持就业形势基本稳定；安排行政事业单位医疗、“一老一小”及无业居民大病医疗保险经费19617万元，进一步做好医疗保障工作；安排无保障老年人养老补贴、居家养老服务补贴及高龄老年人津贴2096万元，完善养老服务体系，提高为老服务水平；安排社会救助资金25483万元，确保残疾人康复、居家助残、抚恤社救等各项社会救助政策全面落实。

三是认真落实国家法律法规要求，保证教育、科技、文化、卫生等社会重点事业投入依法增长。教育投入154757万元，其中：教育依法支出104933万元，同比增长31%，完善义务教育经费保障机制，落实义务教育学校实施绩效工资政策，推进中小学校舍安全工程建设，促进教育软硬件设施均衡发展。卫生投入30386万元，其中：卫生依法支出18908万元，同比增长30.4%，加快推进公共卫生服务体系建设，落实中央和北京市深化医药卫生体制改革各项政策，完善社区卫生服务功能，提高医疗卫生服务质量。文化投入3325万元，同比增长24.5%，推进首都戏剧文化城建设，支持各类公益文化演出活动，发展繁荣公益性文化事业，鼓励更多社会单位文体活动场所向社会开放，进一步满足群众文体生活需求。科技投入7801万元，同比增长21.7%，支持全区图像监控信息系统建设，运用科技手段健全安全防范机制，加大科普宣传力度，提高全区人民科学意识和科普知识水平。

四是扎实推进民生工程建设，加大对城市建设与管理的投入力度，改善群众生活环境，提高城市管理水平。安排基本建设支出31343万元，进一步完善城市基础设施建设；投入资金83395万元，确保危旧房修缮、胡同整治、便民道路改造、“煤改电”工程、老楼通天然气工程等为民办实事工程顺利进行。安排城市维护经费22496万元，继续做好垃圾清运、公厕维护、绿化美化等工作。投入资金3400万元，用于廉租房建设及发放租金补贴，改善群众居住条件。

五是落实“保基本、保运转、保稳定”的预算安排重点，足额安排各部门履职经费。安排资金76835万元，保障机关事业单位正常运转和人大、政协等部门履行职能的经费需求，全面落实事业单位实施绩效工资、在职及离退休职工发放住房补贴政策。安排资金2550万元，用于东城区总体发展战略规划及人才发展规划的编制工作，促进国际化、现代化新东城建设，推进区域经济社会可持续发展；安排社区公益事业发展补助资金等社区建设专项资金2386万元，进一步支持社区公益事业发展，推进和谐社区建设。安排公共安全支出36409万元，不断改善政法部门办案条件，完善社会治安综合治理体系和公共安全事件应急处置救援机制，增强群众安全感，维护社会稳定。

六是加大风险防范投入，进一步健全财政风险防范机制。安排预备费14061万元、风险应急保障资金2200万元，以应对公共突发事件及其他难以预料的开支。根据政府融资规模和还款时限要求，安排2010年政府偿债及其准备金39500万元，促进政府投融资良性发展，防范财政风险。

七是控制和压缩一般性支出，继续做好抗震救灾援建工作。落实中央关于党政机关开展厉行节约的工作要求，严格控制出国（境）、公务接待、会议、车辆购置及运行等一般性支出，压缩各部门公用经费预算10%，切实降低政府行政成本。按照市委、市政府要求，通过厉行节约等方式筹集对口支援地震灾区援建资金7300万元，继续做好抗震救灾援建工作。

三、2010年财政主要工作安排情况

（一）全力组织财政收入，推动经济平稳较快增长

（二）保障惠民利民投入，统筹各项社会事业发展

（三）严格支出预算管理，确保财政收支积极平衡

（四）完善公共财政管理体系，提高财政管理和服务水平

东城区人民法院工作报告

2010年1月13日在东城区第十四届人民代表大会第五次会议上

原东城区人民法院院长　秦炳瑞

一、坚持服务大局,认真履行审判执行职能

紧紧围绕"保增长、保民生、保稳定"工作目标,认真履行审判执行职能,积极实现公平正义,切实维护社会稳定,有力保障经济发展。全年受理各类案件16838件,旧存703件,审结16750件,结案率达95.5%,收结案同比分别增长16.2%和17.1%。

依法惩处刑事犯罪,维护社会秩序和谐稳定。将维护首都与东城区稳定作为刑事审判的首要职责,依法严惩各类刑事犯罪,共审结刑事案件393件,判处罪犯493人。审结故意伤害、抢劫、抢夺、盗窃、诈骗等严重危害人民群众生命财产安全的案件257件,同比下降27.2%;审结信用卡诈骗、非法经营、销售伪造发票等严重破坏社会主义市场经济秩序的案件39件,同比下降23.5%;审结贪污、贿赂、渎职等职务犯罪案件12件,涉及处级以上干部5人;审结徐某故意泄露国家秘密案、张某故意损毁文物案等政治性强、社会影响大的敏感案件10案10人。在已发生法律效力的判决中,判处五年以上有期徒刑的罪犯占13.5%。深入贯彻宽严相济刑事政策,对主观恶性不深、社会危害较轻的罪犯,适当减少监禁刑,纳入社区矫正范围,共宣告缓刑33人,被判处缓刑的罪犯在考验期内无一重新犯罪;准确适用刑罚,改变检察院起诉犯罪性质1人,改变公、检机关取保候审措施,做出逮捕决定10人;贯彻落实最高法院量刑规范化试点工作,与北京大学法学院联合举办"量刑程序改革"专题研讨会。

加大司法保护力度,关爱未成年人健康成长。在未成年人刑事审判中落实"教育、感化、挽救"原则,共审结涉未成年人刑事案件29件,判处未成年犯22人,其中宣告缓刑5人,免予刑事处罚8人;在全市法院首次适用量刑答辩程序审理涉未成年人刑事案件,促进量刑公正透明。在未成年人民事审判中注重保护未成年人权益,共审结涉未成年人民事案件94件,且65%以调解方式结案;举行"和谐迎国庆,关爱促成长"司法救助座谈会,向4名未成年当事人发放救助基金。加强青少年法制宣传教育,与区综治办联合举办"健康成长、法律护航"主题展览,全区数千名中小学师生、家长接受法制教育;与区相关部门联合成立我市首家"流动儿童法律服务中心",为流动儿童及其家长提供法律服务。加强少年司法理论研究与学术合作,组织"刑事司法改革与未成年人权利保护"专题研讨会,参加"中澳少年司法制度"、"未成年人犯罪记录消灭制度"等学术会议。

公正审理民事案件,保障人民群众合法权益。将保障民生作为民事审判根本任务,切实解决涉及群众切身利益问题,共审结各类民事案件8644件。充分保护妇女、儿童、老人等弱势群体合法权益,审结离婚、抚养、赡养、继承等婚姻家庭案件1247件,注重维护家庭关系和睦,76%以调解方式结案。依法保护公民人身和财产权益,审结因医疗事故、交通肇事、产品质量等引发的人身损害赔偿案件627件,同比上升22.7%;审结涉相邻关系、财产权属和财产损害赔偿等物权类案件1604件,同比上升8.2%。针对劳动争议案件大幅度上升的形势,积极加强调研应对,审结劳动争议案件952件,同比上升45.1%,涉案标的额达1046.86万元,同比上升427%,切实保护劳动者合法权益,促进劳动关系稳定发展。加强疑难复杂、新类型案件审理工作,依法审结新华字典出版方被诉出错案、强生公司被诉侵犯消费者知情权案、齐白石故居腾房案等一批社会广泛关注的焦点热点案件。

发挥商事审判职能,促进区域经济健康发展。积极应对国际金融危机,为社会经济平稳较快发展提供有力保障,共审结商事案件2680件。维护公平公正的市场交易秩序,审结买卖、租赁、运输、服务等案件292件,涉案标的额达9458.68万元;服务社会民生持续改善,审结供用电、水、气、热力案件996件,同比上升13.1%;保障金融业健康发展,审结借款、信用卡、保险等金融案件1041件,同比上升65%;促进现代企业制度的健全完善,审结涉及企业破产、公司解散清算、公司股东权益等案件37件,涉及企业资产1.53亿元,协助安置职工20余人,充分保护破产企业职工和债权人的合法权益。注重加强与金融机构的协调沟通,设立金融案件监测点,有效防范和化解金融风险;积极引入保险纠纷第三人参与诉讼机制,减轻当事人诉讼负担,使交通事故受害者及时得到赔偿,得到社会充分肯定。

推进知识产权审判,服务文化强区战略实施。充分发挥司法保护知识产权的主导作用,努力促进首都和东城区创新型城市建设,共审结各类知识产权案件520件,同比上升74.5%,涉案标的额达664.8万元。审结文化部恭王府管理中心"天下第一福"商标侵权案、《圆明园复旧图》著作权侵权案、淘宝网侵犯出版者权益案等一批具有较大社会影响的案件。结合审结的类型化案件,先后组织辖区内30余家出版机构、40余家网吧、30余家KTV负责人进行座谈,促进重点行业依法经营,构建法律风险防范机制。开展"知产雍和行"法律服务活动,深入国际版权交易中心、歌华大厦、南锣鼓巷、鼓楼东大街等文化创意企业集中地区开展法制宣传,提供法律咨询,帮助企业树立知识产权保护意识。

妥善审理行政案件,营造依法行政良好氛围。切实保护行政相对人合法权益,积极监督和支持依法行政,共审结行政案件219件,审查行政非诉执行案件12件,其中判决撤销或部分撤销具体行政行为、确认具体行政行为违法或无效、责令履行法定职责的21件,占9.6%,有效监督行政执法。

审结具有较大社会影响、敏感性强的治安行政案件36件，依法支持行政机关履行社会管理职能，维护社会秩序稳定。对涉及民生的公房租赁、房屋拆迁、土地征用、劳动和社会保障引发的行政诉讼，加强协调解决力度，建议行政机关完善行政行为，促进当事人相互理解与信任，妥善化解行政争议，22%的案件原告与行政机关达成和解并自愿撤诉；一起原告败诉的涉及全国重点文物保护单位拆迁行政许可案件经我院协调圆满解决后，当事人双方均送来锦旗表示感谢。有效延伸审判职能，与行政机关加强交流，采取法制讲座、旁听案件、业务研讨、司法建议等多种方式，统一行政执法标准，促进行政机关执法水平提高。

加大执行工作力度，圆满完成清理积案任务。按照中央政法委和最高人民法院统一部署，扎实开展集中清理执行积案活动。在区委组织下，区属相关单位大力配合，区政府财政大力支持，共同采取各种有效措施化解积案，高标准地完成好清积任务，共清理有财产案件1305件，涉及标的额4.76亿元；清理重点案件282件，涉及标的额3882.16万元；清理无财产案件1477件，涉及标的额3.67亿元。落实中央政法委关于将执行工作纳入社会治安综合治理考核范围的要求，在区委政法委协调下，积极争取公安、财政、民政、社保、工商、建设、金融等单位支持，推进建立执行配合机制和执行救助制度，努力构建执行工作长效机制。同时，全年共执结现案4058件，执结率达97.9%，执结标的额达7.3亿元。进一步加大执行威慑力度，全年共采取强制执行措施340件次，罚款6.4万元，拘留38人，限制出境16人，公布拒执人名单8人，追究刑事责任2人；进一步规范执行行为，强化执行监督，不断完善执行裁决权和实施权分离、执行流程管理等机制，严格审查执行裁决类案件，组织执行异议听证会15次，审结执行异议案件79件，切实保障当事人和其他利害关系人合法权益。

二、坚持司法为民，切实维护人民群众利益

我院始终坚持以"人民群众是否满意"作为检验审判工作的根本标准，充分发挥审判职能在保障民生方面的作用，着力解决人民群众最关心、最直接、最现实的问题，不断满足人民群众的新要求和新期待。

提高审判管理水平，推进审判规范化建设。坚持以"抓规范、重实效、促公正"为重点，深入开展"审判规范年"活动，切实保障当事人打一个公正、明白、便捷、受尊重的官司。一是规范庭审行为。积极发挥新审判大楼数字化法庭声、像、字三位一体刻录存储备查功能，以科技手段监督和促进审判人员规范庭审行为，提高庭审驾驭水平，强化对庭审公正性的全程监督，有效解决开庭不准时、无正当理由休庭、随意打断当事人陈述以及偏袒一方当事人等问题。二是严格审限监督。利用信息管理系统实时监控并警示临近审限的案件，严格延审报批条件和程序，全年无一起超审限案件发生；实施案件繁简分流，提高审判效率，适用简易程序审结的案件占76%。三是加强案件检查。深入开展案件质量检查工作，院案件评查小组全年共评查、检查案件5006件，占全部已结案件的30%，扩大案件评查范围，完善质量评价标准，及时通报评查结果，切实提升审判质量。四是提高裁判文书质量。设立裁判文书校核室，由专人负责校对民商事裁判文书；实行优秀裁判文书展示与不规范裁判文书及卷宗展评，在院刊《东城审判》开设文书点评专栏，进一步强化法官的裁判文书质量意识。五是完善审判信息管理。按照市高级法院要求开通"12368"公益服务系统，向当事人提供审判信息动态查询服务；将案件信息管理纳入考核，定期通报案件信息、法律文书录入差错情况，确保审判信息录入及时、准确、全面。

注重加强调解工作，探索多元纠纷解决机制。按照"调解优先，调判结合"的要求，充分运用调解、和解手段化解矛盾，全年民商事案件调解率达63.2%。一是总结推广调解经验。继续深化"双主动"审判模式，完善保险合同纠纷联合调解机制，探索医疗纠纷案件引入专家咨询调解，切实提高法官调解水平。二是坚持全面全程调解。将调解工作覆盖民事、商事、知识产权和刑事附带民事等各审判领域，贯穿于立案、审判、执行、申诉再审等各诉讼环节，努力实现案结事了。三是积极探索多元化纠纷解决机制。加强对人民调解组织的业务指导，充分发挥人民调解员、行业调解员、人民陪审员等社会力量参与调解的优势，共同努力化解矛盾纠纷。

完善便民惠民措施，满足人民群众司法需求。认真了解人民群众对审判执行工作的意见和呼声，主动为群众提供高效便捷服务，将各项司法为民措施落到实处。一是丰富审判服务职能。健全便民诉讼工作机制，为来院诉讼群众提供诉讼引导、收转材料、查询案件、解答问题等全方位服务，全年接待来访76016人次，收转材料4966件，查询案件1978次，解答问题2516人次，受到群众普遍欢迎。二是加强立案窗口建设。制作发放民事案件立案流程图、诉讼风险提示书等二十余种提示材料，让当事人便捷立案、明白诉讼。规范立案接待，设立值班法官，为老年人代写起诉状，提供预约立案、电话立案，联合北京科技大学设立免费法律援助点，为当事人提供周到法律服务。三是加大司法救助力度。全年为732件案件中的经济困难当事人依法缓、减、免诉讼费累计124.58万元；向143名经济特别困难的申请执行人、刑事被害人和涉诉信访人发放司法救助金400余万元，缓解其生活困难。

全力保障平安国庆，妥善处理涉诉信访问题。2009年，我院面对新中国成立60周年特殊时期的信访工作形势，明确"解决问题到位、思想教育到位、帮扶救助到位、依法处理到位"的工作要求，认真做好涉诉信访工作。一是从源头上防止引发新的涉诉信访。通过规范司法行为，改进审判作风，提高审判质量，切实化解矛盾，力争使每一起案件都得到稳妥处理，从根本上遏制新的涉诉信访形成。二是探索建立科学合理的涉诉信访处置机制。紧紧依靠党委、政府的领导支持，建立健全初信初访、风险评估、紧急突发情况处置、"政法民声热线"等工作机制，综合运用法律教育、调解协调、情感感化、困难救助等多种方式，努力解决当事人合法、合理、合情的信访诉求。三是认真做好信访案件化解稳控工作。固化"平安奥运"成果，总结"大接访"活动经验，全年院领导接待83人次，庭长接待876人次，认真办理中央政法委、最高人民法院挂牌督办的重信重访案件69件，其中彻底化解7件，依法稳控62件，确保实现国庆期间群体访和非正常访

“双零”指标。

积极延伸审判职能,参与社会治安综合治理。一是积极参与“平安东城”建设。按照“国庆平安行动”统一部署,先后抽调127名干警直接服务和保障国庆庆典活动,累计出勤830人次。二是加大法制宣传力度。深入机关、企业、学校和社区进行普法宣讲30余次,邀请行政机关、企事业单位来院交流法律问题40余次,组织群众旁听案件审理8000余人次,刊发法制宣传稿件4000余篇,增强社会各界守法用法意识。三是注重加强司法建议工作。针对审判、执行过程中发现的问题,全年共发出司法建议48条,涉及行政执法、企业管理、金融安全等诸多领域,其中56%被相关单位采纳落实,充分发挥司法建议监督、指引和规范的作用,预防和化解矛盾纠纷,促进社会管理水平提高。

三、坚持素质强院,全力加强法官队伍建设

我院始终将队伍建设作为重中之重,努力建设一支让党放心、让人民群众满意的高素质法官队伍,着力开展了以下五个方面工作:一是加强思想政治建设,进一步深化学习实践活动。切实增强广大法官对人民法院人民性的理论认同、感情认同和实践认同,进一步坚定践行社会主义法治理念的自觉性和主动性。深入开展学习实践科学发展观、“人民法官为人民”和“听呼声、走百家、送服务”实践活动,立足岗位解民忧,延伸职能送服务,审判作风和办案效果明显改进。民三庭作为基层法院代表在全市政法系统干警思想摸排工作交流会上作经验介绍。二是加强司法能力建设,进一步加大教育培训力度。将化解矛盾纠纷、实现息诉服判作为司法能力建设的重要内容,组织法官观摩庭65次、法学家讲座4次、专题研讨11次,参加市高级法院培训166人次,不断提高法官公正司法能力、庭审驾驭能力、法律适用能力和诉讼调解能力。对新录用青年干警开展以参观学习、轮岗见习、优秀法官带教和社会实践为内容的岗前培训,帮助他们了解社情民意,尽快适应法院工作需要。三是加强领导班子建设,进一步提高干部队伍素质。严格依照组织程序,坚持德才兼备、以德为先的标准,选拔一批政治可靠、业务过硬的干部担任中层以上领导,进一步充实院、庭两级领导班子。调整后的中层干部队伍硕士学位占63%,本科学历达100%,有效提高干部队伍的整体素质。新录用重点院校硕士研究生32名,进一步优化干部队伍结构。四是加强反腐倡廉建设,进一步树立廉洁司法形象。以完善惩治和预防腐败体系为重点,严格落实党风廉政责任制,积极推进廉政风险防范管理工作。落实最高人民法院“五个严禁”规定,举行全院干警宣誓仪式,首次在审判执行部门设立11名廉政监察员。开展“警示教育月”和“反腐倡廉警示集中教育”活动,组织干警观看警示影片、学习警示案例,教育干警自警自省、廉洁自律。设置录音举报电话、宣传展板及立案视频监控系统,提升纪检监察工作科技化水平。五是加强法院文化建设,进一步提升干警精神境界。为缓解干警日益增长的工作压力,不断增强队伍的凝聚力与战斗力,探索建立“天平式”法院文化模式,努力构筑干警共同的精神文化家园。丰富文化建设载体,设立“法院文化日”,积极开展党团活动、读书活动和文体团队活动。我院被评为“首都文明单位标兵”和北京市“全民健身月”先进单位,法官合唱团代表市高级法院参加市政法系统庆祝新中国成立60周年演唱会荣获最佳创意一等奖。

四、坚持审判公开,自觉接受人大及社会各界监督

我院自觉接受人大监督、政协民主监督、检察机关法律监督和社会监督,增强接受监督的意识,让审判权在监督制约下依法行使。一是自觉接受区人大及其常委会的监督。认真贯彻落实《中华人民共和国各级人民代表大会常务委员会监督法》,在做好年度工作报告的基础上,认真做好专项报告工作。配合区人大常委会关于审判监督工作的专项检查,向区人大常委会专项报告审判监督工作情况,并根据审议意见,从加深思想认识、健全规章制度、强化教育培训、完善监督体系、提高监督水平等方面认真整改,不断改进工作水平。全年邀请人大代表旁听案件、迎接人大代表来院视察工作206人次。二是主动接受特邀监督员、人民陪审员的监督。聘请15名特邀监督员监督指导法院工作,全年召开特邀监督员座谈会4次,向特邀监督员汇报重要工作情况,听取监督员提出的意见和建议。配合区人大常委会完成新一届102名人民陪审员的选任工作,全年邀请人民陪审员参与陪审刑事、民事和行政等各类案件939件,充分发挥人民陪审员参与和监督审判活动的作用。三是依法接受检察机关的法律监督。积极贯彻市人大常委会《关于加强人民检察院对诉讼活动的法律监督工作的决定》,坚持邀请检察长列席审判委员会,与区检察院就民事抗诉案件的提起和审理问题进行沟通。四是全面接受社会监督。加大司法公开力度,开通民意沟通信箱,举办“法院开放日”活动,通过电子公告牌、互联网及时发布开庭公告,将刑事、商事、知识产权等裁判文书在互联网上公布,组织案件庭审视频、图文网络直播40余次,扩大社会公众监督渠道,让审判更加公正透明。

五、问题与展望

各位代表,近年来,东城法院坚持“和谐建院”思想,落实“以人为本,团结进取,求真务实,创新争先”的建院方针,深入开展“审判质量年”、“审判规范年”活动,推广实行“双主动”审判模式,切实做好“党建带队建”工作,全面改善干警的思想状态、精神状态和工作状态,各项工作不断进步、各项改革不断深化、队伍素质不断提升、基础设施不断完善,法院的整体形象发生了显著变化,涌现出一批先进集体和个人。这些成绩的取得,是全院干警开拓进取、无私奉献、勤勤恳恳、兢兢业业工作的结果,更是区委坚强领导、区人大有力监督、区政府和区政协大力支持的结果。在此,我代表东城法院向关心和支持法院工作的各位领导、全体代表表示崇高的敬意与诚挚的感谢!

同时,我们也清醒地认识到,面对人民法院实现自身发展的新目标、新任务,面对人民群众对司法工作的新要求、新期待,我们在工作中还存在一些问题与不足:一是司法理念还需进一步提升,部分干警服务大局、司法为民的意识还不强,工作缺乏主动性、积极性和创造性。二是司法能力还需进一步提高,面对繁重艰巨的审判任务,定分止争、案结事了的能力还不强,审判质量和效率还不能完全满足群众需求。三是审判作风还需进一步改进,个别干警对待当事人还不够耐心,损害了人民法官在群众心目中的形象。上述问题我们将给予高度重视，在今后采取更有效的措施予以解决。

当前，东城法院已经站在一个较高的发展平台上，机遇与挑战并存，希望与困难同在。如何克服自身存在的诸多矛盾，保持已有成绩，使各项工作再上新台阶，是摆在我们面前的新课题。为实现东城法院的全面发展目标，力争早日进入全国先进法院行列，2010 年，我院将紧紧围绕全区中心工作，做到“五个切实、五个努力”：一是切实增强服务大局意识，努力保障首都和东城区经济社会发展。充分认识经济社会发展对法院工作的新要求，注重运用司法手段调节经济社会关系。贯彻“公正司法、一心为民”指导方针，落实“保增长、保民生、保稳定”的要求，坚持能动司法，加大调解力度，慎用强制措施，依法妥善审理执行各类案件。以公正的裁判、和谐的手段、满意的效率，努力实现法律效果与社会效果的有机统一，促进首都和东城区经济社会又好又快发展。二是切实增强司法为民意识，努力解决人民群众反映突出的问题。将群众诉求作为加强和改进法院工作的重点，将群众满意作为衡量和评判工作成效的标准，继续深入开展“人民法官为人民”主题实践活动，确保当事人打一个公正、明白、便捷、受尊重的官司。坚持以人为本，体现人文关怀，高度重视涉民生案件的审判执行，认真做好涉诉信访工作，不断完善便民利民措施，努力畅通民意沟通渠道，充分实现当事人的合法权益。三是切实增强司法廉洁意识，努力树立人民法官清正廉洁的形象。加大反腐倡廉教育力度，加大对法院领导班子、中层干部和具有审判权、执行权的重点部门、关键岗位的监督，加大对工作中薄弱环节和容易滋生腐败问题的重点部位的防控。通过坚持不懈地深入开展反腐倡廉，切实提高司法公信力，牢固树立司法权威。四是切实增强争优创先意识，努力实现法院自身全面发展的目标。以争创全国先进法院为目标，大力提倡团结奋进、争创一流的精神，努力营造朝气蓬勃、昂扬向上的氛围，不断增强干警的荣誉感、使命感和归属感，再接再厉，埋头苦干，扎实推进东城法院审判事业的全面发展。五是切实增强接受监督意识，努力落实区人大及代表们提出的各项工作要求。在全院干警中加强自觉接受人大及其常委会监督的教育，增强接受监督意识。努力落实区人大各项工作要求，继续主动向区人大及其常委会报告工作。认真办理代表议案、建议和政协提案，加强与人大代表和政协委员的沟通，积极争取代表和委员的理解与支持，不断完善和改进各项工作。

东城区人民检察院工作报告

2010 年 1 月 13 日在东城区第十四届人民代表大会第五次会议上

原东城区人民检察院检察长　娄云生

2009 年的主要工作

一、严厉打击严重刑事犯罪，努力维护社会稳定

在以往工作的基础上，认真分析研究我区社会治安形势，积极采取有力措施，在确保国庆六十周年庆祝活动和促进平安东城建设中，充分发挥检察职能，全年共批准逮捕各类刑事犯罪 374 件 469 人，提起公诉 395 件 485 人。对于其中严重暴力犯罪、严重影响群众安全感的多发性侵财犯罪以及重大敏感案件，坚持督办制度，并提前介入侦查活动，依法快捕快诉。与此同时，按照“保增长、保民生、保稳定”的要求，全力维护正常的经济秩序，重点审查并严厉打击金融诈骗、非法吸收公众存款等严重破坏经济秩序和损害群众利益的犯罪活动，切实发挥法律监督在维护市场经济秩序中的作用，共批准逮捕此类犯罪 48 件 61 人，提起公诉 48 件 60 人。

继续认真贯彻宽严相济的刑事政策。以是否有利于减少犯罪、有利于促进社会和谐稳定为标准，认真研究和把握宽严相济的尺度和政策标准。在严厉打击严重刑事犯罪和保证法律正确统一实施的前提下，积极探索刑事和解工作机制，对轻微刑事案件，引导、促进犯罪嫌疑人与被害人自愿和解；对未成年犯、初犯、偶犯等，根据犯罪情节依法妥善适用不捕、不诉和建议法院从轻从宽处理，并积极做好对犯罪嫌疑人、被告人的教育、感化和挽救工作，努力化消极因素为积极因素，促进社会和谐。

为了进一步提高办案质量，稳步推进刑事检察工作中的检察改革，在审查批捕环节，全面实行听取犯罪嫌疑人供述和辩解制度，并利用光纤传导技术在全国范围内率先推行远程听取的创新举措；在审查起诉环节，首次建立公诉案件督导检查机制，由本院资深检察官组成督导组专门负责备案监督等工作，案件质量得以保证，已起诉案件有罪判决率达 100%。

二、加大查办职务犯罪力度，深入推进反腐败斗争

检察机关作为国家的法律监督机关，对查办职务犯罪责无旁贷。一年来，我们以对人民高度负责的精神，不断增强责任意识，恪尽职守、旗帜鲜明地加大查办职务犯罪的力度，深入推进反腐败斗争。

（一）保持办案规模，突出查办有影响、有震动的大案、要案。紧紧抓住执法办案这个中心，坚持走办案力度大、质量高、效果好的良性发展道路，举全院之力，确保实现办案数量、质量、效率、效果的有机统一和协调发展，全年共受理贪污贿赂、渎职侵权等职务犯罪案件 89 件，决定立案 33 件 36 人，其中 100 万元以上大案 9 件、50 万元以上 6 件，涉及城建、税务、司法、医疗、社保、供电、水利等多个领域，查办局级干部 4 人、处级干部 8 人，立案数量居全市前列。通过办案，共为国家挽回经济损失 1600 余万元。

(二)真诚对待群众举报,不断拓宽线索来源渠道。坚持“专群结合、依靠群众”的原则,广泛宣传检察职能,鼓励公民举报,负责任地对待每一封举报信、每一个举报电话。对于署名举报的,做到件件有答复;对于匿名举报的,同样认真审查,涉嫌犯罪的,坚决一查到底。一年来,我院共受理举报、控告线索146件。目前查办的职务犯罪案件,绝大多数来源于群众举报,有些举报信仅寥寥数语,但最终查出大案。应当说,紧紧依靠广大人民群众,并获得广大人民群众的支持,是我们反腐败的成功经验。

(三)明确办案重点,集中力量查办重点领域和重点行业的案件。严肃查办发生在领导机关和领导干部中的贪污贿赂、失职渎职案件,严肃查办商业贿赂案件,严肃查办严重侵害人民群众利益以及群众反映强烈的案件,努力在查办工程建设领域、重点投资领域、医疗卫生领域和司法领域的职务犯罪上取得更大成效。例如,我们依法立案侦查了北京市供电局城区开发总公司负责人在工程改造中受贿200万元案,查处了中粮集团油脂部销售总监常某受贿240万元案、东城区房屋土地经营管理中心副主任李某受贿50余万元案以及最高人民法院工作人员巨额受贿案等等。

(四)全力完成上级交办的各项任务。今年以来,中纪委、高检院、市纪委、市检察院等上级领导机关先后交予我院办理了一系列职务犯罪案件。为此,我院在侦查一体化机制下,全力以赴,成功侦破了北京市地方税务局常务副局长苏某受贿80万元案,北京市通州区人大常委会副主任仇某受贿600万元案,北京市水务局机械设备处处长薛某受贿210余万元案,北京市昌平区南口镇党委书记张某受贿480万元案等一批有影响、有震动的大要案,受到了上级机关的充分肯定和高度评价。

(五)高度重视查处渎职类犯罪。事实证明,领导干部、国家机关工作人员渎职失职性质的犯罪给国家造成的损失、给广大人民群众的利益带来的危害以及负面影响,往往比贪腐类犯罪更加巨大,而且两者常相互交织、互为因果。有鉴于此,我院始终对查处渎职犯罪给予高度关注。今年,我们通过一起普通刑事犯罪提供的线索,查办了东城区劳动和社会保障局干部李某等人滥用职权,利用补缴环节的漏洞,违法为数百人套取养老、医疗等社保基金案,为国家挽回了潜在的巨大经济损失,并引起了有关职能领导机关的高度重视,出台了一系列防范性制度措施。

(六)克服困难,深挖犯罪。当前,各种职务犯罪越来越复杂,其犯罪手段和表现形式不断翻新,日趋智能化、隐蔽化,侦查与反侦查的斗争日益激烈,这给我们的侦查工作带来了极大的困难。为此,我们一方面及时分析研究当前职务犯罪的新特点,有针对性地学习新知识,努力提高侦查能力和侦查水平,充分运用侦查谋略,不断向专业化方向发展,培养高级侦查人才;另一方面,始终保持良好的精神状态,树立必胜的信念和坚强的决心,这使我们在与犯罪嫌疑人面对面的信念、智慧与意志的较量中能够立于不败之地。一年来,我们坚持有案必查,毫不松懈,注重深挖案中案,形成了查办职务犯罪的良性发展。例如我们在查办北京市供电局关某受贿案期间,通过大量的调查取证工作,在犯罪嫌疑人之间已建立攻守同盟和湮没证据的情况下,仍发现并侦破了北京市电力公司怀柔供电公司干部明某受贿案、北京市南方万马电缆销售中心总经理王某行贿案等等。

(七)深入开展职务犯罪预防工作。注意正确处理惩治与预防的关系,贯彻党中央提出的“标本兼治、综合治理、惩防并举、注重预防”的反腐败方针,积极开展职务犯罪预防工作,坚持结合办案搞预防,把预防寓于办案之中,在办案中发现问题,总结规律,更有针对性、更有效地开展预防工作。今年以来,我们形成相关调研报告30余篇,结合办案发出检察建议74份;广泛开展系列法制教育,先后在中海油集团、国家林业局等单位开办预防犯罪巡展,促进了相关行业惩治和预防腐败体系建设;与区教委共同签署了《关于建立东城区教育系统预防职务犯罪联席会议制度的意见》;积极探索建立预防职务犯罪进社区工作,进一步拓展从源头上防治腐败的工作领域。

三、全面加强对诉讼活动的法律监督,维护司法公正

积极贯彻落实市人大常委会《关于加强人民检察院对诉讼活动的法律监督工作的决议》,按照“加大工作力度,提高执法水平和办案质量”的总体要求,紧紧抓住群众反映强烈的有法不依、执法不严和司法不公等突出问题,强化法律监督,注重监督效果,不断加大各项诉讼监督工作力度,完善监督机制,规范监督程序,努力促进司法公正。

坚持打击犯罪与保护人权并重,加强立案和侦查监督。共受理立案监督线索7件,监督公安机关立案4件;对公安机关应当逮捕而未提请逮捕、应当起诉而未移送起诉的,决定追捕26人、追诉9人。在追究遗罪漏犯的同时,我院还注重严把事实关、证据关、程序关,保障当事人的合法权益,对依法不应当追究刑事责任或证据不足的,决定不批准逮捕21人、不起诉8人;向公安机关发出纠正违法通知书4份。

坚持实体公正与程序公正并重,加强刑事和民行审判监督。在刑事审判监督方面,按照最高人民检察院和市检察院的统一部署,认真开展了刑事审判法律监督专项检查活动,对几年来的所有判决进行了全面复查,并正在对发现的问题进行分析和评估。与此同时,继续通过量刑建议、抗诉、列席审判委员会等途径,不断加强刑事审判监督的监督力度。一年来,我院共出庭支持公诉205件,提出量刑建议170余次,审查刑事判决431份,对认定事实有误、量刑不当的,依法提起刑事抗诉3件。在民事行政诉讼监督方面,共审结各类民事行政申诉案件69件,对认为确有错误的民事和行政判决、裁定依法提请抗诉和建议提请抗诉6件,向法院发出再审建议2件,获上级院支持3件。

坚持维护监管秩序与保障被监管人员权利并重,加强刑罚执行监督。以监督纠正违法保外就医、超期羁押、违法使用戒具等为重点,开展日常监督和专项检查,注意维护被监管人员的合法权益;起草并与法院、看守所共同签署了《加强延期审理案件法律监督工作的联系办法》,建立延期审理案件法律手续备案和审理期限告知制度,规范法院延期审理报备程序,出台体质检查、分类管理、病情通报等规定,积极参与预防流行性疾病在监管场所内的传播;通过加强与各派出所、司法所、居委会等单位的联系,对监外执行罪犯缓刑、保外就医等情况进行全程跟踪，及时发现问题，从制度上进一步规范社区矫正工作。

四、切实强化内部监督，推动检察工作科学发展

检察机关在强化法律监督的同时，必须结合自身实际，自觉抓好内部监督，这是检察工作科学发展的重要保证。一年来，我们紧紧围绕规范执法办案活动，认真贯彻落实高检院《人民检察院执法办案内部监督工作暂行规定》，重点开展了以下工作：

一是突出重点，加大内部监督力度。检察机关的内部监督涉及检察权运行的各个环节，其中心是对自身执法活动的监督，因此，我们对执法办案的重要岗位和关键环节，以及容易发生问题的自侦案件和一线执法办案人员进一步加大了监督的力度。重点监督初查后决定不立案的职务犯罪案件和对犯罪嫌疑人变更强制措施的案件，侦查机关对不逮捕、不起诉复议、复核的案件，当事人长期申诉上访的案件和人民监督员提出不同意见的案件等等。并且注重流程监督和动态监督，注重案前、案中、案后的监督，引入考评机制，加强对办案的精细化管理，实现全方位、多角度、力度大、全过程的监督。

二是根据检察职权配置，构建内部监控机制。在自侦、批捕、公诉等环节，充分发挥相互制约的作用；对于我院自行侦查的职务犯罪案件，公诉部门坚持依法严格审查，发现事实不清、证据不足的，退回补充侦查，不构成犯罪的，及时做撤案处理，从而使我院公诉的职务犯罪案件有罪判决率达到了100%。按照最高人民检察院职务犯罪案件审查逮捕程序改革方案，从去年9月起，我院立案侦查并需要逮捕犯罪嫌疑人的，一律报上一级人民检察院审查决定。

三是大力推行检务督察制度。督察的重点是贯彻落实上级的重大工作部署和各项规章制度的情况，落实办案安全防范措施和严格依法办案情况，接待和处理群众来信来访情况，公诉人出庭情况、警用装备使用管理情况，遵守检容风纪情况等等。通过检务督察，我们认真清理了从1994年开始十多年来积压的大量涉案款物，逐案审查、逐案分析、逐案查找关系人、逐案处置，最终全部清理完毕，实现了涉案款物的零积压。我们的做法受到了最高人民检察院高度肯定并被推广至全国。在检务督察的高标准下，我们认真对待群众涉检信访工作，努力化解社会矛盾，想方设法解决诉求，尽全力息诉罢访，全年共接待群众来访3800余人次。

四是建立健全队伍监督、管理机制。高度重视队伍建设和领导班子自身建设，高度重视队伍的管理与教育，坚持从严治检，扎实开展社会主义法治理念教育和党风廉政警示教育，培育良好的职业道德和职业操守以及忠实的品格和敬业精神。树立理性、平和、文明、规范执法的观念，树立职业荣誉感和责任感，保持良好、健康的精神状态。创建学习型检察院，努力加强职业技能培训，确保做到依法、客观、公正地追诉犯罪和行使各项检察职权。打造精英团队，推进高层次人才建设，树先进典型，开展向人民满意的检察官学习的活动，结合检察文化建设，编辑出版了《正义的守望》、《卷后余思》、《点矩方圆》、《检察官谈接访》等系列丛书。

在认真开展好自身监督的基础上，我们进一步树立监督者更要接受监督的意识，认真对待方方面面对检察工作的意见和建议，切实加强和改进检察工作。向区人大常委会专题汇报诉讼监督工作；高度重视代表建议的办理工作，将代表建议的办理过程转化为加强和改进检察工作的具体行动；对区人大十四届四次会议上代表提出的建议进行专题研究，并及时反馈落实情况；拓展沟通交流平台，召开专题座谈会，邀请人大代表、政协委员和人民监督员、特约监督员视察窗口接待、驻所检察；继续实行检务公开，举办检察开放日，让广大群众走进检察院，自觉、主动接受人大和社会各界的监督。

2010年工作思路

第一、立足检察职能，更加注重维护稳定。坚持把维护社会稳定作为头等任务，依法及时、准确、有力地打击各种刑事犯罪，提高办案质量和水平，积极参与社会治安综合治理，全力推进平安东城创建工作。

第二、立足反腐倡廉，进一步加大查办职务犯罪力度。注意总结查办职务犯罪工作取得的成绩、经验和问题，不断提高侦查能力，突出查办大案、要案和重点行业、重点领域中的职务犯罪。进一步推进侦防一体化建设，坚持把预防职务犯罪与查办职务犯罪放在同等重要的位置，紧密结合办案开展预防，把预防的重心放在促进制度的完善上，深入剖析职务犯罪发案原因和规律，研究制度性预防对策，努力从源头上减少职务犯罪的发生。

第三、立足检察工作主题，把诉讼监督工作提升到一个新的水平。要深入贯彻落实市人大常委会《决议》，就东城区第十四届人大常委会第十九次会议对我院“关于开展诉讼监督工作情况的报告”的审议意见书进行认真整改。要注意加强思想教育，进一步增强检察人员的诉讼监督意识；整合监督力量，进一步完善诉讼监督机制；强化业务培训，进一步提升诉讼监督能力；采取有效举措，进一步加大民事、行政诉讼案件监督力度；创新工作方式，进一步提高诉讼监督实效。要围绕“保增长、保民生、保稳定”，认真履行法律监督职能，强化各项监督措施，牢固树立社会主义法治理念，更加注重办案质量，更加注重规范执法，更加注重监督制约，更加注重办案的法律效果、政治效果和社会效果，保证诉讼监督工作的健康发展。

第四、立足内部监督，更加注重自身建设。要以开展学习检察官职业道德基本准则活动为载体，切实加强思想政治教育，不断提高检察干警的政治和业务素质。以成为国家检察官学院教学示范基地为契机，继续完善教育培训制度，注重高层次人才和业务骨干的培养。要坚持从严治检，进一步深化检务公开，增强检察工作透明度，让人民群众了解、理解、支持检察工作。

专 文

在东城区人民代表大会(临时)第一次会议闭幕式上的讲话

中共东城区委书记 杨柳荫

(2010年8月26日)

各位代表、同志们:

东城区人民代表大会(临时)第一次会议经过与会代表的共同努力,圆满完成了各项议程,即将胜利闭幕。在此,我首先代表中共东城区委,向新产生的东城区人民代表大会(临时)常务委员会组成人员,新当选的东城区人民政府区长、副区长,区人民法院院长,区人民检察院检察长表示热烈的祝贺!

各位代表、同志们,这次会议是在首都功能核心区行政区划调整背景下召开的一次重要会议,是新区人民政治生活中的一件大事。它不仅确保了市委、区委的意图在人代会上得到贯彻落实,而且选出了新区历史上首任"一府两院"领导,有着非常特殊的意义。这次区划调整,是市委市政府从建设世界城市的高度,高瞻远瞩做出的一项重大战略决策,对于新东城区来说,更是站在历史新起点、实现发展新跨越、努力打造"国际化、现代化新东城"的难得机遇。两区合并之后,新东城的区位优势更加明显,文化特色更加鲜明,各种资源更加集中,发展基础更加坚实,我们完全有条件在建设"人文北京、科技北京、绿色北京"和中国特色世界城市示范区的进程中走在全市的前列。区划调整一个多月来,在市委市政府的领导下,全区上下坚持"一手抓筹备、一手抓发展",新区筹建各项工作有序、平稳、顺利推进,全体党员干部以良好的精神状态、旺盛的工作热情做好各项工作,新区经济社会发展呈现良好的态势。这些成绩的取得,是全区人民同心同德、不懈努力的结果,也饱含着所有人大代表和从事人大工作同志们的心血和汗水。在此,我代表区委向大家致以诚挚的问候!

各位代表、同志们,从现在起到年底的四个月时间,是我区高起点谋划"十二五"和今后长远发展的关键时期,各项工作任务十分繁重。要顺利实现"十一五"规划目标和全年工作任务,高水平编制完成20年总体发展战略规划和"十二五"规划,需要全区上下和全体代表的共同努力和辛勤付出。我们一定要不辜负市委市政府的信任,始终牢记人民的重托,全面贯彻落实区党代会精神,开拓创新,锐意进取,努力开创新区各项工作新局面。下面,我代表区委就进一步加强人大工作讲三点意见。

第一,区人大(临时)及其常委会要依法履行职能,在"国际化、现代化新东城"建设中发挥更大作用

在推进"国际化、现代化新东城"的进程中,人大(临时)及其常委会承担着重要的责任,发挥着不可替代的作用。行政区划调整后,根据《选举法》和《地方组织法》的规定以及市人大常委会的有关决定,在新区新一届人民代表大会产生前,由新区人民代表大会(临时)依法审议决定新的行政区域内属于本级人民代表大会职权范围内的事项,由新区人民代表大会(临时)设立的常务委员会依法审议决定新的行政区域内属于本级人民代表大会常务委员会职权范围内的事项。因此,区人民代表大会(临时)及其常委会要在新区新一届人民代表大会产生前,承担起宪法和法律赋予的各项职责,依法有效履行好各项职能。要依法有效履行监督权、重大事项决定权和人事任免权,努力为新东城建设营造良好环境,确保宪法和法律得到正确实施,确保行政权、审判权、检察权得到正确行使,确保人民的合法权益得到尊重和维护。要认真落实民主集中制,在充分发扬民主,广泛听取组成人员、人大代表和人民群众意见建议的基础上,集体行使职权,使做出的决议决定符合发展大局、符合法律规定、符合人民利益。要积极探索人大行使职权的方式方法,拓宽人大工作的渠道,提高人大工作的水平,适应新东城改革发展的新形势,适应我区民主法制不断进步的新要求,顺应全区人民群众的新期待,在全区经济社会发展中发挥更大的作用。

当前,新区正处在高水平编制未来20年总体发展战略规划和"十二五"规划的关键阶段。前不久,我们先后召开了两次新区规划调度会,大家围绕"建设一个什么样的新东城"和"怎样科学建设新东城"进行了深入研讨,明确了"首都文化中心区,世界城市窗口区"的总体定位和"首都政务服务重要承载区、历史文化传承发展示范区、世界著名文化旅游城区、国际知名商业中心、北京高端服务业重要集聚区、宜居宜业文明城区"等6条职能定位;提出了"两新四化"总体发展战略(即打造文化新引擎、拓展发展新空间,着力推进产业发展高端化、公共服务优质化、城市运行智能化、区域发展均衡

化)和“一轴两带五区”整体空间格局,在关系新区未来发展的重大战略性问题上初步形成了一些共识。这些核心观点已向刘淇书记作了专题汇报,刘淇书记给予充分肯定,并要求我们进一步完善发展思路,充分挖掘文化资源潜力,找准产业定位,实现差异化发展。东城区2011～2030年总体发展战略规划将由今年底召开的区人民代表大会(临时)常委会审议通过,东城区“十二五”规划将由明年年初召开的区人民代表大会(临时)审查批准。因此,区人民代表大会(临时)及其常委会必须增强大局意识,既要有纵观大局的宽广眼界,又要有把握大局的扎实本领,还要有服务大局的有效举措,切实围绕总体发展战略规划、“十二五”规划编制等事关东城科学发展的重大工作以及群众关心的热点难点问题,认真开展调研,深入进行研究,积极提出具有针对性、建设性、前瞻性的意见建议,为区委科学民主决策提供参考,为“一府两院”推进工作提供支持,真正把思想统一到加快发展上来,把力量凝聚到促进发展上来,为新区发展做出新的更大的贡献。

第二,人大代表要牢记责任、不负重托,富有成效地发挥代表主体作用

人大代表是国家权力机关的组成人员,代表人民行使管理国家事务的权利,职务光荣,责任重大。因此,每一位代表都要牢记肩负的神圣使命和权利义务,更加富有成效地履行好代表职责。希望各位代表要切实加强学习,培养国际化视野,切实提高自身素质,不断增强履职能力;要切实发挥好代表主体作用,深入街巷胡同、深入企业一线走访调研,尽快熟悉掌握新东城区情、社情、民情,为履行代表职责奠定扎实基础;要围绕20年总体发展战略规划和“十二五”规划编制等事关新区发展大局和人民群众切身利益的重大问题,多谋创新发展之计,多为民解忧之言,多献解决问题之策,多出促进发展之力。人大代表是人民群众选举出来的,当代表就意味着责任。希望全体人大代表不负人民的信任和重托,抽出充足时间,采取多种形式,与选区选民保持密切联系,认真听取选民的愿望、呼声和要求,并积极向有关方面进行反映,履行好法律赋予的职权,发挥好党和政府联系人民群众的桥梁纽带作用,共同为建设“国际化、现代化新东城”贡献力量。

第三,“一府两院”要自觉接受区人大(临时)及其常委会的监督,不断提高依法行政和公正司法的水平

宪法规定,国家的行政机关、审判机关和检察机关都由人民代表大会产生,对人民负责,受人民监督。“一府两院”必须忠实地履行宪法义务,严格按照法定的权限和程序办事,主动把工作置于人大及其常委会和人大代表的监督之下,对人大及其常委会依法实施的法律监督和工作监督,要自觉接受、积极配合。区政府组成人员和区法院、区检察院负责人必须依法列席人代会和人大常委会会议,认真听取代表和委员的审议意见,并按照规定认真抓好审议意见的落实工作。要坚持重大事项报告制度,凡是应由人大及其常委会审议决定的重大事项要依法提请审议,并对人大及其常委会作出的相关决议决定予以认真贯彻执行。要完善代表议案建议办理制度,认真办理代表议案建议,使代表所提的属于本行政区域职权范围内的问题切实得到解决,不断提高代表满意率。要对人大及其常委会在开展调查、视察、检查等工作中提出的建议意见,给予高度重视,积极加以改进,并作为决策的重要依据。要牢记全心全意为人民服务的宗旨,从群众关注的地方抓起,从群众需要的地方干起,从群众期盼的地方改起,保证把人民赋予的权力真正用来为人民谋福祉。当前,区政府要抓紧时间,全面完成“十一五”规划和全年各项任务,全力研究编制好东城区未来20年总体发展战略规划和“十二五”规划,为全区人民描绘一个充满憧憬和激情的美好蓝图,使规划真正成为引领新区未来发展的行动纲领。

各位代表、同志们,新东城的任务繁重而艰巨,新东城的前程光明而美好。让我们更加紧密地团结起来,深入贯彻落实科学发展观,以只争朝夕、奋发有为、争创一流的进取精神,以扎实、务实、朴实的工作作风,带领全区广大干部群众,抢抓机遇,乘势而上,努力在建设“人文北京、科技北京、绿色北京”和中国特色世界城市示范区的进程中走在全市的前列!

在东城区人民代表大会(临时)第一次会议预备会议上的讲话

东城区人大筹备组党组书记、组长　冯　熙

(2010年8月25日)

各位代表:

《北京市人民代表大会常务委员会关于东城区和崇文区、西城区和宣武区行政区划调整有关问题的决定》(以下简称《决定》)中明确:“在新的东城区和新的西城区新一届人民代表大会产生前,分别由东城区和崇文区、西城区和宣武区第十四届人民代表大会代表组成新的东城区和新的西城区人民代表大会(临时),依法审议决定新的行政区域内属于本级人民代表大会职权范围内的事项。”“分别成立新的东城区和新的西城区人民代表大会(临时)第一次会议筹备组,负责组织本区人民代表大会(临时)第一次会议的筹备工作,召集本区人民代表大会(临时)第一次会议。”

长期以来,两区人大代表在原东城区、崇文区区委的领导下,高举中国特色社会主义伟大旗帜,以邓小平理论和“三个代表”重要思想为指导,深入落实科学发展观,认真贯彻

市、区委有关会议精神和各项工作部署,坚持党的领导、人民当家作主、依法治国有机统一,坚持围绕中心、服务大局,认真履行宪法和法律赋予的职责,为推动社会主义民主法制建设,促进首都和本地区经济社会科学发展作出了重要贡献。

今年6月28日,国务院对北京市行政区划调整作出批复。这次行政区划调整,是市委、市政府从建设世界城市的高度,高瞻远瞩做出的一项重大战略决策。作出这样的调整,有利于贯彻落实科学发展观,推进区域均衡发展;有利于整合利用核心区资源,拓展新的发展空间;有利于创新体制机制,优化行政资源配置;有利于推进核心区发展建设,增强首都服务功能。对于新东城区来说,更是站在历史新起点、实现发展新跨越、努力打造"国际化、现代化新东城"的难得机遇。

区人大筹备组成立以来,认真贯彻落实国务院关于北京市行政区划调整的批复和中央指示精神,全面落实市、区委各项工作部署和要求,及时召开原两区人大街工委主任联席会、常委会组成人员情况通报会和机关干部大会,传达市、区委有关会议精神,统一思想,认清形势;多次召开筹备组和临时党组会,明确领导分工,研究工作部署,妥善安排干部,迅速实现集中办公,保证了人大各项工作依法、有序开展;抓紧时间走访了各人大街工委,组织原两区人大常委会组成人员互相参观考察了南北两地区域经济建设和社会发展成就,各工委会相继开展了委员见面、学习交流等活动,积极促融合、促发展。

区人大筹备组把筹备、组织、召开好北京市东城区人民代表大会(临时)第一次会议,作为一项重要任务,精心组织,周密安排。召开区人大筹备组专题会议,作出相关决定,深入研究召开本次大会的有关事宜,加强与市人大请示沟通,制定大会筹备方案,起草大会各项文件,成立各筹备工作组,明确职责分工、工作任务和时间节点,并组织各代表联组开展了会前活动。区委高度重视本次大会筹备工作,听取了区人大筹备组关于会议筹备工作情况和各代表联组会前活动情况汇报,召开了两区代表通报会、全区党员代表大会,提出了具体要求,为开好新区人代会提供了坚强的思想和组织保障。在区委领导下,经过方方面面的共同努力,大会的各项筹备工作已经就绪,10点30分将正式开幕。

这次大会的指导思想是:在中共东城区委领导下和市人大常委会的指导下,高举中国特色社会主义伟大旗帜,以邓小平理论和"三个代表"重要思想为指导,以科学发展观为统领,认真贯彻党的十七大、十七届四中全会、国务院批复和中央指示精神,全面落实市区委决策部署、市人大《决定》和区党代会要求,坚持党的领导、人民当家作主、依法治国有机统一,圆满完成大会预定各项任务,紧紧抓住北京建设世界城市的契机,抢抓机遇、乘势而上,以更高的标准推进我区民主法制建设和经济社会科学发展,为建设"国际化、现代化新东城"而努力奋斗。

这次大会的主要任务是:通过北京市东城区人民代表大会(临时)议事规则,表决通过北京市东城区人民代表大会(临时)常务委员会组成人员人选名单,选举北京市东城区人民政府区长、副区长、人民法院院长、人民检察院检察长。

各位代表,这次大会是在两区合并的特殊时刻召开的一次特别重要的会议,是新区人民政治生活中的一件大事,对于贯彻落实市委精神,组建新区领导班子,动员全区各方力量,共同构建社会主义和谐社会首善之区,加快推进"国际化、现代化新东城"建设,意义重大。各位代表肩负着宪法法律赋予的神圣职责和全区广大人民群众的重托。希望各位代表要进一步增强责任感和使命感,牢固树立政治观念、大局观念和法制观念,切实把思想统一到党中央、国务院的有关精神上来,统一到市委、区委的工作部署和要求上来,依法履行代表职责,正确行使人民赋予的权利,投好庄严神圣的一票,完成好大会预定的各项任务。要围绕全区中心工作,积极为"国际化、现代化新东城"建设贡献力量,发挥好党和政府联系人民群众的桥梁纽带作用,多谋创新发展之计,多谏为民解难之言,多献求真务实之策。要严格遵守大会纪律,充分体现代表应有的风范和素质,集中精力,认真地开好这次大会。我相信,在区委的正确领导和全体代表的共同努力下,这次大会一定能开成一个团结的大会、民主的大会、胜利的大会,确保市委、区委的意图在人代会上得到贯彻落实,确保大会各项议程特别是选举任务依法有序圆满完成!

在东城区人民代表大会(临时)
第一次会议闭幕式上的表态发言

东城区区长　牛青山

(2010年8月26日)

尊敬的柳荫书记、冯熙主任、鸿达主席,尊敬的各位代表、同志们:

在新的东城区人民代表大会(临时)第一次会议即将胜利闭幕的重要历史时刻,首先,我和七位副区长由衷地感谢大家给予我们无比的信任和巨大的支持,选举我担任新东城区人民政府的区长,由我和其他七位副区长一起共同组成新东城区第一届区政府领导集体。我们深刻认识到市委、市政府的深情重托,深刻认识到各位代表身后是86.5万东城人民的殷切期望,深刻认识到信任之宝贵,责任之重大。我们一定百倍努力,牢记使命,不负重托,不懈奋斗。

首都功能核心区行政区划调整，是党中央、国务院和市委市政府高瞻远瞩的重大战略决策。新东城区正处在一个特殊的历史时期和关键的历史阶段，我们承担着进一步推动科学发展，进一步搞好“四个服务”的重大责任，肩负着保护古都风貌、传承民族文化、建设现代文明、不断改善民生的历史使命，担负着建设“首都文化中心区、世界城市窗口区”的战略任务。面对庄严的历史责任，我们将高度自觉地贯彻市委、市政府的决策部署，高度自觉地认真服从以柳荫同志为班长的区委的统一领导，高度自觉地接受人大的法律监督和政协的民主监督，将我们的情感、权力和利益全部系于全区事业发展和人民群众安居乐业上，通过“五个着力”，全面推进全区经济社会各项事业的进一步发展。

第一，着力推动科学发展

推动科学发展必须把握一个大局，明确一个总纲。始终牢牢把握改革、发展、稳定的大局。发展是目的，是第一要务；稳定是前提，是首要政治任务；改革是动力，是破解难题的法宝和钥匙。三者缺一不可。我们将以全区未来20年总体发展战略规划为行动总纲，立足于“首都文化中心区、世界城市窗口区”的总体定位，实施“两新四化”发展战略，即打造文化新引擎，拓展发展新空间，着力推进产业发展高端化、公共服务优质化、城市运行智能化、区域发展均衡化；在空间布局上，我们将打造“一轴两带五区”：“一轴”是以旧城中轴线为依托的历史文化传承发展轴，“两带”指王府井商业核心发展带、东二环高端服务业集中发展带，“五区”分别是和平里商务新区、雍和文化创意产业集聚区、前门历史文化展示区、龙潭湖体育产业园区、永外现代商贸区。在以经济建设为中心全力推动经济发展的同时，我们要更加注重经济、社会、文化、生态全面协调可持续发展，更加注重地下空间和地上资源的协调可持续发展，更加注重城市建设和城市管理的协调可持续发展。

第二，着力做好“四个服务”

东城区是首都政务服务的重要承载区，我们将把稳定作为最大的服务和最大的保障，努力营造良好的社会环境；将按照国际一流标准，坚持高起点规划、高水平建设、高效能管理城市，大力加强环境整治，进一步提升城市的现代化、国际化水平；我们将狠抓社区建设，大力推进中医药特色社区卫生服务体系建设，大力推进体育生活化社区建设，进一步提高社区公共服务优质化水平，同时狠抓社会管理服务创新，使社区成为居民和驻区单位、企业共建共享的美好家园。努力为中央党、政、军领导机关，为国际交往活动，为科技和教育的全面发展，为民生改善提供更多更优质的服务。

第三，着力提升文化软实力

建设首都文化中心区是我们重大的战略目标和重大的历史责任。文化是一个国家、民族和地区的精神和灵魂，是可持续发展的生命力，是最重要的软实力。古都北京是一座具有3056年建城史和857年建都史的历史文化名城，被梁思成先生誉为“世界上现存最完整、最伟大的人类都市，气魄之大举世无双”。新东城作为首都文化最为集中的区域，拥有古城仅有的两处世界文化遗产——故宫和天坛，拥有从永定门到钟鼓楼的完整中轴线，祭天祈谷的天坛和祭地祇神的地坛南北相望，皇城文化与民俗文化完美结合。全区国家级、市级文物共96处，占全市总数的1/3，旧城历史文化保护区18片半，占全市总数的一半以上，挂牌保护院落413处，占全市总数的62.7%。历史文化如此悠久厚重和高度聚集，世所罕见，这是全区最大的特色、最大的优势和最宝贵的财富。我们将牢固树立“文化强区”的崇高理念，把保护弘扬历史文化视为天大的责任和神圣的使命。大力推进古都风貌和非物质文化遗产的抢救、保护和发展工作，努力探索出一条风貌保护、民生改善、人口疏解与产业发展“四位一体”的旧城改造新途径；大力推进文化创意产业的发展，使传统文化与现代文明交相辉映；大力推进“科教兴区”战略，把科技和教育摆在优先发展的战略位置，不遗余力地按照国际一流的水平办教育，不遗余力地推动教育事业高端化均衡化发展；大力推进崇尚文化的理念向城市规划、建设和管理领域延伸，让文化成为城市的灵魂，让城市成为文化的载体。

第四，着力改善民生

“情为民所系、权为民所用、利为民所谋”。政府一切工作的出发点、全过程和落脚点都是为了改善和保障民生。我们要把信访问题作为最迫切的民生问题来对待，从转变干部作风入手，深化信访代理制，将解决信访问题的过程转化为密切党群干群关系的过程，转化为为民排忧解难的过程。我们要把危旧房改造作为最大的民生问题来对待，不断完善搬迁惠民政策，为住房困难群体实现小康住房而不懈努力。我们要把特困群体的扶助工作作为最突出的民生问题来对待，建立各级领导包户责任制，全面推进“脱困工程”，想方设法帮助特困群众渡过难关。同时，我们还要把公共服务作为最普遍的民生问题来对待，不断提高公共服务优质化、均等化水平，让广大群众共享改革发展成果。

第五，着力加强政府自身建设

法治是人民利益的保护神，是和谐社会的根本保障，是社会文明进步的主要象征。“奉法者强则国强”，我们将致力于建设法治型政府，用法治的精神和法治的办法管理经济事务、文化事务和社会事务。我们将致力于建设服务型政府，牢固树立“政府是人民权力和利益代理机构”的行政理念，加快政府职能转变。我们将致力于建设深化改革、扩大开放的政府，把改革作为推动各项事业发展的动力，把开放包容、兼收并蓄作为建设世界城市窗口区的重要途径。我们将致力于建设阳光型政府，崇尚公平正义，做到清正廉洁、公开透明。

“为政以德，譬如北辰”。在今后的历程中，我们政府一班人将心系全局，心系人民，牢记使命，虚心学习，求真务实，追求卓越，为建设“人文东城、数字东城、绿色东城”，为打造“国际化、现代化”新东城，为把东城区建设成为“首都文化中心区、世界城市窗口区”而不懈奋斗！

政党·团体

中国共产党北京市东城区委员会

概　　述

年内，中国共产党北京市东城区委员会（简称区委），贯彻落实科学发展观，以创先争优活动和区划调整为契机，立足当前，谋划长远，统筹推进经济、政治、文化、社会以及生态文明建设，着力提高党的建设科学化水平，完成“十一五”规划各项目标任务，各项工作取得新进展。

新区组建工作。区委学习、宣传、贯彻国务院对首都功能核心区行政区划调整批复精神和市委、市政府各项决策部署。召开新区区委全会、党代会、人代会和政协会。扎实做好干部思想工作和机构整合工作，一次通过997名处级干部任职决定，调整组建区委直属党（工）委30个、党组56个，实现机构整合到位、工作对接到位、人员安排到位、办公地址调整到位。9月15日，新东城区委、区人大、区政府、区政协正式揭牌，全区各项工作有序平稳推进。

规划编制工作。深入调研、论证事关全区长远发展的核心问题，构建以总体发展战略规划为龙头、各项规划相互衔接的规划体系。《东城区总体发展战略规划（2011年～2030年）》《东城区人才发展战略规划（2011年～2030年）》《东城区空间发展战略规划（2011年～2030年）》“十二五”规划纲要编制完成，制订“绿色东城”和“数字东城”行动计划，编制完成“人文东城”行动计划。

区域经济工作。优化产业结构，明确高端产业发展方向，出台促进新兴产业、中小企业转型升级、楼宇经济发展、鼓励企业上市等优惠政策，巩固旅游、金融、商务服务、信息服务等支柱产业地位，培育中医药、低碳、体育等新兴产业，统筹推进王府井、东二环、雍和园、前门、龙潭湖、永定门外等重点功能区建设，引进中银投资、英特尔（中国）北京分公司等一批优势企业落户东城。推进项目攻坚、扩大消费，完成地铁8号线拆迁工程，推进地铁6、7、14号线拆迁和定安里、西革新里等重点项目，举办首届前门历史文化节、第二届皇城文化旅游节、首届崇外商圈购物节等特色活动，促进文化旅游和商业消费。推进前门大街电子商务建设，台湾文化商务区开市，鲜鱼口美食街开街，前门大街被命名为“中国著名商业街”。推进低碳城区建设，举办首届地坛论坛，启动“绿色金融商务区”建设，实施新市民中心等六大绿色建筑示范工程，本区成为中瑞低碳城市项目试点城区。优化发展环境，开展政府规范化建设年活动，成立企业事务呼叫中心，开展“送政策、送信息、送服务”活动，帮助中小企业缓解融资难问题。深化对外交流与合作，举办首届王府井国际品牌节，搭建国际商业品牌传播、交流和合作平台。坚持以世界城市标准，提升城市品质，本区成为华北地区第一个“国际花园城市”。

“文化强区”工作。加大历史文化名城保护力度，开展钟鼓楼、国子监、五道营、南锣鼓巷西区、鲜鱼口等历史文化街区风貌保护工作，编制《前崇地区地下空间规划》，推进前门商业区地下空间工程，开展第三次全国文物普查，完成清末邮局、隆安寺二期等文物修缮工程。完善公共文化服务体系，举办北京首届重阳文化节、孔庙国子监国学文化节、百姓周末大舞台、“魅力东城、锦绣新区”等文化活动。推进“首都戏剧文化城”建设，成立戏剧建设促进委员会和戏剧联盟，举办第三届北京国际青年戏剧节、首届南锣鼓巷戏剧节等活动。加快“国家中医药发展综合改革试验区”建设，举办中医药健康高端论坛和第二届地坛中医药健康文化节，促进中医药产业发展。强化文化创意产业建设，启动北京文化金融中介服务平台，推进“胡同创意工厂”集聚区建设，北京皇城艺术品交易中心、后街美术与设计园正式揭牌。健全文明城区建设长效机制，全国公共文明指数测评，在直辖市区中位列第二，未成年人思想道德建设测评位列直辖市区第一，完成创建全国双拥模范城“六连冠”试点考评任务。

城市环境品质提升工作。推进城市管理创新，举办中国“2010城市管理经验交流会”，获“中国和谐管理城市奖”。推进城管监督中心、公共安全指挥中心、应急指挥中心“三中心一体化”城市运行管理体系建设。开展市容环境整治，拆除违法建设616处、6000余平方米，完成崇雍大街环境提升工程。加快市政基础设施建设，完成沙滩南巷、夕照寺东街、永内东街等41条道路维修养护工程。“和谐社会首善之区”建设稳步推进。统筹解决民生问题，实施社会救助、社会福利、优抚安置等惠民政策措施，落实“九养”办法。拓展“学区化管理”、“蓝天工程”经验，推进“名师名校长工作室”建设和骨干教师引领工程。加强学习型城区建设，获“全国社区教育示范区”。制订医药卫生体制改革方案，推进社区“健康之家”建设。开展“听民意、访民情、解民难”活动，实施“一户一表”改造、老楼通气等为民办实事工程。推进“全国社会管理创新综合试点区”工作，建立以“人、地、物、情、事、组织”为核心的基础信息数据库，成立街道社会服务管理分中心和社会管理综合执法组。深化“平安东城”建设，推广信访代理制，开展矛盾纠纷排查化解，群众安全感位居全市前列。

党的建设工作。启动创先争优暨党员作风建设年活动，制订加强和改进新形势下党的建设、处级领导班子思想政治建设、学习型党组织建设等文件。推进“学习型领导集体”建设，通过中心组“巡听”，举办“一把手”素质培训班，领导干部周末大讲堂等学习培训，提高领导干部学以致用的能力。创新干部选拔任用方式，制订实施领导班子和干部考核文件。召开全区人才工作会议，推进人才工作。加强基层党组织建设，开展“建设新东城，我当先锋”主题实践活动，实现“两新”组织党建工作全覆盖。建立社区党风廉政建设责任制，推进廉政风险防范管理“向上向下”延伸。加强对行政审批、政府投资项目等重点工作的监督检查，建立网上行政许可平台。

单位名称：中共北京市东城区委员会

单位地址：东城区钱粮胡同1号

联系电话：64002596　邮政编码：100010　　（王家岩）

主要工作和重大活动

【领导走访慰问】 1月5日，原东城区领导杨柳荫、杨艺文走访慰问北京卫戍区。北京卫戍区司令员郑传福中将、政委高东璐中将、副政委王子彦少将，区领导王红兵、工佩立参加。1月8日，原东城区领导杨柳荫、郭怀刚看望在扫雪铲冰工作岗位突发脑溢血的环卫职工王长荣。1月20日，原东城区领导杨柳荫走访慰问武警六支队。武警北京市总队副政委李金星少将，区领导章冬梅参加。1月22日，原东城区领导杨柳荫、杨艺文、冯熙、曾刚健走访慰问北京卫戍区、空军后勤部、总政直工部管理保障局和总参二部，区领导左海星、王佩立参加。2月1日，原东城区领导杨柳荫、杨艺文走访人力资源社会保障部和国家安监总局。区领导徐熙、毛炯参加。2月1~2日，原东城区领导开展节前走访慰问困难党员、困难群众、离休干部活动。杨柳荫、常卫、吴松元先后走访慰问困难党员、困难群众、离休干部7人，为他们送去慰问金和慰问品。杨艺文走访慰问东直门地区低保户，送去救助款和节日慰问品；冯熙到和平里街道民旺社区走访慰问困难老人，送去慰问金；曾刚健、王建军先后走访慰问东华门街道南池子社区20户低保对象、残疾人家庭，送去节日祝福和慰问品。2月2~3日，原东城区领导杨柳荫、杨艺文走访慰问中编办、商务部、民政部、文化部、国家文物局，区领导徐熙、毛桂芬、王佩立、毛炯、郭怀刚参加。2月9日，原崇文区领导夏强、牛青山、吉胜久、徐鸿达、滕盛萍分别走访慰问老干部、老党员、优抚劳模和困难党员、困难群众，向他们致以亲切慰问和节日祝福，实地了解他们的身体、生活情况，并送去慰问品和慰问金。2月10日，原东城区领导杨柳荫、杨艺文走访慰问总政群工办。区领导王红兵、王佩立参加。2月12日，原崇文区领导夏强、牛青山、吉胜久、徐鸿达、滕盛萍分别走访慰问原区老领导，向老领导们致以节日问候和新春祝福并通报区情。2月13日，原东城区领导杨柳荫、杨艺文、冯熙、曾刚健先后到环卫五所慰问环卫职工，到和平里派出所慰问公安民警，到帅府园交通大队慰问交通干警，到东城消防支队慰问消防官兵，到奥士凯——物美朝内菜市场慰问商业职工。区领导常卫、徐熙、王红兵、谢世龙、毛炯参加。2月13日，原崇文区领导夏强、牛青山、滕盛萍先后走访慰问城管大队、崇文供电所、板厂南里锅炉房、龙潭派出所和环卫中心，对坚守一线工作岗位人员表示慰问和祝福。5月1日，原东城区领导杨柳荫、冯熙、曾刚健、常卫、徐熙、谢世龙、毛炯、马战校等先后到地坛南门、区环卫中心三所、帅府园交通大队、东直门派出所，慰问节日期间坚守岗位的城管队员、环卫职工、交通干警和公安民警，并送去慰问品。6月29日，原崇文区领导夏强、牛青山、吉胜久、徐鸿达分别走访慰问生活困难党员家庭，送去慰问金和慰问品。7月7日，区领导慰问环卫职工和交通干警。杨柳荫、牛青山、刘云斋、夏树军、毛炯先后慰问原东城区环卫五所、原崇文区环卫二队龙潭湖工作站职工和天安门广场东侧路口、长安街东侧路口交通岗执勤干警。杨柳荫向在酷暑中坚守工作岗位的环卫职工和交通干警致以亲切问候。7月28日，区领导走访慰问驻区部队。杨柳荫、牛青山、冯熙、徐鸿达、左海星、夏树军、宋甘澍走访慰问北京军区空军机关、北京卫戍区、空军后勤部、总参二部和公安部边防管理局，为官兵送去慰问品和慰问金。9月30日，区领导慰问节日期间坚守一线的公安、交通、城管、环卫干部职工。杨柳荫、牛青山、徐鸿达、常卫、刘云斋、谢世龙、夏树军、段志国、毛炯先后到区城管大队龙潭分队执法岗亭、区环卫二中心二队、前门东站交通岗、东交民巷派出所、环卫一中心一所、帅府园交通大队慰问。　　（王家岩）

【区委全会】 1月6日，原中共东城区委十届九次全体会议召开。传达中共北京市委十届七次全会精神，杨柳荫代表区委常委会作题为《抢抓机遇、乘势而上，全面推进“国际化、现代化新东城”建设》工作报告。民主评议区委常委会干部选拔任用工作，民主测评上年新提拔的党政主要领导干部。审议通过《中共东城区第十届委员会第九次全体会议决议》。提出本年工作要求。7月23日，召开区委全会。通报市委关于新区党委和纪委书记、副书记、常委任命情况，区委常委会分工情况，市委组织部关于组建新区党委、纪委的意见及新区党委、纪委组建情况，新区筹备工作委员会工作进展情况。审议通过《中共北京市东城区委员会全体会议关于召开中共北京市东城区代表大会的决议》。提出下阶段工作要求。12月10日，召开区委全会。传达市委十届八次全会精神，杨柳荫代表区委常委会作题为《深入实施“两新四化”发展战略，全面推进“国际化、现代化新东城”建设》工作报告。会议民主评议区委常委会干部选拔任用工作，民主测评本年新提拔的党政主要领导干部。审议通过《中共东城区委关于制订东城区国民经济和社会发展第十二个五年规划的建议》和《中共北京市东城区委员会全体会议决议》。提出下年工作要求。　　（王家岩）

【领导视察调研】 1月16日，中共中央政治局常委、国务院总理温家宝到原崇文区考察民生工作。在弘善家园，听取关于为修缮整治前门历史文化保护区、安置外迁居民而建设的保障性住房项目及居民入驻情况汇报。在天坛公园东门物美便利超市天东分店,询问物价并了解购物顾客的生活状况。在前门街道草厂9条3号院,温总理先后到两户居民家中座谈。市领导刘淇、郭金龙、吉林、陈刚、程红,区领导夏强、牛青山、滕盛萍参加。2月10日,市领导刘淇、郭金龙到原东城区检查节日期间安全生产和市场供应情况。查看东单地铁站站内安保和防火工作情况,东单明珠烟花爆竹销售点烟花爆竹销售、储存及防火工作情况,朝内南小街菜市场市场供应、蔬菜价格、市场管理、秩序、卫生等情况。市领导吉林、李士祥、苟仲文、黄卫、陈刚,区领导杨柳荫、杨艺文、王红兵、毛炯、郭怀刚参加。2月13日,国务委员、公安部党委书记、部长孟建柱到原崇文区检查安保工作,看望慰问节日期间坚守工作岗位的公安民警和治安志愿者,向他们及其家属致以新春问候。国务院、公安部及市有关领导汪水清、杨焕宁、黄明、王安顺、黄卫,区领导夏强、牛青山、滕盛萍、姜良栋参加。3月1日,市领导刘淇、郭金龙到原东城区检查全国"两会"服务保障工作。在北京国际饭店检查"两会"车辆服务、饭店安保、住宿餐饮、会务准备等工作情况。市领导王安顺、吉林、李士祥、苟仲文、程红,区领导杨柳荫、杨艺文参加。3月16~17日,原东城区领导杨柳荫率区考察团赴大连学习考察。参观开发区规划展览馆、英特尔公司大连厂,考察开发区整体建设、规划和企业发展情况,了解"生态住宅"建设和节能环保技术应用情况,大连软件产业带的规划和软件服务业、服务外包、动漫产业发展情况。区领导冯熙、徐熙、吴松元、左海星、李力、费文勇、毛桂芬、王建军、董建中、娄云生、马战校参加。3月18~20日,原东城区领导杨柳荫率学习考察团赴青岛考察。考察青岛市高新技术软件产业和动漫产业发展情况、旧厂房改造利用与文化创意产业发展情况、历史风貌保护主要经验做法和地下人防工程开发利用情况。区领导冯熙、徐熙、吴松元、左海星、李力、费文勇、毛桂芬、王建军、董建中、娄云生、马战校参加。3月23日,原东城区领导杨柳荫到顺义区考察本区棚户区改造安置用地。实地察看已经确定的安置用地,了解安置用地基本情况,就安置用地规划建设事宜座谈协商。区领导徐熙、李荣庆参加。4月15日,原崇文区领导夏强、牛青山率代表团赴天津学习考察。代表团参观天津市规划展览馆、海河意式风情区和古文化街,了解天津市城市整体发展战略和城市规划思路,亲身感受天津市日新月异的城市变化,学习天津市在促进发展方式转变、推动重点功能区建设、加快产业升级方面的先进经验,以及在加快旧城改造、促进古城文化资源保护与开发、发展传统旅游业和现代服务业的做法与成效。4月28日,中央政治局委员、国务委员刘延东到景山学校调研原东城区基础教育发展情况。实地考察校史馆、机器人实验教室、国际网络交流教室等教育教学设施。教育部副部长郝平,市领导王安顺,区领导杨柳荫、杨艺文、章冬梅、毛桂芬等参加。5月5日,原东城区区委、区政府理论中心组成员赴天津学习考察。中心组成员先后赴滨海新区于家堡金融区、津湾广场、天津市规划展览馆,考察金融区、高端商务区规划建设和天津市整体规划建设情况;赴五大道风情区、海河意式风情区考察历史风貌保护情况。5月26日,中央巡视组到原东城区开展巡视工作。中央第五地方巡视组组长徐光春,副组长管雷、李明波等一行11人,听取本区发展情况汇报,并进行重点巡视。在国际版权交易中心察看版权交易登记大厅和体验区,了解版权交易登记和中心建设运营情况。在歌华大厦视察北京歌华有线电视网络股份有限公司总前端机房,了解有线电视信号调度控制及运营情况。在光线传媒公司了解企业文化创意产业发展情况。在史家小学视察学校硬件建设和教育教学工作。在南锣鼓巷了解文化休闲特色街区建设情况。在国子监和孔庙听取关于历史文化风貌保护情况汇报。在地坛公园了解中医药养生文化园建设及景观布置情况。市领导刘敬民,区领导杨柳荫、杨艺文、徐熙、章冬梅、毛桂芬、王佩立、马战校等参加。9月29日,市领导刘淇、郭金龙带队检查区国庆期间公共安全工作。详细了解公交集团国庆期间安全运行准备工作情况和快速公交1号线、地铁2号线、旅游集散中心旅游专线运行情况,察看广场西侧花带和中心花坛摆放情况。市领导李士祥、刘敬民、苟仲文、黄卫、夏占义,区领导杨柳荫、牛青山、夏树军参加。11月5日,中共中央政治局常委、国务院副总理李克强,到韶九社区调研人口普查工作。了解人口普查工作进展情况,慰问工作人员,并向居民的配合表示感谢。市领导刘淇、吉林,国家统计局局长马建堂,区领导杨柳荫、牛青山、夏树军参加。11月9日,中央政治局常委、中央政法委书记、中央综治委主任周永康到区视察。实地察看东花市街道社会服务管理综合指挥分中心建设运行情况,深入了解网格划分、网格力量配备及人员管理情况。中央政治局委员、北京市委书记刘淇,中央政法委秘书长周本顺,司法部部长吴爱英,最高人民法院常务副院长沈德咏,最高人民检察院常务副检察长胡泽君,公安部常务副部长杨焕宁,市领导郭金龙、王安顺、李士祥、傅政华、刘敬民,区领导杨柳荫、牛青山、刘云斋、夏树军参加。11月26日,中央纪委委员祝春林率中央信访工作督导组到区督导检查信访工作。观看《魅力新东城》宣传片,听取关于本区信访工作以及贯彻落实中央重要决策部署,实施"信访代理"、"网格化社会管理新模式"等工作创新亮点的情况介绍。市信访办主任薄钢,区领导杨柳荫、刘云斋、谢世龙、夏树军、周永明参加。12月7日,市领导刘淇、郭金龙到区调研地下人防工程利用和管理工作。实地察看东华门街道东方广场人防工程的利用和管理情况,听取东方晨光青年旅馆关于加强消防安全、流动人口管控、开展经营活动等情况汇报。市领导李士祥、郑传福、傅政华、黄卫,区领导杨柳荫、谢世龙、夏树军、周永明、毛炯参加。 (王家岩)

【军政座谈会】 1月29日,原东城区春节军政座谈会召开。全国双拥办副主任、总政群工办副主任李辉大校,首都军(警)民共建指导小组副组长曹卫平、戚玉桥,北京卫戍区副政委王子彦少将,区领导杨柳荫、杨艺文、冯熙、曾刚健等区级四套班子领导参加座谈会。7月29日,区庆八一军政座谈会举行。全国双拥办副主任、民政部优安局局长董华中,空军后勤部、北京军区空军、北京卫戍区、总参二部、公安部边防管理局等驻区部队领导,区领导杨柳荫、牛青山、徐鸿达、常卫、刘云斋、赵中原、徐熙、章冬梅、吴松元、邵鹏、左海星、

谢世龙、夏树军，区人大、区政府、区政协筹备组成员参加座谈会。 （王家岩）

【其它重要会议及活动】 2月3日，原崇文区委工作会议召开。区领导夏强、牛青山、吉胜久、徐鸿达参加。牛青山主持。研究部署区委本年组织、宣传、统战、政法、社会建设工作。夏强讲话。2月5日，原东城区委、区政府工作部署会召开。区级领导班子成员，区委委员、候补委员参加。杨柳荫主持。会议部署区委本年组织、宣传、统战工作和区政府本年重点任务，杨柳荫、杨艺文分别与10个街道工委书记、办事处主任签订本年岗位目标责任书。杨柳荫讲话。2月10日，原东城区召开领导干部大会。区级领导班子成员参加。杨艺文主持。会议部署春节和全国"两会"期间区维稳、信访、烟花爆竹安全管理、安全生产、公共安全、城市运行和市容环境等工作。2月26日，原崇文区举办宏观经济形势专题报告会。区领导夏强、吉胜久、徐鸿达、张湘参加。赵中原主持。会议邀请国家统计局总经济师作报告。3月4日，原东城区建设"国家中医药发展综合改革试验区"工作会召开。市中医管理局局长赵静，区领导杨柳荫、杨艺文、章冬梅、王佩立出席。会议研究"试验区"建设进展、第三届北京中医药文化宣传周暨第二届地坛中医药健康文化节活动筹办及地坛公园养生园建设情况。3月5日，原崇文区学习贯彻《中国共产党员领导干部廉洁从政若干准则》动员部署暨专题辅导会召开。区委理论学习中心组成员参加。夏强主持。会议邀请中纪委法规室副局级纪律检查员、监察专员王凡作专题辅导报告。夏强动员部署有关学习贯彻廉政准则工作。3月10日，原东城区主要经济社会指标专题调度会召开。区领导杨柳荫、杨艺文、徐熙、李荣庆、郭怀刚、马战校参加。徐熙主持。会议研究经济社会指标总体安排及落实，财政收入、社会消费品零售额、实际利用外资、旅游收入、引进新增税源指标落实措施等情况。3月12日，原东城区重点建设项目专题调度会召开。区领导杨柳荫、杨艺文、徐熙、李荣庆、王佩立、马战校参加。会议研究本年重点建设项目进展情况。4月19日，原东城区国家中医药发展综合改革试验区建设推进大会召开。卫生部副部长、国家中医药管理局局长王国强、副局长于文明，中国医药发展基金会会长王彦峰，市领导丁向阳，中国中医科学院院长曹洪欣、党委书记李怀荣，北京中医药大学校长高思华、党委书记吴建伟，中国中药协会会长房书亭，市药品监督管理局局长丛骆骆，市中医管理局局长赵静，区领导杨柳荫、杨艺文、冯熙、曾刚健、章冬梅、金旭、王佩立、王建军，中国工程院院士王永炎、李连达，以及国家中医药管理局各司局长出席。赵静主持。会议宣读《国家中医药管理局关于同意北京市东城区为国家中医药发展综合改革试验区的函》、成立产业联盟倡议书、《关于成立国家中医药发展综合改革试验区顾问组、专家指导组及建设委员会的决定》和《关于授予中国中医科学院等单位国家中医药发展综合改革试验区建设示范基地及示范点的决定》，并与中国中医科学院等7单位签订《国家中医药发展综合改革试验区建设战略合作框架协议》。同日，原东城区级机关举行"为青海玉树地震灾区捐款"活动。区领导杨柳荫、杨艺文、冯熙、曾刚健等带头捐款，区慈善协会现场接收捐款1.52万元。4月21日，原东城区为青海玉树地震遇难同胞举行哀悼活动。党政机关、社会团体和企事业单位为青海玉树地震遇难同胞下半旗志哀。4月23日，原崇文区举办文化创意产业专题报告会。区委理论学习中心组成员参加。赵中原主持。会议邀请国家文化部文化产业司司长刘玉珠作报告，全面介绍文化产业发展总体形势，分析文化产业发展中的十个重点问题，介绍文化产业发展的重要政策。5月1～3日，第三届北京中医药文化宣传周暨第二届地坛中医药健康文化节在地坛公园举行。中国医药卫生发展基金会理事长王彦峰，国家中医药管理局办公室主任阎树江、机关服务局局长孙涛，中国中医科学院院长曹洪欣，市卫生局局长方来英，区领导杨柳荫、杨艺文、冯熙、曾刚健、章冬梅、金旭、王佩立、王建军等出席开幕仪式。现场为中医药文化宣传志愿者代表授予聘书，举行青少年预防近视眼开通仪式。开幕式后，与会领导和嘉宾参观地坛中医药养生文化园、中医药文化宣传大道和健康大讲堂等文化节项目。6月3日，原崇文区举办建设世界城市专题报告会。区委理论学习中心组成员参加。赵中原主持。会议邀请市政协委员、北京国际城市发展研究院院长连玉明研究员作报告，全面介绍世界城市概念、发展规律与启示、建设世界城市应处理好的关系等问题，并对本区的发展建设提出建议。6月5～6日，原东城区首届地坛论坛召开。全国人大常委会原副委员长成思危，市领导黎晓宏、刘志，区领导杨柳荫、杨艺文、徐熙、李力、郭怀刚、王建军、马战校等参加。刘志主持开幕式，黎晓宏、刘志、霍学文、杨柳荫等参加"北京绿色金融商务区"启动仪式。7月5日，召开区领导干部大会。新区党委领导班子成员和各筹备组临时党组组成人员参加。牛青山主持。会议宣读国务院关于同意北京市调整部分行政区划的批复，传达刘淇书记在东城区、西城区领导干部会议上的讲话精神和市委关于新的东城区党委领导班子成员和筹备工作机构组成的决定，通报区委常委会关于各筹备组临时党组组成人员、区委常委工作分工、区政府筹备组成员工作分工的决定。杨柳荫作重要讲话。7月9日，召开各界人士通报会。区领导杨柳荫、牛青山、冯熙、徐鸿达、常卫、刘云斋、吴松元、邵鹏、夏树军参加。夏树军主持。杨柳荫宣读国务院关于同意北京首都功能核心区部分行政区划调整的批复，传达市委关于新的东城区党委领导班子成员和筹备工作机构组成的决定，通报区委常委会的有关决定事项。8月3日，区领导干部大会召开。区委领导班子成员，区筹备工作机构成员参加。刘云斋主持。会议传达市委、市政府上半年经济形势分析会精神。牛青山代表区政府筹备组作专题报告。杨柳荫作重要讲话。8月13日，举行对接安置房项目定福庄南区建设工程奠基仪式。中共中央政治局常委、国务院副总理李克强，住建部部长姜伟新、国务院副秘书长尤权、国研室副主任宁吉喆，市领导刘淇、郭金龙、李士祥、陈刚，区领导杨柳荫、牛青山参加。陈刚主持奠基仪式，郭金龙致辞。李克强与大家一起挥锹铲土，共同为项目奠基。8月27日，区社会服务管理创新综合试点工作推进大会召开。市领导梁伟，区领导杨柳荫、冯熙、徐鸿达、常卫、刘云斋、赵中原、徐熙、章冬梅、吴松元、夏树军、宋甘澍参加。常卫主持。会议传达中央领导关于社会管理工作的指示精神和北京市社会服务管理创新推进大会精神,对《中共东城区委、东城区人民政府关于社会服务管理创新工作的实施意见》进行说明,部署社会服务管理创新及综合试点工作的目标任务。9月4日,“全国首届宏志教育高峰论坛”在广渠门中学举行。第十届全国人大常委会副委员长、中国关心下一代工作委员会主任顾秀莲,市领导王安顺、黄卫,区领导杨柳荫、牛青山、冯熙、徐鸿达、章冬梅、夏树军、毛桂芬参加。9月7日,区庆祝第26个教师节表彰大会召开。牛青山主持。会议表彰2009~2010学年度教育系统先进集体、先进个人。杨柳荫代表区委、区政府祝全区广大教育工作者节日快乐,并作重要讲话。9月12日,第一届北京王府井国际品牌节开幕。全国人大常委会副委员长韩启德,全国政协副主席林文漪,市领导郭金龙、程红、刘志,区级领导班子成员参加。牛青山主持开幕式。开幕式现场表演精彩的文艺节目。9月15日,区级机关新址揭牌仪式举行。区领导杨柳荫、牛青山、冯熙、徐鸿达分别为区委、区人大、区政府和区政协机关新址揭牌。区级领导班子成员及区委、区人大、区政府、区政协机关干部参加揭牌仪式。9月27日,“国学圣地、德化天下、人文北京、和谐世界”首届北京孔庙国子监国学文化节开幕。市委宣传部副部长张淼,市文物局局长孔繁峙,区领导杨柳荫、牛青山、徐鸿达、常卫、赵中原、金旭、毛桂芬,北京社会科学院满学研究所研究员、孔庙国子监博物馆名誉馆长阎崇年参加。活动现场进行“魅力·非遗”东城区非物质文化遗产展示及“国粹儒学”经典书画艺术展。9月28日,第一届前门历史文化节暨前门大街开市周年庆祝活动启动仪式举行。市领导刘晓晨、刘志,国家旅游局机关党委常务副书记罗迪辉,国家体育总局宣传司副司长邵世伟,民政部机关服务局副局长叶家兴,商务部商贸服务管理司副司长王选庆,区领导杨柳荫、牛青山、常卫、刘云斋、赵中原、谢世龙、夏树军、金旭、朴学东、周永明、冯藏淑参加。杨柳荫宣布前门历史文化节开幕。牛青山致辞。与会领导共同开启前门大街消费门户网站和3D虚拟购物街。9月30日,区领导干部大会召开。区级领导班子成员参加。牛青山主持。会议传达全市领导干部会议精神,部署国庆和十七届五中全会期间地区维稳、信访、安全生产等各项工作任务。11月8日,第三届中华民族艺术珍品文化节开幕式举行。第十届全国人大常委会副委员长蒋正华宣布文化节开幕,全国政协副主席陈宗兴、全国政协教科文卫体委员会副主任蒋效愚,区领导杨柳荫共同为文化节揭幕。中国工艺美术协会理事长周郑生和区领导牛青山分别致辞。11月8日,区委人大工作会议召开。区级领导班子成员参加。会议听取关于《中共东城区人大(临时)常委会党组关于加强和改进人大工作的若干意见》的说明。杨柳荫作重要讲话。12月8日,中共东城区委政协工作会议召开。区领导杨柳荫、冯熙、徐鸿达、常卫、刘云斋、赵中原、周京生、章冬梅、吴松元、邵鹏、左海星、夏树军,区人大、区政府、区政协领导班子成员及区政协秘书长出席。常卫主持。会议宣读《中共东城区委关于加强人民政协政治协商制度建设的意见》。徐鸿达代表政协党组通报贯彻落实《中共东城区委关于加强人民政协政治协商制度建设的意见》的工作情况,总结回顾区划调整以来区政协工作的开展情况,并就区政协如何贯彻落实区委意见精神提出具体要求。（王家岩）

【街道党政负责人会议】 4月15日,原东城区街道党政负责人会议召开。区领导杨柳荫、杨艺文、冯熙、曾刚健、常卫、徐熙、吴松元、王佩立、马战校参加。杨柳荫主持。通报全区一季度经济社会指标运行情况、财政组收情况和各街道经济建设工作情况。研究街道服务经济发展、加强税源建设工作。7月8日,区街道党政负责人会议召开。区领导杨柳荫、牛青山、常卫、刘云斋、章冬梅、夏树军、宋甘澍参加。常卫主持。研究街道有关工作。（王家岩）

【区委专题会】 5月28日,原东城区区委专题会议召开。区领导杨柳荫、杨艺文、冯熙、曾刚健、周京生、徐熙、吴松元、费文勇、生敏、毛桂芬、王佩立、郭怀刚、王建军、马战校参加。杨柳荫主持。研究区总体发展战略规划核心观点。6月4日,原东城区委专题会议召开。区领导杨柳荫、杨艺文、冯熙、曾刚健、常卫、徐熙、章冬梅、郭怀刚、马战校参加。杨柳荫主持。研究第一届北京王府井国际品牌节总体筹备工作。9月10日,区委专题会议召开。区领导杨柳荫、牛青山、常卫、刘云斋、徐熙、吴松元、夏树军参加。杨柳荫主持。研究行政区划调整后各部门领导职数、编制和人员安置意见。9月10日,区委专题会议召开。区领导杨柳荫、牛青山、常卫、赵中原、夏树军、毛桂芬、周永明参加。杨柳荫主持。会议围绕旧城保护、组织机构建设、近期重点工作等方面问题进行研讨。（王家岩）

【党代表大会】 7月23日,中共东城区委党员代表大会召开。牛青山主持会议。通报市委关于新区党委、纪委书记、副书记、常委任命情况,区委常委会分工情况,市委组织部关于组建新区党委、纪委的意见及新区党委、纪委组建情况,新区筹备工作委员会、筹备组组成人员及工作进展情况。杨柳荫就做好新东城区各项工作提出要求。（王家岩）

【区委常委会会议】 全年,区委召开常委会39次,其中原东城区11次,原崇文区12次。研究决定议题240个,其中原东城区79个,原崇文区68个。常委会在立足世界城市标准,坚持规划引领发展方面,研究东城区总体发展战略规划(2011~2030年)、区委关于制订东城区国民经济和社会发展第十二个五年规划的建议、东城区国民经济和社会发展第十二个五年规划纲要(草案)、“人文东城、数字东城、绿色东城”行动计划。在实施国际化战略,提升东城区国际化、现代化水平方面,研究本年北京王府井国际品牌节活动方案、胡同停车管理试点工作。在突出高端发展,提高区域经济发展质量方面,研究地铁6号和8号线扩迁区建设情况、国家中医药发展综合改革试验区建设情况。在坚持“文化强区”战略,加快推进“首都文化中心区”建设方面,研究全国文明城区建设长效机制实施情况、首都戏剧文化城建设情况。在统筹兼顾各方利益,努力构建“和谐社会首善之区”方面,研究本年直接关系群众生活的实事办理工作、“平安东城”建设推进情况。在发展社会主义民主政治,加强民主法制建设方面,研究区委关于人大代表建议和政协提案办理工作。在加强和改进新形势下党的建设,不断提高党的建设科学化水平方面,研究区委关于加强和改进新形势下党的建设的实施意见等议题。（王家岩）

【公文制发】 全年,印发《北京市东城区总体发展战略规划(2011年~2030年)》《关于制订东城区国民经济和社会发展第十二个五年规划的建议》《东城区党代表大会代表任期制实施办法(试行)》等各类文件190余期,其中东发38期(原东城区9期、原崇文区19期、新东城区10期)、东办发45期(原东城区21期、原崇文区7期、新东城区17期)。（王家岩）

【会议组织】 全年,完成领导干部大会、工作部署会等全区性重要会议及区委全委会、常委会、专题会、街道党政负责人会等会议的组织协调服务270余次(原东城区80余次、原崇文区100余次、新东城区90余次)。（王家岩）

【督查工作】 全年,办理领导批示件460件(原东城区181件、原崇文区10件、新东城区269件)。编发《东城督查》20期、《督查专报》34期,《崇文督查》1期、《崇文督查专报》5期。（王家岩）

【信息工作】 全年,编发信息普刊327期(原东城区116期、原崇文区88期、新东城区123期),专报201期(原东城区13期、原崇文区80期、新东城区108期),增刊197期(原东城区89期、原崇文区8期、新东城区100期),专刊33期(原东城区15期、新东城区18期),提供各类信息7000余条。（王家岩）

组织工作

【概况】 按照中共北京市委组织部部长会议精神,围绕区发展战略和工作大局,提高组织工作科学化水平,探索创新,扎实工作,取得成效。组织召开全区“提高组织工作科学化水平”理论研讨活动,形成一批理论成果。牢固树立“首责”意识、人本意识、发展意识、统筹意识、民主意识、择优意识,注重立足当前、着眼长远,统筹谋划,提高了组织工作的前瞻性和科学性。制订实施《东城区2010~2020年深化干部人事制度改革的实施意见》、东城区关于有关事项报告、“一报告两评议”、离任检查和责任追究的实施办法。参与市委组织部开展的干部公开选拔工作,选拔任用13名副处级领导干部。制订处级领导班子和领导干部考核评价文件,并在年度考核中试行。做好培训干部工作。统筹抓好各级干部对中共十七届四中、五中和市委十届八次、区委全会会议精神学习培训。推行“规定+自选”模式,加大自选培训、专题培训和境外培训力度,举办各类培训35期,培训6027人次。结合区划调整干部培训工作要求,下半年,增设3期处级领导干部周末大讲堂。组织开展东城区中长期人才发展战略研究,编制完成《东城区人才发展战略规划(2011~2030年)》,提出重点实施10项人才发展工程,打造“人才之都集聚区”建设目标,设立每年5000万元的人才发展专项基金。资助人才发展项目50万元。推进基层党建工作创新,调整完善《东城区社区党建工作考评办法(试行)》,考评全区200个社区党组织。开展优秀基层党建创新成果评选活动。加强全区党员队伍教育、管理和服务,举办党员示范培训班等,开展党员电化教育示范播放点创建活动,健全完善党内关怀帮扶激励机制。建立区党代表联络工作机构,研究起草落实党代表任期制的实施办法和7项配套制度,开展“公推直选”试点工作。推进“两新”组织党建工作全覆盖,加强商务楼宇“五站”建设和非公有制经济组织党组织“五个好”示范点创建活动,为推动“两新”组织党建创新搭建平台。推进区划调整中的机构整合、干部安排和人员安置等工作。统筹考虑全区干部队伍特点和发展需要,整体谋划布局,完成997名处级干部的集中任职,完成提前退休、向市级机关推荐、就近交流安排等620名干部的安置工作。创新任职谈话和宣布方式,保证新任职干部迅速到位。做好党组织调整设置等工作,组建区委直属党(工)委30个、党组56个。召开区委全会、党组织负责人会、区党代会,通报新区合并情况,促进党组织体系的有效衔接和工作连续性。加强组织部门自身建设。全区组织系统带头创先争优,开展“建设模范部门,打造过硬队伍”为主要内容的自身建设活动,通过加强党性教育、举办“做党性最强的组工干部”演讲比赛、学习王彦生等先进模范等活动,组织系统创先争优取得成效,1个集体、2个个人、3个创新项目,分获市组织系统先进集体、先进个人和创新项目。原东城区委、崇文区委组织部分别获市公务员统计“全优报表”和“优秀统计分析”单位。突出“东城特色、基层特色、实践特色、党员特色”,推动创先争优活动取得实效。研究制订《中共北京市东城区委关于在全区基层党组织和党员中进一步深入开展创先争优活动的实施方案》,开展“建设新东城,我当先锋”主题实践活动及“群众心目中的好党员”评选表彰活动,在区划调整、编制总体发展规划和“十二五规划”以及社会服务管理创新等中心工作中,开展创先争优活动,实现创先争优活动与中心工作的有效结合。

单位名称:中共北京市东城区委组织部
单位地址:东城区钱粮胡同3号
联系电话:64040940　邮政编码:100010　（王昕　王辉耀）

【目标责任制考核】 上年12月至本年2月,原东城区开展上年岗位目标责任制考核工作。通过自评、业务主管部门考核、考核组考核、特等单位推荐等程序,评出特等单位34个,A等单位46个,B等单位2个。与区主管领导签订责任书单位82个。（王昕　王辉耀）

【党员教育管理】 元旦、春节前夕,原崇文区委组织部共走访困难党员973人、老党员415人、流动党员181人、其他党员924人,走访慰问基层党组织86个,发放慰问金149.53万元。元旦、春节期间,原东城区开展“党心连民心、亲情进万家”活动,为困难家庭办实事7.64万件,为困难群众上门服务6.86万户次,为孤老、空巢户“亲情陪伴大年夜”458户。走访慰问生活困难党员3802人、流动党员270人、其他党员8866人、基层党组织86个,发放慰问金311.73万元。1月,区委组织部配合市委组织部完成基层党建手机信息系统基础数据统计工作。社区党组织书记、非公经济党组织书记及各街道主管书记和组织部长的基本信息全部录入基层党建手机信息系统。2月22日,原东城区领导杨艺文到和平里街道兴化社区调研社区服务工作。3月5日,原东城区组织全区党员观看大型音乐舞蹈史诗《复兴之路》。3月22~26日,原崇文区举办第74期入党积极分子培训班,近140人参加。4月21日,原东城区委常委会召开会议,专题研究在全区基层党组织和党员中深入开展创先争优活动的总体安排和部署。杨柳荫主持会议并讲话。4月23日,原东城区召开开展创先争优暨党员作风建设年活动动员大会。杨艺文主持,区委教育工委、社会工委和东直门街道工委作大会发言,常卫对开展创先争优活动作全面部署,杨柳荫讲话。区级领导班子成员出席会议。区委深入开展创先争优活动领导小组及领导小组办公室成员,全区各单位党政主要领导、主管书记及基层党组织、党员代表等500余人参加。4月28日,原崇文区召开开展创先争优暨党员作风建设年活动动员部署大会。牛青山主持,夏树军对创先争优活动具体部署,夏强讲话。区四套班子党员领导干部以及各单位党政正职、主管书记、纪委书记、组织宣传科(部)长、党办主任、基层党组织书记、区党代表及部分党员代表等1000余人参加。5月4日、6日,原东城区举办优秀党员、新党员示范培训班,全区上年发展的预备党员和区级优秀共产党员、优秀党务工作者以及部分组工干部近500人参加。5月24日,原崇文区举办“创先争优大讲堂”第一讲,邀请市委研究室副主任江涛就“世界城市”主题授课,全区各基层党组织书记、部分处级领导干部、党员骨干1000余人参加。5月27日,原东城区召开组织系统“深入开展‘讲党性、重品行、作表率’活动,带头创先争优”动员部署会。吴松元主持会议并作动员讲话。全区各党政机关、企事业单位组工干部和老干部工作部门干部近200人参加。6月1~7日,原东城区、崇文区组织党员、群众通过多种方式,对北京市“群众心目中的好党员”候选人150人投票,参与评选工作。截至6月10日,收到投票22.53万张。6月18日,原东城区召开区深入开展创先争优活动工作会议。杨艺文主持,东方奥天资产经营有限公司党委、和平里街道七区社区党委、和平里医院党委、东直门街道工委作交流发言,吴松元传达中央创先争优座谈会和市委创先争优工作会议精神,杨柳荫讲话。全区各党(工)委、党组书记及各有关单位党组织负责人参加。6月22日,原东城区召开区庆祝中国共产党成立89周年暨表彰大会。杨艺文主持,常卫宣读《中共北京市东城区委关于表彰东城区优秀基层党建创新成果和“群众心目中的好党员”的决定》和东城区优秀基层党建创新成果、“群众心目中的好党员”名单,北新桥街道工委“365阳光驿站”等30项成果获东城区优秀基层党建创新成果金、银、铜奖,岳慧青等30人获东城区“群众心目中的好党员”称号,杨柳荫讲话。区级领导班子成员出席大会。全区各单位党政主要领导、主管书记、负责人,受表彰的区优秀基层党建创新成果党组织负责人和“群众心目中的好党员”以及各单位党员代表参加大会。区部分离退休老领导、老干部,各民主党派、工商联主要负责人应邀出席大会。6月30日,原崇文区召开纪念中国共产党成立89周年暨“群众心目中的好党员”表彰大会。牛青山主持,夏树军宣读《中共北京市崇文区委关于命名表彰崇文区“群众心目中的好党员”的决定》,区信访办、环卫中心、前门街道、天坛派出所等获奖单位代表分别作典型发言。夏强讲话。区四套班子党员领导干部,全区“群众心目中的好党员”、处级领导干部、基层党组织负责人、组织宣传科(部)长、党办主任、部分党代表和党员代表参加。七一前夕,区领导杨柳荫、常卫、吴松元走访慰问部分生活困难党员。组织开展“共产党员献爱心”活动,全区5万余名党员、1万余名群众捐款200余万元。9月7日,原东城区召开区委深入开展创先争优活动领导小组第一次工作会议。常卫对全区创先争优活动作总结,杨柳荫主持会议并讲话。区委深入开展创先争优活动领导小组成员出席会议,有关单位党组书记、党组织负责人参加。9月17日,原东城区召开区深入推进党员公开承诺工作现场会。东直门街道工委、区人力资源和社会保障局党组、前门街道前东社区党委、建国门街道东总布社区作交流发言,企业、卫生、公安、教育系统的党组织和党员代表宣读承诺书。吴松元部署在全区各级党组织和党员中,开展以党员公开承诺为主要内容的“建设新东城,我当先锋”主题实践活动。区委各党(工)委书记、副书记、组织部部长,有关单位党组书记、各系统党组织负责人及部分党员代表参加。10月28日,原东城区召开区委深入开展创先争优活动领导小组办公室指导组工作会议。交道口街道菊儿社区党委书记及东花市街道东花市南里社区党委书记作交流发言,区委组织部副部长提出工作要求。区委深入开展创先争优活动领导小组办公室指导组、综合组全体成员,区委各党(工)委主管副书记、组织部部长参加。11月9日,举行北京市“群众心目中的好党员”先进事迹东城区专场报告会。冯运生等5名代表作演讲,区领导杨柳荫、牛青山、常卫、赵中原,吴松元、夏树军等出席。市委组织部有关领导,区委各党(工)委书记、主管副书记,组织、宣传、纪委负责人,有关单位党组书记以及社会各界党员群众代表近500人参加。12月9日,常卫主持召开区创先争优活动工作汇报会,听取东华门、崇文门外、建国门、东直门、东花市、龙潭等6个街道工委工作汇报,部署深入开展创先争优活动。吴松元出席会议。12月16日,常卫主持召开区创先争优活动阶段总结汇报会,听取区委直属机关工委、国资委党委、教育工委、文委党委、社会工委、卫生局党委及区总工会、区妇联等8个单位的汇报,部署深入开展创先争优活动。吴松元出席会议。

(王昕　王辉耀)

【学习实践活动】 1月4日,原东城区区长杨艺文到东直门街道调研,听取街道工委书记关于学习实践活动情况和本年工作思路汇报。1月8日,原崇文区召开第二批学习实践活动领导小组第四次会议,总结分析检查阶段工作,部署整改落实任务。1月14日,市委第三批巡回检查组组长刘俊、副组长李明利到原崇文区调研第二批学习实践活动开展情况。1月19日,原东城区委书记杨柳荫主持召开区委深入学习实践科学发展观活动领导小组第七次工作会议。区领导周京生、章冬梅、吴松元出席。1月21日,市委第二巡回检查组组长陈文占,副组长张晓辉等到北京二中调研教育系统开展学习实践活动情况。吴松元等陪同。3月3日,原崇文区召开第二批学习实践活动领导小组第五次会议。3月5日,原崇文区召开深入学习实践科学发展观活动总结大会。3月12日,原东城区召开深入学习实践科学发展观活动总结大会。

(王昕 王辉耀)

【干部教育培训】 1月19~21日,原东城区举办上年度新任处级领导干部培训班,24人参加。2月8日,原东城区召开本年党员干部教育培训工作领导小组第一次会议。3月1日,原东城区举行春季开学典礼,吴松元讲话,副处规定班和第37期处级后备干部培训班学员90余人参加开学典礼。3月1~19日,原东城区举办副处级领导干部进修班,50余人参加。3月1~23日,原崇文区举办中共十七届四中全会轮训班3期,培训处级干部500余人。3月1日至4月30日,原东城区举办第37期处级后备干部培训班,36人参加。3月22日至6月11日,原崇文区与北京大学联合举办现代公共管理高级研修班,培训8人。4月12~16日,原东城区举办"一把手"素质培训工程主题研修班,150人参加。4月12日至5月12日,原崇文区举办处级干部进修班,培训35人。4月12日至5月21日,原崇文区举办中青年干部培训班,培训18人。4月26~28日,原崇文区举办新闻发言人专题培训班,培训180余人。4月,原东城区举办基层党建创新专题研究班,40余人参加。5月13日至6月11日,原东城区举办"低碳经济与城市发展"专题研究班,38人参加。上半年,原崇文区协助市委组织部完成区县局级干部进修班、中青年干部培训班、领导力提升专题培训班、周末大讲堂等17个班次的调训工作,调训局、处级领导干部136人。7月11~31日,原崇文区举办赴新加坡"社区信息化建设"专题培训班,24人参加。7月16日,区委领导吴松元到区委党校调研干部教育培训工作。7月至10月,举办处级领导干部周末大讲堂3期,累计培训处级干部2290人。8月27日至9月20日,举办处级领导干部"低碳发展与城市建设"专题研究班,32人参加。9月26日,在区委党校举行秋季开学典礼。吴松元出席讲话。9月26日至10月22日,举办新任处级干部培训班,53人参加。9月26日至10月27日,举办副处级领导干部进修班,63人参加。9月26日至11月26日,举办中青年干部培训班,51人参加。10月10~30日,举办赴美国"领导干部核心领导力提升"专题培训班,19人参加。年内,区委组织部与区内各有关部门联合举办新闻发言人、干教师资、老干部工作人员、纪检干部、工会干部、女领导干部、国资系统高管人员、法制干部、非公经济人士、团干部、社区书记主任等岗位适应性培训班,培训各级各类干部2850人次。协助市委组织部调训领导干部320人次,其中局级领导干部72人次,处级领导干部248人次。11月23日,在东直门街道举行全国新任县级党委组织部长培训班北京市东城区现场教学活动。中组部组织局副巡视员杨晋京带领培训班学员一行60人,参观南锣鼓巷、东直门街道"居家养老服务一条街",并举行座谈会。区委组织部、东直门街道工委主管领导介绍东城区及东直门街道概况和党建工作基本情况,与会人员就社区党建、社工队伍建设等方面展开讨论交流。

(王昕 王辉耀)

【慰问活动】 年初,原东城区举行迎新春慰问专家、优秀人才联谊会,区领导杨柳荫、杨艺文、冯熙、曾刚健、常卫、吴松元与100余位优秀人才参加。区领导吴松元带队,看望慰问全国"三八"红旗手、有突出贡献的优秀人才、青年人才、高层次人才。

(王昕 王辉耀)

【处级干部考核】 1月至3月,开展处级干部年度考核工作。原东城区确定为优秀等次98人,称职或合格等次426人。授予三等功37人,嘉奖158人。原崇文区确定为优秀等次91人,称职或合格等次374人。授予二等功9人,三等功33人,嘉奖138人。

(王昕 王辉耀)

【后备干部管理】 1月至6月,原东城区正职后备交流10人、轮岗2人、援疆2人、金融机构挂职锻炼3人。原崇文区正职后备交流3人、轮岗9人,上级机关挂职锻炼2人。年内,对原东城和崇文后备领导人才库合并、核对更新,完善后备领导人才库内干部信息。后备领导人才库现有干部487人,其中正职后备干部150人,副职后备干部282人,30岁以下科级优秀年轻干部55人。

(王昕 王辉耀)

【公开选拔工作】 1月至7月,原东城、崇文区拿出16个副处级领导职位,参加全市公开选拔领导干部工作。经过公开报名、资格初审、笔试、资格复审、面试、体检、组织考察等环节,最终选拔财政局副局长等副处级领导干部13名。

(王昕 王辉耀)

【人才发展规划工作】 2月,原崇文区委组织部制订《北京市崇文区中长期人才发展规划纲要(2010~2020年)任务分解书(征求意见稿)》,由18个单位牵头,负责49项具体工作任务,并向各单位征求意见。11月,召开区人才发展战略规划编制工作领导小组会议和专家征求意见会,讨论完善《东城区人才发展战略规划(2011~2030年)》。

(王昕 王辉耀)

【党建工作领导小组会议】 3月3日,原东城区委召开党建工作领导小组第四次会议,总结上年工作,部署本年工作,讨论《中共北京市东城区委关于加强和改进新形势下党的建设的实施意见》。区划调整后,召开区委党建工作领导小组会议,调整完善领导小组成员,总结本年重点工作,部署第四季度工作。

(王昕 王辉耀)

【党组织书记培训】 4月6~9日,原东城区邀请中央党校教授以及市、区相关领导,分别围绕中共十七届四中全会精神、区情、提高基层党组织书记能力、党建创新、国际形势、党务知识等方面,集中授课,全区900余名基层党务工作者参加,全面提升基层党务干部的思想政治素质、工作水平和业务能力。（王昕　王辉耀）

【党建研究会】 4月26日,召开原东城区党建研究会会员大会,调整领导成员,总结上年工作,部署本年工作,评选表彰上年调研成果,一等奖1篇,二等奖2篇,三等奖15篇。区划调整后,原东城、崇文区党建研究会合并,研究制订新的东城区党建研究会工作方案。12月28日,召开区党建研究会第五次会员代表大会,选举产生区党建研究会第五届领导机构成员,部署下年党建研究工作。表彰本年度优秀调研课题,一等奖1篇,二等奖5篇,三等奖10篇。研究制订年度调研课题,组织开展调研课题申报工作,确定调研课题53个。改版会刊《东城党建研究》,编印3期,汇编领导讲话、优秀调研成果、理论研讨成果,提高刊物质量,推动研究会活动。（王昕　王辉耀）

【党建创新成果】 4月28日,原东城区委组织部下发《〈关于开展东城区优秀基层党建创新成果和北京市、东城区“群众心目中的好党员”评选表彰活动的方案〉的通知》。4月29日,原东城区召开区优秀基层党建创新成果和市、区“群众心目中的好党员”评选表彰活动工作部署会。吴松元出席并讲话。全区各党(工)委主管副书记、组织部部长、宣传部部长60余人参加。在全区基层党组织范围内,开展优秀基层党建创新成果评选活动。邀请中央党校专家,市、区领导组成评审组,对2005年以来基层党组织的工作方式和机制全面梳理、汇总,经过筛选、审核、评议,评选出优秀基层党建创新成果30项,北新桥街道九道湾社区党委推荐的“民情日记工作法”等10项成果获金奖,交道口街道工委推荐的“公众参与社区管理模式”等10项成果获银奖,区人才服务中心党委推荐的“流动党员自选式培训工作法”等10项成果获铜奖。在庆祝七一大会上进行表彰,并将30项优秀基层党建创新成果汇编成册,供基层党组织学习借鉴。12月15~16日,召开区基层党建工作创新研讨会,研讨如何推进基层党建工作创新、构建区域化党建工作格局。（王昕　王辉耀）

【处级干部体检】 5月16日至6月12日,原东城区委组织部组织区处级干部在第六医院体检中心体检,496人参加。4月19~23日,原崇文区委组织部组织局、处级干部在北京市普仁医院和博惠体检中心体检,455人参加。（王昕　王辉耀）

【组织工作满意度调查】 5月18~25日,委托原东城区统计局在全区开展组织工作满意度调查,调查单位85个、干部职工708名,形成《东城区2010年组织工作满意度民意调查报告》,提出提高全区组织工作满意度的对策建议,召开会议反馈结果。5月至6月,原崇文区委组织部委托区统计局在全区开展组织工作满意度调查,调查单位223个、干部群众1143名。形成《2010年崇文区组织工作满意度民意调查报告》,了解干部群众对组织工作和组工干部的看法和意见。（王昕　王辉耀）

【任前公示】 上半年,原东城区处级干部任前公示5期、37人,其中正处16人,副处21人。原崇文区处级干部任前公示5期、40人,其中正处7人,副处33人。下半年,全区处级干部任前公示2期、3人,其中正处2人,副处1人。（王昕　王辉耀）

【处级干部调整】 上半年,原东城区调整处级干部144人次,其中提职36人,因到龄退休、达到最高任职年限及调出等原因免职38人,交流28人,试用期满正式任职10人,兼职任免21人,军转安置3人,其他调整8人。原崇文区调整处级干部142人次,其中提职35人,因到龄退休、达到最高任职年限及调出等原因免职34人,交流29人,试用期满正式任职7人,兼职任免9人,军转安置10人,其他调整18人。下半年,全区调整处级干部1575人次,其中提职15人,因到龄退休、提前退休、达到最高任职年限及调出等原因免职163人,交流59人,试用期满正式任职13人,双管单位任免34人,兼职任免250人,行政区划调整重新任命1009人,其他调整32人。（王昕　王辉耀）

【党建工作考核】 上半年,原崇文区下发《中共北京市崇文区委关于印发〈崇文区处级单位党建工作实绩考核办法(试行)〉的通知》,对全区处级单位党建工作,从贯彻落实科学发展观推进科学发展情况、按照“五位一体”总体布局推进党建工作开展情况、以改革创新精神推进基层党建创新工作开展情况三方面考核。（王昕　王辉耀）

【公推直选】 上半年,原东城区委组织部试行基层党组织领导班子公推直选。借鉴社区和机关党组织公推直选经验,印发《关于开展基层党组织领导班子成员“公推直选”试点工作的意见(试行)》,要求条件成熟的基层党组织,采取组织推荐、党员推荐、群众推荐和个人自荐相结合的方式,公开推荐基层党组织的委员、书记和副书记候选人,召开党员大会直接选举基层党组织的委员、书记和副书记。（王昕　王辉耀）

【党组织建设】 上半年,原东城区成立百年农民工子弟职校党支部,撤销区房管局党组,指导区公安分局党委补选1名党委委员,组织人大补选主任、法院院长,政协补选主席工作。上半年,原崇文区下发《中共北京市崇文区委组织部关于理顺部分单位党组织隶属关系的通知》,将区房屋土地经营管理中心、环境卫生服务中心、园林绿化局、财贸干校党组织关系,由区国资委党委转入区直机关工委管理,将原文卫体系统所属区文化委、卫生局、体育局、普仁医院、区药监分局党组织隶属关系,转入区直机关工委管理,将区人大、区政协、区委党校党组织关系,转入区直机关工委管理,前门大街管委会、区旅游局、文联的党组织关系,由区直机关工委管理。（王昕　王辉耀）

【党代表任期制】 上半年,原东城区制订下发《东城区党代表大会代表任期制实施办法(试行)》;原崇文区制订下发《中国共产党北京市崇文区代表大会代表任期制实施细则(试行)》。12月23日,在原两区实施办法的基础上,制订下发《东城区党代表大会任期制实施办法(试行)》及党代表提案、提议、情况通报、征求意见、联系党员和群众以及调查研究、代表分组活动、资格管理等7项制度,畅通党代表发挥作用的途径和渠道。（王昕 王辉耀）

【干部调整安置】 7月3日起,区委组织部领导班子成员,分别和原东城区、崇文区150名处级干部谈话,了解干部思想动态和对干部安排工作的意见建议。原两区组织部及时召开见面会,迅速对接干部数据库,按照“统一政策、兼顾平衡;坚持标准、人岗相宜;职级不变、待遇不减;内部消化、适当交流”的工作原则,研究新区干部的调整安置。7月29日,区委常委会集中研究区划调整干部安排议题,一次性确定997名处级干部的任职,其中正处级领导干部228名,副处级领导干部及其他处级非领导职务干部769名。8月2~3日,集中开展区领导与新任职干部任前谈话。8月4~6日,区委、区政府筹备组领导成员,分别对71家合并调整的党政群机关、事业单位,宣布领导班子和领导干部任职决定。9月,区委成立工作领导小组,研究制订《东城区行政区划调整人员安置工作意见》等文件,确保全区干部队伍结构合理优化。依据“带编交流、职数单列”的政策,统筹考虑干部的工作特长、所学专业、生活便利等实际问题,向市属机关、兄弟区县等单位,推荐选送处级干部20余名;遵循“自主选择”原则,对符合有关政策规定,本人自愿提出申请,经任免机关审批,办理提前退休手续并享受优惠待遇。审核批准处级干部提前退休114名;对在同一岗位任职时间较长,从事财务审计、干部人事及具有行政审批权限等关键岗位工作的干部平级交流。12月8日,区委常委会集中确定处级干部交流任职59名,其中29名区直单位处级干部交流到街道任职。（王昕 王辉耀）

【筹备组临时党组】 7月3日,为推进行政区划调整工作,加强党对人大、政府、政协筹备工作的领导,经区委研究决定,成立中共北京市东城区人大筹备组临时党组、东城区政府筹备组临时党组和东城区政协筹备组临时党组。明确筹备组临时党组组成人员。（王昕 王辉耀）

【党组织设置调整】 7月至9月,下发《中共北京市东城区委组织部关于区委直属党(工)委设置、调整的通知》《中共东城区委组织部关于调整部分党组织设置的通知》《中共北京市东城区委组织部关于做好理顺基层党组织隶属关系相关工作的通知》《关于调整理顺部分集体及集体改制企业党组织隶属关系的通知》,理顺全区各级党组织关系。

（王昕 王辉耀）

【“两新”组织党建】 制订《关于推进全区非公有制经济组织和新社会组织党建全覆盖工作的意见》,召开推进全区非公有制经济组织和新社会组织党建全覆盖工作部署会。8月10日、11日,分别召开区北片、南片“两新”组织党建全覆盖工作进展情况汇报会,交流街道推进党建全覆盖工作情况。11月2日,与区委社工委联合下发《关于在创先争优活动中进一步推进非公有制经济组织和新社会组织党建全覆盖工作的意见》。指导各党工委摸清底数,采取单独建、区域建、楼宇建、挂靠建、行业建、孵化建、团队建等多种形式,抓好组建工作,基本实现党的组织和党的工作在“两新”组织的全覆盖。11月16日,与区委社工委联合下发《关于开展2009~2010年度非公有制经济组织党建“五个好”示范点创建工作的通知》。各街道工委和相关党组织对照示范点创建标准组织开展自查自评,经区委组织部、社会工委研究,确定“五个好”示范点50个。（王昕 王辉耀）

【信息与调研】 区划调整期间,向区委办报送信息64条,采用41条;向市委组织部报送信息46条,采用11条;向中组部报送20条,采用3条;领导批示8条,其中市委组织部领导批示4条,区领导批示4条。按照“明确定位,规范内容,适当策划,数量质量并重”的工作思路,办好新版《东城组工动态》,规范和开设正刊、工作动态、一周要情、专刊、领导参阅、组工时评等栏目,探索采用人物通讯、本刊评论、一把手笔谈等形式丰富刊物内容,编发53期。加强信息员队伍建设,组成一支43人的专兼职信息员队伍。推行全员信息模式,制订实施《区委组织部组工信息积分考核办法(试行)》,对信息员实行积分考核、达标、通报、奖励制度,建立部领导主管、各组长牵头、信息员具体负责的信息工作体制。执行部内调研制度,牵头制订《区委组织部2010年调研课题》,落实课题责任分工。区划调整后梳理原东城、崇文区委组织部调研工作制度,确定调研课题11项,其中全市组织系统重点课题1项。对市组织系统《东城区学习型领导班子建设研究》重点课题召开座谈会6次、发放调查问卷240份,通过对调查情况的梳理、统计与分析,发现值得推广的特色做法和经验以及存在的问题,研究提出加强学习型领导班子建设的对策建议。

（王昕 王辉耀）

【党建调研考察】 9月13日,中央组织部组织一局二处领导到区调研基层党组织领导班子“公推直选”工作。市委组织部、社会工委,东城区委组织部、大兴区委组织部、石景山区委组织部,东直门街道工委、永定门外街道工委、十字坡社区党委、东花市南里社区党委等负责人参加座谈。9月16日,中组部部务委员、组织二局局长陈向群率调研组一行到广渠门中学调研中小学党建工作。9月29日,吴松元到和平里街道地坛社区调研创先争优活动,视察社区“1510生活服务圈”,听取和平里街道工委和地坛社区党委创先争优活动情况汇报,与有关人员座谈,提出要求。10月9日,常卫到东直门街道清水苑社区调研,察看东直门街道“居家养老服务一条街”,参观清水苑社区居委会、社区服务站、图书室、监控室,以及社区正在建设中的社会服务管理综合工作站等,听取东直门街道工委、清水苑社区党委创先争优活动开展情况汇报,并就开展创先争优活动、推进基层党建创新等问题交流座谈。10月13日,杨柳荫到交道口街道菊儿社区调研,听取交道口街道工委和菊儿社区党委创先争优活动情况汇报,与有关人员座谈,提出要求。夏树军等陪同。10月15日,建国门街道工委在街道党员服务中心,召开正大置地有限公司党支部成立大会暨创先争优承诺仪式,中组部组织二局副局级巡视员韩旭、组织二局三处处长等领导参加会议并给予指导。10月25日,新疆和田地区社区党组织负责人一行18人到东花市街道东花市南里社区和东华门街道南池子社区调研参观,并举行座谈。10月28日,常卫到区卫生系统调研,参观北京普仁医院和北京第六医院设施建设情况,召开座谈会听取区卫生系统、普仁医院和第六医院党建工作及创先争优活动情况汇报,并提出具体指导性意见。11月2日,常卫、吴松元到英利能源(北京)有限公司、长安责任保险股份有限公司、长安保证担保有限公司调研指导非公有制企业党建工作,参观英利能源(北京)有限公司党支部活动展板、公司太阳能光伏应用系统示意模型和长安责任保险股份有限公司陈列室,听取企业党建工作情况汇报,并提出具体指导性意见。11月10日,常卫、吴松元到区国资系统调研党建工作,实地走访察看北京东方文化资产经营公司、北京便宜坊烤鸭集团有限公司。11月19日,周京生到建国门街道东总布社区调研,走访了解社区基本情况,听取建国门街道工委、东总布社区党委关于街道工委和社区党委开展创先争优活动、党风廉政建设情况汇报,并就开展创先争优活动、推进党风廉政建设提出要求。11月24日,司法部部长吴爱英,副部长赵大程和陈向群一行,到大成律师事务所党委考察党建工作。11月29日,夏树军到前门街道前东社区调研,听取前门街道工委、前东社区党委就街道工委和社区党委开展创先争优活动情况汇报,并对深入开展好创先争优活动提出要求。12月7日,赵中原到龙潭街道光明北里社区调研,听取龙潭街道工委、光明北里社区党委关于街道工委和社区党委开展创先争优活动情况汇报,提出指导性意见。12月9日,牛青山到东花市街道东花市南里社区调研,听取东花市街道工委、东花市南里社区党委关于街道工委和社区党委开展创先争优活动情况汇报,提出开展创先争优活动要求。12月15日,刘云斋到崇文门外街道崇东社区调研,听取崇文门外街道工委、崇东社区党委关于街道工委和社区党委开展创先争优活动及社会服务管理创新工作情况汇报,提出深入开展创先争优活动、推进社会服务管理创新工作要求。（王昕　王辉耀）

【社区党建】 按照中组部和市委组织部要求,每季度对全区街道社区党建"三有一化"工作进展情况进行统计梳理,填报表格。明确各街道社区党建工作信息员,建立社区党建基础数据库和社区党建亮点信息库。9月15日,与区委社会工委组织召开区社区党建工作考评体系研讨会,提出调整意见和建议。10月22日,与区委社会工委联合下发通知,部署社区党建考评工作;11月30日至12月6日,组建区社区党建工作考评督导组,复评各街道工委申报的年度五星级社区党组织的党建工作,经复评、征求区有关委办意见,确定五星级社区党组织30个。12月24日,通报社区党建工作考评情况。（王昕　王辉耀）

【党建工作论坛】 11月4日,举办"两新"组织党建工作论坛,章冬梅主持。常卫致开幕词,吴松元介绍区非公有制经济组织和新社会组织党建全覆盖工作情况,建国门街道工委等7个单位作主题发言,中央党校党建部原理室副主任蔡志强教授作点评,市委组织部副部长吕和顺及区领导杨柳荫出席并讲话。（王昕　王辉耀）

【人才工作会】 11月22日召开。区领导杨柳荫、牛青山、徐鸿达、常卫、刘云斋、周京生、徐熙、章冬梅、吴松元、邵鹏、左海星、谢世龙、夏树军、高桂强、朴学东、毛桂芬出席,区人才工作领导小组成员、各单位党政主要领导和组织人事部门负责人、驻区中央和市属单位代表、区人才工作合作单位代表以及优秀人才代表500余人参加。讨论《东城区人才发展战略规划(2011~2030年)(讨论稿)》。杨柳荫讲话,部署区人才工作。（王昕　王辉耀）

【干部人事制度改革】 12月,按照中央《2010~2020年深化干部人事制度改革规划纲要》和市贯彻规划纲要实施意见要求,区委制订出台《东城区2010~2020年深化干部人事制度改革的实施意见》,确立全区干部人事制度改革思路。（王昕　王辉耀）

【处级干部基本情况】 截至年末,全区党政机关、事业单位,有处级干部845名,其中领导职务619名(正处职192名,副处职427名),非领导职务226名。处级女干部232名,占处级干部总数的27.5%,其中女领导干部185名(正处46名,副处139名),占领导干部总数的29.9%;处级少数民族干部40名,占处级干部总数的4.7%;党外干部34名,占处级干部总数的4%。处级干部年龄结构:35岁以下31名,36~40岁110名,41~45岁185名,46~50岁286名,51~54岁134名,55岁以上99名,平均年龄46.85岁。处级干部学历结构:研究生学历199名,大学学历566名,大专学历80名。（王昕　王辉耀）

【国企党建】 年内,指导区国资委党委在区属国有企业中,结合促进企业科学发展和"创先争优"活动,开展"四强四优"活动,每月以党支部、党小组为单位,进行党员评议并报送活动进展情况。（王昕　王辉耀）

【加强人才思想政治建设】 年内,原东城区举办专家政治理论读书班,使各类人才加深对党的方针政策的认识和对区情的了解,增强责任感和使命感。（王昕　王辉耀）

【与高校合作】 年内,与北京大学、清华大学、中国人民大学、北京师范大学、对外经济贸易大学、北京中医药大学、中国传媒大学等7所首都高校,开展"东城区博士后工作实践基地"和"东城——高校管理人才挂职实践基地"工作。28名高校博士生、博士后、管理干部到区挂职实践。（王昕　王辉耀）

【挂职锻炼】 年内,选派5名干部赴新疆和田指挥部工作,3名干部赴新疆和田地区工作,3名干部赴西藏拉萨市城关区工作,2名干部赴内蒙古乌兰察布市集宁区开展对口支援工作。接待市政协、市质量技术监督局,区地税局、工商分局,中医科学院、安徽省蚌埠市、新疆和田地区、成都锦江区等39名干部到原东城区挂职锻炼,按照严格管理与关心爱护相结合的原则,做好挂职干部的组织联络、协调服务和日常管理工作。（王昕 王辉耀）

【军转干部安置】 年内,接收安置团职军转干部档案31份。召开军转干部见面会,根据干部特点,参考各单位情况,拟定安置意向。全部安排在区属党政群机关,安置率100%。（王昕 王辉耀）

【干部档案管理】 年内,下发《关于新东城区在区划调整工作中确保干部人事档案安全管理的通知》,指导各单位确保干部人事档案合并、移交的完整与安全。全年接收档案1510卷,为新接收档案索要档案材料1208份,日常接收档案零散材料10025份,转出死亡档案96卷。办理档案转出87份,为转出档案索要档案材料165份。为干部考察、任免提供查档案借阅2605次;各单位编写组织史查借阅档案104次;办理提前退休干部查借阅153次;离退休干部增补工资查借阅205次;在职干部调资、调动工作核资查借阅87次;军转干部住房需求查借阅41次;交流干部、调出干部政审查借阅87次;去世干部办理房产公证查借阅25次;干部子女入党、干部领取独生子女费、老干部医疗待遇、出国政审等其他工作查借阅56次。（王昕 王辉耀）

【信访工作】 年内,收到信访事项159件,其中来信145件,来访12件,来电2件;反映工资待遇问题6件,其他类型待遇问题5件,要求"退休改离休"问题6件,反映住房问题4件,反映干部问题133件,申诉求解4件,批评建议1件。（王昕 王辉耀）

【出国政审】 年内,审批因公出国(境)人员143批,430人次,梳理国家工作人员出国报备系统,完成新任、调出、调任、退休等四类处级干部报备399人,审批因私出国(境)人员6人。（王昕 王辉耀）

【接转组织关系】 年内,接转党员组织关系1067人次,其中转入910人次,转出157人次。（王昕 王辉耀）

【信息化建设】 年内,完成全区处级干部库、党员库、公务员库等整合工作,北京组工专网"扩容改造"及"分级保护"项目工程实施,"大组工网"接入工作,区委组织部内部信息管理系统方案设计。（王昕 王辉耀）

宣传工作

【概况】 7月,因行政区划调整,原中共北京市东城区委宣传部与原中共北京市崇文区委宣传部合并,成立中共北京市东城区委宣传部,现有干部23人,下设办公室、理论科、宣传科。同时,原北京市东城新闻报道中心与原北京市崇文区新闻中心合并,成立北京市东城新闻报道中心,现有干部38人,下设办公室、总编室、文字科、网络科、采访科、编辑科、摄影科、电视编辑科及电视摄像科。年内,区宣传思想工作围绕建设"国际化、现代化新东城"主线,坚持围绕中心、服务大局,贴近群众、扩大参与,注重成效、打造品牌的原则,突出区划调整期间宣传思想工作、学习贯彻中共十七届五中全会精神、学习型党组织建设、制订《人文东城行动计划(2011年~2015年)》、开展"我们的节日"主题活动等重点工作,为建设"人文东城、绿色东城、数字东城",提供思想文化保障和良好社会舆论氛围。

单位名称:中共北京市东城区委宣传部
单位地址:东城区钱粮胡同3号
联系电话:64031118-2206 邮政编码:100010 （温莹）

【理论宣传】 1月1日,原崇文区创刊《学习月报》,每月1期,为全区各党委(党组)中心组理论学习提供服务和参考。全年编发12期。1月至6月,原东城区编辑《宣传工作每周一报》24期。3月,原东城区委宣传部创办《理论学习手机报》,设置理论前沿、东城纵览、推荐书目、轻松驿站等栏目。利用网络、手机等媒体,探索拓展理论学习的新途径、新阵地。全年编发29期,覆盖4万余人次。7月9日,创办《东城宣传信息》,每周编发2期,全年编发49期。（温莹）

【《新崇文报副刊》】 1月28日,出版刊印第1期原《新崇文报副刊》。设要闻导读、文化崇文、百姓生活、教育在线、崇文史地、光影叙事、美食养生、游在崇文等8个版面。每月下旬出刊,印量1.9万份,在全区党政机关、企事业单位、社区居民范围内发放。副刊区别于正刊的政要性、新闻性,突出娱乐性、生活性,贴近百姓日常生活,增加原崇文区文化、历史、地理方面的介绍及文娱、饮食、游乐资讯。（温莹）

【区政研会工作】 1月,原崇文区政研会在市政研会《北京市基层思想文化建设》杂志刊登专刊。3月14日,原崇文区东花市街道南里社区群众工作案例等经验材料入选市《群众思想工作一百例》,其中信访代理制经验材料入选中国政研会相关经验材料汇编。3月,原东城区上报调研文章38篇,原崇文区上报调研文章12篇,参加市政研会"丹柯杯"思想政治工作优秀研究成果评选。同月,原东城区政研会完成中国政研会、中宣部政研所到区调研接待工作。6月,原东城区政研会参加市政研会"如何发挥社团在建设世界城市中的积极作用"主题论坛会,并作交流发言。8月,组织开展评选推荐"北京市思想政治工作优秀单位、优秀思想政治工作者"工作。评选推荐集体4个、个人4名参加评选。11月,开展思想政治工作创新实践活动交流展示活动,27个单位报送活动案例50项,展示单位在思想政治工作内容形式、方法手段和体制机制等方面的探索创新。（温莹）

【节日主题活动】 1月、3月,原东城区、崇文区分别印发《关于开展"我们的节日"主题活动的实施意见》。春节、清明、端午、中秋等传统节日,开展地坛春节文化庙会、龙潭春节文化庙会、“鞭打春牛”、上元灯会、“传承亲情 放飞希望——清明节风筝放飞”、“家训堂”、“千秋不改炎黄韵——端午节朗诵诗会”、“龙潭映月中秋诗会”等主题活动。各街道在传统节日期间组织灯会、歌咏会、诵读会、摄影比赛等节庆活动100余场,传承优秀传统文化,和谐邻里关系。10月,在孔庙和国子监博物馆举办“爱在重阳——北京首届重阳文化节”活动,通过举行敬老礼、敬献菊花茶和重阳糕、诵读经典、歌曲演唱、展览展示等活动,展示重阳节传统文化的传承。 (温莹)

【爱国主义教育】 2月,原东城区印发《关于继续深入开展群众性爱国主义教育活动的通知》。召开群众性爱国主义教育工作座谈会,部署开展爱国主义教育系列活动。9月、10月,在全区机关、企业、学校、社区、军营、新经济组织和新社会组织,开展以升国旗、唱国歌、向国旗宣誓等为主要内容的爱国礼仪宣传教育活动。完成国庆宣传口号发布、部署升挂国旗等,政治宣传环境布置工作。年内,机关工委组织机关干部参加机关大院升国旗活动,北新桥街道组织开展“社区里看升国旗”等活动。组织开展“百姓读书月”活动,倡导全民阅读。 (温莹)

【中心组学习】 3月至4月,原东城区组织中心组成员赴天津、青岛、大连、武汉、长沙等地就城市规划、建设与管理,地下空间利用,社会建设与公共服务等内容学习考察。4月,原崇文区为中心组成员配发《苦难辉煌》《解放战争》《执政中国》等学习书籍。年内,贯彻落实市委《关于进一步加强和改进党委(党组)中心组学习的实施意见》,按照原东城区制订的《东城区关于推进学习型党组织建设的实施意见》,确立“理论武装——专题研究——常委会决策”工作体制。围绕宏观经济形势、廉政准则、文化创意产业、建设世界城市、对台政策和台海形势等内容,举办专题报告会24场。 (温莹)

【宣传干部队伍建设】 4月26~28日,原崇文区举办新闻发言人专题培训班,各单位新闻发言人、宣传科(部)长180余人参加。5月26~28日,原东城区举办宣传干部暨政研会秘书长培训班,围绕世界城市、网络舆情、区总体战略规划等问题,邀请首都经济贸易大学人文学院院长段霞、首都师范大学马克思主义学院院长李松林及市委研究室、市委宣传部舆情处、市网管办网监中心、区委研究室等单位领导,从国情、市情、区情等不同层面,进行系统讲解和培训。6月至12月,围绕“应对宣传思想工作新问题新挑战”、“如何更好地提升宣传干部素质与能力”、“理论中心组学习有效模式”等主题,举办宣传部长系列论坛5次。7月,开展基层宣传文化干部队伍建设情况调研,发放问卷180份,撰写《抓好基层文化干部队伍建设,促进宣传文化工作发展》报告,报市委宣传部。 (温莹)

【学习型党组织建设】 6月17日,原东城区落实完成《关于推进学习型党组织建设的实施意见》和折子工程。6月18日,原崇文区制订并下发《关于推进学习型党组织建设的实施意见》。年内,在全区开展“3+2”活动(处级干部个人要研究一个专题、撰写一篇体会、主讲一次党课,各单位要搭建一个学习交流平台、开展一次理论成果评比)基础上,组织学习型党组织建设经验交流活动,评选表彰一批处级干部优秀理论文章、调研报告和党课报告。在全区开展处级单位党委(党组)中心组理论学习“巡听”活动,巡听单位24个。推广东直门街道创意学习模式及建国门街道“今天我主讲”等有特色的学习经验。 (温莹)

【新闻报道】 上半年,原崇文区围绕“天坛文化圈”发展战略和全区重点工作,加强策划、沟通,参与组织新闻发布会、通气会28场。在《北京日报》《北京晚报》等市属媒体发稿800余篇。在《人民日报》、新华社等中央媒体发稿45篇。围绕区划调整、党代会、人代会、政协会、20年规划纲要、第一届王府井国际品牌节、第一届前门历史文化节、第一届重阳文化节、局处两级领导与困难群众结对子、机关事业单位领导班子配置到位、辉煌“十一五”成就等不同阶段中心工作进行宣传,重点突出,形式多样。其中,在《北京日报》一版刊登《新东城领导干部与困难家庭“结对子”》《东城将打造古都历史文化传承发展示范区》《新东城让群众享受更好服务》《新东城997名处级干部任职确定》《新东城50个职能部门昨起搬家》《东城绘就20年总体发展战略规划蓝图》《首届王府井国际品牌节开幕》等文章15篇,引起社会关注,为全区工作稳步推进创造良好舆论环境。全年在中央电视台、新华社、《人民日报》及市属媒体发稿总量1800余篇,刊发重点稿件80余篇。其中,7月至12月,在中央、市属媒体刊发稿件1000余篇,整版宣传20余版,电视媒体发稿100余条。 (温莹)

【《新东城报》创刊】 7月23日,区划调整后的区委机关报《新东城报》创刊。原崇文区委机关报《新崇文报》和原东城区委机关报《今日东城》停刊。《新东城报》立足区委、区政府,面向东城区域,成为联系党和政府与百姓的桥梁和纽带,为全区中心工作服务,为全区干部职工群众工作和生活服务。《新东城报》每周一期,周一发行。 (温莹)

【《都市阳光——魅力东城》开播】 7月,由区委宣传部、北京电视台共同举办,区新闻报道中心负责制作的电视栏目《都市阳光——魅力东城》,在北京电视台公共频道开播。栏目着力反映新东城的文化底蕴、人文特色、城市建设、经济发展。内容涵盖时政要闻、时尚生活、衣食住行、医疗教育、美食旅游等社会生活的各个方面。栏目每周一期,播出时间20分钟。 (温莹)

【区情宣讲】 区划调整后,利用《新东城报》《东城宣传》等载体,刊登区情概况,介绍新东城的历史文化及文化、教育、卫生等方面的丰富资源。通过周末社区大讲堂、《理论学习手机报》,向全区处级领导干部介绍新区区情。9月,选取26个参观点,组合10条参观线路,组织开展“感受新东城,展望‘十二五’”参观游览活动,干部群众5000余人次参加。11月,组织文艺工作者、爱好者创作诗朗诵《我是东城人》、快板

《魅力东城·我的家》等作品，举办“魅力东城·锦绣新区——唱东城、爱东城、建设新东城”、“服务科学发展，谱写东城新篇”等专场文艺演出，宣传、展示新东城。（温莹）

【百姓爱心故事评选】 9月，举办北京市“百姓爱心故事”东城区宣讲报告会。开展推荐“身边的好人”活动，共推荐“身边的好人”候选人40人，其中6人入选中国文明网“中国好人榜”。组织道德模范走进社区、交通路口参加公益活动，邀请道德模范参加“公民道德宣传日”等节庆活动，推动形成尊重、学习、争做道德模范的良好氛围。年内，征集报送百姓爱心故事266个，制作专题宣传片1部。组织干部群众10万余人次，参与“百姓爱心故事”评选投票。（温莹）

【五中全会精神学习宣传】 11月2日，制订下发《关于做好党的十七届五中全会精神宣传工作的意见》，组织开展一系列理论中心组五中全会精神专题学习活动，开展一系列学习五中全会精神的理论宣讲活动，筹划一系列宣传建设成就和发展规划的宣教活动，推出一系列形式多样、内容丰富、准确深入的宣传报道。11月4日，区委以中心组扩大学习会的形式，召开区学习贯彻中共十七届五中全会精神专题报告会。11月至12月，各单位组织开展党课报告、专家辅导、新东城参观游览、周末社区大讲堂等形势政策宣教活动，利用专栏、专版、专刊、专报、专题节目等形式，宣传全会精神。（温莹）

【道德模范评选】 年内，评选表彰王长荣、何守智、陈燕、梅葆玖等“2009感动东城”道德模范，开展“学道德模范 看身边好人——道德模范基层宣讲”系列活动。和平里街道组建“和平榜样市民宣讲团”，举行“道德模范进军营”报告会、“和平榜样育新人”报告会暨“青少年寻访英模社区行”等活动。朝阳门街道开展每年一届的百名“好邻居 好居民”评比推荐活动。崇文门外街道邀请公德人物向社区居民宣讲个人事迹。建国门街道开展第三届“真情传递风采人物”评选表彰活动。交道口街道开展第二届“服务社区、奉献社会”公德人物评选活动。景山街道整理完成《景山百姓爱心故事材料汇编》。天坛街道开展“感动天坛人物故事”搜集整理和宣讲活动。（温莹）

【周末社区大讲堂】 年内，开展东城周末社区大讲堂活动，邀请社科专家深入社区，面向社区居民举办讲座36场，弘扬人文精神，普及社科知识，受众7000余人。安定门街道以“钟鼓楼群言堂”为平台，策划开展“科学发展，青年争先”等4期群言堂活动，参与500余人次。朝阳门街道举办每年一届的新年音乐会、社区民俗文化庙会、和谐邻里文化节等活动，为社区群众搭建施展才华、互爱互助的快乐舞台。（温莹）

【舆情信息】 年内，完善区级、街道、社区舆情信息工作网络，向市委宣传部报送舆情信息200余篇，撰写季度分析报告、专题调研报告10余篇。收集掌握行政区划调整相关舆情，先后报送《干部群众关注行政区划改革》《留恋昨天 憧憬明天 区划改革引热议》等舆情信息。开展专题调研，撰写的调研文章成为市委宣传部《首都功能核心区行政区划调整舆情工作汇报》课题报告的重要内容。为区领导编发《舆情动态》专报，以“民生”和“区划调整”为专题，分两次向区委常委会汇报社会舆情。在《北京日报》刊登“首都文化中心区，古韵今辉新东城”、“和谐社会首善区，继往开来新东城”、“高端产业集聚区，文化领航新东城”等10个专版。制订网络突发舆情应急预案，做好网络舆论引导工作。（温莹）

【主题活动新闻宣传】 年内，围绕全国城市管理经验交流会、“信访代理”经验交流会、王府井国际品牌节、前门历史文化节等重点活动，策划举办新闻发布会25场，在中央、市属主流媒体重要版面和重要时段播发新闻报道。其中“信访代理”经验交流会在中央电视台《新闻联播》《焦点访谈》，中央人民广播电台《中国之声——新闻纵横》《人民日报》《北京日报》等媒体，分别播出和发表《信访有了代理人》《信访代理解民忧》《三级代理制度实现三个转变》等大篇幅稿件。在王府井国际品牌节期间，成立品牌节新闻中心，利用报纸、电视、广播、网络、手机报等媒体，采取全程合作和专题合作形式，专题、专版、新闻、广告多措并举，深度报道与日常报道相结合，全方位地进行新闻宣传。中央电视台和北京电视台对品牌节各项活动播发新闻20条，北京电视台新闻频道、财经频道并机，对金宝街嘉年华巡游活动进行100分钟的现场直播。北京电视台财经频道制作播出50分钟的专题片《图说新东城》。《经济日报》《中国日报》《香港文汇报》《北京日报》等媒体，刊发专版10个。新华网、千龙网和“数字东城”网站，对开幕式进行网络直播并制作专题，网络媒体播发转载相关报道1270条。（温莹）

社会主义精神文明创建

【概况】 因区划调整，原东城区精神文明建设委员会办公室与原崇文区精神文明建设委员会办公室合并，成立东城区精神文明建设委员会办公室（简称区文明办），负责协调、指导全区精神文明建设工作。内设创建科、综合科、未成年人工作科，现有干部14人。本年，按照《东城区2010年精神文明建设工作要点》安排，全面贯彻中共十七大和十七届四中全会精神，围绕建设人文东城、数字东城、绿色东城的部署，以“以人为本，共铸文明”为原则，以“倡导文明新风、建设人文东城——做文明有礼的北京人”为主线，以“爱首都、讲文明、树新风”为口号，推进文明城区常态化建设，开展公民思想道德建设，推进群众性精神文明创建活动和未成年人思想道德建设，激发广大市民和驻区单位参与精神文明建设的积极性，巩固文明城区建设成果，稳步提升市民文明素质和城区文明程度，在全国文明城市公共文明指数测评中位列全国文明城区第二名，在全国未成年人思想道德建设工作先进城市指数测评中取得第一名。

单位名称：东城区精神文明建设委员会办公室
单位地址：东城区东四十一条83号
联系电话：64075483 邮政编码：100007 （杨宏玲）

【市民教育】　1月5日，原东城区印发《关于开展“我们的节日”主题活动的实施意见》。2月，原崇文区开展以“做文明有礼的北京人”为主题的“文明游园逛庙会”活动。在龙潭公园树立巨幅宣传背板7块，设立2个大型宣传站，开展文明引导活动，向游人发放宣传材料5万余份。2月3日，原崇文区印发《关于开展“关爱生命、文明出行”主题教育实践活动的通知》。2月6日，原东城区文明办与安定门街道办事处联合，在钟鼓楼广场举行“文明春联进万家”暨安定门街道春联联谊促和谐启动仪式，为优秀文明春联获奖者颁奖。原东城区书法家协会会员、书法爱好者、学校教师等在现场为居民百姓书写春联，向先进人物、来京建设者、外国友人等赠送春联。区领导章冬梅、区文明办、安定门街道工委等相关部门领导，社区居民群众、外国友人、中小学生，各街道、系统文明办主任等300余人参加。2月9日，召开原东城区模范人物新春座谈会。同日，区领导章冬梅、王佩立到“首都十大道德模范”孙茂芳和谢亮家中走访慰问。3月9日，原东城区印发《关于开展“做文明有礼的北京人，共铸诚信东城”活动工作安排》。同日，原东城区召集市民学校教育成员单位有关负责人，座谈本年市民学校教育项目、内容及教材编写等具体事项。3月17日，原东城区领导章冬梅主持召开“我们的节日”主题活动协调会，传达市会议精神，部署本区“我们的节日”主题活动。3月31日，原崇文区召开“感动崇文十大公德人物”宣讲团报告会。高桂强主持，赵中原出席并讲话；助人为乐的典型代表刘玉珍，敬业奉献的典型代表刘永泉、任素永，孝老爱亲的典型代表马英民先后发言；各单位宣传工作主管领导、居民群众代表200余人与会。4月2日，印发《关于开展“传雅言、承美德”中华经典诵读活动方案》。4月15日，印发《东城区市民学校2010年教育教学工作指导性意见》。4月22日，印发《东城区关于做好礼遇道德模范工作的通知》。4月，原崇文区启动“做文明有礼崇文人，垃圾分类从我做起”宣传周主题实践活动。区领导赵中原参加活动，光明小学学生代表向全区居民发出倡议，市政协委员、垃圾分类倡导者向居民讲解垃圾分类的相关知识，向社区居民赠送“垃圾分类文明宣传口号”标贴1200余份，赠送宣传品800余份。同月，原崇文区区委宣传部、区文明办、教委、文化委、妇联、市民学校总校、图书馆等7家单位联合主办的全民读书活动正式启动。市、区相关领导出席活动，对上年度市读书小状元、读书活动先进单位进行表彰，向部队、社区、外来务工人员图书室等10家单位赠送书籍。4月至12月，按照“传承文化，弘扬经典”、“博览群书，品味人生”、“以书为媒，传播文化”3大类别，开展传统经典文化的系列讲座和知识竞赛、青少年讲故事比赛、百姓“低碳生活，时尚生活”家庭读书节、“对我影响最大的一本书”征文演讲、文化共享工程推广等11项全民读书活动。5月18日，原东城区印发《关于组织开展“学道德楷模，看身边好人——道德模范基层宣讲”系列活动的通知》。6月，原崇文区举办“我们的节日·端午”中华经典诵读大赛，历时两个月。12支队5000余人参加比赛。8月4日，2010年北京首届世界武搏运动会文明大讲堂启动仪式暨首场报告会，在朝阳门街道办事处礼堂举行。首都文明办副主任陈建文，首都体育学院武术教研室主任、教授康戈武，区领导赵中原，区中小学生、社区居民、文明引导员代表等300余人参加；本区投入近20万元，制作“迎武搏”宣传横幅350条，彩旗1930面。12月18日，中央文明办、中国文联、首都文明委主办，中国曲协和区委、区政府承办的“全国道德模范故事汇基层巡演”活动社区专场在区红剧场演出。中央文明办协调组副组长涂更新，中国文联副主席、中国曲协主席、国家一级演员刘兰芳，中国曲协党组成员、秘书长刁惠香，市、区领导陈冬、杨柳荫、牛青山、冯熙、徐鸿达、常卫、刘云斋、赵中原、夏树军、宋甘澍及区干部群众1000余人观看演出。

（杨宏玲）

【文明乘车】　1月11日，原东城区文明办组织开展以“祝你健康、携手同行，共创文明新东城”为主题的排队推动日社会宣传活动，设立1个重点宣传站和10个宣传点。2月8日，在总参第一招待所召开区文明乘车监督员新春联谊会，市文明乘车办有关领导，区领导王佩立、金旭、王建军等参加。2月11日，在北京站站前街公交站台，开展以“学雷锋　做文明有礼的北京人”为主题的社会宣传活动。首都文明办领导陈东、陈建文参加活动，向排队乘客发放纸巾、地图等宣传品，到公交站台慰问参加春运工作的文明乘车监督员。区领导章冬梅、王佩立等陪同。3月9日，上报市春运先进个人11人。3月11日，开展以“学雷锋　做文明有礼的北京人”为主题的社会宣传活动。全区社会志愿者279人参加，摆放宣传展板120块，插挂彩旗150面、横幅100条，出黑板报60块，发放宣传品5种2万余份，义务为群众量血压205人次，解答咨询5000余人次，为自行车、残疾车打气113辆。3月24日，召开在春运期间表现突出并获得先进个人称号的引导员座谈会。3月27日，抽调20名文明乘车引导员，保证中超开幕式工人体育馆周边公交地铁站台秩序。4月8日，文明引导员30人，参加首都精神文明建设大会。胡雅丽代表全市文明乘车引导员5000余人发出6点倡议。4月11日，第39个排队推动日，在206个公交、地铁站台上，开展“争做文明有礼的北京人”主题宣传活动，宣传文明礼仪常识，组织排队乘车。社会志愿者157人参加活动。4月29日，在南馆公园举办原东城区文明引导员“迎五一环湖竞走比赛”。原崇文区以“文明有礼我先行，携手共建新崇文”为主题，开展崇文门外大街自觉排队示范月活动。首都文明办、市乘车办领导，区领导赵中原，城八区、昌平区、公交集团、地铁公司乘车办主任参加仪式。在崇文门新世界商场前搭建主题宣传背板，设置宣传台，摆放展现文明排队引导工作成就的宣传展板16块。活动当天，文明乘车引导员近300人，崇文门外大街驻街单位职工志愿者100余人，在全区102个公交、地铁站台开展排队日宣传引导活动，向行人发放《致市民朋友的一封信》等宣传材料3万余份，解答乘客问询800余人次。5月11日，在东四奥林匹克社区公园开展第40个排队推动日活动，监督员代表现场宣读“做文明有礼的北京人”倡议书。5月21日，在朝阳门街道办事处礼堂举办“展风采、树形象、文明有礼我先行”演讲会，收到征文186篇，文明用语386条。5月28日，在景山街道办事处礼堂召开“展风采、树形象、文明有礼我先行”演讲会和培训会。7月11日，在东单路口西1

路东行站开展以“倡导绿色出行——争当文明乘客”为主题的第42个排队推动日活动。8月3日，在东四奥林匹克花园举行区文明引导员队列、旗语比赛。8月30日至9月2日，全面检查全区10个街道和北京站地区“武搏会”期间站台服务情况。9月26日，全面检查全区10个街道和北京站地区站台服务和安保情况。10月13～15、26～27日，举办两期“做文明有礼的北京人”文明乘车引导员综合素质培训班，进行全员培训。10月中旬至11月初，以“做文明有礼的北京人——树新形象、展新风采，创文明引导品牌示范团队”为主题，分三期举办全程封闭式，全员综合素质培训班。11月3日，在京东宾馆召开优秀文明乘车引导员巡讲团报告会。11月12日，举办区文明乘车引导员乒乓球比赛。12月3日，在朝阳门街道办事处礼堂举办区文明乘车引导员公共文明知识竞赛决赛。12月9日，举办区社会监督员年会。11月24日至12月10日，公开招募，择优录取公共文明引导员37人。12月11日，第47个排队推动日，在宽街13路西行站设立宣传站，开展“做文明有礼的北京人，绿色出行、文明交通，从我做起”主题教育宣传活动。12月23日，区文明引导员60余人参加首都文明办在人民大会堂举办的“做文明有礼的北京人”颁奖晚会。12月27日，新招募的公共文明引导员37人参加市乘办在国际会议中心召开的全市公共文明引导员新上岗人员培训大会。（杨宏玲）

【军(警)民共建】 1月12、14日，原东城区、崇文区文明办分别走访慰问驻区部队，给官兵赠送体育、生活用品和文明礼仪丛书等慰问品。5月8日，原东城区下发《关于调整东城区军(警)民共建工作指导小组的通知》。11月16日，与区武装部、教工委、民政局，联合主办“希望火炬 闪耀红星”区少年军校图片展暨颁奖仪式。首都军警民共建指导小组副组长戚玉桥、区领导赵中原、左海星、刘忠胜等参加活动并为获奖单位颁奖。活动历时近两个月，全区100余个单位参加，收集照片2000余张，制作展板159块，97个单位参展。组织17个街道、81所少年军校和驻区部队参观展览。东华门街道、龙潭街道、培新小学、武警十四支队等10个单位获一等奖，东花市街道、东直门街道、崇文小学、东直门中学等20个单位获二等奖，景山街道、崇文门外街道、66381部队、光明小学、和平里二小等40个单位获三等奖。（杨宏玲）

【未成年人思想道德建设】 1月13日，原东城区印发《关于开展“七彩假日——争当‘社区文明小使者’”主题教育实践活动的通知》。1月19日，召开原东城区“社区文明小使者‘十百千’”表彰大会，首都文明办未成年人处、区文明办、区教委、团区委、区妇联等单位主管领导出席，10个街道主管领导、社区居民代表、中小学生代表、中小学校获奖代表、社区获奖代表和“社区文明小使者”获奖代表200余人参加。推荐评比出“快乐数独进社区”等最佳活动奖10个，单位优秀组织奖100个，首都“社区文明小使者1000名”。1月26日，原崇文区召开未成年人思想道德建设工作会。区领导赵中原，首都文明办未成年人工作处处长出席并讲话。区16个相关单位参会，相互交流研讨未成年人思想道德建设工作情况及本年工作设想。4月2日，利用“东城数字德育网”举办“网上祭英烈 共铸中华魂 伟大复兴路 有我后来人”主题活动启动仪式。中央文明办调研组、首都文明办未成年处、市教委以及区委宣传部、区文明办、教委等部门领导，全区1000余名中小学生参加启动仪式。为期一个月的活动，在原东城区7.7万余名中小学生中展开。4月28日，原东城区印发《2010年东城区未成年人思想道德建设工作要点》。6月18日，原东城区下发《关于深入推进东城区未成年人思想道德建设的实施意见》。6月25日，原东城区印发《关于开展“做一个有道德的人”——未成年人思想道德建设实践月活动的通知》。9月1日，与区教工委、教委联合开展教育系统“做文明有礼的中国人”网上签名寄语活动。首都未成年人工作处、区文明办、教工委等部门领导及体育馆路小学全体师生和家长代表，参加启动仪式。9月19日，首都未成年人工作处处长等到本区调研未成年人心理健康站建设等情况。11月20日，由首都文明办、市教委、交通委、公安交通管理局、团市委、市妇联，东城区委、区政府联合主办，区委宣传部、区文明办承办的中韩少年儿童“绿色出行·文明交通·爱护环境”沙壶杯绘画大赛优秀作品展暨颁奖启动仪式在王府井大街举行。首都文明办主任陈冬、团市委副书记沈千帆、市妇联副主席周志军、市教委专职委员郑登文、市交管局副局长高军和区领导赵中原、宋甘澍，现代汽车(中国)投资有限公司营销企划部部长以及区各系统、街道、地区文明办主任、中小学生代表和家长300余人参加。（杨宏玲）

【讲文明树新风】 1月30日，原东城区下发《关于印发＜关于开展“做文明有礼的北京人”2010年春节系列文明活动方案＞的通知》。2月5日，首都文明办副主任带队到原崇文区调研春节系列文明活动开展情况，听取区文明办汇报“做文明有礼的北京人”活动工作安排，“文明游园逛庙会”活动社会宣传环境布置情况及“文明游园引导”，“诚实守信、文明经商”活动方案汇报，提出工作要求。赵中原陪同调研。2月9日，原崇文区举行“做文明有礼崇文人，当诚实守信工商户”活动启动仪式。首都文明办领导出席并讲话。市工商行政管理局、市私营个体经济协会领导，区领导赵中原参加活动。个体工商户代表向区私营个体经济界从业人士发出倡议，红桥市场代表表态发言。在区内有形市场开展法律法规大讲堂、文明诚信演讲、文明礼仪知识竞赛、文明礼仪和职业才艺展示等主题系列活动。2月11日，原东城区开展“做文明有礼的北京人”排队推动日主题宣传活动，发动197名社会志愿者参加站台文明引导活动。3月17日，原东城区印发《关于开展“做文明有礼的北京人——文明单位大看台”宣传展示活动的安排》。3月30日，原东城区下发《关于开展“迎世博、迎亚运、讲文明、树新风”活动的通知》。4月13日，原东城区组织获全国文明单位、全国精神文明建设工作先进单位和首都文明单位标兵称号的16家文明单位，召开“做文明有礼的北京人——文明单位大看台”活动工作会。4月20日，下发《东城区关于深入开展“做文明有礼的北京人”主题活动的实施方案》。4月22日，由市委宣传部、首都文明办、市市政市容委及原东城区委、区政府主办的做文明有礼的北京人第2个“周四垃圾减量日”活动,在王府井百货大楼门前举行。首都文明办副主任陈建文,区领导章冬梅、王佩立,相声表演艺术家宋德全,环保专家李京华、薛志飞以及全国劳动模范黄文改,首都优秀巾帼志愿者庄则平,北京市低碳宣传员、北京65中学生袁日涉,社区居民代表参加宣传活动。5月11日,原东城区在206个公交、地铁站台,开展以“携手并进 共做文明有礼的北京人”主题宣传活动,136名社会志愿者参加活动。6月23日,原东城区印发“关于印发《“做文明有礼的北京人,垃圾减量垃圾分类从我做起”主题宣传实践活动实施方案》的通知”。7月6日,原东城区印发《关于组织参加“做文明有礼的北京人”新童谣征集推广活动的通知》。7月29日,印发《东城区“迎武搏盛会 展首都风采——做文明有礼的北京人”行动方案》。8月27日,与区工商分局和私个协联合启动“做文明有礼的中国人”网上签名寄语活动,承诺诚信经营,建设良好市场环境。各街道、各系统干部群众代表和私营个体协会会员200余人参加。8月30日,印发《关于开展“做文明有礼的北京人——垃圾减量垃圾分类从我做起”知识竞赛活动的通知》。9月3日,与区城管委在东四街道奥林匹克社区公园,联合举办“做文明有礼的北京人——垃圾减量垃圾分类从我做起”知识竞赛启动暨《绿娃在行动》赠书仪式。市、区相关领导参加。向全区45个垃圾分类试点小区发放《绿娃在行动》宣传读本3.6万本。10月23日,在朝阳门街道礼堂举办区垃圾减量垃圾分类知识决赛。市、区领导参加并颁奖。各街道主管书记、文明办主任、城建科长,绿袖标指导员代表和参赛家庭亲友团300余人参加。12月23日,举办“倡导文明新风建设人文东城——做文明有礼的北京人”主题活动成果展示观摩会,展示观摩各街道、各系统报送的特色活动。 (杨宏玲)

【群众性创建活动】 2月10日,原东城区文明办检查社区精神文明建设宣传栏春节期间宣传展板的布展情况。3月17日,原东城区印发《关于在社区开展“道路让出来、垃圾分出来、庭院绿起来、楼道靓起来、家庭美起来”宣传实践活动的安排》。5月11日,原东城区组织召开社区精神文明宣传栏建设与管理工作会。总结精神文明宣传栏建设与管理工作情况,听取参会单位社区精神文明宣传栏建设与管理工作情况及升级改造计划汇报。5月19～20日,原东城区抽查社区精神文明宣传栏更换宣传展板的情况。5月20日,印发《东城区2010年关于开展科教、文体、法律、卫生“四进社区”活动安排》。5月21日,印发《东城区2010年群众性精神文明创建工作安排》。6月2日,印发《2010年东城区开展“百城万店无假货——诚信经营示范街、诚信经营示范店”活动方案》。6月29日,原东城区印发《关于做好迎接全国精神文明先进单位复查工作的通知》。8月25日,区文明单位考评领导小组,采取听取汇报、查阅创建档案资料和实地检查的形式,复查上年获全国精神文明先进单位称号的原东城区民政局、地税局、东华门街道南池子社区,第二中学,原崇文区图书馆、天坛街道金鱼池中区社区,广渠门中学。同日,召开区全国精神文明先进单位工作经验交流会。11月23日,首都文明办复查本区全国和首都精神文明先进单位。首都文明办副主任马润海,区领导赵中原、宋甘澍参加复查活动。实地考察广渠门中学、区民政局,参观“希望火炬、闪耀红星”区少年军校军训成果图片展,听取区文明办对全国精神文明先进单位的督查情况,地税局、建国门街道、莫劳西餐厅等8家全国和首都精神文明先进单位的创建工作汇报。 (杨宏玲)

【志愿者服务】 2月15日,原东城区印发《2010年东城区志愿服务工作安排》。2月24日,原东城区印发《关于开展“志愿服务,爱在东城”学雷锋志愿服务活动的通知》。3月3日,原东城区举办“做文明有礼的北京人——志愿服务,爱在东城”志愿者行动高潮日活动,主会场设在王府井大街。中央文明办志愿服务工作局局长陈瑞峰,市委宣传部、首都文明办有关领导,区领导杨柳荫、杨艺文、冯熙、章冬梅、王佩立等出席启动仪式。首都十大道德模范谢亮和区志愿者协会十大志愿工作委员会志愿者、首都文明单位标兵代表、区文明办系统志愿者代表300余人参加现场志愿服务活动。5月20日,原东城区文明办组织召开“志愿服务,爱在东城”文明志愿者工作汇报会。8个单位的主管领导,分别汇报文明交通劝导志愿者、文明出行服务志愿者、老干部文明监督志愿者、巾帼文明服务志愿者、东城区驻军学雷锋服务志愿者、社区文明小使者宣传志愿者、关爱空巢老人志愿者、网吧文明监督志愿者工作情况和工作打算。5月26日,原东城区委宣传部、区文明办主办,东直门街道承办的“学道德模范 看身边好人——道德模范基层宣讲”首场宣讲活动,在北京市第55中学礼堂举行。中央文明办协调组、首都文明办宣教处有关领导,区领导章冬梅、金旭,以及全区各街道、委办局主管领导,宣传部长、文明办主任、居委会干部、武警战士、文明乘车引导员、东直门街道社区居民、机关公务员等500余人参加。开展国庆志愿周活动,组织志愿者1万余人参与志愿服务,开展各项志愿活动100余次,惠及群众5万余人次。

(杨宏玲)

【文明城区建设】 3月19日,原东城区领导章冬梅、王佩立,主持召开文明城区建设长效机制运行体系检查督导工作调度会,区文明办、监察局、民政局、老干部局、城监中心领导参加。研究部署文明城区建设检查督导工作。4月21日,原东城区召开文明城区建设工作督导队成立暨督导员培训工作会,文明城区建设督导队队长、副队长、顾问、督导员,人大代表,政协委员,党风廉政监督员,城管监督员代表等100余人参加成立仪式并接受培训。大会与会领导为文明城区建设督导队顾问、督导员颁发聘书。4月27日,原东城区文明城区建设办公室组织督导队,首次检查街道办事处法律援助与服务、社区法律援助与服务、社区老年人权益保护、社区人际互助、社区志愿者组织与活动、市民交通行为、未成年人思想道德建设、经营性公共场所卫生、窗口行业规范化服务等9个文明城区建设指标项目。5月19日,原东城区领导常卫调研文明城区建设和文明乘车工作。5月19～21日,原东城区组织文明城区建设工作督导队和区城市管理监督中心,督导检查各指标责任单位工作落实情况,测评公共安全保障、维护企业合法权益、窗口行业规范化服务、社区精神文明建设宣传栏等16个指标项目。5月28日，原东城区召开文明城区建设督导队组长工作座谈会，区文明办、老干部局、民政局社区志愿者工作委员会负责人参加，围绕两次督导检查情况进行交流，分享各自监督工作的经验和做法，提出意见和建议。6月23～24日，原东城区第三次督导检查各指标责任单位工作落实情况，检查法律援助与服务、维护劳动者合法权益、开展“百城万店无假货”活动、道德实践、市民教育、未成年人思想道德教育、公共图书馆、文化馆（群众艺术馆）、社区文化活动场所、三个（风景园林、邮政、交警）窗口行业规范化服务等19个指标项目，106项指标内容，随机抽查131个检查点；区城市管理监督中心督查公共安全保障、公共设施维护、无障碍设施等8个指标项目的相关内容。7月15日，召开全国城市公共文明指数测评部署会，牛青山等区领导、17个街道主要领导及测评指标责任单位、文明城区督导队分队长参加会议，赵中原主持，学习领会中央文明办关于开展公共文明指数测评的有关要求，部署安排本区迎接全国城市公共文明指数测评工作，明确文明城区创建责任单位的主要职责，确保区公共文明指数测评取得优异成绩。7月19～21日，全国城市公共文明指数测评组暗查区主要商业街、主干道、公园、社区等公共环境以及路口交通秩序、社区未成年人活动场所等实地指标，审核“迎世博、迎亚运、讲文明、树新风”活动、“交通文明行动计划”及群众性创建活动等6方面35项公共文明指数材料，以及建立健全领导体制和工作机制等方面的材料；抽取9个街道12个社区200户居民家庭，入户调查，问卷内容主要涉及本区治安环境、环境卫生、志愿服务等内容的满意度和知晓率。按照区城市公共文明指数测评部署，各街道、各单位迅速行动，整治环境，加强路口管理，清扫市容卫生，72个责任单位报送测评材料，制作宣传展板1500块，宣传横幅940余条，13处工地更换围挡2300平方米，营造宣传氛围，迎接检查。7月21日，组织文明城区督导队全面检查主要大街、集贸市场、公园、密闭式清洁站等项目。10月9日，赵中原、宋甘澍到区文明办调研文明城区创建工作。（杨宏玲）

【精神文明建设大会】 3月31日，原“东城区精神文明建设暨双拥工作大会”在区文化馆风尚剧场召开。民政部机关服务局局长边志伟、首都文明办主任陈冬、市双拥办副主任由世均、人力资源和社会保障部机关服务局党委副书记冷礼萍、《北京日报》机关党委常务副书记郝中实、中国移动通信集团北京有限公司精神文明创建办副主任方建国、北京卫戍区政治部副主任王巍、总政直工部管理保障局副局长肖安水、空军后勤部政治部副主任谢京及区领导杨柳荫、杨艺文、曾刚健、常卫，驻区中央国家机关、市属单位、部队代表以及全区各街道、各系统主要领导，获奖代表、社区干部等近400人参加。会议由杨艺文主持。大会以《精神文明建设暨双拥工作纪实》专题片和上年度“感动东城”道德模范宣传片的形式，展示上年精神文明建设和双拥工作的丰硕成果和感动东城道德模范的先进事迹。区精神文明建设委员会常务副主任章冬梅宣读关于表彰区精神文明建设先进集体、先进个人的决定，2009感动东城道德模范表彰决定及中国文明网好人榜名单。市、区领导及驻区中央国家机关、部队领导，向获奖单位和个人颁奖，志愿者向感动东城道德模范献花。市领导陈冬、由世钧分别在大会上讲话。杨柳荫讲话，提出工作意见：深刻认识新形势对精神文明建设工作的新要求。准确把握精神文明建设工作重点。加大工作的落实力度。杨艺文要求与会单位学习领会市、区领导讲话精神，抓好落实，巩固全国文明城区成果，夺取全国双拥模范城“六连冠”。（杨宏玲）

【城乡文明共建】 9月7日，根据首都文明办《关于进一步深入开展“城乡统筹，文明先行”主题社会实践活动的通知》要求。开展“城乡统筹，文明先行”活动。组织驻区私营企业、个体经营户、优秀外来务工人员组成慈善捐助团，在怀柔区燕栖湖镇第六小学设立“杜小龙奖学金”，主要资助品学兼优、助人为乐、热衷于社会公益活动、学习成绩优异的贫困学生。驻东城区的北京雯小龙商贸有限公司总经理杜小龙，向50名获奖的贫困学生颁发奖学金，区私个协捐赠价值10余万元的学习用品、各类书籍和生活日用品。11月30日，区文明办主任带领文明办有关人员到全国文明单位民政局共建点怀柔区杨宋镇解村，调研开展“城乡统筹，文明先行”共建活动情况。（杨宏玲）

统一战线

【概况】 7月，因行政区划调整，原东城区委统战部与原崇文区委统战部合并，成立东城区委统战部。现有编制19人，下设两室三组：办公室、调研室、党派组、民族宗教组和联络组。本年，全区统一战线工作以邓小平理论和“三个代表”重要思想为指导，学习落实中共十七届四中、五中全会精神，全国和北京市统战工作会议精神，贯彻落实科学发展观，围绕建设“国际化、现代化新东城”发展战略，发挥统一战线的优势和作用，服务经济发展，服务社会和谐稳定。加强统战干部队伍思想建设和能力建设，推进统战工作创新，巩固全区统一战线团结、和谐发展的良好局面。

单位名称：中共北京市东城区委统战部

单位地址：东城区钱粮胡同3号

联系电话：64027838　邮政编码：100010　（曹帅）

【领导视察调研】 1月19日，原崇文区领导邵鹏到兴隆置业有限公司调研台湾会馆工程进展情况，提出工作要求。刘忠胜陪同调研。2月26日，市委统战部副部长张洋，带领市委统战有关处室领导到原崇文区委统战部调研民族宗教工作，听取有关汇报，提出工作意见。邵鹏、刘忠胜出席。3月4日，张洋带队到原东城区调研民族宗教工作。区领导常卫介绍区情，郭瑞敏参加。3月23日，市委常委、统战部部长牛有成视察原崇文区台湾商务区建设工地，听取工程汇报，提出工作要求。市委副秘书长肖培、市委统战部常务副部长闵克、市台办主任马玉萍、市台联会长苏辉、市台联党组书记刘宪苏，区领导夏强等陪同调研。4月20日，中央统战部副部长尤兰田在全国台联联络部部长杨毅周，市台联领导苏辉、刘宪苏、叶芳陪同下视察原崇文区台湾会馆修缮情况,并听取情况汇报。区领导夏强、邵鹏、周永明陪同调研。4月30日,牛有成到原崇文区台湾会馆检查指导工作,市委、统战部、台办、台联领导肖培、闵克、马玉萍、苏辉、刘宪苏、曹居京、叶芳、郑大、马振生,区领导夏强、牛青山、刘云斋、邵鹏、朴学东、周永明、宋甘澍陪同检查。5月14日,原东城区委领导常卫到区各民主党派和侨联调研。区委统战部有关负责人陪同。5月24日,全国政协副主席、中央统战部部长杜青林一行9人,在市委领导牛有成、区领导夏强等陪同下到原崇文区台湾会馆视察,观看《中华魂·京台情》展览。5月25日,市委统战部副部长李卫东一行到原东城调研民主党派代表人士队伍建设和党派领导班子建设情况。常卫、郭瑞敏参加座谈。7月28日,市委统战部常务副部长闵克到区调研指导区划调整后统战工作和政协北京市东城区临时会议筹备工作。邵鹏汇报有关情况,闵克对区划调整后的区统战工作和区政协临时会议筹备工作给予肯定,就区政协筹备工作提出指导意见。8月23日,邵鹏到东直门街道调研。听取东直门街道近几年统战工作主要做法和基本经验汇报,对街道统战工作给予肯定,提出要求。8月27日,邵鹏到区工商联调研。听取关于整合工作情况和工作计划汇报,对区工商联工作提出要求。9月28日,副市长程红到东直门外清真寺检查安全工作,查看安全设施和周边环境,听取区伊协负责人介绍清真寺的情况,向区穆斯林群众致以节日问候。12月1日,李卫东到区调研民主党派区级组织换届工作。邵鹏汇报区民主党派工作开展情况及筹备党派换届工作情况,李卫东对区民主党派区级组织换届工作提出要求。12月22日,区领导邵鹏、周永明就改善雍和宫周边环境问题到雍和宫调研,听取情况介绍,提出要求。(曹帅　崔琰)

【团拜联谊】 2月2日,原崇文区委统战部举办离退休老干部与在职干部新春座谈会。区领导邵鹏、刘忠胜出席。2月9日,原中共东城区委和区政协共同举办区统一战线各界人士新春团拜会,各民主党派、团体,民族宗教及各界代表人士,欢聚一堂、共贺新春。区领导冯熙、曾刚健、常卫、吴松元、费文勇、生敏、金旭、何厚夫、毛桂芬、王建军、危天倪、李霭君、程华等出席,郭瑞敏主持。9月20日,与区政协等单位联合举办区各界人士"欢度中秋喜迎国庆"联欢会。区领导杨柳荫、牛青山、冯熙、徐鸿达、夏树军、段志国、郭瑞敏、冯藏淑、刘忠胜、危天倪、孙占军、李霭君、张志萍、程华、黄慧南出席,部分区政协常委、各党派团体主要负责人及各界人士代表参加。杨柳荫代表区四套班子向各民主党派、人民团体、民族宗教、港澳台侨等各界朋友致以节日祝福并提出希望。12月21日,举办圣诞节招待会。市民委副主任赵宏生,区领导邵鹏、毛桂芬、郭瑞敏出席,区天主教、基督教宗教团体负责人、教职人员等近50人参加。毛桂芬代表区四套班子向爱国宗教团体、教职人员以及信教群众致以圣诞节最诚挚的问候和祝贺。(曹帅　崔琰)

【座谈交流】 2月10日,原崇文区四套班子主要领导与各民主党派、人民团体负责人、无党派代表人士座谈。邵鹏主持,区领导夏强、牛青山、吉胜久、徐鸿达、滕盛萍、刘忠胜等参加。夏强代表区委、区政府,祝愿民主党派、人民团体负责人、无党派代表人士及家属春节快乐。3月6日,原东城区委统战部召开各民主党派一把手工作交流会。郭瑞敏主持。3月9日,原东城区召开区政府有关部门与民主党派对口联系工作座谈会。区发改委、商务局、科委、教委、卫生局、民宗侨办、台办等有关部门主管领导和区各民主党派负责人20余人参加。3月25日,原崇文区委统战部召开民主党派、无党派人士"双月"座谈会。区各民主党派主要负责人、无党派代表人士参加。邵鹏出席并讲话,刘忠胜主持;会议以区委名义下发《崇文区民主党派、无党派人士调研工作制度》和《中共崇文区委关于听取民主党派、无党派代表人士意见和建议直通车制度》,布置贯彻落实制度相关工作。6月18日,原东城区委统战部召开民主党派、无党派人士树立和践行社会主义核心价值体系座谈会。区各民主党派、无党派代表人士近100人参加。8月12日,召开无党派代表人士座谈会。原东城区党外知识分子联谊会、原崇文区无党派人士联谊会有关负责人参加。10月29日,召开各民主党派筹备委员会领导干部座谈会。各民主党派筹备委员会负责人参加。各民主党派分别介绍成立筹备委员会以来的工作情况,党派基层组织开展活动情况,开展树立和践行社会主义核心价值体系活动中的创新点。邵鹏出席并提出要求。11月23日,召开各民主党派、团体负责人、无党派代表人士座谈会。邵鹏主持会议,区领导杨柳荫、徐鸿达及有关部门负责人出席。通报总规编制情况和主要内容,就《东城区总体发展战略规划(2011~2030年)》听取意见。各民主党派、工商联负责人和无党派代表人士对总规发表看法和意见建议。11月24日,原党外知识分子联谊会召开中医药产业发展调研工作座谈会。对本区国家中医药发展综合改革实验区、加强中医药资源优势、发展地域经济、让百姓得到真正实惠等方面提出意见建议。医疗卫生组理事近20人参加。11月25日,召开区非公经济人士树立和践行社会主义核心价值体系暨学习中央16号文件座谈会。部分非公经济人士交流体会,邵鹏讲话并提出要求。区工商联会员企业负责人120余人参加。11月29日,召开教育界党外人士座谈会。邵鹏对教育界党外人士提出希望。区领导毛桂芬、程华、张志萍出席。(曹帅　崔琰)

【协商通报】 3月18日,原东城区召开本年区统战系统第一次协调会。郭瑞敏主持,各部门负责人汇报全国、市有关会议精神,研究交流本年工作重点和培训工作安排。区委统战部、区台办、民族宗教侨务办公室、工商联、侨联负责人参加。4月27日,6月29日,原东城区区委召开各民主党派、团体情况通报会。各民主党派、无党派、工商联、侨联负责人及党派部分骨干成员180余人参加。7月9日,本区召开各界人士通报会。夏树军主持,杨柳荫宣读国务院关于同意北京首都功能核心区部分行政区划调整的批复,传达市委关于新东城区党委领导班子成员和筹备工作机构组成的决定,通报区委常委会有关决定事项,就确保区划调整平稳顺利进行提出要求。区领导牛青山、冯熙、徐鸿达、常卫、刘云斋、吴松元、邵鹏,各民主党派、无党派代表人士,工商联、侨联主要负责人,民族宗教界代表人士,区人大常委、区政协常委等各界人士130余人参加。8月10日,区委召开党派团体通报协商会。通报两区合并调整中,关于新区领导干部人事安排和各部门合署办公的进展以及成立政协北京市东城区委员会(临时)筹备工作等有关情况。杨柳荫主持,吴松元、邵鹏出席。原东城区和崇文区各民主党派、人民团体主要负责人,无党派代表人士、宗教界代表人士参加。12月6日,召开各民主党派、人民团体负责人、无党派代表人士协商通报会,就本年区委常委会工作报告和《中共东城区委关于制定东城区国民经济和社会发展第十二个五年规划的建议》听取党派团体和无党派人士的意见建议。杨柳荫、牛青山、冯藏淑出席,邵鹏主持会议。与会人员提出具体意见建议。（曹帅　崔琰）

【宣传信息与调研】 3月26日,原东城区委统战部召开上年度党派团体调研、信息工作总结表彰会。总结上年度区各民主党派、团体调研与信息工作情况,表彰调研与信息工作优秀单位、优秀信息员,部署本年调研、信息工作。各民主党派、团体负责人及部分信息员50余人参加。4月27日,原崇文区委统战部,召开民主党派信息化建设培训会,邵鹏出席并讲话。5月7日,原东城区召开统战理论研究会年会。区统战理论研究会理事、各民主党派、团体负责人,街道、卫生、教育系统等单位主管统战工作领导和统战干部参加。8月10日,区委统战部《东城统战之窗》电子月刊创刊发行。（曹帅　崔琰）

【学习培训】 3月30日,原东城区委统战部举办统一战线发展低碳经济、建设绿色东城学习报告会。邀请区产业发展投资促进局副局长就“低碳经济既是机遇也是挑战”作报告。郭瑞敏出席。全区统一战线成员近400人参加。4月20日,原东城区委统战部举办“建设世界城市”学习报告会。邀请市社会主义学院副院长陈剑就“建设世界城市,推动首都经济社会全面发展”作辅导报告。区各单位主管统战工作领导、统战干部、基层党组织负责人、统一战线成员近400人参加。5月11日,原东城区委统战部举办统一战线树立和践行社会主义核心价值体系学习报告会。邀请中央社会主义学院马克思主义教研部赵丰教授就树立和践行社会主义核心价值体系作报告。全区统一战线成员近400人参加。5月19日,原东城区委、区政府理论中心组专题学习民族宗教问题,举办当前民族宗教形势报告会。邀请人民大学马克思主义学院博士生导师何虎生教授从宗教和民族两个方面对当前民族宗教形势进行分析,解读民族宗教工作方针政策。区级领导班子成员、区长助理,各党政机关、事业单位、群团组织处级领导干部,区属国有企业党政主要领导,各街道统战部长及相关科室负责人300余人参加。9月16～17日,举办民主党派、无党派人士学习交流培训班。区领导徐熙介绍行政区划调整后新区经济社会各项事业发展建设情况,“十二五”规划各项建设发展目标。邵鹏出席并提出要求。原东城、崇文区各民主党派区委、区工委主要负责人、工委班子成员、骨干成员220余人参加。9月27～28日,举办民族宗教界代表人士培训班。邀请相关部门领导作新东城区形势和宗教互动场所财务监督管理工作报告。邵鹏、冯藏淑到会并讲话。各宗教团体相关人员130余人参加。11月15日,举办区统一战线各界人士学习中共十七届五中全会精神报告会。邀请陈剑就中共十七届五中全会与“十二五”规划作辅导报告。各民主党派、工商联、侨联、无党派代表人士、宗教团体负责人200余人参加。（曹帅　崔琰）

【基层统战工作会】 4月1日,原东城区委统战部召开街道统战部长例会,交流统战工作和街道工委统战部牵头协调统战工作机制运行情况,7月29日,召开区基层统战工作会。邵鹏出席并讲话。全区统战系统各单位、街道及相关委办局主管统战工作负责人80余名参加。10月12日,与区委社会工委联合召开区社会领域统战工作会议暨区社会领域统战工作领导小组成员第一次会议。传达市委关于加强和改进社会领域统战工作会议精神,就《东城区加强和改进社会领域统战工作实施方案(试行)》和《东城区社会领域统战工作联席会议制度(征求意见稿)》有关事项作说明。邵鹏就做好社会领域统战工作提出要求。社会领域统战工作领导小组成员单位负责人、非公经济企业代表40余名参加。12月23日,召开街道统战工作座谈会,部署下年街道统战工作。会上,东花市、东华门、建国门、东直门、永定门外街道主管领导和有关人员发言,交流结合街道工作实际创造性开展基层统战工作。17个街道主管统战工作的副书记及有关人员参加。（曹帅　崔琰）

【民族团结创建】 5月6日,原东城区委统战部、区民族宗教侨务办公室在和平里街道召开区民族团结进步创建活动现场会。市民委副主任牛颂、副区长毛桂芬出席并讲话。区有关职能局、各街道主管领导、社区负责人以及区政协民族宗教专委会委员近150人参加。（曹帅　崔琰）

【走访慰问】 6月12日,原东城区领导郭瑞敏走访北京中油瑞飞信息技术有限责任公司、科学出版社、北京麦当劳食品有限公司3家驻区单位,了解企业发展情况和对本区做好服务工作的意见、建议。七一前夕,原崇文区领导邵鹏到2名困难党员家中慰问,送去慰问品和慰问金。7月14日,邵鹏带队走访区各民主党派和侨联机关,与工作人员进行交流,听取各党派的基本情况以及围绕区中心工作开展调查研究、参政议政等有关工作,提出工作希望。7月20日,邵鹏走访区宗教活动场所,听取各宗教团体建设、信徒参加活动情况,工作计划安排、参与社会公益事业等情况,提出希望。八一前夕,邵鹏先后走访慰问3户伤残军人及困难群众家庭。8月3～4日,邵鹏到雍和宫、安外清真寺、东外清真寺和南豆芽清真寺调研。8月19日,走访宽街基督教堂和通教寺两个宗教场所,听取情况介绍,提出希望。（曹帅　崔琰）

【机构调整】 7月6日,召开全体干部会,邵鹏宣布新东城区委统战部机构设置及人员安排。9月15日,召开全体党员大会,选举新一届机关党支部委员会委员和党支部书记。9月

17～29日,协助各民主党派北京市委分别召开区8个民主党派领导干部和基层骨干大会,完成各民主党派区级组织机构调整工作。会上,分别传达中共北京市委关于首都功能核心区行政区划调整有关精神和进展情况,宣读民主党派中央批复意见,宣布本区民主党派组织调整工作领导小组名单、新一届委员会筹备委员会名单以及下一级组织领导机构成员名单。邵鹏出席并讲话,对区各民主党派新一届委员会筹备委员会的成立表示祝贺并提出希望。（曹帅）

【协调会】 7月14日,召开民族宗教侨务工作协调会,布置有关工作。听取原东城区、崇文区有关情况汇报,明确工作方向,确定工作重点,提出工作要求。8月11日,与区民族宗教侨务办公室、东直门街道召开协调会,研究解决东外清真寺周边环境整治问题。会上,有关单位介绍前期工作和目前进展情况,汇报现场勘查和处理情况,研究下一步工作方案。统战部和民族宗教侨务办公室主管领导分别提出意见和要求。12月9日,召开珠市口基督教堂迁建工作推进协调会议,专门研究北京市基督教珠市口堂迁建工作相关问题。市委统战部副部长张洋、市民委主任申建军、副主任谭林、市基督教"三自"爱国运动委员会主席蔡葵,区领导邵鹏、周永明出席。12月15日,召开圣诞节安保工作协调会。区领导毛桂芬出席并讲话。区委统战部、区民族宗教侨务办公室、公安分局、消防支队、教委、各有关街道负责人参加。（曹帅）

【联席会】 11月16日,召开统战系统联席会。邵鹏主持并提出要求。各单位负责人汇报本年工作完成情况以及下年工作思路。区委统战部、区台办、民族宗教侨务办公室、工商联、侨联主要负责人参加。（崔琰）

对台工作

【概况】 因行政区划调整,原中共东城区委台湾工作办公室、区人民政府台湾事务办公室与原中共崇文区委台湾工作办公室、区人民政府台湾事务办公室合并,成立中共东城区委台湾工作办公室、东城区人民政府台湾事务办公室(简称区台办)。主任1人(兼区委统战部副部长)、干部3人。本年,区对台工作以邓小平理论和"三个代表"重要思想为指导,学习贯彻胡锦涛关于推动两岸关系和平发展的六点意见和中央对台工作大政方针,把握两岸和平发展主题,发挥"组织、管理、指导、协调"和服务职能,推进全区对台经济、涉台宣传教育、对台交流交往、台胞台属、台湾籍学生等工作。

单位名称:中共东城区委台湾工作办公室
东城区人民政府台湾事务办公室
单位地址:东城区育群胡同6号
联系电话:64031118－3306　邮政编码:100010　（王爱东）

【涉台宣传教育】 1月21日,原东城区召开台胞台属联谊会年会暨纪念江泽民《为促进祖国统一大业的完成而继续奋斗》发表15周年、学习贯彻胡锦涛《携手推动两岸关系和平发展 同心实现中华民族伟大复兴》重要讲话座谈会。各单位对台干部、台胞台属20余人参加。3月15日,原崇文区台办对台办干部集中培训。邀请市台办领导对赴台审批新规定、新程序、新要求等内容作讲解,并将可能出现的情况作个案分析。4月8日,在市对台工作会议上,原东城、崇文区台办分别获"中国心·两岸情"主体摄影展组织工作奖。4月15日,原崇文区台办与区政协、区委统战部联合举办台海形势报告会。全国政协常委、海协会理事郑建邦做报告。区直机关,人民团体,区属企事业单位主管对台、宣传工作领导干部,区政协委员、民主党派区工委委员代表,离退休干部等200余人参加。4月28日,原东城区举办全区对台干部专题培训班。市台办副主任高振生作报告。区人大、区政协、区纪委、区委对台工作领导小组成员单位主管领导,机关党委、各职能局、各街道、重点企业主管书记、统战部长、对台干部60余人参加。5月13日,原崇文区台办组织台胞台属参观位于台湾会馆的《中华魂 京台情》展览。9月9日,区委、区政府理论中心组以(扩大)学习会形式,举办台海形势报告会。国台办研究局副局长顿世新作《中央对台方针政策及当前台海形势》专题报告,赵中原主持。全区正处级以上领导干部、主管书记及对台干部参加。11月5日,区台办主任到区教委调研台生工作。五十五中、一中、十一中、五十中、景山学校、汇文中学等6所学校代表参加座谈。11月24日,召开涉台部门台情研讨会,区台办主任主持,民革、台盟区筹备委员会代表,区港澳台侨委员会委员代表20余人参与研讨。（王爱东）

【台湾会馆及商务区专项工作】 2月2日,全国政协副主席、台盟中央主席林文漪,在台盟中央副主席黄志贤和有关部门领导、市台协协会会长林清发,原崇文区领导夏强、邵鹏、刘忠胜陪同下到区调研。听取邵鹏关于驻区台资企业有关情况介绍和兴隆置业有限公司负责人关于台湾会馆建设情况汇报。2月8日,市台办交流二处领导到原崇文区考察台湾会馆、台湾商业街,兴隆天和公司董事长介绍情况。3月8日,原东城区领导杨柳荫等会见并宴请驻区重点台资企业负责人。3月8日,原崇文区领导夏强、牛青山听取台湾会馆修缮情况汇报。4月14日,原崇文区领导邵鹏到兴隆置业公司听取台湾商务区建设情况专题汇报。4月18日,原崇文区领导夏强视察台湾商务区建设工地。刘云斋、周永明等区领导陪同视察。4月20日,副市长陈刚在原崇文区区长牛青山、市住建委副主任王成国等陪同下视察台湾商务区建设工地。4月23日,市台办副主任曹居京到原崇文区前门台湾商务区建设工地调研。9月8日,全国政协主席贾庆林在副主席、中央统战部长杜青林及林文漪陪同下视察台湾会馆,了解会馆重张等情况。市台联会长苏辉、区长牛青山汇报台湾会馆和台湾商务区修缮改造总体情况、建设过程及未来规划。中央统战部领导尤兰田、陈喜庆,市领导郭金龙、阳安江、王安顺、牛有成,区领导杨柳荫、徐鸿达等陪同视察。12月27日,前门台湾文化商务区开街,区长牛青山、入驻台商代表台湾皇冠企业集团董事长江永雄分别致辞,副市长丁向阳宣布台湾文化商务区开街,并与区领导杨柳荫、牛青山、冯熙、徐鸿达,市台办主任马玉萍,市旅游局局长张慧光,市台盟常务副主委陈军，市台联党组书记刘宪苏，市委统战部副部长王文杰，为台湾文化商务区剪彩，区领导常卫、刘云斋、赵中原、邵鹏、谢世龙、夏树军、金旭、朴学东、周永明、刘忠胜等出席开街剪彩活动。中天电视台、中国电视公司、东森电视台、中央通讯社等20余家岛内、大陆新闻媒体对活动现场报导。开街活动由区委、区政府主办，前门大街管委会、区台办、前门天和商业管理有限公司协办。台湾创意设计中心副执行长林同利先生，台北世贸中心北京办事处代表张企申先生以及台湾文化商务区台商代表40余人出席。（王爱东）

【对台经济工作】 2月4日，原东城区举办侨台企业家迎新春联谊会。市台办副主任王兰栋、区领导常卫、毛桂芬、郭瑞敏出席。与台商、侨商朋友80余人欢聚一堂，共迎新春。区发展和改革委员会、住房和城市建设委员会、市政市容管理委员会、文化委员会负责人，分别介绍区经济发展项目、建设项目、市政工作及戏剧文化前景发展。2月5日，原崇文区举办港澳台侨专场新春联谊会。归侨侨眷、台胞台属200余人参加并观赏文艺表演。区领导邵鹏、段志国、刘忠胜、黄慧南出席。2月10日，台资企业北京佳群餐饮管理有限公司赠送原东城工商分局"高效务实 服务热情、秉公执法 服务台商"锦旗。3月1日，原东城区主管区长毛桂芬主持召开对台经济专项工作协调会。区台办、商务局、产业和投资促进局、旅游局、外事办等单位负责人参加。3月18日，原东城区常务副区长李荣庆接待台湾工商建研会考察团一行。市台办副主任王兰栋、区领导郭瑞敏等参加会见。6月10日，原东城区领导郭瑞敏率各党派和有关部门负责人参观视察驻区4家台资企业，了解企业经营状况。9月15日，在台湾会馆召开迎中秋台商联谊座谈会，台商20余人参加。区台办主任主持，邵鹏与台商共庆中秋佳节。9月19日，台资企业凤城食品（北京）有限公司董事长汤上禧、泰和顺国际咨询有限公司董事长杜旺龙在区台办主任、民政局局长陪同下到区敬老院三和老年公寓看望老人，捐赠价值1万元的中秋月饼和价值1.2万元的护肤用品。9月19日，区台商联谊会举办迎中秋联谊活动。通州、顺义台商应邀参加。区台商联谊会会长致辞，台商100余人参加。9月29日至10月10日，北京前门天和商业管理公司与台湾贸易协会联合组织15家台湾知名品牌小吃在前门大街举办台湾特色食品展销活动。10月12日、14日，区台办主任调研走访驻区台资企业合作金库银行、威京总部集团、福客来台湾风味餐厅、天福集团。10月26日，区领导邵鹏接待台湾顶新国际集团北京代表处首席代表滕鸿年先生。10月26日，国民党中常委廖国栋先生携中关村高科技企业协会副会长李仲亮先生、中国社会福利教育基金会长青基金秘书长黄宁女士到区调研。区领导邵鹏，区发改委、商务局、科委、产促局、台办等单位主要领导陪同调研。（王爱东）

【台胞台属工作】 春节前夕，原东城、崇文区台办分别走访慰问驻区重点台胞台属和台资企业负责人，询问工作、生活状况，了解台资企业经营情况。11月3日，区台办在台湾会馆召开台胞台属座谈会。全区17个街道对台干部、台胞台属联谊会分会会长及台胞台属代表参加座谈。（王爱东）

【台湾学生工作】 3月25日，原东城区召开对台校际结对子及台生工作会议。主管副区长毛桂芬、市台办交流交往一处、区台办、区教委有关领导及全区20余所中小学校长参加。6月30日，北京五十五中学国际部召开毕业典礼，原东城区台办主任代表区政府向7名台湾籍毕业生赠送纪念品，表彰教授中国籍台湾学生并取得优异成绩的教师5名。9月20日，组织台湾籍学生40余名参加区政协、区委统战部等单位联合主办的区各界人士"欢度中秋喜迎国庆"联欢会，与区委、区人大、区政府、区政协领导和各界人士欢聚一堂，品茗团圆，共叙情谊。9月28日，组织50名北京五十五中学台湾籍学生，参加在孔庙举办的"两岸师生联合祭孔大典"活动。12月29日，区台办主任向就读北京第五十五中学的50名台湾学生赠送新年礼物。12月末，慰问与台湾校际结对学校及有台生就读学校老师。（王爱东）

【对台工作会】 4月23日，原东城区委对台工作领导小组召开本年（扩大）会议，对台工作领导小组副组长常卫主持。总结上年对台工作，部署下年工作。通报区委对台工作领导小组成员调整情况。传达市对台工作会议精神及市委常委、对台领导小组副组长牛有成讲话精神。区对台工作领导小组副组长毛桂芬，传达市对台工作上年总体情况及本年工作安排。原东城区委书记、区委对台工作领导小组组长杨柳荫出席会议并讲话。对台工作领导小组全体成员、各街道工委书记37人出席。5月10日和6月9日，原东城区台办分别向区长办公会和区委常委会汇报对台工作。（王爱东）

【交流交往工作】 5月5日，北京景山学校校长与台北华侨实验中学校长签署校际学术合作与结对交流协议书。双方从学术交流、讲学、互派学者、交换学生、教学研讨等5个方面达成协议。6月22日，2010年京台文化节——京台文化创意产业合作发展论坛暨"台湾映像"项目洽谈会，在台湾会馆举办。国台办交流局副局长严中洲，市台办主任马玉萍、副主任黄塞溪，原崇文区领导牛青山、周永明等出席。台北市文化创意产业参访团、在京文创企业代表、北京台资企业协会代表及来自上海等地的台企代表100余人参加。台湾中华海峡两岸经济贸易促进会、中华两岸连锁经营协会、中华国际形象推广发展协会、台湾中华两岸旅行协会和邓丽君文物纪念馆、ARTKEY艺奇文创集团、乾唐轩、永和豆浆、AS鞋业、大成家等10家台湾机构和文化创意企业签约入驻前门台湾文化商务区。6月29日，来京参加京台文化节的台湾书画界朋友参观雍和宫，原东城区领导郭瑞敏及区台办、民族宗教侨务办公室主要负责人接待。雍和宫住持胡雪峰介绍雍和宫的历史和现状。7月中旬，原东城区台办组织北京一中师生，赴台参加市台办举办的第三届中华文化快车"铁骑游宝岛"活动。11月19日，由市台办、区政府、台北市文化局主办的"京台文化创意产业交流论坛"在本区台湾会馆举办，牛青山代表主办方为论坛开幕致辞。12月16日，区领导冯熙、徐鸿达在汉华国际饭店会见中华海峡两岸医疗暨健康产业发展协会理事长廖国栋先生一行。区领导徐熙陪同会见。
(王爱东)

政策研究

【概况】 区划调整后,原东城区委研究室与原崇文区委、区政府研究室合并,成立东城区委研究室,编制13人。主任1人,副主任2人,内设办公室、调研科、文稿科。年内,围绕区委、区政府中心工作,当好参谋助手,服务领导决策,促进科学发展。开展创先争优和党员作风建设年活动。组织召开和参加各类专题调研会、座谈会、协调会、论证会及其他形式的调研,完成各类文稿的撰写及修改100余篇50余万字;完成总体发展战略规划编制工作;编发《东城调研》16期、《领导参阅》6期、《调研工作动态》44期;加强与国务院发展研究中心、中国社会科学院、党建研究会、《前线》杂志社以及市委研究室、首都社会经济发展研究所等相关单位的业务交往,为区委、区政府科学决策和日常工作提供服务,完成各项工作任务。

单位名称:中共北京市东城区委研究室
单位地址:东城区钱粮胡同3号
联系电话:64031118-3201　邮政编码:100010　(闫喆　徐婕)

【起草区委重要文稿】 区划调整后,学习领会市委、区委精神,利用多种渠道掌握原两区区情,整理撰写区情材料,在区宗教人士、初任公务员培训班和中青班等宣讲、解读。完成杨柳荫在全市领导干部大会上的表态发言,在全区领导干部大会、街道党政负责人会议、区委全会、党代会、人大会(临时)、政协会(临时)、上半年全区经济形势分析会等会议上的讲话。起草区委半年、年末全会报告以及区委关于"十二五"规划的建议(初稿)。起草原东城区委上年工作总结、区委常委会本年工作要点,区学习实践科学发展观活动工作总结,区委《关于加强和改进新形势下党的建设的实施意见》。起草原《崇文区委十届十次全体(扩大)会议上的报告(初稿)》等。起草杨柳荫在区委半年、年末全会闭幕式上的讲话,在五一、七一、教师节大会上的讲话,在区委、区政府本年工作部署会,区学习实践科学发展观活动总结大会、创先争优活动动员大会和领导小组系列会议、区社会管理创新动员大会、区委理论中心组学习考察总结会上的讲话,在"一把手"素质培训班上的党课报告等,起草杨柳荫理论文章《打造文化新引擎,提升文化软实力》。起草夏强在区委党建工作领导小组成立暨第一次会议、开展创先争优暨党员作风建设年活动动员部署大会、纪念建党89周年暨"群众心目中的好党员"表彰大会、开展创先争优暨党员作风建设年活动动员部署大会上的讲话等,起草首届王府井国际品牌节活动中,杨柳荫等领导致辞。完成本区向中央巡视组工作情况汇报稿、向中央政法委汇报网格化社会管理新模式情况稿,向市委汇报区划调整情况、古都风貌保护和经济社会发展情况稿,在市委专题会上汇报重点大街地区整治情况稿,起草原崇文区关于中共十七大以来有关工作汇报稿等。(闫喆　徐婕)

【调研报告发表】 8月23日,《北京日报》头版刊登《全力打造"首都文化中心区、世界城市窗口区"——东城绘就20年总体发展战略规划蓝图》。8月25~26日,《北京日报》连续两个专版分别刊登《新东城,文化优势引领区域新发展》《新东城,特色产业助推经济新繁荣》报道。杨柳荫和杨艺文的《立足"核心区"的定位做文章》在《求是》2010年第6期上刊发,杨柳荫的《打造文化新引擎,提升文化软实力》在《人民日报》11月10日第7版、《北京调研》第11期上刊发。《坚持以总体发展战略规划引领科学发展,全面推进"国际化、现代化新东城"建设》在《前线》第4期及《北京调研》第3期上刊发,《日本、新加坡、香港城市规划建设与地下空间利用考察报告》在《北京调研》第8期刊发;专访实录《新东城的目标:"国际化、现代化"》在《前线》第9期刊发。毛炯主持的《生活垃圾分类、收集、管理工作研究》调研报告在《工作研究》第4期刊发。(闫喆)

【总体发展战略规划编制】 整合原东城区正在编制的20年总体发展战略规划、原崇文区11年中长期规划纲要,与研究机构深入研究探讨,重新启动东城区20年总体发展战略规划编制工作。区划调整前,完成大量前期研究工作。召开组长会、务虚会、研讨会、座谈会等会议100余次,征求区领导、职能部门、驻区中央和市属单位及企业、相关专家和市民代表的意见和建议,及时将意见和建议反馈给研究机构,形成原东城区总体发展战略规划和产业发展、风貌保护、公共服务、城市管理等7个专项规划研究报告初稿30余万字。两区合并后,反复研讨。完成杨柳荫向市委书记刘淇就"东城区总体发展战略规划核心观点"的2次汇报材料。编印《总体发展战略规划编制工作实用手册》下发全区,编辑大事记44期,规划编制专刊24期,报送信息25篇。规划思路与构想在《北京信息》刊登。11月24日,《北京市东城区总体发展战略规划(2011年~2030年)》在区委常委会第12次会议讨论通过;12月23日区人大(临时)常委会第3次会议审议通过。12月13日,《北京市东城区空间发展战略规划(2011年~2030年)》区政府第6次常务会议原则通过;12月22日区委常委会第16次会议研究通过。(闫喆　徐婕)

【重点调研课题】 年内,协助完成杨柳荫《关于东城区未来发展定位和总体发展战略的研究》和牛青山主持的《关于新时期人民内部矛盾问题的调研》两个市委关注课题,上交市委研究室结项。协助原崇文区委书记夏强完成市委关注课题《关于发挥各类组织作用推动和谐社会建设的调研》开题报告。协助常卫完成《东城区历史文化名城保护的调查思考》重点课题。区委研究室被市委、市政府评为2008~2009年度北京市调查研究工作先进单位。杨柳荫和杨艺文主持的《北京市东城区地下空间开发利用课题研究报告》获优秀调查研究成果二等奖。夏强主持的《关于崇文区以保障和改善民生为重点的社会建设的调研与思考》获优秀调查研究成果三等奖。(闫喆　徐婕)

【统筹调查研究工作】 制订《2010年东城区调查研究工作

要点》。经区委常委会研究决定，确定本年度区级领导重点调研课题60个（原东城区29个，原崇文区31个）。正处实职领导干部重点调研课题190个（原东城区111个，原崇文区79个）。区划调整后，对区级领导33人的调研课题重新确认。根据原东城区和原崇文区《2010年区、处级重点调研课题》要求，跟踪重点课题进度，催收调研报告，组织完成结项。原东城区举办全区调研干部培训班，整合调研资源和队伍，加强调研干部的联系和交流，120余人参加。区划调整后，建立新的调研干部网络，及时更新通讯录，促进联系与沟通。加强与市委研究室各部门业务往来，寻求指导与支持。到西城区委、区政府研究室学习调研。接待成都市锦江区、天津和平区研究室到区内学习交流。　（闫喆　徐婕）

老干部工作

【概况】　中共北京市东城区委老干部局由原东城区委老干部局和原崇文区委老干部局合并组成，负责贯彻落实党的老干部政策，组织开展为本区离休和副处级以上退休干部服务管理工作。全区共有离休干部1535人，易地安置离休干部125人，副处级以上退休干部1688人。年内，按照中共十七大关于“全面做好离退休干部工作”的要求，贯彻市、区二十三次老干部座谈会精神，以重点工作任务为主线，切实从政治上尊重、思想上关心、生活上照顾好老干部，解决老干部工作中重点、难点问题，组织老干部为本区经济社会发展贡献力量。老干部队伍思想稳定、作用明显。在区划调整过程中，老干部工作不断、管理不松、秩序不乱、服务标准不降，得到老干部肯定。

单位名称：中共北京市东城区委老干部局

单位地址：东城区府学胡同37号

联系电话：64010715　邮政编码：100007　（夏建乡　王娜）

【老干部座谈会】　1月19日，原东城区第二十三次老干部座谈会暨离退休干部“双先”表彰大会召开。杨艺文主持。杨柳荫介绍全区经济和社会发展情况，并就做好老干部工作提出要求。市老干部局副局长高力出席会议并讲话。会议对全区25个先进离退休干部党支部和71名离退休干部先进个人进行表彰。区领导冯熙、曾刚健、常卫、徐熙、吴松元等，区委老干部工作领导小组成员，各单位主管领导，老干部代表及老干部工作人员近400人参加。2月10日，原崇文区召开第二十三次老干部座谈会暨新春团拜慰问会。夏强通报区上年经济和社会发展情况，对老干部工作提出要求。夏树军传达市老干部座谈会精神，总结部署本区老干部工作。市老干局副巡视员朱树杞出席会议并讲话。大会向全区受到北京市表彰的离退休干部先进党支部和个人颁发奖牌、证书。夏强、牛青山、吉胜久、徐鸿达、夏树军代表区四套班子向老干部拜年，滕盛萍致新春贺词。区老领导李瑛、梁志华、盛绳武，区局职离退休干部，离退休干部党支部书记和老干部代表，区老干部工作领导小组成员和各单位负责人200余人参加。

（夏建乡　王娜）

【形势报告会】　1月29日，原崇文区纪委书记张岚向离退休干部通报全区党风廉政建设工作。3月29日，原崇文区委老干部局邀请市发展和改革委员会研究室副主任隆学文围绕建设世界城市，专题解读《促进城市南部地区加快发展行动计划》。4月28日，原东城区委老干部局邀请中宣部时事报告杂志社王万征从世界经济发展趋势、国际力量对比、国际体系调整、大国外交政策、中国国际地位和影响力等七个方面，为300余名老干部作形势报告。6月10日，原崇文区委老干部局邀请北京史研究会副会长李建平作题为《北京历史文化概说》的报告。6月24日，徐熙从原东城区上半年各项经济数据指标、保增长措施落实、经济结构调整、经济领域改革、社会民生、城市建设和管理等方面向300余名离退休干部通报区情。11月4日，举办老干部学习中共十七届五中全会精神报告会，邀请中宣部《时事报告》杂志社曹勃亚从与世界打交道、转变经济发展方式、经济社会协调发展、绿色经济、科技竞争和自主创新五个方面作报告，400余名离退休干部及老干部工作人员参加。　（夏建乡　王娜）

【主题实践活动】　2月3日，原东城区举行老干部迎新春游艺联欢活动，300名老干部及其家属参加。春节前夕，原崇文区组织29名老干部走进崇文区看守所举行慰问演出。3月3日，原东城区20名老干部文明监督队队员作为志愿服务者代表，参加全区“做文明有礼的北京人——志愿服务，爱在东城”志愿者行动高潮日启动活动。3月25日，原崇文区举行老干部象棋、围棋、台球比赛。4月12～16日，原崇文区分别在天坛、龙潭公园和老干部门球场举办老干部太极拳、柔力球和门球培训班，成立诗歌朗诵小组。5月25日，原东城区老干部民族舞队参加东城区第20届老年文艺汇演，表演的傣族舞《绿之韵》得到评委和观众好评。6月18日，原崇文区举办“庆祝中国共产党成立89周年崇文区老干部文艺演出”。6月29日，原东城区举办“朝花夕拾忆峥嵘——纪念中国共产党成立89周年暨东城区第二十四届群众文化艺术节老干部专场文艺汇演”，430名离退休干部参与。10月13日，150名离退休干部分为表演一队和二队参加首都老干部“乐晚年·展风采”健身操表演大会，表演太极拳和八段锦，展示老有所为、老有所乐、健康向上的精神风貌。10月15日，举办“笔墨光辉映夕阳”——东城区老干部庆重阳书画、摄影、手工作品展，80余名老干部参加。　（夏建乡　王娜）

【老干部服务管理】　年初，原崇文区及时落实离休干部高龄养老社区“四就近”服务管理经费和工作指导经费。4月，原崇文区委老干部局到各街道社区调研“四就近”工作开展情况。区老干部党校社区课堂增加到27个，经常参加活动的中央、市和区属离休干部1011人。5月28～29日，原东城区委老干部局与区委社会工委、区民政局召开老干部“四就近”工作会，落实中组部等9部门联合下发的《关于利用社区资源做好离退休干部服务工件的意见》精神，推动离退休干部工作更加贴近本区发展实际、贴近和谐社区建设要求，提升老干部服务工作水平。10个街道的老干部工作人员和115个社区书记参加。年内，解决老干部实际困难。将离休干部特需经费标准,由每人每年500元,提高到1000元,用于解决离休干部的特殊困难和组织开展健康休养及外出参观等活动。增加易地出京安置和长期在外省市居住离休干部在居住地可选择的定点医疗机构,以便老干部就医方便。增拨老干部活动经费。维修改造南北两片老干部活动中心。为80岁以上、配偶无工作、有特殊困难的离休干部拨发送温暖经费17.24万元,为易地安置离休干部发放一次性生活补贴9.7万元。各单位对参加革命早、有特殊贡献、特殊困难、生病住院的老干部走访看望,投入资金220余万元。

(夏建乡　王娜)

【老干部支部建设】 3月2日,原东城区委老干部局召开离退休干部党支部工作会,下发《东城区委老干部局关于2010年离退休干部党支部学习的意见》,传达市委组织部、市老干部局《关于在全市离退休干部中开展"学先进创'五好'健身心乐晚年"主题活动的通知》精神,60名离退休干部党支部书记参加。4月,原崇文区在全区老干部党支部中,推选出3名离退休干部党员参与全区举办的"我身边的好党员"评选表彰活动。6月25日,原崇文区召开老干部纪念建党89周年暨创先争优座谈会,普仁医院和房地中心的老干部党支部书记作典型发言,56名老干部党支部书记和委员参加。9月9~10日,召开离退休干部党支部书记工作会,传达王安顺在市离退休干部党支部和党员创先争优活动交流会上的讲话精神,120余名离退休干部党支部书记参加。12月3日,召开离退休干部党支部创先争优活动交流会,市老干部局有关领导出席,近120名离退休干部党支部书记参加。

(夏建乡　王娜)

【思想政治建设】 3月9日,原东城区召开老干部读书会成立20周年庆祝大会。市老干部局副局长张庆朝出席,吴松元到会并讲话,老干部读书会会员110人参加。4月21日,原崇文区主办召开八城区老干部两项待遇工作交流会。以学习实践科学发展观和中共十七届四中全会精神为重点,印发《关于2010年老干部理论学习的意见》。定期组织老干部理论小组、老干部思政研究会学习活动。组织老干部和工作人员收看北京电视台《晚晴》节目。按期将《北京老干部》《今日东城》《新崇文》《东城老干部》《崇文老干部》报刊邮寄至每位老干部家中。

(夏建乡　王娜)

【工作会议】 3月9日,原崇文区召开老干部工作会,部署本年老干部工作。各单位主管领导及老干部工作人员100人参加。3月25~26日,原东城区举办老干部工作人员培训班,传达全国老干部局长会议精神,总结上年工作,部署本年任务,老干部工作人员93人参加。6月11日,原东城区举办老干部工作政策培训会,学习《老干部日常工作政策摘编》,老干部工作人员61人参加。10月12日,举办老干部工作业务知识培训会。10月29日,召开老干部工作人员第三季度例会,部署年度《责任制》检查工作,老干部工作人员130余人参会。

(夏建乡　王娜)

【调研工作】 3月15日,宁波市镇海区招宝山街道社区党委书记一行15人到原东城区考察交流老干部工作。4月29日,市老干部局政治待遇处一行3人到原东城区调研离退休干部党支部建设工作。5月6日,市老干部局领导张庆朝一行到原崇文区调研,实地考察龙潭街道光明北里社区。6月1日,杨柳荫到原东城区老干部活动中心新址调研,查看中心活动场地,了解活动中心新址试运行期间情况,对管理提出要求。6月23日,文化部离退休干部70余人到和平里街道兴化社区参观交流,文化部离退休干部局、市老干部局及原东城区委组织部负责人参加交流。8月19日,国土资源部老干部局一行4人到和平里街道兴化社区,调研老干部工作,张庆朝参加调研。10月9日,举办"京、津、沪、渝"四市五区老干部工作研讨会,天津市和平区委、上海市黄浦区委、上海市浦东新区区委、重庆市渝中区委老干部局30余人参加,交流研讨老干部工作重点、难点问题。

(夏建乡　王娜)

【健康体检】 4月26日,原崇文区组织局职离退休干部、老红军和80岁以上离休干部100余人,在北京博惠体检中心健康体检。8月,组织原东城区离退休干部1000余人在民众体检中心体检。

(夏建乡　王娜)

【老有所学】 5月14日,原崇文区老干部党校举办骨干老干部培训班,200余人参加。老干部党校校长夏树军作动员。5月17~19日,原崇文区举办老干部党支部书记学习班。5月19~21日,原崇文区举办离退休干部党支部委员学习班。5月24~26日,原崇文区举办老干部学习、宣传、文体骨干学习班。5月25~27日、6月8~10日,原东城区举办两期老干部党校学习班,传达《关于组织离退休干部党支部和离退休干部党员深入开展创先争优活动的意见》,观看辅导光盘。北新桥街道和区委党校离退休干部党支部交流创建"五好支部"工作经验。离退休干部党支部书记和理论骨干130余人参加。6月2~4日,原崇文区老干部党校举办局职离退休干部学习班。6月4~6日,原崇文区举办机关和企事业单位离退休干部培训班。9月初,老干部大学第二期开课,设立书法、绘画、摄影和计算机初、高级班等5个技能学习班,全年有老干部100余人报名参加,其中优先招收80人首次报名的老干部参加学习。

(夏建乡　王娜)

【共建活动】 5月28日,原崇文区委老干部局与空军北京劲松离职干部休养所举行共建签字仪式。双方签订共建协议,互换纪念礼品。11月10日,与怀柔区文明办、怀柔镇党委和红螺村有关领导,商谈共建办法,达成共识。会后,看望困难村民家庭,并送去慰问品。

(夏建乡　王娜)

【区级领导联谊活动】 9月20日,举办"金秋送爽迎双节共建和谐新东城"新老区级领导联谊活动,杨柳荫、牛青山、冯熙、徐鸿达等四套班子领导与老领导100余人参加,共贺中秋、国庆佳节。杨柳荫致词,牛青山主持。

(夏建乡　王娜)

保密工作

【概况】 中共东城区委保密委员会办公室(简称区委保密办),与东城区国家保密局,为一个机构两块牌子,是中共东城区委保密委员会(简称区委保密委)办事机构,又是区政府管理保密工作职能部门,由区委办公室管理。2月8日,原崇文区委保密委调整成员,区委副书记、政法委书记滕盛萍任主任,副区长宋甘澍及区委办、区政府办主要领导任副主任,成员由区19个保密工作重点单位主要领导组成。4月1日,原东城区委保密委调整成员,区委常委、区委办公室主任王红兵任主任,常务副区长徐熙任副主任,成员由区16个保密工作重点单位主管领导组成。10月,根据区划调整情况,区委保密委调整成员,夏树军、徐熙任主任,区政府办、区保密局主要负责人任副主任,成员由区23个保密工作重点单位的主管领导组成。11月,根据区划调整后机构变动情况,组织区各单位健全保密委员会(保密领导小组),完善主管领导、工作部门及专兼职保密干部为架构的保密工作网络。年内,贯彻落实科学发展观,落实中央和市、区委领导关于加强新形势下保密工作的指示,围绕全区工作大局,加强整体谋划,注重把握规律,宣传保密法,加强涉密人员、计算机信息系统、党政机关、重要涉密领域保密管理、干部队伍建设,以保密行政执法监督检查为手段,强化监管,完善机制,“保安全、保发展”,为区经济社会发展,发挥服务和保障作用。

单位名称:中共东城区委保密委员会办公室
(东城区国家保密局)
单位地址:东城区东四北大街育群胡同1号
联系电话:64031118-8522 邮政编码:100010
(刘晓磊)

【保密宣传教育】 1月,原东城区印发《东城区关于做好<保密技术防范常识(图文本)>学习使用工作的通知》,组织开展《保密技术防范常识(图文本)》(以下简称“常识”)学习使用工作。制发《崇文区关于做好<保密技术防范常识(图文本)>学习使用工作的通知》,组织开展《保密技术防范常识(图文本)》学习使用工作。3月,原东城区组织开展区保密承诺书签订人员知识竞赛,学习保密知识,提高防范能力;原崇文区开展保密承诺书签订人员知识竞赛活动。5月10日,邀请市保密局副局长郭吉东在原崇文区委党校处级干部进修班讲保密课,播放保密教育警示片,处级干部50人参加。5月,组织原东城、崇文区分别开展“五五”保密法制宣传教育检查验收工作;在原崇文区涉密人员中,开展“学习贯彻保密法,保国家秘密安全、家庭幸福和个人前途”专题教育。5月至6月,原崇文区开展保密法制宣传月活动,受教育者1万人次。9月,会同区宣传、司法等部门研究制订《东城区学习宣传保密法活动方案》。以理论中心组学习、干部会、张贴挂图等形式,开展保密法宣传教育活动。11月17日,邀请郭吉东到区委党校培训班讲保密课,中青年干部60余人参加。全年,编发《东城保密工作》9期。《保密工作资料选编》6期,发放《保密工作》杂志12期、1176册。

(刘晓磊)

【信息公开审查】 1月至3月,原东城、崇文区委保密办制发工作文件,就区政府信息公开、互联网门户网站信息发布保密审查提出要求。组织区属单位全面自查,对区重点涉密单位10个进行检查。

(刘晓磊)

【联谊活动】 2月5日,与原崇文区档案局联合举办迎新春联谊活动。组织区保密员、档案员150余人参观中国电影博物馆,感受电影文化发展史。

(刘晓磊)

【涉密信息与设施管理】 3月,原东城、崇文区保密办分别制发《关于加强涉密信息系统和信息设备保密管理》文件,组织原东城区属单位清查涉密信息系统、涉密计算机、涉密存储介质及涉密办公自动化设备,建立分类管理台账,实行档案化管理。组织原崇文区属单位强化信息系统和信息设备使用分级分类管理,完善保密管理机制,健全涉密信息系统、涉密信息设备使用保密管理档案及分类管理台账。

(刘晓磊)

【保密监督检查】 3月,开展原东城区旧货市场、废旧物品回收公司、收购点摸底调查工作,建立工作数据库;会同区工商等部门组成联合检查组,对47个废旧物品回收站(点)进行检查,重点检查涉密单位周边,对回收从业人员进行保密宣传教育,发放宣传材料、保密提醒单,签订保密承诺书。同月,原崇文区开展旧货、再生资源集散地保密检查专项行动,对辖区95个家废品收购站(点)进行检查。5月,原东城区印发《关于开展涉密载体清理情况检查的紧急通知》,制订涉密载体清理情况检查目录和检查报表,组织区属单位自查,抽查区纪委、区委统战部等重点单位10个;组织开展涉密载体清理、保密宣传教育和信息系统信息设备使用保密管理情况专项检查;配合市委保密委检查组对原崇文区审计局等单位抽查。6月4~5日,检查原崇文区招考中心和各高考点校试卷保密室启用前后安全保密防范措施落实情况和安全保密管理情况。高考前,全面检查原东城区考试中心试卷保密室,对试卷领取、分卷、运送等环节全程监督。高考期间,安排专人到区高考指挥中心全天值守,对试卷安全保密管理工作情况实施巡查。9月,会同东城公安分局、区工商、商务等部门,对辖区再生资源集散地、废品收购站进行检查,签订从业人员保密承诺书。配合市保密局联合检查组检查再生资源集散地3个,与东城公安分局、信息化等部门联合开展“数字东城”网站及辖区社会网站信息安全保密检查。10月,监督检查区成人高考保密工作,重点检查区招考中心试卷保密室使用期间,试卷安全保密责任制和防范措施落实情况,对各考点试卷保密管理提出意见;会同市保密局,对辖区涉密载体定点复制、销毁企业,进行保密行政执法专项检查,实地检查涉密车间、计算机、库房及周边环境等保密管理情况。

(刘晓磊)

【工作会议】 4月1日、27日,原东城区、崇文区委保密委分别召开会议,传达学习中央领导在中央保密委员会上讲话及市委保密委会议精神,总结上年保密工作,审议通过本年保

密工作要点;区委保密委成员参加。　　(刘晓磊)

【表彰先进】 4月,组织原东城区101个单位开展保密年度考核及评比表彰工作;保密考核小组,对各单位年度保密工作评分,报表数据统计、核对,评选先进集体20个,先进个人40名,并在全区通报表彰。5月,原崇文区开展保密工作先进集体和先进个人评比表彰工作。授予崇文门外街道等单位崇文区保密工作先进集体24个,授予胡晨等崇文区保密工作先进个人60名。　　(刘晓磊)

【保密业务培训】 5月,原东城区举办保密干部培训班,分析保密管理工作中存在的问题,就做好日常保密工作进行讲解,提出工作要求,全区90个单位120余人参加。在区委党校军转干部培训班、区民政局等单位,介绍保密形势,进行业务培训,150余人参加。　　(刘晓磊)

【保密制度建设】 10月,区委保密委制订《区委保密委员会工作规则》《区委保密委员会委员工作职责》;组织各单位建立健全涉密人员、涉密载体、涉密计算机信息系统、互联网、3G移动终端、手机等保密管理制度和措施;区保密局梳理并修订保密管理和依法行政工作制度32项。　　(刘晓磊)

【保密行政管理】 年内,原东城、崇文区分别会同区公安、安全、信息化等部门制发3G移动终端保密管理文件,规范3G移动终端设备使用保密管理;落实《东城区保密工作百分考核标准》《东城区保密工作手册》《崇文区保密工作百分考核标准》《崇文区保密工作手册》及密级事项动态化管理;完成《北京市崇文区军事志》《北京崇文年鉴·2010》卷保密审查。　　(刘晓磊)

【网络安全保密审核】 年内,坚持对原东城区政务外网用户接入、政务信息系统用户变更、数字证书开通、废止、网站开设、栏目更新等有关项目的保密审核。全年,审核政务外网用户接入单位70余个,电子政务用户8000余人次,数字证书600余人次。　　(刘晓磊)

社会建设

【概况】 7月,因行政区划调整,原中共东城区委社会工作委员会(简称区委社会工委)和东城区社会建设工作办公室(简称区社会办),与原中共崇文区委社会工作委员会(简称区委社会工委)和崇文区社会建设工作办公室(简称区社会办)合并。区委社会工委为区委派出机构,列在区委机构序列;区社会办为区政府工作部门,与区委社会工委合署办公。8月,新东城区委社会工委(区社会办)完成人员、办公室、职能等各项工作调整。区委社会工委主要职责:贯彻执行党的路线、方针和政策,保证市委、区委社会建设和管理各项决定的落实;研究制订本区社会建设和管理的总体规划、重大改革方案和政策措施;对全区社会建设和管理工作进行综合协调,督促检查,保证各项工作的落实。统筹推进社会建设和管理各项任务的分解落实和督促检查;负责社区党建和“两新”组织党建工作,分析研究社区和“两新”组织的发展动态和趋势,研究制订加强社区党建和“两新”组织党建工作的相关规划和措施,并组织实施;指导各街道工委落实社区党建工作,协调“两新”组织的有关管理部门,做好“两新”组织的党建工作;负责社会工作者队伍建设的统筹协调和指导监督,研究制订本区社会工作者培养规划,落实市委社会工委和市社会办制订的以培养、评价、使用、激励为主要内容的政策措施和制度保障;负责社会志愿者队伍建设的统筹协调和指导监督,研究制订有关规划和方案,落实市委社会工委制订的有关政策措施和制度保障;负责对各街道、相关部门社会建设工作进行指导、协调和督促检查;完成市委社会工委、区委交办的其他工作。区社会办主要职责:贯彻中央和北京市关于加强社会建设和管理方面的方针政策,加强本区社会建设和管理工作的总体研究,有针对性地提出意见和建议,保证区委、区政府社会建设和管理各项决定的落实;研究提出本区社区建设、社会组织建设、社会工作者队伍建设等方面的相关意见,研究相关政策,制订改进工作的制度措施;统筹推进本区社区建设,综合协调有关部门在社区建设中的重点难点问题,按照区委、区政府的要求,指导监督社区建设各项方针政策的贯彻落实;负责本区社会组织建设、管理和服务工作的宏观指导,组织协调有关部门研究制订本区社会组织培育发展的总体规划和相关政策措施;负责指导协调街道在社会建设与公共服务方面的有关工作。对街道办事处在社会建设与公共服务方面遇到的问题进行调查研究,提出意见、建议;协调区政府各职能部门与街道工作的关系等相关事宜;完成市社会办、区政府交办的其他工作。根据上述职责,区委社会工委和区社会办暂设办公室、综合组、党建1组、党建2组、社区建设组、社会组织组、人才队伍组。本年,区“十二五”规划统筹布局,社会建设突出重点见成效,全面发展上水平。区委社会工委(区社会办)注重社会服务管理创新,开创工作新局面。

单位名称:中共东城区委社会工作委员会(区社会办)
单位地址:东城区什锦花园胡同23号
联系电话:64031118-8740　邮政编码:100007　　(彭喜乐)

【市领导调研】 1月19日,市委常委梁伟到原东城区调研社会建设工作;市委社会工委书记宋贵伦,市社会办副主任赵小卫、周开让等参加,区领导杨柳荫、章冬梅、王佩立陪同。梁伟一行到和平里街道兴化社区视察蔬菜站、再生资源回收、修车修鞋等便民服务摊点,实地察看社区居委会、社区服务站了解社区规范化建设情况,与服务站新招聘大学生交谈,鼓励他们热爱社区工作、发挥自身优势,为社区建设贡献力量。在听取“1510便利生活服务圈”(“15”指社区居民步行15分钟就可以解决最基本的生活需求,“10”指居民日常生活离不开的10项便民服务内容)工作汇报后,梁伟指出:东城区社区建设基础很好,通过开展社区规范化建设,社区用房等基础设施配置已达标,人员配置合理,要在这个平台上搭载各项服务,提高社区居民的幸福指数和生活质量;“1510便利生活服务圈”这种顺应居民需求、居民说了算、由居民评价的做法应该坚持；要多摸索操作中的经验，解决操作中的问题，在摸索中提高服务水平；区委社会工委、区社会办、民政局、商务委相关领导陪同调研。（彭喜乐）

【社会领域党建工作】 1月20日，原崇文区召开社会领域党建工作会议。通报上年全区社会领域党建工作，提出本年工作思路，各街道交流开展社会领域党建工作情况。2月24日，原崇文区社区和新经济组织指导检查组召开学习实践科学发展观总结会，交流第二批学习实践科学发展观活动各单位的经验和成果。原东城区召开创先争优活动动员会，成立社会领域创先争优活动指导小组，与区委组织部联合制订《东城区关于在非公有制经济组织党组织和党员中深入开展创先争优活动的实施方案》。截至年末，在创先争优活动中全区非公有制经济组织新建党组织38个，其中单独建34个，联合建1个，楼宇党组织3个，覆盖非公有制经济组织109家。3月10日，原东城区召开推进全区非公有制经济组织和新社会组织党建全覆盖工作部署会。区领导吴松元出席并讲话，要求增强做好全覆盖工作的责任感、使命感和紧迫感，摸清底数、创新组建方式，稳妥推进全覆盖工作，明确党组织职责，加强组织领导。年内，有各类非公有制经济组织和新社会组织1.39万家，建立"两新"组织党组织473个，覆盖"两新"组织1352个，对没有党员的"两新"组织，采用选派党建工作指导员或联络员开展工作，实现非公有制经济组织和新社会组织党的工作全覆盖。4月28日，召开由街道工委主管领导参加的工作会议，贯彻落实原崇文区开展创先争优暨党员作风建设年活动部署大会精神，部署社会领域党建工作。5月16~22日，原东城区组织商务楼宇"三站"骨干人员外出培训，学习考察苏、浙、沪等地党建工作以及商务楼宇党建工作经验。（彭喜乐）

【社区规范化建设】 1月27日，原崇文区召开上年度社区规范化建设工作总结会，总结全区上年社区规范化建设试点工作，明确本年社区规范化建设工作思路。区领导高桂强及区有关部门和各街道领导参加。6月28日，原东城区召开社区规范化建设半年工作总结会，回顾上半年区社区规范化建设工作，部署下半年工作。制订《东城区关于进一步推进社区规范化建设试点工作的实施方案》，推广已达标的76个社区试点工作经验，再确定第二批试点社区55个。12月中旬，组织街道自查、互查。55个试点社区全部达到规范化社区标准，完成规范化建设任务。区规范化建设达标社区数165个，占205个社区总数的80%。（彭喜乐）

【社区规范化建设验收】 1月28日，市委社会工委、市社会办检查组，检查验收原崇文区商务楼宇党建和社区规范化建设工作。市委社会工委委员、市社会办副主任陈建领提出工作要求。1月29日，市委社会工委（市社会办）领导赵小卫、王智玲率市社区规范化建设检查组，检查验收原东城区社区规范化建设及商务楼宇社会工作站（党建工作站）工作。听取建国门街道社区规范化建设及商务楼宇社会工作站（党建工作站）工作汇报，查看韶九、大雅宝社区居委会及社区服务站，对区社区规范化建设试点工作给予肯定。随后，检查组查看建国门、朝阳门、北新桥、东直门以及和平里街道的部分楼宇"三站"，对区建设"三站"工作给予肯定。区领导章冬梅，王佩立陪同，区委组织部、社会工委（社会办）、总工会、民政局、财政局等相关负责人参加。（彭喜乐）

【星聚社区活动】 2月27日，北京电视台《聚星坊》栏目主办，原东城区委社会工委（区社会办）及交道口街道工委、办事处联合承办，"北京卫视《聚星坊》星聚社区"启动仪式在交道口街道南锣鼓巷社区举行。市委社会工委（市社会办）领导宋贵伦、赵小卫，区领导常卫、章冬梅、王佩立，北京电视台副总编辑华艺等出席，市委社会工委（市社会办）、区委社会工委（区社会办）、交道口街道相关领导参加。与会领导和电视台负责人共同启动"北京卫视《聚星坊》星聚社区"活动，为社区代表颁发"北京卫视群众社区会员单位"标牌。活动现场回放北京卫视近期热播的影视剧画面，社区居民与《同龄人》剧组演职人员互动交流。社区居民现场表演文艺节目。活动的举办为社区群众搭建贴近百姓生活的互动交流平台，丰富社区文化生活，和谐社区氛围。（彭喜乐）

【社工人才队伍建设】 3月5日，原东城区召开社会工作人才队伍专题研讨会，传达区人才发展战略规划编制工作领导小组工作会议精神，部署社会工作人才调研工作。3月18日，原崇文区领导夏树军就人才工作调研。指出，区委社会工委（区社会办），作为社会工作人才队伍建设的牵头部门，要落实全区中长期人才发展规划纲要，履行责任。4月18日，原东城区启动《东城区人才发展战略规划（2011~2030年）》社会工作人才专题规划编制工作，中国人民大学劳动人事学院院长、人力资源专家曾湘泉教授率项目团队与区社会办、大学生社区工作者、社区负责人、社区服务站工作人员及社会组织负责人代表进行访谈。4月，原崇文区面向社会招聘社区工作者74名。7月，招聘133名大学生（含大专）进入社区工作。10月29日，区社会办、财政局、人力社保局、民政局联合召开规范社区工作者待遇专题会，各街道办事处主管领导参加会议。会议下发《关于进一步规范社区工作者待遇的实施细则》，部署社区工作者待遇调整工作。与北京工业大学人文社科学院合作，依托东花市街道社区服务中心建立一家专业化社会工作事务所，搭建区社会工作人才培养使用平台。举办社区工作者培训班和新招录大学生社区工作者入职培训班，参训人数190名。年内，原东城区推进社工人才培养"双基地"建设，与北京大学、人民大学社工专业教师座谈，确定本年度合作方案。（彭喜乐）

【区领导调研】 3月11日，原东城区区长杨艺文，到北新桥街道调研社区服务工作，参观北新桥二条社区便民菜站和前永康社区居委会、社区服务站，听取社区服务工作汇报，了解前永康社区居家养老、便民服务等有关情况。强调：要发挥政府主导作用，健全社区服务整体架构、政策体系和支撑体系，完善准入、评估、政府购买服务等方式，满足百姓需求。借鉴其他地区社区服务工作经验和做法，研究和完善居家养老服务券的用途和使用方法。将"九养"政策与发展家庭服务业、社区服务业、"双百工程"结合,提高全区社区服务规范化、标准化水平。王佩立参加调研。 (彭喜乐)

【社会组织调查】 3月12~30日,原东城区、崇文区对辖区内国际组织驻京机构和全国性社会组织的负责人、联系电话、入驻北京的时间、登记注册等基本情况逐一登记。全区有国际社会组织机构8个(其中崇文区3个、东城区5个),全国性社会组织60个(上级主管部门主要有国家林业局、商务部、国资委、文化部、团中央等)。3月12日至4月18日,原东城区开展非公有制经济组织和新社会组织党建全覆盖调查摸底工作。截至5月31日,非公有制经济组织9914家,规模以上企业309家,党员7364人。建立党组织240个,其中党委13个,党总支25个,党支部180个,联合党支部22个。覆盖非公有制经济组织334个。未建立党组织的企业9580家。新社会组织437家,党员1467名。建立党组织49个,其中党委1个,党支部45个,联合党支部3个。覆盖新社会组织130个,未建立党组织的新社会组织307家,其中3名以上党员的12家,仅有个别党员的89家,没有党员的206家。 (彭喜乐)

【市领导调研】 3月24日,市委社会工委到原东城区,专题调研社区公共服务设施配置及运行机制。在传统街坊型社区、单位型社区、新建住宅型社区、混合型社区、老旧(平房)区社区5类社区抽样问卷调查的基础上,与街道办事处负责人和社区代表,探讨社区公共服务设施配置情况、运行机制等问题。4月16日,市委社会工委社会工作队伍建设处有关领导带队,到原东城区北新桥街道民安社区专题调研专业社会工作岗位设置。听取街道关于社区工作者队伍结构介绍及工作待遇、持证上岗,社工师配备、大学生社区工作者教育培训、设立专业社工岗位等情况。4月29日,市社会办副主任兼市社会建设信息中心主任王丽竹带队,到原东城区调研社区信息化工作。听取区信息办和景山街道信息化建设情况汇报,参观区电子政务中心机房,就基础设施建设进行沟通。王丽竹肯定了区信息化工作成绩,强调:推动社会领域信息化工作,对于推动社会管理体制创新具有重要意义;社区信息化是社会领域信息化的重要组成部分;要坚持探索、创新,推进社会领域信息化工作。区领导章冬梅、王佩立陪同调研。5月20日,市委副秘书长、市委党建领导小组办公室主任张建明,到安利(中国)日用品有限公司北京分公司调研并指出:企业领导高度重视,党的干部及党员对党建及公司发展的支持,党建工作与企业中心工作相结合,党的工作与关心员工、弘扬爱心、支持社会相结合,党建管理与企业文化相结合,是企业党建工作取得成功的重要因素。希望公司在实践探索中总结经验,推进党建工作制度化、规范化和科学化建设等方面创出经验,为同类型企业党建提供经验借鉴。市委社会工委(市社会办)领导赵小卫,区领导吴松元陪同调研。5月29日,市委社会工委(市社会办)领导王智玲到原东城区调研,听取区社会办工作汇报,详细了解社区规范化建设、社区办公用房改造以及社会工作人才队伍建设等方面情况,参观交道口街道府学社区邻里中心建设。王佩立陪同调研。10月29日,市政府研究室领导到区街道调研指导工作。调研座谈社区居民参与社区治理和"一刻钟社区服务圈"等课题。12月28日,市委社会工委(市社会办)领导张坚率市发改委、社会工委(社会办)及部分区县工作人员,检查验收区社区规范化建设试点、"一刻钟社区服务圈"示范点、商务楼宇建设试点、政府购买社会组织服务项目和社会服务管理创新综合试点进展情况。区领导章冬梅、宋甘澍参加。 (彭喜乐)

【社区用房立项申报】 3月,原崇文区重新核实各街道社区用房达标建设情况及使用现状,结合危改还建、国有资产整合、老旧小区改造等情况,提出社区用房建设方案。推进社区用房立项申报工作。年内,全区有150个社区用房面积达350平方米,占社区总数的75%(不含拆迁社区)。有10个社区申报立项,申请投资1.16亿元。 (彭喜乐)

【党建培训班】 4月6~9日,举办原东城区基层党组织书记培训月活动,街道社区、非公有制经济组织、新社会组织等社会领域党组织负责人500余人参加。市委社会工委(市社会办)领导陈建领授课。5月17~20日,原崇文区举办社会领域党务工作者培训班。培训内容:党务工作常识、党建工作创新及建立学习型党组织。全区各街道社会工作党委、社区、规模以上非公有制经济组织、商务楼宇社会工作党组织负责人135人参加。11月25~26日,区委社会工委组织所属党组织成员举办党内统计业务培训班,进行党内统计相关知识、党费收缴有关规定等业务培训。 (彭喜乐)

【大学生嵌入式社区实习】 4月21日,原崇文区社会实践基地首批大学生嵌入式社区实习正式启动。实习期间,学生们就社区贫困家庭救助、社区发展策划、社区项目评估、社区参与等问题展开专题学术调研,协助社区开展相关工作。 (彭喜乐)

【志愿者工作】 4月21日,召开原崇文区志愿者工作联席会议。向联席会议成员单位下发《关于增设崇文区志愿者工作联席会议成员单位的通知》《崇文区志愿服务三年行动计划(2010~2012年)》《2010年崇文区志愿服务重点项目》等文件,部署工作。5月,确定志愿服务三年行动计划。主要志愿服务项目12个,包括:"平安在身边"安全防范志愿服务项目、"绿色满家园"环境保护志愿服务项目、"微笑风景线"城市志愿服务项目等,项目根据全区经济社会发展实际和人民群众需求变化动态调整。 (彭喜乐)

【社区建设顾问团沙龙】 5月23日,原东城区和平里街道举行社区建设顾问团成立暨首届社区工作者沙龙活动。社区建设顾问团由北京大学、中国人民大学、市委党校、市文史研究馆、市文联、区文联、社区参与行动中心的专家、学者和热心人士组成。街道领导为顾问团成员颁发聘书,部分参会人员就和平里街道社区建设经验点评,提出建议。仪式结束

后,与会社区工作者开展社区工作者沙龙活动。 (彭喜乐)

【社区工作者联席会】 5月29日,原东城区街道级社区工作者联席会在建国门街道挂牌成立。联席会实行理事会管理制度,11名理事通过选举方式产生,代表全体社区工作者制订联席会章程,组织开展活动,实现自我管理。联席会通过组织参观学习,业务培训,技能交流,搭建社区工作者学习交流平台;通过开展文体活动,联络感情,缓解工作压力,凝聚人心,营造良好的工作氛围;及时将社区工作者的利益诉求,反映到相关部门,发挥联席会桥梁纽带作用。街道162名社区工作者参加成立大会。 (彭喜乐)

【首届"地坛杯"体育比赛】 6月27日,原东城区首届"地坛杯"社区工作者羽毛球、保龄球友谊赛在地坛体育馆举办。王佩立致开幕词,并为比赛开球。活动由区社会工委、社会办、体育局、民政局等部门联合举办,结合市全民健身"快乐周末"活动,为社区工作者搭建相互交流、展现风采的平台。全区115个社区的近400名社区工作者参加比赛。

(彭喜乐)

【检查社会建设工作】 7月12日,市政府办公厅副主任吴大仓率市政府绩效管理半年专项检查第一组检查本区社会建设工作。市委社会工委(市社会办)领导赵小卫,区领导章冬梅、宋甘澍陪同。检查组一行先后检查区助人社工事务所运营情况,龙绍衡商务大厦"三站"开展工作情况,和平里街道兴化社区"1510便利生活圈"运行机制及成效。 (彭喜乐)

【社会服务管理工作会】 8月27日,召开区社会服务管理创新综合试点工作推进大会。9月14日,召开区社会服务管理创新综合试点工作第一次专家研讨会。9月20日,召开《东城区社会服务管理创新综合试点工作任务分解》工作部署会。12月23日,召开网格化社会服务管理创新综合试点工作第二次专家研讨会。区领导刘云斋、章冬梅、宋甘澍,中央政法委研究室、中央综治办协调室、中央政法委《长安》杂志编辑部、首都综治研究所、首都知名社会学家等有关人员参加。会议由章冬梅主持。宋甘澍介绍区网格化社会服务管理创新进展及打算,区信息办负责人汇报网格化社会服务管理信息化工作总体思路。与会专家对区网格化社会服务管理创新工作予以肯定。12月23日,刘云斋主持召开区第二次网格力量整合研讨会。听取有关情况汇报后,刘云斋就做好协管员力量整合工作提出要求:将全区协管员的管理由现在的条线方式转变为以块为主的方式;整合协管员力量与加强社区服务站建设结合;网格信息员与社区服务站工作者福利待遇统一;社会管理与服务相结合,通过服务促进管理。12月29日,召开网格化社会服务管理创新综合试点工作领导小组第三次工作会议。区领导刘云斋、章冬梅、宋甘澍及区相关职能部门和部分街道主要负责人参加。刘云斋主持会议,提出具体要求。 (彭喜乐)

【社会组织服务项目】 按照市委社会工委、市社会办关于加快政府购买社会公共服务部署,上半年向全区各社会组织广泛征集政府购买社会公共服务项目。10月14日,区委社会工委(区社会办)牵头召开社会组织服务项目申报部署会,筛选出"新晋大学生社区工作者入职能力建设培训"、"白领幸福大讲堂"等12项公益服务项目,服务对象包括大学生社工、楼宇白领、触法青少年、社区老年人,以及下岗失业、贫困残疾、离退休妇女等各类群体。 (彭喜乐)

【社区党建考评】 11月至12月,开展"2009~2010年度社区党建考评工作",评选出"五星级"社区党组织30个。12月29~30日,召开区社区党建工作研讨会,相关部门参加。

(彭喜乐)

【楼宇党建调研】 12月10日,市委组织部、市总工会领导到区调研商务楼宇党工共建工作。听取建国门街道工委和商务楼宇工作站"党建带工建、工建促党建"工作汇报,并参观金宝街商务楼宇服务站。 (彭喜乐)

【社区服务项目】 年内,确定社区服务建设项目200个,即:建设精品社区服务站10个、15分钟生活便利圈10个、培育公益性社区社会组织10个、社区居家养老服务典型10个、社区参与行动项目10个、建设社区志愿者服务品牌社区10个、精品体育生活化社区10个、信息化智能社区10个;举办社区公益文化演出20场、培育社区特色文化精品团队20支;建设"社区健康之家"20家、精品楼宇社会工作站10个、政府购买社区公共服务项目10个、绿色(低碳)生活社区10个、平房区社区文体活动广场、智能化生活社区等项目。 (彭喜乐)

【社区制度建设】 年内,制订《关于建立多元参与社区治理工作机制的指导意见》,提出构建党委领导、街道办事处支持保障、社会组织协同指导、社区居民广泛参与的社区治理格局。召开全区现场推进会,编纂《多元参与社区治理成果案例集》,推广交道口街道"开放空间"方法经验。修订职能部门在社区开展工作一览表。按照社区居委会、社区服务站职责分工,理顺社区与外部工作关系,减轻社区行政性工作负担,促进社区各项工作开展。研究"枢纽型"社会组织认定、联席会议、信息沟通和工作联系等制度。修改完善《关于认定第一批区级"枢纽型"社会组织的通知》《关于构建区级"枢纽型"社会组织工作体系的暂行办法》《东城区"枢纽型"社会组织联席会议工作规则》等文件。 (彭喜乐)

【社区服务圈建设】 年内,全区设立市级试点社区17个,采取试点带动的做法,与社区规范化建设工作结合,推动规范化建设达标社区全部达到"一刻钟社区服务圈"建设标准。

(彭喜乐)

【品牌项目工程】 年内,实施"1+5品牌项目工程"(即:每个街道打造1个社区建设品牌项目,每个社区设计、培育、实施5个品牌项目)。和平里街道安德路社区成立"机动车自管会",东花市街道东花市南里社区成立"公共服务协会",景山街道以社区服务站为依托开展“心灵港湾”活动,崇文门外街道将12个社区划分为“田字格”结构,形成功能型、学习型、服务型、数字化型四个千米区域中心的建设模式,东华门街道南池子社区推行“6S”(即:新婚送祝福、满月送生肖、生病送关怀、困难送温暖、生日送寿面、亡故送挽联)工作法,东四街道“乐和城市社区行动”项目,建立合作互助志愿服务小组,开展二条社区“绿色艺术小组”、六条社区“星光团”、八条社区“老年乐和吧”等多种针对社区居民需求的志愿服务。

(彭喜乐)

直属机关工委工作

【概况】 行政区划调整过程中,原中共北京市东城区委区直属机关工作委员会和原中共北京市崇文区委区直属机关工作委员会合并为中共北京市东城区委区直属机关工作委员会(简称区直机关工委),下设四个科室——办公室、组织部、宣传部、群工部。机关工委所属机关党委19个,直属党总支9个、党支部47个,党员15041名(其中流动党员5618名)。年内,围绕区委、区政府中心工作,贯彻落实中共十七届四中、五中全会及北京市机关党的建设工作会议精神,以科学发展观为统领,开展创先争优活动,推进学习型党组织建设和文明和谐机关建设,发挥机关党组织的战斗堡垒和党员先锋模范作用,为行政区划调整工作和“国际化、现代化新东城”建设,提供思想和组织保证。

单位名称:中共东城区委区直属机关工作委员会

单位地址:东城区钱粮胡同3号

联系电话:64031118-2604　邮政编码:100010　(陈燕燕)

【春节联欢会】 2月2日,原东城区直机关工委举办党务干部春节联欢会,160余名党务干部参加,机关党员干部演出自编的文艺节目。(陈燕燕)

【组织建设】 3月11日,召开原东城区直机关党建工作会议,部署加强机关党建工作。3月22~26日,原东城区直机关举办入党积极分子培训班,109名入党积极分子参加培训。3月,原崇文区直机关工委调整区直机关系统党组织关系,新接收原崇文区体育局、卫生局等15家单位党组织关系,原崇文区人事局党支部,劳动局党委、人才中心党委、职介中心党委合并为人力社保局党委。4月21~23日,原崇文区直机关举办党组织书记培训班,70余名党组织书记参加培训。修订《崇文区直机关系统开展“五个好”、“五带头”活动考核评价实施细则》(五个好:领导班子好,组织领导坚强有力;党员队伍好,教育管理科学有效;工作机制好,制度健全规范;工作业绩好,机关党建成效显著;群众反映好,服务周到氛围和谐。五带头:带头学习提高、带头争创佳绩、带头服务群众、带头遵纪守法、带头弘扬正气)。5月,原东城区直机关工委组织基层优秀党务工作者赴福建等地考察,学习党建工作经验。6月,原崇文区直机关工委在李大钊墓举行新党员宣誓仪式,机关系统90余名新党员参加。9月26日,完成区部分双管单位以外的区直属机关63个党组织的设置调整工作。11月,组织召开党务干部培训班暨创先争优活动推进会,对党务工作程序、办法等进行培训,邀请市直机关工委副书记杨公鼎,解读《中国共产党党和国家基层组织工作条例》。完善党员信息库。全年,审批发展新党员51名,预备党员转正49名。审批基层党组织按期换届选举24个。新区成立后,做好区直机关党组织的设置、调整工作。召开区直机关党组织调整工作部署会,制订《东城区直机关工委所属党组织调整意见》,明确党组织调整工作的总体要求、完成时限。召开工委委员会2次,专题研究区直机关党组织设置工作,审批区直机关各单位调整后的党组织建制和各党组织负责人。实地调研,准确掌握涉及调整的原两区115个区直机关党组织情况,分析情况,加强指导。及时指导解决基层党组织在筹建过程中问题。(陈燕燕)

【扶贫济困】 “两节”和七一前夕,原东城区、崇文区直机关走访慰问特困党员、党务干部,为机关党员排忧解难。4月14日,原东城区直机关组织机关党员干部为玉树地震灾区捐款活动,捐款4.69万余元。4月,原崇文区直机关系统开展“博爱在崇文”慈善捐款活动。区直机关系统64家单位,5793名党员群众参与,捐款17.3万余元。6月21日,原东城区直机关工委举行“共产党员献爱心”启动仪式,党员干部在捐款启动仪式上捐款5.6万余元。6月,原崇文区直机关工委举行“共产党员献爱心”捐献活动启动仪式,区领导及区机关党员干部群众参加。探索完善机关党组织困难党员慰问帮扶资金的使用机制。扩大对生活困难党员的帮扶面和服务范围,推进党内关怀机制建设。全年,发放各类慰问金15.85万余元,为近260名特殊困难党员解决燃眉之急,缓解生活压力。原东城区直机关团工委组织青年团员,开展为西南干旱灾区捐款献爱心活动,10个团支部捐款4544.8元。机关工会看望生病住院会员,慰问直系亲属去世会员20余人,慰问金8000余元。(陈燕燕)

【群团工作】 3月,原崇文区直机关妇委会,举办“迎‘三八’区直机关女青年干部文明礼仪讲座”。4月,原崇文区直机关联合协和医院内分泌科为机关干部进行免费甲状腺体检,关爱职工健康。举办区直机关拔河比赛,29支参赛队,近500名机关干部参加。组织机关17名团干部参加国庆向人民英雄纪念碑敬献花篮仪式任务。11月,组织机关团干部开展“创先争优,争做建设国际化、现代化新东城青年先锋”主题演讲比赛活动。部署区直属机关工会成员单位和团组织调整工作,确立工会成员单位28家,成立团支部22个,确保区划调整后机关群团工作的开展。12月,完成区直机关工会组织选举工作。年内,开展“迎元宵、促和谐”拔河比赛、“我们的节日——庆祝三八妇女节100周年登山比赛”、“快乐工作,健康生活——全民健身走”活动、“和谐杯”乒乓球选拔赛及“倡导绿色生活,做文明有礼青年人——五四”登山系列文体活动。(孙慕星)

【精神文明建设】 5月14日,举办原东城区直属机关田径运动会,全区56个机关单位组成45支代表队,1500名干部,参加57个项目比赛,18名区级领导出席开幕式。5月中旬,原崇文区直机关工委邀请国家体育总局科研所专家为机关干部进行现代办公室健康操培训。开展志愿服务活动,组织区直机关3200余名干部,志愿参加扫雪铲冰工作。组织机关公务员志愿者在王府井步行街参与原东城区"志愿服务,爱在东城"学雷锋高潮日活动。组织16名机关干部到东城区怡彩印务有限公司福利企业,开展学雷锋志愿服务活动。区划调整后,组织区直机关各单位开展"感受新东城一日游"活动,激发干部职工热爱新东城、建设新东城、奉献新东城的主人翁精神和工作热情。组织区直机关40个单位的1000名标兵,完成第十二届北京国际旅游节开幕式安保工作。组织10个单位的528名机关干部作为固定观众,参加第十六届亚运会火炬点燃仪式和火炬传递活动。年内,倡导健康文明的生活方式,开展有益干部身心健康的文体活动。坚持健身房、乒乓球室和台球室全年定时向机关干部开放,组织机关干部做工间操。 (孙慕星)

【思想政治建设】 按照中共十七届四中全会关于"建设学习型政党、学习型党组织"的有关精神,市、区委关于建设学习型党组织的工作要求,研究制订机关工委《关于进一步推进学习型党组织建设的意见》。从党费中拨付专项经费8.7万元,为基层党组织建立流动书库,扩大学习覆盖面。加强党务干部教育培训,向党务干部发放《推进学习型党组织建设》《推进学习型党组织建设学习辅导百问》等书籍,邀请4名专家教授举办组宣业务专题讲座,对党务干部进行培训。整理自2004年以来有关"学习型机关"创建工作资料文件,总结2005年以来20个被评为"学习型机关"创建工作先进单位的经验。建设机关党建网、《机关党建》刊物、宣传栏等舆论阵地,发挥舆论宣传作用。 (孙慕星)

【党风廉政建设】 学习区纪委十届七次全会精神,加强对干部任免条例四项监督制度的宣传教育。通过学习研讨《党内监督条例》《党员处分条例》《建立健全惩治和预防腐败体系2008~2011规划》,开展廉政风险防范管理工作,提高党员廉洁自律自觉性。组织机关党员学习、贯彻、落实《中国共产党党员领导干部廉洁从政准则》精神,开展经常性的党风党纪性教育。组织党员干部观看《党课一小时》《老百姓是天》《第一书记》等影像材料,邀请区纪委领导为区直机关入党积极分子上党风党纪廉政课。组织区直机关党务干部参观东城看守所,进行警示教育。开展机关廉政勤政书画展,举办廉政准则知识竞赛等活动。在《东城机关党建》刊物、机关党建网开设"廉政教育"专栏,研讨机关党风廉政建设的思路和途径,加大机关廉政文化建设力度。 (陈燕燕)

【调查研究工作】 年内,原崇文区直机关工委在本系统65家单位的150余名党务干部中,开展关于党务工作现状的问卷调查,以推进党建创新研究。原东城区围绕涉及机关干部切身利益的热点、难点问题,召开机关干部思想状况座谈会,使机关思想政治工作更具有针对性和实效性。向区委反映机关干部心声,解决机关干部思想上存在的普遍性问题。全年,以座谈会、访谈等方式,了解机关干部想法,形成机关干部思想状况调查报告4篇。行政区划调整后完成第三季度机关干部思想状况调查材料;杨柳荫对此批示:要切实解决好干部工作、生活中的实际问题,为干部工作和生活提供良好环境和必要保障。牛青山批示:这个调查材料很有价值,要适时专题研究。 (孙慕星)

【创先争优工作】 制订下发区直机关《关于2010年深入开展创先争优活动的实施方案》,在各单位中全面开展创先争优系列活动。区划调整后,围绕区委工作部署,制订《关于在区直机关党组织和党员中深入开展以"强堡垒、做先锋,建设新东城"为主题的创先争优活动实施方案》,确定组织机构、活动载体及活动方式。各党组织根据本单位实际,相继制订创先争优活动方案。召开创先争优活动推进会,推广"党员承诺制",区人力社保局、行政服务中心党委介绍结合本职工作开展党员承诺制经验。开展党建创新成果、"群众心目中好党员"、"党员承诺制"、"双学双比双提高"等创先争优活动。七一前夕,在党员中开展评先进、学先进,群众心目中的好党员评选活动,107名党员被评为机关工委系统群众心目中的好党员,其中66名党员被选为区级群众心目中的好党员。经市民投票,原东城法院少年庭庭长岳慧青,原崇文区信访办主任王新民,环卫三队女子抽粪班班长李学玲3人被选为市级群众心目中的好党员,并在区庆祝中国共产党成立89周年暨表彰大会上作典型发言。原东城区直机关推荐的党建创新成果中,区法院"党员思想状况摸排法"、地税局"思想教育基地"获银牌。机关党员干部利用"北京长城网"等网络平台,学习先进基层党组织、优秀共产党员,比工作成绩、岗位奉献,提高共产党员的素质能力。 (孙慕星)

党校工作

【概况】 7月,根据市区划调整意见,原中共东城区委党校和原中共崇文区委党校合并,成立中共东城区委党校(简称区委党校)。实行东城区委党校、东城区行政学院、东城区干部法律培训中心和东城区社会主义学院4块牌子,一套机构。实行校领导班子集体领导下的校长负责制,校长由区委组织部部长兼任,日常工作由常务副校长主持。内设15个科室,现有教职工82人,其中具有专业技术职务资格教师23人,其它人员59人。坚持以教学工作为中心、科研工作为基础、党建和精神文明建设工作为保证、行政和后勤工作为保障的工作方针,是区党、政、企等各类干部的培训基地。年内,结合党校工作实际,围绕建设"国际化、现代化新东城"这一中心任务,落实《2010~2020年干部教育培训改革纲要》精神,发挥干部教育培训主渠道主阵地作用,完成全年各项培训任务。举办各类培训班次59期,培训学员4766人次,其中主体班次45期,培训干部3774人次。与区属单位合作培训班次10期,培训干部818人次。社会委托培训班次4期,培训干部174人次。

单位名称:中共北京市东城区委党校

单位地址:东城区东单北大街干面胡同 10 号
联系电话:65258768 邮政编码:100010 (孔营)

【教学科研】 两校合并后,整理原两校科研制度,结合实际,以原东城区委党校的科研制度为基础,修改制订《教学科研考评委员会职责》《教学科研考评委员会工作制度》等,完善科研课题的预审申报、评估立项、经费保障、结题评定和成果统计等制度。 (孔营)

【科研课题】 年内,取得一批个人和集体科研成果。公开发表学术论文 20 余篇,25 万余字。撰写《北京市东城区探索创新社区党员服务网络》《城市管理改革发展前沿问题研究》《在首都功能核心区实现绿色发展的路径选择》等调研报告。完成市委党校交办的《基层党校教师队伍建设》调研课题。起草《党校双轨制管理体制探索》调研报告。发表《把针对性贯穿于干部教育每一个环节》等论文。 (孔营)

【教学改革】 年内,推进"规定 + 自选"培训模式的改革。根据需要,探索实施项目管理模式。在机构设置调整时,新设培训二科和社区建设教研室,满足教学培训需求。 (孔营)

【校园网建设】 年内,推进"党校管理信息系统"应用,加快办公自动化进程,改进党校外网主页设计。开通"腾迅通",建立电子阅览室,为教学和办公提供方便快捷服务。(孔营)

【精神文明建设】 开展首都卫生清洁日活动和组织教职工到东二环路植树活动。组织部分职工参加东单路口交通疏导。每月开展"共建和谐社区"卫生清洁日活动,与社区携手共建文明社区。开展"党心连民心,亲情进万家"、"共产党员献爱心"等活动。向玉树灾区捐款 1 万元,为社区困难群众、低保老人、贫困学子捐款 4100 元,向贫困地区捐献衣物 300 余件。 (孔营)

党史资料征集

【概况】 7 月,原中共东城区委党史资料征集办公室(地方志编纂委员会办公室)与原中共崇文区委党史资料征集办公室(崇文区地方志编纂委员会办公室)合并成立中共东城区委党史资料征集办公室(东城区地方志编纂委员会办公室),(简称党史办、地方志办),为区委直属参公事业单位,负责研究和指导全区党史(地方志)工作;编制 16 名,设主任 1 名、副主任 2 名,工作人员 10 名。内设综合科、党研科、方志科、编辑部 4 个科室。8 月,任命新东城区党史办主任(地方志办主任)、副主任(地方志办副主任),组成新领导班子。年内,制订东城史志事业发展十二五规划和年度计划,并纳入区十二五规划;收集区委本年主要工作和重大举措等有关资料、政府折子工程、政府办理直接关系群众生活方面的重要实事进展与落实情况等资料,以为存史;启动和开展《中国共产党北京市东城区组织史资料(1987.10 ~ 2010.06)》《中国共产党北京市崇文区组织史资料(1987.10 ~ 2010.06)》编纂工作;全面启动《北京东城区志》《北京崇文区志》续修工作;完成《北京市崇文区军事志》初稿;完成《北京东城年鉴》《北京崇文年鉴》2010 年卷编纂出版发行工作;出版发行《东城史志》季刊 4 期;《崇文史地文化》《东城史地》丛书编辑工作进展顺利,已出版《北京名人故居 · 东城卷》,《军调处执行部》和《北京共产主义小组在东城》两书完成初稿;组织全区年鉴撰稿人外出学习考察 3 批次;完成东城区南北两片革命文物普查工作;先后采访关心和支持区史志事业的邓力群、郑天翔、王定烈、柴泽民、李成瑞、李訥、周觉等老革命、老领导、老干部,抢救和保存大量口述史资料;加强学术研究,在全国各级报刊杂志上,发表《毛泽东与中央苏区廉政建设论述》《走近资深外交家周觉》《后圆恩寺胡同 7 号——蒋介石行辕》《中共八大前后毛泽东关于加强和改进中央领导体制的若干思考与实践》等考证性、史论性、资政性文章近 30 篇。《崇文建设史》获市第十一届哲学社会科学优秀成果二等奖,1 人被评为 2007 ~ 2010 年度北京市党史工作先进工作者。

单位名称:中共东城区委党史资料征集办公室
(东城区地方志编纂委员会办公室)
单位地址:东城区东四十一条 83 号
联系电话:64009361 邮政编码:100007 (杨帅)

【组织史资料编纂】 3 月 12 日,全面启动《中国共产党北京市组织史资料 · 崇文卷(1987 ~ 2010)》编纂工作。原崇文区委党史办向区委常委会作专题汇报。按照区委常委会决定,成立以区委领导夏强为主任、夏树军为副主任的区组织史资料编纂委员会,向全区下发《中共北京市崇文区委组织部关于成立崇文区组织史资料编纂委员会的通知》。同日,召开组织史资料编纂委员会第一次会议。夏树军传达市委办公厅《关于做好〈中国共产党北京市组织史资料丛书〉编纂工作的通知》精神;确定《中共北京市崇文区组织史资料编纂工作方案》;夏强主持会议并讲话。3 月 17 日,召开组织史资料编纂工作动员部署大会,区委组织部常务副部长传达市委办公厅《关于做好〈中国共产党北京市组织史资料丛书〉编纂工作的通知》,宣读《中共北京市崇文区组织史资料编纂工作方案》,夏树军就做好全区组织史资料编纂工作提出要求。3 月 23 日,召开组织史资料编纂工作培训会,全区 83 家编写单位主笔人参加。区委党史办负责人讲解组织史资料编纂工作的任务区分、编写体例、资料收录标准等问题。区档案(局)馆有关负责人对组织史资料编写查阅档案的程序、方法及要求等进行讲解。《中国共产党北京市组织史资料 · 崇文卷(1987 ~ 2010)》征求意见稿已经编纂完成。同月,原东城区成立以杨柳荫为主任、吴松元为常务副主任的《中共北京市东城区组织史资料(1987 ~ 2010 年)》编纂委员会,下设办公室和编辑部,并进行职责分工。制订《中国共产党北京市东城区组织史资料(1987 ~ 2010)》编纂工作方案、编纂纲目、编纂规范,起草并以区委办名义下发中共东城区委办公室关于印发《〈中国共产党北京市东城区组织史资料(1987 ~ 2010 年)〉编纂工作方案》的通知。4 月,原东城区委组织部、党史办、区档案局联合组织召开动员会,各有关单位主管领导参会,统一思想、明确任务,部署工作。5 月,原东城区委组织部、党史办、区档案局联合召开区组织史资料编纂工作培训会。邀请专家讲解组织史资料收集、书写规范、编写体例等编纂基础知识及对《中国共产党东城区组织史资料篇目》进行范例说明。各有关单位150余人参会。通过电话、邮件等进行业务咨询,解答各单位在征集资料、撰写书稿等方面问题,推动组织史资料编纂工作。12月,原东城、崇文区组织史资料完成书稿总纂。年内,接咨询电话206个。

(徐梓婕 杨帅)

【革命遗址普查】 5月21日,原崇文区委党史办召开革命遗址普查工作会,成立由区委宣传部、党史办、区文化委、民政局主管人员组成的区革命遗址普查工作领导小组。领导小组讨论并拟定普查项目及普查工作方案,明确各部门职责。通过走访、查阅历史资料,确定革命遗址3处:中国铁路博物馆正阳门馆、为国死义谢唐君纪念之碑和彭雪枫将军纪念碑。填写《革命遗址普查登记表》《区县革命遗址普查统计表》《区县革命遗址目录》等材料,搜集9张照片,并上报市革命遗址普查工作领导小组办公室。5~7月,原东城区开展革命遗址普查工作。党史办负责具体工作确定专人负责,制订普查工作方案,查阅《东城区志》《东城区地名志》《红色寻踪》,历年《东城年鉴》、文物档案等资料,确定革命遗址普查对象21处:"亢慕义斋"旧址、《新青年》编辑部旧址、北京大学红楼、北京大学民主广场、北京饭店初期建筑、第一次国共合作的国民党北京执行部、市党部旧址、豆腐池胡同毛泽东在京居住地、吉安所左巷毛泽东在京居住地、中国国家博物馆、军调部中共代表团驻地、李大钊被捕处、毛主席纪念堂、欧美同学会会址、人民英雄纪念碑、孙中山逝世纪念地、天安门、天安门广场、王荷波等烈士牺牲地、赵家楼遗址、吉鸿昌牺牲地。实地调查和档案核查相结合,每处革命遗址都实地勘测,走访当事人、知情人或有关管理人员,查访相关档案材料,对照普查登记表中的要求,逐项逐条收集数据。将调查数据与历年征集的党史资料、文物档案对照核实,确保准确无误后,填写《革命遗址普查登记表》《北京市东城区革命遗址目录》《北京市东城区革命遗址普查统计表》,形成普查成果,上报市革命遗址普查工作领导小组办公室。

(徐梓婕 杨帅)

【编研成果】 5月,原东城区党史办(地方志办)编辑出版《人民公仆刘少奇》,该书是少年朋友课外读物,50千字。选取刘少奇人生中若干故事、事件片断,约略而丰满地展现他一生光辉业绩和崇高风范。

(杨帅)

【机构调整】 7月14日,区委领导吴松元,召集原东城区、崇文区史志负责人,商讨史志工作对接事宜。针对原东城区党史办和地方志合署办公,事业编制、机构独立,原崇文区党史办隶属组织部、地方志办隶属政府办公室、行政编制等情况,要求:保持原东城的党史、地方志体系不变,所有职能集中到新东城区党史办、地方志办,资源要整合到一块;工作延续性不变,返聘人员继续返聘;目前要做好组织史资料编纂、二轮修志等重点工作;整个对接工作由原东城区党史办(地方志办)主任牵头负责;相关业务工作如何开展,与市级有关指导部门加强沟通。8月5日,区委组织部常务副部长主持召开新东城区党史办(地方志办)全体干部会议。宣读区委常委会议决定,任命新东城区党史办主任、副主任。吴松元提出要求。8月13日,召开行政区划调整后第一次史志工作大会,市地方志办公室主任、区主管领导参会。传达区委组织部对新一届领导班子的任命通知,介绍南北片工作人员情况。市、区领导讲话,要求新班子履行职责,顾全大局、团结协作、形成合力。同时,整合原两区资源,加快职能和人员融合。8月17日,按照区委、区政府筹备组工作部署,成立办公用房调整搬迁工作领导小组,制订搬迁工作方案,明确分工、责任,完成搬迁工作。

(杨帅)

【《东城史志》季刊】 全年出版四期,刊载文章史料48篇,32万字。征集到老革命家袁宝华、刘导生、周克玉与著名学者李希凡等人的题词与文章。为适应新东城区的形势,从第三期开始增加内容与彩页,增强刊物的质量、时效性。配合新区成立、抗美援朝60周年专题等出版专刊,探索存史资政新模式。有2篇文章被《纵横》等刊物转载。每期向区域内各单位发行800册,向市委党史研究室、市地方志编纂委员会、各区县史志部门赠送100余册。被国家博物馆、国家图书馆、首都图书馆等文博单位列为馆藏刊物。

(杨帅)

【《崇文史志通讯》】 年内,出版《崇文史志通讯》1期(总第41期),按照"围绕中心、服务大局、突出特色"的方针,刊用各类稿件14篇,7.07万字,图片29张,发行2000册。主要栏目:记录、难忘的记忆、党史工作、回首、史迹纵横等。

(徐梓婕)

纪检监察

【概况】 1979年9月,原中共东城区委纪律检查委员会筹备组成立。1980年9月,中共东城区第三届委员会第一次全体会议选出区委纪律检查委员会委员9人,为区委工作部门。1984年,升格为中共北京市东城区纪律检查委员会(简称区纪委),建立常务委员会和工作机构。1993年4月,区纪委与北京市东城区监察局(简称区监察局)合署办公,实行一套工作机构,两个机关名称体制。履行党的纪律检查和行政监察职能,对市纪委和区委全面负责。监察局属政府序列,接受区政府领导。内设机构:办公室、信访室、检查室、审理室、宣传教育室、党风廉政建设室、执法监察室、纠正行业不正之风办公室(属区政府临时机构)。4月21日,中共东城区委、东城区人民政府《关于印发北京市东城区人民政府办公室等部门主要职责内设机构和人员编制规定的通知》规定,区纪委监察局下设10个内设机构(办公室、干部室、宣教室、党风廉政建设室、信访室、案件检查室、案件审理室、执法监察室、纠正行业不正之风工作室、绩效评估办公室)和东城区行政投诉中心,行政编制42人。7月1日,原东城区纪委监察局与原崇文区纪委监察局合并为东城区纪委监察局。下设12个室(办公室、干部室、宣教室、研究室、领导干部廉洁自律室、信访室、案件检查室、案件审理室、执法监察室、纠正部门和行业不正之风工作室、绩效评估办公室、巡视办)和行政投诉中心。新区纪委委员57人,其中常委15人。12月15日,区两办转发《区纪委、区委组织部、区编办、区监察局、区财政局关于加强区属党政群机关和事业单位纪检监察组织建设的实施意见》的通知,在全区63个党委、工委、党组设立纪委、纪工委和纪检组。年内,全区各单位及纪检监察组织,按照中央纪委、市委、市纪委要求和区委区政府部署,以科学发展观为指导,围绕区发展大局和区划调整实际,稳步推进惩治和预防腐败体系建设。坚决惩治腐败,建立预防腐败的权力制约和监督机制,增强党员干部廉洁从政意识,群众反映强烈的突出问题得到有效治理,严格执行区划调整六项纪律,党风廉政建设和反腐败斗争成效明显。

单位名称:中共东城区纪律检查委员会(东城区监察局)
单位地址:东城区钱粮胡同3号
联系电话:64013321　邮政编码:100010　(彭军荣)

【廉洁自律】　元旦、春节期间,按照市纪委要求,原崇文区专项检查全区领导干部落实廉洁自律要求和厉行节约情况。落实领导干部述职述廉、诫勉谈话、个人有关事项报告等制度。2月3日,原东城区召开经济责任审计工作联席会,总结上年工作,明确本年任务。周京生、吴松元出席。3月16日,原东城区召开党员领导干部监督工作协调小组会,研究确定本年党员领导干部监督工作重点。周京生主持,9家成员单位参加。3月22日,原东城区制发《2010年领导干部廉洁自律工作计划》,部署贯彻落实《中国共产党党员领导干部廉洁从政若干准则》、党员领导干部报告个人有关事项制度等。5月12日,原东城区领导周京生与5名新任正处级领导干部,进行集体廉政谈话。5月25日,原东城区召开政务公开、公用事业单位办事公开工作会议,周京生、徐熙出席。5月27日,市专项工作检查组检查原东城区因公出国(境)公示试点工作情况,对试点工作予以肯定,认为提供了示范经验。8月3日,周京生与16名新任区纪委监察局机关副处职干部集体廉政谈话。8月31日,组织两区合并前新提拔任用的处级领导干部66人,参观市反腐倡廉法制教育基地并进行集体廉政谈话。年内,各级党委、纪委负责人与处、科级领导干部谈话526人次,任前廉政谈话656人次,对处科级领导干部13人函询,处级以上领导干部述职述廉2706人次,全区局级74人、处级党员领导干部1072人按要求填报有关事项。

(彭军荣　高萌)

【专项治理】　1月5日,市治理工程建设领域突出问题工作领导小组办公室主任、市发改委副主任宋宇带队到原东城区检查专项治理工作情况。2月2日,原东城区召开工程建设领域突出问题专项治理工作推进会,对下一步工作提出要求。2月8日,原崇文区召开工程建设领域突出问题专项治理工作会。通报全市和本区近期专项治理工作情况及存在的问题,部署下一步工作。周永明出席并讲话。3月15日,原东城区召开治理工程建设领域突出问题工作领导小组办公会。周京生、李荣庆出席,区监察局、发改委、住建委等部门主管领导参加。3月22日,原东城区召开治理工程建设领域突出问题工作领导小组扩大会议。周京生主持,李荣庆出席,30家成员单位主要负责人参加。3月30日,原东城区召开工作部署会,落实中央扩大内需促进经济增长政策落实暨治理工程建设领域突出问题监督检查工作会议电视电话会,周京生、李荣庆出席。3月30日,中央召开扩大内需促进经济增长政策落实暨治理工程建设领域突出问题监督检查工作电视电话会议,张岚、周永明出席原崇文区分会场会议。9月13日,召开治理工程建设领域突出问题工作领导小组会议,周永明主持,周京生出席。9月14日,市监察局副局长、市治理办副主任杨小兵带队检查区工程建设领域突出问题专项治理工作,周京生参加。对2008年以来立项、在建、竣工的212个区属重点工程项目展开排查,查出69个项目存在问题122个,涉及不按规定进行招投标、施工方案与规划不符、未办理开工手续就先施工、绿地率不达标等问题,按要求已完成整改项目55个,整改问题104个,整改完成率分别为80%和85%。

(彭军荣　高萌)

【党风廉政建设责任制】　年初,原崇文区贯彻落实《崇文区贯彻落实中共中央建立健全惩治和预防腐败体系2008~2012年工作规划和北京市建立健全惩治和预防腐败体系2008~2012年实施办法的意见》,提出工作目标和要求。1月22日,向市纪委报送《崇文区关于市党风廉政建设责任制专项检查反馈意见的整改措施报告》,落实党风廉政建设责任制。3月22日,原东城区纪委制发《2010年贯彻落实党风廉政建设责任制工作计划》。5月6日,原东城区印发《2010年东城区贯彻落实党风廉政建设责任制推进惩治和预防腐败体系建设主要任务分工》,将33项主要任务及111项具体工作分解落实到13名区委、区政府领导干部和41个牵头单位。6月19日,原东城区印发《关于进一步贯彻落实党风廉政建设责任制的意见》,明确和重申党风廉政建设责任制的重要性、责任主体和职责要求、重点任务、重点环节及工作机制。6月21日,原东城区印发《关于加强社区党风廉政建设的意见》,明确社区党风廉政建设的领导体制和工作机制,提出社区加强党风廉政文化建设等7项具体任务。7月29日和8月5日,区纪委常委会分别听取北京站地区管理处、景山街道党风廉政建设工作汇报。11月25日,召开区贯彻落实党风廉政建设责任制推进惩防体系建设主要任务牵头单位汇报会,区领导杨柳荫、常卫、刘云斋、赵中原、周京生、徐熙、吴松元、夏树军、毛桂芬、宋甘澍、毛炯出席,杨柳荫提出工作要求。12月17~21日,杨柳荫、牛青山、常卫、赵中原、周京生带队抽查区21个单位贯彻落实党风廉政建设责任制及推进惩防体系建设工作。12月15日，制订下发《关于加强反腐倡廉制度建设的意见》，推动防控制度建设。完善社区党风廉政建设责任制，加强社区党员及社区工作者的教育和管理，推进社区党务公开和居务公开。（彭军荣　高萌）

【纪委全会】 1月26日，召开原崇文区纪委十届七次全会暨区党风廉政建设工作会议。总结上年工作，部署本年党风廉政建设和反腐败工作任务，听取和审议张岚代表区纪委常委会作的工作报告。会议审议通过区纪委十届七次全会工作报告和全会决议。牛青山主持会议，市纪委副书记隋秀梅、区领导夏强及区四套班子领导出席。2月9日，原东城区纪委十届七次全会暨区党风廉政建设工作会议召开。会议总结上年工作，部署本年党风廉政建设和反腐败任务，听取和审议周京生代表区纪委常委会作的《深入推进党风廉政建设和反腐败工作，为国际化、现代化新东城建设提供有力保证》工作报告，通过《中国共产党北京市东城区第十届纪律检查委员会第七次全体会议决议》，表彰区公安分局、检察院等上年度党风廉政建设先进单位23个。区领导杨柳荫，市纪委常委刘经宇出席并讲话。常卫主持会议。冯熙、曾刚健出席。（彭军荣　高萌）

【查办案件工作】 1月28日，召开原东城区党员领导干部违纪违法案件查办工作联席会，市纪委常委马燕军，区领导周京生出席。5月19日，原东城区召开纪检监察案件检查工作会议，部署区案件检查工作，市纪委第一纪检监察室主任应邀作辅导报告，周京生出席。12月28日，召开区领导干部违纪违法案件查办工作联席会。全年，初核案件线索23件，立案26件，大要案13件，直查案9件，结案14件。违纪行为主要涉及违反财经纪律、贪污受贿、违反社会主义道德等。给予开除党籍处分6人，其中处级领导干部1人，其他人员5人。留党察看处分2人，其中处级领导干部1人，其他人员1人。党内警告处分1人（处级领导干部）。免于党纪处分1人。给予诫勉谈话1人。其他处理2人。（彭军荣　高萌）

【烟花爆竹管理行政检查】 年初，原东城区制发《东城区监察局关于对东城区2010年元旦春节烟花爆竹安全管理工作实施行政检查的方案》，成立监督检查工作领导小组。1月28日，原崇文区召开政府烟花爆竹安全管理工作领导小组行政检查部署会，部署《崇文区监察局关于对2010年元旦春节烟花爆竹安全管理工作开展行政检查的实施方案》。2月12日，原东城区领导周京生带队到建国门街道检查烟花爆竹安全管理工作。2月20日，原崇文区对春节期间烟花爆竹安全燃放管理工作开展行政检查。2月25日，原东城区印发《关于加强2010年元宵节烟花安全管理工作的通知》，拉网式检查全区26个烟花爆竹销售点，督促各监管单位对销售网点无证上岗、消防设备不到位等问题及时整改。（彭军荣　高萌）

【"两员"工作】 1月29日，原东城区纪委监察局召开区特邀监察员、党风廉政监督员新春茶话会，谋划本年工作。3月4日，原东城区召开"两员"组长一季度工作例会。4月9～10日，原东城区召开本年"两员"工作会议，总结上年监督工作，部署本年主要任务，通报联系单位对"两员"监督工作的意见建议，周京生出席。（彭军荣）

【举报和投诉办理】 1月至11月，行政投诉中心接到行政投诉案件294件，受理46件，已办结46件（直查件8件），办结率100%。其中反映态度恶劣17件，反映行政不履职23件，反映乱作为2件，反映推诿扯皮1件，反映其他违法问题3件。全年，受理群众举报321件（次），办结115件（次）。召开信访排查会29次，研究信访件253件，移交案件线索26件。（彭军荣　高萌）

【宣教工作】 年初，原东城区印发《2010年东城区反腐倡廉宣传教育工作任务分工》。2月4日，组织区房管局等单位的党政主要领导和党员干部260余人，旁听法院公开庭审原东城区房屋土地经营管理中心副主任受贿案。3月3日，原东城区召开区反腐倡廉宣传教育工作联席会，19家成员单位参加，周京生出席。4月14日，原东城区区纪委、区委组织部、宣传部举行授牌仪式，确定区法院为东城区廉政教育基地，周京生出席。4月27日，原东城区组织区处以上领导干部，观看反映沈长瑞先进事迹的影片《老百姓是天》。区领导周京生、金旭、毛桂芬、毛炯，全区各单位党政主要领导及相关负责人，纪检监察干部700人参加。5月18日，原东城区周京生为区教育系统党员领导干部作反腐倡廉专题辅导。6月29日，原东城区第三届群众勤廉书画作品展开幕。区领导周京生、章冬梅及区法院院长出席。本次展览收到作品716件，展出获奖作品116件。6月，原崇文区组织开展"强化廉政意识 弘扬新风正气"反腐倡廉主题教育活动。出台《关于开展廉政文化"五进"活动的实施意见》（五进：进机关、进学校、进社区、进家庭、进企业），指导全区开展廉政文化创建活动。组织全区党员干部集中观看以沈长瑞事迹为原型的电影《老百姓是天》和以王瑛的先进事迹为原型的电视剧《远山的红叶》。区划调整后，宣传区新时期反腐倡廉建设形势，《中国纪检监察报》和廉政北京频道分别报道区基层民主建设、区划调整中监督保障工作以及行政投诉制度改革等情况。以先进典型引导、警示教育、廉政谈话和民主生活会等方式，在全区各级党组织中开展"扬清风正气、树公仆形象"主题教育，增强党员干部廉洁从政意识。8月，编印《党员领导干部廉洁从政教育手册》6800本，发放党员干部，内容包括党纪条规、格言警句、腐败案例、贪官忏悔、媒体声音、他山之石。加强党员干部理想信念、党性党风党纪、廉洁从政教育，收到良好效果。9月8日，召开部分纪委（纪工委）书记、纪检组长座谈会，交流电影《老百姓是天》、电视剧《远山的红叶》观后感，周京生出席。10月20日，举办学习贯彻新修订的行政监察法报告会，中央纪委法规室副主任谭焕民应邀对行政监察法作讲解，400余名纪检监察干部参加。（高萌）

【民主评议】 2月5日，原崇文区召开民主评议工作座谈会，总结上年工作,通报评议整改工作情况。5月28日,原崇文区召开民主评议基层站所工作动员部署会,刘云斋出席并讲话。年内,区纠风办组织成立4个民主评议督导组,督导全区民主评议基层站所工作。组织人大代表、政协委员、社区居民、服务对象等,评议17个街道以及教育、卫生、公安、工商、国税、地税等157个基层重点服务窗口,以明察暗访、调查问卷、网上测评等方式,组织开展对区属61个单位政务网站公开内容打分评议工作,发现问题督促相关单位整改。

(高萌)

【领导调研】 2月11日,原东城区领导杨柳荫看望慰问纪检监察干部,提出工作要求,常卫、周京生、王红兵参加。3月至4月,张岚先后到原崇文区住建委、崇文门外街道、检察院和人力社保局等单位进行廉政风险防范管理工作专题调研。4月20日,市纪委常委张同生到原东城区调研廉政风险防范管理工作。4月29日,张同生到原崇文区调研指导廉政风险防范管理工作,夏强、张岚参加调研。5月11日,中央纪委监察部驻国家环保部纪检组、监察局一行14人,在纪检组副组长、监察局局长郭瑞林率领下到原崇文区考察交流廉政风险防范管理工作。市环保局纪检组组长吴问平等陪同考察。张岚、朴学东参加。5月13日,市纠风办副主任、市监察局副局长宋兰刚等到原东城区调研义务教育学校推进绩效工资工作情况。上半年,周京生到原东城区住建委、房地中心、民防局、行政服务中心、国资委、审计局、财政局、教委、检察院、国税局、市政市容委、东二环交通商务区、园林绿化局、东方信达总公司、法院、规划分局、卫生局、东直门街道等单位调研。8月11日,市纪委副书记王海平到区调研廉政文化建设工作,周京生参加调研。8月至11月,周京生到永定门外街道、环卫一中心、房地经营一中心、城管监察大队、建国门街道东总布社区进行工作调研。9月1日,市纪委副书记、监察局局长张厚崑到区调研,市纪委常委边学愚、张才雄,区领导杨柳荫、牛青山、周京生、夏树军参加。9月9日,市委常委、市纪委书记叶青纯到区调研廉政风险防范管理工作。市纪委副书记隋秀梅、王荣军,区领导周京生陪同。11月26日,王海平到区调研党风廉政建设和反腐败工作。周京生陪同调研。

(彭军荣)

【廉政风险防范管理】 年初,原东城区印发《关于进一步推进廉政风险管理工作的通知》。3月5日,原东城区召开从源头上预防和治理腐败组织协调工作会,周京生出席,成员单位参加。3月22日,原东城区印发《关于确定我区2010年廉政风险防范管理工作重点联系单位的通知》,确定4个街道、4个区政府部门、2个双管单位、1个国有企业和5个基层单位为区级重点联系单位。3月25日,全国检察机关廉政风险防控机制建设现场会在原崇文区检察院召开。最高人民检察院常务副检察长张耕出席会议并讲话,中央纪委驻高检院纪检组组长莫文秀主持会议。市人民检察院检察长慕平、区人民检察院检察长就开展廉政风险防控机制建设发言。全国检察机关纪检监察工作负责人120余人参加会议。5月,原东城区领导杨柳荫就推进廉政风险防范管理工作向区级领导班子和领导干部提出要求。6月10日,原东城区召开区级领导班子和领导干部开展廉政风险防范管理工作部署会,落实《区级领导班子和领导干部开展廉政风险防范管理工作实施方案》,周京生出席。8月2日,下发《关于认真做好下半年廉政风险防范管理工作的通知》,推进廉政风险防范管理"向上""向下"延伸,区级领导班子和领导干部分别对照民主集中制、"一岗双责"和《廉政准则》要求查找风险点,公示防控措施。基层科、队、站、所的风险防控工作进展顺利。工程建设、社保基金、公款消费、保障性住房和低保审核五个重点领域廉政风险防范项目化管理工作取得成效。纵向区、处、科三级,横向重点领域廉政风险防控工作实现全覆盖。10月11日,召开区级领导班子、领导干部开展廉政风险防范管理工作协调会,周京生出席。

(彭军荣　高萌)

【廉政工作会】 3月23日,原崇文区召开廉政工作会议,贯彻落实国务院第三次廉政工作会议和市廉政工作电视电话会议精神,部署本年区政府系统反腐倡廉工作。牛青山出席并讲话。刘云斋、张岚、朴学东、宋甘澍出席会议。(高萌)

【纠风工作】 3月24日,原崇文区召开清理规范评比达标表彰工作联席会成员单位会,传达市《关于清理规范评比达标表彰活动工作有关事项的通知》文件精神并部署工作。4月8日,原崇文区组织收看国务院和市纠风工作电视电话会议。年内,完善网络热线机制,强化"政风行风热线"办理,坚持督办、考核、分析和定期通报制度,编发"政风行风热线"工作简报,全年受理政风行风热线401件,内容涉及环境卫生、私搭乱建、小区停车位不足等问题,办理满意率100%。原东城区组织召开解决损害群众利益突出问题工作联席会。开展庆典、研讨会、论坛过多过滥问题专项治理。制订下发《东城区关于清理评比达标表彰结果的通知》,开展对教育收费、财务管理以及中小学招生考试工作监督检查。专项整治网上药品集中采购,食品药品安全工作。原崇文区组织召开政务公开领导小组成员单位会议,现场监督工团政府采购招投标工作。

(高萌)

【学习贯彻廉政准则】 3月,原东城区制发《中共东城区委关于认真组织学习宣传、贯彻落实〈中国共产党党员领导干部廉洁从政若干准则〉(简称廉政准则)的通知》,为全区处级以上领导干部和纪检监察干部购买廉政准则学习用书。3月5日,原崇文区举办学习贯彻廉政准则动员部署暨专题辅导大会,邀请中央纪委法规室监察专员王凡,就学习贯彻廉政准则作辅导报告。夏强主持会议并就学习贯彻廉政准则作动员部署,要求全区各单位对照廉政准则,修正和完善本单位廉政风险防范管理工作。4月7日,原东城区举办学习贯彻廉洁从政若干准则专题报告会,中央纪委法规室有关领导为区领导干部作专题辅导报告,周京生主持,区级领导班子成员,各党政机关、事业单位、群团组织处级领导干部,区属国有企业党政主要领导及全区各单位监察科长400余人参加。4月13日,原崇文区召开学习贯彻廉政准则、推进廉政风险防范管理工作大会,张岚出席并讲话。上半年原崇文区组织开展学习贯彻廉政准则知识竞赛和征文活动，征文20余篇，并在《崇文宣传》上择优刊登，在《新崇文报》开辟解读宣传廉政准则专栏。12月7日，举办以“学廉政准则知识 做廉洁从政模范”为主题的知识竞赛决赛。中央纪委领导王凡、戴军、韩萍，市纪委王海平等有关领导，区领导周京生、邵鹏、宋甘澍、冯藏淑等出席。处级单位党委（党组）书记，部分副处领导干部、纪检监察干部以及党员干部代表近千人观看比赛。年末，编印《中国共产党党员领导干部廉洁从政若干准则图解》为主要内容的台历2000余本，发至区处以上领导干部和部分重要岗位人员。 （高萌）

【网上监察】 4月30日，原东城区召开网上监察二期建设调研部署会，周京生出席。有序推进网上监察。已完成一期工程包括行政审批、政务公开、公共安全和政府折子工程4个重点项目建设。筹建二期工程包括民生工作、行政执法、政府投资等6个模块网上监察系统。 （彭军荣）

【治理“小金库”】 6月25日，原东城区纪委、监察局、财政局、审计局4部门联合下发《关于做好2010年“小金库”治理工作的通知》，对治理“小金库”工作提出要求。全区175个企业和116个社团上报“小金库”自查自纠情况报告，自查覆盖面100%，自查发现小金库1个，金额5万元。有39家单位查出假发票975张，涉及金额906.19万元。 （彭军荣）

【信息工作】 上半年，原东城区纪委编辑印发《东城纪检监察信息》19期，向中央纪委、市纪委报送信息30余条，市纪委采纳8条（篇），向区委办、政府办报送信息40条（篇），《东城信息》采用25条，《昨日区情》采用4条。原崇文区纪委编辑《崇文纪检监察》12期，廉政准则专刊1期，向市纪委报送信息30余条。印发《关于进一步加强纪检监察信息工作的意见》，对全区纪检监察系统信息工作提出要求。下半年，编辑印发《东城纪检监察信息》23期，向中央纪委、市纪委报送信息40余条，市纪委采纳10条（篇），向区委办、政府办报送信息60条（篇），《东城信息》采用35条，区政府《昨日区情》采用10条。 （彭军荣 高萌）

【纪检监察工作会】 7月30日，召开区纪检监察干部会议，学习贯彻中央、市委关于行政区划调整精神和区委全会、区党代会精神，通报新区纪委监察局领导班子成员任命情况和区纪委监察局组建及调整合并工作进展情况。周京生出席并讲话。9月16日，召开全区纪检监察工作会议，总结本年党风廉政建设和反腐败工作，部署下一阶段工作任务。周京生出席并讲话。12月17日，召开全区纪检监察工作会议，传达学习区委全会精神，回顾本年工作，提出下年工作思路，就贯彻落实《关于加强反腐倡廉制度建设的意见》提出要求。周京生出席并讲话。 （彭军荣）

【调研工作】 7月，确定围绕“加强公房管理”和“规范小型工程建设”开展专项调研。9月，按照市纪委部署，会同丰台区、市教工委，完成调研课题《深入贯彻实施〈廉政准则〉规范干部选拔任用工作——关于严禁领导干部违反规定选拔任用干部的调研》。12月，区纪委监察局领导撰写的《改革创新求真务实 统筹推进 切实提高反腐倡廉制度建设科学化水平》《努力创新政务公开工作 打造高效政务服务体系》《关于政府绩效管理的调研报告》等8篇调研报告，上报市纪委和区委研究室参加评比。其中周京生的《改革创新 求真务实 统筹推进 切实提高反腐倡廉制度建设科学化水平》获市纪检监察系统调研报告二等奖。 （高萌）

【巡视工作】 8月20日，召开区委巡视工作领导小组会议。听取审议区委巡视组本年上半年对城管监察大队和市政市容委巡视情况以及下半年巡视工作安排汇报，研讨如何加强和改进巡视工作。周京生主持会议，区委巡视工作领导小组成员和区委巡视组成员参加。9月2日，巡视组进驻北新桥街道开展巡视。12月6日，巡视组回查巡视安定门街道。 （彭军荣）

【法规清理】 8月，按照市纪委要求，清理2008～2010年区纪委监察局制订的规范性文件。清理47件，决定废止6件，修改22件，保留19件。 （高萌）

【厉行节约】 10月20日，下发《关于做好落实厉行节约各项工作要求情况统计的通知》。结果显示，公款出国境费用同比减少64.93万元，车辆购置及运行费用减少2009.32万元，公务接待费用减少102.66万元，会议费用减少156.4万元，通信费用减少132.88万元。 （彭军荣）

【监督检查】 年内，原东城区开展对区委十届九次全会作出的决策部署执行情况以及落实经济发展方式转变、产业结构优化升级、保障性住房政策开展监督检查，对住房保障体系建设工作及社保卡发放工作进行监督检查，对社保基金、住房公积金、扶贫基金和救灾资金实施专项监管。对地铁6、8号线拆迁项目，西河沿房改带危改土地一级开发项目，东交民巷29号、31号院拆迁及南锣鼓巷道路改造工程项目进行监督。原崇文区针对保障性住房、信息公开、社会保障，分别实施立项效能监察。监督检查弘善地区保障性住房建设管理、工程进展、资金使用等情况，对第六次限价商品房162户摇号和选房情况、经济适用房1384户摇号和600户选房情况现场监督。专项检查区食品办、区工商分局、区卫生局、区药监局等单位履职情况。检查新世界地下超市、前门大街周大福店、体育馆法华南里、天坛公园、北京规划展览馆等商务企业、地下空间和旅游安全生产工作情况。加强对区划调整“六个严禁”规定执行情况和行政服务工作的监察。对保障性住房建设与管理、社会保障等民生工程实施效能监察，检查“校安”工程建设，督促整改发现的问题。 （彭军荣 高萌）

中国共产党北京市原东城区委员会

书记、副书记、常务委员

书　　记　杨柳荫
副 书 记　杨艺文(女)
常务委员　杨柳荫　杨艺文(女)　常　卫
周京生　徐　熙　王红兵
李荣庆　吴松元　左海星
谢世龙

工作机构负责人

办公室主任	王红兵
组织部部长	吴松元
老干部局局长	张智敏(女)
宣传部部长	章冬梅(女)
统战部部长	郭瑞敏(女)
台湾工作办公室主任	关连宝(5月免)
	曲　力(女,5月任)
政法委员会书记	常　卫(兼)
综合治理委员会办公室主任	杨五一
研究室主任	石利生
直属机关工委书记	王红兵(兼)
党校校长	吴松元(兼)
社会主义学院院长	吴松元(兼)

中国共产党北京市原东城区纪律检查委员会

书　记　周京生
副书记　陈大龙(4月免)　杨　新
侯　瑾(女)　陈　岗(4月任)

区政府行政局党委书记

文化委员会	牟玉宪
教育工作委员会	袁为民(女,1月免)
	蔡福全(1月任)
卫生局	陈　刚
园林绿化局	陈晓梅(女)
环境卫生服务中心	范　辉(女)
体育局	刘海军

区直属事业单位负责人

党史资料征集办公室主任　彭积冬

中国共产党北京市原崇文区委员会

书记、副书记、常务委员

书　　记　夏　强
副 书 记　牛青山　滕盛萍(女,2月免)
常务委员　夏　强　牛青山
滕盛萍(女,2月免)　赵中原
刘云斋　何瑞杰　张　岚(女)
丁茂战(5月免)　姜良栋
邵　鹏　朴学东　夏树军

工作机构负责人

办公室主任	空缺
常务副主任	周桂芳(女)
组织部部长	夏树军
党史资料征集办公室主任	王　梅(女)
宣传部部长	赵中原
精神文明建设委员会办公室(挂靠宣传部)	
主任	张永清
统一战线工作部部长	邵　鹏
台湾工作办公室(同时挂政府台湾事务办公室牌子,与统战部合署办公)主任	何润林
政法委员会书记	滕盛萍(女,兼,2月免)
社会治安综合治理委员会办公室(与政法委员会合署办公)	
主任	李　丽(女)
防范和处理邪教问题领导小组办公室(同时挂政府防范和处理邪教问题办公室牌子,挂靠政法委员会)	
主任	刘宗琦
区委、区政府研究室主任	盛继洪(6月免)
	郝留亮(6月任)
直属机关工作委员会书记	丁茂战(兼,5月免)
教育工委书记	朱占勋
社会工委书记	赵小平
老干部局(由组织部管理)局长	颜宪国
党校校长	夏树军
新闻中心主任	李卫华

区政府、人民团体党政分设工作机构党委(组)书记

科委党组书记 周晓沪
文化委员会党委书记 贾红梅(女)
国有资产管理委员会党委书记 隗功林
民政局党组书记 张卫合
司法局党组书记 郭树楠
卫生局党委书记 隗冬燕(女)
体育局党组书记 王贵忠
民防局党组书记 刘 方(兼)
商务委员会党组书记 陈军义
安全生产监督管理局党组书记 张维和
城管监督中心党组书记 戴开宏
行政服务中心党组书记 刘 健(女,兼)
园林绿化局党委书记 贾福明
档案局(馆)党组书记 王敬新
房屋土地经营管理中心党委书记 陈时雨(3月任)
环卫服务中心党委书记 李庆君(女)

中国共产党北京市原崇文区纪律检查委员会

书 记 张 岚(女)
副书记 杨春发 李连喜 翟 军(女)

中国共产党北京市东城区委员会

书记、副书记、常务委员

书 记 杨柳荫
副书记 牛青山 常 卫 刘云斋
常务委员 杨柳荫 牛青山 常 卫 徐 熙 赵中原 吴松元 邵 鹏 左海星 谢世龙 夏树军

工作机构负责人

办公室主任 夏树军(7月任)
组织部部长 吴松元(7月任)
老干部局局长 张智敏(女)
宣传部部长 赵中原(7月任)
新闻中心主任 李卫华(7月任)
统战部部长 邵 鹏(7月任)
台湾工作办公室主任 王宝祥(9月任)
政法委员会书记 刘云斋(兼,7月任)
综合治理委员会办公室主任 刘宗琦(7月任)
研究室主任 石利生(7月任)
直属机关工委书记 夏树军(7月任)
精神文明建设委员会办公室主任 曹兴成(7月任,12月免) 周桂芳(12月任)
社会工作委员会书记 朱占勋(7月任)
党校校长 吴松元(兼,7月任)
社会主义学院院长 吴松元(兼,7月任)
党史资料征集办公室主任 彭积冬(9月任)

中国共产党北京市东城区纪律检查委员会

书 记 周京生
副书记 杨春发 杨 新 李连喜 侯 瑾(女) 翟 军(女) 陈 岗

区政府、人民团体党政分设工作机构党委(组)书记

社会工作委员会书记 朱占勋(7月任)
妇女联合会党组书记 赵 健(女,7月任)
残疾人联合会党组书记 晋 鹏(7月任)
工商业联合会党组书记 颜宪国(7月任)
文学艺术界联合会党组书记 周晓沪(7月任)
科学技术协会党组书记 吴金涛(7月任)
红十字会党组书记 刘京生(7月任)
政府办公室党组书记 牟玉宪(7月任)
信息办公室党组书记 谢霄鹏(7月任)
区委教工委书记 蔡福全(7月任)
科学技术委员会党组书记 邱少军(7月任)
民政局党组书记 张卫合(7月任)
司法局党组书记 郭树楠(7月任)
财政局党组书记 王兆康(7月任)
人力资源和社会保障局党组书记 王志亮(7月任)
房屋管理局党组书记 刘海军(7月任)
城市综合管理委员会党组书记 赵鹏锦(回,7月任)
商务委员会党组书记 王 健(7月任)
文化委员会党委书记 程永涛(7月任)

卫生局党委书记	张　明(7月任)	信访办公室党组书记	张维和(7月任)
人口和计划生育委员会党组书记	王力宇(7月任)	行政服务中心党组书记	刘　健(女,7月任)
审计局党组书记	许　健(7月任)	城市管理监察大队党组书记	王建华(7月任)
国有资产监督管理委员会党委书记	乔世怀(7月任)	城市管理监督中心党组书记	王建平(7月任)
安全生产监督管理局党组书记	刘建平(7月任)	产业和投资促进局党组书记	戴开宏(7月任)
体育局党委书记	赵建忠(7月任)	雍和园管理委员会党组书记	贾红梅(女,7月任)
统计局党组书记	陈　平(7月任)	危旧房改造办公室党组书记	杨金魁(7月任)
园林绿化局党委书记	陈晓梅(女,7月任)	前门大街管理委员会党组书记	隗冬燕(女,7月任)
旅游局党组书记	尹广枢(7月任)	档案局(馆)党组书记	王敬新(7月任)
民防局(地震局)党组书记	刘　方(7月任)	房屋土地经营管理二中心党委书记	陈时雨(7月任)
民族宗教侨务办公室党组书记	陈孝康(7月任)	环境卫生服务一中心党委书记	锡梓荣(满族,7月任)
外事办公室党组书记	王贵忠(7月任)	环境卫生服务二中心党委书记	李庆君(女,7月任)
法制办公室党组书记	周秋来(7月任)	北京站地区管理处党组书记	姜长林(7月任)

民主党派

民革东城区筹备委员会

【概况】 中国国民党革命委员会(简称民革)是具有政治联盟性质的、致力于建设中国特色社会主义和祖国统一事业的政党,是中国共产党领导的多党合作和政治协商制度中的参政党。1990年5月,成立第一届东城区工作委员会(民革市委派出机构)。2003年7月,成立民革北京市东城区委员会。2006年6月,召开民革东城区第二次代表大会,产生新一届领导班子。9月27日,根据中共北京市委统战部《关于在北京市行政区划调整中做好民主党派区级组织调整工作座谈会纪要》文件精神,经民革北京市第十三届委员会第十八次常务委员会议研究,民革东城区新一届委员会筹备委员会成立。为便于管理,开展工作,成立民革东城区委第一工作委员会(原东城区委)和第二工作委员会(原崇文区工委)。行政区划调整后,有专项委员会7个,基层支部18个,党员640人。其中全国政协委员2人、市政协委员2人、区政协委员21人,市人大代表1人、区人大代表3人,民革中央专项委员会委员4人,民革市委委员8人,担任各级特约监察员、监督员11人,各级法院人民陪审员2人。本年,发展党员25人。党员中有台胞、港澳同胞和海外侨胞(简称三胞)关系的党员300余人。年内,组织党员学习统一战线政治理论。参加民革中央学习、树立和践行社会主义核心价值体系精神专题辅导报告会,民主党派中青年干部多党合作专题研究班、统战部民主党派干部骨干培训班等学习教育活动。原东城第五支部被评为民革全国先进基层组织,党员1人被评为民革全国基层组织工作先进个人。

单位名称:中国国民党革命委员会北京市东城区筹备委员会
单位地址:东城区幸福大街32号405室
联系电话:64015225　邮政编码:100061

(董鸷　张妍)

【老龄工作】 春节期间,原民革东城区委看望慰问70岁以上老党员并送去慰问品。重阳时节,召开座谈会,介绍两区合并情况、新东城区基本情况、经济社会运行情况、未来20年区总体规划及"十二五"规划情况。(董鸷　张妍)

【妇女工作】 3月8日,在民革市委召开的纪念三八国际劳动妇女节100周年暨女党员表彰大会上,全区37人获民革北京市委优秀女党员称号。5人获荣誉女党员称号。民革原崇文区工委举办"如何让女人更美丽"讲座,邀请专家就服装色彩搭配、保养皮肤等作现场展示和讲解。(董鸷　张妍)

【学习中共十七届五中全会精神】 11月8日,筹委会召开学习十七届五中全会精神座谈会,第一、第二工作委员会委员及所属支部主委、副主委参加。结合本区正在编制的20年总体发展战略规划,"十二五"规划和推动本区科学发展的重大问题畅谈学习体会。(董鸷　张妍)

【祖国统一工作】 11月24日,筹委会参加区台办召开的台情研讨会,就台湾"五都选举"形式开展讨论。民革原东城区委组织60余名港、澳、台胞党员参观台湾会馆,感受"中华魂·京台情"。民革原崇文区工委到台湾会馆开展调研,就台湾会馆如何利用区位优势,在两岸交流、经济发展方面发挥作用提出意见和建议。(董鸷　张妍)

【参政议政】 年内,民革区工委党员中的区政协委员21人,参加区政协委员会(临时)第二次会议。向大会提交《关于进一步发展东城区文化旅游产业和文化创意产业的建议》《关于进一步促进东城区中医药事业发展的建议》《关于完善落实东城区居家养老"九养"政策的建议》《关于加快东城区教育资源均衡化的建议》党派提案。《关于振兴隆福寺街区的建议》和《关于加快我区旅游产业发展的建议》被区政协评为优秀提案。在中共东城区委统战部举办的党派调研报告评比中,《全面推动历史文化名城保护,切实加快经济发展方式转变——努力打造(新东城)世界一流文化功能示范区的调研》获区民主党派调研评比一等奖,《进一步促进东城区中医药事业发展的调研与建议》和《关于东城区居家养老"九养"政策实施状况的调研》获二等奖,《关于加快东城区教育资源均衡化的建议》和《关于前门戏曲文化创意产业发展的建议》获三等奖。全年,征集信息200余条。党员1人获区统战系统优秀信息员特等奖。 (董鹜 张妍)

【民主监督】 年内,民革原东城区委2名党员为市特约监察员,参加对市建委、市质量技术监督局、市公交集团总公司的行风监督等工作。4名党员为原东城区特邀监察员,2名党员为原崇文区特约检查员,参加党风廉政、年终目标考核等监督工作。2名党员为法院人民陪审员。 (董鹜 张妍)

【思想建设】 年内,筹委会把学习、树立和践行社会主义核心价值体系,作为思想建设工作重点,成立领导小组,制定全年工作实施方案。在区委组织"一个支部、一个人、一个社区、一个村"活动,在支部开展"践行三个一"活动为工作主线,总结支部和党员中先进人物和典型经验,宣传他们的事迹,增强民革组织凝聚力,加强对民革党员世界观、人生观、价值观教育,坚定坚持中国共产党领导、坚持中国共产党领导的多党合作和政治协商制度的决心和信心。原东城区委第五支部被民革市委选为学习、树立和践行社会主义核心价值体系活动示范点。 (董鹜 张妍)

【社会服务】 年内,西南地区特大旱灾、青海玉树强烈地震、甘肃舟曲特大山洪泥石流等严重自然灾害发生后,全区民革党员响应号召,捐款捐物。民革原东城区委在东四街道南门仓社区开展义诊、书法表演活动并慰问空巢老人,在同仁医院为民革中央、市委机关干部和社区百姓进行免费眼科体检和医疗咨询活动,在东四八条街道开展医疗讲座等。民革原崇文区工委参观低碳生态酒店,参观房山区社会主义新农村建设,举办颈椎病发生与防护讲座等。 (董鹜 张妍)

【支部活动】 年内,原东城第一支部,召开学习中共十七届五中全会精神座谈会。第二支部,召开秋冻保健及养生讲座。第三支部,组织党员畅谈两会精神。第四支部,组织党员参观小尾寒羊养殖基地。第五支部,为纪念抗战胜利65周年,组织党员红色之旅。第六支部,组织党员拜谒佟麟阁将军墓,参观改扩建的佟麟阁将军纪念馆。第七支部,组织党员参观红螺寺。第八支部,号召全区党员,开展低碳生活。第九支部,组织党员参观妙峰山。第十支部,组织党员参观国际肉类工业展览会。第十一支部,利用中国移动飞信平台,建立短信群发机制。第十二支部,组织书画下乡活动。第十三支部,为中粮集团总部员工进行义诊。原崇文第一支部,组织党员召开书法与养生讲座。第二支部,组织党员与节水办就《北京市节水用水办法》座谈。第三支部,召开关于颈椎病的发生和防护讲座。第四支部,组织党员参观国家大剧院。第五支部,组织党员考察怀柔新农村建设。

(董鹜 张妍)

民盟东城区筹备委员会

【概况】 中国民主同盟主要由从事教育及科学技术工作的高、中级知识分子组成,是具有政治联盟特点,致力于建设中国特色社会主义事业的参政党。1985年6月,成立原崇文区第一届工作委员会,1986年11月,成立原东城区第一届工作委员会(属民盟市委派出机构)。1998年11月,成立民盟东城区委员会。2003年7月,召开民盟东城区第二次代表大会。2006年6月,召开民盟东城区第三次代表大会。本年8月,根据首都功能核心区行政区划调整,民盟北京市委十届十四次常委会议研究并报请民盟中央批准,撤销民盟东城区委、民盟崇文区工委,成立民盟东城区筹备委员会,筹委会主任王钢、副主任曲运宏。民盟基层委员会2个,基层总支1个,基层支部54个,盟员1381人。盟员中有全国人大代表2人,区人大常委2人、代表3人,全国政协委员5人,市政协委员4人,区政协常委6人、委员34人,区委、区政府特约监察员12人。

单位名称:中国民主同盟北京市东城区筹备委员会
单位地址:东城区幸福大街32号
联系电话:64023777 邮政编码:100061 (严冬 丁迪红)

【基层组织活动】 1月9日,民盟新闻出版总署支部、煤炭支部、国家林业局支部和原东城工业支部的盟员50余人,在原东城区国民体质测试中心进行身体素质测试。1月20日,民盟新闻出版总署支部换届,产生新一届支部班子。1月22～23日,民盟国家林业局支部召开盟员大会,并进行联谊。1月30日,原民盟东城经济支部和法律支部举办新春联欢会。3月17日,民盟冶金委员会第一支部召开换届选举大会。3月18日,民盟原东城长征支部召开换届选举大会。3月27日,民盟原东城工业支部召开支部换届交接工作会,新老班子成员参加。4月10日,民盟原崇文区工委医务支部盟员到平谷区金海湖开展义务植树活动。4月13日,民盟北京市第二十二中学支部召开支部大会。5月15日,民盟原东城法律支部和经济支部联合组织盟内外众多人士到红螺寺踏春学习。6月23日,民盟中国医学科学院支部举行欢送援藏盟员和欢迎新盟员的支部活动。6月26日,原东城工业支部召开信息及调研工作会议,支部盟员16人参加。7月9日,民盟东城区委工业支部与民盟北京大学委员会盟员20余人在圆明园举行联谊活动,参观工业支部盟员年轻画家刘延风"荷花韵画展",探讨共同开展信息工作事宜。11月6日,景山学校民进、民盟支部联合开展活动,参观中国科学技术馆新馆,20余人参加。

(严冬 丁迪红)

【总结表彰】 1月16日,民盟原崇文区工委上年总结表彰会在崇文区机关礼堂召开。民盟市委常务副主委朱尔澄、民盟市委组织部部长严为、中共崇文区委统战部部长邵鹏等领导出席。会上崇文职大支部、教育二支部、科技支部作交流发言。刘玉芳总结上年工作,部署本年工作。宣读2008~2009年度民盟崇文区工委盟务工作先进个人表彰名单。获奖盟员接受颁奖。3月12日,民盟原东城区委在东城区社区学院礼堂召开上年度民盟信息宣传表彰会,表彰信息工作和宣传工作中表现突出的优秀信息员27名、盟讯优秀宣传报道员24名、国庆60周年征文活动积极个人。区委统战部和民盟市委参政议政部有关领导参加。 (严冬 丁迪红)

【新春联欢会】 1月20日,民盟原东城区委在和敬府宾馆举办迎新春联欢会,民盟东城区委部分老领导、盟员,中共东城区委和民盟市委有关领导240余人参加。主委王钢将新当选的民盟区委委员介绍给盟员。 (严冬 丁迪红)

【参政议政】 在原东城区、崇文区政协大会上,提交《关于挖掘会馆文化底蕴,促进区域经济发展的建议》《关于推进钟鼓楼北京历史风貌风情文化街区建设的六点建议》《关于促进崇文区社区教育与学校教育相结合的建议》《关于打造戏剧东城的四点建议》《对东城区创建国家中医药发展改革综合试验区的建议》党派提案5件。民盟原东城区委所属政协委员22人在东城区政协十二届四次会议上,提交委员提案15份,民盟原崇文区工委所属政协委员18人,在崇文区政协十三届四次会议上,提交委员提案38份。其中党派提案《关于挖掘会馆文化底蕴促进区域经济发展的建议》《关于推进钟鼓楼北京历史风貌风情文化街区建设的六点建议》,以及委员提案《关于促进我区旅游业发展的建议》《关于挖掘会馆文化建设都市文化休闲区的建议》《关于聘请区政府网站监督员的建议》《关于加强户外广告规范化管理的建议》被评为优秀提案。7人被区政协评为本年度优秀委员。5人被评为优秀社情民意信息工作者。在统战部举办的党派调研报告评比中,民盟原东城区委《关于打造戏剧东城的调研》,获上年度东城区各民主党派调研成果一等奖,《关于推进钟鼓楼北京历史风貌风情文化街区建设的调研报告》获二等奖,《关于我区创建国家中医药综合发展实验区的调研报告》获三等奖。3月26日,原中共东城区委统战部召开上年度党派团体调研、信息工作总结表彰会。民盟原东城区委6人参加。1人在会上代表东城民盟作专题发言,介绍关于戏剧东城建设调研的开展情况和经验。4月9日,民盟原东城区委召开本年度参政议政会议,民盟市委领导李怀方、区委主委王钢、中共区委统战部领导及盟员70余人参加。通报、交流和研讨党派调研和党派提案工作。主委全面总结上年调研提案工作,部署本年参政议政工作。11月16日,区筹备委员会召开调研和提案工作座谈会。王钢主持会议。与会人员围绕《充分利用中轴线文化,引领东城区文化发展》《东城区旅游购物与旅游商品开发的调研》《关于建立东城区城博物馆的调研报告》等调研报告,提供论证,提出补充和建议。文化界、法律界、经济界和旅游行业的盟员15人参加。12月13日,区筹备委员会召开东城民盟工作总结会暨参政议政会议。王钢等筹委会领导、筹委会委员及盟员中的人大代表、政协委员40余人参加。全年,报送信息146条,涉及经济发展、城市管理、文化及医疗改革等方面。1人被区政协评为优秀信息员。 (严冬 丁迪红)

【社会服务慰问】 春节前夕,民盟原东城区委慰问部分老盟员。2月9日,民盟原崇文区工委副主委、妇委会主任等盟员到东花市街道东花市社区慰问妇女干部。2月20日,民盟原东城区委王钢带领区委一班人到朝阳门街道竹杆社区慰问和义诊,为2户生活困难居民送去米、面、油等生活必需品。6月21日,民盟原东城区委王刚与民盟新闻出版总署支部代表向百年职校捐赠图书616册,价值2万余元。7月12~14日,民盟东城区委与雍和宫联合开展爱心传递义诊活动,组织医务界盟员6人,购买7万余元的药品,赴内蒙古自治区赤峰市翁牛特旗、巴林右旗义诊。12月30日,响应民盟中央"共建法制和谐民族自治县,向民族地区捐赠报刊"活动号召,东城法律支部向河北宽城满族自治县捐赠《法制文萃报》《民主与法制杂志》等价值1.5万余元的法制报刊。 (严冬 丁迪红)

【领导调研】 2月23日,原东城区政协主席曾刚健到民盟区委各党派机关,看望8个党派负责人和机关干部,调研党派情况和参政议政工作。5月14日,原东城区领导常卫到民盟区委机关调研。5月25日,市委统战部到原东城调研关于民主党派后备干部队伍建设情况,王钢参加座谈会,并介绍民盟相关工作情况。9月14日,民盟市委专职副主委刘玉芳等到区调研东城民盟组织工作、参政议政工作,通报民盟组织调整情况。 (严冬 丁迪红)

【专题会议】 2月26日,召开民盟原崇文区工委全体会议,讨论本年区工委工作安排,部署组织发展、党派调研、基层支部、信息报送等工作。3月6日,王钢参加原中共东城区委统战部召开各民主党派工作交流会。郭瑞敏主持。3月9日,民盟原东城区委专职副主委参加区委统战部召开的区政府有关部门与民主党派对口联系工作座谈会。汇报和交流上年度民盟区委与区科委、教委的对口联系工作。4月8日,民盟原崇文区工委召开宣传工作会议。研讨年度宣传工作,进行信息工作培训。4月22日,民盟原崇文区工委召开民盟区工委扩大会议,刘玉芳主持。研讨各支部调研课题的定位。5月11日,民盟原东城区委盟员4人参加区委统战部举办的关于树立和践行社会主义核心价值体系学习报告会。8月3日,民盟区委副主委1人代表民盟参加东城区领导干部大会。 (严冬 丁迪红)

【专委会活动】 3月5日,民盟原东城妇女委员会组织女盟员40余人到中国妇女博物馆参观中国妇女解放100周年纪念展。3月7日,民盟原崇文区妇女工作委员会在崇文区民主党派办公楼报告厅举行联欢活动,纪念国际劳动妇女节100周年。5月26日,民盟原东城区委组织盟员参观孔庙和国子监博物馆。56人参加。6月23日,民盟原崇文区工委邀请部分老领导、老盟员参观台湾会馆。工委老主委王金钟等应邀前往。10月15日,民盟东城区筹备委员会组织盟员参观地坛公园内的“中医药养生文化园”。盟员40余人参加。

(严冬 丁迪红)

【专题学习】 4月28日,原民盟东城区委经济支部1名盟员参加民盟市委召开继承传统,树立和践行社会主义核心价值体系系列活动启动仪式暨电视剧《民主之澜》观后座谈会,并作大会发言。5月11日,民盟原东城区委4名盟员参加区委统战部举办的关于树立和践行社会主义核心价值体系学习报告会。6月12~13日,民盟原东城区委7名盟员参加民盟市委在昌平举办的信息工作学习班。6月18日,民盟原东城区委王钢出席中共东城区委统战部召开的民主党派树立和践行社会主义核心价值体系座谈会,并作大会发言。9月16~17日,王钢等26名盟员参加中共东城区委统战部在北京顺鑫绿色度假村举办的区各民主党派、无党派人士学习交流培训班。

(严冬 丁迪红)

【民盟区干部会】 9月26日,民盟东城区领导干部大会在市民主党派大楼举行。中共市委统战部副部长李卫东,市政协副主席、民盟市委主委葛剑平,专职副主委刘玉芳、李怀方,中共东城区委常委、统战部部长邵鹏,民盟东城区新一届委员会筹备委员会主任王钢等领导出席。会议由民盟市委秘书长赵雅君主持。原民盟东城区委、崇文区工委委员,基层支部负责人及盟员110余人参加。李怀方传达中共北京市委关于首都功能核心区行政区划调整有关精神和东城区工作进展情况。刘玉芳对民盟市委区级组织调整工作情况作说明,宣读民盟中央关于同意撤销民盟北京市东城区委员会暨成立民盟东城区新一届委员会筹备委员会的请示的批复,民盟北京市委关于撤销崇文区工作委员会的决定,宣读民盟区级组织调整工作领导小组名单、民盟东城区新一届委员会筹备委员会名单及筹备委员会下一级组织名单。

(严冬 丁迪红)

【调研教育界民盟工作】 11月12日,王钢到北京市第二十五中学调研民盟工作开展情况。11月22日,盟员3人到北京市第五中学调研。11月23日,盟员2人到北京市第六十五中学调研。

(严冬 丁迪红)

【组织工作】 年内,发展新盟员54人,其中本科以上45人,中高级职称35人。换届或调整基层组织8个:东城工业支部、新闻出版总署支部、东城区教师研修中心支部、东城长征支部、冶金委员会第一支部、北京财贸职业学院支部、北京人民艺术剧院支部、北京市第二十二中学支部。

(严冬 丁迪红)

民建东城区筹备委员会

【概况】 中国民主建国会是主要由经济界人士组成的、具有政治联盟特点的、致力于建设中国特色社会主义事业的政党。1956年10月,成立民建原东城区工作委员会(民建市委派出机构),2001年11月,成立民建东城区委员会。2006年6月,换届为第二届委员会。因行政区划调整,9月17日,民建中央批复同意民建市委九届十三次常委会通过的民建四区组织调整工作方案,民建东城区委员会筹备委员会成立。主任赵亚洲,副主任孙占军,委员9人。筹委会下辖两个工委:第一工委主任赵亚洲,副主任5人,委员13人;第二工委主任孙占军,副主任4人,委员6人。区委筹委会设参政议政、社会服务、宣传信息、学习、组织建设、信息、会员活动等7个专门委员会。有会员1326人,支部37个。12月10日,区委筹委会召开第二次(扩大)会议,孙占军通报行政区划调整后区情。

单位名称:中国民主建国会北京市东城区委员会筹备委员会
单位地址:东城区幸福大街32号
联系电话:64023933 87556406 邮政编码:100061 (王建川)

【参政议政】 1月,原民建东城区委向区政协十二届四次会议提交《关于在东城区建设“首都非物质文化遗产展演基地”的建议》《关于化解东城区中小企业融资难的建议》《推进东城区垃圾资源化分类处理的建议》提案3件。原民建崇文区工委向区政协十三届四次会议提交《关于复兴鲜鱼口传统商业街的建议》《关于提请复建“天桥”的建议》提案。原东城上年民主党派团体调研信息工作总结表彰会上,民建东城区委《关于在东城区建设“首都非物质文化遗产展演基地”的调研报告》《关于东城区中小企业融资难的调研报告》《关于东城区垃圾资源化分类处理的调研报告》分获一、二、三等奖。5月,民建原东城区委调研工作会议在顺义召开。总结上年工作,表彰先进并部署本年调研工作。民建市委副主委王惠文出席并讲话。8月,民建原崇文区工委提案工作会议在怀柔召开。区政协副主席、区工委主委孙占军出席并讲话。两区合并后,区政协(临时)召开提案分析观摩会议,民建各课题组负责人分别汇报成稿的4个调研报告并听取意见。民建参政议政委员会成员及各界别委员70余人参加。年末,《关于化解东城区中小企业融资难的建议》《关于复兴鲜鱼口传统商业街的建议》被政协东城区委员会(临时)评为优秀党派提案。

(王建川)

【组织活动】 春节前夕,在景山街道办事处礼堂举办民建原东城区委春节联欢会。民建市委常务副主委任学良及中共区委统战部有关领导出席并讲话。原崇文区工委永定门外、工商联、经济二支部联合举办迎新春联谊会。政协副主席刘忠胜出席并讲话。10月,区委筹委会举办重阳节老年健康讲座会。区委筹委会参加民建市委文艺汇演,选送4个节目均获三等奖,区委筹委会获组织奖。年内,原东城文教支部与故宫支部在北京教育学院举办乒乓球友谊比赛,教育学院教职员工应邀参加。应民建上海黄埔区委之邀,故宫支部前往上海交流参观。

(王建川)

【社会服务】 元宵节前,孙占军与原崇文综合二总支慰问区环卫中心职工,送去1.5万元的慰问品及两份千元特困职工慰问金。春季,民建原东城区委组织110余名会员、会友到怀柔欧亚庄园播绿。原崇文区工委永定门外、工商联、经济二三支部会员60余名,到密云石城捧河岩村植树400余棵。4月,民建原东城区委、崇文区工委捐款12.5万元,支持贵州毕节地区开发区建设。民建原东城区委2007~2009年社会服务工作总结表彰会在欧亚庄园召开。会上,主委赵亚洲讲话,向10名贡献突出会员颁发奖牌。区委统战部有关领导出席并讲话。原东城科技支部与西城综合三支部联合组织会员到海淀龙泉敬老院参观,向敬老院捐款1万元。民建中央联络部部长金德安等参加。（陈永玲）

【思想建设】 4月,民建原东城区委传达学习全国两会精神会议在区委召开,全国政协委员、区委副主委张树华介绍参会情况。原崇文区工委请全国政协委员、民建中央秘书长张皎就全国“两会”热点问题作报告。120余名会员参加。原东城直属、崇文永定门外等支部分别召开全国两会精神报告会并开展座谈。8月,原崇文科二支部与民建中央宣传部,举行“学传统、促践行”主题座谈会。民建中央主席陈昌智、副主席张少琴会见与会人员并合影留念。宣传部部长孟孝忠、副部长程喜真等参加座谈。9月,区委筹委会召开树立践行社会主义核心价值体系座谈会。民建市委研究室有关领导参加。（陈永玲）

【宣传信息】 6月,民建原东城区委4人参加在上海黄埔区举行的“京、津、沪、渝四城区民建工作交流会”,并作“让反映社情民意的信息直通车更迅捷更畅达”的大会发言。9月,区委筹委会召开信息工作座谈会,就建设世界城市、北京战略实施、行政区划调整后东城区发展建设等有关问题提出意见建议。民建市委有关领导应邀参加。11月,《东城民建》改由区委筹委会主办,并成立新编委会。年内,原东城区委获统战系统信息工作优秀单位,1人获优秀信息员特等奖并作经验介绍。区委筹委会第一、第二工委被民建市委评为本年度宣传工作先进集体。（王建川）

【支部活动】 6月,原民建崇文区永定门外支部参观西柏坡爱国主义教育基地。11月,区委筹委会综合二(2)支部到唐山陶瓷厂参观学习考察。与中共唐山市丰润区委统战部干部及当地农民座谈,了解新农村建设情况。年内,原东城直属支部参观北汽福特汽车股份责任公司,民建中央秘书长张皎,办公厅副主任金丹华、王慧仙、郭群峰及民建市委宣传处处长应邀参加。综合支部参观新农村建设试点单位——顺义北务镇林上村。原崇文区工委综合一支部赴海淀区东升乡东升科技园考察和调研。区委筹委会文化、故宫、北新桥、工商四支部到通州区于家务金穗麦动休闲农场联合活动,第一工委副主任介绍民建合并及机构设置情况。（陈永玲）

【组织建设】 7月,民建原东城区委召开第二届二十六次全委会,投票选举区委副主委1人,区委委员2人。研究部署推荐全国优秀会员、先进基层组织候选名单工作。民建市委组织处处长及中共区委统战部有关人员参加。12月,民建市委纪念民建成立65周年大会召开。民建原东城区委会员4人被授予全国优秀会员称号,科技支部评为全国先进支部。区委筹委会领导及各支部代表近30人参加。全年,发展会员8人。（王建川）

民进东城区筹备委员会

【概况】 中国民主促进会是以教育文化出版工作的高中级知识分子为主的、具有政治联盟性质的、致力于建设有中国特色社会主义事业的政党。因首都功能核心区行政区划调整,民进北京市委主委会议研究决定,撤销原民进东城区委员会、崇文区工作委员会,成立民进东城区筹备委员会。筹委会主任程华、副主任张志萍。基层支部59个,会员1227人。会员中全国人大代表1人、市人大代表2人(其中常委1人)、区人大代表4人,全国政协委员1人、市政协委员3人(其中常委1人)、区政协委员30人(其中政协副主席2人、常委6人),副区长1人,特级教师16人。市、区政府各部门聘请的各级各类监督员23人,任原中共东城区委、区政府特约监察员3人。

单位名称:中国民主促进会北京市东城区筹备委员会
单位地址:东城区幸福大街32号
联系电话:64008408 邮政编码:100061 （张亚强 张乐山）

【迎春联谊会】 1月22日,民进原东城区委在青蓝大厦举办迎新春联谊会。主委程华致新年贺词。会上,介绍新会员情况,并向新会员赠送印有“爱国、民主、团结、求实”的纪念品。民进北京市常务副主委吴文彦到会并讲话。会员180人参加。（张亚强）

【支部活动】 1月22日,民进原北京第一七一中支部召开庆祝支部成立20周年大会。同日,原东城小教联支部活动,通报支部被民进原东城区委评为优秀支部和本年工作计划。1月,民进原北京二十五中支部主任看望3名老教师。年初,原民进东城回民小学支部先后开展“寻找北京记忆”参观南新仓博物馆活动。2月初,小教联支部委员分别看望3名会员。3月16日,民进原东城区委北京二中分校支部1名会员为社区居民讲授中国画山水技法课程。3月18日,北京五中分校支部和本校少先队员联合举办《地球一小时倡导低碳生活》讲座,讲解低碳生活与环保的关系,为社区居民发放环保购物袋、赠送图书。5月8日,民进原东城区委北京一中支部组织会员到圣泉寺植树活动。5月28日,民进原东城区委特殊教育学校支部主任围绕“新建北京市园林绿化局门前安全隐患”信息,带领会员实地考察,辅导撰写信息的方法,提出解决问题的意见和建议。6月22日,民进原崇文区工委五十中支部召开茶话会,欢送两名退休教师。6月24日,民进原东城区委北京财经学校支部和大方家社区组织团体心理辅导,帮助特福人员缓解压力,舒缓情绪。6月27日,民进原东城区委北京五中分校支部组织全体会员观看话剧《随手请关门》。8月30日,民进原崇文区工委退休支部举办庆祝民进市委成立60周年座谈会。围绕主题发言,讨论民进会员价值理念和民主党派的核心价值观。原民进市委副主委,崇文区副区长林特滨,原崇文区政协副主席、民进崇文区工委主任何广铎参加座谈。8月31日,北京五中分校支部与校中共党支部举行恳谈会。9月9日,民进回民小学支部会员,参观区政府举办的“中国心,两岸情”专题摄影展览。10月10日,小教联支部组织会员开展“秋季例会同游古巷”活动。10月21日,筹委会第一工作委员会组织退休支部会员活动,程华传达首都功能核心区行政区划调整有关情况,对区民进组织调整工作进行说明,征求大家意见和建议。10月23日,景山学校支部组织会员到八达岭国家森林公园红叶岭登高赏叶,参观爱国教育基地詹天佑铜像及京张铁路。10月27日,北京五中支部2名会员在区全民终身学习活动周中,获2010年东城区优秀市民学习指导教师称号。12月17日,崇文小教联一支部在培新小学召开会议,传达上级精神,总结本年度工作情况,评选优秀会员。同日,汇文支部组织会员到区厨余垃圾集中处理中心参观。年内,人民教育出版社支部开展为灾区捐款捐物活动。二中分校支部在社区开设市民大课堂,与百年职校贫困学生互动交流,为学生提供智力上的支持和帮助。崇文小教联一支部会员与房山区教研员联合举行“城乡手拉手,走进新课堂”活动。会员、一师附小教师和房山赵各庄小学、韩村河中心校教师开展体育教学交流。

(张亚强 张乐山)

【工委扩大会】 1月28日,原崇文区工委召开第一次工委扩大会。传达中共崇文区委、区人大、区政协近期相关会议精神,布置基层支部总结工作,介绍本年工作计划。4月1日,召开第二次工委扩大会。区工委主委张志萍主持并传达原中共崇文区委文件。学习《中共北京市崇文区委听取民主党派、无党派代表人士意见和建议直通车制度》《崇文区民主党派、无党派人士调研工作制度》。通报基层支部开展活动和组织发展情况,部署本年组织工作。研讨年内调研课题和具体人员安排。6月4日,召开第三次工委扩大会。会议通报原崇文区工委参加民进市委成立60周年活动情况,协商确定市级优秀会员和优秀支部名单,并要求基层支部认真学习有关文章。围绕提案评选和奖励办法,征求意见,对调研工作提出要求。7月29日,召开第四次工委扩大会。张志萍主持并介绍撤消原东城区委和原崇文区工委,成立新东城区筹备委员会情况,要求原崇文区所有民进会员和干部,支持两区合并工作,监守岗位,做好本职工作,正常开展民进组织生活。会上,部署提案工作。传达民进市委《关于开展树立和践行社会主义核心价值体系大讨论的通知》。要求基层支部会员以理论征文、座谈会、调查问卷等形式,围绕“加入民进为什么、我为民进做什么、为民进留什么”展开讨论。

(张乐山)

【送温暖】 2月1日,民进原东城区委程华及委员带着米、面、油及全区民进会员的问候,到分司厅社区4户低保贫困家庭慰问,给贫困家庭孩子送去学习用品和新年礼物。5月19日,原崇文区工委退休二、三支部联合倡议的“崇文民进情系玉树六一关爱行动”拉开帷幕。会员们一致同意参加中国扶贫基金会“爱心包裹项目”,通过小包裹体现对玉树地区儿童和家庭的爱心。活动募捐1000元,定向捐赠给玉树地区一个有孩子的困难家庭。

(张亚强)

【总结表彰】 2月8日,民进原崇文区工委召开总结表彰大会。张志萍致新春贺词。会议总结上年工作,通报本年工作要点,宣读上年优秀提案获奖名单并向获奖会员颁发荣誉证书。会员代表发言,交流参加活动、参与提案工作的收获和体会。原中共崇文区委领导邵鹏到会并讲话,肯定区工委工作,提出希望和要求。民进市委、原崇文区委统战部及崇文区教育工委组织科有关人员参加。

(张乐山)

【信息工作会】 3月4日召开。程华主持并总结上年信息工作,对本年信息工作提出要求。10名会员被评为民进原东城区委优秀信息员,并颁发荣誉证书。区委委员、支部主任、信息员20余人参加。

(张亚强)

【参加协商通报会】 3月19日,民进原东城区委参加中共东城区委统战部召开的各民主党派上年调研报告评比意见建议会。26日,参加中共区委统战部召开的2009年民主党派、团体调研、信息评比总结表彰会。4月19日,民进原东城区工委参加民进市委召开的基层组织负责人扩大会。会上,通报《民进北京市委成立60周年庆祝活动安排》《民进北京市委关于开展树立和践行社会主义核心价值体系活动实施方案》《关于落实民进中央“创建活动”意见的工作方案》《2011年区级组织换届工作准备及基本要求》等有关工作。5月7日,区统战理论研究会召开年会,理事1人参加。14日,原中共东城区委副书记常卫到民主党派调研,程华参加。25日,市委统战部到区调研民主党派后备干部队伍建设情况,民进原东城区委程华参加。6月10日,中共区委统战部组织民主党派负责人参观四家驻区台资企业,民进原东城区委程华参加。18日,民进原东城区委参加中共区委统战部召开的民主党派、无党派树立和践行社会主义核心价值体系座谈会。29日,参加区委统战部召开的党派、团体通报会,会员14人参加。7月23日,列席中共东城区委召开的中国共产党北京市东城区代表大会。常卫通报新区筹备工作情况,杨柳荫讲话。8月30日,参加民进市委召开的创建活动评审工作会议。同日,参加民进市委召开的民进市委基层组织负责人60周年会庆通报会,通报民进市委成立60周年庆祝活动安排。9月16～17日,程华等13人参加中共区委统战部举办的各民主党派、无党派人士学习班。徐熙围绕两区合并及新东城区的定位和文化资源优势、经济发展等情况作报告。11月9日,区政协召开座谈会,征求民主党派对《东城区总体发展战略规划(2011～2030年)》(初稿)的意见和建议,程华参加并发言。11月23日、12月6日,中共东城区委召开会议,征求民主党派、无党派代表人士对东城区总体发展战略规划及“十二五”规划纲要的意见和建议。程华参加并发言,张志萍参加。

(张亚强)

【组织参观】 3月10日,民进原东城区委组织会员参观雍和宫,会员100余人参加。24日,组织区委委员参观朝阳区王四营乡观音堂文化大街,了解文化创意产业市场的前景与发展。委员11人参加。（张亚强）

【组织建设】 6月,民进原东城区委组织会员开展学习答卷活动。年内,组织会员参加民进中央、民进市委组织的学习传达全国、北京市两会精神,中共十七届五中全会精神等报告会。参加中共区委统战部组织的专家学者关于发展低碳经济建设绿色东城、建设世界城市、东城区中医药文化及产业发展情况等专题报告会。围绕民进北京市委成立60周年庆祝活动,参与采访老会员、撰写民进会史(原东城区、原崇文区部分)工作。整理上报优秀支部、优秀会员等工作。民进北京第五中支部、北京第二十五中支部、北京第一七一中支部、景山学校支部、崇文小学联合第二支部、崇文职高支部、崇文退休二、三联合支部被民进市委评为优秀支部,会员65人被评为市级优秀会员,老会员48人被授予市级荣誉会员。全年,发展会员40人。本科以上学历39人,均为中高级职称。13人撰写的论文曾获全国、市、区级奖,并在相关杂志上发表。（张亚强　张乐山）

【暑期培训】 7月28~29日,举办会员暑期培训班。请有关人员分别作题为《继承民进优良传统,以科学发展观为指导,提升党派的履职水平》的报告,介绍民进东城区委两年来围绕原东城人口疏散难题开展调研的情况及东城、崇文两区合并的有关情况,回顾1994年民进东城区工委成立至今四届区工委工作历程。与会者结合民进市委成立60周年和报告开展讨论。区委委员、支部主任、信息员50余人参加。（张亚强）

【筹委会工作会议】 9月29日,民进市委召开东城区民进领导干部大会。宣布成立东城区新一届委员会筹备委员会。中共市委统战部副部长李卫东、中共区委统战部部长邵鹏到会讲话。民进支部负责人50人参加。12月1日,筹备委员会召开第一次成员会议,宣布筹委会成员分工,委员围绕下年两会调研、提案工作开展讨论。筹委会主任程华提出下年工作要求,做好调研和信息工作。（张亚强）

【参政议政】 10~12月,对区域合并后推进旧城人口疏解问题再次开展调研,提出意见和建议。围绕学前教育发展、区域科普实力水平、东城区(南片)文化产业发展开展调研,完成调研报告4篇。12月1日,召开"提案、调研"研讨会,全国、市、区三级人大代表,政协委员参加,围绕东城区发展建设、学前教育发展、文保区人口疏散问题、区域文化产业发展现状、科普实力和水平等方面进行研讨。年内,征集信息121条。在区委统战部举办的党派调研报告评比中,《关于进一步加强社区文化建设的调研报告》《关于改革风貌保护体制疏散东城文保区人口的调研报告》获区民主党派调研成果二等奖。民进原东城区委获民进市委信息先进集体,2名会员获民进市委优秀信息员。1名会员被评为区统战系统优秀信息员一等奖,区政协优秀信息员二等奖。在原东城区政协十二届三次会议上提交提案《社区文化建设的建议》被评为区政协优秀提案,委员提交提案《关于整治小牌坊大方家胡同的建议》获区政协委员优秀提案。民进东城区委连续两年对文保区旧城人口疏散难题跟踪调研,撰写的调研报告和提案受到市政协及区委、区政府、区政协的重视,调研报告《文保区的旧城人口疏散难题》在《北京观察》第7期刊登。（张亚强　张乐山）

【专题讲座】 11月19日,联合民进市委,西城、朝阳区工委举办树立和践行社会主义核心价值体系报告会——中西方文化价值比较专题报告会。聘请原中国驻新西兰大使、中国教育国际交流研修学院张利民院长介绍中西方文化历史发展、变化过程。（张亚强）

农工党东城区筹备委员会

【概况】 9月,按照农工党北京市委《关于调整北京市委会核心区区级组织的批复》,撤销原农工党北京市东城区工委、原崇文区工委成立中国农工民主党北京市东城区新一届委员会筹备委员会。主要职责:加强自身建设,履行参政党职能,参加政治协商,加强民主监督,组织农工党员开展公益活动等。下设19个基层支部,党员650人。年内,发展党员11人。党员中有全国政协委员1人,市政协委员2人,区政协副主席2人、常委3人、委员18人,市人大代表2人、区人大代表5人,农工党市委常委2人、委员5人,担任区各级特约监察员及监督员4人。年内,组织学习培训,开展调研,撰写提案,成立筹委会,组织公益活动,服务社会等,履行参政党职能,不断提高自身素质和参政议政能力。

单位名称:中国农工民主党北京市委员会东城区筹备委员会
单位地址:东城区幸福大街32号
联系电话:67025225　邮政编码:100061　（王春荣）

【走访慰问】 1月20日,农工党原东城区工委主委危天倪带领党员走访慰问交道口街道生活困难家庭4户,送去关爱与慰问。（张丹敏）

【新春联谊活动】 2月4日,农工党原东城区工委4名党员参加区卫生局召开的卫生系统人大代表、政协委员、党外代表人物新春座谈会。2月5日,农工党原东城区工委召开新春联欢会,130余名党员参加。危天倪向与会党员汇报工委上年工作,中共区委统战部、区卫生局有关领导向党员表示新春祝贺。各支部党员表演歌舞、相声、诗朗诵,参加游艺活动。（张丹敏）

【区工委(扩大)会议】 4月1日,农工党原崇文区工委召开(扩大)会议。工委主任李亚兰主持。会上,区工委驻会干部交接工作。讨论《农工党崇文区工委2010年工作计划(草案)》及调研课题。传达区统战工作精神,中共崇文区委听取民主党派、无党派代表人士意见和建议直通车制度及崇文区民主党派、无党派人士调研工作制度的精神。总结上年信息上报和提案获奖及组织发展工作。农工党北京市委、中共崇文区委统战部有关领导出席并讲话。6月24日,农工党原东城区工委召开工委扩大会,危天倪主持。评选上年优秀支部和优秀信息员,总结上半年工作,安排下半年工作。7月21日,农工党原崇文区工委召开工委(扩大)会议,李亚兰主持。会上,通报市委和中共崇文区统战部关于原东城、崇文两区合并有关精神,认识两区合并意义,做好本职工作,落实调研课题和组织培训工作安排。 (张丹敏)

【考察学习】 4月23～25日,农工党原东城区、崇文区工委组织部分骨干党员到山东日照市考察,与日照市中医院领导、各科主任交流医院软、硬件建设,部分专家进行义诊。 (王春荣)

【爱心捐款】 4月,玉树地区发生地震后,农工党原东城区、崇文区工委组织农工党党员爱心募捐,通过农工党北京市委向玉树地震灾区捐款1.2万元。5月21日,根据农工党中央《关于为惠州邓演达纪念园建设募捐及征集文物的通知》精神,农工党原东城区、崇文区工委组织发动党员,募集捐款4000元,及时交至农工市委机关。 (王春荣)

【宣传周义诊】 6月8日,农工党原东城区工委在交道口街道交东社区举办第三届中国环境与健康宣传周义诊活动。农工党专家9人,为社区居民义诊80余人次,发放宣传材料50余份。 (张丹敏)

【理论学习培训】 7月30日,为纪念中国农工民主党建党80周年,农工党原崇文区工委组织理论学习培训活动,聘请中央党校教授,对党员进行统一战线和多党合作理论的学习培训。李亚兰讲话,介绍关于区划调整文件精神以及两区党派合并有关工作,对工作安排进行说明。要求做好反映社情民意信息报送等工作。 (王春荣)

【筹委会成立】 9月17日,农工党东城区工委召开领导干部大会。农工党市委领导宣布农工党东城区区级组织调整工作领导小组名单、东城区新一届委员会筹备委员会名单及下一级组织领导机构成员名单。农工市委主委于文明、中共市委统战部副部长李卫东、中共东城区委统战部部长邵鹏分别对农工党东城区筹委会成立表示祝贺,对工作提出希望。 (王春荣)

【糖尿病义诊咨询】 11月12日,农工党东城区筹委会主办,永定门外社区卫生服务中心支部和永外街道办事处协办,在永铁苑社区活动站开展以"控制糖尿病,刻不容缓"为主题的糖尿病义诊咨询"送健康到社区"活动。区筹委会副主任危天倪主持活动并讲话,来自北京市第六医院、朝阳门医院、原崇文区第一人民医院及永定门外社区卫生服务中心的10余名专家,为永定门外地区100余名居民进行糖尿病及中医养生健康知识的义诊咨询,并免费为70余名居民测血糖,发放宣传资料600份。在永外社区卫生服务中心,开展糖尿病知识讲座。永外社区卫生服务中心支部1名党员大夫为社区30余名糖尿病患者介绍如何预防低血糖等知识。免费为居民测血糖30余名,发放宣传资料100余份。 (王春荣)

【参政议政】 年内,区筹委会领导参加协商会2次,就《东城区总体发展战略规划》、中共东城区委常委会工作报告和《中共东城区委关于制定东城区国民经济和社会发展第十二个五年规划的建议》提出意见建议。原东城、崇文区工委分别完成上年《关于加快东城区区属医院信息化建设的调研报告》《关于加强东城区疾病预防控制中心建设的调研报告》《关于我区在校青少年主要健康问题的调查与建议》《强化健康社区认识,积极推进健康社区建设》4件党派提案的答复。3篇调研报告获中共区委统战部调研评比二等奖。就东城区精神卫生建设、公立医院改革、餐厨垃圾现况及社区卫生服务双向转诊问题,展开调研并形成调研报告。向区政协、中共区委统战部、市委宣传处、区卫生局报送信息80余篇。 (王春荣)

致公党东城区筹备委员会

【概况】 中国致公党(简称致公党)是以归侨、侨眷的中上层人士为主和有海外关系的代表性人士及其他方面有代表性的中高级知识分子组成的民主党派、是具有政治联盟特点的,致力于建设有中国特色社会主义,接受中国共产党领导并与其通力合作的参政党。致公党原北京市东城工作委员会(简称致公党东城区工委)是致公党北京市委的派出机构,成立于1995年10月。现为第四届。致公党北京市崇文区工作委员会(简称致公党崇文区工委)是致公党北京市委的派出机构,成立于1996年11月。现为第三届。7月首都功能核心区行政区划调整。8月21日致公党北京市委第七届常委会议研究并报请致公党中央批准,撤销原致公党东城区工委、原致公党崇文区工委成立致公党东城区筹备委员会,下设办公室,参政议政、宣传信息、组织联络和乐龄组4个专委会及第一工作委员会(原东城)、第二工作委员会(原崇文)。范承玲为筹委会主任、刘超英为筹委会副主任,委员5名。有致公党基层支部10个,党员346名。党员中有全国人大代表1名,市人大副主任1名、代表3名,区人大常委3名、代表3名,全国政协委员1名,市政协常委1名、委员4名,区政协常委5名、委员18名,顺义区政协委员2名,区侨联副主席1名、委员3名,致公党中央委员2名,市委主委1名、副主委1名、常委2名、委员5名,市委各专委会主任3名、副主任14名及委员47名。

单位名称:中国致公党北京市委员会东城区筹备委员会
单位地址:东城区幸福大街32号
联系电话:64023939　邮政编码:100061 (赵华)

【参政议政】 原东城区政协十二届四次全会,致公党区工委提交《关于东城社区常见矛盾与纠纷的调研分析与建议》《关于东城区社会救助工作的调研与建议》党派提案2件。上届政协会议获奖提案2件:《关于解决东城区中小学附近路段交通拥堵状况的建议》和《关于科学务实地搞好“天坛文化圈”规划建设的建议》。在区统战系统年度调研报告评比中,《关于困难归侨及边缘群体状况的调研》获二等奖,《现状的调研和建议》获三等奖。 (赵华)

【参观学习】 3月5日,纪念三八国际劳动妇女节100周年。致公党原东城区工委组织部分女性党员代表到中国妇女儿童博物馆参观,了解中华民族妇女儿童历史的发展进程和灿烂文化。 (赵华)

【党员风采】 3月5日,致公党原东城区工委主委刘超英在市妇联庆祝国际妇女节100周年大会上,获北京市三八红旗奖章。4月20日,致公党原东城区工委党员栾强被评为北京市劳动模范,出席北京市劳模表彰大会。在2010中国创新设计——红星奖的颁奖典礼上,原崇文区工委党员、北京前门文化公司首席设计师马小申设计的4个产品获中国创新设计——红星奖。该奖项是中国工业设计协会等发起、北京市科学技术委员会支持的中国工业设计最高奖项。8月1日,第四届全国冰心散文奖颁奖大会上,致公党市委常委、东城区筹委会主任范承玲的散文集《秋天的行走》获散文集奖。9月25日,致公党北京市委、北京市侨联联合举办“世界城市建设与可持续发展论坛”。致公党东城区工委党员的7篇论文入选论坛文集。 (赵华)

【慰问老党员】 3月18日,致公党原东城区工委派代表陪同市委领导到顺义太阳城老党员白明璇家中慰问。白老1980年1月加入致公党,是致公党北京市第一次代表大会代表。作为一名老归侨、跨世纪的百岁老人,她经历了祖国的沧桑巨变,见证了致公党北京市委走过的30年历程。大家为白老献上鲜花和生日蛋糕。 (赵华)

【组织活动】 4月24日,致公党原东城区工委与致公党北京市委机关、昌平区支部共同在昌平区东小口森林公园开展植树活动,义务植树70棵。致公党中央副主席杨邦杰、市委主委李昭玲为“致公文昌林”揭牌。致公党中央组织部副部长李刚,致公党北京市委秘书长沈小红及党员约80人参加。9月29日,致公党北京市委成立30周年庆祝大会暨文艺演出。会上,区工委干部和党员60人受到表彰。党员40余人参加演出。为纪念致公党北京市委成立30周年征集纪念文集稿件,党员投递回忆录、散文、诗歌等稿件20余篇。获致公党北京市委组织奖。 (赵华)

【赈灾捐款】 4月,致公党原东城区工委党员为南方、青海玉树灾区献爱心,全体党员踊跃捐款16余万元。 (赵华)

【组建筹备委员会】 9月21日,致公党东城区领导干部大会在市民主党派人民团体大楼第七会议室举行。中共市委统战部副部长李卫东、致公党市委主委李昭玲、专职副主委谢朝华出席会议。中共东城区委统战部有关领导,原致公党东城区、崇文区工委主委、委员及40余名干部到会。会议传达中共北京市委、中共东城区委关于首都功能核心区行政区划调整有关精神,就致公党区级组织调整工作情况作了说明。宣读致公党中央的批复意见,致公党市第七届委员会第33次主委会研究决定,成立致公党北京市委员会东城区区级组织调整工作领导小组。宣布致公党区级组织工作领导小组名单、东城区新一届委员会筹备委员会名单及下一级组织领导机构成员名单。 (赵华)

【党员学习班】 12月10~11日,区筹备委员会在蟒山会议中心举办新党员学习班,听取致公党中央原秘书长邱国义对党章、党史的讲解。新党员交流学习体会,表示要做好本职工作,参加党的各项活动,为党多做工作。 (赵华)

【组织建设】 年内,新发展党员25人。外区及外省市转入7人,转外区2人。党员平均年龄52.2岁。筹委会有基层支部10个。具有高中级职称的党员占全体党员的89.6%。其中博士后1人,博士19人,硕士67人,研究生17人,大学167人。以上学历党员占全体党员的78%。现有党员中归侨38人、侨眷52人、侨属45人、海归26人、台属8人、访问学者4人、其他海外关系12人,占全体党员的78% (赵华)

九三学社东城区筹备委员会

【概况】 九三学社是以科学技术界中高级知识分子为主的政党。首都区划调整后,原九三学社东城区工委和原崇文区工委于9月18日合并成立九三学社东城区筹备委员会。在九三学社市委和中共东城区委领导下,履行参政议政、民主监督和社会服务职能。筹委会主任何厚夫、副主任蒲丛。下设第一、二工作委员会,有支社18个,社员671人。其中全国政协委员6人、市政协委员3人、区政协委员22人,区人大代表5人,区青联委员1人,区特约监察员3人。

单位名称:九三学社北京市委员会东城区筹备委员会
单位地址:东城区幸福大街32号
联系电话:64023773、67025259 邮政编码:100061

(徐婉利 李然)

【总结联谊会】 1月12日,九三学社原崇文区工委召开上年总结表彰会,表彰优秀支社、社员、提案执笔人、信息员和优秀社务工作者。九三学社市委领导马大龙、王琳,原中共崇文区委领导邵鹏,区工委主委蒲丛等出席会议。1月22日,原东城区工委举办迎新春电影招待会。130余名社员观看美国科幻大片《阿凡达》。区工委主委何厚夫等出席。

(徐婉利 李然)

【参政议政】 3月,在原中共东城区委统战部召开的各民主党派、人民团体调研、信息评比总结表彰会上,1名社员获优秀信息员二等奖。九三学社原东城区工委《关于东城区国家中医药综合发展实验区总体规划的调研报告》获一等奖,《关于进一步促进东城区中小企业发展的调研报告》获二等奖。

1名社员代表工委作“围绕中心 党派重视 发挥优势 精心组织 各方支持”的会议交流发言。原东城区工委召开调研选题会、座谈会7次，与区卫生局、产业促进局等单位座谈国家中医药综合发展试验区中医药产业发展问题。完成《关于王府井商业中心区发展定位问题的调研报告》《关于建设“中医药国际贸易平台”的建议报告》。《关于进一步促进东城区中小企业发展的建议》获区政协党派优秀提案。九三学社原崇文区工委召开5次调研研讨和实地考察会，完成《抓住区划调整的机遇 加快恢复天坛完整原貌》调研报告。所属5个支社同时开展调研工作。《加强国有企业经理人的监督和管理》获区政协党派优秀提案。12月3～4日，筹委会在北京东方文化培训中心召开第一次委员扩大会议。何厚夫、蒲丛分别主持会议。会议审议九三学社原东城区、原崇文区工委本年完成的调研报告。筹委会委员、第一工委委员、第二工委委员、各支社主委以及调研报告执笔30人出席。九三学社北京市委常务副主委王琳出席并讲话。年内，参加中共东城区委召开的党派团体负责人协商会、情况通报会和座谈会9次，对中共东城区区委工作报告和政府工作报告、人事任免、两区合并相关事宜、东城区二十年发展规划纲要和东城区经济和社会发展十二五规划纲要等座谈协商。

（徐婉利　李然）

【社会服务】 4月29日，九三学社原崇文区工委在龙潭街道为外来妇女举办题为“关注流动人口，关爱母亲健康”口腔健康知识讲座。70余名妇女参加。7月31日，九三学社原东城区工委举行九三学社关爱百姓健康东城社区专家义诊活动。何厚夫、杨文玉出席。九三市委社会工作部、组织部负责人莅临指导。来自驻区7个医院10个科别的20余名专家参加义诊。展出健康知识展板并发放健康知识杂志。12月15日，筹委会组织专家到东直门街道胡家园敬老院慰问，给老人们送去生活用品和药品，并为老人们体检。12月29日，蒲丛带领20名社员带着新年礼物到区培智学校慰问，与学校师生共迎新年，并捐赠价值2000元的整理箱。

（徐婉利　李然）

【信息工作】 8月，九三学社原崇文区工委举办信息工作研讨班，邀请社市委常务副主委王琳作“如何提高调研报告和信息的针对性”的报告。评选出优秀信息5篇并对信息员进行奖励，其中《注重节能灯水污染》等7篇信息被区政协采用。全年，筹委会报送各类信息179条。“关于海外高端人才引进建议”得到中共北京市委常委、组织部长吕锡文的批示。“关于社保卡设主卡和副卡的建议”被市政协采用。“关于在东城区创建国家中医药文化博物馆的几点建议”等得到区领导批示。（徐婉利　李然）

【组织建设】 9月18日，召开九三学社东城区领导干部大会。九三学社市委主委马大龙、常务副主委王琳，中共市委统战部副部长李卫东，区领导邵鹏，原东城区工委主任何厚夫、原崇文区工委主任蒲丛出席会议。九三学社市委秘书长刘永泰主持会议。原东城区、崇文区工委委员及所辖18个支社的50名干部参加。王琳传达中共市、区委关于首都功能核心区行政区划调整有关情况，并受常委会委托就九三学社北京市区级组织调整工作进行说明。宣读九三学社中央关于成立九三学社北京市东城区筹备委员会的备案批复以及九三学社北京市委区级组织调整工作领导小组名单、东城区筹备委员会及筹备工作委员会名单。马大龙讲话，代表九三学社北京市委感谢中共北京市委及统战部、中共东城区委及统战部所给予的支持和帮助。对区筹备委员会及工作委员会的成立表示祝贺并提出希望：带领广大社员，学习和践行社会主义核心价值体系，传承九三学社爱国、民主、科学精神，推动自身建设，提高整体水平；加强团结，领导班子成员之间要加强沟通，互相理解、互相支持，多组织活动，使社员在交流中尽快融合，促进基层组织建设；各级领导班子和广大社员要主动了解区情，提高参政议政水平，为东城区经济和社会建设发挥智力优势，履行参政党职能。李卫东代表市委统战部讲话。指出：民主党派区级组织的整合是区划调整的组成部分，与会的社员都在见证一段历史、谱写一段历史。大家应该着眼大局，为新东城的发展作出贡献。邵鹏、何厚夫分别讲话，提出要求。筹委会全年发展社员22人，其中博士11人，副高级以上职称14人。年内，东直门医院支社、体育支社和天坛医院支社完成换届调整。原东城综合支社由于人数多、单位分散，为加强组织建设，经社市委组织部批准，成立第一综合支社和第二综合支社。加强领导班子、工委委员自身建设和加强后备干部培养，参加社市委、北京社会主义学院和各级统战部举办的培训班。为后备干部提供参与社会主义学院网上学习平台，丰富学习内容，提高思想理论水平。调整、更新后备干部人才库，为成立区级组织做好干部贮备。（徐婉利　李然）

【思想建设】 年内，按照社市委和中共东城区委统战部关于在民主党派中开展学习践行社会主义核心价值体系总要求，组织社员参与各个层面的学习活动。参加中国的政党制度及九三学社知识答题，3名社员获答题金牌。参加区统一战线树立和践行社会主义核心价值体系学习报告会，区民主党派、无党派人士树立和践行社会主义核心价值体系座谈会。组织社员参加九三学社中央大讲堂，社市委报告会以及区委统战部组织的各种学习班、培训班。（徐婉利　李然）

台盟东城区筹备委员会

【概况】 6月28日，国务院正式批复北京市政府关于调整首都功能核心区行政区划的请示，根据中共北京市委的统一部署，台盟市委决定撤销台盟东城区工委组织建制，在原工委的基础上，成立台盟北京市东城区新一届委员会筹备委员会，履行临时区级组织的职能。在台盟区级组织换届调整工作完成前，代表台盟参加所属区的政治协商和参政议政工作。本年，台盟东城区筹备委员会有盟员80人，设中央、全国台联盟员、在职盟员、和乐龄盟员4个支部。主任委员1人，副主任委员2人，委员7人。盟员中有市政协委员5人，区政协委员8人，区人大代表1人。完成支部调整换届，团结依靠和组织引导区内盟员，按照区筹备委员会年度工作计划，结合东城区“十一五”期间经济社会发展的目标和任务，发挥台盟的特点和优势，开拓创新，开展各项工作。

单位名称：台湾民主自治同盟北京市委员会东城区筹备委员会
单位地址：东城区幸福大街32号
联系电话：64023833　邮政编码：100061　（曾军）

【参政议政】　1月，原东城区工委向区政协全会提交《关于进一步完善东城区社区服务工作的建议》《关于在东城区中小学进行涉台知识教育的建议》《关于促进惠台政策落实的几点建议》党派提案3件。盟员中，5名区政协委员提交委员提案9件。1名区人大代表向人大会议提交建议3件。原东城区工委主任肖燚作为区人大代表在东城区人大十二届四次会议上，提交《关于平房院问题的意见》《关于34号院问题的意见》《关于做好人口发展规划的建议》等社会热点问题建议案。在政协全会期间，1名委员提出推进居家养老服务的提案。1名委员提出《鼓励文化娱乐行业更新设备资源，降低文化娱乐行业营业税》的建议。1名委员提出《发挥东城区地域文化优势，为两岸文化交流作出更大贡献》提案。针对北京城市建设中群众关注的交通拥堵问题，委员提出新的思考角度。筹委会与相关提案的承办单位沟通交流，就提案的办理和答复工作交换意见，促进各项提案的具体落实。5月，台盟原东城区工委与区各委办局负责人举行专题工作会，围绕个人和党派提案中涉及的问题交流、探讨，逐项回复。台盟提交的《加强劳动保障监察工作，健全维护和谐劳动关系的长效机制》提案，获区政协优秀提案。2名委员被评选为爱心奉献委员。　（曾军）

【文体活动】　4月23日，原台盟东城区工委20余名盟员到京郊义务植树。8月24日，在北京基督教女青年会礼堂举行“京华情　仲夏歌”——京台女青年会合唱团交流演出活动。台盟东城筹委会协助台盟北京市委，接待岛内来的客人并共同交流。　（曾军）

【送温暖献爱心】　6月1日，台盟原东城区工委盟员51人，每人捐款10元，为少数民族贫困小学生购置学习用品。8月，甘肃省舟曲县发生特大山洪泥石流灾害后，盟员捐款1500元。部分盟员参加盟市委帮助贵州毕节地区建水窖扶贫工程的试点活动，捐款800元。年内，全区盟员参加各类慈善捐款160人次，总额1万余元。　（曾军）

【信息宣传】　年内，上报各类社情民意信息39条。其中9条信息被台盟中央、中共北京市委统战部、台盟市委采纳，3条信息被区领导批示。编辑内部刊物《台情动态》月刊12期，简报4期。5名盟员被台盟市委评为本年度优秀信息员。　（曾军）

【组织建设】　年内，发展文化、医疗战线盟员2名，台盟东城区筹备委员会成立后，加强思想建设、组织建设、制度建设和领导班子建设，夯实多党合作的思想政治基础，提高盟员的综合素质和参政议政能力。　（曾军）

原东城区民主党派负责人

中国国民党革命委员会北京市东城区委员会主任委员	李霭君(女)
中国民主同盟北京市东城区委员会主任委员	王　钢
中国民主建国会北京市东城区委员会主任委员	赵亚洲
中国民主促进会北京市东城区委员会主任委员	程　华(女)
中国农工民主党北京市委员会东城区工作委员会主任委员	危天倪(女)
中国致公党北京市委员会东城区工作委员会主任委员	刘超英(女)
九三学社北京市委员会东城区工作委员会主任委员	何厚夫
台湾民主自治同盟北京市委员会东城区工作委员会主任委员	肖　燚

原崇文区民主党派负责人

中国国民党革命委员会北京市崇文区工作委员会主任委员	黄慧南(女)
中国民主同盟北京市崇文区工作委员会主任委员	刘玉芳(女)
中国民主建国会北京市崇文区工作委员会主任委员	孙占军
中国民主促进会北京市崇文区委员会主任委员	张志萍(女)
中国农工民主党北京市委员会崇文区工作委员会主任委员	李亚兰(女)
中国致公党北京市委员会崇文区工作委员会主任委员	范承玲(女)
九三学社北京市委员会崇文区工作委员会主任委员	蒲　丛

东城区民主党派负责人

中国国民党革命委员会北京市东城区新一届委员会筹备委员会主任	李霭君(女,9月任)
中国民主同盟北京市东城区新一届委员会筹备委员会主任	王　钢(9月任)
中国民主建国会北京市东城区新一届委员会筹备委员会主任	赵亚洲(9月任)
中国民主促进会北京市东城区新一届委员会筹备委员会主任	程　华(女,9月任)
中国农工民主党北京市委员会东城区新一届委员会筹备委员会主任	李亚兰(女,9月任)
中国致公党北京市委员会东城区新一届委员会筹备委员会主任	范承玲(女,9月任)
九三学社北京市委员会东城区新一届委员会筹备委员会主任	何厚夫(9月任)
台湾民主自治同盟北京市委员会东城区新一届委员会筹备委员会主任	肖　燚(9月任)

团　体

东城区总工会

【概况】 东城区总工会(简称区总工会),是在区委领导下的人民团体,是党联系职工群众的桥梁和纽带。东城区现有基层工会组织1408个,会员17.57万人。本年,首都功能核心区行政区划调整,原东城区总工会、原崇文区总工会合并成立东城区总工会。东城区总工会按照“队伍不散、工作不断、管理不松、秩序不乱、标准不降”的要求,迅速实现工作整合、人员融合和思想融合。在区委和市总工会领导下,全区各级工会围绕中心、服务大局,推进学习型、服务型、创新型工会建设,促进社会和谐发展,各项工作取得新成绩。在市总工会对区县总工会重点工作考核中,区总工会被评为先进单位。

单位名称:北京市东城区总工会
单位地址:东城区后永康胡同17号
联系电话:67111821　邮政编码:100007

(赵丽娟)

【送温暖活动】 1月8日,原东城区总工会主席贾炯协,看望因扫雪病倒在工作岗位上的环卫工人王长荣,送去慰问金3000元,并致问候。1月10日,原崇文区总工会主席张晓林慰问坚守一线的环卫职工和交通干警,送上慰问金和慰问品。春节前夕,原崇文区领导徐鸿达、滕盛萍、刘云斋、张岚、陈汉明等,分别走访慰问区困难劳模、职工,送去慰问品及慰问金,并致以新春祝福。2月2日、3日,市总工会领导韩子荣、王玉英分别走访慰问原崇文区患病女职工,送去保险赔付金2.44万元;为万福大厦困难职工,送去慰问金3万元。2月13日,原崇文区领导张晓林走访慰问区环卫职工,送去慰问金4万元,对环卫职工辛勤工作和取得的成绩给予肯定。3月11~12日,原崇文区总工会组织受助大学生“一对一”就业指导和专场招聘。为全区在册的303名困难职工免费投保重大疾病保险和女职工特殊疾病保险,支出2万余元为全区新增的106名困难职工免费投保2份重大疾病保险,为43名新增困难女职工免费投保2份女职工特殊疾病保险。3月19日,原崇文区领导张晓林到前门地区台湾商务区建设工地慰问正在施工的单位和工人,送去4万元慰问品。3月25日,原崇文区总工会联合区职介中心、区妇联举办春风行动专场招聘会,组织参会单位27家,提供空岗信息2400余条,涉及行政、工程技术、营销、服务等工作岗位200余名求职者参会。5月19日,原崇文区总工会对即将参加高考的7名困难职工子女,给予每人助学金1000元。5月20~26日,原崇文区总工会联合区人力资源和社会保障局、教委、工商联举办“民营企业招聘周”活动。组织参会单位54家,提供空岗信息3500余条。5月21日,原崇文区总工会为65名在职劳模,每人办理2份职工重大疾病互助保障保险,为19名在职女劳模每人办理2份女职工特殊疾病互助保障保险。5月25日,原崇文区总工会举办庆六一慰问困难职工子女活动,为全区76名14周岁以下困难职工子女,分别送上200元的购书卡和100元的儿童食品。6月11~12日,原崇文区总工会组织186名困难职工免费健康体检。7月26日,常卫到全国劳动模范家中慰问,送去慰问金和慰问品。7月27日,周永明、贾炯协到建国门街道大雅宝社区看望慰问困难职工。中秋前夕,张晓林走访慰问区困难劳模,送去慰问品和慰问金。区总工会向160名在职劳模赠送月饼,并组织全区劳模健康体检。8月,开展“金秋助学”活动,把困难职工子女中的幼儿园新生、义务教育新生,拓展为助学帮扶对象;对幼儿园新生每人补助3000元;新升入小学或初中学生每人补助300元;义务教育在读的单亲困难职工子女,在市总工会补助300元的基础上,每人再补助200元;考入高中新生每人补助2000元;即将参加高考学生每人补助1000元;考入大学的每人补助3000元,大学在读期间每人每年补助2000元。区总工会投入近17万元,为125名困难职工子女提供助学资助,减轻困难职工家庭经济压力。8月2日,区总工会领导到和平里街道、东方奥天资产经营有限公司慰问困难退伍军人。8月19日,到区城建开发公司困难职工家中慰问,送去1万余元职工互助保险赔付金。8月23日,举办区困难职工及子女、待岗失业职工就业专场招聘会,参会160余人,其中36人现场达成就业意向。8月26日,举办就业帮扶服务类专场招聘会,提供服务类岗位326个,160余人参加应聘,65人现场达成就业意向。本年,就业服务形成制度,提供岗位信息2.3万余条,岗位推介1万余人次,帮助近千人实现就业。12月15日,区总工会领导与互助保险工作人员慰问区患病职工,送去组织关怀。 (赵丽娟)

【工会委员会会议】 1月19~20日,原东城区总工会召开第十六届委员会第七次全体(扩大)会议,审议并通过贾炯协代表区总工会第十六届委员会常委会所作的题为《开拓进取 务实创新 努力实现工会工作新的突破》的工作报告,讨论经费审查委员会工作报告和区总工会第四届女职工委员会工作报告,表彰上年度优秀工会组织、优秀工会工作者、特色职工之家和先进职工之家,下发本年基层工会重点工作项目书。工会委员、经审委员、女工委员、直属基层工会主席及部分区总工会第十六次代表大会代表参加。市总工会领导王北平,区领导吴松元出席会议并讲话。1月20~21日,原崇文区总工会召开十四届九次委员(扩大)会议,张晓林作题为《全面贯彻落实科学发展观 努力推动全区工运事业蓬勃发展》的工作报告。区领导张岚出席并讲话。区总工会委员、经审委员,区政协工会界别委员、各街道工会和直属基层工会主席参加。9月3日,东城区总工会(临时)委员会召开第一次全体会议,听取区总工会(临时)委员会第一次会议筹备工作情况通报,选举产生区总工会(临时)委员会主席、常务副主席、副主席、常务委员,审议通过区总工会(临时)女职工委员会主任、副主任、委员名单。韩子荣、常卫、朴学东等市、区领导出席。贾炯协主持会议。 (赵丽娟)

【劳模工作】 2月5日,原崇文区总工会召开劳模新春茶话会,劳动模范和模范集体代表200人参加。区领导夏强、牛青山、吉胜久、徐鸿达、张湘、张岚、高桂强出席,张晓林主持。牛青山讲话,向为崇文建设发展作出突出贡献的劳模们表示衷心感谢,并致以节日问候和崇高敬意。4月3日,原崇文区总工会组织部分在职劳模和市劳模推荐候选人,参加以"争创全国绿化模范城区·共建绿色崇文生态崇文"为主题的义务植树活动。5月26日,原东城区总工会在区政府网站,开展以"弘扬劳模精神 树立时代楷模"为主题的劳模在线访谈活动。劳模围绕弘扬劳模精神、发挥劳模作用、就网友所关注的热点问题进行网上交流。1个小时内,在线回答网友问题96个。5月27日,原崇文区总工会,举办区劳模事迹报告会。会上,不同行业新当选的全国、市劳动模范和先进工作者8人介绍先进事迹。各基层单位党政领导、主管工会工作副书记、工会主席、宣传科科长、工会干部和职工近1000人参加。 (赵丽娟)

【女职工工作】 2月21日,原崇文区总工会,召开女职工委员会四届六次会议,总结上年工作,布置本年工作。2月25日,原崇文区总工会召开特困单亲女职工座谈会,鼓励困难女职工树立信心战胜困难,通过自己辛勤劳动,创造美好新生活。2月26日,原崇文区总工会以"弘扬劳模精神鼓励女职工建功立业"为主题,召开在职女劳模座谈会,交流体会,共庆节日。三八国际劳动妇女节前夕,组织街道已婚女保洁员进行妇科体检,并赠送慰问品。3月4日,原崇文区总工会举办女职工健身环湖走活动,倡导快乐工作、健康生活理念。3月8日,原东城区总工会女职工委员会召开"东城区女性风采展示"活动,全区26个单位近600名女职工参加。9月25日,召开女职工委员会(临时)第一次会议暨工作研讨会,市总工会和区总工会女工部有关领导出席。年内,区女职工委员会被评为市妇女儿童工作先进单位。 (赵丽娟)

【工作会议】 3月3日,原东城区总工会召开上年度工会工作"优秀单位"党政领导答谢会。被评为优秀单位的党政领导70人参加。3月4日,原崇文区总工会召开工作会,专题研究本年全区工会工作重点,细化工作措施,部署工会工作。张晓林主持会议。同日,原东城区总工会召开首次"两新"组织工会工作会议。部署"两新"组织工会工作。工作重点:加强"两新"组织工会工作的重要意义。夯实根基、规范程序,加强工会组织自身建设。明确任务、鼓足干劲,履行工会组织基本职能。营造氛围、搭建平台。各街道工委书记、工会主席,各社区党委书记、工会主席,各楼宇党组织负责人、工会主席,各街道直属"两新"组织党政负责人、工会主席,区总工会直属"两新"组织党政负责人,工会主席等近500人参加。 (赵丽娟)

【参观时传祥纪念馆】 3月9日,原崇文区总工会环卫系统全国人大代表5人参观时传祥纪念馆,向时传祥铜像敬献花篮,缅怀老一代劳动模范艰苦创业、拼搏奉献的光辉业绩。6月28日,青海省总工会党组书记、副主席朗国清带领参加全国总工会培训班的青海省分管工会工作党委领导一行87人参观时传祥纪念馆。市总工会副主席时纯利陪同参观。 (赵丽娟)

【职工文体活动】 3月17日,原崇文区总工会举办工间(工前)操小教员培训班,聘请专业课老师,培训全区90个单位的147名骨干小教员。3月25日,原崇文区总工会以"快乐工作,健康生活"为主题,举办第三届非公企业职工环湖竞走比赛,7个街道的70名非公企业职工参加。4月20日,原崇文区总工会举办第三届企业单位职工乒乓球比赛,18个企业单位组成的18支队伍,近百名职工参加比赛。4月23日,原崇文区总工会举办首届工会干部保龄球赛,35个单位的79名工会干部参加。5月20日,原崇文区总工会举办第三届机关事业单位羽毛球赛。全区18个机关、事业单位的170余名干部职工参加。5月,原崇文区总工会举办第二届"三对三"篮球比赛。6月9日,原东城区总工会举办"安全在我身边"演讲比赛活动,12名选手在比赛中围绕"传播安全知识,弘扬安全文化”主题，联系日常工作实际，结合身边发生的各类安全典型事例，用生动的语言讲述安全的重要性，宣传安全知识，普及安全理念，弘扬安全文化。9月17日，举办首届职工交谊舞比赛，20个单位的32对选手参加，经角逐6对选手获奖。9月29日，举办全区单身职工交友联谊会，全区机关、企事业单位的60余名单身职工，参与自我推介、互动游戏、才艺展示、信息交流、温馨聊天、真情告白等活动，增进彼此了解。10月29日，举办工会系统第八套广播体操展示比赛，街道、企业及机关39支代表队，1000余名职工参加。11月16日，举办首届非公企业职工趣味运动会，30余家非公企业的500余名职工参加活动。市、区有关领导王玉英、刘蓉、常卫以及区总工会领导班子成员出席运动会。王玉英、常卫为比赛开球。12月15日，举办首届“挥笔聚焦新东城”职工书画摄影展，展出职工书画作品71件，摄影作品260幅。

（赵丽娟）

【街道建会工作】 3月18日，原崇文区总工会召开专项工作会，与街道工会签订本年度建会工作责任书。会上，总结上年建会工作，部署本年建会工作。3月30日，原东城区总工会召开工会组建领导小组会，总结上年全区建会工作，对本年建会目标作说明。3月31日，原东城区总工会召开街道系统建会工作研讨会。传达本年东城区建会领导小组会议精神，部署工会组建和会员发展工作，向各街道分解建会指标。10个街道工会联合会主席参加。4月19日，原崇文区总工会召开街道工会工作委员会转为工会联合会推进会。介绍街道工会工作委员会转为工会联合会工作程序，说明相关情况。张晓林强调：提高认识，加强领导。认真学习，严格程序。严格标准，按时完成。7个街道工委书记和工会主席参加。9月20日，召开建立街道总工会工作会，布置街道总工会建立工作，强调建立街道总工会的意义，提出完成街道总工会建立工作要求。区建立街道总工会工作全面启动。17个街道主管工会工作领导和工会主席30余人参加。

（赵丽娟）

【业务交流】 3月19日，山东省淄博市临淄区总工会到原崇文区职工帮扶中心参观学习。4月15日，抚顺市总工会到原崇文区总工会考察交流，听取区职工帮扶中心关于三级服务体系建设的情况介绍，参观东花市街道工会服务站。11月25日，三河市总工会党组书记、副主席樊茂林一行5人到区职工服务中心交流学习，听取区职工服务中心人员编制、资金来源、服务内容设置、运行情况等介绍。（赵丽娟）

【互助保险工作】 3月23～24日，原东城区总工会召开职工互助保险会。传达市总工会、市劳动和社会保障局《关于进一步组织职工参加住院医疗互助保障计划实施意见》和市总工会转发《中华全国总工会办公厅关于职工互助互济保障活动有关问题的通知》精神，总结上年工作并对本年互助保险工作提出要求。5月27～28日，原崇文区总工会召开互助保险工作会。职工互助保险北京办事处主任马淑芹出席，并讲解职工互助保险有关情况。张晓林出席并对职工互助保障工作提出要求。部分基层工会主席参加。年内，职工互助保险会员人数11.3万余人，职工887人得到赔付，赔付金额近170万元，有效减轻职工因病带来的经济负担。区总工会被全国总工会评为职工互助保障工作先进单位。（赵丽娟）

【劳动争议】 3月30日，原崇文区总工会召开劳动争议调处工作领导小组工作会议。总结区建立劳动争议调解联动机制以来，开展劳动争议调解工作情况，通过《2010年崇文区劳动争议调解工作要点》。4月13日，原东城区总工会召开劳动争议调解委员会、工会劳动法律监督委员会工作会议。4月28日，原崇文区总工会举办劳动争议调解员培训班，市总工会法律部部长，针对《劳动争议仲裁法》和调解工作进行解读。通报全区劳动关系状况并介绍典型案例，对调解和归档工作提出要求。会上，发放《劳动争议调解员工作手册》，并组织统一考试。全区各街道、直属企事业单位劳动争议调解员等近200人参加培训和考试，取得调解员资格证书。5月13日，原东城区总工会与区人力资源和社会保障局联合组织部分街道非公企业经营管理人员、劳动争议调解员40人，参加仲裁案例旁听活动。10月19日，区总工会召开各街道劳动争议联络员会议。部署劳动争议调解和法律服务志愿者进社区工作，要求各街道为工会法人资格登记工作的开展做好准备。11月，区总工会举办2期劳动争议调解员取证培训班。17个街道，直属企、事业单位800余人参加并取得调解员资格。年内，全区601个调解组织的专兼职调解员2300余人，经培训全部持证上岗。区劳动争议调解中心受理劳动争议案件1272件，结案1053件，调解成功621件，涉及金额410万元，调解成功率58.97%。律师志愿者23人与街道建立对口联系，通过咨询、讲座、调解等形式，提供法律服务160天，服务职工3200余人次。区总工会被评为全国工会系统“五五”普法先进单位。

（赵丽娟）

【举办培训班】 4月28日，原东城区总工会举办报告会，杨柳荫为工会干部作《关于当前我区发展形势和总体发展战略规划的思考》专题报告。5月，原东城区总工会与区委组织部联合举办工会干部系列培训。5月6日，原东城区总工会举办工会助理员、协管员培训班，大学生助理员、工会助理员和协管员55人参加。针对工作中的问题，以答卷形式，学习法律法规知识。5月7日，原东城区总工会经费审查委员会，召开派出审计小组培训会议，决定组派5个审计小组，对75个直属基层工会实施全覆盖审计。6月10日，原崇文区总工会举办财务工作培训会，市总工会财务部部长，针对工会财务工作作专题讲座。全区各街道工会联合会、直属基层工会主席、财务人员和经审人员90余人参加。6月12～13日，原崇文区总工会举办新任工会主席培训班，全区各基层工会新任工会主席、工会干部、助理员20人参加。6月29～30日，原东城区总工会举办新任工会主席培训班，直属基层新任工会正副主席、下属二级单位新任工会主席（包括各街道社区、楼宇新上任工会联合会主席）及街道级服务站站长180人参加。8月24日，区总工会举办职工互助保险业务培训班。介绍职工互助保险的入会、投保、会员调动等办理流程的操作方法及注意事项,解答关于互助保险问题,下发中国职工保险互助会北京办事处《职工互助保障计划》宣传手册。9月15~16日,区总工会举办经审工作培训班。各直属基层工会经审干部110余人参加。10月11日,举办工会统计年报培训班,90家直属基层工会参加。11月11日,举办所属事业单位主管领导和特殊工种人员安全知识培训班。增强与会人员忧患意识,加强人员密集场所消防安全"四个能力"建设,强化管理,完善健全安全岗位责任制和应急预案。(赵丽娟)

【劳模表彰会】 4月29日,原东城区庆五一暨劳动模范、先进工作者表彰大会召开。市总工会领导王北平,区领导杨柳荫、冯熙、曾刚健、常卫、吴松元、左海星、谢世龙、郭怀刚、马战校等参加。常卫主持大会,吴松元宣读获得荣誉称号的劳动模范、先进工作者和市模范集体名单。本年,获全国劳动模范1人,全国先进工作者1人,全国先进工作者、市先进工作者1人,市劳动模范10人,市先进工作者25人,市模范集体5个。郭怀刚宣读表彰决定。劳模代表宣读倡议书。杨柳荫讲话,向受到表彰的劳动模范、先进工作者和模范集体,表示祝贺,向辛勤工作在全区各行各业、各条战线上的劳动者致以节日问候。要求区总工会弘扬劳模精神,做好劳模的日常管理工作,组织好劳模主题队会活动,加强知识和技能培训。4月30日,原崇文区总工会举行庆祝五一国际劳动节暨劳模表彰大会。区领导夏强、市总工会副主席霍连明出席会议并讲话,牛青山主持会议,区领导吉胜久、徐鸿达、高桂强出席会议。机关、企事业单位党政领导,街道工会主席、区属企事业单位工会主席,区总工会十四届委员会委员和经费审查委员会委员,区政协工会界别委员,劳模、先进工作者以及模范集体代表200余人参加。张晓林宣读获全国劳动模范和先进工作者、市劳动模范和先进工作者、市模范集体荣誉称号的先进个人和先进集体名单。向劳动模范和先进工作者颁发奖章和荣誉证书,向模范集体代表颁发奖牌。下发《区委、区政府关于加强和改进劳模工作的意见》。夏强代表区四套班子,向受到表彰的先进集体和个人表示祝贺,向为本区经济社会发展作出贡献的干部职工和工会工作者表示感谢和敬意,对全区各级党组织和工会组织提出工作要求。

(赵丽娟)

【帮扶中心新址启用】 4月30日,原崇文区总工会举行区职工服务(帮扶)中心新址启用仪式。区领导夏强、牛青山、吉胜久、徐鸿达、高桂强,市总工会领导霍连明出席仪式并为职工服务(帮扶)中心、劳动争议调解中心揭牌。张晓林主持仪式,高桂强致辞。各街道工委、办事处领导及部分工会干部、劳模、困难职工代表出席。年内,组织单身职工联谊会11场,700人参加,为200余人牵线搭桥。会员信息采集率91.61%。(赵丽娟)

【救灾捐款】 玉树地区发生地震后,原崇文区总工会召开会议,贯彻市总工会《关于为青海玉树地震灾区捐款的通知》精神,研究部署抗震救灾捐款工作,向基层工会转发市总工会捐款通知,要求基层工会组织动员辖区企业或所属企业、干部职工,通过市温暖基金会向灾区捐款。区总工会组织本单位捐款10万元,机关干部捐款2040元。全区各级工会和干部职工,通过市温暖基金会向灾区捐款58.31万元。

(赵丽娟)

【工资集体协商】 6月8日,市总工会领导王北平到原崇文区总工会调研工资集体协商试点工作。听取东花市街道、永定门外街道、龙潭街道3家试点单位工作汇报,对试点工作给予肯定。张晓林陪同调研。10月20日,区总工会召开推进工资集体协商工作会,王北平、常卫、张晓林等市、区有关部门负责人出席,对《东城区总工会关于进一步推进工资集体协商工作的意见》进行说明,强调推进工资集体协商工作的重要性,明确工作指导思想和目标任务,提出工作要求。王北平讲话指出:工资集体协商既是维护职工权益的手段,又是平衡劳动关系保护和调动职工积极性,促进企业发展的重要载体,必须主动开展协商,按照区域谈水平、行业谈标准、企业谈增长的要求,循序渐进地推进,不断扩大覆盖范围、提高协商质量,实现普遍建立工会、普遍开展工资集体协商的目标。常卫讲话。年内,全区签订集体合同436份,覆盖职工11万人,签订率93.4%,其中区域性集体合同90份,行业性集体合同6份。工资专项集体合同覆盖企业8000余家,覆盖职工10.3万余人,签订率91.2%。女职工专项集体合同签订率95.9%。(赵丽娟)

【领导调研】 6月10日,全国总工会书记处书记李世明,率全总第十五届执委会新增、替补执委和经审委员培训班领导到原崇文区调研指导。参观职工服务(帮扶)中心,了解各服务窗口职能和工作情况,听取区工会工作情况介绍。参观时传祥纪念馆及前门大街。夏强介绍区经济、社会、文化发展情况。李世明指出:崇文区总工会在就业平等、收入平等、地位平等、文化平等四个层次,采取有力举措,维护职工合法权益,促进区域经济的发展,为企业和职工搭建双赢平台。市总工会领导韩子荣等陪同调研。(赵丽娟)

【端午节慰问演出】 6月13日,原崇文区总工会与区文联举办端午节文艺慰问演出。市总工会副主席余俊生,区领导赵中原、张岚、高桂强、市文联有关部门,区政府有关部门及区人民团体领导、区文联各专委会会员和区先进模范代表近千人观看演出。瞿弦和、刘斌、殷之光、朱琳等艺术家围绕"建设北京、科技北京、绿色北京"和实施"天坛文化圈"发展战略的内容,演出诗歌、声乐、舞蹈等节目。(赵丽娟)

【经费审查委员会会议】 9月6日,区总工会经费审查委员会(临时)召开第一次会议。选举产生区总工会经费审查委员会(临时)主任、副主任。(赵丽娟)

【《新东城工会报》创刊】 9月6日正式创刊。作为东城区总工会宣传党的方针政策的阵地、传播先进科学文化的窗口、服务职工的平台,围绕区经济和社会发展,服务职工群众,宣传区委、区政府和市总工会的决策、发展战略、工作部署和要求。集中展示新东城区职工群众积极向上的精神风貌和建设“国际化、现代化新东城”取得的突出成就。《新东城工会报》设置工会新闻、工作动态、综合信息、文化广角等版块,以及党政领导谈工会、维权在线、职工风采等专题栏目。 (赵丽娟)

【群众歌咏活动】 9月9~10日,区总工会举办首届“五月的鲜花”群众歌咏活动暨职工歌手大赛,全区各单位154名选手,参加美声、民族和通俗三种唱法比赛。9月29日,举办群众歌咏活动汇报演出。区领导杨柳荫、牛青山、常卫、刘云斋、赵中原、徐熙、夏树军、段志国、朴学东、冯藏淑,区总工会主席张晓林等出席。区各民主党派、区级机关、人民团体、委办局、街道、企事业单位的领导,以及劳模代表、农民工代表、一线职工代表等900余人观看演出。本届群众歌咏活动以“服务科学发展,谱写东城新篇”为主题,在全区400余个机关、企事业单位职工中开展,组织各类演出300余场,演出节目2200余个,自创作品350余个,观众10万余人。 (赵丽娟)

【联席会】 11月11日,召开区政府与区总工会联席会,区领导牛青山、常卫、朴学东及区政府办公室和区总工会有关领导出席会议。朴学东主持。区政府办公室主任汇报上次会议议题落实情况;张晓林从三级服务体系建设、维权机制建设、职工队伍素质建设、实施送温暖工程、加强劳模工作、推进“职工之家”建设6个方面通报区总工会工作进展情况,提出下一步工作设想,并就会议议题作说明。与会领导针对会议议题讨论。会议决定:区政府每年向区总工会拨付劳模专项资金200万元。与市总工会、市市政市容管理委员会共同发起建立“时传祥环卫工人温暖基金”。东四工人文化宫的经营要纳入隆福寺地区的发展统筹考虑。常卫讲话,劳模精神是社会的宝贵财富,要大力弘扬,发挥导向作用;要管好、用好劳模专项资金,注重解困、帮扶,为劳模办实事;东四工人文化宫的发展要和周边联动,纳入隆福寺地区统一规划,发挥阵地作用,为职工服好务。牛青山讲话,肯定工会工作成绩,组织不断健全,维权成果不断扩大,帮扶形式多样化,创造出很多好经验。 (赵丽娟)

【厂务公开民主管理工作】 11月23日,全国厂务公开协调小组成员、国务院国资委副主任、全国总工会副主席黄丹华带领第六次全国厂务公开民主管理工作调研检查组到区调研检查。国务院国资委、全国总工会、市总工会及市纪委部分领导陪同调研。市总工会领导韩子荣、王北平,区领导杨柳荫、徐熙、夏树军和区总工会主席张晓林参加。徐熙代表区委、区政府对调研检查组莅临本区指导工作表示欢迎,并简要介绍区情。张晓林代表区厂务公开协调小组,汇报区推进厂务公开民主管理工作情况;北京东方置地投资发展有限公司和北京宏源餐饮管理有限公司,分别汇报本单位开展厂务公开民主管理工作情况。检查组查阅厂务公开民主管理工作档案资料,就职工董事、职工监事制度、厂务公开民主管理监督考核工作及集体所有制企业改制等问题进行交流。调研检查组对本区深化厂务公开民主管理工作给予肯定。认为本区认识到位,制度健全,扎实推进、成效突出。 (赵丽娟)

共青团东城区委员会

【概况】 7月14日,东城团区委召开原东城、崇文团区委班子成员整合工作座谈会。7月19日,召开区划调整后第一次联席会议,交流原东城、崇文两区团委工作。制订东城团区委联席会议制度。8月16日,完成办公用房调整,实现合署办公。设办公室、组织部、宣传部、统战权益部、社会工作部5个科室。本年,全区有14~28周岁青年4.12万人,其中团员3.21万人,占青年总数的78%。女团员1.40万人,少数民族团员1722人,分别占团员总数的43.53%和5.36%。全年发展新团员3148人,占适龄青年总数的7.64%。有78名团员加入党组织,占团员总数的0.24%。198名团员超龄离团,占团员总数的0.61%。有基层团委115个,团工委19个,团总支47个,团支部1547个。直属团组织中团干部53人,其中专职团干部22人,党员48人。具有大学(含大专)以上学历的52人,占98.1%;女团干部34人,占62%。区预防青少年违法犯罪工作领导小组办公室、区未成年人保护委员会办公室(以下简称区预防小组、区未委会)均设在团区委统战权益部。区预防小组和区未委会以促进青少年健康成长为根本出发点和立足点,以“组织、教育、预防、服务”为重点,完善工作机制,优化未成年人成长环境,实现、维护、发展青少年权益,维护区域社会和谐稳定、促进全区未成年人健康成长。

单位名称:共青团北京市东城区委员会
单位地址:东城区后永康胡同17号
联系电话:84039238 84039237 邮政编码:100007 (翁东杰)

【“星光青春自护行动”】 寒假期间,原崇文区未成年人保护委员会(简称区未委会),依托3所社区星光自护学校,以“社会与校园安全”和“意外伤害防范”为主题,开展内容丰富、形式多样的星光自护课程,培训青少年200余人次。1月21日,在长青园社区星光自护学校开展以“争做星光自护小卫士”为主题的青少年假期安全自护培训课,社区小学生50人参与。1月27日至2月1日,原东城区未委会,依托民安社区、东四八条社区、外交部街3所社区星光自护学校,开展寒假“星光自护小卫士”培训活动,培训青少年600人次。2月2日,原崇文区未委会与区检察院在东花市街道社区星光自护学校,开展“崇文区社区星光自护大讲堂”,7个街道团工委负责人、3所社区星光自护学校校长和教导主任、区家庭经济困难中小学生45人及家长100余人参与活动。区检察院法制副校长,针对寒假和春节期间中小学生易发事故,以防火灾、防抢劫、防盗窃、防网络诈骗为教学重点,向学生们普及自我保护知识,传授简单实用的应急自救方法。4月至6月,原东城区未委会参与维护校园安全工作,聘请“校园安全大使”100人,成立“爱心安全自护”志愿者队伍,帮助学校排查安全隐患。5月11日,原崇文区组织召开区青少年自护教育专项工作部署会,区领导张岚出席,团区委、区综治办、教委等10家委员单位主管领导、联络员参会。下发关于开展本年崇文区青少年自护教育专项工作的通知，区政府教育督导室及区综治办领导分别通报区中小学校内部安全教育工作和全区校园周边安全工作的开展情况。6月23～28日，原东城区未委会、原东城团区委，在全区开展青少年禁毒宣传教育周活动，提高青少年识毒、拒毒、防毒意识，维护青少年合法权益，促进青少年健康成长。7月20～22日，区未委会、团区委组织部分中学学生8人参加“珍爱生命 远离毒品——2010年北京市青少年禁毒教育夏令营”活动。通过参与绘画、团队游戏、参观禁毒基地等活动，加强对青少年毒品预防知识的宣传教育。7月29日，开展暑期社区星光自护大讲堂活动，围绕假期防火用电安全、火场逃生等内容，以讲座和体验相结合，增强青少年安全防范意识和防灾减灾能力。暑假期间，区未委会、团区委开展“公益电影进社区”展映活动，丰富社区青少年假期生活。展映13场，受教育青少年500余人次。12月1日，区未委会、团区委联合区卫生局、人口计生委、红十字会等多家区未委会委员单位在天坛北门举办“遏制艾滋 履行承诺”世界艾滋病日主题宣传活动。现场咨询、发放宣传品和防护药具，引导青少年拒绝诱惑、远离艾滋，养成健康积极的生活方式。（朱颖　翁东杰）

【共青团全体会】 1月28日，原共青团东城区委员会召开八届八次全体(扩大)会议。团市委副书记刘震，区领导吴松元出席会议并讲话，有关单位共青团工作主管领导、共青团东城区八届委员会委员、各基层团组织负责人参加会议。团区委书记总结上年共青团工作，部署本年工作。同日，召开全体委员会，审议通过《关于召开共青团北京市东城区第九次团员代表大会的决定》。决定5月召开共青团东城区第九次团员代表大会。3月11日，原共青团崇文区委员会召开九届六次全体(扩大)会议。传达北京市共青团工作会议精神，总结上年崇文共青团工作，部署本年工作。张岚出席并讲话。九届委员会委员和各街道、委、办、局、企事业单位团委(团工委、团总支)、直属团支部的100余名团干部参加会议。8月31日，区划调整后召开共青团东城区第一次全委会。通报《中共东城区委组织部关于组建新的东城区各人民团体的意见》和关于团区委领导班子的任职情况，介绍关于北京市行政区划调整情况，宣读共青团东城区委员会委员、候补委员名单。区领导常卫出席，共青团东城区委员会委员50人、候补委员13人参加。（朱颖　翁东杰）

【暖春行动】 1月29日，原崇文团区委举行崇文共青团“暖春行动”启动仪式，区领导张岚为基层团组织代表授“百家团支部一助一‘暖春服务队’”队旗，高桂强到会并讲话。区各街道、委、办、局、企事业单位团委、团总支、直属团支部负责人和受助青少年100人参加仪式。总结上年百家团支部一助一“暖春行动”，部署本年“暖春行动”工作任务。本年“暖春行动”在推进“助学习进步、助健康成长、助创业成才、助权益维护、助家庭困难”项目的同时，细化服务内容，引入评价机制，联系更加紧密，交流更加平等，帮扶更加具体，形成长效机制。（翁东杰）

【与人大代表、政协委员面对面】 1月，原东城团区委开展“共青团与人大代表、政协委员面对面”活动，区政协共青团、青联界别7名政协委员以“互联网与青少年健康成长”为主题开展调研，并形成政协提案及调研报告提交区政协。9月3日，团区委到和平里街道调研“共青团与人大代表政协委员面对面”试点工作，了解和平里街道关于“新生代农民工的社会融入”问卷调查分析情况。12月29日，与龙潭街道团工委联合组织召开“人大代表与新生代农民工面对面”座谈会。区人大代表与新生代农民工代表进行交流，就农民工职业培训、子女入学、待遇保障等方面提出建议和意见。（朱颖　翁东杰）

【送温暖】 1月至2月，原东城团区委结合“两节送温暖”主题，开展“亲情·健康·快乐”贫困青少年资助活动，联合区民政局、红十字会等部门为品学兼优的贫困青少年15人申请临时救助7.5万元。1月28日，原东城区领导吴松元走访慰问朝阳门街道史家社区的贫困青少年1人，为孩子送去助学金及学习生活用品。1月22～29日，原东城与区红十字会、民政局、慈善协会、朝阳门街道等单位为患白血病青少年紧急筹措手术费8万元。1月29日，原东城区领导王佩立代表社会各界将筹措的救急款送到患病青少年父母手上。原崇文区团委启动“新春送温暖活动”，牛青山、吉胜久、刘云斋、朴学东、周永明、宋甘澍等区领导走访慰问7个街道家庭经济困难青少年140人，发放慰问品、慰问金9.3万余元。（朱颖　翁东杰）

【基层团建工作】 年初，落实团市委关于加强基层组织建设和基层工作的有关部署，在全区17个街道推进新经济组织和新社会组织(简称两新组织)团建工作。指导街道团工委深入企业调查，以实事求是为原则，确定适合建立团支部的企业数，为开展工作提供依据。争取“两新”组织党组织的支持，以党工团共建为工作方针到适建团支部的企业中与企业主商讨团建工作，并以塑造企业文化，维系青年为切入点。动员并带领街道社区团支部开展团建工作，要求社区团支部根据实际情况，在社区中寻找经营稳定的小公司或小企业成立团支部。组织新建团组织团员青年电影专场，与驻街部队开展双拥共建活动，开展卫生清洁等社区志愿者活动，带动“两新”组织团员青年岗位创先争优。9月末，实现在全区规模以上非公企业、新社会组织建团66家，规模以下非公企业建团170家。9月3日，下发《东城团区委关于直属团组织设置、调整的通知》，明确区划调整后设立的33个新的直属团委(总支)、团工委和7个调整隶属关系的团组织的设置原则和调整规定，并对原东城区、崇文区涉及机构调整的机关、企事业单位团组织负责人的产生办法和委员的组成作说明。9月初，团区委与河南驻京团组织建立联建关系，指导北新桥街道与河南平顶山新华团区委、永外街道与河南平顶山汝州团市委、东华门街道与河南镇平团县委签订豫籍在京流动团员青年双向共管协议，不断创新外来务工青年团组织建设的方法与途径。（朱颖　翁东杰）

【团建百强街乡创建工作】 年初，围绕“两个全体青年”（力争使团的基层组织网络覆盖全体青年，使团的各项工作和活动影响全体青年）的政治目标，按照区域共建的工作思路，开展“团建百强街乡创建”工作。11月2日，团区委召开“团建百强街乡创建工程”年终综合考评工作部署会，北新桥街道、景山街道、朝阳门街道、东花市街道和龙潭街道5家团工委“团建百强街乡”创建单位的团干部参加会议。传达团市委《“创造新优势 服务促发展——团建百强街乡创建工程”年终综合考评实施办法（试行）》。各创建单位研讨工作经验、存在的问题。12月16日，团市委到区调研指导推进“团建百强街乡创建”工程以及社区青年汇、社区团建等工作，听取团区委书记班子年终工作述职。团市委书记王少峰、副书记姜泽廷，区领导常卫、宋甘澍出席调研活动。调研组慰问东直门交通枢纽站点志愿者，参观东花市社区博物馆，听取东花市街道关于网格团建、网格化社会管理创新试点工作介绍。12月29日，召开“团建百强街乡创建”工作年终考评会。5个首批创建单位团工委负责人和街道辖区青年代表10人参加。各创建单位汇报创建工作整体情况、组织建设、干部队伍、服务功能、整体活力情况。街道辖区青年代表，对汇报内容交流、提问，考核打分。此次考评工作是在创建单位自查、街乡互查和党政评价的基础上，对各创建单位的综合考评。

（朱颖　翁东杰）

【希望工程】 2月2日，原崇文团区委在东花市街道社区星光自护学校，举办“中南海爱心基金”发放仪式，7个街道团工委负责人、获“中南海爱心基金”学生及家长100余人参与。发放慰问金1.8万元，慰问品45份。3月，原希望工程崇文工作站首批希望之星（1+1）奖学金发放完毕，全区家庭经济困难中小学生12人，获得助学款资助5400元。4月，原东城团区委协调各街道团工委、教育团工委，完成年度“希望之星1+1奖学金”发放工作，为家庭经济困难、品学兼优的中小学生11人，提供奖学金5000元，并启动本年度该项目申报工作。6月10日，希望工程北京捐助中心主任、北京青少年发展基金会常务副秘书长陈淑惠到原希望工程东城区工作站调研考察，听取团区委工作汇报，就青少年资助工作提出要求。6月11～13日，原希望工程崇文工作站在区青联委员的支持下，走访慰问永定门外、天坛、崇文门外、龙潭、前门等街道的家庭贫困青少年13人，送去端午节粽子、学习文具等物品。6月24日，原希望工程东城工作站被北京市青少年发展基金会、希望工程北京捐助中心授予2009年度工作站项目管理奖。7月24日，团区委组织开展“善薪计划”募捐活动，办理“善薪计划”业务9份。11月30日，希望工程东城工作站首批“100365首善行动”希望之星（1+1）奖学金发放完毕，全区家庭经济困难中小学生126人获得北京亿都川服装有限公司及社会各界爱心人士助学款资助12.26万元。12月18日，希望工程北京捐助中心主任陈淑惠，京粮集团和古船油脂公司有关领导在团区委相关负责人陪同下，走访慰问北新桥街道和安定门街道家庭贫困青少年代表3人，为他们送去价值1000元的米、面、油扶助金和生活用品。全区家庭经济困难、品学兼优的贫困学生100人受到此项扶助，物品总价值10万余元。北京电视台、光明网给予宣传报道。

（朱颖　翁东杰）

【“倾听日”活动】 2月，为贴近青年群体，找准工作切入点，加强团的作风建设，原东城、崇文团区委分别启动共青团“倾听日”活动，形成团领导干部定期下基层倾听青年呼声、了解青年需求机制。区划调整后，东城共青团“倾听日”活动继续开展。全年举办“倾听日”活动17场，倾听主题涉及就业创业、心理健康、志愿服务、依法维权等领域，社会反响热烈。

（朱颖　翁东杰）

【青年志愿者】 2月，原东城团区委在东华门王府井、东四奥林匹克文体中心、北新桥簋街、东直门交通枢纽、和平里地坛公园西门等5个站点，原崇文团区委在前门大街、龙潭庙会、新世界商场4个站点，连续7天开展城市志愿服务。志愿者400人，向群众提供信息咨询、语言翻译、应急救助等服务1.5万人次，营造春节喜庆祥和氛围，传播志愿服务精神。3月，结合“学雷锋日”主题，原东城团区委在王府井大街设立宣传点，为过往行人发放低碳生活、垃圾分类等宣传材料。原崇文团区委在前门大街志愿服务站，开展志愿服务意见征求、宣传品发放等活动，北京电视台、《新民晚报》等媒体予以报道。5月至7月，原东城、崇文两区选送优秀青年志愿者8人，参与上海世博会志愿服务活动。8月16～21日，为“创意点亮北京”文化艺术节提供志愿服务，上岗志愿者120人次，服务500余小时。8月28日至9月24日，北京世界武搏运动会期间，开展信息咨询、医疗应急等城市志愿服务，开展环境整治、扶老助残等社区志愿服务。9月16日，完成前门大街志愿服务站升级改造，作为前门大街旅游咨询站重要组成部分，配备现代化设施，志愿者工作环境明显改善。原“前门驿站”志愿服务站服务871天后正式退役。国庆节期间，开展志愿服务周活动，前门大街和东直门交通枢纽两个城市志愿服务站点分别推出“留下你的前门印象”摄影服务和“传递微笑 快乐国庆”活动，上岗志愿者112人次，提供志愿服务1.15万次，《人民日报》《中国青年报》等媒体多次予以报道。11月18～21日，选派志愿者24人为北京国际文化创业产业博览会东城展区提供信息咨询、展区讲解、秩序维持、资料发放等志愿服务，上岗40人次，提供服务320小时。12月17日，召开“关爱农民工子女志愿服务行动”推进会，明确东城区志愿服务工作格局，交流研讨“阳光成长·东城共青团关爱农民工子女志愿服务行动”开展情况。志愿者组织同5所农民工小学，签订长期志愿服务协议。（朱颖　翁东杰）

【青少年法制教育】 2月，原东城区对法制校长、学校法制教育负责人重新调整，为全区包括职业学校、特教学校在内的79所中小学校，配齐法制校长。3月，为纪念《北京市法律援助条例》颁布实施一周年，原东城团区委开展青少年法制宣传教育月活动，依托法制校长进课堂、法律知识讲座、法律现场咨询、自护文艺演出等载体，为青少年提供法律保障知识。5月28日，原崇文团区委、区检察院、教委在崇文区检察院联合举办“牵手博客小写手”主题活动启动仪式。区领导张岚出席,部分中小学校法制副校长、中小学在校师生100人参加。六一期间,原东城区未委会与团区委组织开展“与快乐同行 为成长护航”为主题的庆六一活动,通过法制讲座、知识竞赛、寻访等活动方式,提高青少年法律意识。6月18日,原东城区“五五”普法考核小组一行到团区委考核评估“五五”期间青少年法制宣传教育工作,对团区委的工作给予肯定,并提出工作要求。8月26日,区未委会、团区委举办未成年人亲子专题讲座,邀请汇文中学专职心理老师、中国少年儿童新闻出版总社“知心姐姐”专家团成员、国家二级心理咨询师,从家长教育方式、亲子沟通技巧、共建和谐家庭等方面进行讲授,强调家庭教育在子女教育过程中的重要性。11月16日至12月10日,区未委会、团区委以“传播法律知识,弘扬法治精神”为主题,组织全区青少年参与第八届全国法制动漫作品征集活动,加大青少年法制宣传教育力度。11月22日至12月22日,区未委会、团区委开展“与法同行 牵手明天”青少年法制教育宣传月活动。通过开展“法制安全教育进课堂”、“未成年人零犯罪社区”创建等活动,探索完善法制教育的形式和内容,增强青少年自我保护意识和能力。12月4日,联合区司法局、教委、妇联等多家区未委会委员单位在地坛公园举办青少年法制教育宣传活动。邀请区普法志愿团的律师志愿者、公证员、区法律援助中心工作人员,现场法律咨询,向群众和青少年宣传普及法律知识。

(朱颖　翁东杰)

【青年创业就业】　3月13日,原崇文团区委在龙潭街道办事处开展“崇文创业青年与政协委员面对面”活动,创业青年们交流就业创业经历、创业现状以及对未来事业的规划,对共青团组织如何为就业创业青年提供帮助,提出意见和建议。5月14日,“共青团创业青年夜校北京现代职业学校分校”正式成立,学校以就业创业心理辅导、创业能力培训、创业资金政策扶持为主要内容,向学生开展创业培训和创业支持等服务。原崇文区领导张岚出席仪式,团区委领导、学校师生60余人参加。6月7日,召开“青年就业创业见习基地岗位对接月”专项工作会议,团区委、区城管大队有关领导出席,对接高校中央财经大学团委及原崇文区6家大学生就业见习基地负责人参会。7月,原东城团区委举办“东城区第一届青年创业计划大赛”,大赛组委会聘请政策法务专家、银行金融专家、青年创业专家组成评审会,从团队能力、市场前景、经营方案和融资风险等角度进行评审,推出优胜项目19个。9月6日,团区委一行8人考察团到位于昌平区的北京青年创业示范园参观学习,同昌平团区委及创业园区负责人交流座谈。12月29日,组织街道团工委书记、创业青年代表参加“YBC(中国青年创业国际计划)北京办公室成立五周年庆典”活动。

(朱颖　翁东杰)

【社区青年汇】　3月起,团区委争取政府、NGO组织、驻区企业等各类资源,向社会推出“社区青年汇”12家,其中市级“社区青年汇”9家,成为新时期加强团的自身建设,提高服务青年能力水平的载体。7月25日,团区委举办“建设新东城 争作新贡献”社区青年汇主题活动,团市委书记王少峰、区委副书记常卫参加活动并讲话。8月20日,市委常委、市总工会主席梁伟到“协作者之家·社区青年汇”和“方家46号·社区青年汇”考察,并在安定门街道召开座谈会,高度评价本区社区青年汇建设成果,团市委领导王少峰、姜泽廷,区领导杨柳荫、牛青山、常卫、夏树军、宋甘澍等陪同调研。11月11日,团中央书记处书记贺军科到“炮局工厂·社区青年汇”调研,对社区青年汇工作予以肯定。

(翁东杰)

【抗旱救灾】　4月,原东城团区委启动抗旱救灾“甘露”行动,组织爱心捐款、开展爱心祝福、践行低碳承诺等措施,带领团员青年为西南各省干旱灾区作贡献。各级团组织募集捐款7.86万元,由北京青少年发展基金会送达灾区。

(朱颖)

【共青团代表大会】　5月25~27日,原东城区召开共青团东城区第九次代表大会。会上通过第八届委员会作的《构建新格局、谋求新发展,为建设“国际化、现代化新东城”贡献青春力量》工作报告,总结过去五年工作,规划今后五年工作。选举产生共青团东城区第九届委员会。出席大会正式代表208名,列席代表44名。选举产生共青团东城区第九届委员会委员29名,候补委员14名。5月27日,共青团东城区第九届委员会召开第一次全体会议,选举产生常务委员会委员9名、书记1名、副书记2名。

(朱颖)

【工作会议】　6月17日,原东城区召开预防青少年违法犯罪与未成年人保护工作会。区委领导常卫、费文勇、毛桂芬,团市委权益部部长参加会议。总结上年工作,部署下一阶段任务。调整部分委员(成员)单位及委员,部署维护校园安全工作。区领导常卫讲话。

(朱颖)

【青年体育节】　6月17日至7月26日,原崇文区第九届青年男子足球赛在广渠门中学体育场开赛,来自机关、企事业单位的16支参赛队伍,分成4个小组,参加小组单循环赛和八强淘汰赛两个阶段,32场比赛。8月至12月,组织开展区第一届青年体育节。设置青年男子篮球赛、青年保龄球挑战赛、青年乒乓球团体赛、电子竞技挑战赛等体育赛事,82家机关、企事业单位,2000余名团员青年参与。常卫出席体育节开幕式、闭幕式,为获奖单位和个人颁奖。

(朱颖　翁东杰)

【闲散青少年管理】　9月7日,团区委组织各街道团工委,在17个街道开展社区闲散青少年情况摸排工作,确定社区闲散青少年人数和风险级别,全面掌握闲散青少年重点人情况。10月16日,团区委迅速传达中央、市委关于近期做好维稳工作的指示精神和区委部署。积极行动,部署做好对闲散青少年的摸排和管理,收集舆情信息等重点工作。

(朱颖　翁东杰)

【创先争优活动】　9月,团区委在全区各基层团组织中开展创先争优活动。将“党团共建、创先争优”工作与共青团职责任务相结合、与团组织品牌工作相结合、与服务和满足青年需求相结合。结合共青团工作实际，实施“青年凝聚工程”，通过加强团的基层组织建设、培养青年优秀人才、团结更广泛青年群体，组织青年为“国际化、现代化新东城”建设奉献青春。推进“青年风尚工程”，通过有效影响青年价值导向，构建立体化宣传格局，引导青年以社会主义核心价值诠释青春。抓实“青年成才工程”，深化青年就业创业项目，持续开展志愿服务项目，服务青年创业就业和建功成才需求。打造“青年关爱工程”，通过建立覆盖全区的青少年维权体系，深化贫困青少年救助帮扶工作，促进青少年健康快乐成长。通过创先争优活动，全区各基层团组织认真履行基本职能，基层基础工作初见成效，干部作风建设得到加强，青年群体更加团结，青年作风更加勤勉。（朱颖　翁东杰）

【青年学习节】 9月至12月，开展区青年学习节系列活动，设置团干部调训班、“创造新优势 凝聚促融合”建设学习型团组织系列活动、“学习了解新东城 推动新区科学发展”学习实践活动、调研工作项目等学习载体。组织基层团组织开展讲团课、结合纪念抗日战争胜利65周年系列教育活动开展参观学习、举办艺术赏析活动等。通过活动，掀起全区团员青年学习的热潮，加快青年之间融合，全面提升新东城团干部综合素质。（朱颖　翁东杰）

【工作调研】 9月25～26日，区未委会、团区委召开“东城共青团权益工作研讨会”。传达北京市预防青少年违法犯罪与未成年人保护工作联席会暨北京共青团权益工作会精神，交流本区域青少年权益品牌工作，为更高水准完成青少年维权工作奠定基础。9月27日，12355北京青少年服务台执行台长姜南舟，带领相关部门负责人及志愿者代表到东城团区委就加强合作，整合资源，切实维护好青少年合法权益调研和交流。11月4日，区政府教育督导室考核小组一行到团区委，调研督导落实教育法律法规和全面实施素质教育职责工作，对团区委工作给予肯定，并提出工作要求。12月23日，团区委部分机关干部到北新桥街道藏经馆社区，对工作需求调研，并走访慰问社区干部。12月27日，团市委副书记杨立宪带领首都综治委预防青少年违法犯罪工作协调委员会成员单位领导到区调研青少年权益工作。团市委权益部、东城团区委、朝阳团区委、通州团区委、大兴团区委等主要领导参加。杨立宪对东城区维护青少年合法权益工作给予肯定，并提出今后工作要求。（朱颖　翁东杰）

【参加敬献花篮仪式】 10月1日，团区委组织区党政机关、街道、企事业单位163名青年党团员，作为首都市民方阵代表，参加庆祝中华人民共和国成立61周年向人民英雄纪念碑敬献花篮仪式，同党和国家领导人及首都各界代表一起，向人民英雄纪念碑敬献花篮，缅怀革命先烈。（朱颖　翁东杰）

【团干部调训班】 10月13～15日，与区委组织部在区委党校举办团干部调训班。团区委委员、各基层团组织负责人、“两新”团组织负责人等150余人参加培训。聘请市委研究室、中国人民大学、首都师范大学的专家、学者，就世界城市与三个北京建设、新东城区情、国学的内涵、提升团干部自身素质等课题，对团干部集中强化培训。学习形式有理论分析、工作指导、集中授课及互动交流等。有利于团干部理清工作思路，统一认识，加快对新区了解，加速青年融合。（朱颖　翁东杰）

【青年社团工作】 10月，举办“我眼中的新东城”青年摄影比赛。10月21日，组织全区50名青年代表，参加“我眼中的新东城青年摄影大赛集中采风”暨“感受新东城 展望‘十二五’”活动。在全区青年摄影爱好者中开展摄影比赛征稿活动，题材分为现代商业、古都文化、职业风采、社区闲趣四大类，69名青年摄影爱好者参赛，提交摄影作品308幅。12月10日，召开摄影大赛评审会，评审专家对入围作品公开评审，评出一等奖5名、二等奖10名、三等奖15名和优秀奖30名。（朱颖　翁东杰）

【青年人才工作】 12月1日，在全区各基层团组织中，开展市青年人才数据库信息采集工作。按照人才分类和入库要求，重点从具有高级技术职称的青年骨干、区青联委员、基层优秀专兼职团干部、非公企业团组织负责人中选拔青年党政人才、青年企业经营管理人才、青年专业技术人才等，做到入库人员信息完整、准确、真实。在选择入库人才的分类时，坚持全面覆盖，有所侧重。在机关系统注重选拔35岁以下的正处级干部和30岁以下的副处级干部和优秀科级干部，在街道系统重点为社会工作人才、优秀大学生社工，在企业系统重点选拔企业经营管理人才、高技能人才和一线青年技工。首批推荐入库340人。通过青年人才数据采集，挖掘储备优秀青年人才，畅通举荐优秀青年人才的快捷渠道。（朱颖　翁东杰）

【青少年思想道德建设】 年内，以“建设新东城 争作新贡献”为主题，启动区青少年主题教育实践活动，以“青年知行”、“青年视点”、“青年壮志”三个板块，围绕理想信念教育、民族感情教育和爱国热情教育，加强青少年思想道德建设。组织开展定格“十一五”实践寻访、“我为东城huà（话、划、画）未来”青少年主题教育活动，教育青少年树立“爱北京、爱东城”的主人翁意识和强烈的社会责任感，引导广大团员青年积极投身区域建设。活动由“话未来”主题征文、“划未来”献计献策、“画未来”书画比赛三大板块组成，组织开展60余场次不同规模、覆盖范围的各类主题活动。广大团员青少年热情参与，通过画笔、文章，表达对新东城区美好未来的憧憬和向往，展现投身“国际化、现代化新东城”建设的信心。活动征文300余篇，献计献策千余条，绘画作品500余幅。（朱颖　翁东杰）

东城区青年联合会

【概况】 第四届东城区青年联合会（简称区青联），截至年末，有来自全区各族各界、驻区中央、市属单位委员423人。

由公务员、经济、科教、政法、体育卫生、港澳台民宗侨、文化新闻7个界别组组成。区青联高举爱国主义和社会主义旗帜,学习实践科学发展观,坚持服务党政工作大局、服务青年成长成才,加强青联自身建设,团结凝聚各族各界青年,参与全区经济和各项事业建设,为“国际化、现代化新东城”建设贡献青春力量。

单位名称:东城区青年联合会

单位地址:东城区后永康胡同17号1号楼504室

联系电话:84039237　邮政编码:100007

(杨柳)

【自身建设】 1月11~25日,原东城区青联秘书处负责人走访青联副主席、各界别组组长、部分委员,广泛地与大家探讨青联工作发展思路与未来规划,加深与委员之间的沟通与交流。2月7日,举办原东城青联新春团拜会。区领导吴松元、王佩立等出席,140余名委员参加。吴松元致新年贺词。部分委员表演精彩节目,团拜会氛围温馨、和谐和欢乐。同日,原崇文区青联举办新春联谊舞会。区领导张岚出席并致新春贺词,区青联13个界别120余名委员参加。舞会以联欢互动的形式,共叙友谊、共话发展,展示委员的青春风采。10月9~15日,区青联集中走访慰问部分核心委员。向委员通报区划调整后的青联工作,要求青联组织发挥纽带作用,以交流拓展平台,以事业凝聚力量,增进青联委员间的交流融合。11月19日,区青联组织相关人员召开座谈会,区领导常卫、朴学东出席。常卫对委员工作给予肯定,要求大家牢记职责,心系新东城的建设和发展,尽快融入到市青联工作平台当中,为国际化、现代化新东城建设贡献力量。

(杨柳　丁玥)

【学习交流】 1月12日,原东城区青联医药卫生界别组,召开工作学习交流会,青联委员们听取区青联秘书处关于青联本年工作设想,讨论确定界别组年度工作计划。4月22日,原崇文区青联组织公务员、社团、科技、经济、文化新闻等界别委员一行18人赴上海世博会考察,与上海团市委交流研讨大型活动志愿服务组织工作。上海团市委副书记邓晓东以及相关负责人参与座谈。5月9日,原东城区青联赴门头沟区学习交流,两区青联组织就组织建设、发展情况、开展特色活动、发挥青联委员作用、服务区域发展等情况座谈交流。9月10日,区青联到东直门街道和景山街道调研如何打造青年统战新格局,壮大青年统一战线。9月26日,区青联召集部分委、办、局和街道团工委负责人,与来自新疆、西藏等地挂职团干部,座谈青年统战工作,提出将统战工作社会项目化运作的构想。11月22日,组织青联委员中部分驻区友好单位代表和优秀人才代表,参加东城区人才工作会议。区青联将切实服务青年人才队伍,发挥优势,整合资源,提升青年精英对新东城区建设的贡献度。(杨柳　丁玥)

【公益活动】 1月20日,原崇文区青联秘书处组织教育界别部分委员到前门大街志愿服务站点——“前门驿站”,向游人提供信息咨询、语言翻译等志愿服务。3月28日,原崇文区青联抗旱赈灾义捐义卖会在培新宾馆举行。40余名委员奉献出珍藏品50件,义卖筹得善款1.75万元,未能赴现场的委员,向秘书处送交捐款3200元,全部经红十字会捐出。4月末至11月初,原崇文区青联民族宗教界别1名委员被推选为市宗教界人士代表,参加上海世博会宗教服务工作。5月9日,原东城区青联医药卫生界别组委员赴门头沟区参与爱心义诊活动,免费为市民坐诊,提供各种防病保健指导。六一儿童节前夕,原崇文区青联组织32名来自门头沟清水中心小学的山区学生,参观毛主席纪念堂、鸟巢、中国科技馆等地。《北京晨报》等媒体全程报道。6月11日、13日,原崇文区青联走访慰问家庭贫困青少年,为50余户家庭经济困难青少年送去便宜坊粽子礼盒、文具和节日祝福。光明网等媒体对活动给予报道。

(杨柳)

【区青联会议】 1月20日,原东城区青联召开四届六次主席会。总结上年青联开展的重点工作,通报增补青联委员意向及增补办法,讨论开展新春团拜会相关内容,以及本年青联工作思路与重点工作安排等事项。3月17日,原崇文区青联召开四届四次常委会。审议并通过青联副主席、常委、委员增补提案,审议并通过区青联四届三次全体会议工作报告及相关文件。3月25日,原崇文区青联召开四届三次全体会议,回顾上年工作,部署本年工作。介绍新增补的14名委员、2名常委和1名副主席。倡议号召全体委员争做落实国民经济和社会发展中长期规划纲要先锋。区领导张岚出席并讲话。区青联13个界别的120余名委员参加。9月9日,区青联召开第一次主席团会议,区青联主席通报区青联相关情况,宣读区青联主席团、常委、秘书长以及界别设置情况。区领导常卫讲话,宋甘澍出席,区青联主席团24名成员参加。

(杨柳　丁玥)

【文体活动】 3月8日,原东城区青联秘书处举办迎三八暨本年度文体沙龙之绿色网球活动。团市委副书记于庆丰出席活动,来自公务员、港澳台民宗侨、政法、经济、文体新闻等界别组女委员20余人参加。4月23日,原崇文区青联秘书处组织部分委员赴国家大剧院,欣赏由文化新闻界别张云委员表演的经典曲目《浮生六记》。5月14日,原东城区青联秘书处组织部分委员赴保利剧院欣赏昆曲《怜香伴》。5月15日,原崇文区青联秘书处组织部分委员赴长安大剧院,欣赏张云委员表演的《法门寺》。10月22日,区青联秘书处组织部分副主席、常委赴北京音乐厅欣赏《我爱你,中国》专场音乐会。加强委员之间的沟通、融合,增强组织凝聚力。

(杨柳　丁玥)

【外事活动】 3月22日,日本青少年友好使者代表团一行,在地域间交流团团长、日本外务省办公厅官员小泉崇先生带领下参观访问原东城区朝阳门街道史家社区。全国青联国际部副部长崔少娟、赵凌出席活动。7月26日,在京参加第四届“中日韩青少年友好会见”活动的三国青少年,在代表团团长池世宣先生的带领下参观访问区朝阳门街道史家社区。史家社区居民们为客人献上精彩演出,并邀请交流团成员共享中国书法、扎染、手工艺制作。9月14日,由韩国各地政府、高校老师、学生等代表组成的韩国青年代表团，参观朝阳门街道史家社区、东四街道奥林匹克社区体育文化中心。欣赏演出并参观体育文化中心，双方代表互赠礼品留念。

（杨柳　丁玥）

【培养优秀人才】 6月，原东城区青联推荐14名委员，原崇文区青联推荐18名委员加入北京市青年商会。年内，区青联秘书处不断加大服务委员发展需求的工作力度，多角度、多渠道为委员提供切实服务。推荐符合条件的委员参加北京市“五四”奖章、创业青年首都贡献奖、“北京市优秀人才培养专项经费资助”、青年致富带头人等各类评选，推荐委员加入北京市青联等市级青年组织。区青联副主席、中央电视台播音员海霞入围第十四届中国青年五四奖章评选，委员高明被北京市人民政府授予北京市劳动模范，委员王涛获北京市优秀人才培养资助。（杨柳　丁玥）

【献爱心活动】 年内，东城“阳光·成长”基金募集发放助学金和慰问品价值57.78万元，惠及青少年903人。通过开展“委员志愿日”等主题活动，组织委员开展献爱心活动，加大对区内家庭经济困难青少年的帮扶力度。（杨柳）

东城区妇女联合会

【概况】 东城区妇女联合会（简称区妇联）是区委领导下的群众团体，是党联系妇女群众的桥梁和纽带。区妇联设办公室、组宣部、权益部、儿童部（区妇儿工委办）、研究室。有机关人员28人，其中列入参照公务员法管理范围在职人员25人，机关工勤3人。全区有街道妇联17个，社区妇联199个，机关妇委会65个，党派机关妇委会8个。年内，以庆祝三八国际劳动妇女节100周年，争创全国、市级三八红旗手、三八红旗集体为契机，在各行业、各系统开展巾帼建功活动，获全国五好文明家庭创建活动基层先进协调组织、妇女舆论宣传阵地建设先进单位称号，区妇联主席获全国维护妇女儿童权益先进个人称号。获北京市快乐假期——争当“社区文明小使者”主题教育实践活动组织奖、科学健身和谐生活——推广个性健身操活动最佳展示奖。获市级三八红旗奖章37人，市级三八红旗集体19个。以“关注服务妇女民生，促进社会稳定和谐”为主题，开展妇女维权宣传教育活动，举办普法讲座100余次，发放宣传资料3万余份，制作板报等宣传品700余个，参加宣传活动1.3万余人次，接受法律咨询和服务3000余人次。各级妇联组织走访慰问特困妇女、儿童891人，帮扶金额44.5万余元。在《中国妇女报》《北京日报》《北京晚报》《北京青年报》等媒体刊登专题报道、新闻80余篇。接待信访案件217件，回复率100%。

单位名称：东城区妇女联合会

单位地址：东城区后永康胡同17号

联系电话：84039244　邮政编码：100007　（张明旭）

【执委会会议】 1月7日，原崇文区妇联召开十一届七次执委会会议。审议通过工作报告，区检察院和东花市街道妇联执委，对开展好本年工作作表态发言。区领导张岚到会并讲话。1月21～22日，原东城区妇联召开十届八次执委会会议。审议通过区妇联工作报告。传达市妇联十届二次执委会精神及市委常委梁伟的讲话。讨论通过第十一次妇女代表大会的有关事项。区妇联执委及10个街道主管领导参加。区领导吴松元到会并讲话。（张明旭）

【送温暖活动】 1月15日，原东城区妇联开展以“迎春送祝福，温暖系百家”为主题的元旦、春节走访慰问活动。2月1日，原东城区领导杨柳荫等一行到东四街道单亲困难母亲黄春燕家中慰问。代表区委、区政府送去慰问金3000元，米、面、油慰问品及新春祝福。慰问活动走访单亲困难母亲、纯老年人家庭困难妇女和老妇救会主任205户，发放慰问金、慰问品11万元。资金主要来源于北京妇女儿童发展基金会、区财政、区民政局等。1月28日，原崇文区妇联举办“感恩回报社会，创业改变生活”送温暖启动仪式，市妇联领导王淑存，区领导张岚、高桂强，各街道主管书记及受助单亲贫困母亲150余人参加。现场播放“感恩 关怀 创业”短片，为受助单亲贫困母亲277人，各发放价值500元的慰问卡。金凤凰手工艺坊负责人代表单亲母亲发言。2月9日，原崇文区领导牛青山慰问天坛街道单亲母亲，为她送去慰问金。春节前夕，区领导张岚、周永明、高桂强、孙占军、黄慧南等分别走访慰问结对帮扶的单亲母亲，送去党和政府的关怀。

（张明旭）

【家庭教育】 2月2日，原东城区家庭教育研究会召开理事会，总结上年工作，研讨本年工作思路。理事结合自身工作经验，围绕科学教育子女、关注流动人口家庭教育、将传统文化融入家庭教育等方面出谋划策。4月30日，原崇文区妇联与区委宣传部、区环保局在天雅红桥大厦北侧广场联合举办“低碳家庭·时尚生活”环保宣传月启动仪式。区领导朴学东宣布“低碳家庭·时尚生活”环保宣传月正式启动，区图书馆及各街道社区家庭代表参加活动。5月19日，全国妇联授予崇文区“全国学习型家庭示范城区”称号。（张明旭）

【妇女代表大会】 2月24～25日，原东城区第十一次妇女代表大会开幕。会议审议通过工作报告，通过大会各项决议、决定，选举产生妇联新一届执委、常委和主席、副主席。表彰“妇女之友”30名。市妇联主席赵津芳和区领导杨柳荫在开幕式上讲话。吴松元出席大会闭幕式并讲话。冯熙、曾刚健、常卫、王红兵、章冬梅、生敏、金旭、毛桂芬、郭瑞敏，区委、区政府部分委、办、局，街道主管领导以及群众团体代表和17个区县妇联领导，妇女代表232名出席。（张明旭）

【三八妇女节活动】 3月3日，原崇文区妇联举办纪念三八国际劳动妇女节100周年活动。表彰为崇文建设作出突出贡献的先进女性集体20个，先进女性个人30人。市妇联领导赵津芳致辞、区领导夏强、牛青山、吉胜久、徐鸿达等23人和各界妇女代表600余人出席。3月2日，原崇文区妇联与区文明办领导慰问花市路口南行站巾帼文明站台，为文明乘车监督员们送去慰问品,表达节日的问候。3月4日,原崇文区在中国电影博物馆举办庆三八"同迎巾帼百年,共享美好时光"女领导干部联谊活动,区领导张岚、夏树军出席。女领导干部40余人参观百年电影回顾展。 (张明旭)

【女干部艺术团】 3月8日,由原东城区委组织部、区文化委、妇联联合组建的"东之花东城区女干部艺术团"成立。区领导杨柳荫、杨艺文、冯熙、曾刚健、常卫、周京生、章冬梅、吴松元、李力、费文勇、生敏、金旭、郭瑞敏、王建军以及全区处级女领导干部和各有关单位主要领导200余人参加。杨艺文致辞,吴松元宣读东城区女干部艺术团组织机构名单,杨柳荫为艺术团揭牌并为艺术团团长、副团长颁发证书。成立仪式后,艺术团女干部表演文艺节目。 (张明旭)

【妇女儿童规划落实】 3月19日,原崇文区妇联召开"十二五"妇女儿童发展规划专题调研座谈会。区民政局、法院、7个街道的妇儿工委联络员和法律咨询志愿者参加。会上,成员单位联络员围绕婚姻家庭的现状、问题及对策展开讨论交流。向7个街道22个社区的居民发放调查问卷750份,通过调查分析,为调研提供科学依据。4月20日,原东城区召开区妇儿工委工作会暨"十二五"妇女儿童规划编制工作部署会。市妇联领导李彦梅,区领导毛桂芬出席会议并讲话。区妇儿工委委员单位全员参加。区妇儿工委副主任作题为《抓住机遇,强化职责,推动妇女儿童规划全面落实》的工作报告。区教委和东城公安分局,围绕规划中的难点指标落实措施分别发言,区妇儿工委办公室主任部署"十二五"妇女儿童规划编制工作。5月12日,与区统计局联合召开原东城区"十一五"妇女儿童发展规划监测指标统计工作部署暨统计员培训会。部署妇女儿童规划监测统计工作,具体讲解规划监测统计指标情况。区妇儿工委妇女儿童规划监测指标责任单位统计员20余人参加培训会。6月9日,《崇文区十二五妇女儿童规划》编制工作会暨妇女儿童活动中心揭牌仪式在职工大学举行。传达市妇儿工委会精神和崇文区发展和改革委员会关于区级专项规划编制工作的要求。区领导高桂强到会并讲话。34个区妇儿工委成员单位和相关部门领导50余人参会。区领导高桂强和区教委领导为区妇女儿童活动中心揭牌。向15个社区流动儿童活动站负责人代表赠送学习用品。9月27日,为保证规划编制工作按时完成,区妇儿工委办公室召开区划调整后的第一次联络员例会。围绕联络员的工作职责和妇女儿童规划编制工作任务、规划目标的制订、撰写的内容等方面进行培训,通报"十一五"妇女儿童规划的落实情况、"十二五"妇女儿童规划编制工作进展情况。区妇联副主席再次部署"十一五"妇女儿童规划的终期评估和"十二五"妇女儿童规划的编制两项重点工作。25个委员单位的联络员参加。 (张明旭)

【领导视察调研】 3月20日,全国妇联主席陈至立,全国妇联党组书记宋秀岩、副主席甄砚,司法部副部长张苏军,中央综治办协调室巡视员季勤等领导,在市委常委梁伟,市妇联主席赵津芳、副主席李彦梅,原东城区领导杨艺文、常卫等陪同下视察南池子社区妇女维权工作情况。陈至立高度评价基层妇联创造的"抓基层、广覆盖、重服务"工作模式,参观社区巧娘手工作品展,视察社区"姐妹驿站"、"流动妇女平安之家",了解社区妇女维权阵地建设情况,参与社区妇女维权法律知识讲座,现场与社区妇女群众进行有奖问答活动。6月25日,市妇联副主席刘颖调研崇文区妇联妇女工作中热点、难点问题。区妇联领导及部分街道、社区妇联代表参加调研座谈会。刘颖肯定崇文区妇女工作所取得的成绩,就提高妇女工作水平提出建议。 (张明旭)

【友好交往】 3月26日,香港岛妇女联合会代表团参观东城区东四奥林匹克体育文化中心及巧娘工作室。参与社区京剧队和舞蹈队的排练,与社区居民共同表演京剧《红灯记》选段。3月29日,第五届联合国非政府组织非正式区域网络亚太地区研讨会成员一行12人到原崇文区东花市街道枣苑社区博物馆、社区活动室和巧娘工作室参观交流。街道工委书记、枣苑社区居委会主任分别介绍宫花文化传播公司、巧娘工作室、社区建设、社区服务等工作情况。中国民间组织交流促进会、市妇联相关领导等陪同参观。4月17日,毛里求斯妇女权利、儿童发展和家庭福利部代表团在全国妇联国际部有关人员陪同下到原东城区东四街道奥林匹克社区体育文化中心和巧娘工作室参观。4月19日,印度纳格兰省妇女发展部妇女和儿童事务访华代表团到原东城区访问交流降低婴幼儿死亡率及妇女就业创业等工作情况。交流后,参观巧娘工作室发展协会。5月6日,广西柳江县妇儿工委成员单位一行到区学习交流妇女就业工作经验。原东城区妇联介绍妇女就业工作情况,双方探讨与交流妇女就业、巧娘工作室的发展等问题。随后,参观巧娘心意坊工作室和东城区巧娘工作室发展协会。12月20日,石景山区妇联带领街道妇联主席、巧娘工作室负责人一行20人到区参观学习、交流巧娘工作经验。双方探讨与交流巧娘工作室的发展和面临的问题,参观区巧娘工作室发展协会及心意坊工作室。

(张明旭)

【捐助活动】 4月初,原东城区妇联动员社区家庭、社会各界人士参与为西南地区持续干旱的灾民募捐活动。115个社区参与,募集善款3.51万元。捐款上缴市妇女儿童发展基金会送往灾区。4月,原崇文区妇联开展主题为"一元钱一瓶水 共助旱区渡难关"募捐活动,号召街道社区的每一户家庭为西南地区持续干旱省市区灾民捐献一元钱,帮助灾民度过难关。截至4月9日,收到捐款5.63万元,捐款送至市妇女儿童发展基金会。 (张明旭)

【巾帼建功】 4月28日,市"巾帼建功"领导小组检查原崇文区妇联"巾帼文明岗"、巧娘工作室创建工作。区妇联、环卫三队"三八"女子抽粪班、残联"牵手缘"巧娘工作室分别就创建工作作全面汇报。领导小组检查全国"巾帼文明岗"——金鱼池中区社区和"牵手缘"巧娘工作室。对"巾帼建功"及巧娘工作室创建工作作出"领导重视、要求严格、效果显著"的评价。会后,参观了时传祥纪念馆。4月29日,市

“巾帼建功”活动协调小组成员单位检查原东城区“巾帼建功”创建工作。听取区妇联关于开展“巾帼建功”活动和巧娘工作室创建情况汇报，实地检查全国“巾帼文明岗”北京吴裕泰茶叶股份有限公司（王府井店）和碧艾尔时装（北京）有限公司。检查组实地查看巧娘工作室发展协会、东四奥林匹克社区彩虹工作室，与“巧娘”进行交流互动。市“巾帼建功”活动协调小组对东城区“巾帼建功”活动和巧娘工作室创建工作给予充分肯定。（张明旭）

【单亲母亲活动】 4月30日，原崇文区妇联青青草俱乐部举办“参观百年影展 共度美好时光”活动。7个街道50余名单亲母亲参观中国电影博物馆“百年电影回顾展”。（张明旭）

【儿童节活动】 5月25日，原东城区妇联和区流管办共同举办“共度快乐六一·共享爱的阳光”——六一庆祝活动。联合国儿基会行动计划与促进儿童权利处、市妇儿工委办公室有关领导及区领导常卫、费文勇出席，春江小学的50名流动学生参加活动。区领导向流动儿童友好家园赠送价值1万元的图书，并向参加活动的孩子赠送节日礼物。会上，东城公安分局内保处警官以“为孩子撑起一个防范伞”为主题，为孩子们上了一堂通俗易懂的儿童安全自护防范课。5月26日，与区卫生局、区妇幼保健院联合举办崇文区第三届“健康快乐 我成长”宝宝大赛。市妇联副主席周志军、区领导张岚及区卫生局领导出席。比赛设有婴儿操、俯卧原地转向、精细运动、爬行等项目，近80名宝宝参加比赛。5月28日，原崇文区领导张岚、陈汉明、高桂强、刘忠胜等走访慰问育翔幼儿园、崇文区光明幼儿园和崇文区第三幼儿园。区领导观看幼儿园孩子及老师们表演的文艺节目，参观幼儿园的专用教室及活动场所，与孩子们交流互动，并为孩子们送去节日礼物和慰问金，向老师们表示亲切慰问。6月1日，原东城区领导吴松元在区妇联和景山街道领导陪同下到景山街道吉祥社区贫困儿童家中慰问，送去学习用品和慰问金。区妇联与区妇女儿童事业发展协会慰问华丰幼儿园全体幼儿及老师，带去3000元的玩具等节日礼物。并参与小、中、大班趣味运动会，与孩子们一起参加舞龙等运动项目。六一期间，区妇联走访、慰问185名儿童，送去慰问金和慰问品2.4万元。6月4日，原崇文区妇联干部到区培智中心学校与孩子们共度节日，观看孩子们表演的合唱、舞蹈等节目，并送上节日礼物和慰问款。（张明旭）

【素质培训】 6月11日，原东城区妇联在区委党校举办社区妇联干部培训班。中华女子学院副院长、中国法学会婚姻家庭法学研究会副会长、秘书长李明舜教授，从《北京市实施〈中华人民共和国妇女权益保障法〉办法》的意义、要点、修订完善的内容等三个方面进行讲解。北京社科院社会研究所副研究员王凤仙以互动的授课形式就如何做好信息、调研工作与社区妇联干部交流。区妇联主席围绕做好妇联工作作专题讲授。100名区、街、社区妇联干部参加培训。6月17～18日，与区委组织部联合举办主题为“塑造时代女性，提高执行能力”的女领导干部专题培训班。吴松元作开班动员。邀请清华大学、北京大学专家、教授，分别讲授《塑造365度魅力女性》《生命使运动更精彩》《宏观经济调控与政策分析》《世界城市》等课程。（张明旭）

【法律知识竞赛】 7月8日，与区法院、司法局联合举办东城区“维护妇女权益促进妇女发展”法律知识竞赛活动。市妇联副主席李彦梅及区有关部门领导参加活动，并为获奖代表队颁奖。竞赛内容涉及《中华人民共和国妇女权益保障法》、新修订的《北京市实施＜中华人民共和国妇女权益保障法＞办法》、婚姻法、继承法、劳动法等。10支街道代表队经过个人必答题、抢答题、判断题、风险题等角逐，北新桥街道代表队获一等奖，和平里街道代表队、安定门街道代表队获二等奖，建国门街道代表队、景山街道代表队、东直门街道代表队获三等奖。（张明旭）

【暑期亲子活动】 7月28日，区妇联组织东华门街道百名未成年人及家长参观爱国主义教育基地——北京警察博物馆。孩子们观看实物、图片、文字、模型等展品，亲身参与操作模拟驾驶等。通过参观了解警察职业的特殊性，增强自身的法律知识，提高自我保护能力。（张明旭）

【选举产生新任妇联领导】 8月31日，召开区划调整后的东城区妇联第一次常委会会议，区妇联党组书记主持会议，18名常委参会。党组副书记传达市、区行政区划调整的相关精神，通报区妇联近期工作安排。会议听取区妇联主席、副主席建议人选的情况介绍，讨论通过关于召开区妇联执委会议程（草案）和有关事项。9月2日，召开第一次执委会会议。通报区委组织部关于组建新的东城区各人民团体的意见和区妇联领导班子成员任命情况及区妇联主席、副主席候选人基本情况。大会选举产生区妇联主席1人，副主席5人。常卫出席并讲话。（张明旭）

【好邻居表彰】 9月17日，在区图书馆举办第四届“好邻居”评选表彰活动。经过居民推荐、社区评选、网上公示、公众网上投票四个环节，评选出10个家庭为“好邻居”标兵和105个“好邻居”家庭。“好邻居”邻里代表现场向“好邻居”标兵赠送礼物。（张明旭）

【演讲比赛】 9月27日，举办“我是社区妇联主席”演讲比赛决赛。区委宣传部、区文明办、妇联及朝阳门街道工委有关领导出席。17个街道和199个社区妇联主席及部分社区居民300余人参加。优秀社区妇联主席17人进入预赛，经过角逐，体育馆路街道西唐社区、安定门街道分司厅社区等选手6人进入决赛。东华门街道多福巷社区妇联主席获一等奖，体育馆路街道西唐社区、安定门街道分司厅社区妇联主席获二等奖，前门街道草场东社区、龙潭街道光明北里社区、东花市南里社区妇联主席获三等奖。（张明旭）

【社区妇女之家】 11月25日，199个社区“妇女之家”揭牌仪式在朝阳门街道举行。各街道主管领导，街道、社区妇联主席200人参加。市妇联领导赵津芳、周静,区领导杨柳荫、常卫、夏树军、毛桂芬等为“妇女之家”揭牌,并参观朝阳门街道竹杆社区和东花市街道花市枣苑社区“妇女之家”,朝阳门街道介绍基层妇女组织建设经验。区妇联编印《东城区“妇女之家”工作手册》,制订“妇女之家”考核评比制度、经费使用制度,规范“妇女之家”的管理。 (张明旭)

东城区工商业联合会

【概况】 工商业联合会是中国共产党领导的中国工商界组成的人民团体和商会组织,是党和政府联系非公有制经济人士的桥梁纽带,是政府管理非公有制经济的助手。具有统战性、经济性、民间性相统一的特征。东城区工商业联合会(简称区工商联),现有21家基层分会,包括17个街道分会,南锣鼓巷地区、北京站地区、雍和园3家重点街区分会和年内新成立的东方燕都楼宇分会。有会员2142人,其中市人大代表6人,区人大常委3人、代表16人,全国政协委员1人,市政协委员9人、区政协常委11人、委员65人和特邀委员9人。本年,制订单位折子工程60项,围绕16项重点工作,发挥党组领导核心作用。开展创先争优活动,学习贯彻中央16号文件精神,提高履行职责能力,团结、教育、帮助、引导非公经济人士,搞好参政议政和会员服务工作。加强工商联自身建设,开展“会员发展年”活动。完成全年各项工作任务。获本年度市工商联系统理论研究与调查研究工作奖、会员组织工作奖和对外联络工作奖。连续14年举办非公经济人士培训班,本年获全国工商联系统十大优秀案例。

单位名称:北京市东城区工商业联合会

单位地址:东城区内务部街27号

联系电话:65255187 邮政编码:100010 (高鹏)

【光彩事业】 元旦、春节期间,原东城区工商联开展“为千户家庭送温暖”活动,组织会员慰问特困低保人员、贫困家庭。参加捐款会员企业133家,募集善款18.46万元、慰问困难户1001户,人均慰问金额184.42元。其中,原东城区非公经济扶危济困促进会与景山街道结对子,帮扶困难家庭10户,给每户家庭发放200元现金。《中华工商时报》《北京晨报》《今日东城报》等媒体报道此项活动,在会员企业中引起强烈反响。市工商联党组书记吴杰、区领导常卫作出批示,给予充分肯定。4月14日,原崇文区工商联,组织会员企业为玉树地震灾区捐款捐物,会员企业北京百荣投资控股集团捐款300万元,北京国瑞兴业地产有限公司捐款400万元,北京西比利亚皮货集团捐款10万元,北京中和珍贝科技有限公司捐款10万元,北京三替城市管理有限公司捐款5万元,北京动向体育发展有限公司捐赠kappa、phenix品牌羽绒衣、棉服、棉裤等衣物7286件。截至4月21日,会员企业及员工通过不同渠道,捐款725万元,捐物价值600万元。4月20日,在市工商联举行“情系玉树、大爱无疆”——北京市非公企业抗震救灾捐赠仪式上,原东城区工商联会员企业北京大新纺织品有限公司、布逸昊服装服饰有限公司现场各捐款2万元。截至4月30日,原东城区工商联组织会员为灾区捐款、捐物价值人民币500余万元。6月3日,原崇文区工商联组织会员企业开展“光彩惠农行动”,会员企业北京中和珍贝科技有限公司与门头沟区王平镇南港村签订帮扶协议,一次性投入6万元用于南港村困难户发展养蜂产业。6月24日,原崇文区工商联慰问区公安、交通干警和城管队员。北京宏源餐饮管理有限公司购买2500箱矿泉水分别送给干警和队员们。8月,东城区工商联向会员企业发出积极参与毕节试验区建设,为促进毕节试验区建设贡献力量的号召,55家会员企业为毕节试验区建设捐款50.8万元。 (高鹏)

【会员联谊】 1月20日,原崇文区工商联举办新春联谊会,非公经济人士欢聚一堂、喜迎新春、共谋发展。市工商联党组书记吴杰,原崇文区领导徐鸿达、邵鹏、陈汉明、宋甘澍、刘忠胜出席。2月3日,原东城区工商联组织举办迎新春联谊会,举办东城区非公经济庆祝新中国成立60周年文艺演出颁奖仪式和区工商联网站推介会,介绍升级改版的网站栏目及主要功能,市工商联副主席张卫江、区领导曾刚健共同启动改版升级网站。市工商联副主席王克林,原东城区领导冯熙、曾刚健、刘朋庆、李力、郭瑞敏、王建军出席。市工商联有关处室领导,区各有关单位负责人,12家街道、地区分会主管领导及会员200余人参加。3月初,原崇文区工商联组织召开庆祝三八国际劳动妇女节100周年女企业家座谈会。5月4日,原崇文区工商联举办庆五·四青年企业家联谊会。

(高鹏)

【分会建设】 1月26~27日,召开原东城区工商联分会工作总结交流会,下发《东城区工商联基层分会工作指导意见》,总结上年分会工作,部署本年工作及春节期间开展为千户家庭送温暖活动等工作,交流与研讨分会工作经验、问题。12个基层分会主席、秘书长,街道及地区主管分会工作领导60余人参加。4月1日,原东城区工商联召开分会工作会,部署分会主席、秘书长、分会联络员“三级联动、定期联系”制度。8月6日,指导景山街道工商联分会,成立分会联合党委,市工商联党组书记、第一副主席吴杰,市委社工委、社会办副主任陈建领,区领导邵鹏出席并讲话。9月2日,东方燕都工商联分会成立。9月17日,召开南片街道工商联分会建设工作推进会,邵鹏出席并讲话。10月20日至11月23日,先后成立龙潭街道、体育馆路街道、崇文门外街道、前门街道、永定门外街道、天坛街道、东花市街道分会,市工商联领导郑默杰、王克林,区领导邵鹏出席成立大会。10月28日,召开分会工作交流研讨会,学习传达中央《关于加强和改进新形势下工商联工作的意见》文件精神,通报各分会工作开展情况,部署分会工作。东华门街道、景山街道、东方燕都、安定门街道分会和世纪天鼎公司,分别就分会主席联系骨干会员制度,工商联分会联合党委发挥作用情况,分会理事班子、专职工作者建设,非公企业党建工作等情况作典型发言,王克林出席。12月24日,召开区工商联年终工作会,下发《东城区工商联关于进一步加强工商联基层分会工作指导意见》。年末,实现区域内街道均建立工商联分会,完善和扩大与街道地区“经济建设、党建工作、工建工作、社会建设”的四结合,形成区工商联指导、街道和地区党委领导、分会班子健全,顺畅运转的三级联动工作机制。全年,发展会员100余人。研究制订《东城区工商业联合会2010年分会工作指导意见》,建立和完善机关干部联系分会制度和分会主席联系骨干会员制度。推进非公经济组织党建工作,指导各分会聘请所在地区工商、税务、城管等部门负责人担任分会顾问,逐步落实分会专职工作者。指导分会抓好自身建设,改选和调整朝阳门、安定门、建国门、景山等4家分会理事班子。 (高鹏)

【参政议政】 年初,政协全会上,原东城区工商联提交《关于延长中小企业扶持政策并建立长效机制的建议》《关于加大非公经济人士教育培养力度的建议》2件团体提案和原崇文区工商联提交的《关于进一步促进我区非公经济发展的建议》提案,获党派团体优秀提案。会员企业提出的《关于优化崇文区经济发展环境 鼓励支持非公经济发展的建议》《对全面提速龙潭湖体育产业园建设 加快重点项目推进的建议》《关于组建崇文区民间手工艺大师展演团的建议》等3件提案,被评为委员优秀提案。3月11日、6月29日,原崇文区工商联召开参政议政专委会工作会,审定本年专委会工作计划,就如何发挥好专委会作用、履行参政议政职能交流研讨,围绕本区经济文化建设等多个方面交流座谈。12月9日,与区政协联合召开工商联会员各界别政协委员情况通报会,学习解读中共中央16号文件,交流履职体会,通报区情和区政协各界别活动开展情况,就提案工作进行培训。市工商联领导王克林,区领导徐鸿达、邵鹏、刘忠胜、张晓林、邱少军,区政协15个界别主要领导参加。 (高鹏)

【工商联会议】 2月25日,原东城区工商联召开八届八次执委会,审议通过上年度执委会工作报告和区扶危济困促进会上年收支情况报告,通报本年"为千户家庭送温暖活动"情况,传达市、区领导关于"为千户家庭送温暖活动"批示。60余名执委参加,市、区领导王克林、徐熙、郭瑞敏出席并讲话。3月19日,原东城区工商联召开八届十一次主席会、八届八次常委会,通报和部署区工商联本年16项主要工作情况,征求对编制《东城区人才发展战略规划(2011年~2030年)》《东城区工商联系统非公经济人才发展规划(2011年~2030年)》意见,对区人才发展环境、非公经济人才特点、建立非公经济人才引进、培训和激励机制提出意见和建议。4月1日,原崇文区工商联召开八届五次执委会,总结上年工作,通报上年会费收支情况,研究和部署本年工作,原崇文区领导邵鹏出席并提出工作要求。9月10日,召开区工商联执行委员会(临时)第一次全体会议,通报区工商联临时会议筹备工作情况,通报《关于组建新的东城区各人民团体的意见》精神,宣布新东城区工商联党组的任命,对领导班子提名人选情况作说明,表决通过工商联临时会议主席会议成员和常务委员,审议通过区工商联执委会(临时)第一次全体会议决议。王克林出席会议并讲话。12月30日,先后召开主席会议(临时)第一次会议暨常委会(临时)第一次会议、执行委员会(临时)第二次会议,审议通过《东城区工商业联合会执行委员会(临时)2010年工作报告》《"东城区非公经济扶危济困促进会"收支情况报告》,通报区政协临时会议第二次会议工商联界别团体提案和编制《东城区"十二五"期间工商联事业发展规划》工作情况,表决通过区工商联副主席届中调整和增补人员事项。市工商联有关领导出席。 (高鹏)

【领导关怀】 3月10日,原崇文区委书记夏强到会员企业中欣安泰投资有限公司调研考察,听取企业负责人关于公司电子支付和高尔夫产业的汇报,对该公司在上年成功进入电子商务、电子支付和高尔夫领域表示鼓励和赞赏,提出希望和要求。原崇文区副区长宋甘澍陪同调研。4月12日,原东城区委书记杨柳荫到区工商联非公企业调研,听取区工商联工作汇报,走访布逸昊服装服饰有限公司和联飞翔科技股份有限公司,了解企业发展状况和企业发展中的问题和需求,肯定企业经营发展的业绩、增长速度、经营管理和人才培养使用管理的做法,鼓励非公经济走自主创新之路,树立品牌,把企业做大做强,为区域经济多作贡献。区领导常卫、郭瑞敏、马战校陪同调研。4月21日,市工商联领导吴杰、郑默杰、王克林一行到原东城区调研,听取区工商联基本情况、非公经济发展态势分析、存在问题汇报,杨柳荫就东城区商会发展和民营总部经济发展座谈交流。5月10日,原东城区领导常卫、郭瑞敏到区工商联调研,听取工商联工作情况汇报。8月27日,区领导邵鹏到区工商联调研,听取整合工作情况和工作计划的汇报。10月29日,区领导冯藏淑走访看望区工商联中的政协委员和调研指导工作,听取机关干部队伍建设及开展工作情况、工商联会员担任政协委员以及发挥作用情况的汇报。 (高鹏)

【教育培训】 4月15日,原崇文区工商联举办统计法相关知识培训,解读统计法内容,重点就统计执法检查程序及流程、统计法重点法条、如何做好企业统计工作等方面具体辅导。70名会员企业统计工作人员参加培训。4月22日,原崇文区工商联召开民营企业档案管理工作座谈会。区档案局介绍档案管理工作要求,部分会员企业结合自身档案管理的经验特色及存在不足进行交流。6月24~25日,原东城区工商联与区委组织部、统战部联合举办第十四期非公经济人士培训班。介绍区情、解读促进产业发展政策、《培养健康、快乐的工作生活方式》专题讲座和《企业发展的环境选择》主题报告。400余名会员参加,市工商联领导王克林、区领导郭瑞敏出席。推荐4名非公企业家及高管人员,考取非公经济人士工商管理研究生班。组织会员参加市工商联系统转变经济发展方式专题报告、感恩销售等培训。 (高鹏)

【参与就业工作】 5月20日,原东城区工商联与区人力社保局、区总工会联合举办民营企业招聘周专场招聘会,达成将民营企业同区职介中心签订空岗承诺范围,加强民营企业空岗报告制度和职介中心快速为企业用人介绍服务等事项意向。招聘对象以高校毕业生为主,兼顾来京务工农民工、就业困难和失业人员。会员企业北京大新纺织品有限公司、北京鑫敏恒汽车销售有限公司、北京联飞翔科技股份有限公司、北京红墙花园酒店管理有限公司等16家企业参加招聘会,提供就业岗位510个,达成就业意向100人。5月20日,原崇文区工商联组织会员参加本年民营企业招聘周供需见面会暨启动大会。北京中和珍贝科技有限公司、北京市新宏状元餐饮管理有限公司等6家会员企业参加,面向高校毕业生、进城农民工和就业困难群体,提供各类用工岗位300余个。 (高鹏)

【会员服务】 5月,原东城区工商联与区产业促进局举办第一期区非公经济企业家沙龙和政企银企对接信息发布会,解读中小企业转型升级的鼓励措施和企业上市奖励办法,布置市上年度工业扶持资金和市、区文化创意产业项目征集申报工作,北京银行等6家商业银行和首创担保等3家担保公司分别介绍贷款融资产品和担保业务,会员企业北京联飞翔科技股份有限公司董事长介绍中关村三版上市的有关情况。中国民生银行北京正义路支行和北京鑫敏恒汽车销售有限公司、北京金紫光科技发展有限公司,北京银行和北京龙泰鸿科技中心、瑞特佳科技有限公司,杭州银行和北京五千年酒店管理有限公司签订贷款协议。市工商联领导王克林,区有关委办局和部分国有企业领导及200家中小企业代表参加。年内,争取区委、区政府及相关部门的支持和重视,加强与政府各有关部门以及银行、担保公司经常性的联络和沟通,建立畅通的政策渠道和信息直通车工作机制,不断完善政企沟通平台和银企供需平台。组织非公经济代表人士与区领导座谈交流改善发展环境和条件、引企促税、培育新的经济增长点、促进经济跨越式发展等方面工作,为企业排忧解难。参与和配合产促局等部门,制订《东城区关于促进中小企业转型升级的鼓励措施》征求意见的相关工作。组织召开工商联网站推介会,丰富和完善"信息机+网站"捆绑互联的服务模式,开通信息服务"直通车",全年通过网站和短信平台发布政策信息、会务通知、融资商贸等信息1400余次,发送短信20万余条,累计服务会员10万余人次。出版会刊《东城工商界》2期,为《中华工商时报》《工商界》等报刊投稿50余篇。通过短信、电话联系、发放调研表,摸清资金需求底数,建立企业融资贷款数据库,加强与银行和担保公司等经常性联系与合作,帮助20家中小企业分别与银行对接,40家会员企业获商业银行贷款2.8亿余元。 (高鹏)

【工作交流】 6月5~9日,原东城区工商联组织部分会员参观考察安徽省蚌埠市高新区、经济开发区及怀远县经济开发区、新农村示范点——何巷村等地,签定缔结友好商会意向书,会员企业北京联飞翔科技股份有限公司与蚌埠市金威滤清器有限公司达成加强产品研发合作意向,市工商联领导王克林出席,蚌埠市领导何洪江以及蚌埠市工商联领导陪同考察。6月10日,北京原东城区、上海黄浦区、天津和平区、重庆渝中区四直辖市中心城区工商联召开工作交流例会,签订四城区工商联工作交流例会协议书。上海市黄浦区委常委、区委统战部部长王雅萍,四城区工商联主要领导及部分会员企业家参加交流。7月13日,与蚌埠市工商联举行建立友好商会签字仪式,交流座谈两地工商联工作情况以及友好商会对促进区域经济发展情况,市、区领导王克林、邵鹏,蚌埠市政协领导何洪江出席。8月26日,与天津市河西区工商联座谈交流加强宣传、基层分会建设、非公经济代表人士队伍建设以及新时期工商联工作等问题。11月,区领导邵鹏带队,赴湖北省随州市交流考察,与随州市工商联签订友好商会协议,部分会员企业与随州市企业家进行经贸洽谈,签订汽车产业、蜂产品产销合作等方面意向,会员企业北京联飞翔科技股份有限公司在随州市的产业基地,举行开工仪式。随州市市长刘晓鸣,市委常委、市委统战部部长黄志群,市政协副主席、工商联主席张书文,市政协副主席邹新国出席。年内,先后组织会员企业参加黑龙江省人民政府在京举办的项目推介会、昆明市政府项目、迁西县经贸项目推介会和走进河北大厂等活动,为会员企业发展寻找商机。近百家企业参加区域经济合作与交流。 (高鹏)

【原两区工商联合并】 7月5日,原东城区、崇文区工商联先后召开机关干部全体会,传达区领导干部大会精神。7月6日,原东城区工商联组织召开非公经济代表人士座谈会。通报新的东城区领导干部大会有关情况,传达国务院关于北京行政区划调整的批复和市委、市政府相关会议精神以及新东城区委工作部署。7月30日,区工商联召开两区合并后首次工作对接会,学习贯彻区委全会、党代会精神以及基层统战工作会议精神,布置下半年工作。8月23日,召开机关全体干部大会,宣布区工商联党组的任命通知,通报区工商联驻会领导、科室分工及机关党支部、工会人选等情况,公布区工商联各项规章制度,部署下半年工作。9月8日,召开区工商联执行委员会(临时)筹备组会议,通报区工商业联合会执行委员会(临时)筹备工作情况,通报《中共东城区委组织部关于组建新的东城区各人民团体的意见》,审议通过《东城区工商联临时会议常务委员会组成人员名单》《东城区工商联临时会议第一次全体会议议程》及《关于召开北京市东城区工商业联合会执行委员会(临时)第一次全体会议的决定》。9月14日,召开工作总结会,总结两区工商联合并工作情况,通报新区工商联执委会(临时)领导班子组成和会员基本情况以及机关各科室职能和岗位分工情况,部署下一步工作。 (高鹏)

【专题学习活动】 10月26日,召开学习贯彻中共中央16号文件精神专题会议,传达16号文件精神。加强学习贯彻《中共中央、国务院关于加强和改进新形势下工商联工作的意见》精神的组织领导,召开党组会议,成立区工商联学习贯彻文件精神领导小组,研究制订学习贯彻工作方案,明确组织、宣传、督察工作机构和职责。组织开展专题学习活动。11月25日,联合区委统战部,举办区非公经济人士"树立和践行社会主义核心价值体系"暨学习中共中央16号文件座谈会,解读文件主要内容,5名非公代表人士汇报树立和践行社会主义核心价值体系情况。120余名非公经济代表人士参加。通过刊物、网站等媒介,做好舆论宣传。组织力量开展专项调研,查找和梳理需要解决的突出问题,提出对策和措施。 (高鹏)

【荣誉工程评比】 11月12日,在北京市工商联档案管理工作先进会员企业表彰大会上，北京宏源餐饮管理有限公司、北京大龙建设集团有限公司、北京世纪天鼎商品交易市场有限公司、北京通利达汽车租赁有限责任公司、北京中润达会计师事务所有限公司、北京都宇设备安装工程有限公司、北京龙泰鸿科技中心、北京银达物业管理有限责任公司等8家会员企业获北京市工商联档案管理工作先进会员企业。年内，引导会员企业创建文明单位，组织会员参与市、区各项评优工作。复查和申报首都精神文明单位1家、精神文明标兵单位7家和精神文明单位52家。推荐碧艾尔(北京)服装服饰有限公司为市工商联精神文明标兵单位，北京联飞翔科技股份有限公司、北京智博宝通传媒文化发展有限公司等会员企业为市工商联精神文明单位。北京宏源餐饮管理有限公司、北京市西比利亚皮货集团、北京万福大厦、北京庄子工贸有限责任公司4家会员企业被授予上年度原崇文区和谐劳动关系先进单位。组织会员参加首都非公经济参与绿色北京建设行动，获绿色企业工作组织奖，会员企业北京三木科技发展有限责任公司等19家企业，获绿色企业荣誉称号。推荐北京宏源餐饮管理有限公司、北京五千年酒店管理公司等12家会员企业，获北京市就业与社会保障先进民营企业称号，组织15名优秀会员，参加本年享受北京市政府技师特殊津贴评选活动，5名工程师参加第二十届北京优秀青年工程师评选活动。 (高鹏)

【老会员工作】 年内，坚持每月一次老会员活动日制度。春节、五一、十一期间，开展走访、慰问原工商业者工作。对209名老会员及遗孀给予困难补助，金额26.07万元。为部分原工商业者及遗属协调解决养老、医疗、丧葬等事宜。 (高鹏)

【调查研究】 年内，开展调查研究，参政议政。参与《东城区人才发展战略规划(2011～2030年)》编制工作，形成《关于东城区非公经济人才现状及规划设计的报告》。完成《创新"网站与信息机"捆绑互联的服务模式，不断拓宽信息化服务领域，努力提高为会员服务专业化水平》《关于加强东城区工商联南片7个街道地区分会建设的思考》《建设学习型机关，发挥工商联作用，促进非公经济科学发展》等3篇调研报告。编制完成《东城区"十二五"期间工商联事业发展规划》。 (高鹏)

东城区归国华侨联合会

【概况】 东城区归国华侨联合会(简称区侨联)，是由归侨侨眷组成的人民团体，是党和政府联系归侨侨眷的桥梁和纽带。侨联工作的职能是参政议政、群众工作、维护权益、海外联谊。区划调整后，有归侨226人，侨眷6734人，新华侨4391人，新移民、留学人员亲属4389人。东南亚归侨占85%。归侨的原侨居国分布20余个国家，新华侨分布57个国家。现有17个街道侨联和教委、卫生局2个系统侨联。年内，召开参政议政工作会议、全委会(临时)第一次会议，开展纪念原东城区侨联成立25周年座谈会，接待市、区领导调研，举办侨界代表性人士培训班。围绕市侨联成立60周年，开展系列活动。市侨联授予首都新侨乡创新发展先进集体。侨眷2人被授予首都新侨乡创新发展先进个人。

单位名称：东城区归国华侨联合会
单位地址：东城区幸福大街32号
联系电话：64023999　邮政编码：100061 (窦跃斌　苏国治)

【参政议政】 1月6日，参加原中共东城区委十届九次全会，在区政协第十二届四次全会上，提交《关于加快东城区社区经济发展的建议》《关于为没有在国有体制框架内工作的老归侨发放生活补贴的建议》团体提案2件，侨联界别政协委员个人提案9件。列席区第十四届人民代表大会第五次会议开幕式。1月17日，原东城区、崇文区侨联参加市侨联十三届六次全委扩大会。2月5日，原东城区侨联参加区委、区政府工作部署会。2月9日，原东城区侨联参加区廉政建设工作会议。2月24～25日，参加区第十一次妇女代表大会，原东城区侨联副主席当选为妇联执委。3月9日，原东城区侨联参加区庆祝三八国际劳动妇女节100周年纪念活动。3月30日，原东城区侨联参加区委统战部"低碳经济与绿色东城"报告会。4月19日，原东城区侨联参加国家中医药发展综合改革试验区建设推进大会。4月27日，原东城区侨联参加区第二次全国经济普查成果通报会。5月13日，原东城区侨联参加中国侨联法律顾问委员会调研工作座谈会，并汇报区开展维权工作的情况。5月16日，原东城区侨联参加市港澳台侨妇女联谊会第五次会员代表大会。5月26日，原东城区侨联参加区共青团第九次代表大会开幕式。6月29日，原东城区侨联参加区中医药文化及产业发展情况通报会。7月5日，参加区领导干部大会。7月9日，参加区各界人士通报会，听取杨柳荫通报国务院关于同意北京功能核心区部分行政区划调整的批复。7月23日，参加中共东城区党代会。8月24日，参加区政协第一次(临时)会议。8月27日，参加区社会服务管理创新综合试点工作推进会。8月31日，参加北京市侨联成立60周年座谈会。9月22日，参加市侨联成立60周年纪念大会。11月15日，参加区统一战线各界人士学习中共十七届五中全会精神座谈会。11月22日，参加区人才大会。 (窦跃斌)

【街道侨联工作会】 1月21日，原东城区侨联召开街道侨联工作会，通报上年区侨联开展的主要工作。各街道工委办负责侨联工作的负责人和街道侨联主席参加。12月16日，召开街道侨联工作会，传达市委办公厅、市政府办公厅下发的《关于加强新形势下侨联工作的意见》的通知精神，通报新东城区侨联委员会(临时)成立以来的主要工作。17个街道负责侨联工作的干部和街道侨联主席参加。 (窦跃斌)

【全委会会议】 1月22日，召开原东城区侨联五届十四次全委会会议。传达区委十届九次全委扩大会精神，学习杨柳荫作的题为《抢抓机遇乘势而上全面推进"国际化、现代化新东城"建设》的报告。听取以《以科学发展为指导，开创侨联工作新局面》为题目的区侨联工作报告。3月，原崇文区侨联召开第五届九次全委(扩大)会议。传达学习区委十届九次全会精神和市侨联第十三届六次全委(扩大)会议精神，审议通过题为《充分发挥侨联独特优势，为把我区基本建成现代化都市文化休闲区贡献力量》的工作报告，市侨联和区委统战部有关领导出席并讲话。9月7日，区侨联召开全体委员会(临时)第一次会议，市侨联主席李昭玲，区领导邵鹏出席会议并讲话。会议通报原东城区和原崇文区两区合并的有关情况，区委组织部关于新东城区侨联领导班子人选的提名情况和市侨联关于东城区侨联领导班子请示的批复，表决通过区侨联委员会(临时)主席1人，名誉主席1人，副主席6人，秘书长1人，常务委员12人。（窦跃斌）

【联谊慰问】 1月，举办原东城区侨界新春联欢会，归侨70人欢聚一堂。区委统战部、区侨联和区侨办领导向老归侨致以新春的祝愿和问候，部分老归侨表演自己创作的歌曲《我和侨联》，进行涉侨知识答题、抽奖，为援建北川中学捐款的老归侨颁发证书等活动。向老归侨发放春节慰问品。2月2日，市侨联领导李昭玲到原东城区和平里街道安德路社区看望归侨童英洁，送去慰问金。市、区侨联，和平里街道工委，安德路社区有关负责人陪同看望。春节期间，走访慰问社区困难归侨侨眷12户，到与区侨联结对子的东华门街道银闸社区看望困难归侨，送去慰问金8200元及慰问品。原崇文区侨联在春节期间，慰问归侨侨眷42人，发放慰问金2.9万余元。帮助1名印尼归侨因病致困的孩子申请困难补助。举办侨界迎新春联谊活动，归侨、侨眷200人参加。3月，原崇文区侨联举办庆三八——参观虎跃千年文化展活动，100余人次参加。11月19日，组织老归侨开展联谊活动，给11月生日的老归侨过集体生日，部分老归侨即兴表演节目。

（窦跃斌　苏国治）

【征求修改意见】 3月16日，原东城区侨联召集10名律师、街道侨联主席和工作在行政执法一线的区侨法监督员，讨论2005年10月20日北京市第十二届人民代表大会常务委员会第二十三次会议通过的《北京市实施〈中华人民共和国归侨侨眷权益保护法〉办法》中与宪法、法律和行政法规不一致，不适应科学发展观要求，不能适应社会发展需要的地方，提出修改意见。（窦跃斌）

【参政议政工作会】 4月8日召开。会上原东城区侨联向与会人员通报侨联五届委员会以来参政议政工作情况，讨论《东城区侨联参政议政工作规则》(审议稿)，就部分内容提出建设性意见和建议。市侨联，区人大、区政协有关领导和区侨联委员30余人参加。（窦跃斌）

【社会公益周活动】 4月21日，原东城区侨联组织60余名归侨侨眷参加北京社会公益周活动，向专家咨询涉侨法律法规、侨联章程和健康保健知识。（窦跃斌）

【参加纪念大会】 5月14日，原东城区侨联组织50名归侨侨眷，参加北京市纪念《中华人民共和国归侨侨眷权益保护法》颁布实施20周年大会。听取副市长程红代表市委、市政府所作的重要讲话，市人大民宗侨办、市侨办、市政协港澳台侨委、致公党市委和市侨联等单位负责人，围绕贯彻落实保护法，作维护侨益工作主题发言。（窦跃斌）

【领导调研】 5月14日，常卫到原东城区侨联调研，听取区侨联围绕参政议政、维护权益、海外联谊和群众工作四项职能，在凝聚侨界力量，服务大局、坚持以侨为本、探索服务途径、适应新形势开展工作，不断扩大与海内外联系、创新工作思路，以品牌活动提升工作水平，加强区、街两级侨联的自身建设等五个方面工作汇报，常卫提出工作要求。12月9日，市侨联副巡视员李红军到区调研。听取区侨联工作汇报，与市侨联领导交流落实市委办公厅、市政府办公厅《关于加强新形势下侨联工作的意见》的重要性，做好街道侨联工作，发挥好侨界人大代表、政协委员参政议政作用等方面的工作。李红军对区侨联工作给予肯定，提出工作希望。（窦跃斌）

【座谈会】 6月25日，召开纪念原东城区侨联成立25周年座谈会。市侨联主席李昭玲，区领导常卫、郭瑞敏和区委统战部、区人大内务司法委员会、区政协专委会三室、区民族宗教侨务办公室、致公党东城区工委等单位有关方面负责人出席。区侨联主席作题为《总结经验，把握规律，推进侨联事业的蓬勃发展》的主题发言，总结侨联组织25年来的发展历程、基本经验和取得的成绩，提出今后的发展方向。归侨侨眷分别从各自在侨联工作的经历和在国内外的生活情况谈了对侨联组织的认识和体会。区10个街道工委主管统战工作的领导，区侨联历届主席、副主席，区侨联全体委员，街道侨联主席50余人参加。10月26日，召开践行社会主义核心价值体系座谈会，部分参与纪念市侨联成立60周年征文活动的作者作发言交流，讲述值得回味的经历和与侨联的不解之缘，诠释区侨界人士践行社会主义核心价值体系的爱国主义情怀。17个街道侨联主席、侨联干部及归侨侨眷40余人参加。（窦跃斌）

【对接工作】 7月20日，召开工作对接会，根据原两区侨联下半年工作计划和邵鹏提出的工作要求，确定侨联下半年工作要点。（窦跃斌）

【接待寻根之旅夏令营团】 7月23日，接待“法国语言文化国际交流协会”寻根之旅夏令营团，参观东四奥林匹克社区体育文化活动中心、社区公园，向“巧娘”学习手工技艺，体验中国传统工艺。（窦跃斌）

【侨界人士】 10月14～15日，举办侨界代表性人士培训班。市侨联、区委统战部相关领导及区侨联委员，17个街道侨联和2个系统侨联组织专兼职干部60余人参加。市侨联联络维权部负责人讲解市侨联主要工作和侨联组织如何在绿色北京、人文北京、科技北京及“世界城市”建设中发挥作用。区侨联主席介绍区情、侨情和功能定位。区委统战部副部长提出工作要求。

（窦跃斌）

【议案提案征集会】 11月30日召开。区侨界人大代表、政协委员,围绕新东城区的功能定位和区"十二五"规划的编制,结合自己的工作实际和专业特长,提出在即将召开的新区人大、政协两会上提交的个人议案和提案,对区侨联准备提交的政协团体提案提出建设性的意见。 (窦跃斌)

东城区红十字会

【概况】 东城区红十字会(简称区红十字会)是区级从事人道主义工作的社会救助团体。其宗旨是:保护人的生命和健康,发扬人道主义精神,促进和平进步事业。主要任务:在区域内开展人道主义救灾救助,群众性卫生救护培训,社区红十字志愿服务,红十字青少年活动等项工作。红十字会基层组织363个,会员总数11.85万人。8月17日,按照东城区委、区政府筹备组的要求,原东城区、崇文区红十字会合并,成立东城区红十字会,并完成机构合并搬迁工作。区红十字会内设一室两部:办公室、应急赈济部、志愿服务部,现有副处级以上干部4人、科级以下干部15人(其中事业编5人)。

单位名称:北京市东城区红十字会

单位地址:东城区幸福大街32号906室

联系电话:87556906 邮政编码:100061 (张楠)

【工作交流】 3月19~22日,原东城区红十字会与江西抚州市红十字会开展应急救护培训交流活动。区红十字会派出业务部2名干部及资深讲师前往,做客抚州市广播电台生活频道,参加现场直播,回答听众关于应急救护知识提问。19日,前往抚州市人大常委会举办的应急救护专题讲座,受到抚州市人大领导好评。此次活动有利于推动两地应急救护培训工作,增强两城区、市红十字会友谊。 (张楠)

【人道主义募捐工作】 4月14日,原东城区、崇文区红十字会在青海省玉树地区地震发生后,根据中国红十字会总会和市红十字会工作精神,组织发动基层红十字会开展社会群众性募捐,接收善款365万元。年内,为推进市红十字会开展的"博爱在京城"大型救助系列募捐活动,区红十字会认真研究,统一部署,成立领导小组,制定工作计划,在全区各级红十字会共同努力下,募集善款180万元。 (张楠)

【慰问救助活动】 "5.12"护士节,原东城区红十字会联合区卫生局工委为因抗击"非典"而感染的护士13人送去慰问金,并为感染"非典"的人员发放生活补助金17万元。"重阳节"前夕,分别到东直门、前门敬老院走访慰问,为老人们送去月饼。年内,依托4个"红十字博爱超市",为社区的困难家庭发放米面油和必要的生活日用品。关注朝阳门医院临终关怀病区及老人们,为他们提供日常所需的床单、油布等物品和米面油等生活用品,在病区建立红十字病房,专为低保困难家庭老人服务。为困难家庭、因病致贫、孤老残、"非典"感染者等实施现金和物资救助,投入救助款48万元,米面油、药品等8万余元,救助困难家庭1600户,受益5000人。 (张楠)

【青少年安全健康知识教育】 围绕"5·12防灾减灾日",原东城区、崇文区红十字会分别参加区安全生产月咨询宣传活动,在中小学校开展系列应急救护培训、演练活动,增强学生防范意识。年内,在市红十字会组织的"红十字与世界城市"知识竞赛中,区代表队获第四名。参加全市组织的健康促进校评比检查工作,对复验合格的16所学校颁发"北京市健康促进校"奖牌。在中学开展"创建国际安全型社区宣传进校园——暨校园防艾知识宣传活动",共青团员在"遏制艾滋、履行承诺"横幅上签名,发放安全健康知识宣传手册和防艾志愿者红丝带标志。 (张楠)

【宣传工作培训】 6月4日,原东城区举办红十字系统宣传工作培训会。各街道红十字会及卫生工委、学校工委秘书长(秘书)和区红十字会工作人员24名干部参加。邀请原《北京市红十字报》主编授课,讲解红十字系统新闻、报道、信息撰写需要注意的问题。区红十字会秘书长介绍交流新闻摄影和选景等方面技巧。新华社资深记者采用实例,讲解新闻写作知识。 (张楠)

【造血干细胞捐献】 上半年,原崇文区红十字会在市造血干细胞管理中心指导下,确定工作方案和工作流程,与区卫生局献血办联系,在北京同仁医院等医院开展以"点滴关爱、点亮生命"为主题的无偿献血及血样采集活动。 (张楠)

【临时理事会】 9月7日召开。宣布新任东城区红十字会会长、常务副会长、副会长人选提名,通报区红十字会合并情况,审议通过《关于聘请东城区红十字会名誉会长的决议》《关于选举会长、常务副会长、副会长的决议》《关于确定秘书长、副秘书长的决议》《关于确定召开东城区红十字会第一次会员代表大会的决议》。市红十字会副会长孙硕鹏、副区长宋甘澍等领导出席并讲话。 (张楠)

【急救知识培训】 年内,成立培训工作领导小组,制定工作计划,在企业中开展自救互救知识培训。邀请市急救中心资深授课老师为中粮广场物业公司及中国移动北京分公司一线工作人员200余人举办应急救护知识普及讲座。为北京客运段举办"初级救护员"培训班3期,一线铁路乘务人员228人参加学习。基层红十字会在社区、辖区单位中举办急救知识培训班,为社区居民讲授初级救护知识,讲解和普及外伤急救、心肌梗死、心绞痛、脑出血等疾病的院前急救和心肺脑复苏技术。在社区开展健康教育大课堂、急救知识技能竞赛等形式多样的普及班1200期,4万人次参加。发放社区居民《家庭版急救手册》10万本。全区各级红十字会累计培训初级急救员1.28万人。 (张楠)

【大病患儿救助】 年内,加强区困难家庭大病患儿医疗救助工作,被列入本年区政府为民办实事工程。区红十字会不断扩大救助范围,加大救助力度,开展0~18周岁大病患儿调研工作。及时修改大病患儿基本情况调查表,摸清大病患儿情况。调查组深入家庭、医院、社区走访调查,核实相关材料。举行少儿大病医疗救助发放仪式,为全区44名大病患儿发放救助金40万元,帮助区域内困难家庭大病患儿走出困境。 (张楠)

东城区文学艺术界联合会

【概况】 北京市东城区文学艺术界联合会(简称区文联)是东城区各文艺协会组成的群众团体,党和政府联系文艺界的桥梁和纽带,是北京市文学艺术界联合会的团体会员。是负责所属文艺家协会的联络、协调、服务和管理工作,组织、推动本地区文学艺术活动开展的群众团体机关。7月,首都功能核心区区划调整,由原东城区文联和原崇文区文联合并而成。有处级干部4人,科级以下干部6人,内设2个科室(办公室和组织联络科)。下设东城作家协会、戏剧家协会、书画家协会、书画研究会、美术家协会、摄影家协会、民间文艺家协会、民间艺术家协会、音乐家协会、舞蹈家协会,曲艺家协会和北京市广角摄影学会12个专业艺术家协会。年内,在区委、区政府领导和市文联指导下,贯彻落实科学发展观,围绕本区建设"首都文化中心区"和"世界城市窗口区"的定位,开展一系列有影响、有特色的文艺活动。各项工作扎实稳步推进。

单位名称:东城区文学艺术界联合会
单位地址:东城区崇文门外大街7号正仁大厦2段9层
联系电话:67087442 邮政编码:100062 (刘菁)

【戏剧工作机制】 年初,原东城区文联先后制订下发《关于成立东城区戏剧建设促进委员会的通知》《关于成立东城区戏剧项目评审委员会的通知》《关于成立东城区戏剧艺术专业指导委员会的通知》,成立东城区戏剧建设促进委员会(简称戏促会)、戏剧项目评审委员会和戏剧艺术专业指导委员会,逐步形成紧密配合、精简高效的工作机制,扶持、引导东城区的戏剧艺术事业。发布《东城区戏剧发展公益补贴资金管理暂行办法》《东城区戏剧产业发展引导资金暂行办法》,发布《北京市东城区戏剧发展公益补贴资金项目申报书》,加强资金管理,提高资金使用效率。颁布《关于成立北京市东城区戏剧联盟的工作方案》,成立东城区戏剧联盟。1月3日,成立北京市东城青年戏剧工作者协会,召开理事会2次。1月26日、5月18日,原东城区文联组织召开戏促会成员单位工作会,毛桂芬主持。经反复磋商、广泛征询意见,逐步完善首都戏剧文化城建设的运作管理机制。向戏促会及戏剧联盟成员单位发布2010年首都戏剧文化城建设工作重点,为打造首都戏剧文化城提供保障。3月至6月,原东城区文联做好上年戏剧节活动项目专项资金评审工作,在原东城区项目专项资金绩效考评中被评为优秀等级。10月22日,组织召开戏剧项目评审会,聘请戏剧专家评审本年重点戏剧项目。会议听取首都戏剧文化城建设进展情况以及上年主要戏剧工作情况汇报,北京国际青年戏剧节、首届北京东城青年戏剧演出季、首届北京东城国际独角戏戏剧节、首届北京国际喜歌剧季4个重点戏剧项目负责人专题汇报。参会专家对4个戏剧项目进行评审,并就推进首都戏剧文化城建设及戏剧发展思路提出指导意见。 (刘菁)

【庙会文化论坛】 1月7~8日,原东城区文联与中国民间文艺家协会、北京非物质文化遗产保护中心等单位共同举办庙会文化论坛。来自全国20个省市的百余名专家、学者和文化、旅游等部门领导,就中国庙会文化的特点等主题展开研讨。 (刘菁)

【戏剧调研与座谈】 1月11日、13日、14日,原东城区领导毛桂芬3次主持召开首都戏剧文化城建设工作会,研究戏剧政策、剧场集群发展、打造戏剧品牌活动等事宜,区文联有关领导参加。1月12日,原东城区领导毛桂芬带队到中国儿童艺术剧院调研,与院长、副院长等交流。区文联有关领导参加调研。2月10日,原东城区领导毛桂芬到中国儿童艺术剧院观摩并调研儿童剧演出情况,院长、书记、副院长陪同观摩,区文联有关领导陪同调研。3月5日,《人文东城行动计划2010~2012》编制课题组到长虹电影院、东方先锋剧场等驻区剧场参观调研,原东城区文联副秘书长参加调研并介绍区推进首都戏剧文化城建设的有关工作。5月7日,原东城区领导毛桂芬与中国儿童艺术剧院院长、书记等座谈,研究儿童戏剧演出季相关事宜。区文联有关领导参加。5月31日,原东城区区长杨艺文与中国剧协分党组书记季国平、副秘书长刘卫红,《剧本》杂志社主编黎继德,《中国戏剧》杂志社主编赓绪华等领导、专家座谈,研究探讨建设"戏剧之城"相关事宜,区文联有关领导参加。 (刘菁)

【新年舞会】 1月24日,原崇文区文联、区舞蹈委员会在崇文区文化馆举办"新年舞会"。区文联领导及文学、书画、音乐、风筝、花会、小广角6个专业委员会的负责人,特邀企业家代表,区政协委员代表及区舞蹈委员会全体会员200余人参加。 (王光芬)

【协会换届工作】 1月至6月,原东城作家协会、戏剧家协会、书画家协会、摄影家协会、民间文艺家协会、音乐家协会、舞蹈家协会、曲艺家协会陆续筹备换届各项工作。7月2日,东城曲艺家协会完成协会换届工作。 (刘菁)

【戏剧宣传推广】 春节期间,原东城区文联协助做好"戏剧卡"的推广发行工作。为方便群众戏剧消费,推出发行东城区"戏剧卡",首都剧场、保利剧院等10家剧场成为首批特约商户。2月3日,原东城区文联举办首都戏剧文化城建设推进会新闻通气会。区领导毛桂芬、北京人艺等驻区院团领导向20余家媒体记者介绍首都戏剧文化城建设情况。2月4日,原东城区文联举行"欢聚东城 共享戏剧——首都戏剧文化城建设推进会"。国家话剧院、中国儿童艺术剧院、北京人民艺术剧院、中央戏剧学院等驻区戏剧院校、相关团体代表,首都剧场、保利剧院、星光剧场等剧场负责人,《光明日报》《北京日报》、北京人民广播电台等媒体负责人及有关代表应邀参加大会,68家单位、团体加盟首都戏剧文化城建设,成为本区戏剧联盟的成员单位。3月10日,原东城区文联在王府井、东四、张自忠、北新桥等重要路段，制作2000余平方米“欢聚东城、共享戏剧”首都戏剧文化城建设工地围挡宣传图板。5月初，原东城区文联制作《戏剧东城宣传册》1万册，向驻区剧场、星级宾馆和区属各单位免费发放，宣传驻区剧场及最新戏剧演出资讯，宣传区戏剧文化建设成果。（刘菁）

【对外交流】 2月4～14日，原东城区文联组织民间文艺家赴比利时参加欧罗巴利亚中国艺术节闭幕式暨北京文化周展演展示活动，新颖独特的手工艺吸引了当地群众和各国游客。3月15日、6月7日，原东城区文联邀请法国作家卡米耶·洛朗斯、罗朗·莫维尼埃、妙莉叶·芭贝里等与中国当代作家、评论家、翻译家及广大文学爱好者，探讨当代文学作品，搭建文学交流平台。（刘菁）

【送春联活动】 2月6日，原东城区文联与区文委共同举办“欢乐东城、情暖社区——书法家送春联活动”，邀请书画名家为社区居民现场书写春联，送上新春祝福。（刘菁）

【新春团拜会】 2月6日，原崇文区文联在天坛饭店召开新春团拜会。市文联党组书记朱明德，原崇文区领导夏强、吉胜久、徐鸿达、赵中原等及邓友梅、苏叔阳等艺术家顾问，区有关部门负责人、企业家代表、区文联各专委会（学会、研究会）会员代表200余人出席。通报上年主要工作和本年工作安排，朱明德和赵中原分别致新年贺词，各专委会表演文艺节目并组织抽奖活动。（王光芬）

【年度工作会议】 2月25日，原崇文区文联召开本年工作会议。审议通过《崇文区文学艺术界联合会2010年工作安排》（草案），通报各专委会本年工作计划，通过《崇文区文学艺术界联合会建议增补第五次会员代表大会顾问和特邀顾问名单》和《崇文区文学艺术界联合会关于增补第四届文联理事的决定》。区领导赵中原代表区委出席会议并提要求。（王光芬）

【风筝放飞活动】 4月1日，原崇文区风筝委员会在永定门城楼北广场，举办“传承亲情、放飞希望”风筝放飞活动。100余名风筝爱好者将自己制作的200余件硬翅类、软翅类、拍子类、龙类、软体类等造型各异的风筝在广场同时放飞，活动由区文联主席主持，区领导高桂强介绍活动情况，赵中原宣布活动开始。（王光芬）

【国标舞比赛】 4月18～19日，原东城区文联、北京舞蹈家协会，共同承办2010第十二届CBDF国际标准舞“院校杯”公开赛，来自全国29所院校的400余对选手汇聚东城，展示精彩舞艺。7月17～18日，第十八届北京“天使杯”国标舞、交谊舞城市友好赛在地坛体育馆举行。北京文化艺术活动中心、原东城区文联主办，世界舞蹈艺术家协会、世界华人舞蹈联合会协办，东城区文化馆承办。比赛以“舞出夏日激情、炫出魅力风采”为主题，来自北京、辽宁、新疆、江苏及台湾、香港、澳门、新加坡等国家和地区522对选手参加比赛，角逐90余个奖项。市文化局副局长王珠，市文化艺术活动中心主任路斌，区领导赵中原、金旭、毛桂芬及相关单位领导和嘉宾出席闭幕式。（刘菁）

【会员代表大会】 4月22日，原崇文区文联第五次会员代表大会在培新宾馆召开。12个专委会代表共商文联发展大计。市文联领导朱明德、王德新，区领导夏强、吉胜久、徐鸿达、赵中原、高桂强，原区老领导盛绳武，区有关部门和兄弟区县文联领导及会员代表130余人出席会议。审议通过《崇文区文联第四届理事会工作报告》《崇文区文联章程》（草案），选举产生第五届文联主席1人及副主席9人，秘书长1人。原崇文团区委书记代表区人民团体，宣武区文联主席代表区县文联分别致贺词。朱明德和夏强分别讲话。（王光芬）

【赈灾义卖活动】 4月24日，原崇文区文联与原崇文区书画研究会、区老干部书画研究会，以“心系玉树大爱无疆书画作品义卖”为主题，在潘家园旧货市场为玉树地震灾区募捐善款。50余位书画家卖出书画作品71幅，筹得善款2.49万元。（王光芬）

【戏剧活动】 4月25日，原东城区文联与区有关部门共同承办区迎五一京剧名家演唱会。总装通用装备保障局政委常生荣，市人大常委会副主任刘晓晨，原国家食品药品监督管理局副局长惠鲁生，市民政局局长吴世民，北京京剧院院长王玉珍、党委书记刘胜利，区领导杨柳荫、杨艺文、冯熙、曾刚健等出席演唱会。区老干部代表、区戏剧建设促进委员会成员单位领导、区劳动模范代表及社区居民代表近400人观看演出。著名京剧表演艺术家李维康、耿其昌、王蓉蓉、孟广禄等献唱，展示“国粹”京剧艺术魅力。5月6～28日，原东城区举办首届“北京·南锣鼓巷戏剧节”，汇集话剧、昆曲、现代舞等7部作品，在南锣鼓巷地区演出29场，结合锣鼓巷文化内涵，宣传推广戏剧活动。中国剧协分党组书记季国平，原东城戏剧家协会名誉主席郭启宏，市文化局副局长王珠，北京戏剧家协会驻会副主席、秘书长杨乾武，区领导杨艺文、章冬梅、毛桂芬及社会各界来宾和相关单位领导出席开幕式，欣赏话剧《塞纳河少女的面模》。5月20～22日，原东城区文联举办“法国哑剧大师菲利普·比佐工作坊”活动，通过戏剧公益讲座、工作坊及戏剧专场演出，搭建学习、交流平台，促进国内外戏剧文化交流。6月10～12日，原东城区文联将戏剧艺术与环保主题相结合，举办3场绿色东城“爱我家园行动”主题剧公益演出，惠及百姓1500余人次，大自然保护协会北亚区总干事长张醒生，“爱我家园行动”主题剧总策划、当代节能置业董事长张雷，区领导章冬梅、郭瑞敏出席活动。6月11～20日，原东城区文联举办“2010年青年戏剧节首届剧本创意工坊”活动，为青年编剧提供展示才华的平台。北京戏剧家协会驻会副主席杨乾武，著名编剧万方、童道明等出席开幕式。6月29日，原东城区文联举办“戏剧伴我成长”区中小学校园戏剧专场演出。中国儿童艺术剧院党委书记雷喜宁，中国话剧艺术研究会副会长王福麟，中国儿童艺术剧院制作演出部主任赵寒冰，北京戏剧家协会驻会副主席杨乾武,北京儿童艺术剧院股份有限公司副总经理马海玲,区领导杨艺文、章冬梅出席活动。7月27日至8月6日,举办第三届“中国环境与健康宣传周”系列活动之“2010年百姓环保戏剧展演活动”。全国人大常委汪纪戎,农工党社会服务部副部长刘峻杰,农工党中央组织部副巡视员刘然,国防科工委能源储备司司长刘晓栋及农工党中央参政议政部联络处、环保部宣传教育司宣传处、农业部科教司资源环境处、商务部研究院中国市场与贸易发展处、中华环保基金会宣传联络部、市文化局演出艺术发展处,区委统战部、区文委、文联等单位领导和嘉宾出席开幕式。活动由原东城区文委、文联支持举办。共演出《桃花源》《电池小七》等话剧10场,组织社区居民免费观看,使百姓在欣赏话剧的同时,收获环保、健康的生活理念,热爱环境、保护环境。10月11日至11月7日,举办首届北京东城青年戏剧演出季。为期一个月,演出《玛莎小姐和她的影子团》《面试惊魂》《那里》等7部完整剧目和《蓝色生日》《无底的棋盘》等4部短剧。全年,举办戏剧专题讲座7期,邀请黄纪苏、梁秉堃、解玺璋、中杰英、兰小龙、史航、郭启宏等戏剧界专家,为戏剧爱好者讲授戏剧文学知识和戏剧作品赏析。 (刘菁)

【走会妙峰山】 5月3日,原崇文区文联民间花会委员会组织众友同乐开路圣会、众友同心中幡圣会、合义全乐中幡圣会、掌礼司太狮老会、同心合缘五虎打路和兵部杠箱六档花会,走会妙峰山,为游客表演北京民俗绝活。 (王光芬)

【书画作品展】 5月16~26日,原东城区文联与区文委、古都书画联谊会共同承办当代中国画名家邀请展,展出书画珍品70余幅。中央国家机关工委原副书记钮茂生,文化部文化科技司副司长王丰、社会文化司副司长张永新,中国艺术科技研究所所长白国庆,副所长李秋立、严先机,中国美协河山画会会长李宝林,中国文化传媒集团党委书记呼世安,市文化艺术活动中心主任路斌,区领导曾刚健、章冬梅、金旭、毛桂芬等领导出席开幕式。6月11~13日,原东城区文联、文委、区书画协会共同举办刘兰亭、王旭红、阎继红、郝景云4名女书画家作品展,展出作品104幅。12月12~14日,市文联、区文联、区书画家协会联合举办的黎晶画展,在区第一文化馆风尚美术馆举行。市委副秘书长李福祥,市文联领导朱明德、赵书、林岫、李金斗,区领导冯熙、常卫、赵中原、毛桂芬,著名相声表演艺术家笑林、孟凡贵等400余人参加开幕式并观摩展览。画展为期3天,展出黎晶创作的中国画佳作70余幅。 (刘菁)

【端午慰问演出】 6月13日,原崇文区文联和区总工会举办“吉庆迎端午 和谐颂盛世”端午经典诗歌朗诵演唱慰问文艺演出。瞿弦和、刘斌、殷之光、朱琳等著名艺术家及区文联部分专委会会员,围绕建设“人文北京、科技北京、绿色北京”和实施“天坛文化圈”发展战略,以诗歌、音乐、舞蹈等形式,热情讴歌时代主旋律,向为构建“天坛文化圈”建设作出贡献的区先进模范人物和广大干部职工致以节日的问候。市总工会、市文联组联部有关领导,区领导赵中原、张岚、高桂强及区总工会主席张晓林,区政府有关部门和人民团体领导,区文联各专委会会员,区先进模范代表近千人观看演出。 (王光芬)

【书画联谊笔会】 6月26日,由原东城、西城、崇文、宣武四城区书法家协会主办,原崇文区书画研究会承办的建党89周年四城区书画联谊笔会活动,在崇文区老干部局举办。原市政协主席陈广文、市文联党组副书记王德新、市书协副主席孟繁禧,区领导牛青山、吉胜久、徐鸿达、赵中原、高桂强,区各有关部门和四城区书画家100余人参加笔会。书画家50余人现场挥毫泼墨,创作及展出作品50余幅。 (王光芬)

【民俗文化座谈会】 7月10日,原崇文区民俗文化普查暨崇文区民俗文化志编纂工作座谈会在崇文文化馆召开,会议由北京民间文艺家协会副主席、秘书长于志海主持,区人大常委会主任吉胜久,北京民协主席刘铁梁,区文委、区文联,中国劳动关系学院相关领导,戏曲民俗专家刘嵩昆,“花儿金第五代传人”金铁铃,“葡萄常”传人常弘,北京师范大学师生等出席会议。会上,刘铁梁、吉胜久及区文委、文联领导介绍崇文民俗文化的现状,区文委领导代表原崇文区向市民间文艺家协会赠送珍贵资料。 (王光芬)

【区领导调研】 8月9日,区领导赵中原到区文联调研,听取关于文联近期工作情况和拟召开理事会筹备情况的汇报,察看文联办公地点,提出工作要求。 (王光芬)

【主席团会议】 9月1日,区文联主席团会议在台湾会馆召开。毛桂芬出席,主席团成员23人参加。通报首都功能核心区区划调整情况,组建新区文联所做的主要工作,区文联驻会领导人员安排,召开理事会相关工作安排等事宜。与会人员就文联发展思路展开讨论,表示支持文联工作,为新东城文学艺术的发展贡献力量。区文联党组书记、副主席人选,区文联秘书长人选分别作表态发言。市文联副主席、新东城区文联主席人选赵书,区领导毛桂芬分别对今后文联工作提出要求。 (刘菁)

【理事会】 9月15日,区文联理事会在台湾会馆召开。市文联党组副书记王德新、区领导毛桂芬,区委组织部、宣传部有关领导及73名理事出席。会上,通报区划调整情况和区文联筹备工作情况,传达区委组织部关于组建新的东城区各人民团体的意见,王德新宣读市文联关于新东城区文联整合工作请示的意见。大会表决通过东城区文联理事会表决办法(草案),增补1名文联理事,选举产生新东城区文联领导集体。赵书当选为东城区文联主席,选出常务副主席1名,副主席28名,秘书长1名。 (刘菁)

【书画作品大赛】 9月17~19日,“和平杯”书画作品大赛展在区第一文化馆举行。活动由区文委、文联、区书画协会主办,旨在弘扬中华传统文化,抒发广大书画家、书画爱好者对新东城的热爱。收到会员作品219件,按照“创作新、内容新、形式新”的评选标准，展览期间通过专家评委和609名观众无记名投票，评选出书法类、绘画类一等奖各3名、二等奖各6名、三等奖各9名。（刘菁）

【中秋诗会】 9月21日，与区文委、园林局，在龙潭公园共同举办“龙潭映月中秋诗会”。著名艺术家曹灿、冯福生、虹云与广大文学、诵读爱好者同台献艺，表演《水调歌头》《光的赞歌》《荷塘月色》《春江花月夜》《月之故乡》等名篇佳作。300余名观众在传诵千古的中华名篇中，感受中华民族优秀文化的魅力，共度传统佳节美好时光。市文化局副局长王珠，区领导赵中原、刘忠胜，区文化委、文联、非遗保护中心等市、区有关领导参加。（刘菁）

【国庆联谊笔会】 9月28日，在永定门城楼举办“相约东城情牵永定——庆祝中华人民共和国成立61周年北京永定情文化联谊笔会”活动。中央统战部五局副局长、光彩事业指导中心副主任魏登田，国务院参事室文史业务司副司长耿识博，区领导赵中原、冯藏淑及区委办公室、组织部、区文委、文联、旅游局等有关部门领导出席活动。区文联副主席生存义，中国书协会员郑彦伟，著名书画家、篆刻家秦润波等书画名家，现场创作完成书画作品30余幅。笔会上，著名评剧表演艺术家谷文月，曲艺名家崔琦，著名相声演员何云伟、王文林，北京非物质文化遗产牛骨数来宝项目传承人、著名数来宝表演艺术家孟新等表演精彩文艺节目。（刘菁）

【民间文艺进社区】 9月、12月，区文联、东城民间文艺家协会分别深入礼士社区、朝阳门街道举办民间文艺知识公益系列讲座，传授民间手工艺，将民间文艺送到百姓身边。（刘菁）

【金秋风筝展】 10月，举办区第五届金秋风筝展，展出风筝100余件，活动规模较往年有所扩大。北京广播电台、北京交通广播电台给予滚动报道，参观者3000余人次。11月15日至12月15日，由区文联、东城市民中心主办，东城民间文艺家协会承办的“忆北京民俗 展‘于氏风筝’——王稳如、杜景耀师徒风筝展”，在东城市民中心举办。展出“于氏风筝”代表作品50余幅，全部由王稳如、杜景耀师徒手工制作而成。“祥龙福海”、“沙燕”及“人物”、“巨龙”等独特的异形风筝，造型新颖，色彩鲜艳，题材各异。杜景耀还特别根据史料记载，制作了长达8米的18幅“胖沙燕”长卷，弘扬、传承“于氏风筝”技艺。（刘菁）

【艺术家协会成立】 11月2日，区文联艺术家协会（临时）成立大会在金台夕照会馆召开。市文联党组副书记、驻会副主席黎晶，区领导赵中原、毛桂芬，原崇文区人大常委会主任吉胜久，市文联副主席、区文联主席赵书，市文联副主席、北京曲艺家协会主席李金斗等领导及区文联12个艺术家协会（临时）主席、常务副主席、秘书长等主要负责人出席。会议通报组建区文联艺术家协会（临时）筹备工作情况，宣布区文联关于成立各艺术家协会（临时）的通知和区文联各艺术家协会（临时）主席团成员名单。（刘菁）

【书法美术摄影联展】 11月5日，“崛起的城南”——五区书法美术摄影联展在军事博物馆开幕。由东城、丰台、西城、房山、大兴五区文联共同主办。市文联领导朱明德、黎晶，北京书法家协会驻会副主席、秘书长田伯平，区政协副主席刘忠胜及区文联等有关领导出席开幕式，500余名艺术家及文艺爱好者参观展览。北京电视台、《北京日报》等多家媒体予以报道。（刘菁）

【协会工作会】 11月11日，东城民间艺术家协会召开协会成立后的第一次工作会议。会议由民间艺术家协会主席吉胜久主持，区文联常务副主席出席。通报区文联关于成立北京市东城民间艺术家协会（临时）的通知，研究协会会员、理事及理事单位等相关事宜，研究协会重点工作。协会下属的民间花会委员会、风筝委员会和手工艺委员会分别汇报开展活动的情况，对协会工作提出建设性意见。11月15日，东城民间文艺家协会在区第一文化馆召开工作会。区文联副主席出席。通报区文联艺术家协会（临时）成立大会相关精神，听取协会工作情况汇报，与会人员围绕下年协会工作展开讨论。11月16日，东城音乐家协会在区第二文化馆召开工作会。区文联常务副主席、副主席出席。会上，常务副主席介绍区文联下年工作要点，音协负责人汇报本年音乐家协会开展的主要工作，提出下年工作构想。与会人员围绕下年工作构想展开讨论。11月23日，东城作家协会召开工作会议，区文联领导出席。听取作协本年工作情况汇报及下年工作构想。与会人员围绕下年工作及办好《东城文苑》期刊进行讨论。12月21日，东城摄影家协会在区第一文化馆召开本年工作总结交流会。区文联领导出席。听取摄协本年工作总结和下年工作计划，通报关于东城摄影家协会（临时）主席团成员任职提名通知。与会人员围绕摄协下年工作讨论，明确下年重点工作。（刘菁）

【聘任顾问及理事单位】 12月11日，东城民间艺术家协会举行聘任顾问、理事单位颁证仪式。区领导赵中原、毛桂芬，北京民间文艺家协会副主席于志海，区民间艺术家协会主席吉胜久以及协会聘任的顾问、理事单位代表等40余人出席。吉胜久向顾问9人和13家理事单位颁发聘书和证书。（刘菁）

【新年联谊会】 12月25日，作家与读者新年联谊会在东城图书馆举办。叶廷芳、何镇邦、韩小蕙、苗鹏生、李文朝等30余名作家及近百名读者欢聚一堂，叙友情，话文学，倾述对文学的热爱以及迎接新年的喜悦之情。（刘菁）

【作家与读者见面会】 年内，与区文委共同举办66期“作家与读者见面会”系列文化品牌活动，邀请何建明、马未都、舒乙、汪国真、严歌苓、刘震云等作家、文学评论家百余人作专题讲座，吸引文学爱好者万余人次参加。（刘菁）

【诗文朗诵会】　年内，与区文委共同举办"诗坛把酒诵天声"、"千秋不改炎黄韵"、"唱支山歌给党听"、"菊酒重阳金秋好"等13期经典诗文朗诵会，弘扬优秀民族文化，吸引3000余人次参加。　（刘菁）

【民间文艺知识讲座】　年内，东城民间文艺家协会举办公益知识讲座118期，免费教授社区居民制作风筝等手工技艺，特别开办残疾学员专场，普及传统文化知识。8月，策划、推出"了解非遗 传承文明"民间文艺知识系列公益讲座5期，向中小学生介绍风筝、剪纸、面塑、京剧脸谱、中国结等民间文艺知识和民间手工制作技艺，300余名学生和家长参与活动，感受传统文化魅力。　（刘菁）

原东城区团体负责人

东城区总工会主席	贾炯协(女)
共青团东城区委书记	石　勇(4月免)
	韩新星(4月任)
东城区青年联合会主席	石　勇(兼,4月免)
	韩新星(兼,4月任)
东城区妇女联合会主席	杨立萍(女)
东城区科学技术协会主席	王佩立(兼)
东城区工商业联合会主席	田永林
东城区老龄协会会长	徐维江
东城区残疾人联合会理事长	从艳梅(女)
东城区红十字会会长	王佩立(兼)
东城区文学艺术界联合会主席	赵　书
东城区归国华侨联合会主席	陈　刚

原崇文区团体负责人

崇文区总工会主席	张晓林
共青团崇文区委书记	倪紫剑
崇文区妇女联合会主席	赵　健(女)
崇文区工商业联合会常务副主席	程宝义
崇文区科学技术协会主席	吴金涛(4月任)
崇文区残疾人联合会理事长	晋　鹏
崇文区红十字会会长	高桂强(兼)
崇文区文学艺术界联合会主席	王富国
崇文区归国华侨联合会主席	李冬娟(女)

东城区团体负责人

东城区总工会主席	张晓林(9月任)
共青团东城区委书记	韩新星(7月任)
东城区青年联合会主席	韩新星(兼)
东城区妇女联合会主席	杨立萍(女,9月任)
东城区科学技术协会主席	曹洪欣(兼,9月任)
东城区工商业联合会常务副主席	郝国信(9月任)
东城区老龄协会会长	徐维江(9月任)
东城区残疾人联合会理事长	从艳梅(女,9月任)
东城区红十字会会长	宋甘澍(兼,9月任)
东城区文学艺术界联合会主席	赵　书(9月任)
东城区归国华侨联合会主席	陈　刚(9月任,12月免)
	李冬娟(女,12月任)

政权·政协

北京市东城区人民代表大会常务委员会

【概况】 由于区划调整，原东城、崇文人民代表大会常务委员会合并，成立北京市东城区人民代表大会（临时）常务委员会（简称区人大（临时）常委会），是区人民代表大会的常设机关。下设办公室、代表联络室、财政经济室、内务司法室、教科文卫室、城建环保室、研究室7个科室。在区人民代表大会闭会期间，依法行使地方国家权力机关职权，对区人民代表大会负责并报告工作。年内，贯彻党的十七大和十七届四中、五中全会精神以及市、区委人大工作会议精神，落实科学发展观，按照建设“人文北京、科技北京、绿色北京”的发展战略，围绕全区工作大局，履行宪法和法律赋予的职权，坚持和完善人民代表大会制度，坚持党的领导、人民当家作主和依法治国有机统一，推进民主法制建设，为促进区经济社会科学发展作出贡献。面对行政区划调整，贯彻中央指示精神、国务院批复和市委决策部署、市人大常委会有关决定，落实区委统一安排和要求，坚持“促融合、促发展”指导思想，积极谋划、精心组织、主动工作，有效发挥区人大重要作用。全年召开常委会会议10次，主任会议15次。听取和审议“一府两院”专项工作报告10项，作出决议、决定6项。受市人大常委会委托，检查3部法律法规的贯彻执行情况，依法任免国家机关工作人员403人次。

单位名称：东城区人民代表大会常务委员会
单位地址：东城区幸福大街32号　邮政编码：100061
联系电话：87556610　（刘国栋）

【区人大领导慰问】 1月7日，原东城区人大副主任金旭和教科文卫工作委员会主任走访慰问部分工委委员。1月22日，原东城区人大副主任费文勇及区人大常委会内务司法工作委员会主任委员到雍和宫、通教寺等宗教场所慰问宗教界人士。（刘国栋）

【集中学习】 1月7日，原东城区人大常委会党组集中学习区委十届九次全会精神。人大主任冯熙传达区委书记杨柳荫在中共东城区委十届九次全会上的报告。区人大有关领导参加。（刘国栋）

【十四届人大五次会议】 1月12～15日，原东城区第十四届人民代表大会第五次会议在京东宾馆召开。审议《东城区人民政府工作报告》《东城区2009年国民经济和社会发展计划执行情况与2010年计划（草案）的报告》《东城区2009年财政预算执行情况和2010年财政预算（草案）的报告》《东城区人大常委会工作报告》《东城区人民法院工作报告》《东城区人民检察院工作报告》，并通过各项决议、决定。依法补选区人大常委会主任和区人民法院院长。232名代表出席。（刘国栋）

【议案建议督办】 原东城区第十四届人大五次会议期间，收到代表议案，建议、批评和意见（以下简称建议）126件，其中议案33件，建议93件，议案转建议21件。区人大常委会将涉及区宏观经济发展和与百姓生活密切相关的14件议案、建议，确定为主任、副主任重点督办案件。其中包括重点督办公共文化服务建设、加强社区建设、推进区国际化现代化进程等。坚持阅示督办议案和建议，参与办理过程，掌握办理工作进度。针对办理过程中疑难问题，协调各方召开座谈会，研讨解决问题的方案，促进议案和建议办理工作的落实。代表建议已经解决65件，占52%；需长期坚持37件，占29%；暂时不能解决6件，占5%；列入计划9件，占7%；不能解决6件，占5%；留作参考3件，占2%。代表非常满意37件，占29%；满意53件，占42%；同意30件，占24%；其他意见6件，占5%。议案和建议办理完毕后，向领衔提议案和建议的代表发函，征求办理工作意见和建议。收回征求意见表20份。代表们对办理工作表示满意10人，比较满意5人，未表态3人，不满意2人。满意、比较满意的占77%。区第十四届五次人代会后，代表提出建议56件，全部办理完毕。原崇文区第十四届人大四次会议期间，代表提出建议、批评和意见102件，经议案审查委员会审查、大会主席团讨论通过把代表议案作为建议处理的12件。区人大常委会确立督办重点或建议重点承办单位，坚持常委会领导领衔督办制度；探索代表建议督办追踪机制，提高代表建议督办工作质量。代表建议得到解决或基本解决22件，占19%；取得进展40件，占35%；短期内难以解决，向代表做出解释说明8件，占7%；列入计划解决25件，占22%；不能解决18件，占16%；留作参考1件，占1%。代表建议全部办结后，代表联络室全面复查各承办单位报送的办理报告，并向领衔提出建议的代表74人发出《建议办理征求意见函》，回收率100%。代表对建议办理工作表示满意和比较满意的占98.6%。闭会期间，收到代表建议5件，全部办结并答复代表。（刘国栋）

【市人大东城代表团活动】 1月18日，原东城区人大常委会组织参加市十三届人大三次会议东城代表团开展会前活动。冯熙、费文勇分别主持会议。原市人大常委会副主任赵久合，区领导杨柳荫参加。成立会议期间，东城代表团临时党支部推选代表团团长、副团长，讨论议案审查委员会主任委员、副主任委员、委员名单(草案)、主席团和秘书长名单(草案)，对两项名单草案进行说明。召开市、区人大代表议案、建议工作专题座谈会。就市人大代表使用网上咨询系统进行培训。3月23日，区人大常委会市人大代表联络处组织东城团市人大代表开展活动。通报本年市人大常委会工作要点，传达市人大常委会代表联络工作会议精神，总结上年市人大东城代表团工作情况，通报本年市人大东城代表团工作计划。费文勇主持会议，团长冯熙，副团长费文勇、陈济生参加。

(刘国栋)

【区人大领导调研】 1月20日，原东城区人大副主任生敏与部分城建环保工委委员，围绕五次人代会第18号议案关于香饵胡同道路交通设施建设管理，到交道口街道香饵胡同调研胡同环境秩序、停车管理等情况，听取提出议案代表的意见和建议。3月2日，金旭到原东城区文委调研。听取关于区非物质文化遗产保护情况介绍，参观区非物质文化遗产展示中心。同日，金旭到原东城区卫生局调研。听取关于公立医院应对公共卫生突发事件能力建设、中医药综合发展实验区建设、社区卫生服务中心建设及代表议案建议办理等情况汇报。3月4日，金旭到原东城区教委调研。听取关于区义务教育优质均衡发展，“十二五”规划编制等情况汇报。3月10日，金旭到市第二中学分校调研。听取关于学校基础建设、师资队伍建设、教学课程改革、优秀教师人才流动等情况汇报。3月15日，生敏到原东城区市政市容委调研。听取工作汇报，并进行座谈。4月1日，金旭到盛锡福帽业有限责任公司调研。同日，生敏就加大对玉河改造区南片胡同综合管理的相关情况调研。听取景山街道、黄化门社区、吉祥社区负责人情况介绍，查看胡同停车及环境情况。4月2日，生敏到原东城区环卫中心就区城市环境建设情况调研。听取关于城市环境卫生保洁工作情况汇报。4月12日、13日，原东城区人大副主任费文勇先后到6个街道就区第十四届人大代表的补选工作筹备情况调研。5月7日，原东城区人大常委会教科文卫工作委员会组织部分委员和人大代表召开《关于东城区公立医院承担公共卫生服务职责现状调研》开题会。5月12日、14日，组织部分委员对区属公立医院承担公共卫生服务职责现状情况调研。5月25日，组织部分委员和人大代表到天津市调研。金旭，教科文卫工作委员会主任委员及区卫生局有关人员参加。5月26日，生敏到原东城区城管监督中心调研城市环境建设相关工作。听取关于网格化城市管理工作运行情况汇报，与相关人员座谈。6月10日，原东城区人大常委会城建环保工作委员会组织部分委员就城市环境监管工作到区环保局调研。6月11日，原东城区人大常委会城建环保工作委员会组织部分工委委员就园林绿化工作到原东城区园林绿化局走访调研。听取工作汇报，就加强城市环境建设工作与相关人员座谈。6月24日，原东城区人大常委会城建环保工作委员会组织部分工委委员到区城管监察大队就区人大常委会听取和审议城市环境建设议题进行走访调研。上半年，原崇文区人大常委会领导吉胜久、段志国、张蔼华、陈汉明、吕铁柱、任继明，分别就《关于加强代表议案办理工作的研究与思考》《关于贯彻落实北京市人大常委会<关于加强人民检察院对诉讼活动法律监督工作决议>的调查与思考》《加大个性化服务力度，提升代表工作水平》等专题到基层开展调查研究，撰写专题调研报告，并做好成果转化。各委员会在常委会议审议议题前，组织委员和代表就各相关议题开展调查研究或检查视察。议题审议后，组织委员会和代表检查审议意见落实情况，为常委会审议议题和监督相关审议意见落实做好调查研究。下半年，东城区人大筹备组组长冯熙和筹备组成员走访区17个人大街工委，调研两区合并后代表工作。东城区人大主任冯熙、副主任生敏到区住建委调研，听取区划调整后工作进展及风貌保护工作情况汇报。冯熙、生敏和部分城建环保工委委员到区城管委调研，听取关于区划调整后融合情况、年度工作完成情况及“十二五”规划编制情况汇报。区人大副主任生敏、李立分别撰写完成《东城区住房保障工作的调研报告》和《促进王府井商业中心区国际化、现代化建设的调研报告》。区人大副主任金旭就“十二五”规划纲要相关内容到对口联系单位调研，到东花市小学、大地实验幼儿园、海晟幼儿园等地调研学前教育。区人大常委会党组成员、副巡视员王佩立与区民政局、老龄委、法制办领导就合并后的机构人员情况、领导班子现状及主要工作开展调研座谈；与东城公安分局领导就“10.21”东直门爆炸案破获情况、两区合并后分局领导班子及干部队伍建设情况，以及社会治安状况和各项工作的进展情况进行调研，与区法院领导(南片)进行调研。

(邵先山　刘国栋)

【主任会议】 2月22日，冯熙主持召开原东城区人大常委会第三十七次主任会议。讨论人事任免事项。2月24日，召开第三十八次主任会议。讨论通过《东城区人大常委会2010年工作要点(草案)》和关于召开人大常委会第二十一次会议的时间、议程草案。3月25日，召开第三十九次主任会议。讨论人事任免事项。4月22日，召开第四十次主任会议。讨论人事任免事项，讨论通过《关于增补北京市东城区人大常委会预算监督顾问人选方案》《东城区人大少数民族代表小组人员名单及工作事项》和召开区人大常委会第二十二次会议的时间、议程草案。5月21日，召开第四十一次主任会议。听取区政府关于区非物质文化遗产保护情况的汇报；讨论通过区人大常委会关于区政府办理第12号、21号、23号议案关于提高区公共文化服务能力，推进区公共文化建设情况报告的审议意见书；讨论人事任免事项。6月23日，召开第四十二次主任会议。听取区法院关于区人大常委会对区法院审判监督工作审议意见书落实情况的汇报、区政府关于住房保障工作情况的汇报和区人大代表补选工作领导小组办公室关于补选区人大代表和代表资格审查情况的汇报；讨论人事任免事项；通过召开区人大常委会第二十三次会议的时间、议程草案。上半年，原崇文区人大常委会召开主任会议6

次。会议主要内容:研究各次区人大常委会会议有关事宜及区人大常委会本年工作要点和主要议题安排;听取区十四届人大四次会议代表建议分析情况的报告;研究区人大常委会办公室、区法院院长、区检察院检察长分别提请的有关人事任免事项;审议通过区人大常委会办公室提请的《关于提请任免李平喜等六位同志职务的建议》;听取区政府关于积极争取市级科技专项资金,支持区经济社会发展情况的报告;讨论通过区十四届人大常委会第二十九次会议《关于审理未成年人刑事案件彰显司法关爱工作情况的报告》的审议意见书和《关于加强民事检察监督切实保障民生工作情况的报告》的审议意见书;研究区长牛青山提请的任免议案。下半年,召开东城区人大常委会(临时)主任会议2次,会议主要内容:研究召开各次区人大(临时)常委会会议有关事项,区人大、区政府、区法院和区检察院提请的有关人事任免事项,通过任命吕长河等65人为区人大(临时)常委会各街道工作委员会委员有关事宜;听取区人民代表大会(临时)常务委员会代表资格审查委员会关于区人大(临时)第二次会议代表资格的审查报告,区总规办关于《东城区总体发展战略规划(2011年~2030年)》编制情况的报告;讨论关于区总体发展战略规划(2011年~2030年)的决议(草案),区人民代表大会(临时)常务委员会议事规则(草案),区人大(临时)常委会关于召开区人民代表大会(临时)第二次会议的决定(草案),会议议程(草案)、日程(草案)、各项名单(草案)及预备会议议程(草案),区人民代表大会(临时)常务委员会工作报告(征求意见稿)。 (邵先山 刘国栋)

【常委会会议】 2月25日,原崇文区第十四届人大常委会第二十七次会议召开。传达市十三届人大三次会议精神,审议通过区人大常委会本年工作要点(草案)和主要议题安排(草案)。4月2日召开第二十八次会议。审议通过区人大常委会第43次主任会议、区法院院长及区检察院检察长分别提请的有关人事任免事项,通报区人大常委会第43次主任会议决定的有关人事任免事项。4月29日召开第二十九次会议。听取和审议区法院关于审理未成年人刑事案件,彰显司法关爱工作情况的报告;听取和审议区检察院关于加强民事检察监督,切实保障民生工作情况的报告;审议通过区检察院检察长提请的有关人事任免事项。6月24日召开第三十次会议。听取和审议《崇文区2009年决算草案及崇文区2009年决算草案的报告》《崇文区2009年区级预算执行和其他财政收支的审计工作报告》,表决通过《关于批准崇文区2009年决算的决议》。听取和审议《区政府关于加快推进区、街、社区三级文化设施标准化建设工作情况的报告》,审议通过区长牛青山和区法院院长分别提请的人事任免事项。原东城区第十四届人大常委会第二十一次会议于2月26日召开。传达市十三届人大三次会议精神,听取人大街工委上年工作汇报,审议通过《东城区人大常委会2010年工作要点》,审议决定人事任免事项。4月29日召开第二十二次会议。听取上年区社会治安情况的汇报和区政府关于贯彻实施全民健身条例情况的汇报;审议通过区政府办理第12号、21号、23号议案关于提高本区公共文化服务能力,推进区公共文化建设情况的报告;审议决定人事任免事项和关于补选区人大代表工作的相关事宜。6月30日召开第二十三次会议。听取和审议《区政府关于2009年预算执行和其他财政收支的审计工作报告》《区政府关于东城区2009年财政决算草案和2010年1至5月份财政预算执行情况的报告》《区政府关于2010年1至5月份国民经济和社会发展计划执行情况的报告》;审查批准《东城区2009年财政决算及决算的报告》;听取区政府办理第4号、15号、33号议案关于加强社区工作者队伍建设,推进社区服务工作情况的汇报;审议决定人事任免事项。9月9日,召开东城区人大(临时)常委会第一次会议。审议通过区人大(临时)常委会议事规则,常委会主任会议和区长牛青山、法院院长提请的有关人事任免事项。冯熙向新任命的区政府组成部门主要负责人和区法院副院长颁发任命书。10月13日,召开第二次会议。审议通过检察长提请的有关人事任免事项。冯熙向新任命的区检察院副检察长颁发任命书。12月23日,召开第三次会议。听取和审议徐熙所作的《关于<北京市东城区总体发展战略规划(2011年~2030年)(草案)>的报告》,批准《东城区总体发展战略规划(2011年~2030年)》,作出关于东城区总体发展战略规划(2011年~2030年)的决议;听取区发改委主任受区政府委托所作的《关于<东城区国民经济和社会发展第十二个五年规划纲要(草案)>编制工作情况的报告》和《东城区关于2010年国民经济和社会发展计划执行情况与2011年计划(草案)的报告》;听取和初审区财政局局长受区政府委托所作的《关于东城区2010年预算执行情况和2011年预算草案的报告》;作出关于召开东城区人民代表大会(临时)第二次会议的决定;讨论《东城区人民代表大会(临时)常务委员会工作报告(征求意见稿)》、东城区人民代表大会(临时)第二次会议议程(草案)、日程(草案)及各项名单(草案),并通过预备会议议程(草案)和列席人员名单(草案);审议通过区人大(临时)常委会代表资格审查委员会主任委员费文勇所作的东城区人民代表大会(临时)常务委员会代表资格审查委员会关于区人大(临时)二次会议代表资格的审查报告(草案);表决通过区人大(临时)常委会主任会议和牛青山提请的有关人事任免事项。 (邵先山 刘国栋)

【接待群众日】 2月25日,原东城区人大常委会代表联络室会同10个人大街工委,组织区人大代表38人和市人大代表1人,在19个社区开展代表接待群众日活动,接待社区群众206人,听取群众反映的关于养犬管理、社区环境卫生、看病报销、私房腾退、经济适用房摇号等方面问题104个。4月15日,原东城区人大常委会代表联络室协同10个人大街工委办公室,组织区人大代表31人和市人大代表2人,在19个社区和单位接待群众150余人,听取群众反映的问题70余个,涉及拆迁、养犬、居住环境脏乱差、违章建设拆除、房屋产权等方面,代表对7个群众反映强烈且带有共性的问题,经过调查研究后以建议的形式向有关部门反映。6月11~18日,原东城区人大常委会组织安排人大代表37人,在21个社区定期接待群众200余人,听取群众反映各类问题119个,提出人大代表建议17件。6月13日,金旭在东华门街道甘雨社区接待选民。听取社区居民关于社区卫生服务站的服务和台湾饭店拆建工程等问题的反映,并到现场实地查看。

(刘国栋)

【信息工作】 2月26日,原东城区人大常委会为增强预算执行的透明度,保证代表的知情权,在东城人大网站《代表园地》栏目中,将区财政局关于财政收支预算执行情况报告逐月公布,供人大代表查阅。内容包括:财政收入预算执行总体情况和各税种完成情况,财政支出预算执行总体情况和各项支出功能分类完成情况。上半年,原崇文区人大常务会加强和改进信息宣传工作。编发《崇文人大信息》35期,编发《崇文人大》期刊3期,扩大对外交流和影响。

(刘国栋 邵先山)

【岗位目标责任书】 3月10日,原东城区人大常委会机关举行岗位目标责任书签订仪式,冯熙、费文勇、生敏、金旭出席会议,人大机关各工作机构负责人和全体干部参加。区人大常委会主任分别与各位人大常委会副主任、各位人大常委会副主任分别与主管工作机构负责人签订岗位目标责任书。

(刘国栋)

【人大街工委工作】 3月11日,原东城区人大代表联络室召开人大街工委工作会议。传达市人大常委会代表联络工作会议有关精神,通报区人大常委会街道工作委员会本年工作要点,交流各人大街工委工作要点,与会人员就加强人大街工委与区人大常委会各工作委员会的工作发表意见。费文勇主持,冯熙、李力、生敏、金旭,区人大常委会各委室主任、区人大常委会驻会委员,各人大街工委主任参加。下半年,召开人大街工委办公室主任会议2次。会议主要内容:部署代表工作,布置区人大(临时)第二次会议前组织代表会前视察活动有关事宜。开展人大街工委办公室主任培训1次,就人大代表提写议案建议和运用网络管理系统进行培训。组织工委办工作人员参观活动2次,走访区法院,听取工作介绍,座谈完善制度,做好代表旁听案件审理等工作。 (刘国栋)

【市人大领导调研】 3月30日,市人大常委会执法检查组到原东城区就贯彻落实《北京市征兵工作条例》情况调研。原东城区领导左海星代表区政府作关于贯彻执行《北京市征兵工作条例》情况汇报。执法检查组与街道和社区相关工作负责人以及退役士兵和家属代表座谈,了解贯彻落实《北京市征兵工作条例》情况。市人大常委会委员、内务司法委员会主任委员李小娟主持会议。原东城区领导冯熙、李荣庆,区人民武装部政委,区人大常委会内务司法工作委员会主任委员以及区公安分局、卫生局、民政局、安定门街道、景山街道等单位领导参加。6月3日,市人大常委会副主任李昭玲带领市人大妇女代表小组到原崇文区参观台湾会馆。6月7日,市人大常委会主任杜德印、副主任刘晓晨、副市长黄卫、市人大常委会秘书长唐龙和市有关领导,到原崇文区专项调研生活垃圾分类处理工作。下半年,市人大常委会主任杜德印、副主任刘晓晨等领导和市人大城建环保办公室主任赵义,先后两次带领部分代表到幸福家园、体育馆路地区东四块玉两个小区,专项调研垃圾分类、收集及玉蜓桥餐厨垃圾处理中心情况。市人大民族宗教侨务委员会主任席文启、副主任马朝军、吴启华及部分市人大代表,到区调研民族经济发展工作,并视察王府井工美大厦、东来顺等企业。

(邵先山 刘国栋)

【代表集中培训】 3月30~31日,原东城区人大代表联络室组织区人大代表186人集中培训。冯熙、费文勇、生敏、金旭参加。 (刘国栋)

【补选代表】 5月7日,原东城区人大常委会补选工作领导小组办公室召开补选区第十四届人大代表工作第一阶段工作会议,区补选工作领导小组组长费文勇主持。5月11日,召开第二阶段工作会议。5月10日、12日,原东城区人大副主任李力先后到建国门街道和东直门街道调研人大代表补选情况。5月13日,组织中共东城区委提名的8名人大代表候选人与选区选民见面。5月19日,费文勇及区补选工作领导小组办公室主任检查参加补选工作的6个街道8个选举站的布置情况,指导各街道补选投票准备工作。5月20日,区第十四届人大代表正式候选人投票选举工作开始。冯熙、吴松元、费文勇、生敏、金旭分别检查各投票站投票程序、写票处设置、流动票箱设置、正式候选人名单公示、投票站外围安保等情况。5月27日,区人大补选办公室召开补选区第十四届人大代表工作总结会。冯熙、费文勇、金旭,区补选工作领导小组部分成员,区人大补选办公室成员及相关街道领导参加。 (刘国栋)

【成立少数民族代表小组】 5月26日,原东城区人大少数民族代表小组成立。费文勇主持会议,冯熙、金旭参加会议。

(刘国栋)

【督办落实审议意见书】 6月3日,原东城区人大内务司法工作委员会组织部分常委会委员和工委会委员,到区法院跟踪调研《区人大常委会关于对〈东城区人民法院开展审判监督工作情况的报告〉的审议意见书》落实情况,费文勇参加。6月25日,金旭与原东城区副区长郭怀刚就区政府关于《东城区人大常委会执法检查组关于检查东城区贯彻实施食品安全法律法规情况报告》的审议意见书落实情况进行沟通。围绕完善区食品安全工作体制机制、加强信息化网络建设、加大财政经费投入、强化企业自律、发挥街道作用、建立食品安全示范社区等工作交换意见。 (刘国栋)

【预算监督顾问会】 6月21日,原东城区人大常委会召开预算监督顾问第五次会议,李力主持。为新增补的预算监督顾问2人颁发聘书,听取审计工作报告、决算草案报告和前一阶段计划、预算执行情况报告的意见,视察南锣鼓巷文化休闲街区。 (刘国栋)

【人事任免】 上半年,原崇文区人大常委会依法任免国家机关人员28人次,其中人大机关组成人员10人次,区政府部门负责人2人次,法院工作人员2人次,检察院工作人员14人次,任命区人民法院人民陪审员28人次。下半年,区人大(临时)常委会任免国家机关人员347人次,其中区人大(临时)常委会工作机构负责人37人次,区政府部门组成人员34人次,法检两院工作人员276人次。任命区人大(临时)常委会代表资格审查委员会组成人员19人次,区人大(临时)常委会各工作委员会组成人员173人次,人大街工委组成人员112人次,区法院人民陪审员175人次。（邵先山　刘国栋）

【信访工作】 上半年,原崇文区人大常委会接待群众来信来访55人次,办结41件。其中接待初访、信、电话32批次,重访9批12人,涉法涉诉19件,占办结数46%。贯彻实施区人大常委会驻会主任、副主任接待人大代表日制度(试行),听取代表意见,协调有关部门帮助群众解决生活和工作中的困难和问题,化解一批社会矛盾纠纷,维护本区改革发展稳定。下半年,区人大(临时)常委会接待群众来信、来访、来电268件次。其中来信56件,来访、来电212件,涉法涉诉154件,占57.4%。两区合并后,针对涉诉信访重复和疑难案件,与承办人员沟通,向有关部门主管领导汇报。做好月报、季报综合统计,增加报送信访及案件分析、排查工作。

（邵先山　刘国栋）

【执法检查】 上半年,原崇文区人大常委会受市人大常委会委托,检查本区贯彻《北京市征兵工作条例》情况、房屋租赁管理情况以及开展华文教育工作情况等。（邵先山）

【代表工作】 上半年,原崇文区人大常委会加强代表履职服务保障工作,为代表订阅、寄送报刊,通过电子信箱邮寄与代表履职相关信息和材料。定期组织代表旁听两院案件审理,扩大代表对常委会活动的参与,做好主任接待代表日、代表列席常委会会议等相关工作。组织代表开展走访选民群众,接待选民群众活动。在区十四届人大四次会议精神宣传活动中,参与代表339人次,召开座谈会150余次,分发宣传材料1000余份,设计宣传栏近50块,走访选民1000余户,接受宣传群众近5万人。适时召开代表工作务虚会、研讨会,探讨代表工作新思路、新方法;探索设立社区人大代表活动站,搭建基层工作网络;加强对人大街工委指导,完善代表履职台账、代表小组、主题活动等个性化服务方式。开展向代表推荐一本好书、开设网络博客、开展"人大代表为民服务月"、代表爱心行动等活动。抽调人员组成服务组,完成市人大十三届三次会议的各项服务工作,协助市人大做好市代表学习培训的组织服务工作。（邵先山）

【机关建设】 上半年,原崇文区人大常委会注重提高组成人员和机关干部的政治素质、法律意识和履职能力。利用常委会会议、委员会会议以及代表联组活动等形式,学习党的方针政策、科学发展观及市委第三次人大工作会议精神。制订《中共崇文区人大常委会党组关于做好2010年学习培训工作的安排意见》,举行常委会组成人员集中学习研讨班,巩固扩大学习实践科学发展观活动成果。健全常委会机构设置,落实人员配置,增强工作力量。明确各委室工作职责,健全落实岗位责任制和考核机制。坚持常委会主任、副主任联系组成人员中非中共党员和人大街工委制度。提高常委会会议质量,探索新方法、新机制,使人大工作科学化、规范化和精细化。制订《关于2010年深入开展创先争优活动实施方案》,推进活动开展。落实中央和市、区委关于党风廉政建设的一系列部署,严格抓好廉政风险防范管理工作。常委会注重提高机关工作水平,加强学习、信息、调研等基础性工作,加强党支部和工会建设,加大对年轻干部培养力度,提高机关参谋助手和服务保障水平。（邵先山）

【视察活动】 上半年,原东城区人大教科文卫工作委员会组织部分人大代表视察区非物质文化遗产保护项目。金旭及教科文卫工作委员会主任委员和副主任委员参加。冯熙和内务司法工作委员会主任委员到市未成年人犯管教所视察和座谈。区人大常委会组织市、区人大代表13人视察市女子监狱,费文勇及内务司法工作委员会主任委员参加。区人大城建环保工作委员会组织部分人大代表视察区住房保障工作情况,冯熙、费文勇、生敏参加。（刘国栋）

【代表活动】 8月4日,东城区人大筹备组内务司法工作委员会召开见面会,并视察原东城区人民检察院、人民法院,区人大内务司法工作委员会委员30人参加。8月9日,东城区人大筹备组召开人大代表情况通报会。牛青山通报两区合并情况,冯熙通报人大筹备工作,杨柳荫总结并提出要求。8月10~11日,东城区人大筹备组先后组织市人大东城团、崇文团代表开展年中活动。11月5日,东城区人大(临时)常委会组织两区合并后首次市人大东城团代表集中活动。11月16日,区人大内务司法工作委员会组织人大代表近40人到区人民法院旁听公开审理被告人陈某某涉嫌受贿案。12月15~25日,组织全体代表开展区人大(临时)二次会议会前视察活动。代表通过座谈、电话联系、实地调研等形式,听取群众意见和建议。（刘国栋）

【区人大(临时)第一次会议】 8月25~26日,东城区人民代表大会(临时)第一次会议在京东宾馆召开。表决通过东城区人民代表大会(临时)第一次会议选举办法,议事规则,常务委员会组成人员人选名单,常务委员会主任、副主任、委员名单。选举产生东城区人民政府区长、副区长、人民法院院长、人民检察院检察长。代表399人出席大会。（刘国栋）

【规划编制调研】 年内,各工作委员会牵头,围绕区总体发展战略规划编制情况组织系列调研工作,召开区总体发展战略规划专题座谈会,听取区总体发展战略规划编制情况的汇报和区总体发展战略规划结构及核心内容介绍。代表们围绕城市管理法制化建设、规划编制和实施难点、加强规划宣传等方面提出建议,为常委会审议批准区总体发展战略规划纲要做好相关准备工作。围绕区"十二五"规划编制情况组织系列调研工作,召开"十二五"规划综合调研座谈会,听取规划纲要编制情况的汇报和规划纲要结构及核心内容介绍。与会委员围绕指标体系的设立、规划纲要与专项规划的衔接、规划纲要的落实等方面提出修改意见和建议,为人代会审查批准区“十二五”规划纲要做好相关准备工作。

(刘国栋)

【市人大交办工作】 年内,协助市人大常委会做好生活垃圾处理和市保障性住房建设问题相关调研工作,分别召开部分工委委员和东花市、体育馆路地区部分代表座谈会,走访政府相关部门,查找问题,撰写报告,提出建议,并在区县座谈会上向市人大专题汇报。协助市人大开展地方性法规清理工作,梳理法规目录,向区住建委等8个部门征求意见建议,并向市人大反馈。根据市人大常委会开展《北京历史文化名城保护条例》立法后评估工作要求,书面征求区市政市容委等9个部门意见,召开部分工委委员和政府部门座谈会,了解法规实施效果、征求立法建议、撰写调研报告。提出要制订统一的古都风貌保护修缮为主的政策法规;给予历史风貌保护区土地保护政策和资金支持;推进历史风貌保护区城市环境和群众居住条件的改善,疏散保护区人口等意见建议。

(刘国栋)

【重大事项决定权】 年内,原东城区第十四届人大常务委员会代表资格审查委员会根据规定,终止曲一凡代表资格,并报请区第十四届人大常务委员会予以公告。原崇文区第十四届人大常务委员会代表资格审查委员会根据规定,终止刘宇代表资格,并报请区第十四届人大常务委员会予以公告。东城区人大(临时)常委会代表资格审查委员会,对出席区人大(临时)二次会议代表的代表资格进行审查确定。东城区人民代表大会(临时)有代表439人,并报请东城区人大(临时)常委会予以公告。区人大常委会第三次会议作出关于东城区总体发展战略规划(2011年~2030年)的决议。

(刘国栋)

原东城区人民代表大会常务委员会成员及工作机构负责人

主任、副主任、委员

主　任　刘朋庆(1月免)
冯　熙(1月任)

副主任　李　力(女)　费文勇　生　敏(女)
金　旭(女,回族)　何厚夫

委　员　丁国洋　王英民　王　钢
王　曦　牛怡平　田永林
杨杰孚　李　强　严　岩(女)
肖　燚　沈卫建　张　跃
陈守海　陈爱玉(女)　陈　靖(女)
武建军　周焕奇　赵明杰
姜在昉　原东群(女)　魏敏德

工作机构负责人

办公室主任　周焕奇
代表联络室主任　原东群(女)
财政经济室主任　姜在昉
内务司法室主任　魏敏德
教科文卫室主任　沈卫建
城建环保室主任　陈守海

原崇文区人民代表大会常务委员会成员及工作机构负责人

主任、副主任、委员

主　任　吉胜久

副主任　段志国　张蔼华　陈汉明
吕铁柱　任继明

委　员　马　龙　王秀海　王惠民
毛惠华　田　耘　冯建军(女)
许丽桦(女)　李平喜　李永红(女)
张明光　陈国安　岳秉飞
郑　礼　侯文渊　郭东瑞
席　明(女)　盛继洪　康哲才
蒲文献　蒲　丛　蔡建伟

工作机构负责人

办公室主任　蒲文献
代表联络室主任　陈国安
财政经济室主任　张国熙
内务司法室主任　郑　礼
教科文卫室主任　侯文渊
城建环保室主任　毛惠华
研究室主任　杨向弘(女,4月任)
李平喜(4月免)

东城区人民代表大会(临时)常务委员会成员及工作机构负责人

主任、副主任、委员

主　任　冯　熙

副主任　段志国　李　力(女)　费文勇
生　敏(女)　金　旭(女,回族)
任继明　何厚夫

委　员　(以姓氏笔画为序)
马　龙　王秀海　王英民
王　钢　王惠民　王　曦
牛怡平　毛惠华　田永林
田　耘　冯建军(女)　许丽桦(女)
严　岩(女)　李平喜　李永红(女)
李　强　杨杰孚　肖　燚
沈卫建　张明光　张　跃
陈守海　陈国安　陈爱玉(女)
陈　靖(女)　武建军　岳秉飞
周焕奇　郑　礼　赵明杰
侯文渊　姜在昉　原东群(女)
郭东瑞　席　明(女)　盛继洪
康哲才　蒲文献　蒲　丛
蔡建伟　魏敏德

工作机构负责人

办公室主任　周焕奇(9月任,12月免)
蒲文献(12月任)

代表联络室主任　陈国安(9月任,12月免)
原东群(女,12月任)

财政经济室主任　姜在昉(9月任,12月免)
张国熙(12月任)

内务司法室主任　郑　礼(9月任,12月免)
魏敏德(12月任)

教科文卫室主任　沈卫建(9月任,12月免)
侯文渊(12月任)

城建环保室主任　陈守海(9月任,12月免)
毛惠华(12月任)

研究室主任　杨向弘(女,9月任)

东城区人民政府

概　述

东城区人民政府(简称区政府)以邓小平理论、“三个代表”重要思想为指导,贯彻落实科学发展观,全面推进“人文北京、科技北京、绿色北京”建设,完成年初确定的各项工作任务。

区划调整任务完成。落实国务院批复精神和市委、市政府部署,7月2日,确定区政府筹备组成员分工及区级机关驻地选址等重要事项,实现政府各项工作迅速衔接。历时45天,实现机构整合到位、工作对接到位、人员安排到位、办公地址调整到位。9月15日,新东城区政府正式揭牌。实现发展战略统筹推进,编制《东城区总体发展战略规划(2011～2030年)》,明确“首都文化中心区、世界城市窗口区”总体定位、“一轴两带五区”整体空间格局和“两新四化”发展战略;实现中轴文脉贯通,天、地两坛南北相望,皇家、民俗、国学、宗教等文化资源聚集、融合;实现社会管理发展创新,南北融合,形成城市管理“东城模式”,推广信访代理制,探索并形成社会服务管理新体系。实现各项工作良好开局。9月至10月,成功举办第一届王府井国际品牌节和第一届前门历史文化节等重大文化活动,实现新东城精彩亮相。11月,获联合国“国际花园城市”称号,获两项全球金奖和一个单项第一名,向国际社会展示了新东城的新形象。

区域经济持续发展。全年实现地区生产总值1233.1亿元,同比增长9.9%;区财政收入(不含基金预算收入)102.79亿元,同比增长10.1%;城镇居民人均可支配收入3.06万元,同比增长8.5%。完成节能减排任务,产业结构不断优化。优势产业和支柱产业主导地位进一步增强,文化创意产业、商业服务业、旅游业、金融业、商务服务业和信息服务业合计实现增加值779亿元,占全区GDP比重63.2%。中华民族艺术珍品馆“北京礼物”旗舰店、北京皇城艺术品交易中心开业运营,全年实现社会消费品零售额645亿元,同比增长21.1%。区旅游接待人次、旅游收入同比增长均超过20%。全社会固定资产投资完成180.73亿元。功能区建设有序推进。实施王府井升级战略,协调推进北京饭店二期、王府国际商城等项目建设,优化升级地区业态,软硬件环境得到提升。前门地区建设取得成果,累计投入130余亿元,搬迁居民近1.7万户、企业534家。鲜鱼口美食街修缮一新,台湾会馆重张,台湾文化商务区建成开街,前门大街被命名为中国著名商业街。东二环交通商务区已入驻总部型企业33家,有金融业法人单位60家,被北京市确定为绿色金融商务区。雍和园发展态势良好,国际版权交易中心实现交易额近5亿元,新增3家区级文化创意产业示范基地,64家文化创意企业获得区财政扶持资金3146万元。龙潭湖体育产业园区基础设施条件进一步改善,市青少年活动中心主体完工,国际体育交流中心开工建设,龙潭湖体育馆正式启用。中银国际等82家高端企业办妥工商、税务、统计登记手续,英大泰和等32家企业新增税源入库7.2亿元。发展环境继续优化。启动北京文化金融中介服务平台,设立新兴产业发展专项资金6600万元、中小企业专项资金7300万元,鼓励引导符合本区产业发展方向的中医药、体育、低碳企业落户东城。

人民生活进一步改善。就业形势保持平稳。完善三级就业服务网络,搭建社区失业人员动态服务管理平台,开通“社区就业信息发布直通车”,开展“就业援助月”、“春风行动”等公共就业服务系列活动,各类就业困难人员及时得到帮扶。深入推进“完善一批政策、建立一个专项资金、聚集一批企业带头人、提供一批发展资源、扶持一批优秀项目和带动一批失业人员就业”的“创业带动就业六个一”工程,发挥“创业者俱乐部”作用,开展创业体验服务、创业孵化服务、创业全程跟踪服务和创业项目进社区等活动,有力促进就业。制订促进就业资金监督细则,为提高资金使用效率提供制度保障。全年城镇登记失业率0.94%,城镇登记失业人员就业率75.69%。开发社区就业岗位3.16万个,失业人员再就业2.43万人。推进社会保障卡工程,发卡率99%。全区128家定点医疗机构全部开通实时结算系统。基本完成区级公费医疗改革,促进公费医疗向基本医疗保险制度并轨。稳步推进社会保险扩面征缴工作,五项社保基金共收缴98.56亿元,各项社会保险基金收缴率98%。社会救助实现全覆盖,全区低保金等各项社会救助资金累计支出1.05亿元。落实居家养老(助残)“九养”办法,全区251家养老(助残)餐桌、183家托老所全部挂牌参与居家养老服务。评选表彰市级“孝星”501人,区级“孝星”699人。区县级残疾人职业康复中心实现良性运转。

群众居住条件不断改善。“危改战役”取得新进展,粉厂胡同东侧、幸福北里南区、文章胡同东口、定安里、彭庄、金鱼池二期西、祈年大街西、花市三期遗留地块、崇外6号地、宝华里等10个既有危旧房改造项目加快实施,新启动西革新里项目,全年平稳搬迁居民2704户。争取到朝阳区定福庄南区、豆各庄和通州区“两站一街”地块作为本区对接安置房和保障性住房建设用地,规划建设规模298万平方米,定福庄南区项目已经启动。前门、祈西等项目2694户搬迁居民如期入住弘善家园。加强政策性住房配租配售,累计向廉租家庭发放租房补贴3954.38万元,廉租房实物配租1912户居民,配售经适房1729套、限价房2785套。完成7719户平房院居民用水“一户一表”改造工程。完成4个小区供热管线外网的更新改造。

社区和社会建设深入推进。先后投入1.9亿元为29个社区购置服务用房,除拆迁区外,全区80%的社区达标。着力推行“一刻钟社区服务圈”,建立老年饭桌等一批满足群众需求的生活服务项目。公开招录社区工作者207人,提高社区工作者待遇。加强社工人才培养“双基地”建设。健全完善“听民意、访民情、解民难”长效机制,畅通民意表达和利益诉求渠道,解决群众反映强烈的突出问题200余件。加大社会组织培育扶持工作力度,培育公益性社会组织55家。实施政府向社会组织统一、批量购买公共服务,形成公共服务的社会参与机制和竞争机制。利用市民中心平台,支持社会组织开展各项公益活动222场。

社会保持和谐稳定。全面推进信访代理制度。信访风险评估工作不断加强,信访总量和集体访数量分别下降29%和13.1%。信访代理制度经验在全市和全国推广。巩固社会管理工作成效。出台《关于社会服务管理创新工作的实施意见》,本区被确定为全国社会管理创新综合试点区。有效提升社会治安管理能力,万人发案率20.12。交通、消防、安全生产事故均控制在市政府下达的考核指标范围内。全年食品、药品安全抽检合格率分别为97.8%和98.3%。

社会事业加快发展。教育事业健康发展。创建“小幼一体化衔接”办学模式,完成5所幼儿园建设,8对16所中小学结为深度联盟校。全区教学质量提升,高考本科上线率90%。成立青少年科技学院和艺术学院,建立科技特色项目基地26个。推进“校安工程”,全年加固改造教学楼89栋。启动国家中医药发展综合改革试验区建设。推进国家中医药特色社区卫生服务示范区建设和健康管理社区工作。推行辖区居民健康管理,社区卫生服务中心实现24小时服务。强化卫生应急机制建设,组建应急处理小分队,提高卫生应急处置能力。文化事业繁荣发展。打造高水平品牌节、文化节、戏剧节、庙会等大型文化活动。全年公益性演出500余场,观众500余万人次。完成第三次全国文物普查。清末邮局、隆安寺二期等文物修缮工程竣工。20个项目进入国家级、49个项目进入市级非物质文化遗产名录。孔庙和国子监博物馆、龙潭公园、明城墙遗址公园被评为4A级旅游景区。科技与信息化事业显著发展。制订实施《“数字东城”行动计划(2011~2015年)》,数字城市建设逐步展开。全区高新技术企业发展迅速,国家级高新技术企业突破百家。技术交易额50.67亿元,同比增长151%;专利申请2647项,同比增长51%;授权1650项,同比增长68%。完成“科技促进北京(永外)时尚创意产业”等科技提升传统产业项目。承担国家级公共服务标准化示范区试点、国家数字城市地理空间框架试点、“电梯卫士”物联网试点等项目,建设楼宇经济监测平台,服务经济与社会发展。文明城区建设成效明显,在全国城市公共文明指数测评中取得好成绩。在市第十三届运动会上,东城区代表团获总成绩第二名。全区新增7个体育生活化社区,总数达到29个。与纽约市皇后区签署《友好交流备忘录》。完成创建全国双拥模范城试点考评和“五五”普法任务。

城市服务管理不断进步。重点工程进展良好。完成地铁8号线拆迁,地铁6、7、14号线拆迁工作进展顺利。玉河国际总部基地工程全面开工,钟鼓楼广场环境整治及市政道路改造、五道营整治及地下空间建设、国子监文化生态区等风貌保护项目有序推进。东南二环内滨河路建成通车,一师附小新建工程、既有建筑节能改造等社会事业项目稳步推进。城市管理创新发展。本区的“城管模式”在全国推广。本区获中国最佳管理城市奖和中国和谐管理城市奖,中央和国家部委、省市领导先后100余次到区考察调研。成立区环境建设委员会,推行综合执法机制,所有街道、地区挂牌成立综合执法组。城市环境不断改善。崇雍大街改造提升工程竣工。老旧小区、胡同和驻区中央党政机关周边环境整治改造效果明显。完成鼓楼桥、光明桥夜景照明工程。东直门外斜街、珠市口东大街等9条道路的绿化改造提升工程完工,全区扩大改造绿地18.3万平方米。建成区级餐厨垃圾处理中心,实现餐厨垃圾统一收运和集中处理,45个居住小区生活垃圾分类工作和29个垃圾楼改造工程全部完成。东四子站、天坛子站空气质量全部完成二级和好于二级天数达到73%的目标。启动静态交通从严管理工作,实施香饵胡同西段道路微循环改造和板厂南里社区静态交通管理,推进车辇店胡同临时停车场等胡同停车试点工程。

加强政府自身建设。坚持依法行政。自觉接受人大及其常委会法律监督和工作监督、政协民主监督和社会各界监督,听取各民主党派、工商联、无党派人士、人民团体的意见。办理各级人大议案、建议和政协提案、建议案706件,办结率100%。制订《东城区依法行政考核办法》。推进政府信息公开工作,主动公开信息4478条。按照"大城管"理念成立城市综合管理委员会,对城市管理各部门实施统一组织协调。推进公共财政改革,完善公共财政体系。出台《重大事项决策咨询委员会管理暂行办法》,规范国有企业重大事项决策。开展"政府规范化建设年活动",推进执法监察、政风行风建设等工作,提高政府行政效能。

单位名称:东城区政府办公室

单位地址:东城区育群胡同1号

联系电话:64032061　邮政编码:100010　（曹玮鸿）

主要工作和重大活动

【龙潭湖体育馆】 1月31日,龙潭湖体育馆开馆仪式举行。市领导阳安江、黄卫、市体育局局长孙康林、原崇文区领导夏强共同为体育馆揭牌。牛青山指出:龙潭湖体育产业园作为"天坛文化圈"发展战略的重点功能区之一,目前是全市第一个、全国第四个国家级体育产业基地,是北京城南行动发展计划重点支持的产业聚集区。龙潭湖体育馆建成开放,是整合体育资源、推动体育事业发展的重要措施。要利用好、管理好、发展好这一体育资源,为人民群众提供更多、更好的公共服务。要以世界城市和国际高端的标准谋划龙潭湖体育产业园的建设和发展,建设高端体育生活化社区,加速体育产业发展。高桂强主持仪式。市体育局副局长孙学才,区领导吉胜久、徐鸿达、赵中原、刘云斋、周永明参加开馆仪式。

（曹玮鸿）

【信访代理工作】 2月5日,新华社、中央电视台、中央人民广播电台、北京电视台、北京人民广播电台、《北京日报》《光明日报》《经济日报》《人民日报》等主流媒体到原崇文区采访信访代理工作。夏强介绍情况并指出:信访代理是有效化解人民内部矛盾、维护群众合法权益的一项制度创新。信访代理制的特点:在群众利益诉求面前摆正党委政府和人民群众之间的关系;突出党委政府在维护群众权益方面的主导作用;明确各级党政干部是代理群众诉求的责任主体;实现属地责任制,谁主管谁负责与职权事权相符合的有机统一;代理程序规范化;代理成效与执行力考核挂钩,促进各级党政干部工作作风的转变。牛青山介绍本区推行信访代理制的做法和成效:信访代理是以思想政治为灵魂,以党政干部为责任主体,以转变作风为关键,以服务人民群众为根本,以全过程代理为方法,以主持公平正义为标准,以加强执行力考核为保障的正确处理人民内部矛盾的新体系。信访代理制的推行,为群众排忧解难,维护群众利益;转变作风,密切党群干群关系,增强党政干部为民排忧解难的责任意识;维护稳定,促进和谐社会建设。全区连续三年保持越级群体访、非正常群体访"双零"指标,信访总量连续三年持续明显下降。　（曹玮鸿）

【学习实践活动】 3月5日,召开学习实践科学发展观活动总结大会。原崇文区区委书记夏强肯定全区学习实践活动取得的成效并强调:要巩固、深化、拓展学习实践活动成果,加快经济发展方式转变,实现以改善民生为重点的社会建设新突破,全面提高党建工作科学化水平。市委第三巡回检查组组长刘俊对本区学习实践活动给予肯定并指出:总结学习实践活动经验,巩固活动成果,着力建立科学发展长效机制。原崇文区区委副书记滕盛萍总结全区学习实践活动工作。牛青山主持会议。市委第三巡回检查组副组长李明利,原崇文区领导吉胜久、徐鸿达等领导出席。市委巡回检查组成员,区委学习实践科学发展观活动领导小组及办公室成员,区委学习实践科学发展观活动指导检查组成员,各单位处级以上领导干部、基层党组织负责人、组织科(部)长及党办主任,区党代表及部分党员代表参加会议。　（曹玮鸿）

【应急救援】 4月19日,原崇文区应急救援支队成立暨揭牌仪式举行。公安部消防局局长陈伟明讲话:在消防支队的基础上成立应急救援支队,标志着本市综合应急救援队伍建设发展到新阶段。希望区应急救援支队按照"忠诚可靠、服务人民、竭诚奉献"的要求,建设好社会消防防火墙工程,把应急救援队伍建设成为维护崇文区和首都安全稳定的铁军。牛青山指出:成立应急救援支队,是区应急管理工作走向专业化、规范化的标志,是提升城市管理现代化、科学化水平的重要举措。要以打造一支现代化、专业化、正规化的专业应急救援队伍为目标,实现一队多能、专群结合、平战结合,强化专业训练,提升实战能力,为实施"天坛文化圈"发展战略作出贡献。市政府副秘书长周正宇,市消防总队总队长赵子新、政委张高潮,副总队长李进、武志强,区领导夏强、牛青山、刘云斋、姜良栋、宋甘澍等出席仪式。　（曹玮鸿）

【旗舰店开业】 4月28日,"北京礼物"旗舰店在中华民族艺术珍品馆开业。旗舰店占地3000余平方米,销售具有北京特色的旅游纪念品、礼品、收藏品5000余种,是"北京礼物"项目的商业运营核心部门。市旅游局局长张慧光、市经济和信息化委员会副主任张兰青、市商务局副局长李维维,原崇文区领导夏强、牛青山,湖北省工艺美术协会会长张明修共同为旗舰店揭幕。牛青山致辞:“北京礼物”项目从产品研发到销售推广,从展陈设计到品牌选择,体现民族人文精神和现代经营理念,传统文化与现代时尚完美结合。文化底蕴深厚的中华民族艺术珍品馆体现了民族文化在新时期的传承与发展。张慧光对旗舰店开业表示祝贺,感谢本区对该项目的支持,指出:旗舰店的开业标志着由政府引导的北京旅游商品开发和推广工作进入全面市场化的新阶段。 (曹玮鸿)

【合作发展论坛】 6月22日,京台文化创意产业合作发展论坛暨“台湾映像”项目洽谈会在台湾会馆召开。原崇文区领导牛青山指出:两岸文化,同根同源,是京台两地文化产业携手发展的天然纽带和有利条件。欢迎两地有识之士聚首台湾商务区,一起传承文化、创新思维、发展产业、共创繁荣,提升中华文化在国际上的影响力。区委、区政府重视与投资者真诚合作,致力于优化发展环境、打造展示平台、提升服务质量、加强扶植力度。 (曹玮鸿)

【区政府筹备工作会】 7月6日召开。专题研究区政府筹备组工作方案,细化明确筹备工作重点事项、时间进度和职责分工。牛青山指出,合并重组分为两步骤,一是区级领导班子迅速融合、即时行动;二是各委办局衔接和融合,尽快完成定人、定岗、定职责、定办公场所工作。合并重组期间,要着力保民生、保稳定,确保各项重点工作有序推进,确保干部队伍良好精神状态。会议决定:①迅速实现工作衔接,确保政府工作良好运转。②确保民生改善。走访慰问困难群众,切实为群众排忧解难。③确保安全稳定。各单位、各部门各司其职,排查安全隐患。实行一把手责任制,边排查,边调处,防止集体越级访。④树立良好形象。走访驻区重点单位,通过多种形式,走访驻区企业,增强服务意识。⑤加强基层交流。各街道通过结对子活动,开展工作交流、经验交流、感情交流,提升工作水平。⑥尽快实现政府系统各委办局定人、定岗、定职责、定办公场所,完成机构融合、工作融合。⑦扎实推进各项重点工作,制订明确的工作方案和工作标准。⑧广泛谈心,沟通思想,增进团结,促进工作。徐熙参加会议。 (曹玮鸿)

【公共文明指数测评】 7月15日,公共文明指数测评工作部署会召开。赵中原主持。常卫部署迎评工作。牛青山强调:①高度重视。全区各街道、各部门要牢固树立“一盘棋”思想,认识到创建工作的重要性和紧迫性,全力完成测评任务。②突出重点。通过深化文明城区创建活动,推动全区经济、政治、文化、社会、生态文明各项事业协调发展,认清现有不足,切实整改和解决群众关心的热点难点问题。③求真务实。各相关单位要把思想和行动统一到区委、区政府的决策部署上来,统一到创建“文明城区”的要求上来,以求真务实的作风推动工作。④共享共建。树立“人民城市人民建、人民城市人民管、文明成果人民共享”理念,加大宣传力度,让全区群众了解工作,提高对创建工作的认同感。 (曹玮鸿)

【发展战略规划编制】 8月4日,区总体发展战略规划编制工作调度会召开。会上,北京方迪经济发展研究院院长赵弘汇报《新东城区总体发展战略规划构想》及《东城区总体发展战略规划(2011~2030)核心观点》。与会领导围绕东城区总体发展定位、职能定位、发展战略、空间布局、未来产业发展方向等重大问题进行研讨。杨柳荫指出:新东城区总体发展战略规划编制工作率先在全市编制未来20年的总体发展战略规划,也率先在全市开展地下空间整体利用的研究和规划。杨柳荫要求:①加快工作节奏,全力做好总体发展战略规划和“十二五”规划编制工作。②做好总体发展战略规划与“十二五”规划和“三个东城”行动计划的衔接;抓好原两区“十二五”规划的衔接,做好总体发展战略规划与空间规划的衔接。③坚持广泛征求各方意见。④加强领导,协作配合。杨柳荫、牛青山、冯熙、徐鸿达等区领导,北京方迪经济发展研究院副院长赵燕霞,市城市规划设计研究院城市所所长冯斐菲、主任工程师廖正昕等研究机构领导出席会议。 (曹玮鸿)

【宏志教育高峰论坛】 9月4日,在广渠门中学举行。教育部部长袁贵仁发来贺信,市委副书记、市委教工委书记王安顺在开幕式上讲话:广渠门中学创办的宏志班是首都教育事业发展史上重要的探索和创新,是首都教育改革和发展的重要成果,不仅改变了上千名贫困学生的命运,为首都经济和社会发展培养大批优秀人才,而且培育了“宏图寄党恩,志远为国强”的宏志精神。市委、市政府支持宏志班的发展,希望宏志班不断增强荣誉感、责任感和使命感,勤奋学习、扎实工作,不断提高办学水平,培养更多高素质人才。全国人大常委会原副委员长、中国关心下一代工作委员会主任顾秀莲,全国政协副主席、台盟中央主席林文漪,原中宣部常务副部长徐惟诚,全国人大教科文卫委员会副主任李志坚,中共中央党史研究室副主任龙新民,原新华社副社长徐锡安,副市长黄卫,市教委主任刘利民,市委教工委常务副书记刘建,教育部基教司副司长王定华,市委宣传部常务副部长陈启刚,市教育学会会长李观政,区领导杨柳荫、牛青山、冯熙、徐鸿达、章冬梅、夏树军、毛桂芬出席论坛开幕式。全国各省市主管教育的各级领导、办有宏志班的学校代表、宏志班毕业生代表、资助宏志生的捐助人代表、教育专家代表等500人参加。 (曹玮鸿)

【王府井国际品牌节】 9月12日,第一届北京王府井国际品牌节开幕。全国人大常委会副委员长韩启德、全国政协副主席林文漪、市长郭金龙、商务部副部长姜增伟及区领导杨柳荫参加开幕式。牛青山主持。杨柳荫指出:此次品牌节是新东城区成立后举办的第一次大型国际活动,也是展现国际化、现代化新东城形象的重要举措。未来还将促进王府井大街与金宝街、祈年大街的互动发展,贯通南北“商脉”,着力打造王府井商业核心发展带,努力使东城区成为国际知名商业中心,为北京建设世界城市作出更大贡献。纪尧姆·德赛执行副总裁代表法国爱马仕集团发言,表示将全力支持北京市和东城区的城市商业发展。副市长程红代表市政府对国际品牌节的举办表示祝贺。她指出:在王府井举办国际品牌节对于北京建设世界城市,促进中外品牌交流,加强国际商贸合作,具有重要意义。商务部副部长姜增伟希望参会的中国企业能够充分利用北京王府井国际品牌节这个平台,广泛交流,深入合作,不断提升中国企业的竞争力;希望国外著名品牌和知名企业积极把握中国市场商机,到北京、到中国投资。市人大常委会副主任吴世雄、市政府副秘书长刘志,商务部商贸服务管理司副司长王选庆,投资促进事务局局长刘作章,中国商业联合会副会长兼秘书长姜明,市商务委主任卢彦,区四套领导班子成员,国际组织和国外贵宾,各区县领导,国际友好城市、商业街代表和部分外国驻华使馆官员,外国商会及国际组织驻华代表等参加开幕式和欢迎晚宴。品牌节为期三天,9月14日闭幕。(曹玮鸿)

【北京国际旅游节】 9月19日,第十二届北京国际旅游节开幕式在前门大街举行。中共中央政治局委员、国务院副总理王岐山,全国人大副委员长周铁农、全国政协副主席林文漪、国务院副秘书长毕井泉、市长郭金龙、国家旅游局局长邵琪伟等领导出席开幕式。王岐山宣布北京国际旅游节正式开幕,郭金龙、邵琪伟讲话,市委常委、副市长蔡赴朝主持开幕式。外交部副部长宋涛,市委副书记王安顺,区领导杨柳荫、刘云斋、徐熙、谢世龙、朴学东参加活动。本届北京国际旅游节以"世界之城·美丽北京"为主题。来自全球22个国家和地区、23个表演团队的近2000名中外演员参加开幕式演出及盛装行进表演。(曹玮鸿)

【前门历史文化节】 9月28日,第一届前门历史文化节暨前门大街开市一周年庆祝活动举行。杨柳荫宣布前门历史文化节开幕。牛青山致辞:前门历史文化展示区全力以赴抢救保护古城风貌,挖掘弘扬传统文化,发展文化产业。要将前门历史文化节打造成具有较强影响力的展示前门文化、展示东城文化、展示首都文化的平台,承担起传承历史,弘扬文化的历史使命。市人大常委会副主任刘晓晨,市政府副秘书长刘志,区领导杨柳荫、牛青山,国家旅游局、国家体育总局、民政部、商务部、中国步行街委员会、光明日报社、北京日报社、北空司令部、武警边防总局等单位有关负责人为前门历史文化节击鼓开幕。市商委委员刘行苍、市文化局副巡视员阮兰玉、市旅游局副巡视员邹伟南、市科委有关负责人共同开启前门大街消费门户网站和3D虚拟购物街。前门大街百家商户进行诚信宣言。著名书法家米南阳先生,区领导常卫、刘云斋、赵中原、谢世龙、夏树军、金旭、朴学东、周永明、冯藏淑出席开幕式。(曹玮鸿)

【皇城艺术馆开幕】 10月11日,北京皇城艺术品交易中心皇城艺术馆开幕揭牌仪式举行。文化部文化产业司司长刘玉珠,市政协副主席陈平,区领导杨柳荫、牛青山、赵中原、徐熙以及部分专家委员,媒体等100余人参加开幕式。北京皇城艺术品交易中心由中国动漫集团与北京东方文化资产运营公司共同出资,将文化部文化市场发展中心艺术品评估委员会及《20世纪美术作品国家档案》项目并入艺术品交易中心共同运营,形成以皇城艺术馆为基地,以艺术品收藏俱乐部为基础,集文化艺术交流、展览展示、评估鉴定、交易、抵押、融资、教育培训、衍生产品开发等多功能为一体的国际化高端艺术品流通平台,也是京城具有权威性的新型艺术品交易机构。(曹玮鸿)

【"十二五"规划编制】 11月19日,区"十二五"规划纲要编制工作调度会召开。牛青山主持。听取规划编制机构汇报,区领导和各委办局就规划纲要的总体思路、主体框架、具体内容和语句设计等提出修改意见。牛青山对规划纲要的初稿给予肯定,并要求:①要以贯彻落实"人文北京、科技北京、绿色北京"的发展建设理念为主线,制订未来的工作原则、机制建设、工作方法、具体措施。②明确坚持一流工作标准,在经济、文化、社会建设、生态文明等方面敢于提出一流水平、示范性的标准。③坚持求真务实的原则,强化形象进度和指标体系,具体内容既要定性又要定量。④明确规划编制工作中的责任和分工。(曹玮鸿)

【历史文化名城保护】 12月16日,区历史文化名城保护工作委员会第一次会议召开。赵中原宣布区历史文化名城保护工作委员会和专家顾问组成员名单。杨柳荫、牛青山为专家颁发聘书。周永明宣布《东城区历史文化名城保护工作实施方案》(审议稿)。区住建委、规划分局、文化委负责人发言。与会专家对区历史文化名城保护工作给予高度评价,一致认为:首都文化的精华集中在东城,新东城的历史文化保护工作是全国乃至全世界瞩目的焦点。新东城制订成立历史文化名城保护委员会等措施,思路清晰,定位准确,体现对名城保护工作的高度重视。专家们就区历史文化名城保护工作提出意见。杨柳荫强调:①增强保护历史文化名城的责任感、紧迫感、使命感,是履行好首都功能核心区职能的必然要求,是本区在北京建设中国特色世界城市进程中走在前列的必然要求,是提升本区核心竞争力的必然要求,是本区解决民生问题的必然要求。②切实把历史文化名城保护作为第一位的任务抓紧抓好。落实规划,统筹推进;突出重点,分步实施;立足区情,制订政策。③履行好保护历史文化名城的职责。要强化责任,整合力量;发挥专家领衔作用,实现科学决策;发挥社会各界作用,形成整体保护的合力。牛青山主持,区领导毛桂芬,专家顾问组成员宣祥鎏、徐苹芳、王世仁、赵书、边兰春、阎崇年出席会议。(曹玮鸿)

【台湾文化商务区】 12月27日,副市长丁向阳宣布台湾文化商务区开街,并与区领导杨柳荫、牛青山、冯熙、徐鸿达,市台办主任马玉萍,市旅游局局长张慧光,市台盟常务副主委陈军,市台联党组书记刘宪苏,市委统战部副部长王文杰共同为台湾文化商务区剪彩。牛青山致辞:台湾文化商务区开街是传承民族文化,保护古都风貌的最新成果,东城区将致力改善投资环境,切实帮助解决台资企业遇到的问题和困难,为广大台湾同胞干事创业保驾护航。台湾文化商务区作为前门历史文化展示区的重要组成部分,它的开街、运营对发掘、利用历史文化资源起到示范作用,对京台两地交流发挥更大作用。台湾皇冠企业集团董事长江永雄先生代表入驻台商表态。台湾嘉宾40余人出席活动,中天电视台、中国电视公司、东森电视台、中央通讯社等20余家岛内、大陆新闻媒体对活动现场报导。 (曹玮鸿)

区政府办公室工作

【概况】 东城区人民政府办公室(简称区政府办)是协助区领导处理区政府日常工作的政府工作部门,设督查室、应急办、文书科、值班室、信息公开、便民电话、秘书科、信息科、联络科、综合科、行政科、财务科、人事科13个科室。主要协助区领导组织起草或审核以区政府、区政府办公室名义制发的各种公文,负责区政府会议的会务组织工作;组织协调区政府值班工作,及时向区政府领导报告重要情况;承接并协助处理政府各部门、各街道办事处以及其他机构向政府请示(商洽)事项或反映的重要问题;协助区领导处理突发事件和重大问题,完善全区应急管理体系;负责区政府行政执行力督查考核日常工作;负责区政府政务信息和区政府大事记的编发;督促检查工作并为区政府领导收集提供重要信息;负责政府信息公开的管理工作;负责便民热线电话及区长信箱管理工作;组织区政府有关部门办理人大代表议案、建议和政协委员提案、建议案;协调安排区政府领导参加的重要政务活动;负责政府办公室的人事、财务、公费医疗等管理。 (曹玮鸿)

【文秘工作】 年内,办理以区政府或政府办名义下发文件32件,区政府向市有关单位的请示、报告、函65件,办理基层请示、报告和函295件。筹办各种会议113次,编发会议纪要113个,完成各类文件归档工作。全年主动公开政府信息4148条,收到政府信息公开申请219件,接受公民、法人及其他组织政府信息公开方面的咨询2458人次。 (曹玮鸿)

【信息督查】 年内,编发《昨日区情》普刊、专刊、特刊和交流刊90期,刊稿2300条。编写报市信息400余条,向市政府《昨日市情》上报190条,被《昨日市情》普刊、专刊采用78条,特刊采用1条,获市领导批示1条。编发《督查反馈》34期,督办区政府折子工程298项、实事62件。办理市人大代表建议、政协委员提案32件,区人大代表议案、建议及政协委员提案和建议案708件。 (曹玮鸿)

法制工作

【概况】 区划调整后,原东城、崇文法制办公室合并,成立新的东城区政府法制办公室。下设综合科、行政规范性文件审核备案科、行政复议案件办理科、行政复议接待科、行政执法监督指导科(代管区政府行政执法监督队)5个科室,共29人。区政府法制办公室是区政府综合管理法制工作的职能部门。主要职责:负责组织《国务院全面推进依法行政实施纲要》贯彻落实;制订推进依法行政实施方案,并指导各街道办事处、区政府各工作部门推进依法行政工作;督促、检查、考核各部门对依法行政实施方案任务分解书的落实情况。负责为区政府重要决策提供法律、政策依据和意见。负责审核区政府工作部门报区政府审议的规范性文件;办理街道办事处和区政府工作部门规范性文件的备案审查;承办法律、法规和规章草案征求意见工作。负责审查、确认行政执法主体资格;组织指导本区行政执法队伍的法制建设,负责执法人员资格认证管理。负责管理和指导行政执法监督队的工作,监督行政执法情况;组织推进行政执法监督责任制和评议考核制,开展行政执法监督巡查,确认行政处罚主体,评查行政处罚案卷和行政许可案卷。承办区政府行政复议、行政赔偿案件;组织承办区政府行政诉讼的应诉代理工作;负责指导全区行政复议和行政诉讼应诉工作,培训复议应诉人员;负责本区行政处罚、行政复议、行政赔偿、行政诉讼统计工作。协调重大违法案件的处理和执法中的矛盾和问题,组织或参与重大疑难行政案件的研究和处理。负责有关法制方面的议案、建议和提案办理。开展政府法制理论、政府法制工作研究和交流。年内,围绕区委、区政府各项工作部署,开展创先争优活动,加强政府法制工作规范化建设,履行政府法制机构职能,提高关键环节和重点领域的服务质量和效率,实现政府法制工作在区划调整过程中平稳过渡,为打造国际化、现代化新东城提供良好的法治环境。

单位名称:东城区人民政府法制办公室
单位地址:东城区幸福大街32号
联系电话:87556312 邮政编码:100061 (王宇)

【评议考核机制】 8月,拟定《东城区迎接依法行政考核实施方案》。明确提出"通过考核,及时总结、交流和推广全面推进依法行政的先进经验,不断提升依法行政的意识和水平,营造良好的法治氛围,确保本区依法行政工作继续走在全市前列"工作目标。出台新的《东城区依法行政考核办法》,分别修订各行政执法部门和街道办事处的考核指标体系。 (王宇)

【行政规范性文件清理】 9月,全面清理区政府建制以来的行政规范性文件,修订《东城区行政规范性文件制定、备案和监督的若干规定》,增设有效期与规范性文件评估等制度。 (王宇)

【政府常务会学法】 年内,安排政府常务会学法10次。指导各街道办事处、区政府各委办局主任(局长)办公会前学法制度的完善和开展学法活动。 (王宇)

【决策机制】 年内,贯彻落实《东城区重大行政决策事项专家咨询论证办法》《东城区重大行政决策听证暂行办法》,健全公众参与重大行政决策的规则和程序,完善行政决策的信息和智力支持系统,在改善民生、环境整治、处理历史遗留问题等方面提供法律服务,并开展前瞻性、对策性研究。参与空军大雅宝招待所土地置换、北京银行金融公司项目、东直门交通枢纽暨东华广场商务区项目、东集兴业集体资产纠纷等重大问题的论证和法律分析,出具法律分析报告10余份。审核东城区总体发展战略规划协议、商品房买卖协议及违章

户外广告拆除工程合同书15份。审查城管大队报送的违法建设强制拆除案件20件,房管局报送的政府强制拆迁案件4件。（王宇）

【行政规范性文件审核】 年内,按照《北京市行政规范性文件备案管理办法》要求,规范行政机关抽象行政行为。全面审核以政府名义发文的规范性文件,出具审核报告,对不属于审核范围的区政府各部门以自己名义制发的规范性文件,给予反馈意见。采用集体讨论、论证会等形式,办理立法征求意见工作。全年办理市人大地方性法规和政府规章10件。（王宇）

【相对集中行政复议权】 年内,严格按照《东城区人民政府关于开展行政复议委员会试点工作的实施方案》中确定的集中收案、集中立案、集中审理的相对集中行政复议权的工作模式开展工作,发挥行政复议工作在解决行政争议、推进依法行政、促进社会和谐、维护群众利益方面的重要作用。完善"政府主导、专业保障和社会学者参与"的行政复议委员会案件办理工作平台,整合和强化行政复议力量,妥善处理全区重大疑难行政复议案件。做好行政复议的接待和案件办理工作,强化行政复议的内部纠错功能,把大部分行政争议化解在基层。全年接待复议申请71人次,接收行政复议申请书20件,其中办理行政复议案件14件。完善行政诉讼联席会议制度,实现司法机关与行政机关良性互动。（王宇）

【行政执法责任制】 年内,贯彻落实《国务院办公厅关于推行行政执法责任制的若干意见》《北京市人民政府办公厅贯彻落实〈国务院办公厅关于推行行政执法责任制的若干意见〉的通知》,改善行政执法工作,健全和落实相关配套制度,完善行政执法评议考核机制,加大考核力度,规范行政执法行为。（王宇）

【综合执法】 年内,按照"政府统一领导、街道牵头组织、日常全面监管、综合强力执法"原则,整合执法资源,将突击式联合执法转变为综合执法长效机制。参与运用综合执法机制开展"黑车"整治、校园周边环境集中整治、夏季市容环境"百日整治"和环境秩序"百日整治"等综合执法专项行动。（王宇）

【行政处罚案卷评查】 年内,制订《行政执法案卷评查制度》,规范案卷评查工作,完善抽卷、审卷、评议、复核、征求意见,以及核定、通报、反馈等评查程序规则,年度评查与季度评查相结合,发挥案卷评查在监督和规范行政行为中的作用。全年调阅各执法单位行政处罚案卷116本,将评查中的问题及时反馈。（王宇）

【执法队伍与法制队伍建设】 年内,按照区政府法制干部队伍建设的意见要求,健全各行政执法部门的法制机构,坚持法制例会制度,每季度组织全区主管法制工作的领导和法制干部进行培训。完善行政执法人员资格认证和证件管理工作,完成执法人员证件的发放,适时更新执法人员数据库。（王宇）

对外事务

【概况】 东城区人民政府外事办公室(简称区外事办),是区政府主管外事工作的职能部门。7月,由于区划调整,原崇文区人民政府外事办公室和原东城区人民政府外事办公室合并为新东城区人民政府外事办公室。外事办内设3个科室,分别为综合科、国际交流科和因公出入境管理科。机关行政编制12人,机关工勤事业编制1人。主要职责:制订本区外事、涉外工作计划,协调各部门、各单位的外事、涉外工作;配合有关部门处理涉外事件;接待外宾、外国记者参观访问;负责审核、申报本区因公出国(境)任务和邀请外国人来华工作事宜;负责为本区因公出国(境)人员办理护照、签证手续及护照管理工作;负责审批本区重点对外参观单位的设立、调整;负责对本区外事干部和涉外人员进行对外政策和外事纪律的教育及业务培训工作;配合有关部门检查本区外事纪律和外事保密规定的执行情况。本年,围绕东城"首都文化中心区、世界城市窗口区"的发展定位,认真履职,开拓创新,在外事规划制订、重要涉外活动举办、国际花园城市参赛、外语人才库建设、因公出国(境)管理等方面取得新成绩,完成各项工作任务。区外办获本市国家安全工作先进集体称号。

单位名称:东城区人民政府外事办公室

单位地址:东城区幸福大街32号

联系电话:87556315　邮政编码:100061　（肖娜）

【外事接待服务】 1月7日,原东城区金融服务办领导拜访丹麦王国驻华使馆并与商务参赞Henrik Martens先生会谈,探讨在低碳城区建设和绿色发展等领域合作的可能性。1月11日,最高法院与欧盟开发署合作开展的"公平发展、公共治理"项目评估团就司法公开专题到原东城区法院参观考察,与区法院领导交流司法公开、陪审员制度等。1月13日,原东城区区委书记杨柳荫会见香港置地集团公司总裁彭耀佳、执行董事周明祖和怡和集团中国首席代表韦蔼德一行,交流王府井国际品牌中心项目的最新进展情况。1月14日,原东城区副区长郭怀刚会见香港贸发局华北东北首席代表陈海劲和北京办事处代表李亚东,希望香港贸发局参与王府井的国际活动。陈海劲先生对在王府井举办大型活动表示浓厚兴趣,表示香港贸发局将推进与东城区的全面合作。1月29日,杨艺文会见瑞士驻华大使顾博礼。双方就新建低碳建筑、现有建筑低碳改造、低碳监测系统建设、市民低碳教育等进行交流,并就东城——洛桑合作项目纳入中瑞间一系列合作框架达成初步共识。杨艺文会见瑞士国际绿色区域联盟中国区主任关皑,并围绕技术适用性、具体改造项目和技术成本等探讨。2月5日,杨柳荫会见美国倪德伦环球娱乐公司总裁兼首席执行官鲍勃·倪德伦,就文化资源合作进行交流,市外办副主任张谦参加会见。3月10日,来自苏丹、伊拉克、巴勒斯坦、也门、摩洛哥、卡塔尔、阿曼苏丹、阿尔及利亚等九国大使夫人到东花市街道参观东花市社区博物馆、品尝中国传统小吃并学习插花技术。3月22日,日本青少年友好使者代表团一行参观朝阳门街道史家社区。全国青联国际部副部长崔少娟、赵凌陪同参观。3月26日,以香港岛妇女联合会主席邱瑞芬为团长的香港岛妇女联合会代表团30人参观东四奥林匹克社区体育文化中心和巧娘工作室。全国妇联组联部副部长张巍伟陪同参观。4月4日,泰国公主诗琳通一行30余人参观前门大街,了解中国历史文化、建筑风格、老字号、城市家具等,并乘坐老北京铛铛车。诗琳通女士会见宏志中学师生,并赠送亲手绣制的笔记本。4月6日,应全国友协邀请,印度卡纳塔卡邦印中友协代表团一行考察原崇文区行政服务中心,参观对外办公窗口、监察室,与行政服务中心负责人围绕政府职能、行政服务中心机构设置等问题进行座谈。4月6日,香港钟声慈善社胡陈金枝中学和美国Scott County School的师生一行27人,到宏志中学开展"做半日北京中学生"友好交流活动。4月9日,以胡志明市教育培训厅副厅长苏氏清娥为团长的胡志明市教育代表团20余人,到广渠门中学、文汇中学参观交流。4月12~18日,英国伦敦Haringey区教育代表团10人,到原崇文区学校参观访问。中英双方召开Chongwen-Haringey中英校际连线教育研讨会,就增进中英两国师生之间友谊,推进双方学校间合作与发展交换意见。4月30日,杨艺文会见匈牙利布达佩斯第一区区长纳吉·噶波·托马斯和第二十二区区长萨伯茨·阿提拉一行,就区域特色和城市建设等情况交流,希望加强友好沟通与联系。5月11~20日,应日本东京都新宿区政府、新加坡国浩集团和香港特别行政区政府的邀请,杨柳荫率团出访,学习考察现代城市规划与建设、地下空间开发利用、商业中心区发展等情况。5月18日,杨艺文会见瑞士驻华使馆参赞孟葳博士和"中国低碳城市"项目负责人王丽艳博士,听取"中国低碳城市"项目筹备进展情况,介绍区建设低碳城区行动计划和推进低碳城区建设工作情况。5月21日,美国护士协会主席艾拉里·迪斯·桑德斯女士率领的美国德克萨斯护士代表团11人,到市第六医院开展学术交流,参观交东社区卫生服务站。5月23日,应外交部邀请,京城百工坊手工艺大师2人,前往钓鱼台国宾馆为美国国务卿希拉里·克林顿等表演民族手工艺。国务委员戴秉国参加活动。6月1日,蒙古国法官代表团25人到原东城区法院考察交流,参观区法院阳光大厅、历史长廊、大法庭等,旁听案件审理。6月3日,杨艺文、徐熙参加气候变化城市行动中瑞合作与对话会议。杨艺文代表本区与瑞士联邦外交部发展合作署署长马丁·达亨顿签署《气候变化合作与对话谅解备忘录》。7月30日,以印度全印妇女大会主席古玛吉利·奈尔女士为团长的印度妇女组织联合代表团,到朝阳门街道史家社区,参观考察城市妇女发展项目,现场观看巧娘手工艺品制作。8月2日,应外交部、教育部邀请,来华参加夏令营的俄罗斯中小学生500人,到京城百工坊学习和体验中国传统手工艺文化。8月12日,由韩国国会副议长郑义和率领的韩国超党派国会议员代表团,参观东直门街道十字坡社区,观看社区党委"差额直选"纪录片,就相关问题交流讨论。实地考察社区文体活动开展情况。中联部二局王淑霞副局长陪同参观。8月23~24日,东城区区长牛青山会见联合国国际花园城市竞赛秘书长阿兰·史密斯先生、本届评委会主席克罗迪特·塞维利亚女士一行,交流本区参加国际花园城市竞赛相关事宜,并考察天坛公园、前门大街、万国城(北区)、东四奥林匹克社区公园、美术馆东侧花园和区残疾人职业康复中心。8月26日,区委书记杨柳荫会见戴尔公司全球副总裁荣玛赞、大中华区执行董事刘彤及中国区设施部总监谢南德。荣玛赞先生介绍戴尔公司在华业务的开展情况及发展设想。9月12日,苏里南大使穆罕默德·苏罗卡索、波黑大使阿梅尔·科瓦切维奇、斯洛伐克大使季谢克·德尔霍波尔切克和来自美国、俄罗斯、爱尔兰等18个国家的37名驻华使节参加第一届王府井国际品牌节开幕式。9月14日,韩国青年代表团参观访问朝阳门街道史家社区、东四奥林匹克社区体育文化中心,并和居民互动联欢。9月26日,日本北海道大学野泽俊敬教授等一行5人,以《2008年奥运会对社区居民生活的影响》为调研课题,参观东四奥林匹克体育文化中心及残疾人康复中心,了解东四地区居民的健身情况及文化生活。10月5~14日,友好校德国柏林市贝尔塔·冯·舒特勒中学代表团14人应邀访问五中。友好校学生入住中国接待家庭,师生进入课堂体验学习生活。10月28日,以意大利IIS Don Milani学校校长Mario Fraccaro为团长的伦巴第大区教育局代表团访问景山学校,两校正式结为姊妹校。12月14日,斯里兰卡西部省代表团28人参观区行政服务中心,了解行政服务中心基本情况及运行机制。（肖娜）

【涉外活动】 1月22日,市第六医院与日本樱花透析医院签署互派医务人员交流合作协议。签约仪式前,原东城区领导王佩立会见日本樱花透析医院院长蜂谷哲也。3月24日,东四奥林匹克社区公园举办"人人参与,共建绿色家园"——日本兄弟商业有限公司北京绿地认养揭幕仪式。国家发改委国际合作中心主任张小冲、中国绿化基金会副秘书长赵志营、日本兄弟商业有限公司董事长兼总经理桥本安弘出席。3月27日,原东城区金融办出席清华大学环境科学与工程系主办的"2010低碳发展研讨会暨第二届中日低碳城市论坛",并作题为《北京市东城区低碳产业发展展望与低碳金融中心构建》发言。5月27日,在世界旅游旅行大会上,原东城区领导杨艺文作题为《打造充满历史文化魅力的国际旅游目的地》发言。9月12~14日,由市商务委、市外办、市文化局、市投促局、中国贸促会北京市分会和区政府共同主办第一届北京王府井国际品牌节。德国柏林市夏洛滕堡区区长莫妮卡·偶们、俄罗斯莫斯科市中央区区长阿列克谢·亚历山大·阿列克维奇、澳大利亚新南威尔士州帕拉玛塔市市长保罗·杰拉德、日本东京都新宿区副区长永木秀人、奥地利维也纳市第九区区长代表柯安栋分别率领国际友好城市代表团,来自英国伦敦牛津街摄政街邦德街、美国纽约皇后和曼哈顿商区、日本东京新宿大通商店街、法国巴黎香榭丽舍大街、德国柏林库达姆大街、加拿大蒙特利尔圣凯瑟琳街、新加坡乌节路、俄罗斯莫斯科阿尔巴特大街和香港中环商业区的国际知名商业街代表团和澳大利亚帕拉马塔商贸代表团、英国伦敦西敏市代表团等16个代表团,60余名境外嘉宾参加活动。12月9日,市外办主办的"相聚北京——中外朋友迎新年专场文艺演出”活动，在龙潭公园中心岛剧场举办。近百个国家和国际组织驻华外交使节、驻京境外记者、历届“长城友谊奖”获奖专家代表和在京工作的外国专家代表、外国留学生代表和外国志愿者代表等500余人出席，并观看原创冰上大型杂技魔幻剧——《幻境极光》。 （肖娜）

【市民讲外语】 1月，《今日东城》报在《百姓周刊》版开设《英语角》栏目，刊登24期，120余条学习内容，为外语爱好者提供交流平台。5月8日，首届“柳荫英语故事汇”活动在柳荫公园举行，柳荫英语角成员40余人，东四奥林匹克社区英语大课堂学员30余人与游人开展外语学习交流活动。柳荫公园主办的“柳荫外语角”与东四奥林匹克社区外语大课堂建立合作交流关系。10月，与市民讲外语活动组委会、市外办、市委宣传部、市文明办等单位，在劳动人民文化宫主办北京外语游园会。年内，加快公务员外语人才库建设。联合区委组织部、区人力社保局组织筹划公务员外语人才库建设，制订《东城区国家公务员外语人才库建设方案》，明确“摸底统计，考试遴选，建立人才库，通过人才库管才用才”工作思路。两次组织公务员外语人才库考试，确定入库人员100人，建立规范公务员外语人才库。 （肖娜）

【境外媒体采访】 2月1日，雍和园管委会新闻发言人接受香港有线电视台《神州传说》摄制组采访，重点介绍区发展文化创意产业的优势和发展方向等内容。2月4日，凤凰卫视、《澳门日报》等6家港澳媒体和东森、三立等4家台湾媒体记者，对建国门街道“鞭春聚金宝、风车汇吉祥”传统民俗迎春活动进行采访报道。2月13～20日，接待路透社、美联社、法新社、读卖新闻、俄罗斯电视一台、法国电视一台、西班牙国家电视台等9家境外媒体、37名记者采访报道。3月16日，越南通讯社记者到朝阳门街道社区服务中心，采访方便居民出行，建立公共自行车免费租用系统情况。4月6日，法新社驻北京记者到大方家社区，采访朝阳门街道与永久自行车公司合作开展的免费提供公共自行车服务项目。11月30日，国际绿色和平组织在方家胡同46号院，举行有关广东省新塘和谷饶两个纺织专业镇环境调查情况的新闻发布会，40名中外记者参加。市外办涉外处、区外办获取发布会信息，第一时间赶赴现场，了解情况。全年接待11个国家和地区24家境外媒体、48名记者的采访报道。 （肖娜）

【友好区(街)交往】 2月6～10日，原崇文区民间手工艺代表团访问英国格林尼治市，在其维多利亚厅举办手工艺展示活动。该市全体议员及部分社会名流参加开幕式。2月11～13日，代表团应邀参加德国文化部和中国驻德使馆举办的“中国年”庆祝系列活动，在德国中央火车站展卖三天，并在柏林市政厅进行展示活动。2月26日，法国伊西市圣尼古拉学校师生代表团23人到原崇文区访问。外事办受区领导委托，会见并宴请代表团一行。圣尼古拉学校校长表达与本区职业学校开展友好交流愿望。3月31日，根据上年原东城区政府和首尔市钟路区政府签订的《公务员交流项目修改协议书》，第三批钟路区政府总务课安善民女士和钟路区市民服务中心卢铉英女士，到区进行为期1年的公务员交流活动。4月22日，法国伊西市雨果中学代表团20人访问汇文中学。区外事办负责人会见并宴请代表团。雨果中学副校长沙雅诺女士对多年来给予雨果中学的帮助和支持表示感谢。5月4～13日，罗马尼亚布加勒斯特市二区教育代表团6人访问原崇文区。代表团考察中小学和幼儿园，并与区教育界开展业务交流。6月3～6日，应德国柏林夏洛滕堡——威尔姆斯多夫区邀请，原东城区宏志中学学生代表团参加柏林仲夏夜运动会，获女子800米和男子铅球比赛第二名。6月28日，加拿大道格拉斯学院代表团4人访问原崇文区，就教育合作与交流事宜座谈。代表团与北京现代职业学校就两校合作办学事宜洽谈，并参观校园和各类培训室。7月6～9日，罗马尼亚布加勒斯特市二区区长尼古拉·翁察努率二区政府代表团15人访问东城区，就发展两区合作，特别是文化、青少年学生交流等方面进行探讨并达成共识。7月26日至8月4日，根据上年原东城区和钟路区签订的《开展学生入户式国际交流协议书》，东城区选派学生10人赴钟路区，开展为期10天的入户式交流活动。9月13日，东城区教委领导与德国柏林夏洛滕堡区青年、家庭、学校和体育事务部主管莱茵哈德·瑙曼先生会谈，就东城区与夏洛滕堡区建立友好学校事宜达成意向。11月8日、10日，区领导冯熙、段志国、李力、朴学东分别会见来自国际友好区——韩国首尔市中浪区议会议长金寿子女士一行8人。代表团参观雍和宫、孔庙、国子监、东四奥林匹克体育文化中心和南锣鼓巷等地。11月16日，区领导牛青山会见国际友好区——法国巴黎大区伊西市副市长阿兰·勒维一行。双方就文化、教育、体育、卫生等领域的交流与合作交换意见。朴学东陪同。代表团参观天坛公园、王府井大街，访问城管监督中心。11月24日，区教委组织的中日学生书画作品友好交流展示活动在回民小学举行。12月20～22日，区国际友好区——日本东京都目黑区区长青木英二率领代表团3人到区访问。区领导朴学东介绍合并后新东城情况，表达进一步在多领域密切交往、合作共赢的意见。青木英二先生对新东城区的成立表达良好祝愿，相信在双方共同努力下，两区友好交流事业将更加深入与广泛。代表团参观东四奥林匹克中心、前门商业街、龙潭湖公园内中日友谊樱花园、雍和宫、孔庙、国子监以及王府井大街，并同王府井建管办进行座谈交流。12月28日，日本东京都新宿区少年儿童书画作品展在市民中心举办。 （肖娜）

【涉外应急管理】 2月，协助原东城公安分局用五种外语制作提示卡，对辖区内在住外籍人士临时户口申报、住宿、外出、购物等方面内容友情提示。7月，与区安全分局合作开展驻区境外非政府组织情况基础调研，掌握本区境外非政府组织基本情况。 （肖娜）

【因公出国(境)管理】 年内，区外办加强因公出国(境)工作管理。严格执行计划和量化管理，控制计划外团组报批，杜绝一般性考察团组出访。规范因公出访审批程序，完成各类出访任务。全年出访团组161个、581人次(其中自组团72

个、456人次)。开展制止公款出国(境)旅游专项治理,未发生违反外事纪律规定情况。对18个自组团进行行前公示,15个进行行后公示,公示范围涉及区领导25人、处级单位41个和企业5个。 (肖娜)

【规范英语标识】 年内,区外办完成7个街道、56条胡同1000余条英文标识和胡同说明文字的翻译和校对,规范东四地区、柳荫公园、青年湖公园、地坛公园、行政服务中心、东城职介中心及多个街道社区服务中心等公共场所的英语标识。 (肖娜)

行政服务中心工作

【概况】 7月,由于区划调整,原东城、崇文行政服务中心合并,成立东城区行政服务中心。东城区行政服务中心为区政府行政单位,设综合协调科、宣传教育科、监察室3个行政科室和行政事务保障中心(内设代理服务部、对外联络部、运行维护部)、政府采购中心2个事业单位,工作人员35人。进驻部门窗口17个,工作人员150人,审批事项266项。承担企业和市民事务办理、优化发展环境、政府采购、宣传展示、会议接待等职能。

单位名称:东城区行政服务中心
单位地址:东城区金宝街52号
联系电话:65594781 邮政编码:100005 (张韶杰)

【区领导调研】 2月4日,原东城区领导周京生到区行政服务中心调研,听取上年工作汇报及下一步工作安排,就落实24条措施、做好“四个服务(为党、政、军首脑机关正常开展工作服务,为日益扩大的国际交往服务,为国家教育、科技和文化的发展服务,为市民的工作和生活服务)”、推动产业和投资促进、搭建行政服务体系、廉政风险防范和效能监察等工作与中心负责人座谈。3月25日,原东城区领导杨柳荫到区行政服务中心调研,肯定电子监察工作成绩,要求逐步建立科学、严格的考核办法,为行政服务提供良好保障。徐熙陪同。8月11日,牛青山到东城区行政服务中心指导工作,肯定中心机构合并相关工作。 (张韶杰)

【服务标准化】 3月,原东城区行政服务中心成立标准化示范项目建设工作领导小组,制订东城区行政服务中心标准化工作方案,形成服务通用、服务提供、服务保障三项主体系。 (李菲)

【企业事务呼叫中心】 5月27日,企业事务呼叫中心正式运行。建立以企业需求为中心、以部门联办为抓手、以信息化技术为支撑的服务新模式,推行企业咨询问题库制度、企业事务转办与定期答复制度,畅通政企双向联系渠道。 (王叶红)

【审批绿色通道】 上半年,原崇文区行政服务中心开通新世界时尚百货店开业、前门台湾文化商务区和鲜鱼口民俗餐饮区开市审批服务绿色通道,明确两名服务代表专职负责绿色通道协调工作,组织相关部门窗口采取现场办公、提前培训、特事特办等个性化服务措施,加快重点项目审批办理速度,为重点项目按期开业开市提供保障。 (孙昕)

【重点企业服务】 上半年,落实《东城区对持绿卡企业提供优质服务的承诺》,开展绿卡企业集中年检活动及重点企业人才需求意见调查。举办外商投资企业迎新春早餐会,38家驻区外资企业参会。开展区级领导走访企业送奖励活动,16位区领导走访企业33家,点对点个性化服务,获得企业好评。区划调整后,在王府井国际品牌节、红桥珍珠文化旅游节、前门历史文化节期间,协助举办部门做好组织及服务工作,邀请重点企业参会,扩大影响力。 (王叶红)

【提案议案办理】 上半年,原东城区行政服务中心接到《关于举办东城区企业家沙龙活动的建议》《对开展创建和谐企业活动的几点建议》等政协提案4件,全部办结。其中主办2件、协办2件。办件满意率100%。 (车晓文)

【主导产业政策兑现】 8月15日,东城区行政服务中心落实《东城区关于促进主导产业和总部型企业发展的鼓励措施》,上年主导产业政策兑现奖励、补助、补贴资金1.95亿元,受奖企业177户。 (王叶红)

【机构整合】 11月29日,完成原东城、崇文区办事大厅合并,相关办理事项一并迁入金宝街52号办事大厅。有工商分局等17家单位进驻,设办事窗口70个,办理事项266项(许可类161项,服务类105项),许可类事项占全区事项的81%。办事大厅整合后,以构建与市级审批服务中心对接机制为重点,将南厅的固定资产投资审批平台归入新大厅,办事大厅服务功能日趋完善,服务范围不断拓宽。按照“集中受理、并联运作、便民代办、限时办结、效能监察”运行模式,将新办事大厅分为市场准入、固定资产投资和个人事务办理服务区,突出对企业和市民的服务主体地位,分区布局更加合理。将部分部门进驻事项较少、实际办件较少的部门窗口及事项撤回原部门办理。坚持部门整合和业务协作相结合,强调各进驻部门内部资源整合、流程梳理、整建制进驻,有效实施部门联动,提高办事效率。吸取南、北办事大厅成功管理经验,形成首席代表授权制、行政审批两公章制等12项服务机制。本着便企便民原则,通过推行窗口服务承诺、合理调整窗口工位、更新指示标牌、完善叫号机服务等措施,最大程度方便企业和群众办事。 (张韶杰)

【行政审批】 年内,区行政服务中心综合运用制度引导、电子监控、考核评比、外部监督、电子评议等措施,加大行政效能建设力度,推动各进驻部门窗口创新工作思路、改进服务作风、提高审批效率。全年,行政服务中心办理行政审批事项23.19万件,其中即办件21.25万件,并联审批办件68件;办事人满意率99%,收到锦旗88面,表扬信48封,有效投诉零。为减轻企业负担,优化发展环境,北厅统一实施区财政支付新入驻企业行政事业性登记注册费用政策，为1893家企业支付注册登记费203.78万元。设置中国银行受理窗口，实现办事大厅事项收费统一缴纳，解决一口收费问题。
（孙昕 李菲）

【网上许可平台】 年内，行政服务中心落实东城区网上行政许可平台工作制度，利用信息化手段，延伸事项办理、监察、考核模式，完善覆盖全区的网上行政许可服务平台，将全区各委办局承担的行政许可与服务事项全部纳入统一管理体系，19个部门、724.73万件行政审批事项纳入网上许可平台备案管理。
（李菲）

【政府采购】 年内，政府采购中心接收立项通知25项，预算总金额1776.5万元，实施完成15项，实施项目预算资金1485.15万元，中标资金1239.9万元，节约资金245.25万元，节约率16.5%。
（张小璐）

【接待活动】 年内，行政服务中心接待美国纽约市皇后区代表团等参观访问17批次，承办会议637场次。
（吴丽涛）

【市民中心】 年内，实施行政服务中心、民间组织指导服务中心、市民中心"三位一体"的公共服务体系。全年举办政府在线访谈、巧娘工艺培训、青少年亲子大讲堂等200余场次，接待市民7000余人次。
（吴丽涛）

安全生产监督管理

【概况】 7月，由于区划调整，原东城、崇文安全生产监督管理合并，成立东城区安全生产监督管理局（简称区安监局），负责安全生产综合监督管理工作。行政编制18人，其中党组书记、局长1人，副局长3人，科级干部6人。内设办公室、综合协调科、法制宣传科、监督检查科。下设事业单位安全执法监察队，编制12人，其中队长1人、副队长2人。年内，立足科学发展、安全发展、和谐发展及"安全第一、预防为主、综合治理"的工作方针，围绕"平安北京"和"安全生产年"要求及工作部署，结合全区工作实际，组织、探索综合监管新模式，创建公共安全监管新体系，强化安全生产基层基础工作，构建安全生产长效工作机制。全年出动执法检查人员2212人次，检查生产经营单位956家次，排查整治隐患739处，经济处罚金额55.8万元。被评为市安全生产工作先进区县。

单位名称：东城区安全生产监督管理局

单位地址：东城区东四十一条83号

联系电话：64055528　邮政编码：100007
（李志国）

【区领导安全检查】 春节等节日期间，原崇文区领导夏强、牛青山等分别带领区执法、管理部门到大型商场、市场、大型活动场所、娱乐场所、施工工地、拆迁工地、地下空间、学校、医院、加油站、宗教场所和宾馆饭店等单位或场所检查各种设备、设施安全状况，落实人员密集场所安全生产规定情况、安全生产各项规章制度和节日值班工作落实情况，处理突发事故、事件的应急预案演练情况等。5月4日，夏强到第二幼儿园、崇文小学、花市小学和回民幼儿园进行安全检查，赵中原、朴学东、宋甘澍、刘玉芳分别到各校进行安全检查，听取各校贯彻落实上级关于做好校园及周边安全工作会议精神的情况汇报，查看各校上学时段门卫值班、人防物防技防建设、建立各部门联动机制等情况，就做好校园及周边安全工作提出要求。
（位鑫）

【安全生产考核】 1月5日，市安全监管局副局长丁镇宽带领市交通委、农委、总工会领导13人组成市安委会综合考核组，对原崇文区上年度安全生产工作综合考核。市考核组首先召开考核工作会。区安监局副局长汇报全区安全生产工作目标完成情况、"三项行动"及专项治理开展情况、主要做法、工作成效及存在问题。区安监局局长介绍区安全生产工作特点，解答市考核组提出的问题。市考核组对本区建立的"协调、会商、沟通、函告"联动机制给予肯定，对区安监局在"新城区建设"工作中发挥保驾护航作用提出指导意见。会后，市考核组查阅区安全生产工作档案资料，现场检查家乐福超市广渠门店和天王星KTV等重点生产经营单位，实地考核东花市街道办事处安全生产工作。考核结果为优秀。区安监局、应急办、总工会、运管处、消防支队、商务委、文化委、民防局、住建委、房管局等部门主管领导参加考核会及现场检查。
（位鑫）

【安全教育培训】 1月14日，原东城区安监局对10个街道职业卫生网上申报业务员进行培训，指导街道正确使用职业危害因素申报管理系统。11月4日，东城区安监局组织消防、交通、公共安全信息管理中心，对17个街道办事处及北京站管理处、前门大街管委会、王府井建管办三个地区管理部门的主管领导和业务科室负责人，进行综合性业务培训。指导做好属地消防、交通安全监管工作。区安监局结合本区特点及街道执法人员职责等进行专项培训。联合本区有关部门，对电力使用重点单位、商场、市场、餐饮、剧场等单位负责人及安全管理人员进行安全教育培训。加大对特种作业培训机构的监管力度，强化对特种作业人员的安全教育，全区7家特种作业培训机构，培训考核特种作业人员1.78万人，合格率92.2%。
（李志国 位鑫）

【危险品经营管理】 1月23日，原东城区安监局检查和平里地区加油站等4家有实物的危险化学品经营单位，提出安全要求。4月12日，召开危险化学品监管工作动员部署会，辖区全部剧毒化学品、易制爆化学品、易制毒化学品经营单位主要负责人参加。4月19～23日，对辖区全部加油站安全检查。检查组结合危险化学品法律法规、规章文件等，将加油站安全要求从证照、安全制度、安全记录、消防器材、现场安全、设备安全、宿舍安全7大类，归纳总结出44条重点要求，对各站细致检查。4月28日至5月11日，对19个涉及易制毒化学品经营资质的单位全面检查，出动人员57人次，查出问题和隐患3处，责令相关单位立即整改并跟踪复查。全年，办理危险化学品乙证新办证、换证、变更以及甲证初审工作38件(其中甲证初审21件);易制毒化学品经营备案换证、变更审批5件;检查危险化学品从业单位82家次;召开危险化学品安全会议5次。(李志国)

【烟花爆竹安全监管】 1月29日,原崇文区安监局召开烟花爆竹安全生产工作会议,区烟花爆竹零售单位负责人30余人参加。部署烟花爆竹从业人员培训、临时销售大棚搭建等工作,对时间安排、规格标准、完成时限等提出明确要求,与烟花爆竹零售单位主要负责人签订烟花爆竹销售安全承诺书。2月3日,在区烟花爆竹安全管理领导小组办公室的组织下,原崇文区安监局、原崇文公安分局、交通支队组成联合检查组,开展烟花爆竹销售大棚安全检查。2月8日,原崇文区安监局召开烟花爆竹零售企业专项工作会,部署烟花爆竹零售企业安全环境布置规范工作。2月8日、9日,原崇文区安监局两次对烟花爆竹销售网点落实看护人员夜间值守、张贴安全标识、消防器材配置、销售人员持证上岗、核定烟花爆竹存储量等情况安全检查。2月20日,原崇文区安监局与监察局组成联合检查组,对烟花爆竹零售网点人员值守看护、安全检查记录、从业人员执证上岗情况检查。对个别销售网点存在从业人员未持证上岗、安全检查不彻底等问题,责令立即改正。2月23~24日,原崇文区安监局对全区34家烟花爆竹销售网点夜查。发现1家经营违法烟花爆竹的销售网点,吊销经营许可证,并进行通报。要求各烟花爆竹销售网点切实履行职责,落实各项规章制度,加强看护巡视,确保不发生安全事故。1月至2月,对原东城区27家销售单位所有烟花爆竹从业人员173人,开展安全常识及业务知识安全培训,并对烟花爆竹安全监管应知应会安全知识进行考试。在销售烟花爆竹期间,局领导带队,每两天对27家烟花爆竹销售点进行检查。烟花爆竹销售结束后,对未销售完烟花爆竹的存放、退货等加强安全管理,严防火灾事故发生。烟花爆竹安全管理工作期间,组织执法检查组240个次,出动执法人员716人次,检查烟花爆竹销售单位304家次,截至2月28日,全区烟花爆竹销售金额505.66万元,累计销售8863.1箱,回收烟花爆竹销售点剩余产品约2620箱。3月1日,烟花爆竹零售棚全部拆除清理完毕。(李志国 位鑫)

【安全信息化建设】 "两会"期间,原东城区安委会办公室建立重点时期日通报,日常工作汇总,月、季、半年有分析预测的安全生产信息工作新机制。以《安全生产简报》的形式通报全区安全生产形势,预测全区安全生产工作总体趋势,为区领导决策提供依据,为各成员单位做好安全生产工作提供服务。全年编发《安全生产简报》51期,制发《东城区安全生产形势分析制度》,开展形势分析3次。年内,区公共信息化管理平台建立并正式运行。通过平台,对5300家重点企业实现动态化日常监管。制订《风险源复核实施工作规范》《公共安全信息管理平台基础数据采集、更新工作规范》等制度规范,与应急管理体系对接,构成全区公共安全监管大格局。(李志国)

【隐患排查治理】 4月至5月和8月至9月,开展安全生产大检查2次。9月至12月,开展隐患排查专项治理,组织联合执法检查和区领导带队检查督查30余次,促进政府部门及企业主体责任的落实。各项行动出动执法检查人员2.31万人次,监督检查生产经营单位2.94万家次,排查整治一般隐患7082项,处罚金额156万元。对难以整治的隐患,区安委会办公室和区政府督查室及时召开17家相关部门主管领导和专业人员参加的事故隐患评审会,确定3项区级挂账隐患,并督促相关部门整改,隐患整改率100%。(李志国)

【应急管理工作】 5月12日,原东城安监局参加在工人体育场北路举行的"防灾减灾日"集中宣传活动。发放宣传材料240余份,向公众宣传安全生产法律法规,普及安全生产知识。12月28日,东城区政府召开区防化应急分队成立大会。区领导刘云斋、毛炯、北京陆军预备役防化团团长李志宏、区安监局局长等领导出席会议。会上宣布应急分队正式成立。刘云斋讲话:认清形势,提高认识,增强使命感和责任感;把握重点,把防化应急分队各项工作落到实处;加强领导,确保防化应急分队工作顺利开展。李志宏就如何建设好分队,形成有效机制提出要求。防化团政治处主任宣布应急分队干部任职命令,刘云斋为应急分队授旗。全体官兵庄严宣誓。年内,依托公共安全信息管理平台,建立应急指挥中心,成立安全生产事故应急指挥部,办公室设在区安监局,实行24小时值班。依托消防支队设立危险化学品事故应急救援物质储备库,区安委会办公室对42家重点成员单位的应急救援预案进行备案,各行业部门对所辖重点企业的应急预案进行备案。区安监局完成119家重点行业应急预案在市局信息管理网站上的备案工作。调查建筑工地应急管理情况,确定消防一、二支队为生产安全事故应急救援队伍,成立应急救援专家顾问组。(李志国)

【执法队伍建设】 5月,原东城区安全执法监察队成立。通过社会公开招考,10名安全执法监察队队员到位,开展对生产经营单位安全生产责任制落实情况监督检查。设立区、街两级综合执法机构,成立区社会管理综合执法委员会和综合执法组,实行属地捆绑式执法,达到预期效果。(李志国)

【安全生产月】 6月9日,原东城区总工会、安监局共同组织的"安全在我身边"演讲比赛,在和平里街道办事处六楼礼堂举行。12名选手围绕"传播安全知识,弘扬安全文化"主题,结合工作实际及各类安全事例,阐述安全重要性,宣传安全知识,普及安全生产理念,弘扬安全文化。经角逐,从12人中评出一等奖2人,并代表区参加全市决赛,1人获一等奖。区领导毛炯,区安全生产委员会成员单位主管领导、主管科长及辖区劳动保护监督员、社区治保主任,重点单位安全负责人400余人观看比赛。6月13日,原东城区在东单公园举行"坚持安全发展,落实安全责任,服务世界城市建设"为主题的安全生产月启动仪式暨宣传咨询日活动。活动由区政府主办,东华门街道工委、办事处和安监局承办。市安监局领导,区四套班子领导,区安委会成员单位主要领导、主管领导,区安全活动组委会领导及各部门工作人员近600人参加宣传咨询活动。市劳动人民文化宫艺术团现场演出，辖区20个单位参与安全宣传咨询，内容涉及安全生产、消防安全、交通安全、食品卫生安全、自然灾害救援等方面。全区各街道办事处、地区管理处设立分会场11个，同时开展咨询日活动，发放宣传材料8万余份，受教育群众4.2万余人。同日，原崇文区在崇文门外大街新世界商场门前举行安全生产月宣传咨询活动。区领导段志国、周永明、冯藏淑，市安监局监管二处领导，区安全生产委员会成员单位主要领导、主管领导，区安全生产月活动组委会领导及各部门工作人员近300人参加宣传咨询活动。现场设置16个咨询台，内容涵盖公共安全、交通安全、消防安全、运输安全、生产安全、食品安全、卫生安全、药品安全、特种设备安全、建筑施工安全和商务、文化、旅游、体育等人员密集场所安全等方面。各街道办事处组织公安、交通、消防、城管等综合执法部门，分别在各辖区繁华地带和居民社区设置分会场6个，根据区域特点开展形式多样的宣传活动。街道主要领导、主管领导及执法人员参加活动。各行业部门主管领导和专业人员为咨询群众答疑解难。会场周边设置以安全生产为内容的宣传展板。在国瑞购物中心的大屏幕上，持续播放安全生产月主题宣传片及安全知识。区消防支队现场展示消防装备，安排安全生产文艺演出。活动期间，发放《新崇文》报安全生产专刊2000份，安全生产法规和科普图书6000余册，安全知识扑克5000副，安全知识围裙6000件，各种宣传折页、宣传单等资料10万余份，各类安全生产知识挂图7000余幅。展出展板200余块，展示消防车一部，展示各类消防安全装备40余种，参加咨询并接受安全教育群众5万余人。7月22日，与东城区住建委在协和医院门急诊楼和手术楼改扩建二期工程及东直门交通枢纽工程施工现场，开展“安全生产宣传进工地”活动。向工人赠送安全生产法律法规、员工安全宣传书籍以及防暑降温物品。9月1日，与东城区教委在遂安伯小学开展“安全生产进校园”宣传活动。在开学典礼上，向学生宣传普及安全知识，从小培养注重安全习惯。11月5日，市宣传贯彻《国务院关于进一步加强企业安全生产工作的通知》巡回演讲团到东城区演讲。区安委会成员单位主管领导、主管科长以及辖区重点国有企业、建筑施工单位负责人、安全管理人员400余人观看演讲。 （李志国　位鑫）

【安全生产管理】 原东城区政府把安全生产工作列入议事日程。政协主席会听取上半年安全生产工作情况汇报。全年召开安全生产委员会全会4次，通报安全生产形势，部署工作任务。区领导分别带领行业、专业部门的领导和执法检查人员检查督查安全生产工作26次，促进全区安全生产工作的落实。全区所有街道办事处均建立安全机构，配备3名以上安全监管人员，做到人员、经费和装备与安全生产工作相适应。 （李志国）

【执法专项行动】 8月至11月，集中开展打击非法违法生产经营建设行动(简称“打非”)。各行业、专业及属地部门制订各项专业行动方案，建立组织机构，集中开展“打非”行动。9月20～30日，30余家执法单位的主管领导和执法人员组成5个执法检查组，分别由徐熙、朴学东、周永明、宋甘澍、毛炯等区领导带队，对22家重点单位的场所全面检查。11月，成立由区住建委、商务委、文化、安监、运管、民防部门牵头，组成联合检查组，开展为期一周的“打非”专项行动联合执法检查。发现非法、违法生产经营建设行为263起，处罚210起，关闭企业4家，停业整顿企业38家，罚款22.75万元。 （李志国）

【控制指标管理】 年内，市政府下达原东城区安全事故死亡控制指标为5人，原崇文区安全事故死亡控制指标为4人，全年发生生产安全事故5起死亡4人。 （李志国　位鑫）

【投诉举报处理】 市安监局“12350”安全生产投诉举报热线，扩大了安全生产工作社会关系面，促进区安全生产工作开展。属于区管辖范围的举报投诉事件，做到有报必查、有查必果、严格处置，件件有回复，事事有落实。全年处理投诉举报事件33起，经核查20起属实，13起不属实。对属实投诉举报，及时与各相关行业部门沟通、协商解决，及时复查销账，不实投诉举报，及时向投诉人反馈信息。 （李志国）

民族·宗教·侨务

【概况】 本年，区民族工作：加大对国家民族政策、法律法规宣传力度，扶持民族企业，探索开展民族团结创建工作长效机制并加大对清真饮副食网点行政执法监察力度。宗教工作：开展“和谐寺观教堂创建活动”及宗教教职人员认定备案和宗教活动场所财务监督管理专项工作，重大节日期间宗教领域保稳定促和谐工作。侨务工作：坚持转变工作思路，拓展工作方法，创新工作模式，加大对侨务政策法规的宣传力度及对困难归侨侨属帮扶力度，利用侨务资源，开展涉侨部门联席活动，做好侨务外联和华文教育工作。年内，全区有少数民族46个，少数民族人口5.42万人，占全区户籍人口5.9%，占全区实际居住人口6%。和平里、北新桥、东四、东花市、永定门外街道为市级民族工作重点街道；朝阳门街道为区级民族工作重点街道；东四街道豆瓣社区、和平里街道交通社区、东花市街道南里社区、永定门外街道天天家园社区为市级民族工作重点社区。重点社区少数民族人口占社区总人口20%。全区有回民小学2所、回民托幼园所2个。清真饮副食网点202个，其中饮食网点131个，副食及专柜71个。有宗教活动场所14处，其中天主教3处(王府井教堂、东交民巷教堂，南岗子堂)；基督教3处(崇文门教堂，宽街教堂，珠市口堂)；佛教2处(雍和宫，通教寺)；伊斯兰教6处(东四清真寺，东直门外清真寺，南豆芽清真寺，安定门外清真寺，花市清真寺、沙子口清真寺)。有区级宗教团体5个，分别是东城区天主教爱国会，南北两片基督教三自爱国运动委员会(简称基督教“三自”)和伊斯兰教协会，教职人员192人，其中阿訇21人，牧师和传道员22人，神父7人，僧尼及佛学研究人员142人。市基督教“三自”、市基督教青年会、女青年会办公地点在本区。有归侨220人，侨眷约2800人，新华侨华人和留学人员4400余人，在国内的眷属约6400

人。有华侨华人和归侨侨眷1.37万余人。新华侨主要分布在57个国家,以发达国家居多。东城区北片侨商会(原名侨资企业协会)有会员近50家,南片仍称侨资企业协会,有会员30家。南、北片侨资企业协会处于各自运营中。全年,民宗侨办办理更改民族成分42人,满族28人,回族7人,蒙古族2人,壮族2人,土家族、朝鲜族和苗族各1人;办理清真饮副食牌照4个。为"三侨"子女开具升学证明29人,其中高考12人、中考8人、小升初9人,归侨、侨眷身份确认10人。

单位名称:东城区人民政府民族宗教侨务办公室

单位地址:东城区金宝大街52号

联系电话:65131487　邮政编码:100005　　　　(胡沛哲)

【领导调研】 1月7日,市民委民族二处领导考察原崇文区少数民族经济扶持项目,走访便宜坊烤鸭集团锦芳食苑店、鸿云楼清真餐馆、伊珍源等单位,区民宗侨办主要领导陪同。1月11日,市民委民族二处实地考察原东城区本年清真网点申报项目。2月3日,市侨办副主任李刚看望99岁高龄的侨界代表人士白明璇、困难归侨郑俊哲,送去困难补助及节日礼物。3月4日,市委统战部副部长张洋到区调研民族宗教工作,参观视察王府井天主教堂、崇文门基督教堂。原东城区政协领导郭瑞敏专题汇报民族宗教工作,原东城区领导常卫参加。4月1日,常卫到区侨办调研。侨办领导班子汇报工作情况、工作中的问题和有关建议。6月9日,云南省民委副主任马春带领考察团14人到原崇文区珐琅厂参观调研。市民委纪检组长武玉民,市民委民族一处、民族二处、宣教处的领导及区民宗侨办领导陪同。6月29日,全国政协民宗委少数民族企业考察组到珐琅厂考察调研。全国政协民宗委副主任陈洪,全国政协民宗委副主任、中国伊斯兰教协会会长陈广元,全国政协委员、《中国作家》主编艾克拜尔·米吉提,全国政协委员、内蒙古军区原副司令员李国安等10余人,在市民委领导陪同下考察调研。7月20日、8月3日、4日,东城区领导邵鹏到崇文门基督教堂、王府井天主教堂、东交民巷天主教堂、雍和宫、安定门外清真寺、东直门外清真寺、南豆芽清真寺走访考察。对信教群众反映的东直门外清真寺周边环境问题,指示属地办事处尽快研究,协同民宗侨办依法妥善处理。9月16日,市侨务办主任李印泽到区民宗侨办走访调研,座谈区划调整后的侨办工作。市侨办秘行处处长陪同调研。10月20日、22日,市人大民族宗教侨务委员会主任席文启及委员10余人到区调研。听取北京工美集团、北京东来顺集团、北京金漆镶嵌有限责任公司、北京剧装厂负责人关于民族商业、餐饮企业的发展情况汇报,实地考察企业经营状况。10月28日,区政协民族宗教专委会到雍和宫调研参观。区政协领导郭瑞敏、李蔼军参加。区民宗侨办主任汇报开展"和谐寺观教堂创建活动"的做法和进展情况。　　　　(胡沛哲　王艳)

【荣誉表彰】 1月11日,原崇文区侨办获全国侨办系统先进集体,受到国家人力资源和社会保障部、国务院侨务办公室表彰。3月中旬,在市民委召开的民族宗教工作会议上,回民幼儿园获第五届全国民族团结进步模范集体称号。3月11日,原东城区侨办被市侨办评为上年侨务工作先进集体。9月8日,永定门外街道、东直门街道清水苑社区被国务院侨办授予本年全国"侨法宣传角"。　　　　(胡沛哲　王艳)

【工作会议】 1月13日,原崇文区民宗侨办召开民族宗教侨务信息工作会。总结上年民族宗教侨务信息工作,表彰信息工作成绩突出的单位,提出本年信息工作要求,并对侨务干部进行培训。7个街道、有关委办局和重点企业、学校的干部近30人参加会议。2月24日,原崇文区侨资企业协会召开全体理事会,理事、监事40人出席会议。总结上年协会工作,讨论本年工作方案;通过增补常务理事、监事名单;通报上年财务情况。区政协领导刘忠胜、市侨办经科处处长以及区台办、民宗侨办领导出席会议。2月27日,原东城区天主教爱国会三届二次常委扩大会议在东交民巷教堂召开。区天主教爱国会主席高阳神父主持,并代表神父给大家拜年。常委和堂务会成员20余人参加。3月19日,原东城区伊协召开寺管会主任会议。3座清真寺寺管会主任参加。讨论清真寺各项规章制度的修改稿,要求及时征求本寺管会意见并反馈,做好"和谐清真寺"创建工作。3月26日,原东城区侨办召开侨务工作会。各街道、侨务工作重点社区、相关局、处、公司负责人及办公室全体干部等60余人参加。毛桂芬对侨务工作提要求。4月1日,原东城区基督教"三自"在崇文门教堂召开常委会会议。学习全国宗教工作会议、市民族宗教工作会议、区民族宗教工作会议有关领导讲话精神;就本年区基督教"三自"工作计划征求意见;制订下发信息通报制度,要求各成员单位设立信息员,及时向区基督教"三自"办公室报送信息。4月19日,原崇文区召开民族宗教工作小组会议。区委统战部、区民宗侨办负责人分别传达市民族宗教工作领导小组《关于在世博会期间做好宗教工作的通知》、中央和市宗教工作会议精神,以及区民族宗教工作形势和存在的问题。要求及时处置民族宗教突发事件,确保世博会期间的和谐稳定。6月1日,原东城区侨商会会长赵勇在丽晶酒店召开执行会长、秘书长会,研究讨论侨商会工作。7月30日,东城区召开"创建和谐寺观教堂"专题会议。区天主教爱国会、区基督教"三自"、区伊斯兰教协会,雍和宫、东四清真寺和其他宗教场所负责人参加会议,听取三个宗教团体、雍和宫等宗教场所主要负责人关于创建和谐寺观教堂活动情况汇报。传达市宗教局创建专题会议精神,学习中国宗教评论员文章《依法规范正本清源——评开展宗教教职人员认定备案和宗教活动场所财务监管专项工作的意义》。8月4日,东城区伊协召开五届三次常委会。杨冠军阿訇主持,秘书长汇报二季度工作和斋月准备工作。学习市宗教局局长申建军在创建和谐寺观教堂活动专题会议的讲话精神、国家宗教局制订的《宗教教职人员备案办法》《宗教活动场所财务监督管理办法》等文件。监事会全体成员列席会议。
　　　　(胡沛哲　张琳琳)

【联络联谊】 1月23日,原东城区民宗侨组织归侨侨眷、侨界代表人士、侨商代表18人出席由国务院侨办、市侨办在北京饭店举行的首都侨界新春联谊会。1月28日,原东城区侨办和侨联举办区侨界新春联欢会,归侨70余人参加。2月4日,原东城区民宗侨办与台办共同举办侨台企业家新春联谊会,区侨资企业家和台资企业家80余人参加。市侨办经科处处长、区领导常卫、毛桂芬、郭瑞敏出席联谊会。2月5日,原崇文区民宗侨办召开少数民族干部联谊会。市民委副主任牛颂,区领导段志国、刘忠胜、黄慧南以及市宗教局,区委统战部、区人大、区政协、区政府有关委、办、局,各街道主管民族工作领导和部分少数民族代表50余人参加联谊。牛颂、刘忠胜分别代表市民委和区四套领导班子,向少数民族代表表示慰问,致以节日祝福。同日,区侨界新春联欢会在区文化馆举行。区归侨侨眷代表及侨务工作者代表200余人参加。区领导邵鹏、段志国、刘忠胜、黄慧南,区致公党、台办、民宗侨办、政协工作三室等有关部门领导参加活动。2月9日,原东城区召开区领导与宗教界代表人士新春团拜会。区领导杨柳荫致辞。市宗教局局长申建军、区领导杨艺文、曾刚健、常卫、费文勇、毛桂芬、郭瑞敏出席。区民宗侨办主任、区委统战部副部长等有关部门负责人参加。

(胡沛哲　许孝萍)

【依法行政】 1月29日,原崇文区政协领导刘忠胜率领部分委员检查清真市场。察看崇文门菜市场物美的光明楼、崇文门、天东兴分店和金龙潭菜市场的清真专柜,感谢商场干部职工为首都市场繁荣和社会稳定付出辛勤劳动,并祝节日快乐,对个别摊点规范经营提出指导意见。6月12日,市侨办侨政处处长等出席崇文门外街道"全国侨务系统'五五'普法侨法宣传角"揭牌仪式,原崇文区民宗侨办、崇文门外街道办事处等领导参加。全区3个街道(体育馆路街道、龙潭街道、崇文门外街道)设立区"侨法宣传角"。6月24日,原崇文区民宗侨办党员干部明察暗访安乐林路清真饮副食店,涉及超市1家、牛羊肉专柜1家、餐馆5家、餐饮点2家。民族政策执行较好网点6家,对存在问题商家责令其限期改正。9月25日,东城区民宗侨办为确保国庆节期间清真市场民族政策的落实,采取全面自查、重点抽查的方式,加强监管清真饮副食网点。要求17个街道依照属地管理原则,对辖区内清真饮副食网点经营中执行民族政策情况自查,及时与民宗侨办沟通信息,发现问题,就地整改。9月29～30日,东城区民宗侨办领导重点抽查广渠门物美崇文门店新址、宏源集团南门涮肉城、朝阳门内南小街菜市场等网点,对存在问题的经营单位提出规范经营意见建议。 (胡沛哲　王艳)

【走访慰问】 2月1日,市民委(宗教局)副局长马中璞到东直门外清真寺走访慰问原东城伊斯兰教协会会长杨冠军阿訇,并送去慰问金。市宗教局宗教三处处长、副处长,区民宗办主任、副主任陪同慰问。同日,原崇文区民宗侨办领导携礼品和慰问金,看望患癌症侨眷陈俊发,向其转达党和政府的新春问候。2月3日,原东城区侨办与民政局将市侨商会监事长、北京柯林龙安公司董事长蔡村女士捐赠的洗涤用品128箱,分发给各街道爱心超市和困侨侨眷。2月5日、6日,原东城区民宗侨办走访慰问12户少数民族贫困户,送去慰问金1万元。2月10日,市侨办主任李印泽、原崇文区领导刘玉芳,率侨办、侨联负责人,走访慰问原区政协副主席、区侨联主席老归侨林国胜;为患癌症韩国归侨刘美兰送去慰问品和慰问金。市侨办秘行处处长、区侨办主任、侨联主席等陪同。5月31日,原东城区伊协秘书长分别走访慰问回民小学、回民幼儿园,代表区伊协向全体师生、小朋友祝贺节日,并送去慰问金。同日,原崇文区民宗侨办、区伊斯兰教协会负责人到回民小学、回民幼儿园慰问全体教职员工,并同校园领导座谈,送去慰问款6000元。7月1日,东城区民宗侨办党支部与体育馆路街道西利社区党支部走访慰问少数民族困难党员,并送去慰问品。9月10日,伊斯兰教开斋节,市委常委、统战部部长牛有成,市人大副主任马振川,副市长程红,市政协副主席赵文芝,市民委(宗教局)主任申建军、副主任马中璞,东城区领导邵鹏、毛桂芬、王佩立、郭瑞敏等到区东四清真寺看望中国伊协会长、市伊协名誉会长陈广元阿訇等全体阿訇和穆斯林群众,表示节日祝贺和慰问。区领导到东直门外清真寺、南豆芽清真寺、安定门外清真寺、花市清真寺、沙子口清真寺走访慰问,向教职人员和穆斯林群众祝贺节日。区委统战部、区民宗侨办、政协工作三室领导等陪同。穆斯林群众约3700人到清真寺参加开斋节活动,其中外宾约50人。中秋节、国庆节前夕,区天主教爱国会走访慰问爱国会常委、监事会成员以及两个堂区的堂务会成员,并送去慰问信和慰问品。10月14日,九·九重阳节到来之际,东城区天主教爱国会副主席陈燕宾神父到北京教区天颐养老院,慰问在那里服务的神父、修女以及养老院的老人们,送去慰问品、慰问金并祝贺节日。 (胡沛哲　许孝萍)

【座谈研讨】 2月3日,原东城区侨办与人大民侨委、政协港澳台侨专委会、侨联、致公党,召开"五侨"座谈会,对侨务工作共同联手、资源共享、共同发展取得的效果,给予肯定。3月23日,东四街道豆瓣社区与通州区于家务回族乡于家务村开展座谈交流,并参观市新农村建设试点村仇庄村。4月13日,东直门街道组织各社区居委会主任和主管民宗侨工作的主任,到东直门外清真寺交流座谈。同日,原崇文区民宗侨办在东花市街道社区博物馆,召开建立和完善基层民族工作长效机制研讨会,7个街道主管主任、民政科长20余人出席会议。会后,与会人员参观东花市街道社区博物馆。

(胡沛哲　张琳琳)

【宗教场所安全】 2月9日,副市长程红到王府井天主教堂检查安全工作。市商务委主任卢彦、市民委(宗教局)专职委员赵宏生、原东城区领导杨艺文、郭怀刚等陪同。程红听取教堂负责人关于春节期间教堂宗教活动安排和安全保卫工作汇报,要求教堂高度重视安全工作,落实各项安全工作制度和措施,确保春节期间安全。市天主教爱国会副秘书长王磊、区政府办、民宗侨办以及王府井建管办、消防等有关部门负责人陪同检查。2月11日,郭怀刚率领安保工作领导小组成员单位负责人,到雍和宫检查春节安全保卫工作。2月12日,原东城区领导杨柳荫、常卫分别带队,到雍和宫检查春节安全保卫工作。听取雍和宫管理处内部安全保卫工作汇报,查看安全措施落实情况,要求明确责任,落实措施,确保春节雍和宫各项活动安全有序。区民宗侨办、公安分局等有关部门领导陪同检查。9月28日,副市长程红到东城区东直门外清真寺检查安全工作。市商务委主任卢彦、市工商局局长杨艺文、市宗教局副局长谭林、区领导朴学东等,以及区委统战部、民宗侨办、安监局、质监局、消防支队、东直门街道领导陪同检查。11月30日,市宗教局副局长谭林到王府井天主教堂检查安全工作。市天主教爱国会秘书长石洪喜、区民宗侨办主任等陪同检查。12月20日,市宗教局宗教一处、宗教二处领导到珠市口基督教堂、崇文门基督教堂、王府井天主教堂、南岗子天主教堂,检查圣诞节安全工作、和谐寺观教堂创建工作以及宗教活动场所财务监督管理专项工作。区民宗侨办领导陪同检查。（胡沛哲　马专）

【宗教场所活动】 2月14日(大年初一),雍和宫接待游客6.2万人。市政府副秘书长马林,市宗教局领导申建军、季文渊、程二雁,原东城区领导杨柳荫、杨艺文、常卫、郭怀刚到现场指导工作。2月28日(农历正月十五),雍和宫接待香客和游人4.3万人。郭怀刚到现场指挥协调安保工作,区民宗侨办、旅游局、公安分局等单位通力合作,活动秩序井然。3月6~7日,南豆芽清真寺、安定门外清真寺分别举行“圣会”,550人参加。原东城区民宗办领导到寺祝贺节日。3月9~16日,雍和宫举行大愿祈祷法会,祈愿国泰民安、社会和谐、众生离苦得乐。法会最后两天举行“跳布札”(金刚驱魔神舞)仪式。法会期间接待游客信徒4.6万人。中国网、新华社、路透社、《中国日报》4家媒体对“跳布札”活动进行报道。4月4日,王府井天主教堂、东交民巷天主教堂、崇文门基督教堂,举行“复活节”宗教活动。参加活动的信教群众1.1万人,其中外宾188人。5月23日,天主教王府井教堂、东交民巷教堂举行“圣神降临”宗教活动,3400人参加,其中外宾55人。6月2日,是青海玉树地震发生“七七”祭日,十一世班禅大师在雍和宫举行“七七”祭日祈愿大法会。僧人和信众200余人参加法会。法会期间,班禅大师将僧众捐赠的11余万元善款捐给玉树地震灾区,善款经雍和宫管会交给中国红十字会。6月5日,安定门外清真寺、东直门外清真寺、南豆芽清真寺分别举行“法图麦”宗教活动,580人参加,宰牛2头。8月15日,是天主教“圣母升天”瞻礼,王府井教堂、东交民巷教堂、南岗子教堂分别举行宗教活动。区天主教将当天弥撒的所有献仪全部捐给甘肃舟曲灾区,共计捐款3.13万元。4100人参加宗教活动,其中外宾30人。8月15~16日,区各清真寺举行为甘肃舟曲遇难同胞祈祷活动。8月22日,区天主教爱国会在王府井天主教堂广场举行“创和谐献爱心”义务服务活动。王府井天主教堂、东交民巷天主教堂堂区组成13人的服务团队,为群众提供免费量血压、测血糖、刮耳祛病、修自行车、理发、信仰咨询、慕道招生等服务。接待教友及教外人士326人。8月27日,“卧尔兹”巡讲团成员、牛街清真寺阿訇马雁兵,到南豆芽清真寺巡讲,160人聆听。8月28~29日,南豆芽清真寺、东四清真寺分别举行开斋晚宴活动。中国伊协会长陈广元阿訇、副会长兼秘书长洪长有、市宗教局三处副处长、区委统战部常务副部长、民宗侨办主任等分别出席两座清真寺开斋晚宴。10月8日,陈广元阿訇手书、王凤桐先生石刻《古兰经》捐赠仪式在东四清真寺举行。中央统战部常务副部长朱维群、国家宗教局局长王作安、全国政协民宗委副主任邓宗良、市领导牛有成、程红等出席捐赠仪式。陈广元阿訇和王凤桐先生共同宣读无偿捐赠声明,将石刻《古兰经》捐赠给东四清真寺。捐赠仪式后,各级领导和来宾到东四清真寺福德图书馆参观石刻《古兰经》。10月23日,第十三届北京国际音乐节专场音乐会在王府井天主教堂举办。中国科协党组书记、常务副主席、书记处第一书记邓楠、中国保利集团总裁贺平等出席,观众500余人观看演出。11月17日,是伊斯兰教“古尔邦(宰牲)节”,区各清真寺举行节日宗教活动。区民宗侨办领导分别到各清真寺走访慰问,向穆斯林群众祝贺节日。穆斯林群众2300人参加宗教活动,其中外宾150人。12月25日,是天主教、基督教圣诞节,区各天主教堂、基督教堂举行庆祝活动。市宗教局副局长赵宏生、区领导及相关部门有关负责人到教堂走访慰问,与教职人员座谈,向教职人员和信教群众祝贺节日。平安夜、圣诞节活动1.3万人参加。（胡沛哲　马专）

【集体学习】 3月2日,原东城区伊协举行阿訇集体学习会。伊协秘书长主持,阿訇10人参加。会上就《当代中国八种理念的特点及交锋》展开讨论。6月21日,原东城区伊协组织召开阿訇集体学习会。围绕节约、环保主题,组织学习《北京日报》刊载的《低碳减排绿色生活》《低碳生活从身边做起》两篇文章。（胡沛哲　张琳琳）

【全国“两会”安保工作】 3月2日,原东城区民宗办召开全国“两会”安保工作会。传达市、区有关会议精神,通报安全维稳形势,要求做好民族宗教领域的安全维稳工作,确保“两会”期间和谐稳定。10个街道、区天主教爱国会、区基督教“三自”、区伊斯兰教协会和10个宗教场所负责人参加。（胡沛哲　马专）

【外事接待】 3月4日,英国教会联欢会对外联系部长Christine Elliott女士一行6人到崇文门基督教堂参观访问。崇文门教堂主任牧师柳翠敏等接待,并赠送教堂画册、光盘等纪念品。3月26日,波斯尼亚和黑塞哥维那(波黑)驻华大使阿梅尔·科瓦切维奇一行2人到东直门外清真寺礼拜。在寺管会主任陪同下参观清真寺,区伊协工作人员向外宾赠送标注有清真餐饮等信息的北京市交通图。3月31日,美国归正宗教会国际部主任庄尼先生、亚洲事务部主任李约翰先生一行3人到崇文门教堂参观访问。崇文门教堂季明牧师、韩玉芳教士接待,并回答有关青年聚会人数、为外宾设立同声传译等问题。6月6日,美国福乐神学院心理学院心理学教授阿尔杜克夫妇带领访华团7人,到崇文门基督教堂参加主日崇拜。6月13日,东南亚教省大主教、新加坡圣公会大主教周贤正到崇文门教堂参加主日崇拜。崇文门教堂主任牧师柳翠敏、季明牧师接待,并进行会谈。周贤正表示希望加强新加坡圣公会与中国基督教的友好交往。同日,香港救世军温光耀少校带领救世军港澳军区训练学院学员5人,到崇文门教堂参观访问。崇文门教堂主任牧师柳翠敏、韩玉芳教士接待,并介绍教堂情况,赠送教堂画册、光盘等纪念品。
（胡沛哲 马专）

【侨资企业人才招聘】 3月17日,原东城区侨办组织侨商会成员7家企业参加由市侨办、侨商会、人力社保局举办的侨资企业专场人才招聘会,为大中专毕业生提供就业岗位40个。（胡沛哲 马专）

【专项工作】 3月18日,原东城区民宗侨办组织“和谐寺观教堂创建”交流学习。到雍和宫、东四清真寺、崇文门基督教堂、王府井天主教堂参观。3个宗教团体秘书长、10个宗教活动场所管理机构负责人20余人参加。4月6日,原东城区民宗侨办召开“创建和谐寺观教堂”创建活动自查自评汇报会。各宗教团体、宗教场所有关负责人参加,9个宗教场所分别书面汇报。5月20日,市基督教三自爱国运动委员会主席蔡葵带领市基督教“两会”创建和谐教堂检查组5人,到崇文门教堂、宽街教堂检查创建工作。7月21～28日,受国务院侨办、市侨办委托,原东城区、崇文区民宗侨办分别接待法国语言文化交流协会、日本同源中文学校两个“寻根之旅”夏令营团。华裔学生们参观北京规划展览馆、东高地青少年科技馆等地,走进社区体验中国普通居民生活。7月,东城区天主教爱国会组织创建和谐教堂问卷调查活动,向两个堂区信徒发出问卷80份,收回75份。8月12日,东城区天主教爱国会秘书长带队,组织东交民巷、王府井天主教堂及爱国会负责档案管理人员,到崇文门基督教堂学习档案管理工作经验,并对学习人员进行培训。9月2日,市、区领导就东直门外清真寺周边环境问题治理进展情况召开现场协调会。区委统战部、区民宗侨办、东直门街道等单位参加。领导要求彻底解决清真寺北侧通道的环境问题。9月3日,召开宗教教职人员认定备案和宗教活动场所财务监督管理专项工作部署会议。会上,制订下发《东城区开展宗教教职人员认定备案和宗教活动场所财务监督管理工作的方案》,对开展专项工作提出要求。天主教爱国会(南片、北片)、基督教“三自”、伊斯兰教协会以及14座宗教活动场所相关人员50人参加。9月6日,东城区侨办按照统战部、市侨办《关于做好首都侨界代表人士推荐工作》的文件精神,推荐归侨侨眷、侨界代表人士20人。9月10日(开斋节),区领导邵鹏、王佩立、毛桂芬到东直门外清真寺走访慰问,就清真寺北侧通道内违章房屋问题及周边环境治理情况与区伊协、阿訇、寺管会负责人座谈。要求属地街道牵头,协调东直门外清真寺、中煤宾馆对通道进行管理,建立长效管理机制,对通道内存放垃圾要采取措施,避免环境问题反弹。9月27～28日,举办民族宗教代表人士培训班。邵鹏、冯藏淑出席。邀请国家宗教局政策法规司司长陈宗荣作《关于宗教活动场所财务监督管理工作》报告,区委政策研究室主任作新东城区区情报告。邵鹏在培训班总结会对民族宗教工作提出要求。天主教(南、北片)、基督教、伊斯兰教、14座宗教活动场所相关人员及区政协民族宗教专委会委员130余人参加培训。
（胡沛哲 马专）

【经济形势】 3月30日,原东城区举办低碳经济报告会,区产促局副局长、人民大学管理学博士作题为《发展低碳经济建设绿色东城》的报告。区归侨侨眷等近400人参加。3月31日,原东城区侨办组织侨商10余人参加市侨办、市侨商会组织的首都经济形势报告会。（胡沛哲 张琳琳）

【宗教组织活动】 4月3日,原东城区基督教“三自”组织西部1+1植树助学活动,崇文门基督教堂信徒80余人,在季明牧师带领下,到房山大石窝镇荒山种下杏树苗90棵。4月4～20日,崇文门基督教堂、宽街基督教堂、王府井教堂、东交民巷教堂、区伊协和各清真寺组织宗教界人士和信教群众,开展向西南干旱灾区捐款献爱心活动。5月5日,原东城区天主教爱国会组织王府井教堂、东交民巷教堂堂区教友,到北京怀柔百泉山春游,40余人参加。（胡沛哲 马专）

【文化春游活动】 4月16日,北京社会公益周在地坛举行。原崇文区侨办、侨联组织归侨侨眷40余人,参加“游地坛、学侨法、看书市、讲公益”主题文化春游活动,并参加社会公益周开幕式,学习侨法,咨询环保公益问题,领取学习材料等。
（胡沛哲 许孝萍）

【民族教育】 4月30日,原崇文区回民小学召开主题为“情系国防 雏鹰起飞”的小雏鹰军事学院成立大会,旨在促进学生行为习惯养成及提高国防意识。区领导赵中原,市文明办、区教委、文明办、民宗侨办等有关单位领导到会祝贺。5月17日,原东城区侨办与教委为参加第七届市国际教育博览会展开调研,讨论协商国际教育交流、开展华文教育等内容。5月27日,原东城区在后芳嘉园3号楼举行“民族乐园成长天地”——庆祝六一国际儿童节暨大方家回民幼儿园新址启动仪式。活动由鞠萍主持。市民委主任申建军、市教委学前处长、区领导金旭、章冬梅、毛桂芬、王建军及区民宗侨办、教委、朝阳门办事处、区政协部分委员等领导近20人参加,并为开园剪彩,与园长、教师座谈。6月2日,市人大民宗侨办主任席文启、副主任吴宝华到北京汇文中学调研华文教育工作。听取汇文中学和区民宗侨办有关负责人汇报开展华文教育工作情况,参观校史展览、外籍学生教室等设施,并就学费标准、班级规模、课程设置、年级序列、教材编写,以及生源等问题座谈。原崇文区人大领导吉胜久、段志国陪同调研。9月25日,东城区举行大方家回民幼儿园与宁夏回族自治区银川市金凤区回民幼儿园“手拉手”共建活动启动签约仪式。银川市政府驻京办事处副主任、民族宗教局办公室主任、金凤区政府副区长,市民族宗教局局长、教育局长及区政协副主席、民宗侨办副主任等市、区领导10余人出席仪式。宁夏电视台、银川教育电视台、《银川晚报》等媒体参加仪式并跟踪采访。（胡沛哲 许孝萍）

【民族团结进步创建】 5月6日,原东城区委统战部、民宗侨办在和平里街道召开区民族团结进步创建活动现场会。市民委副主任牛颂、区领导毛桂芬出席会议并对民族团结工作给予肯定。与会人员参观和平里街道“5.6”民族团结日活动,观看民族文艺演出、民族特色食品展示和民族团结进步创建活动展板。市、区有关职能局,街道、社区负责人以及区政协民族宗教专委会委员近150人参加会议。

(胡沛哲 马专)

【纪念“侨法”颁布报告会】 5月24日,原东城区侨办、侨联在和敬府宾馆举办纪念《中华人民共和国归侨侨眷权益保护法》(简称“侨法”)颁布20周年报告会,邀请中国侨联权益保障部部长姜凤岩,作关于侨法颁布形成历史背景及20周年维权情况报告,区侨务干部、归侨侨眷、侨界代表100余人参加。

(胡沛哲 张琳琳)

【民族体育】 6月19日、20日,原东城区雍和宫和地坛小学组成的蹴球代表队参加市“文化遗产日”蹴球邀请赛,分获男单、女双冠军、女单亚军和男双第三;原崇文区代表队获双蹴女子第三。原东城区、崇文区民宗侨办均获优秀组织奖。8月18日,东城区召开第八届市民族传统体育运动会动员大会。区领导毛桂芬、区民宗侨办、体育局、教委等领导及承担项目的委办局、街道、中小学校等44个单位、70余人出席会议。8月28日,东城区伊协组织的角球运动队代表东城区参加市第八届民族传统体育运动会。 (胡沛哲 许孝萍)

【安全工作协调会】 11月15日,东城区民宗侨办召开“古尔邦节”工作协调会。下发《关于做好伊斯兰教古尔邦节工作的几点意见》,安排节日期间各单位职责。东城公安分局国保支队、区安全分局、外事办、交通支队及相关街道负责人参加会议。12月15日,召开圣诞节安全保卫工作协调会。部署圣诞节安全保卫工作。毛桂芬要求各相关部门加强沟通协调,形成合力,确保圣诞节期间和谐稳定。 (胡沛哲 马专)

信息化管理

【概况】 东城区信息化工作办公室(简称区信息办),既是区信息化工作领导小组的办事机构,又是负责本区信息化工作的政府工作部门。区信息办内设综合管理科、规划标准科、应用推广科,行政编制10人。下设区信息中心和区信息资源管理服务中心,均为全额拨款事业单位。主要职责:统筹规划、综合协调、监督管理全区信息化工作,全面推进电子政务、电子商务、电子社区建设和信息资源开发利用,组织信息化工作行业管理、宣传、培训、技术服务和国内外交流合作。年内,区信息办按照“目标不变,任务不减、标准不降”要求,围绕全区中心工作,求真务实,开拓创新,年度既定目标任务和各项重点任务按预期进度开展,为保障行政区划调整,促进区域经济和社会各项事业健康稳定协调发展起服务支撑作用。

单位名称:东城区信息化工作办公室

单位地址:东城区东四北大街钱粮胡同3号

联系电话:64031118-7145 邮政编码:100010 (孔祥鑫 崔燕楠)

【网上图文直播】 1月12日,原东城区人大第十四届五次会议开幕,“数字东城”网站对开幕式进行全程网上图文直播。“数字东城”网站创新新闻宣传手段,在网站首页开设“两会”专栏,与其他部门合作、策划,首次尝试采用网上图文直播形式,及时报道开幕式,向网民传达区政府工作情况,推进政府信息公开。“首都之窗”网站对本次活动同步报道。9月12日,“数字东城”网站对为期3天的第一届北京王府井国际品牌节开幕式活动进行中、英文双语网上图文直播,向国内外网民实时报道,宣传王府井大街,搭建引进国际品牌、荟萃国内名优品牌平台,促进北京自主品牌走向世界。同时,“首都之窗”网站对开幕式活动进行同步报道。(孔祥鑫 崔燕楠)

【政务网考核评价】 1月14日,市纠风办与市经信委联合召开的市政务网站考核评价工作总结会上,原崇文区信息网、原东城“数字东城”网站被评为市优秀政务网站。原崇文区代表十八区县在大会上作题为《创新服务理念·坚持信息为民》经验交流报告。原东城区信息办加强政府网站建设,整合信息资源,推进政务公开。新增公共服务频道,重新规划办事服务频道,有效提升网上办事服务水平。发挥网站交流载体功能,主动与区内各单位合作,开展互动交流活动27次,组织活动数量、共建单位数量及公众参与人数创历年之最。

(孔祥鑫 崔燕楠)

【在线访谈】 1月15日,“数字东城”网站举办“让每一个孩子健康成长,办人民满意的教育”政府在线访谈活动。原东城区教委做客访谈现场,围绕建立民办学校、小学入学与升学条件、小孩入园等问题与网友互动交流。参加活动网友142人,在线回答问题127个。 (孔祥鑫 崔燕楠)

【信息化应用推进奖】 1月20日,原崇文区信息办参加评选的“商业业态规划与决策信息系统”、“商业信息资源监测与健康度评估系统”在中国信息协会信息主管CIO分会组织召开的第三届中国政府CIO大会上,被评为2009政府信息化应用推进奖。会上,全国各省市信息化主管部门代表共同探讨中国信息化和电子政务发展情况,交流政府CIO在推进信息化应用的经验和案例,引导电子政务在公共服务、行政管理方面的跨部门、跨地区信息资源共享与协同。

(孔祥鑫 崔燕楠)

【数字城市试点】 1月26日,国家测绘局正式批准将原东城区列入国家数字城市地理空间框架建设试点城市。通过有效整合城市多源基础地理数据,建立本区基础地理空间数据库,促进相关信息数据库建设,搭建统一、权威的地理空间信息公共平台,提升数据服务与管理水平,促进信息资源整合、共享和利用,加快数字城市进程。 (孔祥鑫 崔燕楠)

【崇文信息网获奖】 1月28日,原崇文信息网站在工信部电子科学技术情报研究所联合中国信息化研究与促进网和《电子政务》杂志社共同举办首届中国最佳政府网站管理实践经验暨颁奖大会上,获中国政府网站信息公开领先奖和中国政府网站优秀奖。 (孔祥鑫 崔燕楠)

【“数字东城”建设研讨】 2月4日，原东城区召开“数字东城”建设行动计划（2010～2012）研讨会，邀请国务院研究发展中心研究员、中国信息化推进联盟常务理事长邓寿鹏，市政府专家顾问团专家庄梓新，国家信息化专家咨询委员会委员、中国互联网协会常务副理事长高新民，市经信委电子政务与信息资源处水海峰等专家，以及区内相关单位主管领导，研究和探讨“数字东城”建设行动计划。徐熙出席并提出要求。6月29日，原东城区信息办与北京移动通信有限责任公司研讨“数字东城”建设，徐熙参加会议，听取北京移动公司副总经理范文军关于利用移动通信技术支撑“数字东城”建设的思路。 （孔祥鑫 崔燕楠）

【绿色通道项目签约】 2月5日，原崇文区信息办与5家合作企业就“工艺美术数字设计与产业促进平台”、“前门商圈传统服务业模式创新与公共服务能力提升”两个项目签订项目开发合同。市科委副主任郑吉春及区领导赵中原参加项目签约启动仪式。 （孔祥鑫 崔燕楠）

【工作部署视频会】 2月5日，原东城区委、区政府首次以视频会议形式召开本年工作部署会，利用视频会议系统将主会场的图像和声音实时传递到45个分会场，实现改进会风及绿色节能环保目的。80余家单位、1000余人参加。 （孔祥鑫 崔燕楠）

【评选网上投票】 2月22日，“数字东城”网站与“首都之窗”联合开展的“2009·感动东城”道德模范评选网上投票活动结束。为方便市民投票，原东城区信息办利用短信平台，支持短信投票方式。评选活动为期15天，收到网上投票2821张，短信投票317张。 （孔祥鑫 崔燕楠）

【校企合作】 3月10日，原东城区信息办与北京青年政治学院举行校企合作揭牌仪式，区领导徐熙与北京青年政治学院副院长张晓华为实训基地揭牌。双方就拓展网格化城市管理新模式，建设人文东城、数字东城、绿色东城和世界城市等内容进行沟通和交流。 （孔祥鑫 崔燕楠）

【参观接待】 3月11日，原东城区信息办接待市行政学院第36期处级正职公务员任职培训班学员，配合建设“世界城市”主题到区参观学习信息化建设成果。介绍以“数字东城”建设为核心的“一个基础平台、六大应用系统”的数字城区发展模式，并陪同到城市管理监督中心和社区卫生服务中心两个信息化重点应用部门现场参观学习。徐熙参加活动并作区情介绍。 （孔祥鑫 崔燕楠）

【信息化工作研讨】 3月17日，原崇文区信息办邀请7个街道办事处、区城管委、城管大队、城管监督中心、行政服务中心、安监局等单位研讨城市管理和街道社区信息化工作。介绍本年工作总体思路及主要任务，演示讲解综合执法及便民办事服务两个系统运用。明确本年城市管理信息化以城市管理综合执法、产业服务、三级服务体系建设及便民办事为重点，以服务和整合为目标，建设信息化支撑平台、服务体系及保障机制，提升政府行政服务水平。 （孔祥鑫 崔燕楠）

【政务绩效与信息应用】 3月17日，在市经济和信息化委员会召开的电子政务与信息安全工作会暨信息北京十大应用成果颁奖仪式上，原东城区被授予上年度市电子政务绩效考核优秀单位和信息北京十大应用成果奖。副市长苟仲文，工信部网络安全司司长赵泽良，信息化推进司司长徐愈，市经信委主任朱炎，副主任白新、俞慈生出席会议。（孔祥鑫 崔燕楠）

【市、区领导调研】 3月24日，原崇文区领导夏强到区信息办调研。强调：紧跟技术发展前沿，围绕全区中心任务，加强统筹规划和指导协调，整合资源、搭建平台，推动信息技术在经济社会发展中的应用；完善政府网络平台，促进信息共享和业务协同，加强技术手段和保障能力，确保信息网络安全；围绕改善民生，结合基层实际需求，指导、支持、帮助基层单位运用技术手段解决难题、推进工作。3月29日，市委社工委副主任王丽竹到原东城区调研社区信息化建设，听取区信息办和景山街道对社区信息化建设情况汇报，参观电子政务中心机房，对基础设施建设与提升进行沟通。区领导章冬梅、王佩立参加。6月23日，市委办公厅副巡视员钱臣到原东城区调研信息化工作。参观电子政务中心机房和机要室，同区委办、保密局就党委系统信息化建设进行讨论交流，区副巡视员马战校参加调研。11月26日，市经济信息中心领导到东城区调研信息化工作。区信息办就信息化工作进行汇报，重点介绍网上办事服务整合、政民互动、区域特色服务三个方面建设进展。市经济信息中心领导肯定区信息化工作，对区划调整期间信息化工作响应迅速、保障有力、技术过硬、整合充分等特点给予赞扬。 （孔祥鑫 崔燕楠）

【国家测绘局领导调研】 3月24日，国家测绘局国土测绘司副司长刘大可到原东城区调研“数字城市”地理空间框架试点建设工作。刘大可认为区数字城市建设思路清晰，网格化模式在城管、卫生、教育等领域得到充分应用，信息化建设成效显著。信息化建设符合“数字城市”地理空间框架试点要求，部门间的数据共享有利于推动“数字东城”建设。徐熙出席会议。 （孔祥鑫 崔燕楠）

【基础数据共享】 3月30日，原东城区召开公共管理基础数据共享服务工作会。推进建设“数字东城”，启动公共数据共享工作，区信息办介绍基础数据共享服务工作规范体系，部署本年主要工作。徐熙出席会议并提出要求。

（孔祥鑫 崔燕楠）

【公共安全“监管通”】 4月9日，原东城区信息办和区公共安全指挥中心组织近30个执法部门、100余人进行公共安全“监管通”培训。公共安全“监管通”在全区范围内投入运行，提高公共安全监管工作能力，提升公共安全领域中应用信息化水平。

（孔祥鑫 崔燕楠）

【办公平台应用培训】 4月12~16日,原东城区信息办组织第二次全区新一代协同办公平台进阶培训会,109家党政机关、企事业单位的161人参加,为推进协同办公应用奠定基础。10月11~13日,组织开展东城区新一代协同办公平台操作使用培训。136家党政机关、企事业单位的162人参加。(孔祥鑫 崔燕楠)

【信息化工作交流】 4月28日,桂林市工业信息化委员会到原崇文区交流信息化工作。了解信息化发展思路、信息资源共享情况以及在强政、兴业、惠民等方面的应用效果,观看重点系统演示,参观城市网格管理信息系统。(孔祥鑫 崔燕楠)

【图像信息系统建设】 5月7日,原东城区信息办召开综治办、公安分局、财政局、监察局、审计局、保密局等部门参加的图像信息管理系统工作协调会。讨论通过《关于加强东城区图像信息管理系统建设和管理的意见》,决定在区信息化领导小组领导下,建立图像信息管理系统建设管理工作组,规范项目申报审批、资金管理和技术标准管理。徐熙出席并讲话。(孔祥鑫 崔燕楠)

【保障高考安全】 5月19日至6月3日,原东城区紧急施工,加强考点周边图像采集点建设,增设图像采集点109个,实现10个考点周边图像监控全覆盖。制订应急预案,提高突发事件的发现和处置效率。高考期间安排专人值守,在应急指挥中心利用图像信息管理系统对10个考点周边进行动态监控,实时了解考点周边状态,在交通、安保、环境等方面提供全方位安全保障。(孔祥鑫 崔燕楠)

【基础数据更新】 6月2日,原东城区信息办召开公共管理基础数据更新工作会,32家数据责任单位参加。总结前期公共数据核对确认工作,部署数据目录编制工作。25家单位对现有历史数据进行核对,可实时更新数据资源205项,其中新增数据资源44项。(孔祥鑫 崔燕楠)

【专家评审、论证】 6月29日,原东城区召开"信息化标准体系"专家评审会。市信息化标准化顾问姚世全、中标院标准审查部副主任王长林、市质监局标准化处主任、工信部电子四所高工杨瑛和神州数码(中国)有限公司副总裁、市信标委委员等专家进行评审,并一致通过,成为区公共服务标准化示范区十三个重点工作当中首个通过专家评审的项目。7月13日,召开"数字东城"行动计划专家评审会。专家组认为"数字东城"行动计划考虑东城区实际情况,符合国际化、现代化建设的战略发展方向,具有先进性、可行性和前瞻性,一致同意通过评审。朴学东出席并讲话。国务院发展研究中心、工业和信息化部、国家信息化专家咨询委员会、市经信委相关负责人及部分专家顾问参加评审。11月24日,召开网格化社会服务管理创新信息化(一期)建设方案专家评审会。邀请北京航空航天大学、国家信息中心、市经信委相关专家参与评审。专家组一致认为网格化社会服务管理创新信息化(一期)建设方案设计完备,目标明确合理,技术路线可行,软硬件产品选型符合项目需求,项目总体预算合理,可以通过评审。12月3日,国家信息化专家咨询委员会、工信部电子四所、市质监局、市经信委的相关专家对《网格化社会服务管理技术规范数据结构和图示图例部分》(以下简称"规范")充分论证。专家组认为,"规范"具有创新性和可操作性,一致通过"规范"。(孔祥鑫 崔燕楠)

【物联网应用项目】 6月29日,原东城区信息办、质监局组织7家物业单位和2家技术单位,召开物联网应用项目电梯运行安全管理系统试点启动会,实现物业单位和技术单位工作对接。(孔祥鑫 崔燕楠)

【现场服务】 行政区划调整后,东城区采取措施加强对区内电脑终端设备的服务保障力度。截至年末累计话务量7711个,现场服务964次。(孔祥鑫 崔燕楠)

【终端电脑巡检】 8月至9月,强化对全区各部门信息化服务,构架全覆盖、全天候信息化服务保障体系,东城区信息办组织开展终端电脑摸底巡检工作。现场走访单位39家,收集终端电脑数据信息近1500台,现场排除问题100余起。(孔祥鑫 崔燕楠)

【"数字东城"网站获奖】 12月8日,在中国社会科学院信息化研究中心主办的2010中国政府网站绩效评估与第五届中国特色政府网站评选结果发布大会上,"数字东城"网站在全国1000余家参评政府网站中获服务创新奖。12月25日,在工业和信息化部电子科技情报研究所信息化研究与促进中心组织的中国优秀政府网站推荐及综合影响力评估会议上,"数字东城"网站获本年度中国政府网站领先奖。(孔祥鑫 崔燕楠)

信访工作

【概况】 7月,原东城区信访办和原崇文区信访办合并为新的中共东城区委、区政府信访办公室,是区委、区政府受理人民群众来信来访的职能部门。下设接访科、办信科、排查复查科、综合科,共23人。原东城区和崇文区合并后,区信访工作围绕建设"国际化、现代化新东城"战略任务,贯彻落实中央和北京市关于加强信访工作的决策部署,整合资源,完善机制,提高效能,巩固矛盾纠纷排查化解和三级信访代理工作格局,探索创新工作方式方法,促进各类矛盾纠纷的稳控化解,维护全区社会和谐稳定。全年,受理群众来信来访8241件,同比下降28%。其中来信4223件,同比下降29.3%,来访4018件,同比下降26.6%。区领导接待群众来访80批410人,阅批区信访办摘报的群众来信139件。开展人民内部矛盾纠纷排查活动9次,排查重点矛盾纠纷137件,对重大项目和重大决策的信访风险评估35次,督办重点信访案件346件,受理信访事项复查申请45件,按期办结率100%。撰写《东城信访信息》110期。完成上海世博会、广州亚运会、全国"两会"等重要时期信访保稳定任务,实现市委、市政府提出的“无重大重复上访户、无信访群体性事件、敏感时期无非正常上访”的工作目标。代表本市接受中央信访工作督导组检查,督导组对区信访工作给予高度评价。区委、区政府被市委、市政府评为2006~2010年度信访矛盾排查调处工作先进单位,区信访办被中共北京市委评为市第十届思想政治工作优秀单位。

单位名称:东城区委、区政府信访办公室

单位地址:东城区什锦花园胡同23号

联系电话:64041552 邮政编码:100007 (章来久)

【政法信访工作会】 1月21日,原东城区召开政法信访工作会,各单位信访工作主管领导和政法工作领导小组成员出席会议。李荣庆主持会议,常卫作工作报告,总结上年信访工作,部署本年信访工作。表彰上年度信访工作先进单位43个,信访先进工作者44人。 (章来久)

【领导慰问】 2月11日,原东城区领导杨柳荫、杨艺文、常卫、李荣庆到区信访办慰问信访干部。杨柳荫对上年区信访工作给予肯定,指出信访工作为全区实现“保增长、保稳定、保民生”和国庆60周年庆祝活动顺利进行,维护和谐稳定社会环境,作出贡献。同时,对做好信访工作提出要求。

(章来久)

【重点时期信访维稳】 3月1日,原东城区召开全国“两会”期间安保维稳工作动员部署会。传达市关于做好全国“两会”期间安保维稳工作会议精神,通报社会治安形势及信访工作情况。常卫对贯彻落实会议精神、做好“两会”期间信访维稳工作提出要求。常卫主持会议,区属有关单位主要领导参加。4月9日,原东城区领导常卫、李荣庆主持召开上海世博会期间维稳信访工作部署会。通报全区信访工作情况,传达上海世博会期间非涉沪上访人员分流劝返工作方案,常卫提出工作意见。原东城公安分局、区政法委、10个街道和部分信访重点单位主管领导参加。8月26日,为做好北京首届“武博会”期间的信访维稳工作,向全区下发信访保稳定工作通知。9月10日,专门部署王府井国际品牌节活动期间的信访维稳工作,确保活动举办。 (章来久)

【信访代理经验推广】 3月1日,市委、市政府召开推广原崇文区信访代理经验交流现场会,要求全市信访系统贯彻落实信访代理工作。国家信访局印发《信访代理工作之“崇文模式”》通知,在全国推广。截至年末,接待全国各省市参观学习28批300余人。 (章来久)

【信访培训】 3月25~26日,原崇文区举办街道、社区信访代理培训班。市信访办主任薄钢和区领导刘云斋、宋甘澍等出席并讲话。全区7个街道主管领导、信访干部和85个社区书记(主任)100余人参加。4月15~16日,举办信访代理培训班。市信访办主任薄钢和区领导宋甘澍出席。全区委办局主管领导和信访干部110人参加。11月22日,举办东城区推进信访代理工作培训班。讲解信访代理工作制度理念、原则、程序及实施工作中注意的问题,部分街道和社区交流经验。各委办局、17个街道及社区信访干部300余人参加。

(章来久)

【信访宣传日】 4月19日,原东城区开展“和谐有序 依法信访”为主题的宣传日活动。市信访办副主任刘志洪,区副巡视员马战校等参加景山街道宣传点活动。 (章来久)

【市、区领导调研】 6月7日,原东城区领导杨柳荫、常卫到区信访办调研,听取工作汇报。察看新办公场所,对上半年信访工作给予肯定,并提出要求。6月30日,市政府副秘书长、市信访办主任薄钢,市信访办督察员孙贵芳到区调研信访工作,区领导杨柳荫,徐熙等陪同。听取信访工作情况汇报,提出工作意见。7月8日,牛青山、刘云斋、周永明到东城区信访办调研。8月17日,徐熙到东城区信访办调研代理信访案件情况。了解合并后人员安排、办公用房分配及工作开展情况。10月9日,牛青山到东城区信访办调研,听取信访工作情况和工作思路汇报,对信访工作提出要求。11月4日,市信访办副主任刘志洪到东城区信访办调研,了解合并后信访工作现状、存在的问题及下年工作思路,提出指导意见。 (章来久)

【街道信访代理经验交流】 7月16日,组织北片10个街道和3个地区的信访工作主管领导及信访干部,到体育馆路街道办事处学习信访代理工作经验。了解信访代理工作有关情况,听取信访代理案例讲解,对做好街道和社区信访代理工作进行交流。 (章来久)

【信访代理工作会】 8月19日,召开东城区信访代理工作会。会上,听取各信访代理组对南片拆迁重点问题的处理情况汇报,对南、北两片排查出的区级重点问题及重点人进行通报,对重点矛盾纠纷明确区领导代理,提出代理要求。牛青山主持,区领导刘云斋、徐熙参加。 (章来久)

【联席会议】 9月26日,召开东城区联席会议第一次全体会议。通报《关于调整东城区处理信访突出问题及群体性事件联席会议领导小组成员的通知》及《东城区处理信访突出问题及群体性事件联席会议领导小组的议事规则》。传达市联席会议第二十一次全体会议精神。总结联席会议工作情况,部署下一阶段工作。通报重点矛盾纠纷排查情况,区领导、各委办局代理信访问题解决进展情况。牛青山对联席会议的主要任务,加强信访代理工作等问题提出要求。刘云斋主持,区领导周永明、联席会议全体成员单位领导参加会议。

(章来久)

【督导检查】 11月26日,中央纪委委员祝春林率中央信访工作督导组,由薄钢陪同,到东城区督导检查信访工作。中央督导组观看《魅力新东城》宣传片,杨柳荫汇报区信访工作情况。祝春林对本区将信访工作纳入“十二五”规划、充分发挥联席会作用以及构建信访工作大格局等工作给予肯定。

提出做好信访工作的原则和方法,对用群众工作统揽信访工作提出意见和建议。中央督导组分别到东花市街道、建国门街道督导检查。区领导刘云斋等参加。11月19日,薄钢带领市信访办、市监察局联合检查组,到东城区对基层信访工作效能联合检查,牛青山陪同。听取学习推广信访代理制经验,解决疑难信访问题等情况汇报。宋甘澍汇报开展社会管理创新有关信访工作的内容和信访工作中需请市信访办帮助协调解决的重点难点问题。检查组到建国门街道实地检查。（章来久）

档案管理

【概况】 原东城区档案局、馆:1979年12月,建立档案馆,编制4人,由区委办公室管理。1985年11月,成立原东城区档案局,区档案馆归口档案局管理,与区档案局为一套机构,两块牌子。1995年机构改革,增加内部机构和人员,设5科1室,编制24人。2007年12月,列入参照公务员法管理范围。原崇文区档案局、馆:1980年1月,成立区档案馆,定编6人,为区委、区革委会直属机构。1985年7月,建立区档案局,局、馆合一,定编20人。2008年12月,列入参照公务员法管理范围。2010年6月,根据首都功能核心区行政区划调整要求,东城区档案局、馆,崇文区档案局、馆合并为东城区档案局(馆),内设办公室、法制科、指导科、管理科、征集科、编研科、社教科、信息技术科,人员59人。年内,学习实践科学发展观,加强干部队伍建设,强化行政管理,推进法制宣传,做好基础业务工作,区财政投入150万元,购置档案抢救保护设施设备、开展档案数字化等工作。合并后建成档案局特藏室,保存、展示馆藏珍贵档案40余件。完成编制"十二五"规划以及市、区交办的各项工作。

单位名称:东城区档案局馆
单位地址:东城区幸福大街32号
联系电话:87556343　邮政编码:100061　（朱凤荣）

【档案行政执法检查】 1月,原东城档案局印发上年度档案工作目标管理等级考核情况通报,复查24个单位均通过等级资格三年复查,原档案工作目标管理等级资格继续有效。4月,原崇文档案局制发上年档案行政执法检查通报,通报档案安全保管、文书、会计档案归档、学习实践科学发展观活动文件材料归档工作等专项工作检查情况。上半年,原崇文区档案局执法检查25个单位,填写反馈记录,书面提出整改建议。年末,对因机构合并调整档案库房的27个单位,进行档案安全保管工作专项执法检查。（朱凤荣）

【科研工作】 2月,原崇文档案局完成新课题申报工作,本局馆《国家档案馆收集声像档案方法研究》课题被立项为市档案局科研项目。年内,原东城区档案局和崇文区档案局在市档案局立项的《民生档案管理与利用》《区县档案行政管理部门实施行政处罚对策研究》《非物质文化遗产档案管理方法研究》3个课题结题。（朱凤荣）

【达标升级】 2月,经原崇文档案局多次上门指导和沟通协调,区卫生监督所档案达标升级工作通过由本局和市卫生监督所、区卫生局组成的联合考评组验收,成为市区县属机关档案工作目标管理二级达标单位。原药监局崇文分局等4个单位通过达标满三年复查。（朱凤荣）

【业务培训】 3月22日至4月2日,原东城区档案局在区行政服务中心,举办为期8天的档案人员专业知识培训班,74人通过考试取得结业证书。根据建档基层单位不同业务需求,对区体育局、建国门街道等26个单位进行相关档案业务知识培训236人次。针对不同晋升级别的复查单位,开展三年复查工作相关业务培训。上半年,原崇文档案局针对有移交档案进馆任务单位的档案员22人,举办进馆档案整理标准和数据库软件应用专题培训;为参加市档案局网上继续教育且成绩合格的491人发放证书。11月12日,东城区档案局举办档案法律法规知识培训。市档案局法规处处长系统讲解档案法律法规的概念、类型、调整内容及作用,强调合并单位落实好档案工作法定职责,加强档案收集、整理、移交和安全保管。区属各单位档案员120人参加培训。（朱凤荣）

【政府信息查阅】 3月,原东城区档案局完成上年度政府信息公开报告。做好行政规范性文件查阅场所工作,补充市委、市政府已公开现行文件,设置行政规范性文件利用需求登记簿,满足群众对法律、法规和规范性文件的利用需求。年内,原东城区档案局接收区属各单位文件205种、615份,更换法规规章文件文本58种、1500份,向社会提供利用2725人次。原崇文区档案局接收政府信息公开纸质文本696件。（朱凤荣）

【学会工作】 4月,原崇文档案学会下发学会第三届理事会、监事会第二次会议纪要、工作计划、崇文档案学会会员登记、发展会员、缴纳会费的通知,完成会员登记缴费工作。5月15日,原东城档案学会组织相关人员参加"携手建设创新型国家——提高科学素质,参与低碳行动"为主题的科技周宣传活动,结合主题展出《走进四合院》展览,设置档案咨询台,宣传和讲解档案法律法规和民生档案,向社区居民发放《中华人民共和国档案法》《家庭档案》《档案违法案例选编》《档案知识服务手册》《档案"五五"普法基础读本》等宣传材料3000余份,接待群众3000余人。5月18日,原东城档案学会组织会员40余人到昌平档案馆学习交流,参观特藏展、京张铁路图片展和实物档案库房,听取经验和做法。11月,原崇文档案学会组织部分会员参与体验"宣南文化"、参加全国档案工作者年会、市档案学会下年工作策划会。12月,分别召开原崇文档案学会第三届理事会监事会第三次会议、原东城档案学会第三届理事会监事会第四次会议。全年选送6篇论文分别参加京津沪渝和中国档案学会档案学术研讨会。《区县档案馆档案信息资源开发利用途径之我见》被评为本年全国档案工作者年会优秀论文。（朱凤荣）

【家庭建档】 4月至6月,原东城区档案局举办10场家庭建档知识讲座,培训社区居民555人。5月19日,家庭建档工程启动仪式在安定门街道为民服务中心举行。毛桂芬为启动仪式揭幕,区属部分立档单位的档案员和居民代表100余人参加。发放家庭档案宣传页2000张。9月,对12户居民开展家庭建档试点工作,上门走访51次,制订符合不同家庭情况的个性化分类方案,并为每户居民现场示范制作家庭档案样本。10户家庭在家庭建档示范成果展上展示自家档案2700件。 (朱凤荣)

【编研工作】 5月,完成《北京志·档案志》第二轮(1996～2009年)编纂材料初稿编撰和报送。包括原崇文区档案局文字稿9万字,表格15套3.5万字,彩页照片29张;原东城档案局文字材料6.7万字。原崇文区档案局完成《崇文区志》报送稿,包括大事记2098字,条目17条,资料卡片23张,照片10张。制作《走进崇文(园林景观篇)》专题片,编辑《清皇族后裔金毓嶂口述史》。原东城档案局完成《东城区组织史料》(1986～2010年)文稿编撰和《东城区委七届常委会会议纪要》录入编撰工作。 (朱凤荣)

【电子文件中心建设】 5月,原东城档案局举办归档电子目录暨电子文件管理专项培训班,推广使用档案数据管理系统,各处级立档单位专职档案员78人参加培训。根据实际情况,对司法局、民政局、民防局、地税局、人大、政协、人保局等单位的专兼职档案员上门培训,并通过电话、邮件等方式进行一对一培训和指导。上半年,原崇文档案局开展对各处级立档单位上年室藏文书档案案卷级、文件级目录接收工作,接收单位14个。接收9个单位电子目录及死亡干部档案数据,接收5个试点单位电子文件,并进行光盘整理、目录编制及文件备份。 (朱凤荣)

【教育基地】 5月,原东城档案馆与东四街道、建国门街道,共同开展档案知识走进千家万户活动,将《档案就在您身边》展览送到家庭档案知识讲座现场,200余人次参观。与东总布小学联合开展青少年思想道德教育活动,邀请孙茂芳讲解展览,接待小学生40人次。暑假期间,原崇文档案馆爱国主义教育基地与培新小学联合举办"记录成长足迹"夏令营活动。小营员们每人一本《家庭建档指南》,学会收集、整理自己的成长记录,做家庭小档案员。参观东花市社区博物馆,了解曾以手工作坊闻名的崇文门外花市的变迁以及传承至今的绒鸟、绢花、料器等非物质文化遗产的发展历程。 (朱凤荣)

【业务指导】 上半年,原东城档案局专项指导24个单位,为32个单位解决档案业务问题。原崇文区档案局业务指导17个单位61次,实地调研区检察院和体育馆路街道档案管理情况,制订解决方案,开展文书档案整理培训。制订社保中心社会保险档案归档范围和保管期限表,针对不同险种登记、收缴、支付、稽核等环节的业务档案,多次开展研讨,明确文件全宗归属、类别划分、档案装具等问题,确定整理方法和归档时间。下半年,开展业务指导57次,为23个单位解决具体业务问题。及时介入创建花园城市及第一届北京王府井国际品牌节活动,明确活动档案归入重大活动档案管理,并专人负责,重点指导。年末,创建花园城市活动档案移交进馆。 (朱凤荣)

【举办展览】 上半年,原东城档案局完成北京胡同四合院历史文化展展览小样初稿,原崇文档案局根据北京胡同四合院历史文化展所需材料,搜集、整理文字材料4.5万余字,复印文字材料183页,收集前门宣传片光盘一张,征集照片1500余张。下半年,重新确定展览大纲,补充展览素材。完成北京胡同四合院历史文化展之东城篇文字脚本。配合市档案馆日活动,制作"首都文化中心区世界城市窗口区——新东城风貌展",288人参观。 (朱凤荣)

【档案宣传】 9月,原东城区《档案工作情况》和原崇文区《崇文档案》合并为新月刊《东城档案》,设局馆动态、学会建设、基层风采、档案时事、简讯等栏目。10月16日,举办"追寻北京记忆 感受档案魅力"为主题的第二届档案馆日活动。在《新东城》和档案局、馆网站刊登活动预告,接到预约电话120人次。开展参观观摩、互动体验、文化展示、咨询服务和宣传报道等活动5类17项。接待区属单位档案人员和社会各界群众近300人,发放宣传资料3400余份。北京电视台、《新东城》《法制晚报》《大众科技报》等媒体记者到馆参观、采访并予以报道。10月16日至11月16日,举办东城区"强化档案安全意识,健全档案安全体系"为主题的系列活动。开展第二届档案馆日活动,举办档案法律法规知识培训,组织区属单位档案人员参观海淀公共安全馆,开展档案安全保管工作专项执法检查等。全年,在市、区级报刊上刊登各类信息128条。 (朱凤荣)

【领导调研视察】 10月16日,市档案局局长陈乐人视察档案馆日活动,副局长姜之茂到东城区档案局指导档案全宗划分,副局长马素萍调研档案科研项目。年内,区领导毛桂芬先后10次调研、视察档案工作,听取工作汇报。 (朱凤荣)

【档案鉴定和开放】 年内,原东城区档案馆完成馆藏1980年50个全宗1345卷文书档案的开放鉴定,开放47个全宗404卷文书档案。完成开放档案实体及目录标注、开放档案目录编印等工作。鉴定1960年到期文书档案387卷5560件,经过初审、复审,保管期限重新定为永久保存13件;30年742件;15年4805件。原崇文区档案馆初审1979年应开放档案213卷,完成1959年到期档案、1979年开放档案鉴定工作。完成1960年到期档案1059卷的初审及档案实体、案卷目录标注工作。复审待销档案中文书档案92卷。初审1980年应开放档案1600余卷。 (朱凤荣)

【档案征集接收】 年内,原东城档案馆接收各门类档案、资料4142卷(件、张)、寄存1家破产企业档案1846卷。征集资料2本、照片档案1册94张、庆祝建国60周年联欢晚会学生方阵演出服1套。原崇文档案馆接收各门类档案8217卷

(件、张)。征集国庆60周年庆祝活动照片218张及视频资料,收集金毓嶂及其亲属口述录音资料。全年跟踪拍摄区重大活动及区相关单位的门脸、挂牌照片548张,整理司法局、财政局、劳动局、龙潭街道、东花市人民公社、国庆60周年、上年及本年上半年纸质归档照片956张,整理上年9月至本年9月拍摄的数码照片1360张,并刻光盘备份,修改、补充照片档案目录12页。两馆合并后,加强区划调整中的档案接收,接收28个单位有"崇文区"字样牌匾62块。 (朱凤荣)

【信息化建设】 年内,原崇文档案馆开展档案信息管理系统建设工作,档案信息管理系统试用版本安装到位,对局、馆工作人员进行培训。原东城档案馆对档案数据管理系统的使用情况,征求各处级立档单位使用意见,更新系统5次,完善版本。根据市局关于综合档案馆馆藏民生档案信息资源共享试点的工作安排,按照市综合档案馆档案目录数据库结构与数据交换格式,整理和补充馆藏的招工、知青等民生档案数据57.7万条,整理馆藏文件级的档案目录数据96.46万条。全年开展民生档案数字化工作,共产生婚姻档案目录数据45.29万条,档案扫描影像192.9万件,招工档案21.55万条,知青档案9.82万条,职工调转档案1.24万条。参与前门史料采集小组工作,对前门地区视频数据进行DV带数据转换采集,剪辑、刻录光盘备份,编制DV带目录及光盘目录。

(朱凤荣)

【档案数字化管理】 年内,开展馆藏民生档案(婚姻档案)全文数字化扫描工作。原东城区档案馆完成馆藏婚姻档案9014卷、军转档案300卷的全文数字化扫描工作,实现以数字化利用方式提供服务。原崇文区档案馆录入招工档案、分房问题文书档案、死亡干部档案、遣返档案、职工调转档案数据4312条。修改馆藏档案数字化扫描整理规定,完成文书档案20卷、婚姻档案5335卷、招工档案1305卷的全文数字化扫描工作,部分婚姻档案实现数字化利用方式提供服务。两馆在数字化及鉴定、审卷过程中,同时开展档案抢救工作,修补破损档案3396卷(原东城区档案馆314卷,原崇文区档案馆3082卷)。原东城区档案馆对馆藏照片档案100册4938张进行数字化扫描、修改,录入馆藏照片档案查询数据库数据5316条,并进行影像链接。 (朱凤荣)

【规划编制】 年内,区档案局全面自查"十一五"规划落实情况,调研分析制约档案事业科学发展的突出问题,完成《东城区"十二五"时期档案事业发展规划》编制,确定未来五年区档案事业发展的指导思想、发展目标和主要任务。(朱凤荣)

【接待利用】 年内,接待利用者9702人次,利用档案2.23万卷(张)次,出具证明8547份。免费为公民查阅馆藏知青下乡、返城、招工录用、职工调转、婚姻登记档案。 (朱凤荣)

地方志工作

【概况】 7月,原东城区委党史资料征集办公室(地方志编纂委员会办公室)、原崇文区地方志编纂委员会办公室、原崇文区委党史资料征集办公室合并为新东城区委党史资料征集办公室(东城区地方志编纂委员会办公室),简称党史办(地方志办)。主要职责:负责全区区志的编纂工作,指导各单位年鉴的编写工作。8月,任命新东城区党史办主任(地方志办主任)、副主任,组成新领导班子。年内,制订东城史志事业发展"十二五"规划和年度计划,并纳入区"十二五"规划;收集区委主要工作和重大举措等有关资料、政府折子工程、政府办理直接关系群众生活方面的重要实事进展与落实情况等资料,以为存史;启动和开展《中国共产党北京市东城区组织史资料(1987.10~2010.06)》《中国共产党北京市崇文区组织史资料(1987.10~2010.06)》编纂工作;全面启动《北京东城区志》《北京崇文区志》续修工作;完成《北京市崇文区军事志》初稿;完成《北京东城年鉴》《北京崇文年鉴》2010卷编纂出版发行;出版发行《东城史志》季刊4期;《崇文史地文化》《东城史地》丛书编辑工作进展顺利,已出版《北京名人故居·东城卷》《军调处执行部》《北京共产主义小组在东城》两书完成初稿;组织全区年鉴撰稿人外出学习考察3批次;完成东城区南、北片革命文物普查;先后采访邓力群、郑天翔、王定烈、柴泽民、李成瑞、李訥、周觉等老革命、老领导、老同志,抢救和保存口述史资料;加强学术研究,在全国各级报刊杂志上发表《毛泽东与中央苏区廉政建设述论》《走近资深外交家周觉》《后圆恩寺胡同7号——蒋介石行辕》《中共八大前后毛泽东关于加强和改进中央领导体制的若干思考与实践》等考证性、史论性、资政性文章30篇;在第四届全国年鉴编纂出版质量评比中,《北京崇文年鉴》2009卷被评为综合三等奖及框架设计二等奖;原崇文区地方志编纂委员会办公室获全国地方志系统先进集体,原东城区地方志办1人获全国地方志系统先进个人。

单位名称:东城区地方志办公室
单位地址:东城区东四十一条83号
联系电话:64009361 邮政编码:100007 (杨帅)

【二轮修志工作】 3月31日,原崇文区召开第二轮志书编纂经验交流会。区政协、城管委、教委、卫生局、文化委、崇文公安分局6个单位介绍经验。二轮区志主编通报全区二轮修志进展情况,对修志工作提出要求:把学习修志业务摆在重要位置,把熟悉篇目作为编修的基础,把编修质量贯穿修志工作全过程,把思想、人员、条件、工作"四个到位"落到实处。《北京崇文区志》编辑部全体人员及各承编单位主笔100余人参加。4月,原东城区召开第二轮修志工作动员大会,150余人参加。6月8日,原崇文区召开二轮修志研讨会。回顾区二轮修志工作进展情况,区教委等5个单位主笔汇报资料长编撰写情况,市地方志办领导谭烈飞就收集资料、撰写资料长编等6个方面作辅导。区志主编要求:扩大收集资料的渠道,增加资料的可靠性和广泛性;注意收集资料的深度和价值,重点收集具有崇文特色的资料;重视资料长编的编写;及时发现和解决存在的问题。市地方志办领导高文瑞,《北京崇文区志》主编、编辑部全体人员及区有关委、办、局主笔近30人参加。6月22~24日,原东城区举办第二轮修志业务培训班。邀请专家分别就志书资料收集、体例、概说、收集资料注意事项等问题培训,并按系统分6个小组研讨。全区105个承编单位的124人参加培训。11月16日,东城区召开二轮修志研讨会。会上,对二轮修志情况进行研讨,市地方志领导对修志难点进行解答。市地方志办领导、区领导、《北京东城区志》主编、《北京崇文区志》主编及区志编辑人员30余人参会。（刘婷　杨帅）

【当雄县志评审】 4月,原崇文区地方志办公室组织经验丰富的老同志参与友好区西藏《当雄县志》的评审,参考《西藏民主改革50年》等相关文件,重新撰写凡例和篇目设计,形成修改意见上报市地方志办公室。（刘婷）

【崇文史地文化丛书】 5月11日,原崇文区举行《崇文史地文化丛书》首发式。介绍《崇文史地文化丛书》成书过程,回顾编书目的、基本内容。市、区领导向丛书编著者颁发证书,向撰稿人代表赠书。段柄仁讲话:丛书的发行是崇文区在文化建设上的新探索,是了解崇文的一部基础教材,是地方志的一项新成果,是为用志开辟新的渠道,是对中华文化的传承和发展,必将推动崇文各项事业的发展。牛青山要求大家领会文化建设的内涵,把文化建设与落实科学发展观结合起来,继承发展中华民族优秀文化传统,挖掘保护历史文化是当代人的共同责任,把文化建设作为一项战略任务,抓紧抓好,作出成绩。市地方志编委会常务副主任段柄仁、市地方志办主任王铁鹏,区领导夏强、牛青山、刘云斋及市、区老领导,主要作者,撰稿人代表,兄弟区县负责人等80余人出席。（刘婷）

【地方志工作规划】 6月,原崇文区作为与市地方志办公室同步制订地方志工作规划纲要的试点区,完成《崇文区地方志工作中长期发展规划(2010年~2020年)》,并在全市十八区县地方志规划编制工作会上介绍经验。（刘婷）

【地情资料咨询服务】 7月,为区领导提供《北京东城区志》《北京崇文区志》《北京东城年鉴》(2008、2009卷)《北京崇文年鉴》(2008、2009卷)等地情资料书籍13套。年内,为区属各单位提供区志、年鉴等地情资料书籍及配套光盘240册(张)。接待群众咨询32人次。（杨帅）

【史志工作会】 8月13日,召开行政区划调整后第一次史志工作大会。传达区委组织部对新领导班子的任命通知,介绍工作人员情况,市、区领导讲话,要求新班子履行职责,顾全大局、团结协作、形成合力。同时,整合两区资源,加快职能和人员融合。市地方志办公室主任、区主管领导参加。（杨帅）

【年鉴业务研讨】 12月1日,召开年鉴业务研讨会,各责任编辑对做好东城年鉴编写工作展开研讨。确定年鉴基本框架,决定调整完善东城年鉴编写规范。（杨帅）

【年鉴出版发行】 12月,《北京东城年鉴》2010卷、《北京崇文年鉴》2010卷出版发行。《北京东城年鉴》2010卷全书设栏目17个,条目1398个,94.6万字,彩页40面,照片187幅。《北京崇文年鉴》2010卷全书设类目21个,条目1860个,99.7万字,照片158幅,56个单位宣传彩页。向域内单位及区人大代表、政协委员发放1750册,与32个省、市、区、县交换年鉴。（杨帅）

机关事务管理

【概况】 东城区机关事务管理服务中心前身为东城区人民政府行政处,1996年8月,更名为东城区机关事务管理处。2001年9月,根据东城区机构编制委员会办公室《关于东城区机关事务管理处转为事业单位有关问题的通知》,机关事务管理处转为事业单位,更名为东城区机关事务管理服务中心(简称“中心”),为区直属相当正处级事业单位,经费全额拨款,工资纳入公务员规范管理。主要承担区委、区人大、区政府、区政协机关及部分行政事业单位事务管理及后勤服务保障。编制75人,设主任1人,副主任3人,正科级职数10人,副科级11人。内设办公室、财务科、国有资产监督管理科、房管基建科、安全保卫科、车辆管理科、膳食科、综合服务科、管理一科、管理二科,下辖差额拨款事业单位东城区人民政府机关服务中心。年内,围绕机关工作大局,结合新区成立后的新形势、新任务,坚持规范管理、优质服务、高效保障,完成区划调整各项后勤保障任务。

单位名称:东城区机关事务管理服务中心
单位地址:东城区东四北大街育群胡同6号
联系电话:64077648　邮政编码:100010
（关丽丽）

【国有资产管理】 3月16日,组织召开原东城区一级预算单位国有资产工作会议,总结上年全区国有资产管理工作,部署本年国有资产管理工作,区检察院和工商联作经验交流发言。上半年,审批、审核45个机关单位5597件固定资产的报废和调拨,折合金额6390万元。为临时性重大活动、临时机构,调剂保障办公设备52件、总金额46万元。及时更新资产动态卡片7322张,总金额4.4亿元。资产处置严格按照流程审批,保证国有资产的完整。（关丽丽）

【后勤保障调整】 7月5日,成立搬迁工作后勤保障领导小组,设立组织计划组、搬迁工作实施组、交通和秩序安全组、生活保障组、房屋修缮与钥匙移交组、后勤保障组,明确专职联络员11人,形成齐抓共管的工作体系。多次召开会议细化搬迁方案,制订应急措施,与区交通支队、东城公安分局协调,争取对搬迁工作的支持。搬迁之前与相关单位联系沟通,结合各单位搬迁工作量提出车辆配置与搬迁人员意见,及时将搬迁所需的包装纸箱、胶带与绳子分发到各单位,并协调联络员做好物品装车、卸车现场指挥,跟踪搬运物品准确无误送到指定房间。7月10日,完成区级机关18个部门及单位598人办公地点调整搬迁工作。完成区机关1号、2号和3号办公楼400余间4万平方米办公区的整体粉刷和局部改造。7月,调研原东城区和崇文区机关事务工作,对比分析两种模式各自优势,根据管理科学化、保障法制化和服务社会化的要求,制订规范新东城区机关事务工作的建议,按照"精简、统一、效能"原则,提出集中统一的大管理、大后勤,得到区委、区政府肯定。12月30日,接管幸福大街32号等办公区的机关事务管理工作。（关丽丽）

【领导调研】 9月14日,东城区领导徐熙宣布区划合并后中心领导班子任命。10月15日,徐熙在财务工作专题调度会上对财务经费管理和机关事务工作作出指示。10月18日,牛青山在区政府城建系统专题会上,对中心工作和机关事务管理工作作出指示。12月16日,徐熙主持召开区政府机关事务交接工作会议,专题研究机关事务交接工作。（关丽丽）

【财政经费管理】 年内,完成财政预算资金收支管理1.95亿元,保障重点工程建设资金733万元,保障4700人次医疗费用支出402万元,完成1000余人的公费医疗重新核对以及医保人员信息采集、录入。（关丽丽）

【工程项目建设】 年内,完成金宝街8号地综合业务服务楼立项、土地预审、环境评价批复、交通评估批复、节能评估备案、规划选址意见、建设用地规划许可证、申请使用国有土地的批复等手续。对该区域拆迁评估和摸底,完成拆迁公司、评估公司、拆除公司及设计招标工作。完成什锦花园23号信访办、国际花园城市工作组、机关文印室、西二楼202会议室,1号楼六层餐厅、3号院区人大政协综合会议室的装修改造。全年零星维修改造面积6000平方米。启动车辇店胡同停车设备改造工程,完成工程施工、设备安装招投标,制订燃气、电力迁移方案,改建临时周转停车场1000平方米。完成府学胡同37号老干部活动中心及残疾人职业康复中心项目收尾工作,确保相关单位及时入驻办公。（关丽丽）

【安全管理】 年内,实行安全责任制考核,从防火、防盗、交通安全、食品卫生安全、传染病防治、施工安全等方面严格落实领导责任制和岗位责任制,细化安全生产工作任务和责任。完善《区机关突发事件应急工作总方案》和设备设施、餐饮膳食、公务用车等分预案10余项,明确人员分工、物质保障、抗灾措施、责任追究等。全年处理集体访、个人访等各类突发事件75起,疏导疏散信访人员2600余人次,维护机关办公区及周边安全秩序。加强安全检查,开展季节性检查、重大节日、重要活动联合检查18次,排查出安全漏洞30处,并要求立即整改。（关丽丽）

【服务保障工作】 年内,食堂累计保障就餐29万人次,完成区级领导公务接待任务130次。开展交通安全主题教育8次,维修、保养车辆500余台次,安全行驶200万公里,未发生重大交通事故。完成机关会议接待任务2270次、9万人次,提供门诊治疗3800人次,组织机关干部健康体检1000余人次。为机关干部职工发放节日福利物品、理发票、洗衣票等130余万元。组建机关文印室,印制《昨日区情》《东城信息》《督查快报》等各类文件42万份。完成6万平方米办公区卫生清扫,电路、管道、空调等各类设备设施日常维护6500余次,接转电话35万次,收发报纸、信件等约10万份。完成机关大院中央空调系统节能改造,实施用电分类计量改造,区综合业务服务楼被列入绿色示范建筑之一。（关丽丽）

【党建工作】 年内,将规范化建设年活动、创先争优活动、党员干部作风建设年活动与服务保障业务工作有机结合,成立活动领导小组,确保机关高效、协调运转,强化规范管理,提升服务水平,增强保障能力。推行党务公开,在全体党员中开展党员承诺制、党员志愿服务等活动。贯彻执行民主集中制,坚持集体决策、集体领导,完善权力运行的监督制约机制,按制度决策、用制度管理、依制度办事。完善党风廉政建设工作机制,一把手负总责,部门各负其责。分层次查找出个人风险点200余个,制订防范措施190余条。查找出部门风险点50余个,制订防范措施50余条。查找出班子成员个人风险点52个,制订防范措施53条,增强廉政风险防范工作的针对性。（关丽丽）

【干部队伍建设】 年内,采用民主推选、组织推荐、公开竞聘等形式,提拔正科级实职干部1人、副科级实职干部6人、副科级非领导职务干部1人。组织中层以上管理干部集中学习24次、50课时。处级干部3人、科级干部22人参加在线学习,工人6人获技术升考资格。在职学历教育培训4人。举办女性职场礼仪讲座、播音主持培训、如何开展调查研究、安全消防知识、交通安全知识、档案管理知识、数码摄影基础常识、内部OA系统使用等培训。开展岗位技能比赛,以赛促学,增强干部职工学习新知识、新技术的自觉性和主动性。（关丽丽）

【精神文明建设】 年内,开展"暖心工程",向玉树地震灾区、幸福母亲工程、党员献爱心捐款6750元,捐献棉衣棉被230件。以"快乐工作、健康生活"为主题,组织干部职工登山、踢毽子、跳绳、托球跑等健康有益的文体活动,组织"三八"妇女节、拔河比赛、春季踏青、健步走、护士节文艺演出等活动。组织东四奥林匹克社区艺术节专场演出、参观航空博物馆和体能训练。参与"五月的鲜花"职工歌咏比赛。（关丽丽）

原东城区人民政府

区长、副区长

区　长	杨艺文(女)		
副区长	徐　熙	李荣庆	毛桂芬(女)
	王佩立	毛　炯	郭怀刚

工作机构负责人

办公室主任	武建军
发展和改革委员会主任	许　汇
科学技术委员会主任	彭　湘
商务委员会主任	王　健
安全生产监督管理局局长	韩卫国(6月任)
信访办公室主任	吕瑞丽(女)
法制办公室主任	朱　捷(6月免)
	李凌波(6月任)
外事办公室主任	陈大鹏
人口和计划生育委员会主任	王力宇
民族宗教侨务办公室主任	闫　燕(女,回族)
台湾事务办公室主任	关连宝
国家保密局局长	周　彤(兼)
旅游局局长	李雪敏(女,2月任)
监察局局长	杨　新
民政局局长	赵凌云(女)
文化委员会主任	程永涛
教育委员会主任	蔡福全(2月免)
	冯洪荣(2月任)
卫生局局长	张　明
财政局局长	陈　虹(女)
人力资源和社会保障局局长	王　彦(6月任)
国家税务局局长	王炯东
地方税务局局长	秦龙生
质量技术监督局局长	张　勇
行政服务中心主任	李照宏(5月免)
	朱　捷(5月任)
审计局局长	王淑云(女)
产业和投资促进局局长	李照宏
统计局局长	赵　刚
市工商行政管理局东城分局局长	方葆青
园林绿化局局长	王中华(4月免)
市国土资源局东城分局局长	李　伟
房屋管理局局长	李　辉
环境保护局局长	韩小平(女)
市规划委员会东城分局局长	陈朝晖(女)
体育局局长	曲　力(女,6月免)
	吕德成(6月任)
民防局(地震局)局长	袁　银
社会建设工作办公室(社会工作委员会)主任	袁海鹏
精神文明建设委员会办公室主任	曹兴成
国有资产管理委员会主任	乔世怀(3月免)
	刘俊彩(女,4月任)
住房和城市建设委员会主任	王小英
市政市容管理委员会主任	赵鹏锦(回族)
市药品监督管理局东城分局局长	王继珍(女,满族)
行政学院院长	杨艺文(女,兼)
督导室主任	蔡福全(兼)
城市管理监察大队队长	朱传芳(6月免)
	耿学森(6月任)

区属事业单位负责人

档案局(馆)局(馆)长	胡家文(2月任)
地方志办公室主任	彭积冬
环境卫生服务中心主任	范辉(女,兼)
机关事务管理中心主任	路秀桥
城市管理监督中心主任	高　琦(回族,6月免)
	朱传芳(6月任)
东二环建管办主任	李　强

原崇文区人民政府

区长、副区长

区　长	牛青山	
副区长	刘云斋	朴学东(11月任)
	周永明	宋甘澍
	高桂强(女)	刘玉芳(女,1月免)

工作机构负责人

办公室主任	袁秀江
地方志办公室主任	袁秀江
危旧房改造办公室主任	关树生
发展和改革委员会主任	韩焕岭
教育委员会主任	杨志成

教育督导室主任	杨志成(3月免)
	张京明(3月任)
科学技术委员会主任	孙占军
住房和城市建设委员会主任	于　静(女)
房屋管理局(由住建委管理)局长	张晓峰
城市综合管理委员会主任	谢　申
文化委员会主任	李承刚
旅游局局长	尹广枢
人口和计划生育委员会主任	李评修(女)
国有资产监督管理委员会主任	杨博贤
区社会建设工作办公室(与区委社会工委合署办公)主任	赵小平
民族宗教侨务办公室主任	陈孝康(回族)
外事办公室主任	王宝祥
法制办公室主任	周秋来
信息化工作办公室主任	张　伟
信访办公室主任	王新民
民防局(地震局)局长	刘　方
监察局局长	杨春发
民政局局长	李学会
社区经济管理中心主任	李学会(兼)
司法局局长	杨金魁
财政局局长	王兆康
人力资源和社会保障局局长	梁　岩(女)
机构编制委员会办公室(与人事局合署办公)主任	梁　岩(女,兼)
卫生局局长	李亚兰(女)
审计局局长	许　健
环境保护局局长	鲍亚范(女)
统计局局长	陈　平
体育局局长	赵建忠
商务委员会主任	孟志军
安全生产监督管理局局长	刘建平
城市管理监察大队队长	王建华
政委	王伟民
城市管理监督中心主任	王建平
行政服务中心主任	刘　健
崇文公安分局局长	姜良栋
政委	滕　健
市工商行政管理局崇文分局局长	董　青(1月免)
	李广隆(1月任)
国家税务局局长	孙进才
地方税务局局长	刘春林
质量技术监督局局长	许建民
市药品监督管理局崇文分局局长	王小为
市规划委员会崇文分局局长	宋志红(女)
市国土资源管理局崇文分局局长	朱希昆(2月免)
经济社会调查队队长	刘握龙
市国家安全局崇文分局局长	邢志军
园林绿化局局长	王　森(6月免)
	梁成才(6月任)
档案局(馆)局(馆)长	常　崴(女,满族)
环境卫生服务中心主任	陈时雨(3月免)
	郑青云(3月任)
房屋土地经营中心主任	康哲才
前门大街管委会主任	葛俊凯

东城区人民政府

区长、副区长

区　长	牛青山(8月任)	
副区长	徐　熙(8月任)	朴学东(8月任)
	王红兵(8月任)	毛桂芬(女,8月任)
	周永明(8月任)	宋甘澍(8月任)
	毛　炯(8月任)	

工作机构负责人

政府办公室主任	袁秀江(9月任)
发展和改革委员会主任	许　汇(9月任)
教育委员会主任	杨志成(9月任,12月免)
	冯洪荣(12月任)
区政府教育督导室主任	赵其瑜(9月任,12月免)
	张京明(12月任)
科学技术委员会主任	孙占军(9月任)
住房和城市建设委员会主任	于　静(女,9月任)
城市综合管理委员会主任	谢　申(9月任)
商务委员会主任	孟志军(9月任)
文化委员会主任	李承刚(9月任)
人口和计划生育委员会主任	李评修(女,9月任)
国有资产监督管理委员会主任	杨博贤(9月任)
社会建设工作办公室主任	赵小平(9月任)
民族宗教侨务办公室主任	闫　燕(女,回族,9月任)
外事办公室主任	陈大鹏(9月任)
法制办公室主任	李凌波(9月任)
信访办公室主任	吕瑞丽(女,9月任)
信息化工作办公室主任	张　伟(9月任,12月免)
对外联络服务办公室主任	曲　力(女,9月任)
金融服务办公室主任	陈　勇(9月任)
危旧房改造办公室主任	关树生(9月任,12月免)
	刘俊彩(女,12月任)

台湾事务办公室主任	王宝祥(9月任)
防范和处理邪教问题办公室主任	王伟民(12月任)
政府研究室主任	郝留亮(9月任)
产业和投资促进局局长	李照宏(9月任)
监察局局长	杨春发(9月任)
民政局局长	赵凌云(女,9月任)
司法局局长	李利平(女,9月任)
财政局局长	陈　虹(女,9月任)
人力资源和社会保障局局长	梁　岩(女,9月任)
环境保护局局长	韩小平(女,9月任)
卫生局局长	李亚兰(女,9月任)
审计局局长	王淑云(女,9月任)
安全生产监督管理局局长	韩卫国(9月任)
体育局局长	吕德成(9月任)
统计局局长	赵　刚(9月任)
园林绿化局局长	梁成才(9月任)
旅游局局长	李雪敏(女,9月任)
民防局(地震局)局长	袁　银(9月任)
房屋管理局局长	隗功林(9月任)
东城公安分局局长	谢世龙
东城安全分局局长	李丹江
市国土资源局东城分局局长	李　伟
市规划委员会东城分局局长	宋志红(女)
国家税务局局长	王炯东
地方税务局局长	刘春林
市工商行政管理局东城分局局长	孙建生
质量技术监督局局长	张　勇
市药品监督管理局东城分局局长	王厚廷
经济社会调查队队长	孙书振
行政服务中心主任	朱　捷(9月任)
雍和园管理委员会主任	彭　湘(9月任)
前门大街管理委员会主任	葛俊凯(9月任)
北京站地区管理处主任	毛　炯(兼,9月任)
城市管理监察大队队长	耿学森(9月任)
城市管理监督中心主任	朱传芳(9月任)
东二环交通商务区建设管理办公室主任	李　强(9月任)
王府井地区建设管理办公室主任	朴学东(兼,9月任)
地方志编纂委员会办公室主任	彭积冬(9月任)
老龄工作委员会办公室主任	徐维江(9月任)
档案局(馆)局(馆)长	胡家文(9月任)
机关事务管理服务中心主任	路秀桥(9月任)
住宅发展中心主任	赵春军(9月任)
环境卫生服务一中心主任	范　辉(女,9月任)
环境卫生服务二中心主任	郑青云(兼,9月任)
房屋土地经营一中心主任	张和平(9月任)
房屋土地经营二中心主任	康哲才(9月任)
龙潭湖体育产业办公室主任	任继明(9月任)
永外商贸办公室主任	陈军义(9月任)

中国人民政治协商会议北京市东城区委员会

【概况】 由于区划调整,原东城、崇文区政协合并,成立中国人民政治协商会议北京市东城区委员会(临时)(简称区政协),是中国人民政治协商会议北京市东城区的地方组织。下设提案、学习和文史、经济科技、城建环保、教文卫体、社会和法制、民族和宗教、港澳台侨8个委员会。区政协常务委员会主持日常工作,并设办公室、研究室和4个专委会工作室为办事机构。本年是首都功能核心区区划调整的特殊之年。上半年,原东城和原崇文区政协共召开主席会议7次,常委会议5次,专题调研8项。提出提案456件、立案419件。编写简报98期,报送社情民意信息179篇,编发《社情民意》147期,出版《东城政协》报12期。邀请区委、区政府领导和有关部门负责人通报75次,组织协商座谈研讨107次,视察参观49次。主席接待委员来访日12次。下半年,以区划调整为契机,加强自身建设,有序推进政协各项工作的开展。召开常委会议、主席会议、专委会会议等例会26次,组织视察考察、专题座谈、情况通报等履职活动90余次,提出涉及全区经济社会各项事业发展的意见建议500余件。创办《新东城政协》报,编发《东城政协简报》60余期,宣传政协工作和委员风采,扩大政协工作影响力。开展《皇城医事》和《文史选刊》编辑工作,出版《我们见证2008》一书,发挥文史资料"存史、资政、团结、育人"作用。

单位名称:中国人民政治协商会议北京市东城区委员会
单位地址:东城区幸福大街32号
联系电话:67114619　邮政编码:100061　　(张重)

【政协文史书架】 1月4日,原东城区政协向区图书馆捐赠政协文史书籍。全国政协文史和学习委员会副主任卞晋平、巡视员王合忠、市政协文史和学习委员会主任王芸,区政协吴弘勇、曾刚健,王建军、李霭君等领导,区文委、图书馆负责人及区政协学习和文史委员会部分委员出席捐赠仪式,并在图书馆地方文献阅览室设立"政协文史书架"。　(梁振宇)

【十二届四次会议】 1月11~13日,召开原东城区政协十二届四次会议。审议并通过吴弘勇代表十二届区政协常委会向大会作的工作报告,赵亚洲作的提案工作报告。列席区十四届人代会第五次会议开幕式,听取并讨论《东城区人民政府工作报告》,讨论《东城区2009年国民经济和社会发展计划执行情况及2010年国民经济和社会发展计划(草案)的报告》《东城区2009年财政预算执行情况和2010年财政预算(草案)的报告》《东城区人民法院工作报告》《东城区人民检察院工作报告》。各民主党派、人民团体及委员代表围绕贯彻落实科学发展观,"人文北京、科技北京、绿色北京"建设,推进"国际化、现代化新东城"建设作大会发言。补选曾刚健为政协北京市东城区第十二届委员会主席。审议并通过《政协东城区委员会提案审查委员会关于十二届四次会议期间提案审查情况的报告》《政协东城区第十二届委员会第四次会议决议》。区政协领导王建军主持开幕式。全国政协常委、全国政协民族和宗教委员会副主任、中国伊斯兰教协会会长陈广元阿訇、市政协副主席陈平、区领导杨柳荫等出席。(梁振宇)

【常委会会议】 1月12日、13日、16日,原东城区政协分别召开第21次、第22次、第23次、第24次常委会会议。区政协领导郭瑞敏、曾刚健、李霭君分别主持。会议内容:听取委员各组讨论报告、选举办法(草案)、酝酿补选主席候选人名单(草案)、推选监票人、讨论会议决议(草案)等情况汇报。审议通过选举办法(草案)、补选主席候选人名单(草案)、监票人名单(草案)、政协北京市东城区第十二届委员会第四次会议决议(草案)。听取计票结果汇报并确认选举结果。听取总监票人关于大会选举计票结果的汇报。审议通过政协北京市东城区第十二届委员会提案委员会关于十二届四次会议期间提案审查情况的报告(草案)。听取大会秘书处关于全会期间委员捐款情况汇报。决定政协北京市东城区第十二届委员会第四次会议闭幕有关事项。审议通过政协北京市东城区第十二届委员会常务委员会本年工作要点(草案)。审议通过政协北京市东城区第十二届委员会副秘书长任免名单(草案)。听取区政协8个专门委员会工作计划汇报。通报主席会议通过的有关文件。3月4日,原崇文区政协召开第25次常委会议。区政协主席徐鸿达主持。听取宋甘澍关于区信访代理工作情况通报,审议通过《政协崇文区第十三届委员会常务委员会工作要点(草案)》和区政协各专委会工作计划(草案)。下半年,召开常委会议3次。8月24日,东城区政协主席徐鸿达主持召开第一次会议。通报政协北京市东城区委员会(临时)主席、副主席、秘书长分工。审议通过政协北京市东城区委员会(临时)专委会主任、副主任名单(草案);界别召集人名单(草案);常务委员会下半年工作要点(草案)。10月12日,召开第二次会议。听取王府井建管办关于王府井现代化商业中心区发展建设情况和第一届北京王府井国际品牌节活动情况通报。审议通过区政协《关于王府井商业中心区发展问题的建议案(草案)》。传达学习市第三次政协工作会议精神。12月21日,召开第三次会议。听取区政府关于办理区政协本年提案工作情况通报和建议案落实情况报告。审议通过关于届中不再担任区政协委员及届中撤销区政协委员资格的有关文件及《关于召开中国人民政治协商会议北京市东城区委员会(临时)第二次会议的决定(草案)》。审议《中国人民政治协商会议北京市东城区委员会(临时)常务委员会工作报告(草案)》《中国人民政治协商会议北京市东城区委员会(临时)常务委员会关于2010年提案工作情况的报告(草案)》《中国人民政治协商会议北京市东城区委员会(临时)第二次会议议程(草案)》。审议通过《中国人民政治协商会议北京市东城区委员会(临时)第二次会议日程(草案)》《中国人民政治协商会议北京市东城区委员会(临时)关于表彰2010年优秀提案的决定(草案)》《中国人民政治协商会议北京市东城区委员会(临时)关于通报表扬2010年提出3件以上提案政协委员的决定(草案)》《中国人民政治协商会议北京市东城区委员会(临时)关于表彰2010年优秀委员的决定(草案)》。听取区政协关于"回报社会 关爱百姓"和"扶困助学"资金使用情况的通报。通报人事任免有关事项。听取关于鲍亚范等13人职务任免决定的通报。(梁振宇 张重)

【慰问座谈会】 2月4日,在原崇文区职介中心举办"新春送温暖 关爱促和谐"迎新春慰问座谈会。观看《新春送温暖 关爱促和谐》纪录片,与会领导和政协委员向困难群众发放米、面、油等慰问品和慰问金。特困党员代表受"关爱基金"帮扶的弱势群体,向区政协领导及为"关爱基金"捐款的企业家表示感谢。区政协委员、北京华江文化发展有限公司副总经理,区政协委员、北京朝隆达新科技有限公司董事长代表向"关爱基金"捐款的40家企业、民主党派团体发言,表示继续奉献爱心,以自己绵薄之力,为社会和谐贡献力量。(张重)

【新春团拜会】 2月9日,原东城区政协与区委统战部联合举办各界人士新春团拜会。冯熙、曾刚健、常卫、吴松元、毛桂芬等领导出席。区各党派、团体负责人,区政协常委和各族各界代表人士参加。常卫致辞。(梁振宇)

【女委员联谊活动】 3月4日,原东城区政协组织庆"三八"女委员联谊活动。区政协领导曾刚健、王建军及女委员53人出席,参观宋庄画家村、国防工事艺术区、宋庄美术馆和保罗生物科技有限公司。通州区委副书记、代区长岳鹏,通州区政协主席王春元等领导陪同。(梁振宇)

【学习全国"两会"精神】 3月4日,原东城区政协举办学习贯彻全国"两会"精神报告会。卞晋平作辅导报告。原区政协主席吴弘勇,区政协副主席危天倪、李霭君出席,100余名政协委员参加。曾刚健讲话。(梁振宇)

【界别工作】 3月,原崇文区政协召开专委会主任、副主任、界别召集人会议。通报《政协崇文区第十三届委员会常务委员会2010年工作要点》,有关界别委员交流本年工作安排。(张重)

【市政协领导调研】 4月2日,市政协教文卫体委员会主任牛继升、专职副主任李然,率"促进义务教育均衡发展"调研组到原崇文区调研。视察新景小学、市第十一中学(金鱼池校区),听取区教委主任关于义务教育阶段教师绩效工资落实情况,区域内校长、教师流动情况以及阻碍义务教育均衡发展问题的汇报,听取市第十一中学校长介绍基本情况,观看"教师职业发展月"宣传短片,并与区教委领导进行交流。冯藏淑陪同调研。8月10日,市政协文史学习委主任王芸率队到东城区调研,商讨市政协和区政协联合举办"北京城区历史文化传承论坛"有关工作,介绍市政协举办"北京城区历史文化传承论坛"情况,徐鸿达、刘忠胜参加座谈。11月4日,市政协民族和宗教委员会副主任季文渊、路舒平带领部分市政协委员,视察区回民小学清真餐情况。市民委、市教委和区相关部门负责人参加,郭瑞敏陪同。12月14日,市政协城建环保委员会召开东、西城政协工作联系会,沟通下年工作思路。两区政协领导交流下年城建环保委员会计划开展的主要工作。刘忠胜出席。 (张重)

【张梅颖调研】 4月14日,全国政协副主席张梅颖到区北京百年农工子弟职业学校调研。听取区政协委员、北京百年农工子弟职业学校理事长办学情况汇报,与员工座谈。曾刚健及区教工委负责人陪同。 (梁振宇)

【企业家共话东城】 4月27日,以"东城区产业发展规划之我见"为主题,举行第七次"企业家共话东城"沙龙。原东城区政协领导曾刚健致辞。区领导郭怀刚介绍区情及未来经济发展整体思路、主导产业政策和促进经济发展的优惠措施等。围绕"深入挖掘东城区文化底蕴,促进旅游业的发展;因地制宜,打造现代服务业聚集区"进行探讨。原东城区政协领导王建军主持,区领导杨柳荫、费文勇、马战校、赵亚洲出席。区政协部分委员及驻区企业家70余人参加。10月26日,以"企业上市融资大家谈"为主题,举行第八次"企业家共话东城"沙龙。东城区政协主席徐鸿达致辞。区领导徐熙结合东城区区情,介绍未来经济发展整体思路及企业上市融资等相关措施。围绕"企业如何通过上市融资加速自身的发展、中国中小企业上市融资对证券市场的选择、企业上市的程序及相关法律问题、企业家如何选择最佳投资项目"等进行探讨。区政协领导刘忠胜主持,区领导常卫、李力、郭瑞敏、冯藏淑、孙占军出席。区政协部分委员、欧美同学会部分会员及驻区企业家近100人参加活动。 (梁振宇 张重)

【学习交流】 5月19日,原东城区政协曾刚健、王建军一行,到原崇文区交流工作。区政协徐鸿达、冯藏淑、刘忠胜参加。双方围绕如何充分发挥界别作用、强化委员主体意识、促进民主监督、加强机关建设等问题进行交流。5月20日,原市政协副秘书长孙聿及部分区县政协老主席等市政协老委员联谊会成员13人,参观考察原崇文区部分文化文物景观。老委员在前门大街乘坐"铛铛车",游览前门新景;参观台湾会馆,夏强为老委员介绍台湾会馆的历史文化、扩建过程及深远意义;在永定门南广场现场观看工程建设专题片;参观二十四节气公园、中华民族艺术珍品博物馆。区领导夏强、徐鸿达、王再云、冯藏淑陪同。9月至10月,东城区政协组织相关界别委员,分赴广西、福建、贵州等地学习考察当地政治协商经验,提高委员参政议政水平,增强做好政协工作的针对性、实效性。11月29日,江西省景德镇市珠山区政协副主席徐惠兰到东城区学习考察街道社区工作。郭瑞敏接待并交流座谈。12月22日,天津市宁河县政协主席孙会元一行7人,到东城区学习交流政协民主监督经验和做法。区政协领导郭瑞敏接待并交流工作经验。 (张重)

【特约监督】 5月26日,原崇文区政协召开特约监督工作经验交流会。交流开展特约监督的认识和体会。原崇文公安分局、区法院、卫生局、城管大队等主管领导介绍经验,总结开展特约监督工作情况,并提出意见和建议。区政协领导徐鸿达、刘云斋、刘忠胜、黄慧南,监察局局长出席会议。下半年,东城区深化特约监督工作,举办培训班和座谈会,交流特约监督工作经验和体会。特约监督员161人采取明查暗访、民主评议、参与执法检查等形式,开展民主监督。发挥社会治安综合治理民主监督小组、财政预算民主监督小组作用。委员通过旁听法院案件审理,检查食品安全和清真食品供应情况,听取社会服务和管理创新、中小学校舍安全以及下岗再就业资金使用情况通报,自觉把监督、服务、支持有机统一,使民主监督切实有效。 (张重)

【街道小组活动】 6月2日,举办原东城区政协委员街道活动小组调研座谈会。与会人员结合本街道活动小组工作,交流街道中心工作、和谐社区建设等方面发挥作用的经验和做法,分析存在的问题,提出相关对策建议。区政协领导曾刚健出席,朝阳门、和平里、北新桥、建国门、安定门等街道活动小组负责人参加。东四街道领导、东华门街道政协委员活动小组联络员应邀参加。8月20日,东华门街道政协委员活动小组召开座谈会,通报新东城区政协机关机构设置、人员分工和召开区政协临时会议第一次全体会议准备情况。9月14日,景山街道政协委员活动小组举行中秋团拜活动。听取城市综合管理服务创新工作既"大城管"模式工作汇报,并开展研讨。12月21日,建国门街道举办"畅所欲言,共谋发展"政协委员街道活动小组交流座谈会。政协领导与委员参观街道社区服务中心、社会服务管理综合指挥分中心、办事大厅与应急指挥中心。12月24日,政协委员安定门街道活动小组开展"迎全会、话提案"主题活动。通报区二十年规划和"十二五"规划主要内容,交流提高提案质量和准备提交的提案情况。 (张重)

【专题论坛】 6月10日,原崇文区政协在金台夕照会馆举办"发掘崇文特色文化内涵,促进文化经济融合发展"专题论坛。委员阐述对实施"天坛文化圈"发展战略,加快文化与经济融合发展的思考与建议。徐鸿达、赵中原、高桂强、冯藏淑、刘忠胜为特邀顾问,原区政协王金钟,区发改委、科委、商务委、文化委、民宗侨办、体育局、旅游局、规划分局等单位有关领导及区政协委员120余人出席论坛。

(张重)

【公共安全教育】 6月17日,原东城区政协与区委宣传部联合举办公共安全教育专题报告会。以区委、区政府理论中心组扩大学习会的形式,邀请闪淳昌教授作《学习实践科学发展观,提供应对危机和风险的能力》专题报告,区宣传部部长章冬梅主持,区领导冯熙、常卫、左海星、李力、毛桂芬、毛炯、郭瑞敏、王建军、李霭君等出席,区政协秘书长和部分政协委员、区属各单位处级以上领导及部分安全监督工作者300余人参加。 (梁振宇)

【"健康之城"研讨会】 6月23日,原东城区政协举办"健康之城"研讨会。区政协副主席王建军致辞。区政协领导王佩立通报区开展"健康之城"建设情况。中国中医研究院专家孟庆云作《创建"健康之城"的中医使命》主题发言,市健康促进工作委员会项目主管解读《健康北京人——全民健康促进十年行动规划》。委员14人发言。区政协副主席李霭君主持,区政协领导郭瑞敏、程华等出席。区社会办、卫生局、教委、残联等部门领导和委员近30人参加。 (梁振宇)

【主席会议】 上半年,原崇文区政协主席徐鸿达主持召开主席会议4次。主要内容:审议通过《政协崇文区第十三届委员会常务委员会2010年工作要点(草案)》,审议通过各专委会本年工作计划(草案)。审议通过区政协党组关于区政协机关人事任免的建议。分别研究确定区政协1月、2月、3月、5月工作安排,分别听取机关各室1月、2月、4月工作完成情况。原东城区政协召开主席会议3次。听取区有关部门工作情况通报,主要内容:关于严格绿色环保节能标准,推行企业绿色准入情况通报;关于聚集发挥区域戏剧文化资源,建设"戏剧之城"情况通报;关于开展健康之城——《健康北京人——全民健康促进十年行动规划(2009~2018年)》情况通报;关于完善违法建设协调查处机制等情况通报;关于上半年安全生产工作情况通报。审议区政协副秘书长任免建议名单,书面审议各专门委员会年度工作安排。审议通过区政协常委会工作安排、区政协增补委员参加专门委员会名单、相关部门聘请社会监督员的决定等。研究确定主席、副主席、秘书长督办重点提案建议名单。通报机关部门职责分工及人事调整情况。8月24日,东城区政协主席徐鸿达主持召开第一次主席会议。审议通过政协北京市东城区委员会(临时)主席、副主席、秘书长分工(草案),审议政协北京市东城区委员会(临时)专委会主任、副主任名单(草案),界别召集人名单(草案)和政协北京市东城区委员会(临时)常务委员会下半年工作要点(草案)等议题,并提请常务委员会议审议通过。10月8日,徐鸿达主持召开第二次主席会议。听取经科委调研组《关于王府井街区发展定位问题的调研报告》的情况说明,通过区政协《关于王府井街区发展定位问题的建议案(草案)》。会议确定关于召开政协北京市东城区委员会(临时)常务委员会第二次会议的有关事项。11月11日,区政协副主席郭瑞敏主持召开第三次主席会议。通报关于召开政协北京市东城区委员会(临时)第二次全体会议有关情况。审议通过《关于政协北京市东城区委员会(临时)评选2010年度优秀委员的实施办法(草案)》。通报区政协协助区委关于召开区政协工作会议的有关事宜。12月16日,郭瑞敏主持召开第四次主席会议。审议关于届中不再担任区政协委员及届中撤销区政协委员资格的有关文件。审议政协北京市东城区委员会(临时)第二次会议有关文件。审议关于召开政协北京市东城区委员会(临时)第二次会议的决定(草案)、建议议程(草案)、建议日程(草案)、政协北京市东城区委员会(临时)常务委员会工作报告(草案)、常务委员会本年提案工作情况报告(草案)和政协北京市东城区委员会(临时)第二次会议决议(草案),以及关于表彰本年优秀提案的决定(草案)、关于表扬本年提出3件以上提案的政协委员的决定(草案)、关于表彰本年优秀委员的决定(草案),并提交政协东城区委员会(临时)常务委员会第三次会议审议通过。审议通过政协北京市东城区委员会(临时)第二次会议主席会议成员分工(草案)、委员分组办法(草案)、召集人建议名单(草案)、委员分组建议名单(草案)及关于表彰本年优秀社情民意信息工作者的决定(草案)。会议听取区政协关于"回报社会 关爱百姓"和"扶困助学"资金使用情况的汇报。会议就召开政协北京市东城区委员会(临时)第二次会议的有关工作进行协商。12月21日,徐鸿达主持召开第五次主席会议。审议通过关于鲍亚范等13人职务任免的决定。 (张重)

【专门委员会工作】 上半年,原崇文区政协提案委员会收到提案249件,审查立案219件,年末全部办结。立案率88%,办复率100%。召开提案工作座谈会和市、区两级政协委员提案交流会。组织委员视察前门东大街地区修缮整治情况。分别在区旅游局、城管监察大队、教委、城管委召开政协提案办理协商会。学习与文史委员会联合区委宣传部、统战部,共同举办专题报告会,请北京电子科技职业技术学院院长、中国人民大学经济学博士生导师、原市发改委副主任王海平,解读"北京市城南行动计划"出台的背景、加快城南发展的总体思路、重大意义和未来三年城南发展的重点任务及相关政策措施。经济科技委员会召开围绕国际商贸战略,提升商贸产业的规模和水平的调研开题会。组织部分委员参观本区委员企业——北京金马模具制品有限公司和北京松上技术有限公司。举办区中小企业纳税常见案例分析座谈会,请区政协委员、区地方税务局稽查局立案科科长,向委员介绍国税和地税税种的区分,中小企业纳税中企业所得税、增值税、房地税等方面存在的问题和注意事项。城建城管环保委员会召开区节能减排专题调研座谈会。走访区城管委,结合节能减排调研课题,组织委员和调研组成员单位到北京天鸿圆方建筑设计有限公司调研座谈。组织委员视察前门东大街地区修缮整治情况,视察弘善家园建设情况,听取崇文城建开发公司领导关于弘善家园建设工作和入住情况汇报。教文卫体委员会召开区域医疗中心定位与发展调研开题暨情况通报会,调研组到普仁医院调研,考察海淀医院和北京第六医院。组织委员到永外工商所、东侧路食杂店、新世界地下超市和乐家市场视察食品安全工作,听取区工商分局食品卫生监督管理工作情况汇报。社会法制与民族宗教台侨委员会视察金龙潭市场、崇文门菜市场、光明楼分店和天东兴分店等清真食品供应点，检查落实民族政策、保障食品安全和少数民族清真食品供应情况。举办“新春送温暖 关爱促和谐”座谈会，与区民宗侨办、台办等部门联合，举办区港澳台侨新春联谊会。在开斋节、圣诞节等民族宗教节日，走访民族宗教界委员，慰问少数民族、信教群众。原东城区政协提案委员会征集提案205件，立案201件。其中党派、团体提案26件，界别提案2件，委员个人提案148件、联名提案25件。与区委召开民主党派团体和政协委员提案交办会。与区人大、区政府和区政协联合召开人大代表建议、政协提案办理工作会议。与区发改委、建委、文委、教委、旅游局等18个单位召开提案办理座谈会，听取办理情况通报并视察。组织提高提案质量专题调研，发放调查问卷316份，收回有效问卷102份，调研了解制约和影响提案质量方面问题，提出改进措施。赴宣武区、丰台区、密云县学习考察。学习和文史委员会，举办学习贯彻全国“两会”精神报告会，与区委宣传部联合举办公共安全教育专题报告会。召开《皇城历史文化系列丛书》编委会，开展“戏剧之城”视察观摩，组织区政协摄影沙龙成员参与“魅力东城”摄影比赛。经济科技委员会开展王府井街区发展定位问题的研究调研，听取王府井建管办、区旅游局工作通报，分4个专题与45家大型商业企业或重点单位座谈，赴朝阳区实地考察。组织委员听取区发改委关于促进中小企业发展建议案的办理情况。组织区政协财政预算民主监督小组成员听取区中小学校舍安全建设情况通报，与区财政局、教委负责人座谈。组织委员互访，参观汉和书画院、中国国际商品交易基地和北京鑫敏恒汽车销售有限公司。教文卫体委员会举办新老文艺界委员新春慰问联谊活动。开展加强教师队伍建设调研，分4个专题与区教委、教师研修中心、一七一中学、黑芝麻胡同小学等单位领导、校长、中小学教师、政协委员中的教育工作者和学生代表座谈交流，观摩一七一中学、黑芝麻胡同小学公开展示课。举办高招咨询讲座会，组织庆祝国际护士节活动，慰问和平里医院护士。城建环保委员会组织提案办理情况沟通会，与区国资委、建委、雍和园投资发展有限公司等承办单位座谈。听取区环保局、园林绿化局、住宅发展中心、东方康泰房地产开发经营有限责任公司工作通报。视察宏恩观、孚王府、美国使馆旧址等文保单位及玉河古河道恢复工程。配合市政协关于绿色出行调研活动，组织委员座谈。社会和法制委员会开展流动人口服务管理工作调研，与10个街道流管办负责人座谈，视察“流动人口之家”网站和南锣鼓巷流动人口服务站。组织委员参加法院旁听，组织区政协社会治安综合治理民主监督小组成员参观密云水库安全保卫工作。民族和宗教委员会与社会和法制委员会联合开展流动人口服务管理工作调研，组织委员参加和平里街道“民族团结日”活动。港澳台侨委员会召开提案办理情况通报会，听取区产业和投资促进局关于上年港澳台侨委员会《关于促进东城区台资企业发展的建议》提案办理情况通报。下半年，东城区政协提案委员会收到提案454件，审查立案420件，立案率92.5%；办复率100%。各民主党派、人民团体和政协委员对办理结果表示满意的占74.6%，表示同意的占25.4%。召开提案工作座谈会，向委员通报区划调整有关情况、区政协筹备组工作开展情况；对委员履职和开展工作提出要求。召开提高提案质量调研座谈会；就城建环保委员会提出《关于促进钟鼓楼地区发展的几点建议》的提案办理落实情况追踪视察；召开提案分析观摩会，观摩民建界别开展提案分析的具体做法；召开优秀提案评选会议和提案委员会全体会议，讨论《中国人民政治协商会议北京市东城区委员会(临时)常务委员会关于2010年提案工作情况的报告》(草案)，总结本年提案委员会工作、研究下年工作思路，评选本年优秀提案和优秀委员。学习和文史委员会组织部分委员参观新文化运动纪念馆；座谈区域调整后如何做好区政协工作；召开部分委员座谈会，部署落实关于市政协举办“北京城区历史文化传承论坛”工作方案；召开专委会主任会，专题讨论本年区政协优秀委员评选工作。经济科技委员会举办工商联界别委员座谈会；区政协筹备组领导与委员座谈，介绍区委有关会议精神、合并后区政协工作情况；调研课题组成员召开座谈会，征求《关于王府井街区发展定位问题的建议案》意见；组织部分委员围绕《关于王府井街区发展定位问题的调研报告》和王府井商业街的发展、建设情况，视察王府井工美大厦和王府井乐天银泰百货，听取经营状况及发展前景的介绍；组织部分委员视察中关村科技园雍和园发展和建设情况；组织财政预算民主监督小组成员听取区财政局和人保局关于上年下岗再就业资金使用情况通报；视察世纪天鼎投资有限公司；就“‘十二五’期间科技发展规划”征求委员意见；组织委员视察金宝街、前门大街、台湾会馆的发展和建设情况；召开主任会议，推选本年专委会优秀委员建议人选；与区工商联联合召开区工商联各界别政协委员情况通报会。城建城管环保委员会组织开展委员联席活动，考察天坛祈年殿、神乐署等景点后座谈；组织部分委员视察东直门交通枢纽机场快轨、东华广场商务区以及钟鼓楼；召开主任会议，推选本年专委会优秀委员建议人选，研究讨论专委会下年工作思路。教文卫体委员会组织部分委员赴昌平北京御生堂中医药博物馆参观考察，就区划调整后委员开展政协工作座谈；邀请部分教育界委员召开庆祝教师节座谈会，交流职业感悟和新东城大教育发展理念；召开专委会主任会，讨论本年区政协优秀委员评选工作；与区残联联合举办以“弘扬传统美德，促进社会文明”为主题的“百福到家传递博爱”书画笔会新年助残活动。社会法制委员会召开座谈会，通报重点工作，征求委员意见建议；慰问东城交通一支队、二支队；组织委员到区法院，听取执行情况的通报并开展座谈；召开特约监督员座谈会，结合工作职责，交流经验和体会；组织委员视察东花市街道社会服务管理综合指挥分中心；组织委员旁听区法院案件公开审理；召开社会和法制委员会主任会议、全体委员会议；召开妇联界别工作会，参观王府井天主教堂；召开工会界别工作会议。民族和宗教委员会召开座谈会，介绍下半年政协和专委会重点工作；与区委统战部、区民宗侨办联合举办区民族宗教界代表人士学习班，邀请国家宗教局政策法规司司长陈宗荣作《关于宗教活动场所财务监督管理工作》的报告、区委政策研究室主任作《关于新东城区区情》报告；视察区“和谐寺观教堂”创建工作，听取区民宗侨办情况通报并视察雍和宫；分别召开民族和宗教委员会主任会议、全体委员会议。港澳台侨委员会组织委员参观台湾会馆，就区划调整后委员开展政协工作进行座谈；召开港澳台侨委员中秋赏月话发展座谈会；召开全体委员会议，评选优秀委员、总结本年工作、研究下年工作思路；圣诞节、元旦前，为港澳台侨委员及其眷属寄发贺年卡，加强联系和友谊。（张重）

【政协筹备组会议】 8月16日，东城区筹备工作委员会政协筹备组召开原东城区、崇文区政协常务委员会会议。会议由区政协筹备组成员刘忠胜主持。会议的主要议程：原东城区政协常委、原崇文区政协常委分别通过中共东城区委、东城区各民主党派、无党派代表人士、各人民团体关于行政区划调整后不再担任政协主席、副主席、秘书长、常务委员、委员职务人员名单的联合建议书；介绍关于政协北京市东城区委员会（临时）组成情况及筹备召开第一次全体会议有关情况；通报政协机关组织机构和处室负责人情况；区政协筹备组组长徐鸿达讲话。（张重）

【区政协（临时）第一次全体会】 8月24日，政协北京市东城区委员会（临时）第一次全体会议在区图书馆举行。市政协领导陈平，区领导杨柳荫、牛青山、冯熙出席。区政协筹备组组长徐鸿达和区政协筹备组成员冯藏淑，分别主持大会开幕式和闭幕式。听取区政协筹备组成员郭瑞敏关于政协临时会议筹备工作情况通报；表决产生政协临时会议主席、副主席、秘书长、常务委员，徐鸿达当选政协临时会议主席，郭瑞敏、冯藏淑、刘忠胜、赵亚洲、李亚兰、危天倪、孙占军、李霭君、张志萍、程华、黄慧南当选政协临时会议副主席，姚维当选政协临时会议秘书长，政协委员89人当选政协常务委员；审议通过《政协临时会议第一次全体会议决议》。陈平、杨柳荫、徐鸿达分别讲话。（张重）

【区政协机关揭牌】 9月15日，在幸福大街32号机关办公楼前举行新东城区人大、政协机关揭牌仪式。杨柳荫、牛青山、冯熙、徐鸿达等区四套领导班子成员出席。区人大、区政协机关全体工作人员参加。杨柳荫与徐鸿达为新区政协机关揭牌。刘云斋主持仪式。（张重）

【中秋联欢会】 9月20日，与区委统战部等单位联合，举办东城区各界人士“欢度中秋喜迎国庆”联欢会。宗教界委员代表发言，杨柳荫讲话。区政协和各党派团体选送12个节目，表达委员喜迎祖国华诞，祝福祖国繁荣富强的心声。（张重）

【走访和接待委员日制度】 年内，坚持走访委员和接待委员日制度，听取委员意见建议。通过拜访委员单位、走访委员，召开座谈会、通报会、联谊会等形式，加强与委员沟通交流。区划调整后，开展拜访委员单位、走访委员、召开座谈会、组织联谊活动88次，政协委员参加512人次。通过走访和联谊活动，扩大宣传，增进了解，结交朋友，促进感情融合和思想融合。（张重）

【学习活动】 年内，加强对委员培训、教育和管理，提高委员综合素质和履职能力。先后举办“宏观经济发展”、“台海形势”、“城南行动计划”、“关注2010年教育改革发展”、“公共安全教育”等报告会，举办民族宗教界人士学习培训班和专题讲座10余次。各专委会结合日常履职，分别开展专题学习、情况通报等活动，为委员在新形势下践行科学发展观、提高履职实效奠定思想基础。在全体委员中开展“三个一”（一件提案，一件社情民意，参加一次调研）活动，组织开展优秀政协委员、优秀提案、优秀社情民意信息工作者评比表彰，激励委员在本职岗位建功立业，履职活动有所作为。对委员参加会议和活动提出明确要求，履职管理制度化和规范化。（张重）

【社情民意反映】 年内，定期开展信息工作培训，召开热点问题座谈会，发布信息报送要点。全年编报《社情民意》200期，其中全国政协采用3篇，市委、市政府、市政协采用30篇，市、区领导批示85条，发挥社情民意反映“快速路”、“直通车”作用。（张重）

中国人民政治协商会议北京市原东城区委员会成员及工作机构负责人

主席、副主席、秘书长、常务委员

主　　席　曾刚健（女）

副 主 席　郭瑞敏（女）　王建军　赵亚洲　危天倪（女）　李霭君（女）　程　华（女）

秘 书 长　姚　维

常务委员（以姓氏笔画为序）

丁迪红（女）　王　炜　王　涛（女）
王伟东　王建川　王继珍（女，满族）
尹铁铮　石　勇　乔世怀
乔自宏　刘　冰　刘昆玉（女）
刘继春　刘景地　闫　燕（女，回族）
孙　阳　杨　壮　杨　玲（女）
杨文玉　杨立萍（女）　杨金生
杨春林（女）　杨智敏（回族）　苏荣誉
李礼强　李　宪（女）　李庭寿
邱长乐　张为红（女）　张树槐
陈　刚　陈子云（女）　武志良
林　阳　孟和乌力吉（蒙古族）
赵　勇（满族）　赵北亭　段书安

姜宏志　徐工学　徐鹏程
高崇耀　陶　洪(女)　董　骞
董立元　童　卫　蔡福全
蔡晓美(女)　谭　菲(女)　滕亚杰(女)

专门委员会负责人

提案委员会主任　程　华(女,兼)
学习和文史委员会主任　李霭君(女,兼)
经济科技委员会主任　赵亚洲(兼)
城建环保委员会主任　乔世怀
教文卫体委员会主任　王　炜
社会和法制委员会主任　危天倪(女,兼)
民族和宗教委员会主任　闫　燕(女,回族)
港澳台侨委员会主任　武志良

工作机构负责人

办　公　室　主　任　徐　龙
专委会工作一室主任　邬烈中
专委会工作二室主任　张锦东(女)
专委会工作三室主任　郑力平
专委会工作四室主任　马增欣
研　究　室　主　任　空　缺

中国人民政治协商会议北京市原崇文区委员会成员及工作机构负责人

主席、副主席、秘书长、常务委员

主　　席　徐鸿达
副 主 席　冯藏淑(女)　刘忠胜　李亚兰(女)
孙占军　张志萍(女)　黄慧南(女)
秘 书 长　臧丽昆(女)
常务委员(以姓氏笔画为序)
于永香(女)　马宝刚(回族)　王　灏
王永德　王建荣(女)　王跃春(女)
王跃锋　邓泽敏　尹向敏(女)
曲运宏　冯慧敏(女)　吕志斌
任　蕾(女)　刘希俊　庄丙强
纪常伟　杨　科　杨博贤
苏振芳(女)　李文苏(女)　李其威
李学会　李建华(女)　李瑞芬(女)
张志勇　张俊国(回族)　张章笋
范文华(女)　范承玲(女)　郑海发
赵青仲　徐建胜　郭凤书(女)
郭新光　崔奇铭　常　崴(女,满族)
董化端　蒋柏荣　程宝义

专门委员会负责人

提案委员会主任　冯藏淑(女)
学习与文史委员会主任　李亚兰(女)
经济科技委员会主任　刘忠胜
城建建管环保委员会主任　孙占军
教文卫体委员会主任　张志萍(女)
社会法制与民族宗教台侨委员会主任　黄慧南(女)

工作机构负责人

办　公　室　主　任　臧丽昆(女)
专委会工作一室主任　赵汶柏
专委会工作二室主任　侯文君
专委会工作三室主任　王志强
研　究　室　主　任　李　华(女)

中国人民政治协商会议北京市东城区委员会(临时)成员及工作机构负责人

主席、副主席、秘书长、常务委员

主　　席　徐鸿达
副 主 席　郭瑞敏(女)　冯藏淑(女)　刘忠胜
赵亚洲　李亚兰(女)　危天倪(女)
孙占军　李霭君(女)　张志萍(女)
程　华(女)　黄慧南(女)
秘 书 长　姚　维
常务委员　(以姓氏笔画为序)
丁迪红(女)　于永香　马宝刚(回族)
王　涛(女)　王　炜　王　灏
王永德　王伟东　王建荣(女)
王建川　王继珍(女,满族)　王跃春(女)
王跃锋　邓泽敏　尹向敏(女)
尹铁铮　石　勇　曲运宏
冯慧敏(女)　吕志斌　乔世怀
任　蕾(女)　乔自宏　刘　冰

刘希俊　刘昆玉(女)　刘继春
刘景地　庄再强　闫　燕(女,回族)
孙　阳　纪常伟　杨　壮
杨　玲(女)　杨　科　杨文玉
杨立萍(女)　杨金生　杨春林(女)
杨博贤　杨智敏(回族)　苏荣誉
苏振芳(女)　李　宪(女)　李文苏(女)
李礼强　李其威　李学会
李建华(女)　李庭寿　李瑞芬(女)
邱长乐　张为红(女)　张志勇
张俊国(回族)　张树槐　张章笋
陈子云(女)　陈　刚　武志良
林　阳　范文华(女)　范承玲(女)
郑海发　孟和乌力吉(蒙古族)
赵　勇(满)　赵北亭　赵青仲
段书安　姜宏志　徐工学
徐建胜　徐鹏程　郭凤书(女)
郭新光　高崇耀　陶　洪(女)
常　崴(女,满族)　崔奇铭
董　骜　董化端　董立元
蒋柏荣　程宝义　童　卫
蔡晓美(女)　蔡福全　谭　菲(女)
滕亚杰(女)

专门委员会负责人

提案委员会主任　程　华(女)
学习和文史委员会主任　李亚兰(女)
经济科技委员会主任　赵亚洲
城建环保委员会主任　孙占军
教文卫体委员会主任　张志萍(女)
社会和法制委员会主任　危天倪(女)
民族和宗教委员会主任　李霭君(女)
港澳台侨委员会主任　黄慧南(女)

工作机构负责人

办公室主任　徐　龙
研究室主任　李　华(女)
专委会工作一室主任　鲍亚范(女)
专委会工作二室主任　赵其瑜
专委会工作三室主任　张锦东(女)
专委会工作四室主任　侯文君

政法·军事

政 法

政法委员会工作

【**概况**】 区划调整后,原东城、崇文政法委合并,成立新东城区政法委。内设办公室、法制科、政治部3个机构,行政编制38人。年内,政法维稳工作围绕整体工作大局,以平安建设为载体,着眼影响社会和谐稳定的源头性、根本性、基础性问题,推进社会矛盾化解、社会管理创新、公正廉洁执法工作,推行网格化社会服务管理模式,深化矛盾纠纷排查化解,提升公正执法水平,夯实社会和谐稳定基础,确保全区安全稳定,为促进经济社会全面、协调、可持续发展,建设国际化、现代化新东城创造了和谐稳定的社会环境和公正高效的法治环境。

单位名称:东城区委政法委员会
单位地址:东城区钱粮胡同3号
联系电话:64071736　邮政编码:100010　　(姜云飞)

【**政法委全体会议**】 1月15日,原东城区委政法委员会全体会议召开。传达全国、市政法工作会议精神,介绍并讨论本年政法维稳、综治、反邪教工作要点。常卫肯定上年区政法工作,对本年工作提出要求。区领导常卫、谢世龙出席。(姜云飞)

【**政法信访工作会议**】 1月21日,原东城区政法信访工作会议召开。传达全国、市政法工作会议精神,表彰先进。会议要求:要深化“平安东城”建设,打牢根基,规范执法,提高公信力。加强改进党对政法工作领导,推动政法队伍建设。会议就春节和“两会”安全稳定工作进行部署。常卫、李荣庆、费文勇、王建军等区领导,区委政法委员会委员、维护稳定工作领导小组成员、综治委员会委员、反邪教领导小组成员、信访工作主管领导和各街道、地区领导及115个社区部分代表参加。(姜云飞)

【**领导慰问干警**】 2月8日,区领导常卫分别到原东城交通支队东四大队和东华门派出所看望慰问特困干警李贵志和任立强,并向战斗在一线的公安干警致以节日问候。对全体干警在各项工作中所起到的突出作用给予肯定。3月11日,市委副书记、政法委书记王安顺到区检查全国“两会”代表委员驻地及社会面安全保卫工作,慰问东华门街道银闸社区首都治安志愿者。区领导杨柳荫、杨艺文、常卫等陪同。随后区领导到王府井大街派出所的全国“两会”安全警卫工作东城指挥部和东城交通支队帅府园大队,慰问战斗在“两会”安全保卫和交通保卫一线干警。(姜云飞)

【**春节及两会安保工作**】 2月10日,原东城区召开领导干部大会,部署春节、全国“两会”期间安全稳定工作。区领导要求:提高认识,克服麻痹思想;细化工作,抓好各项工作落实;落实维稳工作责任制,强化责任追究,确保形成整体工作合力;开展矛盾纠纷排查化解,解决复杂疑难信访问题;开展对违法犯罪高危人群的排查管控,维护社会面安全;制订完善“两会”各项安全警卫方案、预案,细化相关安全警卫、交通组织、巡逻防控及周边清理整顿和秩序维护工作措施。3月1日,召开全区做好全国“两会”安保维稳工作动员部署会议。常卫肯定春节安保维稳工作,要求认清形势,做到不麻痹、不松懈、不减力,发扬连续作战、能打硬仗的精神,抓好工作落实,完成全国“两会”安保工作。3月2日,区领导杨柳荫、常卫、谢世龙等到北京国际饭店、北京饭店、贵宾楼饭店、首都大酒店听取全国“两会”安全服务保障工作情况汇报,察看服务设施,了解工作准备情况。常卫主持召开全区全国“两会”安全服务保障工作现场会。区委政法委、公安分局、综治办、信访办、城管大队、建国门街道、东华门街道、王府井建管办分别汇报工作情况。(姜云飞)

【**领导调研**】 3月17~19日,原东城区领导常卫到北新桥、东四、朝阳门街道调研,察看社区服务中心、365阳光驿站总站、北新桥派出所的设施建设和工作情况,走访了解天海基石商务大厦创意产业发展情况、歌华大厦“三站”工作以及北新桥街道行政服务大厅、街道综合协调指挥中心、司法所运行情况,听取街道工作汇报,提出工作要求。7月14日、16日、17日,区领导刘云斋到东城公安分局、区检察院、王府井建管办调研指导工作,政法委(维稳办)、综治办相关领导陪同。听取区公安分局整体工作及图像信息系统建设情况汇报,参观区公安分局勤务指挥处及图像信息管理系统运维中心、区检察院信息中心和接待大厅。刘云斋对各单位工作给予肯定。调研期间,分别到宽街教堂、国家民政部、最高人民检察院、最高人民法院、天安门广场周边、总理驻地了解安全安保工作情况。11月8日,刘云斋到区法院调研信访结案化解工作,区委政法委、区维稳办有关领导陪同。听取法院信访积案化解工作进展情况,了解积案清理工作中的疑难问题,提出指导意见。 (姜云飞)

【重点工作会】 4月7日,召开政法系统推进社会矛盾化解、社会管理创新、公正廉洁执法三项重点工作及政法队伍建设会议。常卫听取政法各单位推进三项重点工作情况汇报,指出:各单位要按照中央和市委指示精神,落实三项重点工作。5月3日,召开加强学校幼儿园安保工作会议,传达中央、市关于加强学校幼儿园安保工作电视电话会议精神,部署相关工作。要求:迅速落实中央、市委关于做好中小学及幼儿园安全工作的会议精神,落实加强校园及周边安全工作措施,明确各级责任。 (姜云飞)

【信访维稳工作会】 5月25日召开,部署维稳工作。区信访联席会议、区维稳工作成员单位主管领导参加。常卫指出:狠抓矛盾纠纷化解,防止出现矛盾激化。狠抓重点人排查防控,切实把矛盾控制消除在基层。狠抓重点部位巡控,杜绝发生重大事件。狠抓责任落实,确保措施落到实处,全面推动维护稳定的各项工作。严格落实第一责任,畅通信访渠道,坚持领导干部接访制度,将矛盾纠纷吸附在本单位、本地区。 (姜云飞)

【先进典型报告会】 6月7日,召开政法系统创先争优动员部署暨先进典型报告会。会议学习传达中央、市委关于深入开展创先争优活动的精神,交道口派出所党支部、原东城区法院民三庭党支部、区检察院干部段勇和区民政局救助管理咨询站站长冯元建介绍先进经验和事迹。部署政法系统深入开展创先争优活动具体方案。常卫强调:创先争优活动意义重大,要加强组织领导,切实增强主动性和责任感,突出重点,务求创先争优活动取得实效。 (姜云飞)

【理论中心组学习会】 7月28日,与区委宣传部联合组织区委、区政府理论中心组扩大学习会,区级领导班子成员、政法各单位、各街道、各委办局、群团组织正处职(实职)及以上领导干部,观看《司法个案的舆论引导》专题片。刘云斋要求:通过学习,认清当前舆论引导面临新形势、新任务、新挑战,增强政治意识、大局意识、责任意识和忧患意识,掌握规律,提高把握正确舆论导向的能力,维护首都社会稳定和司法权威,营造良好舆论氛围。 (姜云飞)

社会治安综合治理

【概况】 东城区社会治安综合治理委员会办公室(简称区综治办),(7月,首都功能核心区区划调整,原东城、崇文区社会治安综合治理委员会办公室合并组成),与东城区委政法委合署办公,是区社会治安综合治理委员会(简称综治委)的办事机构。主要职责:调查研究、督促检查、指导协调各单位实施社会治安综合治理领导责任制。年内,区综治系统以"平安东城"建设为载体,加强基层基础建设及网格化社会服务管理创新,探索社会服务管理新模式,构建大综治工作格局,显现社会治安综合治理和社会管理创新成效,为实现"国际化、现代化新东城"战略目标创造良好的社会环境。

单位名称:东城区社会治安综合治理委员会办公室
单位地址:东城区钱粮胡同3号 邮政编码:100010
联系电话:64031118-3211 传真:64032067 (李伟)

【铁路护路联防】 1月25日,原东城区召开综治委协调委员会全体会议。通报成立区综治委铁路护路联防工作协调委员会的决定;报告区铁路护路联防工作,部署本年铁路护路联防工作。区领导李荣庆围绕贯彻区委、区政府《关于加强综治基层基础工作,进一步推进"平安东城"建设的实施意见》,加强铁路护路联防工作,提出工作要求。北京铁路局北京火车站副站长和原东城公安分局、原东城工商分局、团区委、区教委、财政局、民政局、交通支队、城管大队、北京站地区管理处、建国门街道、北京站铁路公安段等协调委员会成员单位参加。3月,原崇文区护路办组织各街道护路办对辖区内铁路沿线进行为期两天的安全检查。对辖区铁路设施、设备、桥梁、涵洞及铁路护网等逐一检查,未发现任何安全隐患,同时对铁路周边群众进行爱路护路宣传教育。 (李伟)

【慰问活动】 2月5日,原崇文区领导姜良栋等一行到龙潭、永定门外街道,慰问走访社区治安志愿者,对社区治安志愿者的辛勤工作表示感谢,并送去微波炉、食用油等慰问品;向龙潭光明北里社区等23个社区的治安志愿者组织颁发上年度零发案社区奖金。2月8~9日,区综治办在红剧场举办治安志愿者电影招待会,为全区治安志愿者及其家属送去新春佳节的慰问与祝福。3月11日,市领导王安顺到原东城区实地检查全国"两会"社会面安全保卫工作,慰问坚守岗位的东华门街道银闸社区的首都治安志愿者。市委政法委常务副书记李伟,首都综治办主任、市流管办主任李万钧,市公安局副局长刘绍武,北京卫戍区副司令员乔占军,杨柳荫、杨艺文、常卫等陪同。 (李伟)

【重点地区整治】 3月2日,原崇文区组织召开治安重点地区排查整治工作会议,部署区治安重点地区排查整治工作。通报区内4个治安重点地区及1个高发案社区的基本情况。传达区综治委《关于成立崇文区社会治安重点地区排查整治工作领导小组的通知》及成立区社会治安重点地区排查整治工作领导小组及办公室的决定。要求各部门履行职能,协助街道综合执法组开展好排查整治工作。各街道对辖区治安重点地区进行挂账督办,加强日常监管,利用综合执法优势,推进整治工作。区领导宋甘澍强调:各部门、各街道要按照市、区工作部署,结合辖区实际,重点抓好流动人口群居区管理等重点工作,做好治安重点地区排查整治工作。3月26日,原东城区召开市级挂账社会治安重点地区专项整治工作会。部署天安门周边非法营运专项整治工作,开展为期50天的天安门周边及故宫北门非法营运专项整治,重点打击"摩的"、"黑三轮"等非法营运行为。街道综治办主任分别就联合执法,集中整治工作机制建立,社区劝导违法、违规经营者,出租房屋管理等内容进行汇报。7月30日,东城区召开市级挂账治安重点地区整治工作协调会,各单位总结上半年治安重点地区排查整治工作,汇报下半年迎检工作安排。上半年共纠正各类秩序问题1.17余万件,拘留183人,查获“黑车”639辆,无照经营9700余起。维护两区合并期间的社会治安秩序。区综治办部署两区合并后的整治工作及重点地区“摘帽”工作。要求各单位发挥各自优势,采取措施加大整治力度,做好联合执法、捆绑执法工作,对重点地区整治工作要力度不减、标准不降。同时,建立各项基础台账。南、北两片区公安分局治安支队、交通支队、城管大队、旅游局、工商分局和民政局主管领导参加。 (李伟)

【首都综治办调研】 3月4日,首都综治办主任李万钧带队到原崇文区调研城市管理“崇文模式”。区长牛青山向首都综治办等各部门领导介绍区情,重点介绍全国推广的“城市管理崇文模式”、“信访代理制”等工作。区城管委、综治办等部门分别从城市管理、平安建设等角度汇报城市管理在创新机制等方面情况。首都综治办领导对“崇文模式”给予肯定,认为“崇文模式”通过部门联动、综合治理、联合执法的日常化、机制化,以街道综合执法组为落脚点,将城市管理中的难点问题有效化解,达到提升城市形象,服务人民群众的目的,值得总结与借鉴。 (李伟)

【化解矛盾纠纷】 4月13日,原东城区召开推进自治组织开展矛盾纠纷化解工作会。区司法局局长部署《关于进一步推进群众自治组织在基层开展矛盾化解活动的实施方案》。景山街道介绍“民调化干戈 家和万事兴”经验,和平里街道介绍“普法到基层居民得实惠”的经验。常卫及区综治办、司法局、信访办、检察院、法院、民政局、东城公安分局等单位主管领导及10个街道综治主管主任、综治办主任、司法所所长、13个户籍派出所所长等参加。 (李伟)

【“黑车”治理】 4月26日,原崇文区召开治安重点地区排查整治工作推进会和“黑车”治理工作部署会,对治安重点地区排查整治工作进行再部署,统筹安排“黑车”专项治理工作。崇文公安分局、区城管委主管领导分别通报全区社会治安状况和综合执法工作情况。区综治办总结前期治安重点地区排查整治工作,就推进开展整治工作和五一期间公园景区秩序整治工作进行部署,传达市治理“黑车”专项工作电视电话会议精神。区治理“黑车”专项工作领导小组办公室制订下发《崇文区关于治理“黑车”专项工作的方案》。宋甘澍肯定全区排查整治工作取得的成绩,对开展“黑车”与治安重点地区整治工作提出要求。4月28日,原东城区治理“黑车”专项工作领导小组召开治理“黑车”专项行动动员部署会。传达市治理“黑车”专项工作动员部署电视电话会议精神,部署区治理“黑车”专项工作。李荣庆就治理“黑车”专项工作提出要求。5月28日,原崇文区召开治理“黑车”专项工作集中执法行动部署会议,总结全区治理“黑车”专项工作,传达市治理“黑车”专项工作领导小组紧急会议精神,部署为期100天的政治中心区“黑车”治理专项工作。每日6点至22点,组织各部门执法力量,对区涉及政治中心区范围内的正义路南口、台基厂南口、前门东站、前门西站、崇文门路口、祈年大街十字路口、前门大街南口等重点管控路口进行远端控制,坚决防止“黑车”、“黑摩的”、人力三轮车进入政治中心区。各街道综合执法组重点加大本地区的“黑车”治理及监管力度,为中心区减轻压力,形成治理“黑车”专项工作合力。6月7日,宋甘澍对全区市、区、街三级挂账的18处治安重点地区和7处流动人口管理重点清理整治地区进行实地检查。宋甘澍肯定在市级挂账的治安重点地区新世界商场、天坛公园南门及天坛医院西门排查整治工作成效,强调各相关部门要保持整治强度,加强街道综合执法部门的日常监管,全力维持社会治安环境秩序安定和谐,巩固“黑摩的”、非法游商、“号贩子”等长期存在突出问题的整治效果。在流动人口管理重点清理整治地区百荣世贸、南站广场周边,针对存在的“黑摩的”非法营运问题,宋甘澍分别与相关职能部门工作人员、附近居民以及“黑摩的”司机交流,指出:“黑摩的”非法营运是区排查整治工作中长期存在的难点问题,各部门要克服不利因素,运用综合执法手段,加大综合治理力度,保持高压态势,确保排查整治工作收到实效。7月12日、13日,召开东城区相关单位工作部署会,部署开展“脉冲行动”工作。明确相关单位职责、任务,要求区政府办督查室、区综治办全程参与、督查。区综治办抽调干部组成督查、检查组,对“脉冲行动”情况全程督查。截至15日17时,在“脉冲行动”中,查扣“黑摩的”、“黑三轮”212辆,依法拘留2人。 (李伟)

【法律服务进社区】 7月1日,东城区召开法官、检察官进社区启动仪式。市检察院副检察长李新生、市司法局矫正帮教处副处长分别代表市检察院、市司法局对法官、检察官进社区开展法律服务工作给予肯定,并提出工作要求。区人大、区委政法委、区综治办、法院、检察院、司法局,各街道综治工作主管主任、综治办主任、司法所所长,法官、检察官进社区代表,和平里街道26个社区书记、治保主任,150余人参加。 (李伟)

【社会管理创新试点】 7月2日、12日,在首都综治委第二次全会和全市社会服务管理创新推进大会上,东城区被确定为北京市社会服务管理创新综合试点区。10月18日,中央政法委、中央综治委《关于印发全国社会管理创新综合试点名单的通知》中,东城区被确定为全国社会管理创新综合试点区。 (李伟)

【区领导调研】 8月2日,东城区领导刘云斋到区信息办就网格化城市管理、各部门运用现有平台和技术手段开展社会管理创新工作进行研讨。刘云斋就推进网格化社会管理创新试点工作强调:明确网格划分的标准和原则,区综治办、区社工委要参考城市管理网格划分方法,研究社会管理网格的划分标准。明确网格管理的工作对象,建立社会管理数据库,根据管理对象的数量、类别和风险等级,研究制订管理人员的配置数量和工作标准。明确工作机制,制订网格化社会管理运行机制、考评机制和奖惩办法,保障工作正常运转。

区委政法委、区综治办、区社工委主要领导陪同调研。8月24日,区领导宋甘澍到东直门街道调研社会管理创新综合试点推进工作。听取街道工作汇报,肯定街道前期工作,指出:借助城市管理网格化理论,向社会管理延伸,做到全社会参与、全方位覆盖、全天候运行、全区的平安。发挥街道统筹各职能部门的功能,将原有社区划分为单元网格进行管理。网格边界划分要清楚,把治安网作为社会网的基础。突出网格的社会建设服务、社会面防控、矛盾纠纷化解、社区工作指导、重点地区整治功能。整合现有行政资源,实现流程的再造,调整现有警务模式。10月18日,区领导杨柳荫到东花市街道调研。听取区综治办、信息办、东花市、东直门、建国门街道就社会管理创新工作进展情况的专题汇报,实地参观东花市街道的社会服务管理综合指挥分中心,对社会服务管理创新工作进展情况给予肯定。指出:社会服务管理创新工作符合区委、区政府要求,与全区发展战略相吻合,开局良好,成效显著。强调:社会服务管理创新工作要与街道、社区日常工作紧密结合。社会服务管理创新工作不是阶段性工作,要树立长期的思想准备,列入街道、社区工作重中之重。运用科技化、信息化手段,科学调配,有效利用人力资源。创新的关键在于工作模式、机制在实践中的运用,能否有效解决实际问题。刘云斋、章冬梅、夏树军、宋甘澍陪同。 (李伟)

【社会服务管理试点实施】 8月27日,区召开社会服务管理创新综合试点工作动员大会。刘云斋传达中央领导关于社会管理及市社会服务管理创新推进大会精神,区领导章冬梅对《区委区政府关于社会服务管理创新工作的实施意见》作说明,区综治办等3家单位进行经验交流和表态发言。会上,市委常委梁伟对区网格化社会服务管理新模式的工作思路给予肯定,对创新工作提出希望。9月16日、11月10日,召开区社会服务管理创新综合试点领导小组第一次和第二次会议,对全区网格化社会服务管理创新工作分阶段、分领域、分层次进行再动员、再部署。9月7日、8日、14日、17日、11月13日和12月23日,多次召开会议对网格划分、网格力量整合等问题探讨。10月9日,周永康、刘淇等中央和市领导到东花市街道视察网格化社会服务管理新模式试点情况,给予肯定,并提出更高要求。10月19日,中央政法委召开全国政法工作会议筹备座谈会,杨柳荫在会上发言,介绍本区网格化社会服务工作情况。11月,成立由区委、区政府主要领导挂帅,区有关领导为副组长,全区各单位、各街道一把手为成员的东城区社会服务管理创新综合试点领导小组。各单位、各部门、各街道也相应成立社会服务管理创新综合试点领导小组和机构,确定东直门、东花市2个街道和建国门街道的2个社区开展试点,并开展"支部建在网格"上的基层党组织建设,形成"党政统筹、上下贯通、条块联动"的网格化社会服务管理工作领导组织体制。年末,全区17个街道划分出社会管理网格589个,每个社区均划分3个网格。3个试点街道(东花市街道、东直门街道、建国门苏州社区)实施网格化社会服务管理新模式,收集网格社情民意信息40余条,化解网格各类矛盾纷争12件,排除网格各类案事件隐患21件,开展为网格内居民服务做实事18件。成立专家组,聘请中央政法委、市社科院、北京大学等部门和研究机构11名社会服务管理领域的专家学者,全程参与创新工作。多次组织专题研讨和调研,对网格化社会服务管理的思路、模式、发展方向等问题研究。确定《"东城区网格化社会管理流程"研究》《北京市东城区"社会服务管理创新综合试点"——打造网格化社会服务管理新模式》等8个专家课题,为丰富、完善网格化社会服务管理新模式提供理论支撑。将调研成果及基层单位的创新经验固化总结,形成《关于社会服务管理创新工作的实施意见》《关于东城区组织开展社会管理创新维护社会稳定综合试点工作方案》《关于加强全区社会管理工作网格基础工作若干问题的试行办法》《东城区组织开展社会管理创新维护社会稳定综合试点工作折子工程》等工作文件。网格化社会服务管理创新工作初见成效。网格工作人员及时收集反馈情报信息,成为综治维稳工作的"顺风耳";网格工作人员预防减少不稳定因素,成为基层矛盾的"化解器";网格工作人员为群众排忧解难,成为居民的"贴心人"。

(李伟)

【综治委全体会】 10月11日,召开综治委、流管委第一次全体会议。会上,东城区检察院检察长殷健宣布成立区社会治安综合治理委员会、区流动人口和出租房屋管理委员会及各专项协调委员会,宋甘澍就社会治安综合治理考核工作作说明。刘云斋要求:充分认识新形势,加强综治工作的重要性、紧迫性。全力以赴,突出重点,确保全年工作任务完成。求真务实,开拓创新,开创综合治理工作新局面。首都综治办、市流管办指导协调处处长,章冬梅及各街道、地区工委书记参加。 (李伟)

【周永康视察】 11月9日,中央政治局常委、中央政法委书记、中央综治委主任周永康到区视察网格化社会服务管理创新工作。实地察看东花市街道社会服务管理综合指挥分中心建设运行情况,听取街道关于网格化社会服务管理创新工作汇报,了解社会服务管理网格划分、网格力量配备及人员管理等情况,询问社区党委、社区居委会工作运行机制以及外来人口管理进网格等情况。周永康对网格化、精细化社会服务管理模式表示赞许,指出:支部建在网格上,进行精细化管理,非常好! (李伟)

【区政协委员视察】 11月17日,区政协组织委员视察区社会服务管理创新工作,分别听取区社会办、信息办、综治办关于社会服务管理创新工作总体情况、信息化建设和网格化工作情况通报。东花市街道办事处主任通报本街道开展社会服务管理创新工作情况,委员实地视察东花市街道社会服务管理综合指挥分中心。区政协领导危天倪主持,区政协领导徐鸿达、郭瑞敏出席,20余名社会和法制委员会政协委员参加。 (李伟)

【市领导调研】 11月19日,市委常委梁伟到建国门街道社会服务管理综合指挥分中心,实地调研区社会服务管理创新工作。区领导章冬梅专题汇报区社会服务管理创新工作,区信息办、建国门街道分别汇报信息化建设工作情况和试点街道创新工作开展情况。市委社工委书记、市社会办主任宋贵伦、市委副秘书长王翔与相关人员就区创新工作交流探讨。梁伟肯定本区社会服务管理创新工作成绩。区领导刘云斋、夏树军等陪同。 （李伟）

【宣传员培训】 11月24～25日，举办综治宣传员培训班，《长安》杂志总编助理、编辑部办公室主任，《法制日报》社区版筹备组负责人，市社会科学院首都综治研究所副所长、《首都综治研究》编辑部副主任授课。介绍报（刊）概况、版面以及征稿要求、写作技巧，区综治办通报《长安》杂志和《法制日报》社区版通讯员队伍建设情况。 （李伟）

【综治维稳工作中心】 年末，全区17个街道全部建立综治维稳工作中心，其中8个街道实行集体办公，形成集综治维稳协调、民意信息收集、矛盾纠纷调处、治安防范指挥、流动人口服务管理、法制教育宣传、社会管理监管为一体的工作平台；建立以“十项工作制度”和“六联”工作机制为主要内容的工作体制。改善执法领域存在的条块分割脱节、执法力量分散、部门推诿扯皮等现象，避免日常监管难以到位的问题。从条条管理转变为综合管理，集中各部门执法力量，改变过去“一个部门管不了，多个部门管不好”的局面；从单一部门执法转变为捆绑联合执法，有效避免重复执法、多头处罚等损害群众利益的突出问题，减少执法阻碍，提高执法检查效力；从突击式、被动式管理转变为日常性、主动性管理，巩固检查执法成果，有效防止反弹。 （李伟）

【社会服务管理思路】 年内，网格化社会服务管理模式在总结原东城“万米城管网格”和原崇文“信访代理制”、“城管综合执法机制”的理念及实践经验的基础上，针对当前社会安全稳定存在的薄弱环节和重点难点问题，运用网格理念和现代信息技术，以责任制为依托，以“三级平台”（东城区社会服务管理综合指挥中心、街道社会服务管理综合指挥分中心、社区社会服务管理综合工作站）、“四级管理”（区级、街道、社区级、网格级）为组织层级，以“五项工作”为创新重点，以“六个系统”（以民生保障为基础的建设服务系统，以现代科技为依托的信息网络系统，以高效顺畅为目标的组织指挥系统，以预警防范为先手的维稳防控系统，以快速反应为特征的应急处置系统，以真实客观为标准的考核评价系统）为框架体系，以加强社会各类人的管理为重点，综合考虑“地、物、情、事、组织”等因素，进行精细化管理的一种常态方式。实现网格化社会服务管理“五化”：①责任化。通过网格化建设，实现工作建制下设、工作重心下移、工作力量下沉，加强基层配置，确保每个人、每件事都有人管，做到服务到位，管理到位。②精细化。以网格为最小工作单元，使每个网格内的人、地、物、事、组织等组成元素更加细化，公众需求更加凸显，政府责任更加明确。③综合化。通过网格化平台的建立，将条条块块现有的管理服务资源整合到网格当中，最大限度发挥资源效能，实现网格化管理与政府管理服务各项工作的无缝对接。④信息化。网格化社会服务管理信息平台实现信息、资源的联通共享，将传统工作流程信息化，实现闭环管理，从而提高决策系统的功能，提升社会管理水平。⑤实效化。针对不同事件、不同问题，完善网格工作流程，达到以最快速、最有效地找到解决问题的方法和人员，实现“小事不出社区、大事不出街道”的目标。 （李伟）

司法行政

【概况】 区司法局内设办公室、机关党委办公室和人事、监察、法制、法制宣传、基层指导、矛盾调解、矫正帮教、律师工作管理、公证工作管理、法律援助指导科12个科室。有公务员131人，工勤2人。直属事业单位3个：法律援助中心有职员7人；东方公证处有公证员8人，职员5人；信德公证处有公证员5人。年内，区司法局以区划调整为契机，坚持争创一流工作目标，作好制订“十二五”发展规划、“六五”普法规划，建立多元化矛盾纠纷化解体系，完善“两类”人员（社区矫正人员、刑释解教人员）管理模式，加强律师管理与服务，及“五五普法检查验收、建立诉前调解机制、提高“两类”人员转化率、为老年人免费提供法律援助”四项折子工程为重点，主动作为、跟进服务，发挥职能作用，为维护社会和谐稳定、促进经济社会发展提供法治保障。

单位名称：东城区司法局

单位地址：东城区和平里六区16号

联系电话：84228050 邮政编码：100013 （张成雷）

【司法所建设工作会】 1月21日，原崇文区司法所建设工作会议召开。区领导滕盛萍、宋甘澍出席并讲话，区司法局党组书记宣读《关于进一步加强司法所规范化建设的意见》，局长作相关说明，与会人员就加强司法所规范化建设进行座谈。区政法委、司法局领导，各街道工委书记、主任及主管主任，街道司法所所长等参加会议。 （张成雷）

【律师新春团拜会】 1月29日，原崇文区司法局邀请50家律师事务所主任、党支部书记及部分行政主管欢聚一堂，共迎新春。区司法局局长致辞，感谢全区律师在维护区社会稳定，保障法律实施所作出的突出贡献，向律师致以新春祝福。现代律师事务所主任代表律师发言，表示团结全区律师认真履行职责，恪尽职守，为群众提供优质、高效的法律服务。 （张成雷）

【市司法局领导调研】 2月1日，市司法局领导李公田到原崇文区司法局，就筹备建立区律师行业协会相关问题与局领导沟通。6月18日，市司法局领导马捷到原东城区安定门司法所，调研社区矫正和安置帮教工作。8月4日，市司法局政治部主任史立森到东城区，调研区划调整中人员调配和安置。8月25日，市司法局局长于泓源到区调研司法行政工作，听取局党组书记对合并后干部思想建设、队伍建设、组织建设以及机关党委、支部建设的情况汇报。本局局长提出探索人民调解多元化、“两类”人员管理创新新模式、“阳光中途之家”、“十二五”规划、“六五”普法、律师协会、律师党建、规范司法所建设的工作思路。区领导宋甘澍陪同。10月29日,市司法局副局长吴庆宝等领导及市"六五"普法规划调研组,到区开展"六五"普法规划调研工作。区卫生局、财政局、地税局、北新桥街道、天坛街道、交道口街道等领导,九道弯社区、和平里街道新生艺术团以及京德律师事务所有关人员参加座谈。11月18日,于泓源到区视察律师党建工作,听取大成律师事务所就律师党组织职能定位、组织建设和发挥作用的途径方式等工作汇报,以及东城区和大成律师事务所接待全国律师党建工作会议代表的筹备情况。(张成雷)

【人民调解】 在春节和全国"两会"期间,集中开展矛盾纠纷排查、调处活动,制订《关于在春节和全国"两会"期间集中开展矛盾纠纷排查、调处活动的通知》《关于建立全国"两会"期间矛盾纠纷排查调处情况每日报告制度的通知》,各级人民调解组织排查矛盾纠纷548件,其中调解435件,调解成功353件。上半年,原东城区人民调解工作加强基层基础建设、队伍建设及多元参与、联动调解的"大调解"体系建设,建立基层科干部分所包干制,指导和检查社区法律服务工作站及街道、社区人民调解委员会的日常工作,科室干部深入司法所、联合调解室、社区调委会、物业管理纠纷调委会30余人次。完善街道联合调解室建设,落实人民调解员调解案件补贴。充实和调整专职调解人员,街道联合调解室由原来9人增至13人,专职调解员由13人增至17人;建立区法官、检察官联系社区法律服务工作站制度,制订《关于建立东城区法官、检察官联系社区法律服务工作站制度的意见》。举办社区调解主任、司法助理员业务培训,统一司法所标牌。排查调处矛盾纠纷8018件,成功调解7543件,成功率94.1%。突出对人民调解先进典型培养和宣传,树立一批先进个人和以"家和万事兴"群众调解之家、和平里七区法律服务工作站为代表的先进集体。下发《关于加强东城区学校、幼儿园周边矛盾排查化解及重点人员管控工作的通知》,组织力量排查和化解学校、幼儿园周边区域安全隐患。年内,加强人民调解员队伍建设,每20户设信息员1人,每个社区设专职调解员1人,制订网格化矛盾排查制度和工作流程;开展人民调解进派出所工作,建立联合调解室25家;与区建委共同建立物业纠纷专业调委会;与工会、人保局协作,将劳动争议仲裁纳入调解体系,人民调解与行政调解衔接联动。推进在区法院建立联合调解室,开展法官、检察官进社区活动,人民调解与司法调解衔接联动。(张成雷)

【警示教育】 3月15日,成立原崇文区律师警示教育工作领导小组,召开警示教育工作动员部署会,下发《律师队伍建设资料汇编》《警示教育典型案例汇编》等材料,组织各所学习司法部《律师和律师事务所违法行为处罚办法》等文件。促进律所管理水平、律师执业能力提高。(张成雷)

【司法行政工作会】 3月19日,原崇文区司法行政工作部署暨培训会在区会议中心召开。宋甘澍讲话,肯定上年工作,要求区司法局结合司法行政工作实际和崇文特点,推进社会矛盾化解、社会管理创新、公正廉洁执法三项重点工作。市司法局副巡视员马捷对本年重点工作提出要求。全区司法行政干部、驻区狱警、街道分管领导和社区居委会主任、调解主任参加会议。(张成雷)

【普法检查验收】 3月24日,召开原崇文区"五五"法制宣传教育总结验收工作部署会,按照区直机关、行政执法、教育、企业、街道、政法六大系统,制订分系统考核指标体系,组织自查迎检工作。在自查基础上,由区领导担任检查组组长,对全区39个单位抽检。6月29日,市"五五"普法检查组对区"五五"普法工作检查验收,"五五"普法规定的目标任务全面完成。6月30日,市"五五"法制宣传教育检查验收工作组12人,对原东城区"五五"法制宣传工作检查验收。检查组听取区法制宣传教育领导小组组长常卫关于区五年来法制宣传教育整体工作情况汇报,观看"五五"普法专题片《法耀东城》和法制宣传工作五年回顾展,查看区普法工作档案材料和实物展示。到府学小学实地考察"青春船长在起航"青少年法制宣传教育主题课。通过检查验收,"五五"普法目标任务全面完成。7月22日,市法制宣传教育领导小组办公室检查东城区"五五"普法基础工作。按照《北京市区县"五五"法制宣传教育工作考核评估指标》项目逐项检查工作档案,检查工作圆满完成。(张成雷)

【公证主题教育活动】 3月,在北京市信德公证处开展为期半年的"恪守职业道德 维护公证公信"主题教育活动。集中培训与个人学习相结合,组织全体公证从业人员学习《公证法》《公证程序规则》《公证机构执业管理办法》等法律法规,开展职业道德是否存在问题,是否严格按程序办证等"八个是否"查找活动。通过主题教育,增强公证员的责任意识、法治意识、规范意识和质量意识。(张成雷)

【入监帮教】 4月15日,原东城区矫正帮教办与区人大组织相关人员到市未成年人管教所,对东城籍服刑人员开展入监帮教活动。(张成雷)

【劳动争议调解】 4月27日,原崇文区总工会、区人力社保局和司法局联合召开区劳动争议调解工作会,总结上年工作,明确本年劳动争议调解工作任务。明确重点抓好组织建设、制度建设、扩大范围、培训交流和沟通配合五项任务,推动劳动争议调解工作开展。(张成雷)

【处置投诉案件】 5月24日,原东城区司法局受理佟某投诉律师韩某一案,经过调查取证,对该律师进行警示教育,律师韩某退还律师费1200元。(张成雷)

【区律师协会】 6月23日,第一届原崇文区律师代表大会第一次会议召开,选举产生区第一届律师协会,发挥律师自我管理、自我服务、自我教育和自我约束作用,完善行政管理和行业管理"两结合"的律师管理体制,促进律师行业健康发展。

(张成雷)

【社区矫正与安置帮教】 上半年，原东城区社区矫正与安置帮教工作落实折子工程，加强基层基础建设和规范化管理。组织召开区综治委矫正帮教协调委工作会，完成“两会”安保任务，召开矫正帮教业务工作培训会，排查社区服刑人员和刑释解教人员，开展狱内帮教和敏感时期重点人管控工作，检查司法所矫正帮教档案。年内，创新社会服务管理，基本形成符合本区功能特点、体现矫正帮教要求的“一个中心、多个基地”工作模式。一个中心即坐落于永定门外街道定安里矫正帮教工作中心，面积800平方米，承担开展集中教育、社会适应指导、心理咨询及心理辅导、技能培训等任务。多个基地分散在全区各街道和企事业单位的基地群。包括：金穗麦动休闲农场公益劳动基地，17个街道义务植树、义务服务等公益劳动基地和临时安置基地，区职业技术学校电工、汽车修理、保健按摩、计算机应用技能培训基地，北京电影器材公司、菲特尼斯文化公司电影放映师、舞蹈教练技能培训基地，“两类”人员互助培训创业基地；中华女子学院、北京城市学院科研基地。全年开展心理咨询196人次，组织公益劳动367人次，指导就业或就学33人次，帮困解难40余人次。“两类”人员重点人由63人降至12人，转化率81%，未出现影响社会稳定的重大事件。矫正帮教工作新模式得到司法部肯定，召开现场会，并向全国推广。 （张成雷）

【法律服务】 上半年，原东城区司法局完善法律援助工作站建设，开展“法律援助宣传周”活动。举办由区法律援助中心、各街道、工、青、妇、老龄委、残联、劳动、律师事务所法律援助工作站的工作人员及办理法律援助案件的律师30余人参加的培训班。与残联联合印发《关于在温馨家园设立法律援助室的意见》，借助残疾人温馨家园服务平台，在10个街道温馨家园设立法律援助室。原崇文区司法局开展《北京市法律援助条例》实施一周年宣传，发放自制宣传材料8000余份，现场解答群众法律咨询300余人次。加强区、街道、社区三级法律援助网络建设，各法律援助工作站在显著位置，主动告知困难群众申请法律援助的途径和方法。扩大援助案件范围，降低法律援助门槛，使更多困难群众的法律需求得到妥善解决。开展法律援助便民主题活动，为老年人免费提供法律咨询，为65岁以上老年人提供“侵犯合法权益”类法律援助专项行动。接待来电、来访1130人次，提供法律援助案件53件。年内，围绕服务发展大局认真履职，组织律师15人参与区信访接待，律师230余人参与人民调解、法律援助等为民服务事项，连续6年在龙潭公园设立法律义务咨询点。以大成律师事务所律师党建先进典型为引领，探索建立律师事务所党组织设置的5种模式，实现律师党建工作全覆盖，受到中组部、司法部和全国律师工作会议代表肯定。成立第一届东城区律师协会，开展法律援助便民服务活动和“恪守职业道德 维护公证公信”主题教育，区法律援助中心全年受理案件243件，公证处办理公证事项20余万件。

（张成雷）

【律师公证工作】 上半年，原东城区司法局加强公证律师机构服务与监管，召开140家律师事务所负责人参加的警示教育工作动员部署会。加大投诉案件查处力度和对违规律师警示教育力度，查处律师投诉案件2件。依法办理律师、律师事务所行政申请事项596件，同比增长6.9%，其中行政许可事项80项、一般事项516项。各类业务咨询电话1205件，同比增长10.2%。全区律师事务所140家，同比增加13家，其中北京总所134家，外省市驻京分所6家。专职、兼职律师和派驻律师2930人。完成118家律师事务所年度考核，向存在问题的58家律师事务所发出限期整改通知。完成长安、方圆、东方3个公证机构，公证机构负责人7人和公证员79人考核。 （张成雷）

【法律服务室创建】 上半年，原崇文区司法局成立示范社区法律服务室创建工作领导小组，选择7个社区法律服务室作为试点，启动首批示范社区法律服务室创建活动，带动社区法律服务深入开展。全区建立法律服务室78个，调解纠纷1129件，解答法律咨询1013次，开展法制宣传454次，法律讲座培训144次。 （张成雷）

【矛盾纠纷排查化解】 上半年，原崇文区司法局加强人民调解组织建设，街道级调委会调解员166人，社区调解员885人，调解信息员1867人。结合元旦、春节、全国“两会”等关键时间点，完善矛盾纠纷定期排查制度、重大矛盾纠纷信息报告制度、矛盾纠纷日常分析制度，加大疑难重大矛盾纠纷化解力度，各级人民调解组织排查矛盾纠纷1608件，调解1608件，调解成功1535件，成功率95.5%。 （张成雷）

【矫正帮教工作】 上半年，原崇文区司法局制订《关于社区服刑人员接收工作的规定》，建立“两类”人员基本情况信息数据库和重点人员管控台账。推进阳光矫正服务中心建设，完成“三无”（无住房、无户口、无生活来源）人员调查统计和“中途之家”建设方案。对全区刑释解教人员718人和社区服刑人员152人逐一排查，组织集中教育597人次，个别谈话1584人次，累计走访2280人次，开展心理咨询163人次，组织公益劳动345人次，指导就业、就学33人次，帮困解难40人次，调动“两类”人员改造积极性，未出现重新违法犯罪现象。 （张成雷）

【知识竞赛】 7月31日，东城区长安、东方公证处代表队参加全市“恪守职业道德 维护公证公信”主题教育活动知识竞赛，分别获决赛阶段二等奖和三等奖。 （张成雷）

【市、区领导调研】 8月3日，东城区领导宋甘澍就创新社会管理、加强“两类”人员教育到区司法局调研。听取帮教安置重点人员、社区矫正人员管控问题汇报，提出工作要求。8月30日，市委副书记、政法委书记王安顺到区大成律师事务所视察、调研。市公安局局长傅政华，市高级法院院长池强，市检察院检察长慕平、市司法局局长于泓源陪同调研。9月13日，区领导刘云斋到区司法局听取司法行政工作情况汇报。就律师协会成立、律师党建、社会矛盾多元调解模式建立、“阳光中途之家”建设、司法所管理、区法律援助中心办公场

所等问题调研。（张成雷）

【机构合并搬迁】 8月6日，原东城、崇文区司法局合并筹备工作启动。8月9日，召开新东城区司法局第一次局长办公会。8月10日，召开第一次全体干部大会，局领导班子成员，机关各科室、各司法所全体干部150余人参加。宣布区委有关任命、局领导班子成员提名决定，传达宋甘澍在区司法局处级干部任命大会上的讲话精神，对两局合并进行动员部署。8月13～14日，区司法局机构合并搬迁全部完成，实现南北两处办公区一址办公。（张成雷）

【人民调解业务指导】 8月18日，特邀司法部《人民调解》杂志社社长高建勋、编辑陈亮亮到局业务指导。局领导、负责人民调解工作的基层科全体人员参加会议。会上，就社会矛盾多元化调解工作的组织体系、工作内容、运行模式、保障机制等热点、难点问题进行深入研讨。（张成雷）

【调解工作研讨会】 8月20日，组织东直门、东花市、建国门街道司法所所长及苏州社区、崇内社区主任参加，研讨社会矛盾多元化调解工作模式建设会议。学习推进网格化社会管理试点工作的文件精神，提高对社会矛盾多元化调解工作的认识；摸清基层调解组织建设和调解工作开展情况；研讨调解组织全覆盖，人民调解、行政调解、司法调解衔接，在网格化社会管理平台中人民调解工作信息化指标等问题。

（张成雷）

【宣传咨询活动】 8月28日，组织信德、东方公证处全体公证员及工作骨干，开展纪念公证法颁布5周年宣传咨询活动，市公证协会秘书长李谨参加活动。（张成雷）

【办公系统链接】 9月20日，区司法局在市司法局信息技术处和区信息办支持下，局内网办公系统实现与市司法局内网办公平台链接。市司法局机关用户直接通过超级链接即可访问东城区及属地司法所网页。（张成雷）

【网格化信息采集】 9月，根据创新社区服刑人员和刑释解教人员网格化社会服务管理工作方案要求，完成“两类”人员网格化信息采集。12月，开展“两类”人员网格化社会服务管理创新基础数据采集工作，将全区“两类”人员2000人全部纳入网格化管理体系。（张成雷）

【专业志编撰】 10月，完成1996年～2010年《北京志·司法志》(原东城区、崇文区部分)编撰工作，对相关资料收集、整理归档。（张成雷）

【普法研讨会】 11月18～19日，东城区法制宣传教育领导小组办公室召开“六五”普法工作研讨会。市司法局副局长吴庆宝出席会议，区法制宣传教育领导小组办公室主任、区司法局领导班子成员、各街道主管主任、司法所长、区特邀监察员、党风廉政监督员参加会议。（张成雷）

【接待参观】 11月24日，全国律师行业党建会议代表到东城区大成律师事务所参观考察。司法部部长吴爱英，副部长赵大程，政治部主任尹晋华，中组部部务委员陈向群，副市长刘敬民，市司法局局长于泓源，副局长郑振远，市委组织部副部长吕和顺，区领导杨柳荫、吴松元、夏树军、宋甘澍等听取大成律师事务所党委有关情况汇报。肯定大成党委“找准党组织的功能定位、找准党建工作的着力点、找准促进事业发展的结合点、找准律师执业的风险点”和“把党员律师培养成品牌律师、把品牌律师培养成党员、把品牌党员律师培养成高级合伙人”的有效做法，认为大成律师事务所的党建工作扎实有效，值得全国律师事务所学习和借鉴。（张成雷）

【法制宣传进书市】 11月26日，东城区法制宣传教育领导小组办公室、区委宣传部、区司法局主办，“12·4”法制宣传暨“法制宣传进书市”活动在地坛书市举行。12月1日，区司法局局长走进北京人民广播电台爱家广播设在地坛书市的直播间，畅谈区“五五”普法工作成果和对“六五”普法的展望，向听众进行法制宣传。（张成雷）

【律师代表大会】 11月29～30日，东城区第一次律师代表大会召开，选举产生区第一届律师协会。市司法局领导、市律师协会党委常务副书记李公田，市律师协会会长张学兵、秘书长李冰如、副秘书长王笑娟，区领导刘云斋、宋甘澍、王佩立、郭瑞敏，区法院、检察院、公安分局、区委政法委、区委统战部等单位主管领导出席。辖区各街道主管主任、司法所长及律师代表135人参加。（张成雷）

【法制宣传】 年内，以普法验收为重点，开展系列宣传教育活动，推进“五五”普法工作。开展“加强法制宣传教育、促进社会矛盾化解”主题宣传活动，针对南城行动计划等重点工作和群众关心的热点、难点问题，开展相关法律法规宣传，从源头预防和减少社会矛盾。举办“崇尚法律、共筑和谐”主题法制宣传咨询周活动，发放各种宣传材料4万余份，解答群众法律咨询6000余人次。深入全区各街道、学校、公园等地区，开展为期半年的打击防范涉众型经济犯罪主题法制教育巡回展，受众100余万人次，发放《警惕黑手 谨防被骗》宣传海报2万余套。组织全区社区居民、青少年、公务员，参与“小手拉大手”——市家庭法律知识竞赛，选派优秀选手参加全市复赛及电视决赛。将学习宣传贯彻人民调解法列入区委理论中心组学习内容，促进人民调解法贯彻落实。

（张成雷）

【联动机制 化解矛盾】 李某(女)为刑满释放人员，出狱后把入狱的责任归于被姐姐和母亲赶出家门所致，对其进行报复，并要求姐姐赔偿11万余元，严重干扰姐姐及母亲的工作和生活。北新桥联合调解室安排凯瑞律师事务所律师和区阳光矫正服务中心心理辅导老师、专职人民调解员参与调处工作。由于李某态度强硬、言辞激烈，态度坚决，第一次调解没有进展。事后，心理咨询师对李某的言行举止分析，初步诊断为思想偏执，需要进一步深入咨询了解。第二次调解时，调解员从稳定双方情绪入手，以母女姐妹亲情为突破口，缓和调解气氛。但李某要求赔偿数量较大，母亲、姐姐无法承受，考虑到李某有吸毒前科，给太多的钱后果可能很严重，故第二次调解未能达到共识。第三次调解时，姐姐反映李某两次到家中和单位对其进行人身和语言攻击，并扬言不给钱就行凶杀人。心理导师建议对李某做精神病鉴定，但遭李某反对，联合调解室将情况报到派出所。第四次调解时，派出所所长要求双方在本年4月前给予答复，李某再此期间不得伤害姐姐及其家人。此后调解员多次找到母女三人，派出所所长也多次找到李某谈话，做了大量工作，李某态度逐渐好转，与母亲及姐姐有了交流。在李某生病时，姐姐和母亲陪护在医院问寒问暖。第五次调解时，派出所所长、律师、调解员共同参与，双方都做出让步。姐姐自愿给予李某生活费等共计3.5万元，用于日常生活。李某和母亲居住，并承担照顾母亲的责任，同时向姐姐道歉。（张成雷）

【追回欠款】 上年10月31日林某（内蒙古人）经人介绍与北京的王某签订一份劳务合同，由王某牵线为其在20天内签下内蒙古某煤矿的残煤回采合同，并支付王某劳务费30万元，否则无条件退款。可是20天后，项目没有任何进展，王某以各种名目要求林某再追加20万元。林某无力再筹措款项，要求解除合同，并退还预付款。林某12次进京找王某，来京费用5000余元，而王某避而不见。林某无奈，向110警方以诈骗为由报警。110将此案转至联合调解室处理。专职调解员与派出所的民警分析案情，认定王某诈骗罪证据不足，争取调解解决。王某解释说，残煤回采合同中间环节复杂，费用已超出预算，林某不肯追加款项，所以无法签订合同。专职调解员进一步了解情况后，劝说双方当事人互相理解，各让一步。王某退还30万元预付款，林某不再追要来京的费用，双方表示同意。这是建国门街道联合调解室自成立以来成功调解标的额最高的案例。（张成雷）

东城公安分局

【概况】 7月2日，原东城、崇文公安分局合并为东城公安分局。8月5日，组建新分局党委领导班子，8月19日，完成8个综合保障部门合并，原东城分局为北部办公区，原崇文分局为南部办公区。围绕"站在新起点、展现新风貌、建立新业绩"工作目标，完成全国"两会"、十一天安门广场敬献花篮、"10.12"天坛公园亚运会火炬传递启动仪式、前门大街十二届国际旅游节、龙潭公园灯会、金宝街嘉年华、中共十七届五中全会等重大活动保卫任务和安全监管工作，确保党和国家领导人、重要外宾涉足本区的绝对安全及全区政治稳定和社会安定。全年上报市局各类情报信息5852件，优化联勤联动指挥运行机制，接报"110"警情1.36万件，其中刑事警情3792件。启动调整防控等级100余次，实地检查社会面防控警力7万余人次。执行各类警卫勤务1964起，投入警力6.7万人次。立刑事案件3792起，破案2681起，抓获犯罪嫌疑人5180人。打掉各类犯罪团伙33个，成功预警并处置重大敏感案事件。创新网上收案模式，研究推行"化整为零、日见成效"工作原则和"八个一"（即每日一学、每日一练、每日一案、每日一问、每会一考、每周一抽、每周一报和每案一评）执法培训工作法。解决突出治安问题，加强危险物品、精神病人和消防安全监管。逐步建立"全方位覆盖、信息化支撑、网格化管理、扁平化结构"的公安社会管理模式。创新落实高峰勤务模式、视频监控运维模式，完成四期图像系统建设。加大警用装备和交通工具投入，确保各项警务活动顺利进行。实施公安信访综合治理机制，推动信访工作"重心下移、关口前移"。年内，立二等功集体7个、个人9人，获省部级荣誉称号集体4个、个人12人，获市局荣誉称号个人109人，获区级荣誉称号集体36个、个人1人。

单位名称：北京市公安局东城分局
单位地址：东城区大兴胡同45号
联系电话：84081033　邮政编码：100007
（李露云）

【社会治安控制】 元旦、春节及全国"两会"期间，原崇文公安分局以"冬季行动"为载体，加强组织部署，强化措施落实，确保全区社会治安环境持续良好。期间，打掉各类违法犯罪团伙26个，抓获团伙成员107人，破获系列案件8串64起、侵财案件46起。打掉盗窃摩托车犯罪团伙2个。出动各种安保力量2227人次，清理无照商贩303人次，查获"黑三轮"、"黑摩的"168辆次，拘留非法倒卖票证12人。打掉涉黄涉赌团伙13个，治安拘留75人。节日期间，原崇文公安分局提高街面"见警率"，强化节前社会面巡控措施，2月4～9日，全区平稳及良好等级天数100%，"110"刑事类警情环比上月下降37.5%，前门大街、新世界商圈等重点地区实现"零警情"。加大对新世界和百荣世贸商圈及内部的警力投入，有效防范打击拎包、扒窃等多发性侵财案件。（白云）

【打击卖淫嫖娼行动】 1月至4月，原崇文公安分局在市公安局治安系统开展春季行动打击卖淫嫖娼专项行动中，抓获违法犯罪嫌疑人80人，其中介绍卖淫3人、卖淫35人、嫖娼42人。打掉团伙7个，查处违法场所2家。（白云）

【社区科技创安】 1月至5月，原崇文公安分局对照"民居安全工程"达标社区标准，全面调查社区物技防设施，建立社区防范台账，明确防范工作薄弱环节，落实工程资金。争取专项资金212.53万元，安装、维修监控探头353个、楼宇对讲门71个，辖区发生入室盗窃案件31起，同比下降27.9%。体育馆路派出所争取资金110万元，用于治安防控；聘请保安员10人，加强重点地区巡控；在21个楼房小区，128栋楼514个单元门安装楼宇对讲系统；为老旧平房院落1028户居民，免费安装防撬锁和1000个红外线防盗报警器。发挥科技助防作用，依托54个监控探头，加强46个偏僻街巷、狭窄胡同部位监控力度。社区入室盗窃案件大幅下降，截至6月，发生入室盗窃案件4起，同比下降66.7%，2月、4月、5月零发案，扭转体育馆路地区案件高发势头。（白云）

【孟建柱慰问民警】 2月13日（农历"除夕"），国务委员、公安部部长孟建柱到原崇文公安分局东花市派出所检查指导

春节安保工作,慰问执勤民警和治保积极分子。（白云）

【春节庙会安保】 2月13～20日,第二十五届春节文化庙会在地坛公园举办。庙会设摊位556个,接待游客114万人次。原东城公安分局现场成立安全监管指挥部,抽调民警2450人次,检查、监管、指导和协助主办单位做好秩序维护工作,完成庙会安全保卫任务。（李露云）

【烟花爆竹管理】 春节期间,原崇文公安分局加强烟花爆竹安全管理工作,部署各种防控力量13.01万人次,其中民警8210人次、治安积极分子8.13万人次、街道干部7982人次、单位内保及其他力量3.21万人次,出动车辆1184辆次。发放各类消防器材2000余套(件),组建义务消防小分队224个。在重点燃放时段启动一级巡控方案,投入警力750人、消防车7辆,对全区34个销售点、79个禁放点,22条主要大街、重点地区、重点部位、繁华场所、居民区、交通主要出入口,进行安全监管。确保禁放点、销售点、燃放点安全,未发生重、特大事故。（白云）

【群防群治】 2月,原崇文公安分局落实群防群治工作措施,严密对社区巡逻控制。动员组织群防群治力量2.2万人,其中职业力量5600余人、义务力量1.7万余人,发放各类安全防范宣传材料2.48万份,受众5万余人,确保市"两会"期间社会面治安秩序良好。（白云）

【铁路线安全警卫】 3月1～2日,参加全国"两会"的部分省、市代表团成员,分7批乘列车抵北京南站和北京站。原崇文公安分局组织属地东花市、永外派出所,参加铁路警卫勤务,部署警力106人次,确保代表委员乘列车抵京安全。（白云）

【办理居民身份证】 3月8～12日,原崇文公安分局开展进校园为学生办理居民身份证宣传服务周活动。为16至18周岁学生,办理第二代居民身份证129张,发放各类宣传资料1.8万余份,悬挂、张贴各类标语、横幅28件,制作展板10块,解答学生及家长咨询358次。（白云）

【维稳工作】 全国"两会"期间,原崇文公安分局治安系统开展治安管理网上防控专项核查,以"系统中旅客住店信息"为切入点,加大对各类重点人员的发现、查处力度。依托治安管理信息分析系统,接报、反馈线索1872条,查获各类重点人员396人、使用伪造身份证件1人,治安拘留1人,交当地接回395人。落实"严查、严整、严打"工作思路,通过系统比对、网络摸排等手段,严厉打击旅馆业内违法犯罪活动。开展对全区中小旅店集中清理整治,出动警力1647人次,其他力量1623人。检查中小旅馆2170家,洗浴场所206家。审查人员6020人次(其中重点地区人员870人次,长包房人员992人次)。查获精神病人2人、上访人员327人、抓获网上在逃人员5人,做拘留以上处理的其他各类违法犯罪嫌疑人9人。行政处罚旅店15家,停业整顿4家。（白云）

【社会面巡控机制】 3月16～22日,为保持全区治安态势平稳,原崇文公安分局从机关抽调警力219人,支援派出所开展巡控,实现一线民警休整和社会面有效控制的"双赢"局面。接报"110"刑事类警情和刑事立案同比分别下降60%和91%,良好等级天数100%。（白云）

【政治中心区安保】 3月24日至4月12日,原崇文公安分局巡警系统在首都政治中心防控地区,抓获违法犯罪嫌疑人6人,处理群众求助、纠纷28件。街头"110"刑事类警情实现"零接报",确保首都政治中心区安全稳定。（白云）

【执法培训工作法】 3月,原东城公安分局明确提出"化整为零、日见成效"工作原则和"八个一"执法培训工作法。此工作法得到公安部、市公安局领导认可,市局副局长段桂清批示:"化整为零、日见成效工作法符合基层的学习培训,望坚持不懈,完善机制,总结提高"。公安部对"八个一"工作法进行转载。（高驰）

【民事调解】 4月26日,原崇文公安分局启动民事调解进派出所工作。聘请退休民警14人为民调员,进驻各联合调节室。全年调解纠纷992件,其中治安纠纷743件,民事纠纷249件,接待群众2480人次。（白云）

【勤务指挥】 4月,原崇文公安分局勤务指挥部门制订高峰期社会面防控工作方案,通过强化指挥调度、警情监测、信息流转,发挥勤务指挥系统职能作用,分析研判日常时段警情特点,下发警情提示,指导各派出所及时调整防控措施,有效控制辖区发案。加强对高峰时段中小学、幼儿园及首都政治中心区警情监测,确定不同阶段启动相应的治安防控等级,实行动态调控,确保高峰时段警情平稳良好运行。（白云）

【春季治安整治】 4月至5月,原崇文公安分局开展治安整治"春季攻势",抓获各类违法犯罪嫌疑人148人(刑事拘留11人、行政拘留137人)。接报"110"街头刑事警情1件,同比下降87.5%。（白云）

【专职巡逻队】 5月11日,原东城公安分局抽调民警56人,成立首都政治中心区专职巡逻队。构建"一线、一面、外围"三层过滤线。查获作拘留以上处理人员16人,在逃人员8人。全年通过街头盘查核录,抓获网上在逃人员213人、其他8人。政治中心区"110"刑事类警情实现"零接报"。（李露云）

【防范经济犯罪宣传】 5月15日,原东城公安分局在王府井步行街开展"打击和防范经济犯罪——你我共同的责任"主题宣传日。区领导常卫,市公安局经侦处处长到现场检查指导。向群众发放宣传材料8000余份,接受群众咨询50余人次。（李露云）

【破获运输毒品犯罪团伙】 5月15日,原崇文公安分局在市

局相关部门配合下，打掉1个运输毒品犯罪团伙，抓获团伙成员4人，收缴“冰毒”295克。 （白云）

【警情督导控制】 5月21日，原崇文公安分局建立警情高发单位督导工作机制。治安支队综合队将治安警情三高（高发案件、高发时间、高发地区）研判分析，每日监测分析成果通过支队主页“通知公告”栏目发布，形成“110”治安警情日分析、周研判、月小结的分析体系，服务领导宏观掌控社会治安局势。5月，区公安分局巡警系统调整街面巡逻警力，在全区61所中小学校、幼儿园周边，每天派出巡逻民警75人、辅警14人，机动车巡组10个、自行车巡组17个、步巡组44个、停靠点60个，加强中小学校、幼儿园周边巡逻防控。巡警系统在校园周边查获上访人员2人，精神病人员3人，及时消除引发不安定事端的潜在隐患，未发生个人极端行为，校园周边街头实现“零发案”。原崇文公安分局分析研判市场及周边治安特点，精心组织，科学投入，有效维护红桥市场安全有序的购物环境。 （白云）

【专项清理整治】 5月，原崇文公安分局出入境管理部门开展清理整治违法犯罪外国人专项行动。全年查处违法外国人30人，违住人员494人。 （白云）

【国际禁毒日宣传】 6月26日，原东城区禁毒委员会和各成员单位在北京饭店东门小广场，开展“依法禁毒 构建和谐”主题宣传日。悬挂横幅标语20余条、板报40余块、展板150余块，散发宣传材料5万余份，受教育群众10万余人。 （李露云）

【执法大纲考试】 6月28日、29日，原东城公安分局分批次对全局民警和现职领导干部进行执法大纲考试，现职领导干部398人和民警1357人参加，参考率分别为98.7%和97.6%，平均考试成绩94.7分。 （邵琳卿）

【信息工作】 上半年，原崇文公安分局结合辖区实际，总结出具有分局特色的经验做法，推动全局重点工作有序开展。撰写公安业务简报90篇，同比上升18.4%。被市局办公室转发简报6篇，同比上升50%。在市局主页发布工作动态信息24篇。 （白云）

【规范执法建设】 上半年，原崇文公安分局法制、治安管理部门为一线执法办案单位配备规范执法通Ⅰ型64台、摄像机32台、照相机132台、录音笔80支，规范民警现场执法记录行为，维护民警执法权益。 （白云）

【勤务指挥系统】 8月8日零时，东城公安分局勤务指挥处对全局25个派出所进行正式电台呼点，各派出所指挥室均顺利应答，电台通讯系统畅通无阻。同时，“110”接处警系统、金融报警系统、岗位勤务报备系统等均通过测试，运行正常，分局指挥系统实现南、北部融合。 （李露云）

【长安街替岗巡逻】 8月14日，“爱警日”主题活动启动，东城公安分局局长、政委到东长安街替换民警执勤，并沿东长安街一线巡逻检查。 （邵琳卿）

【友好分局协议】 8月24日、11月18日，东城公安分局分别与西宁市公安局、宁波市海曙分局签订协议书，结为友好分局。 （李露云）

【校园保安岗】 8月27日，东城公安分局在东直门中学举行区校园保安上岗启动仪式。区领导刘云斋、章冬梅、谢世龙、毛桂芬，中国保安协会副会长戴思鸿、市保安服务总公司总经理张强及区委政法委、综治办、区教工委、区教委、区教育督导室，市公安局内保局保安技防管理处等单位主管领导出席。分局第一、第二内保处，区教委有关部门和东城保安分公司领导，以及新组建的校园保安员300人参加。（李露云）

【网络信息民警队伍】 8月，东城公安分局组建网络信息民警队伍，为每个户籍派出所主管所长和市公安局确认的35个社区民警，配发专用笔记本和网卡。 （赵为民）

【兼职教官讲授课】 9月7～21日，东城公安分局围绕“提高民警素质、促进业务工作”目标，结合派出所实际，精心准备9个课题，由兼职教官9人到南区7个户籍派出所，巡回授课63节，听课民警1390人次。 （邵琳卿）

【警营开放日】 9月8日，东城公安分局举办“110警营开放日”活动，区人大代表、政协委员、居民30余人及新华社、中新社、《人民日报》等19家媒体记者走进勤务指挥处，与民警零距离接触，分局首度推出“110”民警形象大使2人。 （李露云）

【市局党校东城分校】 9月10日，东城公安分局举行市局党校东城分校揭牌仪式暨开学典礼。区委党校副校长应邀出席。东城公安分局局长谢世龙在揭牌仪式上讲话。分局党委全体成员、局属各单位党（总）支部主要成员及党员代表参加仪式。 （李露云）

【应急救护培训】 9月15日，东城公安分局和区红十字会联合开展民警应急救护培训。东城公安分局政治处主任、副主任，区红十字会秘书长、业务部部长和区工会副主席，分局北区所属34个单位政工领导参加会议。 （李露云）

【疏散逃生演练】 11月9日，以“全民消防，生命至上”为主题，全国“119”消防日全民疏散逃生演练活动，在王府井百货大楼前举行。公安部党委委员、副部长刘金国，市委常委、市总工会主席梁伟，公安部消防局局长陈伟明、副局长王沁林，市政府副秘书长周正宇，市公安局副局长丁世伟，公安部消防局宣传处处长，区领导刘云斋，区消防总队总队长赵子新、政委张高潮、副总队长李进、副政委范德明等及国家一级演员吴刚出席活动，中央电视台新闻频道现场直播。 （李博）

【百日健身活动】　11 月 11 日，由市公安局政治部、工会、前卫体协主办，东城公安分局承办，市公安局第二届冬季全警百日健身活动启动仪式暨首都民警万人长走活动，在天坛公园神乐署举行。市委常委、市公安局局长傅政华，公安部中国前卫体协秘书长孙杭南，市公安局副局长、工会主席段桂青，市公园管理中心党委书记郑秉军，市公安局领导张卫华、韩龙彬以及市局民警代表 500 余人参加活动。　（李露云）

【民警家属联谊】　11 月 27 日，东城公安分局举行民警家属工作联谊委员会成立大会。分局党委副书记、政委，党委委员、政治处主任，纪委书记、督察长，分局政治处副主任，以及分局相关单位政工领导和优秀民警家属代表出席活动。

（李露云）

【巡特警岗前培训】　12 月 25 ~ 28 日，为切实做好巡逻工作，贯彻落实既定工作目标，东城公安分局开展政治中心区巡特警支队民警 88 人岗前培训。分局主管领导出席开班仪式并讲话。　（李露云）

【信访工作】　年内，东城公安分局贯彻国务院信访条例，落实信访工作"一把手"工程。全年受理信访投诉请求 1839 件，其中来信 376 封、来访 987 人次、局长信箱 186 件、监督电话 63 个，办理重点信 46 封，人大代表建议、政协委员提案 23 件。被区委、区政府评为上年度先进信访工作单位。

（李露云）

【公共关系工作】　年内，东城公安分局以城区合并为契机，加强公共关系建设，建立外宣通讯员、公共关系联络员和网络评论员 3 个团队，形成"每日关注舆情、每周促动交流、每月督办回复、定期开展专题活动"工作机制，全年策划新闻通报活动 97 次，在媒体刊播稿件 1893 篇（条）。开展专题活动 13 次，外发新闻口径 18 次，解答热线记者 37 次，制作完成 18 部影视片。外宣工作在市局绩效考评中位列 16 个分（县）局第三名。　（李露云）

【处置群体访事件】　年内，东城公安分局处置各类群体访 4631 批 14.78 万人次，同比分别上升 14.8% 和 19.9%。化解 5 起因拆迁供电等问题引起的群众聚集事件，迅速稳妥处置"5.29"吉林市上访人爬塔吊、"9.30"陈某某攀爬市委临时办公地附近住宅楼等 12 起爬高上访及通过极端行为制造影响的事件。对全区重点人落实分级分类盯守措施，确保重大敏感活动期间"零失控、零滋事"。　（李露云）

【安全监管】　年内，东城公安分局以"防爆炸、防火灾、防拥挤踩踏事故"为核心，完成 42 项 128 场次大型活动安全保卫任务。构筑社会消防安全"防火墙"工程，检查各类场所 1000 处，整改安全隐患 1100 件。全年发生火灾 120 起，损失 17 万余元，同比分别下降 6.25% 和 42%。　（李露云）

【侦破刑事案件】　年内，东城区发生各类刑事案件 2654 起，同比下降 1.0%，百户居民发生刑事案件起数为 0.13。破获刑事案件 1509 起，同比下降 8.5%，破案率 56.9%，重大敏感案件全部告破。命案破案率连续四年保持 100%。全年查破涉毒案件 128 起，抓获涉毒犯罪嫌疑人 609 人，刑拘 101 人，查缴各类毒品 5783.06 克。坚持"以深挖促打击"，深挖破案 946 起，其中本区案件 772 起，通过政治攻势迫使犯罪嫌疑人孟某某、孙某某供述系列盗窃案件 76 起。　（李露云）

【涉外管控】　年内，设置专用柜台，实现港澳个人旅游再次签注当日可取，通过电话预约、叫号和满意评价器等制度，提高工作效率。狠抓散居登记和涉外旅店前台登记制度，办理护照签证 12 万余本，查处"违住"（24 小时入住未登记）、"三非"（非法停留、非法打工、非法入境）1287 起，处置涉外案件 56 起。在市局执法质量考评中获第三名。　（李露云）

【学校幼儿园安全防范】　年内，推进中小学校（幼儿园）治安工作常态化。在中小学、幼儿园出入高峰时段，按照"一校一警两保安"工作模式，落实勤务制度，加强中小学、幼儿园安全防范工作，保持学校幼儿园周边地区良好的治安环境。

（田近）

【警务情报信息】　年内，东城公安分局情报平台三级联动，为一线单位提供有价值线索 80 余条，从中抓获各类违法犯罪嫌疑人 41 人，网上在逃人员 20 人。核录 83 万余人次，其中存疑 6125 人次，留置 2.13 万人次，抓获作拘留以上处理人员 2828 人，劝返上访人员 972 人。创新视频监控运维模式，完成四期图像系统建设，整合新建图像采集点 2091 个，实现区图像信息平台和 25 个派出所图像接入平台互联共享。全区主控大街、重点地区、重点部位、繁华场所图像监控基本实现全方位覆盖。通过视频监控系统与警情联动 1030 次，提供线索 173 条，抓获拘留以上人员 40 人。为成功侦办"6.25"伤害出租车司机案、"10.21"东直门爆炸、"10.22"金街扬爆等敏感案事件提供关键线索。　（李露云）

【督察工作】　年内，东城公安分局警务督察部门出动督察警力 900 余人次、车辆 500 余台次。开展重大警务部署、重大社会活动及各类现场督察活动 408 次，检查民警 2.7 万余人次、发现查纠问题 401 件。带队带班领导 690 余人次，岗段 3500 余个次，车组 1770 余个次。查阅案卷 320 余卷，受理"110"群众投诉 764 件，受理核查检举控告 13 件。提出督察建议 168 条，发督察通知书 23 份、督察建议书 3 份，上报督察信息 117 份，依法维护民警正当执法权益 10 件。　（苏庆国）

【修志工作】　年内，东城公安分局（南片）推进第二轮区志编纂工作，编辑小组成员调阅文书档案资料 1081 卷，整理摘录相关资料卡片 1261 份，约 35.72 万字。查阅 1994 年至 2009 年《崇文分局大事记》《北京崇文公安史料》《北京市公安年鉴》，整理摘录资料卡片 523 份，约 13.8 万字。　（白云）

【出租房屋管理】　年内，原崇文公安分局加大出租房屋依法管理力度,落实出租房主监管责任,确保“以房管人”。全年处罚违法房主1037人,同比增长68.3%。其中罚款5.68万人,警告862人,拘留1人。签订治安责任保证书1168户。

(白云)

【信访代理制度】 年内,原崇文公安分局实施公安信访综合治理机制,坚持“分局领导、业务部门、派出所”三级信访代理制度,全力治理初访新诉问题,实现分局信访工作“四个转变”(即:变“无序”为“有序”,变“被动”为“主动”,变“多次办”为“一次办”,变“群众急”为“民警急”)。5月,代理信访案件28件,比前4个月总量增长1.5倍,办结14件,办结率50%。

(白云)

【网络赌博案】 2月25日,原东城公安分局刑侦支队接网监部门通报:男子赵某涉嫌组织他人网络赌博。接通报后,侦查员对赵某展开侦控。在获取大量犯罪证据基础上,2月28日10时,将其抓获,并起获记事本、银行卡及记录数字的字条等涉案物品。经讯问,犯罪嫌疑人赵某交待,在东城区东四北大街某网吧内通过登录境外网站,长期组织他人从事网络赌博,从中“抽头”获取非法利益。现犯罪嫌疑人已移送分局审查处理。

(李露云)

【冒充航空公司诈骗案】 4月7日,事主司某报案称:其登陆互联网搜索南方航空公司时,搜索到某网页并留有4006673800的联系电话,其通过该电话号码与对方联系购买两张北京至杭州的机票,并按照对方要求向两个指定账户汇入人民币4120元,后发现被骗。经工作,原东城公安分局查明两个涉案账户开户地均为海南省海口市,卡内资金跨行提取地为海南省儋州市,专案组立即前往海口、儋州开展工作,确认彭某某(男、汉族,27岁、无业)、王某某(女、汉族,22岁,无业)两名犯罪嫌疑人。4月28日9时,侦查员在海南省儋州市某宾馆将2人抓获,查获银行卡4张,作案用手机3部。经讯问,2人对通过网络发布虚假信息,以出售低折扣飞机票为幌进行诈骗的犯罪事实供认不讳。此案正在进一步审理中。

(李露云)

【破获爆炸案】 10月21日15时20分,东城公安分局接市局布警称,在东直门外大街与东中街北口路南东侧报刊亭附近,发现不明物体爆炸。经反复排查,锁定一名嫌疑人。27日9时,西站分局民警在观看视频监控时发现嫌疑人,在西客站地下广场北一出口附近将其抓获。经审查,犯罪嫌疑人雷某(男,21岁)对实施爆炸犯罪事实供认不讳,被东城分局刑事拘留。

(李露云)

【千万元诈骗案】 11月27日,东城公安分局接事主张某报案称:2009年4月,被北新仓居委会主任孙某某以购买低价房为由,诈骗100余万元人民币。在调查取证中,陆续接到10名事主报案,被骗金额高达千万元。侦查员梳理案件线索,从中串并出犯罪嫌疑人孙某某以同样手段在朝阳和丰台区实施诈骗3起。经工作,获取孙某某近期与女儿会面的重要线索。侦查员对孙某某的女儿进行外线跟踪。1月22日15时,在昌平区崔庄镇将犯罪嫌疑人孙某某抓获。经讯问,孙某某对以上犯罪事实供认不讳,并送分局预审处审查,核实案件20起。

(李露云)

【运输毒品案】 12月10日,东城公安分局获可靠情报:丁某(男,满族),从成都市运输冰毒到京贩卖。经查,该名男子于12月15日在成都购买毒品,欲驾车返京。12月18日9时,嫌疑人丁某驾驶车辆驶过涿州,被设伏的侦查员锁定嫌疑车,跟踪追击。在大兴区磁各庄桥下,侦查员将其抓获,当场从其驾驶的黑色北京现代牌越野车后备箱查获可疑物9袋。其中黄色可疑晶体3袋(净重140.39克)、灰色可疑晶体2袋(净重97.51克)、白色可疑晶体4袋(净重1389.43克)。后经市局毒检中心鉴定,可疑物品均为苯丙胺类毒品,净重1627.33克。经审,该人对运输毒品的犯罪事实供认不讳。

(李露云)

【金融诈骗犯罪团伙】 12月23日,李某报案称:2009年11月,某投资公司汪某、茹某以投资为名,使用伪造的招商银行北京分行定期存单、资金证明(票面金额:5000万美元)等金融凭证,诈骗其人民币130万元。经调查,发现该公司在东城区租用高档公寓作为办公场所,并无正常业务经营。银行反馈信息:送检的相关涉案金融凭证系伪造。1月8日18时,蹲守的侦查员发现汪某,并将其控制。据该人供述,侦查员在该公司将茹某等9人抓获。起获伪造银行存单、进账单等金融凭证数十张,票面金额数百亿元,实施诈骗活动的投资合同40余份。经审:犯罪嫌疑人汪某、茹某等人供认出伪造金融票证藏匿之处,并供认先后与数十家企业以投资为名签订合同,向企业提供伪造金融凭证,骗取40余家企业人民币1800余万元(已退还400余万元)。汪某、茹某等6人(其中1人为山西省上网逃犯)犯罪嫌疑人已送分局拘留审查。

(李露云)

天安门地区公安分局

【概况】 1999年6月,北京市公安局天安门地区分局正式挂牌成立。内设副处级机构4个(综合办公室、纪检监察室、治安大队、机动大队),正科级机构7个,巡警5个中队,派出所3个(故宫派出所、中山公园派出所、劳动人民文化宫派出所)。主要职责是负责天安门地区治安、消防、侦查、内保、外事管理、警卫工作等。管辖范围:北起神武门前广场,南至正阳门;东起故宫东墙,经劳动人民文化宫东墙,南池子南口(不含),向南沿国家博物馆东侧,天安门百货商场至正阳门一线;西起故宫西墙,经中山公园西墙,南长街南口(不含),向南沿人民大会堂西侧路西便道沿,南侧路南便道沿,经天安门广场西侧路西便道沿至正阳门一线。辖区面积约2.1平方公里。年内,贯彻落实重点工作,提高警务水平,增强自身素质,强化技术装备,完成全国“两会”、五一及国庆黄金周、十七届五中全会等安全保卫工作,维护首都政治中心区安全稳定。全年处置群体性上访1007批,预防和妥善处置各类极端事件281起484人,完成各类警卫勤务1878场次。获第六届市人民满意的政法干警和市先进工作者1人,巡警三中队获市局爱民实践活动先进单位并立集体二等功,个人二等功2人,获市局本年度优秀女民警标兵、好警嫂标兵称号4人,获市公安局警营健康标兵5人。

单位名称:北京市公安局天安门地区分局
单位地址:东城区东交民巷37号
联系电话:85222687　邮政编码:100006　　(董岩　库周乾)

【烟花爆竹禁放宣传】 1月28日,协调组织辖区工商、城管、消防等单位,开展烟花爆竹禁放宣传活动。悬挂横幅,张贴展板,向地区单位从业人员及游客发放贺年卡、宣传钥匙链等禁放宣传品。发放市政府烟花爆竹安全管理工作领导小组办公室致全市各机关、团体、企事业单位的一封信和致全市中小学生家长的一封信。　(董岩　库周乾)

【全国两会安保】 全国“两会”期间,分局制订安保工作方案,按照市局总体部署,严密大会堂警戒区外围控制,投入保卫力量1209人次,落实领导、警力、措施、责任、状态到位,确保会议顺利召开。　(董岩　库周乾)

【纪念堂警务工作】 3月27日,与纪念堂管理局建立三级沟通长效机制,组建纪念堂警务工作组,在毛主席诞辰和逝世纪念日、暑期等重点时期,针对瞻仰群众排队等待参观时间早等突出问题,加强协调,出谋划策,增加投入,确保纪念堂参观秩序良好。　(董岩　库周乾)

【体育赛事安保】 4月18日,纽崔莱国际长跑节在天安门广场举行起跑仪式,分局组织安保力量600人,确保活动顺利进行。10月24日,北京马拉松赛起跑仪式在天安门地区举行,分局认真部署、协同配合,投入安保力量487人,落实安全监管措施,确保现场秩序良好,完成起跑仪式安全监管工作。　(董岩　库周乾)

【广场周边治安秩序整治】 5月17日,打掉违法印制地图、小广告印刷窝点1个,起获违法印刷品8万余张。年内,围绕“强化治安秩序管理,净化地区治安环境”目标,与城管、工商、交通等执法部门日常联合执法,加大对流浪乞讨、散发小广告、“黑车”、无照游商的整治力度,突出“打源头、端窝点”。全年打击扰序人员2.6万人,办理劳动教养3人,移交刑事拘留23人,办理治安拘留865人,当场处罚2.53万人。　(董岩　库周乾)

【文化宫游园安保】 6月1日,团市委在劳动人民文化宫举办首都庆祝六一国际儿童节游园会。分局研究制订专项安保方案,出动警力74人,协调组织武警20人、保安员300人、志愿者600人,确保参加活动的家长及少年儿童1.4万人安全。　(董岩　库周乾)

【基础数据清理】 7月5日至8月10日,结合分局案件实际,从治安大队、机动大队、巡警一至四队抽调人员组成数据清理工作小组,对2004年至今的6000余件行政拘留案件的网上信息,开展数据维护、纠错、补录等清理工作,确保案件信息录入的准确性。　(董岩　库周乾)

【爱警日活动】 8月14日,市公安局在天安门地区分局举行“爱警日”启动仪式。市局、分局各级领导在天安门地区替换基层民警执勤40人次,为群众服务800次,缓解基层民警工作压力,提升队伍的凝聚力。　(董岩　库周乾)

【模范警组和党员先锋岗】 9月30日,举行创先争优模范警组和党员先锋岗挂牌仪式。分局党委班子成员、基层党支部领导,党员民警、安检员代表60人参加。　(董岩　库周乾)

【治安秩序维护】 10月1日,天安门广场观旗人员流量15万人。国庆期间,天安门地区游客流量日均70万人。故宫参观客流61.4万人。分局坚持提前谋划,全警投入,强化疏导控制措施,投入警力2000余人,确保游览秩序良好。围绕重大节日,加强天安门广场升旗秩序维护,开通现场安保指挥部,投入警力1.7万人次。　(董岩　库周乾)

【装备设施辅助防控】 年内,完善实体防控网络,广场内增加电动巡逻车,广场周边安排自行车巡逻,每日高峰时段投入单警两轮巡逻车,使用100组共300米硬质移动护栏,规范过滤线设置。协调天安门地区管理委员会划拨一部升降车,开展人车结合演练,提高处突能力。更新安检大棚,改善安检环境,提高通过效率。　(董岩　库周乾)

【多警种指挥机制】 年内,分局整合巡特警总队、公安交通管理局、消防局等单位执勤警力,建立日常通信联络机制,牵头调度在天安门执勤的各部门、各警种,确保警卫路线高峰期勤务的完成,解决升旗期间旅游车占据广场东侧路路面问题,提升地区日常防控处突能力。　(董岩　库周乾)

【群防群治工作】 年内,协调地区管委会,组织群防群治工作会议和培训60次。发动地区驻区单位、经营商户,设立治安信息员、联络员,及时提供各类治安信息。发放治安巡逻红袖标1000余个,增强地区治安秩序维护力量。争取专项资金,表彰奖励表现突出协警人员10人,印制发放宣传材料500余份。　(董岩　库周乾)

【公正执法】 年内,落实市局“四减、四责”(四减:减罪、减损、减灾、减诉;四责:情报责任、形象责任、化解责任、网安责任)工作要求,加强队伍管理,强化无投诉队所建设,投诉量同比下降50%,被评为本年度全国公安机关执法示范单位。　(董岩　库周乾)

【侵财犯罪防范】 年内,针对侵害人民群众切身利益的扒窃犯罪,在旅游高峰时段强化宣传提示,对可疑人加强盘查核录,协调兄弟单位便衣出探、主动侦查,指导故宫保卫处落实重点部位看护措施。地区刑事发案维持在较低水平。

（董岩 库周乾）

【警务工作交流】 年内，加强与兄弟省市公安机关的警务交流。接待上海、湖南、安徽等省市公安机关考察，交流执法规范化建设；赴上海市公安局，就防范处置突发事件、提高查疑防控技能等进行交流。（董岩 库周乾）

【图像网巡机制】 年内，制订网巡方案，明确实时监看、总结研判、学习培训、考核奖惩、协调配合等机制。突出图像网巡与实体网巡相结合，巡区对应，责任捆绑。全年通过图像监控直接调度一线处突75起，主动发现可疑目标26起。

（董岩 库周乾）

【排除地区安全隐患】 年内，按照市公安局加强首都政治中心区防控工作会议精神，加强安全隐患排查，协调天安门地区管理委员会对地区施工各单位制发证件，无证一律不准施工。联系内部单位保卫局协调13家市政单位，对地区1496个井盖进行确认，对39个无主井盖统一实施封闭处理。协调市城建总公司，拆除辖区内4座长期闲置的铁塔，杜绝攀爬类滋事行为。全面摸排辖区内水源、消防栓情况，及时改进和翻新，确保随战随用。（董岩 库周乾）

【表彰机制】 年内，分局在队伍中强化“责任和形象是天安门警察生命线”意识，将优秀广场安检标兵纳入月度“双星”评选，建立单月集中表彰、双月经验交流、年终累计排名的评选奖励机制。全年评选表彰每月双星141人次，优秀安检员标兵42人次，年终评出年度双星和优秀安检标兵20人。

（董岩 库周乾）

【民警素质培训】 年内，强化民警素质培训，成立反恐防暴处突分队，开展封闭式警务技能强化训练，在市局反恐处突大比武中获直属分局组第一名。以提高民警预警能力、打击能力、防控能力、处置突发敏感事件能力为目标，针对首都政治中心区可能发生的极端份子驾车肇事等突发事件，抽调骨干民警12人，集中警力、集中时间，采取外聘教官、骨干送训等形式，开展警用车辆特种驾驶培训，提高民警驾车拦截、实施抓捕的能力。（董岩 库周乾）

东城交通支队

【概况】 东城交通支队围绕“创建世界城市，打造一流警务”和“平安北京交通，微笑北京交警”奋斗目标，坚持“科学管理、严格执法、高效服务”，提高队伍素质能力，执法理性、规范、文明，“压事故、整秩序、保畅通”，全面落实道路交通管理、特勤交通保卫、道路事故处理、交通安全宣传等工作，界内交通秩序安全稳定，交通运行正常。东城交通支队被公安部命名全国规范执法示范单位。

单位名称：北京市公安局公安交通管理局东城交通支队

单位地址：东城区东四四条33号

联系电话：68399105 邮政编码：100010

（刘众）

【领导慰问】 1月28日，市公安局党委副书记、副局长傅政华，到东城交通支队帅府园大队南池子岗慰问执勤民警。询问民警夜间执勤的防寒保暖和安全防护情况，对民警不畏严寒、坚守岗位、认真工作的精神给予肯定，并希望民警再接再厉，作出更大成绩。2月2日（农历大年三十），国务委员、公安部部长孟建柱到天安门广场东侧路北口慰问坚守岗位的首都交警。市长郭金龙，公安部常务副部长杨焕宁，副部长刘京、黄明，国务院副秘书长汪永清，市政法委书记王安顺，副市长黄卫，市公安局党委书记傅政华，副书记段桂青，副局长张卫华以及市交管局局长宋建国、政委李建华、副局长刘继忠、政治处主任程健等领导陪同，东城交通支队领导和民警代表参加。2月8日，原东城区领导常卫到东城交通支队慰问节日期间坚守岗位的干部民警。支队主要领导及部分干部民警代表陪同。2月9日，副市长黄卫在市公安局领导傅政华、张卫华，市交管局领导宋建国、李建华、解建成、王立、程健等陪同下，到东城交通支队帅府园大队驻地，慰问支队民警，并发放御寒服装。支队领导及民警、协管员代表参加。2月12日，公安部副部长黄明在公安部交管局局长杨钧，市公安局张卫华，市交管局宋建国、李建华、程健等领导陪同下，到南池子路口岗慰问帅府园大队民警。支队及帅府园大队领导和部分民警代表参加。2月13日，原东城区领导杨柳荫、杨艺文、冯熙、曾刚健、常卫、徐熙、王红兵、谢世龙、毛炯等，到帅府园大队驻地慰问坚守岗位的干部民警。支队长及部分干部民警代表参加。3月8日，市公安局副局长于春全，纪委书记、督察长董小兵到天安门广场东侧路北口岗，慰问东城交通支队女民警。市交管局领导王立、程健，东城交通支队领导及支队部分女民警代表参加。3月11日，原东城区领导杨柳荫、杨艺文、常卫、谢世龙等到东城交通支队，慰问全国“两会”期间连续作战的交通民警，并送去慰问金。支队、帅府园大队领导及部分干部民警代表参加。5月1日，区领导杨柳荫、冯熙、曾刚健、常卫、毛炯等到帅府园大队慰问坚守岗位的交通民警，并送去慰问品。支队领导及部分干部民警代表参加。7月5日，公安部交管局副局长李江平到东城交通支队，慰问在高温天气下坚守岗位的干部民警，送上防暑降温的清凉饮料。7月7日，东城区领导杨柳荫、牛青山、刘云斋、谢世龙、夏树军、毛炯等到天安门广场东侧路北口岗，慰问交警，并送防暑降温慰问品。支队、帅府园大队领导参加。同日，中央电视台和北京电视台主持人朱军、李瑞英、郎永淳、王旭东、桑朝晖、徐春妮等20余人，到长安街慰问交警，并送去防暑降温饮料。市交管局领导宋建国、程健，东城交通支队及帅府园大队、东单大队领导参加。7月29日，市领导黄卫、周正宇，市交管局领导宋建国、隋亚刚、程健等到南河沿路口岗，慰问在高温下坚守岗位的支队民警，并赠送防暑降温慰问品。支队、帅府园大队领导及部分民警代表参加。7月30日，市公安局领导段桂青、韩龙彬到帅府园大队南河沿示范岗检查指导，并慰问坚守在一线的执勤民警，帅府园大队领导和部分民警参加。9月30日，东城区领导杨柳荫、牛青山、徐鸿达、常卫、刘云斋及区委办、区人大、区公安分局等相关领导到帅府园大队驻地,慰问全体干部民警,并赠送慰问品。12月24日,副市长苟仲文在市交管局领导宋建国、李少明陪同下,到王府井教堂前交通支队现场指挥所,检查指导“平安夜”交通秩序维护工作,并慰问全体干部民警。12月31日,全国政协委员、华达集团董事长李晓华到帅府园大队驻地,慰问大队全体干部民警,并送去慰问品。同日,市公安局工会副主席何青到帅府园大队驻地,慰问全体干部民警。 (刘众)

【赛事交通保障】 2月23日,本年度亚冠足球联赛,北京国安队对澳大利亚墨尔本胜利队的比赛在北京工人体育场举行。支队投入警力49人,警车31辆,确保赛事交通安全。4月28日,本年度亚足联冠军联赛,北京国安队主场第3场小组比赛,在工人体育场举行。支队投入警力232人次,警车197辆次,确保赛事交通安全。 (刘众)

【突发事件处置】 3月5日18时05分,南河沿路口执勤的帅府园大队民警,发现正义路路面有小面积积水,对南河沿东侧路机动车和行人出行造成影响。其观察水流方向,发现南河沿路口东南角便道的井盖处不断向外冒水,随即上报大队值班室。40秒后,在南池子执行勤务任务的副大队长及民警赶到现场。1分钟后,在长安街沿线巡视的路面指挥干部大队长、办公室副主任赶到现场。1分20秒后,支队副支队长、局秩序处副科长相继赶到现场,并迅速卡断正义路南向北车流,确保抢修车辆和人员快速到达;维护好现场秩序,避免群众围观造成正义路局部交通拥堵。5分钟后,自来水公司、市政、工程抢救、绿化、防火办等部门工作人员到达现场,经抢修,20时30分,爆裂水管被修好,交通恢复正常。3月6日8时55分,帅府园大队民警在天安门广场西侧路北口执勤时,发现一辆52路公交车由西向东行驶时,有人从车窗内向外抛撒传单。民警立刻上报大队值班室,并捡起抛撒到路面的传单。当公交车行驶到天安门东侧路时,再次向窗外抛撒传单。由于情况紧急,在南池子南口执勤民警听到电台通报后,迅速将交通信号灯改为红灯,掐断西向东车流,避免抛撒传单公交车继续向东行驶。巡视长安街沿线的民警听到电台通报后,驾驶警车赶到现场,将公交车拦截控制在国家博物馆北门非机动车道内。同时采取临时交通管制措施,安排民警维护现场秩序,避免造成不良影响。3分钟后,天安门地区分局民警赶到现场处置,将抛撒传单人员及公交车司售人员带回分局。9时15分,交通恢复正常。4月25日9时15分,支队勤务指挥科接“110”情况报警,和平里西街和中街交叉口处饭馆因煤气罐爆炸引起大火,造成周边商铺连锁起火。面对突发状况,支队出动警力105人、警车71辆,支队干部、民警及时处置,确保绿色消防通道绝对畅通。10月21日15时25分,支队勤务指挥科接市交管局中心情况接报系统布控:东直门天恒大厦有爆炸事件。支队向相关领导、特勤处及区政府值班室汇报。支队出动警力65人、车辆35辆,支队政委、路面指挥领导副支队长及勤务指挥科主任赶到现场组织指挥,并布控相关管界大队,采取有效措施,确保爆炸现场及周边道路安全畅通。 (刘众)

【查获在逃人员】 9月21日,和平里大队路面指挥干部副大队长巡逻至北二环雍和宫桥时,发现一辆外地牌照邮政大货车,在主路由东向西方向违反限制通行规定行驶。立即要求司机驶出主路并停车接受检查,发现驾驶人王某某所持驾驶证存在伪造嫌疑。大队值班室通过网上核查,确认该驾驶证系伪造。在对王某某本人信息作进一步查询发现,该人在上年因诈骗被列为网上在逃人员。 (刘众)

【交通警卫】 年内,完成特勤任务6322次,同比上升5.1%。其中一级347次、二级1635次、三级3562次、改线48次、升降旗730次。出动警力11.43万人次。 (刘众)

【122处警】 年内,“122”报警10.66万次,同比上升19.4%。其中交通事故报警3.40万次,同比上升7.9%。交通拥堵报警9826次,同比上升7.6%。群众求助及情况反映6.28万次,同比上升29.2%。 (刘众)

【交通事故处理】 年内,支队管界发生交通事故8393起、伤2696人、亡3人,同比上升10.5%,伤人数上升4.9%,亡人数下降40%。民警处理简易事故8338起,逃逸事故11起,全部侦破。拘留481人,抢救伤者244人,挽回危重伤者生命8人。全年交通安全监管事故死亡6人,同比减少2人,下降25%。 (刘众)

【交通秩序管理】 年内,处罚四类严重违法行为3.18万起,同比下降19.6%。机动车现场处罚16.71万起,同比上升13.1%。非现场处罚32.11万起,同比上升50%。“涉牌”违法行为处罚5438起,同比上升89%。醉酒驾车拘留205人,同比上升13%。拘留非司机驾车276人,同比上升6%。组织联合执法行动40余次,处罚“摩的”、残疾人机动三轮车6007辆。现场处罚货车违法行为2.63万起,同比下降0.3%。现有违法监测设备88套。改造路口5处,优化渠化道路42条,设置路侧停车位1083个,施工监管288件,增划、复划及调整地面标线16.85万米、人行横道620条、标志650面。增设、调整各种隔离护栏1.16万米,反光镜3面,人行步道桩1250根。增设、完善路口信号灯2处,调整信号灯配时21次。 (刘众)

【交通安全监管】 年内,支队组织挂图巡展、播放宣传片1987场次,发放各类宣传品13万余份。定期组织民警对发生严重交通违法行为、违法行为连续超标及发生责任事故的单位进行追查,对交通安全管理责任落实不到位的单位责令限期改正,对限改到期仍没有改进的单位采取禁驶车辆管理措施,对辖区社会单位连续三个季度、专业运输单位连续三个月交通违法记录超过控制指标和发生负同等以上责任致人死亡的交通事故,进行媒体曝光,悬挂“重大交通安全隐患单位”警示牌。检查社会单位、专业运输、部队和中小学校、幼儿园等4867家次,责令限期改正3120次,采取禁止车辆上路行驶管理措施1901家次。排查、治理市级交通安全隐患4处。自行治理交通安全隐患34处。 (刘众)

【交通执法监管】 年内,支队行政复议案件31件,同比上升55%;行政诉讼8件(含附带赔偿3件),同比上升60%。执法问题集中查摆活动4次,开展联合督导检查20次,互评互查22次,发现纠正问题50件。复查酒后案卷4351卷,发现纠正问题127件。检查各类文书1.32万份,发现纠正问题154件。审核拘留案卷481卷,事故案卷35卷,发现纠正问题123件。下发执法考核通知单29份。专项培训20次,解答有关执法问题50项。参与事故责任认定研究40次。支队被公安部命名全国规范执法示范单位。 (刘众)

【绿色通道】 年内,支队精心研究,把跟踪办案与“绿色通道”紧密结合,与北京军区总医院合作,坚持“先救助、后交费”的救助原则,及时抢救事故伤者,降低事故死亡率。全年抢救伤者244人,挽回危重伤者生命8人。 (刘众)

【校园交通安全防范】 年内,支队在管界中小学、幼儿园周边,设置实名制岗位,组织全支队女警成立10处校园女警护送岗,为少年儿童提供安全护送服务,通过强化秩序管理,完善标志设施,落实安全防范责任,实现不乱、不堵、不出交通事故,让老师、家长、学生满意。 (刘众)

【爱民实践活动】 年内,支队创新思路,运用网络资源,开办搜狐网“东城老许”博客。发挥博客信息服务功能,反映队伍状态,宣传交通安全常识,发表交通出行提示,为群众提供便利和服务。借助网站跟帖回复功能,增强警民沟通与互动。在《高温天——出行提示》《坐“黑摩的”者·戒》等博文中,“东城老许”温情提示群众高温天气出行注意事项,介绍乘坐“黑摩的”的危险与危害,从群众利益出发,为群众安全着想。“东城老许”博客刊发博文信息587篇,访问量47万人次,网友评论3270余篇,视频点播1.45万次。 (刘众)

崇文交通支队

【概况】 崇文交通支队为本区道路交通管理机关,全员行政执法单位,在编民警243人,设政秘科、法制科、装财科、宣传科、交通科、事故科、指挥调度室和前门、天坛2个值勤大队。担负区域道路交通管理及交通秩序维护、特勤交通保卫、交通事故处理、交通安全宣传等项工作。主要交通干道28条、街道7个、管界道路总长145.8公里。本年,支队围绕全局中心工作,着眼“建设世界城市,争创一流警务”,坚持“科学管理、严格执法、高效服务”,全力“防事故、整秩序、缓拥堵”,确保管界交通秩序安全稳定。完成节庆及重大活动等交通安保任务,确保各项交通警卫勤务万无一失,得到各级领导肯定,为节日期间百姓出行创造良好交通环境。全年支队处罚四类严重违法行为4796起,其中酒后驾车1434起,醉酒驾车152起,非司机驾车133起,闯红灯350起,涉牌2727起。处罚各类违法行为248281起,其中现场执法71762起,非现场执法174810起,一般程序1691起,其他18起。处罚大货车违法行为10995起,114.89万元。扣留“摩的”2890辆。录入违法停车39694起,车载移动6918起,电视监控10518起。支队获市交通安全委员会本年度优秀区县称号。

单位名称:北京市公安局公安交通管理局崇文交通支队
单位地址:东城区广渠门南小街5号
联系电话:67112087 邮政编码:100061 (孙伟 恒雅娟)

【勤务运行机制】 全国“两会”、“春运”、国庆及十七届五中全会等期间,支队针对重大勤务特点,勘察路线,制订工作方案和应对措施,严格勤务方案和岗位制度,明确组织领导、职责分工和工作要求,细化各项工作措施,建立每天专题例会制度,分析问题、研究对策、制订措施、完善方案。结合任务开展特勤专业技能培训,科学派勤,提升特勤工作整体水平和应对突发事件能力。狠抓秩序整顿,加大执法力度,做好交通安全监管、交通安全宣传及隐患排查,加强装备和后勤管理。 (孙伟 恒雅娟)

【综合整治行动】 7月,开展整治“摩的”非法运营“脉冲行动”,暂扣车529辆。全年支队组织联合行动103次,查扣非法运营及违法行驶2890辆。针对货车闯禁行等违法行为,制订货车专项整顿工作方案。为减少管界内货车违法行为,预防交通事故发生,在拦截检查时,对违法行为坚持严格执法、高限处罚。同时,为从源头杜绝货车违法上路行驶,支队将施工工地货车以及从二环路桥区进入管界内的货车作为管控重点,宣传民警、警区民警分别深入施工工地宣传,要求施工单位严格管理货车驾驶员,并配合开展好货车管理。9月1日,开展交通秩序综合整治行动,整合、重组、优化警力调配,合理规划执勤岗位,在13个示范路口利用机关和大队二线警力,确保交通秩序综合整治力度和实际效果。综合整治行动重点管理包括对“摩的”非法揽客,货车违反限行规定,主要大街机动车乱停乱放以及路口非机动车、行人违章等违法行为,取得明显治理效果,13个示范路口的守法率由整顿前的46.8%上升到86.4%。 (孙伟 恒雅娟)

【重点区域管控】 年内,支队对管界内重点区域划分为政治中心区、政府部门和学校周边地区。根据管理重点及任务不同,实行警区、民警、协管员三级承包责任制,建立各地区、各岗位工作档案,形成“岗位、警力、责任”一对一模式,明确工作任务、管理范围、工作重点和突发事件处置措施,管理效果显著。支队以特勤管理为重点,狠抓特勤接收、布置、方案制订、指挥调度等环节,做到接收勤务有记录、布置勤务有录音、实际加勤有录像。强化特勤工作意识,着重基础培训,严格组织保障,培训指挥调度室民警,做到专人上路查情况、电视监控看隐患、领导干部严把关,形成勤务的组织、落实、检查一体化。全年实时勤务录像100小时,检查路线勤务岗位措施部署情况录像75小时,传达勤务电话录音71.67小时,无未落实或漏报现象。加特勤1738次,其中一级勤务154次,二级勤务235次,三级勤务1349次,出动警力1.81万人次,完成各项勤务和重大安保任务。 (孙伟 恒雅娟)

【交通拥堵治理】 年内,支队综合分析上年拥堵报警和事故数据,研究制订《支队疏堵治堵工作方案》《支队疏堵工程业务细化工作账单》,对涉及支队的8处乱点、堵点进行部署。为缓解交通拥堵状况,支队各科、大队层层动员,深入管界单位、社区、商场、学校等单位调研情况、征求意见,发动全区各系统、市民群众投入疏堵治堵工程,出力献策。同时,支队对全区交通组织、标志设施、信号配时、警力部署、微循环道路、公交线网等全面排查会诊,找准拥堵症结成因,对问题逐一登记、制订解决方案。排查交通组织问题9大类53项,并制订具体改造方案,上报局秩序处落实完成。建立疏堵长效机制,围绕支队"队伍形象建设年"活动和开展"崇文疏堵之星"评选和疏堵能手擂台赛、"我为疏堵支一招"等活动,增强全体民警"出门就上班"、"上路就管事"、见堵就疏的责任意识。支队根据调研拥堵形成的"高发原因、高发时段、高发点段",突出提前干预职能,确立"警情常量为核心、警情研判为导向、动态调控警力投量投向"路面管理工作机制。依托警情监测平台和流量检测系统,实时监测"122"交通拥堵、重点路段流量车速等数据变化和警情走势,做到动态指挥调度,保持警力与警情同步浮动,确保解决问题在先。同时建立联动机制,做到紧急警情直接指挥到第一现场、一线民警,减少中间环节,有效缓解交通拥堵。　（孙伟　恒雅娟）

【静态交通管理】　年内,支队坚持静态交通管理及道路交通优化、渠化工作。申报设施类交通优化、渠化方案135件,其中已批转实施完成方案73件,审批中47件,退回15件。管界新增、调整标志85面,复划、新增标线8200余米,设置护栏4233米,调整信号配时23处,渠化路口4处,设置隔离桩362根,新增路侧车位135个,复划路侧车位960个。　（孙伟　恒雅娟）

【科技系统应用】　年内,支队建立"警情预报—查找结点—警情通报—警力调整——快速处置"一体化科技系统应用模式。即:利用"122"接报警系统和流量监测系统实时监测路面情况,根据接报警数量以及流量检测系统的检测情况,提前预测可能发生拥堵的路段;利用电视监控系统,查找定位拥堵路段结点和原因;发现警情及时用电台向支队路面巡视领导和执勤大队路面指挥干部通报情况,以便现场组织指挥;利用单兵点位系统和GPS加导航系统调派警力,调整局部上勤等级,保证拥堵路段警力控制和指挥疏导;通过路面警力合理调整和科学部署,快速处置路面情况。支队根据"122"接报警系统和流量监测系统,主动启动区域等级上勤方案120余次,为路面指挥领导现场组织指挥提供保障,多次受到局中心表扬。利用电视监控系统主动发现问题2000余起,其中包括事故、车辆故障以及其他影响路面畅通情况。利用单兵定位系统和GPS加导航系统,调整部署路面警力及时处置各类路面问题160余次。全年支队"122"接警台接各类报警5.08万起,同比上升30.7%。其中拥堵报警3932起,较上年减少293起;事故报警1.78万起,同比减少15.9%;其他报警1.82万起,同比减少28.2%。苦练接处警业务基本功,"122"快速处警5分钟到位率100%,群众满意率99.8%。　（孙伟　恒雅娟）

【固化联勤机制】　年内,支队与城管、治安、公交分局等部门合作,固化联勤机制,每月召开联合执法工作协调会和阶段性执法工作情况通报会,做到每天有综合执法人员上路、每周有联合执法行动、每月有大规模集中整治。针对管界残疾车、"摩的"违法现象,研究制订治理措施,调查分析"残的"产生根源、驾驶人员、乘坐人群、多发地区、执法依据、管理措施、销售改装修理店铺等情况,采取捆绑执法、公开集中销毁、前期违法登记、取证制度及完善设施、充实管理硬件,在"残的"聚集区域增设护栏,完善车辆禁停标志,明示违法等措施,管辖内"摩的"非法运营、违法行驶等行为得到遏制。

（孙伟　恒雅娟）

【安全监管】　年内,支队坚持安全监管与普及宣传相结合,监督执法检查专业运输单位,与区相关部门协作,实现"预警通报、追查执法、跟踪整改、验收销账"流程化,利用法制及科技手段,预防和减少交通违法。全年,交通违法超标单位594个,同比上升5.4%;严重交通违法1114起,同比下降46.5%。对发生严重违法行为单位,逐级履行监督执法责任,对严重违法行为发生率高的单位,采取禁止机动车上路行驶措施。全年开展督导检查951次,下发限期整改通知书692份,下发禁止机动车上道路行驶通知书661份,停驶机动车2300余辆次。未发生安全监管亡人事故。

（孙伟　恒雅娟）

【四种车监管】　年内,支队严格落实"四种车"监管和未年检、未报废车辆的追查责任,加强"户籍化"监管,对61辆私人大客、大货车落实属地管理,定期教育驾驶员,检查车辆,并用网络核查监控。全区私人大客车监管率83%,私人大货车监管率87%。出动警力414人次,工作人员2784人次入户追查,督促车主参加年检车1462辆,通知、催促车主办理手续3555辆。　（孙伟　恒雅娟）

【交通管理服务】　年内,支队坚持管理到位、服务到位,对参与"春运"和全国"两会"等重大活动的交通服务保障单位主动深入、协调联配,全天驻站督导,确保各项重大活动交通安全万无一失。检查走访全国人大代表等与会代表及单位5次,完成32名与会代表和6个驻京单位交通安全培训任务。选派专业车辆技术人员上门为14家与会单位、32辆与会代表用车提供服务,使"车不出门"完成车辆安检。

（孙伟　恒雅娟）

【交通安全宣传】　年内,支队在永定门外街道永铁苑社区举办交通安全知识竞赛进社区活动,增强市民交通安全意识、法制意识和文明意识。支队围绕"尊老爱老、关注并主动保护老年人出行安全"问题,举办"谦谦君子道、步步皆关爱"主题宣教活动,传达"谦让、友善、互爱、互助"交通理念,呼吁交通参与者养成文明谦让的交通习惯,减少交通事故发生。举办教育系统第六届安全文化节,开展主题教育活动24场次,受教育学生3.25万余人。在全区47个中小学校、幼儿园开展趣味交通安全活动、文明交通演讲、诗歌赛等活动97次。邀请校外辅导员民警开展交通安全法制教育,学生交通安全教育率100%。配合市"摩的"、"黑车"非法运营整治,支队编制《摩的之祸》交通安全宣传教育片。依托区残联、街道、社区,组织残疾人轮椅车驾驶人集中学习、入户教育300余场次,让残疾人机动轮椅车驾驶员及市民了解"黑摩的"危害性,杜绝违法载客行为。该片多次被市残联、北京卫视频道等单位借鉴。支队针对新手驾驶员特点,开展帮助驾驶员养成文明交通习惯体验型活动,"激情夏日 平安驾驶"安全驾驶达人系列培训第二季活动,提升驾驶员交通安全意识、驾驶技能、安全防范水平和自救能力。私人机动车服务分中心联动私车俱乐部团体组织宣传文明交通行动计划,开展文明交通好市民评选等活动23场次。 (孙伟 恒雅娟)

【隐患排查治理】 年内,支队建立隐患动态排查治理机制,坚持大队排查报备,预防办调研治理二级防控措施,对隐患随发现、随解决,每周对管界内发生的事故及其成因统计、分析,提出解决措施,定期向全区通报事故警情。结合事故发生规律,从整体道路交通状况、引发交通事故原因、特殊天气预警、换季产生的安全隐患等方面向社会群众予以提示,达到交通参与者主动预防事故的目的。全年发生交通安全监管事故3起、亡3人,均同比下降66%。支队投入警力108人次,开展隐患排查6次,实地勘验5次,追究领导责任1人,制订完善整改措施5项。 (孙伟 恒雅娟)

【交通事故处理】 年内,支队科学配置警力,采取事故正副班值班制度,即副班值班室协助当日值班室共同勘查事故现场、接待前来报警群众以及接待咨询等,对于报逃逸的或驶离现场的轻微损失事故,当日联系查找,争取当日结案,最大限度减少信访案件。全年管界发生交通事故3894起,同比上升30.8%。其中死亡事故5起亡5人,同比上升66.6%。一般事故58起,同比上升107.1%。简易程序事故处理3826起。发生逃逸事故3起,侦破3起。因交通事故逃逸行政拘留2人,刑事拘留3人。 (孙伟 恒雅娟)

【法制业务培训】 年内,支队落实工作制度,加强执法培训,规范执法程序,完善执法标准,健全监督体系,确保民警执法质量。组织专业岗位民警培训10次、测试5次,合格率由80%上升至100%,优秀率由60%上升至90%。

(孙伟 恒雅娟)

【信访案件落实】 年内,支队认真办理行政复议投诉接待和信访案件落实。定期到派出所、社区调查走访信访矛盾重点人员,掌握活动动态,定期与稳控对象见面,做好教育转化工作。针对2起局级信访案,支队4次派专人前往河南、河北等地调查取证,根据其实际困难,给予当事人帮扶救助款,解决生活救助问题。支队收到市长信箱、区长信箱、局长信箱、政风热线、支队长信箱、警务督察单、监督电话、来信来访等各类咨询、求解、投诉邮件、信件299件,均在规定时限内答复,结办率99%。支队承办市、区人大代表和政协委员建议及提案40件,全部办结,提案办理满意率100%。

(孙伟 恒雅娟)

【警察公共关系建设】 年内,支队加强警察公共关系建设,业务科室、执勤大队均与管界社会单位、居民社区建立定期、常态沟通联络渠道,开展走访群众、上门服务和警营开放日等活动,向群众介绍警务工作,增进群众的理解、信任与支持。支队领导接待群众55次,各级领导走访社区困难家庭50余户,慰问群众170余人。民警深入社区讲授安全课45场次,发放各类交通安全宣传品近6万份,受教育市民群众近10万人,帮助群众解决疑难问题10余件。

(孙伟 恒雅娟)

【改善交通设施】 年内,支队针对广渠门内大街部分路段行人违法穿行问题,采取调整信号配时,增加行人通行时间,拓宽人行横道,增设配套交通设施,有效提高行人通行效率。为确保中小学生交通安全,支队组织警力对47所中小学及幼儿园周边道路条件及交通设施设置情况排查,对涉及12所学校的13项问题均制订具体方案,完善交通设施,解决全部问题。 (孙伟 恒雅娟)

【校园女警护送岗】 年内,支队完善光明小学校园女警护送岗机制,向全局女警发出倡议——成立百所校园女警护送岗。社会各界对此高度赞誉,互联网转载刊登支队女警护送岗信息2.4万余条。 (孙伟 恒雅娟)

【中心区外围交通控制】 年内,支队建立中心区外围交通控制过滤机制。会同巡特警、治安等部门,联合执法、专项整顿,加强中心区周边各单位驻地内部安全管理,开展禁限车辆管理和过滤,对行驶中明显异常的机动车、三轮摩托车采取有效措施拦截审查,严防发生冲闯、撞击事件,确保中心区交通安全。 (孙伟 恒雅娟)

【事故案例】 6月15日22时35分,在前门东路西兴隆街西口,田某某驾驶重型专业作业车由南向东右转,与由南向北驾驶电动自行车的秦某某和电动自行车乘车人赵某某接触,造成赵某某当场死亡,秦某某受伤,电动自行车损坏。田某某负全责,秦某某与赵某某无责任。7月20日1时50分,杨某某驾驶小型客车由西向东行驶至南二环东行主路左安门桥西600米处,与三轮车驾驶人颜某某接触,造成颜某某死亡,两车损坏。颜某某负主要责任,杨某某次要责任。

(孙伟 恒雅娟)

东城区第一公安消防支队

【概况】 东城区公安消防支队,又称中国人民武装警察部队北京市东城区消防支队,为武警现役体制(正团职建制)。7月,中心城区区划调整,改称为东城区第一公安消防支队。下设司令部、政治处、后勤处、防火处4个职能部门和北新桥、故宫、王府井、金宝街、地坛5个执勤备防中队,担负东城北区消防监督管理、灭火救援、应急处突、消防宣传和重大活动消防保卫等职责。年内,加强党风廉政和班子队伍建设,认真做好首都政治中心区火灾防控工作,打造首都公安消防铁军,推进消防基础设施建设。完成各项消防保卫任务,有效预防和减少火灾,为东城北区的经济发展、社会稳定和构建和谐社会首善之区创造良好的消防安全环境。

单位名称:东城区第一公安消防支队
单位地址:东城区外交部街2号　邮政编码:100005
联系电话:85119060　传真:85119935　（李博）

【领导调研】 3月3日,市公安局现役办主任李庄到东城一支队调研指导全国"两会"消防安全保障工作,支队部门以上领导参加。7月22日,市消防总队总队长赵子新到东城一支队,就首都功能核心区行政区划调整过渡时期消防工作进行调研指导,区领导毛炯及东城公安分局、东城一支队、二支队领导陪同。8月10日,区领导杨柳荫对建国门街道办事处构筑社会消防安全"防火墙"工程及首都政治中心区火灾防控工作调研指导,区领导常卫、毛炯及区政府办、综治、公安、消防、安监、商务、工商、城管、卫生等部门领导陪同。12月9日,市消防总队副总队长李进到东城一支队调研指导"六大"活动(消防安全大排查、大整治、大宣传、大培训、大练兵、大建设)开展情况,支队党委班子成员陪同。12月28日,公安部消防局政委谢模乾到东城一支队调研指导支队党委班子建设、官兵日常生活娱乐、执勤训练等开展情况及区委、区政府对消防工作的领导和支持等工作,支队党委班子成员陪同。　（李博）

【领导督察】 3月7日,原东城区领导杨柳荫、杨艺文、冯熙、曾刚健,到王府井大街对"两会"代表涉足场所的消防安全进行督察检查,区公安、消防、安监、商务、城管、质监,王府井地区建管办等部门领导陪同。9月27日,市委副书记王安顺到王府井百货大楼检查国庆消防安全保障工作落实情况。市公安局局长傅政华、市消防总队副总队长李进、区领导杨柳荫、刘云斋、东城公安分局局长谢世龙,东城一支队领导等陪同。10月15日,市消防总队政委张高潮到东城一支队督察检查中共十七届五中全会消防保卫工作,总队防火部、东城一支队领导陪同。12月24日,市消防总队副总队长李进到东城一支队督察检查"平安夜"消防保卫工作,并慰问执勤官兵,总队政治部、防火部领导,东城一支队领导陪同。《京华时报》记者进行采访报道。　（李博）

【重大活动消防安保工作】 3月15日,"3.15"国际消费者权益保护日大型宣传活动开幕仪式在王府井百货大楼前举行。活动由国家质检总局主办,中国质检报刊社、市质量技术监督局承办,区政府协办。东城一支队执勤官兵克服不利因素,完成3小时消防安保任务。12月6日,第七届北京青年学习节暨北京冬季书市落幕。历时11天,接待游客100万人。书市摊位多、易燃物多、人员流动量大,东城一支队出动执勤官兵20余人次投入消防执勤保卫工作,并开展以"安全与自我防护"为主题的宣传教育活动。活动期间涌现出支队官兵拾金不昧、协助群众寻找失散亲人等好人好事,受到各级领导和群众好评。

（李博）

【领导视察】 7月29日,公安部警务保障局副局长李雪明等到东城一支队视察、慰问。对工作成绩给予肯定,感谢支队对公安部消防安全保障工作的重视和支持,高度赞扬支队官兵在灭火、抢险、救援工作中英勇顽强、不畏艰险的作风,东城一支队领导参加座谈。　（李博）

【宣贯承诺大会】 8月5日,在鑫海锦江大酒店召开"八项铁规"(市公安消防总队八项铁规:一、凡是在消防监督执法过程中收受钱物,随意降低执法标准和处罚幅度的,坚决给予纪律处分;二、凡是在行政许可过程中不作为、乱作为,不坚持标准和程序违规审批的,坚决给予纪律处分;三、凡是插手消防工程、消防产品、消防检测,干扰招投标和正常竞争或变相指定品牌、施工单位的,坚决给予纪律处分;四、凡是在基建工程项目建设中违规操作,变相指定工程设计、施工、监理单位的,坚决给予纪律处分;五、凡是在物资采购过程中干扰招标工作、暗箱操作、变相指定物资供应商或规避统一采购的,坚决给予纪律处分;六、凡是在征集新兵、选取士官、招收地方大学生入警、部队院校招生工作中和在士兵驾驶培训、入党、提升班长和士官晋升等工作中弄虚作假、收受钱物的,坚决给予纪律处分;七、凡是在干部选拔、考核中拉帮结伙、拉票贿选或散布不实言论、造谣诬告他人的,坚决给予纪律处分;八、凡是在干部考核、推荐、任用工作中收受钱物,泄漏情况,接受利害关系人宴请和礼物的,坚决给予纪律处分。违反上述规定,视情节给予纪律处分的同时,后果严重、影响较大的,直接给予行政记过以上处分和党纪处分;性质严重的,上追两级领导责任;构成犯罪的,移送检察机关依法追究刑事责任。)宣贯承诺大会。公安部消防局、市消防总队领导出席。东城一支队特邀警风监督员、各街道、建管办、派出所主管领导及社会单位代表、支队党委成员、部分官兵代表300余人参加。会上,支队面向社会单位和各界群众公开作出"十项承诺"(一、承诺在消防受理窗口做到文明接待、文明受理、文明办理,开辟快捷、绿色的消防服务通道;二、承诺在消防监督执法、行政许可过程中实行阳光工程,做到事前督导、事中督促、事后督效;三、承诺对插手消防工程、消防产品、消防检测等工作中的监督员,将严格按照铁规处理;四、承诺警务公开,公开消防监督程序、行政许可范围、投诉电话,自觉接受人大、政府和人民群众的监督;五、承诺消防执法权限确定化、责任明确化、程序公开化、网上审批规范化;六、承诺在经费支出、物资采购、基建工程、招标等工作中做到公平、公正、公开;七、承诺在新兵征集、士官选取、士兵驾驶培训、战士考学、入党、班长提升和士官晋升等工作中严格程序,做到民主集中、公平、公正、公开;八、承诺在干部选拔、任用、考核、推荐等工作中评优晋先,实行公选、公平、公正、公开政策;九、承诺建立消防监督执法督察机制,推行消防执法内部监督、政府监督、群众监督机制;十、承诺建立消防执法、物质采购、干部任用等敏感岗位责任制,执行一追两级领导责任制。对违反"十项承诺"的将一律按照干部管理权限和法定程序予以追查,一经查实将严肃处理,决不姑息)。此举受到公安部、市消防总队领导高度赞许。公安部副部长刘金国要求全国消防部队推广"十项承诺"的做法,凡是承诺一定要做

到，决不失信于民。 （李博）

【社区消防安全试点】 8月31日，在菖蒲河东苑戏楼召开区社区消防安全“四个能力”（社会单位检查消除火灾隐患、组织扑救初起火灾、组织人员疏散逃生、消防宣传教育培训）建设试点推广会。针对社区消防安全工作，市消防总队副总队长骆原要求支队要总结出东城区平房院消防安全建设的先进经验，在全市推广。市消防总队防火部、东城公安分局、东城一支队领导及各街道办事处主管主任、社区治保主任、各派出所主管所长、社区民警参加会议。 （李博）

【疏散逃生演练】 11月9日，以“全民消防，生命至上”为主题的全国“119”消防日全民疏散逃生演练，在王府井百货大楼前举行。公安部副部长刘金国，公安部消防局局长陈伟明、副局长王沁林，市总工会主席梁伟，市政府副秘书长周正宇，市公安局副局长丁世伟，市消防总队赵子新、张高潮、李进、范德明，区领导刘云斋及国家一级演员吴刚出席活动，中央电视台新闻频道现场直播。 （李博）

【佳龙酒店火灾】 11月12日凌晨4时30分，朝阳门内大街75号院7号楼内北京佳龙酒店分店一层东侧前台处，因电气故障发生火灾，34人被困。市消防总队“119”调度指挥中心接警后立即派出支队指挥车2部、水车2部，官兵28人前往现场处置。4时33分，中队官兵到达现场迅速救人灭火。15分钟后，成功疏散楼内全部被困人员，并上交住客逃生时丢失物品，最大限度保卫人民群众生命财产安全，受到领导好评和群众赞誉。 （李博）

【冬、春季火灾防控】 11月18日，东城区政府在工人文化宫红剧场召开2010年至2011年度冬春季火灾防控工作部署暨防火安全委员会扩大会议。市消防总队、区防火安全委员会、东城公安分局、东城一支队、二支队等单位领导，区政府职能部门、辖区街道（地区）、派出所主管领导，区重点企、事业单位消防工作负责人等1000余人参加。 （李博）

【节日消防安保工作】 12月13日，区领导长牛青山召开元旦、春节期间消防安全保障工作部署会。要求消防支队结合辖区文保单位多的特点，重点布控、逐个排查，督促整改隐患问题，打赢打好元旦、春节烟花爆竹消防安全保卫攻坚战。区领导朴学东、毛桂芬、周永明、毛炯，区公安分局、东城一支队，房地中心、财政、发改委、民防、住宅发展中心领导，辖区17个街道（地区）主任及王府置业有限公司负责人参加。

（李博）

【考核验收】 12月14日，市综治办副主任、流管办常务副主任苗林，商务委委员魏忆京带领市防火安全委员会第一考核组到区考核验收区政府落实消防工作责任制情况。区防火安全委员会主任毛炯，防火安全委员会副主任、公安分局、应急办、东城一支队、二支队领导及区综治办、发改委、住建委等20个委办局主管领导参加考核验收。 （李博）

东城区第二公安消防支队

【概况】 原崇文区公安消防支队为武警现役编制单位。区划调整后，改称东城区第二公安消防支队。在编官兵145人（干部46人、战士99人），下设2个部门（综合办公室、防火监督处）、2个中队（花市中队、龙潭中队）。担负公安消防保卫和社会抢险、救援双重职能。年内，完成编制“十二五”时期消防事业发展规划任务。突出首都政治中心区火灾防控工作，开展消防安全“四个能力”（检查消除火灾隐患能力，组织扑救初起火灾能力，组织人员疏散逃生能力，消防宣传教育培训能力）建设；启动东花市派出所消防监督试点工作，探索建立市场经济条件下三级消防监督管理，开展“119”消防宣传，协调主流媒体掀起“防火墙”宣传高潮；打造消防铁军，注重应急救援队伍建设，成立应急救援支队；开展彩钢板建筑等专项治理行动近20项，保持全年社会面火灾形势稳定。建设和谐领导班子，规范领导班子职责分工，先后组织5次纪律作风整顿和“大走访”爱民实践等活动，加强“四个秩序”（生活秩序、工作秩序、执勤战备秩序和训练秩序）规范化建设，确保部队稳定。以总队后勤规范化建设现场会在支队召开为动力，推进后勤规范化管理。坚持从优待警，营造拴心留人环境。支队3人立个人三等功。

单位名称：东城区第二公安消防支队

单位地址：东城区左安门西街

联系电话：67125343　邮政编码：100061 （崔金松）

【指挥中心建成】 4月19日，原崇文消防支队新指挥中心在左安门西街落成并投入使用。承担总队、区政府应急办、分局交予的任务，负责区域消防、应急指挥工作，并作为区政府应急办备用指挥中心使用。具备接警出动、现场3G图像传输、指挥中心指挥功能。同日，成立应急救援支队，发挥消防部队装备精良以及24小时执勤备战优势，应急救援尖刀力量和其他力量同步建设，形成覆盖全区的综合应急救援队伍体系。 （崔金松）

【“防火墙”工程】 6月29日，原崇文消防支队召开贯彻落实社会单位消防安全“四个能力”建设动员部署会。部署辖区各单位贯彻落实“防火墙”工程中的消防安全“四个能力”建设。标志着构筑社会消防安全“防火墙”工程三年实施意见全面启动。 （崔金松）

【防火监督员述职】 7月9日，支队制订并印发《防火岗位述职述廉工作方案》。7月21～31日，支队防火处分别在支队机关，前门、崇文门外、体育馆路、永定门外街道、东花市等地，设6处场点，由建审、验收、火灾事故调查、窗口受理及监督检查岗位的工作人员向社会群众述职述廉，由社会单位对支队执法岗位人员测评和打分。支队听取并采纳社会单位对消防工作提出意见和建议，及时整改，8月10～12日，由支队领导带队，分成两个组向社会单位进行回访。

（崔金松）

【爱民实践活动】 7月至12月,支队围绕中心,把握重点,开展大走访爱民实践活动。开展"虚心听取群众意见,正确对待群众批评,改进推动消防工作"大讨论活动,了解社情民意,化解社会矛盾,为民排忧解难,和谐警民关系。开展消防知识宣传教育活动,支队编印防火手册——消防常识篇5000余份、彩色宣传挂图2000余张、消防常识宣传挂图3000余张,发送全区各社会单位、社区及社区居民,刻录制作《"四个能力"建设培训》光盘500张,发送到辖区256家重点单位、87家社区消防安全负责人手中。支队便民服务小分队开展多种形式志愿服务活动,用行动实践人民消防为人民的光荣传统。 (崔金松)

【社区消防工作站】 12月15日,区领导毛炯出席天坛街道社区消防工作站揭牌仪式。天坛街道创新管理机制,投入财力,在16个社区建立社区消防工作站,每个社区配备由市保安总公司荣达分公司培训的专职消防保安1人,配置三轮车、灭火弹、灭火器、铁锹、水桶等设备。 (崔金松)

【重要活动消防保卫】 年内,完成春节、全国"两会"和第十六届亚运会火炬点燃暨火炬传递活动启动仪式、北京春节系列文化活动启动仪式、第三届红桥珍珠文化旅游节、丹麦首相参观台湾会馆重新开张、泰国文化风情节、《幻影极光》首映庆典等节庆重要活动的消防安全保卫任务。 (崔金松)

检　察

【概况】 7月,因中心城区行政区划调整,原东城区、崇文区人民检察院合并为新东城区人民检察院。内设27个科室,公务员编干警282人,事业编14人。全年批准逮捕各类刑事犯罪682件836人,提起公诉739件981人。探索刑事和解工作机制,依法妥善适用不捕、不诉或建议法院从轻从宽处理,体现司法人文关怀。在审查批捕环节,推行听取犯罪嫌疑人供述和辩解制度,借助信息化手段推进和完善远程听取举措,缩短办案周期、节约诉讼资源。在审查起诉环节,成立专业化办案组,对不同类别的案件实行分类审理;建立公诉案件督导检查机制,由资深检察官组成督导组,专门负责备案监督工作。反贪污贿赂工作稳步推进,全年立案侦查贪污贿赂案件35件37人,其中涉案金额在百万元以上的16件、千万元以上的2件,查办局级干部4人、处级干部4人,为国家挽回经济损失2700余万元。针对反渎职侵权案件线索少、发现难、查证难等实际情况,健全工作机制,疏通案件线索来源渠道,全年立案侦查渎职侵权犯罪10件11人,立案数量大幅上升。加强重点工程职务犯罪预防,注重抓好系统预防,举办警示教育案例巡展,完善行贿犯罪档案查询系统,向工程招标单位等提供查询80余次。加大刑事立案和侦查活动监督力度,纠正漏捕15人,纠正漏诉20人,依法决定不批准逮捕86人,不起诉14人,改变原侦查定性28件,增定犯罪事实223起,全年向侦查机关发出《要求说明不立案理由通知书》14份,监督侦查机关立案12件。刑事审判监督,全年出庭支持公诉369件,审查刑事判决549份,对认定事实有误、量刑不当的,依法提起刑事抗诉4件。民事行政诉讼监督,全年受理民事行政申诉案件174件,对认为确有错误的民事和行政判决、裁定,依法提请抗诉和建议提请抗诉6件,向法院提出再审建议8件,法院改判或调解结案7件。开展看守所监管执法、安全防范、刑罚变更执行等专项检查,及时消除隐患,确保刑罚正确执行和监管场所安全。坚持每周参加在押人员家属和人民群众来访接待活动,每月参加在押人员思想动态分析会,全年主动与在押人员开展谈话教育上百人次,促使在押人员3人分别检举揭发他人犯罪行为,促使在押人员1人主动交代办案部门不掌握的案件线索。全面落实社会矛盾化解,社会管理创新,公正廉洁执法三项重点工作,推进社会矛盾化解工作,健全涉检信访工作机制。制订并落实《在检察工作中推广应用心理学知识的意见》,出台开展释法说理工作的意见和规范。探索"检调对接",成立社会矛盾化解工作委员会,共同化解矛盾纠纷,全年处理群众信访信件254封,接待人民群众来访900余批1700余人次,妥善处理集体访17批600余人次。参与社会管理创新工作,构建检察官社区服务网络;开展重点人群帮教、稳控和保护工作,制订《关于规范监外执行(社区矫正)检察工作的暂行规定》;推进兼职法制校长工作,创办"检察官与孩子们"博客界面等活动,丰富青少年法制宣传教育内容和形式;认真开展社会治安综合治理工作,及时向有关部门提出预防建议、对策,制发检察建议149份,形成调研报告30余篇。促进公正廉洁执法,开展信访积案化解和案件评查活动,推进检务公开,举办检察开放日活动,启用触摸屏式案件查询系统。举办"成长、成才、成功"演讲比赛、开展"家庭美德、社会公德、职业道德"主题教育等,增强干警的职业荣誉感和归属感。加强检察文化建设,开通"想说就说"信箱,搭建干警与院领导沟通交流的桥梁。围绕东城总体发展战略规划,完成新院组建。对原两院人员、机构设置、固定资产情况调研,完成新院人力资源分析报告。明确各部门职数、干警编制数及具体职责,调整干警、中层干部。研究原东城、崇文两院管理模式的特点和规律,发挥原有管理机制优势,建立涵盖领导工作、业务工作、队伍建设和检务保障等检察工作各方面,适应新东城检察院发展的综合管理体系,促进各项检察工作科学发展。开展院领导与干警谈心活动，及时消除干警负面情绪。启动"我为新院献一策"主题活动，征求干警意见、建议，发挥干警主人翁精神，服务参与新院建设。

单位名称：东城区人民检察院
单位地址：东城区东四北大街265号(北区)
东城区珠市口东大街10-3号(南区)
联系电话：59115813
邮政编码：100007(北区) 100062(南区) (赵增琴)

【高检院征求意见座谈会】 1月21日，最高人民检察院制订的检察机关《贯彻落实"三项重点工作"实施意见》征求意见座谈会在原东城检察院召开。最高人民检察院办公厅副主任许山松，办公厅检察长办公室副主任肖中扬，市院副检察长甄贞，一分院副检察长周晓燕，二分院副检察长李连嘉等参加座谈。(赵增琴)

【市委领导慰问】 2月3日，市委副书记、政法委书记王安顺到原东城检察院，慰问本市"人民满意的政法干警"、该院控告申诉检察处段勇。市检察院检察长慕平，市委副秘书长、政法委副书记李伟，市政府副秘书长侯玉兰，市民政局局长吴世民，市委办公厅副主任余卫国等有关部门负责人及区领导杨艺文、常卫等陪同。(赵增琴)

【中央领导视察】 2月8日，中央政治局常委、中央政法委书记周永康到原东城检察院视察。周永康视察干警办公区、检务接待大厅、检察长接待室，并与信访接待员交谈，了解接待来访数量、公民举报办理流程及涉检信访排查化解工作开展情况，询问涉检信访接待工作做法。对检察长预约接待、检察长包案、开展释法说理等举措表示认可，并对该院在维护首都社会稳定、服务平安国庆中所取得成绩给予肯定。中央政治局委员、市委书记刘淇，国务委员、公安部部长孟建柱，高检院检察长曹建明，中央政法委秘书长周本顺，市委副书记、市长郭金龙，王安顺，慕平及区领导杨柳荫、杨艺文、常卫等陪同。(赵增琴)

【慕平调研】 2月8日，市检察院检察长慕平到原东城检察院，就学习贯彻全市检察长会议精神、谋划本年工作思路情况调研。区检察院检察长及班子成员参加座谈。8月27日，市检察院检察长慕平、副检察长高保京等领导到本院，就贯彻落实全市检察长座谈会精神及新院组建筹备情况调研。(赵增琴)

【慰问共建结对村】 2月10日，原东城检察院检察长到城乡共建结对村——怀柔区长哨营满族乡遥岭村，代表院党组和全体干警送去新春祝福和慰问。(赵增琴)

【检学共建协议】 2月26日，原崇文检察院与中国社会科学院法学研究所签订检学共建协议，并在该院成立中国社会科学院法学研究所崇文区教学科研基地。法学研究所所长李林出席签字仪式，并作《改革开放与中国法治建设》主题讲座。(张红)

【人才座谈会】 3月5日，原东城检察院召开高层次人才、资深检察官座谈会。检察长娄云生等党组成员及高层次人才、资深检察官参加会议。(赵增琴)

【网络互动交流】 3月30日，原崇文检察院检察长、纪检组组长、政治处主任做客"首都之窗"网络直播间，向网民介绍该院在落实中央三项重点工作、廉政风险防控机制、加强自身建设等内容，现场解答网民提出的问题，并开展互动交流。(张红)

【检察专题课程】 3月31日，原崇文检察院选派资深检察官，到社会科学院研究生院法学系讲授《司法实务中的阅卷技巧与审结报告的制作》，启动"诊所法律教育"之检察专题系列课程。(张红)

【友好交流共建】 4月12日，原崇文检察院检察长应邀到天津市河北区检察院，双方签订共建友好检察院协议。旨在加强京津两地基层检察院之间密切联系，定期开展业务交流，锻炼队伍、培养人才，共同提高检察业务水平。11月28日，四川省什邡市检察院检察长郑存文到东城检察院，就廉政风险防范管理工作交流座谈。(张红)

【救灾捐款】 4月19日，原东城检察院号召向青海玉树地震灾区捐款，全院干警共捐款2.41万元。(赵增琴)

【进校园普法】 4月22日，原崇文检察院联合龙潭街道组织人大代表走进市第五十中学，为200余名学生讲授法制课，课后与学生代表座谈。(张红)

【监督检查民行工作】 4月29日，原东城检察院邀请特约监督员，就民事行政检查工作专项检查，并召开座谈会，汇报工作开展情况，听取监督员的意见建议。(赵增琴)

【看守所对社会开放】 4月30日，原东城区检察院与原东城公安分局共同召开看守所对社会开放启动仪式。原东城公安分局、区检察院主管领导及市教委等单位100余人参加启动仪式。(赵增琴)

【党建主题活动】 4月，原崇文检察院围绕"建设学习型团队，增强检察软实力"工作思路，组织开展"争创学习型党支部，争做魅力共产党员"、"一个支部一个堡垒"、"一个班子一个龙头"三项主题活动，加强党组织建设。7月1日，原崇文检察院召开庆祝建党89周年大会。副检察长结合工作实际和党员干部队伍情况，为全院干警作题为《如何在检察工作中发挥党员的模范作用》专题讲座。(张红)

【信访积案评查】 4月，原东城检察院在中央政法委涉法涉诉信访积案评查工作中,创新实践评查工作机制,探索评查工作方法和途径,运用法律监督手段,推进信访积案矛盾化解,对本区在中央挂账的全部涉法涉诉案件评查完毕。在市委政法委总结推广开展信访积案评查工作经验现场会上作经验介绍。(赵增琴)

【执法授课交流】 5月3日,原东城检察院副检察长与侦监部门负责人前往区公安分局,为预审、法制等部门承办人授课,交流执法理念及刑事案件侦查取证工作。(赵增琴)

【检察发展论坛】 5月11日,原崇文检察院举办"恪守检察职业道德、促进公正廉洁执法"第四届崇文检察发展论坛。邀请市检察机关"恪守检察职业道德、深入推进三项重点工作"先进事迹宣讲团成员及人民日报社驻北京记者站站长阎晓明、检察日报社副总编赵信现场点评。(张红)

【法国检察官考察】 5月25日,法国巴黎检察官代表团到原东城检察院考察访问。区检察院副检察长就检察机关职能、组织机构设置等情况与法国同仁座谈交流。(赵增琴)

【举办预防教育展览】 5月26日,原东城检察院与市检察院在商务部,共同举办预防职务犯罪警示教育展览开幕式。商务部部长陈德明与商务部党组成员,中纪委副局级纪检监察员刘容宾,市院检察长慕平、政治部主任张幸民等领导参加活动。展览为期一个月,商务部机关干部1000余人参观展览。(赵增琴)

【区领导调研】 5月26日,原崇文区领导夏强到院调研。检察长就机制建设、队伍建设、业务建设等方面情况进行汇报,夏强对工作提出要求。(张红)

【博客小写手】 5月28日,原崇文检察院联合团区委、区教委共同举办"牵手博客小写手"主题活动。16名学生被授予"博客小写手"称号,对青少年法制教育工作进行有益尝试。(张红)

【预防领导小组会】 6月8日,原东城区召开区预防职务犯罪工作网络领导小组全体会议。区领导周京生、费文勇及区预防职务犯罪网络领导小组全体成员出席会议。区检察院副检察长作上年预防工作总结报告。(赵增琴)

【电信诈骗犯罪论证会】 6月17日,原东城检察院召开电信诈骗类犯罪专家论证会。参加会议的专家有中国人民大学教授黄京平、谢望原,清华大学教授张明楷,北京大学教授梁根林和中国政法大学教授阮齐林。(赵增琴)

【聘任特约调解员】 6月18日,原崇文检察院召开聘任特约调解员大会,与辖区各街道签订《社会矛盾纠纷化解衔接办法》。各街道人大代表、人民调解员、公益律师代表参加会议。初步建立人民调解、司法调解、行政调解对接的大调解工作格局。(张红)

【举报宣传周】 6月,原东城检察院围绕"依靠群众,反腐倡廉,服务大局"主题,开展法律宣传咨询、奖励举报有功单位等活动。该院与市检察院二分院联合在王府井大街举办法律咨询,最高人民检察院副检察长柯汉民,控告厅厅长王小新,市政法委副书记李伟,市院检察长慕平等参加活动。原崇文检察院围绕"预防工程建设领域职务犯罪、促进社会管理创新"举报宣传主题,在大都市街集中开展设点宣传,摆放预防工程建设领域职务犯罪宣传展板,介绍工程建设领域职务犯罪案件。活动期间,邀请天坛街道20个社区代表,在检务接待区演示触摸屏式案件查询系统,召开检务公开座谈会,征询对该系统的意见建议。(赵增琴)

【检察官进社区】 7月1日,原东城区检察院在和平里街道举行"百名检察官进社区"活动启动仪式。市院副检察长李新生、区领导费文勇,各街道、社区负责人参加启动仪式。(赵增琴)

【筹备组全体会议】 7月5日,市检察院颁布《关于成立四城区检察机关调整工作领导小组的决定》。决定成立东城检察院筹备组,组长娄云生,副组长曹利民。7月7日,东城检察院筹备组召开第一次全体会议,启动新东城检察院筹备组织工作。通报原东城、崇文两院工作情况及队伍现状,研讨新院组建工作。(赵增琴)

【局域网新院筹备专栏】 7月,为及时反映本院筹备工作进度,使原崇文、东城检察院干警及时了解筹备工作及两院检察工作开展情况,筹备组争取市院技术部门支持,发挥首都检察网功能优势,解决原两院干警不能浏览对方院发布通知、文件的问题,创建新东城检察院筹备工作专栏,实现两院信息互通。(赵增琴)

【专项教育活动】 8月9日,按照最高人民检察院、市检察院部署,区检察院启动"反特权思想、反霸道作风"专项教育活动。组织干警观看检察机关自身反腐败展览,加强党风廉政和纪律作风建设;完善接受人大监督、政协民主监督和社会各界监督机制,坚持定期向人大汇报,主动邀请人大代表参与重大工作部署和执法活动。(赵增琴)

【教育培训】 8月,按照市院推进检察教育培训工作部署和东城检察院《2010年教育培训工作要点》要求,本院更新培训内容,创新培训形式,对新招录人员开展为期8天的岗前培训。(赵增琴)

【旅游节活动安保】 9月19日,按照区委、区政府部署,选派干警50人参与承担在前门步行街举行的第十二届北京国际旅游节庆典活动的外围安保工作,圆满完成任务。(赵增琴)

【检察官任命宣誓】 10月13日,在区人大(临时)常务委员会第二次会议上,任命曹利民、温长军、李春生、蒋宇、宋志虹、董永格、许文辉为东城检察院副检察长,会议通过任命曹利民、温长军、李春生、蒋宇、宋志虹、董永格、许文辉、马天博、江翠生、李四秋、高清华、卢林、孙博光、过兴祖为东城检察院检察委员会委员、检察员,会议通过任命李月珠等121人为东城检察院检察员。10月19日,召开检察官任命宣誓大会。市院副检察长高保京,区领导冯熙、刘云斋等出席。会议宣布本院副检察长、检委会委员、检察员、助理检察员任命决定,向首批检察官代表颁发任命书,并举行检察官宣誓仪式。 (赵增琴)

【书面量刑建议】 11月22日,区检察院对依法提起公诉、建议适用简易程序审理的徐某交通肇事案,首次以书面形式发出量刑建议函,建议区法院以交通肇事罪对被告人徐某判处有期徒刑1年至1年零6个月。区法院经开庭审理,最终以交通肇事罪依法判处被告人徐某有期徒刑1年零2个月。 (赵增琴)

【检察开放日】 12月3日,区检察院以"检调对接、共促和谐"为主题举办检察开放日活动,院领导、司法局领导及街道基层人民调解员40余人参加活动。 (赵增琴)

【法制教育活动】 12月14日,区检察院与西中街小学联合开展"走进检察院,了解检察官"法制教育专题活动,组织学生参观检察院,了解检察院职能,增强孩子法制意识,树立知法懂法观念。 (赵增琴)

【检察工作通报】 12月15日,市检察院和区检察院联合召开本年检察工作情况通报会,邀请市、区两级人大代表及人民监督员、特约监督员19人座谈。市检察院副检察长甄贞、区领导费文勇等出席。甄贞通报全市检察工作主要情况及下年工作思路,区检察院检察长汇报工作情况及下年工作思路。 (赵增琴)

【化解纠纷】 12月,区检察院运用检调对接机制拓宽联系渠道,完善检察工作与街道社区工作衔接机制,依托该院与街道联合化解社会矛盾工作平台,成功化解一起历时10年的人事争议纠纷。 (赵增琴)

审 判

【概况】 原东城区人民法院成立于1958年5月16日,由原东单区人民法院与东四区人民法院合并而成,办公地址为东城区府学胡同6号,2007年12月迁至原东城区交道口东大街1号。原崇文区人民法院成立于1952年12月1日,在原外城区人民法院驻第七区审判庭和第九区审判庭所辖部分区域的基础上合并而成,办公地址为花市下四条14号,2004年初迁至原崇文区定安里10号。7月,市行政区划调整,原东城区人民法院和崇文区人民法院合并为东城区人民法院,实行南、北两区办公,设部门29个,工作人员556人,受理辖区内一审刑事、民事、商事、行政、知识产权和执行案件。年内,围绕"为大局服务,为人民司法"工作主题,履行审判职能,保障经济发展,维护社会稳定。受理各类案件2.32万件,旧存977件,审结1.96万件,结案率95%。执结案件5930件,执结标的金额14.2亿元。

单位名称:东城区人民法院
单位地址:东城区交道口东大街1号(北区)
东城区永外定安里10号(南区)
联系电话:64012807
邮政编码:100007(北区) 100075(南区) (佘亚宇)

【案款发放】 1月7~15日,原崇文区人民法院根据统一部署,负责"碧溪"特大非法吸收公众存款案案款发放工作,周密安排,完成案款发放。 (佘亚宇)

【司法公益服务系统】 年初,原崇文区人民法院启动"12368"司法公益服务系统,向社会公众提供新立案件(包括执行案件)从立案至结案过程中相关信息的查询服务。 (佘亚宇)

【外事接待】 5月11日,斯洛伐克最高法院院长什捷凡·哈拉宾及该国驻华大使、司法部副部长等6人,到原东城区人民法院参观访问。7月13日,哥伦比亚最高法院院长阿鲁布拉等7人到东城区人民法院参观访问。9月13日,哈萨克斯坦阿拉木图市法院院长巴尔比巴耶夫、副行政长官科萨耶夫等5人到区法院参观访问。11月10日,法国司法总监察局总监察员 Andre Ride 先生等3人到区法院参观访问。12月21日,由印度最高法院大法官西尔帕卡任团长,印度、斯里兰卡、马尔代夫等国的法官律协负责人组成的国际法学家理事会代表团16人到区法院访问。 (佘亚宇)

【领导视察】 5月24日,最高人民法院党组成员、政治部主任周泽民率最高人民法院各支部书记50余人,在原崇文区法院召开最高人民法院党支部书记培训班党建工作现场观摩会。市高级法院政治部主任鲁桂华、区领导夏强、宋甘澍等参加现场观摩会。周泽民认为区法院党建工作"以党建带队建,以队建促审判"发展思路和"八大样板工程"生动实践经验可信、可敬、可学。10月25日,最高人民法院副院长苏泽林等7人到东城区法院调研信息化工作。市高级法院党组书记、院长池强,党组副书记、副院长贺荣,区领导刘云斋等陪同调研。听取区法院《加强信息化建设 提升审判管理水平》汇报,苏泽林肯定信息化工作成绩,就诉讼档案电子化应用情况调研。10月26日,最高人民法院“万件案件评查”组第二组组长、甘肃省高级法院原院长郝洪涛等5人,到东城区法院检查案件评查工作。市高级法院副院长于建伟等领导陪同。听取区法院《客观公正、全面细致、准确高效——以案件评查促进三项重点工作的深入开展》工作汇报。郝洪涛对该院案件评查工作的落实和开展给予高度评价。 (余亚宇)

【禁毒宣传】 6月26日,原崇文区法院在崇文门新世界商场参加由区禁毒委员会组织的法制宣传,向群众发放禁毒宣传材料,进行普法宣传,解答群众毒品犯罪方面的法律问题。 (余亚宇)

【法律服务管理进社区】 7月1日,东城区法院参加东城区法官、检察官进社区启动仪式,选派百名政治责任心强、法律专业过硬、熟悉基层情况、热心公益事业的法官,到社区开展服务管理工作。结合社区实际,开展形式多样的法制宣传、法律咨询活动;延伸审判职能,开展诉前调解和判后释法;开展专业培训,调解民间纠纷;协助开展社区矫正和帮教安置工作。预防和化解社会矛盾纠纷,为基层群众提供法律服务,为区域经济社会发展营造良好的法治环境。 (余亚宇)

【社会调查机制】 8月,东城区法院启动对未成年被告人家庭情况、社会交往、成长经历及日常表现等社会调查制度,聘请具有心理咨询专业资质人员从事社会调查,不论被告人是否具有本市户籍,由社会调查员当庭宣读调查报告并接受质证。调查报告是法院对失足少年准确适用刑罚的重要参考依据,在最大程度保证专业性的同时,实现对非京籍失足少年的平等司法保护。 (余亚宇)

【以物抵债机制】 9月,东城区法院探索适用以物抵债程序,建立执行财产公开摇号以物抵债长效机制。在被执行人财产不足以清偿债务且经拍卖程序流拍、多个执行债权人申请以物抵债、债权人受偿顺位相同的情形下,使用摇号机以公开摇号方式抽签决定以物抵债承受人,将该财产交其抵债。制订《关于执行债权人申请以物抵债抽签流程细则》等操作规程,使以物抵债抽签有章可循。比照拍卖、变卖程序制订《抽签结果确认书》等文书样式,实现以物抵债抽签程序标准化。抽签采取公开摇号形式,全程录音录像。邀请监察部门、区党风廉政监督员现场监督。允许当事人检验摇号机并近距离观看摇号过程。 (余亚宇)

【法官就职宣誓】 10月29日,东城区法院举行区划合并后首任法官宣誓任职仪式。全体党组成员及南、北两区全体法官参加仪式。

(余亚宇)

【警示教育展】 11月25日,东城区法院审理职务犯罪案件警示教育展开幕。依托审判资源,展出近3年审理的国家工作人员犯罪案件,收集展示部分贪污、受贿、玩忽职守、泄露国家秘密罪等典型案例,并分析国家工作人员职务犯罪的心理、动机、原因。该展览作为廉政教育基地的重要内容,长期向其他单位开放。 (余亚宇)

【刑事审判】 年内,依法惩处刑事犯罪,维护社会安全稳定。受理刑事案件712件,审结708件,判处罪犯941人。审结抢劫、盗窃、绑架、故意伤害、毒品犯罪等严重危害人民群众生命财产安全的案件402件;审结涉黑涉恶罪名案件209件,判处十年以上有期徒刑犯罪分子71人;审结合同诈骗、信用卡诈骗、非法经营、非法吸收公众存款等案件57件;审结贪污、贿赂、渎职等职务犯罪案件29件,涉及处级以上干部6人。准确把握“宽严相济”刑事政策,宣告缓刑104人,单处罚金13人,免于刑事处罚17人。加强法庭教育,引入心理辅导机制,息诉服判率84%。开展依法快速办理认罪轻微刑事案件试点工作,探索实施认罪轻微刑事案件快速办理机制。参与社会治安综合治理,针对案件审理过程中发现的公司、企业等单位在法制教育、安全防范意识、制度管理方面存在的漏洞,主动以司法建议等形式促进整改,加强犯罪预防。 (余亚宇)

【未成年人案件审判】 年内,延伸审判职能,维护未成年人权益。审结涉及未成年人刑事案件52件,判处未成年犯49人,其中宣告缓刑11人,免予刑事处罚7人。注重保护未成年人权益,审结涉及未成年人民事案件92件,其中73%案件以调解方式结案。参与社会治安综合治理,采取多种形式加强青少年法制宣传教育,举办少年法庭开放日活动,到中小学法制宣讲19场,受教育范围万人次。加强校园安全防范,与区教委合作对全区中小学政治课教师进行校园伤害案件法律问题培训,组织召开校园伤害案件预防与对策专题研讨会。举办“关爱少年、构建和谐”帮教会,申请专项基金,送家境困难的失足少年返乡。做好未成年人犯罪矫治和预防工作,探索未成年人犯罪社会调查制度,完善失足少年复学安置工作机制,回访未成年缓刑犯55人次。 (余亚宇)

【民商事审判】 年内,妥善化解民商事纠纷,促进社会经济和谐发展。审结各类民商事、知识产权案件1.59万件,审结离婚、抚养、赡养、继承、相邻关系等涉及民生案件2247件。注重维护家庭、邻里关系和谐融洽,70%案件以调解方式结案。审结劳动争议案件1610件,涉案标的金额1500余万元,保障劳动者合法权益,促进劳动关系稳定发展。加大当庭执结力度,即时执结案件384件,执结案款3000余万元。审结肯德基违约案、“国十条”实施后首例买方解除房屋买卖合同案等。审结买卖、租赁、运输、服务合同纠纷等商事案件518件,涉案标的金额1.8亿元。审结借款、信用卡、保险等金融案件1159件,涉案标的金额5.4亿元。审结涉及企业破产、公司解散清算、公司股东权益等涉及区域经济结构调整案件145件。 (余亚宇)

【行政审判】 年内,审结行政案件376件,审查行政非诉执行案件47件。原告与行政机关达成和解并自愿撤诉87件,审结市锦旗套垫厂要求市住房公积金管理中心撤销责令限期缴存通知书案等。建立行政案件司法审判通报制度,召开全区行政案件司法审判通报会,向区委、区人大报告,区政府及区属各行政机关通报行政案件司法审判情况。有效延伸审判职能,加强与行政机关交流,先后组织市国土局、区公安分局、房管局、交通支队等单位一线执法人员,旁听典型行政案件审理。同时采取法制讲座、业务研讨、司法建议等方式,统一行政执法标准,促进行政执法水平提高。 (余亚宇)

【知识产权审判】 年内,开展"知产雍和行"活动,建立与区知识产权局、科委、雍和园管委会等部门联动机制,促进文化创意产业良性发展。加强与区工商局、文委交流,探索建立行政执法、司法认定的法律适用统一衔接机制。采取多种形式提供法律服务,提高辖区企事业单位知识产权保护意识和能力。 (余亚宇)

【执行工作】 年内,采取强制执行措施1288件次,拘留62人次,限制出境14人次,公布拒执人名单6人,发放执行款4.22亿元;成立大要案组和快速反应执行小组,探索财产查询和评估拍卖的集约化执行,建立涉案财产拍卖、变卖审查机制,制订执行案款发放管理办法,提高执行质量和效率。规范执行行为,建立执行异议类案件审查及评估、拍卖工作季报制度。建立立案、审判、执行相互衔接的内部协调机制,从源头预防和减少新的积案。落实"紧急执行无假日"制度,申请执行人提供被执行人财产线索,不分节假日,及时采取执行强制措施。建立执行案件司法救助长效机制,会同区相关部门制订执行案件司法救助专项基金管理办法,化解43件执行信访积案,解决当事人实际困难。 (余亚宇)

【调解工作】 年内,加强调解工作,确保案结事了人和。运用多元化调解手段化解矛盾,民商事案件调撤率58.3%。推广运用联合调解机制。加大诉调对接力度,把握有利于调解的机会和因素,妥善调节各类利益关系,平复社会矛盾。完善调解工作模式,将调解贯穿立案、审判、执行、再审、信访等各环节,加强诉前调解,提高调解书自动履行率,确保调解效果。严格落实调判结合,准确把握调解与判决的基础和条件,尽可能运用调解手段化解当事人矛盾,对不宜调解、调解不成的及时判决,加强文书论理,做好判后答疑,切实提高服判息诉率,实现案结事了。参与多元化矛盾纠纷解决机制的构建。完善联合调解工作机制,发挥社会力量参与调解,主动加强与区司法局、街道社区、行业协会等单位合作,探索引入人民调解、行业调解等纠纷解决方式,形成共同化解矛盾纠纷的整体合力。 (余亚宇)

【涉诉信访工作】 年内,加强涉诉矛盾化解,预防和减少信访案件。开展"涉法涉诉信访积案化解年"活动,改变被动局面,152件涉诉信访积案全部办结。联合社会力量共同化解涉诉信访案件,动员相关基层组织、企事业单位,开展说服教育、协调帮助等稳控化解工作,妥善处理涉诉来信来访970件。实行承办法官、庭长、院长三级递进式接谈,全年院领导接待273人次,庭长接待1257人次。坚持能动司法,探索建立符合区情的"网格联动"矛盾化解模式,建立多元参与、联动协同的纠纷解决机制。通过法官进社区、法制讲座、建立"司法为民"工作站等形式深入街道、社区等单元网格,开展法制宣传、综合治理和纠纷化解工作,将矛盾纠纷化解在萌芽状态。 (余亚宇)

【调研宣传工作】 年内,推动调研工作开展,提升调研水平。向《北京审判》投稿38篇,被采用14篇。参加市法院"审判权运行与行政法适用问题研究"为中心议题的第二十二届学术讨论会,选报论文35篇,9人次获奖,其中一篇论文获全国、全市法院系统第二十二届学术讨论会一等奖,区法院获全国、全市法院系统第二十二届学术讨论会组织工作先进奖。全年发表稿件5423篇,同比增长20.5%。改版后的区法院国际互联网站,全年点击量300万人次,同比增长241%。组织图文、视频网络庭审直播91次,同比增长117%。 (余亚宇)

【司法为民工作】 年内,开展立案窗口规范化接待试点工作,规范接待纪律、接待流程、接待行为和接待用语,健全法官值班、预约立案、诉讼指导制度。推行立案 次性告知,开展网上预约立案、网上材料审查工作,相关经验被市高级法院推广。发挥审判管理办公室职能作用,实施诉讼引导、案件查询、诉讼材料收转、服务接待等9项工作规范,实现上诉案件移转集中办理。制订《保全提示工作细则》《司法鉴定工作细则》等规范,实现保全提示、司法鉴定集中处理、流程化运作。推行导诉台"一站式"服务,接待8.5万人次,收转材料5193件,解答问题9301人次。在立案大厅设置触摸查询系统,方便当事人获知相关法律法规、案件流程、诉讼风险以及驻区医院、银行名录等公共信息,发挥信息化优势服务当事人诉讼,利用多媒体方式,进行诉讼引导。引进诉讼档案电子借阅系统,借阅人凭借档案管理人员授权的口令,登陆系统浏览指定卷宗,实现阅览、复制、打印一条龙服务,实现便民、利民。尝试运用数字法庭信息设备实现证人远程作证,方便当事人参与诉讼。 (余亚宇)

【审判质量管理】 年内,加强审判质量和流程管理,确保审判公正高效。强化承办法官、审判长和庭院长的质量意识、责任意识,严把案件诉讼程序关、事实认定关和法律适用关。落实最高人民法院关于开展"万件案件评查"活动的工作部署,检查各类案件700件,检查庭审光盘631张,并展示卷宗不规范问题,起到警示作用。严格落实错案责任申辩与追究制度。强化对法定审限内结案率考核,加强审限跟踪监管,杜绝人为拖延办案。编发《东城法院审判动态》,加强对审判工作分析研判,定期统计和通报审判质效数据,督促各庭室准确掌握审判情况,实现全年收结案均衡。 (余亚宇)

【法院文化建设】 年内,开展院党组书记、院长讲党课,上级机关纪检领导讲廉政课,业务理论专家开法学讲堂,组织优秀党员事迹宣讲会,优秀法官学习社会主义法治理念以案析理报告会,青年干警了解国情、社情汇报会,法官文化活动日等系列活动。加强干警思想政治教育,培育为民情怀,提升文化素养。开展每周五"法院文化日"活动,以党团活动、读书活动和文体团队活动等形式,创新文化建设载体。区法院被评为首批全国法院文化建设示范单位。为保证本市第十二届国际旅游节开幕式的顺利进行,抽调干警50人担任标兵,执行安保任务。选派干警50人,参加广州亚运会火炬点燃及火炬传递启动仪式。接待全国中级、基层法院院长220人和西部地区法院少数民族中青年干部120人到院参观,受到领导和来宾好评。 (余亚宇)

【接受各界监督】 年内,主动接受区人大及其常委会的监督。贯彻落实《中华人民共和国各级人民代表大会常务委员会监督法》,定期向人大及其常委会汇报工作,加强与代表间联络与沟通,将各项工作置于人大代表监督之下,全年人大代表来院旁听案件、视察工作187人次。主动接受特邀监督员、人民陪审员的监督。向特邀监督员汇报重要工作情况,并听取意见和建议,全年召开特邀监督员座谈会9次。发挥人民陪审员在监督审判活动、化解社会矛盾中的作用,邀请人民陪审员参与陪审刑事、民事和行政等各类案件961件。主动接受检察机关的法律监督。贯彻市人大常委会《关于加强人民检察院对诉讼活动的法律监督工作的决定》,邀请检察长列席审判委员会会议。主动接受社会监督。充分利用媒体展示法院审判执行工作动态,增强法院工作透明度,以开放的姿态接受群众监督。扩大社会公众监督渠道,组织案件庭审视频、图文网络直播91次,使审判公开透明。

(余亚宇)

【销售假冒注册商标商品案】 2008年来,被告人张某某、陈某某明知是假冒苹果注册商标的手机、MP3、MP4播放器及假冒诺基亚注册商标的手机,仍然向朝阳区秀水市场、雅秀市场以及红桥市场销售,销售金额36.96万元。2009年9月15日,在被告人位于原崇文区法华南里小区暂住地内,起获尚未售出的假冒苹果注册商标的手机287部、MP3播放器120台、MP4播放器358台,价值人民币14.06万元;起获尚未销售的假冒诺基亚注册商标的手机292部,价值人民币9.86万元。法院经审理认为,被告人张某某、陈某某无视国法,明知是假冒注册商标的商品而予以销售,且销售数额巨大,其行为破坏了市场经济秩序,已构成销售假冒注册商标的商品罪,均应依法予以惩处。9月8日,原崇文区人民法院依法判决被告人张某某犯销售假冒注册商标的商品罪,判处有期徒刑三年六个月,并处罚金人民币4万元;被告人陈某某犯销售假冒注册商标的商品罪,判处有期徒刑二年,缓刑三年,并处罚金人民币1.5万元。一审宣判后,被告人均未上诉,检察机关未抗诉,原判决生效。 (余亚宇)

【骗取社保基金案】 被告人赵某于2002年间,利用其在市社会保险基金管理中心计算机部工作的职务便利,违反规定,进入市社会保险信息管理系统数据库,擅自修改原始数据信息,制作假档案,致使9人非法获得养老金,造成国家经济损失人民币49万余元。被告人赵某于2004年至2006年间,利用其在市社会保险基金管理中心计算机部工作的职务便利,伙同被告人王某某,违反规定,破译密码进入市社会保险信息管理系统数据库,修改原始数据信息,并伪造手续,致使70人非法获得社会保险金,造成国家经济损失人民币200万元。法院经审理认为,被告人赵某身为国有事业单位工作人员,单独或伙同被告人王某某,违反规定,滥用职权,致使公共财产遭受重大损失,情节特别严重,二被告人的行为妨害了国家机关的正常管理活动,依法应予刑罚处罚。9月29日,东城区人民法院依法判决被告人赵某犯滥用职权罪,判处有期徒刑四年六个月;被告人王某某犯滥用职权罪,判处有期徒刑四年。一审宣判后,被告人均未上诉,检察机关未抗诉,原判决生效。

(余亚宇)

【骗取贷款案】 2006年7月至2008年4月间,被告单位纳尔特集团有限公司法定代表人余某某、财务总监戴某某(另案处理)、物流部经理郑某,向银行提供伪造采购合同等贷款材料,以该集团子公司纳尔特漆业(北京)有限公司、北京洲煌装饰工程有限公司的名义,从中国农业银行北京分行崇文支行、大兴支行先后骗取贷款人民币4.2亿元,该款通过多家公司转账到纳尔特集团有限公司帐户,用于基础建设及公司日常经营等。纳尔特集团有限公司骗取贷款中的3.2亿元有其纳尔特工业基地(西区)的土地使用权及全部在建工程作为抵押;另外1亿元贷款有北京纳尔特保温节能材料有限公司的6624万元股权作为质押。至法院审理期间,已偿还贷款人民币5000万元。法院经审理认为,被告单位纳尔特集团有限公司为解决企业快速发展而流动资金短缺的局面,虚构事实并以下属企业名义多次向银行提供虚假采购合同,以欺骗手段取得银行贷款人民币4亿元,用于企业基础建设及日常经营,使巨额金融资金承受巨大风险,情节严重。被告人余某某、郑某分别作为单位直接负责主管人员和直接责任人员,具体实施了骗取贷款行为,亦应承担相应的刑事责任。10月20日,东城区人民法院依法判决被告单位纳尔特集团有限公司犯骗取贷款罪,判处罚金人民币100万元;被告人余某某犯骗取贷款罪,判处有期徒刑一年,并处罚金人民币3万元;被告人郑某犯骗取贷款罪,判处有期徒刑十个月,并处罚金人民币1万元。一审宣判后,被告人均未上诉,检察机关未抗诉,原判决生效。 (余亚宇)

【著作权权属侵权案】 北京鬃人是北京传统民间工艺。原告白广成与其兄白大成是北京鬃人传承人。"跑驴"是北京鬃人的传统制作项目。2007年5月,原告白广成制作完成涉案作品"跑驴",该作品底座刻有"北京鬃人白"的字样。涉案作品曾多次在公开场合展出。2009年9月,原告购得被告北京稻香村食品有限责任公司生产的"老北京"广式月饼一盒,单价146元,月饼包装盒和手提袋上使用了涉案作品"跑驴"。法院经审理认为,北京鬃人是源于清末、流传于北京地区的特色民间工艺艺术,被评为北京市非物质文化遗产。原告白广成是北京鬃人艺术的传承人,在吸纳传统工艺和艺术风格的基础上制作完成“跑驴”作品,是以有形载体形式表现的民间艺术作品,可以成为知识产权保护对象,可适用著作权法进行保护。本案原告持有“跑驴”作品原件,且其兄白大成出庭证明该作品系原告所做,在无相反证据的情况下,可认定原告为该作品的作者。虽“跑驴”属于北京鬃人的传统制作项目,但并无证据证明原告创作的“跑驴”作品与之前的鬃人作品相同,故本院确认涉案作品“跑驴”具有独创性,是著作权法所保护的作品。被告在其生产月饼的包装盒上使用涉案作品“跑驴”,且包装盒上的“跑驴”作品与原告创作的涉案作品“跑驴”具有一致性,系自立体三维作品到平面二维作品的使用,属复制行为。关于被告辩称月饼包装上使用的是“跑驴”图片,但未举证证明月饼包装上使用图片的合法来源。因此,认定被告未经许可使用原告创作的“跑驴”作品,未署姓名,亦未支付报酬,应承担停止侵害、赔礼道歉、赔偿损失的责任。1月7日,原东城区人民法院依法判决被告北京稻香村食品有限责任公司停止在其生产、销售的“老北京”广式月饼包装盒上使用原告白广成创作的“跑驴”作品;在《北京晚报》上就其未经许可使用原告创作的“跑驴”作品,未署原告姓名的行为,刊登致歉声明;被告赔偿原告白广成经济损失人民币2万元。一审判决后,双方当事人均未提起上诉,原判决生效。 (余亚宇)

军 事

人民武装

【概况】 东城区人民武装部受北京卫戍区和中共东城区委、区政府双重领导,发挥区委的军事部和区政府的兵役机关作用。按照卫戍区党委提出的“完成任务、确保安全、过好日子、科学发展”工作目标,着眼建设学习型党组织,提高遂行任务能力,党委班子、干部队伍建设,基层建设、作风建设等重点工作,抓落实,打基础,固强补弱,谋求可持续发展,完成核心价值观主题教育、首长机关基础训练科目示范和比武竞赛活动、民兵整组、训练执勤、国防教育和征兵等任务。年内,被军区评为信息化建设先进单位。区委书记、区人武部党委第一书记杨柳荫被北京军区评为忠诚党的武装事业新闻人物,政委张凤亮被卫戍区评为管理教育先进个人。

单位名称:东城区人民武装部

单位地址:东城区东四五条170号

联系电话:64030768 邮政编码:100010 (李昌健 曹剑)

【扫雪除冰】 1月3日,全市降雪,原东城区人武部立即启动扫雪铲冰预案,组织驻区部队武警六支队、十四支队、卫戍区警卫第一师四团、空军后勤部等单位官兵1080人参加东长安街、南池子大街、鼓楼东大街扫雪除冰工作。

(李昌健 曹剑)

【野营拉练】 1月12日,原东城区人武部副部长兼军事科长带领干部7人参加野营拉练,徒步行军50公里,野外宿营两夜三天,完成训练任务。 (李昌健 曹剑)

【条令学习月】 1月20日至2月底,原东城区人武部按照卫戍区要求,制订计划,组织干部职工20人参加“条令学习月”活动,采取原文学习、组织讨论、考核验收等形式,增强学条令、用条令意识。 (李昌健 曹剑)

【区领导慰问】 1月22日,原东城区领导杨柳荫、杨艺文、冯熙、曾刚健在区人武部部长左海星、政委张凤亮陪同下慰问卫戍区机关,送去慰问品和慰问金,受到卫戍区司令员郑传福、政委高东璐接见。 (李昌健 曹剑)

【民兵预备役会议】 2月1日,原东城区人民武装部部长左海星和和平里街道武装部部长参加市民兵预备役会议。会上,区人武部被市政府、北京卫戍区评为先进人武部,和平里街道武装部部长评为民兵预备役工作先进个人。3月24日,召开民兵预备役工作会议。听取建国门、北新桥、和平里街道工委书记党管武装工作述职。左海星总结上年度民兵预备役工作并部署本年度工作任务。吴松元宣读表彰先进基层武装部和先进个人的通报,东直门等10个街道、公司武装部,吴进等18人受到表彰。杨柳荫、吴松元、左海星出席。区国防动员委员会成员单位领导,街道工委书记,街道、企业武装部部长和专武干部等70人参加。 (李昌健 曹剑)

【双拥共建】 春节、八一等节日,组织协调区委四套班子、街道领导走访慰问驻区部队,召开军政座谈会,慰问入伍新战士。6月,协调区政法委,成立涉军维权中心,制订《关于落实〈北京市维护国防利益和军人军属合法权益工作若干规定〉实施意见》,开展涉军维权活动。年内,以争创全国“双拥模范城”六连冠为契机,开展拥政爱民工作,发挥人武部桥梁纽带作用。召开驻区部队领导联席会,共商拥政爱民措施。组织驻区部队参加平安东城、平安社区的治安联防、建立双拥共建点、开展党员进社区、帮贫助困、市容整治、少年军校、便民服务等九项工作。 (李昌健 曹剑)

【学雷锋活动】 3月3日,“志愿服务,爱在东城”活动在王

府井大街举行,空军后勤部学雷锋小组20人,代表驻区部队参加活动。　（李昌健　曹剑）

【检查民兵执勤】　3月3日,卫戍区副司令员乔占军检查原东城区民兵“两会”值勤情况,卫戍区动员处处长,区人武部左海星,张凤亮陪同检查。　（李昌健　曹剑）

【市人大调研】　3月30日,市人大常委会委员、内务司法委员会主任委员李小娟带领执法检查组17人,到原东城区调研《北京市征兵工作条例》实施情况。左海星代表区政府向执法检查组汇报征兵条例实施总体情况、区政府及相关部门健全和补差配套制度建设、优待安置政策落实、征兵工作面临的问题对策。执法检查组与街道、社区、退役战士及家属代表座谈。区领导冯熙、李荣庆、区人武部政委及区公安、卫生、民政局主管领导参加检查。　（李昌健　曹剑）

【房峰辉调研】　3月31日,北京军区司令员房峰辉到原东城区人武部调研,看望慰问干部职工,并视察区应急指挥中心和人武部基础设施,听取左海星工作汇报,分别与区人武部部长、政委谈话,并强调抓好人武部全面建设,围绕履行使命任务和核心地区特点,研究、探索民兵维护社会稳定方法,在维护首都核心地区安全稳定中发挥更大作用。卫戍区司令员郑传福和军区机关有关领导陪同。　（李昌健　曹剑）

【体能训练示范】　4月15日,原东城区人武部担负卫戍区按纲施训现场会的组织基础训练考核示范观摩和教案课件的示范试点任务,完成30余万字的教案编写和50余个课件的制作,左海星作《着眼城区人武部特点,狠抓基础训练四落实》经验汇报,本部机关干部10人进行体能训练达标汇报表演和手枪射击教学示范。　（李昌健　曹剑）

【军事日活动】　4月24日,原东城区委党校中青班学员40人到总后军需研究所中试基地进行军事日活动,学员们观看军服制作过程,品尝军需食品,体验国防后备力量建设成果。　（李昌健　曹剑）

【卫戍区领导调研】　4月28日,卫戍区政委高东璐到原东城区人武部调研,听取张凤亮作全年工作打算和特点规律研究汇报,实地查看营院基础设施。8月16日,卫戍区政治部主任马誉伟到原东城区人武部就正确把握部队特点规律情况进行调研。听取张凤亮关于部队特点规律情况汇报。马誉伟强调,卫戍区对部队特点规律研究非常重视,各单位对困扰和制约部队发展的问题都能较好解决。作为核心城区人武部,要加大特点规律研究,用于指导工作;加大对中心城区基层营连部建设和征兵工作的研究创新;坚持政治方向,人武部调整整编要有主人翁意识。　（李昌健　曹剑）

【民兵整组】　5月,完成5000人的基干民兵组织整顿工作,其中作战队伍1346人、勤务保障队伍1767人、应急队伍1450人、其他队伍437人。卫戍区检查民兵整组工作,并给予好评。与预备役防化团共同组织防化救援分队遂行多样化任务综合演练,提升民兵遂行任务能力。（李昌健　曹剑）

【便民服务活动】　7月1日,驻区部队开展“践行党的宗旨、共建和谐东城”便民服务活动,用实际行动庆祝中国共产党建党89周年。驻区部队官兵85人在中国美术馆东花园挂起横幅、摆开工具,为驻地群众提供服务,共接待医疗咨询210人,体检130人,理发60人,修理电器30件,磨刀140把。　（李昌健　曹剑）

【双拥模范城考评】　7月26日,市双拥工作领导小组考评组8人到东城区就创建双拥模范城进行考评,听取创建双拥模范城工作汇报,查看有关资料,量化打分,实地考察隆福医院、安定门街道和非公经济体。区领导宋甘澍,区人武部左海星、张凤亮,民政局有关领导参加汇报。（李昌健　曹剑）

【区领导慰问】　7月28日,东城区领导杨柳荫、牛青山带领四套班子领导,携慰问金和慰问品到卫戍区机关慰问官兵。卫戍区郑传福、高东璐接见慰问团,杨柳荫向卫戍区领导简要介绍行政区划调整情况,对卫戍区多年来支持本区建设表示感谢,并预祝卫戍区指战员建军节愉快。（李昌健　曹剑）

【慰问困难群众】　7月30日,原东城区人武部部长左海星带领机关人员分别到东四和东花市街道慰问困难群众3户,送去慰问金和慰问品,东四街道工委书记、东花市街道工委书记陪同慰问。　（李昌健　曹剑）

【军政座谈会】　7月30日,东城区举行八一军政座谈会,全国双拥办副主任、民政部优安局局长董华中,全国双拥办副主任、总政群工办副主任李辉,市双拥办副主任由世钧、首都军(警)民共建领导小组副组长戚玉桥,空军后勤部政委林红松少将,总参二部政治部主任姚立云少将,北京军区空军副政委刘健少将,北京军区空军副参谋长孟凡生少将,北京卫戍区副政委王子彦少将,公安部边防管理局副政委朱启明少将,公安部边防管理局政治部主任李乐民少将等驻区部队领导和杨柳荫、牛青山、冯熙、徐鸿达等区领导及相关委办局领导参加座谈。　（李昌健　曹剑）

【兵役登记】　8月3日,原东城区人武部召开兵役登记工作会,各街道武装部部长和专武干部30余人参加。区人武部副部长兼军事科长主持,左海星要求:高度重视,加强组织领导;广造舆论,加大宣传力度;周密组织,确保工作质量;依法登记,加大执法力度。政委就专武干部认清形势,增强工作责任心和行政区划调整后如何开展国防后备力量建设与大家探讨。　（李昌健　曹剑）

【民兵心理干预中心】　9月19日,以“服务社会、服务部队”为宗旨,对辖区居民、驻区部队官兵提供心理援助和心理服务的民兵组织——东城区民兵心理干预中心正式成立。卫戍区政治部副主任王伟,卫戍区政治部秘群处处长及区人武部左海星等军地领导出席成立仪式。区人武部政委主持。

（李昌健 曹剑）

【国防动员】 9月，组织预编预备役士兵5人分别赴空军大同指挥部和北空通信团参加返岗训练。年内，加大对国防动员法宣传力度，完成区国防动员委员会成员机构调整，完善指挥机制，修订完善国防动员行动预案和保障计划。完成全区“两区”（军事禁区和军事管理区）划定情况调查摸底，完善军事设施保护数据库。（李昌健 曹剑）

【少年军校图片展】 11月16日，由东城区人武部、文明办、教工委、民政局联合主办的“希望火炬 闪耀红星”区少年军校图片展暨颁奖仪式在广渠门中学举行。首都军警民共建指导小组副组长戚玉桥、区领导赵中原、区人武部左海星、区政协刘忠胜、文明办主任、教工委书记、民政局局长等参加活动并为获奖单位颁奖。活动评选出一等奖10人，二等奖20人，三等奖40人。向50所学校发放青少年国防教育读本500册，全区17个街道、81所少年军校负责人和驻区部队代表300余人参加图片展启动仪式。（李昌健 曹剑）

【市民政局调研】 11月23日，市双拥办副主任、民政局副局长霍军带领机关干部到东城区，调研双拥共建和国防教育工作，到东花市社区国防教育中心、景山学校、东华门街道南池子社区检查指导工作，听取情况汇报，并与街道和社区负责人座谈。霍军强调：加大创新力度，促进双拥和国防教育工作上台阶；加大投入力度，保证双拥和国防教育有力运行；进行融合式发展，促进军政军民关系和谐。区人武部政委、区民政局局长陪同调研。（李昌健 曹剑）

【考察党委班子】 12月6日，卫戍区副司令员李建设带机关工作组5人考察原东城区人武部党委班子。政委汇报班子建设和年度工作，李建设分别与党委班子成员谈话，工作组和营以下干部谈话，民主测评和问卷调查，实地查看街道武装部基础设施建设。随后，李建设代表工作组与部党委成员交换意见。（李昌健 曹剑）

【欢送新兵会】 12月8日，东城区召开欢送新兵入伍大会。人武部副部长宣读上年度征兵工作先进单位和东城区籍优秀现役军人通报，和平里街道征兵办公室等17个单位，分司厅居委会等19个基层单位，先进个人20人及东城区籍优秀现役军人12人受到通报表彰。左海星宣布本年度新兵入伍批准书。与会领导分别给先进单位和个人、优秀现役军人、被批准入伍新兵，颁发奖牌、发放奖金和佩戴光荣花。新兵代表表决心，家长代表发言。宋甘澍讲话：珍惜荣誉，牢记使命；严格锻炼，献身国防；建功立业，为家乡争光。张凤亮主持。区征兵工作领导小组成员，街道、市属公司、学校专（兼）职武装干部和新兵家长450余人参加欢送活动。

（李昌健 曹剑）

【撤销崇文区人武部】 12月23日，北京卫戍区依据北京军区命令，正式撤销崇文区人民武装部，成立新的东城区人民武装部。卫戍区副司令员石志远，副政委郭志刚，区领导杨柳荫出席会议，东城区人武部科以上干部、崇文区人武部全体干部职工参加撤销崇文区人武部实施大会。

（李昌健 曹剑）

【思想政治教育】 年内，采取党委带机关的方式，坚持每周四学习日制度。组织完成“认真贯彻民主集中制原则，努力提升党委班子决策水平”等5个专题理论学习。开展以“崇尚学习、增强党性”和“爱祖国、爱首都、爱人武部、爱岗位”为主要内容的当代革命军人核心价值观主题教育活动。为所有办公室开通政工网，运用购置市委宣传部“中心组参考信息半小时”大讲堂和总参“绿网大讲台”，开展时事政治、军事知识系列讲座，提高对中国特色社会主义理论体系基本观点、基本思想、基本内容的理解，坚持走中国特色社会主义道路的自觉性和坚定性，打牢干部职工高举旗帜、听党指挥、履行使命的理论根基。坚持开展创先争优活动，以坚强队伍、提高素质为重点，结合职责岗位，开展以“双学双比”（学理论、学业务，比技能、比贡献）为主要内容的“创建学习型党委机关、争做优秀党员”活动，保证创先争优有效落实。

（李昌健 曹剑）

【基层正规化建设】 年内，东城区人武部研究制订《东城区基层武装部和民兵营连部建设规范意见》（简称“意见”），并在基层武装部中试行。“意见”对基层武装部和民兵营连部的建设标准、主要工作、基本制度、基本设施和考核评比等作出具体规范，为基层武装部开展工作提供依据。借助人防地下空间改造、企业单位现有办公用房及街道机关文体中心等融合式建设模式，拨付专项经费30余万元，指导朝阳门、安定门、东四、东直门和景山街道基层武装部、民兵营连部规范化试点建设，完成对原东城10个街道基础建设达标检查验收，两区合并后为区属24个街道（公司）武装部，统一配发制式文件柜41个、资料盒1000余个。（李昌健 曹剑）

【国防教育】 年内，协调组织区委党校后备干部班学员开展“走军营、看变化、爱国防”主题军事日活动。指导朝阳门、安定门、东直门、景山街道借助民防宣传中心建设，开辟国防教育宣教中心，协调并新命名总后军需研究基地、天安门国旗中队两个青少年国防教育基地。协调国防大学教授到朝阳门、和平里、景山等街道办事处作国防形势报告。

（李昌健 曹剑）

【宣传报道】 年内，东城区人武部在《解放军报》《北京日报》《战友报》《华北民兵》《国防杂志》等媒体刊发稿件128篇。（李昌健 曹剑）

人民防空

【概况】 东城区民防局为区国防动员委员会常设办事机构，是区政府人民防空工作主管部门，并承担区政府防震减灾、交通战备工作。由于行政区划调整，原东城、崇文两区民防机构合并，成立东城区民防局。内设办公室、指挥通信科、工程建设管理科、法制宣传科、防震减灾科、交通战备办公室，有直属事业单位5个。年内，以科学发展观为统领，以“准军事化”建设为载体，以人民防空创立60周年为契机，坚持“以人为本，民防为民”宗旨，发挥人防工程的社会效益和经济效益。融入城市应急管理体系，提高人民防空和交通战备的组织指挥能力。融入百姓生活，加强公共安全和地震防护知识的宣传教育。落实区划调整相关工作，完成人防工程、指挥通信、法制宣传、防震减灾和交通战备等各项任务。

单位名称：东城区民防局

单位地址：东城区东四五条172号

联系电话：84006512　邮政编码：100010　（马丽芝）

【**应急指挥车**】　2月9日，龙潭庙会发生人员纠纷紧急事件，原崇文区民防局派出应急指挥通信车在现场实施通信保障，为制止事态发展发挥作用。6月，原东城区民防局代表市参加全国十一省市应急指挥通信演练。圆满完成春节、十一等节日的备勤任务。　（马丽芝）

【**国际民防日宣传**】　3月1日，原东城区民防局以区内10个社区民防宣传站为重点宣传站点，以“防灾减灾、共同行动”为主题，组织讲座、座谈、参观，开展救护演练等多种形式宣传国际民防日，普及公共安全知识。发放宣传品4200余件（册），市民参加宣传活动4000余人。原崇文区民防局制作展板近90块，悬挂宣传标语38条，发放宣传品4000余件。

（马丽芝）

【**防灾减灾**】　5月11日，原东城区民防局与区政府应急办、教委联合，在府学胡同小学开展主题为“防灾减灾、关爱生命”地震应急疏散示范演练，200余人观摩。《人民日报》、北京电视台“平安生活”栏目、新华网、人民网等30家媒体予以报道。与区政府应急办、区教委联合，在全区中小学校开展主题宣传、参观学习、校园展示、主题班会、现场问答和知识竞赛等宣传教育活动。5月28日，原崇文区民防局召开街道社区地震预案编制和志愿者队伍组建会议，培训预案编写人员92人。制订民防（地震）志愿者章程及年度志愿者队伍组建计划。年内，以区政府名义制发《北京市东城区人民政府关于印发落实市防震减灾工作会议精神任务分解书的通知》，全区41个部门和单位承担防震减灾4大类14项任务。

（马丽芝）

【**指挥通信中心**】　5月中旬，原东城区民防局NX－800型市公共安全指挥电台加入市应急指挥通信网。全年投资20万元，修整区级防空防灾指挥中心与区政府连接通道。投入维护资金11万元，对区级指挥中心通信网络、指挥室大屏等设备进行检修和故障排除4次。完成民防短波无线电154型电台网改造，实现数字化文字、图像传输无线通信。　（马丽芝）

【**安全管理**】　5月，原东城、崇文民防局在所辖区内举办人防工程安全管理培训班，签订人防工程消防、防汛安全管理责任书。10月，对未取得人防工程使用上岗证的150人进行培训。年内，制订《人防工程火灾隐患排查整治专项行动方案》等方案10个，出动检查人员1581人（次），安全检查在用人防工程544处，下达整改通知单249次，坚持周报、月报各阶段工作总结报告等200余次。　（马丽芝）

【**人防专业队伍**】　5月，原崇文区民防局加强人防专业队伍救援力量建设，对全区人防专业队中队以上干部进行整组，新增生命探测救援专业队1个，抢险抢修一大队增加2个中队，并进行专题培训。7月，原东城区民防局组织以人防工程事故应急抢险救援为背景的演练，检验应急预案操作性、可行性和人员、器材配置合理性。　（马丽芝）

【**自救互救培训**】　6月12日、13日，原东城区民防局与区红十字会合作举办急救员等级取证培训。市红十字会应急救护教育中心培训师进行急救理论知识、现场心肺复苏术、创伤止血包扎与固定搬运等救护技术培训。参加培训25人，通过考核，取得初级急救员证。　（马丽芝）

【**安全度汛**】　汛前，原崇文区民防局组建3支60人的抢险队伍，对全区917处人防工程进行排查。原东城区民防局全面普查早期人防工程784处23万平方米，并建立台账。与10个街道、人防工程使用单位责任人签订防汛防火责任书430份，发放《安全度汛常识》等宣传品1320份。与区消防应急救援支队建立联动机制，成立由95人组成的人防工程应急抢险专业队伍。在和平里地区小黄庄一区9号楼地下室组织防倒灌演练。年内，成功处理朝阳门灯草胡同39号院、草厂头条24号、西打磨厂105号等11处早期人防工程险情事件。投资9万元，购置草袋、沙石料、桩木、水泵等防汛抢险物资，并对抢险器材修复更新。　（马丽芝）

【**人口疏散**】　上半年，原东城区民防局按照防空袭预案要求，完成东四、东华门、安定门街道与密云县北庄镇、高岭镇、东邵渠镇对口地区接恰任务。　（马丽芝）

【**领导视察地下空间**】　12月7日，市委书记刘淇、市长郭金龙视察东城区东方广场地下空间，区领导毛炯汇报东方广场地下空间开发利用及安全使用管理情况。市民防局局长王永新，毛炯、区民防局局长陪同。　（马丽芝）

【**工程治理**】　年内，完成安定门干线、北新桥干线、天坛公园等工事加固3852平方米，地下室维护2处1629平方米，安定门干线治水1400平方米，回填1.03万平方米。口部处理7处235平方米，景山宣传中心改造1处。　（马丽芝）

【**工程建设**】　年内，验收人防工程14处，办理人防工程使用11处。完成区政府500个车位“折子工程”和五道营人防工程可行性调研报告专家评审。

（马丽芝）

【依法行政】 年内,检查人防工程安全610(次)处,行政处罚32起,发出整改通知书190张,罚款6万元,关停15处。办理人防工程行政许可26处,行政认可21处,办理人大代表议案1件、群众信访3件。 (马丽芝)

【人民防空60周年】 年内,为庆祝人民防空创立60周年,向街道发出《东城区民防局关于人民防空创立60周年庆祝活动有关工作的安排》意见。为市民防局提供60周年庆典布展所需的档案文件、照片、视频等资料。组织选手8人参加市人民防空知识竞赛,获集体三等奖和文明竞赛奖,获个人文明参赛奖1人。 (马丽芝)

武警六支队

【概况】 中国人民武装警察部队北京市总队一师第六支队,下设司令部、政治处、后勤处,下辖多个建制大队及建制中队。防区分布在东城、朝阳、海淀、通州、昌平5个城区,主要驻守东城区,担负警卫、守卫、看守、巡逻4大类勤务。六支队坚决贯彻上级党委指示要求,坚持抓班子带干部、抓经常打基础、抓作风正风气、抓安全谋发展,各级班子作用发挥有力,中心任务完成圆满,部队风气明显转变,保持稳步发展的良好态势。支队党委被总队评为先进党委,支队连续4年被总队评为基层建设先进支队,机关政治处被总队评为先进政治处,所属二大队连续2年被总队评为基层建设标兵大队,支队被总部爱卫会评为文明卫生警营达标单位,二中队战士梁栋荣立个人二等功,2人被总队评为优秀"四会"教练员,3人被师表彰"双十佳"优秀干部。

单位名称:中国人民武装警察部队北京市总队一师第六支队

单位地址:东城区府学胡同甲1号

联系电话:64034411 邮政编码:100007 (齐天亮)

【领导慰问】 1月20日,原东城区领导杨柳荫、章冬梅到六支队看望慰问官兵。北京总队副政委李金星陪同。2月10日,公安部副部长杨焕宁看望慰问六支队四号院、民族园首长住地执勤官兵。武警部队副司令员刘红军、北京总队总队长魏哲、政委张瑞清、一师师长杨洪瑞、政委苏瑞超陪同。同日,北京广播电影电视局副局长宋春华和北京人民广播电台台长汪良,看望慰问六支队四中队官兵。2月11日,最高人民检察院副检察长张常韧到六支队十一中队看望慰问官兵。同日,中央政法委秘书长周本顺、副秘书长陈冀平、鲍绍坤,到六支队十一中队驻政法委机关警卫排看望慰问官兵。2月12日,市委常委、市委秘书长李士祥,市政府秘书长黎晓宏,看望慰问六支队八中队官兵。同日,市最高人民检察院检察长慕平、副检察长王一俊看望慰问六支队十中队官兵;市公安局政治部主任韩龙彬带领机关人员,看望慰问六支队七中队官兵。2月13日,原人大副委员长布赫看望慰问六支队十中队驻地官兵。2月14日,武警部队副政委崔景龙看望慰问六支队二大队官兵。2月20日,市人大常委会主任杜德印看望慰问六支队三中队官兵。同日,最高人民检察院检察长曹建明看望慰问六支队十一中队官兵。5月21日,最高人民法院副院长苏泽林带领业务部门,到六支队七中队驻机关警卫排办实事、解难题。7月29日,市公安局副局长张卫华带领机关人员,看望慰问六支队七中队官兵。同日,慕平、王一骏看望慰问六支队十中队官兵;北京广播电影电视局局长李春良、副局长宋春华,北京人民广播电台台长汪良、副台长常青等11人,到六支队四中队看望慰问官兵。7月30日,李士祥、孙康林到六支队八中队看望慰问。7月31日,全国人大副委员长、中国科学院院长路甬祥看望慰问住地官兵。8月25日,最高人民检察院常务副检察长胡泽君看望慰问六支队十一中队官兵。11月17日,中国美术馆馆长范迪安看望慰问六支队九中队驻馆复退老兵。11月18日,最高人民法院副院长沈德咏看望慰问六支队七中队满服役期老兵。11月19日,民政部部长李立国看望慰问六支队十一中队复退老兵。同日,北京市政府副市长丁向阳、秘书长孙康林等5人,看望慰问六支队八中队满服役期老兵。11月22日,中共中央政法委秘书长周本顺看望慰问六支队十一中队驻机关复退老兵。11月25日,武警部队政委许耀元、参谋长牛志忠,到北京站看望慰问北京总队复退离队老兵,北京总队政委张瑞清、参谋长沈涛和一师政委苏瑞超陪同。同日,武警部队副政委李清印、副参谋长姬延芳到北京站看望慰问北京总队复退离队老兵,北京总队副政委李林陪同。 (齐天亮)

【"两会"安保任务】 3月3~14日,完成临时勤务54场(含外宾路线勤务1场、火车站现场1场、常备路线勤务22场),累计用兵2.55万人次,动用车辆200余台次,妥善处理各类情况161起,移交上访人员197人。 (齐天亮)

【领导检查】 年内,武警部队副司令员刘红军、副司令员戴洪生、副政委崔景龙、副参谋长杨斌,北京总队总队长魏哲、政委张瑞清、北京总队副总队长刘巨田、副总队长耿建国、副总队长拓成祥、副政委李金星、副政委李林、参谋长王炳深、参谋长沈涛、政治部主任傅万选多次带领总部机关人员,对支队机关、新训大队及担负多处国家机关及首长住地执勤任务的基层单位检查指导。 (齐天亮)

【思想政治工作】 年内,六支队坚持把思想政治工作放在部队建设首位,培育当代革命军人核心价值观主题教育深入扎实,"培育战斗精神"、"慎重对待交往"和首长住地"五热爱"(热爱党、热爱祖国、热爱人民、热爱首长、热爱警卫事业)等经常性教育成效明显,部队官兵思想纯洁稳定。借廊坊指挥学院见学之机,"三互"(互帮、互学、互教)活动内容得到丰富,形式得到拓展,方法得到创新,并在武警部队经常性思想工作座谈会上作经验介绍。推进政治环境及硬件设施建设,广泛开展群众性文体活动,文艺班基层巡演深受官兵欢迎,篮球班参加师比赛获"四连冠"。 (齐天亮)

【完成中心任务】 年内,贯彻总部武警法暨中心工作网上集训精神,坚持党委议勤,突出首长住地,加大"四防一体化"(执勤目标人防、物防、技防、联防一体化建设)投资建设力度,不断提升执勤工作质量。严密组织勤训轮换,研究处置突发事件和应对恐怖袭击措施，建立快速反应机制。新增目标筹建工作运转有序。更新69处固定目标执勤设施，政治中心区、轨道交通、巡逻车组、重点要害部位等多处哨位实现可视可控。东城看守所完成AB门和钢网墙建设，执勤阵地不断巩固。一中队执勤部队按纲施训试点经验被总队推广，心理行为训练示范班取得总队比武第一名，通信集训考核、防暴小分队比武成绩优异，十四中队政治指导员、十二中队副中队长被总队表彰为优秀教练员。全年，完成临时勤务1000余场次，累计用兵10万余人次，及时消除有碍安全隐患634起，成功处置东直门绿化带爆炸、最高法上访人员自焚等突发情况8起。 (齐天亮)

【训练管理】 年内，坚持依法从严治警，狠抓新条令学习贯彻，推进正规化建设。严密组织“严纪律、保安全”和“百日三无安全教育”活动，落实每月法纪教育日制度，强化官兵遵规守纪意识。开展安全隐患大排查、零报告等群众性创安活动，及时清退心理指数偏高人员5人，杜绝事故问题发生。持续加大五个时间段(早操、正课、午休、课余和就寝后)检查和覆盖式夜查力度，严格落实“七问责”(对出现问题的不但要问当事人的责任，还要对直接领导、前任领导、分管领导、检查者、互管人、定点联系人问责)责任机制，先后对违规违纪、隐情不报、执行指示不坚决、落实工作不迅速的8人做出严肃处理。三中队排长、四中队班长，在师二季度安全工作讲评会上介绍经验。支队安全工作连续5年实现“三无”(无严重违纪、无责任事故、无刑事案件)目标。 (齐天亮)

【后勤保障】 年内，坚持“三个服务”(为部队建设服务、为中心任务服务、为广大官兵服务)，开展“四类经费”(业务经费、专项经费、标准经费和预算经费)专项治理及“伙食管理月”活动，落实超市采购，九中队警营饮食文化试点经验得到推广。大宗采购制度和《机关、基层经费物资管理规定》落实严格。升级改造数字化枪柜，静态枪弹管理安全正规。研究制订车辆运行管理措施，联管责任制有效落实。全年，动用车辆1658台次，行程13万余公里，连续247天实现零抄告，全师排名第一。组织医护人员下基层巡诊、开展心理疏导，加大卫生防病工作力度。依托东城职教中心，培训中级厨师20人，充实基层后勤保障队伍。落实从优待警，为首长住地复退老兵74人每人发放补助1000元，激发住地官兵工作热情。住房小区治理成效明显，指挥中心工程建设进展顺利，扰民安抚工作得到总队首长认可。 (齐天亮)

【基层建设】 年内，学习贯彻新纲要，机关业务技能大比武活动初见成效，机关按纲指导、基层按纲抓能力提升。党委机关坚持重心下移，安排6批61人次到部队当兵代职，分4批89人次到基层蹲点帮扶，定点帮建形成常态。基层四项设施(基层执勤、训练、文体和生产生活设施)建设稳步推进，投资900万元，建成44处，达标率89%。担负工体、司法部、市政府、美术馆4处执勤点警卫任务的基层单位四项设施建设成效明显，官兵执勤工作生活环境得到改善，均被总队评为先进达标单位。 (齐天亮)

【班子建设】 年内，认真践行“建设学习型党委机关、争做学习型领导干部”要求，提高干部政治理论素养和三级班子思想理论水平。制订《加强党委班子自身建设措施》，提升党委支部班子决策力、执行力，大队前沿指挥所作用发挥明显。倡导树立“三个提倡、三个反对”(提倡做老实人、说老实话、办老实事，反对当面一套、背后一套，当面不讲、背后瞎议论；提倡讲真话报实情，反对隐情不报，弄虚作假；提倡发现问题解决问题，反对视情不见，见怪不怪)，形成说实话、报实情、干实事氛围，经验做法被总队转发。狠刹节庆假日基层看望领导之风，支队领导走访慰问干部家属，凝聚人心、鼓舞士气，为纯正部队风气，巩固建设成果打下坚实基础。开展创先争优活动，研究出台《加强典型建设的意见》，6人被支队评为先进典型。 (齐天亮)

原东城区政法、军事机构负责人

区人民法院院长	秦炳瑞(1月免)
	董建中(1月任)
区人民检察院检察长	娄云生
市公安局东城分局	
局　长	谢世龙
政　委	董宪章
市公安局公安交通管理局	
东城交通支队支队长	刘　恕
政　委	张　经
区司法局局长	钦成银(6月免)
	李利平(女,6月任)
中国人民解放军北京市东城区	
人民武装部党委第一书记	杨柳荫
部　长	左海星
政　委	张凤亮
区公安消防支队支队长	李树义(6月免)
	张桂涛(6月任)
政　委	李学东
天安门地区公安分局局长	武顺发
政　委	刘贵方
武警六支队支队长	宋江群(4月免)
	艾　均(4月任)
政　委	胡大立

原崇文区政法、军事机构负责人

区人民法院院长	高晓凌(女)
区人民检察院检察长	李　立
区人民武装部部长	肖　占
政　委	何瑞杰
市公安局公安交通管理局崇文交通支队支队长	刘石刚
政　委	张庆生
区公安消防支队支队长	改静旭(6月免)
	李　文(6月任)
政　委	武爱华

东城区政法、军事机构负责人

区人民法院院长	董建中
区人民检察院检察长	殷　健(8月任)
市公安局东城分局局长	谢世龙
政　委	滕　健
市公安局公安交通管理局东城交通支队支队长	张　经(11月任)
政　委	刘石钢(11月任)
中国人民解放军北京市东城区人民武装部党委第一书记	杨柳荫
部　长	左海星
政　委	张凤亮
区公安消防一支队支队长	张桂涛
政　委	李学东
区公安消防二支队支队长	李　文
政　委	武爱华
天安门地区公安分局局长	武顺发
政　委	刘贵方
武警六支队支队长	艾　均
政　委	胡大力(12月免)
	常　宏(12月任)

综合经济管理

经济改革和社会发展

【概况】 东城区发展和改革委员会,主要负责研究本区国民经济和社会发展的战略、中长期规划和年度发展计划;起草本区国民经济和社会发展及经济体制改革等方面的规章文件;规划重大项目的布局;安排政府财政性建设资金、政策性贷款的使用;按权限审批和上报政府投资建设项目和其他固定资产投资项目;负责区内政府投资项目的稽察工作,督促检查稽察处理结果的落实;承担东城区节约能源办公室日常工作,负责区内节约能源的综合协调工作;负责辖区内政府定价和价格监测工作;并对辖区内商品和服务价格及价格行为进行监督检查。2010 年 7 月进行行政区划调整,在人心不散、秩序不乱、工作不间断的状态中,实现了原崇文和原东城两区发改委的合并,当时是人员直接合并,达到 115 人,之后逐步按编制实行调整。合区后,新的东城区发改委以"调结构、转方式、保增长、保民生、促融合"为主线,落实保增长各项措施,增大区域经济规模。地区生产总值完成 1233.1 亿元,同比增长 9.9%。区财政收入完成 102.79 亿元,同比增长 10%。社会消费品零售额实现 645 亿元,同比增长 21.1%。全社会固定资产投资完成 180.7 亿元。城镇居民人均可支配收入 3.07 万元,同比增长 8.5%。全区主要经济指标均完成或超额完成年初计划,区域经济平稳快速增长。

单位名称:东城区发展和改革委员会
单位地址:东城区钱粮胡同 3 号
联系电话:64079927　邮政编码:100010　(金立新　郝伟)

【学习培训】 1 月 20 日,原崇文物价检查所邀请市物价检查所市场价格监管处领导为全体执法干部及辖区内 20 家超市、商场物价负责人,进行价格法律法规培训。4 月 22 日,原东城物价检查所邀请专业讲师,进行"公务员法及配套法规"专题讲座。(王浩)

【专项稽察】 1 月,配合市发改委,对原崇文区上年 12 个市政府投资项目开展专项稽察,5 月,对上年未开工的两个市政府投资项目,开展复查。规范政府投资项目建设行为,提高政府投资效益。(陈丽帆)

【新春联谊会】 2 月 4 日,原崇文区举行驻区单位新春联谊会。刘云斋主持,牛青山致辞。区四套班子领导、驻区重点单位、重点企业、区有关部门及各街道办事处负责人,160 人参加。(于博然)

【过渡考试】 4 月 27 日、6 月 4 日,原东城崇文物价检查所各 21 名干部,分别参加原东城区崇文人事局组织的转编考试。5 月 21 日,原东城物价检查所 9 名工勤人员及原崇文物价检查所 1 名工勤人员参加市人事局组织的转编考试。(王浩)

【基础资料收集】 4 月,对区内自明清以来钱庄、银行等历史资料进行整理,结合近五年区域金融业发展成效和经验,形成《金融文化发展报告》,为东城区"建设世界城市与东城文化发展"调研报告的编写,提供大量素材。(郝伟)

【区县合作】 4 月,制订东城、怀柔合作工作计划,明确合作领域、重点任务和工作措施。与怀柔区发改委定期沟通,进行经验交流、科技合作、劳务派遣、岗位输出、产业共建基地等合作项目。落实、协调解决合作项目中的问题,合作工作取得显著成效。(郝伟)

【联合执法】 5 月 11 日,原东城物价检查所与区交通支队,区城管大队及区市政管委,参加由市交委运管局东城管理处牵头的联合执法,对辖区内重点区域的十余家停车场进行检查。(王浩)

【节能宣传周】 6 月 12 日,原东城发改委,在王府井举办"节能宣传周"启动日活动。现场设置低碳经济、低碳生活常识和低碳技术等宣传展板。北京地球环境村教育中心的专家,与市民互动。展示社区居民"变废为宝",利用废弃物品制作 DIY 饰品和挂件等。向行人发放低碳知识宣传材料,宣传低碳产业政策。原崇文区在天坛街道金鱼池小区启动节能宣传周活动。活动主题:"低碳技术,绿色经济,节能低碳,从我做起"。现场摆放宣传展板 8 块,发放节能环保铅笔 2000 支、节能宣传手提袋 1000 个和节能宣传资料 2000 份。邀请节能专业人员讲解家庭节能常识和回答咨询。同时,将宣传资料和节能宣传品发至各街道办事处。宣传周期间各街道结合实际,开展形式多样的宣传活动。"节能宣传进校园”活动在崇文区景泰小学开展，以互动形式为小学生讲解节约水电、节约粮食、节约纸张和爱护环境的知识，发放印有“节能从我做起”标识的环保小毛巾、铅笔和宣传材料。
（何玉莲）

【中长期规划宣传】 年初，原崇文区中长期规划结题。制订落实中长期规划纲要折子工程，并印发全区。利用龙潭庙会、城市管理经验交流会、《新崇文报》《崇文宣传》等媒介宣传南片中长期规划。编制《崇文区国民经济和社会发展中长期规划纲要（2010～2020年）解读》，向全区印发6000册。
（刘诗妍）

【经济形势分析】 上半年，原东城区、崇文区分别组织召开经济形势分析会4次、5次，下半年，梳理、整合经济社会发展目标，召开经济社会发展形势分析会3次。分析经济社会发展情况，研讨存在的困难和问题，提出对策和建议，确保主要指标按进度完成。
（郝伟）

【为民办实事】 上半年，原崇文区发改委举行为民办实事暨送温暖活动启动仪式。本次活动将为全区享受特困补助的648户残疾人家庭，免费发放电视专用节能插座。启动仪式上，区发改委和区残联负责人分别致辞，并向30名残疾人代表发放节能插座礼包。
（张金生）

【机构调整】 7月24日，原东城物价检查所与原崇文物价所完成合并搬迁，办公地点在原崇文区行政服务中心大楼。
（王浩）

【街道服务经济工作】 7月，加强原东城区税源建设，召开街道服务经济工作调度会，制订加强工作机构建设、完善服务经济工作体系、完善楼宇监测信息系统等，开展重点企业异地纳税清理工作，发挥街道在税源建设中作用，保证全年财政收入指标的完成。
（郝伟）

【工作调研】 11月，主管领导带队，集中走访调研住建委、城管委、财政局、人力社保局、东二环建管办、前门管委会、龙潭湖体育产业办等18个部门，区划调整相关部门，落实既定工作措施和主要指标，推动各部门融合和各项工作同步展开，保障新东城区经济社会发展平稳有序。
（郝伟）

【应急保障预案】 12月，修订《东城区突发事件应急保障预案》，完善通信、财政、治安、物资、交通、医疗、法制7个方面的应急保障，牵头组织部门，确定具体职责，补充应急保障指挥部成员，更新单位成员通讯录，确保对突发事件的有效处置。
（郝伟）

【“绿色东城”行动计划】 制订《绿色东城行动计划》，编制工作方案。5月1日，通过《北京晚报》、《今日东城》、数字东城网站等媒体，向全区发布。把《东城区“建设低碳城区，实现绿色发展”行动计划（2010～2012）》，相关指标和任务落实到部门，定期督查实施。对龙潭湖体育产业园区、前门低碳古都风貌保护区、一师附小等绿色示范区的计划，进行完善和补充。
（张榜水）

【规划编制工作】 研究“十二五”专项规划课题，起草、编制“十二五”规划方案。行政区划调整后，修改完成向全区印发新东城区“十二五”规划方案，规划体系由1个规划纲要和50多个专项规划组成。根据规划编制工作方案，东城区北片组织召开“十二五”规划纲要编制工作部署会，提出解决12个方面的问题。南片各部门组织开展“十二五”规划前期调研，编写《东城区南片“十二五”规划前期调研报告汇编》，向全区印发。同方迪研究院合作汇集、整理数据，编写新东城“十二五”规划纲要。纲要初稿形成后，组织召开“十二五”规划编制工作会议2次，区长调度会和主管副区长专题会10次，研究、起草“十二五”规划纲要，向全区各部门征求修改意见3次，征集人大代表、政协委员和社会各界，对东城区“十二五”时期发展的意见和建议，汇集、修改完善纲要，由区政府常务会、区委常委会、人大常委会及人大（临时）第3次会议审议通过，印发全区。
（张榜水）

【医药卫生体制改革】 成立区深化医药卫生体制改革领导小组，由十五个成员单位组成，办公室设在区发改委。组织召开全区医改工作协调会，制订《东城区深化医药卫生体制改革工作方案》，对《东城区深化医药卫生体制改革主要工作任务》进行分解，并督导落实，每月摸底调查，汇总分析进展情况，及时信息反馈，推进全区医改工作，组织召开全区公费医疗改革宣传动员工作会，促进公费医疗改革工作。
（刘素萍）

【楼宇经济监测】 组织区信息办、统计局等部门，多次协调、研究完善楼宇经济监测信息系统。向全区发出《关于正式运行楼宇经济监测信息系统的通知》，设置系统用户使用权限，确保系统数据信息安全。保障东城区楼宇经济监测信息系统正常运行。系统运行有问题，及时解决。组织相关部门对楼宇经济监测信息系统数据进行会商，形成《关于2009年东城区楼宇经济发展情况报告》。分2批对楼宇经济监测信息系统用户，进行培训。通过10个街道的楼宇经济监测，系统发现876家无两税登记的企业、1329家无国税登记的企业、1176家无地税登记的企业、322家无工商登记的企业，对其进行了核查和处理。制订了街道数据更新标准，实时更新系统数据。
（郝伟　张榜水）

【固定资产投资】 年内，落实扩内需保增长任务，加大固定资产投资监测力度，强化项目审核机制。完成审批东城区既有建筑节能改造、东城区老旧供热管网改造等政府投资项目，核准前门大街及东片保护整治项目B16地块等企业项目，完成北京全聚德新建地下工程项目等备案工作。全年完成固定资产投资180.7亿元。
（朱江）

【市级资金支持】 年内，根据支持危改文物保护区、市政道路、社会事业、民生改善等政策导向,把握"城南行动计划"实施的机遇,争取市发改委直接投资及资金补助项目18个,市级支持资金8.65亿元。 (朱江)

【中介机构评估】 年内,委托专业工程咨询机构,对政府投资项目的重点审批环节,进行评估论证,累计委托评审政府投资项目47个,评估事项48项。 (朱江)

【专项治理工作】 年内,开展第二阶段专项治理工作,全面核查2008年至上半年所有建设工程项目,完成整改项目55个,整改问题104个。出台《关于进一步加强和规范政府投资项目管理的通知》《关于规范工程项目招投标行为的通知》《关于印发〈东城区工程建设领域突出问题专项治理工作中加强物资采购和资金安排使用管理工作方案〉的通知》等文件。 (朱江)

【锅炉改造评估】 原东城发改委委托北京节能环保中心,对和平里医院燃气锅炉房节能技术改造进行论证评估。专家组认为该节能改造具有显著的节能效益、经济效益和环境保护效益。 (何玉莲)

【南馆示范园建设】 原东城发改委协调区园林绿化局等有关单位,完成南馆低碳生活示范园规划设计方案。分别召开方案设计专家、居民座谈会,确定功能区划分,采用太阳能光伏发电、风光互补、场致发光等30项环保节能技术。12月15日"南馆低碳生活示范园",经过6个月系统设计和建设,竣工并通过验收,开园迎接游客。该项目应用真空玻璃、中水水源热泵、光导管照明等30多项低碳环保技术,将物联网概念引入公园管理系统,为居民提供休闲锻炼的同时,也搭建宣传低碳文化、展示推广低碳科技成果的平台。 (何玉莲)

【合同能源管理】 原东城发改委对北京诚信能环有限公司、北京中竞同创有限公司、深圳达实智能有限公司进行调研,了解合同能源管理项目的成功案例。组织节能服务公司对东四办公楼进行节能诊断,探讨采取合同能源管理模式进行改造的可行性。 (何玉莲)

【节能检查】 原崇文区发改委对红桥市场、红桥天雅市场、天坛饭店等大型公共建筑,开展冬季室内空调温度设置不高于20摄氏度的专项检查。对红桥天雅市场温度设置超高,要求立即整改。对搜秀商城、万程酒店未按规定配备室内温度表问题,要求限期整改。 (张金生)

【节能评价考核】 市发改委会同有关部门组成节能评价考核工作组,对原崇文区上年及"十一五"前四年度节能目标、节能措施落实情况,进行评价考核。经过听取汇报、现场察看、专家提问和集中查看资料等程序,对原崇文区节能工作给予肯定,完成年度考核目标。 (张金生)

【节能任务分解】 原崇文区发改委制订崇文区本年节能减排工作任务分解责任书,确保实现万元GDP能耗下降3%的任务。明确区发改委、区建委、区环保局等部门的节能工作职责。安排节能减排专项经费250万元,其中财政预算70万元,专项用于节能减排宣传和能源审计工作经费;政府固定资产投资180万元,专项用于重点用能单位改造补贴资金和为民办实事资金。 (张金生)

【电力安全】 原崇文区发改委部署本年电力安全专项行动。举办区电力安全培训会,邀请区安监局负责人和电力工程师,就避免生产事故发生和调查处理办法以及安全用电常识,进行培训。区文化委、前门大街管委会,各街道办事处等相关部门及百荣世贸商城等56家重点用电单位102人参加培训。 (张金生)

【安全检查】 原崇文区发改委会同区安监局,对区内电缆沟道、电力管井、密闭变电区域,开展有限空间专项检查。检查重点为地下管线作业操作规程、安全管理措施、"先检测、后作业"施工原则的落实情况。对检查中发现的个别电力管井防火盖破损和变电站停放车辆等安全隐患问题,当场提出限期整改。 (张金生)

【节能减排工作】 年内,会同市节能环保中心等单位,研究对本区开展节能工作,向区统计局、区建委、区城管委和区房管局等单位,征集相关数据和资料,全面梳理"十一五"期间节能减排工作,启动"十二五"节能规划编制工作。制订《区11月至年末节能调控措施方案》,会同区统计局等单位,组织开展节能调控工作。建立协调会商机制,加强统计监测分析,开展节能工作专项检查,加强用能单位的监督管理,开展节能宣传活动;向区内26家重点用能单位下发《东城区关于加强节能调控有关工作的通知》,对第四季度节能指标进行量化调控;向区级政府机关等公共机构下发《关于进一步加强公共机构节能降耗工作的通知》,要求各单位结合实际情况,制订实施方案。举办节能工作培训会,50家重点用能单位的130人参加培训。培训内容:《北京市实施 < 中华人民共和国节约能源法 > 办法》解读、"十二五"节能形势分析、合同能源管理相关资金支持政策讲解以及中海油能源发展有限公司楼宇节能先进经验介绍等。 (张金生)

【停车场管理】 重新核准辖区内所有机动车停车场收费标准,并对机动车停车场实行明码标价牌统一编号管理,起草本区加强机动车停放收费管理的通知。4月1日,调整本市重点区域非居住区停车场的收费标准,本区涉东单——王府井商业区、北京站地区、东直门东中街地区、前门商业区、崇外商业区及5个重点地区等。按要求在重点区域内的停车场企业,界线不清、路外、占道、居住区混合的要根据政策的调整,重新申报核准,为保证收费调整工作的准确性,对重点区域停车场企业,一律到现场实地审核。实行新的机动车停车场明码标价牌和重点区域非居住区停车场的收费标准调整后,为方便社会查询和便于群众监督,在"数字东城"网站设置专栏,将全区各经营性停车场名称、经营单位、车位总数、示意图、收费时段、收费标准、明码标价牌号、行业服务监督电话等相关信息，于网上公示。截至12月末，核准366家，核准合格后按占道、路外、居住区等停车场类型，分类统一编号，使停车场管理规范化。 （金璟琳）

【年度行政事业单位年审】 区域内应参加年审行政事业性收费单位230个，年审率100%，年审合格率100%。核发新的行政事业性收费许可证551个，收费单位204个。其中行政性收费单位58个，占行政事业性收费单位总数的28.4%；事业性收费单位144个，占行政事业性收费单位总数的70.6%；社会团体2家，占行政事业性收费单位总数的1%。 （师桂媛）

【收费许可证办理】 根据《北京市行政机关依申请提供政府公开信息收费办法（试行）》的通知要求，辖区内行政机关需办理收费许可证，为保证工作的顺利开展与政府办、区财政局就相关办理事项商定，转发北京市文件，起草办理收费许可证工作流程，在数字东城网站发出通知，已办理行政机关收费许可证124家。 （金璟琳）

【市场价格监测】 本年粮食、食用油、猪肉、蔬菜等农副产品价格不断上涨，引发相关商品及制品价格上涨，为保证市场价格秩序的稳定，加强每日市场价格监测。共监测涉及居民生活的副食品、成品油、液化气、房地产、日用消费品、居民服务价格等品种221个，为政府把握市场价格动向，提供详实可靠的市场信息。 （金璟琳）

【价格监督检查】 本年，原东城物价检查所对辖区内1116家单位的价格行为进行检查。结案46起，经济制裁总金额197.77万元。其中罚款18.87万元，没收违法所得177.27万元，退还多收价款1.63万元，上缴财政196.14万元。原崇文物价检查所共对辖区内9029家单位的价格行为进行检查。结案9起，经济制裁总金额27.62万元。其中罚款3.25万元，没收违法所得24.37万元。上缴财政27.62万元。 （王浩）

【举报信访工作】 年内，原东城物价检查所共受理价格举报、咨询343件，其中价格举报136件（上级部门交办43件，受理来电90件、来信1件、来访2件）、价格咨询207件，办结344件（其中1件为上年12月结转），办结率100.29%。依据举报线索，立案查处价格违法案件4起，罚款900元；协调解决31件，协调退款93元。原崇文物价检查所共受理价格举报、咨询74件，其中价格举报23件（上级部门交办6件，受理来电17件）、价格咨询51件，办结74件，办结率100%。依据举报线索，立案查处价格违法案件1起，罚款500元；协调解决10件，协调退款40.35元。 （王浩）

【市场价格检查】 年内，在元旦、春节、清明、五一、端午、中秋、国庆等节日期间，开展市场价格检查。全年开展专项检查13次。包括零售企业市场价格、烟花爆竹市场价格、“两会”期间市场价格、机动车停车收费、“限塑”价格、清理整顿新进医保目录药品涨价行为、家电“以旧换新”期间市场价格、质监系统收费、专项居民生活必需品价格、教育收费等专项检查工作。 （王浩）

【办理提案议案】 本年，办理人大代表议案、建议和政协委员提案9件，办结率100%，满意率100%。 （金立新）

人力资源·社会保障·机构编制工作

【概况】 根据北京市委、市政府关于行政区划调整的统一部署，按照新东城区委、区政府的要求，下半年原东城、崇文区人力资源和社会保障局合并，成立新的东城区人力资源和社会保障局（简称区人力社保局）；原东城、崇文区机构编制委员会办公室合并，成立新的东城区机构编制委员会办公室（简称区编办），区人力社保局与区编办合署办公。年内，本局以科学发展观为统领，落实区委、区政府的工作部署，坚持“民生为本、人才优先”的工作主线，围绕建设“国际化、现代化新东城”的目标，实施充分就业和稳定就业，倡导绿色就业，全面落实社保惠民政策，深入推进人事制度改革，大力加强人才队伍建设，构建和谐劳动关系，完成人力资源、社会保障、机构编制工作任务。

单位名称：东城区人力资源和社会保障局（编办）
单位地址：东城区什锦花园胡同26号（中心区）
联系电话：64077128 邮政编码：100007 （韩瑜）

【就业援助】 1月21日，原崇文区召开就业援助月供需见面会，有5家残疾人招工单位参加，40名就业困难残疾人参加应聘，8名残疾人和招聘单位达成就业意向。突出对重点群体的就业帮扶力度，帮助7292名就业困难人员实现就业，困难人员再就业率70.56%。长效帮扶机制和完善四级联动协调机制，18户零就业家庭“脱零”，实现全区无零就业家庭目标。 （韩瑜）

【职业介绍服务】 1月22日，原崇文职介联合原崇文区民政局双拥工作领导小组办公室，举办随军家属就业供需见面会。20家单位参会，接待军嫂等求职人员200人，提供就业岗位66个，采集空岗信息1242条，单位与求职者达成用工意向35人。2月26至3月3日,原崇文职介中心率5家企业,携带空岗信息236条,赴四川什邡市,参加由市职介中心、市人才中心与四川什邡市就业服务管理局共同举办的“北京什邡手拉手 就业援助心连心”专场招聘会。4月29日,原崇文职介中心举办五四青年节专场供需见面会,39家用人单位参加招聘,提供适合高校毕业生与青年失业人员就业的岗位信息2906条,参会人员670人,职业指导89人次,政策咨询146人次,达成求职意向223人。5月14日至6月2日,原崇文区举办以“促进就业进社区,服务上门暖人心”为主题的社区就业服务活动,针对社区失业人员、低保人员、新生劳动力以及未就业的高校毕业生,在街道、社区举办招聘洽谈会4场,职业指导讲座2场,政策宣传会1场。7月14日,举办崇文职介北京游乐园就业服务岗位供需招聘会,企业参加招聘15家,130名求职人员参会,达成意向50人。7月28日,原崇文职介中心、原崇文区人才中心联合,在市毕业生就业服务中心,举办高校毕业生专场招聘会,5家企业参加招聘,提供适合高校毕业生的就业岗位349个,300名求职人员参会,达成求职意向56人。8月27日,区职介中心联合区人才中心,举办随军家属就业服务月专场招聘会。20家企业,提供适合随军家属的岗位信息1316条。驻军部队随军家属70人参会求职,达成就业意向39人。9月16日,区人力社保局面向高校毕业生,举办高校毕业生专场招聘会。参会502人,达成求职意向146人。年内,共举办招聘会100场。职业指导2.11万人次,其中政策指导6797人次,就业指导1.43万人次,经指导成功就业5786人,职业指导就业成功率40.50%。(韩瑜)

【专家工作】 1月,区领导走访慰问区享受政府特殊津贴专家22名(教育系统9名,卫生系统7名,体育系统1名,文化系统1名,区属企业4名)。召开慰问专家座谈会。(韩瑜)

【流动党员管理】 1月,组织党员走进太阳村,举办关爱服刑人员孤儿、单身青年联欢会。2月,组织慰问生活困难和生病的党员群众,走访慰问民营党支部党员,短信向全体党员拜年、组织爬山比赛。3月,科学发展观总结会。4月,组织党员认养树木、为青海玉树地震捐款、前往斋堂参观。5月,举办“探寻国学文化之源,走进国际化现代化新东城”主题活动、“拥抱自然 绿色”第四届植树活动、组织党员观看电影《第一书记》。6月,组织参观平北抗日纪念馆和红酒博物馆、观看大型舞蹈史诗《复兴之路》、党员捐款。7月,与官兵联欢、参观焦庄户地道战遗址纪念馆、登盘山、举办周年知识竞赛。8月,开展“亲近水立方,回顾奥运精彩”主题活动、真人CS活动、观看电影《唐山大地震》。9月,举办“康比特杯”羽毛球比赛、登天安门城楼,观祖国盛世华章。10月,组织党课一小时活动。11月,组织党员赴华东地区考察学习非公企业党建工作、《党建手机报》正式开通。12月,组织“为国旗增辉,为党旗添彩”摄影作品展览和书法绘画比赛。全年,新成立党支部3个,举办亚健康与自我心理调试、社会保险政策、“三高”防治自选式培训3场。(韩瑜)

【医疗保险服务协议】 3月23日,召集辖区定点医疗机构、定点零售药店,座谈医疗保险工作,与各定点医疗机构,签订本年度医疗保险服务协议书。对各定点医疗机构提出要求:严格按照协议要求,做好医疗保险各项工作。要在“持卡就医、实时结算”工作中,落实协议精神,规范自身医疗行为,提高服务质量。对照协议要求查找“持卡就医、实时结算”工作中存在的漏洞和不足,及时上报和解决。(韩瑜)

【教育培训】 3月1日,举办为期一年的区公务员信息化与电子政务培训,3400名公务员参加。3月15日,区上年度军队转业干部岗前培训班开班,155名军队转业干部参加培训。4月19日,举办为期20天的公务员科级任职培训班,50名科级干部参加培训。7月15日,举办《建设低碳城市,实现可持续发展》知识讲座,全区机关事业单位5087人参加。10月25日,举办为期12天的公务员初任培训班,137名新录用公务员参加培训。10月25日,举办为期20天的公务员科级任职培训班,50名科级干部参加培训。12月8日,举办为期3天的区人力社保系统干部培训班,110名组织(人事)部门负责人参加培训。5月31日,举办为期15天的公务员科级任职培训班,85名科级干部参加培训。(韩瑜)

【就业服务】 3月25日,原东城区东华门街道就业服务平台启动仪式在金街举行,市人力资源和社会保障局副局长张祖德等领导参加。劳动力市场网络,在王府井大街进行前台户外招聘信息播报,以“心心工作室”为后台集中服务,并将服务延伸到辖区十二个社区服务站,使辖区企业及求职人员享受到及时、全面的服务。5月,组织“阳光五月”社区就业服务活动,为社区失业人员、低保人员、新生劳动力以及未就业的高校毕业生,提供就业服务。6月29日,“社区就业信息发布直通车”,在前门街道社保所门前开通。“社区就业信息发布直通车”是以区、街就业服务信息平台为基础,在基层社区利用现代科技手段搭建的就业服务平台,百姓不出社区就能了解到招聘信息和公共就业信息。12月29日,全区“社区动态就业服务平台建设”启动仪式在东城区康铭大厦举行,市人力资源和社会保障局张祖德、徐熙出席。社区动态就业服务平台将信息延伸到社区,提供丰富实用的信息,及时有效沟通、主动全面的就业服务。(韩瑜)

【年度考核奖励】 3月,完成上年度全区公务员考核奖励备案工作。参加考核6052人,评定优秀等次1180人,称职等次4840人,基本称职1人,不称职1人,未定等次217人。申报记二等功13人,获三等功438人,获嘉奖2046人。机关工作人员发放年终一次性奖金6558名,人均2071元。对纳入工资规范管理的单位,年终考核称职(合格)及以上人员,按照人均1万元的标准,发放绩效管理奖金。(韩瑜)

【劳动鉴定】 4月,调整东城区医疗鉴定专家库,从8家三甲医院聘请30名副主任医师以上资质的医疗专家,邀请市鉴定委员会的专家,为初次聘任的医疗专家进行劳动政策、标准运用、特殊案例分析培训。年内,为795人进行劳动鉴定,其中因病劳动鉴定196人,达到完全丧失劳动能力159人。

工伤鉴定599人。其中达到伤残等级369人,致残率61.6%,配置辅助器具30人,延长停工留薪期21人,工伤直接导致其他疾病8人,民政局低保委托鉴定4人。 （韩瑜）

【技术职务备案】 4月,完成上年度专业技术职务备案工作。专业技术职务备案876人。其中卫生系统227人,高级8人,副高级25人,中级57人,助理级109人,员级28人;教育系统637人,副高级137人,中级240人,助理级258人,员级2人;其他系统委托参评教育系统专业技术职务12人,中级2人,助理级6人,员级4人。 （韩瑜）

【职业技能鉴定】 5月、11月,分别进行全国统一组职织的职业资格鉴定工作。审核报名考生1.57万人次,设全国统考考场187个,3.26万名考生参加考试。全年组织市级职业技能鉴定考试1.67万人次,1.33万名考生取得职业资格证书,鉴定合格率81%,其中取得高级职业资格证书2056人。组织特殊群体职业资格鉴定3426人次,其中包括失业人员、本市农村劳动力、残疾人等,鉴定合格率67%。组织竞赛108场,参赛选手4266人次,取得职业资格证书1279人次。其中初级367人次,中级858人次,高级54人次。 （韩瑜）

【事业单位考核】 5月,完成上年度事业单位工作人员考核工作。2.7万人参加考核,评定优秀3973人,合格2.27万人,基本合格28人,不合格12人,未定等次279人。12月,修订《东城区事业单位工作人员考核实施细则》,对原东城区和原崇文区的考核文件,进行统一规范。 （韩瑜）

【社会保险经办服务】 5月,实行收缴业务全预约办理,通过网上预约,缓解单位集中办理而引起的等候问题。11月,开辟非预约办理窗口,限制非预约号,保证经办秩序并满足不同办事单位需求。年内,使用企业版单位1.56万个,使用率97.11%。使用网上申报单位607家。 （韩瑜）

【调解仲裁】 年初,原崇文区劳动保障局、区总工会、区司法局联合下发《关于建立崇文区劳动争议调解联动机制,进一步加强劳动争议调解工作的意见》和《崇文区社区劳动争议预防和调解工作办法》。在辖区街道、社区和企业,建立街道劳动争议调解委员会、社区(企业)劳动争议调解组织,形成“三级联动”的劳动争议调解机制,实现劳动争议调解网络全覆盖。发挥与区工会、司法局的“三方”调解组织作用,建立基层调解组织,调整兼职仲裁员,确保兼职仲裁员参与办案率达到20%。全年审结案件4741件,调解1862件,裁决1824件,经调解撤诉1027件。 （韩瑜）

【机构改革】 上半年,原东城区完成区政府36个工作部门的“三定”规定审核工作,以区编委名义,印发《关于街道机构改革的实施意见》,明确街道机构职能调整的主要任务,召开街道改革布置会,部署具体工作。原崇文区完成区政府工作部门“三定”规定审核、备案工作,启动街道和行政执法机构“三定”规定的修订工作,组织召开全区街道“三定”修订工作研讨会,对街道内设机构的调整进行研究。年内,完成原崇文、东城区事业单位职能调查统计工作和事业单位预分类统计工作。与区卫生局共同完成基层医疗卫生机构人员编制自查调研统计工作。 （徐春生）

【机关机构编制管理】 上半年,原东城区委组织部,增设内设机构区党代表联络工作办公室,核定行政编制3名。区政府决定构建城管监督中心、公共安全指挥中心、应急指挥中心“三中心一体化”的城市运行管理体系,为保障新体系的常规运行,就构建城市运行管理体系涉及的机构、职能和人员编制进行调整:成立东城区公共安全指挥中心,在区城市管理监督中心加挂北京市东城区公共安全指挥中心(简称区公共安全指挥中心)牌子;设立城市运行指挥协调部,为该中心内设机构,承担区公共安全指挥中心的日常指挥协调工作,核定行政执法专项编制6名,所需编制由区城管监督中心行政执法专项编制总数中调剂解决,所需工作人员从区城管监督中心和区安全监管局等部门调剂;区城市管理监督中心内设机构呼叫中心,更名为城市运行呼叫台,职责不变,其机构和人员仍按事业单位管理,核增全额拨款事业编制3名;区市政市容委内设机构指挥中心整建制划转为区城市管理监督中心内设机构,更名为城市运行案件派遣室,核增全额拨款事业编制7名。原崇文将区法院执行庭更名为执行局,更名后机构规格不变,核定政法专项编制37名(内部调剂解决),设局长1名,副局长2名。内设执行一庭、执行二庭、执行三庭,分别核定政法专项编制15名、15名和4名,科级领导职数1正3副、1正3副和1正。为办公室、组宣科分别增加政法专项编制1名。为区委组织部增加行政编制3名,用于开展党代表大会代表联络服务工作。为区财政局增设“预算绩效评价科”,挂“行政事业资产管理科”牌子,核定人员编制4名(所需编制内部调剂),科级领导职数1正1副。在区总工会生产宣传部加挂“崇文区劳模工作联络室”牌子,增加行政编制1名,专职负责区劳模日常管理工作。下半年,在各街道独立设置街道总工会,核定行政编制3名,其中工会主席(副处级)1名,副主席(正科级)1名,专职干部1名,所需编制由各街道在本街道总行政编制中调剂解决。

（徐春生）

【事业单位编制管理】 上半年,原东城区成立区军队离退休干部第六休养所,为相当正科级全额拨款事业单位,核定事业编制3名。成立区职工服务(帮扶)中心,为相当正科级全额拨款事业单位,核定事业编制10名。成立区园林绿化管理中心,为区园林绿化局所属相当副处级全额拨款事业单位。为东城区接收捐赠工作站核增全额拨款事业编制3名,为东城区疾病预防控制中心核增差额拨款事业编制30名,为东城区社会保险基金管理中心和医疗保险事务管理中心核增全额拨款事业编制25名,为区住宅发展中心增加副处级领导职数一名。将设在区文委的区历史文化保护办公室,整建制划转东城区住房和城市建设委员会管理,事业编制和现有工作人员一并划转,经费形式保持不变;将北京市美术职业学校更名为北京市国际美术学校;撤销北京市东城区统计信息中心,该机构的8名自收自支事业编制,由区编办统一收回。原崇文区根据市编办批复,为区环卫中心增加副处级领导职数1名;将区职工帮扶中心更名为区职工服务(帮扶)中心,增加事业编制3名,增加副科级领导职数1名;成立“崇文区建筑工程发包承包交易中心”,为区住房城市建设委所属相当正科级自收自支事业单位,核定事业编制5名,科级领导职数1正;成立“龙潭湖体育馆”,为区园林绿化局所属相当正科级差额拨款事业单位,核定事业编制10名,科级领导职数1正1副,所需编制从龙潭公园管理处划转。同时核减龙潭公园管理处编制25名,调整后龙潭公园管理处编制140名;为区人口计生委药具管理站增加事业编制3名,增加副科级领导职数1名;在区环保局污染监理科加挂辐射安全监管科牌子,为环保监察队增加事业编制2名,增加副科级领导职数1名,用以加强辐射安全监管工作领导力量;成立“崇文区婚姻登记事务中心”和“崇文区双拥工作服务中心”,均为区民政局所属相当正科级全额拨款事业单位,分别核定事业编制6名(控制使用4名)、3名,科级领导职数1正;将区民政局婚姻登记办公室行政编制1名划转至优抚安置办,专职用于双拥工作;撤销“区军地人才开发服务中心”,核销自收自支事业编制6名;同时核减7个街道劳服中心编制30名。下半年,将原崇文区发展和改革委员会所属事业单位,北京市崇文区投资服务中心和北京市崇文区中小企业服务中心整建制划转至东城区产业和投资促进局,在整合以上两个事业单位职责的基础上,组建北京市东城区产业发展服务中心,为相当正科级全额拨款事业单位,核定事业编制20名;为原东城区社区卫生服务机构下达事业编制293名,调整后,原东城区社区卫生服务机构总编制953名。

(徐春生)

【办学许可证换发】 9月25日至10月13日,对辖区内按要求上报申报材料的民办职业培训机构进行验收。据原64家学校办学者性质、行业特点及日常办学行为,建议57所学校的换发意见均为“验收合格”,5所学校的换发意见为“验收不合格”,对2所学校要求限3个月期内整改。 (韩瑜)

【企业劳动合同签订】 10月29日,本区“劳动用工规范一条街工程”全部验收完毕,共涉及各类用人单位615家,下发责令改正通知书23份,参保6287人,追补社会保险19.99万元,参保率96.6%,劳动合同签订率98.7%,持证上岗率99%。年内,采取措施提高企业劳动合同签订率。以农民工为重点人群,以30人以下非公建筑业、批发零售业、住宿餐饮业企业为重点单位进行摸底排查;以局社保库为基础,以企业基础信息核准为依据,对劳动合同签订情况进行抽查,认真履行劳动合同届满情况预警预报制度。区监察大队、街道监察组,对未签订劳动合同的企业,加大指导和处罚力度。全区劳动合同签订率99%,劳动合同续订率89.82%。(韩瑜)

【公费医疗改革】 11月25~27日,区对辖区300家单位400名工作人员,进行政策培训,区财政局、人力社保局联合进行动员部署。采取致全区公费医疗进医保人员一封信,对就医及费用报销相关事宜进行提示;送一本公费医疗人员参保就医指南,方便参保人员就医、费用报销;讲一堂公费医疗改革政策培训课,明确改革的基本原则及相关政策;进行一场经办人员药费单据申报实操演练,确保医疗费用报销及时准确。东城区公费医疗制度改革涉及5.96万人,已完成涉保人员的医保信息采集与社保卡发放工作,自2011年1月1日起,全部纳入基本医疗保险。 (韩瑜)

【职业技能鉴定】 11月,机关、事业单位技术工人职业技能鉴定工作由工资科转到专技科。组织区属机关、事业单位工勤人员,参加本年度技术工人职业技能鉴定。机关申报高级工29人,中级工11人,初级工9人。事业单位申报高级工30人,中级工14人,初级工70人。 (韩瑜)

【职业介绍功能拓展】 年内,东城区职业介绍中心,对服务场所功能进行拓展改造,得到人力资源和社会保障部的认可。在第四次全国公共就业服务机构功能建设研讨会上,评为全国人力资源服务机构场所功能建设先进典型,中国就业促进会,授予“公共就业服务场所功能建设创新奖”。(韩瑜)

【创业孵化园】 在崇外街道都市馨园社区,设立创业孵化园,由原崇文区创业指导中心和原崇文区创业者俱乐部崇外街道分部共同管理,原崇文区创业者俱乐部负责业务指导。主要为创业者开展办理营业执照、提供经营场所,优惠政策咨询等创业后续服务项目。年内,共为53家入驻企业代办营业执照、提供相应经营场所、进行优惠政策咨询宣传并进行创业后续跟踪服务。 (韩瑜)

【创业工作室】 在体育馆路街道长青园社区,设立“创业工作室”。这是街道创业促就业工作向社区的延伸,重点扶持有创业愿望的失业人员和大学毕业生通过创业实现就业,带动更多的失业人员创业和就业。主要以家政服务、便民服务为主,引进区、街道贷款项目,边干边吸收好的项目,逐步扩大“创业工作室”的影响力。为有创业意向的失业人员提供创业指导,组织有创业意向的失业人员参加(SYB)课程培训班,提供成品展示,搭建沟通交流平台。开展小额担保贷款指导、优惠政策宣传、创业指导、创业培训、创业项目征集推荐、贷后跟踪等六大职能服务。年内,为13名创业者提供创业指导服务,提供小额贷款申请服务7人次。 (韩瑜)

【职业指导】 发挥职业介绍中心等公共就业服务平台的优势,积极组织区职业指导进校园系列活动,截至11月末,职业指导各类人员3.78万人,完成指标的132.6%。 (韩瑜)

【职业能力建设】 年内,培训城镇登记失业人员5437人,培训合格率95%,完成全年指标的116%。其中职业技能培训4911人,完成指标的117%。创业培训526人,完成指标的112%。开展再就业培训补助资金绩效评估工作,从目标完成、组织管理、培训效果、社会效益、预算执行、资金落实、会计信息质量、财务管理等8个方面进行绩效评估,涉及享受

优惠政策失业人员9004人，补助资金382万元，培训机构4所，评估结果优秀。 （韩瑜）

【社会保险基金】 年内，五项社会保险基金收缴98.55亿元（含医疗保险个人账户），增幅23.98%。基金支付95.49亿元，增幅23.02%。五险收支相抵节余3.06亿元。各项社会保险基金收缴率平均98%。 （韩瑜）

【社保卡工程】 年内，共接19批次社保卡102.93万张，发放社保卡102.36万张，发放率99.5%。接受38批次需要进行基础信息比对参保人员涉及35.53万人，发放信息采集表涉及349767人，发放率98.44%，已经收回信息表涉及307601人，回收率87.94%。8月17日，全市社保卡工程建设表彰大会，授予东城区社保一中心“数据采集和社保卡发放特殊贡献奖”，授予社保二中心“北京市社会保险卡工程区县组织实施贡献奖”。东城区社保一、二中心，均被授予“二次信息采集优秀奖”、“社保卡发放工程奖”。 （韩瑜）

【待遇领取人资格认证】 年内，首次开展长期待遇领取人员资格认证。在全区17个街道、215个社区，设立申报点，通过政策培训、短信平台、流程张贴，确保通知到位，对12.46万名居住本区的领取待遇人员进行认证。 （韩瑜）

【劳动关系协调】 年内，开展劳动合同法及实施条例宣传活动，提高劳动合同签订率和续订率，扩大劳动合同履行情况监控范围，重点加强小型非公企业的监控与指导。共监控企业2178家，涉及职工10.2万人，其中城镇职工7.19万人，农民工3.04万人。全区监控企业劳动合同签订率96.75%，其中城镇职工劳动合同签订率97.02%，农民工劳动合同签订率96.09%。劳动合同续订率85.25%，其中城镇职工劳动合同续订率87.77%。开展工资集体协商和集体合同工作，年末，全区签订集体合同企业2533家，覆盖职工11.91万人，其中新增集体合同318家，覆盖职工2.36万人。开展创建和谐劳动关系单位和工业园区活动，指导街道开展“双百双规范”单位创建活动，辖区内符合条件用人单位达标率65%。下半年，在体育馆路和龙潭街道，进行“和谐劳动关系社区”试点工作。加强对经济性裁员和改制企业的监督指导力度，做好经济性裁员备案工作并按时上报裁员情况，全年未出现因裁员和改制引起的劳动关系群体性事件。 （韩瑜）

【劳动监察】 开展对企业日常监察和重点检查，清理整顿人力资源市场秩序等15项专项检查。坚持与建委、公安等部门共同稳妥处置突发事件。畅通群众诉求渠道，推动信访工作信息化建设，完善矛盾隐患排查调处机制和重大疑难案件协调调度制度。重点加强“两会”、“两节”等特殊时期的值班、备勤及对建筑施工企业、餐饮服务企业的专项检查。全年处理突发事件43起，涉及劳动者3087人；对15家用人单位（个人）行政处罚5万元；日常检查单位8844家次，涉及职工11.72万人次；受理投诉、举报案件1514件，结案率100%。区人力社保局建立不规范用工单位情况通报制度，将受过行政处罚和发生过投诉举报的企业，列入重点监察对象，存在轻微违法行为并经指出后立即整改企业，列入非重点监察对象，定期进行跟踪监控。被评为“和谐企业”的用工单位，劳动监察大队和各街道监察组对其免检。制订“无拖欠工资”工作措施：在使用农民工较多的建筑、批发零售、住宿餐饮、美容美发等行业，宣传劳动保障政策法规，设立举报箱；对辖区内建筑施工企业和近三年内曾发生过拖欠农民工工资行为的用人单位，建立农民工工资保证金专用账户和工资预留账户。建立“区、街、站”三级企业劳动用工动态管理监控制度，完善预防农民工工资拖欠的监管体系；对严重违反法律法规的用人单位，依法实施行政处罚，并记入企业信用信息系统或予以曝光；劳动、建委、公安、街道等相关部门落实责任，信息畅通，主责部门24小时“处突备勤”；设立专人负责庭前调解，对争议额不大，事实清楚的案件尽快解决；对涉及人员较多（10人及以上）的案件，开辟绿色通道，尽早安排开庭并快审快结。年内，累计设立建筑施工企业农民工工资预留账户21户，设立率100%。实现“无工资拖欠现象”的目标。 （韩瑜）

【劳动者权益维护】 提供高效劳动政策咨询互动平台，完善信访工作程序。落实市、区领导批办件及市长、区长信箱办理工作。定期开展矛盾排查，发现不稳定情况及时上报。全年，接群众来电、来访2.44万件，同比上升0.34%。未发生越级上访事件。 （韩瑜）

【公务员职位考试】 按照市统一部署，公务员录用全面推行公务员职位考试制度，实现公务员资格考试向职位考试制度转变，统一发布信息，统一组织面试，统一公布结果，统一办理录用。完成上半年公务员招录工作，招录公务员143人，京外生源67人，研究生61人，本科及以上学历者100%。

（韩瑜）

【科级职务竞争上岗】 年内，按照党政群机关科级职务竞争上岗相关规定，在政策、程序上，加强对各单位竞争上岗指导和跟踪监督，共审核24个单位的竞争上岗方案，经过竞争走上科级领导岗位171人。 （韩瑜）

【公务员过渡】 按照市人力社保局过渡工作的统一部署，根据区园林绿化局和物价检查所人员情况，通过审查本人档案和采取适当形式进行公示的方式确定参加培训过渡和考试过渡人员。73人参加培训过渡考试，11人参加市人力社保局统一组织的考试过渡，全部合格，并及时办理公务员登记相关手续。 （韩瑜）

【人事信息系统管理】 年内，完成全区机构改革后的机构信息和人员信息调整工作，保证系统的稳定运行，完成对全区102家单位、120名人事干部系统知识培训，并完成系统升级和增容的预算申报工作，申请经费92万元。 （韩瑜）

【工资管理】 全年完成调入、职务变动人员工资审批1233

人,完成机关正常晋升级别工资、级别工资档次审批5422人,事业单位晋升薪级工资审批2.39万人。完成机关正常退休人员工资审批118人,因病提前退休人员工资审批16人。完成上年第四季度,本年第一、二季度,加、值班工资审批90家单位,10731人。完成提前退休人员工资审批550人。（韩瑜）

【绩效工资工作】 落实义务教育学校实施绩效工资工作,为1.09万名在职人员和1.02万名退休人员发放绩效工资和退休补贴。研究制订《东城区公共卫生与基层医疗卫生事业单位绩效工资实施方案》,完成事业单位绩效工资和退休补贴补发工作。（韩瑜）

【军转安置管理】 年内,共安置上年计划分配军转干部106人,并组织参加市军转干部岗前培训。采取双向选择与指令性安置相结合的方式,妥善安置本年军转干部130名。加强对自主择业转业干部管理服务工作。开展网络培训试点工作。举办东城区区情与发展、自主择业军转干部养老保险、劳动合同法介绍、税务相关法规及办理流程以及自我健康调理等课程的适应性培训。为692人报销医药费90.81万元。（韩瑜）

【人才市场建设】 年内,共完成存档费收缴859.02万元,经营性收入205.3万元。为211家单位,代理社会保险。组织现场招聘会8场,526家单位参会,提供岗位2.6万个;组织网络招聘会7场,427家单位,提供岗位4430个。推荐209名东城生源毕业生,走上工作岗位。组织6家事业单位、2家重点企业,参加大学生"村官"双向选择洽谈会,提供岗位165个,录取37人,其中进入企业29人,机关事业单位5人、社区3人。组织开展选聘高校毕业生,担任社区专职工作者。接收非京生源毕业生124人,北京生源毕业生52人,村官3人;引进非北京生源毕业生248人。其中区属机关事业单位65人,雍和园区51人,区国有企业2人,区重点企业32人,人才重点立户单位31人,社区卫生服务者及社区工作者67人。（韩瑜）

【人力资源服务】 年内,调研365阳光驿站、东方银座大厦片区服务站,走访28家区内重点企业,开展素质培训、人力资源管理课程培训7场。联合国家外专局、中国人民大学等专业机构和科研院所,与哥斯达黎加大学、美国科罗拉多大学公共管理学院进行交流。参与第八届中美工程技术研讨会质量管理论坛,会见韩中文化经济友好协会会长金英爱女士等多项国内外交流活动。参加北京外籍人才招聘会,储备外籍人才信息70个。为北京中企华资产评估有限责任公司上报引进10名中高级资产评估专业人才的需求,为李宁(中国)体育用品有限公司上报引进2名中高级经营管理专业人才的需求。为北京东方雍和国际版权交易中心有限公司,上报申请350万元国家版权贸易基地数字音视频网络版权监测平台课题研究资助项目。为区委组织部、民政局等37家机关,提供笔试试题36套,面试试题46套,心理测试试题3套,英语试题1套。参加笔试2631人,面试602人,心理测评41人。完成北京市公务员、职称外语等24项人事考试任务,考场2907个,参加考试考生10.7万名。（韩瑜）

【机构调整设置】 根据《关于首都功能核心区行政区划调整后机构编制工作和人员安置工作的指导意见》,结合市编办调研指导意见,拟订关于新东城区党政群机关机构设置的意见,7月29日,提交区常委会第3次会议讨论并原则通过。9月29日,区委常委会第8次会议讨论通过,新东城区机构编制委员会于10月11日正式成立。10月22日,东城区机构编制委员会2010年第一次会议召开,审议通过《东城区机构编制委员会工作规则》和《东城区机构调整设置方案》,研究并讨论通过东城区党政群机关的内设机构设置审核工作、职能和编制调整工作、编制及领导职数控制标准等9项议题。两区合并后,为确保队伍不散、秩序不乱、工作不断,根据核心区行政区划调整工作安排,稳妥做好内设机构调整工作。对各单位内设机构预案分析研究,提出内设机构设置初步意见并提交区编委会审议。针对内设机构设置运转中存在问题,根据区编委会决议,制订下发《关于进一步做好东城区内设机构设置工作的指导意见》。要求各单位根据指导意见,进一步运转磨合,发现问题,总结经验,对内设机构设置进行调整、完善,确保内设机构设置科学合理。按照区委书记专题会精神,经区编委会同意,提出各部门编制及领导职数内部控制标准的指导意见。确定全区总行政编制和各部门编制控制标准,确定各部门行政领导职数控制标准。11月12日,按照市编委《关于完善我市城六区交通管理体制的通知》精神结合区域实际,提出落实意见,报请区编委会审议通过。12月31日,区编委会审议通过提出街道内设机构设置初步方案。（徐春生）

【事业单位法人年检】 年内,完成上年度604家事业单位法人年检工作。完成设立登记9家,变更登记69家,注销登记8家,证书遗失补领3家,接待查询14人次,出具证明材料14份。（徐春生）

统 计

【概况】 东城区统计局、东城区经济社会调查队(以下简称“局队”),是区政府负责区统计调查和国民经济核算工作的职能部门。主要职责:负责搜集、整理、汇总、公布全区基本统计资料,提供统计服务。进行统计分析、预测和监督。完成区域内重大国情国力普查任务,组织实施区域内经济社会专项统计调查,进行统计分析及数据质量检查和评估工作。宣传贯彻统计法律法规,检查和监督统计法律法规执行情况,查处统计违法行为。负责区域内各级统计机构和人员业务指导、培训。东城局队设:办公室、党群办公室、人事科、监察科、综合统计科、宣传调研科、工业城建统计科、社会科技统计科、法规科、信息化科、功能区统计所、商调队、统计执法检查队、住户调查科、价格调查科、专项和监测调查科、产业调查科、能源监测科、数据中心机构19个,实有干部职工182人,其中机关127人,统计所55人。党员96人,团员32人。男职工73人,女职工109人。科级实职干部48人,科级非领导职务20人。队伍平均年龄34.66岁,35岁以下青年干部112人。大学以上学历162人。2010年8月,原崇文区统计局与原东城区统计局合并为新的东城统计局,新的东城区统计局实现了班子团结、分工合作,职员融合、工作衔接有序,资料和设备等资源得到优化整合,统计业务水平提高。

单位名称:东城区统计局、东城区经济社会调查队
单位地址:东城区金宝街52号
联系电话:65265552 邮政编码:100005 (罗虎)

【城市环境保护调查】 1月11日,原崇文区局队完成公众对城市环境保护满意率调查。调查前,调查员确定行走路线图,填写800户实地抽样编码表,实地了解调查区域情况,熟悉楼层分布。调查时,按照时间要求开展调查,填写《入户情况登记表》,向被访者发放调查礼品,原崇文区局队还严格按照方案要求,从三方面严把问卷审核关,确保调查质量。 (罗虎)

【落实新统计法】 1月,原东城局队举办重点企业贯彻落实新《统计法》、规范统计基础工作座谈会,市统计局法规处领导出席并讲话,辖区内30家大中型企业集团统计负责人参加。5月,开展全国统计从业资格考试报名工作,原东城局队做到准备、宣传、服务“三到位”。6月,制订《东城区统计法和统计违法违纪行为处分规定贯彻执行情况大检查方案》,部署全区大检查工作,夯实统计执法检查工作基础。组建“普法小分队”,深入政府机关、重点单位、调查员队伍等,进行普法,推进普法工作。 (罗虎)

【普查成果发布】 2月22日,原崇文区第二次全国经济普查领导小组办公室、统计局、经济社会调查队,联合发布原崇文区第二次全国经济普查第一、二、三号公报。公报原崇文区经济普查总体数据及第二、三产业主要数据,内容包括全区各行业单位数量、从业人员、生产经营活动与财务状况、科技活动以及能源消费等情况。4月,印发《崇文区经济普查专刊》,编印《崇文区第二次全国经济普查主要数据公报(单行本)》《崇文区第二次全国经济普查资料开发汇编》《崇文区第二次全国经济经普年鉴》等统计产品,并通过原崇文区统计信息网,向全社会发布普查成果。 (罗虎)

【荣誉表彰】 2月,国务院第二次全国经济普查领导小组、北京市第二次全国经济普查领导小组办公室、北京市人力资源和社会保障局,授予原东城区第二次全国经济普查领导小组办公室“国家级先进集体”,孙书振、杨峰、李秋萍、陈远国家级先进个人,赵刚、姜金卫等31人市级先进个人。原崇文区第二次全国经济普查领导小组办公室,龙潭、永定门外街道第二次全国经济普查领导小组办公室,授予“国家级先进集体”。李辉、史海燕、王云霞、杨勇国家级先进个人,李雪、李晶等30人获市级先进个人。原东城区统计局商调队获北京市模范集体称号。 (罗虎)

【“人文东城”计划调查】 3月,落实区委十届九次全会工作报告和2010年区政府工作报告关于编制《人文东城行动计划(2010-2012年)》工作部署,推进“人文东城”建设,组织开展“人文东城”行动计划问卷调查工作,为全区编制规划提供基础数据。调查内容主要是了解目前全区文化消费状况和需求,居民对“人文东城”建设的建议和感受等问题。调查样本涉及全区5个街道1000户居民,采取随机等距抽样办法,每个街道抽取5个社区,每个社区抽取40户居民,作为调查对象。调查采取调查员直接入户、当场询问、现场填写问卷方式。 (罗虎)

【停车费调整调查】 4月,原崇文区局队在前门商业区和崇外商业区,进行调整停车费效果调查。调查结果:非居住区占道停车场,平日,停车率60%降至30%,周末,停车率100%降至40%~50%。车辆停泊时间,2小时减为半小时。对路天停车场,平日,停车率60%降至30%。周末,停车率100%降至70%。路面停车费用调整,时租停车费5元/小时涨至8元/小时,停车费首小时10元、第二小时15元,停车时间、日流量明显减少。地下停车场价格便宜,停车的数量明显增多。实行差别化停车收费政策,大大地缓解重点地区交通拥堵。 (罗虎)

【群众安全感调查】 6月,原东城局队在全区10个街道、60

个社区和王府井、北京站2个地区,进行群众安全感问卷调查。调查采用分层、随机等距抽样方法,抽取全区调查样本1340户,其中居民1200户、商户140户。调查数据显示:上半年,对当前社会治安状况评价略微降低,对"社会治安状况与前半年比较"感受保持平稳水平,群众认为"在居住地能经常见到民警、巡防队员或保安巡逻"比例有所增加,"居住地出现治安秩序问题,反映后能及时得到有效整治"的比例有所降低,认为"流动人口违法犯罪现象"较突出,选择"公共秩序混乱"造成治安问题大的比例高,"受媒体报道影响"和"经常听到别人议论违法侵害事件"间接影响到群众安全感,"住房问题"继续成为群众最关注的社会热点问题,"加强流动人口的服务与管理"始终是群众认为最急需解决的问题。12月中下旬,东城局队在东城区北片10个街道、60个社区,王府井、北京站2个地区,进行群众安全感问卷调查,抽取东城区调查样本1333户,其中居民1200户,商户133户。调查数据显示:下半年,群众对当前社会治安状况评价有所提高,对"社会治安状况与上半年比较"感受保持平稳水平,"住房问题"和"加强流动人口的服务与管理",依旧是群众关注的社会热点问题,"物价问题"首次成为群众最关注的社会热点问题。 (罗虎)

【区域经济监测】 6月,配合区委、区政府"天坛文化圈"发展战略,原崇文区局队与北京和利时信息技术有限公司,研发"天坛文化圈经济指标监测平台"系统软件。"监测平台"量化企业划分界定标准,实现天坛文化圈数据按区域、产业、行业汇总等多功能,满足各专业科室统计业务的需求,同时具有良好的可扩展性,有效提高统计监测服务能力。 (罗虎)

【食品价格监测】 6月,为补充和完善全区价格监测内容,了解和掌握端午节市场价格、价格波动情况、市场需求,原崇文区局队确定多种类型监测点,选取具有代表性规格品,采集价格,对辖区内多家超市、农贸市场价格监测网点调查,发现原崇文区端午节粽子市场:受杂粮价格上涨等因素影响,粽子价格普遍上涨,平价礼盒实惠、销量好。 (罗虎)

【资源清查】 上半年,东城局队继续做好R & D资源清查收尾工作,1月,开展R & D资源清查验审工作。4月,完成全区169家单位R & D资源清查的报表收审评估和数据质量抽查等工作。加强事前沟通,统一问题解答,加强库外审核,严格控制审核流程,加强责任管理,严把数据质量关,上报率100%,完成R & D资源清查工作。 (罗虎)

【楼宇经济监测】 上半年,为全面反映东城区楼宇经济发展状况,跟踪分析楼宇经济动态变化,提升楼宇经济运行质量,改进政府服务能力,原东城区发改委、产促局、统计局、调查队等部门,研究建立东城区楼宇经济监测体系。原东城局队承担楼宇基本情况、楼宇入驻企业基本情况、企业经营财务情况、企业经营劳动情况及全区经济指标数据情况的监测任务。 (罗虎)

【党风廉政建设】 上半年,原崇文局队开展纪检监察工作,结合统计职责和统计工作中的"人、财、物、数",做好党风廉政建设工作。1月14日,国家统计局北京调查总队纪检组长李萍一行,调研党风廉政建设工作,与领导班子座谈交流。2月23日,原西城局队纪检组长马桂玲一行,到原崇文区就廉政风险防范管理工作,发挥纪检监察部门作用进行交流。6月8日,召开党风廉政监督员、统计执法社会监督员座谈会。企业、社区社会监督员参加座谈,提出意见、建议。 (罗虎)

【组织工作满意度调查】 9月6日,东城局队按照市局、总队开展北京市组织工作满意度民意调查要求,上报调查问卷965份。东城局队承担中央、市级、区级107家单位的调查,调查期间,结合区实际情况,统一调配局队干部,加强人员保障、业务培训,规范工作流程、提前沟通协调,确保高效完成任务。 (罗虎)

【区情宣传手册】 11月,组织编写《新东城 新区情》宣传手册,该手册从基本概况、经济总量、主要经济指标、行业发展、空间布局及社会事业发展情况等六个部分,全面反映新东城区发展现状,成为了解和掌握新区基本情况的重要工具和基础资料。 (罗虎)

【统计试点调查】 12月,按照市局总队统一部署,东城局队加强领导,精心准备,落实责任。注重方法,制订措施,提高调查工作效率。加强审核,确保统计数据质量。完成循环经济统计试点调查工作任务。 (罗虎)

【名录库管理】 名录库是统计工作的基础平台,原东城局队加强业务建设,明确工作任务目标,强化规范、依法、责任意识。编制《东城区统计登记窗口工作操作手册》,实现单位统计登记和统计从业资格受理操作流程规范统一,确保单位名录库统计资料真实、准确,统计从业资格受理合法有序,推进名录库规范化管理。 (罗虎)

【统计文化建设】 年内,东城局队完善文化建设制度,组织参加市第四届统计文化节,开展创优争先树榜样宣传活动,制作统计文化系列新产品,开展"崇尚先进,学习先进,争当先进"主题教育活动,开展"亲近自然 和谐统计"秋游系列活动。 (罗虎)

【统计行风建设】 加强统计系统行风建设,局队发放行风评议调查表,进行工作作风、依法行政、信息公开、工作效率等方面,满意度调查统计,征求群众的意见和建议,并制订措施落实整改。加大统计服务力度,要求统计业务部门,落实"走出去"的方式,对辖区内的报表单位及个人定期走访,加强沟通和联系,通过"上门服务",拉进与报表单位和群众之间的距离,提高统计效率、精准数据。组织科级干部集中学习8次,邀请《中国信息报》专家,为干部作"如何提高统计分析科研水平"讲座,参加市局总队"统计知识大讲堂"和相关统计科研指导讲座,增强干部法律统计和区情知识,建设标准规

范、业务精湛、服务高效的统计队伍。 （罗虎）

【制度建设】 区划调整后，加强各项制度建设。以机制重建促进工作规范化，开展统计业务管理、行政管理、人事管理等制度机制重建工作，编制《统计执法检查考核办法》《案卷审核办法及流程》《东城区统计窗口操作手册》《高新技术企业数据处理流程和数据发布指南》《能源核算流程和数据发布指南》《房地产资质核定统计报表确认工作制度》《专项调查工作流程及数据质量控制办法》《王府井指数规范化操作手册》《固定资产使用及管理工作流程》，出台岗位目标责任制考核办法、统计所考核办法、专兼职执法人员检查流程、CPI数据质量控制办法、数据集中存储管理规定和部分科室的内部操作手册。推进制度建设，实现统计规范化管理。（罗虎）

【统计所建设】 把加强统计所建设作为夯实统计基层基础工作的重要内容。加强统计所为街道服务的力度，举办统计所科级干部研讨班，组织大讨论活动，总结“撤科建所”成绩和问题，完善统计基础和统计宣传工作。局队机关各专业吸纳统计所参与统计核心业务，加强专业与统计所衔接，选派局队专业骨干人才到统计所，加强基层统计工作。 （罗虎）

【人口普查】 东城区第六次全国人口普查工作，是全年局队工作的重中之重。抽调干部全力支持人普工作。此次普查工作目标是查清全区人口数量规模及发展趋势，全区人口结构现状及特点，全区人口分布情况及变化趋势，全区人口居住环境情况，促进全区人口与社会、经济、资源、环境的可持续协调发展。组建区、街、社区三级普查机构，聘用普查指导员1058人，普查员5290人，陪调员750人。完成区域划分，户口整顿和摸底，入户登记和数据处理工作。强化专项检查、突出分类指导，确保数据质量。 （罗虎）

【城镇住户抽样调查】 了解行政区划内城镇居民家庭收入、消费等基本情况，为常规城镇住户调查提供基础样本框和分层信息，提高常规住户调查样本的科学性和代表性，每间隔3年，进行一次城镇住户基本情况抽样调查工作。6月，原东城局队和崇文局队，分别开始进行城镇住户基本情况抽样调查工作，9月下旬工作结束。原东城区调查10个街道37个社区、2220户家庭，访问2134户，入户成功率96.13%；原崇文区调查7个街道15个社区900户家庭，访问801户，入户成功率89%。 （罗虎）

【经济社会运行监测】 全年，完善监测和分析方案，加强东城区经济社会发展运行定期监测。对所有行业、指标进行定期监测，明确监测内容和频率，开展深入分析，形成常态化监测机制。按照“首都功能核心区”功能要求，结合新区情，完善监测平台，服务全区经济社会发展。围绕区产业发展重点领域及几大功能区建设的研究，探索主导产业结构的调整方向，围绕总部经济、楼宇经济对区域发展的促进作用程度等，开展监测，准确反映产业集群的效果和作用，为区委、区政府制订“十二五”发展规划，研究东城区发展定位，加快制订推进“国际化、现代化新东城”建设战略发展思路，提升区域经济发展的竞争力水平提供重要信息。 （罗虎）

【基础数据管理平台】 区划调整后，东城局队全面整合原东城、崇文统计数据，完成2005～2009年度数据存储工作，存储文件3200个，其中基层数据文件1800个，汇总数据文件1200个。核算数据文件200个，配合统计历史数据整合，开展基础数据管理平台搭建工作。基础数据管理平台，以历年统计数据为基础，包括基层统计数据和汇总数据，设计目录存储架构专门区分原东城、崇文和新东城三个地域，分别存放的统计数据。有效解决“有什么数”、“数据在哪”的问题。 （罗虎）

【信息化建设】 局队围绕信息化三年发展规划，梳理原东城、崇文区信息化各项规章制度，重新制订网络管理与维护、设备管理与维护、技术支持、中心机房管理、后勤保障五大类二十项制度，汇编成册，形成信息化制度体系。局队在各科所设置一名程序员，定期对其进行计算机应用、网络安全和网络维护等方面的知识培训。对自动化办公平台、电子邮件、网站进行整合，统一分配IP地址，实现全局广域网建设、局域网建设、办公自动化系统、定期报表和年报数据、大型普查数据统一处理，提高操作系统的安全水平。 （罗虎）

【统计执法检查】 年内，局队建立《统计行政执法案卷管理制度（试行）》，培训相关人员，对案卷严格审理，全年，完成对551家单位的执法检查，其中日常执法检查260家，区内督导检查291家。立案单位51家（集中执法立案单位25家，辖区内执法立案单位26家），立案率19.6%。辖区内26家立案单位，全部完成后期处理工作。 （罗虎）

【统计科研】 全年，完成市政府统计系统科研重点课题《国际城市统计数据库的建立及开发利用研究》，市政府统计系统科研一般性课题《宏观统计数据质量评估及相关问题研究》。8月，局队撰写的《拿什么拯救你，老字号?》一文，在北京市统计局、国家统计局北京调查总队主办的北京市第十届优秀统计科研成果评比中，获优秀论文奖。在市统计局、国家统计局北京调查总队主办的北京市2009～2010年度优秀统计分析报告评比中，《打造总部经济 服务东城发展》和《崇文区产业结构分析与思考》分别获区县组专题类三等奖。 （罗虎）

产业和投资促进

【概况】 根据北京市委、北京市人民政府批准的《北京市东城区人民政府机构改革方案》(京办字[2009]20号)和《北京市东城区人民政府关于机构设置的通知》(东政发[2009]10号),设立北京市东城区产业和投资促进局(简称区产业投资促进局)和北京市东城区金融服务办公室(副处级,简称区金融服务办)。东城区产业和投资促进局内设办公室、产业发展科、投资促进科、中小企业发展科;东城区金融服务办公室内设金融发展科和金融服务科。

单位名称:东城区产业和投资促进局
单位地址:东城区金宝街52号621-1室
联系电话:65258800-8931(办公室)　邮政编码:100005　(杜雪)

【领导调研】 8月10日,区委副书记、区长牛青山到区产促局、金融办、行政服务中心调研,在视察行政服务中心办事大厅、市民中心后,听取区产促局、金融办关于我区产业发展和投资促进工作情况的汇报。牛青山对产促局和金融办前期工作给予肯定,强调产促局和金融办的性质和任务,要求产促局和金融办要深入调研、加强产业发展规律研究、推进区新兴和高端产业发展、服务中小企业转型升级、引导和推动区内产业健康可持续发展。　(杜雪)

【党建工作】 9月3日,区直机关工委领导就党建工作到区产促局(金融办)调研。产促局党组织汇报下一步党建工作安排:一是加强组织建设,明确班子责任分工。二是加强制度建设,建立并完善规章制度。三是加强自身建设,提高人员思想素质和能力水平。四是加强与业务工作融合,围绕产促局中心工作,发挥组织保障作用。区直机关领导对产促局(金融办)工作给予肯定,并就下一步党建工作与局领导交换意见,提出要求。　(杜雪)

【重要活动】 第六届北京国际金融博览会于2010年11月4~7日在北京展览馆隆重举办,东城区参展主题为:北京·东城绿色金融商务区;12月17日,东城区召开主题为“服务中小企业、推动转型升级”的中小企业发展论坛。为推动中小企业转型升级,搭建中小企业服务平台。市经信委中小企业处、规划处和市中小企业协会有关负责同志、区产促局和13家委办局的主管领导参加会议,100余家文化创意、技术创新、非遗传承和保护的中小企业及10多家金融和中介机构参加会议;6月25日,区产促局(金融办)召开低碳产业发展与政策交流会。天人伟业、益可爱尔等40多家新能源、节能环保企业和多家评估认证机构、科技机构、金融单位参加会议。区发改委介绍东城区绿色行动计划和低碳城区建设进展情况;区产促局(金融办)介绍东城区低碳产业发展思路和北京绿色金融商务区建设情况,并对《东城区关于培育低碳产业的鼓励措施》和《关于鼓励银行业金融机构在东城区对绿色企业加强金融服务的意见》进行宣传解读。与会企业、金融机构等,表示将加强合作、推进绿色企业发展。　(杜雪)

【党风廉政建设】 按市委《关于认真做好领导点评创先争优工作的通知》,局党总支对各支部进行点评,各支部书记负责对本支部党员进行点评。肯定成绩、指出不足,要求党组织和党员发挥好表率作用。推动创先争优活动深入开展。　(杜雪)

【产业发展】 对主导产业开展行业调查,搜集主导产业数据和基本情况,确定27家金融服务企业、27家信息服务企业、16家商务服务企业和35家文化创意企业作为主导产业重点联系单位。两区合并后,对南片重点企业进行重新梳理,最终形成新区129家企业为主导产业重点联系单位。　(杜雪)

【税源建设】 全年共接洽拟入驻企业147家,美国GAP公司等82家企业办妥工商、国税、地税、统计登记手续,英大泰和、国都证券等32家企业开始纳税,新增税源入库7.2亿元。　(杜雪)

【企业服务】 组织东城区中小企业申报国家中小企业工业专项资金、国家和北京市中小企业发展专项资金、北京市文化创意产业专项资金。11家中小企业参与项目申报,7家企业获得支持,补贴金额625万元。　(杜雪)

【宣传推介】 先后举办或参与举办王府井品牌节项目洽谈推介会、低碳论坛、全国节能峰会、第14届京港洽谈会、金融博览会、上海世博会北京周魅力首都推介会、中医药文化节等大型活动,召集参会企业、搜集参会项目、编制宣传材料、制作投资东城手册,展现新东城形象。　(杜雪)

工商行政管理

【概况】 本年,按照市、区行政区划调整,原东城、崇文工商分局合并为东城工商分局。建立新东城管理考核体系,明确机构、各项管理职能,调整定位后,设部门36个,其中机关科室23个、工商所12个、检查站1个。干部职工556人,平均年龄45.13岁,其中,公务员编制464人、事业编77人、工人15人。

单位名称:东城工商分局
单位地址:东城区东四北大街267号
联系电话:64033742　邮政编码:100007
(杨悦)

【队伍建设】 落实党风廉政建设责任制,深化"双风险",提前部署、定时提醒和后期评估机制。规范岗位职责管理,修订《绩效考核办法》和12项干部队伍建设、管理工作制度。以"学习实践科学发展观"活动为载体,围绕职业价值观和工商文化建设,开展不同形式教育培训,先后选派35名干部参加市、区业务培训,组织971人次参加综合素质脱产培训和专业培训。(杨悦)

【市场主体准入】 出台《建设良好市场准入生态环境工作意见》。完善"服务督导"、"重点企业全程上门服务"、"简单事项免于预约"等工作制度,推进"登记自助服务系统"的应用,预约承诺办结100%。年末,全区内资企业4.01万户,同比增长8%;外资企业(包括代表机构)4982户,同比增长16.6%;个体工商户2.834万户;全年新登记企业9081户,同比增长12.6%;办理股权出质登记51件,帮助企业融资194亿元。(杨悦)

【企业服务】 建立登管衔接交换机制,创建东方燕都商务楼宇工作站,"点对点"服务税源企业、完善新生经济业态的监管方法。年内,23处"集中办公区"吸纳内资企业3572户,外商投资企业152户,实现区级税收4.06亿元。年检验照工作,扩大无障碍审查范围,为商务楼宇和集中办公区内的3100户企业,实施集中年检,为雍和园区企业全部实施报备式年检。2009年度个体验照率91.74%,内资企业年检率91.74%,外资企业年检率96.25%。(杨悦)

【整合信息资源】 建立经济数据定期分析报告制度,实现数字深加工,为地区经济发展决策提供宽领域、多形式的统计分析服务。全年提供档案服务8950件,帮助企业查询下载数据28条,完成各类主体巡查1.8万户次,完善商务楼宇信息152处,加载楼宇内主体信息1.1万条,市场主体认领率99.73%,描点率99.79%;主体清户率96.76%。(杨悦)

【精准执法】 全区设置二级监管网格13个、三级网格88个。清理个体工商户1999户,内资企业2582户,外资企业86户。对重点行业、重点地区、重点主体进行排查,固化、完善"风险点控制"机制,加快风险管理从"地域导向"向日常监管的"目标导向"转变,并形成常态化。加大对虚假宣传、商业欺诈、两虚一逃等危害社会经济重大违法行为和群众关心的教育、医疗等方面的违法经营行为打击力度,查处"同仁医疗"虚假出资案、内蒙古大厦销售假酒案、三大通信公司虚假宣传等一批大案要案。本年,办结行政处罚案件749件,罚没款1159万元。(杨悦)

【商标权保护】 雍和园企业、驰名著名商标企业、老字号企业,开展"知识产权保护"主题宣传。在12家商场,开展"无假冒商标示范单位"争创活动,在王府井商业街、前门大街和重点市场,推行商标授权经营制度。年末,全区注册商标2.53万个。14家企业的16件商标,被评为全国驰名商标,32家企业的38件商标,被评为北京市著名商标。(杨悦)

【合同监管】 以"规范签约、诚信履约、政策引导、违法惩戒"为重点,开展合同行政指导,全区经纪人备案率86.65%,同比增长16.6%。全年发放格式合同1450份、示范文本2万份,办理动产抵押7件,抵押物价值11.1亿元,为企业融通资金(主债权金额)8.1亿元。(杨悦)

【电子商务监管】 利用"电子商务监控平台",将5370户网店、企业网站和综合门户网站的主体信息,全部纳入监控视野,对非经营性网站从事医疗、药品、保健品、教育培训、投资咨询类经营活动、有案件记录和投诉举报记录的网站,开展网上巡查,实施行政指导225件,查办涉网案件78件。(杨悦)

【广告监管】 把关系群众健康安全的医疗、药品、食品违法广告作为打击重点,全年监测录入广告30万条,查处广告违法案件119件,罚没款200万元。在部分工商所试点,设立互联网交流平台,向广告媒介单位提供广告发布审查答疑、法律法规和指导性文件解释等,进行自助式服务。(杨悦)

【有形市场监管】 以推行超市化管理为目标,引入"危害分析和关键控制点"机制,控制进货、销售、贮存、退市四个环节,对辖区44个有形市场、7346家经营商户、1.05万个摊位的档案,进行梳理。登记证取销后,商品展销会根据东城区实际情况,修订相关规范,确保监管工作衔接。(杨悦)

【消保维权】 完善12315受理分派、解决、实时报告等工作制度,提升快速处置能力。全年受理消费者申诉1232件,办结率99.8%,调解成功率99.7%。利用工商工作站、“放心消费东城”网络服务平台以及北京站、王府井等地区的8块大型户外电子屏,开展维权宣传,发布消费警示。年末,开通绿色通道先行赔付企业851家,全年执行“先行赔付”15件次,为消费者挽回经济损失44.4万元。在两节、春运、五一等重要时段,在北京站地区设立“流动工作站”现场办公,及时维护广大群众和过往旅客权益。（杨悦）

【食品安全监管】 结合东城区小街小巷内食品经营主体分散特点,聘请社区食品安全监督员313名,在已具备条件的22个社区,开展“流通领域食品安全示范社区”创建工作。保两个食品实验室正常运转,帮助6家有条件的商场、超市,建立食品自检室,完成食品检测2892例,申报全市下架商品16种、区域下架商品20种。全年办理食品流通许可证1931件,针对“两会”、“两节”、乳制品、食用油、校园周边等和重点时段、重点商品,开展食品安全专项整治32次,查处食品类案件41件,罚款108万元,有效遏制食品安全隐患的发生。（杨悦）

【群众参与机制】 请市民代表,参加“工商所体验日”活动。请区人大代表、政协委员、廉政监督员及社区居民代表,全程跟踪鞋类质检,现场观摩超市、市场“食品自检室”和分局“食品安全实验室”,在二、三级服务平台,开展“角色互换”活动,全年组织各类现场体验活动60场次,举办专题讲座71期,接待体验观摩的社会各界代表1200人次。（杨悦）

【协会学会工作】 区消协开展消费教育进“六区”活动,招募社区志愿者100名,为消费者提供跟踪服务125件次,通过建立“三地四区”消费维权网络,提高社会影响力。全年调解消费纠纷593件次,为消费者挽回经济损失72万元。协会加强党建工作,倡导社会公益,开展光彩教育。建立私营个体经济融资服务平台,为130户入驻民营企业园的企业提供专项服务,为1000户企业开办贷款辅导,推荐贷款1112户次,贷款成功76户,总额3.23亿元。工商学会在管理目标、管理理念、管理方式改革等方面,组织开展专题研讨,形成成果转化调研文章16篇。（杨悦）

质量技术监督

【概况】 落实区委、区政府及市质监局工作部署,履行质量技术监督职能,不断提高工作质量和依法行政水平。8月,按照北京市中心城区行政区划调整布置,原东城、崇文区质量技术监督局整合为北京市东城区质量技术监督局。全年开展执法活动816起,办理执法案件53起,罚没金额4.4万元。执法活动完成任务率100%,结案案件完成任务率100%。受理投诉举报案件19起,解决19起。

单位名称:东城区质量技术监督局
单位地址:东城区和平里五区甲12号
联系电话:84220417 邮政编码:100013 （高然）

【视察食品安全保障工作】 1月,原崇文区高桂强副区长率区食品办、区质监局到北京大磨坊面粉有限公司就食品安全监督保障工作进行视察。他强调,企业生产者作为食品安全第一责任人,要在食品质量安全及产品检验把关方面切实履行好应尽的义务。行政监管部门也要自觉坚持“食品安全无小事”思想,提高服务质量,为区域经济发展保驾护航,为城市南部建设平稳较快发展作出贡献。（曹淑芹）

【食品质量安全保障工作动员会】 1月20日上午,原崇文区质监局组织召开2010年春节、元宵节期间食品质量安全保障工作动员会,区内9家食品生产企业负责人参加。原崇文区质监局石永昌副局长部署“两节”期间食品安全工作,要求食品企业在生产环节中强化“三抓”意识,即“抓源头、抓过程、抓检验”。（曹淑芹）

【食品安全检查】 2月13日(农历腊月三十),为落实春节期间食品安全服务保障工作,原崇文区政府成立食品安全联合检查组对龙潭庙会和主要大型商场、超市食品安全责任履行情况进行检查。原崇文区质监局许建民局长带领执法人员参加此次活动。（曹淑芹）

【消费者权益日活动】 3月15日,配合国家质检总局和市质监局,在王府井步行街举行“3·15”国际消费者权益保护咨询活动。活动主题是“质检邀您查企业,质量安全大家行”。国家质检总局副局长支树平、市政府副秘书长马林、市质监局局长赵长山、副区长郭怀刚等参加咨询活动。（高然）

【“3·15”宣传咨询活动】 “3·15国际消费者权益日”期间,开展质量技术监督法律法规进社区、进企业活动。3月14日根据市质监局和原崇文区政府的统一部署,与原崇文区工商局、商务局、药监局、烟草专卖局等在国瑞城商场联合举办的以“消费与服务”为主题的3·15国际消费者权益日宣传咨询活动。向消费者发放有关民生计量、食品质量安全和特种设备安全等与百姓生活密切相关的宣传资料共计6种500余份,展示质量技术监督宣传展板10余块。现场解答消费者提出的各类问题,收到良好的社会效果。（曹淑芹）

【开展中小食品生产加工企业质量管理讲堂活动】 5月,为提升中小食品生产加工企业产品质量管理意识和标准化意识,提高企业产品质量管理水平和质量控制能力,原崇文区质监局组织辖区6家食品企业参加“中小食品生产加工企业质量管理讲堂”活动。企业法定代表人、质量管理部门负责人、生产部门和检测部门技术骨干等企业代表参加此次培训。 （曹淑芹）

【“5·20”世界计量日宣传活动】 5月20日，原崇文区质监局在金鱼池社区以“诚信计量、放心计量”为主题，开展服务计量进社区活动。现场向社区居民宣传诚信计量相关情况，并为居民免费检测修理血压计。共为市民提供血压计免费检测服务53台件，为居民修理血压计35台件。此外，还向居民发放宣传手册150余本，各类宣传资料500余份。

（曹淑芹）

【计量日活动】 5月20日，在和平里小区，举办以“计量·科学发展”为主题的世界计量日宣传服务活动。现场发放宣传材料300份，免费检测眼镜11副、体重秤14台、血压计42台。 （高然）

【菜市场计价秤统配统管工作】 6月，在2009年成功经验的基础上，原崇文区质监局对新开业的2家菜市场走访、调研，在市场的管理者的配合下，完成2家集贸市场的计价秤统配统管工作。 （曹淑芹）

【控制大气污染】 落实北京市控制大气污染措施折子工程，制订控制大气污染工作方案和应急预案。加强型煤质量监管工作，型煤质量市级监督抽查合格率100%。 （高然）

【领导调研】 国家质检总局科技司领导裴晓颖，到北京金漆镶嵌有限责任公司进行实地考察，调研该企业地理标志保护产品推进情况。市质监局副局长喻红等陪同考察。 （高然）

【质量安全监管】 对12家生产企业的51种产品（食品）和原料奶粉进行监督抽查，合格48个，合格率94%。组织完成7家生产企业申证换证工作，24家企业工业生产许可证、12家企业食品生产许可证的年审。 （高然）

【质量提升新模式】 通过“一找、二促、一提高”，为企业解决生产管理过程中存在的实际困难和问题，促进企业基础建设和质量管理能力的提高，落实企业主体责任。举办食品生产企业质量安全培训班，12家区内食品企业70名主管质量负责人参加培训。组织区内11家食品生产企业主要领导、生产、检验等部门负责人，到北京稻香村食品厂参观学习。组织20家眼镜制配企业负责人，参加技术交流观摩座谈会。 （高然）

【医疗计量管理】 加强医疗计量器具电子档案建设，为辖区内11家二级以上医院、3家卫生防疫单位，建立电子档案，对168家医疗单位使用的计量器具进行动态管理。 （高然）

【能源计量管理】 对区内重点用能单位进行跟踪，加强能源计量管理，开展能源计量服务工作，组织8家重点用能单位召开能源计量工作座谈会，就做好能源计量工作，提高能源利用效率进行交流探讨。 （高然）

【诚信计量】 9月，召开辖区内加油站、集贸市场诚信计量示范单位创建工作动员大会，组织7家加油站、15家标准化菜市场，开展诚信计量示范单位创建工作，形成“以经营者自我承诺为主、政府部门推动为辅、社会各界监督”三位一体的诚信计量运行机制。 （高然）

【计价秤配置】 落实国家质检总局部署的“关注民生，计量惠民”专项行动，为区内4家集贸市场，统一配置符合要求的计价秤195台。 （高然）

【标准注册登记】 本年，标准备案343起，标准登记注册50起，并将数据录入北京市企业标准备案库，提供关于标准编写、备案、登记注册、标准信息查询、商品标识标注等咨询240起。 （高然）

【标准化示范区建设】 成立以区长为组长、副区长为副组长、20个区政府相关部门主要负责人为成员的示范区建设领导小组。选定北京大学政府管理学院公共经济学系为研究机构，市标准化研究所为全程咨询机构。聘请标准化及相关公共服务领域的专家，成立专家顾问组，开展“东城区城市公共服务标准化研究”，指导、参与标准体系建立和相关标准的研究制定。培养区标准化人才。按照示范区建设工作方案和实施细则，统筹、组织指导13个示范项目承担部门，按进度开展标准体系建立工作；组织协调研究机构，开展研究工作；分三批组织示范项目承担部门和研究机构76人次，赴南京、山东等地考察标准化建设工作；组织承担部门800人次、19期标准化知识系列培训，完成总标准体系建立。由国内标准化领域和公共管理领域专家组成的评审组完成示范区建设总标准体系中期评审、13个分标准体系中期评审，通过率100%。 （高然）

【特种设备安全监察】 出动监察人员545人次，监督检查使用单位224家次、检查设备3816台，下发《特种设备安全监察意见指令书》29份，监督存在问题的单位整改，整改率98%。

（高然）

【电梯安全管理】 会同区信息中心、市质监局特设处等单位，联合开展电梯运行安全管理信息系统的调研和试点工作。通过摸底、调研，召开企业座谈会，制订东城区电梯安全信息监控平台试点工作实施方案和工作计划，对驻区41台电梯，进行电梯物联网系统安装和调试。 （高然）

【安全生产年活动】 6月，落实“安全生产年”工作部署，以“坚持安全发展，落实安全责任，服务世界城市建设”为主题，开展特种设备安全知识进学校、进社区、进企业宣传教育活动。组织驻区特种设备使用单位，开展应急演练。

（高然）

【行政执法责任制】 召开法制工作会议,逐级签订《落实行政执法责任制任务书》。组织观看"严格依法行政,建设法治政府"等视频培训讲座。参加市质监局移动执法终端机信息系统培训和国家质检总局执法打假业务培训,提高执法人员行政执法水平。2月,针对中国红十字会宾馆反映供暖期间柴油使用总量高出去年同期,造成经济损失且查不出原因的问题,开展调查取证工作,发现并纠正重大油罐车计量作弊行为,为宾馆挽回经济损失46万元。 (高然)

【机构代码证书管理】 按照根据《北京市组织机构代码证书管理办法》,办理组织机构代码证书7795套,年审501家,IC卡制作5201张,办理单位组织机构代码证书注销手续333个。 (高然)

【设备检测】 计量检测所检测计量器具2.93万台(件),检验特种设备5763台(辆)。 (高然)

【党建工作】 党员领导干部逐级签订党风廉政建设、行风建设责任书,对执行情况坚持考核。1月28日,召开党风廉政建设、行风建设座谈会,区特邀监察员和党风廉政监督员、质监系统行风监督员参加。开展创先争优,加强政府规范化建设年活动,在党的基层组织和党员中开展创先争优活动。制订实施方案,明确组织领导、指导思想和主要目标,组织召开动员大会,召开以"结合本职工作,如何发挥党员先锋模范作用"为主题的新党员座谈会,开展爱国主义教育党日活动,组织团员青年,开展以"团结协作,爱国奋进"为主题的团日活动。 (高然)

【精神文明建设】 对困难党员、结对子村贫困家庭、捐资助学"一帮一"学生,开展送温暖活动;参加市质监系统和区直机关运动会;开展献爱心捐款捐物活动3次,捐款7000元。 (高然)

【宣传报道】 全年报送各类信息190篇,其中媒体报刊刊登34篇次,其中中央7篇次、市级24篇次,区级3篇次。市级信息29篇次,区级信息38篇次。 (高然)

审计

【概况】 东城区审计局是负责本区审计工作的区政府工作部门,受区政府和市审计局双重领导。主要职责:依照《中华人民共和国宪法》和《中华人民共和国审计法》的有关规定,审计监督区年度财政预算执行情况,区政府重点投资建设项目,区行政事业单位财务收支,区属国有企业及国有控股企业资产负债损益情况,区行政事业单位处级领导干部和国有企业及国有控股企业领导人员的经济责任履行情况等,对区政府和市审计局负责并报告工作。6月28日根据北京市中心城区行政区划调整的布置,原东城区、崇文区审计局合并为新东城区审计局。内设固定资产投资审计科、经贸审计科、行政事业审计科、财政审计科、街道财政审计科、社保环保审计科、经济责任审计科、内部审计指导科、信息管理办公室、办公室、人事科、监察科、综合法制科、复核科。在职干部职工99人。全年,完成审计项目61项,审计出管理不规范金额7.30亿元,应交财政1934万元、已交财政1934万元。核减工程款5968万元。提交审计专题、综合性报告和信息101篇,被批示采用的审计专题、综合性报告和信息90篇(次)。发挥审计工作的职能和成果转化作用,完成岗位目标管理责任制工作。

单位名称:东城区审计局

单位地址:东城区天坛东路甲7号

联系电话:67052535 邮政编码:100061 (肖雅莉)

【预算执行审计】 原东城区审计局,开展对全区66家一级预算单位上年部门预算执行情况的自查自纠工作。对上年原东城区和崇文区20个一级预算单位预算执行和决算草案,进行重点审计,对上年度市对区县下划资金管理使用情况和地方政府债务情况,进行专项审计调查。审计工作得到区委、区人大、区政府的肯定。促进了财政资金分配、管理、使用的规范、合理、合法。 (肖雅莉)

【经济责任审计】 组织召开经济责任审计联席会议,全年,共完成领导干部经济责任审计17项。为有关部门评价和使用干部提供参考依据,促进提高领导干部的财经纪律意识和依法理财意识。 (肖雅莉)

【政府投资建设项目审计】 加大对拆迁资金等政府重点建设资金的审计力度。开展地铁6号线、8号线、14号线拆迁资金跟踪审计,王府井品牌节专项建设资金跟踪审计和土地储备开发项目等6项跟踪审计。对2007年、2008年度17项奥运工程资金、南北河沿大街夜景照明工程专项资金和南北池子大街等6条街道环境建设等9个政府重点投资建设项目资金,进行工程结算审计和专项审计调查。开展建设工程领域突出问题专项治理工作,组织相关单位开展自查,配合市局检查组,完成重点项目检查。规范全区建设项目工程管理,防范政府投资风险,确保财政资金安全。 (肖雅莉)

【民生、专项资金审计】 全年,开展民生资金审计5项,专项资金绩效审计或审计调查4项。对“保增长、保民生、保稳定”各项政策措施的落实情况进行审计,评价政策措施的执行效果。对各项惠民工程专项资金使用情况进行审计,重点关注涉及群众切身利益的专项资金管理和使用情况,提高资金使用效益;对本区接收青海玉树抗震救灾捐赠资金情况,进行阶段性审计,规范资金的管理使用。审计结果得到区领导批示,审计建议得到区相关部门的重视,研究并出台相关规范性文件,提出加强规范化管理、完善监督评估机制、提高服务质量等意见。 (肖雅莉)

【内部审计】 举办内审人员继续教育培训班2期,对全区400名内审及财务人员,进行专业知识培训。组织开展评选上年度内部审计先进集体和先进个人工作,组织CIA考试报名、资料审核等工作。按季度对内审人员进行岗位证书的后续教育培训。指导环卫系统,开展领导干部经济责任审计。 (肖雅莉)

【机构合并】 落实区委、区政府的历史重任,完成两区审计局合并。明确新局领导班子成员分工,保证日常工作的稳定、连续。调动审计干部积极性,协调相关科室工作,及时发现、解决问题。按规定时间,完成办公地点搬迁。明确科室职能、职责,工作调整对接,实现工作不断、队伍不散的要求。组织开展“学习时传祥爱岗敬业做好东城区审计工作”主题教育活动,原东城、崇文区审计局对口科室座谈会和竞技体育等活动,促进全局干部职工加深了解,增进感情。 (肖雅莉)

【法制建设】 梳理完善相关制度、加强审计法和审计业务培训、落实审计执法责任、加强审计业务管理,强化干部依法行政的执法理念,提升依法决策、管理和行政的能力。坚持领导干部审计业务会会前学法制度,通过科室工作会、审计小组汇报会、审计业务会等形式,加强对审计工作的指导、监督和协调。开展《审计法实施条例》和《国家审计准则》的学习贯彻活动,提升审计干部依法行政意识,规范行政执法行为。开展“阳光执法”活动,端正执法理念、改进工作作风,树立公正、廉洁、勤政、高效的审计干部执法形象。 (肖雅莉)

【廉政建设】 落实党组成员“一岗双责”工作,要求在抓好分管业务工作的同时,抓好分管部门的党风廉政建设工作。层层签订《廉政建设目标责任书》,做到有部署、有落实、有检查、有考核。年内未收到反映审计人员违纪违法行为的投诉举报。局廉政风险防范管理领导小组和办公室,对局机关和处级领导干部、科室和个人的廉政风险点和防控措施,重新梳理、修正,将修改后的风险防控表,在局域网上公示。开展“强化廉政意识、弘扬新风正气”反腐倡廉主题教育活动,组织参观预防职务犯罪教育巡回展、局领导讲廉政党课、学习先进典型事迹撰写心得体会等活动,向区纪委上报观后感、向市审计局上报廉政文化建设征文6篇。利用AO系统,固化审计作业流程,确保程序合法,防范审计风险。坚持审计组审计前廉政教育,审计特邀监察员廉政回访做法,发挥审计外部监督作用。向全局45名科级以上领导干部,发放《党员领导干部廉洁从政教育手册》,组织62名党员干部,进行廉政准则测试答题。严格按照规定,进行个人收入申报、收受礼品登记和个人重大事项报告。对科级领导干部,建立廉政档案。对重要人事任免、人员轮岗、大额资金使用、财务收支情况、重要活动,集体研究、民主决策。 (肖雅莉)

烟草专卖

【概况】 东城区烟草专卖局(公司)成立于1998年3月,根据市行政区划调整工作要求,9月17日,原东城、崇文两区局(公司)合并,成立新东城区局(公司)。设办公室(安保科)、人事劳资科(政工科)、财务科、法制科、专卖监督管理科(专卖稽查支队、内部专卖管理监督科)一科和二科、营销网建科一科和二科。为烟草专卖行政主管机关,依法负责行政辖区的烟草专卖管理工作,对辖区烟草制品实行专卖专营。组织关系隶属于中共东城区委机关工委。

单位名称:东城区烟草专卖局(公司)

单位地址:东城区南二里庄乙29号

联系电话:84559981 邮政编码:100027 (吴晔旻)

【售假网络案件】 1月25日,在市烟草专卖局指挥下,联合丰台、延庆局破获一个以河南籍、江西籍人员为主的贩卖假烟网络。1月28日,根据掌握的信息,查获辖区内零售终端,非法囤积假烟窝点3个,立案4起,查获非法卷烟25.2万支,案值32万元,其中假烟18.9万支,标值30万元,真烟6.3万支,价值2万元,刑事拘留4人,已全部判处有期徒刑,并处罚款共计26万元。4月29日,在市局指挥下,本局协助宣武区局,破获一个以河南籍人员为主的售假网络案件。同日,本局在辖区内起获零售终端1个,捣毁囤假窝点1个,查获假冒卷烟10.1万支、假冒雪茄烟160支,案值4.6万元。全年打掉制售假烟网络大要案2起(其中自主查办一起,协查一起),办理5万元以上案件25起,刑拘16人,判刑15人。 (吴晔旻)

【节能降耗】 7月5~9日,开展为期一周的“科学节能、全局行动”宣传活动。活动期间,张贴宣传画20幅、签订承诺书20份、节能宣传文章3篇、组织节能法制讲座1次,区局全体人员参加活动。针对不同岗位,组织签订节能减排保证书。 (吴晔昊)

【机构调整】 根据行政区划调整工作安排,7月,成立新东城烟草筹备工作领导小组,遵照市局(公司)党组部署,开展调研,按照实施方案要求,推进整合,理顺职责机构关系,理清整合思路,撰写调研方案,提出解决办法。9月17日,成立新东城区局(公司),9月27日,合并办公。坚持"工作求精、管理求严、效果求实、团队求和"目标,召开党组会、中层干部会、职工大会等多次会议,统一思想、宣传政策、推动工作:对原东城、崇文管理制度,进行逐项梳理、整合,理顺各项流程、制度240项;转变思路,做到高标准、严要求,职工思想统一;明确目标,合理分工,分阶段、分步骤的落实各项整合工作。实现"工作不断、目标不变、队伍不散、秩序不乱"的目标。 (吴晔昊)

【行政许可】 年内,原东城区局、崇文区局共新办许可证186个,变更许可证39个,延续许可证57个,注销119个。辖区内现有许可证2300个,正常经营户2274个,停业户26个,所有许可事项均在专卖系统中实时办理,许可案卷评卷优秀率100%,许可证有效率100%。修订、完善《新东城局零售户合理化布局标准》,提高工作效率和服务水平。 (吴晔昊)

【案卷评查】 年内,烟草专卖局加强对办证人员的业务培训,不断总结经验,提高行政许可案卷制作水平。在案件审理中,引用法律条款准确,事实清楚,证据确凿,行政处罚正确率、办案准确率均为100%。案卷文书使用规范,装订整齐。法制部门对行政处罚案卷审查率100%。遵守重大案件集体讨论决定制度,未发生行政复议和行政诉讼案件。 (吴晔昊)

【执法检查】 年内,组织执法检查6075次,出动执法人员1.21万人次,立案223起,查获各类违法卷烟420.76万支,总案值309.39万元,罚没款合计29.73万元。市场净化率抽查98%。 (吴晔昊)

【集中整治】 年内,区局开展集中整治2次,重点解决辖区内公开摆卖"假、私、非卷烟"问题,治理无证经营和违法运输行为,提高卷烟市场净化率。集中整治期间,立案81起,查获各类违法卷烟151.79万支,查办5万元以上大要案10起,刑事拘留11人,总案值103.36万元。 (吴晔昊)

【联合办案】 年内,区局联合公安部门,查办销售假烟网络案件1起,查办一般程序案件24起,其中5万元以上大要案21起,刑事拘留14人。涉烟犯罪案件全部移送公安部门并抄备检察院,移送率、抄备率均100%。 (吴晔昊)

【举报电话】 年内,区局接听"12313"举报投诉电话860个,其中举报违法案件12个。消费者投诉231个,询问咨询相关事宜243个,不属于局管辖问题374个。专卖人员均及时处理。根据举报信息,本局查获违法案件12起,查获各类违法卷烟38.81万支,其中查获5万元以上案件1起,刑拘1人。 (吴晔昊)

【内部监督】 根据内管工作要求,对内部专卖监督管理工作规范经营情况进行自查,重点自查机制人员配置、长效机制建设、卷烟经营情况以及存在的问题,完成案卷制作100%,预警完成率100%,异常处理规范率100%。 (吴晔昊)

【普法培训】 全年,开展法制宣传培训4批次,培训内容:新修订的"一法、一规定"和"两高司法解释",卷烟真假鉴别知识以及烟草专卖卷烟经营政策规定等。组织新办证户、换发证户、被处罚户以及特殊零售户群体的教育培训。 (吴晔昊)

【公检法联席会】 原东城区局与公检法司等部门召开联席会,确保行刑机制有效衔接。下发《禁止出租转让烟草专卖零售许可证告知书》,向零售户进行普法宣传。 (吴晔昊)

【执法监督员】 聘请政协委员2名、人大代表2名及零售户代表6名,作为特邀行政执法监督员,监督行政执法工作。7月6日,召开特邀行政执法监督员座谈会,区局相关领导及区人大代表、区政协委员、零售户代表执法监督员10人参加会议。执法监督员对区局工作给予肯定,对加强执法人员素质教育、提高为零售户的服务质量上给予赞扬。 (吴晔昊)

【市场营销】 年内,销售各类卷烟4.6万箱,同比增长3.14%。实现销售收入7.656亿元,同比增长11.67%。单箱销售额1.94万元,同比增长8.27%。可控费用控制在288.97万元,同比下降18.27%。实现利税1.48亿元,同比增长20.07%。 (吴晔昊)

【学习实践活动】 围绕"党员干部受教育、科学发展上水平、人民群众得实惠"总体要求,组织党员干部开展学习实践科学发展观活动。组织开展解放思想大讨论、职工座谈会、市场调研以及党员干部民主生活会和领导班子专题民主生活会等活动,查找出个人和班子存在的问题,制定《东城烟草深入学习实践科学发展观活动落实整改方案》,确保查摆出的问题得到整改落实,群众满意度100%。开展以"创先争优"为主题的职工岗位论坛活动,组织"学习标兵、找差距、我为东城作贡献"职工论坛。组织青年团员,开展"创先争优 争做建设国际化、现代化新东城青年先锋"主题演讲比赛。 (吴晔昊)

【公益活动】 开展"奉献一份爱心、温暖两个家庭"结对互助活动,2天募集资金1650元。响应"共产党员献爱心"捐献活动号召,全体党员捐款3057元。 (吴晔昊)

国有资产管理

【概况】 原崇文区人民政府国有资产监督管理委员会和原东城区国有资产监督管理委员会组建于2004年7月。2010年7月北京市进行区划调整,两委合并组建新的东城区人民政府国有资产监督管理委员会(以下简称东城区国资委),8月15日开始集中办公。东城区国资委是区人民政府的直属特设机构,主要职责是贯彻落实国家关于国有资产管理的法律、法规、规章和政策,制定有关制度、规定;根据区政府授权,监管区政府履行出资人职责的企业国有资产,加强国有资产的管理;承担监督所监管企业国有资产保值增值的责任,负责所监管企业国有资产基础管理,建立和完善国有资产保值增值考核体系,通过统计、稽核对所监管企业国有资产的保值增值情况进行监管,负责所监管企业工资分配管理工作,制定所监管企业负责人收入分配政策并组织实施;负责指导推进本区国有及国有控股企业的改革和重组,推进国有及国有控股企业的现代企业制度建设,完善公司治理结构,推动国有经济布局和结构的战略性调整;通过法定程序对所监管企业负责人进行任免、考核并根据其经营业绩进行奖惩,建立符合社会主义市场经济体制和现代企业制度要求的选人、用人机制,完善经营者激励和约束制度;负责组织所监管企业上交国有资本收益,参与制订本区国有资本经营预算有关管理制度和办法,按照有关规定负责所监管企业国有资本经营预决算编制和执行等工作;负责所监管企业人才工作的宏观管理和人才队伍建设,指导和组织协调所监管企业经营管理人员的教育培训工作。编制41名,设党委书记1名,主任(党委副书记)1名,党委副书记(纪委书记)1人、副主任4人,科级领导职数9正7副。内设办公室、统计评价科、资产管理科、企业发展科、审计监督科、人力资源科、党委办公室、组织宣传科和人事监察科9个科室。区划调整前,原东城区国资委和原崇文区国资委分别与原东城区政府和崇文区政府签订“折子工程”和“重点任务书”。当年12月,所列相关重点项目均完成。

单位名称:东城区人民政府国有资产监督管理委员会
单位地址:东城区天坛东路13号
联系电话:67196906 邮政编码:100061 (王志丹)

【北京皇城艺术品交易中心揭牌】 本年度,北京皇城艺术品交易中心开幕揭牌,集文化艺术交流、展览展示、评估鉴定、交易、抵押、融资、教育培训和衍生产品开发等多功能为一体的国际化高端艺术品流通平台和服务系统正式启动。 (王志丹)

【推动资产经营公司股权结构调整】 年内,研究制订《资产经营公司股权调整意见》,推动资产经营公司企业内部业务整合、机制创新与文化融合。 (王志丹)

【国有老字号传承发展】 年内,启动保护国有老字号企业无形资产的调查工作,与区工商分局联合举办“实施商标战略,促进企业发展”培训研讨会,研究探讨进一步落实无形资产保护及发扬老字号企业优势的思路和措施,推动老字号品牌向区外延伸拓展。 (王志丹)

【重大事项决策咨询】 制订并出台《重大事项决策咨询委员会管理暂行办法》。5月28日,由19名专业人士组成的东城区国资委重大事项决策咨询委员会正式成立,国有企业重大事项决策进一步规范化。 (王志丹)

【国有资本保值增值测算】 年内,对11家企业国有资本保值增值率进行测算,为对企业年度考核和确定绩效定额及其出台相关管理制度,奠定了科学基础。 (王志丹)

【财务管理和经济审计】 本年,在系统内32家企业推行新《企业会计准则》,提升国资系统企业贯彻落实新会计准则体系能力;对部分企业法人代表进行离任审计,加强对企业领导人员经济责任监管。 (王志丹)

【产权监管】 年内,对179户企业进行产权年检登记;审批备案房屋租赁协议及合同36项;完成企业投资、资产评估、融资贷款等备案核准工作28项,出具房产证明21处;完成产权交易5项。 (王志丹)

【业绩考核与薪酬管理】 年内,与重点监管的14家国有及国有控股企业负责人签订2010年度经营业绩责任书;研究拟定《区属国有企业领导班子和领导人员综合考评办法》(试行)《企业负责人经营业绩考核暂行办法》《企业负责人薪酬管理暂行办法》,推动企业负责人激励约束机制的科学化、市场化、制度化。 (王志丹)

【加强企业监督】 年内,向东方信达、东方文化和东方奥天三家资产经营公司委派4名外部董事和6名监事;研究制订《外部董事管理暂行办法》,召开国有企业监事会工作会议,制订下发《2010年监事会工作要点》和《国有企业监事会工作制度》,对新任董事、监事进行业务培训,规范董事、监事会履职行为,优化企业科学决策机制,完善企业监督机制,推进企业健康发展。 (王志丹)

【公司章程管理】 年内,完善和细化公司章程的制订、修改、审批、审核、备案等各项操作规范,为保障公司的健康运作、完善公司法人治理结构和加强国有资产监管、切实履行国资

委出资人职责奠定基础。 (王志丹)

【崇文门菜市场重张开业】 5月28日,崇文门菜市场在广渠门外大街1号重张开业,经营面积达到3200平方米,较原址增加1000平方米,国有资源在服务民生领域中的主导作用进一步延伸。 (王志丹)

【维稳和安全工作制度化】 贯彻维稳工作一把手挂帅原则,深化国资系统"八项制度、三项管理、四个统一"的维稳工作机制,按照"问题各异,区别对待,多种渠道,交互解决"的矛盾纠纷化解方法,落实领导干部"三访"制度和信访代理制度,集中清理和处理国资系统的历史遗留问题和新生纠纷。在系统企业内,对安全生产责任制落实情况进行备案管理,建立信息即时上报制度,开展安全隐患排查整治工作,制订下发《关于进一步加强企业安全生产工作的通知》《关于开展安全隐患排查整治的方案》等六个实施办法,确保国资系统安全生产零指标。 (王志丹)

【企业人才队伍建设】 研究制订《2010~2030年东城区国有企业人才队伍发展规划》,明确人才队伍建设的主要任务、目标措施和重点。贯彻高管人员谈话制度,强化中层、基层管理人员和骨干的业务培训,落实奖惩制度,为企业发展提供人才保证。 (王志丹)

【加强基层党组织建设】 本年度,对三家资产经营公司所属企业党组织隶属关系进行调整;将14家集体及集体改制企业党组织划转属地管理,加强对国资委党委所属29个基层党组织的工作指导。 (王志丹)

【企业文化建设】 在国资系统中组织开展表彰先进活动,弘扬正气,激发干部职工立足岗位做贡献。结合企业实际,组织开展企业文化建设,提升企业核心竞争力。 (王志丹)

【国有企业党风廉政建设】 严格执行党风廉政建设责任制,贯彻落实国有企业领导人员廉洁从业若干规定,规范廉洁从业行为。加强廉政风险防范管理工作,结合查找出的风险点,修订相关工作制度和流程,把廉政风险防范管理向重点单位、重点部门、重点对象和重点岗位延伸。加强企业廉洁文化建设,举办国资系统"学准则、束言行、促和谐"的《廉政准则》知识竞赛,营造廉洁文化氛围。 (王志丹)

北京东方信达资产经营总公司

【概况】 北京东方信达资产经营总公司(简称"东方信达"),成立于2002年7月,是属负责国有资产经营管理的全民所有制企业。注册资本10亿元。总公司设综合办公室、人力资源部、审计部、企业管理部、企业发展部、综合项目部、财务部。现有全资、控股、参股企业18家,非独立法人企业1家,涉及文化金融、房地产开发经营、茶业连锁、医药连锁等行业。截至年末,资产总额66.67亿元,负债总额55.99亿元,所有者权益10.68亿元;实现营业收入6.6亿元,利润总额6324万元,同比增长28.39%、56.01%。

单位名称:北京东方信达资产经营总公司

单位地址:东城区南竹杆胡同六号北京INN三号楼8层

联系电话:64224196 邮政编码:100010 (李伯祥)

【获奖情况】 东方信达系统获得集体荣誉40项,其中:东方信达本部获区文化创意产业专项奖励;北京吴裕泰茶业股份有限公司,取得上海世博会特许生产商资质、2009~2010年中国零售业优秀特许加盟名牌、2010年北京名优企业、2010年中国茶叶行业百强企业。北京东方置地投资发展有限公司,获全国厂务公开民主管理先进工作单位荣誉称号和区优秀基层党建创新成果银奖;北京东方雍和国际版权交易中心有限公司,获中外企业知识产权大会颁发的"推动知识产权发展突出贡献"单位称号。 (李伯祥)

【调整组建】 制订《北京东方信达资产经营总公司调整组建方案》,调整党委会、董事会、监事会,选聘经营层,选举职工董事和职工监事。 (李伯祥)

【规划制订】 成立领导小组,研究制订公司五年发展战略目标:建设有影响力的资产管理和资本运营公司,致力于为股东实现长期、稳定、理想的投资回报,专注授权范围内的资产管理和东城区主导产业领域的中长期股权投资。确定以战略、财务、人力资源和企业文化为中心的管理模式。 (李伯祥)

【项目投资】 注重主导产业和新兴产业发展,投资成立北京慧点东和信息技术有限公司、北京厚德雍和资本管理有限公司,筹备成立北京版银科技有限责任公司、北京创意亮点五十五号文化发展有限公司、北京中关村新媒体版权投资有限公司、北京东方科维节能技术有限公司、影视完片担保公司,为东城区新兴产业和主导产业的发展做出贡献。 (李伯祥)

【股权管理】 修订《投资管理办法》《融资管理办法》《担保管理办法》,完善股权管理体系。与权属企业签订《2010年度经营目标责任书》,制订权属企业高管2010年薪酬管理办法,组织企业高管培训,强化企业管理。 (李伯祥)

【中介服务平台】 建立连接文化创意产业和金融服务产业的北京文化金融中介服务平台,获得北京银行专项授信100亿元,对文化企业授信10亿元,放贷6000万元。参与戏剧城建设,资助新版话剧《安妮日记》排演,参加创意点亮北京活动第五届北京文博会和京港洽谈会。 (李伯祥)

【中医药产业平台】 对国内中医药网络整体情况进行调研,与区相关部门、中医药企业多次沟通,成功组织"十病十药"项目签约,转让中医药配方4项,交易额700万元。 (李伯祥)

【五号线项目】 协调各方利益,克服施工困难,研究调度工

程中出现的质量、安全和信访问题，东四、张自忠、北新桥站口进入竣工验收阶段。（李伯祥）

【融资管理】 做好地铁6、8号线东城段拆迁项目融资工作，遵循银行融资管理工作流程，与银行、区财政局等单位及时对账，如期还本、付息，全年还本两次，还息四次。贷款前尽职调查、贷款中严格评审、贷款后强化监控。全年到期项目9个，还款总额2200万元新增担保项目6个，担保余额1830万元。（李伯祥）

【党建工作】 落实理论中心组学习制度，强化领导班子思想建设。修订《三重一大实施办法》，履行党委会提出建议、总经理办公会研究讨论、董事会审议决策工作机制。以“创先争优”活动为载体，开展“站在新起点，开创新局面，我做表率”为主题的党员公开承诺活动，系统内23个党组织共承诺事项80个，252名党员共承诺事项683个，年内承诺事项全部完成。（李伯祥）

【权属企业情况】 北京永安复星医药股份有限公司，加强王府井医药临建网点的经营管理，完成新租库房装修改造，提升促销增效、降本增效能力；北京吴裕泰茶业股份有限公司独家承上海世博会宝钢大舞台中国元素馆——中国茶坊项目，研制推出17款世博系列产品，茉莉花茶制作工艺入选国家级非物质文化遗产名录；北京东方置地投资发展有限公司实现资产经营工作精细化管理、代建管理工作动态化管理、房地产开发工作方案化管理、物业管理工作安全化管理，全年共承接代建项目21个；北京王府井置业投资有限公司推进地铁6、8号线拆迁项目、地铁站口商业开发项目、东直门外小关56号公租房项目，全年承接代建项目38个；北京东方雍和国际版权交易中心有限公司创新交易模式，完善投融资体系，全年版权交易额5亿元，完成挂牌项目1000个，新发展会员129家；北京东方祥泰投资管理公司，推进北京市外国语学校教学楼建设与招生工作，做好《<弟子规>新解》在东城区第二轮实验工作，做好教师公寓与普度寺服务管理工作；房产管理分公司，抓经济效益，解决遗留问题。经受住低温供暖考验，完成各项任务；北京厚德雍和资本管理有限公司，收集版权项目900个，投资项目11部，投资金额200万元。在筹备中关村新媒体版权投资有限公司成立过程中，投入自有资金进行实验性运营，为发展积累经验；北京市计算机二厂，克服困难，维护职工队伍稳定。收回万信大厦使用权，解决与易亨集团债务关系，保障收益稳定。（李伯祥）

北京东方文化资产经营公司

【概况】 北京东方文化资产经营公司，成立于2005年12月，是区人民政府国有资产监督管理委员会直接管辖的国有独资企业，公司注册资金3.6亿元人民币，负责国有资产经营管理，确保国有资产安全完整和保值增值。经营范围涵盖艺术品展览交易、影视娱乐、原创音乐剧、旅游酒店、餐饮服务、古都风貌保护、物业管理、数字化建设和轨道交通等领域。坚持高端、精品的发展思路，推动区域文化产业发展，打造国内一流文化企业品牌。本年，公司获区文化创意产业专项资金五项补贴。在“2010年第五届中国创意产业年度大奖”仪式上揭晓，公司获中国创意产业领军企业称号。东方文化大厦获“东城区文化创意产业示范基地”称号。全年，完成主营业务收入4.09亿元，利润总额7183.4万元，国有资产保值增值105.54%。

单位名称：北京东方文化资产经营公司
单位地址：东城区王府井西街9号五层
电话：65281128　邮政编码：100006（边玉梅）

【获奖情况】 1月19日，在东城区法律知识竞赛中，东方文化资产经营公司代表队获三等奖。5月，东方文化员工参加东城区工会“五月的鲜花”歌咏比赛分别获得民族组优秀奖、美声组优秀奖。6月，东方文化代表队参加东城区国资系统“和谐杯”乒乓球比赛，获得团体第二名。8月，东方文化资产经营公司代表队参加东城区国资委保龄球比赛，获得团体第二名。10月，东方文化代表队参加东城区青年篮球赛获得第三名。东方文化代表队参加国资委廉政准则知识竞赛获得二等奖。（边玉梅）

【工作会议】 1月，根据东城区委、区政府及国资委国企改革的总体安排，公司召开第二届第一次董事会会议。选举新一届领导班子。设立董事会战略与风险控制委员会、审计预算薪酬委员会；设立党群工作部、综合办公室、企业发展部与资产管理部、财务与资金平台管理部、人力资源部。2月9日，公司召开三届二次董事会暨工作研讨会。3月18日，公司召开2010年职工大会暨党务工作会，审议通过经营工作报告及财务预决算报告，签订2010年经营管理考核及党建工作目标责任书。12月14日，公司召开民主测评会。公司党政主要领导进行述职，区国资委考评组对民主测评进行全程跟踪。（边玉梅）

【权属企业动态】 1月，北京东方松雷音乐剧发展有限公司正式挂牌成立。东方康泰公司通过国家二级档案资质复核工作，成为东城区唯一具有国家二级档案资质的企业。2月，大华环球影视公司“幸福在路上”拍摄结束，正式关机。北京东方文化交流中心举行“员工之家”落成揭幕仪式。3月，由区旅游局主办的“品质伴你行满意在北京”全国旅游服务质量提升年活动在北京旅游咨询中心王府井站举行。3月，北京新影联院线影业有限公司授予长虹影城“2009年度票房首超1300万元”奖牌。世源公司召开2010年职工大会。雍和园公司召开2011年工作会。4月，容和物业公司召开“增收节支”劳动竞赛动员大会。5月，东方文化集团公司启动并入驻东方文化大厦办公。7月，梦幻管理公司举办“东漫嘉年华”。8月，共青团北京市委员会授予长虹影城“北京青少年电影文化活动基地”称号。东方文化酒店开展十周年庆典系列活动。公司在全系统内开展2010年“小金库”“假发票”专项治理工作。阳光设计所召开董事会议。四联美发开展“四比四评”活动。9月，菖蒲河公司举办八周年庆典。东方康泰公司举行“我与文化地产”主题演讲比赛。11月,梦幻管理公司与北京影视动画协会合作共同举办2010动漫版权服务周北京站活动。大华环球影视公司“家和万事兴之幸福的味道”正式开机。北方佳苑饭店全体员工共贺佳苑饭店九岁生日。12月,长虹影城2010年总票房1258.89万元,全年有6个月份的票房超百万元。东方文化小汤山培训中心圆满完成东城区领导干部务虚会接待任务。（边玉梅）

【领导活动】 年初,东方文化资产经营公司领导班子先后调研走访文化地产板块的康泰、雍和园、世源公司;文化旅游板块的新北方、菖蒲河公司;文化创意板块的大华传媒、音乐剧、艺术馆等公司,听取公司经营现状以及发展思路的汇报。了解企业情况,熟悉企业管理团队。5月,“2010北京国际旅游博览会暨北方旅游交易会”在中国国际展览中心举办。公司董事长李桦、总经理张玉玲等参加展会开幕式。5月,公司领导接待安徽省蚌埠市禹会区毛副区长一行五人来公司考察交流。8月23日,周永明副区长到公司进行调研。公司董事长李桦、总经理张玉玲介绍企业基本情况并汇报重点建设项目进展情况。8月31日,区长牛青山调研北片风貌保护工程,公司董事长李桦汇报玉河、钟鼓楼、国子监项目工程的进展情况。9月3日,国资委党委书记乔世怀、主任杨博贤等到公司进行调研,高度评价公司调整重组前后的工作,强调东方文化在打造首都文化中心区的工作中责任重大,要进一步把资源优势转化为产业优势,为东城区经济建设、和谐稳定做出贡献。10月,公司董事长代表东城区政府参加文化部组织的文化产业项目调研。11月10日,东城区委副书记常卫、区委组织部长吴松元等区领导到公司考察调研国企党建工作。11月4日,国家文物局文保司司长许言、文物处处长刘洋考察钟鼓楼项目。12月,公司总经理就公司发展历程接受新华网采访。（边玉梅）

【企业党建、文化建设】 2月26日,公司党委召开深入学习实践科学发展观活动总结会。公司党委对学习实践活动进行满意度测评,测评结果满意度为100%。3月,公司代表队参加区工会组织的2010年纪念“三八”国际妇女节100周年“女职工风采展示大赛”,获得优秀组织奖。4月,青海玉树发生7.1级大地震,公司各权属企业,积极为玉树灾区捐款,共计6.81万元。5月,公司组织文化创意产业学习考察活动。公司领导及相关管理人员实地考察上海世博会和无锡、扬州、乌镇等文化产业。此次考察使公司更深入地了解文化产业发展态势。7月,公司党委举办“东方文化纪念建党89周年暨‘争先创优’活动主题党课”。8月,根据区国资委关于开展“我是东城国企人”主题活动要求,公司举办“弘扬三心精神 我是东方文化人”文艺汇演。8月,公司工会、团委联合举办“东方文化2010年三人篮球赛”。东方康泰公司、菖蒲河公司、东方文化酒店分别获奖。9月,公司党委成立东方文化党员志愿者服务队,深入开展“党心连民心、亲情进万家”活动。11月26日,公司工会组织员工到时传祥纪念馆参观学习。

（边玉梅）

【皇城艺术品交易中心成立】 10月11日,东方文化资产经营公司所属皇城艺术馆举行北京皇城艺术品交易中心开幕揭牌仪式。北京市政协副主席陈平、文化部文化产业司司长刘玉珠、区委书记杨柳荫、区长牛青山及文化部艺术品评估委员会的专家委员等出席开幕式。（边玉梅）

【文化创意博览会】 11月,在第五届文化创意博览会上,公司携各文化创意产业项目亮相文博会。通过展板平面宣传、液晶视频媒体宣传及边界移回立体影像设备新技术,声影并茂地向观众展示公司打造文化创意产业的各项工作。展会期间区长牛青山,宣传部长赵中原,常务副区长徐熙,副区长朴学东等领导亲临东方文化展位,仔细观看并听取讲解,对公司在文化创意产业的建设与发展有了深入了解,并给予高度评价。（边玉梅）

【音乐剧《爱上邓丽君》】 12月30日晚,由北京东方松雷音乐剧发展有限公司制作出品的音乐剧《爱上邓丽君》,在香港文化中心大剧院举行全球首演,并正式启动全球巡演。香港特区政务司司长唐英年、中央政府驻港联络办公室和外交部驻港特派员公署代表及作为该剧出品方代表的东方文化资产经营公司董事长李桦、东方文化经济发展集团有限公司董事长冯炜出席首映礼并观看演出。影视剧创作25集电视剧《幸福在路上》,电影《三笑之才子佳人》、80集电视剧《水浒》及30集电视剧《香格里拉》等影视剧作品。（边玉梅）

【文化创意产业融资平台】 借助中关村自主示范区的产业优化政策,以资本平台、媒体平台为手段,发挥产业专项资金的引导作用,多渠道开展融资,致力于引导和促进文化创意产业的发展,目前对外股权投资累计额超过2500万元,投资对象涵盖版权、动漫及信息技术等多个领域;搭建北京文化创意产业融资平台,向国家开发银行、北京银行募集资金,资金总额达到12亿元,专项用于扶持拥有自主知识产权的文化创意企业发展,从根本上解决文化创意企业融资难的问题。（边玉梅）

【重点项目】 玉河项目北区已全部完成项目审批手续并实现5个地块的开工。钟鼓楼广场恢复整治项目规划方案已通过两次专家论证会及市规委、市文物局的两委会,并已上报国家文物局。立项手续方面,已完成土地预审手续,并完成项目规划意见书;项目建议书取得市发改委的立项批复。同时完成项目投资及拆迁测算,并完成拆迁实施拟定方案。钟鼓楼市政道路整治工程项目完成三条胡同的方案设计及可行性研究报告。整治方案通过两次专家论证会和市文物局的两委会,已报送国家文物局,等待最终批复。王府井精品项目公司,确定土地出让方式,解决项目存在的回迁置换问题,完成项目土地一级开发成本费用的调整,项目入市条件全部具备,只待国土局发布招标公告。北京时间项目已完成土地收储,规划方案已通过专家论证会及市规委、市文物局的两委会,得到国家文物局、市文物局批复。项目按文物部门规定已完成文物地下勘探工作。该方案正在报送市政府审批。文化创意大厦项目完成用地性质及控规调整，市规委已核发规划意见书，通过与市、区国土局沟通协商，明确供地方式。中医药博物馆项目规划根据区政府的要求积极与国家中医药局研究立项问题。完成三个不同立面效果的初步概念方案，同时研究土地西扩的可能性。地铁8号线鼓楼站扩拆建设项目与地铁设计公司沟通交流，结合地铁设计方案和进度安排，确保“同步设计、同步施工”要求的实现。国子监区域规划年初完成整体规划方案的委托设计，并配合委托单位完成区域调研和方案研究工作。（边玉梅）

北京东方祥泰投资管理公司

【概况】 北京东方祥泰投资管理公司，成立于2006年3月13日。由北京信达资产经营总公司出资，以出资额为限，对公司承担责任。公司注册资本2000万元，在岗职工368人，权属企业17家，经营业务为投资管理、技术开发、技术培训和企业管理咨询。公司经营项目稳步推进，教育产业领域的开发取得新进展。全年总收入2970.25万元，上缴税金105.25万元，国有资产保值增值率104.6%。为区教育系统补充教育经费1755.53万元。

单位名称：北京东方祥泰投资管理公司
单位地址：东城区报房胡同82号
联系电话：64032966　邮政编码：100010（沈梦溪）

【劳动人事管理】 本年，为在岗企业职工，缴纳五项社会保险276万元。为退休企业职工发放退休费342万元，在职职工门诊医药费报销6万元。（沈梦溪）

【两会安全保障】 与17家权属单位、10家房屋承租单位，签订两会《安保责任书》，明确两会期间安全责任。对青蓝大厦有限公司、普度寺管理处、东城教师公寓等重点单位安全保卫工作，进行重点部署，对安全应急预案、安保措施、消防设施、值班安排等进行重点检查。两会期间未发生责任事故。（沈梦溪）

【校办企业管理】 对未转入国资委系统和未改制的校办企业，负责处理东城区校办企业遗留问题，包括债权债务，劳动人事纠纷，人员管理等，并代表校办企业进行法律诉讼，聘用会计事务所，对资产进行审计，如雍和实业公司与国子监中学、惠东塑料制品厂与二中之间关于房屋场地使用及其他遗留问题等。（沈梦溪）

【地方教材出版】 年初，经初审通过《＜弟子规＞新解》一书，由北京出版集团公司正式出版。同期印发教师用书。《＜弟子规＞新解》作为北京市小学一至三年级地方教材的立项申请，2008年获市教委批准，2009年4月交市教委审查，2009年11月23日，北京市教委正式下文通知初审通过。（沈梦溪）

【后勤服务】 推广学校后勤社会化进程，在府学胡同小学，府学胡同小学分校，区特学校，市第一幼儿园，市第一幼儿园海晟分园，大方家回民幼儿园等6家单位，开展后勤保障工作。（沈梦溪）

【学生保险】 以北京联合保险经纪公司（UIB）东城分公司为平台，开展以校方责任险、学生意外伤害险为主的险种，为全区各中、小学师生，开展中介服务。校方责任险已覆盖84所公办校，在校生6.85万人参保。至年末，学生平安保险出险1358起，赔付金额94万元。（沈梦溪）

北京建远投资经营有限公司

【概况】 北京建远投资经营有限公司（简称建远公司），是原崇文区国有资产监管运营企业。2004年9月8日取得工商营业执照，10月28日在大都市街南七楼举行揭牌仪式。主要职能：代表区政府行使出资者权利，对区国资授权范围内，涉及房地产开发、建筑、投资等行业13家企业国有资产，依法进行监管和经营，承担国有资产保值增值责任，具有推进国有企业改制和搭建投融资平台职能。现有监管企业4家：北京正阳恒瑞置业公司（原北京市崇文区城市建设开发公司）、北京崇建汇友装饰中心、北京祈年房地产开发有限责任公司、北京广崇房地产综合开发有限公司、北京建新业劳动服务有限公司。参股企业5家：北京崇建工程有限公司、北京华光晟业投资管理有限公司、北京兴隆置业有限公司、北京兴隆天和投资有限公司、北京市房地产交易中心。公司设办公室、劳动人事部、财务部、资产监管部和投资经营部，职工13人。设党支部（联合），党员20人。年末，总资产（不含参股公司）150.53亿元，净资产13.02亿元。本年，公司加强国有资产监管、保障国有资产安全和保值。推进国有企业改革、国有资产资源整合工作。支持推进建远监管企业承担的保障性及重点工程建设；做好综治、安全生产、信访维稳工作；加强党建工作，开展创先争优活动，党组织凝聚力、战斗力在企业各项工作中得到彰显。9月29日，公司办公地由原崇文区珠市口东大街16号3层迁至东城区天坛路55号楼5层。

单位名称：北京建远投资经营有限公司
单位地址：东城区天坛路55号楼5层509号
联系电话：67075339　邮政编码：100050（郭金巧）

【爱心捐款】 1月，参加“关爱优抚对象，共建同奔小康”捐款活动，善款2000元交至区民政局。4月，参加“博爱在京城”募捐活动，向崇文区红十字会捐款8000元。6月，组织参加“共产党员献爱心”捐款活动，19名党员和4名积极分子捐款1090元，交至崇文社会福利慈善协会。（郭金巧）

【国有资产监管】 按照国有资产监管制度规定，落实国有资产重大事项报告制度。全年上报请示30件、专项报告6件，下发通知3件、批复20件，涵盖企业投资、贷款、股权变更、资产转让、企业清算、法律纠纷、企业重大经营行为变动、房屋租赁、处理历史遗留等问题，维护国有资产安全。（郭金巧）

【国有企业改革】　本公司监管北京正阳恒瑞置业公司(简称正阳恒瑞公司),是原崇文区城建系统唯一未改制的国有企业。年内,建远公司推进正阳恒瑞公司改制工作,取得实质性进展。通过书面资料和现场调研、座谈会等形式,了解企业情况,制订适应企业情况和改制方案草案。严格监督改制工作规范操作,派人进入正阳恒瑞公司改制工作小组,直接参与讨论改制方案草案、改制立项及相关文件的草拟工作。聘请中介公司,开展并完成清产核资基础工作。直接参与正阳恒瑞公司投资的六家物业公司的整合工作,确保工作平稳、规范推进。六家公司已全部聘请中介评估公司,进行清理和评估,其中四家公司已将原来分散的职工个人股权,全部以经评估的公允价值回购。　(郭金巧)

【保障房项目建设】　正阳恒瑞公司承担弘善家园工程项目、定福庄项目、通州两站一街项目的建设任务。建远公司帮助企业协调资金1.4亿元,协助企业办理相关手续,缓解资金压力。在系统内调配人员,充实正阳恒瑞公司专业技术一线队伍,加强工作管理、销售管理力量。弘善家园是区城市建设安置专项用房。1月16日,国务院总理温家宝到弘善家园现场视察。年末,实现区委区政府制订完成项目工程量90%的任务目标。7个住宅组团,60万平方米住宅竣工交用。年内,办理搬迁入住手续的居民1399户。项目完成投资额10.4亿元(累计完成投资额49.2亿元),完成房款收入3.35亿元(累计完成房款收入27.8亿元)。定福庄项目2月开始筹备,8月13日,国务院副总理李克强为项目奠基,项目建设正式启动。9月,组建定福庄项目筹备部并进驻现场。5月,通州区台湖镇两站一街E5、E6地块,由市政府确定作为原崇文区旧城人口疏散地块。项目定位除定向安置房外,要求涵盖经济适用房、廉租房、公租房、两限房等保障房产品。正在设计工程方案。　(郭金巧)

【市政道路建设】　年内,公司直管北京建新市政工程管理有限公司(简称建新市政公司),承担16条市政道路建设任务,其中东南二环内滨河路整体竣工通车,体育馆西路竣工。东西四块玉路实现开工。刘家窑路、正义路南延南段、法华寺路、长青南路、夕照寺中街、体育馆西路北段、东晓市街、革新南路、松林东路、桃杨路、安乐林路和体博路正在前期规划。　(郭金巧)

集体经济管理

北京市东集兴业经贸有限责任公司

【概况】　2010年,东集兴业经贸有限责任公司(以下简称"公司")依据年初制定的总体工作目标,以房产经营为主线,带动市场、出租等服务行业齐头并进,认真落实重点工作目标,取得经济效益平稳增长的优异成绩,并依法依规圆满解决景山双盛公司的群体违法事件,有效地维护企业依法经营和股东的合法权益。全年取得各项收入3277.59万元,实现利润537.68万元。

单位名称:北京市东集兴业经贸有限责任公司
单位地址:朝阳区安华西里一区26号楼三层
联系电话:64274716　邮政编码:100011　(赵家慈)

【房产经营】　振新商贸公司规范房屋租赁管理,房租标准实行动态增长机制。建国兴业公司在完成对妆帝大楼的改造之后,依据现有条件和市场行情,提高房屋租赁价格,房产收益大幅上升,创历史最好水平。广联物业公司积极配合凯基伦公司,以盘活楼内闲置资产为重点。将"北京达人堂美容服务有限公司"引进大楼三层,将"北京合建志洋装饰工程有限公司"引进大楼六层、七层,取得良好租赁收益。世纪新安公司为确保房租按时足额收取,将物业部分成三个组,实行区域负责制,采取多种形式收缴租金,房管人员定期与财务部门沟通、核对,及时掌握租金的进账情况,并将租赁商户细化分类,千方百计使更多的商户一次性缴纳半年或全年租金,为顺利完成全年任务奠定基础。　(陈桂兰)

【出租汽车公司】　2010年,新中出租汽车公司在内部挖潜的基础上,积极协调行管部门,特批7个双班指标,增加双班运营比例,有效地提高企业的经营效益,全年完成收入593.7万元,实现利润89.5万元,两项指标均比上年有所增长。景山出租汽车公司继续保持经济效益的稳定。　(赵家慈)

【退休退养职工管理】　2010年退管系统共接待来电、来访千余人次,以最大努力使他们得到满意的答复。为9名退休人员办理医疗救助手续,救助总额3.6万元,尽最大努力为困难职工减轻压力。　(赵家慈)

【安全生产、维护稳定工作】　2010年公司继续贯彻落实《关于安全生产(经营)确保企业稳定的奖惩制度》,把安全工作放在首位,将各项责任落实到人,各项措施落到实处。坚持日常检查与重点检查相结合,逢重大节日或重要敏感时期都要对治安、消防、食品、交通、水、电、气等方面进行安全大检查,不放过任何隐患,对查出的问题限期整改,并跟踪复查,

直到合格为止。全年未发生重大安全事故。（陈桂兰）

【信访排查工作】 2010年，公司党政领导高度重视信访、排查调处工作，定期听取汇报，坚持领导包案制度，各公司信访干部积极开展有效的化解工作，使信访件逐年减少，全年未发生群体访、越级访。为维护企业的安定与稳定，全年进行5次矛盾排查，分别予以解决落实，受理信访4件，办结4件，结案率100%。（隆彬）

【创先争优】 2010年，为积极响应党中央提出的“广泛开展创建先进基层党组织、争当优秀共产党员”的号召，党委召开工作会，通过《创先争优活动方案》，并将活动方案下发到各基层支部。结合学习贯彻党的十七届五中全会精神，党委还组织开展系列学习和党员公开承诺制度的活动。在“七一”前夕开展的“共产党员献爱心”捐款活动中，共有74名党员参与捐款，捐款金额为4920元。（陈桂兰）

【工会工作】 2010年，工会在增强企业凝聚力和向心力等方面做了有效的工作。“两节”期间工会开展“送温暖”活动，走访、慰问困难职工560余名，发放慰问金和慰问品共计25.67万元；“三八节”为全体女职工体检，将关注女工健康落到实处；组织在职职工参加通用能力培训，不断提高职工的综合素质；为2名劳模申请劳模津贴，使因企业不景气而多年未领到劳模津贴问题得到彻底解决；夏日炎炎，工会出资为出租汽车司机送去矿泉水和防暑用品，为系统内8名符合助学条件的困难职工子女申请1.7万元助学金，帮助困难职工缓解子女就学的经济压力；组织208名职工观看影片《唐山大地震》。被区总工会评为2010年度优秀工会组织。（隆彬）

【民主评议工作】 2010年，公司继续开展民主评议工作，成立“民主评议领导小组”，制定《实施办法》，被评议的企业领导干部在大会上述职并征求职工意见。在此基础上，公司采取座谈、量表测评等形式，由职工对被评议人全年的工作给予实事求是的评价，18名领导干部参加评议，优秀率达100%的领导有12名，通过评议有效地促进企业的党风廉政建设。（陈桂兰）

公司机构负责人

东方信达资产经营总公司
　董事长、党委书记　贺　征
　总经理　邹宜凡
东方文化资产经营公司
　董事长、党委书记　李　桦
　总经理　张玉玲
北京东方祥泰投资管理公司
　董事长、党委书记　蒋政军
　总经理　鲁天龙
北京建远投资经营有限公司
　董事长　陈　艳
　党委书记　郭金巧
　总经理　栾永良
东集兴业经贸有限责任公司
　董事长、党委书记　李　增
　总经理　黄满泉

工商·旅游·对外经济

工业企业

北京金漆镶嵌有限责任公司

【概况】 北京金漆镶嵌有限责任公司(以下简称金漆公司),其前身北京金漆镶嵌厂是1956年建厂的国有企业。2005年3月,改制为有限责任公司。注册地址为东直门内南小街18号楼14号。生产经营项目:为传统漆器、古典家具、室内装饰及木雕根雕石雕等其他工艺品。室内装饰业取得设计和施工双项国家甲级资质,被北京市工商局评为“守信企业”。年销售收入3000万元。本年,完成工业增加值同比增长5%,完成产品销售额同比增长63.5%,上缴税金同比增长75.2%,实现利润同比增长409.5%,职工年人均收入同比增长3.4%。2008年6月,金漆镶嵌髹饰技艺被列入国家级非物质文化遗产保护名录。金漆公司为该项目的申报和保护单位。

单位名称:北京金漆镶嵌有限责任公司

单位地址:朝阳区小红门乡红寺村40号

联系电话:67671153　邮政编码:100078　(张莉)

【非遗文化庙会】 2月12~28日,金漆公司在所属英明斋和艺俱轩两个门市部,开展“第二届金漆镶嵌非遗文化庙会”活动。本活动内容包括:企业展示、产品展销,工艺美术大师和技师现场技艺表演。活动获东城区春节庙会·灯会文化活动“非遗魅力奖”。(张莉)

【经典作品展】 5月22日,“金漆镶嵌历代经典作品展”在金漆公司所属物华苑门市部开幕。公司研发的中国古代漆器经典作品58件(套)参展。11月,展品移至公司总部展出。战国、汉、明清仿复制金漆镶嵌历代经典作品,以三个时期为主。有部分秦、唐、宋、元等时期作品。工艺以描漆、描金、戗金、平金等彩绘类为主,也有部分镶嵌、雕填类。造型与功能方面,有器皿、摆件、家具、屏风、酒具、食具、礼器、乐器等。6月30日,北京市工艺美术界6位专家、大师,对金漆公司仿复制的58件(套)古代漆器作品进行鉴定评估,平均得分96.6分。专家一致认为:金漆公司将仿复制中国古代漆器经典作品作为产品研发和非物质文化遗产保护的重要内容,具有开拓性,仿复制品在设计、制作方面达到较高艺术水准,再现原作神韵,是一次成功的再创作。(张莉)

【工作会议】 9月16~18日,金漆公司作为中国工艺美术协会漆器专业委员会主任委员单位,在京组织召开漆器专业委员会工作会议。全国漆器界30位专家学者、漆艺大师和企业家,部分省市工艺美术协会和驻京办事处领导参加。中国工艺美术协会常务副理事长、中国工艺美术集团总经理张红到会并讲话。会议通过开展全国漆器界赈灾义卖活动,编辑出版《中国漆器大全》一书和准备改选专业委员会领导机构等三项决议。与会者参观金漆公司总部、连锁店和大厂生产基地。(张莉)

【产品获奖】 10月,在山东济南举办的首届中国非遗博览会上,金漆公司设计、制作的“雕填镶嵌套盒”获银奖。11月,在第五届文博会上,仿秦代出土文物“乌云纹圆盒”,获“北京礼物”金奖。(张莉)

【木工设备改造】 年末,金漆公司完成木工设备更新改造项目,添置木工设备10台(套),改造18台(套)。(张莉)

北京市珐琅厂有限责任公司

【概况】 北京市珐琅厂有限责任公司(简称珐琅厂)其前身北京市珐琅厂,创建于1956年1月10日,郭沫若题写厂名,是全国景泰蓝行业中唯一的一家中华老字号、生产经营景泰蓝规模最大专业企业,集研发、制作、商贸、传统技艺展示、精品欣赏为一体,是国家级非物质文化遗产景泰蓝制作技艺保护传承基地,本市重点外事接待单位,全国工业旅游示范点,少数民族用品定点生产企业。2002年11月转制,国有股占38.7%,职工股占61.3%。企业占地面积2.33公顷,建筑面积24285平方米,在职、退休职工1200余人。年内,实现利润235.6万元,实现税金368.3万元。股东分红率为30%。职工平均收入增加500余元。继续为职工办理重大疾病互助合作保险、住院医疗合作保险及意外伤害互助保险、计划生育家庭保险。企业党政工领导分别看望走访劳模、孤寡、重病住院及困难职工32人次。企业获北京市第十届思想政治工作优秀单位称号,连续五年获北京市和谐劳动关系单位,获东城区优秀工会组织。

单位名称:北京市珐琅厂有限责任公司

单位地址：东城区永定门外安乐林路10号
联系电话：67211677　邮政编码：100075　（张莉）

【调整经营结构】　上半年，公司对生产销售结构进行较大范围的优化、调整。改善销售展厅的环境质量，拓展对外销售渠道、范围，拓宽景泰蓝制作技艺的应用领域，充实生产经营部门，加大高端商务礼品、收藏品、建筑装饰配套产品的开发力度，承接并完成前门大街开街一周年1000份礼品的合同、台办及台湾会馆礼品合同、多处建筑装饰工程合同、海航礼品以及张一元茶叶罐批量合同等。（张莉）

【完成无铅釉料初试工作】　年内，公司完成64种无铅釉料的初试工作。减少对环境的污染，改善操作环境和生产人员的健康状况，降低生产成本约25%，同时，为景泰蓝产品向生活用品、餐饮用具、室内外建筑装饰等领域发展奠定基础，成为企业新的经济增长点。（张莉）

【参加展会】　参加北京市工艺美术行业协会、北京非物质文化遗产保护中心、北京市老字号协会组织的各种展会，以及中国工艺美术大师作品暨国际艺术精品博览会、中工美内销订货会、春秋两季进出口商品交易会等展会。还参加西城区文委、安定门街道、地坛公园等举办的一系列展示、销售、宣传活动。获得中华民族艺术珍品馆第三届文化节金奖、第五届北京文博会最佳展示奖。在中国工艺美术大师作品暨国际艺术精品博览会以及中国老字号企业在上海、天津、北京举行的老字号展会上，销售额达50余万元，排名中国老字号展销额第二名、北京展团销售额第一名。公司的品牌效益、经济效益和社会效益三丰收。（张莉）

【京珐牌景泰蓝奖项】　在首届全国非物质文化遗产展上，由钱美华大师设计的“和平颂宝鉴”获银奖；在中国工艺美术大师作品暨国际艺术精品博览会上，钟连盛、李静设计的30英寸“鱼乐图”荣获金奖、赵卓子设计的12英寸“八骏图”圆盘获铜奖。年内，企业还获得中华民族艺术珍品馆第三届文化节金奖、第五届北京文博会最佳展示奖。（张莉）

【钱美华大师去世】　钱美华大师1927年6月8日出生在浙江宁海，高级工艺美术师、中国工艺美术大师、北京市特级工艺美术大师、首批国家级非物质文化遗产景泰蓝制作技艺代表性传承人，北京市珐琅厂第一任总工，2008年获中国工艺美术终身成就奖，2009年被文化部中外文化交流中心和中国名家收藏专业委员会评为影响中国收藏界十大人物，她设计的景泰蓝被国家誉名为“钱氏景泰蓝”，钱美华大师2010年3月31日在北京因病逝世。2010年6月12日，北京工艺美术行业协会、北京市工艺美术行业学会、北京市珐琅厂有限责任公司及其他业内人士30余人参加“中国工艺美术大师钱美华追思会”。（张莉）

北京剧装厂

【概况】　北京剧装厂于1956年1月成立，是国内剧装行业规模最大的国有企业，民族产品定点厂家。产品从单一戏剧产品向大型庆典活动、影视剧、旅游设施、宗教场所、户外广告、文物复制等领域拓展，擅长完成难度高、批量大、时间紧的业务。曾为梅兰芳、程砚秋、张君秋等艺术家量体裁衣，在文艺界有较高知名度。先后为北京奥运会开、闭幕式等大型活动、国庆60周年庆典活动以及众多影视剧，制作大批服装和道具。为故宫等各级博物院（馆）复制大批国宝级绣品类文物。开拓旅游市场，开发工业旅游，吸引外国宾客来厂体验制作乐趣，本年接待13批、200名外宾。全年，完成工业总产值657.87万元，销售收入746万元，上缴税金124.2万元。在职职工60人，离退休职工293人。

单位名称：北京剧装厂
单位地址：东城区西半壁街1号
联系电话：67020742　邮政编码：100050　（孙晓华）

【吉祥物制作】　9月，本厂经过激烈竞标，承接了广州亚运会开幕式及运动会期间宣传表演所需的吉祥物“喜洋洋”制作任务。面对责任大、标准高、工期紧等因素，全体员工以亚运任务压倒一切的政治意识，以为亚运再次做贡献为荣誉，放弃公休日，车间职工连续倒班。在规定的10天工期内将吉祥物送到指定地点。在开幕式表演过程中，吉祥物“喜洋洋”成为亮点之一。（孙晓华）

【探索京剧推陈出新之路】　10月中旬，承接国家大剧院的年度大戏——新编京剧历史戏《赤壁》（少儿版）全部演出服装的制作任务。该戏是国家大剧院的年度压轴大戏，在服装上融入大量的现代、时尚元素，将衣料进行涮色处理以展示飘逸和梦幻的意境，加上高科技手段的声、光、电等舞台艺术处理手段，使传统戏的演出充满现代感觉。（孙晓华）

【梅派剧装制作】　年内，历史悠久的正乙祠戏楼创意，组织一台“梅兰芳华”京剧表演节目。该节目为梅派艺术代表性剧目的折子戏，如《贵妃醉酒》《霸王别姬》等，荟萃京剧梅派艺术精华，演员阵容强大。主办方指定由本厂为演出服装和道具制作单位。上世纪五六十年代时，本厂已故工艺美术大师尹元贞，曾多次为梅兰芳先生设计戏装，根据梅先生的身体特点和剧情需求，对传统设计进行有针对性地改动，得到梅先生赞许。此次任务由本厂新一代领军人物、全国剧装行业唯一的国家级非遗项目代表性传承人孙颖，担任该批剧装制作工艺指导和质量总监，全厂各工艺职工，精益求精，按照精品要求完成价值50万元的剧装制作。美轮美奂的剧装，为演员们精湛的表演增色，喜爱梅派艺术的观众看得如痴如醉。“梅兰芳华”成为正乙祠戏楼保留节目，弘扬京剧表演艺术国粹。（孙晓华）

北京市工艺木刻厂有限责任公司

【概况】　2003年11月，北京市工艺木刻厂有限责任公司，改制后成立。公司为生产各种木雕装饰、牌匾、木雕礼品、工艺木座、仿古家具专业厂家,现有市一、三级工艺美术大师2人、工艺美术师和高级技师2人,从事工艺美术专业技术及经营人员20人。木刻厂历史悠久、工艺精湛、技术力量雄厚,产品远销国内外,享有很高的信誉。本公司为北京木雕行业第一企业,是北京工艺美术行业协会会员单位。公司"北京木雕小器作",被列为北京市第三批非物质文化遗产保护项目名录。

单位名称:北京市工艺木刻厂有限责任公司

单位地址:朝阳区小红门龙爪树宋家楼1号

联系电话:87693406　邮政编码:100164　(詹文静)

北京象牙雕刻厂有限责任公司

【概况】 北京象牙雕刻厂有限责任公司(原为北京象牙雕刻厂),创建于1958年5月。2002年末,企业改制更名为北京库鹏象牙雕刻有限公司,2008年7月,恢复现名是经国家林业局批准的合法生产经营象牙制品企业,以北派皇家宫廷艺术为主导,以人物、山水、花卉、鸟兽见长,艺术特点高雅、庄重、古朴、大气。现有国家级工艺美术大师4人,市级工艺美术大师10人。大师们创作的牙雕精品,得到社会各界认可。本年,李春珂创作的牙雕作品"观音"获"金凤凰"创新产品设计大奖赛金奖。柴慈继、线元恺联袂创作的牙雕作品"和莲女"获第十一届西博会金奖,杨健、栾燕军、韩旭红联袂创作的牙雕作品"红楼梦",陈秋阳创作的平刻作品"百雀图"分获银奖。李春珂创作的牙雕作品"如意仕女"获首届中国非物质文化遗产博览会银奖。在市"文化遗产日"活动中,公司获北京市年度非遗保护贡献奖。年内,公司以产品艺术化、品种多元化、经营市场化、管理职业化、职工利益最大化为指导思想,"创精品、抓品种、促传承、增效益",创作出一批独具特色的艺术精品,经营业绩超额完成年度任务目标。实现工业总产值516.7万元,销售收入414.1万元,利税370.3万元。

单位名称:北京象牙雕刻厂有限责任公司

单位地址:东城区国瑞北路52号

联系电话:67011742　邮政编码:100062

北京六零八厂

【概况】 北京六零八厂是具有50多年历史的光学镜头、光学眼镜片国有专业生产厂家,是中国国际贸易促进委员会、中国国际商会会员,中国光学协会、中国眼镜协会、北京眼镜协会常务理事单位。拥有独立的产品进出口经营权,从事光学镜头、透镜元件的开发、研制、生产、来料加工、出口贸易等业务,通过ISO9001:2000版质量体系认证。主要产品:光学F系列激光镜头,氟化钙、氟化镁光学晶体,光学锗镜头、光学元件等。本年,实行实体化战略调整,原合资企业北京博士伦眼睛护理产品有限公司、独资企业北京赛欧特眼镜有限责任公司及投资企业久智高科技公司,划归上级直属。企业对经营战略进行调整,确立"打造激光镜头专业厂家的十二五发展目标",进行人力资源及产品自主创新等战略调整和补充。全年完成工业总产值721.8万元,同比上升18.04%。主营业务收入835万元,比上年增加51.9万元。由于博士伦公司等企业的剥离,形成亏损150万元,企业被评选为市文明单位。

单位名称:北京六零八厂

单位地址:东城区幸福大街37号

联系电话:67125675　邮政编码:100061　(张西宁)

【文明共建活动】 4月中旬,组织职工共建单位在房山区霞云岭乡四马台村,举办义务植树活动,并与四马台村正式命名设立六零八厂绿化基地。在市委举办的"文明共建"工作会议上,企业作为先进单位代表,作题为"以绿为媒共携手强强联合促发展"经验介绍。　(张西宁)

【战略调整】 根据产品自主创新和市场需要,构建社会招聘、厂校联谊,广纳人才的组织框架,在对高技术专业人才锻炼、培训、重用,落实企业员工普及技术培训。制订高技术专业人才绩效挂钩的使用及待遇政策,发挥专业技术人才的积极性,实现产品自主创新的突破。建立人力资源管理体系,制订企业招聘、培训、使用等管理制度。根据生产发展对专业人力的需求,通过社会招聘、厂校联谊、网络信息等方式,广纳人才。　(张西宁)

【产品自主创新】 本年,研制并生产出第一支具有自主知识产权的F-theta激光镜头,相继开发F-theta系列镜头,其中500MM镜头,在国内属于领先水平,结束企业20年无自主知识产权产品的历史,该产品当年订单数量1050只。　(张西宁)

【网络建设】 年内,完成以企业浏览平台自动推广、手机捆绑、3G数字电视互联为内容的站点升级,300G企业邮箱升级,光纤10兆接入宽带改造,有效提升企业网络信息。　(张西宁)

北京机床电器有限责任公司

【概况】 北京机床电器有限责任公司(原北京机床电器厂),始建于1958年,2002年,改制为有限责任公司。是机床电器和低压电器产品的研制、开发、生产和国家定点生产机床电器、低压电器、电控柜和电工合金材料的骨干企业,国家振兴特定基础机械和基础件220家企业之一。占地面积3.4万平方米,固定资产净值1476万元。主要生产断路器、接触器、继电器、组合开关、行程开关、熔断器、漏电保护器、按钮、信号灯、变压器等30个系列,70个品种,2000种规格的电器产品以及电工材料、贵金属丝片材等,其中部优产品占40%。小型断路器获中国质量认证中心颁发的国家强制性产品认证证书。独家引进德国西门子公司3VE系列低压断路器、3LB系列组合开关专有技术,获国家一等品证书。3VE获中国机床工具博览会一等奖、中国新产品新技术博览会金奖,被用于卫星发射中心控制系统和"亚洲一号卫星"。银粉、银丝用于“神舟五号”载人飞船。公司进口设备率60%，建有机床电器北京测试中心，。公司通过ISO9001:2008版质量管理体系认证。低压断路器产品，被中国质量协会、全国用户委员会评为全国用户满意产品。3LB系列组合开关，通过国家机械工业局军工司鉴定。40个产品单元，通过CCC工厂条件认证，产品商标经国家工商行政管理局批准正式注册。3LBB转换开关，获欧洲安全标志CE证书。3LBB低压电器系列产品，通过欧洲环保标准检测，取得欧洲环保标准ROHS检测合格报告。3LBB-20、32、63低压电器，通过德国产品质量与安全认证，获莱茵技术有限公司颁发的T V证书。3LBB-20、63、115、150低压电器，通过美国安全认证，获美国安全认证UL证书。公司连续13年获重合同、守信誉称号，连续3年被市工商行政管理局评为守信企业。连续两年被北京企业评价协会评为“北京市信用企业”。本年，完成工业总产值1.16亿元，销售收入1.01亿元，机床电器年产量50.2万件，电工合金年产量2.84吨。

单位名称:北京机床电器有限责任公司
单位地址:朝阳区酒仙桥东风南路
联系电话:64381056 邮政编码:100016 （张京晖）

【献爱心捐款】 1月，全体员工为市困难职工献爱心捐款1700元。4月，为西南五省抗旱救灾捐款920元。6月，开展“七一献爱心”捐款活动，捐款7110元。 （张京晖）

【执照年检】 3月，公司企业法人营业执照通过市工商行政管理局年检，企业法人营业执照为A级，注册资本金780万元。 （张京晖）

【党建工作】 公司党委以“迎挑战、做先锋、深入推进压缩成本、管理创新”为活动载体，以“牢记历史、不忘过去、珍爱和平、开创未来”为主题，号召党员开展创先争优活动。组织党员参观平西抗日纪念馆，做爱岗敬业、诚实守信、促进和谐的先锋。党员响应党委号召，在工作中修废利旧、节能降耗，为企业节约资金35万元， （张京晖）

【工会工作】 建立困难职工档案，慰问病故退休职工家属，全年慰问走访离、退休职工50人次，帮助离、退休职工处理善后事宜17人。为住房困难的离休老干部申请两限房指标，上门发放社保卡，报销医药费等服务。 （张京晖）

【年度审计】 年内，聘请国富浩华会计师事务所有限公司，对企业上年度财务开支、企业纳税情况，企业利润和现金流量及财政政策执行情况进行年度审计。审计报告认为:公司财务报表的编制符合企业会计准则，遵守《企业会计制度》，财务状况、经营成果和现金流量情况真实。 （张京晖）

北京玻璃研究院

【概况】 北京玻璃研究院(原北京玻璃研究所)，成立于1960年，是专业从事光电功能材料研究、开发和生产的高科技企业，隶属于北京一轻控股有限责任公司。现有职工123人，其中专业技术人员49人。总占地面积5.36万平方米，建筑面积2.70万平方米，净资产1533万元。本院有闪烁晶体与光学晶体、特种光纤与光纤器件、特种玻璃与光学玻璃、光学薄膜与镀膜材料四大优势学科，其中光学晶体与闪烁晶体、特种光纤、光学镀膜技术水平居国内领先地位，具有北京市光学纤维研究实验室、北京无机晶体材料实验室、北京市光学晶体镀膜材料中试基地、北京光纤技术产品中试基地等高技术实验室和中试基地。承担并完成大量国内、国际科研任务和重大国防军工配套任务，自主研发的高科技产品广泛应用于航空、航天、兵器、核工业、船舶、电子等军用和民用领域，获各类科技奖励140项，其中国家级奖励12项，包括国家发明奖和国家科学技术进步奖。院设研究和生产部门有人工晶体、特种光纤、特种玻璃、光学薄膜4个事业部及科技质量部、生产经营部、财务部、党群行政部、综合事务部等职能管理部门。在中关村科技园区·通州园光机电一体化产业基地建成光电功能材料及器件研发和生产基地，注重坚持“科技创新、质量第一，追求卓越、顾客满意”的方针，科研开发和成果产业化，明确科技目标和加强人才队伍建设，改进质量管理体系，建设集研发、孵化、制造、贸易、科技服务于一体，具有高技术创新能力和可持续发展的现代科技企业。本年营业收入2052万元，上缴税金198万元。

单位名称:北京玻璃研究院
单位地址:东城区红桥东大地1号
联系电话:81508388 邮政编码:100062 （赵丽媛）

【产品国外参展】 1月，以氟化物晶体为主的红外光学晶体及器件、保偏光纤为主的特种光纤产品及器件等系列产品，在美国旧金山Photonics West 2010展会上展出。 （赵丽媛）

【课题验收】 9月，北京市科学技术委员会验收专家组，对“北京光电材料及器件研发基地建设”课题进行验收，给予高度评价，该课题通过验收。北京光电材料及器件研发基地发挥优势，以科研任务为纽带，开展光电材料及器件研发和应用技术研究，推进科研成果产业化进程。 （赵丽媛）

商业　服务业企业

【概况】　北京市东城区商务委员会(以下简称东城区商务委),主管本区国内外贸易和对外经济合作工作。本年,实现东城区社会消费品零售额645亿元,同比增长21.1%。全年新设立外商投资企业155家,实际利用外资5.4亿美元。实现外贸进出口总额136亿美元,同比增长6.3%。服务外包合同协议金额3.4亿美元,执行金额1.9亿美元,占全市总执行金额的12.6%。新批境外投资企业11家,对外投资总额4582万美元。引入跨国公司地区总部5家,总部数量达到12家。争取市商务委在主题促销、老字号保护和振兴、流通现代化等方面,给予财政专项资金支持913万元,涉及项目16个。崇文商务大厦企业集中办公区,全年引入企业462家,累计达到809家,全年实现纳税总额8.3亿元,其中区级财政税收贡献2.9亿元,是上年的3.7倍。商务委获市商务委2010年促消费工作突出贡献奖、服务进出口企业先进单位,北京市美食盛典活动优秀组织奖。被评为首都国家安全工作先进集体。全年共办理人大代表议案、建议及政协委员提案18件,其中主办10件,办理结果均表示满意和同意。

单位名称:东城区商务委员会
单位地址:东城区永内东街中里13号
联系电话:67079106　邮政编码:100050　(何戍)

【领导视察调研】　1月7日,原崇文区区委书记夏强到百荣世贸商城调研。强调:商城要抓住供应商等优势资源,全面提升商城业态水平,为区域经济发展做出更大贡献。1月16日,温家宝总理到区考察民生工作在物美便利超市天东分店考察时,向售货员询问米、面、油、肉、蛋等价格,要求商品供应要抓好流通和储备工作,做到生产足、货架满、价格稳、人心安。1月19日,区领导杨柳荫、郭怀刚,会见商务部流通产业促进中心副主任徐敏一行,洽谈王府井引进全国名优产品流通示范中心事宜,商务委主要领导参加。1月29日,郭怀刚会见日本山田电机株式会社五十岚诚专务一行5人,交流商讨日本山田电机株式会社入驻东城、在王府井地区设立中国旗舰店事宜。2月10日,市委书记刘淇,市长郭金龙等视察朝内南小街菜市场,要求市场在食品安全、环境卫生、安全生产等方面加强管理,确保节日供应,满足周边的生活需求。市委、市政府相关部门领导杨柳荫、杨艺文等区领导陪同视察。　(何戍)

【商务委工作会】　2月6日,原崇文区商务委召开2010年工作会。总结上年工作,布置本年工作任务。做好"引进、提升、培育、打造、巩固、补缺"六项工作要求。2月2日,组织召开粮食统计工作培训会议。就开展粮油供需平衡调查和做好社会粮食流通统计工作进行讲解。3月4日,组织区域内40家重点餐饮企业负责人召开餐饮企业快速订餐实时反馈系统动员部署会。　(梁俊丽)

【国际美食盛典】　4月18日,由中国烹饪协会、市商务委员会和区人民政府共同主办,北京烹饪协会、中国全聚德(集团)股份有限公司承办的"2010·北京国际美食盛典"活动,在王府井商业街开幕。商务部商贸服务管理司副司长王德生、市商务委主任卢彦、副主任李薇薇、区领导杨艺文、郭怀刚、中国烹饪协会常务副会长杨柳、各区县商务委领导和部分重点餐饮企业代表等,200人参加开幕式。4月22日,作为国际美食盛典分会场之一的首届南新仓国际美食节,在南新仓陇嘎精品黔菜餐厅,举行"亮名厨、推名菜2010南新仓精品创意菜展示会"。《北京商报》《北京卫视》《北京晚报》《北京日报》等媒体,对活动予以现场报道。　(何戍)

【美食文化节】　4月20~27日,原崇文区举办第二届美食文化节暨2010北京国际美食盛典。崇文区商联会主办,区饮食行业协会、中国联通北京分公司协办,便宜坊烤鸭集团和北京国瑞购物中心承办。展示传统特色技艺,提升餐饮企业科技创新水平,取得良好的社会效益和经济效益。　(梁俊丽)

【帽文化博物馆】　6月8日,盛汤锡中国帽文化博物馆正式对外开放。国家文物局博物馆司副司长张建新、文化部非遗司副司长屈盛瑞、市文物局局长孔繁峙、市文化局副局长阮兰玉、市商务委领导李薇薇、区领导金旭等出席揭牌仪式。　(何戍)

【活跃餐饮消费】　本年,东城区商务委制订《东城区2010年保增长搭建促销平台工作方案》,以餐饮行业为抓手,以重点节日、重要日期为平台,组织餐饮企业参加"2010北京请您来过年——春节十大系列群众评选活动"、"最受喜爱的年夜饭"、"京城20条餐饮街虎年迎新春"、北京翔达杯特色餐厅名菜名点展示等活动。举办2010年北京国际美食盛典开幕式和餐饮技艺展,开展首届南新仓国际美食节和"第二届崇文美食文化节"。启动快速订餐实时反馈系统并在30家餐饮门店中推广,被市商务委列为提高居民生活便利度的一种标准化方式。东城区商务委、新东安商场、南新仓商贸公司,获市商务委颁发的优秀组织奖,南新仓大董烤鸭店、饭前饭后、鼎香渔港等三家企业,获突出贡献奖。推进60家重点餐饮企业与老年餐桌的对接,取得良好的社会效益和经济效益。　(何戍)

【搭建促销平台】　落实市商务委关于做好北京市特色商业街消夏节活动的通知精神,组织开展"2010年东城区特色商业街消夏节”活动，王府井大街等8条商业街参与，举办王府井国际品牌节、第三届红桥珍珠文化节、金宝街嘉年华、南锣鼓巷文化休闲消夏月、南新仓皇家粮仓国际美食节、五道营文化风情节、王府井消夏购物节、崇外商圈购物节、簋街消夏美食节、消夏露天休闲节等系列活动。其中，首届崇外商圈购物节，首次提出整合营销理念，由政府搭建平台，构建不同行业、不同业态、不同企业之间的促销联动。区商务委对消夏节活动进行专项调度，及时监测销售额、客流量等相关数据，加强安全生产检查，定期走访商业街管理机构，确保消夏节活动顺利开展。消夏节期间，各商业街开展主题活动13个，带动消费11亿元，同比增长20%。客流量800万人次，同比增长18%。组织企业参与2010年购物季活动，9月至12月中旬，推出新世界百货12周年庆典、第一届前门历史文化节、台湾文化商务区特色商品展示、东方新天地金秋盛会、爱在恒基婚博展销会等13个商业企业主题促销活动。

（何戍）

【扶持老字号企业】 帮助便宜坊哈德门店重张开业，获区级财政支持80万元。组织大明眼镜、同陞和等12家老字号企业，加入北京品牌协会。协助盛锡福建立帽文化博物馆，策划并举办盛锡福百年庆典活动。组织吴裕泰、盛锡福等19家老字号企业，参加王府井国际品牌节主题论坛。协助便宜坊、四联美发、中国照相等企业，申报非物质文化遗产传承人工作室专项资金补助。完成《老字号商标注册调查结果暨知识产权托管建议》，协助区工商分局和知识产权局，推进老字号知识产权托管工作。走访中国照相传承人工作室项目，召开以“老字号与知识产权保护”为主题的老字号第二次联谊会活动，加强与老字号的沟通联系。协助、鼓励老字号参加中国中华老字号博览会。（何戍）

【发展特色餐饮】 推动清真餐饮品牌建设，帮助企业争取民族定点企业发展项目12个，扶持资金285万元。制订《东城区早餐规范服务标准》，加大对早餐经营企业的扶持工作力度，巩固和提高便民早餐服务。在市早餐经营示范店授牌仪式上，区白魁老号饭庄、山东菜馆等19家企业及肯德基、麦当劳、永和大王等69家连锁企业门店的88个早餐网点，被评为北京市早餐经营示范店，占全市早餐经营示范店的8.8%。组织便宜坊新世界店、天坛旻园御膳饭庄、金昌盛左安门店、乙十六商务会所、七彩云南安贞店、大董烤鸭店金宝汇店等6家店，申报国家特级餐厅。在《北京青年报》“五月北京星级美食大搜索”活动中，区东方君悦大酒店凯菲厅、王府井希尔顿酒店、丽晶酒店迪卡博餐厅等餐饮企业以其优质的菜品和独特的环境，被《北京青年报》推介。12月，区商务委组织召开早餐规范服务评选暨国家级酒家表彰会，对本年度新评选出的6家国家级特级酒家进行表彰。（何戍）

【特色街区建设】 健全服务机构，指导有条件的商业街成立商业街管理机构及街区自治组织。完善沟通机制，制订《商业街例会暨培训方案》。探索监测机制，拟定《商业街经济运行监测指导意见（试行）》。优化业态配置，制订完成《银街（东四—东单）商业业态调整试行办法》修正稿，协助交道口街道完善并发布《南锣鼓巷商业业态调整资金使用办法实施细则》，加大对重点商业区、重点商业项目及新开商业设施的业态监测。重点关注台湾会馆商务区、鲜鱼口民俗餐饮区以及红桥生活艺术馆的商业增量，确保其高端特色。指导王府井、南锣鼓巷和南新仓、红桥市场，分别制订二次升级改造计划。参与举办前门历史文化节等商业街主题活动。（何戍）

【商业专项资金使用】 本年，东城区获市商业专项补助资金913万元，用于支持老字号、电子商务、菜市场建设、商业无障碍设施改造和品牌连锁建设，其中老字号发展210万元，占23%；电子商务260万元，占28.5%；菜市场建设100万元，占11%；无障碍改造147万元，占16.1%，品牌连锁160万元，占17.5%；南北两片促销奖励资金各18万元，占1.9%。

（何戍）

【电子商务】 起草并完善《东城区关于加快发展电子商务的实施意见》，采用现代技术改造提升传统商业，实现业态、管理和技术全面升级，出台鼓励电子商务加快发展的相关措施和意见，使电子商务成为东城区经济增长的新模式。加大协调力度，促成时尚新世界百货顺利开业。（何戍）

【销售小客车手续备案】 12月24日，按照市商务委《关于北京市汽车销售企业“销售小客车手续”备案工作的通告》要求，东城区商务委对全区25家汽车销售企业及4名个人消费者，在12月23日（含23日）前售出的小客车相关手续，进行备案，共计备案合同书4571份，备案车辆8029辆。（何戍）

【社区商业体系建设】 修订《东城区社区商业建设标准体系》，按照“买的方便、花的便宜、吃的放心”的宗旨，通过制订制度、定期检查、资金支持等措施，对早餐、菜篮子等民生工程加强管理，实现可持续发展。全年新建、规范各类社区商业项目300个。安定门街道花园社区被商务部评为国家级商业示范社区，东城区已有国家级商业示范社区4个和市级商业示范社区4个。新增规范化社区菜市场3家，组织7家菜市场建立场店对接，组建绿色车队39辆，设立“保本菜”摊位18个，“保本菜”摊位销售量占总销售量的7%。采取政府直接补贴租金的方式，投入区级财政资金50万元，使直营配送的12家社区菜店“零租金”。与山西省天镇县政府签订战略合作协议，建立无公害蔬菜基地的农超对接，570平方米的蔬菜直营店开业，蔬菜价格比周边便宜10～20%。加强对新发地连锁经营菜店和社区规范化菜市场的检查指导，每季度联合街道办事处主管领导进行巡查，听取百姓意见和建议，现场解决菜店经营中的不规范行为。（何戍）

【再生资源回收】 全年，区商务委推进全区再生资源回收体系建设工作，对新整合的再生资源经营者进行登记备案，实现规范化网点全覆盖。新建机关企事业单位回收网点200个，投放废纸分类设施7000个，东城区再生资源分拣中心正式挂牌启用。截至年末，东城区已建成再生资源回收网点

451 个。 （何戎）

【早餐工程建设】 联合城管委、街道等部门，多次检查早餐车、早餐网点，对早餐企业经营不规范问题，下发整改通知，督促早餐公司全面按照统一服装、统一配送、统一挂牌、统一佩戴健康证件的要求，规范经营，形成以国有餐饮企业为龙头，知名品牌连锁餐饮企业为辅助，小型餐饮企业为扩充，早餐车为补缺的早餐经营格局。年内，评选出东城区早餐服务示范店 20 家，早餐服务规范店 40 家，早餐服务社会贡献奖 4 家，拨付区级财政奖励资金 155 万元。88 个早餐经营网点当选“北京市早餐经营示范店”。128 辆早餐车推出新车型，城市卫生环境市民生活品质得到提升。 （何戎）

【家电以旧换新】 根据《北京市家电以旧换新实施细则》要求，参与审核、发放东城区注册的中标家电销售企业家电以旧换新补贴资金。按照市商务委《关于做好北京市汽车摩托车下乡有关工作的通知》要求，完成东城区汽车摩托车下乡指定销售企业的备案工作，并每月向市商务委报送销售统计数据。 （何戎）

【无障碍设施改造】 组织金宝汇、来福士、朝内菜市场等企业和中粮广场，实施无障碍设施改造，组织世纪大厦和时尚新世界百货，实施停车引导系统改造并接受验收。截至年末，金宝汇、来福士、中粮广场、世纪大厦无障碍设施改造基本完成，朝内菜市场、和平商业大厦正抓紧改造中。按照区政府创建国家级无障碍示范城区要求，完成全区商业企业无障碍工作核查和重点街区的验收。 （何戎）

【行业监管】 完成本年成品油经营资格年审，指导 13 个加油站完成年检，取得成品油零售经营批准证书。办理各类典当企业变更手续 7 件。办理酒类备案登记企业 960 户，累计完成酒类备案登记企业 5632 户。 （何戎）

【市场运行监测】 完善市场监测体系，整合新的网员单位，随时沟通区域市场动态，掌握市场新情况，督促企业按时报送数据。整合并核实生活必需品应急投放点、集散地相关信息，确保信息及时准确。 （何戎）

【招商引资】 崇文商务大厦企业集中办公区，于 2007 年开始引进企业，2009 年 7 月 1 日正式挂牌，截至本年末，共引进企业 809 家，注册资金总计 91.78 亿元，累计实现区级税收 4.15 亿元。其中本年入驻企业 462 家，注册资金 47.99 亿元，实现区级税收 2.91 亿元。 （何戎）

【安全服务保障】 年内检查商业企业 639 家次，出动检查人员 1307 人次，实施行政处罚 2 起，罚款 1 万元，保障区域内安全生产形势总体稳定。重要节日和全国“两会”期间，区商务委坚持 24 小时值班制度，做好安全服务保障工作，及时汇总报送信息，完成市、区政府交办的各项任务。

（何戎）

北京王府井百货(集团)股份有限公司百货大楼

【概况】 北京市百货大楼是新中国成立后北京市建造的第一座大型百货零售商店，被誉为“新中国第一店”。1955 年 9 月开业，1991 年成立北京百货大楼集团，1993 年进行股份制改造，1994 年北京王府井百货(集团)股份有限公司在上海证券交易所上市，1999 年新建北部商业楼，2000 年王府井百货和东安集团公司实现资产重组，成立北京王府井东安集团有限责任公司，2004 年 2 月百货大楼进行内部升级改造，4 月对外营业，2007 年 11 月，北厦青春馆对外营业，2007 年 12 月 19 日，该建筑经市政府批准，列入《北京优秀近现代建筑保护名录(第一批)》。2009 年 7 月，进行内部改造调整，9 月重张开业。经营面积 10 万平方米，地上 8 层、地下 2 层，汇集国内外知名品牌，经营奢侈品、国际精品、国际化妆品、黄金珠宝、时装、鞋类、运动品牌、家居家电、时尚配件等商品。大楼前广场立有全国著名劳动模范、百货大楼售货员张秉贵半身铜像，基石上刻有陈云题词：“一团火精神光耀神州”。本年，北京市百货大楼在 70% 营业面积停业改造调整的条件下，创新经营，提升管理水平，开源节流，提高企业运行质量和盈利能力，全年实现销售 18.6 亿，完成全年计划的 137.81%，并且随着主楼加固、商装调整工程的完成，实现融购物、休闲于一身，具有购物中心元素“时尚精品”百货定位目标。年内，中华全国商业信息中心，中国商业联合会授予的获得百货店百强企业、市消费者满意单位、消防工作先进单位、诚信示范单位等 7 项荣誉奖项。

单位名称：北京王府井百货(集团)股份有限公司百货大楼
单位地址：东城区王府井大街 255 号
联系电话：65223388 邮政编码 100006 （李旭升）

【社会公益】 3 月 12 日，百货大楼组织青年团员及商店会员到怀柔植树。5 月 14 日，为玉树灾区部分儿童进入太阳村长期生活，开展“大爱无疆 共享阳光”国际家庭日捐赠活动。12 月 24 日，举办平安夜慈善拍卖，募集善款 2.65 万元，用于贫困儿童救助。 （李旭升）

【改造工程】 3 月 18 日，百货大楼主楼加固改造工程启动，涉及南馆主楼二至四层楼板加固，四、五层天花板加固改造，五层办公区装修，四、五层空调改造，8 月末，工程完成。经加固改造调整，百货大楼实现购物环境、硬件设施和品牌结构的升级，初步形成具有购物中心元素的大型综合性百货商场。 （李旭升）

【抗震救灾】 4 月 15 日，在全员范围内开展向玉树灾区紧急捐款活动。募集捐款 3.43 万元，送到东城区红十字会。

（李旭升）

【消防安全】 6 月，公安部提出构筑消防安全防火墙工程，要求 11 月末在消防安全重点单位、人员密集场所，率先完成消防安全“四个能力”建设目标,百货大楼成为消防安全“四个能力”建设试点单位。百货大楼自行录制消防安全“四个能力”建设宣传片,对所有防火卷帘门、消火栓、手报按钮、排风口、电梯、泵房、控制桌,张贴新标牌2000个,达到“四个能力”建设要求。东城消防支队、东城商务委员会,在百货大楼召开消防安全“四个能力”建设现场会,30家单位参加观摩并对百货大楼消防安全工作给予高度评价。（李旭升）

【领导检查】 9月30日,市委副书记王安顺到百货大楼,检查消防安全和维护稳定工作,慰问“国庆”期间坚守岗位的员工。集团总裁刘冰以及百货大楼相关领导陪同。对百货大楼取得的成绩给予肯定。（李旭升）

【事件营销】 商店抓住主楼改装的机会,策划组织大型商品特卖出清活动,17天实现销售额1.5亿元。9月10日,在百货大楼门前广场,百货大楼重装庆典暨王府井百货五十五周年“时尚风”系列活动发布会举行。回笼人气,销售创新高,销售额突破2亿元。（李旭升）

【网络营销】 年内,商店探索和利用新媒体,尝试利用“新浪微博”、55BBS网站,“网络营销”,围绕年轻群体、潮流热点开展各项活动,吸引年轻、时尚人群关注。（李旭升）

【企业文化建设】 参加国资委组织的“企业之歌”50人大合唱,获二等奖。组织参加东华门地区第八届运动会开幕式及部分比赛项目。开展王府井百货企业文化核心价值理念研讨、总经理讲课、征文讲演比赛活动,举办“55载光荣绽放企业发展回顾展”、开展“送温暖,献爱心”社会捐助、向“太阳村”孤残儿童捐物等活动。（李旭升）

北京王府井(集团)股份有限公司东安市场

【概况】 东安市场始建于清光绪二十九年(1903年),是京城20世纪最早出现的一座商贸市场,北京市消费者最喜爱的购物场所。清宣统元年(1909年)出版的《京华百二竹枝词》中,就有“新开各处市场宽,买物随心不费难,若论繁华首一指,请君城内赴东安”的诗句,形容当年东安市场繁华景象。因其邻近皇城东安门故名东安市场,是京城历史最悠久的著名老字号商场,至今已有百年历史。国家领导人周恩来、万里、邓小平、杨尚昆、江泽民、朱镕基、贾庆林等,曾到东安市场视察。东安市场现位于王府井大街138号,总建筑面积1.6万平方米。其中,经营区域位于新东安大厦D区B1－L3四个楼层,商品经营面积8238平方米,D区L4－L6层电影院建筑面积4963平方米。东安市场以“诚实守信”的商业理念,本着“一切从顾客出发,一切让顾客满意”的服务承诺,视顾客为家人、朋友的真情,为顾客提供超前超值服务。本年,面对多变的市场环境以及趋于白热化的竞争形势,东安市场贯彻集团工作部署,抓住宏观经济向好的市场机遇,围绕“打造特色东安,寻求长远发展”战略目标,加快品牌调整,形成相对优势,在逆境中寻求机遇,在发展中突破创新,加强团队建设、强化细节管理、打造强势品类、开展特色营销取得较好成果,促进商场各项工作全面提升。

单位名称:北京王府井百货(集团)股份有限公司东安市场
单位地址:东城区王府井大街138号
联系电话:65282211　邮政编码:100006　（张扬）

【特色经营】 探寻购物中心主力百货店特色经营之路,深入开展市场调研。商场要生存发展,就要体现特色,寻求差异化的竞争优势。本年,对黄金珠宝、成熟装、北京特产等重点品类,进行调整及营销推广,将商场优势品类做出特色。优化、培育优质品牌,促使主力品牌销售业绩不断提升,形成规模化品牌群优势,使其成为创造效益的核心力量。世博商品全年创造效益793万元。增加品牌,引入高科技时尚品牌“苹果”全新体验店,设计时尚、前卫的产品,迎合年轻人口味,销售势头强劲。（张扬）

【营销创新】 传承老字号特色文化,场庆以展示“京腔京韵”文化为主线,针对门店经营特色,推出“品味百年”主题文化营销活动,通过展示京味文化和东安百年历史,使顾客在购物及品尝中,产生对老北京民俗及东安市场历史的记忆回归。价格营销向价值营销转变,节日营销创新。与风筝协会共同策划东安市场第二届风筝节,增加风筝名家表演、现场学做风筝、组织会员户外放风筝、精品风筝展卖等活动,营销活动更具规模化。4月“茗茶飘香”品茶清心活动。组织九大产茶省的几百种名优新茶现场推广,借助王府井大街场地,以现场炒茶、现场品茶、茶知识讲座、优惠酬宾等形式,配套开展茶文化表演,强化品茗消闲的文化氛围。7月“第二届荷花节”,为顾客在夏日提供 个清凉消暑的地方,让顾客感受原生态水乡魅力,领略白洋淀风情,现场吸引众多摄影爱好者驻足,白洋淀的鸭蛋、莲子、草编制品等特产,受到顾客欢迎。举办“手表珠宝节”,结合百年东安特色优势,打造“百年东安见证百年爱情”概念,形成商场独有的自创节日特色。将每月18日,定为商场的会员日,针对会员开展独享特惠活动,通过多倍积分、积分加速、向会员发彩信等形式,丰富会员日活动内容,提升会员销售。利用地下二层会议室,设立会员特惠专场,选择具有一定市场影响力的品牌商品,开展超低价折扣活动,吸引会员消费,拓展经营空间。组织部分高端会员,在地坛公园进行春季放风筝体验活动,强化商场与优质忠诚顾客的情感联系。场庆期间,商场将百年文化与时尚定制结合,推出带有东安市景图的热转印水杯。消夏节期间,向消费者赠送印有商场促销信息内容的主题凉扇,营销活动。结合节日契机,推出老字号稻香村重阳花糕等节日特色礼品,让顾客在百年东安感受百年老字号的温情。营销宣传创新,以东安市场老照片做封底,以全年营销活动为主线,精心制作特色新年台历。与知名团购网站,成功携手线上合作体验,开创团购网站与百货实体店合作,借助网络宣传,提高东安市场的知名度,网团的年轻客层,成为时尚品牌的潜在顾客群。东安市场注重视觉及平面设计水平,配合营

销活动,全年设计视觉21套。 (张扬)

【员工培训】 商场对一线员工,有计划、有主题、有效果,全方位、全员性培训,创新开展工作。培训内容向纵深和外延发展,提高员工专业知识、关联知识水平。培训形式注重创意与效果,通过体验式、互动式培训提高培训质量。 (张扬)

【经营管理】 东安市场以"人文购物 人性服务"为理念,注重管理能力和人员素质的提升。加强现场检查,创新管理思路,提高卖场管理运行质量,全面构建服务竞争力。修订《东安市场员工现场违纪处罚的标准及程序》。调整处罚额度,奖罚分明,有章可循。推出《东安市场星级员工、星级主管评选办法》。将星级评比涵盖主管、员工层面。修订《东安市场服务品牌评选管理规定》。突出对员工全年工作业绩、服务技能、民主测评考核。调动全员销售积极性,激发主观能动性,商场对在工作中表现突出的干部、员工,予以奖励。5月,与兄弟单位长安商场联手,正式启动服务规范暗访工作。总监将巡查中发现的问题,以"电子反映单"的形式上报商场,通过主管领导审单、部门领导回单,上下贯通,及时解决经营管理中各类问题。坚持销售部月讲评例会制度,内容涉及总监电子反映单数据及类别分析、班前会培训分析、班组自查分析、促销活动知晓率统计、主管在岗率统计、会员拓展情况汇总等,客观反映各销售部管理工作情况。9月,东安市场实行总监轮岗制,推出《卖场管理部总监月工作测评表》,从严格自律、现场管理、服务意识、处理客诉四个方面,对总监进行工作业绩考评。借鉴先进企业暗访行动,结合商场实际情况,制订从顾客进店到离开,涉及迎宾、购物及退换货全过程的"服务规范暗访表"。 (张扬)

【人力资源管理】 落实企业人才发展规划,管理人员竞聘上岗,竞聘体现,公开、公平、公正,德才兼备、以德为先,年轻化、知识化、专业化原则。在企业内部,细化后备人员管理机制,强化岗位实践,加强培训,提高后备干部履职能力。 (张扬)

【信息技术应用】 商场利用局域网,开发"东安网"信息共享平台,网站总栏目90个,涉及各个部门,涵盖全场工作,网上共享信息全面、透明。各部门及时将成果、信息、工作安排上网发布,便于了解商场工作动态,提高工作效率各部门工作更加顺畅。 (张扬)

【安全生产】 完善安全考核办法,以节假日、重大活动、冬季防火、大型促销活动等时期的安全保卫工作为重点,强化全员安全意识教育,落实安全责任,及时排查安全隐患,全年安全无事故。 (张扬)

同仁堂(集团)有限公司

【概况】 中国北京同仁堂(集团)有限责任公司(简称同仁堂集团)是市政府授权经营国有资产的国有独资公司,以中药为主业,集科工贸、产供销为一体的大型中药企业集团。拥有十大子公司及两院,其中北京同仁堂股份有限公司(简称同仁堂股份)和北京同仁堂科技发展股份有限公司(简称同仁堂科技)是2家上市公司,北京同仁堂健康药业股份有限公司(简称健康药业)、北京同仁堂商业投资发展有限责任公司、北京同仁堂国药有限公司(简称同仁堂国药),北京同仁堂参茸有限责任公司等8家中外合资及股份制公司,1家研究院和1家中医医院。业务涉及中药材种植及饮片加工,中成药、普通营养食品、保健食品、传统滋补品、生物制品及化妆品的生产销售、科研开发、出口贸易等方面。年可生产24个剂型1000余个产品,拥有通过国家GMP认证的生产线79条。本年,同仁堂集团完成"北京同仁堂'十二五'发展规划(框架)",明确发展目标。落实重点项目建设,加快产业布局调整,转变经济增长方式,向科技要效益。拓展海外市场,扩大同仁堂海外影响力。克服不利因素影响,增强应对市场变化和抵御风险能力。围绕市场需求,加强品种群建设,促进销售上量,更新换代主销品种,增加产品附加值,提升利润空间。销售收入、实现利润第14年连续两位数增长,集团整体投资回报率和出口创汇创历年新高。制订北京同仁堂"十二五"人才与文化战略规划大纲(草案),把人才和文化建设提高到战略高度。职工人均增资三级,收入稳步提高,增强企业凝聚力。弘扬企业文化,承担社会责任,企业和职工多次为灾区捐款。全年无重大安全、质量事故。截至年末,同仁堂集团资产总值120亿元,同比增长25%;全年实现销售收入130亿元,同比增长25%;利润总额10.38亿元,同比增长26.8%;实现利税17.56亿元,同比增长23.57%;工业总产值62亿元,同比增长24.5%;出口创汇2801万美元,同比增长10%。

单位名称:中国北京同仁堂(集团)有限责任公司
单位地址:东城区东兴隆街52号
联系电话:67171762 邮政编码:100062 (葛冰)

【《国宝同仁堂》出版】 2月25日,同仁堂集团举行《国宝同仁堂》出版发布会。该书讲述北京同仁堂340年的发展史和金字招牌的塑造史。记录从走街串巷的铃医到前店后场;从供奉御药到乐家老铺;从公私合营到现代企业;从一家店铺到千余家药店,从手工操作到机械化生产,从万元销售到百亿元企业,从国内发展到拓展海外的创业、守业、兴业轨迹。该书的发行,有助于了解同仁堂和中医药的历史和贡献。国家科技部原部长、全国政协科教文卫体主任徐冠华,故宫博物院副院长李文儒等及新华社、《中国青年报》、《北京日报》等30多家媒体出席发布会。 (葛冰)

【企业文化战略】 3月18日,同仁堂集团与国务院发展研究中心,签署《北京同仁堂文化战略研究启动合约》,正式启动北京同仁堂文化战略研究。从同仁堂文化的形成与现状、品牌价值与管理、战略定位及举措、干部职工队伍与文化建设等方面内容系统总结、整理、提升,形成具有长期指导意义的同仁堂文化战略体系。新华社、《北京日报》等10家媒体出席签约启动仪式。12月23日,研究内容全部完成,在同仁堂集团召开落实文化战略座谈会，探讨通过文化的提升，增强核心竞争力和整体管理水平，促进企业又快又好发展。国务院发展研究中心原主任王梦奎，市政协原主席王大明，同仁堂集团有关领导出席。（葛冰）

【同仁堂教育学院】 3月26日，同仁堂教育学院正式启动并举行开学典礼揭幕仪式。该学院在原同仁堂培训中心的基础上，增强内部教育力量，引进社会优质教育资源，建立和充实学院师资库。课件设置主要包括专业知识、政策法规、企业文化、领导干部作风建设四个方面，为企业发展所需各类人才培养、队伍建设提供支撑，成为同仁堂教育培训平台。该学院设两个分部，一部位于安定门外，占地2895.5平方米，二部位于通州区，占地3.07万平方米，两个部均有配套齐全的教学和服务设施。至年末，培训各类人员55批次2300人。（葛冰）

【中医药科技攻关】 4月，同仁堂集团参与市科委、卫生局、药监局、中医局等12个相关委办局，联合制定并启动的“首都十大危险疾病中医药科技攻关”（“十病十药”）工作。针对脑血管病、心血管病、糖尿病、慢性肾病、脊椎和骨关节病、肝炎、禽流感等新发传染病、肿瘤、抑郁症、艾滋病十大疾病，发挥中医药防治优势，研发安全有效的中药新药品种，实现本地产业化，带动首都中药产业发展，提高中医药服务市民健康的能力，为首都经济建设服务。至年末，同仁堂集团清脑宣窍滴丸、益肾通脑宁胶囊、爱可扶正片三个品种成功入选首批“十病十药”。（葛冰）

【战略合作意向】 6月29日，同仁堂集团与中国国家对外汉语教学领导小组办公室（国家汉办），举行战略合作意向书签约仪式。利用双方各自在海外的机构和资源，共同组建一支能用外语讲授中医药文化的专家队伍，开发适合海外传播的中医药学多媒体教材和读物，推动中医药文化走向世界，加速提升同仁堂的国际品牌地位和全球影响力，完善同仁堂既是经济实体又是文化载体的战略定位。国务院参事、国家汉办主任许琳，副主任赵国成，同仁堂集团党委书记、董事长，总经理等出席签约仪式。（葛冰）

【香港主板市场融资】 7月9日，同仁堂科技（股票代码01666）由香港联合交易所创业板转至主板上市，拓展发展空间。借助香港主板市场提供的融资平台，继续大力开发海外市场，加速开拓保健食品领域，探索发展养生保健服务及推广中医养生文化，打造医疗健康服务产业。中央人民政府驻香港特别行政区联络办公室副主任周俊明、香港商务及经济发展局副局长苏锦樑及部分在港京资企业主要领导出席庆祝仪式。（葛冰）

【香港同仁堂旗舰店】 7月28日，香港首家同仁堂旗舰店在香港中环开业。该店秉承北京同仁堂优良传统，通过中医坐堂与药品零售结合，产品推广与文化传播并重，服务多元化与产品多元化相依托，为香港市民提供优质高效的服务。全国人大常委会香港基本法委员会副主任梁爱诗，中联办经济部副部长孙文秀，香港投资推广署署长助理邓仲敏，同仁堂集团党委书记、董事长，北京同仁堂国药公司总经理等出席并剪彩。《人民日报》、新华社、中央电视台、《大公报》等新闻媒体参加开业庆典。（葛冰）

【苟仲文调研】 8月4日，副市长苟仲文到同仁堂集团调研。他指出，同仁堂要贯彻落实“人文北京、绿色北京、科技北京”首都战略定位，打起“三个北京”的大旗。要成为首都一、二、三产业的典范，为首都经济发展做出贡献。作为北京市的“G20”企业，发挥首都中医药龙头企业的引领作用。25日，苟仲文率市有关委办局、大兴区政府领导，部分中医药企业、高校和科研院所代表在同仁堂集团召开“以同仁堂为龙头推动北京中医药产业发展战略座谈会”。他要求同仁堂要成为“三个北京”的实践者，号召与会人员高度重视中医药产业，支持同仁堂发展，北京市要一如既往支持并创造适合中药产业发展的环境，推动北京中医药产业的发展。（葛冰）

【参茸公司增资扩股】 9月16日，同仁堂集团与香港煜丰投资集团有限公司签署北京同仁堂参茸有限责任公司增资协议及合资经营合同。本次增资扩股，同仁堂集团出资1330万元。香港煜丰投资集团有限责任公司旗下煜丰富信投资有限责任公司出资1939.36万元，其中1145.45万元计入公司注册资本，其余793.91万元计入公司资本公积金。同仁堂参茸公司注册资本增加至2545.45万元，其中同仁堂集团占注册资本52.25%；煜丰富信投资有限责任公司占注册资本45%。已向国家有关部门申请行政审批。（葛冰）

【中药质量标准研究】 12月，同仁堂股份科研所承担的“中药稳定性试验研究指导原则的制定”项目，按照任务书要求完成课题研究。该项目是国家科技部组织的符合中药特点质量标准研究项目的子课题。承担研究项目，参与国家标准制订，增强了同仁堂在国家相关产品标准制订的语话权。（葛冰）

【发展规划框架】 年内，同仁堂集团制订完成北京同仁堂十二五发展规划（框架），确定实现主要经济指标翻一番，零售及医疗网点突破2000家，新产品研发上市300种，抓好4个重点工业项目的建设；保持和发展5个全国同行业第一及走专业化、规模化道路，创新机制、体制，逐步形成六大二级专业型集团公司框架的“123456”发展目标。（葛冰）

【经贸拓展工作】 年内，同仁堂国药基本完成海外资产重组工作，形成海外整体管理平台。中成药出口创汇2801万美元，同比增长10%，蝉联全国中药行业第一。销售收入2.4亿港币，同比增长50%；实现利润7700万港币，同比增长83%。研发并试生产6个高附加值的养生保健新产品，4个阿胶系列口嚼片、海洋胶原蛋白肽片和超细珍珠粉等产品陆续在香港上市销售。在香港、澳门、台湾、多伦多等地区和国家新开办门店11家。（葛冰）

【技术创新】 年内,同仁堂股份自主研发的蜜丸自动蘸蜡机、药酒进口生产线国产化改造、移印油墨技术替代手工打金戳工艺等技术创新项目取得成效。蜜丸自动蘸蜡机,提高生产效率5倍,降低用工量80%。移印油墨技术替代手工打金戳工艺,节约外包装金箔的使用,降低用工量37.5%。药酒进口生产线国产化,班产量提高14.3%,备品备件的国产化,大幅度降低维护费用。同仁堂科技课题攻关小组解决胶剂产品切胶工序瓶颈问题。通过调研查找问题,原理分析和技术论证,制订改变传动和切割方式的切胶方案。经过4个月跟踪监测,运行效果正常。生产效率提高8倍,降低用工量57%,日生产能力2.4万块,达到设计要求。同仁堂研究院,完成板蓝根颗粒特征图谱开发工作。采用有效组分层面对产品质量分析评价,确定同仁堂生产的板蓝根特征图谱,跟踪市场同类品种,完善补充比较对象,明确质量优势,为该产品参与国家发展和改革委员会制订优质优价,提供研究数据和技术支撑。 (葛冰)

【特殊功能食品研发】 年内,健康药业"改善亚健康状况的功能食品研究与开发"和"特殊功能食品研究与开发"两个项目获得批准,分别于6月、10月列入国家"863计划"(高技术研究发展计划)。改善亚健康状况的功能食品研究与开发旨在通过研究中药功能因子数字化提纯分离,多肽类功能因子亲和层析分离及特定功能多肽的氨基酸序列分析等,攻克功能食品关键技术。特殊功能食品研究与开发旨在通过对功能性胃肠病、胃肠动力性疾病及消化系统疾病患者临床症状及饮食、营养特殊需求的深入探讨,进一步研究功能食品对胃肠功能和营养健康状态的影响。其中部分研究成果已向政府有关部门申报发明专利。 (葛冰)

【自主创新产品】 年内,同仁堂17个品种,通过市科学技术委员会、发展和改革委员会、住房和城乡建设委员会、经济和信息化委员会、中关村科技园区管理委员会组成的认定工作小组审核,因符合政府采购法的规定和要求、拥有明晰的自主知识产权、产品成熟并有一定的市场需求度、具有较高的创新性和技术先进性、名牌产品的原则,被认定为北京市自主创新产品。其中同仁堂股份14个,同仁堂制药公司3个。自主创新产品可享受政府采购政策。 (葛冰)

【质量认证】 年内,同仁堂集团通过国内、外GMP(药品生产质量管理规范)、GSP(药品经营质量管理规范)、ISO9000(国际质量体系)、QS(食品质量安全)等各项质量认证13项。其中同仁堂股份公司制药厂丸剂(水蜜丸、水丸、蜜丸)、颗粒剂、胶囊剂、滴丸、片剂,同仁堂科技公司制药厂颗粒剂、丸剂(蜜丸、水蜜丸、水丸、浓缩丸、微丸、糊丸)、片剂、口服液、合剂、酊剂、糖浆剂、胶剂(含中药提取),健康药业中药饮片(含净制、切制),获药品GMP认证证书。北京同仁堂四川大药房有限公司新光店、郑州国粹大药房有限公司、海口国贸大药房有限公司、上海黄浦大药房有限公司卢湾店、建国门大药房有限公司,获GSP认证证书。同仁堂制药有限公司糖果制品(糖果),同仁堂(亳州)饮片有限责任公司水产加工品(干制水产品)(分装),获食品QS认证证书。同仁堂科技公司制药厂获ISO9000质量管理体系认证证书,健康药业获ISO22000食品安全管理体系认证证书。 (葛冰)

中国医药保健品股份有限公司

【概况】 中国医药保健品股份有限公司(简称中国医药),在上海证券交易所挂牌的国有控股上市公司,控股股东为中国通用技术(集团)控股有限责任公司。是国家药品储备单位。公司秉承"关爱生命、追求卓越"核心理念,致力于医药产业发展和人类健康事业,努力打造中国医药行业的旗舰企业。中国医药拥有中国医疗器械技术服务公司、美康国际贸易发展公司、美康九州医药有限公司、北京美康百泰医药科技有限公司、北京美康永正医药有限公司、广东美康万特医药有限公司、海南通用三洋药业有限公司等多家经营实体及天然药物事业部、医药化工业务部两家经营单位。公司经营涉及天然药物、医药化工、医疗器械、综合贸易四大产业领域,涵盖种植加工、研发生产、商业流通、国际贸易、技术服务等医药业全产业链条。中国医药坚持为股东创造价值,社会责任履行,在抗击非典、奥运反恐、抗击甲流、抗震救灾等事关国计民生的重大事件中,以高度的政治责任感和社会使命感,发挥应有的作用。

单位名称:中国医药保健品股份有限公司
单位地址:东城区光明中街18号
联系电话:67107218 邮政编码:100061 (刘伟)

【救灾医疗器械采购】 4月,青海玉树抗震救灾中,中国医药承担大型医疗设备应急采购供应任务,完成呼吸机、血滤机等灾区一线急需的306台大型医疗设备的采购、调运、安装、调试和培训任务,用于灾区危重伤员抢救,有力支持抗震救灾工作,受到国家卫生部、工信部等部门的表扬。 (刘伟)

【解毒药调拨】 10月中旬,发生郑州铊中毒事件,中国医药接到调拨命令后,连夜调拨运送,快速将解毒药品送至抢救现场,挽救许多病人的生命,河南电视台、《郑州日报》等多家媒体连续报道、赞扬。 (刘伟)

【甘草基地建设】 公司高品质甘草产业化基地建设项目,获国家发改委立项批准资金支持。项目内容:新疆阿克苏市农一师垦区与内蒙古鄂尔多斯市杭锦旗,建设高品质甘草人工种植产业化基地2万亩。宁夏回族自治区灵武市管理野生甘草资源围栏抚育基地8.10万亩,围栏区内建立人工种植所需的种源采种基地。有力促进国内中药产业发展、改善项目建设地区生态环境、提高人民收入,具有显著的经济效益、生态效益和社会效益。 (刘伟)

【科技创新】 本年,经企业申报、专家评审以及海南省高新技术企业认定委员会会议评审和认定,公司所属海南通用三洋药业有限公司"扎鲁司特原料药及其胶囊"项目、"头孢拉宗钠及其注射剂的研发与产业化",分别被评为海南省高新技术项目及海口市重大科技创新项目,并获资金支持。

(刘伟)

中国全聚德(集团)股份有限公司北京全聚德前门店

【概况】 中国全聚德(集团)股份有限公司北京全聚德前门店(简称全聚德前门店),是中国全聚德(集团)股份有限公司下属企业。本年,前门店面临不确定因素多,经营形势复杂,进车难、停车难、员工吃饭难、上厕所难、无休息场所等困难困扰企业生存发展。在集团公司领导支持下,前门店领导班子带领全体员工,以科学发展观为统领,围绕经营中心工作,以"管理能力年"为工作重心,提升团结奋进的担当能力、对抗困难的应变能力、提升品质的创新能力、增收创效的挖潜能力,将各项经营管理目标转化为现实。完成全国两会代表、出席"全国城市管理经验交流会"代表、"2010 中国(北京)商业街发展高峰论坛"代表、国台办 17 批 500 名重要客人宴请和巴基斯坦总统、泰国公主、亚美尼亚总理等重要贵宾参观及用餐的接待工作。抽调 8 名技术骨干,完成上海世博会服务供应工作,选派多名厨师代表集团公司,参加国际烹饪大赛、中国厨师节,获中华金厨奖暨中国烹饪(餐饮服务)大师称号。分赴美国、韩国进行技术展示,得到主办方和当地媒体的高度评价。参加国资委系统的成果交流活动,并通过"全国文明单位"复查。总经理寇向利,经市国资委、全聚德集团公司推荐,由北京优秀企业家评审工作领导小组审定,并报市政府有关部门通过,当选为"北京优秀创业企业家"。

单位名称:中国全聚德(集团)股份有限公司北京全聚德前门店
单位地址:东城区前门大街 30 号
联系电话:67016321　邮政编码:100051 (李璐婕)

【腊八舍粥活动】 1 月 22 日,前门店在快餐厅门口,开展腊八节以"百年天街百年老店 飘香腊八温暖京城"为主题的舍粥活动。周边群众早早来到前门店,排队领取热气腾腾的腊八粥。过往群众和游客也纷纷聚拢过来,品尝美味,感受寒冬中意外的温暖。为让路过群众一早喝上香甜的腊八粥,前门店在头一天晚上,就把精选的腊八米泡好,安排专人加班悉心熬制。此次活动,共舍粥 1864 碗,在弘扬传统美食文化的同时,也让人们体会到老店秉承的"仁德至上"精神。

(李璐婕)

【年夜饭推介活动】 2 月 6 ~ 19 日,前门店将全聚德经典名菜以及前门店近几年的创新菜品汇聚一堂,特别推出《瑞虎送福来》《金虎贺岁宴》及《和谐盛世宴》三款家庭套餐,以"烹饪大师精烹新春宴经典美食汇聚过大年"为主题,摆放新春宴推介展台,受到宾客喜爱与好评。开展以"百年天街百年老店全聚德百虎迎春过大年"为主题的春节营销活动,使用餐的客人享受百年美味佳肴,感受春节喜庆祥和的气氛和浓浓的文化底蕴。媒体报道活动内容 38 篇次,其中网络报道 29 篇次,北京卫视《特别关注》、《人民日报》(海外版)、《北京晨报》、《北京青年报》、《北京晚报》、《法制晚报》、《新京报》等报刊报道 9 篇次,《北京日报》、《北京商报》在头版予以刊登。由市旅游局联合市商务委员会、市文化局、市公园管理中心、北京晚报等多家权威机构共同主办的"2010 北京请您来过年——春节十大系列群众评选"活动中,前门店"新春系列虎宴"年夜饭通过群众网络、短信投票排名以及卫生等综合审核,获得"最受喜爱的年夜饭(100 家)"排名第二的佳绩。

(李璐婕)

【泰国公主做客】 4 月 4 日,在外交部、崇文区副区长朴学东等陪同下,泰国公主诗琳通一行贵宾,做客"全聚德"前门店,感受中华老字号"全聚德"餐饮文化的魅力。参观时间 10 多分钟,诗琳通公主意犹未尽,在离开前接受前门店发出"欢迎再次光临"的邀请时,她笑着点点头,说"全聚德烤鸭,我一定再来"。

(李璐婕)

【企业文化建设】 5 月 27 日,为满足员工日益增长的读书学习需求,前门店克服营业面积有限、员工休息无固定场所、办公区及职工食堂面临拆迁等困难,投入使用"流动图书馆",将创建"学习型企业"、培养学习型员工落到实处。"六一"儿童节前夕,由于前门地区拆迁改造、人员搬迁等原因,中断两年的"扶贫结对,一帮一"关爱贫困儿童,献爱心活动,在前门店团委和前门街道团工委的配合下重新启动。作为前门店团委建设"学习型团组织"的学习实践系列活动之一,将每年跟踪资助,引导和激发前门店广大团员,作为新一代"全聚德"人所应具备的社会责任感。10 月 16 日,在重阳节"敬老日",前门店党总支、工会、团委精心组织,延续老店"重阳尽孝回归传统 宣扬美德"的活动主题,向 37 位年龄超过 80 岁的员工父母,发出一封温馨感恩的问候信,并请员工转赠电压力锅并为父母做一顿可口的饭菜,登门探望 92 岁高龄的最年长母亲。该主题活动已成为前门店精神文明建设的品牌式常项工作。通过关心员工的父母,传递爱心和祝福,营造爱的氛围,体现"仁德至上"的企业理念,将精神文明建设融入企业建设之中,推动企业持续健康发展。 (李璐婕)

【党员教育】 6 月,前门店开通"短信党课"平台、创新党员教育的新载体,定期将党课教育信息发送到全店党员干部手机上,有效解决党课教育形式单调、培训成本高、受经营条件限制等困难,使党员随时随地接受党的教育。前门店周边二期工程开工后,恶劣的内外部环境给企业经营、安全和员工生活造成不利影响。党总支利用"短信党课教育互动平台"简便易行和不受时间、地点约束的特点,实施"点对点"管理和服务,帮助党员干部认清困难的客观性、暂时性和特殊性,做到不抱怨、不懈怠、不涣散,全力以赴抓好经营创效,实现最大限度保经营、保安全、保稳定的目标。 (李璐婕)

【主题营销活动】 7 月 21 日开始至旅游旺季结束,为庆祝全聚德创建 146 周年,让旅游者在用餐之余,享受个性化服务,前门店与北京市南区邮电局合作,开展以"畅游北京品美食,珍贵记忆邮回家”为主题的营销活动,在店堂内第一次设立了“前门全聚德起源店临时邮局”。活动受到各类媒体关注,媒体予以报道52篇次,其中北京电视台《北京您早》《新闻手语》、《人民日报》海外版、新华每日电讯、《北京日报》、《北京晨报》、《北京晚报》、《北京青年报》、《渤海早报》、《河南日报》、《新疆经济报》等电视、报刊报道18篇次,人民网、新华网、千龙网、搜狐网、新浪网等网络报道34篇次。 (李璐婕)

【文明单位复查】 7月28日,市国资委领导在首旅集团、全聚德集团公司领导陪同下,到前门店复查“全国文明单位”创建工作并听取汇报。对创建企业精神文明建设工作严格检查和全面评估。对前门店工作给予高度评价,并提出意见和建议,完成“全国文明单位”的复查工作。 (李璐婕)

【美食推广展卖】 8月25日至9月10日,应国家旅游局邀请,经集团公司推荐,前门店4名精干厨师组队,代表中国赴韩国江原道首府春川市,参加“2010春川鸡排·荞麦面节”美食推广与展卖活动。中国国家旅游局驻首尔办事处给集团公司发来感谢信,向“全聚德”给予他们的支持致以诚挚的谢意,并对活动的成功表示热烈的祝贺,同时期盼今后能有机会再度合作,将“全聚德”饮食文化、将中华美食传播到世界的四面八方。 (李璐婕)

北京东方奥天资产经营有限公司

【概况】 北京东方奥天资产经营有限公司(以下简称公司),是根据东城区委、区政府《关于进一步深化国资国企改革的意见》和区国资委《关于调整组建资产经营公司的方案》的精神,由北京奥士凯资产经营公司、北京天元资产经营公司调整组建而成,2009年12月29日正式挂牌。作为东城区国资委授权资产运营公司,接受国资委的监督管理,依法对授权范围内的国有资产进行经营与管理,承担国有资产安全完整和保值增值的责任。公司按照法人治理结构,设董事会、监事会、经营层。机构设置为“九部一室一委”,所属企业12家。法定代表人李宗范。公司类型为有限公司(国有独资)。截至年末,公司资产总额9.92亿元,职工1.17万人,其中在册职工3198人、离退休职工8520人。本年,公司围绕调整组建、经营促销、结构调整、挖潜增效、后劲工程、安全稳定等方面开展工作,全年实现主营业务收入4.70亿元,比预算增加1779万元,增幅3.93%。实现利润总额2406万元,比预算增加356万元,增幅为17.36%。资产保值增值率105.57%,净资产收益率5.37%,在岗职工平均工资同比增长14%。

单位名称:北京东方奥天资产经营有限公司

单位地址:东城区韶九胡同19号

联系电话:85115220 邮政编码:100006 (李丙明)

【调整组建工作】 1月11日,公司在区委党校召开全体干部大会,传达区委、区政府、区国资委关于调整组建东方奥天公司的决定和方案。董事长主持会议并介绍新班子成员及分工,总经理作动员报告,国资委党委书记讲话。公司领导班子、部室负责人、所属企业党政班子全体成员100余人参加会议。2月27日,成立中共北京东方奥天资产经营有限公司委员会,党委委员4人,其中党委书记1人,副书记3人,纪委书记1人(兼),纪委委员4人。4月28日,公司召开2010年工作会,部署全年重点工作。董事长、总经理分别与所属12家企业签订绩效目标、党风廉政、综合治理和计划生育责任书。公司领导班子成员、部室负责人、所属企业党支部书记、经理等50人参加会议。5月24日,完成新公司机关本部合署办公。 (李丙明)

【营销活动】 2月1~28日,元旦、春节期间,公司分别开展以“迎新年,促销售,实现2010开门红”和“新公司新气象,虎跃龙腾创佳绩”为主题的促销活动。9月18日至10月17日,开展以“快乐金秋,惊喜不断”为主题的首届购物节,印制购物节彩旗9000面,在《北京日报》刊登通栏广告2次。营销活动实现销售8330.88万元。 (刘国立)

【技能展示练兵】 5月11日,公司举办以“展职工风采,做文明奥天人”为主题的职工才艺展示活动,所属11家企业的50名职工参加才艺展示。年内,公司投入资金6.82万元,在全系统职工中开展技能练兵活动,1275名一线职工,参加营业员、收银员等19个类别的技能比赛,占在岗职工总数的91%。 (王英红)

【机关人员调整】 5月,公司合署办公后实施分流安置,机关本部由合并初期的98人,通过分流安置办法精简至67人,实现部室人员定岗、定编、定责工作。 (宋海燕)

【盛锡福帽文化】 6月8日,盛锡福中国帽文化博物馆在东四北大街368号举行揭牌仪式。国家文化部、文物局,市文化局、全国盛锡福帽联会等单位领导、专家出席。盛锡福董事长、总经理李家琪,将盛锡福于50年代为周总理制作的毛料圆顶帽复制品交其侄女周秉德手中。9月11日,盛锡福在人民大会堂举办百年庆典,与会领导为“盛锡福百年纪念印”揭幕,李家琪为第四代非物质文化遗产制帽技艺传承人绶带。 (李丙明)

【安全稳定工作】 6月,开展安全生产月活动,召开各种会议27次、培训28次,设置宣传专栏18个、出内部刊物4期、张贴宣传画103张、发放宣传材料797份,受教育人数3500人次。8月,请区安监局、消防处、内保处、环保局、卫生监督所等部门联合授课,公司相关部室、所属企业及出租联营餐饮网点负责人100人参训。年内,公司各级领导带队检查所属企业、出租联营网点1253店次,投入安全防范设施资金46.6万元。建立完善领导干部接待日制度、信访包案制度等长效机制,全年接待来信来访22件,全部办结,答复率100%。

(田凤琴 李丙明)

【技术创新】 7月8日，盛锡福帽业有限责任公司，举行“李金善皮帽技艺传承创新工作室”挂牌仪式。李金善被市委、市政府授予北京市第二批有突出贡献的高技能人才荣誉称号。8月11日，利生体育商厦举行“杜永利安保技防创新工作室”挂牌仪式。年内，公司开展以创新立项、合理化建议、应用计算机为主要内容的创新攻关实践活动，评出创新企业2个、团队11个、计算机能手17名，最佳合理化建议16条和企业工作创新成果11个。 （王英红）

【商店重张开业】 11月12日，和平商业大厦与深圳卓为公司合作，调整经营结构后重张开业。12月23日，升和汇祥超市重张开业，经营场地由原来1000平方米增加到1600平方米，经营品种由5000种增加到7000种。（王京生 刘国立）

【工会会员代表会】 11月15日，公司工会在东城区委党校召开第一次会员代表大会，172名会员代表参加会议。听取、审议、通过工作报告和决议，选举产生第一届工会委员会和经费审查委员会。党委书记、董事长李宗范出席会议并讲话，区总工会领导等参加。 （王英红）

【管理制度】 年内，编制公司董事会、党委会、经理办公会议事规则，及经营、财务、房产、审计、安全、稳定等规章制度20项，汇编成册。12月22日，公司在东城区图书馆组织两级领导班子成员、部室负责人、企业主管会计进行专题培训。 （高宇亭）

【挖潜增效】 年内，利生体育商厦对大楼外立面、门头、店内灯光、扶梯等设施设备进行装修改造，扩大户外橱窗广告面积，增加运动图片和橱窗内立体运动装展示。新中国儿童用品商店将八楼办公区搬至四楼偏僻位置，调整增加经营面积500平方米。公司对闲置多年的石佛营还建设施及合署办公后腾出的吉祥里办公楼进行租赁合作，年创收500万元。 （刘国立 王京生）

【董事会】 年内，召开董事会会议4次：审议通过《聘任北京东方奥天资产经营有限公司经营层人选》《北京东方奥天资产经营有限公司内部管理机构设置和领导分工方案》《关于在调整组建过渡期间对公司高管人员的工作要求》。讨论批准《北京东方奥天资产经营有限公司2010年工作要点》《2010年度企业绩效目标责任书、考核办法及细则》《利生体育商厦经理人选任免事项》。讨论批准《北京东方奥天资产经营有限公司组建方案》《北京东方奥天资产经营有限公司未来五年(2010~2014)发展规划》《公司管理制度》《研究确定工会主席薪酬问题》。 （张慧兴）

【绩效考核】 年内，研究制订《企业绩效目标责任制考核办法》及实施细则，层层签订责任书，实行周督办，月讲评、季分析、半年考核、全年总评工作机制。每月10日，公司分别对所属企业经营、卫生服务、出租联营、安全稳定等财务指标和非财务指标绩效目标进行讲评，考核结果与奖惩挂钩。 （宋海燕）

【财务管理】 年内，完成公司所属企业财务电算化软硬件安装调试工作，5月、7月，分别在新中国儿童用品商店、商贸连锁经营公司召开现场会，交流经验。 （刘建刚）

【房屋网点管理】 年内，修订《网点租赁管理规定》和网点装修报批手续及安全责任书，按照网点地理位置、市场行情，调整租金。对租赁网点履约和租金收取情况进行监督检查，明确收缴责任和考核标准。对不达标的餐饮网点，提出整改要求，作出逐步撤出调整的决定。对合同到期的49家网点，重新审核定价后续签合同。完成公司28处房产指界认定和15处房屋土地所有权的办理工作。 （刘国立 王京生）

【党风廉政工作】 年内，公司党委在全体党员中，开展“为党旗增辉，向党的生日献礼”主题党日系列活动，各党支部开展党旗飘扬在社区党建宣传服务日、为社区服务，送货上门等特色党日活动。七一前夕，党委召开主题研讨交流会。公司党委开展的“创先争优”活动，在东城区深入推进创先争优活动会议上，作交流发言。公司在所属企业推进廉政风险防范管理工作。通过学习动员、查找风险、评定等级、制订措施、完善制度等，13名高管人员、69名总部管理人员和28名企业班子成员，梳理查找工作机制风险点896个，制订防控措施904条。 （付君 刘铁汉）

【为职工办实事】 年内，提高在岗职工平均工资，同比增长14%。组织全系统干部职工1562人，进行健康体检。为109名困难职工发放生活补助，对60名特别困难党员、职工，进行重点帮扶。 （李丙明）

北京东华服装有限责任公司

【概况】 本年，公司贯彻落实科学发展观，加强党组织建设和党风廉政建设。适应市场变化形势，解放思想，完善管理。根据“精简效能”原则，东华分公司、新颖店合并，华女内衣公司与东华分公司合署办公，经营调整等各项工作如期完成。全年，实现营业收入5447万元，上缴各项税费1079万元。

单位名称：北京东华服装有限责任公司
单位地址：东城区什锦花园胡同43号
联系电话：64041068 邮政编码：100007 （岑泰）

【送温暖活动】 元旦、春节期间，公司筹资2万元，对困难员工开展送温暖活动。公司高层管理人员和基层单位党、政、工领导，走访慰问困难员工、孤寡户、病号、离退休干部、劳模、统战对象35名，特困员工生活补助9名。 （聂仲杰）

【党建工作】 3月23日，公司党委召开党务工作会，基层党支部书记和党委部门人员13人参加。总结上年党委工作，布置本年工作，传达景山街道党务工作会精神，与基层各单位签订党风廉政建设责任书，向基层汇报上年党费使用情况。开展“党员作风建设年”活动，加强作风建设，坚持反腐倡廉教育。坚持员工对高中层管理人员的民主评议，对新任党支部负责人考察公示，任前廉政谈话。公司党委利用党日，开展为促进企业发展献计献策活动，把在科学发展观活动中查找的问题和不足，转化为促进企业发展的实际行动。被景山街道工委评为非公企业党建工作创新示范单位。结合企业调整，按照相关程序，对红叶、兴华公司两个党支部主要负责人进行调整，新任书记参加区委组织部举办的党支部书记培训，一名新任党员参加党的基本知识培训，接收预备党员1名，预备党员转正1名，参加景山街道工委组织的积极分子专题培训。6月至7月，组织各单位党支部书记和党务工作者13人，参加景山街道工委举办的“红歌唱响七一”合唱比赛。组织党员参观盘山革命烈士陵园并进行宣誓，观看电影《复兴之路》，接受革命传统教育。各党支部结合党的生日，以党的作风建设为主题，进行知识问答、座谈等活动。（聂仲杰）

【投资管理】 经过三年金融、证券市场的投资探索，公司在理财、借贷和股市投资等方面，总结经验教训。制订股票交易规则，编制股票交易软件程序，完善股市投资管理。拓宽了公司经济增长渠道。（岑泰）

【新颖店回迁】 根据区政府王府井国际品牌中心项目安排，本公司新颖店面积增至面积773.9平方米，置换到东华回迁楼二层。东华回迁楼面积，由5244.25平方米增至6241.15平方米。（岑泰）

【出售华商饭店】 公司经营调整，出售河北省昌黎县黄金海岸的华商旅游饭店，收回资金150万元。（岑泰）

【安全生产】 坚持“员工身体健康，生命安全第一”原则。对建华分公司等单位消防安全检查，发现火灾隐患，及时进行整改。做到有管理制度、巡视制度及巡视记录，把安全管理落到实处，及时发现，清除各类安全生产隐患。（岑泰）

【劳动报酬调整】 根据中共十七大报告中“逐步提高居民收入在国民收入分配中的比重，提高劳动报酬在初次分配中的比重”精神。本年修订完善《关于规范企业劳动关系和人事管理工作的规定》等4项管理制度，统一并提高本系统各岗位劳动报酬。（岑泰）

【老干部工作】 公司党委，定期听取老干部生活和身体情况汇报，及时提出解决问题的措施办法，保证老干部活动经费。常走访慰问老干部，坚持为离休老干部过生日，组织春游，到家中或医院看望年老和患病人员。（聂仲杰）

北京永安复星医药股份有限公司

【概况】 北京永安复星医药股份有限公司（简称：股份公司），成立于2002年4月，注册地址为北京市东城区安定门内大街245号，注册资本1.5亿元。现有职工人557人，其中女性职工306人，占55%。具有专业技术职称270人，占48%。有北京永安堂医药连锁有限责任公司和北京王府井医药商店有限责任公司2家控股子公司。设置经营管理事业部并管辖芳草药房、党委办公室、总经理办公室、人力资源管理中心、综合管理中心、质量管理中心、财务管理中心。全年公司实现主营业务收入1.75亿元，同比增长15.7%。实现利润1265.9万元，同比增长212.49%，完成净利润888.2万元，同比增长249.1%。

单位名称：北京永安复星医药股份有限公司
单位地址：东城区安定门内大街245号二层
联系电话：64034653/64015011　邮编：100007
（何向阳）

【人事调整】 年初，任免北京永安复星医药股份有限公司董事长、党委书记、总经理。4月1日，董事会会议研究任免北京王府井医药商店有限责任公司董事；提议董事长候选人；推荐公司监事。（何向阳）

【职工代表大会】 3月16～17日，股份公司召开第二届第五次职代会，公司高中层管理人员和职工代表75人参加，通过修订《企业补充医疗保险暂行办法》相关条款的决议。3月16～17日，股份公司召开经济工作会议，总经理高平生作公司经济工作报告，公司党委书记、董事长杨静森讲话。大会提出以“科学发展、改革创新、加强管理、振兴永安”为公司奋斗目标。（何向阳）

【实践活动】 4月，在永安复星医药公司范围内，掀起“大干五十天，实现时间任务双过半”实践活动。倡导热情礼貌、优质服务，把永安人热情有礼的文明风貌、规范优质的服务水平、诚实守信的职业道德展现给广大顾客，为顾客提供称心、放心、舒心的服务。（何向阳）

【中医药文化节】 5月，永安堂医药连锁有限责任公司、王府井医药商店有限责任公司，参加北京第二届中医药文化节，通过传统水丸、蜜丸的制作展示，吸引大批中外游客及媒体记者和群众观摩，推广永安堂百年老字号品牌，提升企业知名度。（何向阳）

【劳模事迹报告会】 6月25日，永安复星公司召开市劳动模范事迹报告会，纪念中国共产党成立89周年。公司党员、入党积极分子代表和公司级先进工作者参加会议。会上，北京市劳动模范张琳琳同志作先进事迹报告。（何向阳）

【荣誉称号】 公司员工张琳琳同志被北京市委、市政府授予北京市劳动模范荣誉称号。（何向阳）

【企业荣誉】 年内，永安复星公司获北京市和谐劳动关系先进单位，获区国资委系统先进集体，永安堂连锁公司德胜门药店获先进门店称号。

（何向阳）

北京稻香村食品有限责任公司

【概况】 自公元1895年金陵人郭玉生落户前门观音寺，北京“稻香村”已在京城走过116年历史。如今，改制为食品有限责任公司的“北京稻香村”，拥有110家连锁店，一个物流配送中心，300余个销售网点和独具特色的社区连锁店体系；是一个占地120亩、建筑面积7万平方米的现代化生产基地；生产糕点、肉食、速冻食品、月饼、元宵、粽子等特色食品，共16大类600余个品种。年销售额25亿元。北京稻香村始终坚持“承中华智慧，融现代精神，弘扬中国食品文化”的核心理念，在继承“前店后厂、自产自销”传统经营模式基础上探索出“一体两翼、工商互动”的事业发展模式，高度重视产品质量。公司通过质量、环境、食品安全三体系认证；2005年作为示范企业，在全国传统糕点行业率先通过最新标准ISO22000食品安全管理体系的认证。2008年，被指定为北京奥运会食品供应商，在产品质量管控方面达到国际水平。改革开放以来，北京稻香村快速发展，得到社会的广泛认可，获得全国食品工业优秀企业、中国名牌、中华老字号、北京市著名商标、中国食品工业百强企业、重点行业（糕点）十强企业、北京十大商业品牌金奖、最佳行业影响力企业、北京质量奖、北京知名品牌等多项荣誉。本年，公司全面推进经营和管理转型，以面向顾客协同管控，信息沟通流程优化为重心，以提高沟通力、信息力、流程力为目标，使公司的经营管理能力，流程运营效率，组织系统力量得到进一步提升。全年生产3.7万吨糕点、1.2万吨熟食，完成产值11.9亿元，销售收入25亿元，同比增长19%，上缴税金1.5亿元。

单位名称：北京稻香村食品有限责任公司
单位地址：东城区东直门内大街19号
联系电话：64003102　邮政编码：100007　（王越娜）

【年度工作会】 3月11日～12日，公司在怀柔召开工作研讨会，公司相关部门管理人员共142人与会，10个部门代表作交流发言，董事长兼总经理毕国才作《协同管控转型年与领导力》的主题报告。7月13日～14日，公司在顺义召开半年工作会，董事长兼总经理作《将同心协力服务客户进行到底》的主题报告，重申公司今年工作的两个重心——协同和顾客。10月19日～20日，公司在昌平召开中秋暨四季度工作研讨会，163人参加会议。8个部门代表作工作汇报，董事长兼总经理毕国才作《再接再厉，胜利完成全年绩效目标》的主题报告，强调在追求提高生产的同时重视企业文化建设，增强管理团队的凝聚力。（王越娜）

【技术创新】 5月15日，由北京质量协会、北京市总工会、共青团北京市委员会、北京市科学技术协会共同主办的“福田杯”北京市第五十六次质量管理小组成果发表会上，北京稻香村食品厂的“新品家乡肠的研制”和“降低绿豆潮糕标签打印不合格率”两项成果，得到评委的一致认可，均获得北京市第五十六次质量管理小组成果三等奖。（王越娜）

【节日活动】 端午节期间，北京稻香村开展“好运端午，艾意香传”为主题的送艾香进社区活动，将清香健康的艾香免费送到社区，为居民祈福，祝福好运。此次活动共涉及20余个社区，送出艾香8万余只。在送艾香进社区的同时，还在各社区内进行包粽子、猜粽谜等民俗文化活动，增添传统节日的文化气氛。（王越娜）

【115周年庆典活动】 8月3日，北京稻香村115周年庆典暨合作伙伴联谊会在梅兰芳大剧院举行。活动内容包括：北京稻香村24节气养生食品新闻发布会，向社区代表赠送《二十四节气食品养生手册》；北京稻香村文化展演等，通过舞台的形式展现老字号厚重的文化、与时俱进的风貌和承担的社会责任。（王越娜）

【顾客节】 9月1日开始，为期十天的“稻香情，感恩心——北京稻香村2010年顾客节”开幕式，在北京稻香村公司第三营业部前广场举行。这是全国食品行业内首个顾客节。活动包括：感恩回馈——105家连锁专卖店5天全场九折优惠；感恩信任——邀请100名顾客代表参观食品生产基地，亲身体验传统手工操作和现代化生产工艺；感恩奉献——为2010年北京市1308名劳模赠送上特别定制的中秋月饼礼盒。（王越娜）

【慰问员工文艺晚会】 10月15日，北京稻香村在北京工人体育馆举办“稻香情浓，感恩欢聚——北京稻香村2010年慰问员工文艺晚会”，北京稻香村全体领导、员工及员工家属共六千余人观看演出。晚会邀请武警文工团的艺术家进行表演，董事长兼总经理毕国才代表公司领导班子向稻香村人及其家属表达诚挚谢意。（王越娜）

【职代会】 12月21日，北京稻香村第二届职工代表大会第一次会议暨2011年度工作会议在公司总部召开。会议审议通过《年度工作报告》《工会工作总结报告》。大会选举产生新一届工会委员会、经审委员会、女工委员会委员及公司集体资产管理协会会员代表。大会总结2010年工作，提出2011年的主题是“战略执行转型年”，要求全体员工、特别是管理人员，提高洞察力、规划力、执行力，使公司的战略管理能力和组织执行能力得到进一步提升，推动公司新的发展。（王越娜）

【渠道拓展】 本年，北京稻香村共有11家连锁店开业，截至年底，连锁店数量达到110家。目前公司已形成直营店、加盟店（含社区店）和经销商三大类销售专卖店。公司对不同渠道制定不同政策进行激励和管控，扩大本市及外埠的商场、超市销售，努力使更多的消费者享受到稻香村的文化和美食。（王越娜）

【制度建设】 本年度，公司编制《员工手册》，并对《薪酬管理办法》《考勤管理规定》《劳动用工管理规定》《社会保险管理规定》《奖惩管理规定》等一级制度进行修订。（王越娜）

【产品研发】 全年共开发新产品42个,其中非节日类产品19个,二十四节气产品11个,节日产品12个。此外,还恢复2个老产品。完成改进项目10项,涉及产品30个。采用新食材、新设备、新工艺,改进工艺,全年引进新设备15台(套),确保传统产品和新研发的产品既营养又健康,受到消费者认可和欢迎。 (王越娜)

北京吴裕泰茶业股份有限公司

【概况】 北京吴裕泰茶业股份有限公司2005年8月26日成立。其历史可以追溯到1887年(清光绪十三年),曾称吴裕泰茶栈,新中国成立后称吴裕泰茶庄,文革时期一度更名为"红日茶店"。本年,公司编制《2011~2015年企业发展战略》,新开连锁店25家,截至年末,连锁店总数225家。公司被市商务委员会授予上年北京市促销费贡献突出单位。获得由千龙网和法制晚报联合组织评选的2009~2010年度"北京人喜爱的消费品牌"。公司地东店、青年沟店被区精神文明建设委员会评为东城区文明单位,公司被推荐为首都文明单位标兵,王府井店被推荐为首都文明单位。公司被中国连锁经营协会授予"2009~2010年度中国零售业优秀特许加盟品牌"。"吴裕泰牌茶叶"被市评价协会评选为北京市优质产品。公司被中华合作时报社、中华全国供销合作总社信息中心授予新中国六十周年茶事功勋企业称号。在2010中国(澳门)国际茶业博览会上,被评为最受港澳茶客欢迎茶企业。被上海世博局授予中国2010年上海世博会优秀特许产品质量奖。获得上年度东城区和谐劳动关系单位,公司总经理孙丹威被市总工会授予北京市劳动模范。孙丹威在中央文明办、中国文明网组织的"我推荐、我评议身边好人"活动中,经群众网上投票,入选"中国好人榜"。李恩涛、陈恂分别当选2009~2010年度中国优秀特许区域加盟商和单店加盟商。吴裕泰茉莉花茶窨制技艺入选第三批国家级非物质文化遗产名录。

单位名称:北京吴裕泰茶业股份有限公司
单位地址:东城区交道口东大街4-17号
联系电话:84049766(总机)　邮政编码:100007 (赵连颇)

【送温暖】 元旦、春节期间,公司筹集20万元资金,慰问在职职工、退(离)休职工700人。公司党政工领导分别走访慰问离休干部、困难职工、困难党员和社区孤寡老人7户,送去米、面、油、茶叶等生活必需品。为12户特困、困难及低保职工发放补助金。慰问14名春节留京的外地员工,赠送慰问品。公司联系区总工会和红十字会,为4名特困家庭申请救助金2.3万元。公司242名职工,为患病职工张渴欣捐款1.69万元。 (赵连颇)

【年度战略】 1月4日,公司提出本年"一二三"战略目标。即一抓,抓服务;两个提高:提高业务部门的营运能力、提高支持部门的执行能力;三个创新:创新连锁店拓展和管理模式、创新品牌推广模式、创新发展模式。 (赵连颇)

【节日促销】 1月20日至2月19日,开展春节促销活动。促销主题:美好生活,从茶开始。营销部组织180名店长参加的促销动员会,促销期间实现销售7041万元。2月26~28日,公司在北新桥、王府井、前门三家旗舰店,举办"猜灯谜,游世博,吴裕泰元宵非常乐"活动。三个店装扮成为"世博"灯谜乐园,店门口大型"海宝"人偶造型笑容可掬,店内各式灯笼装点出浓烈的节日气氛。作为北京唯一获得2010年上海世博会茶叶特许生产商的吴裕泰,将世博概念与中国传统闹花灯、闹元宵结合,通过"猜灯谜,游世博,吴裕泰元宵非常乐"灯谜会活动,宣传吴裕泰"美好生活,从茶开始"理念。促销活动期间,计划销售3816万元,实际销售3857万元,完成计划的101.07%。 (赵连颇)

【学习实践活动】 2月22日,公司召开"学习实践科学发展观"总结会。孙丹威主持。党员、中层以上领导干部和积极分子55人参加会议。工会主席赵连颇宣读《整改落实方案》,党总支书记刘海燕作总结。会上,进行学习实践活动满意度测评,55人中有49人表示满意,6人表示比较满意。领导班子分别完成调研报告、分析检查报告和整改落实方案。 (赵连颇)

【元宵节活动】 2月27日,北京城市管理广播《老年之友》栏目组主持人成音、芳华、苏京平,携众多听友相聚吴裕泰王府井茶馆,喜迎新春,共度元宵佳节。 (赵连颇)

【志愿服务】 3月5日,王府井店参加区文明办、区志愿者协会开展的"志愿服务、爱在东城"学雷锋志愿服务活动。组织开展以"学雷锋,爱在吴裕泰,做文明有礼的吴裕泰人"为主题的文明窗口服务活动,通过开展清洁店堂环境、规范文明服务用语、奉茶服务、设立文明服务岗义务指路、增设雨伞、针线包、剪刀服务项目,免费为顾客蓄水等形式,宣传教育、文明服务。 (赵连颇)

【三八节活动】 3月8日,公司组织11名女职工参加区总工会举办的女职工风采展示大赛,获二等奖。市总工会副主席王玉英,为公司颁发荣誉证书。 (赵连颇)

【职代会】 3月16日,公司在总部召开第一届第五次职工代表大会。30名职工代表和13名列席代表出席会议。区总工会权益部负责人出席会议并讲话。审议通过《2009年度公司行政工作报告》《吴裕泰公司薪酬管理制度》和《工资集体协商协议书》。听取审议《公司2009年度业务招待费使用情况报告》《工会2009年度工作报告》《职工监事述职报告》《公司工会2009年度经审工作报告》《一届四次职代会代表提案办理情况的报告》。对公司领导干部进行民主评议,优秀率100%。总经理孙丹威代表企业,工会主席赵连颇代表职工签订《工资集体协商协议书》。 (赵连颇)

【城乡共建】 4月2日,公司组织26名党、团员,开展主题党团日活动。祭扫"平北抗日第一枪"民族英雄纪念碑,举行吴裕泰公司与马道峪村共建栗树林揭牌仪式，在马道峪村义务植松树20株。东城区精神文明办、吴裕泰公司和怀柔区渤海镇组织部领导参加活动。 （赵连颇）

【救灾捐款】 4月16日，团支部响应团市委号召，开展向云南、广西、贵州大旱地区捐款的"甘露行动"，团员、青年119名，捐款2978元，上交中国青少年发展基金会。8月23日，公司员工为甘肃舟曲县特大山洪泥石流地质灾害，捐款7376元。4月21日，公司员工为青海玉树地震受灾地区捐款31956元。 （赵连颇）

【世博运营启动仪式】 4月25日，由北京吴裕泰茶业股份有限公司、上海茶叶有限公司、昆明七彩云南庆沣祥茶业股份有限公司和厦门华祥苑实业有限公司组成的世博中国茶叶联合体，在上海举行运营启动仪式。正式将各自看家花茶、绿茶、乌龙、普洱四个茶系的一百多款产品，展现在世人面前。中国茶叶流通协会副会长王庆、茶届泰斗张天福、北京市商委领导刘行苍，东城区副区长郭怀刚，东城区商委、区旅游局、区国资委等领导出席启动仪式。启动仪式上，中国茶叶联合体的四家企业领导发表联合宣言，将确保世博品质，推广华夏茶文化，奉献优质服务，全力支持世博盛会，实现"世博好茶，世界共享"。吴裕泰公司推出"裕泰香"、"城市系列"、"美好生活系列"等17款世博新产品，利用夸张灵动的卡通漫画，展示城市生活的自在惬意，大量使用世博形象色彩元素，诠释美好生活，体现"城市，让生活更美好"的世博主题。 （赵连颇）

【吴裕泰奖学金】 5月19日，第三届吴裕泰奖学金颁发仪式，在北京大学环境工程学院举行。董事长刘海燕、总经理孙丹威等16名员工参加颁奖仪式。北京大学党委组织部副部长迟行刚、北京大学环境工程学院副院长邵敏、副书记张剑波等20余名师生，出席颁奖仪式。吴裕泰公司领导，向7名品学兼优的学生，颁发奖学金1.6万元。 （赵连颇）

【在线交流】 5月26日，孙丹威作为北京市劳动模范，接受《东城在线》访谈，就茶叶知识、企业管理等方面的问题，与网友进行在线交流。 （赵连颇）

【董事会】 6月4日，公司2010年度股东大会暨二届四次董事会，在云南西双版纳勐海陈升茶业有限公司召开。公司股东、董事、监事出席会议。会议审议、通过《2009年度经营工作报告及2010年度经营工作计划》《2009年度财务决算报告》《2010年度财务预算报告》《2009年度公司股利分配建议方案》《2009年度公司高管人员薪酬方案》《股份公司关于启动上市工作的方案》《2009年度监事会工作报告》，听取孙丹威关于上海世博会项目的工作汇报。与会人员参观勐海陈升茶业有限公司以及吴裕泰勐海老班章普洱茶基地。11月9日，公司在北京召开第二届董事会第五次会议。会议审议批准《2010年上半年经营工作报告》《2010年上半年财务工作报告》《关于聘请中信证券股份有限公司的议案》《关于聘请北京市君合律师事务所的议案》《关于聘请中瑞岳华会计师事务所有限公司的议案》。召开2010年第二次临时股东大会，审议通过上述议案。会议由董事长刘海燕主持。全体股东、董事出席会议。监事和公司高管列席会议。（赵连颇）

【党员教育】 6月26日，党总支组织公司32名党员及积极分子，到李大钊纪念馆进行凭吊、参观。党总支召开会议，部署开展创先争优活动，表彰优秀共产党员，讲《科学发展与企业长青》党课。 （赵连颇）

【军民共建】 7月16日，董事长刘海燕、总经理孙丹威，率公司党政工团领导，带着慰问品，到武警国旗护卫队和北新桥消防中队，慰问人民子弟兵。 （赵连颇）

【体系认证】 8月18日，北京埃尔维认证中心4位专家，到公司进行为期两天的体系审查认定，同意吴裕泰公司继续持有埃尔维认证中心颁发的四体系证书。 （赵连颇）

【省企合作】 8月25日，副总经理带队赴贵阳，与贵州省农委签订贵州茶叶进京，在吴裕泰连锁店销售的协议。这是吴裕泰公司第一次与省级农委的合作项目。 （赵连颇）

【劳动竞赛】 8月31日，为作好中秋、国庆黄金销售期促销，确保全年经营任务的完成，公司工会与营销部联合组织，在总部、配送中心和连锁店，开展"抓节日销售，创优质服务，争最佳门店"劳动竞赛活动。 （赵连颇）

【行业评比】 9月1日，吴裕泰公司在中国茶叶流通协会中国茶叶行业百强企业评选中，以上年销售额5.40亿元，排名第6位。 （赵连颇）

【慰问教师】 教师节前夕，公司领导到125中学慰问，送去茶叶，慰问师生。 （赵连颇）

【员工增资】 9月8日，公司召开职工代表会，审议《一线员工工资调整方案》。应到正式代表33人，实到24人，超过半数，符合规定。经审议，同意《一线员工工资调整方案》。自9月开始，一线员工每人每月增加工资200元，配送中心茶叶拼配员工，每人每月增加工资300元。会议认为，在企业经济效益增长的同时，适当增加职工工资，符合企业长远利益，有利于调动员工积极性和企业更好更快地发展。 （赵连颇）

【行业会议】 10月28～31日，孙丹威赴贵州遵义，参加第六届中国茶业经济年会暨中国茶叶流通协会第四届四次理事会。本届年会进行年度全行业的总结和信息发布，举行年度各项表彰；举办茶叶经济形势分析和行业热点专题报告会，就行业营销创新、品牌建设、市场培育、产业规划、茶与旅游、基地建设等问题进行专题研讨；参观、考察遵义市茶叶基地建设和产业化建设成果。

（赵连颇）

【纪念活动】 11月6日,由吴裕泰公司、曲阜孔子书院、中国社会科学院东方文化研究中心、赵朴初诗茶书编委会主办的纪念赵朴初诞辰103周年,《赵朴初咏茶诗集(中日英文版)》首发式暨座谈会在公司召开。全国人大科教文卫委员会副主任徐国宝、曲阜孔子书院院长李敏生等30余位专家、学者莅临会议。 (赵连颇)

【吴裕泰上市工作】 11月19日,吴裕泰IPO(企业上市)项目工作启动仪式,在公司会议室召开。区国资委、东方信达总公司领导,中信证券、中瑞岳华会计师事务所、君合律师事务所代表、吴裕泰上市工作领导小组成员以及各专业小组成员参加。公司董事长刘海燕主持,宣布上市领导小组名单。组长:刘海燕、孙丹威。成员:李玉芹(负责上市工作总协调)、杨满仓、赵连颇。综合组组长刘培,业务组组长杨满仓,财务组组长潘全红,法律组组长杨虹珍。 (赵连颇)

【京港洽谈会】 11月24日,公司参加第十四届京港洽谈会。洽谈会主题是"加强京港务实合作,共促两地经济繁荣"。公司与香港信达丰集团公司,在香港会展中心签订意向性合作协议。 (赵连颇)

【信息合作】 12月23日,公司与北京富基融通科技有限公司信息战略合作签约仪式举行。富基融通公司董事长颜艳春、副总裁兰增强以及吴裕泰公司董事长刘海燕、总经理孙丹威等领导出席签约仪式。通过信息战略合作,提升吴裕泰的网络化、信息化管理水平。 (赵连颇)

【世博获奖】 12月2日,吴裕泰完成在世博园区中国元素活动区中国茶坊的服务任务。在184天运营中,吴裕泰组织非物质文化遗产技艺传承人、云南、贵州、浙江、福建等地的白茶、红茶、功夫茶、工艺花茶、花茶茶艺表演五十场,参与园区内"缤纷夏夜游园会"、端午节、中秋节、国庆节、重阳节等节庆日特别活动90次。接待多位世博局领导及成龙、谭盾、阎崇年等多位明星专家。为表彰吴裕泰在世博会期间所做的贡献,上海世博会特别颁发荣誉证书。12月30日,上海世博会特许产品经营总结表彰大会,在上海国际会议中心召开。吴裕泰获中国2010年上海世博会优秀特许产品质量奖。 (赵连颇)

【空中茶苑】 年内,吴裕泰公司与南方航空公司合作,在南航的航班上开办"空中茶苑",依托吴裕泰公司在中国茶叶行业深厚的品牌优势及南方航空先进的服务理念,将中国茶叶文化借助"空中"有效传播,达到双方升级服务、升级品牌认知度的目的。 (赵连颇)

北京便宜坊烤鸭集团有限公司

【概况】 北京便宜坊烤鸭集团有限公司(简称便宜坊集团)是国有控股集团。本年集团经营管理主题:"调整巩固"。指导思想:贯彻落实科学发展观,坚持品群推广战略,用创新的理念和思路,解决企业快速发展中的问题,调整薄弱点,巩固成功点,实现有可能的机会点,在调整中创新,在巩固中发展,全面完善企业经营机制,提升团队综合素质,实现各品牌店又好又快的可持续发展。全年实现营业收入19075万元,同比增加2,136万元,同比增长率12.61%;税前收益实现466万元,同比增加233万元,同比增长率99.71%,完成年预算330万元的141.24%。便宜坊集团被中国连锁经营协会授予2009~2010年度中国特许经营管理创新奖,获北京2009年度餐饮50强企业(集团)、获北京市残疾人自强模范暨扶残助残先进集体(残疾人就业工作)称号和资金奖励,被市妇女联合会、市总工会、市人力资源和社会保障局评为市三八红旗集体,被市妇女联合会授予北京市女大学生实习实践基地。

单位名称:北京便宜坊烤鸭集团有限公司

单位地址:东城区永定门内东街中里15号

联系电话:67020584 邮政编码:100050 (程玉玲)

【焖炉烤鸭技艺】 1月29日,集团国家级非物质文化遗产保护技艺——焖炉烤鸭技艺的传承人白永明,被市商务委员会、市人力资源和社会保障局、市国有资产监督管理委员会、市总工会授予北京市商业服务业中华传统技艺技能大师。 (程玉玲)

【年夜饭奖】 3月1日,市旅游局联合市商务委员会、市公园管理中心、《北京晚报》等多家机构共同主办的"2010北京请你来过年——春节十大系列群众评选"活动揭晓,便宜坊烤鸭集团和壹条龙饭庄获"最受欢迎的年夜饭(100家)"。 (程玉玲)

【文化节】 3月8日,集团在崇文区工人文化宫,召开便宜坊集团第一届文化节开幕式暨庆祝国际劳动妇女节文艺汇演,集团及各店经营班子成员、员工代表600人参加。汇演分为"我爱我的祖国"、"我爱我的'家'"和"我是'家'中快乐人"三个篇章。文化节期间,举办五月歌咏比赛,"我与便宜坊"诗歌、散文、广告语作品评展,"我与便宜坊"摄影作品评展;员工工间操比赛等系列活动。8月10日,集团在崇文区工人文化宫,召开便宜坊集团上半年绩效考评表彰会暨第一届便宜坊文化节闭幕式。 (程玉玲)

【餐饮企业门店认定】 3月30日,由北京烹饪协会主办的"2009年度北京餐饮50强企业(集团)"和"100强餐饮门店"认定结果揭晓。便宜坊集团获"北京2009年度餐饮50强企业(集团)",便宜坊食府、安华店、新世界店、航天店、都一处前门店和方庄店跻身"2009年度餐饮门店100强"行列。 (程玉玲)

【便宜坊哈德门店重张】 曾于2008年11月停业的便宜坊哈德门店,于4月16日,在位于崇文门外大街便宜坊大厦四层重张试营业。餐厅营业面积2800平方米,可同时接待400人用餐。重张的哈德门店尊崇简约、别致、舒适的装修风格,

以便宜坊600年历史文化为底蕴，红黑黄三色交融，呈现时尚与回归的空间态势。（程玉玲）

【美食文化节】 4月20～27日，集团承办的原崇文区第二届美食文化节开幕，美食文化节以“创新科技、传承美食、低碳生活”为主题，有6项活动内容：原崇文区餐饮企业快速订餐实时反馈系统开通应用、开展原崇文区餐饮主题宴会展示、原崇文区特色餐饮企业文化推介、原崇文特色美食文化周活动、原崇文区传承拜师活动及原崇文区餐饮企业文艺汇报演出、评选第二届原崇文区服务明星和服务标兵。（程玉玲）

【青工技能大赛】 5月22～23日，集团派出8名选手，参加由共青团中央城市青年工作部、中国财贸轻纺烟草工会、中国烹饪协会，联合组织的“2010年全国餐饮业青年职工技能大赛”。集团参赛选手凭借优异的知识与技能，团结合作，在菜品与服务、知识大比拼、才艺展示三个项目总成绩名列前茅，团体金奖，获单项金奖3个、银奖4个、2个铜奖。

（程玉玲）

【集团周年庆典】 6月6日，便宜坊集团举行品牌创建594周年暨便宜坊集团成立8周年庆典活动，同时阔别消费者达一年半之久的便宜坊哈德门店重张开业。宣布启动“便宜坊集团绿色餐饮行动计划”，践行低碳生活，促进营养健康，为节能减排贡献力量。（程玉玲）

【个性化邮册】 6月6日，为纪念便宜坊集团成立8周年，品牌创建594周年，集团联合中国邮政公司制作并发行《便宜坊集团个性化邮册》。该邮册介绍便宜坊发展史和部分北京餐饮老字号店。整本邮票40枚，其中单张个性邮票24枚，图案为国家邮政局发行的“五福临门”、“岁岁平安”，邮票版边印制反映部分北京餐饮老字号的图案或字画；附票是以“便宜坊”、“都一处”、“功德林”等7家北京餐饮品牌为主题，分别设计带有品牌吉祥物的纪念封。（程玉玲）

【职业技能竞赛】 6月11～14日，集团选派9名在第三届全国饭店业职业技能竞赛北京赛区获得金奖的选手，参加在重庆举办的第三届全国饭店业职业技能竞赛全国总决赛。获全国总决赛团体金奖和特殊贡献金奖。2人获全国十佳烹调师，5人获特金奖，4人获金奖，1人获全国十佳雕刻师。

（程玉玲）

【知识与技能大赛】 6月25日，集团在便宜坊大厦，举办“传承与发展”知识与技能大赛。集团党政工团领导以及各店经理担任评委。由上半年门店技能大赛中，获理论、服务、厨师中的第一名，组成各店参赛队。比赛分为知识答题竞赛、服务插花与口布花折叠竞赛、员工餐一周菜单设计竞赛等3项内容，评出单项及集体一、二、三等奖。（程玉玲）

【著名商标认定】 6月，“便宜坊”商标认定已满三年，市工商管理局会同市农委、市技术监督局、市体育局等部门共同进行复查，“便宜坊”被认定为北京市“著名商标”。

（程玉玲）

【中国十大文化主题宴】 8月26～28日，集团参加在沈阳由中国饭店协会举办的第十一届中国美食节暨第九届国际美食博览会。集团荣获中国十大餐饮品牌称号，集团参展主题“三国宴”展台获得中国十大文化主题宴称号。（程玉玲）

【都一处永定门店】 10月16日，都一处第三家店——都一处永定门店正式开业。都一处永定门店门前三座铜像，再现当年乾隆御赐都一处蝠头匾情景。进门迎面6.3平方米的木雕屏风，记录着都一处传承272年历史事件。室内四面壁挂13幅玻璃版画、木雕画、老照片等，讲述的是都一处的创始故事和发展史。内设庭院式包间，呈现的是都一处的品牌故事。门店以经营快餐为主，辅以传统京味炒菜。（程玉玲）

【食尚大典】 11月19日，市商务委员会、北京晚报编辑部、北京烹饪协会、美食联盟、沸腾都市网联合在新闻大厦举办“2010食尚大典·中国国际食尚潮流发布会”，集团“蔬香酥烤鸭”，被评为引领未来消费趋势的菜品。便宜坊的“蔬香酥烤鸭”、功德林的“金刚火方”获得“绿色模式”主题大奖，便宜坊食府的“蜗牛赛螃蟹”以及力力豆花庄的“吆喝排骨”分别获得“江湖传奇”以及“温情路线”主题大奖。（程玉玲）

【老字号鲜鱼口开张】 12月27日，天兴居和锦芳两老字号品牌，在鲜鱼口街开张营业。两店坚持原有的经营特色，呈现老字号品牌的原汁原味。天兴居经营的炒肝，保持“肝香肠肥，味浓不腻，稀稠适度、吃蒜不见蒜”的产品特色口味。锦芳小吃仍然以售卖老北京传统小吃为主，如面茶、豆汁、焦圈、驴打滚、艾窝窝、螺丝转等80个品种。（程玉玲）

北京大北服务有限责任公司

【概况】 2002年6月，北京大北服务有限责任公司（简称大北公司）成立，主要经营：照相、饭店、洗浴、洗染、商务会馆等注册资金1500万元。职工331人。下设子公司5个：北京大北照相有限责任公司、北京圆中原照相有限责任公司、北京御华旅店有限责任公司、北京兆隆洗染有限公司、北京天坛南里温泉康乐城有限公司；4个分公司：永定门饭店、惠达商务会馆、四块玉商务会馆、崇文门第二旅馆；1个合作企业：北京新世界万怡酒店。全年完成营业收入2910万元，实现利润210万元。公司获市共青团“达标创优”竞赛活动组织奖，区级“精神文明”单位，区国资委财务工作先进单位，公司所属永定门饭店获“第十三届首都旅游紫禁杯先进集体奖。

单位名称：北京大北服务有限责任公司
单位地址：东城区安乐林路69号
联系电话：67261945　邮政编码：100075（甘华生）

【消防演练】 1月13日，惠达商务会馆于组织全体员工和会馆商户，进行消防模拟演练，每人进行消防灭火器实际操作，

强化会馆员工安全意识,提高消防自救能力。（甘华生）

【退休人员管理】 6月4日,经理办公会研究决定,成立北京大北服务有限责任公司退休人员管理中心,由崇文门第二旅馆负责履行管理职责,公司机关和分公司全部退休人员归属崇文门第二旅馆管理。（甘华生）

【永定门饭店餐厅】 7月26日,永定门饭店餐厅正式建成开业,提供旅客早餐和饭店员工餐。早餐采取自助式用餐,中、西式结合,用餐环境整洁优雅。餐厅亦可作为会议室出租,扩大饭店业务范围。（甘华生）

【领导检查】 12月17日,公司党政领导班子成员及基层党支部书记在永定门饭店迎接中组部领导检查指导工作,马素珍作专题汇报。中组部领导谢钟对公司“抓党建工作、开展创先争优活动”给予充分肯定,提出指导性意见。（甘华生）

【集团高层人事任免】 12月9日,区国资委主任杨博贤、副书记王秀菊宣布集团高层人事任免,原集团董事长兼总经理雷国秀退休,王振淮任董事长,刘东亮任总经理。（甘华生）

【职工代表大会】 12月27日,大北公司召开领导干部工作述职暨职工代表大会,36名职工代表参加。区国资委领导率综合考评工作领导小组成员参加,对公司领导干部及述职工作进行综合测评。（甘华生）

【会议拍照】 大北照相馆在全国“两会”期间,共为全国23个人大代表团、1个政协小组拍照39场次,其中有总书记胡锦涛、总理温家宝参加的5场,洗印照片3189张,受到中共中央、国务院办公厅的表扬,收入21.59万元。（甘华生）

【节日营销】 大北公司在经营方式上适应市场变化、创新经营内容,春节黄金周期间,实现营业收入46万元,同比增长21%。十一黄金周期间,公司各经营性企业组织开展营销活动,实现营业收入81万元,同比增长39%。（甘华生）

【信访代理工作】 年内,大北公司成立以董事长、总经理为组长的信访代理工作领导小组,明确领导成员分工,规定公司所属各单位的职工信访,首先由相关责任人负责代理,明确公司领导和职能部门在信访代理工作中的责任和义务,为职工信访工作提供便捷服务。（甘华生）

北京天润金百投资集团有限责任公司

【概况】 北京天润金百投资集团有限责任公司(简称天润金百集团),原为崇文区百货公司,是上世纪50年代,按照计划经济体制建立的具有行政管理职能的国有商业公司,2002年12月改制而成。公司注册资本8000万元,职工93人,在职职工28人。有控股子公司6家,授权委托管理子公司1家,参股子公司6家。全年完成社会商品零售总额7659.84万元,完成计划的119.69%,实现利润总额1214.06万元,完成计划指标的141.17%。公司董事长、总经理李力,公司党委书记闫广亮。

单位名称:北京天润金百投资集团有限责任公司
单位地址:东城区崇外大街9号
联系电话:67082858　邮政编码:100062（姜罂娲）

【元隆大厦资源整合】 1月,完成元隆大厦内部清理工作,腾清地上、地下租赁经营场地,与新合作企业的租赁事宜已达成初步意见。（姜罂娲）

【创先争优活动】 5月中旬,天润金百集团公司启动创先争优暨党员作风建设年活动。制订创先争优活动实施方案,确立“创学习型党组织,创一流工作业绩”活动主题。党员40人次,参加区委党校创先争优活动党员培训系列专题讲座,组织党员、群众参观上海世博会,参观中共一大会址,进行爱党、爱国主题教育,征求员工对公司领导班子的意见和建议,增加决策透明度,接受对集团领导的监督。（姜罂娲）

【企业文化建设】 11月4~5日,召开企业管理工作研讨会,汇集管理心得48条编辑成册,以内部刊物、制作台历的形式发表,激励管理人员,提升企业管理水平。5月4日,成立青年员工活动小组暨青年读书会,开展集体读书座谈交流,增强团队凝聚力,提高管理人员文化素质。集团公司为干部、职工,精选、推荐和发放《做好每一个自己》《不找借口找方法》《最新基层党务工作规程方法与案例启示》《如何做决定》《新时期共产党员修养》等书籍,开展读书征文活动,推荐上报征文18篇。（姜罂娲）

【支持子公司发展】 年内,天润金百集团采取多项措施支持子公司发展,增强企业实力。加强指导,完善企业发展战略。协助前门化工公司、朗迪曼尔服装服饰公司、前门亿兆商场、新叶物业公司,完成企业三至五年发展战略制订工作。争取财政资金支持,增强企业发展后劲。完成3家企业发展资金项目的申报工作,其中“放心菜篮子工程”项目,获补贴资金16.5万元。集团公司利用自有资金,搭建企业内部融资服务平台,制订《短期资金使用办法》,全年分别为前门化工公司、朗迪曼尔服装服饰公司,提供短期流动资金3次,缓解企业资金压力,促进销售增长。集团公司出资40万元,按比例增加对前门化工公司的投资,使企业注册资本增加到120万元。（姜罂娲）

【老字号协会】 年内,前门化工公司向北京老字号协会申报“老字号”称谓。7月取得老字号协会颁发的证书,成为北京老字号协会成员。（姜罂娲）

【亿兆商场牛街店】 亿兆商场牛街店正式营业,该店位于西城区春风胡同11号楼一层105号,营业面积95平方米。（姜罂娲）

【干部管理】 按照集团《中层以上管理干部述职制度》,集团公司相关领导分别到6家子公司,全程参加述职工作,主持开展民主测评,并将民主测评工作情况向子公司领导班子和述职人反馈,提升管理干部素质和公司管理水平。 (姜曌娲)

【财务工作考评】 本年天润金百集团公司在东城区国资委开展的企业预决算管理、各项统计工作、资金使用效益等方面综合考评中,被评为东城区国资系统财务工作先进集体。 (姜曌娲)

【提拔、调整管理干部】 按照集团《中层管理干部选拔任用办法》,提拔、调整中层管理干部4名。6月23日,提名孔云、陈志达为集团公司副总经理。6月25日,聘任孔云、陈志达为集团公司副总经理。 (姜曌娲)

北京工美凤凰旅游艺术品集团有限公司

【概况】 北京工美凤凰旅游艺术品集团有限公司(简称凤凰旅游集团),是集物业、旅游、商贸、工业为一体的股份制企业集团,以经营写字楼、物业管理、旅游项目、进出口业务、工艺礼品及旅游相关配套项目为主。占地面积2公顷,建筑面积4万平方米。企业注册资本5000万元,有职工153名,离、退休职工941名。集团下属北京京城百工坊艺术品有限公司开发经营的"百工坊"项目,成为由原北京工业促进局、崇文区政府立项引导、工艺美术行业支持参与、企业管理运作的北京传统工艺美术的保护基地,展示工艺美术大师和技艺的"活"的博物馆,非物质文化遗产保护传承聚集地和北京市青少年学生校外教育基地,传统手工艺体验、交流、培训中心。11月,京城百工坊成为会议工作者联盟成员。集团全年经营收入987万元,上缴税金122万元。

单位名称:北京工美凤凰旅游艺术品集团有限公司
单位地址:东城区龙潭湖北侧路1号
联系电话:67111381 邮政编码:100061 (李由)

【传统文化体验日】 1月16日,京城百工坊举办中国传统文化体验日活动,参加活动的有来自美国、日本、白俄罗斯、澳大利亚等国使馆工作人员,以及世界卫生组织、道琼斯、中国顶级杂志社、EMC公司的贵宾30余人,中国国际广播电台、《新京报》《环球时报》等记者,媒体应邀参加。在观看京城百工坊对外宣传片,参观体验传统工艺雕漆、景泰蓝、牙雕、玉雕坊及民间工艺料器、内画、泥人、面人、毛绣、京绣坊,对百工坊聚集的十五项国家级、市级和区级非物质文化遗产项目赞叹不已。民间剪纸艺术大师徐阳手把手的真传,使他们亲身体验剪纸工艺的精巧制作过程。 (李由)

【绢人艺术品展】 1月24日,北京市第三批市级非遗名录项目"北京绢人"精品展,在国家大剧院一层艺术展厅展出。展出以项目传承人滑树林为代表的不同年代、不同风格创作的"绢人艺术品"15件,通过图片介绍及相关影视资料向社会各界人士展示"北京绢人"发展历史、工艺流程及艺术价值,参观者2万多名。 (李由)

【文化艺术交流】 2月,由京城百工坊非遗传承项目:北京绢人、北京面人、泥人张、火绘葫芦、真丝手绘等传承人组成手工艺代表团,赴英国伦敦、德国柏林参加文化艺术交流。中国非遗传承人第一次赴欧手工技艺表演,受到欢迎。 (李由)

【曾荫权参观】 3月6日,香港特别行政区行政长官曾荫权先生一行12人,参观京绣坊、雕漆大师工作室、玉雕大师工作室、料器大师工作室、景泰蓝大师工作室、泥人张工作室和青少年校外教育教室。听说香港紫荆花广场的紫荆花雕塑出自泥人张工作室时,兴奋不已。 (李由)

【POS机更新安装】 3月18日,百工坊完成学生POS机更新及安装工作,用中小学生学籍卡在POS机上刷卡,就可以获取百工坊相关民间手工艺信息,方便学生参观及教育部门掌握学生社会实践情况。 (李由)

【剪纸艺术交流】 3月28日,8位瑞士剪纸艺术家和瑞士驻华使馆工作人员,参观百工坊大师工作室。徐阳创作的剪纸作品《群众露天选举大会》,参加"东西合璧的剪纸艺术·剪纸元素与瑞士文化"展。 (李由)

【百工坊申报第三批区级非遗名录】 4月9日上午,由京城百工坊申报的玉石篆刻、北京毛猴两个项目通过国家级评委的评审与论证。 (李由)

【外宾参观百工坊】 4月29日,约旦参议院秘书长哈拉夫·哈米萨特一行到京城百工坊参观。观看工艺美术大师技艺表演,了解民族工艺的传承和发展前景,并题字:希望大师能将这些传统艺术继续发扬光大。 (李由)

【捐款救灾】 4月,集团总公司、京城百工坊共62名员工,捐款9880元,寄往青海玉树地震灾区。 (李由)

【皮影公益演出】 6月12日,京城百工坊举办非物质文化遗产传承项目纪念活动,联合成都中国皮影博物馆,举办专场公益皮影演出。中国著名非物质文化遗产皮影表演传承人、皮影工艺美术大师滕德清、刘大建、黄春柏参加演出。 (李由)

【领导调研】 7月30日,区领导常卫、章冬梅到京城百工坊参观调研。走访玉器、雕漆、牙雕、景泰蓝、料器等工作室,与殷秀云、邢兰香、杨宝忠等工艺美术大师进行交流,询问有关"非遗"项目传承问题,鼓励大师发挥自己技艺专长,为新东城、为社会做出更大贡献,使"非遗"技艺世世代代传承发扬

光大。 (李由)

【外事接待协调】 7月31日,朴学东在京城百工坊主持召开接待俄罗斯中小学生来华夏令营代表团工作协调会,听取京城百工坊汇报接待方案。朴学东肯定百工坊的接待方案和运作模式,提出安全保障、外事纪律和接待服务工作要求,确保接待俄罗斯中小学生来华夏令营代表团外事活动万无一失。会后,检查参观路线和手工技艺制作场地。8月2日,应国家主席胡锦涛邀请,来华参加夏令营的500名俄罗斯中小学生,到京城百工坊参观、学习和体验中国传统手工艺文化。学生们在参观玉雕坊、料器坊、牙雕坊、景泰蓝坊等三十个工艺坊后,分别学习捏泥人、编中国结手链、绘画脸谱、扎风筝四个手工艺体验项目。此次活动增加了俄罗斯中小学生对中国传统手工艺文化的了解,增进了中俄两国人民的友谊。 (李由)

【手工艺培训班】 9月2日、10月25日,全国台联台湾少数民族传统手工艺培训班,在京城百工坊举办2期。全国台联会长梁国扬参加开班活动。来自台湾12个少数民族的39名学员,先后学习泥塑、丝网花、中国结、火绘葫芦、彩蛋画、面人等六项传统手工技艺,两岸同胞交流技艺,增进了友谊。10月27日,60余名台湾少数民族各族长老参观百工坊。 (李由)

【传统手工艺表演】 5月23日,京城百工坊民间工艺美术大师徐阳(剪纸)、彭小平(面人),应外交部邀请,到钓鱼台国宾馆,为在访华的美国国务卿希拉里·克林顿等,进行传统手工艺表演。徐阳为希拉里·克林顿剪制的凤凰、北京娃娃,彭小平制作的送子观音,受到希拉里·克林顿的赞扬。 (李由)

北京红桥市场有限责任公司

【概况】 北京红桥市场有限责任公司,隶属北京正阳恒瑞置业有限公司,公司董事长陈艳、总经理解文生、党支部书记王立龙。1995年1月28日,重张开业,占地面积4500平方米,建筑面积3.21万平方米,经营面积1.6万平方米。设有中央空调、电动滚梯、客货电梯、电视监控、自动消防报警系统等设施,建设总投资2.4亿元。主要经营日用百货、数码产品、服装鞋帽、箱包、珍珠饰品等。其中珍珠饰品最具特色。摊位800个,经营者2500人,来自全国26个省、市,其中99%为个体劳动者,少数为国有和集体单位。年内,红桥市场举办第三届红桥国际珍珠节,实现成交额2.92亿元,完成外事接待活动19次,接待外事人员707人次。

单位名称:北京红桥市场有限责任公司
单位地址:东城区天坛路9号
联系电话:67133354 邮政编码:100061 (房文娟)

【市场文化】 9月,举办为期两天的第三届北京红桥国际珍珠文化旅游节。通过开幕式、珍珠精品展示、珍珠知识讲座、产业高峰论坛、珍珠晚宴,以及珍珠及其衍生品咨询展卖会等方式,推广珍珠文化,普及珍珠知识。11月,市场被东城区雍和园管委会授予东城区文化创意产业示范基地,受邀参加在国际展览中心举行的"第三届文化创意产业博览会"。 (房文娟)

【职工权益】 10月,组织全体职工体检。年内,市场为维护员工权益,与职工签订劳动合同率100%,保证职工工资水平略有提高。落实休假制度,有职工休年假170名,占职工总数的95%。为全体职工续保各项保险,除国家规定的"五险一金"外,通过工会系统为全体职工上重大疾病险、住院互助险,为女职工续保女工特别疾病险。红桥市场被市人力资源和社会保障局、市总工会、北京企业联合会、市企业家协会评为市和谐劳动关系先进单位。 (房文娟)

【经济指标】 年内,客流量下降,商户退摊数量增加。公司实施应对措施:市场定任务,设奖励政策。完善市场基础设施,增加直梯,提供小额贷款,帮助商户摆脱资金周转困难。提供网络宣传平台,尽可能消减不利影响,完成既定的经济指标。 (房文娟)

北京华江文化发展有限公司

【概况】 北京华江文化发展有限公司(简称北京华江文化)是家集研发、设计、生产、销售为一体的国际文化创意产业公司。致力于国内外大型政治、体育、文化旅游活动纪念品以及动漫衍生商品等相关特许项目的经营。文化创意是华江发展的核心竞争力。2008年,华江成功运营北京2008年奥运会特许经营项目,同年华江获得伦敦2012年奥运会徽章独家特许经营权,是首家进入伦敦奥运会的中国企业。华江文化还是国家体育场(鸟巢)十年全品类纪念品特许经营商;广州2010年亚运会徽章及非贵金属类特许生产、贵金属类特许生产、特许零售商;中国奥委会2009~2012年全品类主特许经营商;国际奥委会奥林匹克博物馆金属类特许经营商;第一届新加坡2010年世界青少年奥林匹克运动会全品类独家主特许经营商。

单位名称:北京华江文化发展有限公司
单位地址:东城区崇文门外大街9号正仁大厦
联系电话:67082233 邮政编码:100062 (周焱)

【新加坡青奥会特许商品旗舰店开业】 5月,由华江新加坡公司独立运营的,位于新加坡著名商业街——乌节路上的青奥会产品旗舰店开业。旗舰店共由6个独立店面组成,店面总长130米。新加坡青年体育发展部部长维维安和新加坡青奥委主席黄思绵先生等官员,以及赞助商、零售商代表和多家媒体参加开业典礼仪式。 (周焱)

【鸟巢系列产品获中国旅游商品大赛银奖】 6月,在第七届中国国际旅游商品设计大赛上,华江文化选送的鸟巢系列产品以其创新设计、优良做工、大气装帧和蕴含深厚文化底蕴的特点，赢得“2010中国旅游商品大赛”银奖。这次大赛共有来自30个省、自治区、直辖市报送445项、共1800余件作品参选，全国80件作品获奖。（周焱）

【奥林匹克运动雕塑面世】 6月24日，在瑞士洛桑奥林匹克博物馆内，举行奥林匹克运动雕塑全球首发仪式。国际奥委会主席雅克·罗格为雕塑揭幕。华江推出的这套运动雕塑，是将洛桑奥林匹克博物馆内永久收藏的一套38尊艺术雕塑进行原模再造，全球限量发行。雕塑的面世，推动了奥林匹克体育与艺术相结合的精神在中国及全世界传播。（周焱）

百荣投资控股集团有限公司

【概况】 百荣投资控股集团有限公司(简称百荣集团)，成立于2001年8月，注册资金8000万元，是投资商业地产、高速公路、化工物流、金融服务等领域。有下属企业：百荣世贸商城管理有限公司、湖北随岳南高速公路有限公司、舟山世纪太平洋化工有限公司、鼎能置业开发有限公司、百荣物业管理有限公司、百荣河北投资有限公司、百荣易成担保有限公司、百荣盛世广告有限公司等子公司。集团为子公司提供资金、资源、人才、管理和文化支持，致力于促进子公司成为行业领先企业，推进集团战略布局向国际化。

单位名称：百荣投资控股集团有限公司
单位地址：东城区永定门外大街101号
联系电话：67279008 邮政编码：100077 （姜辉）

【捐款活动】 4月14日，为玉树灾区捐款300万元。各子公司、集团各部门、商城商户，为玉树灾区捐款43.6万元。10月31日，在西单文化广场举办的“北京市法律援助宣传月”启动仪式上，集团向北京市法律援助基金会捐款200万元，以支持开展公益法律服务。（姜辉）

百荣世贸商城管理有限公司

【概况】 百荣世贸商城管理有限公司(简称百荣世贸商城)，由百荣投资控股集团投资建立，负责百荣世贸商城和百荣国际小商品城的运营与管理。商城位于南中轴路与南三环路交汇处，总建筑面积70万平方米，总投资30亿元。其中一期于2004年4月29日开业，2008年4月30日开业，主体建筑地上8层、地下2层，经营化妆品、日化洗涤用品、美容美发用品、钟表、眼镜、五金电器、不锈钢餐具、通讯器材、箱包器具、玩具、工艺礼品、日用百货等商品。主体建筑共8层，地上6层、地下2层，集服装、针织品批发、零售、出口于一体，二期于商城服装批发业务辐射全国并走向国际市场，东欧、西亚、俄罗斯及蒙古国是主要外销目的地。商城成为国内著名品牌加盟中心和品牌运营中心。

单位名称：百荣世贸商城管理有限公司
单位地址：东城区永定门外大街101号
联系电话：87802323/67279068 邮政编码：100077 （姜辉）

【花卉工艺品采购中心】 5月28日，百荣华北花卉工艺品采购中心在商城二期6层开业。主要经营仿真花卉绿植，工艺品和婚庆用品。其中仿真花卉绿植62户，经营面积2431.9平方米；工艺品64户，经营面积2306平方米。（姜辉）

【星级商户授牌】 6月1日，首批百荣世贸商城星级商户，在商城6层A区多功能厅，接受星级荣誉标牌。会上，原崇文工商分局市场科领导，介绍“市场星级信用商户”评选活动的目的和意义。（姜辉）

【床品家世界开业】 6月6日，“床品家世界”在四层A区开业。“床品家世界”经营品类汇聚“水星家纺”、“盛宇家纺”、“东方刺绣”、“金和家纺”、“恒源祥”、“情定法拉”、“华纳斯”等国内外知名品牌。（姜辉）

【手工技艺展】 7月11日，为期半个月的北京传统玩具及手工艺技艺展，在商城二期南区中厅拉开帷幕。本次展览邀请民间工艺大师，现场演示制作传统玩具和非物质文化遗产工艺品，吹糖人、北京料器、平谷桃木、中国内画、捏泥人、浮雕、核桃工艺、手工京绣、教育益智玩具等传统玩具和非物质文化种类，吸引众多消费者驻足观赏。此次活动宣扬中国传统民间文化，对百荣传统玩具作了一次成功营销。（姜辉）

【签约合作项目】 12月1日，在河北涿州举行新兴产业示范区基础设施合作项目签约仪式。保定市委常委、常务副市长马誉峰，涿州市委书记王舟、市长董晓宇等领导出席签约仪式。（姜辉）

北京新联酒店有限公司 北京万怡酒店

【概况】 北京新联酒店有限公司北京万怡酒店(简称新联酒店)，位于崇外大街，1998年7月成立，为四星级涉外酒店，客房299间，营业面积2.40万平方米，员工250人。酒店由美国万豪国际酒店管理集团管理，主要接待商务散客，酒店设有中、西餐厅，提供咖啡、茶、鸡尾酒及小点，另设宴会厅、会议室、商务中心、健身中心等。酒店连续四年被评为原崇文区30强企业，2006年被评为崇文区50强企业。本年，实现收入4411万元，纳税总额652万元。

单位名称：北京新联酒店有限公司北京万怡酒店
单位地址：东城区崇文门外大街3-18号
联系电话：67081188 邮政编码：100062 （周焱）

【工会工作】 2月26～27日，召开工会年度工作总结表彰会。会议通过上年工会工作总结，部署下年工会工作，表彰工会先进个人13人。会上要求工会干部及党员发挥模范带头作用，从我做起，引领职工做好本职工作。（周焱）

北京泰克仪器有限公司

【概况】 北京泰克仪器有限公司(简称泰克公司),是中国集精密光学仪器、医疗器械、电脑图像分析系统、生物化学实验器材、照相器材五大类产品,开发生产、经销于一体的京港合资企业。泰克公司是以开发、制造、经营光学仪器为宗旨,以显微镜为主导产品的光学精密仪器制造商,"以质量拓市场"经营理念,进行科学管理。"精、专、全"特色发展战略,奉行"泰克的生命在于技术创新,泰克的生存在于用户"的企业理念,发扬泰克公司"不懈努力,勇于拼搏"的企业精神发展。年内取得市药监局颁发的手术显微镜、生物镜的医疗生产许可证书,完成工业总产值800万元,销售收入853万元,出口交货值564万元。

单位名称:北京泰克仪器有限公司
单位地址:东城区永定门外桃杨路11号
联系电话:67269190 邮政编码:100075 (文卫浩)

李宁(中国)体育用品有限公司

【概况】 李宁(中国)体育用品有限公司(简称李宁公司),成立于1990年,经过十九年的探索,逐步成为代表中国、具有东方元素的国际运动品牌。2004年在香港成功上市,保持稳定快速发展,美国市场研究机构SGI《体育用品情报》推出全球体育用品产业公司市值排名表,李宁公司位列世界综合运动品牌前四强。李宁公司作为专业运动品牌公司,致力于推广和实践原创设计理念,重视原创设计,2004年8月,成立李宁体育科技发展(香港)有限公司,集中负责李宁品牌服装产品设计。优秀的专业设计团队,在原创设计方面的投入,"用现代手法诠释东方美感"的李宁品牌受到市场的好评和行业的尊重,具有全球范围内的竞争优势。也长期致力于支持各项运动事业的发展,扩大运动营销领域,李宁公司与NBA、ATP等国际顶级赛事结为战略合作伙伴。与奥尼尔、伊辛巴耶娃知名运动员,西班牙奥委会、西班牙篮协、瑞典奥委会、阿根廷篮协合作等。从1992年巴塞罗那奥运会开始,李宁公司伴随中国奥运军团走过了从腾飞到辉煌的十二年。2008年,支持中国4支"金牌梦之队"(体操、跳水、射击、乒乓球)征战北京奥运会,提高了李宁品牌全球知名度。李宁公司将国际化发展作为战略发展重点:从品牌国际化向市场国际化转变,专注于国际市场的开拓和发展,成为世界领先知名运动品牌。

单位名称:李宁(中国)体育用品有限公司
单位地址:通州区中关村科技园区通州园光机电一体化产业基地星光五街8号
联系电话:67081108 邮政编码:101111 (高鹏)

【企业公众形象奖】 在北京钓鱼台国宾馆举行的中国鞋类行业最具价值百强品牌颁奖盛典上,李宁(中国)体育用品有限公司获得由国家皮革和制鞋行业生产力促进中心、全国制鞋工业信息中心、国家鞋类质量监督检验中心、国家皮革制品质量监督检验中心等权威机构共同评出的,中国鞋类行业最具价值百强品牌及中国十大运动鞋企业。 (高鹏)

【社会公益事业】 与国务院扶贫开发领导小组办公室共同启动"一起运动"贫困地区体育师资公益培训项目。河南洛阳、贵州施秉县共210名体育教师获得免费培训,提升专业教学能力。截至年末,李宁投入"一起运动"项目已历时五年,涉及黑龙江、内蒙、山西、陕西、青海、江苏、四川、云南、广西等多个国家级扶贫开发重点县,累计培训人数1600名。 (高鹏)

【创意设计大赛】 "李宁杯"大学生创意设计大赛在北京启动。以"运动对话未来"为主题,由李宁公司和北京工业设计促进中心联合主办,旨在鼓励校园设计人才,提供展示才华技艺的舞台。 (高鹏)

北京动向体育发展有限公司

【概况】 北京动向体育发展有限公司成立于2002年4月18日,是意大利知名运动品牌Kappa在中国大陆及澳门地区的独家代理公司,主营Kappa品牌系列产品,包括其设计开发、生产、销售及品牌推广等。借助Kappa品牌在世界范围内强大的市场推广资源和良好的品牌形象,动向体育通过准确的市场定位,差异化的产品创新,以及适合中国市场的营销策略,短短几年便取得快速发展。动向体育所倡导的运动时尚的理念使得Kappa品牌以时尚、运动、性感及品味的品牌个性,在众多运动品牌中保持非常抢眼的位置,逐渐成为时尚体育用品行业潮流的引领品牌机风向标,而动向体育也成为中国著名的体育运动产品公司。动向集团成为获得Kappa品牌在中国大陆及澳门地区的所有权。2005年,公司与具有百年历史的欧洲最大运动服装生产商L-Fashion公司,签署合作协议,独家代理其Rukka品牌系列产品在中国大陆的生产和销售。2008年4月,收购在日本拥有KAPPA品牌及PHENIX品牌的PHENIX公司,中国动向将丰富区域性的品牌组合,扩展本集团的产品种类,抓住发展中国的滑雪及户外运动服市场的机遇,通过整合日本PHENIX强大的设计研发能力及经验丰富的研发专才,加强中国动向现有的研发技术和能力,为KAPPA及其它品牌在中国市场的长远发展提供坚实的平台。主营滑雪服、摩托车服、高尔夫系列、时尚系列、全能系列等五大系列产品。根据生产经营需要,公司设立人力资源部、行政部、财务部、产品规划部、设计部、技术部、生产部、推广部、销售部、信息部、国际业务部等部门。

单位名称:北京动向体育发展有限公司
单位地址:北京经济技术开发区景园北街2号21楼
联系电话:67830660 邮政编码:100178 (高鹏)

【动向慈善圈】 动向慈善圈是由员工自发组建的组织,他们召集公司内有爱心的同事,相互牵手形成一个圈子,齐聚大家的爱心,制订援助计划定期组织帮助因家庭困难而无法接受教育的贫困、流浪儿童。年内,动向慈善圈号召公司员工,多次前往北京光爱孤残儿童学校新校区，为孩子送去学习用品和书籍。公司采购爱心树苗60株，种下动向对光爱学校孩子们未来的祝愿和希望。（高鹏）

【抗震救灾募捐】 青海玉树地震发生后，集团与中华慈善总会取得联系，紧急组织开展对灾区的援助行动，向灾区捐助600万元的棉衣裤。号召内部员工积极参与捐赠冬衣行动，奉献爱心。（高鹏）

【助学行动】 “2010·我要上学 Kappa1200 助学行动”由 Music Radio 音乐之声、中国儿童少年基金会和 Kappa 共同发起。本年“我要上学”活动，继续锁定贫困地区的孩童，关注他们的教育和健康问题，把社会凝聚的关爱，直接送到每一位需要帮助的孩子身边。采取“一对一资助”的形式，每位爱心人士捐助1200元钱，资助一个孩子三年的生活补贴费用。资助者可通过信件或探访等形式，同受助孩童进行交流。本年活动共资助小朋友4190人，筹集善款502万元。（高鹏）

北京格格旗袍有限公司

【概况】 北京格格旗袍有限公司，成立于1994年6月30日，是一个集设计、生产、连锁销售于一体，具备年产销18万件套、研发300个以上新产品的现代化民族服装企业。目前拥有生产经营用房3800平方米，后勤、仓储、用房3000平方米；设批量订单生产流水线车间、量体订做单件裁缝车间、精品缝制车间、传统工艺手工制作车间，员工300多人。主要产品有各式旗袍、婚庆装、中式时装、中式休闲装、高档礼服等。格格品牌，以面料精良、造型优美、做工精细、传统高雅、现代时尚，赢得越来越多消费者喜爱，市场占有率稳步上升。公司通过ISO9001质量管理体系认证，2010年获北京时装之都十大热销品牌奖和北京市最具潜力十大品牌称号。

单位名称：北京格格旗袍有限公司
单位地址：大兴区西红门福纬路4条北8号
联系电话：60291115　邮政编码：100076
（高鹏）

中欣安泰投资发展集团有限公司

【概况】 中欣安泰投资发展集团有限公司（简称“中欣安泰集团”），成立于2002年12月，业务领域涉及电子支付、电子商务、金融投资、酒店、珠宝、旅游地产及高尔夫等产业。旗下机构有：北京中欣银宝通商业服务有限公司、北京中欣高球通电子商务有限公司、中欣安泰商务服务有限公司（大连）、中欣金宝通控股有限公司（上海）、北京中欣典当有限公司、北京中欣戴斯酒店等六家企业，以及中欣国际（美国）酒店管理有限公司、中欣国际（香港）酒店管理有限公司、玛西亚（亚洲）有限公司等三家合资公司。中欣安泰集团凭借行业经验和资源，开拓市场，构建产业协作网络，发现并挖掘投资项目价值，运用专业辞谢提升其价值以取得投资回报。建立起客户、员工、合作伙伴以及投资者之间多赢关系，组建优秀的管理团队，建立卓越的“中欣”、“中欣银宝通”、“JO-LEST”服务品牌。集团确立“打造科技创新的金融服务品牌”为企业发展愿景。尊重员工、尊重客户尊重合作伙伴，要求全体员工深刻领会“做好服务是企业至高无上的策略”。力争成为国内知名的创新金融服务企业。6月3日，中欣安泰集团获首都精神文明建设委员会“2009年度首都文明单位”。12月，被北京市工商业联合会、北京市商会评为“2010年度北京市工商联系统文明单位”。被区委组织部、区委社会工作委员会评为“2010年度非公企业党建工作示范点”。12月，市科学技术委员会、市财政局、市国家税务局、市地方税务局，联合授予子公司中欣银宝通商业服务有限公司为国家级高新技术企业。

单位名称：中欣安泰投资发展集团有限公司
单位地址：东城区珠市口东大街14号
联系电话：67077777　邮政编码：100050
（高鹏）

【科技创新计算机著作权】 2月8日，子公司北京中欣银宝通商业服务有限公司，获6项自主计算机软件著作权，即储值卡网上支付清算管理系统、储值卡主交易系统、储值卡综合业务系统、中欣银宝通手机在线支付系统、预付费储值卡用户授权管理系统、中欣POSP交易系统。（高鹏）

【救灾捐款】 4月22日，集团党支部发起玉树抗震救灾捐款活动，全体干部员工慷慨解囊，奉献爱心。捐款7万元，寄往玉树受灾地区。（高鹏）

【崇文商圈购物节】 8月13日，由区政府主办，区工商联、北京新世界百货、北京国瑞购物中心、中欣高尔夫、搜秀商城、红桥市场、天雅红桥大厦承办的崇外商圈购物节正式开幕。区商务委按照区委、区政府“兴节造势促发展”要求而举办的主题促销活动，在商圈提出推广中“整合营销”的理念。（高鹏）

北京宏源餐饮管理有限公司

【概况】 北京宏源餐饮管理有限公司是一家综合性清真餐饮企业，成立于2004年4月，主要经营项目为特色涮肉、羊蝎子火锅及高、中、低档清真系列菜。现有宏源南门涮肉城、满朋轩餐厅、宏源河边店、宏源日坛店、宏源朝阳路店、宏源后海店、宏源西湖串店7家分店，1家物流中心和1家养殖中心，总营业面积1万平方米，员工700人。宏源餐饮经营理念是“以质量求生存，以薄利赢顾客，以诚信创品牌”，把产品质量、消费者的需求放在第一位，为消费者提供物超所值的产品和服务。对原材料实行统一采购、检验、储运，在大厅设置公示窗，对原材料的来源张榜公布，把进货发票和牛羊肉的检疫证明公示于众，让顾客放心用餐，南门总店在2001年获得公示进货渠道奖。宏源企业先后获市工商局先进企业，市商委一级餐厅，全国酒家酒店等级评定委员会特级酒家，中国烹饪协会中华名火锅，绿色企业、餐饮企业50强、全国厂务公开民主管理先进单位、北京市和谐劳动关系先进单位、非公企业党建工作示范点。2006年,宏源企业通过ISO9001:2000国际质量管理体系认证以及HACCP食品安全管理体系(ISO/DIS22000)认证。4月,进驻上海世博会,在世博园区内举办短期展会型经营,展示中国老北京特色的清真涮肉和企业文化,经营历时半年,取得良好的经营效益和社会效益,为宏源企业开拓南方市场奠定基础。宏源企业以其诚信顾客、诚信社会的核心理念,确保高品质的商品和服务,适应发展的要求,以品质推动火锅行业和餐饮行业的发展。

单位名称:北京宏源餐饮管理有限公司

单位地址:东城区永定门东街东里13号楼

联系电话:67017030　邮政编码:100050　(高鹏)

【职工代表大会】 4月2日,召开公司二届五次职工代表大会,63名职工代表参加。听取工会主席关于《工资协商补充协议书》协商过程的说明,讨论通过《补充工资协议书》,一致认为:《补充工资协议书》中规定的对具备和取得大专、大本以上学历的员工的奖励办法,体现宏源餐饮管理公司"以人为本"管理理念,是吸引具有大专以上学历的员工加入和鼓励在职员工参加继续教育的重要举措,促进员工队伍整体素质提升,推进企业的持续发展。12月30日,召开公司二届六次职工代表大会,58名职工代表参加。听取宏源公司2011至2012年《集体合同》文本部分条款变更的说明、2011年度《工资协议书》工资增长方案的说明,审议通过宏源公司2011至2012年《集体合同》及附件《女职工特殊劳动保护协议》、2011年度《工资协议书》。　(高鹏)

【岗位技能比赛】 4月18日,在宏源公司各店岗位技术技能比赛预赛的基础上,在朝阳路店举办技术技能8个项目比赛的决赛,48名选手参加。经过对选手竞赛过程和成果的评审,评出一等奖8名,二等奖8名,三等奖8名。获得一等奖的员工免试晋升一级工资。　(高鹏)

【进驻上海世博会】 4月,董事长马龙率40名员工进驻上海世博会,5月1日,宏源南门涮肉世博店正式开业。截至10月31日,接待8万人次,月人均产值3万元。向世界各国来宾及国人,展示老北京传统美食——涮羊肉,协助国家有关部门做好接待外国元首的相关工作。被世博局授予为世博会做出突出贡献荣誉称号,李健、刘冰两人被授予先进工作者,南门涮肉世博店被上海民族和宗教事务委员会评为世博工作先进集体。　(高鹏)

【党建工作】 5月20日,在原崇文区社会领域党务工作者培训班上,公司党支部书记从"建立健全制度,狠抓队伍建设,实现企业党建工作规范运行;创新组织载体,丰富活动内容,实现企业党建工作的不断延伸;建立长效机制,引领科学发展,保障企业党建工作有为有位"三个方面,介绍宏源餐饮管理有限公司开展企业党建工作做法和体会。公司党支部开展创先争优活动,学习贯彻胡锦涛总书记重要讲话精神和天坛街道工委《关于在党的基层组织和党员中深入开展创先争优活动的意见》,结合宏源公司的实际,制订党支部开展以党员作风建设年活动为载体的"创先争优活动"实施方案,召开党员大会进行部署。12月,被区委组织部、区社会工委授予非公企业党建工作示范点。年内,预备党员按期转正2人。　(高鹏)

【厂务公开】 10月10日,在全国第六次厂务公开民主管理工作互检组第一组情况汇报会上,向北京、安徽、四川三省市领导汇报宏源餐饮管理公司关于在民营企业开展厂务公开民主管理工作情况。10月23日,在全国厂务公开民主管理工作汇报会上,公司董事长马龙汇报对民营企业推行厂务公开的认识和做法,得到与会领导肯定。11月4日,全国厂务公开协调领导小组授予宏源餐饮公司全国厂务公开民主管理先进单位称号。　(高鹏)

北京庄子工贸有限责任公司

【概况】 北京庄子工贸有限责任公司始创于1996年,公司建筑面积1.90万平方米,有员工400名,专业服装设计人员和技术人员60名,年生产能力30万件,注册资金2000万元,是一家集皮革服装开发、设计、制作、销售为一体的民营企业。近年,公司向男女梭织服装领域、品牌系列化发展。全年经营收入1.04亿元,利润401万元,上缴税金695万元。本年,公司皮革服装再次位居全国皮革市场综合占有率榜首,在全国及本市同行业市场销量名列前茅。获北京十大热销服装品牌(皮衣类)、零售企业商品同类产品市场销售量第一位、北京市著名商标、北京名牌产品、北京十大时装品牌金奖、北京市工商联系统文明单位、和谐劳动关系单位、年度诚信服务示范单位等荣誉。庄子人的"价值"理念:发展好企业,积极回报社会,创造更多的利税和就业机会,为国家经济建设出一份力。本年,通过北京乐清商会向玉树捐款2万元,6月,为"博爱在崇文"活动捐款2万元。8月2日,庄子工贸有限责任公司(工厂),由丰台区搬迁至豆各庄。

单位名称:北京庄子工贸有限责任公司

单位地址:东城区体育馆路13号

联系电话:67608681　邮政编码:100061　(高鹏)

【拓展业务】 7月3日,2010~2011年庄子品牌秋冬皮装展示会,在庄子公司大展厅召开,新、旧代理商对新款皮装给予高度评价。12月16日,位于宋家庄地铁站旁的公司首家庄子工厂店开业。店内分设男装正价厅、折扣厅、女装正价厅、折扣厅四个购物区域,营业面积1000平方米,汇集精品服饰800多种,满足各类人士购物需求。　(高鹏)

【企业思想文化建设】 党支部组织员工学习贯彻"八荣八耻"和党的路线、方针政策,从思想上提高员工的道德修养,向先进看齐。5月,公司党支部、工会和团支部结合五一国际劳动节和五四青年节,组织举办以"爱团支部,爱党,爱祖国"为主题的运动会,旨在弘扬民族精神,培养和展示庄子员工的人文素质,体现庄子人奋发向上的精神风貌。6月20日,庄子公司员工参加体育馆路街道在国家体育总局训练局田径场举办的社区体育文化节，取得优异成绩。6月，公司选拔优秀员工经过培训，作为志愿者前往上海服务世博会。7月中旬，为锻炼团队的合作精神和集体凝聚力，公司组织优秀店长和部门员工，参加店长拓展训练营活动。包括孤岛求生、穿越电网、中流砥柱等游戏和竞赛贯穿始终。（高鹏）

旅　　游

【概况】 北京市东城区旅游局是负责东城区旅游行业管理和旅游产业发展的区政府职能部门。内设办公室、规划发展科、旅游促进科、行业管理科和安全监管科5个科室，下设东城区旅游咨询服务中心1个事业单位。为区直属正处级行政单位。区旅游局共32人，其中公务员编制19人，事业编制13人。7月，按照首都区划调整方案，原崇文区旅游局和原东城旅游局合并为新东城旅游局，尹广枢任党组书记，李雪敏任局长。8月14日，原崇文区旅游局和原东城区旅游局完成合并，办公地点为东城区金宝街52号行政服务中心9层。

单位名称：东城区旅游局

单位地址：东城区金宝街52号

联系电话：65133305　邮政编码：100005　（刘一）

【折子工程】 2月，区旅游局局长与主管副区长签订2010年责任书，主要涉及研究出台《东城区关于全面推进旅游产业发展的意见》、策划开发系列都市旅游产品和特色旅游项目、举办第二届皇城文化旅游节、推进旅游咨询站等配套服务设施的建设与完善，继续落实“保增长、促发展”任务，确保旅游收入实现213亿元，同比递增5%等任务。为落实2010任务，区旅游局细化责任分工，并层层签订目标责任书，抓好工作落实。年底，折子工程项目均完成，其中实现营业收入315.8亿元，同比增长27.9%。（刘一）

【队伍建设】 旅游局党组发挥核心作用，统一思想、服从大局、积极谋划、细致工作，确保两局合并后各项工作的正常开展。一是加强思想和业务培训，适应新情况。全年培训500余人次。二是发挥党员先锋模范作用，带动全局工作。制定《区旅游局争先创优工作方案》，开展践行党员公开承诺为主要内容的主题实践活动，在七一和国庆节等重要节庆期间，组织开展歌咏比赛、主题党日和走访慰问等，有效带动全局工作。三是重视制度和机制的长效作用。落实特邀监察员和党风廉政监督员制度；坚持定期召开人员思想和工作状况分析会；贯彻落实干部选拔任用“一报告两评议”要求，进一步理顺公务员和事业编干部、工作人员进入、晋升、培训机制；制定科级干部考核办法，开展科级干部测评。（刘一）

【党风廉政】 两局合并后，制订《东城区旅游局党风廉政建设工作制度》《东城区旅游局党组七项制度》《东城区旅游局2010年党风廉政工作计划》等方案，与《旅游局机关干部年度考核办法》相结合，将党风廉政建设责任制考核结果与局机关干部考核相结合，与述职测评挂钩，认真开好民主生活会，要求每个班子成员对照党风廉政建设责任制和廉洁自律规定，进行对照检查，在民主生活会上进行专题汇报，落实整改措施，并且在班子内部坚持开展批评和自我批评，及时发现和纠正存在问题。强化对局资产、资源、资金的“三”资管理，认真开展“小金库”专项治理和假发票清理工作，加强财务监督管理力度，杜绝不合理支出，提高“三资”使用效益。

（刘一）

【旅游企业基本情况】 截止到2010年底，全区共有旅游企业972家，其中包括：A级旅游景区（点）10家，星级宾馆饭店85家，非星级住宿企业663家，旅行社214家。区旅游行政管理范围内，共有旅游企业699家。其中包括：A级旅游景区（点）10家，其中5A级景区点2家，即故宫、天坛公园；4A级景区点4家，即孔庙和国子监博物院、龙潭公园、北京市规划展览馆、明城墙遗址公园；3A级景区点4家，即中山公园、南锣鼓巷、前门大街景区、南新仓。二星级以下宾馆饭店26家，其中二星级25家、一星级1家；非星级住宿企业663家。区旅游行政管理范围外，共有旅游企业273家。其中包括：星级饭店59家，其中五星级有17家、四星级18家、三星级24家；旅行社214家。（刘一）

【旅游效益】 年内，东城区旅游接待总人数6951万人次，同比增长17.7%；实现旅游综合收入315.8亿元，同比增长27.9%。其中旅行社收入104.7亿元，商业购物收入106.2亿元，住宿业收入68.1亿元，分别占全年旅游综合收入的33.14%、33.62%和21.56%。（刘一）

【旅游宣传促销】 加强国内外旅游业内的交流与合作，将区域旅游资源向高端化、国际化方向发展。一方面加大与亚太旅行协会、日本大阪府旅游局、日本北海道广播电视协会、迈氏会展集团和英国伯明翰国际会议中心等国家的旅游局及公司的沟通和交流，向其推介区域旅游资源，实现推广东城区旅游文化资源的作用，丹麦、瑞典等国家的旅行商已将皇城旅游、四合院住宿列入常规特色北京旅游线路中；另一方面，注重与不同区域旅游部门合作，宣传东城区旅游资源。2010年相继与昌平、怀柔等区县开展手拉手旅游推介活动，与河北省张家口市签署区域旅游合作协议，配合市局做好外省市在我区举办的旅游宣传活动数十次;2010先后组织区域内旅游企业参加国际旅游交易会、海峡两岸台北旅展、北京国际旅游博览会、北京国际商务及会奖旅游展览会(CIBTM)、国内旅游交易会等。编制推出系列都市旅游产品旅游宣传折页即"皇城内外看历史、胡同院落访古意、精品酒店享乐活、单车悠游环保行、美食购物宠身心、文艺活动赏创意"等六大主题旅游和旅游攻略地图,印制《东城百家四合院旅游手册》、《东城区会议工作者手册》等十余种旅游宣传品;拓展与媒体合作方式,借助北京市旅游局的宣传渠道,争取多角度全方位宣传东城旅游资源和产品,与中央财经频道、北京电视台、北京人民广播电台、《北京日报》、《北京晚报》、《北京青年报》、《晨报》、新华网、新浪网、腾讯网、北海道电视台等中外电视、电台、平面和网络共30余家媒体建立合作机制,对区域内多处景区点、特色街区、特色企业全年共免费报道100余次;采取多种形式开展旅游咨询进庙会、进社区、进景点、进酒店"四进"活动,发放各类宣传资料近十余万份。

(刘一)

【旅游规划调研】 在完成区划调整后,旅游局在整合原两区旅游规划的基础上,对新东城各类旅游资源进行摸底、调研,掌握区域内饭店、旅行社、景区景点、演出场所、特色四合院、非物质文化遗产、会议服务设施等大量一手资料,为制定《东城区旅游业发展"十二五"规划》提供可靠的依据,明确以皇城文化为核心品牌,以"国学、国医(中医药)、国际会议"为支撑的整体化发展思路。 (刘一)

【旅游产业促进】 区旅游局认真梳理东城区旅游资源,明确旅游发展地位寻找高端旅游的切入点,相继提出将东城区打造成"会议旅游目的地核心区"构想和发展会议产业的三级组织构架,即:会议产业发展领导小组、会议产业专家顾问小组和会议工作者联盟。积极加强与国际一流专业会议公司的合作,邀请国际会奖管理者协会(SITE)、国际会议大会(ICCA)、会议专业人士联盟(MPI)等国际会议协会主席和部分中国会议产业专家成为东城区会议产业顾问,为发展会议产业献计献策,研究制定产业鼓励政策,积极吸引国际会议公司落户东城。8月30日,成功召开会议产业专家顾问小组成立大会。11月5日,会议工作者联盟成立,有45家东城区著名酒店、历史文化景区、特色四合院、特色会议场所及国际国内大型会议公司、公关公司成为联盟成员。 (刘一)

【旅游节庆活动】 相继成功主办、协办第二届皇城文化旅游节、第三届红桥珍珠国际文化旅游节、第一届王府井国际品牌节、第一届龙潭湖国际冰雪节等大型国际化节庆活动,突出国际化参与程度高、市场化运作程度高、旅游企业参与程度高和宣传渠道广泛的特点,站在国际旅游的舞台上,宣传和推介东城旅游资源,提升东城旅游的知名度和美誉度。

(刘一)

【旅游行业管理】 广泛开展"旅游服务质量提升年"和"文明有礼的北京人"主题活动,规范和完善旅游标识标牌,增强区域旅游功能。全年有7家景区被市旅游局评为A级景区,其中:孔庙和国子监博物馆、龙潭公园、明城墙遗址公园被评为4A景区,前门大街、中山公园、南锣鼓巷和南新仓文化休闲街被评为3A景区。加强安全工作"双基工程"建设,联合公安、消防、城管、宗教、工商、质监等部门,做好规范宗教旅游场所燃香工作。加大对一日游的打击力度,全年共联合执法检查13次,出动检查人员8829人次,检查各类旅游企业768家,查处各类违法行为1195起,清理散发"小广告"人员4142人次,取得行业警示、净化市场的预期效果。 (刘一)

【信息公开】 编制信息公开工作报告,主动公开政府信息105条,在主动公开的信息中,主要涉及到规划计划类信息、行政职责类信息和业务动态类信息。全文电子化率达100%。 (刘一)

【旅游咨询】 旅游咨询站点规模进一步扩大,服务功能进一步加强。建立三站一体的前门大街旅游咨询服务站。在王府井旅游咨询服务站新设区旅游企业宣传材料展示区。首都机场T3航站楼咨询摆上东城区旅游宣传品。本年,东城旅游咨询服务中心共接待游客95541人次。其中:电话咨询42405人次,现场咨询53136人次,发放宣传资料143828份。

(刘一)

【黄金周工作】 精心部署和落实正月初一、十五雍和宫春节安保工作,提早进行部署,制订方案,明确区15个相关部门作为雍和宫春节期间安全保卫工作领导小组成员单位的职责分工,积极组织协调相关部门按照各自职责分工抓好落实;同时积极协调市交通管理局、市地铁运营总公司、市公交公司做好雍和宫大街正月初一交通管制工作。确保雍和宫春节期间旅游接待秩序井然,安全工作万无一失。根据市假日办做好黄金周期间旅游各项工作的精神和区委、区政府的总体要求,结合我区实际情况,区假日旅游工作领导小组精心组织、周密部署,29个成员单位放弃休息,各司其职、各负其责,加强监管,为广大游客和群众创造一个良好的假日旅游市场秩序。各单位能在总结以往工作经验的基础上,预测分析今年假日旅游工作的新形势和新特点,进行有针对性地工作,确保黄金周期间旅游市场秩序井然。全年假日黄金周期间,假日旅游市场繁荣祥和、秩序稳定,未发生旅游安全和食品卫生安全事故,未接到重大服务质量方面的投诉,实现了"安全、秩序、质量、效益四统一"的工作目标。 (刘一)

对外经济

【概况】 东城区对外经济贸易工作，由区商务委员会主管。全年新设立外商投资企业155家，实际利用外资5.4亿美元。实现外贸进出口总额136亿美元，同比增长6.3%。服务外包合同协议金额3.4亿美元，执行金额1.9亿美元，占全市总执行金额的12.6%。新批境外投资企业11家，对外投资总额4582万美元。引入跨国公司地区总部5家，总部数量达到12家。（何戎）

【招商活动】 1月29日，区领导郭怀刚会见日本山田电机株式会社一行5人，交流商讨日本山田电机株式会社入驻东城、在王府井地区设立中国旗舰店事宜。（何戎）

【国际品牌节邀请工作】 3月23日，区商务委召开2010北京王府井国际品牌节邀请工作会，向全区相关企业负责人介绍品牌节的筹备情况，请各商场协助邀请知名品牌参会。4月13日，市商务委副主任闫小彦、副区长郭怀刚，共同会见"OMNI INTERNATIONAL TRADING GROUP"董事长张晰、副总裁吴应里一行，就王府井国际品牌节活动的邀请事宜进行交流。（何戎）

【主题论坛活动】 9月，举办第一届王府井国际品牌节主题论坛活动，以"品牌发展与世界城市"为主题，探索品牌与世界城市之间的内在联系，分享世界级品牌发展过程中的文化积淀与成功经验。国内外专家学者，品牌制造商和运营商，国内著名商业街区代表，北京特色商业街代表，国外品牌商代表，行业协会、中介组织有关人员，区县商务委代表及媒体记者300人出席论坛。美国奥巴马总统经济顾问劳拉·丹德瑞·泰森、世界贸易组织知识产权司高级参赞杜郎·特兰·唯茜卡等嘉宾发表主题演讲。中央电视台、北京电视台以及首都各大报纸、电台等媒体到会采访报道。（何戎）

【品牌引进】 年内，全球服装零售商第一品牌，美国GAP公司旗舰店落户王府井。世界第二的知名电器百货企业日本山田电机株式会社、香港IT公司、日本伊藤忠等世界500强企业入驻东城。东城区跨国公司地区总部数量达到12家。全球零售商250强中，有19家企业在东城开设店铺。世界100强顶尖品牌中，53家企业在东城开设店铺。（何戎）

【投资信息服务】 借助第十三届科博会平台，开展科博会成交项目征集工作，累计成交投资项目超过百万美元，涉及计算机软件、信息咨询等领域。利用市投资促进局项目资源，陪同国际知名企业考察区内楼宇资源，力促项目落地。为全球500强企业伊藤忠华糖综合加工有限公司和增资大户煜丰格林文化创意（北京）有限公司，办理变更审批手续。推荐世都百货、澳门中心、恒基中心、北京饭店二期、东直门交通枢纽等项目并协助与国际著名商业零售业企业进行洽谈。截至年底，美国GAP公司旗舰店、日本山田电机株式会社、香港IT公司均已落户东城，台湾阿宗面线开始在东城试营业。走访北京通利达汽车租赁有限责任公司、北京格格旗袍有限公司、同仁堂参茸有限责任公司等企业，了解企业经营状况和需求。接待历峰集团、东方资产管理公司、美国阳光集团等，介绍东城区投资环境，推荐招商项目。帮助北京前门天和商业管理有限公司办理展会商品进口事宜等。（何戎）

【投资促进】 利用展会平台，开展联合招商活动，对东城区重点科技企业，进行对外贸易扶持与鼓励政策宣讲。依据《北京市跨国公司地区总部补助/奖励政策》，对东城区相关企业进行政策宣传和引导，年内接9家地区总部企业补助/奖励申请18项，补助/奖励金额7500万元人民币。（何戎）

【开拓市场】 全年新设立境外投资企业11家，对外投资累计4597万美元，其中，境外企业增资2286万美元。审核、审批外商来华邀请65件。梳理出8家服务外包企业，分别为诺基亚西门子公司和索浪公司申报403人次和10人次的培训资金，落实上年度服务外包支持资金申领工作。服务外包合同协议金额3.4亿美元，执行金额1.9亿美元。组织区域内相关单位和企业参观第十三届科博会，参加第三届海峡两岸科技与产业论坛暨第十三届京台科技论坛，帮助企业开拓国际国内市场。（何戎）

东城区工商企业单位负责人

北京金漆镶嵌有限责任公司
董事长、总经理　柏德元
北京市珐琅厂有限责任公司
董事长　衣福成
北京剧装厂
厂长　石金栓
党支部书记　刘彦春
北京市工艺木刻厂有限责任公司
董事长、党委书记　曹海平
总经理　曹利华
北京象牙雕刻厂有限责任公司
党总支书记　洪　燕
董事长、总经理　肖广义
北京六零八厂
总经理、厂长、党委书记　王大军
北京机床电器有限责任公司
党委书记、董事长、总经理　王宝祥
北京玻璃研究院
院长　甄西合
党委书记　杨双涛
北京王府井百货(集团)股份有限公司百货大楼
党委书记、总经理　周　晴
北京王府井百货(集团)股份有限公司东安市场
党委书记　王文杰
总经理　张建国
中国北京同仁堂(集团)有限责任公司
董事长、党委书记　殷顺海
总经理　梅　群
中国医药保健品股份有限公司
董事长　张本智
党委书记　张力伟
总经理　李　刚
中国全聚德(集团)股份有限公司北京全聚德前门店
党总支书记　李陆英
总经理　寇向利
东华服装有限责任公司
董事长、总经理　林建华
党委书记　赵连河
北京永安复星医药股份有限公司
董事长、党委书记、总经理　杨静森
北京稻香村食品有限责任公司
董事长、党委书记、总经理　毕国才
北京吴裕泰茶业股份有限公司
董事长、党委书记　刘海燕
总经理　孙丹威
北京便宜坊烤鸭集团有限公司
董事长　王振淮
党委书记、总经理　刘东亮
北京大北服务有限责任公司
董事长、党委书记　马素珍
总经理　王金海
北京天润金百投资集团有限责任公司
董事长、总经理　李　力
党委书记　闫广亮
北京工美凤凰旅游艺术品集团有限公司
董事长　轩少平
党委书记　李　由
总经理　李　莹
北京红桥市场有限责任公司
董事长　李　艳
党支部书记　王立龙
总经理　解文生
北京华江文化发展有限公司
董事长、总经理　陈绍枢
百荣投资控股集团有限公司
集团董事长　蒋柏荣
公司党委书记、董事长　衣福成
总经理　钟连盛
北京新联酒店有限公司
党支部书记、副总经理　丁尚桐
北京泰克仪器有限公司
董事长、总经理　宫兆伟
党总支书记　宋树新
李宁(中国)体育用品有限公司
总经理　张志勇
北京动向体育发展有限公司
董事长、总经理　陈义红
北京格格旗袍有限公司
董事长、总经理　王金桥
北京中欣安泰投资有限公司
董事长、总经理　徐建胜
党委书记　谢光晨
北京宏源餐饮管理有限公司
董事长　马　龙
党委书记　张淑英
总经理　王寅虎
北京庄子工贸有限责任公司
董事长、总经理　庄再强
党委书记　董雅伶
北京市东城区烟草专卖局(公司)
董事长　陈　艳
总经理　解文生
党支部书记　王立龙
局长、经理、党组书记　张　建

财税·金融

财 政

【概况】 原东城区、崇文区财政局，区划调整后为东城区财政局，是区政府综合经济管理部门。内设行政科室15个、直属事业单位6个。主要职责：根据国家有关法律、法规、规章，编制本区中长期财政规划，参与制定本区重大经济决策和政策，提出运用财政、税收、补贴等政策对经济运行进行调控和综合平衡本区财力建议等。年内，贯彻落实科学发展观，围绕统筹狠抓增收节支，协调完成财政组收任务。区划调整后，及时梳理、完善管理制度，组织全区预算单位做好基础工作，实现全区财政财务管理工作平稳衔接，保证部门预算平稳执行。区财政收支预算按照一般预算和基金预算分别列示、各自平衡。市财政局通知要求区本年财政收支预算和各预算单位的部门预算仍按"原预算、原计划、原渠道"执行。全年完成区财政收入102.79亿元，同比增长10.1%，其中原东城区完成80.08亿元，原崇文区完成22.71亿元。基金预算收入完成1.02亿元。其中原东城区完成8172万元，原崇文区完成2044万元。区财政支出完成115.60亿元，为年度预算的88.5%，同比增长5.67%。其中原东城区完成70.51亿元，原崇文区完成45.08亿元。基金预算支出完成12.62亿元。其中原东城区完成6.07亿元，原崇文区完成6.55亿元。

单位名称：东城区财政局

单位地址：东城区东直门外新中街2号

联系电话：64153621　邮政编码：100027　　（刘筠）

【财政收入预算执行情况】 特点：①受国家压缩信贷规模、控制房地产市场过热等宏观调控影响，重点利税行业金融业税收增长放缓、房地产业税收持续负增长，难以持续拉动财政收入较快增长。②受原材料、人力资源价格上涨、国内消费不足、外需恢复乏力等因素影响，企业经营效益尚未根本扭转，经济增长对财政增收的拉动依然不足。③财税政策调整，跨省市总分机构企业所得税征管调整政策适用范围扩大，交强险营业税调整为市级收入，规范印花税统一代征、代售方式，以及国家继续实施结构性减税等政策，为以总部型、外向型为主的区财政经济带来政策性减收和波动性风险。④上年实施企业所得税按月预缴和提高企业所得税预缴比例等政策，形成本年企业所得税汇算清缴减收，上年一次性非常规增收因素较多，为财政组收工作带来较大困难。措施：①围绕辖区楼宇资源，健全税源建设工作机制，配合相关部门开展楼宇税源建设，完善楼宇经济监测工作机制，建立健全覆盖全区税源建设工作机制和联动网络，提升税源建设常态化、精细化、成效化水平。②发挥政策和资金的引导作用，投入4.45亿元，支持总部经济以及主导产业、文化创意、中医药、低碳、体育、旅游等产业发展，培育和涵养财源。办理中小企业小额担保贷款39项，筹措拨付中小企业发展等专项资金916万元，引导银行贷款5.04亿元，促进区域内中小企业发展。协调总部企业，建立符合地方税收利益框架的经营治理结构，将财政政策、资金与促进经济发展和调整产业结构相结合，促进经济发展。③强化财政收入目标责任制管理，确保财政收入按计划完成。④强化财政、国税、地税、工商四部门联动组收工作机制，完善数据信息共享和交换机制，提高清理欠税、稽查检查、纳税评估的质量和效率，将联动机制向税收征管环节拓展，挖掘总部企业税收增长潜力，采取联动措施促使总部企业提高企业所得税预缴比例和驻京分支机构的有税率。加强非税收入征管，确保非税收入及时足额入库。　　（刘筠）

【财政支出预算执行情况】 安排各项社会保障政策性资金3.82亿元，确保各项社会保障政策落实到位。拨付就业再就业资金5806万元，保障全区就业形势基本稳定。投入养老服务机构建设3000万元，发放低保和粮油帮困补贴等各项社救经费9445万元。安排资金保障"一老一小"和无业居民大病医疗保险、退养人员医疗待遇、优抚对象医疗减免等各项医疗保险政策落实，维护社会稳定。全年社会保障支出19.87亿元，同比增长10.76%。拨付25.17亿元保障义务教育各项经费及各类中小学校改造和建设项目。安排各类文化体育产业事业等专项资金，实施"文化强区"战略。安排卫生事业经费7957万元，推进医药卫生体制改革。加大科学普及和科技创新投入力度，实现重点事业法定支出依法增长。投入7.72亿元，支持煤改电、"一户一表"改造、历史风貌保护区胡同整治、广渠门南街危改、旧城区房屋修缮、老旧小区管网及锅炉改造、老旧楼房通天然气等工程。拨付安装高清交互机顶盒专项补助资金4513万元，拨付12.63亿元，保障崇雍大街环境提升、前门修缮整治工程及南锣鼓巷、北极阁、方家等胡同基础设施和市政改造，推进地铁6、8号线建设。拨付2.19亿元，支持既有建筑节能改造及新建节能环保绿色项目。拨付各类城市管理经费12.06亿元，拨付资金保障黄标车淘汰、汽车及家电以旧换新等工作开展。全年城市管理与建设支出33.46亿元。全年公共安全支出8.06亿元,保证政法部门履职需要。安排2900万元,保障区总体发展战略规划及"十二五"规划编制,拨付2947万元,支持全国第六次人口普查工作,安排资金保障党政干部和人才培养以及基层党建工作。拨付7254万元,推进信息化项目建设。投入2180万元,支持举办绿色金融论坛等大型活动。压缩区属各预算单位公用经费10%用于支持抗震救灾以及援疆等工作。

(刘筠)

【财政管理】 制定本年调整过渡期间财政财务管理工作指导意见;《东城区财政性资金使用和管理办法》《东城区区长工作应急经费管理办法》。加强对各预算单位行政区划调整过程中国有资产管理的指导和监督,增强单位国有资产调配管理的统筹力度。落实过渡期间统筹组收工作进度、统筹支出预算管理、统筹推进各项改革、统筹统计分析预测等预算基础管理工作,确保财政财务管理制度统一、规范,财政预算平稳执行。落实市、区财政体制完善后划转事权支出责任,发挥市区两级财政的合力作用和市划转资金的使用效益。落实市对区财政管理体制的测算工作,完善街道预算编制和执行管理方式,保障街道履行社会管理和公共服务职能的资金需要。统一部门预算编制方式、编制标准和编报程序,提高预算编制的科学化、精细化、效益化水平。厉行节约,控制和压缩行政成本,提高资金使用的统筹性和效益性。编制和执行政府采购预算,全年政府采购规模6.90亿元。完成全区56个财政支出项目绩效考评,完善财政预算支出绩效评价工作机制。指导各预算单位做好行政区划调整后财政、财务决算的编制、合并以及相关基础工作,确保预、决算管理工作平稳衔接。推进"小金库"专项治理,完成年度会计信息质量、市追加专项资金的检查工作。促进国有资本合理配置。建立健全政府债务规模管理和风险预警机制,建立与市场经济相适应、管理规范、运行高效的地方政府举债融资机制。完善行政事业单位日常办公设备配置和部分固定资产最低使用年限标准,合理编制预算、实现全区行政事业单位国有资产均衡配置。

(刘筠)

税　　务

国家税务

【概况】 原东城区、崇文区国家税务局,区划调整后为东城区国家税务局(简称区国税局),隶属北京市国家税务局,管辖各类纳税单位和个人3.55万户及17个集贸市场。设办公室、政策法规科、货物和劳务税科、所得税科、收入核算科、纳税服务科、征收管理科、票证中心、大企业和国际税务管理科等17个科室(局)和17个税务所。主要职责:依法征税、各种税源管理、纳税业务、税务稽查等各项工作。年内,学习实践科学发展观,推进规范基础树品牌,队伍建设重素养,科学征管强效能活动。全年,组织各项收入624亿元,其中组织海关代征收入408亿元,组织国内税收收入216亿元(含原崇文国税局、原直属分局数据)。组织区级财政收入22亿元(已剔除暂入区库,含原崇文国税局、原直属分局数据)。被评为市国税系统目标管理考核先进单位。获队伍建设类、税收征管类两项改革创新奖。

单位名称:东城区国家税务局
通讯地址:东城区东四礼士胡同133号
联系电话:65133585　邮政编码:100010

(王冰聪)

【组收措施】 坚持依法组收,推进税收收入与经济协调发展。科学分解计划,合理确定基数和计划增长率。超大税源户计划单列,分税种、分单位将税收收入计划全额、及时、科学、有效地分解到税政科室、稽查局和各管理所。有组收任务的单位进行岗位责任制考核,促进税收收入与时间同步。将纳入重点税源管理的企业按税收贡献率分类管理,从确保税收收入总量、调整税收收入结构、强化日常管理三个方面,加强重点税源监控。坚持局领导与直接组收单位定期联系制度和重点税源企业联系走访制度,及时解决企业涉税问题。定期走访了解企业经济、收入动态情况,开展税收税源状况分析,为组收工作提供决策依据。建立税收收入预测长效机制,关注经济、政策因素及突发性事件对税收收入的影响,分析各税种、行业的增减趋势,掌握企业财务指标变化情况,提高税收预测的准确性。

(王冰聪)

【税源管理】 ①探索税源管理新模式,对税源实施科学分类。管理所设综合管理组和税源管理组。合理配备人员,提高工作效率和征管质量。②逐户清理欠税企业,加强欠税管理。全年清理欠税216笔,入库税额248万元,留底抵欠税金额1502万元。清理滞纳金3859笔,入库金额1317万元。③加大财税库行横向联网工作和税控收款机推进力度。纳税人签订缴税协议1.43万户,完成259户纳税人的税控收款机推行工作。④规范发票管理。补充修订增值税防伪税控专用发票审批流程,衔接发票审批各环节,堵塞管理漏洞。落实新版普通发票审批事项。协助公安、检察院等机关,做好日常发票真伪鉴定,查询发票8598份,出证92份。⑤按照调整直属税务分局工作职责的安排,制订接收直属税务分局管辖纳税人迁移工作安排及直属税务分局税源迁入工作衔接流程及后续管理办法,确定第八税务所负责接收原直属税务分局转移税源。对部分转户进行个案测试,完成系统信息的迁移及档案移交等工作。⑥召开外国企业常驻代表机构税务管理工作培训会,了解熟悉外国企业常驻代表机构。通过网上公告等方式,加大宣传力度,制作办税提示及交通路线图,拟定外国企业常驻代表机构申报受理工作预案,派专人到申报大厅现场解决疑难问题,方便纳税人办税。成立数据迁移小组,完成城区合并数据迁入工作。 (王冰聪)

【纳税评估】 优化自行研制的纳税评估软件,开发税收管理员应用模块,健全税收风险预警指标体系,加强信息比对,运用信息化手段完善评估工作,提高信息管税能力。通过评估软件分析,查找企业涉税疑点,开展纳税评估。对连续五年留抵税额较大的44户企业和4户机动车零售企业,进行增值税评估,调减留抵税额5995万元,入库增值税2118万元。对全区较大规模的23家广告企业,进行所得税评估,调增应纳税所得额1788万元,入库企业所得税及滞纳金505万元。 (王冰聪)

【纳税服务】 ①完善办税服务厅服务功能,高效办理涉税业务。②规范部门标识,提高纳税服务质量。③完善服务细节,营造高效办税环境。④严格落实纳税服务投诉受理处理制度和税收政策反馈机制,保障纳税人合法权益。⑤规范纳税咨询制度,答复企业涉税疑问。⑥注重税收宣传,普及税收法律知识。 (王冰聪)

【货物和劳务税管理】 ①调整增值税一般纳税人认定工作流程,统一认定标准、核查内容、文书报告样式。全年办理认定933户。②清理零申报且购票的小规模纳税人,加强小规模纳税人增值税涉税管理。③推行增值税专用发票网络认证方式,推行166户。网上认证发票比例82.3%。④按照“纳税人自愿”的原则,落实网上抄报税试点工作。⑤开发征前辅导软件,强化征前预审管理。⑥推进“货物和劳务税辅助提示系统”的使用,利用系统查询数据。⑦加强金税工程管理。采集存根联88.3万份,一般纳税人档案采集933户,采集率100%。⑧抓好消费税管理,落实消费税改革政策,清理珠宝市场等消费税。 (王冰聪)

【所得税管理】 ①编制汇算清缴指南,坚持培训、宣传,完成上年度企业和非居民企业所得税汇算清缴工作。②做好资产损失审批工作,受理资产损失57户,税前扣除金额7.8万元。③做好非营利组织认定及核定征收工作。认定非营利组织80户,核定征收2528户。④对49户企业实行按月预缴,加强企业所得税预缴管理。⑤做好售付汇软件运行工作,组收5.7亿元。⑥与地税配合,完成2户外资大企业自查督导工作。 (王冰聪)

【出口退税管理】 落实各项出口退税政策,制订出口货物税收函调工作规程,依托出口退(免)税审核审批流程管理系统,加快退税进度。全年办理出口退税14.5亿元,免抵调库3068万元。监控评估出口业务量异常企业、CPU出口退税企业、新成立出口企业,防范出口骗税。 (王冰聪)

【个体税收管理】 摸清个体税源底数,进行税务登记管理。推进集贸市场内个体工商户纳税申报信息的明细采集,编写《定额核定批量审批操作指南》。全年完成3318户个体工商户定额核定工作。推广代开发票机打系统,编制集贸市场委托代征税款明细申报操作流程,规范集贸市场内个体工商户纳税申报工作。完成1066户个体户税库银批量扣税任务。 (王冰聪)

【税收法制建设】 成立税收执法检查小组,专项执法检查10项,执法督察8个方面36项内容。严把申辩调整关,全年完成申辩调整721户次,免予过错追究663户次,审理重大税务案件5件,审查一般程序处罚案件36件,简易程序处罚案件952件。 (王冰聪)

【税务稽查】 加强稽查选案工作,建立稽查选案信息库。坚持“举必查、查必果、奖励兑现、取信于民”原则,规范举报案件管理,保障举报案件受理、查处等环节工作畅通。加强专项检查、整治工作,实行案件分类管理、三级督办,坚持集体会审制度,开展检查房地产、建筑安装、医药、家具生产和销售、投资企业等五类企业,打击发票违法犯罪活动。全年查补入库稽查收入2803万元。 (王冰聪)

【干部教育】 修订《东城区国家税务局各单位岗位责任制考核及先进单位考核办法》,加强岗位责任制考核。建立考勤日登记制度,严格工作纪律。考察测评17名科级干部,构建多层次、规范化教育培训工作格局,利用网络平台,突出针对性、实效性。实施岗位技能培训,组织干部参加市国税局及区局各类教育培训64期次,参训2495人次。 (王冰聪)

地方税务

【概况】 原东城区地方税务局、崇文区地方税务局,区划调整后为北京市东城区地方税务局(简称区地税局),隶属北京市地方税务局(简称市地税局)。主要职责:负责税收征管、税务执法、打击发票违法犯罪、欠税管控、纳税评估、税务稽查等各项工作。设18个职能科室、1个稽查局(内设11个科)、23个税务所、1个机关后勤服务中心、1个地方税务学会。有干部职工729人。管辖各类纳税单位5.48万户(正常户)。全年,完成各项收入251.9亿元,同比增收44.8亿元。完成地方一般预算收入198.8亿元,同比增收36.2亿元。完成区级各项收入76.8亿元,同比增收8.5亿元。

单位名称:东城区地方税务局
单位地址:东城区安定门外西滨河路18号院首府大厦6座
联系电话:64515797 邮政编码:100011 (胡源 胡然)

【税务执法】 1至6月,原崇文区地税局开展对房产税、土地使用税征期未入库企业预警评估。组织应纳个人所得税税款入库90万元。稽查、检查、评估827户,补缴税款、滞纳金

1.29亿元,同比增加5546万元。　(胡源　胡然)

【税收征管】　3月,原崇文区地税局制订《纳税服务大厅突发事件应急处置暂行办法》,设立纳税人接待室,制订《纳税人接待室须知》《纳税人接待室工作制度》《纳税服务投诉管理暂行办法》,明确职责,制作涉税告知文书,规范涉税告知流程。1至6月,受理完成内部审批表21份,调整税务登记信息91户,抽查非正常、税务登记失效户50户,清理在途户信息353户。完成注销380户,补缴税款、滞纳金410万元。税务登记录达100%,申报率99.7%,入库率99.8%。落实个人转让限售征收个人所得税政策。完成上年度汇算清缴和个人所得12万元年度申报工作。撤消不履行印花税代售行为单位的代售资格14家。　(胡源　胡然)

【打击发票违法犯罪】　4月,原东城区、崇文区地方税务局与公安、国税部门联合,举行打击发票违法犯罪宣传活动。设置展板,解答询问,走访商户、召开座谈会发放宣传材料1000份。破获非法制造发票案1起、出售非法制造发票案2起,刑事拘留犯罪嫌疑人3名,捣毁小型印制窝点1个、储藏窝点3个,收缴各类假发票2.85万份,收缴各类假公章114枚。　(胡源　胡然)

【税收宣传】　4月,原东城区地税局在南锣鼓巷举办税收宣传月活动,召开各种类型座谈会、专题报告会,向特色街区商户宣传税法知识。走访街区商户,了解需求,结合地区产业发展特色和经济发展特点,宣传税法到户,为商户提供全方位税收服务。　(胡源　胡然)

【征管工作】　强化户籍管理,按月清理登记逾期户、在途户、非正常户,登记率100%。征期内实时监控管户的申报、入库情况,征期后进行迟报催缴,按月统计未申报、未入库、申报入库不一致管户名单,限期处理,全局申报率和入库率99.5%。　(胡源　胡然)

【税收管理员平台】　年内,借助税收管理员平台,开发滞纳金计算功能及核定预警功能。监控企业异常信息,对纳税人加注风险标识和运用一楼式、一街式控管等措施,强化风险管理,夯实税源基础,挖掘数据信息在征收管理工作中的潜力。不断清理和规范用户权限,对应用权限和访问权限进行科学控管,杜绝越权操作、越级审批,业务管理权责清晰、岗责规范。　(胡源　胡然)

【欠税控管】　年内,对进入破产程序的企业进行追缴,向主管法院主张优先清偿税款的权利,每周向清算组追踪案件进展情况。重点催缴欠税金额较大的房地产企业。停售发票、密切监控其全部银行账号和银行对账单,上门约谈、定期公告等措施催缴,督促其严格执行还款计划。针对有偿还能力,特别是仍存在经营行为的企业,采取上门约谈、定期公告、限售发票等措施。　(胡源　胡然)

【税源监控数据管理平台】　通过平台,掌握重点纳税人纳税申报、税款入库、在途税款等税源情况。全年重点纳税人网上申报率100%,各税源管理所税收预测准确率提高,税收预测误差率5%。　(胡源　胡然)

【税收业务流程】　梳理征收管理、票证管理、档案管理方面的87项新流程,细化每一事项各个环节业务流程,制定《关于明确<北京市地方税务局税收业务流程指导手册>实施后相关问题的通知》和《关于<减免税审批表>使用问题的通知》。明确对外受理部门工作事项190项,在外网公示,为纳税人发送告知提示信息。　(胡源　胡然)

【属地管理】　按照属地化管理原则,统一登记、集中管理辖区商务写字楼、宾馆及特色街区(簋街)内租住商户。实现98楼1街区(5672户管户)的一楼式、一街式管理。取得楼宇产权方和物业方的配合,通过平台掌握楼内租住商户的存量及动态变化信息。按季对东二环3900户园区企业和雍和园141户重点企业,进行税务登记信息清理。　(胡源　胡然)

【清算土地增值税】　召开房地产开发企业土地增值税清算工作会,修订土地增值税清算管理办法,专业税务所和税政科两级,逐户逐项审核。全年清算入库税款5.2亿元。　(胡源　胡然)

【纳税评估】　对广告业、房地产行业契税,投资担保行业、宾馆饭店业实施专项评估。开展外资企业自查督导,总体督导面100%,实地督导80%。全年,实施纳税评估企业1.29万户,发现问题6633户次,补缴税款和滞纳金6.3亿元。　(胡源　胡然)

【税务稽查】　重新梳理和细化稽查工作流程,修订完善各项稽查工作制度。专项检查房地产企业、建筑安装企业、交通运输企业240户。全年检查企业704户,结案537户,有问题案件478户,查补税款滞罚1.14亿元,稽查案件有问题率89%,入库率86%。　(胡源　胡然)

【反腐倡廉专题教育】　局党组制订实施方案。成立五个专项小组。坚持自我教育,整改相结合。组织全局干部集中学习,逐级开展讨论,分层次交流,参观廉政教育基地,走访纳税人,倾听纳税人意见。完成《将“做国家利益的忠诚卫士”反腐倡廉专题教育活动与税收工作实践相结合的思考》《浅谈如何以“八个不可”为警示,当好国家利益的忠诚卫士》等专题调研4篇。　(胡源　胡然)

金融及保险业

中国工商银行北京东城支行

【概况】 中国工商银行股份有限公司北京东城支行，内设部室11个，附属机构1个（东城区域现金中心），辖营业网点16家，其中营业室1个，网点支行13个，储蓄所2个。从业人员576人。主要经营范围：工商信贷、结算、汇兑、储蓄、外汇及各项金融代理业务。本年名列总行经营考评前四十强。

单位名称：中国工商银行股份有限公司北京东城支行

单位地址：东城区东四十条24号

联系电话：84020260 邮政编码：100007 （贾鹏飞）

【公司业务】 加大对信贷业务的督导力度，将营销重点定位于优质大型客户、中小企业客户和一般法人客户，开展国际业务和信贷业务营销。本年，本外币各项贷款余额较年初增幅5%。其中一般法人贷款净增全年任务182%，国际贸易融资日均余额新增603%，个人房地产贷款同比增长52%。（贾鹏飞）

【机构业务】 稳固机构业务存款规模，拓宽同业存款增存渠道，优化产品结构，提升对重点客户的营销服务水平。本年人民币对公存款（含同业）时点余额较年初增加14.72亿元，法人理财新开户完成全年任务108%。结算与现金管理专业11项指标中，7项指标提前完成全年任务。（贾鹏飞）

【个人金融业务】 挖掘潜在市场资源，提升高端优质客户占比，个金业务继续保持良好的发展态势。完成全年任务196%。人民币储蓄存款时点余额完成全年任务100%。标准版信用卡净增发卡量同比增长27%，电子银行交易额同比增长30%。（贾鹏飞）

【中间业务】 巩固优势产品核心作用，加速拓展新兴金融领域，完善多元化收益结构，提升中间业务收入占比。本年中间业务收入同比增长7%，网均中间业务收入排名分行第六。（贾鹏飞）

【内控管理】 深化责任制建设，开展制度执行年活动，落实内控和案防制度，层层签订责任书。组织警示教育活动，开展涉赌排查、“小金库”专项治理等活动，落实反洗钱各项工作。（贾鹏飞）

【管理改革】 推进运行管理改革，强化操作风险管理，提高风险把控和防范能力，年内完成下辖16家网点的远程授权改革，完成全部对公电子印鉴采集工作，完成分行交叉检查、跨行主机投产、全行业务灾备演练、账户核算系统人行投产前的准备等多项工作。（贾鹏飞）

【企业文化】 深化和谐企业文化氛围，提升全员综合素质。年内，公开竞聘充实客户经理21人，全行销售人员占比22%。召开党员大会和职工代表大会。建立职工书屋，扩充图书3000余册。召开民主生活会，将职工反映的28个问题，责成有关部门解决和反馈。（贾鹏飞）

中国工商银行北京崇文支行

【概况】 中国工商银行股份有限公司北京崇文支行（简称工行崇文支行），有正式职工560人，柜员制合同工38人，劳务人员76人，下辖综合网点15个。年内，落实国家宏观调控政策和监管部门工作要求，应对各种挑战，转变发展方式，调整经营结构，推进经营转型。提升服务水平，扩大市场优势，加强风险控制，保障健康发展。保持资产质量稳定、竞争发展能力增强和盈利可持续增长。

单位名称：中国工商银行股份有限公司北京崇文支行

单位地址：东城区永定门外大街86号

联系电话：87205518 邮政编码：100075 （王燕芬）

中国工商银行股份有限公司崇文支行营业网点

序号	网点名称	网点地址
1	体育馆路支行	体育馆路甲11号
2	崇文门外大街支行	崇文门外大街90号
3	马家堡支行	丰台区马家堡东路18号
4	左安门支行	朝阳区潘家园南里27号商业楼13号
5	枣苑支行	东花市枣苑小区1号裙房
6	新世界支行	东打磨厂街2号
7	大都市街支行	珠市口东大街4号
8	夕照寺支行	光明中街66号
9	广渠门支行	东花市南里东区15号楼一层
10	天坛东路支行	天坛东路74号一层南侧101、102、103单元
11	百荣世贸支行	永定门外大街101号A区一层
12	龙潭支行	左安门内大街110号左安漪园小区5号楼首层
13	琉璃井支行	安乐林路甲69号首层
14	永定门分理处	永定门外大街86号
15	南站支行	丰台区开阳路1号瀚海花园大厦首层

（王燕芬）

【营销存款】 以客户为中心,完善存款营销服务机制,强化资源配置,创新业务产品,开辟新的存款增长空间。储蓄存款,从网点改造、客户经理队伍、大堂经理队伍、考核激励机制建设入手,提高市场占比。全年存款余额同比增长36.47亿元,其中对公存款增量18.47亿元,储蓄存款新增18亿元。全年储蓄存款首次突破200亿元,成为北京分行系统第10家储蓄存款200亿元的支行。强化关系营销,抓牢存量重点客户存款市场,以高层营销为重点,为客户资金横向及纵向运作提供支持,提升重点客户存款占比。 (王燕芬)

【营销贷款】 贷款余额较年初增加23.78亿元。其中法人贷款余额增加21.42亿元、个人贷款增加2.36亿元。小企业贷款突破亿元,净增长1.02亿元。向北京天街置业发展有限公司发放项目贷款5亿元、北京世纪鸿房地产开发有限责任公司发放住房开发贷款9亿元、北京轨道交通大兴线投资有限公司发放项目前期贷款839亿元。 (王燕芬)

【代理国家金库业务】 由中国人民银行营业管理部授权,代理国家金库业务。负责办理征收机关预算收入的收纳、报解、退付;财政预算拨款业务;财政单一账户的授权支拨业务,以及对所辖各专业银行代理国库业务经收处进行业务监督、检查和辅导。全年办理预算收入业务34.38万笔,金额137.23亿元;库款支拨2.11万笔,金额78.05亿元;预算收入退付1956笔,金额2.90亿元;预算收入更正533笔,金额6.49亿元。完成辖区工商银行15家经收处的检查、监督和指导工作,保持中国人民银行营业管理部代理支库各项工作达标升级考核评定二级库水平。为国库资金准确、及时入库提供保障。为财政、国税、地税部门提供优质高效服务。

(王燕芬)

【人力资源管理】 加强培训教育、转岗流动工作,促进人力资源价值提升和潜力挖掘。建立经营目标层层分解、经营压力级级传导机制。推进激励约束机制建设,构建绩效管理体系。职务转聘28人,等级晋升13人,档次晋升357人。提聘干部11人,交流干部3人。开展营业网点负责人资格培训与认证工作,基层机构负责人全部通过认证考试。 (王燕芬)

【风险管理】 开展制度执行年、案防在我心中、强化细节管理、规范操作行为主题教育活动。推进风险量化管理,统筹市场、法律和声誉风险防控,内控综合评价各项指标保持一级行序列,全年未发生重大案件事故。信贷资产质量不良贷款持续保持双降态势,不良贷款余额和不良贷款率分别较年初下降439万元和0.23个百分点。强化操作风险防范,运行风险暴露水平逐步降低,核算质量逐步提高。 (王燕芬)

【业务创新】 挖掘现有资源,理念创新、服务创新、机制创新,针对客户不同需求,灵活组合产品。为北京欣三盈科贸有限公司办理买入型福费廷业务,实现本行国际贸易融资业务和跨境人民币业务零的突破。为动向体育设计首笔创新型房地产项目理财产品,单笔销售5亿元。与中国移动通信公司独家签订在工行个人网银中开发专用售卡接口协议,办理首笔担保公司担保类小企业贷款。实现财政授权支付账户电子渠道支付业务全国第一单,填补总行此项业务空白。

(王燕芬)

【提升服务品质】 开展服务价值年活动,抓标治本,统筹推进,提升服务品质、效率和品牌美誉度,统一"服务创造价值"的服务工作理念。抓网点建设,优化网点布局,15家网点均实现综合化率。抓客户经理和大堂经理建设,提升营业网点理财服务能力、市场拓展能力和优质客户关系维护能力。构建以简单业务自动化、复杂业务低柜化、优质客户个性化分层营销服务渠道。 (王燕芬)

工商银行北京王府井支行

【概况】 中国工商银行股份有限公司北京王府井支行,原称中国工商银行北京市王府井支行,2000年8月1日成立,工商银行实行股份制改革后变更为现名称。下设11个网点支行(金街支行、北京站支行、东长安街支行、东四南支行、新东安支行、禄米仓支行、华润大厦支行、电信大楼支行、灯市口支行、中电财支行、东华门支行),2个分理处(台基厂分理处、东交民巷分理处),1个储蓄所(朝南所)。大客户部分为大客户一部和二部,服务航空、海油两大系统客户。加强信贷中后台管理力度,成立信贷管理部。北池子储蓄所迁址升格,更名为东华门网点支行。成立中电财网点支行,成立检查对账中心,下设电子银行营销保障小组,落实各项业务检查。该小组隶属于检查对账中心。有从业人员580人。主要经营范围:办理本外币存款、贷款、结算、汇兑、外汇、个人金融、银行卡业务、各类理财业务及金融代理业务。年内,加快经营转型和结构调整,业务产品线各项业务发展平衡,业务结构进一步优化。存款总额增长16.95%,贷款总额增长48.27%,资产负债总额增长15.78%,本外币存款净收入增长49.57%,贷款利息净收入减少25.37%,中间业务收入增长17.25%,账面利润增长40.35%。新东安网点支行获中国银行业文明规范服务"千佳示范单位",获总行优质服务"双百佳"网点,北京分行"劳动竞赛先进集体",北京分行个金业务"百强"网点称号。支行党委书记、行长郭俊。

单位名称:中国工商银行股份有限公司北京王府井支行

单位地址:东城区金宝街18号A

联系电话:65271593 邮政编码:100008 (甄贞)

【资产业务】 开拓创新,采取措施,做好集团优质客户的业务拓展和维护服务工作,全年,两大集团优质客户存款时点达到135亿元,同比增加55.7亿元,增长率70%。人民币贷款业务实现"零"的突破,余额13.42亿元。实现中间业务收入1380万元,同比增加295万元,增长率27%。调整信贷总量与结构,表内与表外业务协调发展,拓展资产业务和中间业务,人民币贷款净增8.92亿元,完成全年指标254.74%。有贷户新增14户,完成全年任务指标127.27%。优化产品结构,小企业贷款余额1.08亿元,完成全年任务指标

72.27%,贸易融资净增 22.06 亿元,完成全年任务指标 275.77%。拓表外业务,全年单证总量 6.61 亿美元,完成全年任务指标 200.33%,对外担保 3732 万美元,完成全年任务指标 373.20%,国际业务综合排名列分行系统第三位。

(甄贞)

【负债业务】 完善业务营销机制,提升服务功能,推进与优质客户银企合作,拓宽业务渠道,促进负债业务稳定发展。全年主要负债业务指标实现全面上扬,负债结构得到优化。人民币存款余额增长 17.84%,其中对公存款增长 14.10%,储蓄存款增长 7.19%,同业存款增长 78.12%。新开对公账户是上年同期的1.066 倍。法人理财产品销售额是上年同期的 1.65 倍。成功营销企业年金客户 2 家。 (甄贞)

【零售业务】 年内,增强个人金融业务功能,改善服务环境,合理调整业务结构与客户结构,开展社区金融知识普及宣传,推动零售业务发展。全年 4 项个人代理业务销售额是上年同期的 2.2 倍。销售人民币理财产品达到上年同期的 3.8 倍。新发展 e 时代卡为上年同期的 1.4 倍。新增代发工资客户达上年同期的 1.3 倍。外汇综合排名分行第七位。个人优质客户较上年提高 0.8 个百分点。理财金挖掘率较上年同期提高13.5 个百分点。 (甄贞)

【国际业务】 年内,发展国际业务,拓宽业务渠道、创新业务品种、扩大客户资源,推进各项外汇业务均衡发展。国际结算量同比增长 145%,单证业务量同比增长 109%,结售汇业务量同比增长 81%。全年外汇业务综合排名列分行系统第三位。 (甄贞)

【中间业务】 年内,把握市场发展机遇,拓展各类中间代理业务,中间业务收益全面增长,经营效益稳步提高。全年中间业务收入同比增长 17.25%,非利息净收入占比 20.37%。其中人民币结算收入同比增长 42.89%,银行卡业务收入同比增长 21.26%,投资银行同比增长 18.46%,代理及个人理财收入同比增长 9.60%,代客资金交易收入同比增长 13.66%,同比增幅 -17.56%。中间业务收入总量额排名分行系统第七位。 (甄贞)

【信用卡业务】 提升银行卡使用环境,发展信用卡业务。全年,新发展标准版信用卡 5 万张,支行信用卡保有量 22 万张。新发展交通卡 2.8 万张,同比减少 35%。银行卡收单业务全行领先,新签信用卡特约商户 431 家,同比增长 47.77%。新安装商户刷卡 POS 机 612 台。特约商户交易额 83.6 亿元,同比增长40.6%。银行卡业务收入在分行系统排名第二位、信用卡业务综合贡献在分行系统排名第四位。 (甄贞)

【企业文化建设】 年内,推进企业文化建设,创造积极、健康、和谐的良好氛围。开展羽毛球比赛、登山比赛、春秋游活动、参加分行文艺汇演、购买电影卡和公园年票。为员工办实事,解决员工早餐和午餐问题,丰富外卖食品。组织在职、离退休员工 1000 人参加体检。 (甄贞)

中国建设银行股份有限公司北京东四支行

【概况】 本年是分行扁平化、专业化改革后和支行施行新的经营管理模式的第一年,转变观念,提高效率,调整经营管理结构,克服困难、开拓进取,实现平稳发展。设综合部、客户部、营业部和海油支行,有员工 133 人。加强基础管理、实行一人多岗、一岗多用,增强兼岗中专业性、实效性,加强成本管理和中后台操作管理,提高风险管控水平。加强企业文化建设,增强企业员工凝聚力和创造力。全年实现利润 3.37 亿元,全口径存款时点余额 375.62 亿元,企业贷款新增 29.98 亿元,实现中间业务收入 5587 万元,获分行年度信息宣传工作先进单位。

单位名称:中国建设银行股份有限公司北京东四支行

单位地址:东城区北京美术馆后街 8 号

联系电话:51997808 邮政编码:100010 (谷琛婷)

【公司业务】 夯实客户基础,稳定支行存款。开拓新客户,实现四项业务产品零突破,其中中矿在建行系统内实现首笔境内客户出口收汇存放境外开户业务,梳理信贷业务流程,提高授信使用效率,全年新增信贷客户 9 户,总投放量新增 33.09 亿元。 (谷琛婷)

【个人业务】 公私联动,全员营销,稳定贷记卡、电子银行等重点产品,加强对代发工资客户的营销力度。全年个人资产新增 4.8 亿元,贷记卡新增 3186 张。 (谷琛婷)

农业银行北京东城支行

【概况】 中国农业银行股份有限公司北京东城支行(简称农行东城支行),下设 7 个部门、1 个营业部、10 个二级支行、2 个分理处,员工 377 人。年内,贯彻落实科学发展观,有效快速发展和风险防范并重,外部营销和内控管理并举,推进网点转型工作。树立以客户为中心的服务理念。加强客户经理、金融理财师队伍建设,为客户提供"一站式"理财服务。推进企业文化建设,打造学习型银行。开展业务培训 1487 人次,丰富支行图书室藏书,构筑员工学习平台。举办"我为农行发展献计献策"征文和文体活动。培育企业文化氛围,突出以人为本理念,打造企业形象。着力提高综合竞争力,全年发展水平及盈利能力位居系统前列。

单位名称:中国农业银行股份有限公司北京东城支行

单位地址:东城区金宝街 58 号华丽大厦

联系电话:65281870 邮政编码:100005 (张晓)

【存款业务】 采取联动营销、关系营销模式,吸收低成本存款,将营销重点定位为区域性、集团性大客户和大项目。优化客户结构,对内创造良好营销环境,对外加大拓展力度,构建“面向客户、上下联动、分层负责、协调高效”的营销体系。对高价值客户,采取“借助城市中心区地理优势,发挥总、分、支行三级联动,分层营销”的经营策略,存款业务全口径日均存款同比增长1.5%。（张晓）

【贷款业务】 规范信贷决策和经营行为,根据国家宏观政策及时调整信贷投向,建立和完善市场进入退出机制,落实信贷管理制度,强化基础管理工作,推进信贷结构调整,促进贷款有效投放。成立“个贷经营中心”,“抓大不放小”,扩大优良贷款客户群体。全年全口径贷款余额同比增长19.91%。（张晓）

【零售业务】 实施“零售业务下沉”经营理念,发展策略从做业务调整到做客户,经营策略从重点业务发展调整到均衡业务发展。明确直营目标,建立联动营销模式,降低物理经营成本,加大零售业务的考核和资源匹配力度,全年任务指标超额完成,系统内实物黄金销售量排名第一,个贷发放量、基金销售额、新增信用卡客户、新增名单制商户排名第三。（张晓）

【国际业务】 坚持“本外币并举”经营发展思路,加大综合营销力度,完善风险控制,丰富业务品种,改善客户结构,营销大型国有企业、金融同业和世界500强企业等集团类优质客户,扩大外汇业务市场份额,全年国际业务结算量稳步攀升,实现国际业务平稳发展。（张晓）

【内控管理】 提高风险管理能力,加强对基层网点委派会计主管管理,加大自律监管力度,完善监管队伍和监管机制,提高内控管理水平。（张晓）

【网点建设】 年内,完成支行营业部的精品网点改造工程,完成所辖13家网点的服务转型,8家网点的营销转型,7家网点的营销技能导入工作,提升网点综合竞争力。完成朝阳门支行选址工作。（张晓）

农业银行北京崇文支行

【概况】 中国农业银行股份有限公司北京崇文支行(简称农业银行崇文支行),有职工305人,下辖营业网点13个。年内,学习实践科学发展观,落实“以客户为中心,以管理为保障,以市场为导向,以效益为目标”的经营管理思路,创新经营方法,提升服务和管理水平,各项业务持续平稳发展。截至年末,本外币各项存款余额较年初增加31.12亿元;各项贷款较年初增长64.99亿元;不良占比持续下降。

单位名称:中国农业银行股份有限公司北京崇文支行
单位地址:东城区珠市口东大街1号新阳商务楼A座
联系电话:67089993　邮政编码:100062（张宬）

【负债业务】 年内,细分市场,细分客户,挖掘存量客户资源潜力,巩固和提升合作关系,发展新的市场增长点、新的优质项目和新的优质客户,巩固客户基础,提升市场份额。对公存款工作以优质大型企业客户为营销重点,实现量和质的双重突破。储蓄存款方面,优化升级网点,发挥银行卡、理财产品和高端客户营销服务的作用,扩大代发工资、信用卡、第三方存管等源头性业务。（张宬）

【资产业务】 年内,调整信贷结构,把握信贷投放节奏,把控风险防范。组建专业营销团队,走访了解客户资金需求,提高新老客户业务渗透率。创新产品,营销多名潜力客户,对公存款增长。保持房贷业务优势,加强市场调研与产品分析,准确定位、迅速反应,深化与土地储备中心的项目合作,营销重点房地产项目。开立分行系统内首例预售资金监管账户,锁定项目销售资金归行。（张宬）

【网点建设】 年内,优化网点布局,加快网点精品化改造。引入循环反复的服务导入模式,实现网点由交易结算型向营销服务型转变,提升网点社会形象和综合竞争力。5家网点完成精品网点改造,3家网点完成标杆导入工作,6家网点完成服务转型工作,提高网点的服务差异化、管理精细化及业务分流水平,全年未发生服务类投诉。世贸支行获市文明规范服务百佳示范单位。（张宬）

【内控管理】 年内,抓合规、控风险、促发展作为内控工作主线,综合利用尽职监督管理检查、专项业务检查及非现场监测等多种方式,及时发现并消除风险隐患,夯实内部管理基础。（张宬）

中国农业银行股份有限公司北京崇文支行营业网点

序号	网点名称	网点地址
1	崇文支行营业部	珠市口东大街1号
2	先农坛支行	天桥市场斜街45、47号
3	前门分理处	前门大街114号
4	世贸支行	光华路9号世贸中心4号楼2层L233号
5	宣外分理处	宣武门外大街92号首层
6	龙潭支行	光明路11号
7	南三环支行	芳群园四区21号楼
8	崇文门支行	崇文门外大街18号国瑞购物中心一层
9	永外支行	南三环中路67号6号楼1层C座
10	劲松分理处	劲松八区826号
11	建欣苑分理处	建欣苑二里8号楼
12	富贵园分理处	东花市南里富贵园三区1号楼
13	永太支行	永定路100号

（张宬）

中国银行北京崇文支行

【概况】 中国银行股份有限公司北京崇文支行(简称崇文支行),有职工451人,辖营业网点19个。年内,贯彻总、分行工作会议精神,落实总、分行调结构、扩规模、防风险、上水平工作方针,巩固扩大客户群,吸收本外币存款,依照分行贷款投放节奏和导向,适度扩大贷款规模。扩大中间业务收入。抓基层,打基础,推广新产品,自主创新,加快发展,完成分行下达的各项任务指标,实现各项业务持续健康发展。

单位名称:中国银行股份有限公司北京崇文支行

单位地址:东城区广渠门内大街47号雍贵中心A座

联系电话:87550606　邮政编码:100062　(印爽)

【客户群构建】 年内,深化客户群构建工作,落实三级联动机制,推进名单式营销,巩固扩大客户群,促进多元化发展。个人金融板块坚持基础群拓展工作,加强公司、个金业务联动,最大限度抓住网点流量客户,提高对中高端客户把控能力,提升理财客户资产规模　(印爽)

【负债业务】 年内,多渠道寻找业务契机,保持负债业务稳定增长。金融板块不断加大核心存款拓展力度,扩大存款规模,通过产品带动存款增长,与重点客户建立稳定存款合作关系。个人金融板块重视大堂流量客户与VIP客户资源,挖掘柜台营销潜力,从源头上拓宽资金来源,实现"零售业务批发做",加大理财产品、保险、基金推广力度,锁定客户沉淀资金。　(印爽)

【资产业务】 年内,按照分行"调结构、扩规模"的工作思路,稳定巩固资产业务。公司金融板块加大动态项目储备力度,重点关注综合收益高、业务带动效应强的优质项目,发展中小企业授信客户,保持此项业务的领先地位。个人金融板块挖掘新客户,通过二手房中介机构等渠道,有效补充客户资源。集中力量发展一手房按揭项目,适度续作商业性住房及组合贷款业务,加大抵(质)押贷款营销力度,实现消贷业务平稳发展。　(印爽)

【内控管理】 年内,以"提高业务监督精度、加大调查研究力度、提升内控服务水平"为中心,落实各项内控措施,加强内控管理体系制度、规范建设。健全业务质量分析会制度,强化内控交流、传导和监督职能。开展常规检查、专项检查、整改跟踪、非现场监控、流程梳理等各种形式的业务监督,增强内控防范。　(印爽)

【金融服务】 年内,加强网点服务检查与监督力度,定期召开服务质量分析会,不定期进行现场与非现场远程监控服务检查,增强员工服务意识,形成良好金融服务氛围,提高网点整体服务水平。通过分行服务达标验收,辖内网点均达到卓越或优秀级别。　(印爽)

【队伍建设】 年内,重视人才培养和队伍建设。落实使用人才各项措施。建立健全管理机制,注重新入行人员培养,明确职位定位和职业发展前景,做好后续培养工作。加强人才交流,提供发展机会。注重专业人才队伍建设,通过竞聘不断充实业务经理、理财客户经理、消贷客户经理和公司客户经理队伍。　(印爽)

中国银行股份有限公司北京崇文支行营业网点

序号	网点名称	网点地址
1	崇文支行营业部	广渠门内大街47号雍贵中心A座
2	劲松支行	朝阳区劲松五区518号楼
3	方庄支行	丰台区芳城园一区16号楼
4	崇文门支行	东交民巷2号
5	双井支行	朝阳区东三环中路大路园20号
6	现代城支行	朝阳区建国路88号现代城A区S栋2201、2202
7	恒基中心支行	建国门内大街18号楼
8	龙潭湖支行	龙潭路乙3号
9	崇外大街支行	崇外大街44号
10	大北窑支行	朝阳区东三环中路39号建外soho南办公楼b座1单元0101号
11	松榆里支行	朝阳区松榆里37号
12	潘家园支行	朝阳区东三环南路25号
13	东大桥路支行	朝阳区东大桥路8号尚都国际中心A座102、103号房
14	东花市支行	东花市大街98号
15	光华东路支行	朝阳区西大望路1号1－2层
16	广渠门支行	朝阳区天力街1号楼－9
17	针织路支行	朝阳区建国路93号院8号楼
18	前门大街支行	前门大街91号
19	西花市支行	崇文门外大街18号国瑞城F1－26

(印爽)

中国人民财产保险股份有限公司北京市东城支公司

【概况】 本年,中国人民财产保险股份有限公司北京市东城支公司(以下简称东城支公司),抓住机遇,扩大业务规模,全年完成保费收入4.80亿元,其中车险保费4.4亿元,同比增长25%。上缴东城区地方财政税款2565万元。

单位名称:中国人民财产保险股份有限公司北京市东城支公司

单位地址:东城区王家园胡同16号阳光国际大厦5层

联系电话:65548700　邮政编码:100027　(李楠)

【区领导检查工作】 6月7日,金旭率区相关部门领导,到公司检查工作,慰问金融一线全体员工,肯定公司多年对区政府各项事业支持,对公司工作提出指导性意见建议。(李楠)

【反洗钱工作】 年内,加强对金融机构监管,成立专门领导机构,制订措施,指定专人负责对公司经济往来各项账务严格审核把关,维护金融秩序安全,杜绝洗钱现象的发生。　(李楠)

【商业车险平台】 年内,规范经营,依法依规管理,推出机动车保险费率浮动统一标准,全市各家保险公司通过"商业车险上平台",实行机动车出险次数不同,其享受优惠政策不同的统一标准,抑制不良竞争。使客户感受到北京保险市场更加规范、透明、公平。 (李楠)

中国人寿保险公司东城支公司

【概况】 本年,中国人寿保险股份有限公司北京市东城支公司(简称东城支公司),业务快速发展,完善风险防范及管控机制,全面提升风险管控的水平,通过普华内部控制审计。转变发展方式,应对市场竞争,加快结构调整,加强基础管理,增强可持续发展能力,取得一定成绩。

单位名称:中国人寿保险股份有限公司北京市东城支公司
单位地址:东城区东直门外东中街32号楼
联系电话:64175723 邮政编码:100027 (王宇)

【团体保险】 全年,团体业务总保费收入3.08亿元,其中长期险保费3889.14万元,短期险保费6249万元,意外险保费收入1716.83万元。 (王宇)

【营销保险】 全年,完成总保费1743.3万元,新单首年期交保费1509.7万元,其中十年期及以上期交保费583.2万元,趸交78.89万元,意外险保费171.2万元。 (王宇)

【客户服务】 柜面工作,强化管理主动服务,保障业务发展,提升服务能力和水平。贯彻业务服务标准,保障客户基本权益;严格执行管理规定,层层落实流程和实务优化;规范资料填写,提高保单服务水平;控制短险赔付率,把好核保质量关和价格关。 (王宇)

金融及保险机构负责人

中国工商银行股份有限公司东城支行
行长兼党委书记 苗鸿祥
中国工商银行股份有限公司崇文支行
行长兼党委书记 高 平
中国工商银行股份有限公司王府井支行
行长兼党委书记 郭 俊
建设银行东四支行
行 长 王新立
中国农业银行东城支行行长兼党委
书 记 张 艳
中国农业银行崇文支行
行 长 段宝峰
中国银行崇文支行
行 长 何 彬
中国人民财产保险股份有限公司东城支公司
经 理 宋玉森
党支部书记 吴 卫
中国人寿保险股份有限公司东城支公司
经 理 徐 林
党支部书记 赵 振

城 市 建 设

建 设 管 理

【概况】 北京市行政区划调整后,原东城区住房和城市建设委员会与崇文区住房和城市建设委员会合并为东城区住房和城市建设委员会(简称区住建委),本年8月12日合署办公。区住建委是区政府负责建设行政管理的工作部门,暂设办公室、纪检监察科、组织人事科、财务科、名城科、重点办、法制科、招标办、行政审批科、施工科、工程科、信访办、节能科13个内设机构。有工作人员137人,其中公务员57人,事业编80人。下属事业单位:北京市东城区建筑行业管理处、北京市东城区建设工程质量监督站、北京市东城区住房保障服务中心、北京市东城区历史文化保护办公室等6个事业单位。主要职能:编制全区年度工程建设开复工、竣工计划;负责建设工程施工许可证核发(初审);本区工程建设管理,区域内建筑业行业管理;对本区建设工程项目招、投标,建设工程质量和市政工程质量,工程建设施工现场,外地进京施工队伍及建筑市场,施行监督、管理;负责区域内建筑市场监督执法工作。年内,区住建委负责的区政府折子工程、任务书和为民办实事项目103项。推动重点项目建设。5月7日,台湾会馆重装。12月25日,完成鲜鱼口民俗餐饮区建设。改造、加固学校、幼儿园48所。东南二环内滨河路全线贯通,体育馆西路南段全部完成。质量和安全监管建设工程440项720万平方米。完成地铁6、8号线居民1819户搬迁,14号线红线内搬迁完成70%。重点建设项目完成固定资产投资63.1亿元,占全区固定资产投资总量的35%。12月16日,成立东城区历史文化名城保护工作委员会,聘请8位专家为顾问。制订东城区历史文化名城保护方案,明确政府主导、多元参与、专家领衔等基本原则。制订"重点推进10个保护项目、完成10项文物修缮工程、实施10个会馆保护利用"工作计划。人大代表建议、政协委员提案、信访工作及时办复。贯彻落实党风廉政责任制,实现队伍平稳融合,开展创先争优及党员公开承诺活动。

单位名称:东城区住房和城市建设委员会
单位地址:东城区花市枣苑10号
联系电话:67051078 邮政编码:100062

(陈朝阳)

【应急工作】 1月30日,部署春节期间本单位和建筑工地应急值守工作,成立烟花爆竹管理工作小组和应急救援小组。4月22日,市、区住建委应急指挥的信息交流、值守情况和突发事件均可通过网络传达,全市建筑工程应急救援专家、队伍、物资与抢险机械车辆可通过指挥平台,迅速调度救援使用。6月9日,开展防汛应急演习,出动人员30人次。9月30日,召开会议部署节日期间加强安全生产与应急值守。全年未发生安全事故和烟花爆竹引起的火灾事故。12月,区住建委获市建设系统年度应急管理工作先进集体。

(陈朝阳 刘斌)

【工程安全监督】 4月9日,召开全区施工现场安全质量工作会议,部署年度安全质量工作。开展"安全生产月"活动,排查在施工程火灾隐患,打击建筑施工非法违法行为。推行网格化监管,划分设置8个安全网格监督组及协管员网格组,落实企业安全生产主体责任。监督房建工地226个,建筑面积569万平方米。市政工地8个,造价1.8亿元。监督检查5420项次,要求责任单位整改安全隐患9655项。开展安全月活动期间,向工地发放宣传手册和安全光盘5700份。安全宣传扑克900盒,各类挂图300套,教育光盘500套。接受安全教育1.68万人次。制订《东城区中小学校舍安全工程工作措施》《校安工程质量监督通知书》。监督39所学校63项单体工程,建筑面积20.8万平方米。(陈朝阳 王悦)

【历史文化名城保护】 12月16日,召开东城区历史文化名城保护工作委员会第一次会议,制订东城区历史文化名城保护方案。明确政府主导、多元参与、专家领衔等原则。确定以中轴线保护为引领,彰显古都文化魅力;以历史文化保护区为依托,打造文化产业集聚区;以人口疏解为前提,实现历史文化街区的有机更新;以改善民生为目标,提升基础设施水平;以文物腾退为抓手,保护利用历史文化资源的基本思路。制订重点推进10个保护项目、完成10项文物修缮工程、实施10个会馆保护利用计划。 (陈朝阳 姚剑)

【地铁6、8号线拆迁】 地铁6、8号线区内范围包括8号线黄寺站、鼓楼站、南锣鼓巷站、美术馆站,6号线南锣鼓巷站、隆福寺站、朝阳门站7个站点,涉及和平里、安定门、交道口、景山、东华门、东四、朝阳门7个街道办事处,拆迁总户数1819户。拆迁工作于上年5月16日启动,奖励期(45天)内完成签约1736户,占总量的95.4%。 (陈朝阳 赵鹏飞)

【东南二环内滨河路】 东南二环内滨河路市政道路工程北

起广渠门桥，西至玉蜓桥。原滨河路路面宽3.5米至7米不等，路面狭窄破旧且通行能力低。多条道路与内滨河路相交。相交铁路一条。工程分两期实施，其中由广渠门桥至龙潭湖公园东门段，长2066米，红线宽19米，2006年11月启动拆迁，涉及拆迁单位4家。2007年6月开工，规划有上水、雨污水、中水、电力、信息等管道，2008年6月完工；由龙潭湖公园东门至玉蜓桥段，长2210米，红线宽23米，2006年6月启动拆迁，涉及拆迁单位8家。2008年3月开工，4月3日竣工通车。路面双向车道，两侧设有自行车道及人行步道，配备地下市政专业管线，护城河沿线安装白石护栏及配套绿化设施。（陈朝阳　赵鹏飞）

【工程建设问题治理】　年内，制订"工程建设领域突出问题专项治理工作实施方案"，排查工程248项。查出未取得开工许可证提前进场施工、工程未经验收投入使用、卫生间防水涂料厚度不够、水电监理人员无注册监理工程师证、水电分包专业未订立分包合同、监理不到位、施工企业未办理设计变更洽商擅自改变施工材料等7类问题。按时填报网上信息，督促责任单位整改，对违反法律、法规、强制性标准的安全质量行为实施行政处罚，排查整改报告已上报市建委。（陈朝阳　肖连俊）

【重点工程】　年内，负责政府折子工程、任务书和为民办实事项目103项，其中主办项目31项，督办项目22项，协办项目50项。在主办、督办任务中，建设工程项目36项。用时109天，完成台湾会馆装修和台湾文化商务区一期建设工程。如期完成台湾商务区二期工程及鲜鱼口民俗餐饮区建设。重点建设项目完成固定资产投资63.1亿元，占全区固定资产投资总量的35%。（陈朝阳　王超）

【法制工作】　年内，执法处罚案件53件，罚款203.56万元。其中简易处罚24件。采用网站宣传、橱窗宣传、发放宣传单、召开专题会议等方式进行普法。组织街道办事处城建科，施工、监理企业和项目部学习法规，向各施工单位发放法规宣传材料。受理申请政府信息公开10件，办结7件。办理执法资格证30件，变更执法范围、职权4件。（陈朝阳　郎岳）

【招投标监管】　年内，完成招投标项目133项，投资20.1亿元。其中，政府投资87项，造价8.4亿元，国有投资25项，造价6亿元，社会投资21项，造价5.7亿元；公开招标96项，造价14.1亿元，邀请招标15项，造价5.9亿元，直接发包22项，造价0.1亿元。从推进市、区重点工程招投标进度，加强中小学抗震加固工程监管及开展施工合同动态监管工作三个方面落实监管责任，建立分工合理、职责明确、相互监督工作机制，实现招投标工作零投诉。（陈朝阳　任伟）

【行政许可管理】　年内，办理行政许可事项和行政管理事项1136件。其中办理建筑工程施工许可证核发（初审）52项，办理建设工程安全备案52件，建设工程质量监督注册76件。新办企业和变更企业资质48件，审批建筑工程夜间施工8件，办理招标方式抄报81件。办理建设工程竣工验收备案65件，竣工面积为124万平方米。办理建筑节能专项验收备案28件，办理二级建造师注册177件，新办建筑拆除工程备案8项，建设工程材料采购备案518件，房地产开发企业资质等级核定变更23件。受理事项全部在公开承诺时限内完成，按时办结率100%，申办人员现场评价满意率100%。为企业和群众提供各种咨询服务1200次。施工许可现场踏勘65项。其中装修工程43项，建筑面积67.39万平方米。新建工程20项，建筑面积38.47万平方米。市政工程2项，长度1179米。（陈朝阳　迟建平）

【专项资金缴费】　年内，收缴散装水泥专项基金27项，金额93.01万元。收缴建筑节能与发展新型墙体材料专项基金24项，金额1033.74万元。（陈朝阳　迟建平）

【信访提案办理】　全年受理群众来信、来访、来电3000件，其中政民互动综合服务平台906件，市信访综合办公系统126件，市长信箱118件，市非紧急救助服务中心48件，全部办结。涉及内容主要为私房买卖、继承、赠与、房屋翻建、保障房申请、房屋中介公司投诉、房改政策、煤火费领取等问题。另有关于公房承租人变更、土地证办理、城市规划等问题1802件进行咨询。接人大代表建议、政协委员提案26件，已全部办复，内容涉及加强出租房屋管理，平房维修与改造，加强小区物业管理，宗教房产房屋权属登记以及拆迁遗留等。（陈朝阳　李冰冰）

【工程质量监督】　全年，以住宅工程、大型公共建筑及政府投资工程为重点，采用巡回监督、竣工验收同步监督和专项质量检查的方式，对地基基础及主体结构、主要使用功能的实体质量和工程参建各方的质量行为，开展监督执法检查。专项治理工程建设领域工程建设实施和工程质量管理突出问题。监督单体工程354项，建筑面积555万平方米。巡回监督检查2712项次，专项质量执法检查活动15次，发出《责令改正通知书》112份。要求整改质量隐患8136项。监督工程未发生质量事故。（陈朝阳　王悦）

【建筑行业劳务管理】　全年，辖区建筑工地进场施工队伍822家，劳务用工2.6万人。实行农民工和施工现场实名制管理，督促施工总承包单位和分包单位做好劳务队伍管理、劳务费结算和工资支付工作。对新进场的各分包单位进行合同交易备案和劳务人员注册，完善劳务施工队长、劳务作业人员信息备案制度。组织农民工开展劳务合同知识培训，配合劳动保障部门开展劳务合同履约检查、农民工工资支付情况专项执法检查。开展对"月清月结"执行情况、使用零散工情况及各工程劳务管理情况检查，处理劳务纠纷12起，涉及农民工700人，资金1100万元。（陈朝阳　王悦）

【既有建筑节能改造】　年内，全区既有建筑节能改造任务41万平方米，改造内容为墙体保温、屋面保温、门窗改装、单元门改造、楼宇热表安装等。实际完成42.4万平方米，其中南片完成32.6万平方米、北片完成9.8万平方米。

（陈朝阳 赵爱华）

【起重机械设备登记】 年内，办理起重机械设备编号登记29台，其中塔吊24台，施工升降机5台。办理设备编号注销登记74台，其中塔吊20台，施工升降机42台，物料提升机12台。办理重机械设备使用登记102台，其中塔吊44台，施工升降机46台，物料提升机12台。办理重机械设备使用注销登记87台，其中塔吊39台，施工升降机40台，物料提升机8台。

（陈朝阳 王悦）

建设工程

公建工程

【概况】 年内，区住建委受理、初审及决定竣工验收备案的公建工程25项，投资7.72亿元，面积45.92万平方米。

（赵琳艳）

【健身体育活动中心】 3月4日龙潭全民健身体育活动中心竣工。工程位于区龙潭路8号，建筑面积1.13万平方米，地上3层，地下2层，框架结构，檐高12.25米，主要功能为全民健身体育休闲活动场所，工程造价3763万元。2008年10月16日开工。龙潭公园管理处建设，北京建工建筑设计研究院设计，北京崇建工程有限公司施工，北京华城建设监理有限责任公司监理。

（赵琳艳）

【商业新建工程】 4月24日竣工。工程位于区大江胡同（C10地块C10－1），建筑面积1897.56平方米，地上1层，地下2层，框架结构，地上高度4.2米，地下2层总高度－13.93米，工程造价759万元。上年12月25日开工，北京天街置业发展有限公司建设，北京建工建筑设计研究院设计，中国建筑第二工程局有限公司施工，市工程咨询公司监理。地上部分为商业，地下1层为多功能用房及餐饮，地下2层主要为车库。

（赵琳艳）

【台湾会馆地下工程】 4月24日竣工。工程位于前门大街东侧路西片，建筑面积1065.04平方米，地下2层，框架结构，地下2层总高度－13.63米，工程造价394万元。上年6月29日开工。北京市台湾同胞联谊会建设，北京建工建筑设计研究院设计，中国建筑第二工程局有限公司施工，市工程咨询公司监理。地下1层为多功能用房及餐饮，地下2层为车库。

（赵琳艳）

【福德禅林地下工程】 4月24日竣工。工程位于前门大街及东片地区，建筑面积2189.11平方米，地下2层，框架结构，地下2层总高度－13.63米，工程造价810万元。上年6月29日开工。区房屋管理局建设，北京建工建筑设计研究院设计，中国建筑第二工程局有限公司施工，北京市工程咨询公司监理。地下1层为多功能用房及餐饮，地下2层为车库。

（赵琳艳）

【金鱼池危改A区酒店】 4月27日竣工。工程位于西晓市街，建筑面积5.47万平方米，地上6.5层，地下2层，框架结构，檐高17.7米，工程造价8399.843万元。2007年9月13日开工。中冶置业有限责任公司建设，北京凯帝克建筑设计有限公司设计，北京崇建工程有限公司施工，北京赛瑞斯国际工程咨询有限公司监理。使用功能为酒店式公寓，地上附楼部分为商业用房，主楼部分为标准客房，地下为车库和设备用房。

（赵琳艳）

【回迁小学】 6月7日竣工。工程位于广渠门外南街，建筑面积1.02万平方米，地上6层，地下1层，框架剪力墙结构，檐高23.85米，工程造价1398万元。2007年8月1日开工。北京鑫阳房地产开发有限公司建设，市建筑设计研究院设计，中国新兴保信建设总公司施工，北京方恒基业工程咨询有限公司监理。建筑用途教学用房，地上部分为教学楼、宿舍、辅助用房，地下部分为车库和辅助用房。

（赵琳艳）

【D4商业楼】 6月7日竣工。工程位于广渠门外南街，D4地下室及D区地下车库建筑面积2.06万平方米，地下3层，建筑高度－10.8米，框架结构，工程造价2835.8万元，2007年9月1日开工。D4商业楼建筑面积1150平方米，地上4层，檐高23.85米，框架结构，工程造价138万元，2007年12月10日开工。北京鑫阳房地产开发有限公司建设，北京市建筑设计研究院设计，中国新兴保信建设总公司施工，北京方恒基业工程咨询有限公司监理。D4建筑用途商业用房，地下部分为汽车库、变电室、人防。

（赵琳艳）

【还建附属用房】 7月1日竣工。工程位于前门东大街11号，建筑面积1226平方米，地上2层，地下1层，框架结构，檐高10米，工程造价543.6万元。2008年11月30日开工。国务院参事室建设，市文物建筑保护设计所设计，中建——大成建筑有限责任公司施工，北京中外建工程管理有限公司监理。建筑用途为人防、设备用房及办公用房。

（赵琳艳）

【运动员公寓改扩建工程】 8月18日竣工。工程位于天坛东路50号,建筑面积1.94万平方米。其中维修改造面积1.86万平方米,扩建面积750平方米,地上7层,地下1层,框架剪力墙结构,新建南侧入口大厅高度4.8米,工程造价3806.19万元。2009年3月20日开工。国家体育总局训练局建设,市建筑设计研究院设计,鹏达建设集团有限公司施工,北京建宇建设监理有限责任公司监理。建筑用途为运动员公寓。 (赵琳艳)

【警卫接待室用房】 8月25日竣工。工程位于大华路1号,建筑面积265平方米,地上1层,框架结构,檐高8.4米,工程造价111.3万元。2009年6月26日开工。北京医院建设,中国中元国际工程公司设计,北京六建集团公司施工,北京新恒元工程监理咨询有限公司监理。建筑用途为办公用房。 (赵琳艳)

【商业金融用房】 8月26日竣工。工程位于夕照寺中街31号,建筑面积3.19万平方米,地上10层,地下2层,框架剪力墙结构,檐高30米,工程造价5338.79万元。2008年11月14日开工。北京天宏国发房地产开发有限公司建设,市建筑设计研究院设计,北京城建五建设工程有限公司施工,北京中外建工程管理有限公司监理。地上为商业用房,地下部分为配套用房、车库及人防。 (赵琳艳)

【办公楼加建工程】 8月30日竣工。工程位于香河园路1号,建筑面积1598平方米,地上2层,地下1层,钢框架结构,檐高10米,工程造价839.71万元。2007年9月30日开工。当代节能置业股份有限公司建设,北京首都工程建筑设计有限公司设计,北京建工集团有限责任公司施工,北京航青工程建设监理有限责任公司监理。建筑用途为配套公建。 (赵琳艳)

【会议接待楼】 9月10日竣工。工程位于南池子大街71号,总建筑面积1451.1平方米。其中会议接待楼763.2平方米,地下2层,地上2层,檐高6.8米;职工食堂508.02平方米,地下1层,地上2层,檐高6.8米;门房52平方米,地上1层,檐高4.08米;游廊127.88平方米,地上1层,檐高3.4米。框架剪力墙结构,工程造价1089.9919万元。上年3月14日开工。外交部建设,北京市建筑设计研究院、北京建工建筑设计研究院设计,北京城建亚泰建设工程有限公司施工,北京兴电国际工程管理公司监理。本工程为外事用房扩建及配套用房。 (赵琳艳)

【王府国际商城竣工】 9月27日竣工。工程位于东安门大街东口,建筑面积3.8万平方米,地上9层,地下4层,钢框架结构,檐高37米,工程造价1亿元。2008年10月22日开工。北京都市房地产开发集团有限公司建设,北京清城华筑建筑设计研究院有限公司、北京华特建筑设计顾问有限责任公司设计,北京天润建设工程有限公司施工,北京艾佩克工程管理有限公司监理。建筑用途地上为商业,地下为设备用房和车库。 (赵琳艳)

【松林里幼儿园清洁站】 9月28日竣工。工程位于松林里,幼儿园建筑面积1900平方米,地上3层,框架结构,檐高12.79米,工程造价284.19万元,2008年10月30日开工。清洁站建筑面积120.23平方米,地上2层,框架结构,檐高7米,工程造价49.2万元,6月13日开工。北京中海豪峰房地产开发有限公司建设,北京通宸建筑设计有限责任公司设计,中建一局第五建筑有限公司施工,北京赛瑞斯国际工程咨询有限公司监理。为小区配套公建。 (赵琳艳)

【商品住宅楼工程】 10月21日竣工。位于广渠门外南街,建筑面积3.35万平方米。其中住宅3.05万平方米,配套邮电所203平方米,配套商业200平方米,非配套商业2577平方米,地上23层,檐高80米,框架结构,工程造价1451.54万元,2007年11月25日开工。北京鑫阳房地产开发有限公司建设,市建筑设计研究院设计,江苏省建工集团有限公司施工,北京华清技科工程管理有限公司监理。建筑用途为商业用房及配套、非配套商业。 (赵琳艳)

【社区配套服务中心】 11月10日竣工。工程位于香河园路1号,建筑面积6885平方米,地上11层,地下2层,剪力墙结构,檐高40.29米,工程造价2871.98万元。2007年1月20日开工。当代节能置业股份有限公司建设,北京首都工程建筑设计有限公司设计,北京建工集团有限责任公司施工,北京航青工程建设监理有限责任公司监理。建筑用途为小区配套商业和活动中心。 (赵琳艳)

【弘善幼儿园】 11月16日竣工。工程位于弘善家园小区,建筑面积1.02万平方米,地上3层,地下2层,框架结构,檐高11.9米,工程造价2570万元。上年8月10日开工。北京正阳恒瑞置业公司建设,北京保利达工程设计有限责任公司设计,北京大龙建设集团有限公司施工,南京工苑建设监理咨询有限责任公司监理。建筑用途为小区配套公建。 (赵琳艳)

【春秀路1号宾馆】 12月8日竣工。建筑面积2.29万平方米,地上17层,地下3层,框架结构,檐高59.9米,工程造价7000万元。2007年12月20日开工。北京华夏宾馆有限责任公司、先锋国际体育投资(北京)有限公司建设,市文物建筑保护设计所、北京东方国兴建筑设计有限公司设计,中国新兴建设开发总公司施工,北京精正兴工程建设监理有限公司监理。建筑用途为宾馆,地下2层、3层为车库及设备用房,地下1层为宾馆配套用房、餐厅、设备用房,首层为大堂,2层为餐厅、会议室,3层以上为客房。 (赵琳艳)

【办公楼】 12月14日竣工。工程位于台基厂头条3号,建筑面积4476平方米,地上4层,地下2层,框架结构,檐高16.37米,工程造价1981.41万元。2008年3月10日开工。中国国际问题研究所建设,市文物建筑保护设计所、北京凯帝克建筑设计有限公司设计，中国建筑第二工程局有限公司施工，北京华建恒工程建设监理有限公司监理。建成后地上为办公用房，地下1层为附属用房，地下2层为车库及人防。（赵琳艳）

【白桥小区综合楼】 12月20日竣工。工程位于白桥大街，建筑面积1.06万平方米，地下2层，地上8层，檐高27.1米，框架剪力墙结构，工程造价4739.5万元，2001年1月20日开工。北京安华丽园饭店管理有限责任公司建设，北京市市政工程设计研究总院设计，北京城乡建设集团有限责任公司施工，北京方圆工程监理有限公司监理。建筑用途为商业办公用房。（赵琳艳）

【危改A区地下室车库】 12月24日竣工。工程位于广渠门外南街，A1、A2、A3地下室，建筑面积1.34万平方米。地下3层，建筑高度－13.3米，框架剪力墙结构，工程造价578.12万元，2007年11月15日开工。A区1号车库建筑面积2.20万平方米，地下3层，建筑高度－13.3米，框架剪力墙结构，工程造价950.85万元，2007年11月15日开工。A区2号地下车库、A9东侧地下室、A10地下室建筑面积1.27万平方米，地下3层，建筑高度－11.2米，框架剪力墙结构，工程造价548.67万元，2007年7月31日开工。A5地下室建筑面积1908平方米，地下3层，建筑高度－13.3米，框架剪力墙结构，工程造价82.63万元，2007年11月15日开工。北京鑫阳房地产开发有限公司建设，市建筑设计研究院设计，江苏省建工集团有限公司施工，北京华清技科工程管理有限公司监理。建筑用途人防、地下车库及配套公建。（赵琳艳）

【A2办公楼】 12月27日竣工。工程位于广渠门外南街危改小区，建筑面积2.60万平方米。地上13层，檐高51米，框架剪力墙结构，工程造价1124.63万元，2008年1月22日开工。北京鑫阳房地产开发有限公司建设，市建筑设计研究院设计，江苏省建工集团有限公司施工，北京华清技科工程管理有限公司监理。建筑用途为小区非配套商业用房及办公用房。（赵琳艳）

【A10非配套商业楼】 12月27日竣工。工程位于广渠门外南街危改小区，建筑面积5328平方米。地上4层，檐高23.9米，框架剪力墙结构，工程造价230.73万元，2008年1月22日开工。北京鑫阳房地产开发有限公司建设，市建筑设计研究院设计，江苏省建工集团有限公司施工，北京华清技科工程管理有限公司监理。建筑用途小区非配套商业用房。（赵琳艳）

【松林里商业楼】 12月29日竣工。工程位于松林里危改小区8号，建筑面积8.88万平方米。地下3层，地上16层，檐高63.9米，框架剪力墙结构，工程造价1.18亿元，上年11月15日开工。北京中海豪峰房地产开发有限公司建设，北京通宸建筑设计有限责任公司设计，中建三局建设工程股份有限公司施工，北京帕克国际工程咨询有限公司监理。建筑用途为办公用房。（赵琳艳）

住宅工程

【概况】 年内，区住建委受理、初审及决定竣工验收备案的住宅工程8项，面积71.43万平方米，投资10.54亿元。其中商品房5项，投资2.85亿元；经济适用房3项，投资7.69亿元。（赵琳艳）

【新景家园四区5号楼】 4月21日竣工。工程位于崇文门外五号地，建筑面积3.92万平方米，框架剪力墙结构，地下2层，地上13层，檐高42.35米，工程造价6232.78万元。2006年8月16日开工。北京崇文新世界房地产发展有限公司建设，中国建筑设计研究院设计，北京城乡建设集团有限责任公司施工，北京蔷薇工程监理有限责任公司监理。为商品住宅。（赵琳艳）

【四合院住宅】 8月18日竣工。工程位于新开路胡同75号，建筑面积1729平方米。框架结构，地下1层，地上1层，檐高3.5米，工程造价860万元。上年3月15日开工。农业部机关服务局建设，北京中宇瑞德建筑设计有限公司设计，北京大龙建设集团有限公司施工，北京中诚信工程咨询有限公司监理。地上为商品住宅，地下为设备用房。（赵琳艳）

【商品住宅楼】 9月21日竣工。工程位于广渠门外南街，A6、A8商品住宅楼建筑面积均2.13万平方米。地上23层，檐高80米，框架剪力墙结构，工程造价920.53万元，地上工程1月28日开工。北京鑫阳房地产开发有限公司建设，北京市建筑设计研究院设计，江苏省建工集团有限公司施工，北京华清技科工程管理有限公司监理。（赵琳艳）

【住宅楼及地下车库】 工程位于松林里危改小区，框架剪力墙结构。3号住宅楼建筑面积2.12万平方米，地下2层，地上21层，檐高59.7米，工程造价4129.8万元，2009年4月22日开工，本年9月28日竣工。4号住宅楼建筑面积4.58万平方米，地下2层，地上22层，檐高63.9米，工程造价6868.82万元，2008年10月30日开工，本年6月24日竣工。6号住宅楼建筑面积3.44万平方米，地下2层，地上22层，檐高63.9米，工程造价6115.8349万元，2008年10月30日开工，本年6月24日竣工。C区地下车库建筑面积6251.82平方米，地下1层，地上1层，檐高3.5米，工程造价937.77万元，上年12月31日开工，本年6月24日竣工。北京中海豪峰房地产开发有限公司建设，北京通宸建筑设计有限责任公司设计，3号住宅楼中国建筑第五工程局有限公司施工，北京五环建设监理公司监理。4号、6号住宅楼及C区地下车库中建一局集团第五建筑有限公司施工，北京赛瑞斯国际工程咨询有限公司监理。住宅楼地下2层为人防，地下1层为自行车库，地上1～2层为商业，3层以上为住宅。C区地下车库，地上1层为汽车库出入口及消防疏散出入口，地下为汽车库、变电站及设备用房。其余均为商品住宅。（赵琳艳）

【朝内大街住宅商业用房】 12月30日竣工。建筑面积6.94万平方米,地下3层,A、B、C座地上11层,檐高38.7米,D座地上15层,檐高51.1米,框架结构,工程造价1510.75万元,上年6月10日开工。北京龙洋房地产开发有限责任公司建设,太平洋建筑设计工程有限公司设计,市第五建筑工程有限公司施工,鑫诚建设监理咨询有限公司监理。地下2、3层为配套设备用房、人防和车库,地下1层及地上1、2层为商业,3层以上为商品住宅。　(赵琳艳)

【经济适用房】 弘善家园小区1、2、3号住宅楼,由三塔组成的联塔建筑,框架剪力墙结构。1号楼建筑面积2.35万平方米,工程造价3854万元;2号楼建筑面积6512平方米,工程造价1067万元;3号楼建筑面积2.60万平方米,工程造价4268万元。裙房及地下配套建筑面积2.50万平方米,工程造价4095万元。地下3层,建筑高度-16.65米,地上除裙房为四层外,其它为退层形式,1号楼21层、23层、26层,檐高分别为62.2米、68.1米、76.2米;2号楼18层,檐高54.6米;3号楼26层、27层,檐高分别为76.2米、79.7米。2007年3月28日开工,1号、3号楼上年8月30日竣工验收,2号楼上年12月25日竣工验收,裙房及地下配套本年5月7日竣工验收。原崇文区城市建设开发公司建设,北京保利达工程设计有限责任公司设计,北京崇建工程有限公司施工,北京蔷薇工程监理有限责任公司监理。地下3层为住宅停车,地下2层为公建停车,地下1层为自行车库和商业,地上1~4层为商业,4层以上为回迁经济适用房住宅。弘善家园25、26、27号住宅楼,6月13日竣工验收,由三塔组成的联塔建筑,建筑面积10.88万平方米,地下3层,建筑高度-16.65米,地上裙房4层,25号、27号楼28层,檐高80米,26号楼18层,檐高53米,框架剪力墙结构,2008年6月12日开工,工程造价2.03亿元。原崇文区城市建设开发公司建设,北京保利达工程设计有限责任公司设计,北京建工四建工程建设有限公司施工,中国建筑设计咨询公司监理。建成后地下3层为住宅停车,地下2层为公建停车,地下1层为自行车库和配套,地上1~4层为配套公共服务设施,4层以上为回迁经济适用房住宅。弘善家园4~6号住宅楼,7月1日竣工验收。由三塔组成的联塔建筑,建筑面积7.65万平方米,地下3层,地上除裙房为四层外,其它为退层形式,4号楼16、19、22、24层,檐高分别为49.2米、57.3米、65.4米、70.8米;5号楼13~14层,檐高41.1-43.8米;6号楼为11、13、15、16层,檐高分别为35.7米、41.1米、46.5米、49.2米。框架剪力墙结构,2007年2月6日开工。工程造价1.31亿元。原崇文区城市建设开发公司建设,北京保利达工程设计有限责任公司设计,北京城建十建设工程有限公司施工,北京蔷薇工程监理有限责任公司监理。地下3层为住宅停车,地下2层为公建停车,地下1层为自行车库和配套,地上1~4层为商业裙房,4层以上为回迁经济适用房住宅。　(赵琳艳)

市政工程

【概况】 年内,经区住建委受理、初审及决定竣工验收备案的市政工程5项,投资1.24亿元。　(赵琳艳)

【永定门南中轴广场】 上年12月31日竣工,工程位于永定门城楼前,占地面积2.2万平方米。工程造价8168.03万元。新建永定门城楼南广场桥梁一座、辅桥两座。南广场主桥为三跨连续钢箱梁桥,总长121.35米,桥梁工程面积8280平方米,桥梁断面型式为多箱单室结构形式。景观工程包括绿化工程(含喷灌工程)、铺装工程和电气照明工程三部分。上年6月2日开工,12月31日竣工。原崇文区建设委员会建设,市市政工程设计研究总院设计,北京城建道桥建设集团有限公司施工,北京致远工程建设监理有限责任公司监理。永定门南广场北接永定门,跨护城河、南二环路、南滨河路与南侧绿地相接,被列为北京市绿色通道工程。　(赵琳艳)

【东花市地下通道】 1月27日竣工。工程位于崇文门外大街东侧,通道长99米,宽度5.1米,建筑面积615平方米,工程造价568.7万元。2008年7月10日开工。北京国瑞兴业地产有限公司建设,中铁工程设计咨询集团有限公司设计,北京易成市政工程有限公司施工,北京四方工程建设监理有限责任公司监理。南与国瑞购物中心地下2层西北口连接,北至原哈德门饭店西侧与既有地下通道连接。　(赵琳艳)

【东二环内滨河路市政工程】 3月19日竣工。工程位于东二环内滨河路(龙潭湖公园—广渠门),市政道路全长2167米,路面宽12~14米;雨水管线全长359米,工程造价1477万元。2007年6月22日开工。北京建新市政工程管理有限公司建设,市市政工程设计研究总院设计,北京东方华辉市政工程有限公司施工,北京佳德建设监理有限责任公司监理。该道路为城市支路,南起龙潭湖公园东门,向北经龙潭路,下穿体育馆路,止于广渠门桥下辅路,配合雨水等市政管线的敷设。东二环内滨河路三期市政工程12月2日竣工。工程位于区东南二环内滨河路(天坛东路—龙潭湖公园东门),市政道路全长2207米,路面宽12~16米;雨水管线全长2134米,管径DN600毫米-DN1200毫米。工程造价1739万元,2008年3月26日开工。北京建新市政工程管理有限公司建设,市市政工程设计研究总院设计,北京市政建设集团有限责任公司施工,北京致远工程建设监理有限责任公司监理。该道路为城市支路,西起天坛东路,向东经左安门内大街再向北终于龙潭湖公园东门,配合雨水等市政管线的敷设。　(赵琳艳)

【体育馆西路道路工程】 12月2日竣工。市政道路全长615米。雨水管线全长410米,管径DN400毫米-DN1400毫米。污水管线全长516米,管径DN400毫米。工程造价439万元,2008年5月20日开工。北京建新市政工程管理有限公司建设,北京市市政工程设计研究总院设计,北京志天市政工程有限公司施工,北京致远工程建设监理有限责任公司监理。该道路为城市支路,南起东四块玉街,北至体育馆路,横断面采用一幅路形式,单向主路宽12米,两侧步道各宽4米,配合雨污水市政管线的敷设。　(赵琳艳)

王府井地区建设管理

【概况】 王府井地区建设管理办公室(以下简称"王府井建管办")是区政府直属事业单位,有工作人员40余人,设综合管理部、商业发展部、项目工程部等科室。主要职责:研究制定王府井商业区的规划、管理和发展措施,并组织实施;会同有关部门审定各类户外活动、办理市政设施建设商业开发有关事项等。本年,贯彻科学发展观,实施品牌战略和增量调整战略,提升管理服务工作精细化、常态化、规范化水平,拼搏进取,举办第一届北京王府井国际品牌节,完成地区品牌建设、规划发展、综合管理、内部建设等各项工作任务。

单位名称:北京市王府井地区建设管理办公室

单位地址:东城区王府井大街柏树胡同40号

联系电话:65274688 邮政编码:100006 (谢庆东)

【春节商业促销】 2月13日至3月1日,组织商家在王府井举办"金虎贺新春,金街过大年"活动,内外结合、文商结合,突出传统文化特色,开展商业促销活动。春节期间,接待游客85万人次,百货大楼、东安市场、工美大厦、乐天银泰、儿童用品商店、好友商场、同陞和等七家,销售额同比增长11.88%。 (谢庆东)

【女艺术家作品展】 3月2~13日,中国女性健康系列活动组委会、中国妇女活动中心、中国女摄影家协会和北京女美术家联谊会,在王府井步行街联合举办庆祝妇女解放运动100周年女艺术家作品展。展出百名女美术家和百位女摄影家作品200件。并展示苏绣技艺。全国人大常委会副委员长顾秀莲、全国妇联书记处书记赵东花、区领导杨艺文等出席。 (谢庆东)

【领导调研】 3月9日,杨柳荫、郭怀刚到王府井地区调研商业工作。与王府井百货集团领导座谈,听取集团发展情况及王府井百货大楼经营策略和调整升级情况介绍,进行实地考察。到东方新天地,听取东方广场有限公司总经理关于商场招商和经营情况介绍,察看东方新天地购物中心,与入驻品牌店销售人员交谈,了解品牌店经营情况。杨柳荫指出,王府井地区的发展是区商业发展的大事,要加快该地区在建项目进度、策划开展大型宣传推介活动,明确王府井地区发展定位和发展方向,提高整个地区的建设和发展水平。6月17日,副市长程红到王府井调研品牌引进情况,市商务委主任卢彦、副主任闫小彦,区领导杨柳荫、杨艺文、郭怀刚陪同。先后查看新东安ZARA旗舰店、NIKE工厂店和美特斯邦威旗舰店,听取王府井国际品牌节筹备情况汇报。她指出品牌引进和提升,是建设国际贸易城市的重头戏,对王府井的升级改造和东城区的发展至关重要。将一些国际组织和商业协会吸引进来,聚集国际、国内知名品牌,丰富、充实品牌节内涵,争取长期做下去。7月23日,牛青山到王府井商业中心区调研,听取王府井建管办关于王府井商业中心工作情况及面临的问题汇报。要求要一流标准,一流管理,加快项目建设步伐,改革创新,下力量抓好国际品牌节。展示新东城的国际化、现代化形象。 (谢庆东)

【国际消费者权益日】 3月15日,国家质检总局主办,主题为"质量提升,惠及民生"的"3·15"国际消费者权益日宣传活动,在王府井步行街举行。质检总局张纲宣读2009年践行承诺的诚信企业名单,企业代表进行"质量诚信"承诺宣誓。质检总局副局长支树平,市、区领导马林、郭怀刚等出席。 (谢庆东)

【国际美食盛典】 4月18日,中国烹饪协会、市商务委员会和区政府,共同主办的"2010年·北京国际美食盛典"开幕仪式,在王府井商业街举行,主题是"品味健康美食,享受美好生活"。商务部、中国烹饪协会、市商务委员会、工商行政管理局有关领导,区领导杨艺文、郭怀刚等出席。 (谢庆东)

【消夏购物节】 7月15日至8月15日,在王府井步行街,举办第二届王府井消夏购物节。由购物广场和"东漫城"文化主题创意活动组成,将传统商业与创意文化结合,突出休闲、文化主线,彰显特色经营、以文兴商理念。 (谢庆东)

【国际品牌节】 9月12~14日,区政府,市商务委员会、外事办公室、文化局、投资促进局,中国贸促会北京市分会,共同举办第一届北京王府井国际品牌节。搭建中外品牌交流、国际商贸合作平台,吸引国内外高端品牌汇聚,促进投资项目落地,推动区域产业结构优化,推进中国特色世界城市建设。活动期间,开展金宝街嘉年华、品牌发展与世界城市主题论坛、国际商业名街品牌塑造对话会、品牌和项目推介洽谈会、项目签约仪式暨闭幕式、北京品牌协会成立大会、北京商贸企业商标海外注册研讨会、东城品牌之旅、品牌文化展和品牌荟萃嘉年华等三大版块十一项活动。全国人大常委会副委员长韩启德,全国政协副主席林文漪,市领导郭金龙、程红,商务部副部长姜增伟等和10个国家和地区的15条国际知名商业街、6个国际友城代表,多个商业代表团、外国商会代表,驻华使馆官员以及爱马仕、凡克雅宝、路易威登、爱国者等国内外知名品牌商代表出席。 (谢庆东)

【全国年货购物节】 12月25日,中国商业联合会和区政府联合主办的2011年全国年货节启动仪式,在王府井商业街举行。商务部副部长姜增伟,全国政协经济委员会副主任、中国商业联合会会长张志刚等有关方面负责人,区领导牛青山、朴学东等出席。 (谢庆东)

东二环建设管理

【概况】 年内,东二环交通商务区建设管理办公室,落实"国际化、现代化新东城"发展战略规划,抓项目促发展,抓调研明方向,抓服务优环境,抓作风强素质。坚持服务协调,完成项目建设、招商引企和区域规划等工作,实现商务区公共服务优质化、产业聚集高端化、配套设施现代化。全年,引进注册资金5000万元以上企业10家落户商务区,办复政协委员提案1件。

单位名称:东城区东二环交通商务区建设管理办公室
单位地址:东城区东扬威街11号
联系电话:84063473　邮政编码:100007　(尹兰英)

【联谊活动】 1月28日,举办企业家联谊会,区领导郭怀刚、王建军,中国贸促会、区内23家企业领导参加。2月9日,召开区领导与东二环重点企业新春恳谈会。区领导徐熙、李力、王建军等,美国辉瑞、比塞洛斯、德国申克、美国阿斯利康、瑞士嘉能可、贝克休斯、中国博奇、东方集团等商务区内40位企业代表参加,共话新年,共谋发展。8月5日召开区领导与商务区企业家恳谈会,区领导杨柳荫、牛青山、徐熙、夏树军,中国石油天然气集团公司、中国海洋石油总公司等24家企业负责人参加。8月13日,举办东二环重点企业青年联谊会。中石油、中国人保财险北京分公司、中国移动北京有限公司、中国银行北京分行、杭州银行北京分行和外交人员服务局等东二环交通商务区重点企业员工,东直门、建国门街道办事处、区教委等政府部门年轻干部等70人参加。(尹兰英)

【区领导视察】 2月24日,常卫到东直门交通枢纽调研。慰问春节期间职守一线的东二环建管办、枢纽派出所、公联公司和城建东华房地产公司等单位干部职工。听取公联枢纽公司有关枢纽运行情况汇报,视察地铁13号线、地铁2号线与机场快线换乘的集散大厅。10月27日,牛青山一行人到东直门交通枢纽调研。察看交通枢纽公交场站、机场快轨调度室、数字化监控中心,听取枢纽管理公司就国盛广场开发进度情况汇报。在国浩房地产公司,听取东华广场商务区项目和新中街改造项目设想等情况汇报。提出要在安全第一的前提下,加强对交通枢纽智能化、现代化的管理。做好交通枢纽地区地下空间的开发研究,结合建筑规划,解决好地下停车问题。3月17日、5月14日、8月5日,区领导牛青山、徐熙等到东二环交通商务区调研。听取商务区负责人工作汇报,察看区内环境,对区内工作提出要求。牛青山要求要密切与驻区企业合作,让企业成为区经济发展的合作伙伴。在探索现代化社会服务和社会管理方面立足高端、超前谋划、创造经验。拓展商务区发展空间,实现商脉、文脉、经济脉南北融通。(尹兰英)

【文体活动】 9月16日,举办区领导与北京移动公司领导保龄球邀请赛。区领导杨柳荫、冯熙、徐熙、夏树军,中国移动通信集团北京分公司副总经理汪正文以及委办局、北京移动相关领导30人参加。11月23日,联合区文明办、体育总会和中油阳光物业管理有限公司,共同举办东城区第二届"阳光杯"乒乓球邀请赛。中石油、中海油、北京移动、北京人保、第五广场、国华京都置业等企业,区卫生局、交通支队、国税局、园林局、文明办,北京站管理处、雍和园管委会、前门大街管委会、北新桥街道办事处等有关部门,19支代表队114名选手参加比赛。(尹兰英)

【国盛中心获奖】 11月28日,在"国际地产大奖"颁奖典礼上,国盛中心击败来自欧洲、美洲、非洲、阿拉伯及英国地区的强劲对手,经世界各地51位业界最权威专家评审,获"世界最佳综合体大奖"。(尹兰英)

【企业结盟】 12月16日,区政府与商务区内企业家联谊会成员单位为主的200家企业,倡议成立"东城合作发展联盟"。徐熙与企业代表东二环交通商务区企业家联谊会轮值主席王景琛,签订《东城合作发展联盟》框架协议。(尹兰英)

【高峰论坛】 12月16日,举办"世界城市 企业责任"第三届东二环交通商务区高峰论坛。区政府、中国国际贸易促进委员会经济信息部、中国社会福利教育基金会、市社会科学院和东二环交通商务区企业家联谊会联合举办。原全国政协副主席王文元、中国国际贸易促进委员会副会长张伟、中国社会福利教育基金会理事长刘光和,区领导杨柳荫、牛青山、冯熙、徐鸿达、赵中原、徐熙、夏树军、李力、刘忠胜出席,区内外200家企业负责人参加。王文元致辞。牛青山作主题演讲。发放东二环简介220册、会刊250册、企业家联谊会宣传册200册、东二环宣传片光盘200张。新华网、《中国日报》《北京日报》、首都之窗、网易、千龙网等10家媒体进行报道。(尹兰英)

【商务区发展规划】 年内,编制完成《东城区"十二五"时期东二环交通商务区总体发展规划》,重点分析总体经济发展现状、楼宇资源及利用情况、行业发展特点、土地功能使用现状、东二环内及周边商业和商务配套设施现状,根据区域发展存在的问题,提出"十二五"时期东二环交通商务区总体发展战略和东二环发展实施步骤、保障措施。配合北京华苓科技有限公司、TIOTA中国台湾物联网联盟、中国移动集团北京市分公司综合业务部、工信部物联网技术产品应用专业委员会等相关企业,研究利用网络等技术,开展"数字商务区"建设,完成东二环交通商务区物联网商务应用示范区规划(2011~2015年)(征求意见稿)。(尹兰英)

【招商引企】 年内,提前介入楼宇招商引企工作,引进符合本区主导产业政策的优质企业入驻。"早介入、早宣传、早指导",使商务区产业结构更趋合理。一个以总部企业为特点,以金融、商务服务和信息服务为主要业态的产业发展格局初步成型。截至年末,入驻商务区总部型企业33个。其中大型国有企业集团为主的中国公司总部12个,地区型总部8个,跨国公司地区总部13个。总部型企业实现区级收入9亿元,占商务区区级收入总额的55%。入驻金融业法人单位62家。其中银行业5家,保险业6家,证券业12家,其它各类金融活动单位39家。金融业区级收入位列商务区14大纳税行业中的第三位。(尹兰英)

【税源建设】 年内,商务区重点税源企业实现区级收入17.99亿元,同比增长3.99%。信息传输、计算机服务和软件业,房地产业,金融业、租赁和商务服务业四大产业,缴纳区

级收入15.22亿元,占商务区区级收入总额的84.62%。 (尹兰英)

【建设项目】 年内,重点协调建设项目16个,其中中石油大厦、来福士中心、国华投资大厦、居然大厦、中青旅大厦、北京移动通信综合楼、新保利大厦、第五广场、北京人保办公楼、中国电信通信指挥楼、北京电信通信机房楼、海洋石油办公楼,市轨道交通首都机场线等13个项目投入运行。东直门交通枢纽、东华广场商务区、东方文化艺术中心三个项目进行装修施工。 (尹兰英)

【中石油大厦获奖】 年内,中建一局集团建设发展公司承建的中石油大厦,经中国建筑业协会评定,获鲁班奖和国家大型公建节能建筑三星级认证。 (尹兰英)

【企业获奖】 国务院国有资产监督管理委员会,授予包括商务区内的中国移动通信集团公司、中国石油天然气集团公司、神华集团有限责任公司、中国海洋石油总公司、华润(集团)有限公司等全国35家企业"业绩优秀企业"称号。商务区内五家企业获全国"业绩优秀企业"称号。授予包括商务区内中国石油天然气集团公司、中国海洋石油总公司在内的六家企业"节能减排特别奖"。其中有两家位于东二环交通商务区内。 (尹兰英)

【新保利大厦获奖】 4月,东二环交通商务区内的北京新保利大厦,获第九届中国土木工程詹天佑奖。北京新保利大厦作为东二环交通商务区的地标性建筑之一,以其节约资源、保护环境、减少污染的科技创新理念;以及与自然和谐共生的低碳价值等生态建筑、可持续建筑领域自主创新的新技术应用理念,做出显著成绩的项目。 (尹兰英)

前门大街管委会

【概况】 北京市前门大街管理委员会(以下简称前门管委会)上年9月30日成立,是区政府派出机构。负责前门历史文化展示区的全面工作。本年,围绕区"首都文化中心区,世界城市窗口区"定位,建设"传世文化作品和国际一流产业园区"完成地下空间规划、鲜鱼口美食街6个地块主体结构、4条胡同市政工程。全年接待游客5000万人次,营业额5.2亿。

单位名称:前门大街管理委员会
单位地址:东城区珠市口东大街19号
联系电话:67018526 邮政编码:100051 (王璨)

【台湾会馆重张】 5月7日,举行台湾会馆重张暨台商入驻台湾文化商务区签约仪式。中央政治局委员、北京市市委书记刘淇,中国国民党荣誉主席连战,全国政协副主席、台盟中央主席林文漪,中央台湾工作办公室主任王毅,海峡两岸关系协会会长陈云林,市领导郭金龙、王安顺、吉林等出席。 (王璨)

【泰国文化风情节】 7月1~4日,泰国文化风情节活动在前门大街举办,设置商业摊位40个,参展商21家。活动期间,各参展商经营规范,特色餐饮、包装食品、特色工艺品等成为热销经营项目。 (王璨)

【前门历史文化节】 9月28日至10月15日,举行首届前门历史文化节暨前门大街开市一周年庆典活动。以"古韵天街,文化东城"为主题,举办前门文化论坛、历史文化展览、商户形象展示、北京民俗表演和前门3D虚拟购物街上线发布等系列活动,与北京电视台共同推出《这里是北京——前门情思话古今》、"古韵天街,文化东城"第一届前门历史文化节文艺晚会,展示新东城丰富的文化资源、历史脉络和深厚的文化底蕴。 (王璨)

【名街名区老字号】 11月,中国商业步行街工作委员会正式将前门大街命名为"中国著名商业街",是北京市继王府井之后第二条获此命名的商业街。年内,前门大街有老字号企业20家,比修缮前增长46%。区政府年投入专项资金1000万元,扶持老字号发展。 (王璨)

【台湾商务区】 台湾文化商务区工程1月开工,12月竣工,建筑面积6.35万平方米,其中地上面积2.02万平方米,地下面积4.33万平方米。12月27日,台湾文化商务区正式开街。由一条台湾风情街和四个台湾主题功能区组成。将成为集大陆与台湾文化商务活动,展示台湾风情,推介台湾企业和品牌产品,传播台湾特色文化艺术和接待来访的台湾各界嘉宾为一体的特色商务区。已有台湾生活美学馆等42家商铺入驻营业。 (王璨)

【房屋修缮】 年内,修缮房屋2878间,4.64万平方米。涉及居民2395户,腾空院落244个。完成前门东路沿线长春别墅、B5、B9等地块建筑修缮工作。 (王璨)

【文化活动】 年内,恢复、举办"天街年市"、"天街上元灯会"、"花耀天街"等民俗文化活动。承办北京市春节群众文化活动开幕式、2010泰国文化风情节、前门历史文化节、台湾会馆重张暨台商入驻台湾商务区签约仪式、第十二届北京国际旅游节开幕式及盛装行进表演等一系列文化活动。参加第十届京港洽谈会、第五届北京国际文博会、中国步行商业街高峰论坛等活动,推介、宣传前门历史文化展示区。中央电视台、北京电视台、《人民日报》《北京日报》、千龙网等媒体专题报道。 (王璨)

【综合执法】 年内,联合公安、工商、城管、卫生等18个部门,组成综合行政执法组,开展"社会秩序整治"、"百日整治行动"等综合执法活动,及时发现、控制、处置影响前门大街综合环境秩序的问题,确保市容环境优美、社会秩序优良、商业繁荣有序。防止重、特大火灾事故和各种安全事故发生。编制重大节日期间突发事件应急预案,加强执法力度,上岗安保人员1800人次,无各类安全生产事故。 (王璨)

【党建工作】 开展“创先争优”和“规范化建设年”活动，制订切实可行的实施方案，扎实开展各项工作。开展自查活动，针对查出的问题，制订详实的整改措施。抓好思想政治建设，增强贯彻落实科学发展观的自觉性和坚定性。自觉把学习实践科学发展观与分析、解决工作中的重点难点问题相结合，把力量凝聚到建设前门历史文化展示区各项任务上来。区划调整后，组织学习了解新区情，增强“知东城、爱东城”意识，与王府井建管办、雍和园管委会、东二环建管办等部门沟通，互相学习。加强组织和队伍建设，严格执行民主集中制。重大事项决策、重要干部任免、重要项目安排、大额资金的使用由会议集体研究决定。坚持民主生活会、党组织生活会制度，形成工作合力。加强干部队伍建设。严格按照规定，引进各类人才13名。按规定程序，聘任科长3名。开展反腐倡廉警示教育，增强自我拒腐防变的能力。制定多项重点工作资金管理使用纪律规定。严格考核惩处。全年无违纪现象发生。（王璨）

【考察交流】 全年，接待境内外各级各类人员98批2894人到前门文化展示区考察交流地区建设和管理工作。境外10批186人。包括克罗地亚总统、泰国诗琳通公主、驻京日本人会社考察团、国外著名大剧院院长、罗马尼亚代表团、新加坡口福集团及宏宗建筑集团成员。中央直属单位10批295人。包括中央巡视组、中央有关部门、全国台盟、全国妇联的领导。市级单位60批2033人。包括市委巡回检察组、市委党校、市人大，市公安局、烟草局、台联和各区县有关部门等领导。外省、市14批310人。包括深圳市市长一行，宁波市委、上海市规委、成都锦江区等省、市单位领导。社会单位4批70人。包括大前门公司等单位的领导及团体。（王璨）

龙潭湖体育产业园

【概况】 全面推进园区建设，优化园区功能定位，争取政策、资金支持，推进园区市政基础设施建设，重点项目规划、园区建设取得阶段性成果。7月，区划调整后，区委、区政府明确龙潭湖体育产业园建设发展办公室（简称园区办），为区政府特设临时机构，代表区政府对龙潭湖体育产业园建设发展工作统筹协调。完成东城区“十二五”园区建设发展规划。

单位名称：龙潭湖体育产业园
单位地址：东城区珠市口东大街4号南2楼2层
联系电话：67074575 邮政编码：100062 （姜鸣）

【功能布局调整】 年初，编制龙潭湖体育产业“十二五”发展规划，依据区总体发展战略规划（2011年～2030年），园区空间布局的表述由“体育商业商务中心、体育休闲娱乐中心、体育产业总部基地、体育研发及行政中枢基地”调整为体育产业总部基地、体育研发创意基地、体育信息交流中心、体育运动休闲中心（两基地、两中心）。依托国际体育交流中心项目，形成园区体育产业总部基地；依托国家体育总局、国家体育科研、运动医学研究机构、体育传媒机构较为集中的资源，以及周边华江等体育文化创意企业集聚的优势，形成园区体育研发创意基地；依托园区内四块玉地区已经形成的中国篮球CBA旗舰店、李宁旗舰店等体育商业，足协、篮管中心等体育行政管理机构，华体、泰山等体育企业相对集中的资源优势，结合体育星光大道等项目，构建体育信息交流中心；依托北京游乐园新一轮升级改造，构建体育运动休闲中心。（姜鸣）

【控规动态维护】 本年，对龙潭湖体育产业园控制性研究规划进行动态维护，调整部分用地的性质，将星光大道由机非混行，调整为步行街区，在其北侧单辟市政道路。增加控规面积15.75万平方米。（姜鸣）

【土地储备】 完成园区规划范围内金天坛饭店的收购及地上物的拆除工作，确定109中学、原崇文区少年宫地块的土地收储补偿方案。（姜鸣）

危旧房改造

【概况】 东城区危旧房改造办公室（简称区危改办），为区政府派出机构，设综合管理科、危改管理科、项目管理科。年内，在居民搬迁和维护社会稳定两个方面。立足大局，艰苦奋斗，克服困难，争创一流。启动西革新里危改项目，推进定福庄、朝阳区豆各庄、通州区E5、E6块地等对外安置房和保障性住房项目的前期手续办理，可提供房源2.6万套。启动政府国土储备一级开发和解危排险项目，实施“菜单式”惠民政策，得到居民认可。配合相关部门推进信访代理工作，建立一户一档动态监控制度，维护社会稳定。办复人大代表建议、政协委员提案25件。

单位名称：东城区危旧房改造办公室
单位地址：东城区幸福大街32号
联系电话：67189824 邮政编码：100061 （张高刚）

【企业资质年检】 10月，完成20家房地产企业资质延续，1家房地产企业资质升级，1家房地产企业资质变更。10月15日，房地产企业资质年检工作移交区住建委。（张高刚）

【危改项目】 11月9日，启动西革新里危改项目，涉及居民1038户，鼎能置业开发有限公司开发，年内完成居民搬迁工作53%。

崇外6号地危改项目，完成崇外大街东侧11、12、13三个标段1746户居民和34家企事业单位搬迁安置工作。（张高刚）

【配套设施建设】 年内，完成西革新里、望坛、广外南街、天天家园、新景家园、新怡家园等项目12份配套协议的签订工作。完成广外南街幼儿园、松林里幼儿园二次装修。（张高刚）

【入住弘善家园】 年内，有四个项目1242户居民入住弘善家园。其中祈年大街西侧项目777户，前门东片项目242户，幸福北里南区、文章胡同东口项目223户。（张高刚）

【解危和开发项目】 年内，幸福北里南区和定安里两个项目居民458户搬迁。文章胡同东口进入收尾阶段，搬迁率99%。金鱼池西项目通过文物专家论证，取得规划意见书和授权批复，安化寺二期项目立项、规划、土地手续办理完毕，粉厂胡同以东项目纳入土地一级开发。（张高刚）

【信访工作】 推进信访代理和领导干部三访工作制度。全年，接待上访群众105人次，落实信访专项接待42场，接待居民89人，处理居民来信400封，均在规定时间内答复完毕。（张高刚）

规划管理

【概况】 11月，因撤消北京市规划委员会原东城分局、崇文分局，成立北京市规划委员会东城分局（以下简称东城规划分局），编制46名，其中行政编制31名，行政执法专项编制15名，设8个科室、1个执法队（办公室、综合业务科、规划科、建设用地管理科、建设工程管理科、市政交通工程管理科、法制科、纪检监察科、规划监察执法队）。下属事业单位：北京市东城区规划信息中心、北京市崇文规划信息服务中心。主要职责：配合全市开展编制各项综合规划和专项规划工作；负责重点建设地区和环境整治地区的城市设计，组织编制和实施区域内的控制性规划方案和修建性规划方案；办理市批项目的建设工程规划许可证；负责区批建设项目的规划审批，审定规划设计方案，核发建设工程规划许可证；对建设工程实行规划监督；依法查处违法建设；负责街巷地图、地形图数据和地名的更名命名工作；负责测量标志点的保护管理工作。年内，对区内重点工程进行调研、协商等前期准备工作，办理涉及规划问题群众来访案件5起。

单位名称：北京市规划委员会东城分局
单位地址：东城区和平里五区甲19号楼
联系电话：84225641 邮政编码：100013 （王桂荣）

【无障碍工作】 1月14日，召开原东城区无障碍建设和改造工作会，总结上年无障碍建设和改造工作，部署本年“创建全国无障碍建设城市”工作。10月11日，会同区财政局、残联和商委对朝阳门菜市场、金宝汇、来福士商厦无障碍设施进行检查验收，对不符合要求的无障碍设施提出整改意见。12月28日，本区代表北京市接受住房和城乡建设部、中国残疾人联合会、全国老龄委办公室组成的联合检查验收组，对北京市“十一五”期间，创建全国无障碍建设城市工作进行检查验收。（王桂荣）

【规划编制】 1月20日，原东城区规划分局组织召开南锣西社区综合服务中心项目设计方案讨论会，就项目功能定位、建筑风貌设计、地区交通组织及文物古树保护等方面进行讨论。5月13日，与市规划委详规处、市规划院，研讨新太仓历史文化保护区规划编制工作。提出在规划编制工作中，要解放思路，融入新的编制理念和规划编制体系，提升风貌保护区品质。（王桂荣）

【调研工作】 1月29日，原东城规划分局举办2009年度调研课题演讲比赛。1月，就东城区空间规划、历史文化保护区现状调研问题、市政现状资料清单及交通调研提纲，与区有关部门交换意见。对原东城区社区卫生服务中心布局进行调研，为《东城区总体发展战略规划（2010～2030年）》编制，收集基础资料。4月，完成原东城区现状用地性质校核。5月，完成东城区1990年至2010年间，不同时期的区域划分和城市结构、组团功能、城市基础设施等城市规划情况的分析和汇总，为申报联合国国际花园城市提供基础资料。6月下旬，完成原崇文区政府“十二五”专项规划《崇文区部分社区公共服务设施规划研究》。7月1日，召开钟鼓楼环境整治修缮项目和南锣鼓巷西市政项目专家论证会。（王桂荣 周志雄）

【地名管理】 3月26日，完成崇雍大街两侧70条胡同地名核对工作。7月23日，向东城区政府筹备组上报《关于首都功能核心区行政区划调整后东城区南片有关地名工作情况的报告》，提出行政区划调整后保留有关地名、进一步传承历史文化的工作意见。8月初，命名东南二环内滨河路三期市政道路西段道路（左安门内大街至天坛东路段）为“左安门西街”，东起龙潭湖公园东门，向西经左安门内大街，止于天坛东路，全长2207米。（王桂荣 周志雄）

【领导调研】 4月22日，周京生到原东城规划分局，调研规划工作中开展党风廉政和纪检监察工作情况。4月23日，江西省萍乡市纪委考察团到原崇文规划分局交流学习廉政风险防范管理工作。5月25日,市规划委副主任邱跃带队,对王府井地区项目、育树城中村项目和新太仓历史文化保护区进行调研。7月19日,市规划委主任黄艳带队,到东城区对行政区划调整后的新区规划工作进行调研。7月20日,周永明到东城规划分局调研规划编制、规划审批、规划执法及内部建设情况。9月27日,中央党校第29期中青班一行25人,对南锣鼓巷、前门大街的建设和业态布局以及历史文化街区的保护与发展进行调研。10月21日津、冀、沪、渝、穗5城市规划干部,到南锣锣鼓巷调研。 (王桂荣 周志雄)

【风貌保护】 5月12日,就位于历史文化保护区内的菊儿胡同107号院、北新桥三条甲40号院、花园胡同23号院等三处院落,翻改扩建项目内容是否符合文物保护要求征求文物部门意见。5月,完成国家文物局第三次文物普查中原东城区拟新登录的59项不可移动文物规划审批情况核查工作。7月16日,就《东城区17片历史文化保护区产业发展策略研究》编制工作,与仲量联行和市规划院进行研讨。8月20日,召开东城区17片历史文化保护区产业发展策略研究沟通会,结合行政区划调整,对东城区的历史文化保护区情况开展研究工作。9月,与区文委多次研究东城区已公布的第三批18项区级文物保护单位的保护范围及建控地带划定工作。 (王桂荣)

【规划审批】 年内,核发各类建设项目规划许可及其它事项申请338项,其中,建设项目选址意见书4项,建筑面积4.08万平方米;规划条件17项,建筑规模3.67万平方米;规划意见复函14项,建筑面积58.66万平方米;建设用地规划许可10项,许可用地面积74.63万平方米;建设工程规划许可273项,许可建筑面积37.37万平方米;市政工程规划许可证19项,建筑规模1.07万平方米;市政用地规划许可证1项,建筑规模336.8平方米。 (王桂荣)

【规划监督】 年内,完成建设工程竣工验收105件,面积28.59万平方米;建设工程规划验线9件,建筑面积2.93万平方米;拆除各类违法建设2500平方米。 (王桂荣)

【重点工程】 年内,核发6项工程有关文件。2月11日,核发新世界家园三期西侧酒店及商务办公楼全部规划审批手续,建设用地面积9803平方米,总建筑规模6.58万平方米。3月4日,核发五中分校建设项目规划意见书。4月,核发台湾会馆及商务区全部规划审批手续,涉及前门西片B10、B11、B12、C6、C10共5个地块9个项目,总建筑规模5.3万平方米。5月24日,核发鲜鱼口地区保护修缮整治项目B6、B7、B8、B9共4个地块5个项目的规划审批手续,总建筑规模3.08万平方米,其中地上1.53万平方米。7月8日,核发幸福南里危改土地一级开发项目建设用地规划许可证,总用地面积3.9公顷,建设用地面积2.3公顷。7月26日,核发东南二环滨河休闲森林公园项目规划条件(授权供地)。 (王桂荣 周志雄)

【专项整治】 年内,完成原东城区范围内2008年1月1日至2009年10月31日期间,立项、在建和竣工的136个规划项目的排查和突出问题专项治理工作。整治17处主干道两侧、重要地区地块环境。 (王桂荣)

国土资源管理

【概况】 北京市国土资源局东城分局(简称市国土局东城分局)是市国土局设在东城区负责本行政区域内土地与矿产资源行政管理的派出机构。负责组织实施本行政区域内土地、矿产资源行政管理工作。10月20日,根据行政区划调整后机构调整设置方案,北京市国土局原东城分局、崇文分局合并,成立北京市国土资源局东城分局。设科室9个,人员编制40名。年内,全面加强国土资源管理工作,完成既定工作计划和上级部署的各项任务,发挥国土资源管理作用,促进东城区城市建设和经济发展。

单位名称:北京市国土资源局东城分局

单位地址:东城区东直门内大街3号(北片)

东城区南小市口街10号(南片)

联系电话:84061496(北片) 67128789(南片)

邮政编码:100007(北片) 100062(南片)

(韦先波)

【土地供应】 年内,列入年度土地供应计划安排建议方案的用地项目20个,土地供应总量31.32公顷。实现供地项目3个,用地面积18.06公顷,分别占全年供应项目数的15%和供应土地总面积的57.7%。 (韦先波)

【土地储备开发】 年内,土地储备开发计划安排项目用地8宗,用地面积8.02公顷。实现供地项目1宗,用地面积0.25公顷。实施以土地储备分中心为主体的土地一级开发项目5个,办理安化寺二期、幸福北里南区、金鱼池西等一级开发项目的相关前期手续。对金天坛美食城、原崇文区少年宫、109中学、崇文门菜市场等4个项目实施政府收购储备。推进14个"城中村"项目整治后用地的收储入库工作。王家园"城中村"项目作为社区卫生服务中心已实现供地。完成对原东城区、崇文区40个已过政府储备和入市交易联席会项目梳理统计工作。 (韦先波)

【土地利用】 年内,完成29个建设项目用地预审,涉及国有建设用地108.06公顷。重新办理东西四块玉路划拨审批手续,涉及国有建设用地1.18公顷,办理1个划拨项目的延期手续,对30个项目的用地征求意见进行函复。 (韦先波)

【绿色审批通道】 年内,纳入市政府绿色审批通道的项目15个,涉及分局建设项目用地预审项目6个,审批完成率100%。涉及分局划拨供地项目2个,正在发改委部门立项审批过程中。改革"绿通变普通"行政审批制度,将办理绿色审批通道项目的审批方式扩展到分局所有审批项目,提高行政效能。 (韦先波)

【用地监管】 开展查处工作。本区有涉嫌闲置和违约地67宗,用地面积65.18公顷。其中协议64宗,用地面积64.15公顷。挂牌3宗,用地面积1.03公顷。督促开工项目10个,用地面积4.68公顷。闲置未开工项目57个,用地面积60.50公顷。其中建议收回项目12个,用地面积8.90公顷;建议保留项目45个,用地面积51.60公顷,保留期1年。 (韦先波)

【治理工程建设问题】 年内,建立工程建设领域突出问题专项治理工作项目台账。其中第一批包括市局119个项目和分局76个项目、第二批12个项目。现场核查全部项目,掌握项目进展情况。发现涉及土地未批先用、改变土地用途项目4个,提出整改意见上报处理。 (韦先波)

【地热资源管理】 完成辖区17个地热单位上年度地热开发利用年检工作。督促辖区地热单位做好采矿证换证前期准备工作。地热资源征文30篇,整理汇总可行性地热资源开发和管理建议20条。 (韦先波)

【土地调查登记】 完成第二次全国土地调查自查工作。完成统一时点数据汇总工作,自查项目执行和经费使用情况,符合上级有关规定。走访尚未办理土地登记用地单位,解决用地单位办证困难。整合原东城区、崇文区登记业务,制定实施《关于进一步规范土地登记工作行为工作方案》。完成土地登记2369件。受理四片危改区回迁底商出让手续3件,准备缴纳土地出让金3件,办结2件。 (韦先波)

【信息化工作】 完成地籍管理信息系统建设,登记业务线上运行高效快捷。地籍管理信息系统1月份开始试运行,12月份完成系统合并,日常土地登记业务全面应用地籍管理信息系统,系统运行良好。完成档案数字化三期工作。包括文书档案、专业档案、地调档案,共计3.45万卷,128.34万页。完成上年日常登记发证部分档案数字化工作,计3131卷,23.5万页。 (韦先波)

【依法行政】 全年领导干部会前学法活动20次,职工学法日活动10次,开展世界地球日、全国土地日、法制宣传日等主题宣传咨询活动。开展执法监察,查处违法案件。设置国土资源违法举报电话12336,接到群众举报土地违法线索39条,逐一调查核实,依法做出处理,并答复举报人。(韦先波)

【服务窗口建设】 区划调整后,综合受理发证窗口统一进驻东城区行政服务中心办公。对收件业务口径、工作流程、收件表单逐条梳理,使土地登记业务标准明确、条理清晰、业务流程便捷流畅。开通绿色通道,为驻区中央单位及重点建设工程服务,提供专人陪同服务,跟踪督办。 (韦先波)

【信访工作】 抓好矛盾纠纷排查工作,依法办理来信来访,化解矛盾。全年受理群众来信、来访、来电109件,领导阅批率100%,均按时办结。受理依法申请政府信息公开事项190件,均按时答复。 (韦先波)

【调研工作】 编制《东城区"十二五"土地资源开发利用规划》,撰写《政府主导土地储备一级开发研究》,上报区委区政府。《谈土地年租制在东城旧城改造中的应用》调研报告,获北京土地学会学术论文一等奖;《低碳型机关建设的几点思考——以东城国土分局为例》,获北京市国土资源青年学术论文二等奖。 (韦先波)

房地产开发与建筑企业

【概况】 截至年末,全区建筑业企业254家。按资质等级分,施工总承包企业48家其中一级12家,二级16家,三级20家。专业承包企业199家其中一级23家,二级33家,三级143家,劳务分包及特种专业企业7家。按行业类别分,房屋建筑企业29家,市政施工企业19家,设备安装企业21家,装饰装修企业102家,其他企业83家。按企业经济类型分,国有企业17家,集体企业15家,私营企业2家,港澳台企业9家,外商企业7家,有限责任企业204家。

东城区建筑业企业一览表

	资质类别	一级	二级	三级	合计
总承包	房屋建筑	9	8	8	25
	机电安装	1	1		2
	通信工程	1			1
	市政公用	1	7	10	18
	公路工程			1	1
	电力工程			1	1
小计		12	16	20	48
专业承包	装饰装修	14	21	67	102
	消　防	7	2	4	13
	电　信		1	2	3
	隧道工程		1		1
	送变电			11	11
	体育场地设施		3	6	9
	地基基础	1	1		2
	建筑防水		1	1	2
	园林古建		2	1	3
	爆破与拆除			4	4
	机电安装		1	19	20
	城市照明			6	6
	钢结构			1	1
	无损检测			1	1
	建筑智能化			7	7
	建筑幕墙			4	4
	环保工程			5	5
	防腐工程	1		1	2
	电子工程			1	1
	特种专业	不分级2			2
小计		23	33	143	199
劳务分包			2	不分级5	7
总计	35	51	168	254	

(程贵学)

北京东方置地投资发展有限公司

【概况】 北京东方置地投资发展有限公司由东城区住宅建设开发公司重组改制而成,为北京东方信达资产经营总公司直属管理的国有控股房地产开发企业。经营范围:投资管理、房地产开发、商品房销售、房屋租赁、物业管理、信息咨询、园林绿化、家居装饰设计等,为房地产开发资质二级企业、ISO9001:2000质量管理体系认证企业、厂务公开民主管理体系基础工作认证企业、市房地产业协会会员单位、区重点企业。年内,完成开复工面积11.24万平方米,竣工面积3.80万平方米。主营业务收入4091.96万元,利润总额1020.70万元,缴纳各项税费941.03万元。年度国有资产保值增值率106.49%,净资产收益率5.96%。获全国厂务公开民主管理先进工作单位,连续四年为市级和谐劳动关系单位,区文化馆改造工程获市建筑装饰优质工程奖等集体奖项20项。加强企业文化建设,提高员工素质。

单位名称:北京东方置地投资发展有限公司
单位地址:东城区安德里北街乙20号
联系电话:84129632　邮政编码:100011　(徐杰夫)

【职工代表大会】 3月5日,召开二届三次职代会,审议通过《树立信心、统一认识、团结一致、真抓实干,为成为富于进取、勇于创新的专业房地产运营商而努力奋斗》工作报告、年度财务预决算报告等事项。8月,召开二届四次职代会,听取审议《关于2010年上半年各部门工作完成情况的报告》《务实、求实、干实事,确保完成全年各项工作任务》等两个报告,明确下半年工作思路。(徐杰夫)

【燕厦物业】 公司投资控股企业——北京燕厦物业管理有限公司,年内完成董事会、经营层换届工作。贯彻《北京市供热采暖管理办法》,供暖工作平稳有序进行。全年经营收入3647万元,净利润27.31万元。(徐杰夫)

【代建工程】 年内,开复工项目21个。其中新开工项目14个,面积6.8万平方米。复工项目7个,面积4.45万平方米。全年竣工项目6个,面积3.80万平方米。(徐杰夫)

【自主项目开发】 完成地坛体育中心改造开发项目概念性方案设计工作;完成北苑6号楼北侧空地、华威小区锅炉房空地项目方案设计工作。其中北苑空地项目与合作方签订《合作开发意向书》。

(徐杰夫)

【东雍创业谷项目】 完成外墙保温、电改增容和空调系统等改造。出租率98%,租金收入495万元。获区文化创意产业示范基地称号和50万元专项扶持资金。 (徐杰夫)

【资产经营管理】 完成预算指标,加强经济核算、计划、预算和合同履约管理。建立各种台账,加强物业公司、产权房大中修管理。解决房改售房款、小黄庄幼儿园、三岔河、荷华大厦历史遗留问题取得成果。 (徐杰夫)

【民主管理】 推进厂务公开民主管理工作,通过中质协监督审核。11月4日,获全国总工会颁发全国厂务公开民主管理先进单位奖牌、奖状。11月23日,接受全国厂务公开民主管理工作调研检查组,对公司厂务公开工作的检查。(徐杰夫)

【人力资源管理】 召开经营层高管人员竞聘演讲会,产生两名经营层高管人员。执行中管干部管理办法,聘任23名中层管理干部。录用6名新员工。完成45名专业技术人员续聘工作。续聘45名员工;4名普通员工进入员工主管行列。组织员工培训,完成企业管理系列培训工作。 (徐杰夫)

【信息管理】 公司完成一体化管理信息系统建设第一阶段工作,实现网上移动办公,节约办公资源,信息共享。在《北京年鉴》《东城区政府信息公开指南》上刊登宣传页,编发《动态信息》13期,各类稿件400篇。 (徐杰夫)

【财务管理】 修订资金使用审批程序,细化各级管理者权限,与管理信息系统结合,设置财务资金流程40项。取得大额低息贷款,收回雍和园公司股权投资,处理到期贷款清还,清缴多年税款,实现零欠税。完成佳兴园5号楼土地增值税清算工作,完成小金库、假发票专项治理工作。 (徐杰夫)

北京东兴建设有限责任公司

【概况】 本年,学习实践科学发展观,落实职代会精神,开拓思路,践行"精、细、化"经营管理理念,促进企业经济效益平稳发展。全年完成产值2.76亿万元、实现经营利润1202.62万元、缴纳税费1478.45万元。

单位名称:北京东兴建设有限责任公司

单位地址:东城区礼士胡同75号

联系电话:64156699 邮政编码:210010 (门嘉红)

【职代会】 1月14~15日,召开二届三次会议。审议通过《树立必胜信心,增强忧患意识,努力实现企业经济平稳较快发展目标》《贯彻安全标准 落实安全责任全面促进公司文明安全施工管理工作》《关于2009年业务招待费使用情况的报告》《对2009年业务招待费使用情况的内部审计报告》《关于集体合同履约情况的报告》等工作报告。选举产生2名公司第三届监事会职工监事。 (门嘉红)

【董事会股东会】 1月18日,召开第二届第二十七次董事会。听取、提交《董事会工作报告》,修订公司章程的建议和下一届董事会正式候选人名单,并提交股东会审议。1月20日,召开第三届第一次董事会。选举董事会董事长、副董事长。通过2009年财务预算执行情况和2010年财务预算的报告、《2009年公司利润分配方案》,提交股东会审议。1月18日,召开第十二次股东会。审议通过第三届董事会、监事会正式候选人名单。1月20日,召开第十三次、十四次股东会。会议分别审议通过《董事会工作报告》《监事会工作报告》《公司章程修正案》,选举产生第三届董事会董事,股东监事。选举董事会董事长、副董事长,监事会主席、副主席,同意公司《2009年财务预算执行情况和2010年财务预算的报告》和《公司利润分配方案》。 (门嘉红)

【工作会】 1月27~29日,召开上年度工作会。宣读《2009年各单位执行〈工效挂钩经营责任书〉考核通报》和《2009年〈工效挂钩经营责任书〉执行通知》。董事长、总经理为一分公司、二分公司、七分公司、古建现代装饰分公司,颁发兑现奖金。宣读结构长城杯银质奖奖励决定和获得北京市文明安全工地的单位进行奖励的决定,颁发市级文明安全工地奖金。 (门嘉红)

【送温暖活动】 两节期间,公司工会制订《关于2010年元旦、春节期间开展送温暖活动的安排》。公司领导40人次,走访慰问特困和困难职工、劳模先进人物、生病(住院)职工、单亲职工、离退休人员、病故职工家属以及外施人员920人(其中外施人员850人)。组织团拜座谈、联欢16场次,1280多人次参加(含外施人员)。发放慰问金10万元,为6名职工办理困难补助万元。党政工领导到工地,慰问在京过年的外施员工,送去米面、油等食品。11支贴心服务队40名队员,参加修理小家电、理发、助浴、助洁等服务活动。 (门嘉红)

【工会工作】 2月7日,召开工会二届四次委员会,报告上年工作,讨论本年度工作重点,形成相应决议。3月8日,工会举办女干部业务培训班,学习女职工劳动保护等相关规定。3月15日,公司工会制订《关于2010年开展"安康杯"竞赛活动的安排》,开展六项竞赛主题,实现公司安全生产目标;上年,公司获市总工会"安康杯"竞赛优胜单位奖杯。4月6日,工会经济审查委员会召开会议,审议通过上年度工会会费收费、管理、使用情况的报告。5月4日,工会举办劳模年活动,请老劳模介绍模范事迹,号召大家学习身边劳模,争做劳模传承者。年内,开展合理建议征集百日竞赛活动。有十条合理化建议获公司工会优秀奖。 (门嘉红)

【劳模称号】 4月20日,于立明获得北京市劳动模范称号。该同志是公司50余年发展史上的第十位劳动模范,也是在岗工作的第五位劳动模范。此次评选劳模把公司"学习劳模、崇尚劳模、争当劳模"的活动引向深入。 (门嘉红)

【体系认证】 7月16~17日,北京东方纵横认证中心对公司质量、环境、职业健康安全管理体系进行第一次监督审核。对工程部、技术质量部、安保部、体系办、财务部、首城国际九年一贯制学校项目部、首开鑫城九年一贯制学校项目部“三体系”运行情况,进行全面审核。8月10日,通过认证中心审核,颁发《认证证书保持通知书》和监督合格标识。(门嘉红)

北京筑邦建设有限责任公司

【概况】 年内,开展学习实践科学发展观活动带动和促进企业其他各项工作。深化企业改革,挖掘潜力,发展生产。开复工面积7000平方米,竣工面积7000平方米,完成产值5766.5万元,缴纳各种税收285万元。

单位名称:北京筑邦建设有限责任公司
单位地址:东城区东四三条67号
联系电话:64041224　邮政编码:100010　(蔺心亮)

【董事会】 2月9日,董事会举行迎新春团拜会。公司董事、监事、集协理事、监事、公司总部全体员工、各分公司(工程处)及金茂、万瑞方、原大都公司副经理以上人员40人参加。董事长代表董事会、执行层、党总支作新春致辞。6月8~26日,公司组织董事、监事、集协理事、监事、总部全体员工、各分公司(工程处)经理以上人员38人,分三批赴上海世博会参观。(蔺心亮)

【党建工作】 3月29日,党总支部委员会召开会议,制定《党总支2010年工作要点》,部署组织发展工作。5月26日,党总支部委员会讨论通过《中共北京筑邦建设有限责任公司总支部委员会关于深入开展创先争优活动的实施方案》。召开党员大会,动员开展创先争优活动。12月,党总支部被中共东城区委组织部、中共东城区委社会工作委员会授予非公企业党建工作示范点。年内,发展预备党员1名。(蔺心亮)

【档案管理】 年内,建立文书永久档案15卷,长期档案13卷,短期档案17卷。会计档案38卷,设备档案1件,合同档案4件,实物档案5件,电子档案39件。(蔺心亮)

【竣工工程】 完成区体委综合训练馆工程,一公司施工,建筑面积3000平方米,钢砼结构,地上局部二层,2008年10月8日开工,上年10月30日竣工。航天部101所2万牛顿发动机高空模拟试验台工程,四公司施工,建筑面积3000平方米,框架结构,1月开工,4月竣工。航天部101所低温贮箱试验台工程,四公司施工,建筑面积1000平方米,框架结构,10月开工,12月竣工。(蔺心亮)

住宅发展中心

【概况】 区住宅发展中心为区政府直属相当正处级全民所有制事业单位,编制45名,经费自收自支。设计划科、规划科、工程科、综合科、市政科等8个科室。职能为:受区政府委托履行统筹、协调、组织危改与房改相结合的危旧房改造工作;实施保障性住房建设,市政基础设施建设及改造工作;全面负责芍药居住宅小区的开发建设和管理工作。完成区政府折子工程和岗位目标管理责任制工作。全年受理居民来信25件,接待居民来访293人次,发出《受理告知单》5件,书面答复10件。通过司法途径解决问题16件,开展重点信访问题排查4次。

单位名称:北京市东城区住宅发展中心
单位地址:东城区地安门东大街58号
联系电话:84035379　邮政编码:100009　(李斐)

【芍药居教育设施工程】 5月25日开工。11月9日,综合楼、教学楼、宿舍楼、风雨操场、幼儿园、地下车库六个单体工程,全部结构封顶。(李斐)

【南锣鼓巷优化提升工程】 7月1日,规划方案通过专家论证,取得区规划、环保部门回函和区土地分局《土地预审》和区发改委项目立项批复。(李斐)

【崇雍大街环境提升工程】 7月12日开工,9月10日竣工。工程建设内容包括商业门店维修装饰,对便道进行石材铺装,道路两侧加装栏杆,规范停车指示,对道桩、非机动车停车架及箱式变压器等进行改造、更新及绿化工程。(李斐)

【胡同市政工程改造】 胡同基础设施改造涉及77条胡同,建设总长度达2.14万米。南锣鼓巷以西胡同市政改造工程上年10月13日开工,包括11条胡同,建设总长度达2546米,拆迁涉及居民及商业(产籍户)40户,已完成23户拆迁。排水工程、自来水工程、电信工程、路灯工程除南下洼子拆迁段外全部完成。道路工程除南下洼子拆迁段外完成至底油。22条胡同改造工程,7月20日开工建设,总长度8592米。排水工程、道路工程、路灯工程、电信工程已全部竣工。电力工程已完成五条胡同的改造。44条胡同改造工程,建设总长度1.03万米,上年8月20日开工建设,5月31日竣工。其中,方家胡同基础设施改造工程包括电信入地、路灯工程、电力工程、道路工程,11月30日完工;香饵胡同基础设施改造工程包括雨、污水工程,电力工程,电信入地工程,路灯工程,道路工程,交通工程。具备通车条件。(李斐)

【定向安置房项目】 顺义地块项目(顺义区M15号线顺西路——府前街站E地块),6月24日,规划方案通过市规委专家评审。9月26日,取得规划意见书(授权供地)。朝阳豆各庄地块项目,6月24日,规划方案通过市规委专家评审。编制完成《可行性研究报告》,完成项目用地的详勘工作,根据地块现状,与周边单位沟通,完成总体规划方案设计。(李斐)

【芍药居小区工程管理】 建筑面积124.2万平方米,1.3万户、剩余住宅1780套。中心负责协调实施单位及物业公司,完成芍药居西区1~6座屋面防水、电力设备等系统维修,交物业公司管理。8月,完成芍药居西区结算。(李斐)

【安置房销售】 年内,配合全区旧城改造工作整体进展,做好安置房屋销售工作及售房档案资料整理结案工作,完成结案580户,结案率90%。 (李斐)

北京兴隆置业有限公司

【概况】 北京兴隆置业有限公司,是建设部批准的国家房地产综合开发一级资质综合性开发企业,累计开发面积200万平方米。注册资本5000万元,有员工70余人,其中技术人员占64%。投资建立商业管理公司、酒店管理公司、物业管理公司、停车经营公司、投资公司、文化公司等子公司,具备完善的城市综合开发全程服务能力,形成"集团化管理、专业化运作"的管理模式。公司经营理念是参与城市核心区域的保护、开发、建设和运营,以保护和传承优秀历史文化为己任,用企业的开发与经营提升城市功能,满足消费者物质和精神层面要求。

单位名称:北京兴隆置业有限公司
单位地址:东城区崇文门外大街9号正仁大厦12层
联系电话:67092882 **邮政编码**:100062
公司网站:www.bj-xinglong.com (曹雅欣)

【祈年大街商业项目】 投资在建,建筑面积6万平方米,是公司自持经营的物业,定位为休闲娱乐主题商街,集娱乐、休闲、运动、体验、餐饮于一体。项目上年10月开工,本年末结构封顶。 (曹雅欣)

【台湾会馆】 年内,受天街公司委托,负责台湾会馆的保护与重建。台湾会馆坐落大江胡同,1893年台籍进士施士洁主持建立。1949年后变民居,1993年恢复。2009年6月24日,公司承接该工程,相邻的云间会馆、福德禅林会馆,砖木结构,四合院组成。保留明清风格。会馆设置京台交流史展示区、贵宾接待区、多功能会展区和民俗文化体验区4个功能区。建筑面积4400平方米,4月竣工,5月7日重张。中央政治局委员、市委书记刘淇,中国国民党荣誉主席连战出席并剪彩。公司派出专业的酒店团队,管理台湾会馆。年内接待访客340批次8000人。 (曹雅欣)

【台湾映像】 公司负责经营,集会展、娱乐、购物、餐饮、文化交流多功能于一体的台湾文化商务区——"台湾映像"。建筑面积3.6万平方米,第一期工程12月完工,12月27日对外营业。维格饼家、和成卫浴、瑞姆童车、阿宗面线等台湾知名商家入驻。 (曹雅欣)

【金台夕照会馆】 公司投资建设运营,是一家具有文化特色的精品酒店,有600年历史的夕照寺与现代会馆功能完美结合。经营餐饮、客房、多功能厅、素斋、茶苑等业务。年内,鸡血石博物馆及天物馆落户馆内,鸡血石收藏精品和明清官窑瓷器珍品,体现出会馆文化定位。被改革开放30年中国酒店业大会组委会授予"最佳主题酒店"。

(曹雅欣)

北京崇文·新世界房地产发展有限公司

【概况】 北京崇文·新世界房地产发展有限公司(简称崇新公司),成立于1993年8月,是香港新世界中国地产有限公司与区城市建设开发公司组建的京港合作企业,注册资本2.25亿美元。主要对崇文门外大街1号、5号、6号地旧城改造、房地产开发、商品房销售及建成的商场、公寓、写字楼等进行租赁经营管理等,有员工265人。已完成的开发建设项目有:新世界中心一期,新景家园,新裕家园,新怡家园等。累计完成开发面积126万平方米。已竣工的项目中,新世界中心曾获北京市九十年代十大建筑称号。全年实现销售收入10.41亿元,租赁收入1.75亿元。公司力求创新、追求卓越、注重履行社会责任。缴纳各项税金2.04亿元。公司连续8年获区政府崇文区50强企业,获市国税局、地税局联合颁发的纳税信用A级企业。

单位名称:北京崇文·新世界房地产发展有限公司
单位地址:东城区崇文门外大街9号正仁大厦10层
联系电话:67088989 **邮政编码**:100062 (郭文辉)

北京崇裕房产开发有限公司

【概况】 北京崇裕房产开发有限公司(简称崇裕公司),成立于1993年3月,是香港新世界中国地产有限公司与北京兴隆置业有限公司组建的京港合作企业,公司注册资本1.72亿美元,主要从事房地产开发、商品房销售及建成的商场、公寓、写字楼经营管理等业务。已完成的开发项目有:新世界中心二期、新世界家园、正仁大厦、新成文化大厦、新阳商务楼等,建筑面积42.8万平方米。全年实现销售收入1.16亿元,租赁收入9634.02万元,缴纳各项税金5649.08万元。公司连续9年获区50强企业,获市国税局、地税局联合颁发的纳税信用A级企业。

单位名称:北京崇裕房产开发有限公司
单位地址:东城区崇文门外大街9号正仁大厦10层
联系电话:67088989 **邮政编码**:100062 (郭文辉)

中国新世界电子有限公司

【概况】 中国新世界电子有限公司(简称新电公司),成立于1993年6月,是香港新世界发展有限公司与原电子工业部四家企业、区城市建设开发公司共同组建的京港合作企业,公司注册资本5720万美元,主要从事建造北京新世界中心及建成的商场、公寓、写字楼的租赁经营管理业务。全年实现销售收入1.54亿元,租赁收入9386万元,缴纳营业税、所得税6623万元。公司连续8年获区50强企业,获市国税局、地税局联合颁发的纳税信用A级企业。

单位名称:中国新世界电子有限公司
单位地址:东城区崇文门外大街9号正仁大厦10层
联系电话:67088989 **邮政编码**:100062 (郭文辉)

北京新康房地产发展有限公司

【概况】 北京新康房地产发展有限公司(简称新康公司)于1999年4月成立,是香港新世界中国地产有限公司与区城市建设开发公司组建的京港合作企业,注册资本1200万美元,主要从事房地产开发业务。在亦庄开发建设新康家园居住小区,建筑面积22万平方米。

单位名称:北京新康房地产发展有限公司
单位地址:东城区崇文门外大街9号正仁大厦10层
联系电话:67088989　邮政编码:100062　(郭文辉)

北京天街置业发展有限公司

【概况】 北京天街置业发展有限公司(简称天街公司),2004年8月成立,注册资本7.94亿元,从事房地产开发、建设、销售、物业管理的国有企业。年内,落实区政府主导规划、风貌保护、商业业态、街区管理和基础设施建设方案,推进前门商业区项目修缮建设,大江胡同竣工重张、台湾会馆及台湾会馆商务区开街,鲜鱼口街亮相,地下工程建设取得突破性进展。前门大街景观规划设计获第二届中国环境艺术奖。前门大街建设取得新成果。

单位名称:北京天街置业发展有限公司
单位地址:东城区珠市口东大街201号
联系电话:67060876　邮政编码:100051　(程维)

【春节文化活动】 1月31日,“我的北京我的家”春节系列文化活动启动仪式在前门大街举行。中央政治局委员、市委书记刘淇,市领导杜德印、阳安江、丁向阳及区主要领导等出席。各区、县10支群众文艺队伍,300名群众演员在前门大街,进行舞狮虎跳表演、非物质文化遗产展示等,近万名游客驻足观看。　(程维)

【天街年市】 2月14~18日,前门大街首次举办“天街年市”系列活动。五牌楼前悬挂两个伏虎啸天鼓,两盏巨型盛世跑马灯非物质文化遗产手绘灯彩横挂在街头。大北照相馆北侧举办“年文化”照片展,阳平会馆南路进行曲艺表演,前门大街北广场鼓起太平鼓,舞狮舞龙、山东鼓子秧歌、朝鲜族象帽舞、小车会等各式踩街活动同时展开。　(程维)

【天街上元灯会】 2月26~28日,在前门大街,首次举办“天街上元灯会”。原崇文区领导夏强、牛青山、吉胜久、徐鸿达、周永明等出席。28日晚6时30分,点燃两盏高达六米的巨型“盛世走马灯”,整条大街万盏灯彩同时亮起。数万名游客观看。其间,进行丰富多彩的花灯展示、传统民族手工艺表演展卖,举办赏花灯、猜灯谜、提灯游走、踩街等活动,游客参与互动。　(程维)

【刘老根大舞台】 5月2日,刘老根大舞台开张一周年,年票房收入6000万元,上缴税收1130万元。11月16日,本山传媒公司与本公司签订协议,北京剧场拓展为本山传媒(北京)影视演艺基地,扩租6386.29平方米,总租用面积近万米。注册资本5000万元。　(程维)

【台湾会馆重张】 5月7日,举办台湾会馆及台湾商务区重张仪式。中央政治局委员、市委书记刘淇,中国国民党荣誉主席连战及夫人,全国政协副主席、台盟中央主席林文漪,中央台湾工作办公室主任王毅,海峡两岸关系协会会长陈云林,市长郭金龙,有关部门领导王毅夫、尤兰田、梁国扬、王安顺、吉林等出席。原崇文区委书记夏强介绍台湾会馆有关情况,连战先生称赞台湾会馆的修缮对祖国统一大业及京台两地文化交流具有重要的政治意义。梁国扬、连战、郭金龙分别致辞,牛青山与台商入驻台湾会馆商务区签约。刘淇、林文漪、王毅与连战先生为台湾会馆揭幕。　(程维)

【外宾参观】 5月14日,克罗地亚共和国总统约西波维奇,由北向南步行参观前门大街,走进全聚德烤鸭店,观看有146年历史的“老铺”,乘坐铛铛车,在贵宾室留言。　(程维)

【泰国风情节】 7月1日,泰王国驻华大使馆主办的泰国风情节在前门大街开幕。身着民族服饰的泰国舞蹈演员,表演泰国战鼓舞、泰国神鸟舞、暹罗舞等泰国风情节目。十几个小白帐篷排列在前门大街,里边陈列着木雕饰品、芒果木花瓶、锡制器具、泰式服装、草本植物精油等泰国传统手工艺品和特色商品,泰国榴莲、山竹、莲雾、红毛丹、芒果、帝王蕉水果,吸引游客驻足品尝。　(程维)

【台湾商务区】 8月16日,与天和公司签订大江胡同整片租赁合同,由其负责开办“台湾商务区”,成为对台工作交流平台。12月27日,大江胡同台湾商务区正式开街,部分台湾商家营业,市、区领导丁向阳、杨柳荫、牛青山等参加开街仪式。　(程维)

【中央领导视察】 9月8日,中共中央政治局常委、全国政协主席贾庆林到台湾会馆视察,刘淇、郭金龙、林文漪和中央、市、区有关领导尤兰田、闵克、肖培、杨柳荫、牛青山等陪同。　(程维)

【北京国际旅游节】 9月19日,第十二届北京国际旅游节在前门大街开幕。中共中央政治局委员、国务院副总理王岐山,全国人大常委会副委员长周铁农,全国政协副主席林文漪,国务院副秘书长毕井泉,市长郭金龙、国家旅游局局长邵琪伟等领导出席。王岐山宣布第十二届北京国际旅游节正式开幕,郭金龙、邵琪伟讲话,蔡赴朝主持并致辞。来自全球22个国家和地区的23个表演团队2000名中外演员参加盛装行进表演。　(程维)

【前门历史文化节】 9月28日,第一届前门历史文化节暨前门大街开市一周年庆祝活动启动仪式,在前门大街举行。全聚德、吴裕泰等百余家商户共同发出“铭记诚信原则,坚持依法经营;抵制假冒伪劣,开展公平竞争;加强企业自律,提高服务水平;接受公众监督,营造和谐环境;履行社会责任,弘扬民族传统;建设一流商街,共创前门繁荣”的庄重承诺。牛青山致辞。 (程维)

【古韵天街文化东城】 10月15日,首届前门大街《古韵天街文化东城》晚会在北京电视台举行。晚会展示前门步行街600年来规模最大的一次整体修缮,商业街开市,21家老字号落位,100余家京内外商贸企业加盟。接待国内外宾客1亿人次,成为有较大国际影响力的商业大街、旅游大街、文化大街。 (程维)

北京住总第六开发建设有限公司

【概况】 北京住总第六开发建设有限公司(简称住总六公司)是国家房屋建筑工程施工总承包一级、建筑装修装饰专业承包一级、机电设备安装工程专业承包一级、市政公用工程施工总承包二级、钢结构工程专业承包二级、地基与基础工程专业承包二级资质的大型施工企业,注册资金1.07亿元,净资产1.5亿元。有房地产开发、机电安装、机械租赁等控股子公司3个,参股公司1个,在济南、烟台、银川、天津设有分公司。集施工、房地产开发、多元经营为一体,具有雄厚的资金、智力和技术优势。公司有五十余年的施工经历,参加过人民大会堂、中国美术馆、毛主席纪念堂、亚运村公寓、首都机场业务楼及北京热电厂、内燃机总厂等重点工程建设。先后完成劲松、西罗园、东花市、望京高校、莲花、金鱼池、中直马连道、常营经济适用房等几十个住宅小区。在京外承建济南阳光100、西藏大学、海南省委办公楼等工程。在海外承建阿拉伯农业发展组织总部大厦、毛里求斯国家体育场、西萨摩亚国家体育场、体育馆等工程。先后获詹天佑奖1项,鲁班奖3项,国家优质工程奖6项。北京市长城杯奖80项,北京市优质工程奖9项。公司连续多年被国务院发展研究中心、建设部、国家统计局列入“全国500家最大经营规模和最佳经济效益建筑业企业”及“房屋建筑业行业100家最大经营规模企业”行列。获全国五一劳动奖状、全国建筑业500强、全国先进建筑施工企业、全国工程建设质量管理优秀企业等称号。并作为唯一的建筑企业获北京国有企业“十大名企”称号。公司贯彻推行ISO9001、ISO14001、OHSMS18001及ISO10012国际标准,建立质量、环境、安卫、计量管理体系,通过认证。重视企业文化建设,坚持“视今天为落后”的企业理念,树立“精、严、细、实、好、快”的企业作风,完成“做一件事情,创一次辉煌”的品牌战略、奉行“建房人永远想着住房人”的企业宗旨和“创人类文明,建绿色家园”的环保方针。年内,实现总产值17.36亿元,同比增长9.87%。施工规模207.75万平方米,新开工面积80.28万平方米,同比增长4.93%。竣工85.87万平方米。中标工程22项,面积77.95万平方米,新签合同额12.87亿元。

单位名称:北京住总第六开发建设有限公司
单位地址:东城区龙须沟北里1号 邮政编码:100050
联系电话:65112677 传真:65112677 (赵播)

【竣工工程项目】 5月,完成常营经济适用房A03#住宅楼等4项主要项目施工,建筑面积8.53万平方米。12月,轨道交通房山线01标段项目通过竣工验收交用。工程地处房山区阎村,为北京轨道交通房山线车辆段,占地23公顷,上年4月1日开工。工程由位于阎村的车辆基地和部分出入段线组成,其中车辆基地工程由停车列检库、检修库等18个建筑单体组成,总建筑面积5.47万平方米,工程总造价3.04亿元。 (赵播)

【精品工程】 年内,继续推进精品工程创优,工程质量合格率100%,优良率84.21%。万年花城5#地获全国土木工程詹天佑住宅小区金奖,房山地铁钢结构QC小组《停车列检库钢屋架质量控制》、鲁谷G804号地块住宅及配套项目东区1号楼《居民稠密区内坚硬岩石地基的开挖施工控制》两项QC成果均获市工程建设优秀质量管理小组一等奖。 (赵播)

开发及建筑企业单位负责人

北京东方置业投资发展有限公司
　董事长、总经理、党委书记　张　跃
北京东兴建设有限责任公司
　董事长、党委书记　张建忠
　总　经　理　韩　威
北京筑邦建设有限责任公司
　董事长、党支部书记　陈小虎
北京兴隆置业有限公司
　董　事　长　马艳荣
　总　经　理　高哲明
北京崇文·新世界房地产发展有限公司
　董　事　长　陈　艳
　总　经　理　陈子荣
北京崇裕房产开发有限公司
　董　事　长　马艳荣
　总　经　理　陈子荣
　党支部书记　蔡建伟
中国新世界电子有限公司
　董事长、总经理　陈子荣
北京新康房地产发展有限公司
　董　事　长　陈　艳
　总　经　理　陈子荣
　党支部书记　蔡建伟
北京天街置业发展有限公司
　董　事　长　田　耘
北京住总第六开发建设有限公司
　董事长、党委书记　谢夫海
　总　经　理　靳国忠

城　市　管　理

城市管理监督

【概况】 行政区划调整后,将原东城区城市管理监督中心与原崇文区城市管理监督中心,整合为东城区城市管理监督中心(简称区城管监督中心),正处级机构,行政编制65名,书记、主任各1名,副主任5名,事业编制28名,不占编制聘用城市管理监督员460名。设办公室、行财科、调研科、组织人事科、宣传科、业务培训科、监督考评科、综合协调科、监察科、运行管理科、呼叫中心、案件派遣室、公共安全指挥中心、监督员管理科、监督员督察科15个筹备组。其中监督员管理科下设5个中队,17个分队,对监督员进行日常管理。主要职责:负责组织建立城市管理电子信息系统,研究拟定城市管理监督与评价办法,建立监督评价体系;负责城市管理中出现各种问题的现场信息和处理结果信息的采集、分类、处理和报送,随时掌握城市管理现状、出现的问题和处理情况,实施区城市管理全方位、全时段监控;负责各类城市管理信息的整理、分析,监督、考核、评价城市管理状况及有关部门和责任人履行城市管理职责情况;负责领导和管理城市管理监督员队伍,负责城市管理监督员的配置、招聘、培训、考核以及日常管理;负责组织城市管理信息传递系统、处理系统的日常维护和管理,建立城市管理工作电子台账、实施信息、数据管理。4月,增加流动人口和出租房屋、环境污染源、酒类经营单位、文物保护单位等有关信息的采集、处理职责;明确公共安全监管相关职责。6月,区市政市容增设内设机构城市运行指挥协调部;将城管委内设机构指挥中心,整建制划转为区城管监督中心内设机构,更名为案件派遣室。7月,成立东城区公共安全指挥中心,在区城管监督中心加挂北京市东城区公共安全指挥中心牌子,负责指挥、调度全区各相关单位的安全监督检查工作。年内,加强机关队伍建设、制度建设,加强党建工作,开展创先争优活动。开展网格化城市管理宣传活动,《北京日报》等多家新闻媒体报道网格化城市管理经验。

单位名称:东城区城市管理监督中心

单位地址:东城区钱粮胡同3号

联系电话:84050608　邮政编码:100010　(许晶　周皓宇)

【公共安全监管】 3月30日,印发《东城区公共安全监管工作管理办法(试行)》,明确建设和推进城市公共安全监管新体系,搭建"政府主导、部门协同、企业自律、社会参与、专业支持"的安全管理格局,实现公共安全监管的信息化、标准化、常态化和协同化。成立公共安全委员会,指挥、调度全区各相关单位的安全监督检查工作,及时发现、处理各类风险源。负责公共安全移送案件、联合检查案件的审批和转办;负责全区安全监管的数据统计和综合分析等工作。为本区负有安全监管职责的17个部门、10个街道办事处以及2个地区管理处,配发监管通125部。"监管通"具备安全检查、通知通告、法律法规、风险源管理、安全知识、监管对象六个功能模块,为一线安全执法人员现场信息快速采集、取证与传送、避免执法程序、法律适用错误提供了便利。10月,完成公共安全信息管理平台一期建设。该系统基于统一基础数据库,构建了企事业单位工作平台、监管平台、调度平台、监察平台、指挥平台五层管理平台,包含企业安全自查、政府安全监管、风险评估管理、监督监察、发现补强、协同执法、统计分析七个分系统,以及企事业单位、风险源、监管标准、执法人员四个数据库,实现安全管理全流程信息化。12月,《公共安全风险评估分类分级系统》投入试运行。实现风险评估和监管的常态化、规范化、信息化。公共安全监管建立补强发现机制,全年开展安全隐患普查工作33次,上报发现补强案件1525项。　(许晶　周皓宇)

【网格化城市管理】 全年,网格化城市管理系统立案城市管理问题18.65万件(其中事件问题17.31万件、部件问题1.34万件),处置结案17.36万件,结案率93.08%。区属案件立案17.14万件,结案16.87万件,结案率98.42%。城市管理特别服务号码13910001000共接收公众举报1075件,其中立案344件,结案282件,结案率81.98%。

(许晶　周皓宇)

【城市管理工作简报】 《数字化城市管理工作简报》由国家住房和城乡建设部城建司主办、东城区城市管理监督中心承办。通报全国数字化城市管理工作在全国的推广情况,住房和城乡建设部的有关文件要求和指导意见,为全国试点城市(区)搭建信息交流和经验沟通平台。发送范围包括住房和城乡建设部部长、副部长、建设部党组成员、部三总师,全国31个省、市、自治区的建设厅、新模式推广小组成员、51个试点城市(区)及其他相关专家、单位。全年编发《数字化城市管理工作简报》4期。

(许晶　周皓宇)

【应对突发事件】 制订《关于突发公共事件信息工作方案》,设立监督员、值班长、中心办公室、主管领导四级信息报送环节,由突发公共事件信息工作领导小组和领导小组办公室按照突发公共事件信息报送工作的流程负责上报。全年,区城管监督中心向区委、区政府两办上报突发事件信息88件。其中群众上访事件32件,聚众事件13件,路面塌陷11件,失火、煤气泄漏9件,树木、电杆倾倒5件,水管破裂4件,其它14件。 (许晶 周皓宇)

【工作督查】 由办公室负责督查督办重点工作完成情况,对督查结果进行汇总、分析,形成年终总结性汇报。全年完成区政府折子工程3件,下发重点工作督查立项单2件,督办处理政协委员提案、人大代表建议1件,上报督查专报4篇。 (许晶 周皓宇)

【参观接待】 年内,接待视察、考察、调研、参观、学习新模式团、组40批次,701人次。其中局级以上领导7人次,外宾参观3批。 (许晶 周皓宇)

【特别服务号码】 13910001000为区网格城市管理新模式的特别服务号码,是城市管理监督中心连接社会公众的纽带。全年城市管理特服号码接收举报1075件,立案344件,不处理292件,不属于受理范围17件,督办问题158件,特殊问题264件。其中立案案件,结案282件。特服号码让群众参与到城市管理工作中,督促各专业部门提高城市管理问题的处理率。 (许晶 周皓宇)

【专项普查】 全年配合开展环境卫生、无障碍设施、扫雪铲冰、工地扬尘、文明城区指标自查、室温普查、公共安全补强发现、部分人街牌匾、民警提示、私搭乱建、房上堆物、积雪垃圾混堆、废品收购、文物普查、非装饰性树挂、地下通道、过街天桥、道路交通设施、歌华有线户外设施、立交桥等内容专项普查113次,完成数据汇总统计,撰写普查专报32份。其中对原东城区25.38平方公里区域内的道路交通设施进行普查,上报普查数据2.09万件。 (许晶 周皓宇)

【监督员队伍建设】 区划调整后开展监督员队伍建设。对管理干部和监督员进行整合辅导,关注监督员思想动态。做好监督员基本待遇、监督员调整、巡查方式、装备管理、拓展项目、培训考核、辞退机制、考勤与工资发放、工作流程、自行处理等10项工作。制订《监督员管理制度汇编(试行)》《监督员信息采集量化考评管理办法》两项制度。对监督员进行军训,提升监督员队伍素质。举办监督员班长论坛,发挥班长带头作用,交流在管理中的成功经验。每月通报一次全体监督员的工作量情况,给予适当奖励,形成“比、学、赶、帮、超”的工作氛围。 (许晶 周皓宇)

【监督考评数据】 完善监督评价体系,监督考核有关职能部门工作情况及问题处理结果。全年编制城市管理监督月报34期,编写专题数据分析材料11期。对监督员上报案件信息进行统计分析,定期进行监督员岗位评价,监督员管理岗位评价。每月向区城管委报送市容环境类专项案件数据。不定期上报市协调办市容环境类专项案件统计。

(许晶 周皓宇)

【网格平台升级改造】 完成区网格化城市管理信息系统升级改造。整合原崇文区网格化城市管理信息平台的相关数据,形成统一的区网格化城市管理信息平台,9月6日正式试运行,其间主要完成13910001000热线电话和软电话改造,“城管通”号段和接入专线改造,“城管通”手机程序改造及新模块的开发应用,服务器采买及托管、CA证书申请及落实,完成原崇文区案件基本数据处理、迁移及GIS数据格式转换及入库,评价指标相关数据迁移,与市级平台对接等工作。加强系统智能化升级建设,陆续开发两岗合一、流程减化、天天上报、动态更新、补强发现等22项新功能。完成智能多维分析系统的建设。完成软电话系统升级改造,完善话务量统计、报表、用户满意度调查等模块功能,5月12日通过验收。

(许晶 周皓宇)

【基础数据更新】 年内,完成第八次基础数据更新工作。截至8月30日,全区有城市部件47.75万个,新增城市部件1.68万个,城市部件消失892个。共有地址2.64万个、兴趣点1.67万个、参照物2855个。完成万米单元网格和监督员责任区的融合和更新,对社区、万米单元网格编码按照标准统一汇编,制作原崇文区现状道路图、楼房及院落范围图,全区划分为2314个万米单元网格,设116个监督员责任区。

(许晶 周皓宇)

【疑难案件协调】 不定期组织相关专业部门,召开疑难案件派发会和现场协调会,解决权属不清、推诿扯皮问题。全年召开重大疑难案件协调会2次,现场会2次。对辖区内卫生死角、无照经营游商、拆迁拆除区垃圾渣土、“黑车”拉客等四类重点问题进行摸底、拍照取证、汇总,建立电子台账。制作幻灯片向区领导汇报。 (许晶 周皓宇)

城市综合管理

【概况】 8月,行政区划调整后,原东城区市政市容管理委员会、崇文区城市综合管理委员会合并,更名为东城区城市综合管理委员会(以下简称区城管委),挂北京市东城区城市环境建设委员会办公室牌子,负责本区城市综合管理、城市环境建设综合协调和市政基础设施、公用事业、市容环境卫生管理及城市环境综合整治,城市管理综合执法协调、调度和监督检查工作。北京市东城区爱国卫生运动委员会办公室设在区城管委。区城市管理指挥中心、防汛应急指挥部、扫雪铲冰指挥部、供暖办公室、区国防动员委员会交通战备办公室等设在本委。设办公室、综合管理科、市政管理科等7个科室,辖区节水用水办公室等6个事业单位。年内,贯彻落实科学发展观,严格规范和履行城市管理职责,完善城市管理长效机制,提高精细化管理水平,提升城市品质。治理鼓楼东大街、东直门交通枢纽周边、苏州胡同、南锣鼓巷环境,清理整治老旧小区、重点大街、校园周边13处。推行社会管理综合执法机制,开展夏季市容环境集中治理、百日整治等行动。完成崇雍大街改造工程,铺装道路12.52万平方米,绿化面积1950平方米。完成用水"一户一表"改造7300户,1000个院落自来水外管线改造工程竣工。维修保养路面4.5万平方米,实施道路、下水中修工程。完成45个试点居住小区垃圾分类工作,建立垃圾集中投放点129个。参加联合国国际花园城市与社区第14届全球总决赛,获联合国"国际花园城市"称号。新增备案停车场42家,增设自行车租赁网点6个。创建市、区节水型单位,机关为100%、事业单位61.6%。

单位名称:东城区城市综合管理委员会
单位地址:东城区东花市大街2号
联系电话:67073700　邮政编码:100062　(程佳　蔡轶)

【扫雪铲冰】 1月3日,出现四十年来时间最早、雪量最大、地表温度和环境温度最低的一次降雪。原崇文区城管委启动扫雪铲冰工作方案,联动各有关单位,采用融雪、推雪、扫雪、清除等多种作业方式,出动2450人次,各类车辆(设备)29台、实施作业359车次,使用融雪剂530吨、融雪剂溶液1580吨。各街道办事处出动1.6万人次,车辆220台次,使用融雪剂8吨,组织动员全区1300家社会单位职工,参与扫雪铲冰,面积50万平方米。原崇文区自主创新设计的融雪剂搅拌设备首次投入使用,配置溶液2426吨,使用融雪剂460吨。(蔡轶)

【自行车棚改造】 1月13日,原崇文区城管委完成龙潭北里6、7号楼、光明5号楼和李村东里自行车棚改造工作。增加存车位170个,铺设地砖1027平方米,安装立体自行车架298个、照明设施63套、漏电保护配电箱4个、电动自行车充电插座43个。(蔡轶)

【城管经验交流】 1月15~16日,由中国市长协会、北京大学中国地方政府研究院主办的2010城市管理经验交流会在北京市原崇文区召开,19个城市的百名市长、区长参加会议。原崇文区政府在城市管理中探索以综合执法为主要内容的城市管理办法——"崇文模式"受到肯定。中央政治局委员、市委书记刘淇、中央综治办主任陈冀平分别作出批示,表示肯定,要求加大研究推广力度。2月22日,黄卫主持召开市政府专题会,部署"崇文模式"在全市进行推广。年内,《人民日报》、新华社、《光明日报》等50家新闻媒体对"崇文模式"给予报道。中央编办、国务院办公厅、上海、天津、成都、西安、济南、宁波等国家部委、省市领导先后80次到原崇文区调研,观摩学习。(蔡轶)

【整治电话亭】 1月18~21日,原崇文区城管委对主要大街电话亭进行全面整治。减撤话亭26组,更换话亭29组,维修话亭8组,更换话机50部,主干道路两侧公用电话亭全部清洁完毕,话亭内壁小广告全部粉刷覆盖,东花市大街吴东魁艺术馆门前话亭更换为仿古样式。(蔡轶)

【市容环境管理】 4月,原崇文区城管委开展月末"城市环境清洁日"系列宣传活动。清理卫生死角、绿地纸屑、宠物粪便、生活垃圾以及小广告。发动群众1100人,清理卫生死角200处,绿地纸屑700张,宠物粪便1.2吨,清理废弃物、渣土600吨,小广告5700张。(蔡轶)

【网格化城市管理】 1月1日至6月5日,原东城区属城市管理问题立案5.87万件,结案5.77万件,结案率98%,城市管理问题处理率98.33%,公共设施损坏缺失率4.7%。(程佳　蔡轶)

【环境卫生检查】 1~7月原东城区市政市容委组织检查72次,出动检查人员636人次,检查大街1860条次、胡同1351条次、居住小区193个次,农贸市场周边128个次,公厕、垃圾楼周边环境306个次,发现、通报处理各类问题2939件。(程佳　蔡轶)

【国际花园城市】 国际花园城市竞赛又名联合国"全球最适宜居住城市国际大奖",是一项被联合国环境规划署认可,由国际公园协会与联合国环境规划署联合主办的国际奖项,自1997年起已举办过13届。4月,原东城区正式启动申报联合国国际花园城市工作,成立创建国际花园城市领导小组,办公室设在区市政市容委，分设联络组、申报陈述组和资料组。4月至8月，全球生态城市之父艾罗·帕罗海默教授、国际花园城市竞赛顾问、布朗·威廉奈尔博士、联合国环境规划署专员、国际公园与康乐休闲管理协会秘书长、LivCom国际花园城市竞赛组织秘书长阿兰·史密斯等先后到本区考察指导创建"联合国国际花园城市"工作。11月4~8日，联合国国际花园城市与社区第14届全球总决赛在美国芝加哥举行，全球31个国家的39个城市与41个项目参加角逐。东城区获城市类D类别金奖，文化、艺术与遗产管理单项第一，东城区选派的市政项目"南锣鼓巷"获金奖，成为国际花园城市与社区决赛史上第一个在同届获3项金奖的城市。

（程佳　蔡轶）

【环境整治工作】 5月25日，原东城区召开夏季市容环境整治动员大会。截至8月，出动执法队员5700人次，执法车辆1216车次，查处各类违法行为5.6万起，拆除违法建设95处368平方米。原崇文区完成夏季市容环境专项挂账任务98件，整治各类环境、秩序问题941处，出动执法人员1.41万人次，出动执法车辆1679车次，完成各类综合执法督办问题437个，拆除违法建设484处5257.5平方米。6月，原东城区治理鼓楼东大街环境，规劝告诫无照商贩5300人次，查处无照经营165起。7月，联合执法治理东直门交通枢纽周边环境，查处无照经营35起。开展查处整治苏州胡同内占道经营、店外经营、露天烧烤、无照经营等违法行为，粉刷院墙1500平方米、油饰院门45扇、治理广告牌匾18块。治理南锣鼓巷环境，拆除违规灯箱31处，拆除改造门头牌匾7处，拆除避风阁1处，劝阻无照经营520起。整治老旧胡同小区、重点大街、校园周边13处，拆除违法建设616处6000余平方米，铺装修复道路2.9万平方米，绿化补种5.6万平方米，栽种花卉、苗木1万株。（程佳　蔡轶）

【崇雍大街改造】 崇雍大街南起崇文门路口，北至北二环路，全长5.5千米。存在道路破损老化严重、占道停车、交通拥堵、牌匾广告老化等问题，5月至9月，历时5个月，完成崇雍大街统一改造。铺装道路12.52万平方米，更换路缘石2100平方米，安装新型护栏7555延长米，装设停车道桩1120根，绿化面积1950平方米，完成树池口铺装750个，设置景观花钵140个，完成道路两侧商店门面、牌匾、广告、台阶整修840处，修葺粉饰、改造更换配电箱、果皮箱、停车架等设施，粉刷墙面1.11万平方米，更换更新大型广告围挡480平方米。安装中英文胡同历史文化指示牌51块、中英文历史文化标牌61块。（程佳　蔡轶）

【防汛工作】 汛期，制定《2010年防汛应急预案》，与28家防汛责任单位签订防汛责任书。检查全区防汛准备情况，组织各相关单位开展防汛演习、安全防汛宣传，及时督促各责任单位处理险情隐患，确保安全度汛。（程佳　蔡轶）

【综合执法】 9月，探索"政府统一领导、属地牵头组织、日常全面监管、综合强力执法"机制，在全区推行社会管理综合执法机制。设立区、街两级综合执法机构，成立区社会管理综合执法委员会；在街道、地区成立街道（地区）综合执法组，实现管理重心下移，执法关口前移，强化街道属地管理责任和统筹协调管理权，形成与首都功能核心区相适应的社会服务管理新模式。区社会管理综合执法委员会下设办公室，办公室设在区城管委，全面负责社会管理综合执法工作的统筹协调、业务指导和综合考评工作。12月，完成17个街道、3个地区（王府井、北京站、前门大街）社会管理综合执法组挂牌。

（程佳　蔡轶）

【百日整治行动】 9月17日，召开环境秩序百日整治行动暨网格化社会管理综合执法动员大会。期间出动执法人员2万余人，车辆5000余台次，查处违法行为7946起，完成市、区85处挂账点位销账工作。区城管委被授予北京市百日整治行动先进集体称号。（程佳　蔡轶）

【国庆景观布置】 以56条大街为主线、35座过街桥为点位，在繁华商业区、旅游景区、风貌保护区、交通枢纽等地区悬挂灯杆旗、条幅、灯笼、中国结等，重点布置立交桥区、主要大街路口、环线过街桥等部位。设置灯杆旗3842面、灯笼6603个、中国结4715个、条幅38条。（程佳　蔡轶）

【城市环境建设机构】 10月29日，成立东城区城市环境建设委员会，工作职责：贯彻执行市、区有关环境建设的重要决定；拟定东城区城市环境建设的发展规划和工作方案；研究审议区在城市环境建设工作中的重大事项；统筹协调区与中央、市属单位和驻京部队之间、区职能部门与街道（地区）之间关系，加强东城区城市环境建设的整体协作；监督检查环境建设工作任务的实施；协调解决城市环境建设工作中的重大问题；完成区委、区政府交办的其他事项。

（程佳　蔡轶）

【市政道路设施】 年内，完成香饵胡同西段道路微循环改造。维修保养路面4.5万平方米，完成沙滩南巷、夕照寺东街等41条道路中修工程，面积10.4万平方米。完成夕照寺西里等13条下水中修工程及草园胡同、罗车胡同等9项污水改造工程。协调线缆权属单位，完成安定门外大街、前三门大街（东城段）、朝阜路的架空线入地任务和风貌保护区44条胡同架空线入地工程竣工验收工作。（程佳　蔡轶）

【供暖工作】 年内，组织供暖单位检查维修供暖设备，完成全区供暖单位锅炉普查和供暖季任务。协调区供暖二中心、区房地二中心，完成龙潭街道光明社区12栋老旧楼房通暖气工程。老旧供热管网设施改造工程合格率100%。

（程佳　蔡轶）

【居民设施改造】 年内，原东城区老楼通气项目计43栋楼1915户。完成通气2337户居民，超额完成423户。协调街道办事处解决居民问题135起，拆除违章建筑2200平方米，完成接线点8处，启动调压箱7个，修复路面3542平方米。

完成新建14个小区、35栋楼避雷设施改造工程,敷设接地母线3863米,避雷网12822米,避雷引下线4116米。原崇文区完成4栋楼、252户居民老楼通气任务。（程佳　蔡轶）

【垃圾分类】 年内,完成45个试点居住小区垃圾分类工作,免费发放垃圾桶4248个、分类运输电动车90辆,为试点小区居民家庭发放带有厨余垃圾、其它垃圾标识的10L家用垃圾桶5.19万个,配发5个月量分类专用收集袋。建立垃圾集中投放点129个,配套安装分类投放指导牌。建设"零废弃"管理单位16个。组建垃圾分类指导员队伍,181名垃圾分类指导员上岗。区生活垃圾量45.05万吨,比上年同期减少2.47万吨,同比下降5.21%;比市下达核定量减少8.97万吨,比核定量减少16.60%。生活垃圾无害化处理率100%。

（程佳　蔡轶）

【垃圾处理】 年内,完成区餐厨排放登记工作,建立餐厨垃圾排放信息平台。登记餐饮单位和集体食堂2783家,日餐厨垃圾排放总量为393.9吨。扩大餐厨垃圾收运范围,在原东城区10个街道选取100家餐饮单位,完成与环卫一中心餐厨垃圾定点收运对接,实现餐饮单位餐厨垃圾统一收运和集中处理。处理餐厨垃圾4075.4吨,日处理20吨。3月25日,原崇文区东花市街道厨余垃圾处理站在广外冠城名敦道小区投入使用,小区470户居民的厨余垃圾就地进行无害化处理。处理后作为花卉肥料给小区居民使用,实现垃圾源头减量和无害化、资源化处理的"零废弃"目标。7～12月,完成原崇文区106家大中型餐饮企业、机关单位食堂统一收运和处理,日处理餐厨垃圾20吨,区餐厨垃圾处理中心处理餐厨垃圾3381.7吨。试行落叶垃圾集中处理,11月2日,启用北京游乐园区落叶集中收集处理点,统一收集处理区环卫一中心、环卫二中心、七个街道及社会单位收集的冬季落叶,通过机械挤压直接打包外运,共处理落叶1962.55吨。公园绿植就地资源化利用,协助区园林局在地坛公园南门外新建一座园林废弃物处理场,日处理能力20吨,集中处理区属公园和公共绿地产生的绿植垃圾,处理绿植垃圾330吨,生产优质有机绿肥66吨。（程佳　蔡轶）

【静态交通管理】 年内,全区通过审核领取备案证的停车场424个(不含市批备案停车场)。新增备案停车场42家,车位3663个。完成停车场年度换证256个。推广交通微循环改造与停车服务经营管理实施办法,整合社区停车资源,规范机动车停车泊位服务经营管理,保证社区内道路畅通,保障社区内业主利益,做到停车有位、停车有序。在东花市、前门街道利用辖区内资源,建立由街道办事处管理的便民停车场。完成出租车年检61辆,签订"治安管理责任书"。入户4800户,完成第四次全市交通居民出行入户调查工作。

（程佳　蔡轶）

【节水工作】 年内,创建市、区节水型单位,机关为100%,事业单位61.6%。完成开滦宾馆、瑞士公寓、金龙大厦等9家单位和龙潭街道华城社区、东直门街道东环社区等4家社区创建为市级节水型单位。检查洗车站点21个、洗浴中心5个、餐饮行业6户、旅馆6户。严格用水指标,向全区用水单位下发用水计划指标4412户。审批三同时施工用水单位8个,批准1个单位临时施工用水指标。对2个单位节水三同时进行竣工验收,全部合格。4至10月,向1521户超计划用水单位发出预警通知。截至11月,全区实际用水量同比下降4.3%,节约用水76.2万立方米。协助民安社区安装雨水收集系统12套,每套最大储水量2吨,解决小区绿地用水。开展第19个全国节水宣传周活动,组织各种活动26场,发放宣传材料2.6万份。在世界水日、城市节水宣传周,发放宣传材料1.5万份、宣传品2万件,摆放节水展板、黑板报100块,悬挂节水横幅90条。（程佳　蔡轶）

【自行车租赁试点】 朝阳门地区原有自行车租赁站点4个,在灯市口地铁站、朝阳门地铁站、东四十条地铁站、金宝街朝内南小街、仓南胡同、东四六条东口增设6个公共自行车租赁网点,网点数量达到10个,其中更换免费存车支架500个。

（程佳　蔡轶）

城市管理监察

【概况】 原东城区城市管理监察大队、原崇文区城市管理监察大队,区划调整后合并为东城区城市管理监察大队。编制574人,在编执法人员553人。行使职能14项,行政处罚权300个。下设办公室、法制科、政工科、督查科、宣传科、人事教育科、纪检科、装备器材科、信访协调科、指挥中心10个科室和直属4个地区分队(北京南站、前门大街、北京站、王府井)及17个街道分队。年内,规范96310和群众举报案件受理工作,96310群众满意度80%。开展为期66天的春雷行动、100天"夏季文明行动"、社会治安重点地区排查整治、治理黑车专项"脉冲行动"、校园周边环境整治等全市性重点集中行动。完成春节庙会、前门首届文化节、龙潭灯会等71次重大活动周边环境保障工作,确保辖区总体环境秩序平稳良好。全年,查处各类案件23.16万起,罚款38.72万元。拆除违法建设1844.09平方米。其中,无照经营2.59万起,罚款15.14万元;环境保护类案件877起,罚款9000元;园林绿化类案件90起,罚款4200元;市容环境类案件19.25万起,罚款6.3万元;违章占道类案件2006起,罚款3.49万元;城市规划类案件572起,拆除违法建设1844.09平方米;市政管理类案件226起,罚款3000元;公共事业管理类案件52起,城市节水管理类案件172起,罚款1000元;停车管理类案件101起,河路管理类案件160起,罚款1000元;施工现场类案件783起,罚款8.05万元;旅游景点类案件125起,罚款1万元;"黑车"301起,罚款2.45万元;限养犬39起,小广告7715起,罚款4600元。收到反映大队好人好事50件,锦旗34面,表扬信20封,短信表扬13条。

单位名称:东城区城市管理监察大队
单位地址:东城区老钱局胡同甲14号
联系电话:85120951　邮政编码:100005
(张文侠)

【燃气安全执法】 1至2月,出动执法人员1500人次,执法车辆450车次,检查中小企业99个,对存在问题的2家企业,现场责令改正。检查夜市使用煤气罐摊位86个,发放燃气安全宣传品440份。配合街道办事处到121个社区宣传,查处可燃物安全隐患23处,清除乱堆物料74处,清运各类可燃垃圾18吨。开展预防煤气中毒专项执法检查,出动执法队员1000人次,执法车辆200车次,检查商户1970家(次),未发现无照经营销售劣质烟煤、炉具、烟筒、燃气器具等现象。
(张文侠)

【队伍建设】 1月8日,原东城区城管监察大队科级干部实行民主推荐、竞争上岗。36名队员参加。3月22日,8月27日,分别邀请市、区社会监督员代表走进城管、了解城管、监督城管、宣传城管,开展座谈,听取意见。11月26日,原崇文区城管监察大队召开领导班子和处级领导干部述职述廉会,查摆问题,提出整改措施。12月7日,27日,原崇文区城管监察大队分别召开处级领导干部专题民主生活会。邀请区委组织部领导和区"两员"代表参加。听取干部群众对领导班子和领导干部意见和建议,制订整改措施。在党员干部中开展强素质、树形象、争一流为主题的创先争优活动。制订支部承诺书13份,党员个人承诺书147份。
(张文侠)

【元旦、春节环境保障】 1月15日至2月中旬,开展白色污染专项治理,出动执法人员2000人次,执法车辆300车次,铲除黑冰积雪32处,清理树挂、绿地白色污染塑料袋101处。元旦烟花爆竹执法,出动人员793人次,保安员210人次,执法车辆215车次,检查31条大街、8个主要路口、8座立交桥、东二环辅路周边、4处重点目标。元旦环境执法,查处无照经营44起、罚款600元,告诫违法相对人23人,查处食品安全3起,罚款100元,查处非法客运7起,暂扣"黑人力三轮车"2辆,查处小广告21起,没收1250张,规范店外经营27起,暂扣三轮车4辆,蔬菜水果63公斤,地图30张,集中救助流浪人员告知135人,引寻救助67人。春节期间,出动执法人员1551人次,车辆522车次,查处无照经营1425起,罚款1000元,劝阻告诫无照经营人员500余人次,查处小广告151起,没收3万余张,清除182处。检查门前三包单位3187次,清运垃圾渣土18吨,检查施工工地15处,劝阻违规燃放烟花爆竹105起,扑灭引燃起火3起,教育违法相对人82人、救助街头流浪乞讨31人,清理非机动车乱停放1000余辆,疏导流动人员31人,受理群众举报202件,处理192件。
(张文侠)

【领导慰问调研】 2月13日、5月1日,原东城区领导杨柳荫,杨艺文、冯熙、曾刚健等先后到大队地坛南门,慰问城管队员,送去慰问品。6月24日,11月16日,区领导生敏到大队听取2009至2010年开展违拆除违法建设、取缔无照经营及队伍规范化、制度化、标准化建设、年度工作等汇报。9月9日,周京生一行6人,到大队就队伍建设、执法工作、管理体制、违法建设查处、行政区划调整等进行调研。9月15日,浙江省宁波市城管管理行政执法局一行70人到大队交流考察。9月28日,副市长刘敬民到前门大街,调研并慰问城管队员。9月30日,10月4日,市领导刘敬民,区领导杨柳荫、牛青山等先后到王府井大街、故宫北门、前门大街检查"百日整治行动"暨十一环境保障工作,询问节日城管执法情况,查看环境秩序防控部署、联勤联动环境秩序整治效果,慰问一线城管队员及志愿者。
(张文侠)

【专项整治活动】 4月15日至10月31日,在全区开展"迎世博反盗版"专项行动,分教育培训、集中整治、巩固保护3个阶段进行。3月26日至5月15日,开展为期50天集中整治天安门周边非法运营专项执法工作。3月27日至5月31日,开展名为"春雷行动"的春季压反弹专项环境整治行动。出动4701人次,942车次。查处无照经营341起,查处张贴、散发小广告175起,规范"门前三包"单位3802户,劝阻"黑摩的"非法揽客148起,没收人力三轮车3辆,整顿乱停乱放非机动车1900辆,疏导流动人口190余人,救助街头流浪乞讨4人。"世界水日"期间,开展以"学习贯彻水法,珍惜生命之源"为主题的专项执法工作。检查各类宾馆、饭店、学校、洗车点、洗浴中心、施工工地、园林绿化等用水单位1520个,检查用水器具或设施2581处。4月16日至5月10日,开展重点地区二层违法建设专项整治,对主要大街、旅游景点(特别是钟鼓楼制高点附近)及敏感地区或临街二层彩钢、整体违法建设进行专项执法整治。
(张文侠)

【清明、五一环境整治】 清明节期间,出动执法人员3011人次,执法车605车次,查处无照经营121起,劝阻无照经营人员200人次,查处无照经营丧葬、祭扫用品28起。五一期间,集中和专项整治3次,出动执法人员891人次,执法车辆164车次,查处无照经营345起。查处小广告189起,没收5378张,清除180处。规范"门前三包"1288次,清理整顿乱停乱放非机动车600辆,疏导流动人口30万人次,劝阻乞讨人员12人,提供咨询、指路服务4000人次。发放宣传材料4500份,受理城管热线、网格化案件和群众举报126件。
(张文侠)

【停车场管理专项执法】 5月,出动执法人员271人次,检查停车场173处(非机动车停车场35处,机动车停车场138处),重点对长安街沿线和王府井地区的25处停车场进行全面检查,未发现问题。
(张文侠)

【无障碍出行专项执法】　出动执法人员4000人次,检查大街135条,检查施工工地42处,规范门前三包单位2789家,责令改正非法侵占盲道6起,查处破损盲道7处,规范自行车占盲道乱停乱放705辆,宣传告知群众500人,取缔占盲道无照经营121起,清理占盲道杂物1.5吨。　(张文侠)

【高考环境保障】　出动城管队员2060人次,车辆513车次,查处无照经营159起,查处小广告和牌匾27块,检查施工工地217起次,对违法夜间施工的协和医院工地当场责令改正,并立案处理。发放城管法规宣传品100份,发放小扇子和报纸300份,协助公安交通等部门疏导行人1000人次,受理城管热线、区网格化案件和群众举报1471件。清理街巷环境卫生,出动执法人员1500人次,检查各类违法行为1.87万起、罚款3.08万元。　(张文侠)

【国庆环境保障】　出动执法人员2341人次,保安员300人次,执法车辆939车次,查处各类违法行为3174起,查处无照经营186起,劝阻告诫86人次,查处小广告283起,没收小广告7.5万张,规范门前三包5645起,责令改正店外经营615起,暂扣三轮车19辆,"黑摩的"26辆,切糕360斤,哈密瓜210斤,管制刀具35把,受理各类举报751起,处理725起,结案率96.5%。　(张文侠)

【执法装备】　制订完善VIS形象识别系统的实施计划,增加(更新)数字集群终端(800兆)70部,更新黄标执法汽车10辆,执法车载取证设备升级3G技术。　(张文侠)

【募捐救助】　年内,募集"爱心基金",机关75人捐款1.64万元。大队为青海玉树地震灾区捐款5000元。通过大队"爱心基金"为西南旱区捐款2000元。参加博爱在京城募捐救助活动,帮助孤老特困家庭、困难重病学生等特殊困难群体捐款33440元。4月21日,大队302人均捐出一个月特殊岗位津贴6.04万元。为地震灾区捐款11.72万元。　(张文侠)

【信息宣传】　年内,各分队、科室报送信息2427条。编发信息128期,586条,简讯255条,简报26期。上报市场信息613条,采用205条。向区刊报信息238条,采用106条。外网传要闻198条,向市政务网上传信息123条,区政务网刊载信息112条。市委《北京信息》采用3条,市政府《昨日市情》采用4条,市局编发本队简报7期。中央媒体播发12条,录制城管广播直播连线15条,在《北京日报》等市级媒体播发343条,区级媒体发表新闻稿件82条,有19个稿件在网络上被近百家媒体转发、转载。大队的新闻宣传工作全市排名第一,城市管理"崇文模式"中央电视台等130多家媒体予以报道。　(张文侠)

北京站地区管理

【概况】　北京站地区管理处是北京市人民政府派出机构,由东城区代管。承担地区治安、交通、工商、城管、环保、市容环境、清洁卫生、精神文明建设等项工作。设两室三科,下属区城市管理监察大队北京站分队、北京站地区环卫所。年内,坚持抓队伍、打基础、谋和谐、促发展,全面提升地区城市环境品质,打造安全稳定、秩序良好、环境优美、服务优质的平安和谐窗口地区,实现大事不出、小事减少、管理严格、秩序良好工作目标。连续11年获首都文明单位标兵称号。

单位名称:北京市人民政府北京站地区管理处
单位地址:东城区北京站东街6号四层
联系电话:85267207　邮政编码:100005　(郑一萍)

【春运暑运专运】　春运,1月30日至3月10日。到发站旅客654.8万人,同比减少3%。其中发送旅客324.9万人,同比增加0.1%,下车329.9万人,同比减少5.8%。高峰日发送旅客14.7万人。暑运从7月1日起到8月31日止,共计62天。累计发送818.2万人。日均9.9万人,同比去年增幅8.2%。高峰日8月28日,上午15.1万人。完成各级专运警卫任务1588次。　(郑一萍)

【安全保障】　3月5~14日,十一届全国人大三次会议和全国政协十一届三次会议分别在京召开。"两会"期间,接送列车46趟,完成834名全国"两会"代表、委员及随团工作人员抵、离北京站的服务接待工作。平均每天出动公安、交通警力和工商、城管行政执法,以及保安、社会志愿者等辅警人员380名,确保站区秩序良好、安全稳定。　(郑一萍)

【跳桥未遂事件】　全年,站东街过街天桥发生4起跳桥未遂事件,发生在3月14日、3月19日、9月10日、11月30日。跳桥人员均为外地人,其中有对执法部门处罚不满借机闹事者、有为情所困人员、有疑似精神病人和上访人员,均被成功解救。　(郑一萍)

【接待考察】　4月21日,青岛市崂山区区委副书记一行15人考察团,到北京站地区考察北京站东街公交站点文明乘车秩序工作。询问、观摩公交站台的设置、设施,文明乘车监督员的引导服务,乘客候车乘车等情况,赞誉北京站文明乘车工作成果值得借鉴。　(郑一萍)

【慰问部队】 7月22日,地区管理处党组书记等到武警某中队,看望驻站武警官兵。八一建军节前夕,管理处领导代表全体机关干部职工,向中队官兵表示节日慰问,赠送价值5000余元的数码相机和数码摄像机各一部,受到驻站全体官兵欢迎。 (郑一萍)

【区领导调研】 8月19日,牛青山等到北京站地区调研。听取地区领导工作情况和站区热点难点问题的汇报。向站区一线的管理处全体干部职工表示慰问,提出建议要求。

(郑一萍)

【安全监管工作】 全年,召开安全生产工作动员会10次、培训会12次。举办安全月咨询和宣传活动,发放宣传材料1500份。制订《火灾防控方案》、扫雪铲冰和启动防汛等方案,修改完善安全生产制度,安全工作责任体系,签订安全责任书84份。组织自查、专项和联合安全检查422次,受检单位256家次,消除安全隐患20家次,确保生产工作安全。 (郑一萍)

【应急指挥体系】 建立健全地区突发事件应急指挥部机构,调整充实地区突发事件应急指挥体系和成员单位。根据节日和重要活动时期的工作特点,制订应对实施预案和工作方案。完善应对暴雪、暴雨、强风等极端恶劣天气和防止小件寄存处可能发现爆炸物、人员拥堵踩踏、个别人员跳桥滋事等8个应急方(预)案。建立由140人组成的8支应急小分队,修订处置预案,明确职责和处突任务。全年组织防火、防汛、防踩踏等拉动演练6次,提高应急处置和快速反应能力,连续10年站区无火灾事故发生。 (郑一萍)

【联合整治】 全年,组织协同有关部门和单位,开展联合捆绑执法60次,查处各类治安案件百余起、违规运营出租车2000辆次,非法运营机动车600辆次、残摩三轮21辆次。清理无照经营5000起,清除非法一日游虚假广告25块,查处张贴、散发小广告25起,没收清除小广告4400张。停机处理涉及非法小广告电话4部。保持市容环境秩序的持续良好。

(郑一萍)

环 境 卫 生

环境卫生服务一中心

【概况】 原东城区环境卫生服务中心行政区划调整后,更名为东城区环境卫生服务一中心,是区政府直属全额拨款事业单位,正式职工1275人,临时工1507人。机关科室12个,下属基层单位10个,负责东城区北片113条大街、8座立交桥、25座过街天桥334.08万平方米道路和52.20万平方米绿地清扫保洁工作;负责北片967座公厕的保洁、维修、翻改建和48座密闭式垃圾清洁站的管理工作。年内,完成区政府下达的折子工程和环境卫生标准化体系建设项目。

单位名称:东城区环境卫生服务一中心

单位地址:东城区小雅宝胡同34号

联系电话:64032275 邮政编码:100005 (刘晓寅)

【领导调研慰问】 1月3日,区领导杨柳荫、毛炯视察调研扫雪铲冰工作。1月5日,杨艺文、毛炯等领导慰问扫雪铲冰一线职工。1月27日,郭怀刚到中心王府井所员工食宿区进行安全检查。7月8日,毛炯就区划调整后的环境卫生工作进行调研,强调环境卫生保障工作要为行政区划调整服务,做好调整期间各项衔接工作。8月19日,周京生等领导到中心调研环卫行业党风廉政建设工作,强调要进一步加强党风廉政建设责任制,完善各项工作制度。

(刘晓寅)

【领导关怀环卫工人】 1月5日,环卫五所职工王长荣,连日参加扫雪工作,因过度劳累和天气寒冷引发脑出血,被送往北京军区总院神经外科抢救。市、区领导黄卫、周正宇、陈永、杨柳荫、郭怀刚等多次到医院看望。中央电视台《新闻联播》栏目对此连续3日进行报道。2月,王长荣被评为2009年感动东城十大公德人物。5月,被首都文明网评为敬业奉献好人。 (刘晓寅)

【扫雪铲冰】 1至3月,出动职工8247人次、水车21辆、大型撒布机5辆、小型撒布机3辆、人工撒布机8辆、推雪铲10个、推雪滚10个,使用融雪剂1695吨,喷洒融雪液3361吨,完成扫雪铲冰任务。 (刘晓寅)

【清扫爆竹残屑】 春节期间,清扫和清运烟花爆竹残屑,出动雪铲10台、扫车35辆、挤压车16辆、小垃圾车20辆、水车8辆、铲车1辆、多功能除雪车2辆,人员795人。 (刘晓寅)

【专业检查组】 5月成立,每日检查专业作业,每周通报情况。实行专业检查后,在市、区检查中,作业水平名列前茅。

(刘晓寅)

【清扫清运】 截至11月30日,出动落叶清扫人员5019人次,5.5立方挤压车60车次,12立方挤压车32车次,清扫树叶970.85吨。全年,清运粪便9.98万吨,清运垃圾29.51万吨。在王府井、东直门内大街实行餐厨垃圾收运,实现日产日清。在部分密闭式清洁站内安装厨余垃圾分类设施,全年清运厨余(餐厨)垃圾1412.52吨,定点、定时上门清运可回收垃圾30.43吨。（刘晓寅）

【公厕维修改造】 年内,维修公厕7173座次、水路6307座次、电路7360座次,疏通管道8244座次,排查粪井1323个,改造危险粪井45个。达标公厕安装外墙挂板和电保温改造100座,二类以上215座公厕安装防冻设备。重点地区、景点公共厕所进行无障碍设施改造36个,安装L型扶手68个,小便器扶手36个,上翻扶手49个,L型落地扶手16个,U型落地扶手18个,洗手盆扶手67个。（刘晓寅）

【设施改造设备购置】 年内,完成18座密闭式垃圾清洁站降尘、降噪、除臭、防漏改造,并投入使用。投入2400万元购置干式吸尘车、中型洗地车、水车、清雪机、扫雪机、小型步道扬雪机等机械设备141辆,提高环卫机械化作业程度和环境卫生质量。（刘晓寅）

【信访工作】 年内,进行信访排查5次,办理来电、来信、来访185件次,处理全国和市信访网、市长、区长信箱、非紧急救助网咨询、投诉、建议等224件次。办复人大代表建议、政协委员提案23件。（刘晓寅）

环境卫生服务二中心

【概况】 原崇文区环境卫生服务中心,区划调整后更名为东城区环境卫生服务二中心(简称区环卫二中心)。为区政府直属全额预算事业单位,设办公室、业务科等7个科室,下设4个队、材料站和环卫经济开发管理中心。有职工518人,合同工775人,退休职工741人,离休干部6人。承担原崇文区主要大街、干路部分绿地的清扫保洁,生活垃圾、粪便清运、公厕保洁维护、小广告清理等工作。年内,保洁大街44条,作业面积196万平方米。管理密闭式清洁站31座,公厕421座。其中二类标准公共卫生间56座,达标公厕191座,三类公厕174座。干路机扫率、洒水降尘覆盖面、垃圾粪便无害化处理率100%,道路污染物滞留时间控制在30分钟以内。全年收运生活垃圾15.5万吨,抽运粪便11.9万吨,清理小广告109.7万张。完成党支部换届选举、职工全员培训和环卫二中心“十二五”环卫事业发展规划编制。

单位名称:东城区环境卫生服务二中心
单位地址:东城区天坛路7号
联系电话:67120965 邮政编码:100061 （何淑梅）

【扫雪铲冰】 1月1~18日,本市出现罕见大雪降温天气,中心启动铲冰扫雪工作方案和应急预案,出动3290人次,各种扫雪、融雪车辆949车次,使用融雪剂1240吨。干部职工全力投入扫雪铲冰工作,机械除雪和人工除雪结合,昼夜奋战,保证区内道路畅通安全。（何淑梅）

【环卫管理服务平台】 原崇文区城市公共环境卫生管理与服务综合平台一期项目,主要包括协同办公系统、综合业务系统、点对点服务系统、短信服务系统和视频监控系统等。1月14日,经专家评审通过初验。3月31日,通过终验。（何淑梅）

【领导慰问】 2月13日(大年三十),原崇文区领导夏强、牛青山、滕盛萍、刘云斋、朴学东、宋甘澍等到环卫一队慰问干部职工,送慰问金100万元,与一线职工共进午餐,欢度新春。7月7日,9月30日,区领导杨柳荫、牛青山、刘云斋、夏树军、毛炯、徐鸿达、段志国等先后到环卫二队,慰问高温天气下坚守岗位和参与国庆环卫保障的环卫干部职工。代表全区人民对环卫干部职工表示感谢。希望发扬优良传统,努力工作,为建设国际化、现代化的新东城做贡献。（何淑梅）

【职工培训】 在二、三季度,基层各单位以专业作业、安全生产、职业道德等为主要内容,分期分批组织职工1000人次,进行全员教育培训,提升职工素质。（何淑梅）

【主题演讲】 9月20日,为纪念时传祥诞辰95周年,在东花市职业技术学校礼堂,举办以“立足本职、创先争优,做新时代时传祥式的环卫人”为主题的演讲大会。进行主题演讲和职工表演秀。区领导吴松元、毛炯及区总工会、环卫一中心、二中心领导,二中心机关人员、基层职工代表160人参加大会。（何淑梅）

【环卫设施建设改造】 年内,广渠家园小区配套建设二类标准公共卫生间2座。修缮二类卫生间7座、达标公厕23座、三类公厕143座。改造密闭式清洁站10座,更新吊装设备2套和集装箱60个,购置更新果皮箱1000只。（何淑梅）

【环卫设备购置更新】 年内,淘汰环卫黄标车40辆,更新环卫车辆39台,购置多功能洗路车4台,洒水车1台和铲冰除雪设备46台。（何淑梅）

【作业管理】 年内,原崇文区内公厕粪井、水表井421座,密闭式清洁站31座,有限空间警示标识安装到位。建立完善有限空间作业规程,安排5批13人,参加市市政市容委组织的环卫系统有限空间监护培训和作业培训,取得上岗证书。对北京南站20路卫生间地下室,实施清淤作业,维修排除南中轴路地下卫生间提升井设备故障,两处公厕重新开放使用。（何淑梅）

环境保护

【概况】　原东城区、崇文区环境保护局，区划调整合并为东城区环境保护局（简称区环保局）是依法监督管理辖区内环境保护工作的行政主管部门。设行政科室7个（办公室、综合规划科、法制宣教科、纪检监察科、污染减排科、环境影响评价科、环境监理科），科级事业单位7个（辐射安全监管科、东城区环保监察队一队、二队，环保监测一站、监测二站，机动车尾气排放管理一站、二站）。主要职责：贯彻落实国家和市关于环境保护的法律、法规、规章和政策，建立健全环境保护工作制度，并负责监督、检查和协调实施；组织编制区环境保护规划和计划，负责环境形势综合分析；负责区环境问题的统筹协调和监督管理，组织协调环境污染事故和生态破坏事件的调查处理，参与突发环境事件的应急处置；承担落实区污染减排目标的责任，制订主要污染物排放总量控制计划并监督实施，实施排污许可证制度；督查、督办、核查有关部门、单位污染物减排任务完成情况；实施环境保护目标责任制，负责总量减排考核并上报；负责本辖区环境污染防治的监督管理和污染源日常监督管理；组织实施水体、大气、土壤、噪声、光、恶臭、固体废物、化学品、机动车等污染防治工作；负责环境监察，组织开展环境保护执法检查；负责限期治理、排污申报登记、排污收费等制度的实施；参与促进清洁生产，按管理权限审批建设项目环境影响评价文件，负责建设项目主体工程与环境保护设施同时设计、同时施工、同时投产使用的监督管理，负责建设项目竣工环境保护验收；负责本辖区辐射安全的监督管理，参与辐射环境事故应急处置，按权限对废弃的放射源、放射性废物处置进行监督管理；负责区环境监测工作，制定环境监测工作制度和规范，组织实施环境质量监测和污染源监督性监测；组织环境保护宣传教育工作，推动社会组织和公众参与环境保护；开展环境保护科研工作，推动环境保护科研成果和技术应用。为驻区中央单位、市属单位、驻区部队和区域内企事业单位服务。承办区政府交办的其他工作。全年，实施北京市第十六阶段控制大气污染措施，办理建设项目环境保护审批551项，办理建设项目环境保护验收168项，完成备案登记26项，依法征收排污费2.52万元，对991家污染源进行排污申报登记。

单位名称：东城区环境保护局
单位地址：东城区东四六条甲17号
联系电话：64043663　邮政编码：100007　（马春华）

【检查污染源单位】　1月，原东城区环保局检查和平里地区规模较大的市德安汽车修理厂等五家一类汽修企业环境安全危险废物转移联单制度执行情况。重点检查废机油的存储条件和位置，对存在废机油储存点机油遗撒问题的汽修企业，提出整改意见并责令立即整改，督促续签年度危险废物回收合同。5月，联合区安监局和市交通委员会运输管理局东城管理处检查辖区内重点工业污染源和汽修企业，北京航星机器制造公司、市德安汽车修理厂等6家单位危险废物处置、污水处理设施运行、废机油存储场所转移联单制度和环境监督员制度落实情况。对市德安汽车修理厂、北京万泽龙进出口汽车维修服务有限责任公司存在的危险废物储存场所不规范的问题提出整改要求。经复查，两单位已按照要求整改。

（马春华　李智）

【控制扬尘污染】　2月，原东城区召开控制大气污染工作会，部署本年大气污染控制工作。控制大气污染成员单位签订《东城区落实第十六阶段控制大气污染措施责任书》，集中整治辖区内主要工地施工扬尘污染。排查施工工地51个，发现扬尘污染问题进行挂账，要求责任到人，及时解决。重点地区实施定组、定车、定岗控制各类施工扬尘污染，确保大气环境质量。3月，巡查胡同民房施工。东四街道多条胡同有私房翻建施工，存在渣土、料堆未及时苫盖产生扬尘污染的问题。经督促，德华里、流水巷胡同两处料堆及时进行苫盖。5月，召开崇雍大街管线及市政施工扬尘污染控制工作会议。制定防尘措施，洒水降尘，控制扬尘污染。6月8日，召开扬尘污染控制工作会。扬尘办27家成员单位参会。毛炯要求：加强领导，加强监管，研究对策，采取有效措施，完成全年二级天不少于73%的目标任务。9月，召集区教委房管所、校舍安全加固工程施工单位及8家施工监理单位召开控制扬尘污染工作会，提出控制扬尘污染要求。10月14日，巡查发现平安大街地安门路口东侧路面存在渣土遗洒，造成扬尘污染。经排查，为玉河历史文化保护区修缮项目及市第五中学地安门分校翻改扩建加固装修施工进行土方作业所致。责令建筑单位立即整改，对造成扬尘污染路面进行清扫、洒水保洁，消除扬尘污染。11月4日，防尘办检查发现3个工地存在出入口未设置冲洗车辆设备，道路未硬化，覆盖不到位等扬尘污染问题。责令施工单位立即整改。

（马春华　李智）

【辐射类建设项目检查】　2月，检查北京协和医院、北京医院、军区总医院、北京妇产医院、市计量检测科学研究院5家单位的8个辐射类建设项目，下发《关于尽快办理环境影响“三同时”验收手续的通知》，督促各单位严格按照环保法律法规要求，尽快办理环境影响“三同时”验收手续，确保首都环境安全。5家单位均按要求办理了手续。

（马春华　李智）

【两会期间环境安全】　检查辖区加油站油气回收装置运行情况、油气回收系统使用维护制度、加油站日常检查记录和加油枪真空泵、集气罩、卸油井、人井、P/V 阀及相关管路等项目,用新型设备 MiniRAE Lite 手持式 VOC 检测仪检测油枪口、加油站棚下、油泵周边、油气冷凝装置连接处的气体浓度。经查,辖区加油站设备基本符合标准,制度健全,记录完整,各项油气回收设施运行正常。 (马春华 李智)

【环保宣传】 3月3日,原东城区绿色志愿者协会在王府井步行街,围绕"低碳生活我先行,携手节能建东城"开展宣传活动,发放低碳主题宣传材料,展示宣传展板,接待环保投诉,介绍碳排放量计算方法,宣传低碳生活的内容和意义。5月12日,举办节能减排——青年的责任与使命青年学术演讲比赛。八位选手分获一、二、三等及优秀奖。5月15日,举办科技周宣传咨询活动。发放环保宣传小册子500份。六·五世界环境日,与区青少年科技馆共同举办"低碳达人C计划"低碳生活创意设计展示活动,学生们用服装表演,展示利用废弃物设计的环保服装,表演环保主题小品,展示创意设计,环保工作人员现场帮助学生学习碳排放量的计算方法,介绍环保知识和节能减排小窍门,免费派送环保布袋和低碳生活系列宣传材料200份。小黄庄社区,开展"回收不麻烦,随手做环保,低碳又健康"主题环保宣传活动。发放宣传材料及环保袋300份,现场讲解处置家庭危险废弃物,倡导生活垃圾分类,生活废弃物会对环境产生污染,普及资源回收和垃圾分类的基本知识。6月6日,组织小学生参加市第十四届小学生"我爱地球妈妈"演讲比赛,参赛的三名小选手分获二、三等奖。11月,在东华门街道举办第六届"首都高校环境文化周"环保涂鸦活动。首都各高校50名学生,在五四大街进行现场涂鸦表演,以环保、绿色、低碳为主题进行创作,宣传绿色生活理念。 (马春华 李智)

【清理废旧放射源】 4月2日,原东城区环保局联合市环保局、东城公安分局,对中国社会科学院考古研究所进行废旧放射源的清理时,发现废旧放射源,确认贮存有镅-241、钴-57、铯-137、锶-90等4种废旧放射源,共12枚。此12枚废旧放射源已于1996年之前停止使用,一直封存于该单位地下文物库保险柜内。依法向中国社会科学院考古研究所下达《限期改正通知书》,责令该单位将闲置废旧放射源于60日内送贮,送贮前必须设专人24小时看管。该单位已按照要求送贮,保证放射的安全和辐射环境安全。 (马春华 李智)

【餐饮油烟治理】 4月,原东城区环保局,重点检查朝阳门内南小街西侧街面餐饮单位集中区域的29家餐馆油烟净化设备的使用和运行情况,责令更换油烟净化老化设备,立案调查3家餐馆油烟净化设备破损或未正常使用问题。协调相关部门查处2家餐饮单位存在超范围经营。经复查,3家油烟净化设备老化的单位,已完成设备更新和维护,2家超范围经营餐饮单位已规范经营。 (马春华 李智)

【清理不明化学物质】 4月15日,原东城区环保局接报小取灯胡同内堆有不明化工原料。经查现场发现10个装有不明化学物质的容器。经测,这些不明化学物质实为过期的羧甲淀粉钠和螺旋藻粉,不属《国家危险废物名录》上的危险废物。经排查,确定这些化学物质是由位于东皇城根北街甲20号院内的中国老年保健医学研究会老年保健用品分会移至小取灯胡同内的。当场责令该单位将废弃化学物质合理处置,消除安全隐患。 (马春华 李智)

【检查渣土运输车辆】 4月19~22日夜间,原东城区扬尘办成员单位在东二环十条桥设立检查点,检查渣土运输车30辆,其中7辆存在未覆盖、车轮带泥或无渣土证等违法行为,区城管大队依法予以扣留并处罚金7000元。 (马春华 李智)

【淘汰黄标车】 5月10日,原东城区长办公会听取鼓励黄标车淘汰工作汇报,通过《2010年东城区鼓励黄标车淘汰工作方案》。6月9日召开淘汰黄标车工作推进会。各街道办事处进街入户宣传动员。按照更新后的底档再查找、再动员、再督促。以区级财政供养单位车辆为重点,加快处理现有黄标车,区财政提供资金支持和保障,做好资金审验和发放。11月末,完成所有区级财政供养黄标车淘汰工作。全年,全区淘汰黄标车1597辆,淘汰比率23.9%,签订车辆视同淘汰《承诺书》348份。2009年至本年,全区累计完成淘汰黄标车4851辆。其中联合服务窗口办理发放补助资金手续1171件,发放补助资金572.27万元,包括报废手续878件,373.4万元,转出手续293件,198.87万元。办理国家汽车以旧换新265件,发放金额324.37万元。 (马春华 李智)

【检查医疗危险废物】 5月,原东城区环保局、卫生局、东城公安分局组成检查组,专项检查北京医院、北京中医医院、和平里医院危险废物。重点检查医疗废水处置、医疗废物贮存与处置、以及放射源管理和射线装置使用情况。对和平里医院医疗废物储存场所紫外线消毒灯未能正常使用问题,提出整改意见。 (马春华 李智)

【检查化学品从业单位】 6月,原东城区环保局联合区教委、工商分局、安监局、城管大队检查二十二中学、自来水三水厂危险化学品的安全处置与防护措施落实情况。经查,两家单位严格按照相关规定,落实危险化学品存储和消纳工作。 (马春华 李智)

【高考期间噪声检查】 为减少高考期间噪声污染,给考生创造良好的学习和休息环境,6月5~7日,联合区住建委、城管大队,专项检查高考期间噪声污染。日间巡查考场周边工地,及时发现噪声污染源,夜间重点检查施工单位施工停工情况以及居民住宅区周边环境噪声污染情况。未发现环境噪声污染问题。 (马春华 李智)

【整治炭火烧烤】 6月30日夜间,原东城区环保局联合和平里街道办事处、区城管大队、工商分局和公安部门集中检查和整治和平里地区炭火烧烤。检查单位34家,查处北京庆丰地坛包子铺、北京陕味情面食馆等从事炭火烧烤经营活动的餐馆7家,拆除烧烤烤架,查没部分烧烤用具。要求各餐馆严格按照经营范围开展经营活动，现有炭火烧烤方式改用液化气或电等清洁能源，遏制炭火烧烤环境污染问题。

（马春华　李智）

【处置突发事件】 7月31日凌晨1:30，位于王府井步行街北口东华门大街内联升鞋店，发生员工CO中毒突发事件。本局迅速启动环保突发事件应急处置预案，环境监察、监测人员及时赶赴现场。了解污染源类型、源强、数量、地理位置及周边情况，污染物扩散情况及可能影响的范围，制定应急监测方案。封闭事故现场，早8:00在营业厅和库房内布点测试，对一氧化碳浓度进行测试，经测试浓度均<10毫克/立方米。9时30分，监察、监测人员第三次到达现场，配合公安、消防部门进行调查处理有关情况，提出妥善、有效环保处置意见。

（马春华　李智）

【整治重点地区餐馆】 8月，检查船板胡同、苏州胡同内的餐馆31家。经查，个别餐馆存在无照经营、超范围经营及油烟净化装置未正常使用问题。要求对存在问题的餐馆，下达限期治理通知书，督促整改。对无照经营和超范围经营的餐馆，协调相关部门解决处理。经复查，油烟净化装置未正常使用的餐馆均已整改完毕。

（马春华　李智）

【环境质量】 实施治理大气污染措施，完成市政府第十六阶段控制大气污染各项任务。东四、天坛子站完成空气质量二级和好于二级天数不少于73%的指标任务，分别为271天和277天，完成比率分别为74.2%和75.9%。可吸入颗粒物(PM10)：东四子站自动监测可吸入颗粒物年均值为0.130毫克/立方米；天坛子站自动监测可吸入颗粒物年均值为0.125毫克/立方米。二氧化氮：东四子站年均值为0.064毫克/立方米，天坛子站年均值为0.059毫克/立方米，低于国家环境空气质量二级年均值标准限值(0.080毫克/立方米)。二氧化硫：东四子站年均值为0.037毫克/立方米，天坛子站年均值为0.028毫克/立方米，低于国家环境空气质量二级年均值标准限值(0.060毫克/立方米)。降尘：全区降尘量年均值为7.4吨/平方公里·月，低于本年度标准限值(清洁区7.0+7.0=14.0吨/平方公里·月)。噪声：全区区域环境噪声平均值为53.3dB(A)。道路交通噪声平均值为68.0dB(A)(公里路长计权LeqdB(A))，道路平均车流量为4357辆/小时。全区工业企业废水、废气稳定达标率为100%。二级以上医院医疗废水排放达标率为100%，燃油、燃气锅炉烟气排放达标率为100%。

（马春华　李智）

【信访工作】 全年接群众来信866件，其中市局12369信件466件，人大代表建议6件，政协委员提案2件，区信92件，局长接待日3件，本局297件。来信内容反映大气污染361件，反映噪声污染468件，反映水污染10件，反映固体废物污染1件，反映其他污染26件。重要信件领导阅批率100%，信访答复率、办结率100%。

（马春华　李智）

【行政处罚案卷评查】 落实一般程序的环境行政处罚案件执行情况，行政处罚辖区内违法单位45家，处罚金额7.14万元。本年，参加区行政执法案卷评查5卷，平均得分92分，均为优秀卷；其中1卷参加市法制办行政执法案卷评查，得分为95分，为优秀卷。

（马春华　李智）

【机动车排放监管】 开展路查、夜查、遥感、入户、接受举报，到检测场、加油站进行日常检查，并结合辖区机动车污染特点和规律，定期开展针对旅游、货运、公交等车辆类型的专项检查。利用遥感监测和路查相结合的工作模式，重点检查上路行驶的黄标车，全年遥感监测50万辆，发现黄标车上路行驶1253辆(次)，路测6000辆，入户检查3000辆，查处举报车10辆，夜查5000辆，处罚9辆。

（马春华　李智）

园林绿化

【概况】 东城区园林绿化局是负责本区园林绿化工作的政府工作部门。区政府直属事业单位，承担全区城市园林绿化建设和管理。区划调整后，原东城区园林绿化局与原崇文区园林绿化局合并，组建东城区园林绿化局，设办公室等9个科室。下辖绿化一队、绿化二队、地坛公园、青年湖公园、柳荫公园、南馆公园、龙潭公园、龙潭西湖公园、北京明城墙遗址公园、永定门地区公园、园林市政服务中心11个基层单位。年内，完成绿化面积18.3万平方米，其中新建4.44万平方米，改造13.86万平方米。栽植乔木3474株，灌木5.57万株，绿篱65.81万株，草坪13.22万平方米，宿根花卉37.46万株。完成屋顶绿化6500平方米。创建首都绿化美化花园式街道1个、花园式社区3个和花园式单位5个。防控美国白蛾等危险性林木有害生物，建立高密度成虫监测网络，设立美国白蛾监测点500个，释放周氏啮小蜂2.6亿头，悬挂叶柄小蛾、桃小食心虫等各类诱捕器5000个。建设公共绿地，完成香河园西侧绿地建设、南馆公园低碳改造等重点工程8项，面积8.11万平方米。其中新增2.45万平方米，改造5.66万平方米。完成左安环翠段东段工程建设1.7万平方米。对广渠门至光明桥三个河坡出入口、南二环护城河、东二环东侧东四十条桥至东北联络线拐弯处绿地景观进行彩色植物的配置和应用，栽植彩叶植物30种2.5万株。地坛养生园建设、永定南广场绿化工程、二十四节气公园绿化工程，被评为市精品工程。青年湖公园被评为市精品公园。绿化改造东直门外斜街、珠市口东大街等9条道路,改造绿化面积3.73万平方米,新增绿化面积9584平方米。五一、十一在主要道路、桥区、公园、河岸、街道和社会单位,通过立体花坛、地栽花卉、容器摆花等形式,栽摆花卉350万株(盆)。年内,组织开展全民义务绿化美化活动。开展绿地、树木认建、认养活动。全年驻区单位和个人认养绿地14.1万平方米,树木1353棵。加强公园文化建设,丰富人民文化生活。地坛公园完成面积2.5公顷的中医药文化养生园建设,成为集游憩、科普、中医药养生知识宣传为一体的主题公园。南馆公园完成低碳生活示范园建设。举办第二十五届地坛、第二十七届龙潭春节文化庙会等大型文化活动,提升各公园经济效益和社会效益。全区实有绿地面积1075.5万公顷,人均绿地面积11.25平方米,人均公共绿地面积5.99平方米,绿地率25.69%,绿化覆盖率31.19%。全年游人量1112.34万人次。

单位名称:东城区园林绿化局
单位地址:东城区东直门内北中街甲1号
联系电话:64041796　邮政编码:100007　(刘珍莲　袁立轩)

【春节庙会】 2月13~20日,第二十五届地坛春节文化庙会在地坛公园举行。接待游人121万人次,到庙会体验民俗外宾2万人,60家中外新闻媒体对地坛庙会进行报道。庙会期间,文艺表演116场。市委宣传部、市文化局、旅游局等单位主办的"第五届庙会、灯会文化活动"评选活动中,第25届地坛春节文化庙会获"北京十大庙会、灯会"奖和"文化魅力"奖。2月13日~20日,第二十七届龙潭庙会在龙潭公园举行。接待中外游客110万人。庙会期间各项非物质文化遗产演出50场次,参演人数200名,观看演出游人70万人次。时传祥纪念馆及龙潭湖展厅接待游客12万人。首次开通龙潭庙会免费班车,载游客5000人次。第五届北京春节庙会·灯会·文化活动评选,龙潭庙会获"文化魅力"和"十大庙会·灯会"奖。　(刘珍莲　袁立轩)

【公园文化活动】 举办春节文化庙会、"2010北京园林绿化行业新技术新材料推介会暨专题报告会"、地坛建坛480周年纪念活动、第六届地坛游人艺术节、第三届明城墙梅花文化、第三届龙潭端午文化节、第二届柳荫端午节、第二届地坛中医药文化节和创意点亮北京等大型文化活动,全区各公园的经济效益和社会效益得到提升。8月8日,中国首部原创冰上杂技《幻镜极光》在龙潭公园中心岛文化剧场首演,利用商业演出运作模式传承发展老北京文化遗产。

(刘珍莲　袁立轩)

【绿化工作会】 3月22日,原东城区召开街道绿化工作会。各街道负责人汇报上年绿化工作开展情况及本年工作计划。学习《北京市绿化条例》,提出绿化工作要求。3月15日,3月25日,原东城区、崇文区分别召开绿化委员会全会。两区会议分别表彰绿化美化先进单位及积极分子,部署本年工作任务。杨艺文、牛青山分别对两区本年度绿化美化工作提出要求。驻区中央、市属有关单位、驻区部队领导、各街道办事处、地区负责人和绿化委员会委员参加。(刘珍莲　袁立轩)

【中医药养生文化园】 地坛中医养生文化园是原东城区国家中医药发展综合改革试验区中的一项建设内容,位于地坛公园牡丹园内,建设面积2.5公顷,3月5日开工,4月15日竣工。是集游憩、科普、中医药养生知识宣传于一体的主题公园。4月19日,中医药文化养生园举行开园仪式。5月1~3日,举行中国医药卫生事业发展基金会协办的第三届北京中医药文化宣传周暨第二届地坛中医药健康文化节,展示鲜活植物及动植物标本,体验传统中药剂型加工制作,展示中医药精品图书,专家答疑解惑。活动接待游客6万人。

(刘珍莲　袁立轩)

【绿化改造工程】 建设香河园西侧绿地,3月30日开工,4月30日竣工,栽植乔灌木35株,草坪2000平方米,黄杨1500株,面积2000平方米。绿化改造东外斜街道路工程,位于东直门桥东北角,面积6300平方米。3月28日开工,6月10日完工。栽植乔木227株,灌木126株,敷设喷灌管线2000米,栽植色带450平方米,草坪3400平方米。改造美术馆前街道路工程,4月8日开工,4月20日完成。工程伐除原有白腊树38株,原有银杏树全部打包移植至绿化队苗圃囤养,行道树全部更换全冠大规格国槐,共67株。崇雍大街绿化工程,7月12日开工,8月31日完工。面积2146平方米,栽植色带2万株,栽植乔灌木75株。玉河北段绿化,上年7月开工,本年10月完工,面积1.47万平方米(包括水面积8390平方米)。栽植乔木211株,色带790平方米,早园竹110平方米,水生植物845平方米,宿根花卉1.02万株,栽应时花卉2.5万株。摆花9522盆。古玉河成为开放式公园绿地。

(刘珍莲　袁立轩)

【绿地彩色植物工程】 4月开工,9月竣工,贯穿东南二环一线,种植面积4万平方米。结合东南二环护城河城市休闲森林公园和二十四节气公园建设,栽植彩色乔木2284株,彩色灌木2万株,彩色地被3.5万株。　(刘珍莲　袁立轩)

【义务植树】 4月3日,市、区领导刘晓晨、杨柳荫、杨艺文、夏强、牛青山、驻区部队官兵、市民代表等11万人分别到东直门外斜街、南二环护城河公园参加义务植树活动。当天,设立咨询点、宣传点、义务劳动点18个。植树1.3万株,养护树木13万株,清扫绿地26万平方米,悬挂宣传横幅200条,发放宣传材料5万份。　(刘珍莲　袁立轩)

【地坛书市】 4月15~25日举办。中央及各地出版社、中国书店、外文书店、发行集团、新华书店和社会书店400家参展,图书种类20万种,接待读者30万人次。9月17~26日,举办第九届北京图书节。图书节以"阅读人文北京、建设世界城市"为主题,围绕推进首都全民阅读活动举办系列活动,接待读者80万人次。11月26至12月6日,举办第七届北京青年学习节暨北京冬季书市。有15大类、20余万种图书音像制品参展,"移动科普实验室"在本届书市亮相。本届书市创建“专业志愿者大本营”,10家专业志愿者队伍,到书市进行减灾救援、自我防护、抢救国宝等专业技能展示、培训和交流。 (刘珍莲 袁立轩)

【南馆低碳生活示范园】 按照东城区“建设低碳城区,实现绿色发展”计划,将南馆公园改建成低碳生活示范园。8月开工,12月15日建成,成为集环保、科技、示范与文娱休闲为一体的特色主题公园。通过28种高新低碳技术的应用和展示,推广低碳科技成果,实现公园低碳环保资源循环利用和可持续发展,营造低碳文化氛围,普及低碳知识。示范园配有中水应用和垃圾减量两个功能展示节点和低碳家居区、低碳互动区、低碳文化区、低碳行动区四大功能区,倡导低碳生活方式。 (刘珍莲 袁立轩)

【第五届龙潭灯会】 9月21日至10月7日在龙潭公园举行。赵中原、毛炯、周剑平、王珠、段志国、刘忠胜等市、区有关领导出席。设置不同规模的观赏灯组60组,在门区等主要景点栽植各种鲜花6万盆,接待中外游客17.4万名。 (刘珍莲 袁立轩)

【尉健行参观时传祥纪念馆】 10月25日,原中共中央政治局常委尉健行到时传祥纪念馆参观,观看关于时传祥实物展品和专题影片,向时传祥雕像敬献花篮。市、区领导李士祥、梁伟、黄承祥、杨柳荫等陪同。 (刘珍莲 袁立轩)

【设置冬季围挡板】 11月1日开始,在东二环、前门、崇文门等道路两旁,架设安装新型冬季防风、防融雪剂围挡5万米,在环路等出入口,加装反光板230个,确保夜间行车安全。新型挡板采用铁和塑料两种新型材质,有效避免和阻隔冬季因泼洒融雪剂对道路以及周边绿植伤害,可重复使用,为冬季城区干道、公共绿地树木增加一道安全防护措施。 (刘珍莲 袁立轩)

【科技项目获奖】 区园林绿化局科技项目《北京市梅花品种引种栽培园林应用示范》,被市总工会评选为优秀技术创新成果。全市共611个项目参选,经市职工技术协会和市发明协会专家评审,遴选出优秀项目20个。 (刘珍莲 袁立轩)

【病虫害防治】 建立高密度的成虫监测网络,全区设立美国白蛾监测点500个,释放周氏啮小蜂2.6亿头,悬挂叶柄小蛾、桃小食心虫等各类诱捕器5000余个,粘虫板50套,全区17个街道办事处、30余个居住小区购买除虫脲、灭幼脲等生物农药、仿生物农药,确保全区无重大灾情发生。 (刘珍莲 袁立轩)

天坛公园

【概况】 天坛公园属全民所有制事业单位,承担保护天坛、合理利用其文化价值、组织接待国内外游客游览等项管理职能。天坛始建于明永乐十八年(1420年),占地273公顷,是明清帝王祭天祈谷的场所,也是世界上最大的祭天建筑群。1961年3月,天坛被国务院公布为首批全国重点文物保护单位。1998年12月,联合国科教文组织世界遗产委员会将“天坛——北京的皇家祭坛”列入世界遗产名录。本年接待国内外游客2152.50万人(次),接待年月票游人、65岁以上老人、政策性免票游人1467.85万人(次)。接待外事团组49批748人。完成“天坛公园第六届文化周”、十六届亚洲运动会火炬点燃暨火炬传递活动启动仪式等项活动。

单位名称:天坛公园
单位地址:东城区天坛东里7号(天坛公园管理处)
联系电话:67013021 邮政编码:100061 (王蕾)

【天坛文化周】 春节期间,第六届天坛文化周活动以纪念北京坛庙最终建成480周年,传承祭祀文化,保护古都风貌,打造天坛文化品牌,发展天坛文化事业,创造天坛文化效益,丰富首都节庆文化为内容,按照活动方案,祭天仪仗队列由279人组成,演出路线650米。祭天乐舞表演队列入场在祈年殿院内进行祭天乐舞表演。举办北京坛庙文化为专题的文化展览,设展板60块,介绍天坛、地坛、日坛、月坛等坛庙的历史概况、建筑艺术及祭祀礼仪等内容。展出天坛苍璧、地坛黄琮、日坛赤璋、月坛白琥等祭祀礼器28件。获第五届北京春节庙会·灯会·文化活动评选“文化魅力奖”。 (王蕾)

【智能化服务系统】 6月1日,在天坛公园北门投入使用。包括视询服务、购票帮助和视频资讯三个系统。咨询服务系统是融合触摸屏、网络等多项技术构成综合服务终端,为游客提供可视化服务,购票帮助系统是为外宾提供8种语言和文字的购票帮助,视频资讯系统实现视频会议、监控转播和对外部游客提供节目点播、紧急电视等服务功能。 (王蕾)

【公园文化建设】 6月12日,中国第五个文化遗产日。邀请第一批国家级非物质文化遗产单位河北屈家营古乐在神乐署举办主题为“文化遗产、在我身边”文化遗产日宣传活动暨屈家营古乐、天坛神乐署古乐音乐会。8月8日,举办北京皇家园林文化节暨第五届公园节群众活动项目——太极拳比赛。8月24日,举办“郎朗百老汇夏季音乐会”。10月26日,《德音雅乐——天坛神乐署中和韶乐》出版发行。全书5万字,从历史、建筑、音乐、舞蹈、服饰、展览、展示、非遗研究8个方面,介绍神乐署的中和韶乐。 (王蕾)

【火炬传递启动仪式】 10月12日,在天坛公园祈年殿,举办第十六届亚洲运动会火炬点燃暨火炬传递活动启动仪式。中共中央总书记、国家主席胡锦涛,亚奥理事会主席艾哈迈德·法赫德,中共中央政治局委员、北京市委书记刘淇,中共中央政治局委员、广东省委书记汪洋等出席。广东省省长黄华华主持火炬点燃暨火炬传递活动仪式。国家体育总局局长刘鹏和艾哈迈德·法赫德分别致辞。胡锦涛点燃主火炬,随后广州亚运会火炬在天坛进行传递活动。 (王蕾)

【路面路灯改造】 4月18日,完成昭亨门至圜丘南棂星门段路面改造,铺装面积4606平方米。11月10日,完成祈谷坛门至丹陛桥段石材地面项目,改造面积1.03万平方米。10月,实施绿色照明工程,园路路灯使用LED光源750盏。(王蕾)

【管理建设】 年内,公园新增路椅110把、树围椅350延长米、果皮箱60个,更新各种牌示258块。为游客3.6万人次提供免费饮用水360桶。投资万元购置轮椅10部,为游客提供轮椅服务880人次。增设小药箱、针线包的场所25处,为游客提供小药箱服务3300人次、针线包200人次。全年接收处理非紧急救助服务事项11.5万件(次)。(王蕾)

房屋管理

【概况】 东城区房屋管理局由原东城、崇文区房屋管理局合并成立,挂区政府住房保障和改革办公室牌子,是负责全区房屋行政管理和住房保障及制度改革的区政府工作部门。设9个职能科室。主要职责:贯彻执行国家及本市有关房屋管理和住房制度改革的法律、法规和政策并组织实施;负责本区房室权属管理和登记发证管理,依法确定房产权属;负责本区房产市场管理和交易、租赁、交换、中介服务、价格评估的管理工作;负责本区各类房屋的使用、修缮、安全鉴定及房屋设备的备案、管理,协调本区房屋的防汛工作;负责本区房屋拆迁工作的管理,核发拆迁许可证,裁决拆迁纠纷;负责管理本区物业管理市场;负责本区住房制度改革的管理工作;负责本区廉租住房管理和协调,以及保障性住房和限价商品房等政策性住房的资格审核和分配管理工作;负责本区对房屋执法情况检查监督、查处各种违法、违章行为,调解房屋产权纠纷;负责本区房屋管理网络、信息、档案等工作。年内,贯彻落实科学发展观,履行房屋行政管理职能,完成各项工作任务。区划调整后,完成合署办公,统一规范管理,实现思想、工作融合。

单位名称:东城区房屋管理局
单位地址:东城区育群胡同21号 邮政编码:100010
联系电话:64041939 84001036 (韩云升 焦志清)

【住房制度改革】 1月至6月,原东城区批复区属单位使用售房款请示及房改售房方案9份,备案辖区内中央单位、市属单位、区属单位的房改售房方案40份。审核房改售房成套楼房111套,调房79套,审批5个企业单位支取售房款405.35万元。原崇文区25家单位进行房改售房、调房,出售、调整住房182套。1.01万平方米。归集售房款634.09万元,公共维修基金134.53万元。审批6家单位支取售房款和房改售后专项维修资金133.11万元。全年,133家单位进行房改售房、调房工作,出售、调整住房718套4.38万平方米。归集售房款5701.02万元,公共维修基金357.15万元。审批18家单位支取售房款和房改售后专项维修资金共计650.6万元。(韩云升 焦志清)

【拆迁管理】 1月至6月,原东城区完成2个项目拆迁工作,搬迁44户。受理拆迁行政裁决申请60件,作出拆迁行政裁决27份。参加各类拆迁调度会、协调会300人次。召开强制搬迁听证会4次,实施强制搬迁1次。原崇文区完成拆迁居民523户,建筑面积1.1万平方米,拆除单位6个,拆除非住宅建筑面积0.36万平方米。受理拆迁裁决申请30件,做出拆迁行政裁决12件。全年,完成搬迁1632户,核发拆迁许可证2个,作出拆迁行政裁决84份,召开强制搬迁听证会4次,实施强制搬迁1次。上龙西里危改项目、北京日报新闻采编中心项目拆迁完毕。安化寺二期土地一级开发、社科院科研大楼等项目中,提供政策咨询,指导拆迁前期准备工作。地铁14号线、定安里土地一级开发、祈年大街路西危改、东花市三期北侧遗留地块等项目拆迁,加大调解、裁决力度,促进项目的推进。(韩云升 焦志清)

【权属管理】 1月至6月,原东城区完成产权登记7388件。原崇文区完成产权登记8691件。全年,完成房屋产权登记3.5万件,建筑面积1048万平方米。完成44栋楼盘,2072户存量房登记薄数据补录工作。(韩云升 焦志清)

【交易管理】 1月至6月,原东城区对200家房地产经纪机构进行现场巡检。督促整改违规行为,按规定程序处理房地产经纪机构违规案件12件,商品房销售投诉7件。完成房地产经纪机构及分支机构资质备案65件。原崇文区检查房地产项目8家,经纪机构74家,纠正不文明经营行为30起,下发整改通知限期整改21件,处罚3起,罚款1.3万元。全年,现场巡检房地产经纪机构355家,注销房地产经纪机构29家,处理投诉纠纷88起,限期整改43家。(韩云升 焦志清)

【物业管理】 1月至6月,原东城区审批物业服务企业资质12家,注销物业服务企业资质13家。原崇文区审批物业服务企业资质12家,注销物业服务企业资质1家,检查物业服务项目64个,发出责令整改通知书9份。全年,注册物业服务企业261家,实施物业管理项目454个。举办业主大会和业主委员会指导规则培训班。实行网上录入办公与实地检查相结合的方式,严格物业市场准入。检查256次,发出整改通知10份。(韩云升 焦志清)

【普通地下室管理】 1月至6月,原东城区出动7个检查组210人次,检查普通地下室145处,发现隐患15处,转有关部门核实处理。原崇文区检查普通地下室53处,行政处罚4处违规普通地下室,金额1.3万元。全年,全区在册管理普通地下室1639处,建筑面积389万平方米。核实修订基础数据,开展为期50天安全检查,出动7个检查组210人次,检查普通地下室145处。出动20个检查组200人次,完成“E”类普通地下室隐患排查工作。 (韩云升 焦志清)

【信访工作】 1月至6月,原东城区受理群众来信172件、接待来访300人次,出具信访事项受理告知单56份。办结网上来信266件。原崇文区处理群众来信247件,接待来访1147人次。完成代理群众信访5件。全年,受理群众来信1098件,接待来访群众1445批,1806人次,接听电话3472人次。领导接待75件,接待信访群众592人次。办复人大代表建议与政协委员提案30件。 (韩云升 焦志清)

【防汛工作】 汛期前,完成房屋设备安全普查,建立各种房屋基础台账或清册,征而未拆的工地按地区登记造册并加强监管,建立工作预案和责任追究制度。组织房屋防汛工作演习,提高房屋抢险的快速反应能力。汛期,局领导带班,防汛热线24小时值守,巡查重点房屋1252户次,房屋4143间次,确保房屋住用安全。 (韩云升 焦志清)

【住房保障工作】 全年,完成廉租房资格审核1384户,经适房资格审核3717户,限价房资格审核6680户,均完成市级备案。向廉租家庭发放租房补贴4344.5万元,配租廉租房实物房源1912套,配售经适房1729套,限价房2785套。审核涉嫌不实申报的8000条申请家庭信息,取消不实申报家庭的申请资格136户。 (韩云升 焦志清)

【危险房屋排查】 排查核实需要解除安全隐患的标准租私房和城市低保户危险房屋11户、26间426.1平方米。经大修解除7户、14间228.9平方米。加固解除危险4户、12间197.2平方米。 (韩云升 焦志清)

【房屋测绘鉴定】 完成测绘1947件,建筑面积77.45万平方米。各项房屋安全鉴定并出具报告737份,75.52万平方米。 (韩云升 焦志清)

房屋土地经营管理

房屋土地经营管理一中心

【概况】 为区政府正处级事业单位,主要职能及经营范围:负责全区直管公房的保值、租赁、经营和租金收缴,以及设备设施修缮、维修、防汛、供暖等,受区政府委托,对危旧房改造进行筹划、实施和建设等各项工作。区划调整后,原东城区房屋经营管理中心,更名为东城区房屋经营管理一中心。设办公室、党委工作部、房产经营工程修缮等14个科室,机关干部71人,下属基层单位23个,职工1200人。年内,贯彻落实科学发展观,企业经济发展平稳。多渠道组织创收,做到收支平衡。建章建制,规范信息公开、档案管理、合同管理等项管理办法,审计、业务培训等各项工作有序进行。承接查验本区实物廉租房,接管查验合格的富丽阳光家园一号楼项目住房275套。完成安定门地区7台箱变、1台开闭器拆迁工作。

单位名称:东城区房屋土地经营管理一中心

单位地址:东城区美术馆东街甲24号

联系电话:64026854 邮政编码:100010 (徐俊杰)

【防汛工作】 防汛期间,做到职责明确、预警及时、响应到位、快速反馈、有效防范。准备编织袋2500条,塑料布1.97万平方米,抢修车11辆、发电机4台、水泵33台,组建171人应急抢修抢险队。复查房屋4.2万间,占应查房屋的42.7%。发放汛期便民服务手册、汛期便民服务卡5万份。出动备勤人员1164人次。雨中查平房3635间、楼房35栋。实现“不塌房、不伤人、少漏雨、少投诉”目标。 (徐俊杰)

【供暖工作】 9月,完成新兴里、地坛北里、十字坡西里、甘雨4个小区,供暖管线外网更新改造二期工程。供热面积20.71万平方米,更新改造供暖管线8922米。工程投资1464万元,2970户受益。4月26日至9月1日,完成青年湖、胡家园、地坛北里、美术馆、朝阳门等14处锅炉房节能技术改造。10月,完成东四北大街43号通暖气工程,48户居民安装并接通暖气。供暖季提前和延长供暖期22天。供暖合格率100%,连续17年获“北京市锅炉供热优秀单位”称号。 (徐俊杰)

【房屋设备管理】 年内,升级改造电梯设备5部,更新改造5栋楼房水泵专用变频器,检测50栋楼房避雷设备。直管公房33部电梯取得特种行业合格证,10处直管公房高层楼水泵供水全部取得饮用水合格证。直管公房电梯及高层楼二次供水设备均运行正常,运行率100%。 (徐俊杰)

【直管公房经营管理】 全年直管公房租金收缴率99.48%。完成新中街,东营房,地铁6、8号线等6个地段124户拆迁居民售房工作。全年收购房屋46.5间481.8平方米。通过网络系统办理居民更名395户,办理居民分户32户,办理商企用房

开业124户,翻建变动2763户,其他变动603户。　(徐俊杰)

【修缮服务】　全年,大修工程开竣工292间,中修工程,附檩2635根、附柁42架、附换柱216根、墩接柱93根,拆砌墙247间,瓦房屋面整修1317间。零维修服务1.23万户次。直管公房完好率41.56%。房屋修缮管理实现信息化、网络化。房屋工程档案信息管理系统在各管房单位推广使用。通过城市网格管理平台,解决和处理案卷667件。　(徐俊杰)

【建筑节能改造】　年内,完成青年湖东里13、14、15号楼及上龙西里22号楼既有建筑节能改造,建筑面积3.3万平方米。完成外墙保温、屋面保温及屋面防水层工作。更换保温节能窗、防火单元门,供热系统加装热流量计量装置。　(徐俊杰)

【自来水一户一表改造】　年内,自来水一户一表内网改造1068院7465户。经七年改造,原东城区范围内平房院落自来水一户一表改造工程基本完工,受益户6.58万户。(徐俊杰)

【物业管理工作】　年内,落实ISO9001质量管理体系,专业化管理水平提高。东屿物业公司管理资质等级升至二级。东旭佳业物业公司所管"俊景苑"小区评为本年度市四星级住宅示范小区。　(徐俊杰)

【信访工作】　年内,受理群众来信来访、来电1820件,861批1260人次,全部办结。办理市、区人大代表建议、政协委员提案、民主党派提案28件,全部办结。化解各类矛盾纠纷1303件、涉及居民1419人,为群众办实事819件,收到表扬信141封、锦旗33面。　(徐俊杰)

【法律服务】　年内,协助基层单位通过司法部门办理涉及取暖费、房屋租金、物业管理费的简单诉讼案件173起,挽回损失65万元(截至年末收缴35万元),受理机关及各基层单位合同类咨询,各类法律事务咨询300件。　(徐俊杰)

房屋土地经营管理二中心

【概况】　原北京市崇文区房屋土地经营管理中心,为区政府所属正处级事业单位。行政区划调整,更名为北京市东城区房屋土地经营管理二中心(简称区房地二中心)。设办公室、房屋修缮与设备维修部、直管公房营运部、人力资源部等13个工作部门,下属16个直属事业单位,在职职工994人。主要职能及经营范围:负责授权直管公房的保值工作,直管公房租赁、经营和租金收缴,直管公房及设备设施的修缮、维护,物业小区的经营管理。组织直管公房的雨季防汛抢险以及房屋修缮,接受委托负责私房的修缮和防汛工作。负责直管公房的集中供暖,并接受委托为社会供暖单位维修供暖设备、代管、代烧等。经营水暖设备的安装、大修和维修更新业务。接受政府委托,对危旧房改造进行筹划、实施和建设,承担危改开发项目的房屋拆迁和接受建设用地单位委托进行房屋拆迁,负责拆迁工地房屋的拆除清运。承揽房屋装饰工程和拆迁咨询业务,承建和修缮工业及民用建筑,承建水暖电气安装及其他业务。内设机构13个:党委工作部、纪检监察室、工会、行政办公室、财务审计部、资产管理部、人力资源部、直管公房营运部、物业部、房屋修缮与设备维修部、生产和设备安全管理部、企划开发部、多种经营部。年内,完成房屋修缮投资3539.52万元。其中翻挑危破平房211间,3002平方米。楼房大修31栋,1.87万平方米。平房木结构加固123间,墙体整修63间,屋面整修393间。新做下水45处,714平方米。楼房屋面修补漏雨245栋。督促私房主和自管房单位落实房屋修缮资金,安排私房和单位自管房修缮,保证存在严重安全隐患的私房平安度汛,实现"少塌房、不死人、安全度汛"的目标。办理12345北京市非紧急救助中心,市长电子邮件,区长电子邮件,市、区转群众来信389封(件),接群众来电180人次,接待群众来访85人次,全部按时办结,结案率100%。办复人大代表、政协委员建议和提案12件。

单位名称:东城区房屋土地经营管理二中心
单位地址:东城区光明西街绿景苑4号楼　邮政编码:100061
联系电话:67165801　传真:67165802　(王慧)

【房屋和设备检查】　上年11月至本年2月,组成20个查房小组,对全区直管公房及附属设备进行安全普查和完损等级评定。检查直管公房125.35万平方米(含已售出楼房8331套46.5万平方米)。其中平房2.34万间35.52万平方米,楼房379.5幢89.83万平方米。完损等级评定:全区直管公房完好房1.73万平方米,占1.38%;基本完好房14.64万平方米,占11.68%;一般破损房73.01万平方米,占58.25%;严重破损房35.97万平方米,占28.69%。　(王慧)

【防汛工作】　汛期,建立防汛指挥系统,制定责任制度,开展房屋及设备安全检查,制定修缮计划。做到思想、组织、物资、措施四落实。降雨期,严格防汛值班制度,组织8支128人的防汛抢险队伍。出现暴雨预警,加强值班,对危险房屋及时抢险。雨后,各管修单位分片包干,设立专职查房员检查重点地片、重点房屋,修复漏雨房屋,复查面28%。实现"少塌房、不死人、安全度汛"目标。　(王慧)

【建筑节能改造】　年内,对龙潭北里、广内大街12号、天坛北里、永定门东街东里、永定门东街西里、永定门东街中里、东花市大街2号院、营房西街、安化北里、安化南里、板厂南里、龙须沟北里、定安里、郭庄北里、景泰西里及李村东里等地区的107栋楼房进行既有建筑节能改造,面积32.61万平方米,居民5853户。改造工程内容为门窗改装、单元门改造、楼宇热表安装等。北京市崇华建筑工程有限公司施工,北京清尚环艺建筑设计院有限公司设计,北京中环工程建设监理有限公司监理。　(王慧)

【供暖管线改造】　年内,改造光明、幸福北里小区及李村东里30号楼直管公房老旧暖网管线,涉及楼房28栋,居民1103户,投资3072万元,新增供暖面积5.65万平方米。　(王慧)

科技·文化·教育

科　技

【概况】 7月5日,北京市中心城区行政区划调整,原东城、崇文区科学技术委员会合并,成立东城区科学技术委员会(东城区知识产权局)。行政编15名,工勤编1名,全额事业编3名。本年,按照市《科技北京行动计划2010～2012》安排,贯彻科学技术进步法、专利法、普及法等法律法规,围绕区中心工作发挥职能作用。区内高新技术企业118家,科技成果转化活跃,技术交易稳步增长。加快知识产权保护与促进,提高科普工作能力和水平,完成全年各项工作任务。北京高和华泰节能环保科技有限公司,获“节能中国贡献奖”称号。

单位名称:东城区科学技术委员会(东城区知识产权局)
单位地址:东城区东四十一条83号
联系电话:64041867　邮政编码:100007　　(裴连邦)

【领导调研】 1月25日,区领导郭怀刚到科委调研。听取重点工作汇报,了解折子工程情况。提出工作要求。3月3日,郭怀刚到海运仓国际大厦走访中国演出网、星空电讯、北京永航科技公司等企业,了解企业发展情况,征求企业对东城区意见。4月15日,国家商标局驻中关村办事处副主任常慧一行,到南锣鼓巷调研知识产权保护工作,有关部门领导陪同。走访“德道”、“咂摸”、“过客”、“书茶”等特色店,听取情况介绍,了解南锣鼓巷发展状况,对景区、景点、文物保护单位等特色文化资源发展,提出商标保护建议。8月31日,市知识产权局副局长王淑贤及市旅游局领导等,到中华民族艺术珍品博物馆调研,朴学东等区领导陪同。听取博物馆负责人介绍,了解知识产权保护相关需求,提出工作要求。11月10日,金旭率科教文卫委员会一行7人,到科委调研。听取合并后的基本情况、主要工作、科技工作规划理念、目标设想汇报。金旭对科委工作给予肯定,提出工作意见。12月6日,朴学东到区科委调研,听取关于东城区“十二五”期间科技发展规划编制情况汇报,朴学东对两区合并后区科委工作给予肯定,提出要坚持一流工作标准、主动创新,制订符合北京市和东城区发展战略的各项措施。　　(裴连邦)

【科普社区】 完成《东城区科普需求调研》。年内,投资80万元,组织3所中学、2所小学,实施《崇文区中小学多点触摸科普互动平台建设》项目。推进创新型科普社区建设。完成第三批创新型科普社区验收工作,为7个创新型科普社区配备科普资料。开展第四批创新型科普社区申报工作。胡家园社区、光明里社区被市科委认定为市第四批创新型科普社区。年内,争取科普设施项目专项资金245万元。3月至10月,组织居民参加市科委组织的“科技北京 科学生活”社区科普创意大赛,收到作品200件。经过选拔、初赛和决赛,在科普文艺、科普DIY作品、科普演讲作品、科普征文作品、科普摄影作品5项比赛中,获二等奖4个、三等奖3个。12月17日,召开科普工作联席会暨社区科普工作研讨会,总结上年区科普工作,光明北里、胡家园社区分别汇报“北京市第四批创新型科普社区”建设情况,东花市街道汇报“北京市社区服务科技应用示范区”建设情况。会上表彰本年市科普创意大赛中取得优异成绩工作人员。市科委相关领导参加会议。朴学东到会讲话。　　(裴连邦)

【传统技艺保护】 5月19日,完成“崇文区传统技艺保护与传承研究”调研报告。研发崇文区传统技艺保护与传承服务平台,建立珐琅制作传统工艺数据库。研发崇文区传统技艺公共服务平台,建立崇文区传统技艺人才数据库、科技项目管理数据库和在线网上科技项目申报管理系统。　(裴连邦)

【座谈培训会】 11月17日,举办第二次技术合同认定登记培训会,中国国际电子商务有限公司、国富通信息技术发展有限公司、北京华宇兴泰公司等科技企业20名负责人参加。区科委领导介绍两区合并后机构设置与业务开展情况。市技术市场管理办公室负责人,通报市技术市场发展情况,结合合同法、北京市技术市场条例,讲解技术合同撰写、网上申报实务等内容,对技术合同认定登记普遍存在问题,现场答疑。11月18日,邀请北京玻璃研究院、北京航星科技有限公司、北京金桥恒泰科技有限公司等20家驻区科技企业,参加东城区“十二五”科技发展规划征求意见座谈会。就科技规划征求意见。对区内职能部门政策沟通与协调服务、发展总部基地经济、做好规划与科技企业对接等方面提出建议6条,研讨区科技企业协作发展、高新技术企业政策落实等问题。　　(裴连邦)

【工作会】 11月19日,召开东城区科技计划项目工作会。区科委领导出席,区科技计划项目承担单位法人代表、项目负责人等30人参会。宣读立项通知,介绍项目承担单位,对

项目征集、立项情况等作说明,解读东城区科技三项经费使用办法,举行科技经费拨款仪式,布置下年度项目征集工作。 (裴连邦)

【科技项目】 全年征集区级科技项目88项,涉及电子信息、新材料、医药卫生、城市管理、节能环保、体育器械等领域。经初审、现场考察、专家评议,确定北京同仁堂股份有限公司、北京玻璃研究院、区卫生局等34家单位申报项目,为本年度区科技计划项目,获科技资金支持195万元。完成市科委"龙潭湖体育产业园科技示范基地"、百荣世贸商城《科技促进北京(永外)国际时尚创意产业基地建设》、区住建委"能效监管平台建设科技示范项目"及"东城区社区科技创新服务站建设"、"典型城市应用环境中太阳能与建筑结合一体化并网发电系统"等项目。推荐博隆建亚科技(北京)有限公司"超速自动监测器"、"闯红灯自动监测"、"113卡口工程项目",北京联飞翔科技股份有限公司"节能环保汽油滤清器1HO201511A"、"车用负离子清新空调滤清器(增强型)",北京松上技术有限公司"A850全自动生化分析仪"3家企业6个申报市高新技术成果转化项目。推荐北京牛牛基因技术有限公司"标准培养基因及共性关键技术的研制与开发",北京联飞翔科技股份有限公司"短程车用锂离子动力电池的产业化",北京文创科技有限公司"基于高技术陶瓷材料的旅游新商品开发及应用"3个申报市促进科技成果转化落地区县项目,获市科技资金支持632.9万元。引进中科风电(注册资金3亿元),中视广通科技(注册资金2000万元)等大中型科技企业落户东城。 (裴连邦)

【技术合同】 年内,成交技术输出1479项,成交额56.2亿元,同比增长157%,成交技术吸纳2458项,成交额55.7亿元,同比增长113%。专利申请总数3511件,同比增长135%,其中发明专利申请1622件,同比增长34%。东城区专利授权总数2081件,同比增长55%,其中发明专利授权448件,同比增长49%。 (裴连邦)

【知识产权】 联合区工商分局、商务委,百荣商城等单位,举办4·26知识产权宣传周活动,"倡导商标品牌战略、促进区域经济发展"专题讲座、知识产权模拟法庭、东城区青少年知识产权社会实践活动,开展"尊重知识产权,维护市场秩序"行政执法检查、组织首都保护知识产权志愿者社区行活动。下发《知识产权工作实用指南》等材料,完成《东城区知识产权调研》。提供专利费用减缓证明139份,减免专利申请费用21.3万元。6家专利试点单位获合格证书,推荐11家企事业单位申报本年度专利试点单位。 (裴连邦)

科技园区雍和园

【概况】 中关村科技园区雍和园(简称雍和园),作为首都文化创意产业集聚区,秉承建设首都文化中心区和世界文化窗口区的重要地位。雍和园管委会在各有关部门指导、支持下,开展各项产业促进工作,在完善管理体系、建设重点项目、落实和完善扶持政策、搭建服务体系、推进扩园筹备、基础设施改造等方面取得进展,促进园区经济社会的发展。完成全年各项工作任务。1月至8月,东城区文化创意产业规模以上企业767家,实现总收入521.2亿元,同比增长33.5%。利润总额32.4亿元,同比增长20.6%。雍和园现有行政编22名,其中主任1名,副主任3名。内设机构:办公室、规划协调科、企业发展科、经济分析科、文化创意产业发展科,事业单位1个,文化创意产业促进中心,事业编5名。

单位名称:中关村科技园区雍和园管理委员会

单位地址:东城区青龙胡同1号歌华大厦11层

联系电话:59260100 邮政编码:100007 (赵午卓)

【产业授信协议】 1月12日,在北京国际饭店,举行中国工商银行北京市分行与北京市文化创意产业促进中心战略合作签约仪式。根据协议,中国工商银行每年为北京文化创意企业贷款设立专项授信额度100亿元。在签约仪式上,工商银行北京分行与北京歌华有线电视网络股份有限公司、中国出版集团公司签署意向性授信协议,协议金额各20亿元。与中国对外文化集团公司、中关村科技园区雍和园签署意向性授信协议,协议金额各10亿元。副市长蔡赴朝,市委宣传部副部长陈冬,工商银行总行副行长易会满,北京分行行长王珍军出席并讲话,市银监局、金融局、人民银行北京营业管理部,市、区相关主管部门领导,企业客户代表等120人参加。 (赵午卓)

【扶持产业发展】 1月21日,原东城区34家文化创意企业,获上年度东城区文化创意产业发展专项资金2431万元,用于扶持企业开展文化创意产业项目建设。方家胡同46号、天海创意园、东方燕都创业基地、后街美术与设计园为东城区文化创意产业示范基地。编制《雍和园政策解读》,组织全区文化创意企业参加本年度东城区文化创意产业扶持专项资金的申报、审核工作,收集各类项目116个。落实"中关村自主创新产品政府采购"工作,实现政府采购额700万元。11月16日,召开东城区文化创意产业年度酒会暨"东城区文化创意产业发展专项资金"发放仪式。市委宣传部副部长张淼、中关村科技园区管委会副主任于凤英、市文化创意产业促进中心主任梅松,区领导牛青山、赵中原、徐熙、夏树军、朴学东、毛桂芬及28个行政单位负责人,100家区文化创意企业负责人、行业专家和媒体代表出席。区政府宣布本年度东城区文化创意产业发展专项资金项目评审结果,向获奖企业颁发奖励证书。全年受理92家企业124个项目,经过项目征集申报、在线审核、合规审查、实地考察、中介机构审核、专家评审等程序,经东城区文化创意产业促进办公室会议和东城区政府常务会审议通过,65家东城区文化创意企业的69个项目,获发展专项资金支持3000万元。牛青山、徐熙分别讲话。 (赵午卓)

【重点项目建设】 2月,北京东方雍和国际版权交易中心落成。雍和园被国家版权局授予"国家版权贸易基地"称号。5月8日,开通首个国家级版权交易系统并启动北京版权产业融资平台。引进中国音像协会卡拉OK运营中心、中华版权代理总公司、中国动漫作品版权服务平台、中文在线、夸克电影正版网络联盟、天脉聚源有限公司、中国创意产业版权价值开发协作联盟等重点企业。动漫、影视、图书、音乐等领域的挂牌项目1000个,实现交易额2亿元。园区进一步扩大企业增量,与区属相关部门合作,引进网尚院线、天脉聚源等重点企业。 （赵午卓）

【领导调研】 3月17日,副市长陈刚到雍和园调研。实地查看园区青龙、育树胡同等,听取中心城区棚户区改造工作汇报,提出工作要求。市有关部门张玉平、魏成林、黄艳、隋振江、许健、孔繁峙等市、区领导陪同。3月19日,全国人大教科文卫委员会主任委员白克明,在市人大、市政府及区有关部门负责人陪同下,到雍和园国际版权交易中心、北京歌华有线电视网络股份有限公司实地考察,听取企业负责人汇报。3月26日,杨柳荫到雍和园企业调研。分别走访当当网、天脉聚源、中文在线等园区重点企业,听取企业汇报、了解企业发展状况、询问企业发展中问题和需求。肯定园区高成长企业的发展,提出要求。区有关领导参加。 （赵午卓）

【知识产权雍和行活动】 4月23日,在国际版权交易中心,与区法院、知识产权局联合主办第二届“知识产权雍和行”活动。市知识产权局领导杨久明、区领导、相关单位负责人、驻区企业代表参加。活动以“创造·保护·发展”为主题,紧贴园区发展实际,为企业提供知识产权法律服务。市、区有关领导分别讲话。光线传媒、悠视网和国际版权中心等雍和园企业代表,展示知识产权模拟法庭,表达园区企业运用司法手段保障知识产权愿望。 （赵午卓）

【雍和园实训基地】 4月27日,与中央财经大学文化与传媒学院签署协议,联合建立北京市产学研联合培养研究生基地——雍和园创新实训基地。中央财经大学校长助理、研究生部主任赵丽芬,文化与传媒学院院长王强教授,副区长郭怀刚等出席。 （赵午卓）

【研讨会】 5月25日,在国际版权交易中心,与区金融服务办公室、东方雍和国际版权交易中心有限公司,联合主办ICE版权金融俱乐部成立仪式暨《关于金融支持文化产业振兴和发展繁荣的指导意见》专题研讨会。国家版权局版权管理司司长王自强、国家广电总局宣传管理司司长金德龙、文化部文化产业司副司长李小磊、银监会政策法规部副主任王科进及市主管部门、区相关委办局领导和重点企业代表出席。郭怀刚讲话:ICE版权金融俱乐部的成立,将吸引金融、文化、法律等行业的精英集聚,打造高端对话合作平台,为金融与文化产业的连接提供重要支持。来自政策制订方、监管部门、金融行业及文化版权行业嘉宾,就《关于金融支持文化产业振兴和发展繁荣的指导意见》展开研讨,提出新政策环境下推动文化产业深度发展的见解和思路。 （赵午卓）

【后街美术与设计园】 6月1日,东城区文化创意产业示范基地“后街美术与设计园”揭牌成立,由“后街美术与设计园”策划的后街美术馆名家书画展同时展出。中国司法部原部长邹瑜、中国民政部原部长崔乃夫、中国收藏家协会会长闫振堂、中国文联主席团委员罗扬、市人大常委会副主任金生官、市发改委副主任张燕友、区有关领导和文艺界嘉宾200人出席。“后街美术与设计园”,完成基础设施改造、服务体系搭建、产业结构调整等工作,利用闲置厂房改建出7000平方米商用空间,吸引30家国内外企业入驻。 （赵午卓）

【服务体系建设】 构建雍和园工商登记综合服务体系,实现雍和园高新技术企业网上年检。开发完成工商信息动态监测体系,并装载在工商分局数据库上试运行。区东方信达资产经营总公司下属控股公司,北京厚德雍和资本管理有限公司,设立版权权益私募基金“中关村新媒体版权基金”,规模1亿元,开展新媒体版权投资、影视版权投资和版权企业股权投资。引导区属企业打造北京中关村新媒体版权基金和歌华投融资平台。6月2日,启动北京文化金融中介服务平台,加强银、政、企合作,弥合金融机构和文化企业间的信贷鸿沟。年内,与区法院知识产权庭合作,推进“知产雍和行”活动,到南锣鼓巷、五道营地区,为企业实地服务,并编制特色街区法律服务手册。 （赵午卓）

【文化艺术周】 8月16日,与区园林绿化局在地坛公园联合举办“创意点亮北京”文化艺术周。中关村科技园区管委会张茂盛等领导出席开幕活动。29家中外媒体报道当天活动。活动为期一周,内容为国际灯光作品秀、城市艺术生活国际创意市集、无限星空音乐节、夏季剧集盛宴、快乐动漫夏令营五个板块。展示东城区文化创意产业的发展。 （赵午卓）

【艺术品交易中心】 10月11日,北京东方文化资产经营公司在皇城艺术馆,举行北京皇城艺术品交易中心开幕揭牌仪式。市政协副主席陈平、文化部文化产业司司长刘玉珠,区领导杨柳荫、牛青山、赵中原、徐熙等,文化部艺术品评估委员会专家委员及艺术品界产业代表、各大媒体等100人参加开幕式。北京皇城艺术品交易中心由北京东方文化资产经营公司与中国动漫集团共同出资成立。集文化艺术交流、展览展示、评估鉴定、交易、抵押、融资、教育培训、衍生产品开发等多功能为一体的国际化高端艺术品流通平台和全方位服务系统。徐熙在开幕式上讲话,提出要求。在开幕式上举行北京皇城艺术品交易中心、《20世纪美术作品国家档案》两大专业网站开通仪式。 （赵午卓）

科协工作

【概况】 东城区科学技术协会(简称区科协),是东城区科技工作者的群众组织,是中共东城区委领导下的人民团体,党和政府联系科技工作者的桥梁和纽带,接受市科学技术协会的业务指导,是推动科学技术事业发展的重要力量。8月17日,合区后完成机关办公地点、人员、机构设置调整工作。行政编12名,工勤编1名。8月19日,合址办公后首次召开全体干部会。9月8日,根据区委《关于组建新的各人民团体的意见》精神,召开东城区科协(临时)委员会第一次全体会议。选举中国中医科学院院长曹洪欣为区科协临时委员会主席,副主席19名、常委34名。现有基层学会(协会)、街道科协、企业科协、社区科协44个,会员2万人。本年,推进全民科学素质建设,开展科普活动、加强科普能力和设施建设,组织青少年科技大赛和科技学术交流活动,推动科协事业健康发展,完成全年各项工作任务。

单位名称:东城区科学技术协会
单位地址:东城区东四十一条83号
联系电话:64033034　邮政编码:100007　(李海曼　冯书武)

【团体建设】 1月29日,原东城区在总参一所举办科技工作者新春联谊会。市科协领导周立军,区领导梁军、王佩立及科协主席、委员、代表,科协界政协委员,科技辅导员、科技界代表及所属团体工作人员,各委办局负责人,科协离退休老干部200人参加。2月25~26日,举办科协研讨会,部署全年工作。2月至4月,因科协机构领导成员调整变动,协商相关增补推荐工作。3月9~10日,召开科协系统工作会,科协所属团体主管领导和工作人员参加。总结、部署工作,表彰先进集体和个人。4月20日,召开原崇文区科协第七次代表大会。通过区科协第六届委员会所做的《学习实践科学发展观,团结动员科技工作者,为建设现代化都市文化休闲区做出新贡献》工作报告,选举产生区科协第七届委员会委员51名。市科协党组书记、常务副主席田小平,区领导夏强、吉胜久、赵中原、刘玉芳、冯藏淑出席开幕式。出席大会的区各界科技工作者代表172名。在区科协七届一次全委会上,选举产生七届常委会委员、主席、副主席、秘书长。11月10~11日,区科协召开工作研讨会。科协全体干部及部分老领导参加。交流研讨区划调整后,区科协面临的新形势、新任务,加强科协及所属团体自身建设,开展全民科学素质工作,创建特色品牌活动等内容,对实施《全民科学素质纲要》,为区中心工作服务,发挥智囊作用等工作提出建议。

(李海曼　冯书武)

【青少年科技活动】 3月21日,原两区分别组队参加第30届安捷伦北京青少年科技创新大赛。原崇文区代表队在大赛竞赛项目中,获5金、12银、22铜,5枚金牌由汇文中学、十一中学和回民小学分别获得,其中2项发明取得国家专利。在大赛展示项目中,获5个优秀奖。少年儿童科幻画,获6金、7银、5铜,光明小学、景泰小学、体育馆路小学和青少年科技馆获金牌。本区获优秀组织工作奖。参加区赛学生2000人。原东城区1人获第8届北京青少年科技创新市长奖,1人获市长提名奖,71人获科学论文奖和发明创造奖,14人获科学幻想绘画奖,4所学校获优秀科技实践活动奖,1所学校获十佳科技实践活动奖。1名教师被评为十佳科技辅导员。科教竞赛项目一等奖1项,二等奖1项,三等奖1项。7月18~23日,由中国科协主办,中国科协青少年科技中心、市科协、市教委、市科委、北京工业大学,共同承办的第十届中国青少年机器人竞赛,在北京工业大学举行,全国33个省、市、自治区400支代表队、1300名学生参加竞赛。分为“机器人创意、机器人基本技能、机器人足球、机器人快捷运输工程挑战赛、机器人VEX工程挑战赛等五个项目。东城区史家小学、二中分校、一七一中学等代表北京队,参加“小学基本技能、初中基本技能、初中机器人“快捷运输”工程和初中足球等项目竞赛,通过角逐,史家小学获小学组基本技能一等奖,其它三个项目获得二等奖。　(李海曼　冯书武)

【科学素质工作】 4月8~9日,原东城区召开科学素质工作领导小组第五次会议。王佩立出席并讲话,区科学素质工作领导小组具体工作人员50人参加。总结交流上年科学素质工作,部署本年工作任务及《东城区全民科学素质行动“十二五”规划》编制,并进行相关培训。5月,完成“十一五”期间实施《科学素质纲要》工作检查材料上报工作。上半年,指导各成员单位开展科技科普活动391项,受益群众105.31万人次,发放各类宣传材料26.91万份。展出展板、挂图795块(幅),制作有关刊物53册,印发5.2万份。组织各类培训500次2.63万人次参加,组织讲座464场3.11万人次参加。

(冯书武)

【学会工作】 4月9日,原东城区预防医学会召开年度常务理事扩大会,总结上年工作,通过本年工作计划和上年监事会监审工作报告。4月25日,区园林学会举办“生物多样性保护科普宣传月活动启动仪式,市、区园林局,区科协等有关领导出席,市野生动物救护中心、区环保局、自然之友、区青少年科技馆、安华一小等单位,参加宣传活动。4月29日,区预防医学会举办科技年会,向30名上年度优秀医学论文获奖者颁发获奖证书,并进行学术交流。　(冯书武)

【科技周活动】 5月15日,原东城区科协在中国美术馆东侧,举办科技周启动仪式,区领导郭怀刚,区属20个单位工作人员、科普志愿者100人参加宣传咨询。科技周期间,全区开展各类科普活动430项,18万群众参与,发放宣传材料12万份。申报市社区科普益民计划项目,经市科协评审,获市优秀科普社区4个、科技场馆1个、户外科普园地1个、优秀科普宣传员14人,获市科协支持资金92万元;同日,原崇文区在龙潭公园举行“崇文科技周”启动仪式。中国科协科普部副部长高勘、市科协副主席赵继林、区领导赵中原出席。中国实验动物学会、中国药学会、中国生理学会等10个单位,举办科普展览和宣传咨询活动。科普大篷车互动游戏吸引孩子、家长动手参与。展出科普展板100块,发放资料2万份。5月15~21日,区政府主办,区科协承办的崇文科技周期间,围绕“携手建设创新型国家——提高科学素质,参与低碳行动”主题和“天坛文化圈”发展战略,面向社区居民、青少年和机关干部,开展科普活动150项,其中重点活动20项,普及低碳生活、安全健康、绿色消费、节能减排、数字技能、职业技能等知识。　(李海曼　冯书武)

【科普活动】 7月22日,在龙潭公园举办第十二届东城科普之夏活动启动仪式。为居民提供以“节能减排、低碳生活”为主题的科普展览。包括资源危机、节能小屋、节能环保知识等内容,通过声光电和实物形式展示水循环、水资源消耗、节能窗帘、红外燃气灶、家庭用水回收系统等节能减排、低碳生活内容。两天接待游客1万人。7月至9月,全区17个街道以低碳环保、节能减排、中医养生、安全健康、防灾减灾、科学生活为主要内容,组织开展社区科普活动160项,10万人次受益。9月18日,在青少年科技馆举办东城区2010年全国科普日活动。为青少年和社区居民准备科技模型制作、科普互动展品、太阳能灶安装、化学实验、火箭模型发射、机器人制作等内容,200名青少年和社区居民参加。科普日期间,动员全区各街道、所属团体,围绕“节约能源资源,保护生态环境,保障安全健康”和“坚持科学发展、走近低碳生活”主题,开展低碳经济与低碳生活、防灾减灾、节能减排、食品安全、健康健身等科普活动。东花市街道科协,协助中国科协科普日组委会,在枣苑社区举办低碳生活进社区活动。活动由中央人民广播电台老年之声栏目主持人主持,包括“大家来找茬”,垃圾分类齐参与、低碳知识抢答、科普文艺宣传、科普展板现场展示、现场抽奖等。（李海曼）

【家庭生活技能大赛】 8月8日,参加由市科协、市经信委、市妇联举办的北京百万家庭数字生活技能大赛家庭赛决赛。大赛主题为“绿色网络,低碳生活”。全市1.09万支家庭队报名参赛。经过区县选拔、网上竞赛、数码摄影大赛、E家特训营等选拔,6支家庭代表队取得决赛资格,原东城、崇文区各占1支。决赛分五个环节,经过较逐,根据现场得分,原东城、崇文区家庭队分获第一、二名,均获团体一等奖。原崇文、东城区分获北京百万家庭数字生活技能大赛组织工作一等、二等奖。（李海曼）

【金桥工程】 9月,原崇文区申报“喉返神经损伤前后喉神经吻合支解剖和电生理特点”研究项目,被评为2010年市“金桥工程”种子资金C类项目,同仁医院获资助经费1万元。区医学会团体会员单位隆福医院,上报“中草药复方刺五加在防辐射中的应用及临床价值与应用”、“环保型多功能轮椅抢救车的临床价值与应用”二项“金桥工程”项目,经市评审,一项获集体二等奖,1人获个人奖。（李海曼 冯书武）

【中国记忆健走】 9月4日,在地坛公园举行第二届“中国记忆健走”宣传活动。国际阿尔茨海默协会中国委员会秘书长王虹主持开幕式。全国老龄委员会、国家人口和计划生育委员会、卫生部、中国科协,市政协、科协、民政局,东城区科协等有关领导应邀出席。中国科协国际部副部长梁英南,为大会致辞。国际阿尔茨海默协会中国委员会副主席王军,宣布健走队出发。一支由50个代表队、6个方阵、600人组成的健走队伍,沿着地坛公园林荫道分别向南、北方向行进5000米。活动现场设有咨询义诊台,北京各医院神经内科10名专家,现场免费咨询诊疗,发放科普读物小册子。中央、北京电视台,中国老年报、中国广播网、工人日报等多家新闻媒体现场采访报道。（李海曼）

【科技下乡】 11月5日,向怀柔区杨宋镇绿神鹿业生态科普示范基地,赠送价值3万元投影仪、音响、功放等电教设备。绿神鹿业生态科普示范基地电教室,每年举办免费培训班15期、300人参加,向农民提供声光控茸等先进养殖技术。区科协赠送的设备,为科学养殖梅花鹿技术培训,提供先进科普设施。（李海曼）

【益民计划】 经区县申报、市科协评审,兴化、韶九、皇城根北街、南门仓、兴隆都市馨园、南里东区、左安浦园、永铁苑等8个社区,获优秀科普社区。北京文博交流馆、原崇文区青春期健康教育中心,获优秀基层科普场馆。获市“社区科普益民计划”奖励资助资金183万元。（李海曼）

【科普项目】 市财政投资40万元,完成原崇文幼儿科普活动室项目。组织申报“青少年天义俱乐部”等3个项目,争取市财政补助资金100万元。（李海曼）

【青少年科技教育】 在第25届全国青少年科技创新大赛项目竞赛中,本区参赛单位选手,获5项一等奖、4项二等奖、1项三等奖及优秀基层组织单位奖;景山学校学生获中国科协主席奖;史家胡同小学获科技教育创新十佳学校称号。在第十届北京机器人竞赛中,原东城、崇文两区获一等奖7项、二等奖10项、三等奖16项。在第十届中国青少年机器人竞赛中,获一等奖1项、二等奖8项、三等奖6项,其中史家小学获小学组基本技能一等奖。（李海曼）

教　育

【概况】 本年,东城区有托幼园所51所,其中市立园22所、街道园9所、社会办园20所。收托幼儿1.19万人,教职工1975人,其中专任教师1044人。北京市示范园12所,市级早教示范基地14个。小学63所,1406个教学班,招生7538人,在校生4.57万人,毕业7723人。教职工4465人,其中专任教师3553人。小学入学率100%,巩固率100%,毕业及格率100%。中学44所,其中初中校7所、高中5所、完全中学30所、九年一贯制学校2所。教学班1263个(初中681个、高中582个),招生1.45万人(初中8209人、高中6280人),在校生4.56万人(初中2.51万人、高中2.05万人),毕业1.49万人(初中8270人、高中6646人)。教职工6407人,其中专任教师4436人。初中入学率100%,巩固率100%。工读学校1所,招生46人,在校生85人,教学班5个,毕业41人。特教学校2所,在校生270人。校外教育单位8所,教职工288人。中小学教师学历合格率100%,中小学教师具有高级专业技术职务1185人,其中小学教师45人,初、高中教师1140人。职业高中9所,其中独立设置校7所、职业高中普通高中联合设校2所、民办3所。开设专业40个,教学班226个,招生1688人,在校生6376人,毕业1999人。教职工1015人,其中专任教师518人。专任教师学历合格率100%,高级专业技术职务159人。成人高等教育学校3所,开设专业73个,教学班277个,在校生7097人。教职工227人,其中专任教师117人。完成职业教育培训8359人次。北京市第二中学、广渠门中学、史家胡同小学被教育部授予全国学校艺术教育工作先进单位。

单位名称:东城区委教育工作委员会　东城区教育委员会
单位地址:东城区金鱼胡同10号　东城区夕照寺中街19号
联系电话:65592262　67182655　邮政编码:100061　(王冉)

【座谈交流】　1月5日,在一幼分园召开原东城区教育系统人大代表、政协委员座谈会。区人大副主任金旭,区政协副主席王建军、程华及有关部门负责人60人参加。通报上年度工作情况,人大代表及政协委员提案、议案办理情况。接收区政府交办的各级人大及政协提案、议案、建议20件,其中主办件18件,协办件2件。涉及职业教育、校外教育、师生法律教育、课后管理、加强语言文字工作、完善教育布局等方面。承办案件全部结案,满意率100%。与会代表、委员对东城教育发展提出建议、希望。4月13～18日,英国伦敦Hammersmith and Fulham区教育代表团一行32人,参观十一、五十中学,前门、景泰小学。观摩数学、英语、美术、音乐、体育、劳技等课程教学,并在部分年级授课。5月5～6日,罗马尼亚布加勒斯特市二区代表团一行6人,到一零九、一七九中学,回民小学,二幼,观摩文化、体育、烹饪、计算机专业课程教学,与有关领导座谈教育合作事宜。6月28日,加拿大道格拉斯学院代表团一行4人,到现代职业学校参观。与原崇文区副区长刘玉,外办、教委等有关领导洽谈合作办学事宜。开展干部教师跨校交流活动。至年末,公开区级以上骨干教师课堂1.16万节,实现跨校听课1.56万人次。派出跨校交流干部16人、骨干教师35人。　(王冉)

【人才建设】　1月6日,原东城区18个名师工作室完成年度工作总结。获各级课题研究奖项33项,在刊物上发表文章138篇,出版书籍40种,获奖论文158篇。课题研究个人获奖133人次,其中国家级27人次、市级42人次。教育教学讲座、咨询活动277次,听课受众3.5万人次。参与研讨发言122人次,外出考察交流98人次。3月10日,史家胡同小学万平,史家小学分校滕亚杰,二中范锦荣,五中张斌平,二十二中董俊娟、季茹,一六六中王蕾,景山学校刘长明,教师研修中心郭洁、周业虹,广渠门中学吴甡,汇文中学段明艳,区教育研修学院王佩霞13人被评为北京市特级教师。35名教师被评为北京市学科教学带头人,166名教师被评为北京市骨干教师。6月18日,在景山学校举行“锻造专业 启迪智慧 展示魅力”原东城区中学班主任基本功风采展示活动。来自20所中学、职高的270名干部、教师参加。活动分即兴命题演讲、情景问答、魅力展示三个环节。五中分校、二十七中、北京国际职业教育学校9名班主任参加展示。　(王冉)

【职业与成人教育】　1月6日,原崇文区召开2009年职业学校优秀教研组表彰会。总结上年职业学校优秀教研组评选工作,表彰现代职业学校会计、一七九中学烹饪等6个优秀教研组。4名获奖教研组组长,就加强教研组管理、实施专业课课程改革,不断提升教师专业素养,加强“双师型”教师队伍建设做大会交流。1月19日,原崇文区召开职业学校班主任工作交流会。现代职业学校、一七九中学3名班主任,作班主任工作体会、用心构建和谐班集体、追求班级管理科学与艺术交融的主题发言。2所职业学校德育副校长、年级组长、班主任60人参加。1月24～25日,在九华山庄召开原东城区职业教育课程改革总结交流会,课改校干部、教师50人参加。解读北京市现代化标志性职业学校建设标准,总结上年工作,布置本年课改任务。2月22日,在原东城区教委机关,召开北京市财经学校、东城区职业教育中心学校联合重组会。区教育工委及教委(以下简称两委)领导、相关部门,北京市财经学校、东城区职业教育中心学校干部、教师20人参加。会上宣布《北京市财经学校、东城区职业教育中心学校联合重组方案》。经区政府第116次区长办公会研究决定,两校自2月22日正式重组,校名确定为北京国际职业教育学校。布置重组后人事、财务、公章、学籍管理等工作。各校干部、教师对重组方案、阶段工作进行研讨。4月25日,在北京国际职业教育学校北京站校区,举行中等职业学校咨询展示活动。市教委职成处、两委领导,北京国际职业教育学校、北京市美术职业学校、东城区古城职业高中、北京市育人中等职业学校、北京百年农工子弟职业学校师生300人参加。参与校展示专业礼仪、英语短剧、艺术插花、厨艺雕刻、器乐歌舞等项目,通过展板、解说、作品静态展示介绍各校区专业特色、优势及改革成果。　(王冉)

【教学工作】　1月8～9日,原东城区教委举办“课改·课堂·质量”中学教学干部论坛,研修中心、各中学60人参加。研讨转变课堂教学方式、建设特色课程体系、强化质量监控等内容。1月至5月,原东城区组织系列教学质量分析会。1月13日,原崇文区召开中学教育教学工作会。各中学教学校长、主任61人参加。总结上年度全区中学教育教学工作,部署示范校教学展示、骨干教师课堂展示、课程改革经验总结、班主任基本功大赛、学生社会大课堂等工作。1月21日,原东城区召开初、高中毕业年级教学质量分析会。分析毕业年级情况,部署下学期工作,明确“聚焦课改、决胜课堂、确保质量”教学工作主题。3月18日，召开原崇文区高三教学研讨会。高中校教学干部、研修学院中教研领导15人参加。探讨课改新形势下高三复习备考工作重点，各校明确目标、分解责任、把握节奏、强化过程，发挥教师主导作用，提高教学效率，确保高考质量稳中有升。3月23日，原东城召开2009至2010学年度小学教学质量年报工作会。各小学校长、教学干部300人参加。总结六年级大样本及三至五年级小样本教学质量抽测、学生体质测评等工作。4月6～9日，原崇文区举行小学骨干教师公开课展示活动。20所小学市、区骨干教师，学科带头人119人展示。课程涉及语文、数学、英语、劳技、信息等14个学科。4月14日，召开原东城区高中毕业年级教学质量分析会。五十四、宏志中学校长介绍经验。4月22日，原东城区开展2009至2010学年第二学期小学教学干部大讲堂活动。43所小学90名教学干部参加。在3所学校同时开展较大规模校教学管理规范化实效性研究，较小规模校教学管理规范化实效性研究，随班就读教学管理规范化实效性研究3个主题活动。交流教学精细化管理、校本教研、教师队伍培养、学困生辅导、随读生帮扶、资源教室应用等问题。5月10日，召开原东城区第二次高中毕业年级教学质量分析会。结合第二次模拟考试情况，部署备考工作。5月19日，召开“加强研究、科学管理、提高质量”初中毕业年级教学质量分析会。上学年，原东城区组织学科基本功培训与展示活动226次，组织116名教学丁部和286名五年以下教龄青年教师参加区级教师基本功比赛。18所学校、12个学科48位选手，代表东城参加北京市小学教师基本功大赛，获奖率100%，一、二等奖获奖率97.9%。（王冉）

【德育教育】 1月14日，在职业教育中心学校，召开原东城区职业教育德育工作总结会。6所职业学校德育干部20人参加。学习教育部部长周济在全国中等职业学校德育工作会议上的讲话，总结上年德育工作，通报本年职教工作计划。3月24日，原东城区小学地方课程《<弟子规>新解》实验启动会在史家胡同小学召开。部署《<弟子规>新解》地方课程实验工作。府学胡同小学作经验交流，史家胡同小学作《<弟子规>新解》现场观摩课。与会领导为12所实验校赠书。教材编委、实验校教师代表100人参会。4月2～30日，原东城区利用东城区数字德育网，开展“网上祭英烈 共铸中华魂”网络祭拜英烈活动。4月2日，中央文明办调研组、首都文明办未成年处及区有关部门领导和全区千名学生，共同参加网络祭拜活动启动仪式，登陆网络空间，向英烈们行礼祭拜、敬献鲜花、交流感言。东城区数字德育网开辟“清明习俗知多少”、“英烈故事搜搜看”、“缅怀英烈诗友会”、“祭先烈网上征文”等栏目，帮助学生知晓、感悟清明节文化，通过填词赋诗、撰写心得体会等方式，表达对先烈的感恩和敬仰。5月20日，与文委联合，在孔庙国子监博物馆彝伦堂，举行“传承文明礼仪 展示青春风采”东城区中学生文明礼仪展。两委领导、相关单位负责人、有关科室、中学师生代表150人参加。通过“国学文化展文明”、“校园文化藏文明”、“双语导游显文明”、“职教技能融文明”、“物化成果聚文明”五个板块，宣传中学师生学习践行文明礼仪情况，展示文明礼仪教育成果。6月23日，原崇文区召开“培养学生良好学习习惯”经验交流会暨“学习习惯标兵”表彰会。各小学德育干部、骨干班主任、学习习惯标兵等150人参加。总结贯彻落实《崇文区小学学习习惯培养目标》情况。景泰、忠实里、宝华里小学介绍经验。永生小学邹媛媛等100名学生，获崇文区小学“学习习惯标兵”。9月1日，与区文明办联合，在体育馆路小学举行“做文明有礼的中国人”网上签名寄语活动启动仪式。首都未成年人工作处、区有关部门领导，体育馆路小学师生、家长900人参加。学生代表发出“小手拉大手，共做文明人”倡议，现场登陆中国文明网，在网上签名发表文明承诺。在全区14万中小学生中全面开展签名寄语活动。（王冉）

【民办学校管理】 1月14～15日，原东城区召开民办学校校长培训暨民办优质教育学校表彰会。北京经济技术开发区实验学校、北京百年农工子弟职业学校、北京教育学院培训中心、东城区民办为民培训学校、北京建工培训中心等5所学校被评为优质教育学校。1月至5月，原东城区完成《民办教育学校管理手册》上、中两册编印工作。两书40万字，下发全区民办学校。3月，原崇文区对52所民办学校上年度办学情况进行年检，为49所年检合格学校换发新《办学许可证》。12月22～23日，召开民办学校校长培训会。市教委民办教育处、市教科院民办教育研究所、市考试院社考中心及区有关领导，民办学校校长210人参加。会议探讨依法办学等内容，布置年检工作，表彰北京市艾毅幼儿园、质量监督检验培训中心、澳际语言培训中心。北京艾毅幼儿园介绍经验。（王冉）

【专职教师表彰】 1月18日，原崇文区召开社区专职教师工作总结表彰会，35人参加。总结上年社区教师岗位培训和基本功比赛情况，为基本功大赛获奖教师33人颁奖，东花市、前门、天坛街道3位专职教师做大会交流发言。1月20日，在一七九中学召开职业学校第二届学生专业技能大赛表彰展示会。会上进行点钞、纵横码输入等8个项目专业技能展示，表彰专业技能大赛获奖师生368人次，师生代表150人参加。7月9日，原崇文区教师获北京市2009年“小学教师教学基本功培训和展示活动”一等奖19个，二等奖21个，三等奖8个。（王冉）

【教学研讨培训会】 1月24日至2月19日、8月1～27日，原崇文区教委组织两批36名英语教师，赴英国进行为期27天英语培训。12月16日，在崇文三幼召开“借鉴多元智能理论，实施幼儿责任教育”研讨会。原国家副总督学郭福昌，北京教育学院院长李方，北京教育科学研究院副院长张铁道，市教委学前处、美国多元智能学会、《学前教育》杂志社、两委等单位领导、早教专家，幼儿园园长150人参会。考察幼儿园环境、观摩教育活动、听取“实施责任教育，让每一个幼儿健康快乐成长”主题报告和“打开心灵的那扇窗”、“一面特殊的锦旗”教育案例交流。3月10～12日，在昌平区红栌温泉山庄，举行原东城区教育系统新任书记、校长培训班。两委领导、教育系统新任党政一把手21人参加。就“教育法规与学校安全”,“加强党风廉政建设,依法规范办学行为”,“历史的责任、组织的重担、服务的空间、展示的平台”进行专题辅导。五中校长尚金华、史家胡同小学校长卓立、府学胡同小学校长王欢介绍学校管理工作经验与思考。4月21~23日,原东城区教委一行10人,赴辽宁省大连市参加全国社区教育“深化内涵发展 创建特色品牌”研讨会。会上作《打造学习品牌,促进学习型城区建设》主题发言,介绍本区国子监大讲堂建设思路和做法。4月22~23日,原崇文区召开中小学社会大课堂建设工作专题研讨会。区有关部门领导,36家资源单位主管领导参加。传达市社会大课堂建设工作会精神,强调学校教育与大课堂有机整合,明确建设方向。6月2日,原崇文区召开中小学英语教学研讨会。各中小学干部、教师400人参加。会议对《崇文区2010年中小学英语教学研讨会宣言》进行修订,对英语教学提出建议。6月12日,与区计生委在康铭大厦召开原东城区0至3岁婴幼儿早期教育工作研讨会。市早期教育研究所所长梁雅珠,东城区相关部门领导,《人口文摘》《学前教育》杂志,东华门幼儿园代表20人参加。《人口文摘》杂志、东华门幼儿园等单位,围绕国内部分省份开展婴幼儿早期教育项目现状、如何利用公立幼儿园早期教育基地开展早教工作、民营机构及外资机构如何开展早教工作等汇报工作。梁雅珠对东华门幼儿园与计生部门联手,开展“准妈妈俱乐部”,在全市探索跨部门合作早教模式等给予肯定。10月26日,在北京国际饭店,举行京津沪渝四市区第四届教育论坛暨第十五届教育教学研讨会。副区长毛桂芬,两委领导、天津市河北区教育局局长刘颖霞、上海市黄浦区教育局副局长杨燕、重庆市渝中区教委党工委书记曾君岳等102人出席。会议听取四市区工作汇报,讨论教育有效性问题。与会代表参观汇文、一零九、东直门中学,景泰、花市、黑芝麻胡同小学,五幼、前门幼儿园。（王冉）

【领导慰问调研】 1月25日,原崇文区副区长刘云斋,到光明小学慰问全校师生,代表区委、区政府欢迎专家廖文胜到光明小学担任校长,希望大胆实践,勇于创新,为崇文区文化经济建设贡献力量。4月2日,市政协常委牛继升率市政协“促进义务教育均衡发展”调研组一行20人到原崇文区中小学调研。区教委主任专题汇报区义务教育阶段绩效工资落实情况、区域内干部教师流动情况、义务教育均衡发展问题。调研组考察新景小学、十一中学。区政协常务副主席冯藏淑等陪同。（王冉）

【校外活动】 2月25日至3月2日,原东城区中小学赴上海东方艺术中心参加全国第三届中小学生艺术展演。五中分校民乐团、六十五中学舞蹈团、一六六中学管乐团、一七一中学合唱团、东直门中学交响乐团均获一等奖。3月至4月,原崇文区举办第十三届中小学生艺术节。艺术节设合唱、戏剧、行进管乐三个类别。32所学校2000人次学生参赛,1413人次学生获奖。4月至6月,原崇文区教委与中华民族艺术珍品馆,共同开展小巧手创意技能大赛,17所小学万名学生参与。作品入围459件,按纸艺、布艺、编织、串珠、捏雕和自主创新等类别参与评选。评出一等奖10名、二等奖30名、三等奖50名、纪念奖364名。4月至6月,北京歌舞剧院、北京儿童艺术剧院、北京京剧院等专业团体,到一七九、培新等15所中、小学校,开展民族艺术进校园活动。通过文艺表演,展示艺术魅力,弘扬传统美德,提高学生审美情趣。5月26日,在前门小学,原崇文区教委与区文明办共同举办小学古诗文经典诵读观摩展示活动。活动分为诵读展示、课堂观摩两部分。副区长高桂强,区文明办、团区委及两委领导、各小学师生代表669人参加。前门小学学生表演特色团体操、古诗演唱、经典诵读等节目,学校向与会人员开放3节经典诵读校本课。5月28日至6月13日,学生获奖作品在珍品馆五层展出。12月13日、20日,在北京现代职业学校、一七九中学举行“弘扬民族文化,非物质文化遗产进校园活动”。剪纸艺术家张秀兰、面塑艺术家张俊显为学生讲座,300名师生参加活动。（王冉）

【体育比赛】 3月13日,在史家胡同小学举行原东城区中小学生跳绳踢毽比赛。37所中小学1700人次参赛。决出跳绳、踢毽4个单项团体前8名及个人奖项若干。4月10~11日,在国家体育总局田径场,举行原崇文区中小学生田径运动会。35所中小学800人参赛。比赛设高中男、女8个组别,汇文中学获高中组团体总分第一名,五十中学获初中甲组、乙组团体总分第一名,一师附小获小学组团体总分第一名。9人1队打破10项赛会纪录。4月11日,在地坛体育中心,举行原东城区中小学生田径运动会。毛桂芬,市体育局有关领导,区有关部门负责人出席,东直门、宏志中学,史家胡同、府学胡同小学表演自编操。运动会设高中男、女子组等6个组别。70所学校800人参赛。和四小、东直门中学分获传统校组小学团体、中学团体第一名,和九小、一七一中学分获普通校组小学团体、中学团体第一名。4月23~25日,原崇文区48名中学生分别参加北京市中学生田径运动会,高、初中,男、女子组4个组别100个项次比赛。获金牌4枚、银牌4枚、铜牌11枚。5月,原东城区举办2010年奥城杯“我运动、我健康、我快乐”中小学校园足球赛,全区18所学校21支代表队参赛。五十四、一七一中学并列中学组冠军,安外三条小学获小学组冠军。12月18日,在天坛体育场,举行东城区中小学“迎新杯”长跑比赛。比赛分小学、初中、高中三个组别,设800米、1000米、1500米等项目,全区75所学校86支代表队1000人参赛。一师附小,汇文中学初、高中队,分获小学、初中、高中团体第一名。（王冉）

【青少年科技创新奖】 3月15日,五中学生李天予获市科协、市教委联合主办的2009年度“第八届北京青少年科技创新市长奖”。五中学生贾润东获提名奖。3月21日,原崇文区参加第30届安捷伦北京青少年科技创新大赛,获5枚金牌、12枚银牌、22枚铜牌。汇文中学学生李峥《关于大学生和中学生音高和时长信息加工能力的发展及其影响因素的研究》、李星煜《新型多级真空蒸馏海水淡化装置》、阮子喆《停车场斜排停车位的优化设计》论文,十一中学学生王鑫《一种带有桶间清洁的套桶洗衣机》和回民小学郝思阳、买唯

佳、王彦共同发明的《方便晾衣架》各获金牌1枚。（王冉）

【财务管理】 3月18日，原崇文区召开教育系统财务预算管理工作会。通报上年教育经费预算执行情况。教育经费收支稳步增长，总收入12.66亿元，同比增长15.77%。会议就本年预算安排、重点工作作说明。3月25日，原东城区召开财务预算批复及专项资金管理培训工作会。基层单位120人参加。相关科室汇报东城区教育系统上年部门预算执行情况及本年部门预算安排。区财政教育总投入18.18亿元，同比增长19.83%。9月14日，东城区召开“小金库”专项治理暨规范教育收费工作会。区纪委、审计局及两委领导，各基层单位330人参加。霍金路作《关于贯彻落实全国和北京市2010年规范教育收费工作的报告》，部署区教育系统“小金库”专项治理暨规范教育收费工作。要求统一思想，统一领导，开展“小金库”及假发票治理工作。11月25～26日，承办东城、西城、朝阳、海淀、丰台、石景山六城区财务工作会。各区县教委财务科科长10人参加。讨论教职工绩效工资发放、基础教育经费审计、民办学历教育收费标准审核等问题。（王冉）

【奥运教育活动】 3月27日，在广渠门中学举行“我运动、我快乐、我健康”北京市中小学奥林匹克教育系列活动启动仪式。国家体育总局副局长崔大林，副市长刘敬民，国家体育总局青少年体育司司长郭建军、足球运动管理中心副主任薛立、林晓华，中国足球协会主席年维泗，国家足球队主教练高洪波，北京国安足球队主教练洪元硕，市体育局副局长李晋康，市教委副主任郑萼，区领导牛青山，赵中原、刘玉芳等与中小学师生代表298人参加。全国政协科教文卫委员会副主任蒋效愚主持，与会领导致辞并向奥林匹克示范校及同心结学校代表赠书。活动由展示原崇文区阳光体育学生活动、广渠门中学学生代表向全市中小学生发出“我的绿色生活”倡议、举行“奥城杯”足球赛等组成。（王冉）

【学前教育】 3月27日至4月1日，原东城区组织16名幼儿园业务干部、骨干教师，赴上海参加全国幼儿园园长骨干教师高级研修班。听取上海市教研室主任黄琼及特级园长洪小琴、林剑萍的《二期课改——当前重点关注的问题》《教师的教育智慧——预成与生成》《师幼互动的实践策略》《有效阅读教学的方法与策略》报告，观摩特级园长蒋静等6名业务骨干集体教育活动。3月，原东城区教委市级立项课题“培养幼儿良好交往行为习惯的实践研究”结题。获市教育学会“十一五”教育科学规划课题研究成果二等奖。3月至6月，原东城区组织第三届“童心杯”优秀教育活动大赛。在园所、学区、区级三个层面组织开展，采取实地观摩集体教育活动、听取教师现场反思两种方式对骨干教师、中青年教师、新入职教师分组评价。26所幼儿园121名教师参赛。49名教师获一、二、三等奖。5月27日，举行大方家回民幼儿园新址落成启动仪式。市民委主任申建军，市教委学前处、市早期教育研究所负责人及区领导章冬梅、金旭、毛桂芬、王建军，有关部门负责人，部分幼儿园园长50人参加。大方家回民幼儿园新园建筑面积2690平方米，6个教学班，每个教学班配置多媒体电子白板等教育教学设备，设阅览室、玩具图书馆、音乐等专用教室，收托幼儿160名，其中含7个少数民族幼儿70名。毛桂芬致辞，与会领导为新址落成剪彩。7月8日，原崇文区在机关召开学前教育系统青年教师教育教学基本功大赛总结表彰会。市教委学前处、区教委有关负责人，各园所干部、教师150人参加。五幼许萌等4位教师获全能一等奖。教师代表作《在历练中成长》、《在专业发展中实现自我价值》经验交流。（王冉）

【课程观摩展示】 3月至5月，原东城区组织开展职业学校市、区级骨干教师示范课展示活动。32名市、区级骨干教师参加示范课展示。1000人次教师听课。市级专家及各校业务干部组成评审小组，评出一等奖9名，二等奖11名，三等奖12名。4月6日至5月12日，原崇文区组织开展职业学校骨干教师示范课活动。全区职业学校骨干教师做语文、数学、英语、德育、体育等文化基础课及烹饪、调酒、统计、计算机、生物技术、国际贸易等专业课公开课17节。2所职业学校校长、教学干部、教研组长等200人次听课。5月12～15日，原东城区组织开展市民学习基地课程观摩活动。5月12日，启动仪式在北京二中举行。教育部、市教委相关部门负责人，区领导毛桂芬及市、区学习型城区创建领导小组专家，各街道、中小学、幼儿园、直属单位负责人，社区居民120人参加。启动仪式后，市区专家分两组到二中、五中等5个市民学习基地，观摩课程展示。（王冉）

【市民教育读本】 4月至6月，原崇文区结合区域市民学习需求，成立读本编写工作领导小组，组织社区学院、中小学、幼儿园、北京教学植物园、同仁医院等单位30名干部、教师，参与编写工作。6月，完成《崇文区市民教育读本》编印。全书8万字，集知识性、实用性、时尚性、可读性于一体，免费向社区居民发放。（王冉）

【布局调整】 4月，经原崇文区编办《关于区教委“三定”规定的复函》批复，社会力量办学管理科更名为民办教育科，编制3人。科室职能：统筹管理区域内民办教育工作，依法办理民办学校设立、变更、终止的行政许可，对民办学校的教育教学质量、招生广告和简章、收费和退费、资产和财务、年度报告等办学行为进行日常监管，依法进行民办教育执法检查。7月，新开路小学、东总布小学合并，更名为新开路东总布小学。校址设在原新开路小学（新开路胡同55号），原两校划片招生范围纳入新开路东总布小学招生范围。（王冉）

【爱心捐款】 4月，原东城区开展向青海玉树地震灾区捐款活动。6.21万名干部、教职工、学生参加，捐款201.24万元。全部款项通过区红十字会、慈善协会转交灾区。（王冉）

【手足口病防控】 5月13日，原崇文区教委与区疾控中心，联合召开中小学幼儿园手足口病防控工作会。区疾控中心专家介绍辖区内手足口病、麻疹、水痘发病情况，讲解疫情调查、处理程序。区中小学生保健所,布置手足口病防控工作。全区11所幼儿园、21所小学、16所中学、45所民办学校主管校长和校医参加。 (王冉)

【工作检查】 5月19日,原崇文区教委接受区"五五"法制宣传教育工作检查。区法制宣传教育工作检查验收组,对广渠门中学、花市小学等10所中小学进行检查验收。听取10校宣传教育情况汇报、查看相关档案资料。5月22日,原崇文区教委接待由市校外教育研究室主任张俊玲、市政府教育督导室兼职督学石宝泉及延庆县、怀柔区、顺义区教委主管主任等组成的检查组,到青少年活动管理中心、天坛少年之家检查《北京市校外教育机构工作规程》落实情况。区政府教育督导室、教委有关负责人陪同。检查组对相关工作的开展给予高度评价。 (王冉)

【儿童节活动】 5月28日,在文化馆召开原东城区庆祝"六一"表彰大会。市教委基教处、体美处领导,区领导冯熙、曾刚健、章冬梅、金旭、王建军、毛桂芬,两委领导等出席,200名学生、教师代表参加。大会表彰市级先进集体10个、区级先进集体181个,十佳少先队员10名、少先队员标兵12名、优秀少先队员26名、阳光少年53名、蓝天课外活动之星874名,"雏鹰奖章"获得者1305名、安全小卫士1561名、环保小卫士1562名、三好学生2379名、礼仪小标兵3091名。特教学校、景山学校,分司厅、东四十四条、史家胡同小学等校表演校园剧、舞蹈及合唱节目。6月1日,副市长黄卫到北京市第五幼儿园、崇文托儿所慰问。听取原崇文区学前教育发展情况和解决入园难问题汇报。指出:要关注幼儿兴趣和求知愿望,给孩子快乐的童年。市教委副主任罗洁、区领导夏强、赵中原、宋甘澍及有关部门负责人陪同。 (王冉)

【教育教学贡献奖】 6月11日,原崇文区召开第二届"珍贝杯"教育教学贡献奖表彰大会。北京中和珍贝科技有限公司董事长邱淦清,两委及各基层单位干部、教师127人参加。广渠门中学、光明小学,获"珍贝杯"教育教学贡献先进集体奖,汇文中学张国、培新小学郑月宏等9人,获"珍贝杯"教育教学贡献一等奖。 (王冉)

【国际教育博览会】 6月18~20日,原东城区教育系统参加第七届北京国际教育博览会。区教委,一七一、东直门中学等16所优质学校参与展示与交流,展台面积132平方米。6月19日,在五十五中,承办第七届北京国际教育博览会语言文化推广论坛。国家汉办孔子学院、市教委有关领导、副区长毛桂芬,两委负责人及各高校、区县教委外事工作负责人200人参加。市教委委员郑登文和毛桂芬致辞。英国大使馆文化教育处中国区主任简天宝、北京法语联盟副校长黄夏天、北京德国文化中心副院长柯理、北京语言大学孔子学院工作处处长,北大附中SSAT孔子学院中方合作学校联合会秘书长等专家、学者作主题演讲。负责人以《尊重差异 扩大共识 积极促进多元语言文化的交融与共生》为题,介绍开展语言文化交流的特色。五十五中国际部学生表演文艺节目,部分中小学学生展示才艺。 (王冉)

【校园戏剧演出】 6月29日,在区文化馆风尚剧场举行"戏剧伴我成长"原东城区中小学校园戏剧专场演出。中国儿童艺术剧院党委书记雷喜宁,中国话剧艺术研究会副会长王福麟,北京戏剧家协会驻会副主席杨乾武,区领导杨艺文、章冬梅及相关部门负责人,中小学干部、教师、学生代表300人参加。一六六中学,分司厅、史家胡同、曙光小学等校百名演员,表演《挡不住的阳光》《镜头背后》等儿童歌舞剧、校园剧、京剧等部分剧目。 (王冉)

【征文论文评选】 6月,原崇文区举办"对我影响最大的一本书"读书征文评选。各基层单位在初评基础上,推荐优秀读书征文800篇。获征文一等奖50篇、二等奖100篇、三等奖150篇;同日,举办中小学体育教师学术论文评选活动。各基层单位上报论文47篇。经专家组评审,一等奖8篇、二等奖12篇、三等奖17篇。 (王冉)

【教育资助】 截至7月31日,原崇文区教委下拨减免补助资金1152万元,完成2009至2010学年度各项教育资助。其中拨付义务教育阶段家庭困难学生1669人、免教科书费补助23万元,拨付义务教育阶段循环使用教科书补助30万元,拨付义务教育阶段1075人助学金等补助34万,拨付义务教育阶段1.8万人免杂费补助352万元,拨付义务教育阶段5794人免借读费补助334万元,拨付普通高中529人助学金及落实学费减免政策等补助148万元,拨付职业高中1880人国家助学金补助164万元,拨付职业高中269人免学费补助56万元及职业高中55人政府奖学金11万元。 (王冉)

【教育系统干部会】 8月27日,在东城区图书馆召开区教育系统新学期全体干部会。区委常委章冬梅、副区长毛桂芬,两委领导出席,全系统各单位党政一把手、工会主席,机关干部500人参加。传达国务院、市、区关于区划调整工作指示。章冬梅宣布两委一室处级领导任命,刘顺利宣布两委一室科室设置调整方案。蔡福全对今后工作提出5点意见。毛桂芬讲话:区划调整为东城教育的发展带来新的机遇,要共享优质教育资源、分享成功教育经验;务求深入融合、改革创新,谱写东城教育的新篇章;学习《国家中长期教育改革和发展规划纲要(2010~2020)》,思考东城教育的发展定位及任务,推进国际化、现代化新东城建设。 (王冉)

【教师节表彰会】 9月7日,在少年宫天地剧场召开庆祝第26个教师节表彰大会。授予740名教育工作者优秀校长、人民教师、教育新秀等称号。杨柳荫、牛青山,章冬梅等区领导及168个基层单位600名师生参加。五中分校、汇文中学介绍干部教师队伍建设经验。 (王冉)

【项目申报工作】 9月,完成申报北京市教育体制改革基础教育项目工作。申报推进城区义务教育学校均衡发展、探索城乡教育一体化发展的有效途径、深化基础教育学校办学体制改革、开展基础教育课程教材改革试验、探索拔尖创新人才培养模式、开展高中特色发展试验等6个项目。各项目9月启动,涉及基层学校42所,其中中学23所、小学19所。（王冉）

【食品安全管理】 9月21日,在崇文小学召开东城区学校食品安全管理工作现场会。市教委、区卫生局相关领导,教育系统基层单位干部、教师242人参加。区教委与6所中小学、幼儿园,现场签订食品安全责任书。崇文小学、史家小学分校、三幼、五十五中学交流经验。（王冉）

【全民终身学习周】 举办"终身学习促发展、和谐社区展新貌"东城区全民终身学习周。17个街道、199个社区、156所中小学和校外教育单位参加。10月27日,在东城区图书馆举办东城区全民终身学习周开幕式。表彰陈俊发等23名"2010年东城区市民学习之星",张雪楠等52名"2010年东城区优秀市民学习指导教师","心理调适教育"等13个"2010年东城区市民学习品牌"。3个品牌代表作"安定门街道钟鼓楼群言堂"、"东城教委心理调适教育"、"东城文委书海听涛学堂"交流发言。10月25～28日,在东城区图书馆,举行东城区市民学习成果展,展示17个街道书画、摄影作品百余幅,举办东城区第六届市民中国象棋、围棋比赛,70名市民分获一、二、三等奖。举办中老年计算机应用能力竞赛,免费发放《市民计算机应用能力普及读本(初级)》800册。（王冉）

【主题班会评优】 10月至12月,开展"我爱新东城"主题班会评优活动。旨在锻炼班主任队伍,展示新东城小学生良好形象和精神风貌。评优内容包括班会活动设计及现场活动组织。全区各小学班主任1400人参加校级评选活动,79人参加学区级评优展示活动。3人获区级特等奖,15人获一等奖。（王冉）

【优秀班主任表彰】 11月12日,在回民小学召开"紫禁杯"优秀班主任总结表彰会。获北京市"紫禁杯"优秀班主任评选特等奖1个,一等奖6个,二等奖6个。3名获奖教师代表介绍经验,与会领导为获奖教师颁发荣誉证书。各小学德育干部、班主任160人参加。（王冉）

【中学班会观摩】 11月29日至12月28日,组织开展中学班会观摩活动。38所中学500名班主任,观摩二十七、五十四等中学7节主题班会。《班主任》杂志社社长赵福江等专家参与观摩。（王冉）

【课改培训月】 11月至12月,举办第六届小学课改培训月走进学校系列活动,全面反映区小学课改成果。11月3日,在史家小学分校召开"关注发展、整合资源,构建多元、开放的课程体系"现场会。展示该校8节三级联动课程教学。11月25日,在景泰小学召开"构建幸福教育 共享教育幸福"交流研讨会。展示该校英语热身、微格教学、校本操等特色活动。12月28日,在东城区少年宫召开黑芝麻胡同小学"以课程建设引领学校可持续发展"研讨会。展示该校校本课程《媒介素养》教学,组织学生表演课本剧《亡羊补牢》。（王冉）

【合作办学】 12月9日,在日坛国际酒店举行东城区教委与朝阳区教委合作办学签约仪式。市政府教育督导室副主任李墾及毛桂芬、朝阳区副区长张春秀,二中,史家胡同、府学胡同小学校长,媒体记者等200人参加。合作办学采用三种模式:硬引进式合作办学,府学胡同小学和二中输出朝阳创办分校,委托承办式合作办学。朝阳区教委委托东城区教委,全权负责弘善家园配套中小学及幼儿园建设,创办汇文中学朝阳学校、汇文实验小学朝阳学校及北京市光明幼儿园朝阳分园。开展校际合作。史家胡同小学品牌注入朝阳,开展校际间交流互动。（王冉）

【实施绩效工资】 12月22日,在东直门中学召开东城区义务教育学校实施绩效工资工作会。启动义务教育学校绩效工资制度。区人社局、财政局、监察局、两委领导,义务教育学校干部、教师600人参加。会议布置分步实施绩效工资工作。（王冉）

【金帆艺术奖】 12月,分司厅、府学胡同小学,五中、五中分校、六十五中、一零九中、一六六中、一七一中、东直门中学等9所学校,获市中、小学金帆艺术奖。五中分校学生魏嘉颐等29人,获市中小学生金帆、银帆艺术奖。（王冉）

【三好学生评选】 12月,修订《东城区小学区级三好学生和先进集体评选办法》。此次修订结合区划调整和区域实际,根据市教委《关于修订<北京市中小学市级三好学生、优秀学生干部和先进班集体评选办法>的通知》精神,征询各方面意见。新办法自2011年1月起试行,将四至六年级区级三好学生评选比例分别增至20%、18%、15%,将先进集体评选比例增至15%。（王冉）

教育督导室

【概况】 1月至7月,原东城区人民政府教育督导室编制为主任1名,副主任1名,专职督学7名,特邀督学3名,兼职督学15名,见习督学1名。原崇文区人民政府教育督导室编制为主任1名,专职督学5名,兼职督学3名。8月,原东城、崇文区教育督导室合并,组建新东城区人民政府教育督导室,编制为督导室主任1名,常务副主任、副主任4名。下设督学科、督政科、综合科,有专职督学14名、特邀督学3名、兼职督学16名。本年,以科学发展观统领教育督导工作,坚持依法督导,以实施素质教育为中心,突出教育督导针对性与实效性。落实东城教育发展战略和重点任务,发挥教育督导职能,完成各项工作。

单位名称:东城区人民政府教育督导室
单位地址:东城区金鱼胡同10号

联系电话:65275208 邮政编码:100006 (李菊)

【专项督导】 3月9日,原东城区召开小学规范化建设工程督导验收启动大会。有关领导、小教科及全区小学校长60人参加。成立小学规范化建设工程验收工作组,由教育督导室、教委人事科、小教科、研修中心、装备部等部门人员组成。督导验收工作分为对学生和学生家长进行问卷调查和进入验收学校两个阶段。本年,完成26所小学规范化建设督导验收工作。 (李菊)

【文化建设督导】 3月17日至5月6日,原东城区教育督导室对二中、工美附中、五十五中、国子监中学,进行学校文化建设调研督导。就东城区学校文化建设的背景、发展、现状等进行调研。明确二中的"空气养人说"、工美附中的"书画育人说"、五十五中的"中外融合成长说"、国子监中学的"有教无类说"等各具特色的学校文化建设理念,是学校核心价值观的集中体现。对"学校文化建设"督导工作提出具体要求。 (李菊)

【学习培训】 3月,原东城区教育督导室分别组织专、兼职督学学习研讨《国家中长期教育改革和发展规划纲要(2010~2020年)》征求意见稿》,提出涉及教育投入、教育督导、学前教育、义务教育、高中、职业教育等方面意见和建议20条,对学校建设、择校、干部教师流动、教师待遇等问题进行研讨。6月19~20日,原东城区教育督导室参加北京2010年教育督导评价国际论坛,将"建立科学的学校综合评价体系"一文作为论坛小组交流材料,在分组讨论会上作交流发言。11月17日,市教育督导室第二期专职督学培训班一行30人,到新鲜胡同小学,观摩区教育督导室对该校"小学规范化建设工程"实施情况验收工作。市教育督导室副主任刘莉、李蜸,综合处、区教工委、教委、教育督导室等领导参加。 (李菊)

【综合督导】 3月至5月,原崇文区教育督导评价组,完成区内13所幼儿园实施素质教育综合督导评价工作。评价为优10所、良1所,2所因条件所限未进行量化评价。6月9日,市政府教育督导室副主任关国珍等4人,到原崇文区教委,召开全面实施素质教育综合督导评价结果意见反馈工作会。副区长刘玉芳,教委、教育督导室及有关人员参加。市领导听取本区关于"北京市高中多样化发展及高中督导制度建设"课题研究汇报,对该课题研究给予指导。6月10日,市政府教育督导室副主任刘莉,市督学李仲秋等,到原东城区就全面实施素质教育综合督导情况进行回复。对今后东城区教育改革和发展、教育创新等进行探讨和交流。毛桂芬,区教工委、教委、教育督导室、各相关科室负责人参加。(李菊)

【督政工作】 4月1日,原东城区教育督导室召开落实教育法律法规和实施素质教育职责督导工作布置会。毛桂芬、区各相关委办局、街道办事处主管领导和主管科室负责人60人参加。通报教育督导室人员、机构、变动情况,介绍教育督导室职能、职责,总结、部署工作。毛桂芬讲话。印发东城区人民政府教育督导室《关于对相关委办局、街道办事处落实教育法律法规及实施素质教育职责情况开展督导工作的通知》《东城区政府职能部门落实教育执法职责工作资料汇编》。4月28~29日、5月20日,原东城区教育督导室领导带队,对东华门、景山、建国门、东直门、安定门、朝阳门街道办事处,落实"义务教育法",实施素质教育开展调研督导。听取街道主管领导汇报,与相关科室、社区主任等座谈,查阅资料,走访了解6个街道办事处落实"义务教育法"和实施素质教育职责情况。11月,对区民政局、团区委、科委、人保局调研督导,撰写完成调研报告。 (李菊)

【校园安全督导】 5月5~7日,原东城区教育督导室与区中小学、幼儿园及周边安全工作专项督查工作组,对交道口街道地区学校、幼儿园安全工作进行专项督查。围绕6个方面开展:各学校、幼儿园,传达、贯彻全国电视电话会议和市、区紧急会议精神情况。涉校、涉园安全隐患排查、整治情况。校园周边专业力量和群防群治力量部署情况。校园内部安全防范情况。门卫查验工作情况。各相关部门与学校、幼儿园建立联动工作机制情况。听取街道、派出所、工商、城管部门和学校、幼儿园等单位相关工作情况汇报,对发现的问题和薄弱环节提出意见和建议。 (李菊)

【课题调研】 原东城区教育督导室召开课题研究工作总结培训会,8所学校17位教师参加,传达市课题会议精神,请区教科所教师进行"如何撰写课题结题报告"讲座。5月,各课题组完成市教育学会教育评价与督导研究会"十一五"科研课题,提交结题报告18篇。6月,原崇文区教育督导室完成市教育学会教育评价与督导研究会"十一五"科研课题结题报告22篇。6月11日,原东城区教育督导室中学组专、兼职督学,到东直门中学调研学校实施教育质量监控与评价情况。听取学校关于实施教育质量监控评价工作情况汇报,教育质量监控评价体系使用情况。与学校领导进行交流,召开教师、学生、家长座谈会。6月12日,市教育督导室等领导,到原东城调研普通高中多样化发展和现代高中督导制度建设。区教委、教育督导室领导、相关科室负责人参加。6月22~23日,原东城区教育督导室,召开2009~2010学年度第二学期工作总结会。邀请首都师范大学王海燕教授,作"高中教育多样化办学与现代督导制度的建设"专题讲座,并与督学们进行交流和探讨。对"学校文化建设"督导工作提出具体要求。9月,召开普通高中教育多样化办学与现代督导制度建设调研工作启动大会,专职督学、两委相关责任科室和相关基层单位负责人参加。10月末,完成调研报告。

(李菊)

文 化

【概况】 8月12日，原东城、崇文区文化委员会合并为东城区文化委员会。内设党委办公室、行政办公室、群众文化科、文物保护科、演艺科、行政审批科、市场管理科、人事监察科、财务科等9个科室，现有行政编47名。1个行政执法队，队内设办公室、第一、二、三执法分队，行政执法编30名。本年，围绕“首都文化中心区、世界城市窗口区”功能定位，以文化大发展大繁荣为主题，推动文化事业与文化产业、文化产品与文化服务、文物修缮与利用、文化市场管理与繁荣的发展，完成全年各项任务。

单位名称：东城区文化委员会
单位地址：东城区崇外大街7号正仁大厦二段
联系电话：67091091　邮政编码：100062　（白国龙）

【文化市场管理】 1月19日，原东城区召开上年文化娱乐场所安全生产工作表彰大会，表彰文化娱乐场所经营单位7家。总结上年安全工作，部署本年工作，与经营单位代表签订安全生产工作责任书。2月23日，原崇文区召开文化市场管理暨“扫黄打非”工作会议，首邮报刊、歌华有线等19个单位参加。赵中原出席并讲话。3月24日，原东城区“扫黄”办，召开“迎世博，净化出版物市场工作会议”，传达市“扫黄”办工作会议精神，部署东城区迎世博反盗版专项行动。4月23日，杨艺文主持召开世界城市与东城文化发展专题研讨会。强调利用和传承传统文化，加快东城世界城市建设步伐。11月25～26日，召开文化市场监督员业务培训暨总结表彰会，表彰优秀监督员10名，对52名监督员进行培训。全年，文化执法队出动执法人员3000人次，检查文物保护单位410处次，检查文化经营单位2000家次，取缔游商100处，收缴非法音像制品、盗版图书、非法报刊等8万份。（白国龙）

【工作会议】 1月24日，原崇文区召开2010年工作会议。部署本年文化工作。赵中原、高桂强出席并讲话，提出工作要求。文化系统80名干部职工参加。6月9日，在风尚剧场原东城区召开促进社会单位服务社区公益文体活动总结表彰会，16家优秀开放单位、23家优秀社区受到表彰，毛桂芬出席并讲话。（白国龙）

【领导视察调研】 1月30日，杨艺文到原东城区文化馆，调研周末相声俱乐部工作。鼓励演员们深入社区，创作贴近百姓、反映社区居民生活作品。相声表演艺术家李金斗等参加。7月26日，赵中原到文委调研，听取工作汇报。强调文化工作重要性，处理好文化事业和文化产业关系，推进原两区文委融合。9月2日，毛桂芬到文委调研，听取两区文委合并后运行和整合情况汇报，提出要求。9月8日，市文化局领导叶重辉一行6人，对区文化市场行政审批和安全工作进行检查，听取文化执法队开展“安全生产月活动”和校园周边整治工作汇报，实地检查糖果俱乐部、新世纪钱柜KTV等娱乐场所。11月11日，金旭到文委调研，听取“十二·五”文化规划制订情况汇报，提出做好公共文化事业工作要求。（白国龙）

【节庆文化活动】 春节期间，原东城区举办地坛庙会、文化馆新春游乐会、钟鼓楼击鼓鸣钟等文化活动265场135.5万人次参与。原崇文区举办第二十七届龙潭庙会，全国6省市8支民间优秀花会表演。庙会期间，各项非物质文化遗产演出50场次，观看表演游人70万人次。3月30日，在地坛公园，举办清明“传承经典，放飞梦想”主题文化活动。4月1日，在永定门城楼广场，举行“崇文区第三届清明节风筝放飞活动”。赵中原出席，100名风筝爱好者在广场上同时放飞200件风筝。4月25日，原东城区在风尚剧场，举行迎“五一”京剧名家演唱会。总装通用装备保障局政委常生荣，市人大常委会副主任刘晓晨，原国家食品药品监督管理局副局长惠鲁生，市民政局局长吴世民，区领导杨柳荫、杨艺文、冯熙、曾刚健等出席，区老干部代表、各界代表400人观看演出。周末相声俱乐部“五一”相声专场、连丽如书场等演出吸引观众500人观看。“五一”期间，原东城区举办各种文化活动10场，吸引观众2.2万人。9月21日，举行“龙潭映月中秋诗会”活动，300名观众在龙潭湖畔欣赏著名艺术家曹灿、冯福生、虹云与广大文学、诵读爱好者表演水调歌头、光的赞歌、荷塘月色等名篇佳作。国庆节期间，举办文化活动25项。（白国龙）

【非物质文化遗产】 2月2日，召开原东城区非物质文化遗产（以下简称“非遗”）工作会，原东城区非遗保护工作领导小组成员单位负责人、33个非遗项目负责人等60人参加。会议总结上年全区非遗保护工作情况，部署本年工作。3月9日，金旭与20名人大代表到文化馆，听取“非遗”保护工作情况汇报。代表们提出，“非遗”工作要生态性保护和生产性保护并重，做好宣传推介工作。3月10日，原崇文区非物质文化遗产保护中心召开全区“非遗”保护工作会，部署第三批区级“非遗”名录申报、评审工作和崇文区非遗保护成果展筹备工作。3月17日，文化部“非遗”司副司长马盛德率督查组，对原崇文区“非遗”工作进行督查，赵中原和有关部门负责人参加。督查组听取“非遗”工作汇报，与项目传承人交流，对都一处、北京珐琅厂、北京玉器厂等国家级非遗项目单位进行实地考察。4月1日，金旭等一行6人，到盛锡福帽业有限公司（以下简称“盛锡福”）调研。董事长李家棋介绍盛锡福发展史及“盛锡福中国帽文化博物馆”的整体规划和设想。4

月9日，召开第三批原崇文区级"非遗"名录专家评审会，经评审，12个项目进入第三批区级"非遗"名录。5月8日，"泥人张"作品"盛世中华世博龙"亮相上海世博会，以其新颖的造型、鲜明的主题和独特的创意，受到各界关注。5月15日，举行原崇文区第一批区级"非遗"名录项目代表性传承人专家评审会。殷顺海、田秋生、滑树林等49人，入选第一批原崇文区区级非遗名录项目代表性传承人推荐名单。6月9日，北京南新仓——东四奥林匹克社区第四届文化节"世界城市的民族性与本土性"高端论坛，在南新仓举行。文物专家罗哲文、谢辰生、徐苹芳，北京国际城市发展研究院院长连玉明，中国人民大学文学院教授金元浦等，围绕文化遗产保护、世界城市与国际文化等进行研讨。6月11日，"原崇文区非遗保护成果大展"在中华民族艺术珍品馆开幕。降巩民、任路斌，原崇文区领导夏强、牛青山、吉胜久、徐鸿达等出席。展览分为主展区和老字号、传统美术、传统技艺、民间技艺、传统体育、表演六大展区。6月20日落幕，1万人次观看。6月22日，原东城区召开"非遗"专家研讨会，市非遗保护中心主任千容，国家级非遗专家委员会民间文学组组长刘锡城，国家级非遗专家委员会评审贺学君，民俗专家王作楫等参加研讨。8月13～25日，全区国家级"非遗"名录项目单位及传承人，完成"十二・五"时期非遗项目保护规划及经费预算编制。10月15～18日，东城区非物质文化遗产保护中心受市文化局委托，组织10个项目参加文化部和山东省政府联合主办的首届中国非物质文化遗产博览会，雕漆技艺获博览会金奖第一名。11月24～25日，召开全区"非遗"保护工作总结大会，17个街道负责人，115个名录项目保护单位代表参加。年末，全区有20个项目进入国家级非物质文化遗产名录，49个项目进入市级非遗名录，115个项目进入区级非遗名录。有国家级非遗代表性传承人18人，市级非遗代表性传承人47人，区级非遗代表性传承人126人。编辑出版非遗丛书《玉雕》《景泰蓝》《象牙雕刻》《雕漆》等。　（白国龙）

【文化志愿者工作】　3月12日，在原崇文区文化馆，举行文化志愿者服务中心成立揭牌仪式。市群众艺术馆馆长路斌等出席。原崇文区有在册文化志愿者150人。5月24～25日，在原东城区图书馆举办基层文化干部培训班，200人参加。12月11日，在刘老根大舞台，举行东城区文化志愿者进社区系列活动启动仪式暨北京快板沙龙进社区首场演出。著名艺术家刘兰芳、姜昆出席。全年开设艺术培训班50个班次，4000人参加。　（白国龙）

【文物保护】　3月31日，文物普查项目，北京站西街7号楼整体平移工程正式启动，市文物局局长孔繁峙、北京铁路局副局长朱惠刚及毛桂芬等参加启动仪式。用时7天，完成7号楼向北平移24.05米，向西平移5.6米。4月7日，原东城区第三次全国文物普查（以下简称"三普"）实地调查工作，通过市"三普"办组织的阶段验收。5月，原崇文区"三普"实地调查工作结束。文物普查队踏查原崇文区街巷207条、院落540个，测绘GPS数据581组，拍摄照片5131张。复核区级以上文物保护单位22处、登记项目69处，新发现文物普查项目7处。6月10日，曾刚健及部分区政协委员，到宏恩观、孚王府、美国使馆旧址文物保护单位实地调研。6月11日，举办原东城区第三次全国文物普查成果展。国家文物局专家罗哲文、谢辰生、徐苹芳，市文保协会副会长齐心等出席开幕式。6月30日，原崇文区政协副主席刘忠胜，到文委听取"三普"工作汇报。与委员到新发现的近现代工业及建筑遗址参观考察。本年，清末邮局修缮工程完工并通过验收，隆安寺二期修缮工程、通教寺主体工程完工，钟楼防渗加固抢险修缮工程动工。对全区文保单位安全专项检查4次，召开全区文物安全工作会议2次，组织安全和法规培训1次。东城区有文物保护单位165项，其中国家级28项、占全市28.6%，市级79项、占全市31%，区级58项。　（白国龙）

【特色文化活动】　4月18日，第七届金鱼池社区节开幕。演出"共享快乐生活"、"共筑文化社区"、"共建和谐家园"三个乐章。原崇文区领导夏强、吉胜久、刘云斋等出席。5月9日，原崇文区"百姓周末大舞台"活动，在玉蜓公园启动。赵中原、高桂强等领导与1000名观众观看演出。5月11日，原东城区"第24届群众文化艺术节"、"第25届夏日文化广场"、"百姓周末大舞台"活动在地坛八区文化广场启动。首都精神文明办副主任陈建文，区领导杨艺文、金旭、毛桂芬等出席。5月17日，在原崇文区文化馆举行"做健康北京人，创崇文区人民健康管理家园"活动启动仪式文艺演出。牛青山、赵中原、高桂强出席。医护人员、社区群众表演文艺节目，各街道600名观众观看演出。7月17～18日，举行第18届北京"天使杯"国标舞、交谊舞城市友好邀请赛，50个省、市及港、澳、台代表队522对选手参赛，角逐出少年业余组、大学生组、摩登舞职业组、摩登舞业余组奖项90个，2000名观众观看比赛。8月12日，在红剧场举行"魅力东城，锦绣新区"大型文艺演出。展现东城区丰富、独特历史文化资源和充满魅力的生活空间。杨柳荫、牛青山、冯熙、徐鸿达等区领导和17个街道社区居民代表观看演出。8月20日，第二届北京快板邀请赛颁奖仪式及名家名段专场演出在北京刘老根大舞台举行。评选一等奖6个、二等奖8个、三等奖10个。新创作的《胡爷爷跟咱过三十》《我们都是东城人》《这事妈作主》等快板节目，进行汇报演出。300名快板爱好者参加颁奖仪式。10月17日，第一届前门历史文化节闭幕晚会录制工作完成，杨柳荫、牛青山等领导出席，赵本山、宋祖英艺术家参与录制，10月25日北京卫视播出。12月30日，在龙潭湖中心岛剧场，举行东城区2011年冰上新年音乐会。杨柳荫、牛青山、冯熙、徐鸿达等区领导与全区民主党派负责人、劳动模范、驻区部队官兵代表、文化志愿者代表、感动东城人物代表及1000名观众共同欣赏演出。　（白国龙）

【戏剧东城建设】　5月20～22日，法国哑剧大师菲利普・比佐，受邀参加"首都戏剧文化城建设国际戏剧交流之大师工作坊"活动，作"欧洲哑剧艺术重拾市场升势"讲座。6月10日，举行绿色东城"爱我家园行动"主题剧演出暨有机绿色酒会活动，大自然保护协会北亚区总干事长张醒生，原东城区领导章冬梅、郭瑞敏等出席。6月29日，原东城区在风尚剧场举办“戏剧伴我成长”中小学校园戏剧专场演出，上演《挡不住的阳光》《马虎的心愿》《余震》等剧目。中国儿童艺术剧院党委书记雷喜宁，中国话剧艺术研究会副会长王福麟，中国儿童艺术剧院制作演出部主任赵寒冰，北京戏剧家协会驻会副主席杨乾武，北京儿童艺术剧院股份有限公司副总经理马海玲，区领导杨艺文、章冬梅及400名中小学师生观看演出。7月27日，在风尚剧场举行2010首届百姓环保戏剧展演开幕式暨无景话剧《桃花源》首演。全国妇联副主席汪纪戎，农工党社会服务部副部长刘峻杰，农工党中央组织部副巡视员刘然，国防科工委能源储备司司长刘晓栋等出席观看。7月27日至8月6日，在风尚剧场连演《桃花源》和《电池小七》10场，观众2000名。9月6日，在蜂巢剧场举行北京国际青年戏剧节开幕式，市文化局局长降巩民、市文联党组书记朱明德，区领导赵中原、毛桂芬与800名观众观看《三个橘子的爱情》《徒步21层》《舞在桃源》和《哈姆雷特机器》等话剧片段。为期21天的本届青年戏剧节，为首都观众上演中外戏剧35部、剧本朗读精选12部和创意视听戏剧音乐会3台。9月9日，举行东城区剧场负责人座谈会，人艺实验剧场、长安大戏院、雷子乐笑工厂等28家剧场负责人40人参加，讨论“戏剧东城”建设问题。9月18日，在风尚剧场举办“歌剧群英汇东城”大型文艺沙龙。金旭、刘忠胜及社区居民150人参加。12月13日，毛桂芬主持召开东城区戏剧建设促进委员会工作会，成员单位主要领导及相关工作人员参加。讨论本年戏剧文化工作及工作思路。审议2010年东城区戏剧产业发展引导资金使用方案和东城区戏剧发展公益补贴资金使用情况。12月23日，在风尚剧场举行“北京国际喜歌剧演出季”开幕式首场演出。毛桂芬、中国歌剧研究会主席王祖皆、北京大学歌剧研究会会长杨玉龙、中国对外投资有限公司副总经理汪建熙、旅意著名歌唱家栾峰等嘉宾与350名观众一同观看演出。12月23～30日，上演《塞维利亚的理发师》《女仆当家》及“喜歌剧荟萃音乐会”等剧目。12月29日，在南新仓举行2010年戏剧文化工作年会暨东城区政府专项资金发放仪式。金旭、毛桂芬等出席。总结全区2010年戏剧建设工作，提出下年思路，并为重点戏剧项目发放戏剧产业引导资金1300万元。全年，全区艺术剧场演出1.64万场。实现演出收入2亿元。吸引观众787.7万人次。

（白国龙）

【公共图书管理】 本年，东城区第一、第二图书馆，有分馆18个，送书点48个，投入购书经费236.31万元，藏书101.34万册，新办借阅证1.08万个，接待借阅读者56万人次，外借图书49.66万册次，举办各类读者活动365次6.58万人次参加。

（白国龙）

故宫博物院

【概况】 本年，故宫博物院建院85周年，紫禁城建成590周年。贯彻科学发展观，锐意进取，开拓创新，在藏品与古建保护、安全开放与公众服务、陈列展览、学术研究与出版、信息化建设、对外交流与合作等方面，为文化遗产事业可持续发展和文化大发展大繁荣作出新的贡献。

单位名称：故宫博物院
单位地址：景山前街4号
联系电话：65132255 **邮政编码：**100009

（朱鸿文）

【学术研究】 正式成立故宫学研究所，将对故宫学术研究、事业发展发挥重要作用。4月，召开故宫学研究现状与未来发展座谈会。9月，召开故宫学研讨会，邀请专家、各大文博机构负责人等参加。故宫学在海内外引起较大反响，并进入高校。台湾清华大学从上年秋季起，开设“故宫学概论”课程，中国社会科学院研究生院决定培养故宫学方向硕士研究生，并与故宫签订10年合作协议。浙江大学决定成立故宫学研究中心。

（朱鸿文）

【文化交流】 年内，接待国宾21批、798人次。首次举办两岸故宫负责人视频连线活动，确定双方合作计划。赴外展览和参展项目有，赴荷兰“自鸣钟：紫禁城珍品展”、美国“乾隆花园古典家具与内装修设计展”、英国“紫禁城皇家服饰展”等6项。6月，两岸故宫以“温故知新——两岸故宫重走文物南迁路”考察活动的形式，回顾纪念上世纪三、四十年代故宫文物南迁历史，继承先辈保护祖国文化遗产、弘扬中华民族文化的精神。10月，与日本凸版印刷株式会社，签署第三期文化资产数字化应用研究合作协议。与德国柏林马普学会科学史所，合作编辑出版《宫廷与地方：十七至十八世纪的技术交流》。与荷兰国家自动音乐博物馆合作项目、与美国世界建筑文物保护基金会合作保护故宫乾隆花园等合作项目。11月，台北故宫博物院副院长冯明珠率团来访，参加“两岸故宫第二届学术研讨会”。11月4日，在中法两国元首胡锦涛主席和萨科奇总统共同见证下，故宫博物院与卢浮宫博物馆签署2011～2015年合作协议。规定2011年故宫将在卢浮宫举办大型故宫文物特展。与加拿大皇家安大略博物馆、英国维多利亚与阿尔伯特博物馆，签署“战略合作备忘录”。

（朱鸿文）

【科研出版】 编辑出版《故宫学术讲谈录》（第一辑）、《故宫治学之道》《故宫博物院学术成果总目（1925.10～2010.6）》《倦勤斋研究与保护》、明代宫廷史系列丛书四种、《单士元集》（1～4卷）、《故宫博物院藏历代墓志汇编》《明清论丛》（第十辑）、《清乾隆内府绘制京城全图》《清宫金砖档案》等图书。《故宫学刊》《故宫博物院院刊》《紫禁城》等专业学术刊物和普及刊物按期出版。推进紫禁城出版社转企改制工作。7月初，紫禁城出版社网站“故宫文化网”（www.culturefc.cn）正式上线。全年出版书籍140种，紫禁城出版社出版的《天府用藏：两岸故宫博物院文物藏品概述》获第三届中华优秀出版物图书奖提名奖。《故宫经典》《故宫博物院藏品大系》《守望经典》等10种图书入选赴澳文化国礼。《故宫退食录》《故宫问学》，被评为上年度全国文化遗产十佳图书。《天地之吻：紫禁城图像》被评为上年度全国文化遗产优秀

图书。（朱鸿文）

【安全管理】　全年,安全接待中外观众1283万人。故宫博物院建立健全安全管理工作制度,提高安全管理水平和组织实施能力,抓好经常性安全管理和教育培训工作。修订发布《故宫博物院交通安全管理规定》《故宫博物院安全用电管理规定》等规章制度。开展经常性全院安全大检查、启门检查、岗位值勤和封门清场检查、封门安全检查演习,严格执行存验包制度。定期举办安全会议与培训、年度义务消防队业务比赛、消防演习,把安全工作落到实处。推进安防基础设施建设,10月,院中控室改扩建工程奠基。为破解因大的参观客流形成故宫安全工作隐患和故宫保护的重大课题,故宫博物院创新工作思路,"问计"社会专业机构,进行故宫旅游风险研究。经多次调研形成《故宫博物院旅游风险管理报告》(初稿),根据该《报告》的分析和建议,健全风险防范管理制度体系和各项措施,科学化解开放风险,排除安全隐患。推进游客管理信息系统建设,年内全部实现电子售票。实时监控客流情况,及时采取应对措施,确保故宫安全和观众有序参观。（朱鸿文）

【信息化建设】　以数字技术发展成果,为科学管理与决策服务,为故宫的保护与弘扬文化事业服务。10月,故宫专属文化产品(gugong1925. taobao. com)故宫淘宝网开通运营。11月,在国际博协视听与新技术委员会举办的"国际文化遗产视听与多媒体艺术节"上,故宫博物院网站获网络艺术综合类金奖,文化专题视频片"朱棣肇建紫禁城",获最佳中篇视听作品金奖。完成远程数字会议系统建设,实现两岸故宫视频通话。完成嘉宾门票申请系统,开展院预算管理系统、办公自动化系统4.0版、文化遗产监测信息管理系统等建设。完成自建院以来所有院史档案影像扫描。建成《清宫陈设档》全文数据库。虚拟现实作品《紫禁城:天子的宫殿》《三大殿》《养心殿》《倦勤斋》,是诠释故宫特色传统文化的经典作品,受到观众好评。（朱鸿文）

【体制机制建设】　完成新一轮全员聘任,推进紫禁城出版社转企改制。为顺应博物馆社会化发展趋势,成立北京故宫文物保护基金会和故宫会,增强与社会各界的联系,更好地保护故宫。调整、完善院内机构设置,理顺机制,建立故宫学研究所,成立出版部,促进科研水平提升,扩大学术影响力。（朱鸿文）

【藏品管理】　完成持续7年藏品清理工作,至年末,馆藏文物总数180万件。《故宫博物院藏品大系》已出版30卷,有47部古籍入选第三批国家珍贵古籍名录。开展孤、善本古籍数字化工作,做好日常文物修复和文物熏蒸等工作。配合灵沼轩工程,进行瓷砖、石质构件等科技保护工作。（朱鸿文）

【非物质文化遗产保护】　将"青铜器修复及复制技艺"、"古书画临摹复制技艺"两项传统手工技艺,整理并申报为国家级非物质文化遗产。（朱鸿文）

【古建保护】　本年,在国务院、文化部协调下,被部队借用多年的大高玄殿主体部分回归故宫博物院管理,纳入故宫"完整保护、整体维修"专业化保养维护范围。根据《故宫保护总体规划大纲》,着手编制《故宫保护规划》。按照世界遗产保护要求,稳步实施故宫整体监测项目,为专业保护、合理利用提供科学依据。按照古建筑维修计划,完成寿康宫、慈宁宫和御史衙门3项跨年度工程。全面搜集古建筑资料,《武英殿修缮报告》定稿。西玉河基地业务用房及库房建设工程主体完工。（朱鸿文）

【文物展览】　在太和殿、中和殿、保和殿、乾清宫、交泰殿、坤宁宫、养心殿、储秀宫8个常设原状陈列,珍宝馆、书画馆、陶瓷馆、青铜馆、玉器馆、金银器馆、钟表馆、戏曲馆、捐献馆9个常设特色专馆,清代军机处史料展、溥仪生活展、清代嫔妃生活展、慈禧垂帘听政史料展、清宫卤簿仪仗展、皇朝礼乐展、清宫武备兵器展、天府永藏展、天子万年——清代万寿庆典展、龙凤呈祥——清帝大婚庆典展10个常设展览等展示格局下,推出新的短期特展。年内,举办明永乐宣德文物特展、宋代官窑瓷器展、明代中央机构刻书展、清代禁毁书展、萧龙友捐献文物精品展等14个特展。（朱鸿文）

【宣传与服务】　组织形式多样的文化活动,扩大文化普及范围。举办"故宫知识课堂","宫中过端午、夏日'粽'动员","霓裳彩绘","皇帝的新衣","巧手撷芳造办学堂"等系列活动,普及故宫特色传统文化。在国际博物馆日、中国文化遗产日、世界地球日等节日,开展主题日特别教育活动。在展览中,增加与观众的互动环节,引导观众动手操作,如"蓬莱宿约"汉魏碑刻展,指导观众现场拓片。与中小学校、大专院校等社会教育机构配合,普及传统文化知识。到中央美术学院等高校举办"永远的故宫"系列讲座。到国防大学、北京外国语大学等举办紫禁城图片展,现场发放宣传资料,参观10万人次。（朱鸿文）

故宫博物院负责人

故宫博物院党委书记、院长:郑欣淼

医药卫生·体育

卫 生

【概况】 东城区卫生局是区政府职能部门，负责全区卫生事业管理。本年，登记注册卫生机构484个，包括医疗机构458个。卫生技术人员（不含诊所、医务室）21529人，执业（助理）医师8487人，注册护士8404人。年末，实有病床10106张，每千人口拥有病床10.57张、卫技人员22.52人、执业（助理）医师8.88人、注册护士8.79人。全年出生6130人，出生率6.4‰。死亡6346人，死亡率6.63‰。人口自然增长率-0.21‰。人均期望寿命北片84.98岁，其中男83.15岁、女86.77岁。南片83.70岁，其中男性81.85岁、女性85.62岁。死因顺位前5位依次为：恶性肿瘤、心脏病、脑血管病、呼吸系统疾病、内分泌、营养及代谢疾病。

单位名称：东城区卫生局

单位地址：东城区东四十一条83号

联系电话：64040302　邮政编码：100007　（蒋枫）

【中医药发展综合改革试验区】 4月19日，国家中医药管理局向原东城区颁发"国家中医药发展综合改革试验区"牌匾。区政府与中国中医科学院、北京中医药大学、北京市中医管理局等7家单位，签订战略合作框架协议书。宣布成立试验区顾问组、专家指导组、建设委员会、办公室及中医药产业联盟。4月19日，地坛中医药养生文化园开园后，举办北京中医药文化宣传周、地坛中医药健康文化节、北京首届中医膏方节等活动。5月，鼓楼中医医院在园区开展中医健康咨询及义诊宣传活动，至12月末，接待咨询9000人次、参观团20个，大型义诊咨询活动9次、健康讲座9场、应诊医务人员290人次（应诊专家140人次）、免费发放节气香囊700个、中医养生保健茶1500人份、发放宣传材料1.1万份。5月1～3日，在地坛公园举办第三届北京中医药文化宣传周暨第二届地坛中医药健康文化节。接待游客4万人，参加义诊专家200人，接待义诊与咨询近万人，举办健康大讲堂12场。12月21日，杨柳荫、牛青山主持召开"试验区"领导小组会议。完成"北京市中医健康档案模式研究"申报，并通过市中医管理局审批，探索中医慢病社区管理模式。开展中医保健进家庭活动，制作发放家庭中医保健健康袋8000份。制订《东城区关于建设中医药特色社区的意见》，完成20个健康之家和10个中医药特色社区建设。开展"社区中医适宜技术"培训工作，实现100%社区卫生机构配备中医执业医师或中医适宜技术培训合格医师，提供中医药服务、中医专家巡诊。组建中药科普知识专家宣讲团，中医药科普知识进社区、进机关、进学校、进工地、进家庭、进军营。全区共开展中医药健康讲座400场，组织编写"体质养生"健康教育处方、"冬病夏治"穴位敷贴等中医养生读本和宣传材料。（蒋枫）

【中医药管理】 10月，区卫生局成立中医管理科。对建设中西医结合医院进行调研，加强中医人才培养，举办"西学中"培训班。探索院内中药制剂辖区流通先试先行的思路，多次召开东城区院内中药制剂辖区流通和中医医师多地点执业先试先行座谈会。拟定《东城行政区域内中药院内制剂流通初步方案》。以风险小、易应用、社区急需为原则，选择区域内二级和三级中医医院的院内中药制剂部分品种，在区属中医药特色社区卫生服务机构内，试行先行流通的可行性进行论证，最终遴选出部分制剂品种，初步确定使用的社区卫生服务机构名单。邀请东直门医院、北京市中医医院急诊专家，对鼓楼中医医院急诊室进行审核，12月15日，医院急诊科开诊。（蒋枫）

【卫生防病】 至12月31日，全区甲乙类传染病报告发病率为225.93/10万，无聚集发病。制订重点呼吸道传染病防治工作计划，开展监测、督导和疫情处理。完成对流动人口、高危人群禽流感常规监测，未发现异常。做好肠道传染病防控工作。开展肠道门诊检查指导，发现问题提出改进意见。开展传染病、地方病防治工作。加强鼠疫、出血热等自然疫源性疾病防控工作，有效处理"国务院新闻办公室"出血热疫情。落实艾滋病防治工作，做好艾滋病哨点监测、以三项工程为主的高危人群干预、大众宣传和培训等工作。实施现代结核病控制策略（DOTS），全区涂阳病人DOTS覆盖率100%，做好结核病人报告、转诊及追踪工作。加强学校结核病的预防控制，做好新生儿卡介苗接种工作。举办"世界防治结核病日"宣传活动。完成全国第五次结核病流调工作。（蒋枫）

【卫生改革】 编制完成《东城区"十二五"期间卫生事业发展规划》。结合《北京市深化医药卫生体制改革实施方案》，对全区医药卫生资源进行调研，成立区卫生局深化医药卫生体制改革领导小组、专家组。形成区域《深化医药卫生体制改革实施方案》等文件，对年内主要工作进行任务分解并督办落实。委托中国中医科学院编制《国家中医药发展综合改革试验区中长期发展规划》。完成东城区卫生局(东城区动物卫生监督管理办公室)主要职责、内设机构和人员编制规定工作,制订公共卫生与基层医疗卫生事业单位实施绩效工资工作方案,完成事业单位岗位设置管理工作。(蒋枫)

【应急救治】 召开全区突发公共卫生事件应急指挥部工作会,完善组织机构。制订应急指挥系统管理、应急值守、信息报告、信息发布通报、应急队伍管理、装备储备工作、卫生应急反应终止和善后处理等7项管理制度。修订《东城区突发公共卫生事件应急预案》《东城区重大动物疫病应急处置预案》。完成各类大型活动应急保障任务。年内,对重大动物疫病应急预备队相关人员,组织业务培训和演练。对突发公共卫生事件应急处置和重大动物疫病防控能力,进行分析与评估,查找问题,明确工作重点。完成辖区二级及以下医疗卫生机构医务人员4521人的《突发事件应对法》学习、培训、考核,参考率100%。建立公共卫生应急储备库,做到物资定项、定类、定量保管,实行24小时值班,专人管理,保障正常使用。新建和平里、隆福医院两个急救站点,完成永外急救站与市120交接工作,为更好地提供急救服务,对辖区4个急救站进行全面检查。(蒋枫)

【计划免疫】 落实扩大免疫规划实施方案。保持99%以上免疫接种率,无脊灰状态。完成脊灰、白百破、麻疹等15种疫苗规划工作,完成304个单位外来务工人员流脑A+C疫苗5784针次、麻疹5895针次接种工作。加强计划免疫相关疾病流行病学监测,寻访率100%,未发现迟漏报。完成计划免疫相关疾病疫情处理,无续发。对8649名外来儿童进行强化查漏补种调查,未发现漏管儿童。开展8月龄至14岁人群麻疹疫苗强化免疫活动,接种适龄儿童7.52万人,无严重异常反应发生。(蒋枫)

【消杀灭工作】 对医院、托幼园所检查394户次,覆盖率100%。完成传染病疫源地消毒26起,消毒面积2.71万平方米,空气消毒4.43万立方米,疫源地消毒效果合格率100%。完成病媒生物监测和重点行业、居民驻地等蟑、鼠密度监测。(蒋枫)

【公共卫生监测】 全年完成公共场所检测1046户,检测样品2.67万件,合格2.54万件,合格率94.96%。二次供水检测528户,检测样品1830件,合格1810件,合格率98.91%。接受763户次食品卫生委托检测,检测样品1.03万件,合格9620件,合格率93.1%。完成放射医用诊断设备状态及验收检测127台。对辖区82户单位进行个人剂量检测284人,未发现超剂量照射。完成食品、公共场所、生活饮用水卫生监督抽检1177件,开展食品食源性致病菌采样监测277件,处理可疑食物中毒事件18起,采集样品138件,分析、反馈检测结果。作为《2010年全国居民营养与健康监测》国家监测点,完成450户1125人入户问卷调查工作,体检646人,对268名学生进行调查问卷和采血。(蒋枫)

【卫生监督】 全年,完成公共卫生、医疗卫生监督1.68万户次,其中餐饮服务卫生1.13万户次,公共场所2953户次,二次供水1215户次,职业卫生87户次,放射卫生92户次,传染病消毒751户次,医疗机构383户次。卫生行政处罚170户次,其中警告44户次、罚款119户次14.17万元。专项检查区内42家一级以上医疗机构控烟情况3次。完成公共场所量化分级管理,其中旅店业、游泳场所100%,洗浴业完成96.3%,向45家旅店和28家游泳场馆发放量化分级管理A级牌匾。完成十一届全国人大等23次大型会议(活动)公共卫生保障工作,开展打击非法行医、餐饮服务食品安全、麻疹疫苗强化免疫接种等专项整治、检查工作19次。联合工商、城管、公安等部门,对鼓楼东大街、南锣鼓巷、苏州胡同及和平里地区,进行综合治理,取缔无证现制现售门店3户,卫生行政处罚5户。接投诉举报440件,做到件件有登记、有处理、有回复,处理、满意率100%。区防治重大动物疫病指挥部与相关成员单位,签订《动物防疫工作责任书》。(蒋枫)

【医疗工作】 年内,东城区属医疗机构完成门诊331.1万人次、急诊14.93万人次,观察室留观4.41万人,开设病床1917张,收治入院病人2.76万人次,出院2.77万人次,病床使用率85.45%,住院病人治愈率46.17%,死亡率4.80%。急诊抢救危重病人5466人次、成功率89.8%,病房抢救成功率76.8%。无菌手术感染率0.48%,出入院诊断符合率99.84%,平均住院天数20.33天。全年住院手术1.24万例。医疗机构登记注册13家,注销11家,变更89家。医师区内变更注册220人次,调出276人次,调入230人次,首次注册131人,外省调入101人次,注册备案10人次。受理医疗事故争议处理申请3起,移交区医学会3起。第六医院代表东城区接受市"质量万里行"工作检查。完成妇科内窥镜技术准入工作。修订区卫生局医师定期考核工作实施方案。召开区医师定期考核工作会,300家医疗机构负责人参加,对不同医疗机构开展培训,完成医师定期考核3845人。规范大型设备招标采购管理工作。推进药品招标网上采购,制订药品用量动态监测、超常预警制度。(蒋枫)

【护理工作】 持续开展岗位技术练兵。加强临床护理工作和医院感染管理,落实基础护理服务工作规范、常用临床护理技术服务规范等有关规定。局属二级医院落实卫生部关于开展"优质护理服务示范工程"专项工作。完成本区"黑护工"排查整治工作及"护理服务机构总体情况调查表"汇总。参与东直门社区卫生服务中心基建图纸专家论证工作。完成医院感染监控网报和督导局属医院院感染防控工作。开展东城区口腔专业质量管理与口腔专业护士培训及东城区妇产科医师医院感染管理培训工作。"5.12"国际护士节,开展评比表彰活动。(蒋枫)

【社区卫生服务】 年内,完善变更健康档案56.35万份,其中新建个人健康档案3.08万份。有40个社区卫生站开展中医养生系列等特色讲座137场次,115个社区、1.28万名居民受益。家庭医生服务团队推出慢病"精细化管理"服务,全区纳入精细化管理病人1.15万人，占全区慢病人群30%。落实为老人提供"三优先"服务和"一老一小"医保政策，为1122名区内60岁以上无社会养老保障老年人免费体检，实现"一老"社区首诊。为40名患者提供远程视频会诊服务，热线咨询2658人次。完成王家园社区卫生服务中心报批手续和奠基典礼。落实惠民政策，社区卫生站全年门、急诊7.8万人次，其中持卡就诊54.15万人次，免挂号费、诊疗费162.44万元，优惠药费81.53万元。全年对口支援医院专家下社区，接诊患者2.03万人次、会诊320人次、义诊咨询6369人次、开展讲座185场、上转病人1217人次、下转病人1134人次、预约挂号432人次。举办社区业务讲座61次，带教培训1000人次。全面启动"做健康北京人，创人民健康管理家园"活动。开展社区健康管理实验基地建设，永定门外社区卫生服务中心、龙潭社区卫生服务中心、体育馆路社区卫生服务中心、天坛社区卫生服务中心均通过验收，正式挂牌成为中华医学会健康管理学分会社区健康管理实验基地。开展全民健康促进行动宣传教育。营造全民参与健康促进的社会氛围，扩大健康生活方式行动范围，加强心脑血管病、糖尿病的综合防治，开展《超重及肥胖综合干预》《健康膳食推广》试点项目。推进健康促进医院和"无烟医院"创建工作，有9家医院被评为健康促进医院，14家医院被评为"无烟医院"。 （蒋枫）

【慢病防治】 全区有166个家庭医生式服务团队与15万居民签订《家庭医生健康管理协议书》，对不同人群实行分类健康管理。全年，团队提供基本医疗服务95.88万人次、诊疗高血压、糖尿病13.41万人次，其中高血压患者管理率80.39%、规范管理率31.3%，规范管理率中的控制率87.58%。糖尿病管理率80.62%、规范管理率33.99%。累计建档89.01万份。培养家庭保健员8147名。 （蒋枫）

【精神卫生】 辖区有精神病人5167人，全区排查出危险性评估3级以上病人35人，既往有肇事肇祸史病人135人，新发现病人304人。对新发现的病人，建立健康档案，纳入辖区精神病人管理工作中。完成全区1232人精神卫生工作流行病学调查任务。年内，对605名贫困精神病人免费投药。 （蒋枫）

【妇幼卫生保健】 组织母婴保健技术专家组，对辖区从事助产技术服务的医疗机构和人员，进行实地验收和评估，对考核合格的7家机构、263名助产技术服务人员，颁发母婴保健技术执业许可证和技术合格证。对辖区内开展计划生育技术服务工作机构，定期进行技术指导、检查，对新取证、变更的医务人员，从法律法规、基本理论和基本操作三方面进行考核，做到持证上岗。对在辖区医院分娩的57例围产儿死亡进行区级评审，将发现问题汇总整理，制订干预措施。严格出生医学证明签发、换发和补发程序，启用出生医学证明补发专用章，制订出生医学证明补发程序和管理规范。年内，补发出生医学证明54份。完成区婚前保健验收工作。通过市级婚检复核验收。制订孕期追访记录卡，加强对高危因素追访，确保孕产妇孕期安全。规范儿童智力、先心病和听力筛查，做到早发现、早治疗。完善儿童免费体检及新生儿疾病免费筛查工作规范。为社区各保健科配备相关儿童体检仪器及新生儿访视设备。在区妇幼保健院，成立"儿童生长发育学校"，为社区家庭提供儿童早教课程及咨询指导。完成区3~6岁幼儿体质监测现场测试工作。全区妇女免费筛查宫颈癌4827名，乳腺癌4485名。 （蒋枫）

【医学教育科研】 完成市、区级科研项目立项20项，发表市级以上期刊论文200篇，完成本年度区科技计划立项评审工作，向区科委推荐项目9个，征集辖区各医疗单位中医药科技项目47项，确立国家中医药发展综合改革试验区科研项目8项。10项课题获首都医学发展科研基金资助42.9万元。加强社区卫生服务人员岗位培训，岗前培训100%。确定北京中医药大学东方医院为社区中医药医师培训基地。公开招聘应届毕业生89人，其中研究生以上学历33人、本科及以下56人。选送优秀学员到三甲医院进修学习，业务骨干参加住院医师等各类规范化培训。开展在职职工医学继续教育。公布下发区级继续医学教育认可项目246项，继续医学教育、护理市级认可项目和区级认可项目讲座189讲，4.75万人次参加。完成继续医学教育管理系统升级工作。 （蒋枫）

【血液管理】 本年，下发《踊跃参加无偿献血倡议书》《关于在驻区单位开展北京高寒季节团体自愿无偿献血工作的通知》，开展团体自愿无偿献血宣传、动员、组织、落实工作。举办大型无偿献血宣传活动5次，发放各类献血宣传资料15万份，张贴宣传画1万套，悬挂宣传横幅85条，受众人群数万人。开展血液安全监督专项检查工作，制作《东城区医疗机构中请设置输血科（血库）审批告知单》等相关文书7个，推进辖区医疗机构输血科（血库）规范建设，医疗临床用血规范、合理、安全。辖区无偿献血15.05万人次，其中街头献血14.77万人次，单位团体献血2804人次。辖区医疗用血7.13万单位，无偿献血超出辖区医疗用血量111.0%。 （蒋枫）

【财务基建管理】 调整委派会计执行方式，完成上年度决算、公费医疗转医疗保险系列工作、下年部门预算编报工作。建立规范财务流程，形成财务、财政双向对账机制，执行预算准确、无挪用、挤占等违反规定情况。年内，12个建设项目中，竣工天坛东里社区卫生服务站、法华寺社区卫生服务站、东花市社区卫生服务中心3个项目。 （蒋枫）

爱国卫生

【概况】 区爱国卫生运动委员会（以下简称区爱卫会），负责全区爱国卫生工作，由52个委员单位56人组成。主任由副区长毛炯担任，副主任委员6人。爱卫会下设办公室（以下简称区爱卫办），现：行政编5名，工勤编1名。负责区爱卫会日常工作。按照国家卫生区标准，开展巩固"国家卫生城区"成果，建设健康城区活动。开展除四害、讲卫生、防治疾病活动。开展群众性卫生监督,不断改善城市生产、生活环境的卫生质量。检查和进行卫生效果评价,提高人民健康水平。组织辖区各社会单位开展争创“北京市卫生红旗单位”活动,组织各街道社区居委会开展争创“北京市健康社区”达标、争先、创优系列活动。负责全区《北京市除四害工作管理规定》和《北京市公共场所禁止吸烟的规定》两个法规执法检查,落实17个街道办事处、北京站地区、王府井地区、东二环建管办、前门大街管委会、区属各系统单位、驻区中央、市属单位及其它社会单位的爱国卫生目标管理工作。8月14日,按照区委、区政府要求,原东城、崇文区爱卫办合并为新东城区爱卫办,完成办公迁址工作。本年,开展巩固“国家卫生城区”成果、建设健康城区工作纳入政府工作报告。开展“细胞工程”建设等活动,8个社区通过市爱卫会“健康社区”考核验收,3个单位通过市爱卫会“爱国卫生红旗单位”考核验收。组织开展病媒生物消杀和百万家庭灭蟑行动,全年病媒生物密度控制在国家规定的标准之内。普查登记全区医疗卫生机构,各医疗卫生机构在单位内实施全面禁烟。加强社会单位和居民区卫生治理、健康教育和宣传工作,实现爱国卫生工作法制化、制度化、规范化、经常化管理。

单位名称:东城区爱国卫生运动委员会办公室
单位地址:东城区东花市大街2号
联系电话:67179709　邮政编码:100062　　(张玉　马灵)

【城市清洁日】　1月至7月,原东城区开展城市清洁日活动7次、25万人次参加社会公益劳动。原崇文区出动3.8万人次,清除残标广告5090条,清理卫生死角565个,绿地13.7万平方米,发放宣传品1.75万张。清洁日主题分别为:1月,原东城区人人动手,清洁庭院卫生,干干净净迎春节;原崇文区清洁家园,迎接两会。2月,原东城区清洁家园迎接两会;原崇文区清洁城市,保护健康。3月,原东城区人人动手,清洁家园,美化城市;原崇文区加强病媒生物防治,建设崇文美好家园。4月,原东城区建设健康东城、共享美好生活;原崇文区加强病媒生物防治,建设崇文美好家园。5月,原东城区无烟与环境;原崇文区清洁城市,保护健康。6月、7月,原东城区大力开展爱国卫生运动,积极参加清洁城市环境、清除蚊蝇孳生地活动;原崇文区清洁城市,保护健康。东城区城市清洁月主题:8月,大力开展爱国卫生运动,积极参加清洁城市环境、清除蚊蝇孳生地活动。9月,干干净净迎国庆。10~12月,人人动手,清洁城市,美化家园。活动内容包括健康知识宣传、清除单位及居民小区(院落)卫生死角、清除越冬垃圾及积存渣土、清除病媒生物孳生地、清理乱堆乱放杂物和破旧设施等。　　(张玉　马灵)

【禁烟检查】　1月至8月,依据公共场所禁烟法规,原东城区对6715个单位,进行执法检查,合格单位6669个、不合格单位45个、警告限改37个,劝阻吸烟125人,合格率99.31%。卫生局系统对9486个单位进行执法检查,合格单位9396个、不合格单位90个、警告限改90个、劝阻吸烟4人,合格率99.05%。2月1~26日,原崇文区组织开展辖区内医疗卫生机构构建无烟环境专项检查。2月4日,召开公共场所禁烟座谈会。7个街道城建科科长、卫生专干、相关单位主管领导参加。5月28日,召开公共场所禁烟座谈会,有关委办局及卫生红旗单位领导30人参加。会后,发放控烟宣传画及折页。5月28~31日,开展以“性别与烟草——抵制针对女性的市场营销”为主题的世界无烟日系列宣传活动。7个街道办事处分别在辖区内设立宣传站,向过往群众发放公共场所控烟宣传材料,在社区宣传栏张贴控烟画报。发放宣传折页7000份,张贴宣传画报2000份。原崇文区监督检查禁烟公共场所3191户次,合格率100%,劝阻在公共场所吸烟1591人次。9月至12月,东城区对6002个单位进行执法检查,合格单位5978个、不合格单位24个,警告限改单位24个,劝阻吸烟94人,合格率99.60%。区卫生局系统对5771个单位进行执法检查,合格单位5744个,不合格单位27个,警告限改6个,劝阻吸烟206人,合格率99.53%。12月1日,开展辖区内医疗卫生单位构建无烟环境专项检查。12月22日,市卫生局副局长雷海潮、市爱卫办主任刘泽军率检查组一行14人,对东城区医疗卫生单位无烟环境建设工作成效进行评估检查。区卫生局机关、市疾控中心、和平里医院、北京同仁医院、北京市妇产医院、北京口腔医院、天坛医院、天坛卫生服务中心等16家医疗卫生单位接受检查。评估组对十大项二十六小项内容进行检查,主要包括成立控烟领导组织、将无烟机构建设纳入本单位发展规划、建立健全控烟管理制度、所属区域有明显的禁烟标识、室内完全禁烟、设有控烟监督员和检查员、开展多种形式的控烟宣传和教育等。区卫生局机关、市中医院、隆福医院汇报单位开展无烟建设工作,市领导给予肯定。检查基本满意,对张贴禁烟标识等细节问题提出建议。北京医院、协和医院、同仁医院为“全国无烟医院”。全区24所医院被评为“北京市无烟医院”。　　(张玉　马灵)

【病媒生物检查】　1月至8月,原东城区对1042个单位进行病媒生物执法检查,不合格单位63个,给予警告处罚单位17个,合格率93.95%。鼠密度监测:2次,其中外环境监测8000延长米,密度为0。室内监测2次,80个单位870间房,平均密度0.13%。蟑密度监测:采用粘捕法监测5次,320个单位,3108间房,布放粘蟑纸3000张,平均密度0.19/张、夜。对7个社区700户居民家庭进行蟑密度监测,布放粘蟑纸2800张,粘捕146只,密度为0.05/张、夜。蝇密度监测:采用粘捕法监测3次,120个单位、1800间房,粘蝇条300条,平均密度0.8只/条。蚊密度监测:5月至7月,监测成蚊9次,设诱蚊灯27盏,平均密度0.4只/诱蚊灯(外环境)。监测幼蚊2次,取500毫升收集勺共取10勺,平均密度为0。原崇文区完成2009~2010年度“健康北京,灭蟑行动”,发售灭蟑套餐1.82万套。4月,向各街道、委办局,发放鼠药300桶,鼠站5000个,两家A级PCO公司对全区公共部位进行全覆盖消杀。4月末,对灭鼠工作进行督导和检查。投资万元购置监测用具,为7个街道办事处发放粘鼠板1750块、粘蟑纸3500张、粘蝇条700条,用于全区全年的监测工作。1月至7月,全区对鼠密度监测2次,蟑密度监测4次,蝇密度监测3次,均低于国家标准。监督检查除四害工作1312户(次),合格率100%。8月至12月,对750个单位进行执法检查,不合格单位11个,给予警告处罚单位3个,合格率98.53%。鼠密度监测:2次,其中外环境监测8000延长米,密度为0。室内监测2次,80个单位856间房,平均密度0.26%。蟑密度监测:采用粘捕法监测4次,320个单位,3000间房,布放粘蟑纸3000张,粘捕69只,平均密度0.02/张、夜。对5个社区500户居民家庭进行蟑监测,布放粘蟑纸2000张,粘捕36只,平均密度为0.02/张、夜。蝇密度监测:采用粘捕法监测2次,80个单位1200间房,粘蝇条200条,粘捕14只,平均密度0.07只/条。蚊密度监测:监测成蚊9次,设诱蚊灯27盏,诱捕6只,平均密度0.2只/诱蚊灯(外环境)。监测幼蚊2次,取500毫升收集勺共取10勺,平均密度为0。(张玉　马灵)

【工作会】 3月11日,原东城区召开爱国卫生运动委员(扩大)会。驻区中央、国家、市、区属单位,各街道、地区、委办局56名委员参加。会议宣读新一届委员会组成人员名单,表彰市爱国卫生先进单位、先进个人。报告东城区爱国卫生工作。故宫博物院、北京饭店、国家旅游局、北京火车站等单位委员发表意见。市爱卫办主任刘泽军、副区长毛炯分别讲话。(张玉)

【爱国卫生】 4月,原东城区以"建设健康东城、共享美好生活"为主题,分6个阶段在全区开展爱国卫生月活动。对主要大街、重点地区沿街单位及店铺,全面进行清洁整治,社区开展清洁胡同、楼门院活动。组织发动辖区内社会单位和居民群众清洁室内外环境卫生,清除单位及居民小区(院落)卫生死角、越冬垃圾及积存渣土、病媒生物孳生地,清理乱堆乱放杂物和破旧设施,开展春季灭鼠活动。4月7日,在北京奥林景观大道,组织区卫生局、健康教育所、鼓楼中医院,参加由全国爱卫会、卫生部、市政府联合主办的世界卫生日纪念活动。摆放中医药、四季养生、健身及健康生活方式知识展板45块,发放中医药知识资料10种、1000份,鼓楼中医院6名专家向黄洁夫副部长、世界卫生组织驻华代表蓝睿明博士等介绍中医药活动开展情况、赠送有关书籍。4月11日,全国449个城市各选择一条街道作为机动车限行区域,参与以"城市化与健康"为主题的世界卫生日活动。区爱卫办牵头组织,在东华门大街对机动车禁行并进行卫生、环保、节能减排等健康宣传活动。毛炯、市爱卫办副主任汤伟民,区有关领导200人参加。东华门、建国门街道,市政市容委、卫生局、环保局等13个单位参加现场活动。杨艺文代表原东城区、高桂强代表原崇文区政府签署全国爱卫会提议的倡议书。4月7日,原崇文区爱卫办组织区健康教育所、环保局,在国家体育场开展宣传咨询活动。4月11日,组织以"城市化与健康"为主题的"世界卫生日"系列宣传活动。在前门大街设主会场,在6个街道设分会场。宣传节能减排、健康知识,呼吁城市居民选择绿色、健康、环保生活方式。发放宣传手册1000份,悬挂横幅50条,发放环保手帕、环保袋。(张玉　马灵)

【春季灭鼠】 制订下发关于开展春季灭鼠、完善各项防治措施的通知,明确工作目标、防治方法和用药、时间安排及要求。4月25~30日,统一投放鼠药3吨,发放并安装陶瓷毒饵站5200个。(张玉)

【综合卫生检查】 4月26~27日,原东城区组成4个检查组,对10个街道、3个地区进行综合检查。内容:春季灭鼠、爱国卫生月和公共场所禁烟贯彻落实情况。随机抽查社会单位18个、餐饮单位46个、垃圾楼20个、集贸市场8个、医院2个、综合商场4个、超市11个和公共绿地3万延长米,并对沿途街巷胡同环境卫生进行检查。5月12日,市爱卫办组织专家,对区病媒生物防制、公共场所禁止吸烟及环境卫生等工作进行综合检查。毛炯陪同。检查组随机抽取建国门、东华门、东直门、和平里、安定门等街道及王府井地区范围内所属单位45个,进行实地检查。认为东城区开展病媒生物防治及公共场所禁烟工作,成效显著,表示满意。5月12日,市爱卫会对原崇文区病媒生物防制效果及相关工作进行检查,分别在2月和5月组织开展医疗机构和各行业公共场所禁止吸烟专项检查。病媒生物防治工作在城八区中排名第一。鼠密度、蟑密度均低于国家标准,防鼠设施达到绿色环保要求。医疗卫生机构控烟工作在19区县(含燕山)中排名第二。各行业公共场所禁止吸烟监督检查工作在全市19个区县(含燕山)中排名第三。(张玉　马灵)

【创建健康社区】 本年,创建"北京市健康社区"活动,列入原崇文区政府折子工程。4月,组织7个街道社区居委会主任,参加市爱卫会举办的健康社区培训班,完成健康社区申报工作。7月15日,在金鱼池社区召开北京市健康社区现场经验交流会,城区120名代表参加,金鱼池社区等分别介绍经验,天坛街道组织参会者参观金鱼池社区建设及居民健康促进活动场所。11月5日,在永外街道召开"健康社区"工作现场会,7个街道社区办主任、5个申报健康社区负责人,交流创建经验。11月26日,经市专家组验收,5个社区达到市健康社区标准,授予"北京市健康社区"称号。原东城区申报健康社区:和平里二区、民旺、安德里3个社区,均通过市爱卫会验收。(马灵)

【夏季灭蚊蝇】 8月16~22日,组织统一灭蚊蝇活动。其中8月16日,9月1日、22日,集中组织投放安备杀灭蚊幼。各街道、地区、有关单位,在8月18日开展以清除蚊蝇孳生地,杀灭蚊蝇为重点的高潮日活动。8月30日至9月1日,组成9个检查小组,对17个街道进行夏季灭蚊蝇检查,检查蚊蝇孳生地清理整治、药品使用、杀灭效果等。共查居民社区34个、公共绿地34块、市场超市17个、市政下水口85个、公厕34座、垃圾楼转运站(点)30个、餐饮单位34个、大小型水体10处。(张玉　马灵)

药品监督管理

【概况】 北京市药品监督管理局东城分局(以下简称药监分局),主要职责:对辖区药品、医疗器械、保健食品、化妆品生产和经营企业的产品质量进行监督管理。负责区域内有关药品、医疗器械、保健食品、化妆品的法律法规及规章的宣传、贯彻、实施。药品、医疗器械、保健食品、化妆品生产、经营企业的日常监督管理。药品市场的监督管理及处方药、非处方药管理办法的具体实施。医疗机构制剂的初审和精神药品、放射性药品、毒性药品、麻醉药品及特种药械的监督管理。药品、医疗器械不良反应的监测、上报。药品、医疗器械产品广告的监督管理工作。10月15日,根据北京市行政区划调整部署,原北京市药品监督管理局东城、崇文分局合并,成立新的北京市药品监督管理局东城分局。机构调整后整合原有监管资源信息,建立监管资源信息库。现辖区有药品生产企业5家,药品批发企业49家,零售企业157家,医疗器械生产企业48家,医疗器械经营企业827家,保健食品生产企业14家,保健食品经营企业604家,化妆品生产企业2家,经营企业6300家,医疗机构452家。针对辖区特药监管任务重的特点,增设特药监管科,负责放射性药品、麻醉药品、医疗用毒性药品、精神药品、药品类易制毒化学品、蛋白同化制剂、肽类激素监管及开办第二类精神药品零售企业的批准与批发企业的初审等工作。按照市药品监督管理局和东城区委、区政府工作部署,学习实践科学发展观,围绕"具有首都水平、适应首都发展、服务首都人民"的工作思路,完成各项工作任务。

单位名称:北京市药品监督管理局东城分局
单位地址:东城区东四北大街什锦花园胡同7号
联系电话:84014737　邮政编码:100007
(李波)

【专项检查】 1月20日至2月5日,原东城药监分局按照市药监局《关于2010年春节期间抗感冒类药品专项检查的通知》,集中对辖区药品批发企业抗感冒类药品进行专项监督检查,现场检查内容10项,召开专检人员培训会、统一检查范围、标准和流程。辖区有批发企业18家,现场检查批发企业11家,未发现违法违规行为。根据《北京市药品监督管理局转发国家食品药品监督管理局关于严厉打击借世博会制售假劣药等违法行为的通知》要求,专项检查辖区药品经营企业53家,医疗器械生产经营企业58家,保健食品生产经营企业18家,化妆品经营企业19家,特殊药品经营企业及医疗机构60家,出动执法检查人员426人次。接到市局交办互联网销售假药1起,相关调查情况已上报。未发现通过互联网销售假冒医疗器械的违法行为。5月12日,原崇文药监分局对辖区内具有疫苗经营范围的国药集团股份有限公司等4家经营企业及天坛医院、龙潭社区卫生服务中心等8家预防接种单位开展全面监督检查,出动执法人员24人,检查覆盖率100%。各单位经营资质齐全,人员及设施设备符合要求,冷链储存及运输环节管理完善,电子监管、追溯执行状况良好,未发现可疑疫苗品种。(李波)

【过期药品回收】 1月至9月,原东城开展"清理家庭小药箱"活动。出动55人次,回收过期药品23次,600公斤,销毁假劣药品、医疗器械、保健品、化妆品1.74吨。原崇文全年回收药品20次(3.5吨),集中销毁过期药品2次。(李波)

【党建工作】 2月25日,原崇文药监分局党组,组织科级以上党员干部学习《中国共产党党员领导干部廉洁从政若干准则》。分局党组要求:领导干部带头廉洁从业,筑牢思想道德防线,确保党风廉政建设工作落到实处。落实药监崇文分局党风建设和反腐倡廉工作任务的责任分工,各相关部门互相监督,工作到位。做好效能监察和信访工作。5月25日,召开廉政工作会,特邀监察员、党风廉政监察员列席。总结上年党风廉政工作,部署本年工作。局主要领导、各部门、科室分别签订《2010年工作目标责任书》。宣讲《中国共产党党员领导干部廉洁从政若干准则》《行政机关公务员处分条例》《中国共产党纪律处分条例》。6月21日,原东城药监局召开"创先争优加强政府规范化建设年活动"动员会。活动分动员部署、自查问题、落实整改和检查评估4个阶段,围绕基层党组织"五个好"、党员干部"五带头"和建设服务型、责任型、法治型、效能型政府,提出规范行政决策、行政执法、行政管理、公共服务、联动执法和行政监督等行政行为。8月5日,党支部开展"看军营里的创先争优"主题党日活动,组织党员干部到某地空导弹部队参观学习。听取部队领导介绍战斗英雄事迹,创先争优经验。参观部队营房、体验生活,感受官兵们"献身国防,保家卫国"的团队精神。(李波)

【专项整治】 2月,在原东城区药品经营企业范围内,就互联网售药、药品广告发布、药品邮寄,开展抽查自查。结果显示:97家药品经营企业均无互联网销售药品资格、无发布虚假广告及邮寄假药行为。与公安、邮政部门召开辖区打击利用邮政渠道销售假药行动联动会,发挥药监、公安、邮政部门,打击邮寄假药行为作用,对药品法律法规、相关专业知识培训,建立联合执法定期分析通报制度达成共识。制订开展医疗机构周边非法收售药品专项整治工作方案,将辖区划分为6个责任片,分别由分局领导带队,对辖区医疗机构周边开展拉网式市场巡查。原崇文区开展专项整治51项,受理行政许可366件,执法3086人次,监督1673户次。开展社区宣传20次,发放宣传材料2万份。7月14日,开展严厉打击非法收售药品专项整治行动,对辖区内无证售药、非法渠道购进药品行为进行查处。发放宣传海报600张、联合通告海报200张,制作易拉宝80个、宣传横幅90幅,发至辖区60个医疗机构、85个社区、60家药店张贴、悬挂。分局外网设立飘窗,在社区中心电子屏、美博城、世纪天鼎、同仁堂大厦、老百姓大药房电子显示屏,滚动播放宣传标语及联合通告。7月22日至9月30日,开展检查464次,出动监督执法人员928人次,巡查周边地区医疗机构464家。清理违法行为17起,收缴收药广告牌16副。与卫生局联合执法检查1次,与卫生、商委、公安、工商、城管联合执法检查1次,组织严厉"打击医疗机构周边非法收售药品"宣传2次,张贴、发放宣传材料2103份。联合卫生、工商等部门,专项整治食品、消毒产品、保健食品、化妆品等冒充药品上市行为。至9月30日,出动巡查执法人员2307人次,检查成人保健店71家,医疗机构(专科及三级以上医疗机构)56家。取缔在社区基层医疗机构、三级医疗机构周边非法收售药品行为54起,张贴《违法经营使用药品医疗器械保健食品行为告知书》《不得违法经营药品的告知书》。 (李波)

【"3.15"宣传】 3月14日,原崇文药监分局与工商局等10个委办局,在崇文门国瑞城开展"消费与服务"宣传活动,宋甘澍等领导参加。现场各部门就关系百姓生活各类问题进行消费指导。发放宣传材料600份。接受消费者咨询,公布分局监督投诉电话。为配合消费者权益保护宣传,到80个街道社区,发放宣传画200份、宣传资料2500份。3月15日,原东城药监分局与东四街道办事处、北京医保全新大药房有限责任公司,在东四北大街举办"关注健康,构建和谐,学法懂法、依法维权"法制宣传活动,摆放宣传展板、发放宣传资料,宣传药品法律法规和安全用药常识,接待群众咨询200人次,发放药品法律法规单行本及《安全用药手册》3000册。 (李波)

【药学服务进社区】 为纪念龙须沟改造60周年和老舍话剧《龙须沟》创作完成60周年,将4月18日定为金鱼池社区节。当日原崇文药监分局带去《祝您健康》《健康知识指南》《警惕虚假宣传网上购药需谨慎》等7个品种3000册药品宣传书籍参加社区节活动。12月10日,在朝阳门街道竹杆社区举办"药学服务进社区"活动。组织如何辨别常用中药材的真伪与心脑血管病的预防与治疗专题讲座,宣传安全合理用药知识,向老人赠送"安全用药常识"宣传册。 (李波)

【监督评审】 7月11日,原东城药品检验所接受国家认可委员会评审组为期2天现场监督评审,通过现场测试、体系文件审核、实验记录核查、仪器设备审查、检测能力范围再确认等考核,同意东城药品检验所通过实验室认可第三次现场监督评审。 (李波)

【麻疹疫苗接种】 9月11日,药监分局启动麻疹疫苗强化免疫接种期间应急值守和安全检查,配合市药监局完成对市疾病预防控制中心现场检查,对区疾病预防控制中心、区社区卫生管理中心及下属接种点,进行检查和抽查。截至9月下旬,辖区共接种4.45万人,上报疑似预防接种异常反应18例,未发现严重和群体性的疑似预防接种异常反应。(李波)

【抽验工作】 至9月30日,原东城药品抽验513件,完成全年计划任务114%,检验不合格11件,抽验合格率98%。医疗器械抽验13个品种、30批次,检验不合格2件,抽验合格率93%。保健食品抽验12件,检验不合格1件,抽验合格率92%。化妆品抽验30件,抽验合格率100%。至10月31日,原崇文药品抽验356件,完成全年计划任务108%。检验不合格8件,抽验合格率98%。其中基本药物目录抽验122件,抽验合格率100%。市药品评价性抽验23批次,抽验合格率100%。 (李波)

【查处涉药违法案件】 截至9月30日,原东城药监局受理案件87件,经审核立案22件,其中涉及药品18件、医疗器械3件、保健食品1件。处罚19件,没收违法所得2.17万元,罚款9.97万元,没收物品折合人民币17.4万元。截至10月31日,原崇文药监局受理案件40件,其中涉及药品27件、医疗器械6件、化妆品2件、保健食品5件,市局交办案件21件。经审理立案13件,其中涉及药品10件、医疗器械1件、化妆品2件。处罚11件,没收违法所得1.1万元,罚款2.6万元,没收物品折合人民币2.18万元。 (李波)

【行政许可工作】 按照各项行政许可法律依据和工作流程,规范办理行政许可及服务类事项。截至9月30日,受理各类行政许可638件。其中受理药品经营质量管理规范(GSP)认证22件、完成21件,药店选址筹建52件、完成49件,《药品经营许可证》核发10件、完成10件,注销《药品经营许可证》9件、完成8件,《医疗器械经营企业许可证》核发53件、完成47件,《医疗器械经营企业许可证》变更97件、完成95件,《医疗器械经营企业许可证》换证189件、完成175件,完成《医疗器械生产企业许可证》换发5件,《保健食品经营卫生许可证》核发72件、完成72件。 (李波)

【应急事件应对】 截至9月30日,依托分局医疗机构药品使用监管信息平台、药品安全信息服务平台、短信息业务平台等数字化监管技术手段,开展清查福尔生物制药有限公司生产的人用狂犬病疫苗、贵州乾元制药有限公司生产的"一清颗粒"等35起药害应急事件紧急清查工作。在上述药害应急事件紧急清查工作中,辖区内均未发现所涉及的问题药品。 (李波)

体　育

【概况】 东城区体育局是区政府主管辖区体育工作的行政职能部门。根据市政府关于中心城区行政区划调整布署,原东城区、崇文区体育局合并为东城区体育局(简称区体育局),8月16日,两局合址办公。设7个科室:行政办公室、党委办公室(监察科)、群众体育科、体育法制科、体育竞训科、人事财审科、体育产业发展科,现有公务员40名。有下属事业单位15家。其中全额拨款单位5家:东城区社会体育管理一中心、二中心,东城区第一、第二体育运动学校,青少年业余体校。差额拨款单位3家:天坛游泳运动中心、天坛网球运动中心、天坛体育活动中心。自收自支单位7家:东单体育中心、地坛体育中心、地坛体育馆、天坛体育服务中心、东城区后勤服务中心、东城区体育培训中心、东城区体育科学研究所,在编职工329人。年内,围绕建设"国际化、现代化新东城"大局,推进区公共体育服务体系建设,完成各项工作任务。获国家体育总局2010年度全民健身活动先进单位,全国体育及相关产业专项调查先进集体。

单位名称:东城区体育局
单位地址:东城区和平里中街18号
联系电话:64261982　邮政编码:100013　(周春香)

【体育市场监管】 与区安监局、公安分局、卫生监督所、消防支队开展联合检查11次,召开安全生产工作会5次,检查体育经营单位183家,出动检查人员366人次,发现并消除安全隐患101处。2月12日,生敏、毛炯率联合检查组对地坛体育馆等重点单位进行春节前安全生产大检查。　(周春香)

【体育工作会】 3月30日,在地坛体育馆,召开"奥运冠军的铺路石"原东城区优秀教练员事迹报告会,市体育局副局长孙学才、区领导金旭、程华参加。教练赵建国、潘杰、尚春燕作报告。6月8日,原东城组织各街道、系统、地区主管领导、体育干部60人,参加东城区群众体育工作中期推进会。9月3日,召开东城区在职健康锻炼现场会暨东城区全民健身月工作布署会,17个街道、5个地区、10个系统体育工作负责人参加。9月16日,毛桂芬主持召开亚运火种采集暨火炬传递启动仪式协调会,区公安分局及7个街道等19家单位主管领导参加。10月25日,毛桂芬主持召开优秀体育后备人才培养协调会,教委、卫生局、财政局等部门负责人参加。12月28日,毛桂芬主持召开东城区"奥林匹克·体育生活化"社区工作推进会,各街道、地区、系统主管领导和相关工作人员160人参加。　(周春香)

【第十三届市运会】 3月30日,在地坛体育馆,召开北京市第十三届运动会原东城区体育代表团誓师大会,章冬梅、金旭、程华等领导及各项目参赛教练员、运动员、领队500人参加。5月7日,原东城区体育局召开东城区代表团项目组组长、联络员见面会,40人参加。7月18日,原东城、崇文区体育局组成东城区体育代表团参加市第十三届运动会开幕式。　(周春香)

【群众体育活动】 全年举办体育活动148次,参加活动53.94万人次。4月3日,在青年湖公园举行"科学健身,健康东城"暨2010年东城区"区长杯"长跑比赛,原东城区各单位45支代表队、200名运动员参加,区领导杨艺文、冯熙、曾刚健、周京生、徐熙等参加。同时,开展健康咨询、中医专家义诊等活动,向群众发放全民健身条例、健康教育宣传品。4月11日,在原东城区地坛体育馆举行第二届"地坛杯"北京市民"快乐周末"保龄球、羽毛球比赛。4月17日,原东城区第四届"和谐杯"乒乓球比赛开赛,40家驻区中央和市属单位、8支驻区部队、20家驻区企业及残疾人、外国友人2.2万人报名参赛。6月20日,经选拔24名乒乓球运动员代表原东城区参加北京市第四届"和谐杯"乒乓球比赛,获一等奖2个、三等奖1个,区政府获优秀组织奖。原崇文区举办第四届"和谐杯"乒乓球比赛,3万名社区居民参加比赛,10万居民群众参与活动,社区覆盖率100%,200名选手参加区总决赛。9月11~12日,在地坛体育馆举行北京市健身腰鼓、健身秧歌大赛,全市159支代表队3000名健身爱好者参加。9月13~21日,在地坛体育中心举行东城区第一届青年体育节启动仪式暨东城区第一届青年篮球赛,常卫出席开幕式。全区22支代表队、200名青年篮球爱好者参加。9月20日,在地坛体育中心举行东城区全民健身月启动仪式暨"北新桥杯"第八套广播体操比赛,杨柳荫等区领导参加,全区100家单位、15万人次群众参与。10月9日,在地坛体育馆举行东城区首届智力运动会,设围棋、象棋、五子棋、桥牌、双升扑克牌、成语接龙扑克牌6个项目,历时5天,驻区单位职工、社区群众、中小学生1000人报名参赛。10月9日,安定门街道组织以"我参与、我健康、我快乐"为主题的环青年湖百人健步行活动,安定门地区23个体育工作委员会成员单位,120人参加。东城区选派东二环建管办和雍和园管委会8支队伍、50名登山爱好者,参加在八大处公园举办的北京市"九九重阳"登山大会,东城区获组委会精神文明奖。　(周春香)

【体育生活化社区】 本年,全区体育生活化社区29个,其中新增体育生活化社区7个。4月10日,原崇文区体育局在红剧场举办全民健身大讲堂,健身专家张明亮授课,全区19个健身气功站点、800名健身气功爱好者参加。10月15日,在地坛体育馆举办东城区"健身气功 马王堆导引术"培训班,22个体育生活化社区、74名健身气功爱好者参加。10月27

日,在地坛体育馆举办,全国“百城”健身气功交流展示活动暨东城区“体育生活化家园健身气功展示”,15个体育生活化社区、300名健身气功爱好者参加。 (周春香)

【学校体育】 自筹资金13万元,为16所开放校添置体育器材189件。4月10日,在地坛体育馆举行原东城区第四届中小学生武术比赛,200名选手参加。4月17~18日,在地坛体育中心综合馆,举行北京市“凯胜杯”中小学生羽毛球赛,比赛分男女四个组别、227名选手参赛。12月30日,在东直门中学,举行第13届全国重点高中女篮邀请赛。 (周春香)

【NIKE训练营】 4月10日至5月16日,原东城区在东单体育中心足球场,与NIKE公司、东单体育中心,联合举行NIKE足球精英训练营活动。免费对年龄在14~24岁之间,喜爱足球的朋友开放,活动过程自由组队,5~7人一组,由专业足球教练现场指导。7月10~13日,在东单体育中心,举行NIKE“全天候”户外篮球训练营活动,比赛获胜者同NBA球星科比·布莱恩特交流球技。8月6~7日,Nike夏季篮球巡回赛冠军之战,在东单体育中心开赛,两岸三地篮球精英少年进行巅峰对决,台湾U19和U22队获冠军,并获前往洛杉矶观看一场湖人队NBA常规赛机会。 (周春香)

【体育舞蹈比赛】 4月18~19日,原东城区在地坛体育馆,举行“院校杯”第12届CBDF国际标准舞公开赛,全国40个专业院校、2000名选手参加。7月17~18日,在地坛体育馆,举行第18届北京“天使杯”国标舞、交谊舞城市友好赛,全国各地及港澳台500对选手,分别参加摩登舞、拉丁舞、交谊舞三大系列117个组别比赛。9月7日,在地坛体育馆,召开中顺洁柔2010年中国体育舞蹈公开系列赛北京站暨北京健身操舞展示季体育舞蹈公开赛新闻发布会,30家新闻媒体参加。9月22~23日,全国16省市52支代表队2000对选手,参加本届中国体育舞蹈公开系列赛北京站比赛。 (周春香)

【领导调研】 4月28日,市体育局局长李颖川等领导,到东单体育中心调研,了解改造建设工程情况,毛桂芬陪同。7月20日,毛桂芬、周永明到东单体育中心调研,听取整体改造方案汇报。10月20日,杨柳荫、徐熙、夏树军到地坛体育中心调研。10月26日,牛青山调研龙潭湖体育产业园区工作,徐熙、朴学东参加。10月28日,国家体育总局群体司副司长刘国永,到东城调研全民健身条例贯彻落实情况。11月4日,北京市体育产业“十二五”规划调研组成员,听取龙潭湖体育产业园发展情况汇报,讨论龙潭湖体育产业园发展规划思路。 (周春香)

【体质测试】 6月至8月,区国民体质监测工作小组,到区园林局等5家单位进行数据采集。8月26日,到金鱼池社区协助开展“社区带您走进低碳生活——天坛街道科普一日游”活动,为社区居民提供体质测试服务140人次。9月10~15日,为北京市第六医院400名医务人员,进行体质测试和适应能力调查,现场讲解体质健康等知识和体质现状评定方法。10月13日,为北京中医药大学300名研究生,进行体质测定和问卷调查。 (周春香)

【地坛体育馆赛事】 6月4日,在地坛体育馆,举行2010年首届中国拳击联赛北方赛区最后一轮争夺赛,北京前卫队获北方赛区第一名。8月14日,由哈林秀王篮球俱乐部与北京地坛体育中心共同创建的“哈林秀王花式篮球基地”创立仪式在地坛体育中心举行,市体育局领导孙国华、李炳熙及赞助商嘉宾,出席基地授牌仪式。9月3日,在地坛体育馆,举行中央国家机关第三届职工运动会“中国邮政杯”软式飞镖比赛,52个部委局组队参加比赛。9月4~5日,在地坛体育馆,举行2010“薰风杯”京城羽毛球千人挑战赛暨北京市民快乐周末团体赛决赛,全市羽毛球爱好者1000人参加。 (周春香)

【对外交流】 6月12日,美国NBA国王队特里·艾文斯和公牛队伊戈·达拉两位球员,到东单体育中心篮球场参加NIKE篮球训练营活动,与球迷进行现场互动。11月15~18日,韩国中浪区体育代表团一行26人,到区体育局进行友好交流,与区体育局足球队进行两场足球友谊赛。 (周春香)

【竞技体育】 全年,输送体育后备人才91名,新增注册裁判员26名、运动员93名。年末,全区有裁判员483人、教练员49人,全区运动员获奖牌262块,其中获国际比赛奖牌12块、国内比赛奖牌4块、市内比赛奖牌246块。 (周春香)

社　会　生　活

民　政

【概况】 7月,根据区划调整的有关要求,撤销原东城、崇文区民政局,成立新的东城区民政局,为区政府管理有关社会行政事务的职能部门。职责:负责组织协调全区开展和谐社区建设,指导基层政权建设和基层群众自治组织建设;全区社会救济、救灾工作,落实城市居民最低生活保障制度,流浪乞讨人员的救助管理和接收捐赠工作;落实拥军优抚安置政策和军队离退休干部的政治生活待遇,协调全区国防教育、军警民共建、拥军优属、拥政爱民等工作;全区见义勇为行为确认和见义勇为人员权益保护工作;全区社团和民办非企业单位的审批登记和管理;全区殡葬习俗改革和管理;全区养老服务机构审批、管理;全区婚姻登记和收养登记;全区福利彩票的发行管理;指导老龄工作等。区民政局机关行政编制58名,设局长1名,副局长4名。内设办公室、法制宣传科、社区建设和基层政权建设科、社会救助、双拥工作办公室、优抚和复退军人安置科、军队离退休干部管理办公室(北京市东城区人民政府军队离退休干部安置办公室)、东城区民间组织管理办公室、婚姻登记科(北京市东城区人民政府婚姻登记处)、福利科、救灾科、老龄工作科、财务科、人事教育科、监察科等15个行政科室。事业编制286名。有城市居民最低生活保障事务中心、接收捐赠工作站、救助管理咨询站、社会组织指导服务中心、婚姻登记事务中心、社区服务中心、社会福利生产管理办公室、双拥工作服务中心、军队离退休干部(第一至第六休养所)、四块玉、大红门、方庄、小红门休养所、活动站、门诊部、福利彩票发行管理中心、社区经济管理中心、老年康复休养中心等23个单位。年内,贯彻落实科学发展观,实践"大民政"理念,推动区民生改善和社会发展,保障困难群众生存权和发展权。探索社会服务管理创新,引导社会组织健康有序发展。推进养老服务体系建设,扩大社会福利覆盖面。落实各项优抚政策,建设双拥工作长效机制。推进专项社会事务管理,提高服务能力和社会事务执法水平。区民政局被评为市民政工作绩效管理考评优秀单位,被全国老龄委评为全国老龄工作先进单位。

单位名称:东城区民政局
单位地址:东城区幸福大街32号
联系电话:84012469　邮政编码:100061
(龙安辉　董蕾)

【福利生产】 元旦、春节期间,筹集资金16.32万元,在全区福利企业残疾职工中,开展送温暖活动。本区有福利企业19家,职工678人,其中残疾职工298人,新增残疾职工17人。福利企业销售及营业收入完成1.8亿元,利税总额971.7万元,退税512.3万元。依据福利企业资格认定办法,对区内19家福利企业严格进行年度审核认证。根据《北京市用人单位安排残疾人就业岗位补贴暂行办法》,落实残疾职工岗位补贴政策,为福利企业残疾职工审核发放残疾人就业岗位补贴94.3万元。核发精神残疾职工安置补贴13万元。

(龙安辉　董蕾)

【接收捐赠工作】 1月,开展"关爱优抚对象"活动,接收捐款9.2万元。4月初,利用彩票公益金50万元资金,通过区爱心家园平台救助困难群众1000户。9月,在全区范围内开展"送温暖、献爱心"社会捐助活动。为灾区和贫困地区募集善款81.71万元,衣被13.53万件,6020包,运往青海灾区。10月,向17个街道爱心家园配送本年度下半年物资,包括食品及日用品,总价值31.84万元。 (龙安辉　董蕾)

【慈善协会工作】 1月,原东城区走访10个街道21户困难家庭,发放救助款24.5万元。区政协第十二届四次会议期间,开展区政协委员扶困助学捐款活动,募集善款5.72万元,帮扶区特困家庭高中生及大学生完成学业。原崇文区开展"两节走访"活动,发放救助款9.9万元。为低保家庭购买"春节庙会门票",使用善款10.32万元。2月,原东城区慈善协会安定门分会开展"捐献十元钱,爱心助慈善"募捐活动,募集善款9.13万元。3月,原东城区开展"春雨抗旱"活动,募集善款1.69万元。原崇文区开展"春雨抗旱"活动,接收捐款6130元。4月,原东城区开展向玉树地震灾区捐款活动,接收捐款406.02万元。原崇文区开展向玉树地震灾区捐款活动,接收捐款103.33万元,向青海玉树灾区拨付救助款500万元。5月,原崇文区开展"助老送温暖"活动,为区4家敬老院分别购买电视机或洗衣机,为每位老人购置床上用品。6月,原东城区开展共产党员献爱心活动,截至7月16日,接收捐款130.54万元。原崇文区开展共产党员献爱心活动,截至7月16日,接收捐款70.16万元。8月,原东城区开展为舟曲灾区捐款活动,募集善款157.34万元。同月,原崇文区委托北京市嘉鹰杰科技开发有限公司,并发盲人"求助器",拨付善款10万元。开展为舟曲灾区捐款活动,募集善款20.64万元。10月,开展第三届"携手梦想 放飞希望"助学活动。对符合条件的444名低保、低收入家庭在校大学生,每人发放1000元救助金,发放救助款44.4万元。11月,开展“党员献爱心,温暖宏志生”活动,为北京市宏志中学和广渠门中学宏志班724名困难学生,捐赠价值10.86万元的保暖内衣。全年为888名低保家庭中60岁以上老人办理助老慈善医疗卡。 (龙安辉 董蕾)

【地方退休人员管理】 春节前夕,原东城区为地退老人购买拖把、米、油等慰问品,为建国前老工人、劳模、高知和特困人员,送去慰问金7200元。为“两航”起义人员1人送去3000元统战慰问款及慰问品。在全区开展“亲情伴您晚年行”活动,向地退老人发放东城区地方退休人员免费服务证,居住在东城区的老人能够享受全年4小时的小时工服务、4次理发服务或参加一次游园活动,生日当天收到一份寿礼,居住在外区的老人生日当天收到寿礼和大礼包一份。采取政府购买服务的形式为地退老人服务。全年送出寿桃811份、大礼包310盒,上门理发1971人次,居室清洁1002人次,参加游园活动316人,服务率90%。中秋节和国庆节,为每位地退老人发放月饼。原崇文区在三八妇女节、护士节和教师节,为部分老人送去慰问品,折合人民币1万元。五一劳动节,为劳动模范送去慰问金2700元。 (龙安辉 董蕾)

【政府购买服务】 3月,原东城区召开公益项目信息发布会,面向全市首次统一批量购买公共服务。主要包括为老服务、居家就业、下岗再就业、社区参与、残疾儿童康复、中重度肢体残疾人康复健身服务、流动人口服务、青少年教育、社区心理健康、社区工作者能力建设、社会组织绩效评估、公益项目评估、社区公益文化演出、特殊手工艺品技能培训等方面的15类18项公益服务项目。其中4050人员居家就业、流动人口服务、社会组织绩效评估、大学生社区工作者价值观培训等12个项目已签订协议,拨付资金134万元,承接相关项目的社会组织以多种形式开展服务。注重引导、扶持相结合,科学设计政府购买服务项目流程。探索政府购买公共服务的“东城模式”。 (龙安辉 董蕾)

【殡葬管理】 清明节期间,原东城区开展清明节殡葬宣传活动,在东城报上开辟专栏,刊载致全区居民的一封信,宣传公益性公墓、“零百千万”工程、“96156首都殡葬公益服务热线”等信息,向居民发出清明节文明祭扫倡议,创造平安和谐的祭奠环境。全年审批符合丧葬补贴待遇人员791名,累计发放丧葬补贴395.5万元。 (龙安辉 董蕾)

【社区建设】 5月13日,原东城区为朝阳门、建国门两个街道硬件设施投入30万元,建立街道级心理健康服务站,面向居民开展心理健康服务活动。探索社区心理健康疏导工作方法和服务模式,发挥心理健康工作在构建和谐社会中的重要作用。12月17日,举办“感悟、传承、发展——东城区社区工作者十年历程回顾”活动。区17个街道、205个社区的新老社区工作者参加。

(龙安辉 董蕾)

【社会组织管理】 6月,开展新公益组织沙龙、座谈会,邀请社会组织参加,针对社会组织筹资等难题进行指导和帮助。深化服务社会组织职能,为社会组织深度合作,搭建信息共享、资源互补平台。全区有社会组织545个,其中社会团体210个,民办非企业单位335个。年内,开展社会组织和社会组织服务民生活动。 (龙安辉 董蕾)

【见义勇为权益保护】 7月23日,在《北京市见义勇为权益保护条例》及实施办法颁布10周年之际,承办全市宣传周启动仪式主会场活动。全区有见义勇为人员144名。依法确认见义勇为人员2名。为2名非农业户籍未享受北京市城镇居民基本医疗保险待遇的见义勇为人员,办理缴费参保工作,组织见义勇为人员外出疗养。依法落实见义勇为人员各项待遇,做好见义勇为人员的帮扶救助工作,走访慰问困难见义勇为人员20人次,市、区两级发放救助资金10余万元。

(龙安辉 董蕾)

【福利彩票发行】 区划调整后,区电脑福利彩票销售突破2亿元,即开票销售2950万元,支持社会福利事业发展。

(龙安辉 董蕾)

【扶贫济困送温暖】 7月,走访慰问低保对象、特困单亲母亲、残疾人、特困优秀学生等8类56户困难家庭,为每户家庭送去1000元慰问金和价值200元的慰问品。

(龙安辉 董蕾)

【婚姻登记管理】 10月10日,登记高峰日办理结婚登记1041对。开展纪念新中国首部《婚姻法》颁布60周年宣传日活动。11月1日,统一启用东城区民政局婚姻登记专用章和钢印。全年,办理结婚登记5303对,离婚登记1492对,补领婚姻证件547件。 (龙安辉 董蕾)

【流浪乞讨人员救助】 全年,接待求助人员1299人,救助1287人,处理网格信息2768件。 (龙安辉 董蕾)

【社会救助】 年内,以“无社会救助盲点”为目标,落实各项社会救助政策。城市低保标准由410元调整为430元。年末,全区保障最低生活困难群众10327户、19112人,发放低保金8844.27万元。享受粮油帮困补贴7247户、8967人,发放补贴金442.98万元。享受医疗救助人员2240人次,支出救助资金546.42万元。办理临时救助194人,其中不享受低保的低收入人员59人,发放救助资金143.8万元。冬季燃煤自采暖救助5130户,救助金153.83万元,清洁能源自采暖救助573户,发放救助金49.96万元。救助低保家庭应届大学新生229人,发放救助款91.1万元。 (龙安辉 董蕾)

【养老服务机构】 年内,按照市《关于加快养老服务机构发展的意见》和办实事项目要求,通过整合区域资源、政府投资兴办、鼓励社会力量兴办、挖掘内部资源潜力等多种方式,推动全区养老服务机构的发展。新增养老服务机构床位401

张,完成北京市下达的指标任务。推进北苑区级养老院建设,完成项目建议书编制、功能需求方案编写、平面效果图初步设计等工作。 (龙安辉 董蕾)

【成年孤儿安置】 年内,协调东城公安分局、区财政局、人力资源和社会保障局、房管局等部门,完成孤儿在各街道落集体户、孤儿安置经费落实、孤儿建立档案和失业登记、为有需求的孤儿每人配租廉租房一套等事宜。12月,各街道办事处到市第二儿童福利院办理孤儿接收安置交接手续。本区完成3名成年后孤儿接收安置工作。 (龙安辉 董蕾)

【双拥工作】 年内,结合创建全国双拥模范城试点,完善双拥基础工作,制订《东城区创建全国双拥模范城常态化管理责任分工》等规定,将具体工作落实到26个责任单位,10个街道办事处、29支部队,形成齐抓共管的双拥工作格局。开展军民参与的文艺演出、联谊会、朗诵会、书法比赛等80场次。为3000余名官兵举办文化、心理健康、法律、电脑、文明礼仪知识讲座。为部队培养等级厨师60名。为军营图书室捐赠图书2000余册。电影专场5场,出板报100块,制作宣传橱窗180个,挂横幅200余条。两节期间,区领导和各街道,分别走访慰问驻区部队,赠送慰问金和慰问品130余万元。制作军烈属纪念牌,为1150名优抚对象上门挂牌。为46名部队子女小升初择优入学。开展国防教育和双拥宣传活动。全年国防教育知识讲座12场次,安装国防教育广告牌620块,举办报告会20余场,出版报200块,宣传橱窗100个,挂横幅840余条,电影专场10场,编发双拥信息30期。举行"军民共建护城河城市休闲公园"工程启动仪式。区领导组成慰问团赴上海慰问世博会边防安保参战部队,送去慰问金5万元。召开八一双拥工作部署会、军政座谈会。举办百名将军书画艺术作品展,区领导、驻区部队、各界人士、社区居民近万人参观展览。举办以"神州同颂军中魂"、"军民鱼水情"、"消防之夏"等为主体的系列文艺演出活动,为驻区部队官兵送去精彩文艺节目。全区各街道、各单位举办军民联欢庆八一活动40场次。区领导、各街道、各单位主要领导走访慰问部队,赠送慰问金和慰问品价值350万元。东华门、和平里、建国门、安定门、东花市、龙潭、体育馆路街道获市双拥模范街道办事处称号。 (龙安辉 董蕾)

【优抚安置工作】 全区有优抚对象1900人,其中残疾军人801人,烈属522人,享受定期抚恤补助病故军人遗属51人,老复员军人31人,参战退役人员9人,义务兵486人。开展优抚服务保障工作。为重点优抚对象216人体检,支出体检费7.75万元。全区122人享受定期抚恤补助优抚对象免费参加医疗保险,实现就医渠道多样化。办理一次性抚恤金26人,发放抚恤金270.3万元。为烈属发放"光荣之家"烈属纪念牌,为现役军人家属挂"光荣军属"牌。原崇文区为96户新兵家庭办理价值20万元的家庭财产保险。加强政策宣传,拓展用工渠道,建立用工信息网络。年末,接收复员退伍军人267人,全部妥善安置。其中复工复职37人,政府安置81人,自谋职业146人,移交3人。 (龙安辉 董蕾)

【军队离退休干部管理】 年内,接收安置军队离退休干部94人,落实军休干部及家属遗属医疗费1789万余元。组织军休干部参加民政部、解放军总政治部和北京市政府的慰问活动,为920余人发放慰问金。原东城区完成军休干部600余人定期增资工作。 (龙安辉 董蕾)

【行政区划管理】 年内,完成行政区域界线联合检查工作。分别与原西城区、原崇文区、朝阳区签署行政区域界线联合检查情况工作报告,并上报市政府。进行边界线交会点界桩日常维护管理工作,保持界桩完好。启动首都功能核心区行政区划调整后的联合勘界工作。 (龙安辉 董蕾)

【民政信访】 全年,受理群众信、访38件,其中市、区等上级部门转办信件34件,群众来信15件,接待信访群众98人次。开展矛盾纠纷预测排查4次,排查出矛盾纠纷15件。处级领导阅批信73件,参与接待48人次。网上办理市长信箱群众来信4件。复信回访率100%,来信结办率100%。

(龙安辉 董蕾)

居民生活

【居民收入】 据区居民家庭生活调查资料显示,居民人均家庭总收入为35267.84元,比上年增加2652.25元,增长8.1%。人均家庭可支配收入30684.48元,比上年增加2410.32元,增长8.5%。在人均家庭总收入中,工资性收入24586.72元,占人均家庭总收入的69.7%,比上年增加1452.59元,增长6.3%。经营净收入890.77元,占人均家庭总收入的2.5%,比上年增加67.69元,增长8.2%。财产性收入618.51元,占人均家庭总收入的1.8%,比上年减少54.14元,下降8.0%。转移性收入9171.84元,占人均家庭总收入的126.0%,比上年增加1186.12元,增长14.9%。

(王晓朋 吴静)

【居民支出】 居民人均家庭总支出28388.14元,比上年增加241.12元,增长0.9%。在人均家庭总支出中,消费性支出22195.99元，占人均家庭总支出的78.2%，比上年增加1761.87元，增长8.6%。人均转移性支出2317.67元，占人均家庭总支出的8.2%，比上年减少83.91元，下降3.5%。人均社会保障支出3690.83元，占人均家庭总支出的13.0%，比上年增加258.33元，增长7.5%。（王晓朋 吴静）

【食品类支出】 居民家庭人均购买食品支出7528.76元，比上年增加592.95元，增长8.5%，低于人均消费支出增幅0.1个百分点。其中购买粮油类支出790.83元，增长16.7%；肉禽蛋水产品类支出1460.56元，增长5.7%；蔬菜类支出612.79元，增长21.0%；调味品支出129.67元，增长11.5%；糖烟酒饮料类支出859.27元，增长9.6%；干鲜瓜果类支出748.64元，增长13.7%；糕点、奶及奶制品支出706.15元，增长8.4%；其他食品支出79.12元，增长26.4%；饮食服务支出2141.74元，增长2.1%。本年恩格尔系数33.9%，与上年持平。（王晓朋 吴静）

【衣着类支出】 居民家庭人均购买衣着支出2251.19元，比上年增加261.00元，增长13.1%。其中购买各类服装类支出1606.95元，增长13.6%，人均购买服装11件；鞋类支出540.15元，增长10.9%，人均购鞋3双。其他衣着用品、衣着材料和支付衣着加工服务费共计支出104.09元，增长17.3%。（王晓朋 吴静）

【家庭设备用品及服务支出】 居民家庭人均家庭设备用品及服务支出1538.89元，比上年增加232.74元，增长17.8%。其中人均购买耐用消费品的支出为683.57元，比上年增加20.24元，同比增长3.1%。床上用品支出110.72元，增长25.3%。家庭日用杂品支出563.92元，增长43.1%。家庭服务支出118.69元，增长3.6%。（王晓朋 吴静）

【医疗保健支出】 居民家庭人均用于医疗保健方面支出1726.98元，比上年减少169.57元，下降8.9%。其中购买药品支出817.31元，下降23.9%；滋补保健品支出323.86元，增长25.5%；医疗费支出512.03元，增长1.6%；购买医疗、保健器具和其他医疗保健支出共73.78元，增长20.5%。（王晓朋 吴静）

【交通和通讯支出】 居民家庭人均用于交通和通信方面支出3085.27元，比上年增加521.11元，增长20.3%。其中交通类支出（包括购置家庭交通工具、购买车辆用燃料及零配件、交通工具服务支出和交通费）1796.96元，增长24.2%。其中购置家庭交通工具支出444.65元，增长45.9%；支付交通费521.59元，增长15.1%。通信类支出（包括购置通信工具和支出通信服务费用）1288.31元，增长15.3%。其中购置通信工具支出264.00元，增长34.2%；通信服务费用支出1024.31元，增长11.3%。（王晓朋 吴静）

【教育和文化娱乐支出】 居民家庭人均用于教育和文化娱乐方面支出3494.78元，比上年增加231.38元，增长7.1%。其中用于购置文化娱乐用品支出1058.70元，比上年减少81.28元，下降7.1%；用于文化娱乐服务方面支出1395.63元，比上年增加157.02元，增长12.7%；支付各种教育费用1040.46元，比上年增加155.66元，增长17.6%。（王晓朋 吴静）

【居民能源与水的消耗支出】 居民家庭人均水支出121.68元，比上年增加22.59元。人均电支出448.96元，比上年增加86.15元。人均灌装液化石油气消费支出20.88元，比上年减少1.16元。人均管道天然气消费支出173.07元，比上年增加66.23元。人均煤炭消费支出11.52元，比上年增加3.94元。（王晓朋 吴静）

【居民储蓄】 居民家庭人均存入储蓄款31903.48元，比上年增加1687.44元，增长5.6%；人均提取储蓄存款25952.67元，比上年增加398.37元，增长1.6%；存款比取款多5950.81元。居民人均储蓄性保险支出339.32元，购买有价证券90.51元，归还住房和购车贷款560.79元。（王晓朋 吴静）

【主要消费品拥有量】 每百户居民主要大件生活消费品拥有量为：家用汽车29辆，洗衣机102台，电冰箱105台，微波炉93台，空调器180台，淋浴热水器92台，彩色电视机153台，家用电脑111台，组合音响28套，钢琴6架，摄像机23架，照相机110架，各种健身器材8套，固定电话104部，移动电话236部。（王晓朋 吴静）

计划生育

【概况】 东城区人口和计划生育委员会（简称区人口计生委）是区政府的工作部门，负责建立健全本区人口管理体制、整合人口管理职能，统筹解决区域人口问题，实现人口管理工作的科学发展。行政区划调整后，区人口计生委内设办公室、宣传教育科、政策法规科、流动人口服务管理科、调研协调科、计划生育协会、生殖健康技术指导中心、计划生育药具管理站8个科室。年内，区委常委会、区政府常务会和区长办公会先后3次研究人口和计划生育工作，完成区长与市长签订的人口和计划生育目标管理责任书的各项指标。截至年末,出生6677人,计划生育率97%。完成市政府下达的各项指标。

单位名称:东城区人口和计划生育委员会
单位地址:东城区美术馆后街12号3层305室
联系电话:84048378　邮政编码:100010　(王承岩)

【研讨人口计生工作】 1月14日,原崇文区第一次区长办公会上,研究讨论区域人口和计划生育工作。区人口计生委主任汇报上年全区人口和计划生育工作进展,本年度工作计划。区长牛青山听取汇报后指出,人口始终是影响全区经济和社会发展的核心要素。重点做好两方面工作:"大人口"方面,要继续深化"人口控制、规划先行"和"以房管人、以业引人"人口规模控制调控思路。"小人口"方面,要重点做好城市计划生育家庭利益导向机制建设,彰显国策的人文关怀,切实维护计划生育家庭的合法权益。　(王承岩)

【慰问困难家庭】 1月29日,市人口计生委主任邓行舟,慰问原崇文区部分独生子女困难家庭。送去慰问金、生活用品和新春的祝福。副区长刘玉芳陪同。同日,原崇文区人口计生委主任到东花市街道慰问困难独生子女家庭和困难计生专干家庭。年初,区、街两级人口计生委系统,开展"建和谐、送温暖"独生子女家庭慰问活动,慰问困难独生子女家庭和困难计生专干家庭19户,发放慰问金9500元。　(王承岩)

【工作研讨会】 年初,原崇文区人口计生委和区卫生局联合签发《崇文区加强社区计划生育技术服务工作的意见》(以下简称意见)。意见明确部门职责,制订计卫联手开展计划生育技术服务工作联席会和考核评估制度,建立计卫联手三级网络和队伍。为落实意见精神,2月1日原崇文区人口计生委与区卫生局联合召开社区计划生育技术服务工作研讨会,各街道计生办科长和社区卫生服务中心主任及部分卫生站站长,在总结上年工作的基础上,对本年社区计划生育技术服务贴近群众需求,开展健康讲座、咨询服务等进行研讨。为街道与社区卫生服务中心搭建沟通、交流平台,建立层级管理、分级负责的管理体制。　(王承岩)

【社区健康行活动】 3月22日,原崇文区生殖健康中心指导社区开展"社区健康行"活动。与所属社区卫生服务站共同研究制订年度开展宣传教育活动和咨询指导计划,将宣传教育活动的形式、内容、时间、聘请专家等,在社区向群众公布。使群众可以选择适合自身的宣教活动参加。　(王承岩)

【参观学习】 3月22日,原崇文区人口计生委、卫生局、妇幼保健院一行10人到江苏省太仓市,参观学习人口计生家庭保健服务中心部门整合、优势互补、利益双赢、群众受益的服务模式。　(王承岩)

【知识竞赛】 3月26日,原崇文区人口计生委、流管办在区政府四层礼堂联合举办《流动人口计划生育工作条例》知识竞赛。竞赛内容涵盖《流动人口计划生育工作条例》的内容、人口与计划生育法律法规及相关法律知识。市人口计生委宣教处、宣教中心,区人口计生委、流管办、法制办、司法局等单位领导,街道主管计生工作主任、专干,街道流管办主任、协管员及街道计生系统宣传员、协会会员150余人观摩比赛。　(王承岩)

【工作会】 4月1日,原崇文区人口计生委召开人口和计划生育工作会。传达国家和市有关文件精神,表彰上年各街道先进集体、红旗单位和先进个人。部署本年人口和计划生育重点工作,提出工作要求。　(王承岩)

【落实调研会】 4月9日,原崇文区人口计生委召开国资委主要领导、相关科室工作人员及企业负责人参加的企业独生子女父母奖励费落实情况调研会。会上,学习市独生子女父母奖励优待的相关法规政策,解读企业在落实独生子女父母奖励费方面应当承担的责任。听取企业负责人介绍各自单位性质、经营状况以及奖励费落实困难等情况的说明。根据情况对企业上报的未落实奖励费人员情况分类汇总,摸清底数,从矛盾纠纷排查化解救助专项资金中拨付资金,为涉及12家企业的265名符合奖励政策的职工,发放1000元的独生子女父母一次性奖励费。　(王承岩)

【流动人口孕检管理】 4月18日,福建省泉州市为对区域内流入到北京的育龄群众加强管理,与原崇文区生殖健康技术指导中心建立合作关系。在中心安装泉州市研发的泉州市流动人口计划生育区域协作信息共享通报平台,此平台设有指纹录入、二代身份证校验、孕检信息平台传输等方式,有效控制了该地区孕检作假现象。中心通过安装此平台,实现了与福建省泉州市内11个市、区、县的信息交互合作。

(王承岩)

【人口形势分析报告会】 4月21日,原崇文区人口计生委和区流管办联合举办人口形势分析报告会。邀请北京大学社会学系教授陆华杰作人口形势分析研究成果报告。对全球人口和中国人口的增长现状和特点,中国人口发展进程中面临的突出挑战,首都人口发展面临的主要矛盾、对策思考以及实现首都人口发展规划目标的对策建议等问题,作系统深入地分析和讲解。为探索人口综合问题研究,合理控制人口分布和人口规模,做好流动人口服务与管理工作提供了理论基础。区人口计生系统、流管系统、人口和计划生育领导小组成员单位,7个街道党政一把手、主管主任、科长、计生专干、社区计生主任200余人参加。　(王承岩)

【幸福工程共建】 原崇文区在"母亲节"前夕,将4月份确立为幸福工程宣传、募捐月,与怀柔区开展"幸福工程共建"活动。组织各级计生协会团体会员40余人,实地考察怀柔区幸福工程项目基地——黄花镇驼岭红源专业合作社,参观红灯笼、刺绣画的制作流程,手工操作、成品展示等。听取镇计生协负责人介绍合作社发展历程。年内,在幸福工程的宣传推广、善款募集等工作中，利用幸福工程公益品牌的优势，采取多种形式，调动各方资源积极参与。挖掘社会资源筹募“幸福工程”善款。（王承岩）

【宝宝大赛】 5月26日，原崇文区人口计生委、妇联、卫生局、妇幼保健院共同举办区第三届“健康、快乐、我成长”宝宝大赛，展示计划生育家庭的风采。张岚等领导出席活动。70余名2～10个月的新生宝宝及其家人参赛。将宝宝们分为2～4月龄组、5～7月龄组、8～10月龄组，进行婴儿操、踢球、精细运动、爬行等比赛，每个年龄组评出“金虎宝宝”、“精灵宝宝”、“快乐宝宝”前三名。聘请专家，开展现场婴幼儿保健知识免费咨询。（王承岩）

【计生协成立30周年活动】 5月27日，原东城区计生协召开庆祝中国计生协成立30周年暨“特别关怀行动”项目启动会。会上，区计生协与北京助人社会工作事务所签署协议，调查独生子女特别扶助家庭需求，成立“生育关怀行动”志愿者服务队，开展针对性服务。观看《幸福工程主题摄影展》。协助中国人口福利基金会、市计生协，举办“为了母亲的微笑——幸福工程15周年主题摄影展”。街道、社区、驻地单位协会会员2568人次观看。（王承岩）

【青春健康项目课堂】 6月7日，原东城区人口计生委启动“自己青春无悔”——青春健康项目大课堂。特邀市“青春健康”项目专家指导组专家，结合职高学校的青少年普遍存在有过激行为倾向、学习不良、逃学等现象，通过“生命链”的互动游戏方式授课，受到青少年欢迎。（王承岩）

【世界人口日活动】 原崇文区人口计生委举办以送保险、送文化、送健康、送知识为主要内容的系列宣传与服务活动。6月，全区启动“计划生育困难家庭特别扶助金”项目，救助遭遇挫折和生活困难的计划生育家庭。区政府投入10余万元，为全区独生子女死亡伤残和享受“低保”的3500余个家庭投保计划生育家庭意外伤害保险。与区妇幼保健院合作，为1000余名生活困难的已婚育龄妇女免费开展健康体检和疾病筛查，建立追踪服务档案，有效提升育龄群众的生殖健康意识和自我保健能力。与区委宣传部、文化委、文化馆联合启动“唱计生国策、颂婚育文明”为主题的文艺汇演。经全区选拔，有器乐合奏、舞蹈、朗诵、相声、单弦、快板、合唱等10余个节目在区级汇演舞台上演出。与区卫生局、疾控中心重新组建原崇文区生殖健康讲师团，到社区、企业、学校、市场，举办各类知识讲座。满足人民日益增长的计划生育、优生优育、生殖健康和计划生育政策、法规知识需求。（王承岩）

【避孕节育评估开发与应用项目】 7月15日，原东城区人口计生委与上海市计划生育科学研究所合作的“个体避孕筛查评估系统的开发与应用”项目完成。该项目以WHO《避孕方法选择标准》和约翰·霍普金斯大学《避孕技术指南》等资料为参考，结合中国国情，开发避孕节育筛查系统及评估指标，制订相应的咨询服务标准。该项目得到专家的肯定和认可，建议完善推广该咨询系统。已经完成单机版本的开发。（王承岩）

【人口计生调研工作会】 7月22日，原崇文区召开人口计生系统调研工作会议。总结2008年至2009年区人口和计划生育调研工作，表彰先进集体。向街道代表发送《崇文区人口计生系统调研报告汇编》，部署本年调研工作。（王承岩）

【“公开信”发表30周年活动】 9月20日，举办“记光辉岁月展计生风采”纪念“公开信”发表30周年庆典表彰活动。市人口计生委主任邓行舟、国家人口计生委司长施春景和东城区主要领导出席庆典活动。活动以纪录影片、现场访谈、文艺演出等形式，回顾、展示“公开信”发表30周年以来，人口计生工作走过的光辉岁月和取得的成就，表彰人口计生事业奉献集体和人口计生事业爱岗敬业奉献个人。（王承岩）

【健康生育计划】 9月，健康生育计划项目启动，全区开展健康生育计划六项免费公共服务，免费婚检238对，发放新婚礼包5728对夫妇。开展婚前保健咨询3513人次、健康教育1.03万人次。义诊3492人次，发放免费叶酸4000瓶。发放育儿百科1658本。孕前保健筛查2151人次，优生咨询5500人次。参加准妈妈俱乐部1200人次，惠及育龄群众近4万人次。（王承岩）

【健康知识讲座】 年内，原崇文区人口计生委举办党政领导干部健康知识系列讲座，为全区党政领导干部送知识、送健康、送关怀，送措施。邀请北京大学人民医院男性健康管理研究所教授讲解浅显生动的男性健康知识。区综合治理部门和7个街道的党政领导干部、主管副主任参加。（王承岩）

【抽查独生子女家庭扶助工作】 年内，市人口计生委抽查原崇文区本年独生子女死亡、伤残家庭特别扶助工作。本区伤残家庭特扶对象年审符合466名，新进人49名，摸底2名。死亡家庭特扶对象年审符合179名，年审退出3名，新进人31名，摸底2名。市人口计生委检查组听取工作汇报，并与部分街道计生干部座谈，了解工作中遇到的困难以及群众反映的代表性问题，对于基层提出的相关问题给予政策上的解答。抽查新增特别扶助对象符合政策的资格确认、程序、表格填写及年审等工作。检查组认为特别扶助工作无论是在政策、程序及表格填写上，把握准确、程序完备和填写规范。（王承岩）

【特色服务】 年内，原东城区人口计生委结合东城区流动人口计划生育关怀关爱专项行动，在全区中小学开展“我眼中的第二故乡”活动。旨在倡导人口文明、感受国学教育、享受东城环境，为学生们的假期增添学习乐趣、生活的磨练和第二故乡的情结。活动内容：免费参观孔庙、青年湖公园，免费参加青年湖公园水上娱乐项目。征集并评选“我眼中的第二故乡”优秀摄影作品30篇，并予以奖励。征集“我眼中的第二故乡”活动一句话感言1000句，采集参加活动的学生及其家长相关信息。非北京市户籍，在东城区就读的中小学生5000人参加活动。

（王承岩）

【流动已婚育龄妇女调查】 年内，原崇文区人口计生委开展流动已婚育龄妇女情况摸底调查工作。掌握各省、地、市、县的来京流动人口基本信息、婚育信息和违法生育情况，根据人口流动规模和区域聚集特征，研究制订符合本区实际的省际间区域协作方案，协商解决影响本区域流动人口服务管理的重点、难点问题，为开展异地联合执法和签订双向管理协议奠定基础。

（王承岩）

【流动人口孕情检查】 年内，接待流动人口孕情检查1.04万人次，其中免费7398人次。发现疾病50人次，环移位177人次，转诊227人次。

（王承岩）

老 龄 工 作

【概况】 年内，落实区政府折子工程为民办实事第60项任务。1月，召开落实市“九养”［即：建立万名“孝星”评选表彰制度、建立居家养老（助残）券服务制度和百岁老人补助医疗制度、建立城乡社区（村）养老（助残）餐桌、建立城乡社区（村）托老（残）所、招聘居家服务养老（助残）员、配备养老（助残）无障服务车、开展养老（助残）精神关怀服务、实施家庭无障碍设施改造、为老年人（残疾人）配备“小帮手”电子服务器］政策工作会。2月，区长办公会议通过区落实市居家养老（助残）服务“九养”办法的意见。主管副区长主持召开第十三届老龄工作委员会全体（扩大）会议，强调要增强做好老龄工作的使命感，推进老龄事业规范化和产业化发展，营造老龄事业发展良好氛围。成员单位和街道主管领导参加。召开原东城区落实“九养”政策工作部署会、街道系统老龄工作座谈会，有关委办局和街道主管领导参加。协调解决落实居家养老（助残）服务具体任务、存在问题。3月，与区劳动和社会保障局、民政局、财政局、残联，召开发展家庭服务业促进就业部门联席会议，动员社会各级单位、各类组织参与老年服务业建设。5月，召开区落实“九养”政策阶段性工作推进会，解决落实政策过程中难点问题，完善工作机制和制度，拓展养老（助残）服务项目，加强服务监管，推动服务支撑体系建设。启动“小帮手”电子服务器配发组织审批工作。7月，举办“小帮手”电子服务器使用培训会，社区信息员和街道联系人参加。举行“小帮手”电子服务器暨残疾人辅助器具发放仪式，市老龄办常务副主任李建国、市残联副理事长侯淑芬、副区长宋甘澍出席。8月16日，合区后老龄办办公地址搬至幸福大街32号。9月，召开“孝星”代表座谈会，市老龄办宣传处、央视网银发时尚频道负责人参加座谈。在《北京社区报》“孝星有我”专栏，刊登典型事迹，全区制做展板、板报、标语千余份，发放宣传材料5000余份。10月，副区长、区老龄工作委员会主任宋甘澍主持召开两区合并后首次老龄工作委员会会议，通报“孝星”评比表彰活动和重阳节敬老月活动安排。东直门街道建成老年关爱中心和“居家养老服务一条街”，为老年人提供日间照料、读书看报、休闲娱乐、中医养生、文化娱乐、知识讲座、就餐等30余项服务，居家养老签约服务商12家。编发东城《老龄工作信息》12期、《老龄工作简报》8期。东城区获全国老龄工作先进单位，区老龄办被评为北京市老龄工作先进单位，市老龄工作先进个人20人。老年人协会按照章程开展活动。办理人大代表议案、政协委员提案7件。全区，60周岁及以上户籍老年人19.59万人，占户籍总人口的20%。其中80岁及以上高龄老年人4.19万人，占老年人口的21%。本区居住百岁老人65人，其中女性47人，年龄最长者108岁，有纯老年人家庭人口2.5万人。

单位名称：东城区老龄工作委员会办公室
单位地址：东城区幸福大街32号
联系电话：64035912　邮政编码：100061

（王玉萍）

【居家养老服务】 1月1日起，落实《北京市市民居家养老（助残）服务“九养”办法》，区政府办公室转发区民政局、老龄办、残联《关于东城区落实北京市市民居家养老（助残）服务（“九养”）办法实施意见的通知》，区老龄办下发《东城区居家养老（助残）券审批工作细则（暂行）》《东城区百岁老人补助医疗工作实施细则》《东城区居家服务养老（助残）员聘用工作实施细则（试行）》《关于做好东城区“孝星”评选表彰工作的通知》《关于居家养老（助残）券有关事项说明》。制订可操作性规定和说明。向符合条件的80周岁及以上老年人和特殊老年人2.8万人发放居家养老（助残）服务券。全区享受政府补贴服务老年人4.18万人，建立养老助残餐桌253个，托老（残）所186家，签约居家养老服务商208家，发放“小帮手”电子服务器3950台，招聘居家养老（助残）员58人，推选市、区两级“孝星”1200人。3月18日，在交道口街道府学社区养老服务中心召开落实“九养”政策现场会。市民政局副局长孟钧，市老龄办常务副主任李建国，主管区领导出席。养老服务中心面积240平方米，设老年饭桌、日间照料室、中医养生室、健康之家、心理辅导室、书画工作室、多功能厅等7个功能室。由街道办事处投资兴办，社区居委会管理，集生活照料、就餐、文化娱乐、精神慰藉、心理辅导、中医养生、医疗保健功能于一体。

（王玉萍）

【走访慰问】 元旦、春节期间,区领导入户走访慰问百岁老人、孤、寡、残和家庭特困老人,送去救助金。老龄委各成员单位、各街道开展"党心连民心、亲情进万家"活动,对全区老年人走访慰问送温暖3000余人次。 (王玉萍)

【老年文体活动】 5月,举办第二十届老年人文艺汇演,15支老年代表队300余名老人演出节目15个,评出金银铜奖9个。市老龄协会、市老龄办,区人大、区政府,区政协领导出席。《北京社区报》、央视网记者给予报道。10月,举办"放歌新东城、重阳颂和谐"新东城首届"孝星"表彰大会暨庆重阳文艺汇演;举办"长寿杯"第二十六届老年人象棋赛暨第九届老年人围棋赛,15支代表队百名老人参加比赛,评出团体奖和个人奖前三名;举办"重阳杯"老年门球赛,老年人心理健康讲座。涉老单位和街道组织老年人景山公园登山健步走活动,为百岁老人祝寿。开展"最难忘的故事"老年人征文活动。全区有各类老年人社团组织600个,2.44万人。 (王玉萍)

【老年教育】 5月,建国门街道老年学校搬入街道社区服务中心,教学环境改善。学员参加对外开放宣传活动12次,学员10人参加市里举办的"全民文化学习周"活动,现场书写作画20幅。东城老年大学设教学班32个,参加书法、国画、素描、摄影、保健按摩、文学、英语等班次的学习2819人次,在校生注册和新生报名人数超出上年度50%,其中女学员占总人次的78.36%,结业438人次。举办建校25周年教学成果展,收集作品800余幅。5至6月,举办班展,展出6期。25个班,338人次参加,展出作品563幅。11月,在区图书馆举办校展,展出作品200余幅,中国老年大学协会会长张文范,区长牛青山出席开幕式,名誉校长朱蓉先主持,学员300余人参加开幕式。召开办好老年大学座谈会,中国老年大学协会副会长袁新立出席。学员协助社区举办画展,书写条幅、春联、板报。全区有不同类别老年学校152所,在校学员2.4万人次。 (王玉萍)

【老年福利服务设施】 年内,本区有养老服务机构9所,其中政府办4所,民办5所,床位数621张;老年病医院1个,床位251张;老年活动站(中心、室)204个。全年参加各类活动5.39万人次。 (王玉萍)

【老年人优待工作】 年内,区老年人优待工作成员单位,做好老年人景区旅游参观、文化体育活动、社区为老服务、高龄老年人津贴发放、医疗卫生服务和法律咨询工作。为符合条件的65岁及以上老年人办理老年人优待卡11.97万张,对全区3094名90岁以上老年人,按时足额发放高龄津贴。工人文化宫、文化馆、街道文体中心定期为老年人放映专场电影。各级体育中心(馆)、街道社区体育健身俱乐部,为老年人免费或优惠提供体育活动场地。社区卫生服务管理中心为1050名家住东城区,无社会养老保障老年人免费体检,社区卫生站开展中医养生等系列讲座93场次,受益老年人3000余名。社区卫生服务站为辖区60岁以上老人免费接种流感疫苗,建立健康档案、办理居民健康卡,为90岁以上老人免费入户体检。以老年保健、慢性病管理、中医养生为内容,开展健康教育讲座、义诊咨询。为有需求的居民进行网上预约,开展远程会诊服务。 (王玉萍)

【老年人协会】 年内,老年人协会按照章程开展活动。全区有街道老年人协会4个,社区老年人协会188个,会员3.07万人。全国两会期间,老年志愿者参与维稳执勤。和平里地区老年人向玉树地震灾区捐款20万元。地坛社区老年人协会开展"调查研究年"活动,调研社区老年人基本情况和生活需求,与街道、社区居委会协调,探索开办老年饭桌模式。地坛社区退休医生,举办中医药特色社区义诊咨询。建国门街道老年人协会与西总布社区分会联合走访慰问90岁以上老人12人,与干面社区分会联合召开"老少同乐"体育运动会,与赵家楼社区分会联合组织"欢聚一堂喜迎新年联欢会"。禄米仓社区分会协助组织老年摄影组、老年模特队,组织分会长参观顺义国际鲜花港,节日慰问高龄老人26人次。 (王玉萍)

【调查研究】 年内,市老龄办有关领导分别到区老龄办考察养老(助残)券审批发放程序,调研检查工作,到北新桥、朝阳门、东直门街道检查老年饭桌和托老所运营情况。区领导多次调研"九养"政策落实情况并指导落实工作,到北新桥街道调研社区居家养老、便民服务情况。区民政局、老龄办到北新桥、和平里街道调研社区老年饭桌运营情况。针对居家养老(助残)服务、老年优待、统计、法律咨询服务等工作,与街道、社区老龄工作者开展研讨,进行工作培训。调查老年人"小帮手"电子服务器需求情况。组织参加第三届全国老年心理关爱研讨会征文活动,报送《空巢老人如何自我开展心理健康活动》《人文关怀在社区老年人心理干预中的应用》《社区居家养老空巢老人心理服务的研究》论文3篇。完成《老龄事业统计表》统计上报工作。 (王玉萍)

【老年维权】 年内,老龄系统接待来信来访1.1万人次,办理"老年人优待证"5899张,累计办理8.24万张。有老年法律援助工作站1个,老年维权协调组织178个。法律援助中心受理涉老案件20件。为符合条件的515户老年家庭免费安装医疗应急救援呼叫器("一按灵")。接待老年法律咨询647人次。开展老年维权法律知识有奖竞答比赛,1500余人参赛。举办老年法律知识讲座,230人参加。组织老年人参加区司法局开展的"九九"重阳老年人法律援助宣传活动,法律援助工作人员、律师、公证员现场解答法律咨询120人次、发放老年人维权手册和宣传材料2000余份。 (王玉萍)

百岁老人(原东城)

序号	姓名	性别	年龄(岁)	原职业	住地
1	盛　苗	女	103	无	和平里街道
2	朱玉芬	女	102	无	和平里街道
3	李秀贞	女	100	无	和平里街道

（续表）

序号	姓名	性别	年龄（岁）	原职业	住地
4	邓玉香	女	100	无	和平里街道
5	周景兰	女	100	无	东四街道
6	田凤荣	女	100	无	东四街道
7	韩　芹	女	100	无	东四街道
8	刘桂华	女	102	无	东直门街道
9	李　忠	男	102	无	东直门街道
10	程国弼	男	101	工人	东直门街道
11	刘桂亭	女	100	无	东直门街道
12	方玉英	女	102	无	景山街道
13	杨玉傑	女	103	干部	景山街道
14	马殷氏	女	100	无	景山街道
15	袁　新	女	100	工人	景山街道
16	闵文庆	男	100	工人	景山街道
17	王刘氏	女	108	无	东华门街道
18	白梅彦	女	100	无	东华门街道
19	张有梅	女	102	无	东华门街道
20	王青芳	女	100	居委会老主任	东华门街道
21	曾竹韶	男	102	中央美院退休教师	东华门街道
22	汪淑珍	女	104	无	东华门街道
23	雷洁琼	女	105	全国人大常委会原副委员长	东华门街道
24	崔淑英	女	102	工人	安定门街道
25	赵玉珍	女	102	无	安定门街道
26	黄质夫	男	101	无	安定门街道
27	杨公素	男	100	外交官	安定门街道
28	赵健民	男	100	副部长	交道口街道
29	杨镇江	男	106	工人	交道口街道
30	陈苜莉	女	101	无	交道口街道
31	孟　茹	女	101	无	交道口街道
32	蒲允芝	女	100	无	交道口街道
33	马玉洁	女	103	无	北新桥街道
34	赵秀英	女	103	无	北新桥街道
35	石于氏	女	106	无	北新桥街道
36	尹士奎	男	101	退休工人	北新桥街道
37	吴爱华	女	100	退休人员	北新桥街道
38	张鸿	女	101	无	北新桥街道
39	刘英群	女	102	无	建国门街道
40	齐　民	女	103	工人	建国门街道
41	尤淑芬	女	101	无	建国门街道
42	武景山	男	100	退休工人	建国门街道
43	周冬娟	女	100	退休工人	建国门街道
44	周有光	男	104	语言学家	朝阳门街道
45	闫佩英	女	101	无	朝阳门街道

百岁老人(原崇文)

序号	姓名	性别	年龄（岁）	原职业	住地
1	杨骏发	男	100	外交人员服务局英语翻译	前门街道
2	裴兰玉	女	102	无	崇外街道
3	官丽云	女	101	无	崇外街道
4	刘王氏	女	101	无	崇外街道
5	张书林	男	100	电线厂工人	崇外街道
6	林　林	男	100	外交部外交文化	崇外街道
7	周梦萍	男	100	参事室参事	崇外街道
8	钱武英	女	100	无	崇外街道
9	杨淑贤	女	102	无	东花市街道
10	刘文治	女	101	无	东花市街道
11	李信宜	女	101	针织厂工人	龙潭街道
12	唐马氏	女	100	无	龙潭街道
13	徐佩霞	女	100	无	体育馆街道
14	傅漪泉	男	105	售货员	天坛街道
15	赵李氏	女	101	无	天坛街道
16	李雨村	男	104	煤场会计	永外街道
17	孟宪均	男	103	无	永外街道
18	李贵英	女	102	无	永外街道
19	胡秀贞	女	101	无	永外街道
20	郭芝兰	女	100	无	永外街道

残疾人事业

【概况】 7月初,按照区划调整方案要求,原东城区残疾人联合会和原崇文区残疾人联合会合并为东城区残疾人联合会(简称区残联)。8月至9月,完成机构合并及办公移址工作,实现机构整合到位、工作对接到位、人员安排到位、办公地址调整到位。年内,抓住区划调整机遇,加快完善残疾人社会保障和公共服务体系建设,结合创先争优活动,整合南北两片资源,扎实推进康复、教育、就业、社会保障等各项工作,区级职业康复中心建成运转。至年末,全区办证残疾人2.94万人。原东城区被中国残联、卫生部评为全国白内障无障碍区,原东城区残联被首都文明办评为首都文明单位。

单位名称:东城区残疾人联合会

单位地址:东城区夕照寺街绿景苑小区4号楼

联系电话:64009475　邮政编码:100061 （田鹏）

【年度工作会议】 1月28日,召开原东城区残联第五届主席团第四次全体会议暨东城区政府残疾人工作委员会、残疾人工作会议。主席团委员、残工委委员、街道残联理事长80余人参加。审议通过关于调换第五届主席团委员、副主席、主席的决议和题为《关注民生,解决民难,扎实推进东城区残疾人社会保障和服务体系建设》的工作报告。4月29日,原崇文区残联召开第五届主席团第四次全体会议。审议通过题为《积极推进崇文区残疾人事业科学发展》的工作报告和调换第五届主席团部分委员的决议。9月2日,区残联召开主席团(临时)全体会议。区委政法委常务副书记主持,主席团委员93人出席。审议通过新调整的东城区残联主席团委员、副主席、主席和执行理事会理事长、副理事长人选。副区长宋甘澍任区残联主席团主席。 （田鹏）

【第七届残疾人运动会】 4月20日,原东城区残联在地坛体育场举办第七届残疾人运动会。13支代表队的620名残疾人运动员,参加游泳、举重、乒乓球、特奥、田径等六大类56个项目比赛。38名残疾人运动员获单项比赛金牌,东华门、建国门、安定门街道代表队分别获团体总分前三名。12月14日,在广州举办的亚洲残疾人运动会P2-SH1级10米女子气手枪比赛中,东城区选手林海燕以474环的优异成绩夺得金牌。 （田鹏）

【书画工艺品联展】 4月23日,在中山公园西配殿,原东城区残联与山东省临沂市残联共同举办"牵手春天 共书和谐——两地残疾人书画工艺品联展"活动,接待参观逾千人次。北京、山东两地的92名残疾人艺术家参与创作,参展作品122件。 （田鹏）

【规划编制】 4月,原东城区残联、原崇文区残联分别召开残疾人事业发展规划编制工作部署会。按照"十一五"任务目标,梳理检查,总结经验,采取措施,确保各项任务指标如期完成。制定残疾人事业"十二五"规划编制方案,成立课题调研小组,深入基层调研,科学谋划未来五年发展方向和任务目标。 （田鹏）

【区职业康复中心】 5月13日,举行原东城区残疾人职业康复中心落成启用仪式。为全市首家区级职业康复中心,建筑面积2300多平方米,内设职业康复劳动、辅助器具服务、盲人按摩指导、职业技能培训、日间托养服务、娱疗和生活技能训练等功能区域,服务覆盖七类残疾人。地址为东城区白米仓胡同乙16号。 （田鹏）

【领导调研】 6月1日,原东城区委书记杨柳荫到区残疾人职业康复中心视察调研,肯定中心功能设置和作用,对完善中心的长效运行机制提出要求:抓好中心软件建设,精心选配专业人员,发挥辐射、指导、示范作用,带动基层做好残疾人各项工作。 （田鹏）

【无障碍推动日】 10月16日,与市规划委、首都文明办、市残联及区商务局联合开展以"建设人文北京,创建无障碍城市,共享信息无障碍"为主题的第十四次无障碍推动日宣传展示活动。 （田鹏）

【专门协会调整】 11月16日,召开调整专门协会主席座谈会。会议决定各专门协会设1名主席和1名名誉主席,完成南北两片残疾人专门协会调整合并工作。 （田鹏）

【无障碍城市创建】 12月28日,由国家住建部、中国残联、民政部、老龄委组成的检查组,到东城区对本市"创建全国无障碍建设城市"工作进行验收,检查组对区无障碍环境建设工作给予肯定。市规划委书记王英杰、区领导周永明陪同检查。 （田鹏）

【新年助残活动】 12月28日,与区政协联合举办"百福到家·传递博爱"书画家新年助残活动。通过书画艺术家创作的书画作品,向贫困残疾人传递社会关爱。 （田鹏）

【温馨家园建设】 年内,原东城区残联制订下发《关于进一步加强残疾人温馨家园队伍建设的实施意见》和《东城区加强残疾人温馨家园长效机制建设的意见》,受到市领导和有关专家肯定,作为经验在全市推广。为东华门、和平里、安定门、建国门、东直门街道温馨家园选聘专职管理和服务人员。

会同司法局制订下发《关于在温馨家园设立法律援助室的意见》,为残疾人开展普法宣传、法律咨询、民事诉讼、非诉调解等服务。（田鹏）

【康复工作】 年内,开展个性化康复救助。免费配发辅助器具608件,为68名贫困残疾人免费配装假肢、矫形器,62名贫困智力和精神残疾人减免费入住农疗基地,提供贫困精神病人免费用药553名。以政府购买公益性康复服务项目的方式,为142名肢体残疾、自闭症、智力低下、癫痫等残疾儿童提供康复服务。加大对康复机构建设的扶持力度。原东城区残联扶持成立全区首家民办非企业残疾儿童康复机构——协和方通自闭症康复中心。原崇文区残联为体育馆路社区卫生中心拨款3万元建设康复室,为崇文区妇幼保健院拨款2万元建设脑瘫儿童康复中心。（田鹏）

【就业工作】 开展"就业援助月"专项活动,对家庭贫困、一户多残的失业残疾人、职业康复站学员和应届残疾大学毕业生,开展"订单、定向、定岗、定人"的就业服务,举办招聘会13场,安置就业730人。举办盲人保健按摩师职业技能比赛,开设美容美发、软陶制作、纪念章粘贴、手工插花和平面设计等多期技能培训班,提供职业技能培训730人。扶持个体就业12人,发放自主创业扶持资金20万元,享受个体就业保险补贴1258人。全年审核征缴残疾人就业保障金1.69亿元,落实用人单位安置残疾人就业岗位补贴801家,资金1434万元。（田鹏）

【社会保障与救助】 落实惠民政策,发放重残无业补助1085人、特困补助1661人、待业补助233人。"两节"和助残日期间,开展"扶贫解困送温暖、爱心助残构和谐"主题活动,走访1510人,发放慰问款物79.3万元。（田鹏）

【居家助残服务】 为符合条件的残疾人3566人每人每月发放100元居家助残服务券,提供配餐、理发、洗衣、居室清洁等个性化服务。审批发放"小帮手"电子服务器545人。为17个街道全部配发无障碍服务车,方便残疾人日常出行。推进"无障碍设施进家庭"工程,全年完成701户残疾人家庭无障碍改造需求调查。（田鹏）

【组织机构建设】 协调区人力社保局,制订下发《关于在街道机构改革中进一步明确残联机构设置有关问题的通知》,确保在区划调整期间街道残联机构不削弱、人员队伍不缩编。

（田鹏）

【"黑车"运营治理】 年内,开展"打击非法运营,维护残疾人车主合法权益"主题活动。原东城区残联印发法律援助救助卡2000张、《致残摩车主一封信》和宣传贴4000份。原崇文区残联召开现场会,播放交通安全宣传片,为残疾人车主张贴"遵纪守法、爱我首都"标识并发放宣传材料。（田鹏）

街　道

东华门街道

【概况】 东华门街道位于首都中心区域，东至崇文门内大街、东单北大街、东四南大街，西到天安门广场西侧、中山公园西缘、故宫西墙、景山前街东段，南邻前门东大街、崇文门西大街，北靠五四大街、东四西大街。面积5.35平方千米。有大街22条、胡同68条，居民楼287座、平房3521间。设社区居委会12个，中央、市、区属单位600个，商业企业单位2600个。有户籍人口7.11万人、流动人口2.4万人，汉族占95%，回族、蒙古族、满族等少数民族占5%。至9月，老龄人口1.08万人，百岁以上老人7人，失业人员2300人，低保户382户、686人，残疾人1350人。本年，实现税收8574万元。开展政府规范化建设年活动，全面规范各项工作程序，完成安全社区创建、综合执法、低碳社区建设和第六次全国人口普查及社区和非公企业党建等各项工作。开展形式多样的计划生育宣传活动，提高社区计划生育宣传员素质，发挥基层计划生育协会作用，计划生育率97.9%。向贫困母亲献爱心捐款11.79万元。创建国际安全社区。落实领导责任制，与辖区单位和各社区签订《2010年度维护地区稳定社会治安工作责任书》。增加大街三级防控点位22个，二级防控点位43个，一级防控点位61个，扩大社会面防控力量和覆盖面，有效预防和减少可防性案件发生。开展矛盾纠纷排查化解，全年调解纠纷654件，成功626件。成立街道综合执法分中心，对各种违法行为进行综合执法。获北京市双拥模范街道办事处、北京市人口计生系统先进集体。

单位名称：东城区东华门街道办事处
单位地址：东城区东安门大街55号
联系电话：65130245　邮政编码：100006

（刘利成）

【城市管理】 1月4日，机关干部，辖区2600个单位、4450人，参与扫雪铲冰。刘淇、郭金龙等市领导，由区领导杨柳荫、杨艺文陪同，到台基厂二条扫雪铲冰。完成4.15万人次流动人口和2309间出租房屋基础信息检查、验收、健全档案等工作。全年接收网格案件9355件，下派8405件，回退950件。在台基厂大街、东交民巷、骑河楼北巷，粉刷楼道1.61万平方米，油漆门窗栏杆3372平方米，整理线路2605米，更换节能灯具、声控开关各120个，更换玻璃263平方米，室外地面硬化62平方米，铺设方砖325平方米。加强“门前三包”责任区管理，确保整体环境整洁。全年，养护绿地14块、6500平方米。组织社区清洁楼门院评比活动，检查平房院、楼门院96个，清除小广告1068条，清洗广告牌匾504块，清理卫生死角1380个，清运垃圾杂物60吨，新增10家垃圾分类单位和小区，完成18个单位和小区厨余垃圾分类运输工作。

（刘利成）

【领导调研考察】 3月4日，中宣部思想政治工作研究所所长王学勤一行13人，到南池子社区调研基层思想政治工作。听取东城区和东华门、朝阳门街道工作汇报，南池子、史家社区作经验介绍。3月20日，全国妇联主席陈至立、全国妇联党组书记宋秀岩，到南池子社区，调研妇女维权工作。听取市妇联和南池子社区关于妇女维权工作汇报，参观“流动妇女平安之家”、“姐妹驿站”、巧娘手工展示，与社区妇女代表一起参与有奖问答活动。有关部门领导陪同。12月14日，牛青山到街道调研。观看《和谐东华》宣传片，听取街道工作情况、工作特点、措施汇报。提出：中心城区各项工作必须坚持一流标准，在街道工作中就是必须在改善民生、城市与社会管理、地区发展、队伍建设等方面成为典范。

（刘利成）

【社区建设】 5月13日，召开创建全国安全社区和国际安全社区推进大会。全国安全社区促进中心顾问阎永顺，中国安全社区促进委员会委员赵林祥，区综治办、安监局、教育督导室、文委等有关部门，街道及中央、市、区54家企事业单位领导，社区居民400人参加。大会宣布东华门地区开展全国安全社区和国家安全社区创建工作方案，聘请阎永顺和赵林祥为街道创建全国安全社区及国际安全社区工作顾问，香江戴斯酒店、二十五中学，代表企事业单位宣读倡议书。12月22～23日，召开社区工作会，社区文体中心负责人、社区工作者163人参加。听取本年社区建设工作汇报和下年工作思路，4个社区代表汇报工作。搭建“数字化”社区服务平台，在居民、社区、服务商之间，建立以互联网络为载体的社区事务议事、信息交流平台。对社区管理人员进行培训。上半年推广运行“互联社区”网站，制订“互联社区”管理人员工作制度，“互联社区”网站全部开通使用。下半年在灯市口、韶九、南池子、台基厂、正义路社区居民中，开展问卷调查，进行培训，推进网站统一化、规范化。年内，招社区工作者23人。组织参加市社工委举办的“4.15国际社工日”主题活动和“社会行动工作坊培训师”培训活动。完成162名社区工作者考核,发放半年考核奖励7.21万元。投入54.04万元,改造和修缮韶九社区办公场所,增加多功能活动厅、文化活动及作品展示厅,服务面积占社区办公场所面积的90%。（刘利成）

【低碳社区建设】 年内,提出"低碳社区建设"思路,即以宣传低碳生活理念为主线,以开展环保活动为载体,以提高中心城区居民生活质量为目的,以与国际国内环保组织开展合作为模式,推进低碳社区项目建设。5月25日,与加拿大和谐基金会、社区参与行动服务中心,联合举办建立低碳社区示范模式合作启动仪式。加拿大和谐基金会创始人执行董事迈克·布卢姆菲尔德,社区参与行动服务中心主任宋庆华,社区48名环保积极分子参加。迈克.布卢姆菲尔德和宋庆华分别讲话。仪式后,环保积极分子参加低碳社区工作坊培训。与国内外三个环保组织建立合作关系,在韶九、银闸、甘雨等社区组织各类主题环保活动50次。（刘利成）

【外宾参观考察】 7月12日,英国谢菲尔德大学考察团,由中国社科院有关人员陪同,参观南池子、正义路社区,听取社区历史、街巷变迁和社区服务项目介绍,参观居民小区和普度寺,与居民交流。10月27日,加拿大驻华大使馆南杰瑞公使一行,考察"低碳社区示范模式"项目。公使到"低碳生活秀"社区环保展览馆,参观居民利用废物制成的各类展品、可回收与不可回收垃圾样品及居民在日常生活中所采用各类环保产品。（刘利成）

【人口普查】 8月15日,承办北京市第六次全国人口普查户口整顿和入户摸底启动仪式,11月1~10日,152名普查员完成辖区185个普查小区入户普查。截至11月15日,登记总户数2.94万户,人口6.42万人,外来人口2.6万人。11月5日,中共中央政治局常委李克强率领导小组在刘淇,杨柳荫、牛青山陪同下,考察韶九社区人口普查登记工作。察看居民普查登记情况,听取社区普查人员汇报,了解群众要求,肯定普查工作成绩。（刘利成）

【揭牌仪式】 12月29日,举行东华门社会管理服务综合指挥分中心揭牌仪式,毛炯,区市政管委、防火处、有关单位领导等100人参加。（刘利成）

【社会治安综合治理】 制订安全保卫工作方案,元旦、春节、五一、国庆及敏感日期间,发动单位和社区群众,组成治安志愿者队伍,开展治安巡逻。出动240人次,对北京饭店、贵宾楼及首都大酒店周边单位进行安全检查,完成全国"两会"期间代表驻地安全保卫工作。年度创建平安单位95个,平安社区12个。完成春节期间"禁限放"管控,安全检查中小餐馆、门店、高层楼宇、住人地下空间等单位1780家(次),限期整改安全隐患230个。统一检测居民楼门院、平房院、派出所灭火器2548具,为280户孤老免费更换液化气软管710米,完善社区及居民院消防设施。严格执法检查,重点盯守监控东长安街、前门东大街,集中治理故宫神武门外聚集的无照游商。开展"脉冲行动"十一个波次的整治活动,打击非法运营车辆行为。全年查处各类违法行为6800起、处罚274起、罚款5.96万元。（刘利成）

【社会保障】 年内,为44人60岁以上低保老人,申办500元免费就医助老慈善医疗本,为78人次低保人员发放医疗救助金26.86万元。投入资金45万元、500人次参与,走访慰问低保、残疾人、边缘户困难家庭,困难党员、学生1756户5475人。投资11.01万元,解决部分居民"洗澡难"问题,发放洗澡票1.07万张,惠及1392户1787人。落实"六送"服务,用公益金2.48万元,惠及居民4211人。依托96156社区公共服务网站,完成接转各类服务单4714件,录入北京公共服务网信息737条。全年发放"限价商品房、经济适用房、廉租房"申请表1257份,正式受理873份,获得购买保障性住房资格878户家庭,通过摇号,中号家庭317户。为辖区低保户383户684人,发放低保金265.49万元。帮困户260户328人,发放帮困金12.4万元。向6054人次发放代金券116.81万元,向65岁以上390位老年人发放优待证,向90~99岁、2501位老人发放高龄津贴248.3万元,向100岁以上62位老人,发放高龄津贴1.1万元。利用新东安室外显示屏幕,滚动播出劳动政策法规、企业招聘信息。年内,实现就业率66.97%,控制登记失业率0.80%。开发用工单位99个,开发就业岗位5013个。"心心工作室"接待148人次、推荐岗位168人次,成功12人。重点检查建筑工地工人工资发放和流动情况。受理劳动争议举报案42件,涉及民工65人,结案率100%,追回拖欠工资、经济补偿4.36万元。对地区残疾人提供各类康复服务5000人次。投入3.8万元,解决17名残疾学生和贫困残疾人子女上学难问题。（刘利成）

【爱心募捐】 组织辖区各单位、居民向青海玉树、甘肃舟曲灾区捐款33万元。在"送温暖、献爱心"募捐月中,募集衣被7305件、捐款15.22万元。募集"共产党员献爱心"捐款5.25万元。（刘利成）

【群众体育活动】 年内,举办东华门街道第8届社区运动会,辖区中央单位部级领导10人参加,68个单位、4800人参与,2000名运动员参加各项目角逐。举办"我的北京,我的家,和谐共驻,文明东华"主题艺术节系列活动,第四届"和谐杯"乒乓球赛获北京市优秀组织奖,中央、市属机关,各企事业单位1万人次参与。组织"地区新春团拜会""龙腾虎跃庆新春"系列活动,获东城区民俗庙会奖。举办社区文化艺术节、消夏纳凉系列活动。在市广场舞蹈比赛中,获区优秀组织奖。（刘利成）

【党建工作】 组织12个社区党委、31个居民党支部和12个非公企业党组织,参加第二批深入学习实践科学发展观活动。群众对学习实践活动满意度99.2%。南池子社区学习实践活动两次被北京电视台专题报道。工委、办事处领导签订党风廉政责任书。民主评议政风行风,成立由辖区人大代表、政协委员和社区人员组成评议小组,对派出所、工商所、税务所、社保所、民政事务办公室、社区卫生服务站和社区服务站等部门，展开政风行风评议。开展“领导干部作风建设年”主题教育。贯彻党建全覆盖要求，组织非公经济组织和新社会组织党员和党组织摸底调查。发挥商务楼宇工作站联系非公组织功能，解决非公组织实际困难。年内，接转非公组织党员组织关系17名，规模以上企业建立独立党支部1个，向其他企业派党建指导员，培养企业党建联络员，实现党建工作全覆盖。全年，确定发展对象37名，发展预备党员9名，预备党员转正20名。（刘利成）

【群团工作】 年内，成立东华门街道总工会，实现建会82家，发展会员926人，辖区单位已建会1136家，建会率94%。151家法人企业签订区域性集体合同。落实基层团组织格局创新试点单位责任，竞选编外副书记7名，通过《共青团东华门街道工作委员会工作例会制度》。开展、抗旱救灾“甘露”行动、“手筑绿色‘长城’，春日耕种‘爱心’”等志愿活动，捐款1.25万元。（刘利成）

【信访工作】 全年，受理群众来信来访553件，办结546件，办结率98.5%。处级领导接待来访315批次，批件阅信293件次，处理疑难信访问题19件次，处理各类涉访群体性突发事件14起。组织社会矛盾排查17次，组织社区工作站排查22次，排查各类矛盾纠纷47起（件），化解43起（件），化解率90%。（刘利成）

景山街道

【概况】 景山街道位于东城区西部，东依东四北大街，与东四街道办事处相连；西至景山东街、景山后街、地安门内大街东侧，与西城区什刹海街道办事处毗连；南临东四西大街、五四大街、景山前街，与东华门街道办事处为邻；北靠地安门东大街、张自忠路，与交道口街道办事处为界。南北最长1024米，东西最宽1702米，面积1.62平方千米。户籍人口1.62万户4.26万人，设社区居委会8个。有大街5条，胡同84条。大学1所，中学1所，小学4所，街属幼儿园1所。医院2所，影剧院3座，银行、储蓄所4所。现有公务员110名，事业编制30名。设工委部门6个，办事处部门7个，城管监察分队、司法所、统计所各1个，事业单位3个。本年，以科学发展观为指导，建设宜居、和谐、文明、创新新景山为目标，完成全年各项工作任务。

单位名称：东城区景山街道办事处

单位地址：东城区美术馆东街1号

联系电话：64041147　邮政编码：100010（董冬）

【领导视察调研】 1月25日，王佩立率区社工委、民政局、信息办等部门负责人一行8人，到街道调研“双百工程”落实情况。听取办事处开展社区建设成果及“双百工程”工作思路和措施汇报。2月至11月，毛桂芬会同相关部门，在魏家幼儿园召开现场办公会，研究关于魏家幼儿园危房翻建改造及发展问题。4月1日，生敏就“关于加大对玉河胡同改造区域综合管理的建议”，到街道实地调研。区有关部门负责人参加。6月1日，团中央书记处书记周长奎、团市委书记王少峰，区领导杨柳荫等，景山青年志愿者联盟志愿者代表、4所小学百名农民工子女，共同欢度第61个国际儿童节。6月9日，团市委社区部部长易帅东，到黄化门社区就“智慧大家园.社区青年汇”进行调研。团区委有关领导陪同。实地考察活动中心健身房、乒乓球活动室、团队活动室、图书馆等。听取相关人员汇报后，对青年汇给予充分肯定，提出希望。7月6日，市人保局就业处处长率区人保局劳服中心、区民政局等部门负责人，到街道调研低保促就业工作。社保所所长汇报街道推进低保促就业工作情况及工作中难点问题。与会人员进行研讨，对遇到的问题给予明确答复与支持。区人保局领导参加。8月31日，牛青山一行，到街道调研风貌保护工程项目，听取北京地铁六号线一期03标段规划建设工作进展情况及地铁施工对隆福寺街历史风貌保护情况。区领导毛桂芬、周永明及区住建委、文化委、危改办、规划分局、民防局等单位相关领导陪同。12月14日，牛青山到街道调研。章冬梅，区综治办、城管委、社会办、政府办相关负责人陪同。听取街道民生保障、街道整体规划、提升城市环境水平情况汇报。牛青山肯定街道在谋划区域发展布局、推进城市综合管理服务创新中的成绩，提出要求。（董冬）

【社区建设】 3月，召开景山地区社会建设推进大会。制订《景山街道关于进一步加强社区社会组织培育发展的指导意见》，成立社区社会组织“领头羊”协会，挖掘和吸引社区精英人物及有爱心、有能力的居民，参与社区公益活动。与北京青年政治学院签定“双基地”协议，成立以领导、有关部门、专家为主体的社会工作研究会。投入资金对景东社区服务站进行改造，8个社区服务站“一站式”服务面积均为50平方米以上。服务站承担各项工作35项，其中社会福利17项，劳动保障4项，计划生育6项，其他8项。启动“生育关怀行动”，办理独生子女伤残69人、死亡特别扶助5人。发放独生子女父母奖励费6.4万元。“独生子女父母年老时一次性奖励”8万元。启动“生殖道感染干预工程”，为200名低收入人群免费体检。全年制作发放宣传折页1万份，培训协会计生干部、社区计生主任、协管员12次。募集“幸福工程”捐款1.6万元，为玉树地震灾区捐款3.4万元。健康知识讲座20场，

组织急救培训464名。（董冬）

【群团工作】 3月4日，景山街道“心灵港湾”工作室揭牌，开展妇女维权、心理咨询、法律咨询服务。新建工会66家。组织企业员工，参加各类通用能力培训60人次。6月至7月，组织开展企业职工岗位大练兵活动，在现场请专家评定职工专业技术等级，颁发国家技术等级证书。打造职工互助服务温暖工程，完成2000名会员“京卡.互助服务卡”信息采集任务，办理“京卡”700个。（董冬）

【友好交流】 4月15～18日，邀请上海、重庆、成都、大连、青岛等5个友好街道，参加第二届跨省市友好街道合作与发展论坛(北京年会)。与会人员实地考察，交流各区域特点、工作特色、创新思路及文化、体育、和谐建设方面取得的经验。（董冬）

【党建工作】 4月，在8个社区建立社区党建工作数据库。6月至12月，在全地区开展创先争优，加强政府规范化建设年活动，所属9个机关党支部，8个社区党委和11个非公有制经济组织党组织，1606名党员参加，按照“争先创优”活动方案，完成动员部署、自查问题、落实整改和检查评估各阶段工作。7月15日，成立街道机关党委，选举机关党委书记1名，机关党委委员6名。8月6日，街道成立工商联分会联合党委。坚持党风廉政建设责任制，成立廉政风险预警信息员队伍，定期开展走访巡视，收集信息，研究分析，发现问题。开展治理“小金库”、加强政府规范化建设年活动、行风评议等专项工作。（董冬）

【社会治安综合治理】 年内，与36家街道综治委成员单位和8个社区分别签订“平安景山”建设责任书，落实领导责任。以全国“两会”安保工作为重心，发挥组织、协调、监督、检查职能，完成社会面控制、重点人管控、校园安全保卫等工作。开展法律宣传和法律讲座105场，发放报纸等宣传材料63万份，受教育人数65万人次。对辖区律师事务所进行调整公示，坚持每月两次公益律师下社区服务，在8个社区开展咨询服务87次、588人次，代理案件10起。受理各类民事纠纷849起，调解成功842起。办理市、区两级信访交办件230件，接待来访群众100人次。开展人民内部矛盾纠纷排查3次，确定信访重点人13人，重点事项3件。处级领导接访22次、来访群众225人次，处理各类矛盾纠纷230件次。制订《景山街道信访代理实施方案》。全年代理居民诉求230件，社区代理居民各类诉求225件。（董冬）

【城市管理】 为煤炉取暖户免费制作风斗164个。组织8个社区开展可燃物清理专项行动，清理大件废弃物、可燃物、房顶空地杂草20车40吨。投资5万元，为居民院维修灭火器1469个，安装简易消防井8个。重要活动和节庆期间，执法检查安全生产、防火、食品安全、燃气安全、应急疏散等内容，检查393家单位，发现安全隐患55处，警告、限期整改48处，处罚单位7家、罚款3.2万元。（董冬）

【社会保障】 全年，规范签定劳动合同2013份。举办劳动合同法、劳动合同法实施条例宣传活动6次，接待咨询群众1500人，发放劳动合同法、劳动合同法实施条例宣传册2000本。推荐成功就业715人次，安置失业人员689人次，发放宣传材料1300份。检查各类用人单位779次(户)，涉及劳动者470人，接受劳动者投诉举报9起，结案9起、涉及54人，为劳动者追回工资10.8万元，结案率100%。建立景东社区“劳动用工规范一条街”用人单位名册，检查用工单位90户(次)，现场调解劳动纠纷25次。审核新申请城市低保28户48人、增加低保金4.2万元，为53人次审核医疗救助21.12万元。为6人次办理街道临时救助4750元，为174户低保家庭审核燃煤自采暖和清洁自采暖补贴7.63万元。为24名残疾人办理保险补贴，审核71名城乡居民养老保险缴费补贴，为7户家庭申请慈善助学款1.3万元，为6户低保、低收入家庭子女，办理高等教育新生入学救助款2.4万元，为21户困难残疾人子女和残疾大学生，发放助学款6.5万元，对39户残疾人家庭进行无障碍设施改造。复审低保家庭350户。本年，发低保金357.54万元、帮困金18.78万元，残疾人重残无业生活补贴17.64万元，残疾人保险补贴30.55万元，残疾人特困、待业困难补助9万元。全年，为40户70岁以上，空巢高龄老人申报、安装“一按灵”；为72名80岁以上高龄老人和46名重度残疾人，申请、办理、发放“小帮手服务器”；为98名60岁以上老人办理老年证；为40名90岁以上老人办理高龄津贴，发放高龄津贴18.18万元；为65岁以上老年人办理老年优待卡351张；为7名百岁老人办理百岁老人高龄津贴和补助医疗证。办理居家养老(助残)服务补贴券737人，服务补贴券1412人，服务补贴券金额141.05万元。本年，街道新增失业人员1310人，失业人员就业1251人。新增“4050”人员508人，就业479人。发放小额担保贷款10万元，开发就业岗位1484个，空岗采集4183个，职业指导2565人，失业率0.83%，失业人员再就业率79.13%。办理失业人员灵活就业280名。为5254名退休人员报销1058.06万元。发放社保卡3081张。全年，受理申请经济适用住房161户、廉租住房89户、限价房249户。办理廉租房租金补贴改实物配租85户，廉租房老表改新表71户。参加摇号家庭5户，摇中3户。9月，对377户家庭开展保障性住房资格专项核查，其中廉租房家庭123户，建议取消资格16户、建议保留资格82户、需核实25户，经济适用住房已核查170户、建议取消资格7户、保留资格78户、需核实85户，限价房已核查家庭84户、建议取消资格2户、保留资格53户、需核实29户。（董冬）

交道口街道

【概况】 交道口街道位于东城区西北部，东临东四北大街，西靠地安门外大街，北接鼓楼东大街，南至平安大街。面积1.45平方千米，有大街5条、胡同42条，社区居委会7个。常住人口1.55万户4.14万人，流动人口1.16万人，年内出生331人。辖区有中央、市、区属单位90家，商业企业220家。大学1所，中、小学校6所，幼儿园2所。社区服务中心1个，社区卫生服务站2个，全科医生工作室4个。国家级文物保护单位3个、市级16个、区级7个，辖区内除交东、菊儿小区外，均处于北京市40片历史文化风貌保护街区之内。13、60、104、107、118、612、758等路公交车途经辖区。本年，按照建设“首都文化中心区、世界城市窗口区”要求，实施“积极保护、文化兴街、和谐惠民”战略，抓好以南锣鼓巷地区为重点的历史风貌保护试点、以改善民生为重点的社会建设工程，完成全年各项工作任务。全年实现财政收入1570万元。

单位名称：东城区交道口街道办事处

单位地址：东城区雨儿胡同乙15号

联系电话：64033210　邮政编码：100009　（陈何苗）

【领导视察调研慰问】 1月20日，区政协副主席危天倪，带领委员一行10人，慰问街道困难家庭4户，送去慰问品，并给困难家庭生病人员提供医疗咨询。2月4日，市人力资源和社会保障局副局长刘江萍、机关党委书记张国章、团委书记王佳林等，到帽儿胡同51号，慰问特困失业人员庞昆，送去慰问金和慰问品。3月21日，南京市秦淮区区委书记徐路、副区长高洪一行，参观考察南锣鼓巷文化休闲街，李荣庆陪同。4月9日，成都市锦江区党政代表团一行到南锣鼓巷参观考察，冯熙等领导陪同。4月24日，刘淇一行参观考察玉河，杨柳荫、杨艺文等陪同。5月19日，上海、天津、重庆、北京等直辖市政协领导一行30人，视察南锣鼓巷特色商业街，杨艺文、曾刚健、徐熙等陪同，听取南锣鼓巷地区建设情况汇报，实地参观“红宝鼎”餐吧、“秦唐府”酒吧、“书茶”、“创可贴——8”等特色商户，到蓬蒿剧场观看文化演出。5月26日，中央巡视组成员徐光春等到南锣鼓巷视察基础设施改造、环境整治和业态发展情况，了解文化休闲特色街区建设情况，副市长刘敬民、副秘书长薄钢、市文物局纪检组长张若妮，杨柳荫、杨艺文等领导陪同。6月29日，常卫带队走访慰问地区困难党员韩世萍，送去5000元慰问金和慰问品。7月30日，吴松元看望府学社区89岁孤老户袁国华、鼓楼苑社区73岁低保户宫邦和，送去慰问金和慰问品。9月1日，市外事办主任赵会民、副主任李洪海、田雁、张谦等一行，到南锣鼓巷调研。参观红宝鼎、过客、帽儿书茶、东堂旅社、创可贴——8等文化创意店铺，朴学东等领导陪同。9月14日，出席”王府井品牌节“活动的中外嘉宾代表30人，参观南锣鼓巷文化创意街区。　（陈何苗）

【南锣鼓巷建设】 2月27日，举办“南锣鼓巷系列民俗文化活动——四合院里正月十五闹花灯”主题活动。5月6～28日，与区文学艺术界联合会，共同举办首届《北京·南锣鼓巷戏剧节》，得到市、区文艺单位支持。演出话剧4部、30场次，5000人观看。7月，举办第二届南锣鼓巷文化休闲消夏月，以“逛胡同、赏民俗、住四合院、看话剧、淘小店、评选南锣鼓巷10景、10大特色店、10大美食活动”为主题，实现销售额89万，客流量51万人次。8月至11月，对《南锣鼓巷保护与发展规划》《交道口街道社区发展规划》实施五年来的近期目标完成契合度、实施机制及社会评价三方面进行综合评估。完成中期评估报告。10月15～17日，举行第五届南锣鼓巷胡同文化节。以“展东城非遗，看南锣变迁”为主题，展示南锣鼓巷5年建设发展成果。12万人次参加，实现销售收入200万元。《人民日报》、中央电视台等百家国内外媒体进行报道。与清华大学合作，对南锣鼓巷街区风貌进行再梳理、再设计、再整治，完成沿街四段景观节点设计，拆除沿街不合格牌匾、灯箱30处，修补路面破损部位，更换地砖面积400平方米。完成南锣以西市政改造工程，一期完成埋设管线3800米，拆迁居民40户，铺设道路5800平方米。对香饵胡同进行整治，完成架空线入地、新种植树木56棵、铺盖渗水砖2200平方米。全年开出《行政告诫书》200份，处理A类举报3253件，受理市城管便民热线案件953件、人民来信32件、群众来电来访30件。处理网格管理工作案件6500件，结案率99.9%。年内，南锣鼓巷获“北京请您来过年”最受喜爱的十大购物街区、“十大新京味旅游名片”称号，被国家旅游局评定为3A级景区，被市商务局评为特色美食街，在美国芝加哥举行的联合国LIVCOM国际花园城市和社区全球决赛中获市政项目全球金奖。与区商委等四部门，联合下发《南锣鼓巷商业业态调整资金使用办法实施细则》，设立南锣鼓巷商业业态补助专项资金1300万元，区财政支持配套资金1200万元。完成房屋置换项目审核13户，启动6处院落房屋置换工作，补助17家商户23.3万元。制订《南锣鼓巷管理工作方案》，组织联合执法10次。完成南锣鼓巷商会换届选举工作，商会成员单位43家。全年接待国内外参观访问视察团队160次2000人。设计印制《南锣鼓巷旅游手册》《南锣鼓巷旅游宣传折页》等2000份。　（陈何苗）

【人口普查】 3月，启动街道第六次全国人口普查工作。招(选)聘普查员220名，制作宣传展板70块，悬挂横幅100条。完成边界勘验1.5万个建筑物编码核实、标绘的《建筑物信息一览表》填写和录入工作，完成地区户籍、常住人口入户调查工作。

（陈何苗）

【党建工作】 组织基层党组织参加市、区两级“群众心目中的好党员”推荐评选活动。菊儿社区党委“公众参与社区管理模式”、交东社区党委“党建精细化管理”工作方法,分别获区基层党建创新成果金奖和铜奖。 (陈何苗)

【社区建设】 完善社区治理模式,形成政府行政功能与社会自治功能互补、政府管理力量与社会协同力量互动的社区治理体制。规范社区党组织、居委会和服务站职责,建立职责明确、分工合理、优势互补、协调联动工作机制。以社区服务标准化、规范化、均等化、社会化,形成交东、菊儿两个精品社区。修订《交道口街道社区公益事业专项资金管理细则》,规范社区公益金使用范围和程序。全年用于修缮、改造投入23万元,用于添置投影仪、电视、设备投入4万元。开展以“魅力古巷、和谐家园”为主题的文化漂流站活动,培育特色团队6支。推进“体育生活化”社区创建工作。在菊儿和府学社区,建立“健康之家”,开展中医药特色社区试点建设。社区工作者参加国家级社会工作者职业水平考试,36人取得证书,占全体社区工作者32%,其中社工师2人、助理社工师34人。招收本科以上应届毕业生12名到社区服务站工作。在府学社区建立邻里中心,是集就餐服务、休闲娱乐、心理慰籍、健康保健、中医养生等为一体的综合型养老服务设施。与社会公益组织合作,开展一系列公益环保活动。创建低碳社区,培养低碳志愿者49名,完成对大兴社区办公环境低炭改造的设计任务。全年各社区服务站办理各类居民事务53项6958件,办理居家养老服务补贴1400人。为230名90岁以上老年人发放高龄老人津贴,为1235名老年人办理优待证,为40名残疾老人配备“小帮手”电子服务器,为5户80岁以上空巢老人家庭,安装“一按灵”紧急医疗救援呼叫器。做好老协换届工作,组织参观北京世界公园等大型活动,各社区老协组织各种形式的老年人文化体育活动200次。适度发挥辖区老年人自我发展、自我服务的主体作用,组织热心公益的低龄、健康老人,定期走访本社区内的高龄、孤寡、困难老人,提供精神慰籍、矛盾调解等志愿服务。 (陈何苗)

【城市综合治理】 为270户使用煤火取暖的住户,实施煤气浓度报警系统。开展平房院消防井试点建设,对重点地区综合治理,查处无照经营60起、罚款2000元、没收小商品2000件,规劝、告诫违法相对人5000人次。开展黑车整治“脉冲行动”联合执法,出动执法力量212人次、执法车辆34车次,查处非法运营摩的4辆,没收非法运营人力三轮车1辆。启动二级防控等级,在学校周边设守望岗点位11个,22名治安志愿者,配合专业安保维护校园周边秩序。开展“无烟单位,无烟宾馆,无烟餐馆”创建活动,实现医疗卫生机构建设无烟环境100%。宣传“四害”的危害及防制方法,规范对食品制售单位防鼠防蝇设施管理。组织和开展以清洁环境卫生为主要内容的爱国卫生月和“世界卫生日”活动。制订“煤改电”电费补助发放工作方案,对社区进行培训,为每户居民办理存折,防止现金风险状况,加强“煤改电”电费补助复审力度。 (陈何苗)

【司法工作】 全年调解案件924起,其中成功859件。邻里纠纷类799件,签订调解协议3份,提供法律援助28件。排查矛盾纠纷650件,化解617件。与街道妇联联合组织“反对家庭暴力、维护妇女权益”专项业务培训。组织社区调解主任到密云开展业务培训。全年集中开展对刑释解教人员摸底排查工作3次。安置帮教人员94人,人户分离41人。 (陈何苗)

【计划生育】 签订《计划生育综合治理目标管理责任书》27家单位,全年计划生育率97.5%。户籍育龄妇女卡片核对、修改和录入1.48万张,核对补录卡片1.1万张。完成1474张流动人口绿卡和108张蓝卡输机工作。办理一胎《生育服务证》277人,其中子女随父入户74例,二胎审批29例。办理《独生子女父母光荣证》200例。发放独生子女父母年老时一次性奖励60例,发放独生子女死亡家庭特别扶助4例,年审24例。上报新生儿出生331例。发放独生子女父母奖励费2000人、5万元。查处违法生育立案10例。全年免费发放药具105箱。 (陈何苗)

【社会保障】 对辖区餐饮、娱乐、宾馆等单位,开展日常巡查和节日加班工资支付专项执法检查。检查单位192家,涉及职工500人,补签劳动合同60份,追发工资2100元。发放宣传材料2000份,提供咨询100人次。开展外地农民工工资支付情况专项检查,检查工地3处、涉及农民工60人,未发现拖欠工资情况。规范菊儿胡同七号院一条街,规范用人单位12家,从业人员84人。本年,劳动用工规范单位11家,占单位总数92%。应签劳动合同244人,已签劳动合同240人,其中补签劳动合同11人。参加社会保险登记11家、参保241人。未发生举报投诉违反劳动法规案件。全年就业率78.3%,开发社区就业岗位1268个,就业信息4194条,登记失业1256人,安置失业人员1065人,推荐失业人员就业733人,安置就业困难人员就业636人,发放小额贷款13万元,培训失业人员292人,进行职业指导2505人次。普查辖区535户低保户经济状况,全年为507户989人,发放低保金340.68万元,粮油补贴17.46万元。医疗救助28户101.98万元,临时救助14户5.4万元。救助帮困对象456人次,发放米、油1358公斤,日用品及服装2415件。开展赈灾募捐活动3次,募集15万元、衣被棉服5000套。对辖区90户重度困难残疾人家庭,进行无障碍设施改造。慰问特困残疾人22名、送慰问金1.26万元,为18名贫困大、中学生,发放助学款1.4万元,为16名残疾少年儿童发放慰问金1.28万元。办理残疾人证163人,办理特困残疾人特困补助金16名,办理重残无业补助金4人,办理居家助残服务补贴120人。全年办理廉租房新签88户,续签159户。受理经济适用房申请148户,两限房268户。专项审核廉租房、经济适用房、两限房资质486户,不符合受理条件,建议取消申请资格52户。 (陈何苗)

安定门街道

【概况】　安定门街道位于东城区西北部，北起北二环，南至鼓楼东大街，西到旧鼓楼大街，东至雍和宫大街。面积1.76平方千米。有社区居委会9个，大街3条，胡同69条。总户数2.2万户5.52万人，常住4.99万人，流动人口9774人。驻地中央单位10个、市属23个、区属27个，企业500家，其中70%以上属于规模以下民营企业。辖区有国家级文物保护单位2个，市、区级文物保护单位8个，历史遗存32处。中小学校、幼儿园13所。85%房屋为老旧平房。本年，落实区委、区政府工作部署，坚持以"文化强街"为引领、"两区一街"为格局发展战略，履行街道职能，各项事业稳步、有序推进，完成全年工作任务。

单位名称：东城区安定门街道办事处

单位地址：东城区安定门内大街方家胡同19号

联系电话：64066979　邮政编码：100007　　（杨沁诗）

【领导视察调研慰问】　1月26日，市地震局副局长胡平与城四区地震局局长一行9人，到街道防震减灾宣教指挥中心召开现场会，查看中心建设情况，听取街道领导汇报，对中心建设给予肯定。1月26日，市司法局副局长王友江等领导一行10人，到街道检查指导工作。1月28日，郭怀刚一行5人，到方家胡同46号院、五道营胡同，调研文化创意产业工作。听取街道领导对地区文化创意产业发展工作汇报，提出要充分利用资源，立足街道实际，发展文化创意产业，带动地区经济发展。2月1日，杨柳荫、常卫、吴松元等区领导，到街道防震减灾宣教指挥中心调研；并与有关部门领导一行10人，到分司厅社区慰问困难老党员，送去慰问金和慰问品，办事处领导陪同。2月12日，王佩立到街道调研社区服务"双百"项目工程落实情况，听取街道开展社区服务工作汇报，肯定街道工作，提出社区服务工作要求。2月18日，杨艺文到五道营社区，视察节日环境布置及安保工作。2月18日，毛炯带队一行12人，检查"禁限放"工作，慰问工作在"禁限放"一线的机关干部、群众。2月20日，市市政市容委副主任吴亚梅一行，到国子监、孔庙调研市容管理工作，周京生陪同。2月28日，常卫、郭怀刚等领导视察五道营胡同产业发展情况，参观茶韵怡然茶社、雍和别墅、沙卵石酒吧等特色企业，肯定特色产业发展。3月23日，费文勇一行20人，到五道营特色商业街。实地考察68号私房菜馆、藏红花咖啡厅、葡萄院儿西餐厅、死飞自行车俱乐部、翰茶缘等特色商铺及小区。4月22日，国务院办公厅监察室调研组组长刘斌、市城乡建设委员会副主任王成国一行10人，到街道调研保障性住房工作。听取汇报，对街道的住房保障工作给予肯定。5月12日，杨艺文到街道召开钟鼓楼地区风貌保护调研会，区相关部门负责人10名参加。研究钟鼓楼地区风貌保护民意调查工作。5月19日，毛桂芬一行4人，到防震减灾宣教指挥中心视察，对宣教指挥中心的工作给予肯定。6月17日，副市长程红、市商务委主任卢彦，市贸促会主任熊久玲，杨柳荫、杨艺文、郭怀刚等，到五道营胡同特色街参观调研。6月18日，市司法局副巡视员马捷一行10人，到街道调研社区矫正、安置帮教工作。听取工作汇报，肯定司法工作成绩。8月31日，牛青山、周永明等领导，到钟鼓楼、国子监、五道营胡同调研古都风貌保护工程，参观调研后，提出要做好古都风貌保护，为地区百姓留下宝贵的文化遗产。11月17日，市总工会副主席王玉英一行10人，到街道调研基层工会工作。（杨沁诗）

【城市管理】　2月3日，东城区安定门防震减灾宣教指挥中心正式启用。设专人负责城市网格化管理工作，建立台账。全年接收处理施工管理、市容环境卫生等各类案件1.12万件，办结率100%。开展地区环境秩序"百日整治行动"，专项整治、检查40次。规范商家217户，拆除二层违法建设5处150平米，拆除违规地锁、地桩35个，查处无照经营161起、罚款1.04万元，查处非法小广告460起、没收散发小广告1.6万张。一户一表改造3064户。完成方家胡同架空线入地工作。3月13日，在五道营胡同特色商业街，举行五道营消费维权绿色通道开通仪式，区领导郭怀刚、市工商局12315投诉举报中心主任韩淼、五道营商业联合会会长刘源泉及部分商户代表、社区居民参加。春节期间，抽调街道干部、民警、驻地单位、社区积极分子5742人次，动用巡视、检查车辆53台次，对全地区实施布控。9个社区成立消防应急小组流动巡视，配备80个应对烟花爆竹事故专用灭火器。地区未发生火灾事故。（杨沁诗）

【精神文明建设】　利用市民学校、中小学校等文化活动场所，开展文明礼仪讲座、书画征文等学礼仪活动，普及文明礼仪知识，倡导科学、文明、健康的生活方式。组织文明礼仪知识竞赛答题、共筑诚信征文和世界城市与市民文明素质征文、推荐文明示范楼门庭院等活动。4月25日，在北京一中举行安定门地区第十七届综合运动会，区领导冯熙、曾刚健、常卫、王佩立、毛桂芬参加。以钟鼓楼群言堂为平台，结合青少年寒、署假，中秋节等时点，组织《科学发展青年争先》《阳光照进家庭生活充满阳光》《六普工作离我们很近》《道德引导成才文明陪伴成长》4期钟鼓楼群言堂活动，全年参与人数500人次，被评为上年度北京市优秀市民教育十大品牌。

（杨沁诗）

【皇城文化旅游节】　5月23日，在国子监、孔庙内大成殿前，举行第二届皇城文化旅游节开幕仪式。国家旅游司、市旅游局领导，区领导杨柳荫、杨艺文参加。开幕仪式上，国学小学诵读《三字经》,在孔子像前进行非物质文化遗产展示。

(杨沁诗)

【社区建设】 将社区舞蹈队、合唱团、太极拳队、京剧队等50支团队进行优化组合,定期开展各类活动。街道投资1万元,为舞蹈队购置服装、道具。整合辖区12支文化团队资源,组建220人组成的表演方队。街道"钟鼓楼群言堂"品牌,被北京市树立为优秀市民学习品牌。与中国光华科技基金会联系,为街道图书馆和社区捐献价值23万元的各类图书1.02万册。8月20日,市总工会主席梁伟,团市委书记王少峰,市社会办副主任周开让,市财政局副局长杨蓁彦,团市委副书记姜泽廷,市民政局副巡视员冯昌领、杨柳荫、牛青山、常卫及16个区县团区委书记,参加方家胡同46号社区青年汇活动。

(杨沁诗)

【区域经济】 成立区域发展建设工作委员会和区域经济办公室,统筹地区经济发展。制订《安定门街道关于加强税源管理工作的实施意见》,建立地区经济联席会制度,拟定处级领导联系重点企业、税源管理工作实施意见、税源奖励办法、企业追踪服务等制度,为开展引税护税、促进投资、服务企业提供保障。引进北京网尚文化传播有限公司、北京信芳楼国际文化传播有限公司和北京瑞奥捷特科技有限公司等16家文化创意企业,吸引注册资本8000万元。完成街道财政收入增长10%。8月23日,首届五道营创意文化节开幕式在方家胡同46号创意产业园区内举行,市商委相关负责人出席。

(杨沁诗)

【国学文化节】 9月27日,首届北京孔庙国子监国学文化节开幕。市委宣传部副部长张淼、市文物局局长孔繁峙、副局长于平,区领导杨柳荫、牛青山、徐鸿达、常卫、赵中原、金旭、毛桂芬,孔庙国子监博物馆名誉馆长阎崇年出席开幕式,为中国历史文化名街国子监标志碑揭幕。以"国学与当代社会"为主题的国学高峰论坛在国子监彝伦堂举行,知名学者文怀沙等7位专家出席,进行非物质文化遗产展示及经典书画艺术展。文化节期间,演出专场实景"大成礼乐",海峡两岸师生联合祭祀孔子。

(杨沁诗)

【街道工作研讨会】 10月11日,在安定门街道,举行第21届十城市街道工作研讨会开幕式,国家民政部基层政权司副司长王金华,市民政局副局长孟钧,区领导常卫、章冬梅、宋甘澍及有关部门负责人出席。上海、杭州等9个城市街道60名代表参加。大会围绕"贯彻中共十七届四中全会精神,加强'两新'组织党建工作"主题进行交流研讨。

(杨沁诗)

【党建工作】 加强党务公开、政务公开、政府信息公开等制度建设,推进廉政风险防范管理工作。在社区党委、居委会及居民事务办理站,开展廉政风险点查找工作及制订防范措施。机关、事业143名干部及45名社区干部制订风险表,科级干部建立廉政勤政档案,在9个社区成立纪检组。对各项工作完成情况进行督察。对6个执法单位和窗口服务部门进行政风行风民主评议。基层党组织制订学习实践科学发展观活动工作方案,学习活动有序开展。召开征求意见会20次,统一思想认识。组织召开迎七一暨创先争优活动表彰大会,表彰创先争优活动优秀典型。开展社区党建星级创建活动,"党心连民心、亲情进万家"活动,走访慰问困难党员233人、建国前老党员13人。坚持社区党委书记例会制度,完善社区党建工作者选拔培养、使用、激励和评价机制。实现地区党建全覆盖。

(杨沁诗)

【群团工作】 推进集体合同签订工作,开展"双百双规范"活动,建立9个社区职代会及方家46号楼宇联合职代会。开展非公企业团建工作,成立安定门街道律师事务所、司法所联合团支部、方家46号楼宇联合团支部。以庆"三八"国际劳动妇女节100周年为契机,开展表彰百户"和谐家庭",打造"好邻居"品牌活动。

(杨沁诗)

【社会治安综合治理】 完成"两会"、敏感期安全稳定工作。开展校园周边安全保卫工作、"黑车"治理、社会治安专项整治行动及防煤气中毒工作。为9个社区安装远红外报警器。建设地区简易消防水井,在五道营、国子监社区,开展争创食品安全社区试点工作。对地区中小型企业、个体经营者及宾馆、饭店服务业,地下空间等单位,进行安全检查321家。应急疏散演练5次。坚持以源头预防为重点,减少矛盾产生。建立定期矛盾排查和调处、领导包案、主要领导信访接待等制度,完善应急工作预案。开展人民调解、法制宣传教育和法律服务工作,推进矫正帮教工作。建立律师事务所法律援助工作站,开展满足群众法律诉求工作,维护社会和谐稳定。

(杨沁诗)

【社会保障】 新增登记失业人员1141人,登记失业人员就业1227人,就业率85.14%,失业率控制在0.45%。就业困难人员就业603人,就业率82.09%。开发社区就业岗位2125个,安置失业人员1146人。接收失业人员档案893份、转出档案1352份,为664人次失业人员,发放失业保险金192.50万元。落实"一老一小"工作,新参保132人。为辖区800户次低保家庭,发放低保金750万元,帮困金33万元,对204户次发放医疗救助金40万元,发放困难家庭慰问金2700元。"爱心家园"救助112户663人。为灾区捐款12.07万元,募集衣被7993件。做好保障性住房工作,在市备案通过505户,其中经适房213户、限价房219户、廉租房73户,41户家庭取得选房资格。走访慰问地区定期补助人员、烈属、义务兵家属,慰问款4.02万元。为军工地退198人办理医疗手续。安排残疾人就业114名,审核缴纳残疾人就业保障金206万元。

(杨沁诗)

【社区建设】 编印《社区工作制度汇编》,选拔一批优秀人才充实到社区居委会。加强社区自治和对民间组织的服务与指导,社区成立各类团队289支、成员7767名。国子监社区被全国妇联、国家民政部等五部委评为"全国学习型家庭示范社区",花园社区被推荐为"全国商业示范社区"。五道营、钟楼湾、分司厅社区，通过市首批规范化社区验收。全年投入社区建设资金362.16万元。建立覆盖辖区服务体系，96156热线全年录入信息1283条，接单1465件，服务满意率100%。文体活动中心服务人次2000人。打造一刻钟便民服务圈，完成宝钞南“中医药示范社区”和分司厅社区“健康之家”建设任务。

（杨沁诗）

【司法工作】　做好“五五”普法验收检查工作，制订《法制宣传教育评估考核标准》，编制《普法掠影——安定门街道法制宣传教育图片集》。举办各类法律宣传活动200次，发放各类宣传材料4万份，张贴宣传画480张，展示各类宣传板报500块，受教育人数5万人次。开展人民调解、日常矛盾排查10次，排查出矛盾纠纷49件、化解40件。

（杨沁诗）

【计划生育】　与地区17家单位签订《人口与计划生育目标管理责任书》。上报新生儿出生357人。办理一胎《生育服务证》（含随父入户）457例，二胎《生育服务证》（含随父入户）20例，独生子女父母光荣证210例，发放独生子女父母一次性奖励费10万元。节日慰问贫困独生子女家庭404户。组织“救助贫困母亲、建设幸福家庭”和“生育关怀行动”募捐5508元。

（杨沁诗）

北新桥街道

【概况】　北新桥街道位于东城区东北部，北起北二环，南至平安大街，东连东二环，西接东四北、雍和宫大街。面积2.62平方千米，有社区居委会16个，户籍人口3.3万户7.84万人，流动人口2.53万人。辖区有商务楼宇116座、中央直属单位30个、市属单位33个、区属单位62个，中学2所、小学4所，医院3所。主要大街7条，胡同84条。有商业特色餐饮街——“簋街”，雍和宫、柏林寺、北新仓、通教寺、梁启超故居等重点文物保护单位，以中水造景的生态水景园——南馆公园，稻香村、吴裕泰等“中华老字号”企业，中石油、中青旅、北京移动等大型企业总部。机关现有工作人员154人，设科室14个，其中工委6个、办事处8个。下属事业单位3个。

单位名称：北新桥街道办事处

单位地址：东城区东直门内北小街草园胡同6号

联系电话：64043994　邮政编码：100007

（王潇）

【领导视察调研】　1月4日，区领导杨柳荫、冯熙、王红兵、王建军，到街道东二环西辅路，检查扫雪铲冰工作并与街道干部一同扫雪铲冰。2月13日，区领导杨柳荫、杨艺文、常卫、王红兵、吴松元，到北新桥三和老年公寓，开展除夕夜“亲情陪伴大年夜”活动。慰问敬老院老人，赠送慰问品，与老人们一同包饺子，共进大年夜晚餐。2月14日，杨柳荫、杨艺文、常卫、徐熙、王红兵、谢世龙、郭怀刚等检查雍和宫安保工作。3月11日，杨艺文，王佩立到街道调研便民菜站，询问便民菜站建设情况，听取街道居家养老服务工作及“老饭桌”运转情况汇报。杨艺文提出工作要求。3月17日，副市长陈刚到青龙社区，对育树“城中村”项目进行调研。3月19日，杨艺文率10个街道办事处和行政服务中心、雍和园管委会、东二环建管办相关负责人，到北京移动体验厅，听取公司基本情况、专项应用成果和发展前景介绍。了解信息化建设成果。明确“绿色东城、数字东城、科技东城”内涵。要求为企业提供优质、高效服务。6月29日，杨柳荫走访慰问青龙社区84岁困难党员王秀云，送去慰问金和慰问品。8月2日，牛青山到二条社区，走访慰问低保户孙路明，送去慰问金和慰问品。

（王潇）

【文体活动】　5月17日，举办第二十四届文化艺术节文艺汇演，社区居民、辖区单位员工200人观看。6月，与北京移动中心区分公司，联合在北京五十四中学举办第一届“北京移动中心杯”足球比赛，有8个队144名教练和运动员参加，花家怡园餐饮有限责任公司、天海基石物业有限公司、中青旅大厦获前三名。7月30日，举办“东直门医院杯”保龄球比赛，中央、市、区属机关、企事业单位50人参赛。中国移动北京分公司、中国建设综合勘察设计院、北京稻香村食品有限责任公司名列前三名。9月8～11日，举办“中国移动杯”羽毛球团体赛，地区各单位56名运动员参赛。中石油阳光物业有限公司获2010年羽毛球团体赛冠军流动杯。9月20日，在地坛体育场举行“北新桥杯”第八套广播操比赛暨东城区全民健身体育节启动仪式，17个街道及地区体育工作委员会、体协等32个单位参加，北新桥街道代表队获“北新桥杯”第八套广播操比赛一等奖。9月26～28日，举办“迎国庆电子四所杯”篮球赛，中石油阳光物业有限公司等单位61名运动员参加。区园林局获2010年北新桥地区篮球比赛冠军流动杯。

（王潇）

【簋街特色餐饮】　簋街举办春节黄金周促销活动，以“合家欢乐迎新春　簋街美食永相伴”为主题，拉动内需、促进消费，营造丰富、便利、实惠、放心的消费环境。黄金周就餐人数5万人次。6月，开展为期一个月的簋街消夏美食节活动。花家怡园、吴裕泰内府菜、小肥羊等多家簋街知名餐饮店，联手推出系列养生菜品，开展打折促销优惠活动。营造市场氛围、强化特色品牌、促进休闲消费。10月21日，开通簋街消费维权绿色通道，完善簋街特色餐饮街管理机制，加强消费

者权益保障,提升簋街特色餐饮整体品质。 (王潇)

【社区建设】 8月,制订《北新桥街道关于全面推进社会服务管理创新工作的实施方案》,成立街道社会服务管理综合指挥分中心,在16个社区设立社会服务管理综合工作站,划分39个工作网格,开展网格化社会服务管理基础数据调查摸底,建立基础数据电子台账。至年末,解决问题13件,收集信息20条,化解矛盾纠纷3起,排除安全隐患34处,查处各类违法行为14起,开展为民服务办实事7件。 (王潇)

【社会保障】 全年,就业人数2138个,"4050"困难人员就业1389个,失业人员就业率74.6%,城镇登记失业率0.23%,推荐成功1277人,空岗信息4421个,职业指导4192人,社区开发就业岗位2026个,安置失业人员1414人,技能培训436人,创业培训48人,创业项目征集10个,实现创业208人,带动就业450人,发放小额担保贷款20万元,一老一小无业人员参保5501人。专项检查用工单位381家,涉及职工6649人,补签规范劳动合同3659份,为733名职工补缴社会保险178万元,处理劳动纠纷举报案件37起,为512名职工解决拖欠工资、补偿金、工程款等563万元。在歌华大厦实施"规范劳动用工一条街工程",大厦内83家企业与职工签订劳动合同,缴纳社会保险达到98%。9月,动员辖区近40个单位和社区,为青海贫困地区募集善款11.66万元,募集衣被8073件。 (王潇)

【群团工作】 11月17日,街道总工会成立。非公企业116名代表,以无记名投票方式差额选举出第一届工会委员会委员31名,等额选举出经费审查委员会委员5人,召开第一届委员会第一次会议。 (王潇)

【党建工作】 推进非公有制经济组织和新社会组织党组织建设全覆盖工作,建立街道工委领导、社区党委牵头、各部门配合的组织领导体系,完成对辖区楼宇企业、平房区单位、小远散单位调查摸底工作。建立党组织8个,选派党建指导员112名,实现辖区内916家"两新"组织党建工作全覆盖。做好实践活动整改落实工作。化解居民矛盾146件、解决群众困难196件、开展帮扶和公益服务3438次。从组织建设、转变作风、服务群众等方面,修改完善工作制度40项。全年,在国内外新闻媒体发稿650篇,出版《北新桥风采》22期、《北新桥信息》39期、《北新政务》38期。 (王潇)

【防汛工作】 年内,投入4万元购买防汛物资,保证随时调用。组建街道抢险队6支,伐除危险树木26棵,修剪、排除压房、压线树枝300处,向60个有住宅平房的自管房单位和2000户自住私房产权人,发放防汛通知、联系卡,检查标准租私房70户。 (王潇)

【人口普查】 成立人口普查领导小组,制订实施方案,选聘普查指导员58名、普查员220名、协调员73名,组成人口普查社区工作队。举行人口普查宣传周活动启动仪式,"走进簋街餐馆,宣传人普知识"主题活动被列为全市创新活动。开通"六普"工作网站,制作板报橱窗160块,张贴标语横幅275条,印发宣传材料3.84万份。完成16张普查区、243张普查小区图绘制,7678个建筑物编码及户口整顿和摸底、正式登记等项工作。 (王潇)

【城市管理】 开展"百日整治行动",出动519人次、227车次,检查单位461家,查处各类违法案件33起、各类隐患133处,拆除违规广告牌匾281处,拆除违规"地锁"49处,对4处矛盾突出、影响较大违法建设立案处理。对簋街、雍和宫周边、无照经营和地铁出口非法运营行为,进行专项整治。加强校园周边环境秩序管理。办理网格案件6076件,办结率99.9%。完成辖区84条胡同、5条大街便道清扫保洁工作。完成东四北大街43号楼、北新桥三条1号48户供暖,194户老旧楼房燃气通气工程。整修崇雍大街店铺、门脸350家,更换广告牌55块,安装铁艺栏杆2966.6米,墙面粉刷涂料5200平方米,油漆栅栏1968平方米,更换外墙面板648平方米,整修台阶、步道800米。完成自来水外网改造,99个院、638户自管房和私房一户一表改造工作。在海运仓小区、北官厅4号楼和园林局等10个单位,开展垃圾分类收集、运输工作。淘汰黄标车40辆。完成2527户居民取暖季"煤改电"补助工作。全年,处理群众来信42封,接待群众来访864批919人次。通过信访渠道为群众解决问题256件。 (王潇)

【计划生育】 全年,计划生育率97.5%。办理《生育服务证》519个、新生儿入户登记434个,发放叶酸和育儿百科62人、292本,办理《独生子女父母光荣证》157个,第一个子女随父入户3人,第二个子女《生育服务证》10个,第二个子女随父入户10人。办理领取独生子女费登记67人,存档育龄人员登记1004人。办理流动人口婚育证明14人,独生子女年老时一次性经济奖励111人。 (王潇)

东 四 街 道

【概况】 东四街道位于东城区东中部。东起东二环路西侧,西至东四北大街,北起平安大道东四十条,南到朝内大街北侧。面积1.53平方千米,有大街4条、胡同31条,社区居委会8个。辖区居民2.34万户4.4万人。驻地单位1662个,其中中央、市属单位68个,中小学校4所,医院3所,托幼园所1个。1958年9月,由原宝玉、东水车办事处合并为东四街道办事处。1960年成立东四人民公社,1968年成立街道革命委员会,1978年恢复办事处。1990年改称北京市东城区人民政府东四街道办事处。本年,坚持"围绕一条主线、推进两个建设、提供三项保障、突出四个注重"工作思路,发展经济及社会各项事业,提高政府服务效能。加强社会治安综合治理基层基础建设,化解社会矛盾和不稳定因素,维护地区政治稳定、社会安定。全年街道财政收入6000万元。

单位名称:东四街道办事处
单位地址:东城区东四六条17号
联系电话:64044922　邮政编码:100007

(温雨晰)

【领导视察调研】 1月4日,区领导常卫、生敏,到街道慰问参与扫雪铲冰的社区群众和积极分子,了解历史风貌保护区发展及居民住房情况。1月11日,首都见义勇为基金会秘书长张增幅、区民政局领导,看望东四街道见义勇为英雄赵国元,送去节日慰问金1.32万元。2月2日,市计生委副主任彭彧华,走访慰问独生子女困难家庭谭素华一家,送去节日慰问品。3月3日,全国百名区县级女民政局局长,参观东四奥林匹克社区体育文化中心,街道有关领导陪同。5月18日,中纪委和市纪委领导,到街道调研党务公开工作。听取街道开展党务公开工作情况汇报,实地走访南门仓社区居委会,区有关领导陪同。6月9日,市文物局文保处领导,区领导金旭、毛桂芬、王建军等,参加北京南新仓东四奥林匹克社区第四届文化节"世界城市的民族性与本土性"高端论坛。6月21日,外交部边海司代表团一行16人,在郭怀刚陪同下,参观东四奥林匹克社区体育文化中心。7月26日,区人大筹备组组长冯熙带队,到人大东四街工委指导工作。听取东四代表联组情况和闭会期间代表活动情况汇报。7月29日,区公安分局局长谢世龙,到东四十条97号慰问孤寡老人魏文生。7月30日,杨柳荫到东四五条,慰问困难群众冯立原。8月13日、20日、26日,团市委副书记姜泽廷,市总工会主席梁伟、团中央城市青年工作部社区处等领导,先后考察参观东四协作者·社区青年汇工作。9月10日,区领导邵鹏、毛桂芬、王佩立到南豆芽清真寺,与穆斯林群众1000人,共庆"开斋节"。10月28日,区领导牛青山、章冬梅到街道调研。听取街道情况和特色工作汇报。11月19日,宋甘澍带队,督察街道火灾隐患排查专项行动落实情况。12月1日,市"百日整治"督察组,到东四城管分队检查指导工作。　(温雨晰)

【社会保障】 1月至2月,举办就业援助月活动,帮扶失业人员实现就业92人。6月11日,召开就业再就业暨岗位开发奖励兑现大会,表彰北京海祥伦劳务派遣公司、北京市比嘉联人力资源管理服务中心、北京育东劳务服务中心有限责任公司和七条、总院、南门仓、豆瓣等5个社区,兑现奖金2.66万元。开展创建劳动和谐用工单位、双百双规范等活动,辖区6家单位被评为区级劳动和谐用工单位,20家单位被评为双百双规范用人单位。检查第五广场大厦单位规范用工工作45家,合同签约率100%,上保险率98%。年内,登记失业人员1076人,实现就业1067人,登记失业人员就业率74.2%,发放失业保险金736人次、173万元,推荐失业人员就业884人。办理社会保险补助281人,开发社区就业岗位1121个,安置失业人员955人,向6个创业项目发放小额担保贷款10万元。认定零就业家庭3户,进行一对一就业帮扶,使5人就业,辖区实现无零就业家庭。受理劳动保障投诉举报案件20起,处理劳动纠纷群体事件4起,办理劳动处罚案件1件,劳动仲裁案件调解2件,追回务工人员工资20万元,追讨各类经济补偿1万元,行政处罚金额3600元,结案率100%。　(温雨晰)

【社区建设】 2月,面向社会公开招聘社区工作者,签订服务协议7人,接收大学生到社区服务站工作5人。改善社区办公环境,街道8个社区办公用房面积均达到350平方米标准。建设"便利生活服务圈",解决社区居民基本生活需求和公共服务需求。5月12日,举办东四街道残疾人就业专场招聘会,8家单位提供职位120个,与用人单位达成意向15人。7月21日,在东四奥林匹克文体中心,召开按比例安排残疾人就业工作表彰会,表彰按比例安排残疾人就业工作成绩突出的单位74家、超比例安排残疾人就业先进单位8家、诚信单位5家。96156社区公共服务平台、街道小呼叫热线,为居民提供家政、送餐等服务。全年,受理有偿服务493次、无偿服务230次。爱心家园为社区困难群体发放物资折款5.24万元,为困难群体提供服务676人次。接待国内外参观团体24次449人,承接市、区、街及各单位大型活动37次2185人。　(温雨晰)

【群团工作】 2月24日,召开地区非公企业第二届职工代表大会第一次会议,审议通过《东四地区非公企业第二届职工代表名单》《东四地区非公企业第二届职工代表大会主席团成员名单》《2010年东四街道地域性集体合同(草案)》《东四街道地域性集体协商工资协议书(草案)》,部署街道工会工作,表彰"特色职工之家"16家。3月至5月,调查辖区668家单位行政隶属关系,为工会建会提供依据。5月,开展法制宣传月活动,分别召开社区、企业工会主席工作会议,协助、指导516家单位,签订集体合同和集体协商工资协议书。本年,建立非公企业职工代表会14家、楼宇社区联合工会11个,百人以上企业独立建会单位4家,独立建立劳动争议调解委员会单位16家。8月10日,举办推广工间(前)操宣传活动周启动仪式,辖区各单位代表400人参加。11月10日,召开街道工会第一次代表大会,建立东四街道总工会,选举产生第一届委员会、经审委员会和女工委员会。制订《东四街道工会劳动关系预警工作制度》。辖区各类注册社区志愿者1007人,登记备案社区社会组织74个。提供志愿服务65人次,社区350人受益。7月至9月,联合光彩集团、中国银行和帅府园大队,举办单身青年联谊活动,50家驻街单位、400名员工参加。 (温雨晰)

【人口普查】 投入普查资金130万元。完成建筑物核查、普查小区划分、普查小区图绘制等基础工作,完成2.31万张普查短表和1622张长表入户登记、互查、审核工作,通过检查验收。3月30日,召开街道第六次全国人口普查第一次工作协调会,成立街道人口普查领导小组,组建办公室,建立工作制度。11月2日,市普查中心副主任冷冬,到东四街道调研入户登记工作。 (温雨晰)

【社区文化活动】 重新登记整合文化团队,提高社区公益金投入比重。开展"报春"、"忆家训、谈家风、促和谐"清明节主题教育,"东四情·古仓韵·中华月"暨东四街道南新仓中秋赏月会等活动,弘扬民族传统文化。4月22日,举办"首届南新仓皇家粮仓国际美食节"活动。5月9~14日,东四红枫叶舞蹈队,应邀赴香港参加全国中老年模特舞蹈大赛。5月26日,在明皇粮仓,举行北京南新仓·东四奥林匹克社区第四届文化节开幕式,市旅游局副局长安金明致辞,为南新仓"国家AAA级旅游景区"牌匾揭幕。组织社区居民开展太极拳、养生操、广播体操、棋牌赛等群众性体育文化活动。5月至9月,东四奥林匹克社区大舞台,演出文艺节目18场,社会各界和群众6100人参与。6月9日,"世界城市的民族性与本土性"高端论坛,在南新仓华府举办。连玉明、金元浦、萨洋、王翔等专家、学者和企业家,就国际化、现代化进程中如何发挥商业街区、城市社区作用等进行探讨。10月10日,第五届东四奥林匹克运动会,在史家胡同小学举办,社区居民、驻街单位、部队、学校等40支队伍,1400人参赛。 (温雨晰)

【参观接待】 4月30日,匈牙利布达佩斯一区区长纳吉·葛波·托马斯博士和二十二区区长萨伯茨·阿提拉,率两区代表团参观东四奥林匹克社区体育文化中心和巧娘工作室。6月12日,香港特别行政区活化历史建筑咨询委员会主席陈智思和香港发展局副秘书长丁叶燕薇,率香港活化历史建筑咨询委员会北京创意产业项目考察团,参观南新仓特色街区。7月23日,法国语言文化国际交流协会寻根之旅夏令营团,参观东四奥林匹克社区体育文化中心。8月23日,联合国国际花园城市竞赛秘书长阿兰·史密斯先生和本届评委会主席塞维利亚女士,参观东四奥林匹克社区公园。9月14日,韩国青年代表团,参观东四奥林匹克社区体育文化中心。9月26日,日本北海道大学和秋田大学学者,参观东四奥林匹克社区体育文化中心,就"2008年奥运会对社区居民生活的影响"课题进行调研。11月10日,韩国首尔市中浪区议长代表团,访问东四奥林匹克社区体育文化中心。12月21日,日本东京都目黑区区长青木英二,率友好交流代表团,参观东四奥林匹克社区体育文化中心。 (温雨晰)

【精神文明建设】 在春节、元宵节等传统节日期间,举办"文明春联进万家"等群众性活动,营造欢乐喜庆、文明祥和的节日氛围。4月至10月,开展东四奥林匹克社区"公德论坛社区行"观摩展示活动9次,通过环保知识讲座、社区居民讨论、低碳"跳蚤市场"、垃圾分类等形式,宣传文明礼仪、倡导道德新风。举办"学道德楷模,看身边好人——道德模范宣讲进社区"活动,请"首都十大道德模范"孙茂芳、中国文明网"身边好人"张振华、"和谐在东四年度人物"李颖等作报告。结合排队候车宣传日,举办宣传实践活动,与同仁堂、光大银行等8个驻街单位,签订文明乘车共建协议书,发动中小学生、公德人物、社区居民等参加文明乘车志愿服务工作。推进文明城区创建长效机制建设和常态化管理,制订《东四街道2010年文明城区建设常态化管理工作实施方案》《文明城区建设指标常态化管理职责分工考核细则》,将创建经费纳入街道财政预算。 (温雨晰)

【党建工作】 建立多部门参与党建协调会制度,制订《东四街道处级领导和指导员联系商务楼宇工作制度》《东四街道商务楼宇党建协调会制度》。深化"党员五进社区"活动,节日期间走访慰问困难党员、群众5929名,送去慰问金和慰问品。5月,召开社区党建工作交流会,南门仓社区党委"党员服务超市"获区优秀基层党建创新成果金奖和五星级社区党组织称号,豆瓣社区党委"党员服务热线"获区优秀基层党建创新成果铜奖。举办社区入党积极分子培训班,预备党员转正14名,发展党员4名。在8个社区、9个非公经济党组织1785名党员中,开展第二批学习实践科学发展观活动,举办我为社区发展献一策活动,发评议表746份,征集问题380条,内容涉及党建创新、社区建设、作风建设、环境卫生和民生5个方面。围绕街道重点工作,做好活动的策划与宣传,新闻报道608篇,其中平面媒体328篇,网络媒体280篇。《东四奥林匹克社区报》发行46期,46万份。 (温雨晰)

【计划生育】 制订《关于严控政策外孕育 构筑计划生育防控网络 落实分片保护责任制的指导意见》,各社区居委会绘制社区计划生育责任网络图,确保计划生育工作落实。9月16日,在东四奥林匹克社区公园,举行东四奥林匹克社区第八届人口文化节暨公开信发表30周年成果展活动,区计生委、街道有关领导和社区居民200人参加。宣传计划生育政策,提高群众对生育文化的认识。本年,审核办理生育第一个子女《生育服务证》297例,办理独生子女伤残特别扶助71人,独生子女死亡特别扶助40人,发放独生子女父母年老时一次性奖励97人。 (温雨晰)

【社会治安综合治理】 本年，实行治安巡逻守望岗制度，确定80个治安防控岗位，招募600名社区居民志愿者，每天160人在岗位巡逻防控。增加财政支出23万元，为辖区100户居民安装防盗报警系统。制订发布《东四街道上报信息举报线索奖励办法》，设立5万元奖励基金，用于鼓励群众参与社会治安综合治理工作。成立东四地区落实校园安全工作领导小组，对校园周边进行综合检查10次，组织公安、交通等部门，在重点时段巡逻看护，确保学生、儿童安全。处理群众来信448件，领导阅批率100%，处理突发事件和化解重大矛盾纠纷8起，领导参加接待日41人次，协调处理重大信访问题51件，处理重复市、区越级群体访9件，调解各类纠纷548件，成功537件，成功率97.99%。（温雨晰）

【城市管理】 与派出所、工商所、交通队，建立联勤联动机制，不定期开展联合巡查与整治。排查违法建设安全隐患，发放谈话通知书，建立调查询问记录。组织联合检查行动2次，走访相关单位20家，查出商业经营性二层轻体违法建设15处，全部通过走访约谈，责令责任单位依法整改。本年，接A类举报3585起，群众举报、96310举报832起，办结率90%。查处无照经营19起、罚款1900元，非法张贴小广告1起、罚款400元，没收小广告1500张。采取绿地养护外包方式，日本兄弟公司认养东四奥林匹克社区公园全部绿地，补植玉兰、黄杨等灌木1000株。8月，启动公共自行车租赁试点工作，在辖区4个地点安置车位60个，为居民办理“自行车信用卡”300张。修剪危险树木200棵、伐除18棵。与辖区单位签订安全度汛责任书。完成整修东四北大街487~497号路面，东四六条30号安装防盗门、门禁设备，罗家大院胡同路两侧土地面铺地砖等实事8件。（温雨晰）

朝阳门街道

【概况】 朝阳门街道位于东城区东部，东以朝阳门立交桥为界，南与建国门街道相连，西与东华门、景山街道毗邻，北与东四街道接壤。面积1.24平方千米，社区居委会9个，户籍居民1.67万户4.5万人。主要大街4条、胡同23条，主要商业区为东四南大街，有商业网点100个，其中有经营纺织品的三友商场、经营珠宝为主的三利德珠宝城。辖区内驻有国务院新闻办公室、人民出版社等中央单位，北京市商务委员会、新闻出版局等市属单位。有医院1所，大专院校1所，北京二中、史家胡同小学等中小学校6所。本年，贯彻科学发展观，落实区“十一五”规划总体目标及核心发展战略，结合新东城区成立契机，固化成果，全面谋划，推动街道经济和社会各项事业稳步发展。实现财政收入2964万元，同比增长13.43%。

单位名称：东城区朝阳门街道办事处
单位地址：朝内南小街西水井胡同3号
联系电话：65129256　邮政编码：100010　（龚新宇）

【党建工作】 在社区倡导建立居民楼宇党支部和居民院落党支部，细化基层党组织设置。推进商务楼宇“三站”建设，在“徽商故里”等8个非公企业组建党支部，党建全覆盖工作取得成效。围绕作风建设，开展学先进，守廉洁，促进科学发展等多种形式宣传教育活动。制订机关、社区作风建设规定，编制《朝阳门街道廉政风险防范管理工作手册》，规范各部门工作职能，围绕基层组织建设，强化社区纪委职责，将廉政风险防范管理工作延伸至社区。加强对社区纪委组织建设工作的指导，规范相关工作，以改进服务、加强管理、强化监督为重点推进社区党风廉政建设工作。召开社区纪委全体委员工作座谈会，增强社区纪委委员对社区纪检工作的认识。（孙文强）

【统战工作】 开展“朝阳门街道归侨侨眷俱乐部”特色活动。归侨侨眷、台胞台属，自由选择喜爱的项目参加。春节期间，举行地区统战人士新春联欢会，中秋节举办朝阳门地区统战人士贺中秋迎国庆赏月晚会及“欢聚朝阳门 情浓意更浓”迎中秋京剧晚会。节假日，街道领导带队，走访慰问地区各界人士，慰问辖区统战对象。（孙文强）

【信访工作】 完善人民内部矛盾纠纷预测、反馈和化解机制，坚持领导信访接待日、包案责任制、定期集中排查调处、疑难信访联席会制度。组织地区相关部门，参加矛盾纠纷排查调处工作座谈会，通报地区重点信访问题和矛盾隐患6次，交流处理意见和落实措施，对排查出的高危人员和问题及时管控、整改。全年，调解人民内部矛盾纠纷207件，受理群众来信来访146件，办结率98%。办理人大代表议案建议和政协委员提案10件，结案率100%。以社区法律服务工作站为平台，以律师团为依托，推进社会矛盾多元化调解组织体系建设，开展“法官、检察官、律师、公证员进社区”活动。加强对社区调委会和人民调解员业务培训，将派出所、工商、城管等职能部门，纳入社区调解委员会，共同化解社区矛盾纠纷。各级人民调解组织调解矛盾纠纷278件，成功271件，成功率97.5%。司法所接待来电来访52件，联合调解室接待法律咨询68件，调解纠纷53件，开展矛盾排查8次。（孙文强）

【残疾人工作】 为残疾人配备无障碍专用车1辆，完成残疾人康复11人、安置就业18人、教育培训36人。在社区开展大型"爱眼日"宣传、咨询、教育活动。与驻地单位举办招聘会,4 名残疾人达成用工意向。发放重残无业、特困生活、待业和个体保险等各项补助 51 万元。调查上报符合特困标准的残疾人家庭无障碍设施改造 24 户。39 名残疾、智残运动员,参加东城区残疾人运动会,夺得乒乓球比赛团体总分第一名。　(孙文强)

【精神文明建设】 元旦、春节期间,慰问驻地部队 6 家,送去价值 5000 元慰问品。慰问残疾军人、烈属、军工地退人员 113 人。为 36 名残疾人员发放伤残抚恤金 27 万元,为 25 名义务兵家属补贴 25 万元。开展创建全国双拥模范城"六连冠"系列活动,组织开展培育典型评选、慰问部队官兵等活动。　(孙文强)

【计划生育】 召开本年度人口计生工作会,街道领导分别与 38 个驻地中央、市、区属单位、10 个计划生育综合治理部门,签订《2010 年度计划生育目标管理责任书》。开展"阳光维权"服务,调动和发挥社区卫生部门、计生生命蓝岛作用。开展宣传服务,倡导科学婚育文化和"生育关怀送温暖送服务"等生育文化建设活动。　(孙文强)

【社会保障】 完善救助体系和帮扶济困长效机制,发放最低生活保障金 460 户 974 人,金额 460 万元。办理发放粮油帮困、临时救助、医疗救助 427 人 28.3 万元。推进"党心连民心、亲情进万家"活动,走访慰问地区老龄人、优抚对象、社区矫正对象等各类人员,落实各项救助政策。　(龚新宇)

【公共安全工作】 协调区消防支队、安监局、房地一所、派出所、卫监所等部门,组织各社区成立社区检查组,对地区单位、地下空间,开展拉网式检查和整治,做到"拉网式和不间断相结合,日常监管和重点整治相结合",杜绝隐患,压减事故。全年,检查各类单位 800 家(次),整改隐患 80 个(处),对 30 家单位下达行政执法通知单,行政处罚 5 万元。　(龚新宇)

【劳动监察】 推进"用工规范一条街"工程,制订措施,规范单位用工,针对东四南大街非公企业为主的特点,组织单位负责人培训会,提高用工单位依法用工意识。将劳动用工规范一条街与对用人单位劳动用工情况书面审查相结合,建立"一户一卡",掌握用人单位用工变化情况。每月进行劳动监察,发现问题及时督促整改。为符合条件低收入住房困难家庭,提供保障性住房受理服务。全年,发放廉租房申请表 145 份、受理 105 户,上报区住房保障中心 73 户,市备案通过 59 户,累计 220 户。发放经济适用房申请表 301 份、受理 163 户,上报区住房保障中心 173 户,市备案通过 167 户,累计 522 户。发放限价房申请表 472 份、受理 291 户,上报区住房保障中心 281 户,市备案通过 316 户,累计 546 户。　(龚新宇)

【社区建设】 完善登记制度。对所有民间组织重新进行登记,完成登记备案社区社会组织 53 个。调整街道民间组织协调委员会,加强对民间组织的指导。加强对民间组织自我管理的引导,健全社区社会组织领导机构。拓宽社会组织典型,将单一的娱乐类型民间组织向学术型、服务型、慈善型、公益型等多种类型发展。　(龚新宇)

【社区卫生工作】 利用周六、日,对各校 223 名老师和学生,进行初级急救员培训。完成两癌筛查扫尾工作,检查人数 1300 人。举办中医药文化进社区讲座活动。落实《东城区社区诊断暨健康十年行动规划基线调查》工作方案,完成 800 份《东城区社区诊断居民调查表》调查、填报工作。投资 100 万元,完成 1700 平方米社区服务文体中心升级改造。举办"朝阳门街道新春音乐会"、"朝阳门街道第四届社区民俗文化庙会"等大型活动。扶持海燕口琴乐团、拉丁之风舞蹈队、华风合唱团、东篱诗社 4 个特色团队。推出喜洋洋小车会,齐化门文场,史家叫卖班 3 个文化品牌。　(龚新宇)

【城市管理】 组织城市清洁日、春季灭蟑、夏季灭鼠、秋季灭蚊蝇、禁烟宣传等活动。为社区单位、居民,提供灭害药品,售出灭蟑套餐 2800 盒,投放灭鼠器 580 个,下发灭鼠药 40 桶。完成地区医疗卫生机构单位调查统计和无烟环境建设督导检查工作。完成胡同路树及居民院内树修剪工作,对地区 730 棵路树采取防治病虫害措施。设立 20 处美国白蛾监测点,派专人巡查、登记,组织绿化队对爆发点进行剪枝打药处理。汛前对危树进行排查,查出危险隐患树木 26 棵,取得审批手续后,伐除危死树 5 棵。实施屋顶绿化面积 260 平方米,建立庭院式绿化小景。调整地区防汛指挥部领导及成员,修订下发《朝阳门地区 2010 年防汛工作方案》《朝阳门地区 2010 年防汛应急预案》,确定 78 处房屋、4 处人防工事和 26 棵危树为重点防汛部位,组织抢险队伍 8 支,应付突发灾害。　(龚新宇)

建国门街道

【概况】 建国门街道位于东城区中部，东起东二环路、与朝阳区建外街道相接，南以明城墙为界、与东花市街道为邻，西以雍崇大街为界、与东华门街道毗连，北以干面胡同、禄米仓胡同为界，与朝阳门街道接壤。面积2.66平方千米，有胡同72条，院落1100座，楼房350栋。设社区居委会10个。常住人口5.05万人，流动人口2万人。辖区驻有交通部、海关总署、全国妇联等中央单位，市政协、市检察院等市属单位，有恒基中心、中粮广场等商务楼宇25座，驻有世界500强企业机构42家。实现财政收入6000万元。

单位名称：东城区建国门街道办事处

单位地址：东城区赵堂子胡同16号楼

联系电话：65126891　邮政编码：100005　（王兴华）

【城市管理】 春节烟花爆竹限放期间，出动各类力量1.15万人次，发放宣传材料10万份，出动宣传车24辆次。对干面胡同46号院安全隐患进行联合整治，清理堆积物13车。参与公共安全宣传8378人次、参与单位730家，召开动员安全部署会19次，播放宣传片49次，张贴宣传画5460张，发放宣传材料4万份，设专栏、板报等宣传园地26个、展板91块。5月，街道服务大厅正式启动。服务大厅面积900平方米，设立对外办事和社保事务办理窗口，受理对外办理事项176项。至年末，为地区居民提供服务1.3万人次。安全生产宣传咨询日2980人参加，开展防火减灾应急演练6次。举办讲座29次，安全生产培训5次，知识智力竞赛4次，受众1.86万人次。开展安全生产执法检查1.29万家/次，查出安全隐患34处，全部整改。11月11日，建国门社会服务管理综合指挥分中心暨综治维稳中心揭牌，中心指挥大厅设置信息工位4个、会商工位11个，街道综治部门进驻办公。将10个社区划分为"社会服务管理网格"32个，每网格配备"网格员"7人，收集信息，随时调处、解决网格内问题。建立街道、社区两级信息系统，完善涵盖地区的网格化三维地理信息系统，由处级领导包社区，科级干部挂靠网格，实现地区综治维稳与社会服务管理全方位覆盖。街道出资对苏州胡同外观进行全面修饰，完成17家商户牌匾标识的统一，粉刷墙面、屋顶2700平方米，粉刷门窗、护栏、遮阳棚支架300平方米，油漆街门250平方米，重砌台阶80平方米。　（王兴华）

【文体活动】 2月4日，举办第四届鞭打春牛活动，金宝街商会商户，积极参与"金宝牛童海选"、"鞭春咬春风车迎春"等立春日民俗庆典活动。5月，举办地区第四届"和谐杯"乒乓球擂台赛、中央市属单位邀请赛、第七届运动会，驻地37家单位1270名运动员参加。端午节，在智化寺举办地区居民品粽、赏乐活动。中秋节，举办以"和谐东城、古乐飘香"为主题的中秋赏月活动，还原中秋传统习俗亮灯祈福仪式。

（王兴华）

【社区建设】 5月，街道社区服务中心正式启用。建筑面积2766平方米，设图书室、乒乓球室、心理咨询中心与"残疾人温馨家园"等项目13个。至年末，各场馆使用1000次、服务7000人次，举办挪威旅游团乒乓球友谊赛、上海协和国际学校儿童友好交流活动等，接待外宾130人。探索居民自治决策模式。针对东总布社区贡院二条违法建设拆除工作，街道组织召开居民大会投票表决，由居民自行成立监督检查小组，研究制订胡同规划方案、起草居民公约，居民自行拆除违法建设17间，占拆除违法建设总数的77.3%。针对大羊宜宾胡同35号院存在的卫生、停车与安全问题，街道协助院内居民，选举成立新自管会，由居民讨论并制订《居民公约》，清运装修垃圾，对流动商贩管理与院内停车等提出解决方案，解决院内卫生等问题。　（王兴华）

【党建工作】 召开街道创先争优动员会，组织党员参加"创先争优学先进——我身边的优秀共产党员"演讲会。9月8日，召开党组织和党员承诺制推进大会。10个社区和"两新"组织，分别举行承诺制启动仪式，明确承诺事项和要求。打造社区党建服务品牌，完善社区党建工作考评机制，形成禄米仓社区党委"爱心联动"、崇内社区"3458暖心工程"等1项服务品牌。制订《建国门街道关于推进"两新"组织党建全覆盖工作实施方案》，抽调专职工作者走访非公企业1367家，新社会组织24家，完成党建全覆盖任务。制作规范性条文25份。指导北京城市青年酒店等6个非公企业党支部，创建非公党建示范点，指导锦辉控股有限公司等3个党组织，创建党员电教播放示范点。制订《建国门街道开展民主监督评议政府职能部门和公共服务单位的实施方案》，建立由区人大代表、政协委员、区特邀监督员、党风廉政监督员代表、辖区单位代表、社区居民代表、外来务工人员代表组成的评议队伍，评议述职报告。　（王兴华）

【综合治理】 两区合并后，开展建内苏州、崇内社区综合整治工作。成立综合执法组，联合执法，严厉打击地区内票贩子、号贩子、黑车等违法行为，拆除外挂广告标识65个、取缔无照非法经营4户、规范店外经营91起。11月2日，"建国门社会管理综合执法组"正式揭牌。全年增设巡逻点位36处、出动巡逻力量100人，完成全国"两会"、十七届五中全会期间和维稳期间等安保工作。　（王兴华）

【社会保险】 全年，为困难户申请医疗救助40户、救助金额

10万元,办理年满80岁以上老年人居家养老服务券1400人次。帮扶困难人员就业325名,推荐失业人员成功就业365人,开发岗位1345个。城镇登记失业人员就业率80.55%,城镇登记失业人员失业率0.36%,实现地区无"零就业家庭"。　(王兴华)

【信访工作】　全年受理群众来信339件、144人次,来访240批(次)、216人(次),区级领导代理案4件,受理区信访代理交办单3件,街道信访代理单11件。　(王兴华)

【人大工作】　人大代表走访选民607次,召开选民座谈会11次,听取选民意见87条。29名人大代表参与接待10次,解决禄米仓胡同废品收购站环境脏乱等问题。全年组织17名人大代表述职。代表评议建国门派出所等单位(部门)9个。　(王兴华)

【群团工作】　加强工会组织建设,建会292家、发展工会会员780人。投资1.5万元,建设"职工流动书屋",21家非公企业1315名职工享受服务。建立共青团基层组织数据采集系统,完成15个基层团支部、886名团员基本信息采集录入。拓展妇联组织建设领域,深化"五好文明家庭"创建活动,树立"以德治家、文明立家、和谐兴家"新理念。　(王兴华)

东直门街道

【概况】　东直门街道位于东城区东部偏北、东二环路以东,东以春秀路、工体西路为界,与朝阳区三里屯街道相接。南以潘家坡胡同、吉市口八条北侧为界,与朝阳区朝外街道交界。北以香河园北街、柳芳南里为界,与朝阳区左家庄街道、和平街街道相接。西以东二环路为界,与东四街道、北新桥街道相邻。面积2.2平方千米。有社区居委会10个,户籍居民1.67万户4.9万人,其中女性2.44万人。暂住人口1.6万人。少数民族24个,1340户3030人。辖区内有中央单位14个、市属单位24个、区属单位34个,职工大学1所、中小学7所,有商务楼宇27座、注册企业3000家,四星级以上酒店4家及中央歌剧院、工人体育馆、保利剧院等场所。本年,以科学发展观为指导,履行街道"统筹辖区发展、监督专业管理、组织公共服务、指导社区建设"职能,完成"折子工程"中的各项工作任务。获"全国安全社区建设先进单位"等36项区级以上表彰。

单位名称:东城区东直门街道办事处

单位地址:东城区新中街66号

联系电话:65920190　邮政编码:100027　(张虹)

【党建工作】　推进廉政风险防范管理工作,完善各部门风险防范点,制订各岗位双向工作流程图,编制廉政风险防范管理工作手册。制订、完善制度29项并汇编成册。党风廉政建设向社区延伸,加强分类指导,在社区推广"党员监督会"。对社区党组织进行调整。完成街道党建全覆盖工作。发挥街道"红色港湾"党员服务中心作用,完成街道第二批学习实践科学发展观活动,开展"群众心目中的好党员"推荐评选活动,2名党员入选区"群众心目中的好党员"。规范清水苑等3个试点社区党员议事会的运行机制,并在全街道推广。建立商务楼宇工作法和服务支撑体系。创办《东直门社会建设》工作专刊。举办建党89周年表彰大会暨歌咏比赛。开展"党心连民心,亲情进万家"活动。班子成员撰写调研文章11篇。　(张虹)

【区域经济建设】　整合工商、税务、楼宇综合工作站等部门资源,成立楼宇经济资源专项摸底工作小组,全面清查辖区27座商务楼宇企业,入驻企业3000家。坚持留住现有税源,规范异地纳税行为,吸引外来税源的思路,做好引税护税工作。全年,引进税源企业9家,其中企业总部2家。　(张虹)

【社会保障】　全年,为地区低保家庭发放慰问金30万元,申报审批新增低保户21户44人,发放各类救助金55万元。办理限价商品房申请293人,办理经济适用房申请117人,办理廉租房申请45人。为玉树地震灾区、舟曲灾区募捐60万元(含衣被折算28万)。为流动人口子女办理入学证明31人。投资100万元,建立"居家养老服务一条街",为地区老人提供多层次、全方位、便利化、亲情化服务。全年为老年人办理《夕阳红优待卡》360张、《老年优待证》194个,为孤寡、空巢老人家庭安装"一按灵"50户。发挥"育人基地"的作用,开设"劳模大讲堂",聘请10位知名劳动模范,为失业青年提供就业帮扶指导,70家企业主动向"育人基地"提供空岗信息、帮助职业技能培训,青年失业人员实现再就业180名。成立残疾人文体团队5支,开展符合残疾人特点的DIY制作、水晶成像等康复项目。建立红领巾德育基地、武警扶残助残小分队、共青团爱心基地、北京市残疾人活动中心文化指导站,加大对残疾人帮扶力度。为1202名残疾人,发放各类补助金、慰问款95万元,帮助30名残疾人就业,改造残疾家庭无障碍设施28户。　(张虹)

【社会治安综合治理】　整合公安、工商、城管、城建、公共安全、司法、信访、劳监等部门资源,建立综治维稳中心。完善社区群防群治网络,设置一级防控点位391个、二级防控点位254个、三级防控点位127个。投资160万元，升级改造社区原有探头164个，增加探头88个，与主要大街70个探头共同构建街道"全覆盖"技防网络，实现街道、社区图像信息系统互联互通。　（张虹）

【信访工作】 成立街道诉求服务中心、社区诉求服务站，推行信访代理制。规范"统一受理、归口办理、中心督办、限期反馈"工作，形成集预防、排查、调解、处置于一体的"一站式"诉求服务机制。坚持处级领导信访接待、首问负责、领导包案等制度，建立风险评估、律师事务所与社区结共建对子、重点矛盾纠纷跟踪督办、信访救助金等制度。全年无区级以上集体访和重大重复访。　（张虹）

【精神文明建设】 开展"迎世博、迎亚运、讲文明、树新风"主题活动。组织第三届"外来人口过大年"、"弘扬传统文化，文明祭祀先贤"清明文化节、"弘扬传统文化、各族同胞过端午"、第24届社区艺术节暨"爱祖国、爱北京、爱家乡"群众歌咏比赛等活动。树立刘玉琴、刘红军等宣传典型。开展文明乘车活动、"垃圾减量、垃圾分类"宣传实践和"文明交通、文明出行"宣传活动。深化文明城区、街道、社区、单位、行业创建工作。5月24日，为全地区安全宣传日。投资320万元，建立700平方米的街道公共安全宣教基地。被评为"全国安全社区建设先进单位"。　（张虹）

【文化体育活动】 举办东直门街道现代文化艺术节开幕式演出，东直门地区第六届田径运动会，街道第四届"和谐杯"乒乓球比赛。普天同乐民俗表演队，参加妙峰山庙会、朝阳门地区新春庙会和顺义铁匠营乡民俗庙会。　（张虹）

【社区建设】 巩固全国商业示范社区、国家绿色社区、市金牌居住小区、市科协创新示范社区、市创新型科普社区等特色社区的建设成果。打造具有社区特色、居民踊跃参与的骨干民间组织队伍60支，促进社区民间组织健康发展。创新社会管理体制，推进社会建设工作。加强对"星星之火"志愿者协会、"红色港湾"党员服务中心、"温馨家园"的管理和扶持，工会、共青团、妇联发挥组织作用，主动参与社会建设工作。成立街道社会服务管理综合指挥分中心，将10个社区划分为34个管理网格，其中住宅类23个、商业商务类1个、商住混合类9个、人员密集类1个。网格工作人员配备：党组织负责人34名、首席矛盾纠纷调解员40名、首批民意诉求代理员36名、流动人口管理员15名、楼门（院）长780名、安全稳定信息员34名。　（张虹）

【城市管理】 修订《东直门街道应急预案》和各社区应急预案。组织防汛应急演练、民兵分队应急拉动演练。建立应急机制，完成应急指挥大厅功能整合。开展安全生产大检查，安全生产月活动。加强校园周边安全工作，为每所学校配备网枪。对四小单位的食品安全进行专项整治。与社会单位、私人大客车和私人大货车车主，签订"交通安全责任书"。创新社会管理模式，成立综合执法组。开展"中小餐馆燃气"、"迎世博反盗版"、"查处街头一次性餐盒整治"、"春雷"等一系列专项整治行动。处理各类举报案件4800件、96310举报500件，净化地区城市环境秩序。投资25万元，购置电动巡逻车4辆，对东直门交通枢纽周边巡逻。投资30万元，解决新中街一至四条因管线老化造成污水外溢、环境脏乱问题。完成无障碍设施建设情况普查。拆除违法建设147平方米，清运无主渣土、大件废弃物500吨。发放各类垃圾桶9000个。　（张虹）

【人口普查】 成立街道人口普查领导小组，聘用普查人员258人，按照规定的时间节点，在全街道130个普查小区，开展普查工作。张贴宣传海报300份，制作宣传展板20组、116块，发放各类宣传折页7000份，发放宣传品1万份。完成普查工作任务。　（张虹）

和平里街道

【概况】 和平里街道位于东城区最北端。东至东土城路西侧、远东仪表公司、国家林业局东墙，西至人定湖北巷、旧鼓楼外大街，南达北护城河中心线，北接青年沟路、北京第三机床厂南墙、柳荫公园北墙。整个辖区呈"凸"字形，面积5.02平方千米。辖区有社区居委会26个，大街18条、胡同12条、地下通道4条、过街天桥9座。常住人口6.02万户11.22万人，流动人口3.09万人。少数民族32个4232人。辖区有国家劳动和社会保障部、国家林业局、解放军总政治部、第二勘察设计院等中央、市、区单位3718个。本年，按照区委、区政府工作部署，以建设首都文化中心区、世界城市窗口区为目标，加强政府自身建设，开展社会服务管理创新，抓特色，注重保障民生，科学发展等开展工作，推动经济和各项事业发展。全年财政收入新引税1300万元，同比增长9.15%。街道残联被全国妇联授予"北京市三八红旗集体"，化工社区被首都绿化委员会授予"首都绿化美化花园式社区"。街道团工委被团中央列为基层组织格局创新试点工作团组织。

单位名称：东城区和平里街道办事处
单位地址：东城区和平里6区5号楼
联系电话：84221886　邮政编码：100013　（郭惠媛）

【领导慰问检查】 2月1日,区领导杨柳荫、杨艺文,到人力资源社会保障部、国家安监总局走访。2月2日,冯熙一行10人,走访看望民旺社区88岁高龄特困老人刘桂云并送去慰问品。2月3日,市委副书记王安顺走访慰问地坛社区老军人张兰芳。5月20日,王佩利到街道检查"九养"政策落实情况。5月28日,市监察局、老龄委、民政局等领导检查和平里地区居家养老政策落实情况。7月28日,章冬梅看望两户重残低保家庭,带去慰问金和慰问品。9月10日,毛桂芬慰问安外清真寺人员,送去节日慰问金。12月21日,周京生检查街道贯彻落实党风廉政建设责任制工作。

【统战工作】 3月30日,组织社区书记、台胞台属、工商联会员单位代表40人,参加区统一战线"发展低碳经济,建设绿色东城"学习报告会。4月16日,组织30家非公经济单位,组成工商联和平里分会代表队,参加和平里地区第十七届运动会。4月20日,组织社区书记、台胞台属、工商联会员单位代表50人参加区统一战线"建设世界城市"学习报告会。4月28日,参加区对台干部培训班,听取市台办领导关于台湾形势和对台方针报告。5月11日,组织社区书记、台胞台属、侨胞侨眷、工商联会员单位代表50人,参加区统一战线树立和践行社会主义核心价值体系学习报告会。5月24日,组织归侨侨眷10人,参加《中华人民共和国归侨侨眷权益保护法》颁布20周年报告会。9月3日,组织地区归侨、侨眷,台胞台属、民主党派人士及工商联会员,参观北京牛栏山酒厂和焦庄户地道战遗址。9月8日,组织地区台胞台属,到区行政服务中心,参观市"中国心 两岸情"主题摄影展。9月26日,组织地区部分归侨侨眷,参加王府井商业步行街"新北京、新侨乡——纪念北京市侨联成立60周年图片展"开幕仪式。
(郭惠媛)

【考察调研】 4月9日,成都市锦江区区委书记周思源,率党政代表团一行21人,考察街道事务服务大厅工作运行情况。4月22日,河北省承德市市委副书记丁锦霞一行17人,到街道参观、考察社区建设工作。6月18日,美国印第安纳大学社会工作者一行16人,到兴化社区参观、交流、探讨社区工作。6月20日,安徽省蚌埠市社区工作者代表80人,到化工社区参观考察,街道有关领导陪同。7月22日,中国社会科学院社会学研究所赵春燕博士后和范雷博士,到兴化社区调研社会服务工作。9月6日,市民委副主任牛颂,到街道调研民宗侨工作。10月13日,牛青山到街道调研。11月23日,市城市管理综合行政执法局督察大队领导,到和平里调研流动商贩规范管理工作。
(郭惠媛)

【社区建设】 年内,投入资金对26个社区服务站进行装修,配备电脑、空调、办公桌椅等设备,统一形象标识、项目设置、办事流程、服务规范和资源调配,实现居民诉求"一站式"服务。推进10类精品服务型社区建设,形成兴化等公共服务标准化社区和便利生活服务型社区,小黄庄、化工等低碳生活型社区,东河沿、七区等智能化社区,上龙等多元参与治理型示范社区,小黄庄等社区志愿者服务特色社区,地坛、六区等体育生活化社区,新建路等居家养老服务示范社区,地坛等中医药特色示范社区。在化工社区开展"人人参与,共建我们绿色家园"宣传日活动,启动争创"首都绿化美化花园式社区"活动,500人参加,居民对社区内50棵树木进行认养并现场挂牌。街道出资重点培育,成立社区工作者沙龙,打造七区社区法苑民家法律服务队、东河沿社区8号楼自管会、地坛社区养犬自律会、上龙社区皮影队、安德里社区快乐驿站、柏林社区雍和家园业主委员会、新建路社区爱心互助运行管委会、小黄庄社区爱心大姐服务队、六区社区进京创业青年之家等公益性社区社会组织。
(郭惠媛)

【社区建设顾问团】 4月23日,在街道六楼礼堂,召开以"奉献社区、服务居民、创新发展"为主题的社区建设顾问团成立大会,颁发聘书。顾问团成员有北京大学教授王思斌、市委党校吴刚、人民大学教授隋玉洁、市文史研究馆赵书、社区参与行动服务中心主任宋庆华、社区建设及社区问题治理专家舒可心。市社工委、市民政局社区建设处领导,有关部门负责人、社区代表70人参加。顾问团参与社区工作者能力素质培训,研讨重大问题。26个社区"一把手",参加党校基本技能培训班学习,93名社区工作者,通过全国社会工作职业水平资格考试。
(郭惠媛)

【文体活动】 4月,举办和平里街道第十七届运动会,驻地党政军机关、市属、区企事业单位36支代表队参加。组织第八套广播操比赛、"和谐杯"乒乓球赛等30场次。举办第二届"夏至文化节"、"青年湖公园第二届端午龙舟友谊赛"等特色文化活动12场。5月6日,举办和平里街道第三届民族团结日暨民族特色美食节、民族团结专题电影展活动,30个少数民族300人参加,被推荐为国家民族团结活动典型。农历六月初六,在东河沿社区举办第二届天贶节亮宝大会,展示居民珍藏的各类荣誉证书、奖章、老照片。民俗专家赵书参加活动。
(郭惠媛)

【城市管理】 7月29日,向辖区居民发放街道城管分队制作的"您身边的城管"联系卡,居民通过联系卡反映问题、咨询法规,方便快捷。组织综合整治126次,出动人员1620人次,车辆1183车次。没收电动车3辆、马车7辆、小三轮车76辆、自行车7辆、烧烤工具8套、占道灯箱广告108个(块)、盗版光盘1259张(套)、盗版图书460本、小广告28.6万张、小广告号码停机31件,罚款1.15万元。处理网格案件1.2万起,96310市民热线596起,立案查处案件139件,处理完好率98%,连续9个月达到A级标准。拆除违法建设316.2平方米,清除大件废弃物及无主渣土2027处、294吨,修复破损城市部件79处。完成2446辆黄标车信息核实工作,签订车主承诺书41份。出资10万元,协调产权单位中航鑫物业,改造所属花园老旧小区路面、环境,面积2.1万平方米。投入资金20万元,对东河沿绿地实施整体调整改造,达到"三季有花,四季常绿"。聘请专业公司,为社区安装室外灭鼠毒饵站,安装毒鼠盒800个,投放鼠药300公斤。投入资金1万元,为26个社区购买喷雾器,配发灭蚊蝇药品160公斤,消杀

8160处。开展5个垃圾分类试点小区工作，更换垃圾桶85个，为居民发放家用分类容器2754个，内配塑料袋48万个。发放宣传册1500本、大小标识1200套，制作展板5套，招聘垃圾分类指导员11名，5个垃圾分类试点小区均达到标准。与房管分中心、一七一中学、和平里医院等6个成员单位，分别签订《安全度汛目标责任书》，有关人员查看重点低洼地区，落实重点单位物资储备，进行防汛演练3次，抢修漏雨楼房252处，相关责任部门备勤210人次，实现安全度汛。

（郭惠媛）

【社会保障】 年内，开展经济适用房、廉租房入户调查、评议、公示、审核上报工作，接受咨询1.4万人次。发限价房核定表4519户，受理3052户，上报区2611户，经市备案通过1787户，九次摇号选房693户。发经济适用房核定表2920户，受理1208户，上报区1142户，经市备案通过947户，两次摇号选房136户。发廉租房核定表312户，受理162户，上报区143户，经市备案通过178户，享受廉租补贴110户。开展规范劳动用工一条街工作，职工劳动合同签订率70%，单位签合同率95%，工资支付率100%，社会保险缴纳率90%，10家单位被评为“和谐劳动关系单位”。全年检查用工单位520家，调处10人以上围堵工地事件6起，现场发放工人工资60万元。接收社会化退休人员524人，管理社会化退休职工3600人，办理失业转退休90人。为退休人员办理医药费报销1.01万人次，报销医药费1783万元，支付失业保险金、失业人员医疗补助203万元。办理“一老一小”无业人员医疗参保390人，发放缴费告知书4901份。受理欠辞、退养人员药费报销328人101万元。新增低保32户，发放低保金478户392万元。发放无业人员丧葬费40人次20万元，发放社保卡3546张。登记失业人员就业1888人，开发社区就业岗位1693个，安置失业人员就业1311人，安置困难人员就业865人。为3750名老年人发放服务券450万元，290名90岁以上老年人发放高龄津贴35万元，办理60岁以上老年人老年证590名，办理65岁以上老年人优待证1420名。办理老年人“小帮手”电子服务器285台，安装“一按灵”140部。节日期间，慰问、补助困难家庭382户9.7万元，对低保特困人员、重点人员等进行临时扶贫、医疗救助69人21.3万元。审核重度残疾人347人，发放居家助残服务券34.7万元。为530名残疾人办理发放各种补助金64.8万元，为24名残疾儿童发放康复训练补助2.1万元，为63户残疾人家庭实施无障碍设施改造。为青海玉树、舟曲灾区募捐，26个社区捐款37万元衣物1.2万件，组织地区91个单位捐款42.3万元。

（郭惠媛）

【生活服务圈】 辖区有“1510”生活服务圈便民网点196个，其中蔬菜供应点40个、修车修鞋点24个、再生资源回收点24个、卫生站15个、活动站24个、理发店20个、早点摊8个、副食店14个。全年接待“1510”生活服务圈考察调研活动20次。在民旺社区周边，开设流动蔬菜车，每日早6:30至10点，为百姓送菜到家门。（郭惠媛）

【社会治安综合治理】 街道将应急管理和安全检查有机整合，把地区各职能部门和相关科室纳入安全管理组织体系，建立街道安全管控工作平台和社区信息工作站，明确街道专管员、社区信息员、职能部门联络员职责，形成社区反映、部门响应、上下联动、快速处置工作流程，实现从专项管理向综合管理，从事后处置到事前预防，从突击型被动管理到常态化主动管理转变。对公共安全工作分析、归类，制订《联席会议制度》《信息通报制度》《安全检查制度》《档案管理制度》《防火办工作制度》《风险源通报制度》《应急处置管理办法》，编制街道总体应急预案和专项应急预案29册。组织职能部门开展综合检查31次，出动检查人员280人次，检查四小单位1937家，发现隐患370处，整改92处，限期整改162处。对重点安全隐患聚集区域，清理排查9次，排除安全隐患68处。清理不达标餐饮单位15家，取缔非法加工食品窝点7处，清理违规占道31处。投资138万元，为东河沿、安德里、六铺炕等9个社区，安装监控探头94个，地区图像信息监控系统覆盖率82%。出资9万元，为青年湖、七区、地坛、上龙、兴化等8个社区，维修、保养楼宇对讲门280个。全年开展各类法律知识讲座45场次，举办法制文艺演出6场次，发放各类法制宣传资料2000份，法律知识手册500册。开展宣传咨询5次，举办各类法律知识答卷3次。全年处理群众来信来访163件、市非紧急救助来电104件，领导阅批率100%。处理突发事件9起，重大信访问题16件。领导参加接访活动104人，接访事项61件。（郭惠媛）

【计划生育】 年内，出生上报人口1132人，办理生育服务证1209人，独生子女父母光荣证288人。办理二胎生育服务证51人，随父入户388人。办理独生子女父母一次性奖励92人。办理下岗、失业人员存档证明1035人。发放避孕药具280箱。上报违反计划生育政策生育行为案件28起。

（郭惠媛）

前门街道

【概况】 前门街道位于东城区西南部,东与崇文门街道相邻,西与西城区大栅栏街道相接,南与天坛街道接壤,北与东华门街道毗连。面积1.09平方千米,有户籍居民9628户、2.31万人,设社区居民委员会9个。本年,结合行政区划调整,围绕构建"和谐前门"目标,贯彻落实科学发展观,加强党的建设,维护地区稳定,强化精神文明建设、城市管理与公共服务,完成街道各项工作任务。

单位名称:东城区前门街道办事处
单位地址:东城区西打磨厂街62号
联系电话:65113343 邮政编码:100051
(张晗)

【文体活动】 2月2日,举办"京韵前门喜迎春,传承技艺展风采"老北京非物质文化遗产手工技艺展示迎春会活动。艺术彩旦、毛猴、剪纸、风筝、面人、绳结、葫芦外画、绢人等8个民俗非物质文化遗产传承人讲解技艺的起源和传承历史,现场施展技艺。4月2日,举办"小院品青团,春日话养生"文化系列活动,10位居民围坐在小院内,闲聊家常,品尝清明传统小食青团,与前门保健科老师共话春季保健养生。6月12日,举办"传统佳节日,小院粽香飘"胡同文化系列活动,10位居民与地区老字号功德林的师博们,共同制作、品尝传统粽子,共话端午。 (张晗)

【群团工作】 3月1日,举办地区女职工庆百年三八联谊活动,各单位女职工代表、机关工会会员100人参加。5月21日,举办五月鲜花歌咏活动暨京韵前门艺术团成立一周年汇报演出。40人观看。3月19日,前门东大街社区青少年科普DIY工作室,举办"春分到,蛋儿俏"竖蛋比赛,体验传统游戏带来的快乐。4月23日,开展尊重知识,尊重创造,保护知识产权宣传活动,向社区居民和过往行人,发放知识产权宣传彩页、漫画读本等宣传品300份。5月19日,开展"我会学、我会玩、我会创新"科技周主题活动。6月3日,召开街道工会联合会第一届委员会第一次会议,选举产生第一届委员会主席、副主席、常务委员会委员、经费审查委员会主任。7月5日,北京前门观旗宾馆、金宅门餐饮有限公司,建立联合工会,会员59人。第一次会员代表大会选举产生第一届联合工会委员会、经费审查员、女职工委员会。7月27日,举办"快乐工作,健康生活"军企民趣味运动会。非公企业、驻街部队官兵及机关工会会员120人参加。9月21日,举办共建美好家园联谊会,地区50名保洁员会员、城建公司农民工,共庆中秋佳节。10月10日,举办"聚焦前门新风景,笔墨丹青展风采"职工书画摄影作品展览活动,职工、群众参展摄影作品90幅、书画作品20幅,200人观看展览。 (张晗)

【人口普查】 4月12日,成立街道第六次全国人口普查工作领导小组及办公室,抽调干部27人,成立综合、普查、监督、宣传文秘、数据、户口整顿6个工作组。制订《前门街道第六次全国人口普查工作方案(草稿)》。4月19日,召开第六次全国人口普查工作动员大会。5月,完成全地区建筑物核查、标绘。10月31日,普查员134人,分别到街头、地下通道、车站、废弃建筑物开展流动人口清查登记。11月1日,正式入户登记。各工作组、社区普查小组按级负责,确保街不漏院、院不漏户、户不漏人。 (张晗)

【计划生育】 5月28日,举办"童心飞扬,男孩女孩一样好"主题活动,地区居民、少年儿童50人参加。7月7日,开展世界人口日人口计生知识有奖问答活动,填写计生知识答卷100份,发放宣传材料1000份。8月5~6日,组织计生知识培训会。9月21日,举办纪念九·二五"公开信"发表30周年暨相识相知30年沙龙座谈会,请社区结婚30周年的老夫妻和30周岁的新婚夫妻一起,畅谈婚后幸福生活,20对夫妻参加。年内,办理计划生育家庭意外伤害保险338份,投保人数906人。为705名育龄妇女提供免费两癌筛查,50人得到及早诊治。请北京同仁堂中医医院主任医师,开办"社区名医堂"讲座2次,150人参加。 (张晗)

【社区建设】 6月,前门东大街社区,草厂东、草场西社区,安装"社区就业信息发布直通车"。将招聘信息和社保政策以电视滚动形式公布。7月7日,组织辖区小学生及家长40人,参观青少年科普教育基地自然博物馆。7月15日,组织辖区60名居民和少年儿童,参加"提倡勤俭节约,享受低碳生活"为主题的低碳知识问答。8月13日,组织地区30名中小学生,到北京电力展示厅参观。8月17日,举办社区"快乐假期——我最棒"少儿生活技能PK赛。创建《社会化退休人员信息专刊》,每季度一期。开通社会化退休人员电子公共邮箱、QQ,搭建政府与退休人员相互沟通平台。加强公共服务平台建设,建立健全街、居两级便民服务联动体系,完成各种服务需求52次,接受转发服务需求123次,帮助居民解决生活难题。完善西河沿蔬果早市管理制度,规范工作人员行为和市场经营秩序。 (张晗)

【党建工作】 7月1日,举办纪念中国共产党成立89周年暨前门之星表彰大会,评选出"群众心目中的好党员"50名。获"前门之星"称号。开展创先争优主题调研,组织自查、互查、评议,推动作风建设。强化党务公开,民主评议党员承诺,增强履职能力。通过向责任主体延伸、构建党建网络,向社区功能延伸、丰富党建载体,向规模以下非公企业延伸、扩大党建覆盖面、实现党的工作全覆盖。加强动态管理、分类指导,健全主题教育活动联动、精神文明联创、志愿服务联办、扶贫助困联手机制。推行社区在职党员“双管”、离退休党员“代管”、下岗失业职工党员“托管”、人户分离党员“主动管”、流动党员“协管”办法，使学习不断档、思想不掉队、组织不断线。（张晗）

【城市管理】 7月30日，召开消防安全“防火墙”工程、“四个能力”建设培训会，部署工作，与各单位签订全面构筑社会消防安全“防火墙”责任状和责任书。加强检查消除火灾隐患、扑救初起火灾、组织人员疏散逃生和消防安全宣传教育工作。开展各类专项整治行动，查处无照经营660人次，清理户外广告24处，查处各类违法行为107起，整治黑车89辆、摩的19辆。成立街道社会管理创新工作领导小组，制订措施，建立综合工作数据库。拆除国龙医院南侧违章建设36处538平方米。在前门东大街设置环境建设志愿服务监督岗10个。采取措施防止工地扬尘，对暴露无主渣土及时清运，严格控制大气污染。清理保洁面积14万平方米，处理卫生死角300处，清理小广告、残标5000处，清运堆物堆料70吨，冬季铲冰扫雪20吨。补植黄杨2000棵、月季500棵。做好美国白蛾防控工作，打药率100%。抽调28人组成4支应急抢险队，储备防汛物资，确定紧急避难场所2处。汛前普查危险房屋、树木和人防工事，抢修加固危房12间、维修房屋235间、补漏513间、做防水4000平方米、疏通下水793米、伐树7棵、修剪危险树木40棵。与前门派出所等职能部门，联合对辖区282户出租房屋进行清理整顿10次。排查地下空间、空房院落，排查流动人口5000人次，安全隐患25处。（张晗）

【社会保障】 走访慰问残疾人112户，发放慰问金、慰问品6.75万元。办理“居家养老助残券66人，办理无业重残补助9人，审核享受城乡居民养老保险残疾人65人。实施残疾人无障碍家庭设施改造5户。安置残疾人就业8人。开展非法职介专项监察、劳动监察单位278次，涉及劳动者9005人、农民工162人。依法处理劳动争议案件6起，追付工资32.38万元，对前门大街73家企业，开展“劳动用工规范一条街”工程。参加社会保险1167人、参险率86.32%，签订劳动合同1322人、签订率97.78%。本年，新增低保家庭29户48人，停止低保待遇44户89人。办理医疗救助68人，发放救助款18.5万元。临时救助7户，发放救助金1.9万元。发放节日补助金18.57万元。办理60周岁以上低保老人慈善助老医疗卡24张，提供免费体检一次，救助金额1.2万元。开展社会捐助活动2次，募集善款2.6万元、衣被2800件。受理廉租房申请12户，经济适用房54户，限价商品房104户，公共租赁住房登记9户。申请通过694户，其中经济适用房404户、已配售220户，限价商品房186户、已配售41户，享受廉租住房租金补贴家庭104户，参加公共租赁房登记72户。（张晗）

崇文门外街道

【概况】 崇文门外街道位于东城区东南部，北起崇文门东、西大街，与东华门、建国门街道接壤，南至两广路，与体育馆路街道相邻，东起南、北花市大街北段、与东花市街道相连，西至北官园、戴家胡同，与前门街道相接。面积1.12平方千米。设社区居委会12个。有户籍人口1.43万户3.48万人，常住1.87万户4.81万人，流动人口1.23万人。辖区内有基层党组织84个，党员1870人。崇文门外街道始建于1954年、1958年9月，由薛家湾、巾帽、石虎南大院、草厂八条办事处合并，成立东兴隆街办事处。1990年9月，更名为崇文区人民政府崇文门外街道办事处。2008年3月，迁至西花市南里东区14号楼办公。2010年9月15日，更名为东城区人民政府崇文门外街道办事处。

单位名称：东城区崇文门外街道办事处

单位地址：东城区西花市南里东区14号

联系电话：67013683　邮政编码：100062　（任毅）

【人口普查和计生】 组织第六次全国人口普查，组建机构，建立普查员队伍，落实办公场所，召开普查工作培训会，完成建筑物核查、小区划分、小区图绘制等工作，完成入户登记1.94万户5.53万人。开展计划生育知识竞赛、家庭厨艺讲座、和谐家庭评选和纪念“世界人口日”文艺汇演、健康专家进社区等宣传活动，至9月末，辖区上报出生人口236人，计划生育率98%。（任毅）

【信访工作】 按照处级干部责任区划分，掌握各类群众矛盾，加大重点矛盾排查、调处力度，化解矛盾纠纷，定期召开工作情况及难点问题通报会。先后解决都市馨园2011户居民更换锁芯、封存国瑞城小区楼顶安置中国联通信号发射器、新景家园公共区域拖欠电费、困难户安置就业等问题。全年，街道、社区两级代理，接待来电、来访425人次，受理信访代理、反映诉求、政策咨询289件，完成273件，结案率94%。（任毅）

【城市管理】 建立街道网格化综合管理服务分中心和网格化管理考核机制。整合地区力量，实现日常化监督管理与网格化管理对接。坚持把涉及社会安全稳定的各类工作对象全部纳入视线,加强重点人员、重点区域、重点单位和重点部位防控,加大督查力度,严格落实责任制,开展流动人口和出租房屋基础调查工作,确保重要时期安全稳定。开展黑车整治“脉冲行动、街面环境秩序”百日整治行动,对新世界周边、崇文门地铁站口等6个重点地区,进行全面清理整治。为12户无照经营、运营的困难居民,签订合法手续纳入统一规范管理。向社区居民、单位、商户印发一封信和告知书2000张。全年出动执法人员6596人次、车辆1081车次,查处各类违章3792起、罚款2.23万元。对12个社区居委会,进行市容环境卫生区域管理考核,取消现有垃圾房,实行垃圾清运“桶换桶”工作,尝试以小型电瓶车取代非法运营,解决居民出行难问题。至年末,祈西二期工程搬迁居民418户,占总户数75.4%;哈德门东侧工程涉及搬迁居民213户,占总户数97%。成立创建“首都绿化美化花园式街道”领导小组,对辖区2000平方米以上单位摸底、整改。开展绿化美化宣传活动,发放宣传材料1000份,悬挂横幅50条。投资20万元,补种树木花草。投入440万元,改造西花市南里东区绿化,制作《绿在崇外》宣传画册1000册。国庆期间,摆放鲜花10万盆。 (任毅)

【社会保障】 以“4050”、低保、残疾失业人员为重点,与用工单位劳动和社会保障部门,建立长效服务联系机制。管理失业人员档案1604份,开发就业岗位2305个,安置失业人员665人。处理各种劳动信访案件24件,解决拖欠工资3.05万元,处理农民工讨薪突发事件3起、涉及74人,解决拖欠工资28.5万元。享受高龄津贴90岁以上老人144人,享受养老助残服务1231人,兑换养老助残券190万元。完成全年两次低保复审工作,现有低保户259户、393人,其中停保17户22人,新批10户21人。与10家餐饮企业签订老年餐桌协议,实现辖区老年餐桌全覆盖。开展社会捐助活动,捐款6.2万元,衣物6496件。为10户肢体残疾人家庭,进行无障碍设施改造,发放慰问金8万元,扶残助学金2万元。完成经济适用住房、廉租房、两限房的受理、登记、审核工作。市级备案家庭232户,其中经适房104户、限价房111户、廉租房17户、公共租赁住房55户,廉租房续签83户。组织居民参加摇号认购住房4次,选中认购住房125户。 (任毅)

【社区建设】 制订社区工作者培训计划,编印《崇外街道社区居委会工作制度汇编》,居委会工作者人手一册。完成国瑞城西、中、东,崇东4个试点社区服务站建设。举办第十届元宵灯会,邀请民间花会表演,由社区居民、驻街单位、机关干部职工自制600盏花灯亮相展示,获第五届北京春节庙会“节能环保奖”。开展自觉排队日宣传活动,与辖区易喜新世界商场、崇文门饭店等10家单位,签订自觉排队责任书。推广工间操等全民健身活动。举办特色社区第一届千家宴活动。 (任毅)

【党建工作】 开展反腐倡廉警示教育活动,参加党纪条规知识测试114人,新任职16名科级干部进行廉政谈话和廉政宣誓。处、科干部签订党风廉政建设责任书33份。与创建学习型党组织相结合,开展创先争优活动,在大龙建设集团、易喜新世界百货等非公企业党组织中,推荐优秀党员11名。开展“让党旗在崇外飘扬”主题活动,走访慰问建国前老党员、优秀党员、困难党员150人。建立处、科级干部结队帮扶98对,发放慰问金10万元。在创先争优活动期间,解决东茶食胡同废旧煤棚隐患、戴家胡同杨树灭虫、崇西楼前平台乱投垃圾等问题8件,隐患19件。建立社会领域党建工作体系,开展“社会领域党建特色活动,明确社会领域党建工作全覆盖工作目标。开展社会领域党建工作示范点建设,巩固崇东社区“做老干部贴心人”、崇西社区“党员民调队化解矛盾在基层”等先进典型,树立新怡家园社区“夕阳霞光进社区党员志愿服务我第一”、都市馨园社区“社区创业孵化园”、新世界家园社区“打造楼宇党建新舞台”等特色品牌社区,推动街道社会领域党建工作发展。 (任毅)

【群团工作】 建立健全地区总工会、工商联分会、统战服务站、台属联合会等组织,成立楼宇联合工会11个、社区联合工会6个、律师事务所工会10个、非公企业工会3个及非公企业团组织14个。 (任毅)

东花市街道

【概况】 东花市街道位于东城区中东部,东与朝阳区双井街道相连,南与龙潭、体育馆路街道毗邻,西与崇文门街道相接,北与建国门街道相邻。面积2.05平方千米。设社区居委会8个,户籍人口1.5万户5万人,流动人口2万人。有大街7条,中央、市属单位28家,区属单位63家,中学3所、小学6所、幼儿园3所,医院2家,云南、甘肃省驻京办事处等7家。有国家级文物保护单位城东南角楼,市级文物保护单位袁崇焕祠、隆安寺等。本年,作为东城区网格化社会服务管理创新综合试点街道,建立网格化社会管理体系,实现管理模式转变,按照区委、区政府总体部署和要求,完成全年各项工作任务。

单位名称:东城区东花市街道办事处
单位地址:东城区东花市北里西区3号楼
联系电话:67188640　邮政编码:100062 (董振生　解启明)

【调研慰问】 1月16日，全国城市管理经验交流会考察团领导100人到街道考察综合执法组建设情况。1月19日，区公安分局局长谢世龙，到东花市南里东区社区低保户王玉芹家走访，送去慰问品，区民政局等有关领导陪同。1月25日，区政协主席冯藏淑等，走访慰问北里东区社区杜桂荣、北里西区社区张童玲、忠实里社区贾尧冬等困难残疾人家庭，送去米、面、油等生活用品及慰问金。2月13日，公安部长孟建柱，到东花市派出所看望基层公安干警和治安志愿者代表，市领导郭金龙、王安顺、傅振华等陪同。5月12日，市纪委书记王海平，到街道调研廉政文化进社区工作，市委社会工委委员周开让、原崇文区纪委书记张岚陪同。7月27日，长沙市总工会主席张建国，到街道考察并参观工会服务站，市总工会副主席王玉英等陪同。9月16日，市委政法委副书记李万钧到街道调研社会管理创新综合试点工作。10月18日，杨柳荫到街道检查网格化综合试点工作。11月9日，中共中央政治局常委周永康，市委书记刘淇，到街道考察基层基础工作，中央、市、区领导周本顺、吴爱英、沈德咏、胡泽君、杨焕宁、郭金龙、王安顺、李士祥、傅政华、刘敬民、杨柳荫、牛青山等陪同。11月23日，市民政局副局长霍军一行到街道调研双拥工作，参观社区国防教育中心，实地查看景山学校国防教育和少年军校开展情况，观看东城区创建全国双拥模范城成果展。12月16日，团市委书记王少峰、副书记姜泽廷到街道视察团建工作，对"网格化团建"给予肯定。

（董振生　解启明）

【群团工作】 1月29日，建立街道妇女活动中心。开展庆三八系列活动，"十佳先进女性"评选、表彰活动，为特困单亲母亲送温暖活动。年内，新组建工会57家，新增工会会员373人。完成建会台账及数据库采集更新工作。走访慰问困难职工、劳动模范、企业经营者、待岗职工、环卫工人65人，发放帮扶款4000元。举办职工新春茶话会3场、协管员联欢活动2场、职工素质教育大讲堂1场，参与人数200人。6月4日，参加原崇文区"安全在我身边"演讲比赛，获一等奖。6月12日，召开街道工会联合会第一届委员第一次会议。8月24～31日，调查辖区内美容美发行业联合会53家，均签订工资集体合同。9月17日，组织职工参加东城区职工交谊舞比赛，获二等奖。11月20日，街道成立总工会，完成换届选举。团工委在8个社区建立团组织，全年在"两新"组织中，新建团组织10个。申报成立市级社区青年汇，并被选定为北京市青少年外事交流基地。组织开展"传承五四精神 争做青年先锋"、"绿色军营 青春花市"等系列主题团日活动和青少年文体活动，组队参加新东城首届青年篮球赛。组织青年志愿者参加前门站点服务110人次。推进青年创业就业工作，发放小额贷款宣传材料500份，协调平安保险公司等驻街单位，安置待业青年12人。（董振生　解启明）

【武装工作】 暴剑代表东城区，参加国防部召开建军83周年招待会。2月至4月，完成274名基干民兵编制任务、军事训练和政治教育。抽调20名应急队员，参与卫戍区民兵点验。3月1～16日，抽调24名民兵，对二环主路4座桥梁进行重点守护。8月1～31日，对辖区158名适龄青年进行兵役登记，登记116人。8名青年入伍。建立街道国防教育网站。开通国防教育图书角，设立社区图书漂流站。9月8日，组织班子成员开展军事日活动，到中华航天博物馆参观。

（董振生　解启明）

【党建工作】 组织130名机关党员、干部、群众，赴井冈山参加培训，组织街道及社区91名干部，参加区委党校集中培训。开展送书培训活动，开通科级干部和社区党组织书记在线学习。在庆祝建党89周年大会上，表彰区、街级群众心目中的好党员60名。在创先争优活动中，为民办实事76件。南里社区党委、南里东区社区党委获区委组织部、区委社会工委"五星级社区党组织称号"。推进网格化党建工作，建立网格基础信息动态台账，明确网格内党建负责人，设立非公企业党建联系员，健全楼宇党建联席制度。开展党员献爱心活动，募集捐款4万元。元旦、春节期间，走访慰问生活困难党员、老党员644人，慰问基层党组织8个，发慰问金1.2万元，慰问品996件。街道14名处级领导走访慰问45人。开通东花市街道社会领域党建新浪博客。将辖区企事业单位划入26个工作网格中，在鼎新大厦、尼奥大厦、工商联大厦、金桥国际公寓建立商务楼宇工作站。2月8～12日，在辖区8个非公企业党组织，开展学习科学发展观职工满意度测评，参评人员86人，满意度100%。6月11日，辖区非公企业北京蔷薇工程监理有限责任公司党支部成立。6月30日，组织辖区非公企业党组织，在明城墙遗址公园举行庆祝建党89周年活动。（董振生　解启明）

【社会治安综合治理】 开展禁毒、防煤气中毒、消防、交通、安全生产等宣传教育28场次，悬挂横幅68条、展板105块、宣传画60套。"两会"期间，发放宣传材料4000份，张贴标语68张，悬挂横幅24条，出动宣传车23车次，受教育群众1.6万人。3月1～15日，投入2.7万人次，参与社会面防控工作，每天发动安保力量1800人次，其中公安警力61人次、专职巡防队员363人次、治安志愿者800人次、其他各类防控力量660人次。组织相关职能部门，对重点防火单位联合执法检查40次。开展对流动人口重点人员的摸排、管控，出动民警、管理员300人次，检查出租房屋959户2098人。办理暂住证5350人，流管信息平台新登流动人口3273人，核销流动人口3595人、更新2792人、迁移426人，新登出租房屋146户，核销110户。开展地下空间排查整治，出动管理员502人次。有地下空间303处，半地下室69处，人防工程64处，普通地下室170处。在辖区内出租地下空间，安装身份证识别管理系统，建立地下空间核销台账。8月1日至10月15日，开展"百日核查"工作，采集来京人员信息5474份。

（董振生　解启明）

【蟠桃宫庙会】 4月14～16日，举办花市社区文化节暨蟠桃宫庙会，"千龙网"全程直播庙会开幕式。《人民日报》《北京日报》《北京晚报》《新京报》《北京青年报》等14家报社予以报道，北京电视台特别关注栏目、第七日及锦绣崇文等电视

媒体,对蟠桃宫庙会给予专题报道。（董振生 解启明）

【社区文化】 4月22日,举办以“书香花市,魅力社区”为主题的全民读书系列活动启动仪式,赵中原为8个社区发放“汉王电纸书”、为12个社区图书漂流站授牌。4月,编辑出版《北京思想文化建设——东花市街道思想文化建设创新实践专版》。5月6日,市社区思想文化建设交流会在街道举行,13个区县代表参观街道社区思想文化建设成果。10月27日,举办“辉煌足迹 红色记忆”街道创先争优红色收藏展。全年,编辑出版《和谐花市》4期、《和谐花市 绿色花市专刊》、2009年《和谐花市》合订本和《传承 井冈》一书,《和谐花市》刊物改版为社区漂流读物,向社区投放漂流杂志2000本,并专设读者俱乐部。（董振生 解启明）

【城市管理】 成立东花市街道绿化委员会,4月至7月,实施立体绿化工作,完成东花市大街地面绿化及区房管局、办事处办公楼、花市星辰酒店、回民幼儿园、枣苑裙楼6处阳台、窗台绿化,摆放花卉4237盆,防腐木花箱40个,栏杆吊装小型花箱80个,灯杆绿化8处,投入资金37.26亿元。全年新增绿化面积760平方米,管理绿地面积4.02万平方米。检查驻街单位病媒生物防治和餐饮卫生,重点检查单位21家。组织开展爱国卫生活动12次,清理社区卫生死角29处、大院4处,清理辖区内主要道路5条,发放灭蟑套餐3000盒,禁烟宣传材料500张。4月30日,举办“走进综合执法组——城管开放日活动”,地区20家房地产企业负责人,与城管、工商等部门交流工作。6月12日,在忠实里社区,举行街道夏季市容环境秩序治理行动启动仪式,成立社区环境劝导组。7月至11月,集中开展整治黑摩的“脉冲行动”16次,设置标语60条,出动执法人员860人次,执法车辆108辆次,查处暂扣非法运营黑摩的99辆。9月至12月,开展百日整治行动,出动执法力量698人次,车辆283车次,处理96310举报95件、96010举报18件,网格事件450件,96310特殊案件11件。完成督办单13件,取缔露天烧烤30起,无照经营238起,罚款8500元。发放宣传材料1100份,规范门前三包800家,清除占道广告牌260个。（董振生 解启明）

【社会保障】 全年,发放居家养老服务券1012人。办理65岁以上老年人优待卡167个,新办老年证53个。为91名90岁以上老人发放高龄津贴11.98万元,为空巢老人安装“一按灵”应急呼叫器194部,为65岁以上老人购置“小帮手”智能服务器55部,为纯老年家庭安装居家养老“智能电话”947部。累计发放低保金267.35万元,粮油帮困款16.96万元,办理医疗救助93人、14.15万元,临时救助45人、7.95万元,向三无人员发放生活困难补助4800元。发放残疾军人抚恤金15.96万元,“三属”定期抚恤金2.07万元。报销优抚对象医药费8.73万元。为在册军工、地退人员报销医药费28.24万元。开展“送温暖 献爱心”捐赠活动,收到捐款3万元、衣被6975件。修建无障碍坡道7处。发放重残补助、待业补助、特困补助136人。慰问特困残疾人107人,发放慰问金6.08万元,扶残助学金44人、7.28万元。办理养老助残服务券187人。完成383户保障性住房的申请、受理、初审工作,其中廉租房45户、经济适用房124户、限价房169户、经转限45户。参加经济适用房摇号2次,限价房摇号1次,廉租房摇号1次,对293户经济适用房、201户限价房资格重新审核认定。完成公租房申报统计工作。全年检查企业186家,涉及劳动者2937人,为45名职工讨回工资31.08万元。处理春节、“两会”期间,因工资纠纷引发的突发事件4起,解决劳动争议投诉举报案件13起,对20家重点企业开展法定节假日加班工资发放专项执法检查,涉及劳动者347人,发放《致用人单位一封信》350封。20家企业劳动合同签订率、社会保险参险率、持证上岗率均100%。（董振生 解启明）

【社区建设】 开展网格化社会服务管理创新工作,招录安置应届大学生进社区9名,完成初任培训和社区干部外出培训。组织427名社区志愿者开展志愿者服务。完成第六次全国人口普查工作。建设社区便民项目34个,修建南里社区门头标识3个、社区文化墙132米,新建南里公共服务协会。硬化坑洼路面115平方米,增设及改造社区、街边路椅39套。装修改造北里西区、花市枣苑、花市南里社区居委会办公用房730平方米,在南里东区社区安装防盗门对讲系统7个,修建南里社区、南里东区、北里东区等社区自行车车棚700平方米,改造办事处、指挥中心、北里西区小花园门前防滑路面,新建忠实里、广外社区平价便民菜站2个。10月,北里东区“聊天宽心驿站”获北京市市民学习品牌称号。南里东区被评为市优秀科普社区。（董振生 解启明）

【信访工作】 全年接待来访173件次230人次,涉及问题45件,化解40件,化解率89%。办理各类来信129件,其中市长信箱20件、区长信箱22件、非紧急救助87件。市区转信10件。完成信访代理18件,办结率100%。全地区未出现重大集体上访事件。（董振生 解启明）

龙潭街道

【概况】 龙潭街道位于东城区东南部，东起护城河西岸，南连丰台，西至幸福大街，北接广安大街。面积3.06平方千米。设社区居委会15个，常住人口5.6万人，流动人口3000人。本年，贯彻落实科学发展观，以新东城区成立为契机，开展创先争优和政府规范化建设年活动，维护安全稳定，狠抓社会管理，统筹推进地区安定和谐发展。

单位名称：东城区龙潭街道办事处

单位地址：东城区光明23楼

联系电话：67120375　邮政编码：100061　（邓思）

【领导走访调研】 1月4日，原崇文区副区长朴学东到街道检查扫雪铲冰工作。1月25日，常务副区长刘云斋，到光明南里社区低保户李庆军和龙北东社区低保户李鸿增家走访慰问。1月28日，区政协副主席孙占军等有关领导，走访龙潭北里东社区高龄特困老人王秀英。1月29日，区政协主席徐鸿达，到龙潭地区低保户张宝良家走访慰问。2月1日，区人大主任吉胜久，走访慰问绿景苑社区困难党员翟恩波。2月2日，市委组织部副部长刘宇辉，走访慰问老党员陆锡臣。3月17日，原崇文区委书记夏强，到街道调研住房保障、城市管理等工作。3月24日，朴学东到街道板厂南里社区，检查自治停车管理试点工作。5月19日，市人大城建环保委员会主任委员赵义，到幸福家园社区调研垃圾分类试点工作。区、街有关领导陪同。6月7日，市人大常委会主任杜德印，副市长黄卫、人大副主任刘晓晨等，到幸福家园社区调研垃圾分类、处理工作。6月23日，徐鸿达走访慰问街道生活困难党员杨增瑞。6月28日，市委组织部副部长刘宇辉，慰问光明北里社区党委书记、居委会主任邢东伶。7月19日，区人大筹备组组长冯熙一行，到街道视察指导人大工作。7月30日，冯熙走访慰问光明南里社区困难户靳文智一家。7月30日，区领导常卫、章冬梅到街道检查指导工作。8月2日，徐鸿达到龙潭地区低保户张宝良家慰问。8月3日，长宋甘澍走访慰问龙潭地区高龄特困老人王秀英。9月1日，市公安局局长傅政华，视察指导五十中学安保工作。11月23日，章冬梅带队到龙潭地区通正国际大厦，检查防火工作。12月7日，赵中原到光明北里社区，调研创先争优活动开展情况。12月21日，杨柳荫到街道，听取贯彻落实党风廉政建设责任制专项检查汇报。　（邓思）

【群团工作】 探索地区团建新模式，建立"机关团员图书库"、"青年读书墙"，丰富青年干部业余文化生活。8月10日，团工委在街道召开街道"两新"团组织成立大会，14家"两新"企业建立团组织。12月16日，光明北里等15家基层团支部成立。街道妇联组织开展春节慰问、关爱母亲、"六一"慰问等系列活动，为17名贫困单亲母亲发放慰问金8500元，为贫困学生结助学对子23对。举办流动人口母亲口腔健康知识讲座，组织单亲母亲参观电影博物馆。光明北里社区获中华全国妇女联合会颁发的"全国妇联基层组织建设示范社区"称号。全年，新加入工会企业51家，新入会职工1028人，实现建筑类企业、律师事务所、劳务派遣公司等重点单位全部建立工会。引导企业加强民主管理，推动工资集体协商。光明北里社区是北京市工资协商试点单位，辖区220家单位进行工资集体协商，其区域性集体协商模式经验在全区推广，多家媒体予以报道。　（邓思）

【党建工作】 制订党风廉政建设和反腐败工作分解方案、实施"廉政关口建设工程"、落实"一岗双责"等措施，加强党员干部思想政治教育、纪律教育和宗旨教育。完善制度建设和重点岗位职责流程，修订《廉政风险防范管理工作实施细则》，开展政府规范化建设年活动，采取查找整改问题、群众评议、表彰先进等方式，从行政决策、行政执法、行政管理、公共服务、行政监督五方面，加强街道规范化建设。在非公企业党组织，开展"三展示"活动，选派机关干部与非公企业党支部书记进行"一对一"帮扶、开通网络邮箱、赠送书籍等活动。组织开展"群众心目中的好党员"评选表彰活动，通过"军民携手、创先争优"红歌会暨创先争优表彰大会，对龙潭街道社区报、信息服务网进行表彰和宣传。组织机关党员干部660人次到基层，各基层党组织组建党员志愿服务队56支、设立党建创新项目16个。1560名党员志愿者开展志愿服务552次，为群众办好事、实事1600件，收集5大类意见建议125条。45个党组织和2051名党员，作出公开承诺并签订承诺书，党组织承诺事项215件，党员承诺事项6120件。　（邓思）

【社会治安综合治理】 划分网格43个，建立8大类59项电子台账，推进社会服务网格化管理模式建设。春节、"两会"期间，投入防控力量3.71万人次，龙北西社区被评为北京市十大平安社区。全年出动检查448人次，检查单位739家，发现整改隐患23处。成立单位内部流动人口服务站，完成地下空间清理整治及隔断式出租房清理登记工作。全年代理信访案件453件，其中街道175件，社区278件，办结率95%。在"百日整治行动"中，开展无照经营、非法营运、非法小广告等联合整治59次，查处各种违章1503起，处理各种网格案件310件。　（邓思）

【社会保障】 全年，开发就业岗位983个、实现就业758人，组织300名失业人员参加各种招聘会10次，办理灵活就业328人次。办理"一老一小"参保2650人，无业居民大病医疗保险340人,城乡居民养老保险256人,无保障老人福利养老金申领手续745人。开展劳动监察工作,全年巡察企业241家次,专项执法检查4次,涉及职工1.52万人次,处理投诉举报案件30件,解决工资加班费等2.08万元,行政处罚企业2家,责令限改企业1家。为地区90岁以上高龄老人发放高龄津贴15.05万元,办理老年证203人、优待卡386人,53家企业提供居家养老服务,发放居家养老服务券1.77万人,发放金额170万元。为社区65岁以上老年人安装"一按灵"电子呼叫器340部,发放电子小帮手服务器155部。推进全国康复示范区达标工作,社区均建立残疾人康复档案。组织残疾人编织培训班60人参加,安置残疾人社区就业14人,为肢体残疾人家庭实施无障碍改造50户。办理各类残疾证180人,对170名重残无业残疾人发放养老助残券。15个社区建立健康康复档案,完善社区康复站制度和职责建设。全年受理廉租房申请98户,经济适用房申请189户,限价商品房申请266户,公共租赁房申请49户,实现保障性住房办理窗口前移和全覆盖。 (邓思)

【社区建设】 制订《龙潭街道社区建设五年规划》,修订《龙潭街道社区管理制度汇编》。完善社区考核制度,制订社区服务站考核办法。开展第二批社区规范化建设项目的申报与筹备工作。举办主题火花展、双拥共建红歌会、夏日文化广场及系列民俗传承活动。与东四街道联合主办"文化融合汇聚民心民力——龙潭东四携手共创和谐"文艺汇演活动。组织机关、社区干部和辖区居民,参加第四套广播操和秧歌展示。组织辖区居民180人进行六期卫生救护培训,发放健康教育资料5000份。光明北里社区以综合评定A级,入围北京市第四批创新型科普社区名单。 (邓思)

【城市建设】 开展幸福北里南区解危排险工程,启动安化寺二期拆迁工作。完成左安漪园、左安漪园及光明42楼立体绿化试点工作,对龙潭北里东、西两个社区破损路面及3万平方米绿地,进行绿化升级改造。以幸福家园社区为试点,推广垃圾分类工作,户内用垃圾桶发放率90%,按要求分类的居民占70%。协调幸福楼、光明北里、光明南里3个社区27栋楼1034户居民,配合完成地区暖网改造工程。 (邓思)

【计划生育】 办理一胎生育服务证410例,二胎生育服务证32例,计划生育率97.63%。为164个生活困难和享受特别扶助独生子女家庭办理意外伤害保险,办理个人支付保险1214份。开展"数字左安、和谐计生"信息化建设,在原崇文区7个街道实现市、区、街、居四级网络化办公。 (邓思)

【人口普查】 第六次全国人口普查,辖区登记总户数3.01万户8.1万人,居住本地区5.9万人,户在人不在2.2万人。 (邓思)

体育馆路街道

【概况】 体育馆路街道位于东城区东南部,东起幸福大街、幸福东街和京广铁路,西至磁器口大街、天坛路、天坛东路与天坛街道为邻,南至玉蜓桥、京广铁路与丰台区接壤,北与广渠门内大街相连。面积1.84平方千米,设社区居委会10个,户籍居民1.63万户4.56万人。有街巷58条,中学1所、小学2所、托幼园2所、特殊教育学校1所,医院4所、社区卫生服务中心1个、社区卫生服务站2个,南岗子天主教堂、法华寺区级文物保护单位2个。本年,以建设体育文化休闲街道为目标,以创先争优活动和区划调整为契机,提高党建科学化水平,推进地区经济社会发展,完成全年各项工作任务。

单位名称:东城区体育馆路街道办事处

单位地址:东城区体育馆西路1号

联系电话:67199622 邮政编码:100061 (于洁)

【群团工作】 5月7日,街道工会工作委员会过渡为街道工会联合会,11月17日,建立街道总工会。年内,新建楼宇联合工会2家,新建会企业169家,吸纳会员598人。组织65名职工参加职工素质教育工程培训,60人参加劳动争议调解员取证培训。组织环卫女职工13人体检,为120人登记求职信息,推荐就业41人。为困难职工子女22人申请"金秋助学金"。全年完成10家非公组织团建工作,成立社区工作者联合团支部。重要节日,组织志愿服务400人次。建立社区青少年星光自护学校,开展自护课程7类12次,中小学生学习星光自护课程400人次。为贫困学生发放慰问金1万元。召开地区妇联执委会会议,研讨妇女工作。走访慰问贫困单亲母亲34人,发放慰问金1.7万元,为41名贫困学生募集捐资助学款1.86万元,组织为灾区捐款8594.5元。在10个社区成立"妇女之家"。开展五好文明家庭、示范社区评比申报工作,国家体育总局社区被评为"全国妇联基层组织建设示范社区",1个家庭被授予"第七届全国五好文明家庭"。11月3日,成立区工商联体育馆路街道分会,召开街道分会第一届理事会第一次会议,传达区工商联《关于进一步加强工商联基层分会工作指导意见》、研究确定分会理事会组成人员分工及2011年分会工作安排。组织会员企业召开新年联谊会,加强非公经济人士之间沟通交流,促进地区经济发展。 (于洁)

【文教卫体】 开展迎新春系列特色文化活动20场,1万人次参与。举办夏日文化广场暨“五月的鲜花”文艺汇演，1000名社区居民参加。寒暑假期间，为中、小学生开展各类活动20次。为流动、散居儿童进行麻疹强化免疫，组织适龄妇女两癌筛查，完成对150户全国第五次居民营养调查入户和监测工作及730户慢病诊断居民入户调查。组织参与全民体质测试、市和谐杯系列赛事、区全民健身月广播操比赛等活动。科技周、全国科普日期间，开展各类科普知识巡展19次。6月20日，在国家体育总局举办第一届社区体育文化节开幕式。45支代表队参加队列展示，600人参加文艺表演。体育文化节历时14天，设趣味竞技比赛项目14个和“奥运伴我行 环湖健身跑”、全市围棋邀请赛、社区运动会等赛事17项，机关、企业、部队、楼宇、社区40个单位，1万人参加。千龙网现场直播，《北京日报》等10家媒体予以报道。（于洁）

【党建工作】 本年，在地区42个党组织、2216名党员中，开展“创先争优”活动。开通网上党员学习园地，推进学习型党组织建设工作。规范支部建设、开展“最佳主题党日”评选活动、启动平台互通的信息模式，提升党建工作水平。开展“群众心目中的好党员”评选表彰活动、“党员送服务、群众得实惠”实践活动，建立健全党内关爱机制。开展“讲党性、重品行、做表率”活动。总结第二批学习实践科学发展观活动。考核社区党委和居委会班子年度工作情况，对薄弱社区进行重点管理。组织开展“共产党员献爱心”捐献活动。长青园社区被评为党员电化教育示范播放点和五星级社区党委。推进社会领域党建工作，在鹰岛大厦、万福大厦楼宇，建立党建工作站、综治工作站、工会服务站、团建工作站、妇女工作站和社会工作站的“六站合一”工作站，成立党支部、综治委员会、工会、团支部和妇女委员会。落实党风廉政建设责任制，签订党风廉政建设责任书32份。深化廉政风险防范管理，制订防范措施。认真处理来信来访，加强对文章胡同拆迁工作的监督检查。（于洁）

【精神文明建设】 举办“清明的铭记、深情的寄语”歌咏会、端午中华经典诵读会、归侨侨眷中秋盛会活动，开展周末社区大讲堂活动10讲，组织未成年人参加社区环境卫生清扫、关爱孤寡老人、社区安全法律知识讲座等活动。发挥老年星光艺术团、合唱团、书画协会作用，组织老年人开展趣味运动会、围棋比赛等文体活动，丰富老年人文化生活。重阳节前夕，举行“金婚庆典”活动，千龙网和《北京日报》进行专题报道。开展“关爱玉树”、“援助舟曲”捐赠活动，筹善款12.5万元，棉衣被7770件。春节前夕，慰问困难群众，发放慰问金等71.56万元。（于洁）

【人大工作】 人大代表依法履职，制订完善代表接待制度。聘请专家授课、代表交流履职体会，提高代表履职水平。密切代表与选民联系，在社区召开代表接待选民座谈会5次，收集选民意见建议50条，转交有关部门解决，未解决的形成议案3条、建议10条，提交区人代会。全年组织代表联组、小组活动30次。（于洁）

【社区建设】 加强社区工作者队伍建设，公开招考社区工作者6名，加强教育培训，提高社区工作者待遇。建立社区分片包户走访日记制度，记录居民诉求、建议和意见，及时反馈居民反映的问题。建立完善社区居委会主任联系会议、主任例会制度，搭建社区交流平台。规范社区办公经费使用，完善社区服务站的职责任务、工作项目、运作流程、管理制度，提高社区服务站规范化水平。（于洁）

【城市管理】 街道开展绿化美化工作，被评为首都全民义务植树先进单位。国家体育总局社区，绿化覆盖率37.4%，被评为“首都绿化美化花园式社区”。网格工作按期结案715件，结案率95.46%，获市环境卫生工作先进街道。加强中小学校及幼儿园周边秩序保障工作，强化安全防范措施。开展市容环境集中治理和重点区域黑车整治行动，组织城市街面环境秩序百日整治行动。整治五环广场内停放机动车问题，恢复居民休闲娱乐场所功能。将综合执法和城市管理信息共享系统运用于社区城市管理工作中，提升城市管理科技化和精细化水平。（于洁）

【社会保障】 全年，受理保障性住房核定表605份，市备案通过552户。家庭购买经适房162户，购买限价商品房193户，家庭配租廉租房203户。开展劳动保障监察，加强对单位日常巡查和专项检查，处理投诉举报案件6起，调解工地工资拖欠问题3起。地区“劳动用工规范一条街工程”，通过市、区人力资源和社会保障局验收。为9名特困下乡知青办理回京手续。城镇登记失业率控制在2%以内，失业人员再就业率79%，组织767名失业人员进行再就业技能培训，发放社保卡4000张。在长青园社区成立“创业工作室”。举办“立足本职抓党建，服务利民促就业”现场招聘会，19家用工单位提供岗位160个，求职登记84人。为6800位退休人员，办理社会保险长期待遇资格认证，认证率100%。（于洁）

【残联工作】 本年，组织康复工作者培训22次，为28名白内障患者实施手术，对15名精神、智力残疾人进行康复训练，20名肢体残疾人进行劳动技能培训，残疾人实现就业14名。家庭无障碍改造20户，安装室内设施13项。新办残疾证186名，催缴单位残疾人保险金1915家，征缴率100%。（于洁）

【计划生育】 完成计划生育行政审批479件，发放独生子女父母奖励费14万元。建设全员人口信息库，开展厨艺大赛、流动人口迎新春联欢会、独生子女家庭亲情互动等活动。为驻街单位职工、社区群众，办理计划生育家庭意外伤害保险，开展“幸福工程”捐款。在天雅红桥市场建立流动人口计生协会，搭建流动人口管理服务平台。获市人口和计划生育工作先进集体。（于洁）

【人口普查】 开展第六次全国人口普查工作，设10个普查区，划分188个普查小区，完成人口普查各阶段工作，登记2.12万户5.89万人，其中流动人口8382人、外籍及港澳台

62 人,填写人口普查短表 1.96 万份、长表 1528 份,普查率 100%。开展普查业务培训班 9 期 2300 人次参加。 (于洁)

【社会治安综合治理】 年内,对辖区 315 家"六小"单位、136 处地下有限空间进行普查。开展防火、防盗、防煤气中毒等宣传活动 10 次。做好压发案工作及治安重点地区整治工作。年初,辖区被市公安局列为 50 个挂牌督办地区之一,街道通过加大科技创安资金投入、调整警力部署、加强综合联动执法等措施压发案,7 月末摘牌。创建"平安社区",出资为南岗子、国家体育总局社区安装楼宇对讲系统,在南岗子社区安装监控探头 10 处。对校园及周边 200 米范围内进行整治,为 7 所校园安装监控探头 11 处。完成 10 个社区社会服务管理创新网格划分工作,挂牌成立街道社会服务管理综合指挥分中心。完成淘汰黄标车任务指标。街道设立信访代理站、信访接待窗口,10 个社区设立信访代理分站,把信访代理与领导"三访"、领导包案相结合,加强对重点问题和突发事件的处理,解决群众反映强烈的疑难矛盾纠纷。每月召开社区信访工作例会。全年接待群众来访 192 批次 267 人次,处理群众来信 35 件,解决疑难复杂问题 49 件,社区代理解决群众身边小事 412 件,处理救助服务案情 86 件。 (于洁)

天坛街道

【概况】 天坛街道位于东城区西南部,北起珠市口东大街,南至永定门护城河边、永定门东街,东起磁器口大街、天坛东侧路,西至前门南大街、天桥大街。面积 4.03 平方千米。设社区居委会 16 个,居住人口 6 万人。有街巷 70 条,其中主要大街 7 条。辖区内有中央单位 16 个、市属 31 个、区属 56 个、非公经济组织 149 个。有世界文化遗产、全国重点文物保护单位天坛,市级文物保护单位金台书院、正阳桥疏渠记碑,区级文物保护单位药王庙、清末顺源镖局旧址、老字号——元隆顾绣绸缎行。本年,结合新东城区"首都文化中心区,世界城市窗口区"总体定位,开展创先争优活动,深化体制机制改革,强化服务意识,优化社区环境,提升机关效能,完成全年各项任务。

单位名称:东城区天坛街道办事处
单位地址:东城区西草市街 74 号
联系电话:67021429 邮政编码:100050 (孙怡)

【人大工作】 8 月,天坛地区 31 名人大代表,参加区人民代表大会(临时)会议。全年走访选民 65 次 248 人,召开选民座谈会 19 次,提出议案建议 14 条。 (孙怡)

【群团工作】 11 月,召开工会会员代表大会,成立天坛街道总工会。全年走访慰问贫困单亲家庭 24 户;援助困难妇女、儿童 30 人次,发放款物 1 万元;为西南旱区捐款 7292 元。在"两新"组织中建立团组织 8 家。为贫困家庭中小学生发放希望之星奖学金及学子阳光助学金。检查辖区内非公企业安全生产和劳动保护用品 4 次。组织开展文体活动和"送温暖"活动。 (孙怡)

【党建工作】 年内,建立博惠门诊党支部,在 16 个社区建立街道非公企业联合党支部,实现地区社会领域党建全覆盖。表彰基层党组织 44 个,评选优秀共产党员 100 名。组织 1.4 万名党员、群众,参与"群众心目中的好党员"评选活动。走访慰问困难党员 1074 人次,慰问资金 13.65 万元。36 个基层党组织 881 名党员,在义务巡逻、服务群众等方面,开展公开承诺工作。修订《天坛街道廉政风险防范管理实施细则》,在党组织和党员干部中,开展"强化廉政意识,弘扬新风正气"主题教育。落实离退休干部政治待遇、生活待遇,走访慰问离退休老干部 116 人。 (孙怡)

【精神文明建设】 完善《天坛街道理论中心组学习制度》,制订《天坛街道 2010 年领导班子中心组理论学习计划》。创办《天坛报》,开展电影进社区、进校园、进企业、进工地活动,放映 120 场。开展文明单位创建活动和"感动天坛人物故事"活动,搜集整理典型故事 10 个。在寒暑假,开展"社区文明小使者"评选,156 名中小学生获社区文明小使者称号。 (孙怡)

【社会治安综合治理】 年内,建立街道社会服务管理综合指挥分中心、街道综治维稳工作中心、社区综合工作站,落实网格管理责任,形成"三级"网格化社会管理组织体系及信息平台。建立社区消防工作站,聘请专业消防保安进驻社区。在 8 个有规模的两新组织中,建立综治工作站,安装楼宇对讲门 120 个、探头 26 个。推进信访代理制,对三级代理流程进行统一规范。在街道人民接待室安装图像监控系统。 (孙怡)

【社区建设】 确定 6 个社区为社区规范化建设第二批试点,制订实施方案。16 个社区、117 人,参加集中培训。招收应届大学生社区工作者 16 人。举办以"欢乐金鱼池 和谐新天坛"为主题的第七届金鱼池社区节。设立百米市民文化长廊,展示辖区居民创作的文艺作品。召开"提高科学素质,参与低碳行动"科技周活动,在金鱼池社区举办科普一日游活动。两节期间,开展迎新春文艺展演,开展"博爱在京城"募捐活动、募集善款 9 万元。 (孙怡)

【计划生育】 全年,办理独生子女证 197 例,各类生育服务证450例。发放独生子女父母奖励费20万元，确认独生子女伤残、死亡家庭特别扶助对象102人次，为606户低保、特扶家庭，免费上意外伤害保险，募集捐款4万元。（孙怡）

【社会保障】 完成限价商品房、经济适用房、廉租房的选房、配售、配租工作。"天坛住保博客"被称为区便民服务特色项目。开展爱心捐助活动，为灾区捐赠棉衣被7023件、捐款7.5万元。走访慰问民政对象1400户，为低保家庭发放低保金840户。发放残疾人助学补助金22.4万元、助残券5741人次、重残人困补14.6万元。完成无障碍设施改造26处。组织召开大型劳动政策保障宣传咨询活动5次，推动辖区非公有制企业和30人以下小型企业劳动合同签订工作。完成"劳动用工规范一条街"工作，与辖区单位联合举办就业援助月专场岗位供需见面会。组织举办失业人员培训和失业人员招聘会。（孙怡）

【人口普查】 划分普查区16个、普查小区205个，招录普查员212人，抽调指导员31人、督察员10人。完成建筑物调查5913栋，发放普查表格和宣传品5.6万张，悬挂横幅468条，张贴宣传画292张，发放《致居民的一封信》1.91万份，制作宣传板报105期，撰写人普信息70篇。登记居民2.45万户5.37万人。（孙怡）

【城市管理】 开展环境整治工作，完成金鱼池东区、西区改造工程，西园子小区美化工程，天坛路一号楼院内整修工程，东里北绿地美化工程；实施金鱼池中区美化工程，十一中学门前绿地美化工程建设任务。全年社区居民、驻街单位职工，参加月末清洁日活动5000人次，悬挂宣传横幅72条，展板160块，清理垃圾渣土、物料330吨，清理卫生死角260处，发放宣传材料3000份。成立"天坛街道防汛指挥部"，制订《2010年天坛地区防汛工作预案》等规章制度。建立由135人组成的抢险队。汛前登记辖区内危险房屋18处，对易积水老旧居民院备案23处，处理辖区内危树35棵。（孙怡）

永定门外街道

【概况】 永定门外街道位于东城区南部，北起东、西滨河路南侧，南至宝华里、定安里，东临李村东里、景泰东里，西接永定门外车站路。面积3.33平方千米。有社区居委会20个，居民2.98万户8.23万人。主要大街11条，驻区单位1200个。本年，贯彻科学发展观，推进创先争优活动，推动社会化服务管理创新，改善民生，完成各项工作任务。

单位名称：东城区永定门外街道办事处
单位地址：东城区安乐林路85号
联系电话：67221207　邮政编码：100075（东海　贾士良）

【城市管理】 5月29日，在望陶园小区，举办垃圾分类宣传活动。全年清理街巷1286条次，清理绿地3.98万平方米，清刷残标小广告1.53万条，清理堆积物料471吨。修剪树木1123株，伐修危死树木47棵，消杀打药20次，摆放花卉8万盆。制订《永外街道落实社会服务管理创新工作实施方案》，明确服务管理内容与责任部门，落实地区网格化管理服务工作，划分网格65个。拆除违法建筑2411平方米，维修下水管线300米，修复破损道路400平方米，新建雨污管线120米。9月29日，永定门南广场改造工程竣工。开展郭庄8至10号楼周边整治，贴面砖380平方米，装挡墙铁挡栏396米，铺渗水砖2535.2平方米，绿化2815平方米，地面与绿化开降井165个，喷灌绿地2815平方米。完成马家堡40号楼、南二环路周边整治工程及北京南站外部路网工程拆迁建设前期工程。发放垃圾分类桶4104个、垃圾袋36.94万个、垃圾车6辆，宣传材料2200本、宣传画112张。（东海　贾士良）

【群团工作】 妇联开展"木兰奖"评选活动。李村社区妇联，被评为全国妇联基础组织建设示范社区。举办"低碳家庭时尚生活"主题展。走访慰问困难单亲母亲104人、发放慰问金5.8万元，76名单亲母亲得到市拨救助款3.6万元。组建工会48家，发展会员624人。6月1日，召开永外街道工会联合会第一届委员会全体会议，选举产生第一届委员会常务委员8人。为地区下岗失业人员推荐就业岗位35个，为1400名职工办理"京卡·服务卡"，为困难职工子女13人申请办理助学金。举办"五月的鲜花"职工歌咏比赛、第三届"百荣杯"厨艺大赛、首届机关干部蹬山比赛和非公企业职工扑克牌比赛。举办法律知识讲座3期，制作法制宣传专栏5期。成立"青年部落"，96名会员完成登记注册。开展"彰显青年风采，争做绿色先锋"低碳环保主题活动，参加团市委举办的"爱北京，青年汇"活动。春节组织开展龙潭庙会志愿服务，前门大街轮岗35天，上岗56人次，为2800人提供语言翻译、信息咨询等服务。（东海　贾士良）

【党建工作】 6月，20个社区建立社区党建工作站，街道与20个社区党委书记签订社会领域党建全覆盖责任书。举办非公企业和新社会组织计算机技能比赛，组织社会领域党员参观首都博物馆、李大钊纪念馆，观看《复兴之路》大型文艺汇演等。开展服务进社会领域活动，提供各类咨询1万人次。开通街道社会领域党建网栏目53个，为党组织与党员提供交流、学习平台，点击率5万次。80名社区干部，结合岗位职责，查找思想道德风险和岗位职责风险184条，制订整改措施216条。

处、科级领导分别签订《廉政风险防范管理责任书》。组织机关党员干部和社区专职工作者200人，到市检察院反腐倡廉法制教育基地参观学习。（东海　贾士良）

【宣传工作】　制订季度《永外街道干部理论学习计划》，下发到各支部。制作展示永外人物成就系列短片，撰写、整理学习实践科学发展观先进事迹材料45份，完成《科学发展在永外》一书统稿工作。编印发放《今日永外》宣传手册600册。9月21日，举办第二届“永定情怀”民族民俗文化节活动。（东海　贾士良）

【社区建设】　为20个社区报装办公电话，建立电子邮箱。为每个社区配备一辆电动三轮车。开展社区学理论、学业务、学电脑，提高综合素质活动，培训社区专职工作者的社区理论和专业知识，建立落实学习成效测评机制。举办“迎新春、猜灯谜、品元宵”社区庙会，奉献永外十周年暨永外街道社区专职工作者座谈会。（东海　贾士良）

【社会保障】　安置残疾人就业18人，培训无障碍监督员60名。为低保人员申请住院救助71人、提供门诊救助54人，低保人员、低收入家庭申请临时救助58人，为5名特困人员申请慈善救助5.5万元。与41家服务单位签订居家养老服务协议，提供服务20项，确定老人饭桌18家。为灾区捐款8.2万元，捐赠衣被1.02万件。送温暖、献爱心活动筹款5.47万元。设立农民工权益保护、案件投诉公示牌，为68名农民工追回拖欠工资45万元，解决突发事件5起。调解劳动纠纷31起，为48人追回拖欠工资、加班费4万元。开发社区就业岗位2512个，安置失业人员1595人，城镇登记失业率1.89%，就业率64.73%。取得限价房购买资格家庭254户、经济适用房229户、廉租房84户，享受廉租房住房补贴家庭362户，受理公共租赁住房意向登记270户。（东海　贾士良）

【计划生育】　本年，新生儿530人，计划生育率99.4%。发放避孕工具129箱、口服药500包，叶酸199盒，其它药品1500件。为存档人员婚育审核1532人次，办理生育服务证336人，婚嫁随父入户113人、市区内随父入户67人。办理《独生子女父母光荣证》213人，流动人员婚育证明10人，办理计划生育家庭意外伤害保险3284份。组织低保育龄妇女免费体检306人。（东海　贾士良）

【社会治安综合治理】　查处无照经营2830起，门前三包408起。开展安全隐患排查整治专项行动，检查企事业单位512家次。开展出租房屋安全隐患整治专项行动42次，出动检查人员2100人次，检查出租房屋7267户次、1.02万间次，审查流动人口3.33万人次，排查各类安全隐患185起，整改清除180起。新登记流动人口3691人、出租房屋64户，更新流动人口信息729条、出租房屋信息97条，核查重点人员180人、出租房屋160户。（东海　贾士良）

东城区街道工委及办事处负责人

东华门街道工委书记	朱宪一
办事处主任	陈本宇
景山街道工委书记	赵明杰
办事处主任	郭立峰
交道口街道工委书记	李铁生
办事处主任	张恩东
安定门街道工委书记	张长有
办事处主任	耿学森(6月免)
	石　勇(6月任)
北新桥街道工委书记	吕德成(5月免)
	武建军(7月任)
办事处主任	杜　娟(女,12月免)
	张　伟(12月任)
东四街道工委书记	袁燕生
办事处主任	王品军
朝阳门街道工委书记	臧汝奇(12月免)
	王中华(12月任)
办事处主任	赵　静(女,4月免)
	王中华(4月任)
	王中华(12月免)
	倪紫剑(12月任)
建国门街道工委书记	王　红(女)
办事处主任	郅海杰(6月免)
	高　琦(6月任)
东直门街道工委书记	汤钦飞
办事处主任	肖　刚
和平里街道工委书记	李　强(12月免)
	王小英(12月任)
办事处主任	严　岩(女)
前门街道工委书记	罗少杰
办事处主任	张　玮
崇文门外街道工委书记	白京涛
办事处主任	肖利明
东花市街道工委书记	暴　剑
办事处主任	许利平
龙潭街道工委书记	张明光(12月免)
	杜　娟(女,12月任)
办事处主任	赵茂杰
体育馆路街道工委书记	毕博闻(满族)
办事处主任	苏静芝(女,6月免)
	王　森(6月任)
天坛街道工委书记	郝　斌
办事处主任	赵秋洁(女,满族)
永定门外街道工委书记	张　英(女,12月免)
	韩焕岭(12月任)
办事处主任	李光升

人　　物

全国先进集体及先进个人

先进集体

全国文明单位
全聚德前门店
东城区人民检察院
全国精神文明建设工作先进单位
东城区地方税务局
全国工会系统“普法”先进单位
东城区总工会
龙潭街道总工会
全国厂务公开先进单位
北京东方置地投资发展有限公司
北京宏源餐饮管理有限公司
全国百家示范街道工会
龙潭街道总工会
全国青年文名号
东城区人民法院三庭
东城区地方税务局第三税务所
全国社会志愿者服务工作先进集体
北新桥街道
全国妇联基层组织建设示范社区
龙潭街道光明北里社区
国家体育总局社区
全国三八红旗集体
和平里街道残疾人温馨家园
全国妇联舆论宣传阵地建设先进单位
东城区妇联
全国妇联五好文明家庭创建工作先进单位
东城区妇联
全国妇联巾帼文明岗
东城区工商分局
全国安全社区先进单位
东直门街道
全国“五·五”普法先进单位
龙潭街道总工会
全国地方志系统先进集体
原崇文区地方志编纂委员会办公室
公安部集体一等功
帅府园交通大队
公安部一级派出所
东城公安分局和平里派出所
东城公安分局崇文门派出所
全国公安机关执法示范单位
东城交通支队
全国出入境管理文明窗口
东城公安分局
全国检察系统文明接待室
东城区人民检察院控申处
全国检察系统司法警察编队管理示范单位
东城区人民检察院法警大队
全国法院系统文化建设示范单位
东城区人民法院
全国第二次经济普查先进单位
东城区第二次经济普查领导小组办公室
原崇文区第二次经济普查领导小组办公室
全国乡镇(街道)统计工作先进集体
龙潭街道
永定门外街道
东城区和平里统计所
全国百强企业
王府井百货大楼
国家级商业示范社区
安定门街道花园社区
中国银行业协会文明规范服务千佳示范单位
中国工商银行股份有限公司北京王府井支行
中国工商银行股份有限公司新东安网点支行
中国工商银行股份有限公司优秀服务双百佳网点
中国工商银行股份有限公司北京王府井支行
中国工商银行股份有限公司新东安支行
全国社区教育示范区
东城区教委社区办
全国教育事业统计工作优秀集体
东城区教委法规科
原崇文区教委法规科
全国“扫黄打非”先进集体
东城区“扫黄打非”工作办公室
全国文化遗产日活动先进集体
东城区文化委
全民阅读先进单位
东城区图书馆

先进个人

全国最有影响力的榜样
段　勇
全国劳动模范
郭凤梅　钟连盛
全国先进工作者
岳慧青　康　佳　王宗生
刘永泉
全国维护妇女儿童权益先进个人
杨立萍
第七届全国“五好”家庭
李铁光
全国幸福工程救助贫困先进个人
张琳琳
全国地方志系统先进个人

王之鸿

第二次全国经济普查先进个人

孙书振　杨　峰　李秋萍

陈　远　李　辉　史海燕

王云霞　杨　勇

全国乡(镇、街道)统计工作先进个人

李秋萍

全国公安消防部队2008～2009年度三争优活动先进个人

徐增坤

全国公安系统整治酒后驾驶先进个人

饶　军

全国城市环境卫生行业优秀人物

周富宾

全国老龄工作先进个人

韩艳红

中国好人榜孝老爱亲人物

刘玉琴

北京市(含系统)先进集体及先进个人

先进集体

北京市思想政治工作先进单位

东直门街道工委

北京市军队转业干部安置工作先进单位

东城区城管监察大队

北京市宣传系统信息工作先进集体

东城区委宣传部

首都文明单位标兵

东城区人民法院

东城区地方税务局

首都文明单位

中欣安泰投资发展集团有限公司

吴裕泰茶叶股份有限公司王府井店

首都文明街道

崇文门外街道

体育馆路街道

北京市保密工作先进集体

东城区保密局

北京市社会建设信息工作先进集体

东城区社会工委

北新桥街道

北京市纪检监察集体二等功

东城区纪委监察局7.09案办案组

北京市纪检监察集体三等功

东城区纪委监察局2.24案办案组

东城区纪委监察局5.13案办案组

东城区纪委监察局8.10案办案组

东城区纪委监察局4.26案办案组

民进北京市委优秀支部

民进北京市第二中学支部

民进北京市第二十五中学支部

民进北京市第一七一中学支部

民进北京市财经学校支部

民进东城职高支部(原崇文区)

民进东城退休二三联合支部(原崇文区)

民进北京市第五中学支部

民进北京市第五十中学支部

民进北京市景山学校支部

民进东城成人教育支部

民进东城小学联合第二支部(原崇文区)

首都职工素质教育工程优秀组织单位

东城区总工会

北京市职工互助保障工作先进单位

东城区总工会

北京市安全生产月活动优秀组织奖

东城区总工会

北京市优秀团支部

东直门街道团工委

北京市青年文明号

北新桥街道社会保障事务所

东城区城管监察大队

北京市2009年度五四红旗团委

北新桥街道团工委

北京市"三八"红旗集体

北京东方菖蒲河文化有限公司皇城食府

北京安定门宾馆

东城区人民法院民事审判庭

北京波利瑞斯国际投资顾问有限公司

北京市第二十四中学

北京市第六医院内三病区护理组

东城区疾病控制中心流行病科

东城区环卫服务一中心一所

东城区巧娘工作室发展协会

东城区人民法院知识产权审判庭

北京市广渠门中学"宏志妈妈"教育团队

原崇文区前门街道前东大街社区

原崇文区看守所女子看管队

北京市第五幼儿园

原崇文区人民法院立案庭

原崇文区疾病预防控制中心

原崇文区人民检察院女检察官法制宣讲团

原崇文区天坛街道金鱼池中区社区

原崇文区龙潭街道劳动和社会保障科

北京市妇女儿童工作先进单位

东城区总工会

北京市模范集体

东方置地发展有限公司东方置地资产经营部

东方文化资产经营公司东方菖蒲河文化投资有限公司天趣园会议服务部

中国照相

东直门街道社会保障事务所

东城区统计局商调队

原崇文区龙潭街道光明北里社区居委会

原崇文区市政工程管理所水道维护中心

北京崇文新世界房地产发展有限公司计划运营部

首都新侨乡创新发展先进集体

东城区侨联

北京市文联信息工作先进单位

东城区文学艺术界联合会

北京市为老年服务先进集体

永定门外街道

前门街道前门东大街社区居委会

和平里街道

东直门街道社区服务中心
北京市外事工作先进集体
原崇文区外事办公室
北京市信访工作先进集体
体育馆路街道
北京市人民满意的政法单位标兵
原崇文区人民检察院
东城区人民法院
原东城区人民检察院反贪局
北京市政法系统"五好"党支部
东城区人民法院民三庭党支部
首都社会治安综合治理先进集体
东城区城管监察大队
首都社会治安综合治理先进区
东城区
原崇文区
北京市公安系统集体三等功
东城区教委保卫科
北京市安全工作先进集体
东城区商务委员会
东城区民政局
东四街道
天坛街道
东直门街道
体育馆路街道
龙潭街道综治办
东城区外事办
首都春节安保工作先进集体
东城区第一消防支队防火监督处
东城公安分局治安支队
东城公安分局国保支队
东城公安分局刑侦支队
东城公安分局安外大街派出所
东城公安分局北新桥派出所
原崇文公安分局治安支队
原崇文公安分局龙潭派出所
原崇文公安分局前门大街派出所
原崇文公安分局天坛公园派出所
首都"两节两会"安保工作先进集体
东城区第一公安消防支队故宫中队
东城公安分局治安支队
东城公安分局建国门派出所
东城公安分局东交民巷派出所
原崇文公安分局治安支队
原崇文公安分局安保工作组
原崇文公安分局前门派出所
北京市公安系统"五好"党支部
东城公安分局禁毒队党支部
东城公安分局朝阳门派出所党支部
东城公安分局东华门派出所党支部
原崇文公安分局出入境管理处党支部
原崇文公安分局东花市派出所党支部
原崇文公安分局前门大街派出所党支部
北京市单位内部安保工作二等功
王府井百货大楼
北京市公安系统爱民活动先进单位
东城公安分局内保处
东城公安分局东直门派出所
东城公安分局朝阳门派出所
原崇文公安分局内保处
原崇文公安分局崇文门派出所
原崇文公安分局东花市派出所
原崇文公安分局前门派出所
北京市公安系统示范分局
东城公安分局
北京市公安系统示范队所
东城区看守所
东城第二巡查支队
东城公安分局东华门派出所
东城公安分局东直门派出所
东城公安分局崇文门派出所
北京市公安系统技防监管先进单位
东城公安分局内保处
北京市交通安全优秀单位
崇文交通支队
北京市消防工作先进单位
王府井百货大楼
北京市检察院系统信息工作先进单位
原崇文区人民检察院监所检察处
北京市法院刊物工作先进单位
东城区人民法院
北京市法院系统先进集体
东城区人民法院执行局
东城区人民法院办公室
北京市先进法院
东城区人民法院
北京市集中清理积案活动先进单位
东城区人民法院
北京市法院系统新闻宣传先进单位
东城区人民法院
北京市法院系统法警信息工作先进单位
东城区人民法院法警队
北京市第二次全国经济普查先进单位
崇文门外街道
北京市工商系统守信企业
北京机床电器有限公司
北京市审计系统信息工作先进单位
东城区审计局
北京市审计系统统计工作先进单位
原崇文区审计局
北京市审计网站工作优秀单位
东城区审计局
北京市烟草系统五四红旗团支部
东城区烟草专卖局团支部
北京市烟草系统青年文明号
原崇文区烟草专卖局办公室
北京市工商系统先进集体
东城区工商分局
北京诚信示范单位
王府井百货大楼
北京市服务进出口企业先进单位
东城区商务委员
北京市国税系统先进单位
东城区国税局
北京市国税系统先进税务所
东城区第一税务所
东城区第五税务所
东城区第十二税务所
东城区车辆购置税征收管理局
北京市保障住房先进集体
龙潭街道住保所
北京市百日整治先进集体
体育馆路街道
北京市垃圾分类示范单位
东城区机关事务管理服务中心
和平里街道
北京市垃圾分类社会单位贡献奖
中国海油大厦管理中心
北京市城市道路路政管理第三名
东城区城市综合管理委员会
北京市环境卫生先进街道
体育馆路街道
首都绿化美化先进单位
东城区园林绿化局
东花市街道办事处
和平里街道办事处
东直门街道办事处
首都全民义务植树先进单位
朝阳门街道办事处
国家体育总局训练局
体育馆路街道办事处

第一物业服务(北京)有限公司万国城摩码园分公司

首都绿化美化花园式街道

崇文门外街道办事处

首都绿化美化花园式社区

国家体育总局社区

新怡家园社区

化工社区

首都绿化美化花园式单位

华龙美晟小区

国瑞城 A 区

中国石油大厦

北京市第二中学

俊景苑小区

北京市地下文物保护先进集体

东城区文化委员会

北京市教育事业统计工作质量评估先进集体

东城区教委法规科

原崇文区教委法规科

北京市最喜爱十大餐饮街区

东直门内簋街

北京市献血工作先进单位

东城区检察院

原崇文区检察院

北新桥街道

天坛街道文卫科

前门街道

体育馆路街道

崇文门外街道

龙潭街道

北京市老年体育工作先进单位

和平里街道

龙潭街道

北京市殡葬工作先进单位

东城区民政局

北京市双拥模范街乡

体育馆路街道

北京市 2009 年度先进社区居委会

北新桥街道九道弯社区

首都特色精品社区

和平里街道兴化社区

和平里街道上龙社区

安定门街道五道营社区

交道口街道菊儿社区

景山街道汪芝麻社区

东华门街道南池子社区

建国门街道东总布社区

建国门街道苏州社区

朝阳门街道内务社区

东四街道南门仓社区

北新桥街道民安社区

北新桥街道海运仓社区

东直门街道清水苑社区

体育馆路街道国家体育总局社区

崇文门外街道新怡社区

永定门外街道安乐林社区

天坛街道金鱼池中区社区

前门街道前东社区

龙潭湖街道左安蒲园社区

东花市街道东花市南里社区

北京市计划生育工作红旗单位

东华门街道办事处

北新桥街道办事处

龙潭街道办事处

永定门外街道办事处

北京市计划生育工作先进集体

体育馆街道办事处

前门街道办事处

崇文门外街道办事处

和平里街道办事处

交道口街道办事处

朝阳门街道办事处

景山街道办事处

天坛街道办事处

东花市街道办事处

建国门街道办事处

安定门街道办事处

东直门街道办事处

东四街道办事处

东城区发展和改革委员会

东城区人民政府法制办公室

东城区住房和建设委员会

东城区流动人口和出租房屋管理委员会办公室

东城区社会建设工作办公室

东城区委宣传部

东城区财政局

东城区卫生局

东城区教育委员会

东城区民政局

北京市规划委员会东城分局

北京市公安局东城分局

北京市老龄工作先进单位

东城区老龄办公室

龙潭街道

北京市科普工作组织奖

东城区科协

原崇文区科协

北京市科协系统信息工作先进集体

东城区科协

龙潭街道左安蒲园社区

北京市教育系统关心下一代先进集体

东城区教委关心下一代工作办公室

东城区教委老干部科

先进个人

北京市群众心目中的好党员

李学玲　魏　磊

北京市党史工作先进个人

丁志平

北京市优秀思想政治工作者

师学起

北京市快乐假期争当文明小使者活动先进个人

陈建国　徐　扬　李迎十

赵瑞苹　边春燕　郑炳利

北京市保密工作先进个人

连秉坤　武殿国

北京市纪检监察工作三等功

李连喜　牛红伟　周小琦

民进北京市委优秀会员

马长林　马丽霞　王文云

王占玲　王宇宁　王连仲

王录棠　王　敏　王淑英

王　密　叶　禾　史泽艳

冯　庆　吕宝宏　乔自宏

朱淑玲　乔　媛　刘　玲

刘　宪　刘　静　江　涛

许德昌　孙永节　李文丽

杜　军　李军革　李　妍

李　波　李宝洁　杜建平

李美联　杜　敏　宋　喆

张卫民　张乐山　张启荣

张　勇　张跃平　张　婉

张晶晶　张震中　范立瑛

明知白　周　蓉　周献青

郑成文　郑　维　孟庆林

孟　艳　练　红　赵京晶

赵晶晶　胡　敏　胡嘉牧

侯淑香　俞为光　俞金尧

姚宝玲　秦　琨　敖登高娃
桂　英　高玉兰　郭传玉
高　强　曹广建　葛向明
董翠红　韩　竹　韩新会
景熙渝　焦建蓉　谢　峥
廉　辉

民进北京市委优秀会务工作者

赵军飞　高玉兰

北京市优秀创业企业家

寇向利

北京市劳动模范

王和平　于立明　王品明
归秀凤　张琳琳　孙丹威
陈慧华　牛　刚　程文花
张　镜　任志杰　赵增强
王树怀　熊艳斌　王宗启
王金鹏　刘振义　陈　艳
高　明

北京市先进工作者

康　佳　王宗生　孙　鹰
张　岚　单　飞　张　玫
陈风伟　刘桂军　周　晔
杜　军　何　亮　王芝平
韩仲元　许东平　王元利
张　静　陈志杰　栾　强
段　勇　李　强　陈　虹
梁文芳　林向泽　赵　伟
马文英　李青云　周富宾
王文丽　张　芃　韩广义
王　佳　杨建业　张霞光
张　敬　张忠萍　王新民
李文山　张　建　孙连进
张长谦

北京市职工互助保障工作优秀工作者

王　薇

北京市青年五四奖章

赵　娜

北京市优秀团干部

上官玥

北京市“三八”红旗手奖章获得者

高丽萍　孙　迎　郑淑芬
田　靖　肖　敏　邵琳卿
梁春坚　刘　藻　焦　涛
卢艳丽　王旭红　石志刚
李冬梅　周　玲　王桂云
王水霞　杨小冬　尹　红
郑全生　邵琳卿　胡音榕
海倩雯　齐金薇　席　明
杨立新　张玉芬　韩爱丽
鲍文君　谷润芝　刘亚萍
田卫红　冯美娟　王文丽
张忠萍　张　芃　童建红
马艳荣　雷国秀　陈秀莉

北京市社区文明示范家庭

桑延迎　吴　玉　赵永忠
王铁树

北京市妇女儿童工作先进个人

李庆玲

北京市妇联系统先进个人

李月珠

首都新侨乡创新发展先进个人

何家龙　李　胜

北京市文联信息工作先进个人

林　燕

北京市“孝星”

孙新叶　梁淑媛　李　强
严　岩　曹秀连

北京市2009年外事工作先进个人

李　婷

北京市政法系统心目中的好党员

魏　磊　段　勇

北京市人民满意的政法干警

段　勇

北京市人民检察院优秀信访接待员

杨显川

北京市公安系统心目中的好党员

魏　磊　张　岚　张恒成
蒙建国

北京市国家安全工作先进个人

高洪雷　马　松　马子明
王心声　吴　晶

北京市公安局春节安保工作先进个人

金海成　常晓东　桂奇志
刘国冬　张　雷　李　东
张占望　王　凯　谭　龙
郭　炜　杨宝辉　李建勋
张　毅　李信安　赵建立
许东军　赵继润　张　杰
王玉坤

北京市公安局“两节两会”安保工作先进个人

潘瑞军　马金铭　王耀亮
王志方　刘治国　吴建华
刘庆玉　曹雪松　赵立云
王　馨　李　良　柳　欣
李书良　王海成　徐意飞

北京市公安局优秀女民警标兵

刘冬梅　张　瑛　杨福俊
王丽平　蒋鸿英　赵永新

北京市公安局“爱民实践活动”先进个人

刘京嫣　张小林　文思敏
苑春山　韩　超　牛燕新
赵凤春　李　伟　邵　奇
郭　颖　佟　宁　李洪林
赵福诚　曾　震　孙　建
杨国振

北京市公安局优秀军转干部

苑春山　马金铭　胡东民
韩广义　杨红光

北京市公安局和谐家庭

张小辉　刘汝英　刘予铎
王香红　苏庆国　白　石
魏　磊　成　军　边守堂
胡　北　孙廼硕　尚　峰
李旭波　陈玉平　张　丹
李宪斌　苑　军　刘海生
王　勇　张昭宁　王　华
李伯东　张复民　贺　杰
刘振华　蒋鸿英　周传豹
张建新　董志国

北京市公安局“两节一会”安保工作先进个人

金海成　凌　龙　曹宏利
赵新亮　刘　铮　苑春山
贺　杰　魏　强　何　飞
杨卫东　田　勇　张宝忠

北京市公安局“公安技防监控部门”先进个人

董奎友

北京市人民检察院个人三等功

张　建　张国成

北京武警总队二等功

梁　栋

北京市国家满意的公务员

张玉玲

北京市黄标车淘汰工作先进个人

刘建彤　孟　凯　叶勇前
吴　晶

北京市统计系统业务能手

李博　齐辰雄

北京市第二次全国经济普查先进个人

赵　刚　姜金卫　孙　鑫
李　岚　张志鹏　王桂娟
汪世良　尹　辉　彭　洋
陈建军　杜　雪　徐　征
刘金红　王尔宽　米　健
王惠敏　高淑敏　刘炳妍
王　毅　冯　钧　宋建英
陈淑梅　常　青　吴　琼
刘　桐　熊　洁　张梅瑜
齐小燕　魏子涵　王小梅
李　雪　李　晶　吴宗华
徐景超　麻晓星　曹　森
张　楠　孙　琳　马鸣雨
张　颖　张　岩　夏佳巍
王　蕾　张　可　薛　平
俞　洋　昌　群　范　磊
杨　爽　杨正华　房　维
罗　浩　李　莹　孙亚南
王　烁　邵　巍　王文谦
孙海龙　何巍巍　徐　峥

2009年度北京市审计系统优秀领导

王淑云　焦　萍　王　成

2009年度北京市审计系统优秀工作者

吕学英　谢文洁　赵新华

北京市商业服务业中华传统技能大师

白永明

北京国税系统二等功

杨京平　张福伟

北京市国税系统三等功

朱丽丹　庄　牧　王　鹏
郭晓明　张　叶　黄玉水
王　峥　张　辉　顾　兰
金　燕　张洪涛　王佳宁
蔡　华　王　超　吴荣娟
王亚方　张　剑　李建明
王东红　黄皖红　王　勤
薛　强　曹振刚　李荣华
张晓慧　苏世亮　马　骏
秦奇堃　孙连仲　石艳荣
刘　成　王素英　彭　涛
马京荣　陈　军　赵　虹
刘淑欣　邹　然　翟　红
刘群林　马　捷　马首志

北京市国土资源系统优秀政务信息工作领导者

李　伟

北京市国土资源系统优秀信息工作者

薛守娥

北京市环境卫生先进个人

王玉臣　白　羽　潘学军
付德琴　梁建一　刘燕君
兰　力

北京市垃圾分类个人贡献奖

张艳茹　李庆兰　梁建一
兰　力　周毓庆　冯培军
李　刚

北京市科学技术普及工作先进个人

万延伟

北京市科协系统信息工作先进个人

赵新城　李海曼

首都绿化美化积极分子

王金山　徐永春　王　辉
孟庆慧　邓继辉　王　昆
沈来发　许利平　周　伟
王翠萍　张明光　王建波
邢雅锟　刘秋惠　刘　洋
王广琦　王保坤　邵　彬
王春生　李岐刚　曹振钢
周毓庆　刘可昌　王　海
康鸿楠　齐玉冰　王　强
王　忠　乔晓光　徐瑞平
薛丽霞　杨　森　张　波
赵　伟　赵志华　于文燕
张洪春　汪　欣　张爱清
刘　亮

北京市无偿献血先进个人

李维红　李书明　王　楠
李淑云　卢金花

北京市民政工作先进个人

刘文芬　周桂宇　邱建生
王林芬　赵凌云　赵小婕

北京市殡葬工作先进个人

刘春香

北京市老龄工作先进个人

赵凌云　徐维江　伊蓁蓁
黑大鹏　陈志胜　王洪杰
于淑敏　朱兴龙　张　洋
刘京勇　黄苏江　郑维礼
周　舟　张凤云　武晓燕
高颖谦　沈　丽　杨　静
刘　佳　白　贵　莫　巍

北京市计划生育先进工作者

王承岩　葛建林　宋金华
王　勇　韩　颖　孙亚坤
孙　红　陈本宇　李淑芳
董　严　莫　巍　王　琳
李树伟　乔孟斋　陶　萍
李　艳　张　宏　冯珺钰
陈博军　孟金红　康　燕
杨文玉　卢凤云　王林洪
张玉莉　白旭洪　李艳林
张凤欣　姜乐然　刘　超
藏维珍　于　微　韩仙菊
韩丹梅　孟金荣　程学让
韩桂兰　张振杰　林　娜
王选雯　赵茂杰　梁金荣
王秀荣　刘宜娜　闫治彤
贾丽娟　闫毅男　李学农
周　彤　李　娟　倪　东
邵惠安　张淑玲　李庆玲
丛艳梅　蔡燕霞　许维江
魏瑞锋　杨立萍　颜　峰
王晓军　王艳丽　王建辉
陈卫兵　邹　强

逝世人物

冀　岩　原东城区政协副主席，1924年11月11日出生，男，汉族，河北深县人，因病于2010年11月12日2时逝世，享年86岁。1939年8月加入中国共产党，1940年1月参加革命工作，1985年12月离休。历任河北省深北县弹药厂、报社、政府干部，正定县政府民政科科员，栾城县县政府秘书，北京市新街口街政府街长，西四区工会组织科科长，北京市总工会各区工作委员会委员、手工科科长，东四区工会主席（区委常委），北新桥公社党委书记，东城区安定门街道党委书记、革委会主任，东城区工业局领导小组组长、党委书记，东城区建委副主任，东城区区委常委、副区长，东城区政协副主席等职。　（张重）

邓　毅　原崇文区人大常委会副主任，1927年12月27日出生，男，汉族，山东省掖县人，因病于2009年11月30日在北京逝世，享年82岁。1946年4月参加革命工作，1948年8月加入中国共产党，1988年4月离休。历任晋察冀军区政治部酿造厂工人，阜平晋察冀军区兵工部二站食品部副主任，石家庄华北军区实业公司工务长，北京华北军区永华汽水厂副厂长，北京华北军区供应处副主任，北京食品总厂书记、厂长，中共宣武区委工业部副部长，崇文区标准件一厂革委会主任，崇文区电子设备厂党支部书记、革委会主任，崇文区前门器件厂党总支书记，崇文区电子仪表公司党委副书记、领导小组副组长，崇文区电子机械局党委副书记、领导小组组长，北京市无线电器件工业公司经理，崇文区人大常委会副主任等职。　（刘国栋）

张　湘　原崇文区政协主席，1947年10月19日出生，男，汉族，北京市人，因病于2010年6月1日逝世，享年63岁。1968年9月参加工作，1974年9月加入中国共产党。历任内蒙古自治区二机分厂工人、宣传干事、车间副指导员、团委书记，党委秘书，崇文区人事局干事、副科长、副局长、局长，崇文区政府副区长，崇文区委政法委副书记，崇文区区委常委、区纪律检查委员会书记、崇文区委副书记、区纪律检查委员会书记，崇文区政协主席，北京市政协委员等职。　（张重）

统 计 资 料

表1－1 东城区国民经济主要指标

指　　标	单　位	2010年	2009年	±%
一、地区生产总值合计	万元	12235966	11223551	9.0
按隶属关系分组				
中央单位合计	万元	5243325	4797952	9.3
市属单位合计	万元	673410	1260243	-46.6
区属单位合计	万元	601481	490282	22.7
按行业分组				
第二产业	万元	558087	530305	5.2
工　业	万元	252695	245197	3.1
建筑业	万元	305392	285108	7.1
第三产业	万元	11677879	10693246	9.2
交通运输、仓储和邮政业	万元	248018	239702	3.5
信息传输、计算机服务和软件业	万元	1460380	1295262	12.7
批发和零售贸易业	万元	1507284	1134250	32.9
住宿和餐饮业	万元	479220	372666	28.6
金融业	万元	2332811	2168889	7.6
房地产业	万元	942701	1202736	-21.6
租赁和商务服务业	万元	1523917	1380437	10.4
科学研究、技术服务和地质勘察业	万元	1184775	1113795	6.4
水利、环境和公共设施管理业	万元	54942	47253	16.3
居民服务和其他服务业	万元	57009	45771	24.6
教　育	万元	248292	224351	10.7
卫生、社会保障和社会福利业	万元	395000	334616	18.0
文化、体育和娱乐业	万元	439691	388915	13.1
公共管理和社会组织	万元	803839	744603	8.0
二、从业人员情况				
1、全区从业人员平均人数	人	526014	525870	0.0
其中:企业单位	人	388916	388863	0.0
事业单位	人	90109	90948	-0.9
国家机关	人	46989	46059	2.0
2、全区从业人员人均劳动报酬	元	78469	70068	12.0
其中:企业单位	元	80241	70886	13.2
事业单位	元	72555	64606	12.3
国家机关	元	75092	73421	2.3

表1－2 东城区国民经济主要指标

指　　标	单　位	2010年	2009年	±%
三、零售额				
全区社会商品零售额	万元	6450100	5324797	21.1
用途分类:吃的商品	万元	1776858	1599158	11.1
穿的商品	万元	709013	649416	9.2
用的商品	万元	3961720	3073059	28.9
烧的商品	万元	2510	3164	－20.7
消费品市场总数	个	44	49	－10.2
1、综合市场	个	21	23	－8.7
2、专业市场	个	23	26	－11.5
消费品市场成交情况	万元	435578	363173	19.9
1、综合市场	万元	26189	24433	7.2
2、专业市场	万元	409389	338740	20.9
四、固定资产投资				
全社会固定资产投资总额	万元	1807278	2865440	－36.9
其中:城镇固定资产投资	万元	1176311	1523185	－22.8
房地产开发	万元	630967	1342255	－53.0
五、居民生活				
人均可支配收入	元	30684	28274	8.5
人均消费性支出	元	22196	20434	8.6
恩格尔系数	%	33.9	33.9	0.0
六、外经、外贸				
利用外资签订协议额	亿美元	7.95	10.61	－25.1
实际利用外资额	亿美元	5.36	2.68	100.0
七、财政收入	万元	1027895	933299	10.1
其中:区级各项税收	万元	986633	891584	10.7
财政支出	万元	1155905	1093907	5.7
八、企业经营情况				
1、全区企业营业收入	万元	99138265	91493845	8.4
其中:中央单位	万元	58324888	58874045	－0.9
市属单位	万元	4730671	4866996	－2.8
区属单位	万元	859525	511370	68.1
2、全区企业利润总额	万元	42471925	54026737	－21.4
其中:中央单位	万元	32672932	44662816	－26.8
市属单位	万元	294696	349236	－15.6
区属单位	万元	80205	50519	58.8
3、全区企业应缴税金总额	万元	3533168	2892509	22.1
其中:中央单位	万元	1431086	1257255	13.8
市属单位	万元	414157	348847	18.7

表1-3　　东城区国民经济主要指标

指　　标	单　位	2010年	2009年	±%
区属单位	万元	67765	30835	119.8
九、工　业				
规模以上工业总产值(现价)	万元	665747	610898	9.0
主营业务收入	万元	740367	718335	3.1
利润总额	万元	65579	58166	12.7
应缴税金	万元	55812	51698	8.0
其中:应交增值税	万元	41736	37013	12.8
主营业务税金及附加	万元	4700	4754	-1.1
应交所得税	万元	9375	9931	-5.6
十、建筑业				
具有资质的建筑业企业总产值	万元	3503438	2808680	24.7
主营业务收入	万元	4478520	3188086	40.5
利润总额	万元	190153	74302	155.9
应缴税金	万元	146916	114235	28.6
其中:应交增值税	万元	367	244	50.7
主营业务税金及附加	万元	118505	88382	34.1
应交所得税	万元	28044	25609	9.5
十一、信息传输、计算机服务和软件业				
主营业务收入	万元	2861444	2579704	10.9
利润总额	万元	672604	724020	-7.1
应缴税金	万元	251553	248052	1.4
其中:应交增值税	万元	4585	4122	11.2
主营业务税金及附加	万元	77386	69754	10.9
应交所得税	万元	169582	174177	-2.6
十二、批发和零售贸易业				
主营业务收入	万元	27823441	18589572	49.7
利润总额	万元	888969	782594	13.6
应缴税金	万元	614986	441126	39.4
其中:应交增值税	万元	371198	230303	61.2
主营业务税金及附加	万元	48509	42763	13.4
应交所得税	万元	195279	168060	16.2
十三、住宿和餐饮业				
主营业务收入	万元	1658630	1423827	16.5
利润总额	万元	66411	15598	325.8
应缴税金	万元	117813	103984	13.3
其中:应交增值税	万元	1383	2241	-38.3
主营业务税金及附加	万元	85602	73024	17.2
应交所得税	万元	30828	28718	7.3

表1-4 东城区国民经济主要指标

指　　标	单　位	2010年	2009年	±%
十四、金融业				
营业收入	万元	37745136	48711877	-22.5
利润总额	万元	34599207	46075233	-24.9
应缴税金	万元	1160359	915735	26.7
其中:主营业务税金及附加	万元	193998	172866	12.2
应交所得税	万元	966361	742870	30.1
十五、房地产业				
主营业务收入	万元	2742959	3395101	-19.2
利润总额	万元	590465	910908	-35.2
应缴税金	万元	412688	444527	-7.2
其中:应交增值税	万元	332	644	-48.5
主营业务税金及附加	万元	250150	258577	-3.3
应交所得税	万元	162207	185305	-12.5
十六、租赁和商务服务业				
主营业务收入	万元	13184139	5754521	129.1
利润总额	万元	4689501	4961279	-5.5
应缴税金	万元	397517	224410	77.1
其中:应交增值税	万元	11914	6441	85.0
主营业务税金及附加	万元	142460	125318	13.7
应交所得税	万元	243143	92651	162.4

注:1、GDP为市局、总队反馈初步数据,最终数据以普查公报为准。
2、2009年和2010年固定资产投资统计口径为“项目建设地”原则。
3、全区从业人员平均人数统计口径为城镇单位从业人员,城镇单位是指乡及乡以上独立核算法人单位,不包括乡镇企业、私营单位和个体工商户。

表2 全社会固定资产投资基本情况

项　　目	单　位	2010年	2009年	±%
总　　计	万　元	1807278	2865440	-36.9
一、按隶属关系分				
中　央	万　元	341115	485519	-29.7
市　属	万　元	588422	631076	-6.8
区　属	万　元	877741	1748845	-49.8
二、按建设种类分				
城镇固定资产投资	万　元	1176311	1523185	-22.8
房地产开发	万　元	630967	1342255	-53.0
三、按经济类型分				
国有经济	万　元	916510	1367838	-33.0
外商及港澳台投资经济	万　元	406051	697322	-41.8
其他经济	万　元	484717	800280	-39.4

表 3　全区规模以上工业基本情况

项　目	现价工业总产值(万元)		
	2010 年	2009 年	±%
全 区 总 计	665747	610898	9.0
按隶属关系分组			
中　央	117447	96709	21.4
地　方	548300	514189	6.6
按登记注册类型分组			
内资	429114	336943	27.4
国　有	106578	89970	18.5
集　体	1183	1110	6.6
股份合作	3954	4052	-2.4
国有独资	25511	25102	1.6
其他有限责任公司	73211	21495	240.6
股份有限公司	174203	155431	12.1
私营	44475	39783	11.8
港澳台商投资	76097	98151	-22.5
与港澳台商合资经营	71996	81971	-12.2
港澳台商独资	4100	16180	-74.7
外商投资	160536	175804	-8.7
中外合资经营	96745	97248	-0.5
中外合作经营		280	
外资企业	63791	78276	-18.5

表 4　全区具有资质的建筑业企业基本情况

项　目	建筑业总产值(万元)		
	2010 年	2009 年	±%
全区总计	3503438	2808680	24.7
按隶属关系分组			
中央	2250143	1640407	37.2
市	536248	528792	1.4
区	21000	63783	-67.1
其他	696047	575699	20.9
按登记注册类型分组			
内资	3242780	2589157	25.2
国有	238249	309384	-23.0
集体	5657	6114	-7.5
股份合作	4034	3208	25.7
国有独资	76315	976	7719.2
其他有限责任公司	2679419	2085624	28.5
私营	239105	183851	30.1
港澳台商投资	227963	194988	16.9
与港澳台商合资经营	19728	24369	-19.0
港澳台商独资	208235	170619	22.0
外商投资	32695	24536	33.3
中外合资经营	19838	16780	18.2
外资企业	12857	7756	65.8

表5 旅游业综合情况

单位:万元

	2010年	2009年	±%
营业收入	3158519	2467585	28.0
住宿业	680766	564612	20.6
旅游区点	122841	110404	11.3
旅行社	1046944	708972	47.7
旅游餐饮	235801	196328	20.1
旅游商业	1061902	878937	20.8
旅游交通	10265	8332	23.2

表6 社会消费品零售额(按商品用途、销售对象、类别分组)

单位:万元

项目	合计	中央	市属	区属
社会商品零售额	6450100	904010	1557150	3988940
按用途分				
吃的商品	1776858	38739	454530	1283589
穿的商品	709013	7250	108414	593349
用的商品	3961720	858021	991707	2111992
烧的商品	2510	0	2499	11
按销售对象分				
居民消费品零售额	4350583	7595	883123	3459865
集团消费品零售额	2099517	896415	674027	529075
按类别分				
食品、饮料、烟酒类	1776858	38739	454530	1283589
服装、鞋帽类	675888	7084	102963	565841
针、纺织品类	33125	166	5451	27508
化妆品类	71910	2034	16825	53051
金银珠宝类	213290	3373	126468	83449
日用品类	358966	6334	93761	258871
其中:洗涤用品类	45645	0	2685	42960
五金、电料类	19366	48	24	19294
体育、娱乐用品类	40931	42	2158	38731
书报杂志类	327709	45871	16097	265741
电子出版物及音像制品类	20500	174	2691	17635
家用电器和音像器材类	32728	44	3419	29265
中西药品类	1657148	765718	692875	198555
文化办公用品类	149424	10363	4293	134768
家具类	81037	159	4678	76200
通讯器材类	132977	173	1985	130819
煤炭及制品类	2499	0	2499	0
石油及制品类	11	0	0	11
建筑及装潢材料类	19464	0	20	19444
机电产品及设备类	683441	0	21303	662138
其它类	152829	23688	5110	124031

表 7

主要商品零售量

项　　目	单　位	全区总销量	其中:零售	区属总销量	其中:零售
粮食	千克	11247070877	23832860	1965671050	23826919
食用植物油	千克	1782148514	3762103	1361814756	3750219
猪和猪肉	千克	13388441	7638300	13387965	7637824
牛和牛肉	千克	3634686	1261326	3634666	1261306
羊和羊肉	千克	1052953	1009257	1052953	1009257
家禽	吨	9208	2271	9095	2159
鲜蛋	千克	2576391	2566381	2575344	2565334
鲜菜	吨	26915	23378	26915	23378
鲜瓜果	吨	13421	9733	13389	9701
水产品	吨	9770	2391	3879	2373
食糖	吨	5374558	1791	5159	1791
卷烟	百支	247079922	1331099	1306431	1133915
酒	升	371481271	5889590	337709132	5819545
茶叶	吨	7289	930	1791	826
鞋	百双	113606	38555	107471	33392
数码照相机	台	10717137	11518	10714848	9232
自行车	辆	41847	17875	39803	15831
彩色电视机	台	3941	2711	2492	1262
组合音响	台	10330	3852	10289	3811
摄像机	台	226069	394	225767	94
影碟机	台	797	419	513	135
家用电风扇	台	33198	2008	32781	1591
家用电冰箱	台	26808	668	26148	14
家用洗衣机	台	2765	590	36	36
房间空调器	台	811822	11216	790197	9850
热水淋浴器	台	138192	24495	137955	24258
吸尘器	台	2729	548	2181	0
抽油烟机	台	12207	6426	12058	6277
微波炉	台	11845	2543	11380	2078
电饭锅	台	31388	13983	29008	11603
微型计算机	台	102346	85729	97844	81227
移动电话机	部	5234436	372029	5228862	366455
汽车	辆	33841	26794	25983	21004
其中:小轿车	辆	21386	19819	21322	19802
摩托车	辆	2527	148	2527	148

表 8 东城区居民家庭生活调查情况

指标名称	单位	2010 年	2009 年	±%
一、家庭总收入	元/人	35268	32616	8.1
其中:可支配收入	元/人	30684	28274	8.5
(一)工资性收入	元/人	24587	23134	6.3
(二)经营净收入	元/人	891	823	8.3
(三)财产性收入	元/人	619	673	-8.0
(四)转移性收入	元/人	9172	7986	14.9
二、家庭总支出	元/人	28388	28147	0.9
其中:消费性支出	元/人	22196	20434	8.6
1. 食品	元/人	7529	6936	8.5
2. 衣着	元/人	2251	1990	13.1
3. 居住	元/人	1621	1501	8.0
4. 家庭设备用品及服务	元/人	1539	1306	17.8
5. 医疗保健	元/人	1727	1897	-9.0
6. 交通和通信	元/人	3085	2564	20.3
7. 教育文化娱乐服务	元/人	3495	3263	7.1
8. 其他商品和服务	元/人	949	977	-2.9
三、人均住房建筑面积	平方米	22.71	22.35	1.6
恩格尔系数	%	33.9	33.9	0.0

表 9 居民家庭平均每百户耐用消费品拥有量

项　　目	单　位	2010 年	2009 年	±%
摩托车	辆	2.35	2.36	-0.4
助力车	辆	10.47	10.53	-0.6
家用汽车	辆	29.44	26.52	11.0
洗衣机	台	102.18	102.51	-0.3
电冰箱	台	104.52	104.52	0.0
彩色电视机	台	153.14	151.55	1.0
家用电脑	台	110.57	107.91	2.5
组合音响	套	27.61	26.85	2.8
摄像机	架	23.27	20.81	11.8
照相机	架	110.09	107.26	2.6
钢琴	架	5.53	5.71	-3.2
其它中高档乐器	件	7.22	6.55	10.2
微波炉	台	93.47	92.12	1.5
空调器	台	179.95	175.76	2.4
淋浴热水器	台	91.95	90.08	2.1
消毒碗柜	台	9.17	8.69	5.5
健身器材	套	7.58	6.76	12.1
固定电话	部	103.67	103.52	0.1
移动电话	部	236.35	232.98	1.4

表 10 东城区人口年龄统计表

单位:人

年龄	合计	男	女	年龄	合计	男	女
0 岁	5222	2727	2495	51 岁	19748	10106	9642
1 岁	7055	3605	3450	52 岁	21500	10872	10628
2 岁	6737	3419	3318	53 岁	23526	11629	11897
3 岁	6866	3540	3326	54 岁	20892	10441	10451
4 岁	5017	2637	2380	55 岁	20209	9980	10229
5 岁	4493	2287	2206	56 岁	20319	9972	10347
6 岁	4995	2540	2455	57 岁	18462	9140	9322
7 岁	2615	1329	1286	58 岁	16906	8297	8609
8 岁	4832	2483	2349	59 岁	15568	7683	7885
9 岁	4260	2165	2095	60 岁	13634	6945	6689
10 岁	5141	2646	2495	61 岁	11702	5980	5722
11 岁	4941	2538	2403	62 岁	9285	4753	4532
12 岁	4514	2280	2234	63 岁	8766	4472	4294
13 岁	5516	2883	2633	64 岁	8147	4087	4060
14 岁	5325	2628	2697	65 岁	7225	3563	3662
15 岁	5723	2891	2832	66 岁	6088	3067	3021
16 岁	6086	3143	2943	67 岁	5651	2788	2863
17 岁	6246	3094	3152	68 岁	6271	2981	3290
18 岁	7663	3855	3808	69 岁	6312	2931	3381
19 岁	5768	2879	2889	70 岁	6683	2964	3719
20 岁	9940	4965	4975	71 岁	7106	2925	4181
21 岁	10839	5457	5382	72 岁	7615	3070	4545
22 岁	12733	6474	6259	73 岁	8163	3438	4725
23 岁	13973	6954	7019	74 岁	8205	3598	4607
24 岁	13044	6513	6531	75 岁	8489	3678	4811
25 岁	14552	7270	7282	76 岁	8139	3694	4445
26 岁	16675	8334	8341	77 岁	7963	3697	4266
27 岁	19789	9981	9808	78 岁	7115	3295	3820
28 岁	22445	11149	11296	79 岁	6076	2886	3190
29 岁	19230	9687	9543	80 岁	6203	2815	3388
30 岁	17099	8601	8498	81 岁	5693	2613	3080
31 岁	14552	7433	7119	82 岁	5117	2402	2715
32 岁	14515	7308	7207	83 岁	4293	1921	2372
33 岁	11947	6015	5932	84 岁	3870	1801	2069
34 岁	10528	5387	5141	85 岁	3496	1628	1868
35 岁	10026	5007	5019	86 岁	3061	1393	1668
36 岁	10316	5206	5110	87 岁	2688	1258	1430
37 岁	12499	6195	6304	88 岁	2267	1019	1248
38 岁	12982	6512	6470	89 岁	1843	818	1025
39 岁	12827	6405	6422	90 岁	1545	695	850
40 岁	13382	6679	6703	91 岁	1219	556	663
41 岁	14108	6879	7229	92 岁	1046	452	594
42 岁	15729	7710	8019	93 岁	872	397	475
43 岁	10478	5126	5352	94 岁	655	287	368
44 岁	10899	5493	5406	95 岁	540	247	293
45 岁	12995	6603	6392	96 岁	462	205	257
46 岁	18098	9150	8948	97 岁	336	145	191
47 岁	28259	14361	13898	98 岁	264	94	170
48 岁	23267	11954	11313	99 岁	205	90	115
49 岁	16818	8530	8288	100 岁以上	616	231	385
50 岁	20331	10355	9976	总计	955946	473261	482685

表 11

2010 年常住人口变动表

项目			上月末实有	增加							
				计	市外迁入	出生	市内移动			本管界转化	其他
							区	县	本区、县他所		
非农业	户数		343143	6866	329	61	4296	73	1117		990
非农业	人数	计	956260	36968	6298	7911	19951	242	4129		22
非农业	人数	男	473637	17949	2781	3523	9550	103	1978		13
非农业	人数	女	482623	19019	3517	4388	10401	139	2151		9
农业	户数		12								
农业	人数	计	22								
农业	人数	男	12								
农业	人数	女	10								

项目			减少								本月增减比较	本月末实有
			计	迁往市外	死亡	市内移动			本管界转化	其他		
						区	县	本区、县他所				
非农业	户数		6915	54	595	4856	18	937		455	-49	343094
非农业	人数	计	37298	985	5380	30434	69	4125		20	-338	956837
非农业	人数	男	18333	561	2727	16732	44	1975		9	-388	474164
非农业	人数	女	18965	424	2653	13702	25	2150		11	50	482673
农业	户数											
农业	人数	计										
农业	人数	男										
农业	人数	女										

主要统计指标解释

一、规模以上工业 即年主营业务收入2000万元及以上的工业法人单位。

二、规模以下工业 即年主营业务收入2000万元以下的工业法人单位和全部个体工业户。

三、资产总计 指企业拥有或控制的能以货币计量的经济资源,包括各种财产、债权和其他权利。资产按其流动性(即资产的变现能力和支付能力)划分为:流动资产、长期投资、固定资产、无形资产、递延资产和其他资产。根据会计"资产负债表"中"资产总计"项的期末数填列。

四、工业总产值(现行价格) 指工业企业在本年内生产的以货币形式表现的工业最终产品和提供工业劳务活动的总价值量。

五、成品价值 指企业在本年内生产,并在本年内不再进行加工,经检验合格、包装入库的已经销售和准备销售的全部工业成品(包括半成品)价值合计。成品价值中包括企业生产的自制设备及提供给本企业在建工程、其他非工业部门和生活福利部门等单位使用的成品价值,但不包括用订货者来料加工的成品(半成品)价值。

六、对外加工费收入 指企业在报告期内完成的对外承做的工业品加工(包括用订货者来料加工生产)的加工费收入和对外工业品修理作业所收取的加工费收入和对内非工业部门提供的加工修理、设备安装等收入。对外加工费收入按不含应交增值税(销项税额)的价格计算。

七、自制半成品在制品期末期初差额价值 为了使工业总产值与工业中间投入中的物耗价值一致,以便同口径地计算工业增加值,规定本指标的计算原则是:凡是企业会计产品成本核算中计算半成品、在制品成本,则工业总产值中必须包括自制半成品在制品期末期初差额价值。反之则不包括。

八、居民人均可支配收入 指调查户可用于最终消费支出和其他非义务性支出以及储蓄的总和,即居民家庭可以用来自由支配的收入。它是家庭总收入扣除交纳的个人所得税、个人交纳的社会保障费以及调查户的记账补贴后的收入。计算公式为:可支配收入=家庭总收入-交纳个人所得税-个人交纳的社会保障支出-记账补贴

九、居民人均消费性支出 指调查户用于本家庭日常生活的全部支出,包括食品、衣着、居住、家庭设备用品及服务、医疗保健、交通和通信、娱乐教育文化服务、其他商品和服务八大类等。包括用于赠送的商品或服务。

十、工资性收入 指就业人员通过各种途径得到的全部劳动报酬,包括所从事主要职业的工资以及从事第二职业、其他兼职和零星劳动得到的其他劳动收入。

十一、耐用消费品 指价值比较高、消费期较长的家用电器和家庭设备。

十二、名词解释

吃类商品(02) 指市场中粮油、食品、饮料、烟酒等吃类商品。

穿类商品(03) 指市场中服装鞋帽、针纺织品等穿类商品。

用类商品(04) 指市场中除吃类、穿类、烧类之外的商品。

烧类商品(05) 指市场中用于炊事、取暖、照明和动力用的各种燃料。

专业店 位于市、区级商业中心以及百货店、购物中心内;目标顾客以有目的选购某类商品的流动顾客为主;营业面积根据商品特点而定;以销售某类商品为主,体现专业性、深度性、品种丰富,选择余地大;采取柜台销售或开架面售方式进行商品销售;从业人员具有丰富的专业知识;信息管理系统程度较高。

专卖店 一般位于市、区级商业中心、专业街以及百货店、购物中心内;目标顾客以中高档消费者和追求时尚的年轻人为主;以销售某一品牌系列商品为主,具有销售量少、质优、高毛利等特点;采取柜台销售或开架面售方式进行商品销售,商店陈列、照明、包装、广告讲究;注重品牌声誉,从业人员具备丰富的专业知识,提供专业性服务;信息管理系统程度一般。

便利店 位于商业中心区、交通要道以及车站、医院、学校、娱乐场所、办公楼、加油站等公共活动区;商圈范围小,顾客步行5分钟内到达,目标顾客主要为单身者、年轻人,顾客多为有目的的购买;营业面积一般在100平方米左右,利用率高;以即时食品、日用小百货为主,有即时消费性、小容量、应急性等特点,商品品种在3000种左右,售价一般高于市场平均水平;商品销售方式以开架自选为主,结算在收银处统一进行;营业时间一般在16小时以上,提供即时性食品的辅助设施,开设多项服务项目;信息管理系统程度较高。

附　录

中共北京市东城区委主要文件目录

中共北京市原东城区委主要文件

东发〔2010〕1号　区委关于印发《中共东城区委常委会2010年工作要点》的通知
东发〔2010〕2号　区委关于印发《东城区党代表大会代表任期制实施办法(试行)》的通知
东发〔2010〕3号　区委关于认真组织学习宣传、贯彻落实《中国共产党党员领导干部廉洁从政若干准则》的通知
东发〔2010〕4号　区委《关于加强和改进新形势下党的建设的实施意见》
东发〔2010〕5号　区委印发《关于在全区基层党组织和党员中深入开展创先争优活动的实施方案》的通知
东发〔2010〕6号　区委区政府关于印发《东城区"建设低碳城区实现绿色发展"行动计划(2010～2012年)》的通知
东发〔2010〕7号　区委区政府《关于进一步贯彻落实党风廉政建设责任制的意见》
东发〔2010〕8号　区委区政府关于印发《"数字东城"行动计划(2010～2012年)》的通知
东发〔2010〕9号　区委区政府关于印发《北京市东城区外事工作发展规划(2010～2014年)》的通知

中共北京市原崇文区委主要文件

崇发〔2010〕1号　关于印发《夏强书记和牛青山区长在区委十届九次全会上的报告》的通知
崇发〔2010〕2号　《关于做好崇文区2010年春节期间双拥工作的意见》
崇发〔2010〕3号　《关于进一步完善新形势下防范和处理邪教问题长效机制的意见》
崇发〔2010〕4号　关于印发《隋秀梅、夏强、张岚同志在区纪委十届七次全会暨全区党风廉政建设工作会议上的讲话》的通知
崇发〔2010〕5号　关于印发《北京市崇文区中长期人才发展规划纲要(2010～2020年)》的通知
崇发〔2010〕6号　《关于表彰2009年度信访排查调处工作先进集体和先进个人的通报》
崇发〔2010〕7号　《关于贯彻落实党的十七届四中全会精神进一步加强和改进新形势下党的建设的意见》
崇发〔2010〕8号　关于印发《中共北京市崇文区委听取民主党派、无党派代表人士意见和建议直通车制度》和《崇文区民主党派、无党派人士调研工作制度》的通知
崇发〔2010〕9号　关于印发《区委常委会2010年议题计划》的通知
崇发〔2010〕10号　《关于成立崇文区党的建设工作领导小组》的通知
崇发〔2010〕11号　《中共北京市崇文区委党的建设工作领导小组2010年工作要点》
崇发〔2010〕12号　《关于加强和改进劳模工作的意见》
崇发〔2010〕13号　《崇文区处级单位党建工作实绩考核办法(试行)》
崇发〔2010〕14号　《关于在全区基层党组织和党员中深入开展创先争优活动的实施意见》
崇发〔2010〕15号　《2010年深入开展创先争优活动的实施方案》
崇发〔2010〕16号　《中国共产党北京市崇文区代表大会代表任期制实施细则(试行)》
崇发〔2010〕17号　《中共北京市崇文区委党的建设工作领导小组2010年工作要点任务分解》
崇发〔2010〕18号　《关于大规模培训干部工作的实施意见》
崇发〔2010〕19号　《关于做好纪念中国共产党成立89周年有关工作》的通知

中共北京市东城区委主要文件

东发〔2010〕1号　区委区政府《关于社会服务管理创新工作的实施意见》
东发〔2010〕2号　区委印发《关于在全区基层党组织和党员中进一步深入开展创先争优活动的实施方案》的通知
东发〔2010〕3号　区委转发《中共东城区人大(临时)常委会党组关于加强和改进人大工作的若干意见》的通知

东发〔2010〕4号 区委区政府关于印发《绿色东城行动计划(2011~2015年)》的通知
东发〔2010〕5号 区委《关于加强人民政协政治协商制度建设的意见》
东发〔2010〕6号 区委关于印发《东城区党代表大会代表任期制实施办法(试行)》的通知
东发〔2010〕7号 区委区政府关于印发《东城区机构编制委员会工作规则》的通知
东发〔2010〕8号 区委关于制定《东城区国民经济和社会发展第十二个五年规划的建议》
东发〔2010〕9号 区委关于印发《区委常委会2011年工作要点》的通知
东发〔2010〕10号 区委区政府关于印发《北京市东城区总体发展战略规划(2011年~2030年)》的通知

中共北京市原东城区委办公室主要文件

东办发〔2010〕1号 两办《关于表彰2009年度东城区党风廉政建设先进单位的决定》
东办发〔2010〕2号 区委办转发《北京市东城区反恐怖工作协调小组关于规范建立反恐怖工作协调小组和办公室有关工作的意见》的通知
东办发〔2010〕3号 区委办关于印发《区十四届人大五次会议代表建议、区政协十二届四次会议民主党派(团体)和委员提案办理工作目标责任制(折子工程)》的通知
东办发〔2010〕4号 两办《关于调整东城区机构编制委员会成员》的通知
东办发〔2010〕5号 两办印发《关于建立东城区文明城区建设长效机制工作体系的方案》的通知
东办发〔2010〕6号 区委办关于印发《区委2010年工作目标责任制(折子工程)》的通知
东办发〔2010〕7号 区委办关于印发《区委常委会2010年议题计划》及《区委常委会2010年议题计划任务分解表》的通知
东办发〔2010〕8号 两办《关于开展东城区第二轮地方志书编纂工作》的通知
东办发〔2010〕9号 两办《关于进一步完善错时上下班措施》的通知
东办发〔2010〕10号 两办《关于在党政机关中开展生活垃圾处理达标工作》的通知
东办发〔2010〕11号 两办《关于东城区清理规范评比达标表彰结果》的通知
东办发〔2010〕12号 两办《关于进一步推进廉政风险防范管理工作》的通知
东办发〔2010〕13号 两办关于印发《2010年东城区贯彻落实党风廉政建设责任制推进惩治和预防腐败体系建设主要任务分工》的通知
东办发〔2010〕14号 区委办转发《中共东城区委组织部关于进一步加强和改进全区处级领导班子思想政治建设的意见》的通知
东办发〔2010〕15号 两办关于印发《东城区国民经济和社会发展第十二个五年规划编制工作方案》的通知
东办发〔2010〕16号 两办《关于加强东城区学校、幼儿园及周边安全工作》的通知
东办发〔2010〕17号 区委办关于印发《〈中国共产党北京市东城区组织史资料(1987~2010年)〉编纂工作方案》的通知
东办发〔2010〕18号 两办印发《关于进一步加强新形势下矛盾纠纷排查化解和信访工作的意见》的通知
东办发〔2010〕19号 两办转发《中共东城区委政法委员会关于推进社会矛盾化解、社会管理创新、公开廉洁执法的分工方案》的通知
东办发〔2010〕20号 两办印发《关于加强社区党风廉政建设的意见》的通知
东办发〔2010〕21号 区委办印发《关于推进学习型党组织建设的实施意见》的通知

中共北京市原崇文区委办公室主要文件

崇办发〔2010〕1号 印发《中共北京市崇文区委教育工作委员会北京市崇文区教育委员会主要职责、内设机构和人员编制规定》的通知
崇办发〔2010〕2号 印发《北京市崇文区人力资源和社会保障局主要职责、内设机构和人员编制规定》和《北京市崇文区机构编制委员会办公室主要职责、内设机构和人员编制规定》的通知
崇办发〔2010〕3号 印发《中共北京市崇文区委社会工作委员会北京市崇文区社会建设工作办公室主要职责、内设机构和人员编制规定》的通知
崇办发〔2010〕4号 关于印发《崇文区国民经济和社会发展中长期规划纲要(2010~2020年)》和《崇文区国民经济和社会发展中长期规划纲要(2010~2020年)折子工程》的通知
崇办发〔2010〕5号 转发区司法局《关于进一步加强司法所规范化建设的意见》的通知

崇办发〔2010〕6 号　《关于进一步做好争创全国双拥模范城“四连冠”有关工作》的通知

崇办发〔2010〕7 号　《中共北京市崇文区委关于推进学习型党组织建设的实施意见》

中共北京市东城区委办公室主要文件

东办发〔2010〕1 号　区委办政府筹备组办关于印发《东城区国民经济和社会发展第十二个五年规划编制工作方案》的通知

东办发〔2010〕2 号　两办关于转发《中共北京市委办公厅、北京市人民政府办公厅关于严明纪律保证首都功能核心区行政区划调整工作顺利进行的通知》的通知

东办发〔2010〕3 号　两办《关于新东城区区委、区政府系统公章使用》的通知

东办发〔2010〕4 号　两办关于印发《东城区组织开展社会管理创新维护社会稳定综合试点工作方案》的通知

东办发〔2010〕5 号　区委办印发《关于在部分区政府工作部门中分设党政正职的意见》的通知

东办发〔2010〕6 号　两办转发《中共北京市委办公厅北京市人民政府办公厅关于进一步规范外出学习参观考察等活动的紧急通知》的通知

东办发〔2010〕7 号　两办关于印发《东城区社会服务管理创新综合试点工作任务分解》的通知

东办发〔2010〕8 号　两办《关于成立东城区机构编制委员会》的通知

东办发〔2010〕9 号　区委办印发《关于建立促进科学发展的领导班子和领导干部考核评价机制的意见》的通知

东办发〔2010〕10 号　区委办《关于做好 2011 年度〈人民日报〉、〈求是〉杂志和〈北京日报〉、〈前线〉杂志发行工作》的通知

东办发〔2010〕11 号　两办《关于成立东城区社会管理创新综合试点领导小组》的通知

东办发〔2010〕12 号　两办印发《关于在街道建立社会服务管理综合指挥分中心的试行办法》的通知

东办发〔2010〕13 号　两办印发《关于建立东城区社会管理综合执法机制的工作方案》的通知

东办发〔2010〕14 号　两办《关于成立新东城区地方志编纂委员会》的通知

东办发〔2010〕15 号　两办转发《关于加强反腐倡廉制度建设的意见》的通知

东办发〔2010〕16 号　两办转发《关于加强区属处级党政群机关事业单位纪检监察组织建设的实施意见》的通知

东办发〔2010〕17 号　区委办关于印发《东城区 2010～2020 年深化干部人事制度改革的实施意见》的通知

北京市东城区人民政府主要文件目录

北京市原东城区人民政府主要文件

东政发〔2010〕1 号　北京市东城区人民政府《关于开展第六次全国人口普查》的通知

东政发〔2010〕2 号　北京市东城区人民政府关于印发《2010 年区政府折子工程和为民拟办重要实事》的通知

东政发〔2010〕3 号　北京市东城区人民政府关于印发《东城区公共安全监管工作管理办法（试行）》的通知

东政发〔2010〕4 号　北京市东城区人民政府《关于成立国家中医药发展综合改革试验区顾问组专家指导组及建设委员会的决定》

东政发〔2010〕5 号　北京市东城区人民政府《关于授予中国中医科学院等单位国家中医药发展综合改革试验区建设示范基地及示范点的决定》

东政发〔2010〕6 号　北京市东城区人民政府《关于表彰劳动模范先进工作者和模范集体的决定》

东政发〔2010〕7 号　北京市东城区人民政府印发《东城区关于促进楼宇经济发展鼓励措施》的通知

东政发〔2010〕8 号　北京市东城区人民政府印发《东城区关于培育低碳产业鼓励措施》的通知

东政发〔2010〕9 号　北京市东城区人民政府印发《东城区关于培育中医药产业鼓励措施》的通知

东政发〔2010〕10 号　北京市东城区人民政府印发《东城区关于鼓励企业上市若干意见》的通知

东政发〔2010〕11 号　北京市东城区人民政府印发《东城区关于促进中小企业转型升级鼓励措施》的通知

东政发〔2010〕12 号　北京市东城区人民政府关于印发《区政府工作部门和区属事业单位安全工作职责》的通知

东政发〔2010〕13 号　北京市东城区人民政府印发《东城区关于深入开展创先争优活动加强政府规范化建设年活动实施意见》的通知

东政发〔2010〕14 号　北京市东城区人民政府《关于落实第十六阶段控制大气污染措施》的通知

东政发〔2010〕15 号　北京市东城区人民政府转发《市政府关于建立制止和查处违法用地违法建设联动工作机制有关文件》的通知

北京市原崇文区人民政府主要文件

崇政发〔2010〕1号	北京市崇文区人民政府《批转区人口计生委关于2010年人口和计划生育工作要点》的通知
崇政发〔2010〕2号	北京市崇文区人民政府《关于表彰2009年办理人大代表建议、政协提案工作先进单位和先进个人的通报》
崇政发〔2010〕3号	北京市崇文区人民政府《关于2009年行政执行力督查考核等次评定结果的通报》
崇政发〔2010〕4号	北京市崇文区人民政府关于印发《2010年区政府折子工程》的通知
崇政发〔2010〕5号	北京市崇文区人民政府关于印发《2010年争取市级政府资金折子工程》的通知
崇政发〔2010〕6号	北京市崇文区人民政府《关于傅秀明等七位同志职务任免》的通知
崇政发〔2010〕7号	北京市崇文区人民政府关于印发《北京市崇文区国民经济和社会发展"十二五"规划编制工作方案》的通知
崇政发〔2010〕8号	北京市崇文区人民政府《关于规范行政规范性文件发文程序》的通知
崇政发〔2010〕9号	北京市崇文区人民政府《关于对2009年度我区50强企业进行表彰的决定》
崇政发〔2010〕10号	北京市崇文区人民政府《关于张京明等五十八位同志职务任免》的通知
崇政发〔2010〕11号	北京市崇文区人民政府《关于分解落实市控制大气污染第十六阶段措施任务》的通知
崇政发〔2010〕12号	北京市崇文区人民政府关于印发《崇文区政府行政执行力督查考核暂行办法》的通知
崇政发〔2010〕13号	北京市崇文区人民政府《关于完善城市综合行政执法机制工作方案》的通知
崇政发〔2010〕14号	北京市崇文区人民政府《关于李宜春同志免职》的通知
崇政发〔2010〕15号	北京市崇文区人民政府《关于审计金第公司安化寺二期危改项目前期费用》的通知
崇政发〔2010〕16号	北京市崇文区人民政府《关于我区2010年节能减排工作任务分解》的通知
崇政发〔2010〕17号	北京市崇文区人民政府《关于苏静芝等五位同志任免职》的通知
崇政发〔2010〕18号	北京市崇文区人民政府《关于梁成才等二位同志任免职》的通知
崇政发〔2010〕19号	北京市崇文区人民政府《关于王森同志任职》的通知

北京市东城区人民政府主要文件

东政发〔2010〕1号	北京市东城区人民政府关于印发《东城区人民政府工作规则》的通知
东政发〔2010〕2号	北京市东城区人民政府关于印发《制止和查处违法建设工作意见》的通知
东政发〔2010〕3号	北京市东城区人民政府《关于牛青山等十二名同志任免职》的通知
东政发〔2010〕4号	北京市东城区人民政府《关于周桂芳等五百八十名同志任职》的通知
东政发〔2010〕5号	北京市东城区人民政府《关于胡昇峰等十九名同志任免职》的通知
东政发〔2010〕6号	北京市东城区人民政府《关于许汇等三十名同志任职》的通知
东政发〔2010〕7号	北京市东城区人民政府《关于李海平等三名同志任职》的通知
东政发〔2010〕8号	北京市东城区人民政府关于印发《东城区财政性资金使用和管理办法》的通知
东政发〔2010〕10号	北京市东城区人民政府《关于王广建等九名同志任免职》的通知
东政发〔2010〕11号	北京市东城区人民政府《关于陈万华等一百零五名同志任免职》的通知

北京市原东城区人民政府办公室主要文件

东政办发〔2010〕1号	北京市东城区人民政府办公室《关于成立东城区戏剧建设促进委员会》的通知
东政办发〔2010〕2号	北京市东城区人民政府办公室转发《区民政局区老龄办区残联关于东城区落实北京市市民居家养老(助残)服务("九养")办法实施意见》的通知
东政办发〔2010〕3号	北京市东城区人民政府办公室关于印发《加强重点污染源监督管理工作方案》的通知
东政办发〔2010〕4号	北京市东城区人民政府办公室关于印发《2010年人大代表议案建议和政协提案办理工作目标管理责任制(折子工程)》的通知
东政办发〔2010〕5号	北京市东城区人民政府办公室《关于做好2010年办理人大代表议案建议和政协提案工作》的通知
东政办发〔2010〕6号	北京市东城区人民政府办公室关于印发《2010年区政府常务会和区长办公会议题安排》的通知

东政办发〔2010〕7 号　北京市东城区人民政府办公室关于印发《第三届北京中医药文化宣传周暨第二届地坛中医药健康文化节活动方案》的通知

东政办发〔2010〕8 号　北京市东城区人民政府办公室《关于为青海玉树地震遇难同胞举行哀悼活动》的通知

东政办发〔2010〕9 号　北京市东城区人民政府办公室关于印发《东城区液化石油气安全管理工作方案》的通知

东政办发〔2010〕10 号　北京市东城区人民政府办公室关于印发《2010 北京王府井国际品牌节总体策划方案及组织工作方案》的通知

东政办发〔2010〕11 号　北京市东城区人民政府办公室《关于成立东城区公共安全委员会》的通知

东政办发〔2010〕12 号　北京市东城区人民政府办公室关于印发《东城区公共安全综合考核办法》的通知

东政办发〔2010〕13 号　北京市东城区人民政府办公室关于印发《东城区政府督查工作考核办法》的通知

东政办发〔2010〕14 号　北京市东城区人民政府办公室印发《关于加强东城区图像信息管理系统建设和管理意见》的通知

北京市原崇文区人民政府办公室主要文件

崇政办发〔2010〕1 号　北京市崇文区人民政府办公室《关于二〇〇九年十二月份市容环境卫生考评情况的通报》

崇政办发〔2010〕2 号　北京市崇文区人民政府办公室转发《区防火安全委员会关于开展我区 2010 年春节可燃物清理先进社区评比活动》的通知

崇政办发〔2010〕3 号　北京市崇文区人民政府办公室《关于切实做好春节和全国“两会”期间安全生产工作》的通知

崇政办发〔2010〕4 号　北京市崇文区人民政府办公室关于印发《崇文区 2010 年在直接关系群众生活方面拟办的重要实事》的通知

崇政办发〔2010〕5 号　北京市崇文区人民政府办公室《关于及时淘汰更新街道旧式人力垃圾车和破损垃圾桶》的通知

崇政办发〔2010〕6 号　北京市崇文区人民政府办公室《关于征集 2010 年天街上元灯会民间彩灯》的通知

崇政办发〔2010〕7 号　北京市崇文区人民政府办公室《关于二〇一〇年一月份市容环境卫生考评情况的通报》

崇政办发〔2010〕8 号　北京市崇文区人民政府办公室《关于规范区政府常务会议有关事宜》的通知

崇政办发〔2010〕9 号　北京市崇文区人民政府办公室《关于加强政务信息报送工作》的通知

崇政办发〔2010〕10 号　北京市崇文区人民政府办公室《关于二〇〇九年年度市容环境卫生考评情况的通报》

崇政办发〔2010〕11 号　北京市崇文区人民政府办公室《关于二〇一〇年二月份市容环境卫生考评情况的通报》

崇政办发〔2010〕12 号　北京市崇文区人民政府办公室北京市崇文区信息化工作办公室《关于做好政府信息公开系统和政务网站内容更新工作》的通知

崇政办发〔2010〕13 号　北京市崇文区人民政府办公室《关于分解 2010 年安全隐患治理任务》的通知

崇政办发〔2010〕14 号　北京市崇文区人民政府办公室转发《区推进依法行政领导小组办公室关于崇文区政府 2010 年全面推进依法行政工作要点》的通知

崇政办发〔2010〕15 号　北京市崇文区人民政府办公室转发《市政府关于进一步完善错时上下班措施》的通知

崇政办发〔2010〕16 号　北京市崇文区人民政府办公室转发《市政府关于实施工作日高峰时段区域限行交通管理措施》的通知

崇政办发〔2010〕17 号　北京市崇文区人民政府办公室《关于二〇一〇年三月份市容环境卫生考评情况的通报》

崇政办发〔2010〕18 号　北京市崇文区人民政府办公室《关于开展经纪人及合同监管联席会议工作》的通知

崇政办发〔2010〕19 号　北京市崇文区人民政府办公室转发《区养犬管理工作联席会议办公室关于 2010 年养犬集中年检工作实施方案》的通知

崇政办发〔2010〕20 号　北京市崇文区人民政府办公室转发《市政府办公厅关于贯彻国务院办公厅通知精神为青海玉树地震遇难同胞举行全国哀悼活动》的通知

崇政办发〔2010〕21 号　北京市崇文区人民政府办公室转发市政府办公厅《关于成立北京市固定资产投资项目行政审批综合服务大厅有关事宜》的通知

崇政办发〔2010〕22 号　北京市崇文区人民政府办公室《关于做好“五一”节期间安全生产工作》的通知

崇政办发〔2010〕23 号　北京市崇文区人民政府办公室转发《区民防局关于加强我区防空防灾公共安全宣传教育培训工作实施意见》的通知

崇政办发〔2010〕24 号　北京市崇文区人民政府办公室《关于做好主动公开政府信息纸质文本移送工作》的通知

崇政办发〔2010〕25 号　北京市崇文区人民政府办公室转发国务院办公厅秘书局《关于加强对行政机关公文中涉及字母词审核把关文件》的通知

崇政办发〔2010〕26 号　北京市崇文区人民政府办公室《关于举办 2010 年崇文科技周活动》的通知

崇政办发〔2010〕27 号　北京市崇文区人民政府办公室《关于二〇一〇年四月份环境卫生考评情况的通报》

崇政办发〔2010〕28 号　北京市崇文区人民政府办公室《关于二〇一〇年五月份环境卫生考评情况的通报》

北京市东城区人民政府办公室主要文件

东政办发〔2010〕1 号　北京市东城区人民政府办公室关于印发《区长副区长工作分工》的通知
东政办发〔2010〕2 号　北京市东城区人民政府办公室关于印发《区政府日常工作会议安排》的通知
东政办发〔2010〕3 号　北京市东城区人民政府办公室转发《前门大街管委会关于前门历史文化展示区招商工作协调组工作制度》的通知
东政办发〔2010〕4 号　北京市东城区人民政府办公室《关于各系统专题汇报会安排的预通知》
东政办发〔2010〕5 号　北京市东城区人民政府办公室转发《区档案局关于开展第一个〈档案法〉宣传月活动》的意见
东政办发〔2010〕6 号　北京市东城区人民政府办公室转发《区预防煤气中毒工作协调小组关于 2010 至 2011 年度预防煤气中毒工作方案》的通知
东政办发〔2010〕7 号　北京市东城区人民政府办公室关于印发《东城区重要实事起草编制管理暂行办法》的通知
东政办发〔2010〕8 号　北京市东城区人民政府办公室转发《区城管委关于扫雪铲冰应急预案》的通知
东政办发〔2010〕9 号　北京市东城区人民政府办公室转发《区发展改革委关于东城区 2010 年 11 月至年末节能调控措施方案》的通知
东政办发〔2010〕10 号　北京市东城区人民政府办公室《关于印章使用管理》的通知
东政办发〔2010〕11 号　北京市东城区人民政府办公室转发《区档案局关于加强行政区划调整前应进馆档案管理工作》的通知
东政办发〔2010〕12 号　北京市东城区人民政府办公室转发《区法制办关于开展全区行政规范性文件清理工作》的通知
东政办发〔2010〕13 号　北京市东城区人民政府办公室《关于调整区政府组成部门序列》的通知
东政办发〔2010〕14 号　北京市东城区人民政府办公室转发《区商务委关于规范重大促销活动审批意见》的通知
东政办发〔2010〕15 号　北京市东城区人民政府办公室转发《区烟花办关于北京市东城区 2011 年元旦春节烟花爆竹安全管理工作实施方案》的通知

学校及幼儿园(所)

幼儿园(所)

校　名	地　址	电　话
北京市第一幼儿园	东四北大街汪芝麻胡同 19 号	64041825
北京市第一幼儿园附属实验园	安外小黄庄小区 7 号楼	84288913
北京市第一幼儿园分园	东直门外大街乙 36 号院 28 号楼	84532164
北京市第二幼儿园	北新桥三条 38 号	64035990
北京市第三幼儿园	中山公园内	66030395
北京市第五幼儿园	夕照寺街 3 号	67122474
北京市第五幼儿园分园	法华南里 33 号楼	67161804
北京市第七幼儿园	宝钞胡同 23 号	64045749
东四五条幼儿园	东四五条 41 号	64040197
东华门幼儿园	北河沿大街 149 号	65127510
分司厅幼儿园	分司厅胡同 57 号	64046854
新中街幼儿园	东直门外胡家园小区 24 号楼	64602141
华丰幼儿园	和平里六区 21 号楼	84220194
大方家回民幼儿园	朝内南小街后芳嘉园 3 号楼	65225816
东棉花胡同幼儿园	东棉花胡同 20 号	64044144
总政幼儿园	安德里北街 21 号	66792164
卫生局第三幼儿园	和平里民旺园甲 7 号	64212216
商务部幼儿园	台基厂三条 2 号	65247694
卫生局第一幼儿园	锡拉胡同 19 号	65251975

公交鸿运达幼儿教育中心一幼	旧鼓楼外大街64号	62360237
国家林业局幼儿园	和平里七区21号楼	64212759
空军后勤部蓝天幼儿园	北锣鼓巷99号	64012330
民航总局幼儿园财政部幼儿园	地安门拐棒胡同2号	64005028
国家安监管理局机关幼儿园	和平里九区甲3号	64279017
冶金幼儿园	安定门外安德路47号	84121118
财政幼儿园	西扬威胡同12号	64040708
北京军区总院幼儿园	东直门内草原胡同58号	64007738
大经厂幼儿园	大经厂胡同55号	64045445
景山魏家幼儿园	景山魏家胡同19号	64040406
世纪贝贝自然教育幼儿园	青年湖西里4号院甲1号	84122037
艾毅幼儿园	东湖别墅D座102	84511500
崇文第二幼儿园	广渠门内大街31号	67116076
崇文第三幼儿园	幸福北里甲12号楼	67115709
光明幼儿园	光明25号楼	67116906
回民幼儿园	东花市北里东区12号楼	67123041
安乐幼儿园	永外杨家园路10号	87815701
永东幼儿园	永内东街中里23号	67014810
永定门幼儿园	西园子街32号	67017176
崇文幼儿园	法华南里甲14号楼	67116321
北京市大地实验幼儿园	东花市北里西区9号	67169819
北空育翔幼儿园	板厂南里11号	66911719
中共北京市委机关幼儿园	光明路1号	67147356
红湖幼儿园	龙潭北里三条三号	67151869
西草市幼儿园	西草市东街60号	67028368

小 学

校 名	地 址	电 话
东城区和平里第一小学	和平里中街甲21号	84220243
东城区和平里第二小学	和平里民旺南胡同20号	64211804
东城区和平里第三小学	和平里兴化路9号	84279923
东城区和平里第四小学	和平里交林夹道1号	64211026
东城区和平里第九小学	和平里七区20号楼	64213889
东城区安外三条小学	安外上龙北巷3号	84132605
东城区青年湖小学	安外安德里北街20号	84123026
东城区师范学校附属小学	安定门外东河沿乙7号	64263926
东城区地坛小学	和平里九区甲2号	64262206
东城区分司厅小学	鼓楼东大街小经厂2号	64041261
东城区北锣鼓巷小学	安定门内千福巷5号	64070770
东城区方家胡同小学	方家胡同17号	64014841
东城区黑芝麻胡同小学	黑芝麻胡同11号	64045815
东城区府学胡同小学	府学胡同65号	64045995
东城区帽儿胡同小学	帽儿胡同17号	64067114
东城区东四十四条小学	东四十四条100号	64031726
东城区史家小学分校	北门仓胡同1号	84071471
东城区北新桥小学	东直门北大街乙2号	64635936
东城区雍和宫小学	藏经馆胡同27号	64045703
东城区曙光小学	东直门外铜厂子胡同8号	64169554
东城区西中街小学	东直门外十字坡东里10号	64172386

中央工艺美院附中艺美小学	东外胡家园小区20号	64685755
东城区东四七条小学	东四七条31号	64043873
东城区东四九条小学	东四九条67号	64043778
东城区回民小学	朝内大街124号	65254529
东城区美术馆后街小学	美术馆后街57号	84034452
东城区什锦花园小学	美术馆后街48号	64042123
东城区东高房小学	沙滩北街东高房胡同13号	64032310
东城区织染局小学	水簸箕胡同甲5号	64045858
东城区校尉胡同小学	校尉胡同8号	65252652
东城区灯市口小学	灯市口北巷14号	65250582
东城区北池子小学	北池子大街46号	65251287
东城区东交民巷小学	台基厂大街14号	85113399
东城区春江小学	南水关胡同60号	65252712
东城区新鲜胡同小学	新鲜胡同36号	65279841
东城区史家胡同小学	朝阳门内北小街南弓匠营2号	64065588
东城区西总布小学	西总布胡同19号	65231053
东城区新开路东总布小学	新开路胡同55号	65251340
东城区遂安伯小学	金宝街65号	65252953
东城区丁香胡同小学	丁香胡同7号	65241994
东城区特殊教育学校	安外小黄庄路一区16号楼	84276190
东城区前门小学	西河沿甲211号	67027683
东城区忠实里小学	广渠门外忠实里南街乙58号	67783273
东城区崇文小学	花市枣苑小区12号	67122908
东城区回民小学	东花市大街99号	67122965
东城区花市小学	东花市北里西区1号	67182946
东城区新景小学	西花市南里西区7号楼	87186761
东城区板厂小学	板厂南里7号	67121969
东城区光明小学	光明路甲12号	67123839
东城区培新小学	幸福巷4号	67111890
东城区永生小学	永生巷6号旁门	67120198
东城区体育馆路小学	法华南里21号	67122559
东城区精忠街小学	精忠街11号	67021505
东城区金台小学	东晓市街203号	67011700
东城区天坛东里小学	天坛东里内8号	67024124
东城区天坛南里小学	天坛南里西区16号	67021473
东城区景泰小学	永定门外杨家园路10号	67212156
北京第一师范学校附属小学	永定门外桃杨路7号	87921069
东城区革新里小学	永定门外街道管村5号	67222093
东城区宝华里小学	永定门外沙子口路63号	67221380
东城区定安里小学	定安里26号	67212203
东城区新怡小学	新怡家园9号	67086196
东城区培智中心学校	体育馆西路33号	67020405

中　　学

校　名	地　址	电　话
北京市第一中学	宝钞胡同甲12号	64043280
北京市第二中学	内务部街15号	65255945
北京市第二中学分校	南竹杆胡同81号	65279032
北京市第五中学	细管胡同13号	64068564

北京市第五中学分校	鼓楼东大街152号	64039651
北京市第十一中学	金鱼池西街1号	67025059
北京市第十一中学分校	天坛南里14号	67024119
北京市第二十一中学	交道口北三条57号	64043394
北京市第二十二中学	交道口东大街77号	64042225
北京市第二十四中学	外交部街31号	85111090
北京市第二十五中学	灯市口大街55号	65257525
北京市第二十七中学	东华门大街智德前巷11号	65255586
北京市第五十中学	夕照寺大街13号	67173905
北京市第五十中学分校	永定门外安乐林路14号	87264492
北京市第五十四中学	和平里六区9号	84221682
北京市第五十五中学	新中街12号	64164252
北京市第六十五中学	北河沿大街115号	65251745
北京市第九十六中学	崇文门西小街3号	65114904
北京市第一零九中学	幸福大街43号	67121405
北京市第一一四中学	永定门外西革新里第114号	67271674
北京市第一一五中学	天坛东路13号	67018618
北京市第一二五中学	后沟胡同乙2号	65246227
北京市第一四二中学	和平里中街43号	64219035
北京市第一六五中学	育群胡同45号	64004843
北京市第一六六中学	灯市口同福夹道3号	65255651
北京市第一七一中学	和平里北街8号	64212702
北京市第一七七中学	安定门外青年湖南街23号	84121145
北京宏志中学	和平里中街43号	64219035
北京市国子监中学	国子监街26号	64041183
中央工艺美术学院附属中学	东直门外小街甲27号	64686672
北京市东直门中学	东直门内北顺城街2号	64014988
北京市和平北路学校(一贯制)	安外大街168号	64211049
北京景山学校	灯市口大街53号	65252555
北京市东城区工读学校	顺义后沙峪古城村裕民大街11号	80484523
北京市翔宇中学	东直门北大街甲2号	84111886
北京阳光情中学	开发区天宝北街甲2号	67895748
北京经济技术开发区实验学校	开发区天宝北街甲2号	67895748
北京市前门外国语学校	前门东大街甲14号	67024402
北京市崇文门中学	东花市北里西区5号	67182515
北京市文汇中学	忠实里东区9号	87757385
北京汇文中学	培新街6号	67117375
北京市广渠门中学	白桥大街甲1号	67126226
北京市龙潭中学	板厂南里3号	67147725

职 业 高 中

校　名	地　址	电　话
北京市东城区古城职业高中	顺义后沙峪古城村裕民大街11号	80484523
北京国际职业教育学校	南河沿大街19号	65253392
北京市国际美术学校	东直门外小街甲27号	64686672
北京市育人中等职业学校	黄化门街5号	84242284
北京百年农工子弟职业学校	大方家胡同芳嘉园8号	64790701
北京市第一七九中学	左安蒲园4号	67125384
北京现代职业学校	永定门东街7号	67014116

高 等 院 校

校　名	地　址	电　话
中国协和医科大学	东单三条9号	65295962
中央戏剧学院	东棉花胡同39号	64043885
首都医科大学中医药学院	东四十条27号	64045305
北京联合大学师范学院	安定门外外馆斜街5号	64211158
北京市财贸管理干部学院	东四礼士胡同41号	65592215
北京市东城区职工业余大学	朝阳门外潘家坡1号	65520824
北京广播电视大学东城分校	朝阳门外潘家坡1号	65520824
北京玄宇艺术研修学院	黄化门街5号	64014405
北京市东城区职工大学	板厂南里5号	67153071
北京广播电视大学崇文分校	板厂南里5号	67153071

医 疗 机 构

单位名称	地　址	电　话
卫生部北京医院	东单大华路1号	85132114
中国医学科学院北京协和医院	帅府园1号	65295810
首都医科大学附属北京同仁医院	东交民巷1号	58269911
首都医科大学附属北京天坛医院	天坛西里6号	67098334
首都医科大学附属北京口腔医院	天坛西里4号	67099050
首都医科大学北京妇产医院	骑河楼17号	85976699
北京中医医院	美术馆后街23号	52176677
北京中医药大学东直门医院	海运仓5号	84013212
北京市疾病预防控制中心	和平里中街16号	64407008
北京市第六医院	交道口北二条36号	64035566
北京市普仁医院	崇外大街100号	67117711
北京市和平里医院	和平里北街18号	64215431
北京市隆福医院(东城区老年病医院)	美术馆东街18号	64040116
北京市鼓楼中医医院	豆腐池胡同13号	64044445
东城区妇幼保健院	交道口南大街136号	64040066
东城区妇幼保健院	法华南里25号楼东侧	67122966
东城区精神卫生保健院	东直门外察慈小区7号	64681578
东城区建国门医院	后赵家楼胡同9号	65256218
东城区东外医院	东直门外察慈小区7号楼	64681578
东城区口腔医院	交道口东大街4-28号	64072906
	东四北大街490号	64043465
	雍和宫大街53号	64058596
东城区第一人民医院	永外大街130号	67212233
东城区崇文口腔医院	东花市北里西区24号楼	67120052
东城区结核病防治所	和平里北街18号	64298123
东城区皮肤性病防治所	东直门内大街184号	64010046
东城区急救站	安内中绦胡同甲2号	64035289
东城区疾病预防控制中心	北兵马司胡同5号	64040807
东城区疾病预防控制中心	西晓市街16号	67021006
东城区卫生局卫生监督所	安定门内永恒胡同甲6号	64050076

东城区卫生教育中心	和平里民旺园甲 7 号	64299932
东城卫生防病咨询服务站	天坛南里 12 号	65114353
北京市东四中医医院	东四六条甲 62 号	84049919
北京王府井医院	柏树胡同 23 号	85120766
北京同仁堂中医医院	西打磨厂街 46 号	67638686
东城区老年康复护理院	东四 6 条甲 62 号	64018363
崇文健康教育所	西晓市街 16 号	67028393
东城区卫生学校	天坛南里 12 号	67060309
东城区动物卫生监督所	珠市口东大街 12～14 号	67025989
东城区卫生科技开发中心	东晓市街 109 号	67061605

社区卫生服务机构

名　称	地　址	电　话
东城区社区卫生服务管理中心	朝阳门内大街 192－1 号	65125503
东城区朝阳门社区卫生服务中心	东四南大街灯草胡同 31 号	65138019
东城区东花市社区卫生服务中心	国瑞城小区中区底商 48 号	67118044
东城区龙潭社区卫生服务中心	光明 25 楼	67111096
东城区体育馆路社区卫生服务中心	驹章胡同 43 号	67120019
东城区天坛社区卫生服务中心	天坛路甲 91 号	67074337
东城区永定门外社区卫生服务中心	蒲黄榆二里 2 号院	67020979
东华门多福巷社区卫生服务站	东四南大街报房胡同 45 号	65127470
东华门街道韶九社区卫生服务站	韶九胡同 22 号	65240100
东华门街道台基厂社区卫生服务站	台基厂大街台基厂二条 3 号	65126450
东华门街道甘雨社区卫生服务站	西堂子胡同 15 号	65240060
东华门街道东华门社区卫生服务站	南河沿大街磁器库南巷 1 号	65597833
景山街道魏家社区卫生服务站	魏家胡同 55 号	84032330
景山街道宽街社区卫生服务站	美术馆后街 12 号	64006540
交道口街道交东社区卫生服务站	土儿胡同 10 号楼	84046916
交道口街道圆恩寺社区卫生服务站	前圆恩寺胡同 28 号	64072317
安定门街道五道营社区卫生服务站	安定门内大街永康胡同 9 号	64012290
安定门街道花园社区卫生服务站	安定门内花园东巷 25 号	64013430
安定门街道安定门社区卫生服务站	豆腐池胡同 13 号	64007169
北新桥街道海运仓社区卫生服务站	海运仓小区南颂年 3 号楼	84073206
北新桥街道青龙社区卫生服务站	东直门北小街青龙胡同甲 1 号	64027190
北新桥街道北新桥社区卫生服务站	东直门大街 184 号	64053216
北新桥街道民安社区卫生服务站	民安 14 号楼	84078626
北新桥街道十三条社区卫生服务站	东四十三条 32 号	64053927
东四街道东四社区卫生服务站	东四北大街东四六条甲 62 号	64017470
东四街道南门仓社区卫生服务站	朝阳门北小街南门仓 4 号楼	84068240
东四街道东四三条社区卫生服务站	东四三条 45 号	64006790
朝阳门街道朝内头条社区卫生服务站	朝内大街 203 号	64015610
朝阳门街道大方家社区卫生服务站	小牌坊胡同 30 号	85111691
朝阳门街道内务社区卫生服务站	内务部 73 号	65136054
建国门街道苏州社区卫生服务站	苏州胡同 120 号	65124640
建国门街道外交部街社区卫生服务站	东堂子胡同 24 号	65281974
东直门街道东直门社区卫生服务站	东直门外察慈小区 7 号楼	64610470
东直门街道清水苑社区卫生服务站	清水苑小区 4 号－2－107	64611494
东直门街道十字坡社区卫生服务站	东直门外十字坡西里 10 号楼北	64161320

东直门街道新中街社区卫生服务站	新中街四条乙20号	64165425
东直门街道王家园社区卫生服务站	新中街西街12号	65519556
和平里街道安德路社区卫生服务站	安外青年路南街11号	84130209
和平里街道安贞苑社区卫生服务站	安定路20号院内	64410430
和平里街道安德里社区卫生服务站	安德里北街21号	84127060
和平里街道和平里社区卫生服务站	和平里北街18号西门	64215168
和平里街道和平里中街社区卫生服务站	和平里六区六号一层	84220399
和平里街道交通社区卫生服务站	交林夹道甲2号	64213430
和平里街道青年湖社区卫生服务站	青年湖东里9号楼北	84112543
和平里街道小黄庄社区卫生服务站	小黄庄前街2院3号楼	84282143
和平里街道东河沿社区卫生服务站	东河沿甲7号	64205058
崇文门外街道都市馨园社区卫生服务站	兴隆都市馨园13号楼D102－103室	67021437
崇文门外街道新景家园社区卫生服务站	西花市大街62、64号	87186099
东花市街道铁辘轳把社区卫生服务站	东花市大街33号	67120077
东花市街道忠实里社区卫生服务站	忠实里西区7号楼1层106室	67118044
东花市街道东花市南里社区卫生服务站	东花市南里东区13号楼107－108	87103147
龙潭街道左安门社区卫生服务站	左安浦园1号楼旁平房	87198967
龙潭街道龙潭北里社区卫生服务站	夕照寺街35、37号	67183342
龙潭街道幸福家园社区卫生服务站	幸福家园19号楼1101、1102号	67111096
体育馆路街道长青园社区卫生服务站	长青园16号楼迤南2－2－1－72－29	67120567
体育馆路街道法华寺社区卫生服务站	体育馆西路1号	67133157
天坛街道天坛南里社区卫生服务站	永内东街西里11号	67073468
天坛街道天坛东里社区卫生服务站	天坛东里中区12号楼西门旁	67010624
天坛街道金鱼池社区卫生服务站	金鱼池小区西区13楼1单元	67023088
永定门外街道东革新里社区卫生服务站	东革新里40号	87265202
永定门街道外望坛社区卫生服务站	永定门外桃杨路二条2号	51335257
永定门外街道富莱茵社区卫生服务站	沙子口路72号富莱茵小区9－1－101室	87817703
永定门外街道景泰西里社区卫生服务站	景泰西里西区8号楼底商	67222060

东城公安分局派出所

名　称	地　址	电　话
东城区东四派出所	东四四条77号	84081552
东城区东直门派出所	新中街9号	84081554
东城区安外大街派出所	地坛西门外	64213026
东城区建国门派出所	金宝街69号	84081550
东城区安定门派出所	豆腐池胡同11号	84081156
东城区朝阳门派出所	朝阳门南小街121号	84081551
东城区北新桥派出所	西羊管胡同10号	84081553
东城区东交民巷派出所	东交民巷甲9号	65129302
东城区东华门派出所	锡拉胡同8号	65253779
东城区和平里派出所	和平里中街六区5号	84081555
东城区交道口派出所	板厂胡同7号	84081557
东城区景山派出所	什锦花园33号	84081558
东城区北京站派出所	盔甲厂胡同4号	65132281
东城区王府井大街派出所	菜厂胡同5号	84081561
东城区东方广场派出所	王府井大街218－1号	85118110
东城区隆福寺派出所	隆福广场B座2层	84081560
东城区东花市派出所	东花市北里西区2号楼	67189133

东城区前门派出所	草厂九条8号	67022491
东城区天坛派出所	珠市口东大街甲18号	67022125
东城区龙潭派出所	光明西街3号	67116335
东城区前门大街派出所	长巷二条1号	67021005
东城区永外派出所	永外大街88号	67211189
东城区体育馆路派出所	西厅胡同43号	67122619
东城区天坛公园派出所	天坛西里甲1号	67021104
东城区崇文门派出所	国瑞城中区9号楼	67112012

驻区公证处律师事务所

名　称	地　址	电　话
北京市东方公证处	安定门外大街168号体育局办公楼	84217035
北京市信德公证处	珠市口东大街3号楼4层	67124408
北京市安律律师事务所	东皇城根南街84号	65140912
北京市翱翔律师事务所	朝内大街188号鸿安国际商务大厦A座601室	65170813
北京市奥东律师事务所	安定门东大街28号雍和大厦东楼B座507室	64097155
北京市秉源律师事务所	安德里北街甲17号(三秀涵雅305室)	84124573
北京市博人律师事务所	北三环东路36号环球贸易中心B座1205室	58256761
北京市博圣律师事务所	安外大街11号(华府景园C座403室)	84122481
北京市采信律师事务所	王府井大街99号A512室	65267550
北京市创世律师事务所	新中街68号聚龙花园8号楼804室	65510006
北京市大成律师事务所	东内南大街3号国华投资大厦写字楼12层	58137799
北京市大正-国都律师事务所	东直门外大街48号东方银座B座6G	62272573
北京市德克律师事务所	东交民巷28号红都商务会馆A座401室	65140217
北京市地平天成律师事务所	和平里东街18号林11楼首层4门	64200855
北京市鼎昊律师事务所	朝阳门内南小街6号楼302室	65281828
北京市鼎尚律师事务所	建国门北大街5号11层1126室	65170355
北京市东方公益律师事务所	沙滩北街15号社会科学院法学所院内	84035495
北京市东方恒信律师事务所	朝内大街188号鸿安国际商务大厦c座602室	65181255
北京市东方昆仑律师事务所	东四十条甲22号南新仓国际大厦A507、508室	64096552
北京市东卫律师事务所	朝阳门北大街8号富华大厦D3B	65542826
北京市铎声律师事务所	府学胡同甲1号4009室	64016667
北京市法准律师事务所	东直门南大街9号华普花园D座602室	84094244
北京市方略律师事务所	鼓楼外大街45号工人出版社8层	82081700
北京市孚晟律师事务所	东长安街1号东方广场东一办公楼9层04-05A室	85189170
北京市富睿康道律师事务所	王府井大街99号世纪大厦A702室	65280089
北京市冠腾律师事务所	朝阳门内大街298号622室	58121022
广东安华理达北京分所	东长安街1号东方广场西三办公楼707室	85151326
广东圣天平北京分所	国华投资大厦311室	58199538
北京市贵银律师事务所	东直门大街9号华普花园B座2401室	84094464
北京市国宏律师事务所	东长安街1号东方经贸城西-807室	85189889
北京市国乐律师事务所	建国门赵堂子胡同2号楼205、206室	63519781
北京市国理律师事务所	沙滩北街15号法学研究所南楼二层	64069888
北京市海维律师事务所	东四十条甲22号南新仓商务大厦A座603室	51665728
北京市汉坤律师事务所	东长安街东方广场C1座9层	85255500
北京市航舵律师事务所	建国门内大街七号光华长安大厦2座1118室	65185680
北京市昊方律师事务所	朝阳门南小街22号楼5单元204室	85870325
北京市恒方永圆律师事务所	东长安街6号137、141室	51019879

北京市恒盈律师事务所	崇文门西大街9号北京紫金宾馆2A房间	65265707
北京市衡蓝律师事务所	海运仓一号国际大厦一层919－A	84646488
北京市泓清律师事务所	东方银座A座17D	81396266
北京市华澳律师事务所	东中街29号29－2南写字楼5层504室	64152296
北京市华龙律师事务所	府学胡同甲1号4001室	64046956
北京市汇佳律师事务所	雍和大厦C座7层709室	64097966
北京市嘉宋律师事务所	建国门内大街金成建国5号827室	51296373
北京市鉴杜律师事务所	崇文门西大街7号	65125885
北京市金德律师事务所	东直门南大街14号保利大厦写字楼12层B座	65512727
北京市金开律师事务所	朝阳门北大街8号富华大厦D座14层G室	65542868
北京市金颐律师事务所	东直门内草园胡同35号	65127681
北京市京博律师事务所	东直门外大街48号东方银座C座15H	51600627
北京市京昌律师事务所	交道口北2条20号	64047987
北京市京德律师事务所	安定门东大街28号雍和大厦A座808室	64097493
北京市京工律师事务所	安定门外大街189号天鸿宝景1508室	64401097
北京市久瑞律师事务所	安定门东大街28号立骏(雍和)大厦1号楼12层	84195380
北京市居庸律师事务所	东直门内海运仓1号海运仓国际大厦522室	51239363
北京市君合律师事务所	建国门北大街8号华润大厦20层	85191300
北京市君致律师事务所	朝阳门北大街乙12号天晨大厦909室	65518581
北京市凯锐律师事务所	朝内大街190号建地写字楼4层	65140734
北京市宽信律师事务所	建国门南大街乙1号金龙温泉公寓1110房间	65594012
北京市旷博律师事务所	朝内北小街二号凯龙大厦503室、205室、206室	84045112
北京市立方律师事务所	东四十条甲22号南新仓国际大厦A1105室	64096099
北京市立天律师事务所	东直门南大街9号华普花园A－201室	84094991
北京市联法律师事务所	建内大街18号恒基中心一座22层	65180808
北京市六合金证律师事务所	安定门东大街28号	64097055
北京市陆通联合律师事务所	东中街58号美惠大厦D座2层	65544518
北京市马林江律师事务所	恒基中心一座1705室	85910091
北京市普贤律师事务所	建国门内大街18号恒基中心办二517室	65176246
北京市润禾律师事务所	建国门内大街8号中粮广场B座1001室	65546660
上海江三角北京分所	东直门外大街48号东方银座大厦c栋23－H	84476762
上海锦天城律师事务所	东四十条甲22号南新仓国际商务大厦B820室	51690115
北京市尚公律师事务所	长安俱乐部三层	65288888
北京市尚荣信律师事务所	安定门东大街28号雍和大厦F座802A座802室	84195130
北京市盛法律师事务所	海运仓胡同1号海运仓国际大厦一层5－012室	85809826
北京市世嘉律师事务所	朝阳门北大街8号富华大厦D座14A	65543621
北京市四方律师事务所	王府井大街277号好友世界商场写字楼2406室	65230114
北京孙中伟律师事务所	王府井大街277号2503室	65221448
北京市天济律师事务所	朝阳门外大街8号富华大厦A座11层J室	65546647
北京市天澜律师事务所	东水井胡同5号楼A801室	58643259
北京市天伦怡达律师事务所	王府井大街172号丹耀大厦712室	65590128
北京市天睿律师事务所	朝阳门北大街17号人保大厦6层	58151199
北京市天同律师事务所	东交民巷28号红都商务会馆B座3层	51669666
北京市天宇律师事务所	东交民巷27号旁门	65241973
北京市天咨律师事务所	东直门外小街甲2号正东国际大厦A座25I室	84479588
北京市万企律师事务所	安定路20号1号楼303室	68711130
北京市维诗律师事务所	建国门内大街7号光华长安大厦1009号	65101010
北京市沃尔森律师事务所	东直门外大街46号天恒大厦608A	84608473
北京市玺恒律师事务所	前门东大街3号首都大酒店303、304、305室	84478165
北京市新能源律师事务所	首都大酒店415号	68928883

北京市信利律师事务所	建内大街18号恒基中心一座609～611室	65186980
北京市颐合律师事务所	建内大街7号光华长安大厦2座1910室	65178866
北京市亿嘉律师事务所	建国门内大街19号	85112986
北京市易理律师事务所	东中街58号美惠大厦D－1403室	65545498
北京市毅弘律师事务所	建国门内贡院6号E座7层	65186611
北京市寅嘉律师事务所	东直门门南大街9号华普花园C902室	84094429
北京市雍鼎律师事务所	永和家园8号楼301室	51026267
北京市雍泽律师事务所	雍合家园5号楼703室	51026630
北京市永邦律师事务所	东中街58号美惠大厦C－602室	65546677
北京市永凯律师事务所	交道口东大街4号楼2层211室	64062264
北京市元昊律师事务所	朝内大街188号鸿安国际商务大厦B座1202室	65235981
北京市远望律师事务所	朝内大街75号院8号楼7－101室	84031646
北京市展达律师事务所	东中街9号东环广场B座写字楼5层5Q室	64156655
北京市正义律师事务所	东交民巷29号	65247544
北京市志德律师事务所	和平里兴化路甲9号	84095359
北京市中地律师事务所	分司厅17号院3－5－001号	84091288
北京市中广承平律师事务所	新中街3号东外公馆一栋605室	51662369
北京市中鸿律师事务所	东长安街10号长安大厦之综合大厦704室	65251878
北京市中京律师事务所	东中街58号美惠大厦A座1201、1204室	65543496
北京市中凯律师事务所	安德路甲61号红都商务会馆6层B1－616室	64522110
北京市中鹏律师事务所	朝阳门北大街8号富华大厦D座18层	65544858
北京市中瑞律师事务所	北三环东路36号环贸中心B栋1805室	58257666
北京市中天智通律师事务所	新中街68号聚龙花园7号楼4N	65526880
北京市中闻律师事务所	东直门外大街46号天恒大厦A座8层	84608688
北京市中誉威圣律师事务所	建内大街7号光华长安大厦1座818室	65171299
北京市众贺律师事务所	交道口北头条5号	84019684
北京市众一律师事务所	东四十条甲22号南新仓国际大厦A座502室	64096085
北京市重华律师事务所	张自忠路3号	85868086
北京市纵横律师事务所	东长安街12号纺织工业局347、345室	85229377
北京市立圣律师事务所	朝外北大街6号首创大厦1203A　1205　1206室	85283200
北京市资略律师事务所	北三环东路环球贸易大厦A2107室	58257456
北京市健强律师事务所	朝阳门东水井胡同11号A308室	13801390261
北京王海平律师事务所	王府井大街2号华侨大厦三层303A室	13910006958
北京市甲子律师事务所	东四十条富华大厦D座8E	65547796
北京市星林律师事务所	东长安街10号长安大厦七层709室	57160178
北京市渡象律师事务所	雍和大厦D座1201室	84195448
北京市营天律师事务所	东郊民巷28号红都写字楼A506室	65135039
上海九州丰泽律师事务所	东长安街1号东方广场经贸城E1803室	85183285
北京魏启学律师事务所	北三环东路36号环球贸易中心C栋16层	58256366
北京市朗新律师事务所	东中街29号东环广场B座写字楼5层5G	64181023
广东广大北京分所律师事务所	东长安街1号东方广场C1座601室	85870068
北京市慎默律师事务所	东长安街33号北京饭店C座2209室	85009211
北京市永勤律师事务所	新中街3号东外公馆一栋605室	51316040
北京市高思律师事务所	东长安街1号东方广场经贸城东三办1003室	85181133
北京曹圣明律师事务所	安定门外东后巷28号商务部研究院1号楼423室	67589792
北京市观道律师事务所	东方银座D座19D室	84549481
北京市乾理律师事务所	东长安街33号北京饭店6050室	65232365
广东唯杰律师事务所	安定门外大街189号宝景大厦1804室	64401431
北京市金沃律师事务所	朝阳门北大街8号富华大厦D座9层B－C室	65545039
北京市恒都律师事务所	东直门南大街9号华普花园C座2206室	84098069

北京市君永律师事务所	安定门外大街2号安贞大厦1101室	64482400
北京市施融律师事务所	鼓楼外大街56号教师大厦809室	84129410
北京市安衡律师事务所	天坛东路72号万福大厦	67185418
北京市百度律师事务所	龙潭路甲3号翔龙大厦C23室	67158618
北京市包诚律师事务所	左安溪园2号楼5单元1703号	67180166
北京市包律师律师事务所	东花市北里西区24号楼宝润苑C座1212号	67186046
北京市博颢律师事务所	光明路11号天玉大厦608室	51902336
北京市博仁律师事务所	崇文区天坛东里5号	51023325
北京市长歌律师事务所	领行国际1号楼2单元708室	67118247
北京市达奥律师事务所	广渠门南小街领行国际3号楼1单元23层2301室	67156446
北京市德律珩律师事务所	左安门内大街左安漪园1号楼5单元101室	87197602
北京市德政律师事务所	光明路11号天玉大厦605室	51902058
北京市鼎基律师事务所	广渠门南小街领行国际1号楼2单元2201室	51289289
北京市董人友律师事务所	忠实里西区5号楼803室	87749023
北京市逢时律师事务所	龙潭路乙3号伟图大厦507室	67110422
广东德法理律师事务所	崇外大街新怡家园甲3号6层610、612室	67091903
北京市国晟律师事务所	夕照寺16号院(华城)2号楼2单元302室	87184008
北京市国泰世良律师事务所	广渠门南小街领行国际1号楼2单元701~702室	67111263
北京市翰佳律师事务所	广渠门南水关甲7号华威国际公寓1302室	67151166
北京市昊凯律师事务所	崇外大街3号北京新世界中心写字楼B座1109室	67085553
北京市浩都律师事务所	崇外大街3号新世界中心公寓1019室	67084599
北京市浩林律师事务所	夕照寺街14号富瑞苑公寓5号楼10－A室	67104976
北京市泓天律师事务所	广渠门北里36号院3－1－302室	51231620
北京市泓韵律师事务所	广渠门内大街16号中国环境新闻出版大厦910~911室	67112939
北京市金博大律师事务所	西花市南里东区2号楼底商7－11单元15、17号	87189569
北京市金韬律师事务所	兴隆都市馨园9号楼2－241室	87643731
北京市京一律师事务所	天坛东里乙48号北京爱华宾馆6002室	84477697
北京市雷盾城律师事务所	东花市北里西区宝润苑A－403室	59105858
北京李雅琼律师事务所	永定门外大街86号4号楼418室	13671171218
北京刘安元律师事务所	东花市大街花市枣苑3号楼2004室	13366336678
北京刘松涛律师事务所	广渠门内大街80号通正国际大厦912室	51696633
北京市普诚律师事务所	东兴隆街58号513室	67091471
北京市秦华律师事务所	崇外大街5号新世界太华公寓B座515室	67081171
北京市勤道律师事务所	广渠门内白桥大街22号北京市工商联大厦712室	67186802
北京市沁润源律师事务所	忠实里南街甲6号楼远洋德邑A座909号	87758360
北京市融商律师事务所	光明东路1号办公楼A座5层	67080211
北京市融泰律师事务所	崇外大街甲3号写字楼6层623、625室	67083356
北京市时信律师事务所	广渠门内大街80号通正国际大厦1016室	51655033
北京市双利律师事务所	广渠门内大街16号环境新闻出版大楼10层	67167813
北京市泰明律师事务所	广渠门内大街36号幸福家园1－5－1402室	67126363
北京市同一源律师事务所	广渠门内大街80号通正国际大厦10层1007室	67060988
北京市现代律师事务所	东打磨厂街7号宝鼎中心B座1001室	67083101
北京市欣然律师事务所	东兴隆街56号北京商界A723室	67016878
北京市泽和律师事务所	东花市南里富贵园1区9号7－901室	67166713
北京市志元律师事务所	东打磨厂街7号宝鼎中心B座545室	87555029
北京市中北律师事务所	前门东大街4号楼6门101、102、103号	65288769
北京市中通策成律师事务所	绿景馨园13号楼605~609室	67192880
北京市中政律师事务所	幸福大街甲39号德惠写字楼B座111室	67146613
北京市力盾律师事务所	前门东大街华丰宾馆	65662629
北京市宝鼎律师事务所	王府井大街201号凯旋国际酒店7118室	59458911

北京市贝朗律师事务所	前门东大街3号首都大酒店写字楼5层	65120341
北京市致新律师事务所	前门东大街5号华风宾馆一层	65251733
北京市法度律师事务所	东单大华路甲2号海诚商务会馆608室	65593630
北京市万悦律师事务所	交道口北二条20号	64069655
北京市誉明律师事务所	东直门外大街乙36号海晟国际公寓26楼1座1603室	15901161941
北京市天用律师事务所	北三环东路37号	84109598
北京市兆实律师事务所	安定门外东河沿乙9号	13701075618

东城区司法所

名称	地址	电话
和平里司法所	和平里6区5号	84226063
安定门司法所	方家胡同19号	64067183
交道口司法所	雨儿胡同乙15号	64029694
景山司法所	美术馆东街1号	84017954
东华门司法所	东安门大街55号王府世纪5层	65248621
东直门司法所	新中街一条67号	64165479
北新桥司法所	民安街14号楼3层	64034116
东四司法所	东四六条17号	64001548
朝阳门司法所	西水井3号114室	65125881
建国门司法所	朝内南小街18号楼	65142699
前门司法所	前门东小街甲2号	67016543
崇文门外司法所	西花市南里东区14号	67010401
东花市司法所	东花市北里中区甲25号楼301室	67818642
天坛司法所	西草市东街66号	67025835
体育馆司法所	体育馆西路1号321室	67199645
龙潭司法所	龙潭社区服务中心203、207室	67166372
永定门外司法所	永外安乐林路85号	67227507

文物保护单位

全国重点文物保护单位

名称	时代	地址	公布年份
正阳门及箭楼	明、清	天安门广场南侧	1988
北京城东南角楼	明	崇文门东大街9号	1982
北京大学红楼	民初	五四大街29号	1961
天安门	明	天安门广场	1961
人民英雄纪念碑	1958年	天安门广场内	1961
故宫	明、清	景山前街4号	1961
天坛	明	永定门内大街路东	1961
智化寺	明	禄米仓胡同5号	1961
国子监	明	国子监街15号	1961
北京孔庙	元、明、清	国子监街13号	1988
雍和宫	清	雍和宫大街12号	1961
皇史宬	明、清	南池子大街136号	1982
古观象台	明	东裱褙胡同2号	1982
太庙	明、清	东城区东长安街	1988
社稷坛	明、清	东城区西长安街	1988

崇礼住宅	清	东四六条63、65号	1988
北京鼓、钟楼	明、清	钟楼湾临字9号	1996
可园	清	帽儿胡同9号	2001
孚王府	清	朝阳门内大街137号	2001
柏林寺	元、清	戏楼胡同1号	2006
地坛	明、清	安定门外大街	2006
京师大学堂分科大学旧址	清	安德里北街21号	2006
清陆军部和海军部旧址	清	张自忠路3号	2006
孙中山行馆	民国	张自忠路23号	2006
协和医学院旧址	清、民国	帅府园胡同1号	2006
亚斯立堂	清	后沟胡同丁2号	2006
袁崇焕墓和祠、袁崇焕庙	清初	东花市斜街52号、左安门内龙潭路8号	2006
东交民巷建筑群	近代	东交民巷地区	2001
包括:奥匈使馆旧址	1910年	台基厂头条3号	
比利时使馆旧址	1910年	崇文门西大街9号	
东方汇理银行	1917年	东交民巷34号	
法国使馆旧址	1910年	东交民巷15号	
花旗银行旧址	1914年	东交民巷36号	
日本公使馆旧址	1886年	东交民巷21、23号	
日本使馆旧址	1909年	正义路2号	
意大利使馆旧址	1910年	台基厂大街1号	
英国使馆旧址	1910年	东长安街14号	
正金银行旧址	1910年	正义路甲4号	
法国兵营	清	台基厂三条3号	
国际俱乐部	1912年	台基厂大街8号	

北京市文物保护单位

名　称	时　代	地　址	公布年份
毛主席纪念堂	1977年	天安门广场	1979
毛主席故居	民国	吉安所左巷8号	1979
文天祥祠	明	府学胡同63号	1979
东四清真寺	明	东四南大街13号	1984
普度寺大殿	清	普庆前巷35号	1984
嵩祝寺及智珠寺	清	嵩祝院北巷4号6号、嵩祝院23号	1984
宣仁庙	清	北池子大街2号	1984
凝和庙	清	北池子大街46号	1984
和敬公主府	清	张自忠路7号	1984
于谦祠	明、清	西裱褙胡同23号	1984
老舍故居	现代	丰富胡同19号	1984
茅盾故居	现代	后圆恩寺胡同13号	1984
旧宅院(婉容故居)	清	帽儿胡同35号、37号	1984
礼士胡同四合院	清	礼士胡同129号	1984
内务部街四合院	清	内务部街11号	1984
后圆恩寺胡同四合院	民国	后圆恩寺胡同7号、9号	1984
国祥胡同四合院	清	国祥胡同甲2号	1984
循郡王府四合院	清	方家胡同13号、15号	1984
府学胡同四合院	清	府学胡同36号、交道口南大街136号	1984
国子监街	元、明、清	国子监街	1984
明北京城城墙遗迹	明	崇文门东	1984

南新仓	明、清	东四十条22号	1984
北新仓	明、清	北新仓胡同甲16号	1984
禄米仓	明、清	禄米仓胡同71号、73号	1984
原中法大学	民国	东皇城根北街甲20号	1984
中华圣经会旧址	民国	东单北大街21号	1984
顺天府学	明、清	府学胡同65号	1984
京师大学堂建筑遗存	清、民国	沙滩后街55号、59号	1984
福建汀州会馆北馆	始建于明	前门长巷二条48号	1984
阳平会馆戏楼	始建于元	前门小江胡同34、36号	1984
新革路20号四合院	民国初年	崇外新革路20号	1984
隆安寺	建于1454年	白桥南里3号	1984
金台书院	建于1750年	天坛东晓市203号	1984
正阳桥疏渠记方碑	建于1797年	天桥红庙街78号	1984
燕墩	始建于元代	永定门外大街31号	1984
大慈延福宫建筑遗存	明	朝内大街223号	1990
西堂子胡同四合院	清	西堂子胡同25~37号	1990
东堂	清	王府井大街74号	1990
北京大学地质馆旧址	1934年	沙滩北街15号	1990
北京饭店中期建筑	1917年	东长安街33号	1990
1946年中共代表团驻地	民国	南河沿大街1号	1995
淳亲王府	清	东长安街4号	1995
孑民堂	1947年	北河沿大街甲83号	1995
法国邮政局旧址	1910年	东交民巷19号	1995
圣弥厄尔教堂	1904年	东交民巷甲13号	1995
帽儿胡同四合院	清	帽儿胡同11号	1995
美国使馆旧址	1903年	前门东大街23号	1995
荷兰使馆旧址	1909年	前门东大街11号	1995
帽儿胡同四合院	清	帽儿胡同5号	2001
美术馆东街四合院	清	美术馆东街25号	2001
拱门砖雕及四合院	民国	东棉花胡同15号	2001
前鼓楼苑胡同四合院	清	前鼓楼苑胡同7号、9号	2001
鼓楼东大街四合院	民国	鼓楼东大街255号	2001
宁郡王府	清	北极阁三条71号、新开路胡同94号	2001
陈独秀旧居	民国	箭杆胡同20号	2001
京奉铁路正阳门东车站旧址	1906年	前门大街北端东侧	2001
僧王府	清	板厂胡同30号、32号、34号 炒豆胡同77号	2003
黑芝麻胡同四合院	清	黑芝麻胡同13号	2003
绮园花园	清	秦老胡同35号	2003
沙井胡同四合院	清	沙井胡同15号	2003
前永康胡同四合院	清	前永康胡同7号、9号	2003
皇城墙	明、清	天安门东侧、景山东街等	2003
原麦加利银行	清末	东交民巷39号	2003
总理各国事务衙门建筑遗存	清	东堂子胡同49号	2003
恒亲王府	清	朝阳门内大街	2003
协和医院宿舍群	清	外交部街59号、北极阁三条26号	2003
北京大学女生宿舍	1935年	沙滩北街乙2号	2003
花市火神庙	建于1568年	崇外西花市113号	2003
东皇城根南街32号宅院	清	东皇城根南街32号宅	2011
大清邮政总局旧址	清	小报房胡同7号	2011

史家胡同51、53、55号宅院	清、民国	史家胡同51、53、55号	2011
顺天府大堂	明	东公街9号	2011
魏家胡同18号宅院	民国	魏家胡同18号	2011
全聚德烤鸭店门面	民国	前门大街30号	2011
北平电话北局旧址	民国	东皇城根大街14号	2011
欧美同学会	清	南河沿大街111号	2011
蔡元培故居	民国	东堂子胡同75号	2011
北总布胡同2号宅院	民国	北总布胡同2号	2011
清末自来水厂旧址	清	东直门外香河园3号	2011

东城区文物保护单位

名　称	时　代	地　址	公布年份
杨昌济旧居	民国	豆腐池胡同15号	1984
通教寺	明 清	针线胡同19号	1984
惠王府	清	富强胡同3号	1984
吉安所	清	吉安所右巷8号	1984
朱启钤旧宅	清	赵堂子胡同3号	1984
段祺瑞宅	民国	仓南胡同5号	1984
东兴隆街52号四合院	清	东兴隆街52号	1984
花市清真寺	明	西花市30号	1984
夕照寺	清	夕照寺中街13号	1984
田汉故居	民国	细管胡同9号	1986
欧阳予倩故居	民国	张自忠路5号	1986
梁启超故居	清	北沟沿胡同23号	1986
僧格林沁祠堂	清	地安门东大街47号	1986
东外清真寺	(1988年移建于此)	东直门外察慈小区6号	1986
当铺旧址	清	门楼胡同3号、5号	1986
黄米胡同四合院	清	黄米胡同5号、7号、9号	1986
旧宅院	清	菊儿胡同3号、5号寿比胡同6号	1986
桂公府	清	芳嘉园胡同11号、新鲜胡同40号	1986
雨儿胡同四合院	清	雨儿胡同13号	1986
板厂胡同四合院	清	板厂胡同27号	1986
东四六条四合院	清	东四六条55号	1986
东四四条四合院	清	东四四条5号	1986
东四五条四合院	清	东四五条55号	1986
东四八条四合院	清	东四八条71号	1986
富强胡同四合院	清	富强胡同6号甲6号、23号	1986
什锦花园四合院	清	什锦花园胡同19号	1986
东总布胡同旧宅院	清	东总布胡同53号	1986
法华寺碑	明	多福巷胡同44号	1986
傅恒征多川碑	清	沙滩北街15号,北京石刻艺术博物馆	1986
慧仙女校碑	清	南吉祥胡同21号,现存北京石刻艺术博物馆	1986
文昌庙碑	清	帽儿胡同21号院内	1986
皇帝敕谕碑	明	帽儿胡同21号院内	1986
慧照寺碑	明	东四十三条19号	1986
宝和店碑	明	灯市口北巷7号,现存北京石刻艺术博物馆	1986
皇帝敕谕碑	明	柏树胡同21号,现存钟鼓楼文物保管所	1986
法华寺	明	法华寺街65、67号	1989
安乐禅林	明	安乐林路63号、琉璃井8号	1989

药王庙	1627 年	天坛东晓市 101 号	1989
天主教堂	1910 年	永生巷 6 号	1989
三一八烈士纪念碑	1926 年	龙潭培新街 6 号	1989
奋章胡同四合院	1928 年	奋章胡同 53 号	1989
玉河遗址	元、明、清	东不压桥胡同南口至帽儿胡同西口	2009
东安门遗址	明	东安门大街西口	2009
贝子宏昨府	清	大取灯胡同 9 号	2009
承恩公志钧府	清	大佛寺东街 2、4、6 号	2009
正白旗觉罗学建筑遗存	清	新鲜胡同 36 号	2009
镶黄旗官学建筑遗存	清	后圆恩寺胡同甲 20 号	2009
莲园	清	红岩胡同 19 号及新鲜 18 号	2009
宏恩观	元、明、清	豆腐池胡同 21、23 号及张旺胡同 2、4 号	2009
翠花胡同 27 号四合院	民国	翠花胡同 27 号	2009
朝阳门内大街头条 203 号近代建筑	民国	朝阳门内大街头条 203 号	2009
朝阳门内南小街头条 439 号近代建筑	民国	朝阳门内南小街头条 439 号	2009
朝阳门内大街 81 号近代建筑	民国	朝阳门内大街 81 号	2009
贝满女中建筑遗存	清	灯市口大街 55 号	2009
同福夹道 4 号近代建筑	民国	同福夹道 4 号	2009
东堂子胡同 4、6 号近代建筑	民国	东堂子胡同 4、6 号	2009
原北京大学图书馆	民国	北河沿大街甲 83 号	2009
菊儿胡同 7 号近代建筑	民国	菊儿胡同 7 号	2009

（东城区文化委员会提供）

北京市历史文化保护区

一、景山前街

该保护区位于故宫紫禁城筒子河与皇家园林景山之间，全长 740 米。明清时，景山与故宫之间建有北上门、北上东门、北上西门。1931 年各门拆除辟路，划分三段：中为景山前街，东为景山东前街，西为三座门大街，1965 年统一定名为景山前街。

二、景山后街

该保护区位于景山公园北侧，东起景山东街，西至景山西街，中与地安门内大街相连，全长 482 米。元代为大都御苑，明清为皇城。临街南侧古建筑是清乾隆年间所建寿皇殿，为清代皇家供奉先祖神像之所。街北东、西两侧建国后建设的办公楼，屋顶采用中国传统建筑坡屋顶形式，立面为传统建筑形式的装饰，与南侧景山相互呼应、衬托，形成对景，是保持古都历史风貌的范例。

三、景山东街

位于景山公园东侧，全长 546 米。街旁明代曾设有司礼监、都知监、印绶监等衙署。因西邻景山，清末称景山东大街，1956 年定现名。街两侧绿树成荫。街东有清光绪二十四年（1898 年）开办的中国第一所大学——京师大学堂。吉安所左巷 8 号是毛泽东 1918 年在北京时住过的地方。

四、五四大街

东起东四西大街，西至景山前街，全长 740 米。1965 年曾定名汉花园大街，后改五四大街至今。街北侧为北京大学“红楼”。1919 年 5 月 4 日的游行队伍，即从“红楼”北边的广场集合出发，1947 年被命名为“民主广场”。陈独秀、李大钊、鲁迅、蔡元培、胡适等革命先辈和文化巨匠曾在此任教。共产党北京小组诞生于此。“红楼”内现保存李大钊工作室。“红楼”在中国近代史上具有重要的地位和作用。街东段北侧的中国美术馆是二十世纪五十年代著名的大型文化设施。现在“红楼”为新文化运动纪念馆。

五、南池子　六、东华门

位于北京皇城内，故宫东南侧，北起东华门大街，南至长安街，西临筒子河、劳动人民文化宫，东接东黄城根南街，总用地面积 34.5 公顷。该地区处于喧闹的王府井商业街与森严僻静的故宫城墙之间，独特的城市环境造成地段内具有传统风貌的居住街区的独特建筑环境。

七、北池子

紧邻紫禁城东侧，规划范围东以东黄城根南街为界，西以筒子河为界，北至五四大街，南邻东华门大街，东与东黄城根北街相连，总用地面积 39.22 公顷。该地区传统居住区的特色构成故宫一侧较为幽静的居住环境，其灰色宁静的形式更有益衬托、表现宫城的宏伟气度。就北京旧城整体而言，其低矮、平缓、匀质的建筑格局也是风貌构成的重要组成部分。

八、东交民巷

该保护区位于天安门东侧,东接崇文门内大街,南临前门东大街,西至天安门广场东侧,北面东长安街,总用地面积62.84公顷。该地区建筑多为西式风格。现以机关办公为主,兼有办公与居住的混合使用形态,在整体上保持了历史文化街区原有的异域风貌特色,在老城区的传统建筑文化基调中独显特质。

九、东四三至八条

该保护区位于朝阳门内大街以北、东四十条以南、东四北大街以东、朝阳门北小街以西。包括整个头条至九条,总用地面积65.70公顷。该地区是典型传统的四合院落为主的居住性成片街区,从“一进院”到“四进院”都有留存,风貌与质量相当完好是展示传统四合院的极佳场所。

十、雍和宫-国子监

该保护区位于旧城东北部,西至安定门内大街,北至北二环,东至东直门北小街西侧的育树胡同、炮局头条、后永康北条、东城煤炭一厂和华侨饭店用地东边界,南至北新桥三条、方家胡同,总占地面积约74公顷。该地区是北京旧城内重要寺庙建筑和重要文物集中的街区,包括国子监、孔庙、国子监街、雍和宫、柏林寺等。

十一、南锣鼓巷

该保护区位于北京北中轴东侧,四至为地安门外大街、平安大街、地安门东大街、鼓楼东大街,总用地面积83.80公顷,该地区是北京最老的街区之一。与元大都同期建成,现仍保持了传统的胡同结构和大量的传统四合院,是目前北京旧城保存最完整、四合院最集中的地区。

十二、北锣鼓巷

该保护区南至鼓楼东大街,北至车辇店、净土胡同,西至什刹海保护区东界,东至安定门内大街,总面积约45.27公顷。该地区与什刹海、南锣鼓巷、国子监等三个历史文化保护区相邻,是皇城的重要背景,也是保护旧城整体风貌和沿中轴线对称格局不可缺少的地段。

十三、张自忠路北

该保护区南至张自忠路,北至香饵胡同,东至东四北大街,西至交道口南大街,总面积约为42.11公顷。该街区集中了和敬公主府、段祺瑞执政府旧址、孙中山逝世纪念地、欧阳予倩故居等多家文物保护单位。

十四、张自忠路南

该保护区南至钱粮胡同,北至张自忠路,东至东四北大街,西至美术馆后街,总用地面积约为62.81公顷。该区域处于皇城与东四三条至八条保护区之间,现有胡同格局完整,有马辉堂花园等文物保护单位。

十五、新太仓

该保护区南至东四十条,北至东直门内大街,东至东直门内南小街,西至东四北大街,总用地面积约为56.88公顷。该区域现有胡同格局完整,有梁启超旧居、当铺遗址区级文物保护单位。

十六、东四南

该保护区南至干面胡同,北至前炒面胡同,东至朝内南小街,西至东四南大街,总面积约为34.32公顷。该区域是以典型传统的四合院落为主的居住性成片街区,风貌与质量相当完好是展示传统四合院的极佳场所。现有礼士胡同129号院,内务部街11号院,史家胡同51、53、55号四合院等文物保护单位。

十七、皇城

是北京旧城整体保护的重点区域,包括景山地区、北池子、南池子。内含紫禁城、太庙、社稷坛、北海、中南海及14片第一批历史文化保护区,占地面积约6.8平方公里。

十八、鲜鱼口

保护区范围:西至前门大街,北至经西打磨厂、长巷四条路东至西兴隆街,东至草场十条,南至薛家湾胡同、北芦草园胡同、青云胡同、得丰东巷、得丰西巷、小席胡同、大席胡同。规划用地为36.245公顷,净用地面积为32.47公顷,现状总建筑面积为26.5万平方米(不含私搭乱建的建筑),规划总建筑面积为44.5万平方米。鲜鱼口地区主要是以居住功能为主的街区,居住用地面积26.81公顷,占整个保护区的73.96%。保护区隶属前门街道办事处管辖。

十九、什刹海(钟鼓楼属此片,东城占半片)

该保护区位于北京旧城中轴线北部,属东城区的部分四至为草厂胡同一线以西、旧鼓楼大街以东、鼓楼东大街以北、北二环以南,总用地面积26.96公顷。

非物质文化遗产

国家级非物质文化遗产名录

名　称	类　别	名　称	类　别
便宜坊焖炉烤鸭技艺	传统技艺	北京金漆镶嵌传统技艺	传统技艺
全聚德挂炉烤鸭技艺	传统技艺	象牙雕刻	传统美术
景泰蓝制作技艺	传统技艺	北京玉雕	传统美术
雕漆技艺	传统技艺	北京绢花	传统美术
都一处烧麦制作技艺	传统技艺	剧装戏具制作技艺	传统美术
月盛斋酱(烧)牛(羊)肉制作技艺	传统技艺	北京宫灯	传统美术
京作硬木家具制作技艺(龙顺成)	传统技艺	围棋	传统体育、游艺与杂技
北京料器	传统技艺	象棋	传统体育、游艺与杂技
东来顺涮羊肉制作技艺	传统技艺	同仁堂中医药文化	传统医药
盛锡福皮帽制作技艺	传统技艺	智化寺京音乐	传统音乐

市级非物质文化遗产名录

名　称	类　别	名　称	类　别
壹条龙清真涮肉制作技艺	传统技艺	北京木雕小器作	传统美术
厨子舍清真菜民间宴席制作技艺	传统技艺	北京绒花(绒鸟)	传统美术
葡萄常料器	传统技艺	北京刻瓷	传统美术
北京花丝镶嵌制作技艺	传统技艺	北京扎彩子	传统美术
北京豆汁制作技艺(锦馨)	传统技艺	内画鼻烟壶制作技艺	传统美术
绒布唐	传统技艺	毛猴制作技艺	传统美术
红都中山装制作技艺	传统技艺	意拳	传统体育、游艺与杂技
京式旗袍制作技艺	传统技艺	北京杠箱	传统舞蹈
北京蒙镶	传统技艺	天坛神乐署中和韶乐	传统音乐
王殿俊家族装裱技艺	传统技艺	老北京叫卖	传统音乐
吴裕泰茉莉花茶窨制工艺	传统技艺	天坛传说	民间文学
北京风筝制作技艺	传统美术	前门的传说	民间文学
泥人张彩塑(北京支)	传统美术	花市元宵灯会	民俗
北京补花	传统美术	数来宝	曲艺
北京绢人	传统美术		

区级非物质文化遗产名录

名　称	类　别	名　称	类　别
天兴居炒肝制作技艺	传统技艺	都一处炸三角制作技艺	传统技艺
正阳楼螃蟹宴	传统技艺	全聚德全鸭席制作技艺	传统技艺
中国结技艺	传统技艺	北京金鱼培育技艺	传统技艺
样式雷烫样技艺	传统技艺	北京金漆镶嵌髹饰技艺	传统技艺
蒙镶制作技艺	传统技艺	西德顺爆肚王爆肚制作技	传统技艺
天字号首饰套件制作技艺	传统技艺	金糕张金糕制作技艺	传统技艺
毛绣制作技艺	传统技艺	白魁烧羊肉制作技艺	传统技艺
锦芳元宵制作技艺	传统技艺	面人曹面人制作技艺	传统技艺
老正兴寿桃制作技艺	传统技艺	面人汤面人制作技艺	传统技艺

风车制作技艺	传统技艺	京绣	传统美术
万隆合青铜器制作技艺	传统技艺	常氏中幡圣会	传统体育、游艺与杂技
压金银丝嵌宝技艺	传统技艺	众友同心中幡圣会	传统体育、游艺与杂技
庆林春茉莉小叶花茶制作技艺	传统技艺	白猿通背拳	传统体育、游艺与杂技
都一处马莲肉制作技艺	传统技艺	宋氏形意拳	传统体育、游艺与杂技
京绣(于美英)	传统美术	老北京冰嬉	传统体育、游艺与杂技
北京骨刻	传统美术	同聚公乐云车老会	传统舞蹈
北京剪纸(徐阳)	传统美术	花棍舞词	传统舞蹈
北京真丝手绘	传统美术	群英同乐小车圣会	传统舞蹈
北京火绘葫芦	传统美术	掌礼司太狮老会	传统舞蹈
北京传统风筝(王洒新)	传统美术	南庆仁堂中药制济方法	传统医药
北京面人(彭小平)	传统美术	千芝堂中药炮制技术	传统医药
北京传统风筝(张世德)	传统美术	长春堂闻药	传统医药
北京面人(张俊显)	传统美术	崇文门的传说	民间文学
北京纸扎花灯	传统美术	北京的传说	民间文学
北京木雕小器作	传统美术	藏头诗	民间文学
北京彩蛋	传统美术	鞭打春牛	民俗
金马派风筝	传统美术	家训格言	民俗
京绣制作技艺	传统美术	来今雨轩红楼饮食文化	民俗
内化鼻烟壶	传统美术	普天同乐开路圣会	民俗
竹刻	传统美术	雍和宫密宗金刚驱魔神舞	民俗
人物剪纸(张秀兰)	传统美术	前门上元灯会	民俗
琢玉(印章)	传统美术	拉洋片	曲艺
京绣制作技艺	传统美术	牛骨数来宝	曲艺

非物质文化遗产代表性传承人名单

国家级非物质文化遗产代表性传承人名单

姓　名	类　　别	公布时间
孙　森	象牙雕刻	2007
王树文	象牙雕刻	2007
钱美华	景泰蓝制作技艺	2007
张同禄	景泰蓝制作技艺	2007
文乾刚	雕漆技艺	2007
卢广荣	同仁堂中医药文化	2007
金霭英	同仁堂中医药文化	2007
关庆维	同仁堂中医药文化	2007
田瑞华	同仁堂中医药文化	2007
张本兴	智化寺京音乐	2008
宋世义	玉雕(北京玉雕)	2009
金铁铃	北京绢花	2009
邢兰香	料器(北京料器)	2009
种桂友	家具制作技艺(京作硬木家具制作技艺)	2009
孙　颖	剧装戏具制作技艺	2009
白永明	烤鸭技艺(便宜坊焖炉烤鸭技艺)	2009
满运来	牛羊肉烹制技艺(月盛斋酱烧牛羊肉制作技艺)	2009
李金善	盛锡服皮帽制作技艺	2009

市级非物质文化遗产代表性传承人名单

姓　名	类　别	公布时间
马元良	北京宫灯	2008
柴慈继	象牙雕刻	2008
张　錩	泥人张彩塑(北京支)	2008
崔　洁	北京补花	2008
常　虹	北京葡萄常	2008
郭石林	北京玉雕	2008
钟连盛	景泰蓝制作技艺	2008
费保龄	北京扎燕风筝制作技艺	2008
舍增泰	厨子舍清真菜民间宴席制作技艺	2008
程淑美	北京花丝镶嵌制作技艺	2008
唐玉婕	绒布唐工艺	2008
万　紫	金漆镶嵌髹饰技艺	2008
马启斌	盛锡服皮帽制作技艺	2008
阎瑞环	红都中山装制作技艺	2008
胡庆学	智化寺京音乐	2008
黄荣贵	北京杠箱	2009
赵树昌	北京宫灯	2009
张志平	北京玉雕	2009
李博生	北京玉雕	2009
柳朝国	北京玉雕	2009
李春珂	象牙雕刻	2009
戴嘉林	景泰蓝制作技艺	2009
米振雄	景泰蓝制作技艺	2009
殷秀云	雕漆技艺	2009
舍源泰	厨子舍清真菜民间宴席制作技艺	2009
柏德元	金漆镶嵌髹饰技艺	2009
李　侃	京式旗袍传统制作技艺	2009
陈立新	东来顺涮羊肉制作技艺	2009
赵小刚	同仁堂中医药文化	2009

区级非物质文化遗产代表性传承人名单

姓　名	类　别	公布时间
孙忠喜	群英同乐小车圣会	2010
陈起环	拉洋片	2010
时贵新	牛骨数来宝	2010
黄　勇	众友同心中幡圣会	2010
王玉书	白猿通背拳	2010
田秋生	老北京冰嬉	2010
姚承光	意拳	2010
刘建华	象牙雕刻	2010
栾燕军	象牙雕刻	2010
员向阳	北京玉雕	2010
姜文斌	北京玉雕	2010
蔚长海	北京玉雕	2010

杨连根	北京玉雕	2010
滑树林	北京绢人	2010
滑树玲	北京绢人	2010
崔　欣	北京绢人制作技艺	2010
杨利平	北京扎燕风筝制作技艺	2010
张宏岳	泥人张彩塑(北京支)	2010
崔比德	北京补花	2010
徐汶静	北京绢花	2010
郭燕青	北京宫灯	2010
翟玉良	北京宫灯	2010
石金栓	京绣	2010
蔡志伟	北京绒花(绒鸟)	2010
茅子芳	北京刻瓷	2010
王华安	北京骨雕	2010
徐　阳	北京剪纸(徐阳)	2010
续　清	北京真丝手绘	2010
季　顺	北京火绘葫芦	2010
王qu新	北京传统风筝(王qu新)	2010
彭小平	北京面人(彭小平)	2010
张世德	北京传统风筝(张世德)	2010
张俊显	北京面人(张俊显)	2010
李连贵	北京扎彩子	2010
邱志刚	北京纸扎花灯	2010
刘锦茹	北京彩蛋	2010
耿鸿国	北京木雕小器作	2010
马慕良	北京木雕小器作	2010
杨宝忠	琢玉(印章)	2010
张秀兰	人物剪纸(张秀兰)	2010
于美英	京绣(于美英)	2010
边溪良	竹刻	2010
萧掌华	毛猴制作技艺	2010
高东升	内画鼻烟壶	2010
郑旭晔	内画鼻烟壶(郑旭晔)	2010
吕铁智	金·马派风筝	2010
邱贻生	毛猴制作技艺	2010
吴华侠	都一处烧麦制作技艺	2010
安全来	月盛斋酱(烧)牛(羊)肉制作技艺	2010
刘更生	京作硬木家具制作技艺	2010
张　颜	剧装戏具制作技艺	2010
刘　宇	北京料器	2010
刘　星	北京料器	2010
耿英建	景泰蓝制作技艺	2010
李　静	景泰蓝制作技艺	2010
李佩卿	景泰蓝制作技艺	2010
陈继凯	景泰蓝制作技艺	2010
衣福成	景泰蓝制作技艺	2010
李志刚	雕漆技艺	2010
赵占强	中国结技艺	2010
于正勋	样式雷烫样技艺	2010
张景民	蒙镶制作技艺	2010

马秀峰	天字号首饰套件制作技艺	2010
萧掌柜	毛绣制作技艺	2010
赵洪泉	庆林春茉莉小叶花茶制作技艺	2010
潘德珠	压金银丝嵌宝技艺	2010
孟宪忠	万隆合青铜器制作技艺	2010
王国华	风车制作技艺	2010
汤　岭	面人汤面人制作技艺	2010
刘茵茹	面人曹面人制作技艺	2010
杨广佳	白魁烧羊肉制作技艺	2010
吴中凤	北京蒙镶	2010
孙丹威	吴裕泰茉莉花茶窨制工艺	2010
王　欣	西德顺爆肚王爆肚制作技艺	2010
王　旭	王氏装裱技艺	2010
殷顺海	同仁堂中医药文化	2010
陆建国	同仁堂中医药文化	2010
梅　群	同仁堂中医药文化	2010
范永利	普天同乐开路圣会	2010

东城区街道社区居委会

东华门街道

居委会名称	管辖户数	主　任	联系电话	办公地址	邮　编
银　闸	1463	熊　英	65260112	北河沿大街141号	100006
东　厂	1722	郑雅丽	65277860	东厂北巷甲4号	100006
多福巷	3157	宫肇美	65288453	多福巷甲22号	100010
智　德	1662	李勤英	65288454	北池子大街60号	100006
黄图岗	1486	刘美玉	65260155	东厂胡同乙14号楼	100006
灯市口	1158	周彦茹	65260103	灯市口大街14号楼	100006
韶　九	1097	吴祥明	65260105	韶九胡同22号	100006
甘　雨	1214	邓家珉	65260097	甘雨胡同2号	100006
南池子	2915	刘立新	65288449	缎库胡同18号	100006
王府井	2660	叶建华	65260154	煤渣胡同11号	100005
正义路	1924	张健玲	65248476	东交民巷32号	100006
台基厂	1873	郭晓彤	85112057	台基厂二条3号	100005

景山街道

居委会名称	管辖户数	主　任	联系电话	办公地址	邮　编
隆福寺	2265	张金明	84014007	崔府夹道5号	100010
魏　家	2410	李　平	84018582	什景花园甲15号	100007
汪芝麻	1539	金　颖	84017307	南剪子巷40号	100007
皇城根北街	2185	司淑敏	84018656	东黄城根北街20号	100010
吉　祥	1630	虞　宏	84017693	西吉祥胡同2号	100009
黄化门	1966	高建荣	84017928	黄化门街8号	100009
钟　鼓	2160	刘美英	84018563	腊库胡同30号	100009
景山东街	2087	贾　伟	84018627	大学夹道10号	100009

交道口街道

居委会名称	管辖户数	主　任	联系电话	办公地址	邮　编
交　东	3310	王凌翰	64027593	土儿胡同10号楼	100007
大　兴	2467	李京兰	64079116	北吉祥胡同13号	100007
府　学	3240	饶青云	64070445	中剪子巷17号	100007
菊　儿	2042	李　媛	64061129	菊儿胡同21号	100009
南锣鼓巷	2843	郝苓俊	64013341	前圆恩寺胡同28号	100009
鼓楼苑	3678	孟立新	64017698	前鼓楼苑胡同10号	100009
福　祥	3335	李　娜	64043395	福祥胡同11号	100009

安定门街道

居委会名称	管辖户数	主　任	联系电话	办公地址	邮　编
交北头条	1635	段淑彦	64048329	交北头条76号	100007
国子监	1801	南静明	64068513	官书院胡同40号	100007
五道营	1791	赵金颖	64068350	永康胡同5号院	100007
分司厅	2015	王玉莲	64067692	小经厂8号	100009
花　园	1810	赵亚华	64067702	谢家胡同40号	100009
宝钞南	1117	王志鲜	64066617	琉璃寺8号	100009
北锣鼓巷	1148	王明芳	64066276	北锣鼓巷5号旁门	100009
钟楼湾	2591	尤秀荣	64067668	草厂北巷51号	100009
国　旺	1824	张明生	64067076	国祥胡同13号	100009

北新桥街道

居委会名称	管辖户数	主　任	联系电话	办公地址	邮　编
草　园	1419	段红霞	64000855	草园胡同12号	100007
二　条	1955	何秀英	64066547	雍和宫大街165号	100007
前永康	1703	张志华	64040317	北新胡同三巷3号	100007
藏经馆	1444	于锦秋	64004112	戏楼一巷25号	100007
青　龙	1560	赵金兰	64000858	青龙胡同3号	100007
炮　局	1406	陈　燕	64044977	炮局胡同甲56号	100007
民　安	3164	吴治民	64027404	民安14号楼	100007
小　菊	1809	刘素欣	64020638	大菊胡同16号	100007
十三条	1929	王荣华	64027569	东四十四条7号	100007
门　楼	1699	左向萍	64027400	东四十三条32号	100007
十二条	1236	曾兰馨	64006598	东四北138号	100007
板　桥	1546	程淑仙	64062872	西门仓胡同甲2号	100007
九道湾	1426	曹建军	64044893	九道湾西巷1号	100007
海运仓	3330	佟爱香	84073272	南颂年3号楼	100007
北官厅	1744	李桂珍	84064928	北官厅3号楼1－102号	100007
北新仓	2398	白年芳	84072141	东直门内大菊19号楼	100007

东四街道

居委会名称	管辖户数	主　任	联系电话	办公地址	邮　编
东四二条	1580	罗淑云	64059534	东四北大街460号	100010

东四五条	1971	吴炳光	64025799	东四四条43号	100010
东四六条	2811	李　玲	64003490	东四六条45号	100007
东四七条	2711	刘桂芬	64043699	东四北大街303号	100007
东四八条	2610	刘志颖	64053134	东四八条139号	100007
总　院	3431		64053774	朝内北小街2号	100700
南门仓	3789	郎海鹏	84045399	罗家大院1号二层	100010
豆　瓣	3582	穆　芳	84045893	豆瓣1号楼西侧	100010

朝阳门街道

居委会名称	管辖户数	主　任	联系电话	办公地址	邮　编
史　家	1159	纪秀慧	65285569	史家胡同21号	100010
内　务	1276	郑红强	65257583	内务部街73号	100010
演　乐	2128	乔艳萍	65234043	演乐胡同59号	100010
礼　士	1029	曹　荣	65287374	礼士胡同121号	100010
朝　西	1479	晏焕静	65122956	前拐棒胡同17号	100010
新　鲜	2464	任美华	65254679	新鲜胡同63号	100010
大方家	2464	于春明	65232084	小牌坊胡同甲48号	100010
竹　杆	2200	王学军	65275801	西水井6号	100010
朝内头条	3100	赵博言	64040087	朝内大街97号	100010

建国门街道

居委会名称	管辖户数	主　任	联系电话	办公地址	邮　编
干　面	2100	李晓康	65592011	干面胡同37号	100005
外交部街	2909	高晓霞	65130474	外交部街甲20号	100005
西总布	1696	马红兵	65253781	西总布胡同19号	100005
禄米仓	3089	贾玉芹	65253698	禄米仓胡同42号楼8号	100005
大雅宝	1700	李　颖	65254005	南小街18－29号南侧	100005
赵家楼	1797	汤秀丽	85115993	小羊宜宾胡同5－2号	100005
东总布	1500	张小庄	65139944	东总布胡同38号	100005
苏　州	2047	郭　华	65139239	苏州胡同79号	100005
崇　内	2243	杨石敏	65278171	西镇江胡同25号	100005
站　东	2039	张　园	65134974	柳罐胡同甲2号	100005

东直门街道

居委会名称	管辖户数	主　任	联系电话	办公地址	邮　编
工人体育馆	4001	赵慧兰	65523201	新中西街12号楼1单元	100027
新中街	2425	孙爱华	64165396	新中街条乙20号	100027
新中西里	1669	姜春燕	64165148	新中西里10号楼b座	100027
十字坡	1632	王　华	64151418	新中街5号	100027
东外大街	2244	韩秀花	64170442	春秀路17号楼旁平房	100027
东　环	1831	冯小荣	64166798	东直门南大街甲2号楼	100027
清水苑	1418	宋淑贤	64653698	北大街甲6号院1号楼	100028
胡家园	3448	王大军	64675276	东外小街10号	100027
东外大街北	2937	关丽清	64673576	察慈小区8号楼一层北门	100027
香河园北里	2510	冯贺生	64616394	香河园北里华夏出版社	100028

和平里街道

居委会名称	管辖户数	主　任	联系电话	办公地址	邮　编
交　通	734	张　健	64292535	和平里东街10号	100013
林　调	1156	司立芝	64289228	和平里东街12号平房	100013
民　旺	3795	张玉兰	64294689	和平新城29号楼	100013
柏　林	2086	谢凤华	84214137	和平里东街11号	100013
六　区	1783	宋国华	84214298	和平里中街7号楼	100013
五　区	2608	王静艳	84212114	和平里五区3号楼6-02	100013
二　区	2732	李素清	84221986	和平里中街3号院1号楼	100013
七　区	3187	张军红	64228347	和平里七区3号楼平房	100013
化　工	1290	鞠苏华	64291097	兴化东里23号楼地下一层	100013
兴　化	3171	孙秀清	64289631	兴化西里8号楼前平房	100013
小黄庄	4178	赵跃桀	84286550	小黄庄一区13号楼	100013
安贞苑	1665	李经荣	64441201	安定路20号院北五楼	100029
地　坛	2304	沈　清	64226182	地坛北里9号楼一层	100013
东河沿	2600	张桂苓	64255840	安外东河沿乙6号楼	100011
西河沿	2645	杨晓明	84116346	安外西河沿18号楼后平房	100011
上　龙	2634	邓益民	84114230	安外上龙西里29号楼平房	100011
安德路	1295	陈　静	84133562	安德路47号院5号楼	100011
冶　金	1008	张明花	84131081	安德路55号楼	100011
青年湖	1885	杨青华	84136505	青年湖东里9号楼北侧	100011
六铺炕	2165	王爱芝	62014792	安德路乙61号	100011
安德里	2346	张　莉	84110223	六铺炕甲7号楼	100011
人定湖	1470	陈　雨	62013450	安德里北街甲25号	100011
总　政	3610	任　霞	66794475	安德里北21号	100011
黄　寺	1277	习双法	66740841	黄寺大街甲1号楼4-3-1号	100011
新建路	1311	郑成富	84112941	安外大街3号院	100011
青年湖北里	1690	李　薇	84123475	黄寺大街2号院	100011

前门街道

居委会名称	管辖户数	主　任	联系电话	办公地址	邮　编
前门东大街	1952	景月宏	67013876	东大街甲12号楼	100051
草厂东	1762	董毓红	67018442	薛家湾胡同27号	100051
草厂西	1473	张丽鑫	67026674	草厂十条35号	100051
大　江	971	陈　军	67011810	北芦草园81号	100051
冰窖厂	664	陈　军	67011810	北芦草园81号	100051
鲜鱼口	1031	陈　军	67011810	北芦草园81号	100051
青　云	1408	陈　军	67011810	北芦草园81号	100051
打磨厂第一社区	2096	陈　军	67011810	北芦草园81号	100051
打磨厂第二社区	612	陈　军	67011810	北芦草园81号	100051

崇文门外街道

居委会名称	管辖户数	主　任	联系电话	办公地址	邮　编
崇文门东大街	1709	付丽丽	67176503	崇文门东大街12号-2号	100062
崇文门西大街	1500	兰凌燕	65594948	崇文门西大街4号楼	100062
国瑞城东区	1189	李影丽	67120312	国瑞城东区1号楼	100062

国瑞城中区	1937	王玉强	67188748	国瑞城中区1号楼	100062
国瑞城西区	2103	刘金杰	67168950	国瑞城中区3号楼	100062
西花市南里东区	3013	冯永刚	87186861	西花市大街30号楼2层	100062
西花市南里西区	2879	景桂敏	87186871	西花市大街102号楼2层	100062
西花市南里南区	2876	樊明峰	67193190	西花市南里西区10号楼	100062
新怡家园	1377	霍淑义	67083189	新怡家园1号楼-1-67号	100062
新世界家园	1505	崔文英	67092050	新世界家园小区内会所	100062
兴隆都市馨园	3692	刘　燕	67050080	都市馨园白衣庵	100062
大　桥	1397	孙建荣	67062438	东兴隆街58号	100062

东花市街道

居委会名称	管辖户数	主　任	联系电话	办公地址	邮　编
东花市北里西区	2128	李淑红	67152150	北里西区7号楼	100062
东花市北里东区	2608	马　林	67126046	北里中区13号楼	100062
忠实里	3381	胡运华	67785089	忠实里西区7号楼	100022
广渠门外南里	4783	白淑君	67750681	广渠家园11号楼-4号	100021
东花市南里东区	4776	张欣惠	87101221	南里东区13号楼	100062
花市枣苑	4054	刘志琴	67164745	花市枣苑10号楼	100062
东花市南里	5378	杨立新	67132160	南里三区1号楼	100062
广渠门北里	2857	刘京华	67155386	广渠门北里36号院1号楼	100062

龙潭街道

居委会名称	管辖户数	主　任	联系电话	办公地址	邮　编
左安浦园	2536	王艳平	87197554	左安门内大街73-1	100061
左安漪园	1722	刘　娜	87196358	左安漪园3号楼1单元	100061
火桥北里	989	刘淑云	67136614	火桥北里6号楼	100061
龙潭北里东	1710	逄素芬	67118537	龙潭北里5条4号楼	100061
龙潭北里西	1160	孙来喜	67111151	龙潭北里一条3号楼	100061
板厂南里	1865	马长友	67112518	板厂南里6号楼	100061
华　城	2392	郝丽霞	87185281	华城社区3号楼6-B2号	100061
绿景苑	2076	井惠清	87190302	绿景馨园11号楼2单元	100061
夕照寺	2077	程秋菊	67113495	夕照寺西里甲3号	100061
光明北里	1861	邢东伶	67176270	光明13号楼北侧	100061
光明南里	1460	董瑞玲	67171328	光明41号楼北平房	100061
幸福家园	2078	龚　平	67171327	幸福家园21号楼1层	100061
安化楼	4035	陈莉霞	67171326	广内大街14号楼3层	100061
幸福楼	2400	洪　印	67112844	幸福北里12号楼1层	100061
培新街	930	朱兴海	67176170	培新街乙五号院	100061

体育馆路街道

居委会名称	管辖户数	主　任	联系电话	办公地址	邮　编
长青园	1265	孙树梅	67129646	长青园3号楼1单元101号	100061
葱　店	2736	刚亚杰	67112483	葱店西街111号	100061
东　厅	1995	陈淑凤	67121608	延庆街5号	100061
东玉北街	1111	毛沪花	67121091	双玉中街2号楼一层	100061
法华南里	1798	王凤英	67126846	法华南里甲8号楼	100061

南岗子	1655	王世杰	67113397	南岗子58号	100061
双玉南街	719	肖祥健	67127173	东四块玉南街甲11号	100061
国家体育总局	1357	闫丽娜	67114632	体育馆路13号院25单元	100061
西　利	1109	刘秀生	67143019	西厅胡同47号	100061
西　唐	2412	杜进萍	67111265	西唐街37号	100061

天坛街道

居委会名称	管辖户数	主　任	联系电话	办公地址	邮　编
西园子	930	马英乾	67015471	西园子一巷7号	100062
东晓市	1909	杨志娟	67014035	西园子一巷7号	100062
金鱼池中区	981	宋莉筠	67023463	金鱼池中区22楼	100050
金鱼池西区	1085	边春燕	67014028	金鱼池西区1号楼	100050
金鱼池东区	698	张　军	67021600	金鱼池东区11号楼	100050
西草市	1338	赵伯良	52171091	西草市街52号	100050
红庙街	1903	周雅楠	67014147	山涧口一巷32号	100050
东里北区	1365	李雪琴	67022681	天坛东里中区1号楼	100061
东里南区	1010	何洪伟	67025209	天坛东里南区4号楼	100061
永内东街东里	1029	吴　琼	67012416	永内东街东里6号楼	100050
永内东街中里	1024	王国庆	52171598	永内东街中里7号楼	100050
永内东街西里	1220	黄　刚	67012478	永内东街西里5号	100050
西里北区	1206	左　铭	67016113	天坛复康南里胡同内	100050
永内大街	1388	王瑞珍	67024191	天坛南里西区20号楼	100050
东市场	984	黄秋霞	67029738	东市场四巷1号	100050
东半壁街	1654	刘长娟	67011720	大市胡同5号	100050

永定门外街道

居委会名称	管辖户数	主　任	联系电话	办公地址	邮　编
彭　庄	830	玉　军	51332951	彭庄40号	10069
永建里	661	吴学敏	51332975	马家堡路9号楼	10077
松林里	1128	冯富珍	51332981	松林里66号	10077
永铁苑	831	刘秀敏	51331524	永铁苑7号楼112号	10077
西革新里	1477	单秀玲	51333031	西革110号院3号楼	10077
革新里	1346	侯广库	51333053	东革新里40号院	10077
革新西里	896	夏素明	51333061	西革124号院	10077
管　村	1189	张久英	51333091	建予园3号楼底商	10077
桃　园	1074	刘贵亭	51233087	桃园东里17号院	10075
民主北街	2615	客丽平	51076550	民主北街22号	10075
桃杨路	1896	王　勤	52172716	郭庄二条12号	10075
杨家园	1723	吴　晶	52172736	琉璃井东街2号楼6－101号	10075
李　村	2255	郝俊丽	52172772	李村东里7号楼	10075
琉璃井	1903	叶淑荣	51076552	琉璃井南里61号	10075
天天家园	1048	玉　艳	51076556	安乐林路38号	10075
富莱茵	717	张慧敏	51076631	富莱茵11号楼105室	10075
安乐林	1265	陈玉兰	52172796	景泰西里西区8号楼	10075
景　泰	1516	韩　艳	52172786	景东小区5号楼6－001号	10075
宝华里	3100	王宗生	51076635	宝华里44号旁门	10075
定安里	2040	张亚芬	52172791	定安里6号楼前	10075

内 容 索 引

说　　明

- 本索引为主题索引，又称内容分析索引，主题词（标目）以《北京东城年鉴》（2011 年卷）正文中出现的专业名词、名词词组、机构名、地名为主。
- 综述、大事记、专文、特载、统计资料、人物、附录等类目内容不在索引范围内。
- 本索引按汉语拼音音序排列，首字相同时，则以第二字排序，依此类推。以数字、字母、符号开始的主题词，排在最前。
- 本索引的文字部分为标目，标目之后的数字表示所在页码范围（地址项）。

符号

A

B

C

D

E

F

G

H

J

K

L

R

S

T

W

X

Y

Z